NEUES LEXIKON DER CHRISTLICHEN MORAL

NEUES LEXIKON DER CHRISTLICHEN MORAL

herausgegeben von
Hans Rotter und Günter Virt

Tyrolia-Verlag · Innsbruck–Wien

Mitglied der Verlagsgruppe „engagement"

CIP-Titelaufnahme der Deutschen Bibliothek
Neues Lexikon der christlichen Moral /
hrsg. von Hans Rotter u. Günter Virt. –
Innsbruck ; Wien : Tyrolia-Verl., 1990
ISBN 3-7022-1754-1
NE: Rotter, Hans [Hrsg.]

1990
Alle Rechte bei der Verlagsanstalt Tyrolia
Gesellschaft m.b.H., Innsbruck, Exlgasse 20
Gesamtherstellung in der Verlagsanstalt Tyrolia
Gesellschaft m.b.H., Innsbruck

INHALT

Vorwort 7
Verzeichnis der Mitarbeiter 9
Artikel A – Z 13
Gesamtnomenklatur 890
Abkürzungen 895
    Allgemeine Abkürzungen 895
    Biblische Bücher 895
    Dokumente, Quellen und sonstige Literatur 896

Vorwort

In der Zeit nach dem Zweiten Vatikanischen Konzil kam es in verschiedenen Disziplinen der Theologie zu Neuansätzen und in diesem Zusammenhang zu sehr lebhaften Grundsatzdiskussionen. In der Moraltheologie zeigte sich eine neue Intensität der Auseinandersetzung mit empirischen Wissenschaften, aber auch mit philosophischen Ansätzen wie der Hermeneutik oder der analytischen Philosophie. Dabei wurden auch manche traditionelle Positionen neu diskutiert und angesichts der komplexen Herausforderungen weiter differenziert. Es sei nur an die Diskussion um die absolute Verpflichtung konkreter Normen oder um die Kompetenz des kirchlichen Lehramtes erinnert.

Inzwischen ist die Entwicklung in der Moraltheologie wie in manchen anderen theologischen Fächern ruhiger geworden. Neuansätze stehen im Augenblick kaum zur Diskussion. Dieser Situation entspricht die Tatsache, daß auf dem Buchmarkt wieder mehr Handbücher und Lexika erscheinen. Es ist eine legitime und notwendige Aufgabe, sich der neu erarbeiteten Ergebnisse zu vergewissern und sie einer breiteren Öffentlichkeit zugänglich zu machen.

Im Jahre 1969 kam erstmals ein „Lexikon der christlichen Moral" im deutschen Sprachraum heraus. Karl Hörmann hatte es damals unternommen, allein den gesamten Stoff der Moraltheologie in Stichwörtern aufzuschlüsseln und in einem Nachschlagewerk zu behandeln. Die Nachfrage war groß und die erste Auflage bald vergriffen. Eine spanische Übersetzung erschien 1975. Weil aber an keine andere theologische Disziplin so viele stets neue Lebensprobleme herangetragen werden wie an die Moraltheologie und kaum noch ein Autor die immer differenzierteren Fragen überblicken kann, entstand 1976 nun unter der Herausgeberschaft von Karl Hörmann eine zweite Edition, bei der zahlreiche Fachleute aus dem Wiener Raum mitarbeiteten.

Seither ist eine geraume Zeit vergangen. Auch der Fortgang der innerkirchlichen Diskussion verlangt inzwischen von der Moraltheologie entsprechende Antworten. So legte es sich nahe, das bewährte Lexikon noch einmal von Grund auf neu zu erarbeiten. Es sieht seinen Dienst darin, bei aller Wahrung der Kirchlichkeit aktuelle Fragen nicht nur anzusprechen, sondern auch zu zeigen, welche Bandbreite denkerischer Möglichkeiten im Rahmen der großen christlichen Tradition im kirchlichen Spektrum gegeben sind.

Die Herausgeber waren bestrebt, die Neuauflage im Sinne der beiden von Karl Hörmann besorgten Editionen zu gestalten. Es wurden neue aktuelle Stichwörter aufgenommen. Soweit möglich und sinnvoll, sollte dabei jeweils der biblische Befund, die kirchliche Lehrtradition und eine systematische Diskussion des Themas geboten werden. Zur Mitarbeit wurden Mitglieder des seit 1974 bestehenden Innsbrucker Arbeitskreises für Moraltheologie sowie verschiedene österreichische Kollegen anderer Disziplinen eingeladen. Bei der Fülle des Stoffes und der raschen Entwicklung der Moralprobleme ist eine allseits befriedigende Auswahl der Themen und ihrer Gewichtung so gut wie unmöglich. Auch die Standpunkte der Fachvertreter weisen heute eine beträchtliche Pluralität auf. Das sollte nicht verdeckt werden. Denn nur so konnte das Ergebnis auch für die heutige Situation der Moraltheologie repräsentativ bleiben. Jeder Artikel ist demnach zunächst ein eigenständiger Beitrag, für den der Verfasser die Verantwortung trägt.

Die Literatur ist gegenüber der zweiten Auflage sparsam gehalten und auf Werke beschränkt, die für den Artikel wesentlich sind. Lexikon- und Zeitschriftenartikel werden nur ausnahmsweise bei besonderer Bedeutsamkeit aufgenommen. Standardwerke wie das Lexikon für Theologie und Kirche, die Theologische Realenzyklopädie, das Handbuch theologischer Grundbegriffe, das Handbuch christlicher Ethik, das Staatslexikon usw. sind selbstverständlich als weiterführende Literatur vorausgesetzt. Die immer rascher wachsende Publikationsflut zu den aktuellen Moralfragen ist über Bibliographien und datenverarbeitende Kataloge leicht zugänglich geworden.

Der Dank der Herausgeber gilt zunächst dem Tyrolia-Verlag, ganz besonders seinem Lektor, Herrn Univ.-Doz. Dr. H. M. Schmidinger, der sich sehr um das Zustandekommen des Werkes bemüht hat. Zu danken ist weiters den Mitautoren und nicht zuletzt den Mitarbeitern und Mitarbeiterinnen an den Instituten für Moraltheologie in Innsbruck und Wien: Frau Gisela Kaltenhauser und Frau Elfriede Landauer in Innsbruck sowie Frau Hannelore Rauscher in Wien waren für die Schreibarbeiten tätig, Dr. Wolfgang Palaver und Dr. Severin Renoldner in Innsbruck sowie Mag. Gerhard Marschütz und lic. theol. Gerhard Gansterer waren bei der Durchsicht der Manuskripte behilflich und haben neben den mit ihrem Namen gezeichneten Artikeln auch die Kurzartikel verfaßt. Nur durch den Einsatz aller Beteiligten war es möglich, das Lexikon in relativ kurzer Zeit neu zu bearbeiten. Wir widmen dieses Werk Prälat Dr. Karl Hörmann, von dem die Initiative zu einer Darstellung der christlichen Moral in Lexikonform ursprünglich kam und dessen bewährter Konzeption sich auch die völlig neu bearbeitete 3. Auflage verpflichtet weiß, zu seinem 75. Geburtstag mit herzlichen Glückwünschen.

Hans Rotter/Günter Virt

Verzeichnis der Mitarbeiter

Biesinger, Prof. Dr. Albert, Universität Salzburg – Institut für Katechetik und Religionspädagogik

Bondolfi, Dr. Alberto, Universität Zürich – Institut für Sozialethik

Demmer, Prof. Dr. Klaus, Pontificia Università Gregoriana Roma

Dollfuß, Dr. Johann, Innsbruck

Ducke, Dr. Karl-Heinz, Studienstelle der Berliner Bischofskonferenz, Berlin/DDR

Ernst, Prof. Dr. Wilhelm, Erfurt

Fraling, Prof. Dr. Bernhard, Universität Würzburg – Institut für systematische Theologie

Furger, Prof. Dr. Franz, Universität Münster – Institut für christliche Sozialwissenschaften

Gansterer, Gerhard, Lic. theol. Universität Wien – Institut für Moraltheologie

Golser, Prof. Dr. Karl, Theologische Hochschule Brixen

Halter, Prof. Dr. Hans, Theologische Hochschule Chur

Holderegger, Prof. Dr. Adrian, Universität Fribourg – Institut für Moraltheologie

Holotik, Prof. Dr. Gerhard, Theologische Hochschule St. Pölten

Huter, Prof. Dr. Alois, Universität Salzburg – Institut für christliche Gesellschaftslehre

Klose, Prof. DDDr. Alfred, Universität Wien – Lehrstuhl für Gesellschaftspolitik und politische Theorie

Kopecký, Prof. Dipl.-Ing. Dr. František-Dominik SDB, Philosophisch-theologische Hochschule der Salesianer Don Boscos, Benediktbeuern

Kremer, Prof. Dr. Jacob, Universität Wien – Institut für Neutestamentliche Bibelwissenschaft

Laun, Prof. Dr. Andreas OSFS, Philosophisch-theologische Hochschule Heiligenkreuz

Lesch, Dr. Walter, Universität Fribourg – Institut für Moraltheologie

Luschin, Doz. Dr. Raimund SDB, Philosophisch-theologische Hochschule der Salesianer Don Boscos, Benediktbeuern

Lüthi, Prof. Dr. Kurt, Universität Wien – Institut für Systematische Theologie

Marschütz, Mag. Gerhard, Universität Wien – Institut für Moraltheologie
Mengus, Prof. Dr. Raymond, Katholisch-theologische Fakultät Strassbourg
Münk, Prof. Dr. Hans Jürgen, Theologische Fakultät Luzern – Institut für Sozialethik
Neuhold, Dr. Leopold, Universität Graz – Institut für Ethik und Sozialwissenschaft
Oberforcher, Prof. Dr. Robert, Universität Innsbruck – Institut für Neutestamentliche Bibelwissenschaft
Ornauer, Dr. Helmut, Koordinierungsstelle der Österreichischen Bischofskonferenz für Internationale Entwicklung und Mission, Wien
Palaver, Dr. Wolfgang, Universität Innsbruck – Institut für Moraltheologie und Gesellschaftslehre
Pančovski, Prof. Dr. Ivan (†), Universität Sofia
Perkonig, Mag. Susanne, Institut für Ehe und Familie, Wien
Peschke, Prof. Dr. Karlheinz, Pontificio Collegio S. Pietro Apostolo Roma
Pissarek-Hudelist, Prof. Dr. Herlinde, Universität Innsbruck – Institut für Katechetik und Religionspädagogik
Primetshofer, Prof. Dr. Bruno CSsR, Universität Wien – Institut für Kirchenrecht
Putz, Dr. Gertraud, Universität Salzburg – Institut für christliche Gesellschaftslehre
Reisinger, Prof. Dr. Ferdinand, Theologische Hochschule Linz
Renoldner, Dr. Severin, Universität Innsbruck – Institut für Moraltheologie und Gesellschaftslehre
Riedl, Prof. Dr. Alfons, Theologische Hochschule Linz
Römelt, Dr. Josef, Ordenshochschule der Redemptoristen, Hennef/Sieg
Rombold, Prof. Dr. Günter, Theologische Hochschule Linz
Roth, Dr. Gottfried, Universität Wien – Lektor für Pastoralmedizin
Rotter, Prof. Dr. Hans SJ, Universität Innsbruck – Institut für Moraltheologie und Gesellschaftslehre
Sagmeister, Prof. Dr. Raimund, Pädagogische Akademie Salzburg
Schattovits, Dr. Helmuth, Institut für Ehe und Familie, Wien
Schlögel, Dr. Herbert, Würzburg
Schmitz, Dr. Wolfgang, Finanzminister a. D., Präsident der Österreichischen Nationalbank a. D., Wien
Schmölz, Prof. Dr. Franz-Martin OP, Universität Salzburg – Institut für christliche Gesellschaftslehre

Schockenhoff, Prof. Dr. Eberhard, Universität Regensburg – Institut für Moraltheologie

Spescha, Dr. Plasch, Sozialethische Arbeitsstelle der römisch-katholischen Kirche, Biel

Suttner, Prof. Dr. Ernst Christoph, Universität Wien – Institut für Patrologie und Ostkirchenkunde

Virt, Prof. Dr. Günter, Universität Wien – Institut für Moraltheologie

Weiler, Prof. DDr. Rudolf, Universität Wien – Institut für Ethik und Sozialwissenschaften

Weismayer, Prof. Dr. Josef, Universität Wien – Institut für Dogmatische Theologie und Dogmengeschichte

Wolbert, Prof. Dr. Werner, Universität Salzburg – Institut für Moraltheologie

Wolkinger, Dr. Alois, Universität Graz – Institut für Ethik und Sozialwissenschaft

Zsifkovits, Prof. DDr. Valentin, Universität Graz – Institut für Ethik und Sozialwissenschaft

Zulehner, Prof. DDr. Paul Michael, Universität Wien – Institut für Pastoraltheologie und Kerygmatik

A

Abtreibung

→ Empfängnisregelung → Genetik und Gentechnik → Leben
→ Menschenrechte → Menschenwürde → Mitwirkung → Person

1. Mit dem Begriff „Abtreibung" wird der absichtliche Abbruch einer Schwangerschaft bezeichnet, wobei die lebensfähige menschliche Leibesfrucht im Mutterleib getötet und daraus entfernt wird *(abortus arteficialis, voluntarius, procuratus)*. Dieser Abbruch kann durch einen Eingriff erfolgen, der die Tötung des ungeborenen menschlichen Lebens direkt beabsichtigt. Davon ist der indirekte Abbruch einer Schwangerschaft zu unterscheiden, der als Nebenwirkung einer an sich erlaubten und notwendigen ärztlichen Behandlung in Kauf genommen wird. Ebenso wird mit dem Begriff *abortus* auch noch der spontane Abgang der unreifen Leibesfrucht umschrieben, der aus irgendwelchen Ursachen ohne vorsätzliches menschliches Zutun von selbst eintritt *(abortus naturalis, casualis, spontaneus)*.

2. Bereits *älteste kirchliche Quellen* lehnen eine direkte Abtreibung strikt ab (*Didache* 2,2; *Barnabasbrief* 19,5; Athenagoras, *Leg.* 35; Klemens Alex., *Paidagogos* II, 10; Tertullian, *Apologeticum* 9; Minucius Felix, *Octavius* 30,2; Augustinus, *De nuptiis et concupiscentia* 15). Auch das kirchliche Lehramt hat mehrfach die Abtreibung abgelehnt (so auf den Synoden von Elvira cc. 63, 68 und Ancyra c. 21, vgl. auch die diesbezüglichen Erklärungen des Hl. Officiums, DS 3258, 3298, 3337). Ausführlicher nahmen dazu Pius XI. (DS 3719–3721) und Pius XII. (UG 1054, 1111–1116) Stellung, wobei jeder direkte Angriff auf schuldloses menschliches Leben als unerlaubt angesehen wird. Das 2. Vaticanum sieht in der Abtreibung ein „verabscheuungswürdiges Verbrechen" und fordert den Schutz des menschlichen Lebens von der Empfängnis an (GS 51). In ähnlicher Weise bezeichnet Paul VI. Abtreibung als absolut verwerflich (HV 14) und verurteilt Johannes Paul II. alle Maßnahmen zugunsten der Abtreibung (FC 30). Der CIC/1983 bedroht in c. 1398 eine vorsätzlich durchgeführte Abtreibung mit der Strafe der Exkommunikation. Angedroht ist diese Tatstrafe allen, die mit Erfolg und vorsätzlich an einer Abtreibung beteiligt waren.

3. In der *Diskussion* um den Beginn und Anfang des menschlichen Lebens stellte die Herkunft der Seele ein besonderes Problem dar. Nach der Auffassung des *Präexistentialismus* von der vorleiblichen Existenz der Seele sind alle menschlichen Seelen präexistent und werden erst nach der Zeugung durch die Eltern mit dem menschlichen Embryo verbunden (so z. B. Origenes und die Priszillianer).

Im Zusammenhang mit der Erbsündenlehre kam es zur Auseinandersetzung mit dem *Generatianismus,* der in verschiedenen Formen die Seele aus dem Zeugungsakt der Eltern hervorgehen ließ und mit der Vorstellung verbunden war, daß die Seele mit dem Samen von den Eltern auf das Kind übertragen werde (daher auch Traduzianismus genannt).

Im Hochmittelalter setzte sich die Auffassung des *Kreatianismus* durch, wonach die Geistseele unmittelbar von Gott geschaffen und in den von den Eltern gezeugten Leib eingesenkt wird. Über den Zeitpunkt, zu dem im embryonalen Werden die Erschaffung und Eingießung der Seele erfolgt, gingen die Meinungen auseinander. So hat nach Thomas v. Aquin die Zeugung epigenetischen Charakter. Er nimmt im Anschluß an Aristoteles eine Sukzessivbeseelung an, wonach in der Leibesfrucht nicht schon von Anfang an menschliches Leben da sei, sondern je nach dem körperlichen Substrat eine vegetative, sensitive und rationale Seele aufeinanderfolgten (S. Th. II/II, q 64 a 1). Dagegen vertrat Albertus Magnus die Theorie der Simultanbeseelung, wonach in der menschlichen Frucht von Anfang an die eine menschliche Seele wirke, die je nach der Heranbildung des körperlichen Substrates ihre Funktion entfalte.

In der heutigen Diskussion steht nicht mehr so sehr der Zeitpunkt der Beseelung zur Debatte, sondern die Beseelung als solche, wie auf dem Hintergrund eines Kreatianismus dieser Schöpfungsakt zu denken sei. Zur Erklärung wurde dafür der Begriff des „sich selbst überbietenden Werdens" (K. Rahner) eingeführt, wonach alles Neu- und Mehrwerden in dieser Welt als schöpferische Höherentwicklung immer einen Selbstüberstieg der geschöpflichen Ursache bedeutet. Eltern und Gott sind demnach in je verschiedenem Kausalbezug als Ursache des einen und ganzen Menschen zu verstehen.

4. Mit der *sittlichen Bewertung* der Abtreibung ist die Frage nach dem *Beginn des menschlichen Lebens* und damit nach dem anthropologischen *Status des Ungeborenen* eng verbunden. Neben extremen Auffassungen, welche den Beginn des Lebens mit der Geburt oder mit der extra-uterinen Lebensfähigkeit des Fötus festsetzen wollen oder die den Einsatz-

punkt für menschliches Leben psychologisch von der Bindung an die Mutter abhängig machen oder ihn mit dem Beginn der Fötalentwicklung verbinden, lassen sich in der Diskussion vor allem folgende Zeitpunkte ausmachen:

Die Ausbildung des Zentralnervensystems, der Großhirnrinde und der davon abhängigen Gehirntätigkeit wird deshalb als Kriterium für den Beginn menschlichen Lebens in Erwägung gezogen, weil für den Menschen das Personsein kennzeichnend sei, dieses aber die Geistigkeit und deren körperliches Substrat zur Voraussetzung habe. Es könne daher biologisch vom Menschen erst dann die Rede sein, wenn der Organismus alle lebenswichtigen Teile besitze und die Neuralstrukturen so weit ausgebildet seien, um die für dieses Individuum typischen Reaktionen zu ermöglichen. Wie das irreversible Aufhören der Funktion der Großhirnrinde den Todeszeitpunkt bestimme, sei der Beginn der Großhirnrindenfunktion Voraussetzung, um von einem geistbeseelten Wesen sprechen zu können (W. Ruff). Dazu ist aber anzumerken, daß Menschsein sich zwar erst voll in seinen geistigen Vollzügen verwirklicht, daß es aber bereits schon vorher in der Anlage, in Potenz da ist und sich im Laufe der Entwicklung immer mehr aktualisiert.

Als weiterer Zeitpunkt für den Beginn des spezifisch menschlichen Lebens wird auch die *Nidation,* die Einnistung der befruchteten Eizelle in die Gebärmutter angeführt. Dieser Zeitpunkt wird damit begründet, daß der Keim bis zum Ende der Implantationsphase sich noch in mehrere Individuen teilen könne und umgekehrt auch mehrere Keime sich zu einem einzigen vereinigen könnten. Ferner wird angeführt, daß erst mit der Nidation der Keim vom mütterlichen Organismus angenommen und so als menschliches Individuum konstituiert werde und daß vor der Nidation ein hoher Prozentsatz der befruchteten Eizellen zugrunde gehen würden. Dagegen ist wiederum einzuwenden, daß mit der Vereinigung der Keimzellen bereits der Anfang für eine Entwicklung auf die voll aktualisierte Person hin gegeben und das neue Leben auf Individualität hin angelegt ist und daß bereits ab der Befruchtung Prozesse der gegenseitigen Beeinflussung zwischen Mutter und Embryo ablaufen. Das Argument mit dem spontanen Abgang eines so hohen Prozentsatzes der befruchteten Eizellen stellt einen naturalistischen Fehlschluß dar, weil man aus natürlichen Vorgängen nicht ohne weiteres anthropologische Wertaussagen ableiten kann.

So wird als letztes biologisches Kriterium für den Lebensbeginn der Abschluß des *Befruchtungsvorganges* genannt. Mit der Verschmelzung der väterlichen und mütterlichen Erbanlagen entsteht das genetische Informationsmaterial eines neuen Menschen. Fraglich ist nur, ob damit bereits auch alle charakteristischen Merkmale eines bestimmten Individuums fertig vorgegeben sind, die nur noch zur Entwicklung gelangen, oder ob ein Individuum erst durch einen differenzierten Umwandlungsprozeß entsteht, wobei der genetische Code noch verschiedene Möglichkeiten offen läßt. Vom Augenblick der Befruchtung an ändert sich diese Information nicht mehr, und die menschliche Entwicklung folgt dem Gesetz der Erhaltung der Individualität (E. Blechschmidt). Was sich ändern kann, ist das äußere Erscheinungsbild. Zwischen Befruchtung und Geburt läßt sich kein Zeitpunkt ausmachen, an dem im Laufe der Entwicklung ein Mensch zum Menschen wird. Von da an ist die Entwicklung des menschlichen Keimes auf Personsein ausgerichtet, auch wenn er unter Umständen nach wenigen Tagen als Individuum zugrunde geht und durch Tochterzellen mehrere neue Individuen entstehen können. Jedenfalls führt jede ungestörte Weiterentwicklung zu einem Menschen mit Bewußtheit und Freiheit. Dabei geht jede Phase dieser Entwicklung aus der früheren hervor, und schon mit der Befruchtung ist die grundlegende aktive Potenz für die spätere Entwicklung gegeben. Der Mensch bildet nicht nur in seiner Baugestalt eine Ganzheit, sondern auch in seiner Werdegestalt, die mit der Vereinigung der elterlichen Zellen beginnt, in der morphologischen Vollendung gipfelt und bis zum Tode geht (R. Guardini). Es widerspricht einer ganzheitlichen Schau des Menschen, Teile losgelöst vom Ganzen zu betrachten. Menschsein in leiblicher und geschichtlicher Konkretisierung ist unteilbar und daher auch der Schutz dieses Gutes. Da also mit der Befruchtung ein kontinuierlicher Prozeß beginnt, der normalerweise zu einem lebensfähigen Menschen führt, ist dieses Leben von Anfang an schützenswert.

Für eine *moraltheologische Bewertung* ergibt sich aus dem naturwissenschaftlichen Befund, daß mit der Empfängnis neues Menschsein gegeben ist und es sich bei der Leibesfrucht nicht nur um einen Teil der Mutter handelt. Da dieses ungeborene Leben zudem ein schuldloses Menschenleben ist, muß es als unantastbar angesehen werden. Von daher ist jede direkte Abtreibung und jede formale und unmittelbare materiale Mithilfe zu ihr abzulehnen.

Nun gibt es aber Konfliktsituationen, in denen nach der Meinung der Gesellschaft diese Norm differenzierter gesehen werden sollte. Solche Gründe, die eine direkte Abtreibung angeblich oder wirklich als angezeigt erscheinen lassen, nennt man Indikationen.

Der härteste Konfliktfall liegt im Fall der *medizinischen Indikation* vor, wenn das Leben der Mutter und das Leben des ungeborenen Kindes so miteinander in Konkurrenz treten, daß nur eines gerettet werden kann.

Das kirchliche Lehramt, das sich die neuscholastische Argumentation zu eigen machte, wonach eine direkte Tötung unschuldigen Lebens nie und nimmer erlaubt sei, vertrat mehrfach die Ansicht, daß die Rettung des Lebens der Mutter durch absichtliche Zerstörung schuldlosen Menschenlebens sittlich verwerflich sei. Ein Notwehrrecht für die Zulässigkeit der Abtreibung bei medizinischer Indikation übersieht, daß das Kind ja kein ungerechtfertigter Angreifer ist. Ebensowenig ist hier eine Güterabwägung angebracht, die den Lebenswert der Mutter höher einstuft als den Lebenswert des ungeborenen Kindes. Weder das Leben der Mutter noch das des Kindes kann als wertvoller bezeichnet werden, vielmehr ist alles zur Rettung beider aufzubieten. Sollte es aber dennoch jene seltene ausweglose Konfliktsituation geben, in der Leben gegen Leben steht, so läßt sich diesbezüglich unter den Moraltheologen heute ein weitgehender Konsens feststellen, dem rettbaren Leben gegenüber dem auf Dauer ohnedies unrettbaren Leben den Vorrang zu geben.

Mit der *eugenischen* oder *genetischen* Indikation werden all jene Fälle zusammengefaßt, die auf Grund einer schweren Mißbildung oder wenn erbkranker Nachwuchs zu erwarten ist, eine Abtreibung als angezeigt erscheinen lassen. Abgesehen von der Tatsache, daß es sich dabei um die Tötung eines schuldlosen Menschen handelt, bleibt dagegen einzuwenden, daß die Voraussagen bezüglich gesundheitlicher Schädigungen vielfach nur Wahrscheinlichkeitscharakter haben, und selbst wenn es gelingen sollte, eine schwere Mißbildung mit moralischer und medizinischer Sicherheit vorauszusagen, kann auch behindertes Leben nicht für wertlos erklärt werden. Wohin eine solche Ideologie führen kann, läßt sich an der Rassenideologie des nationalsozialistischen Staates historisch aufweisen. Das Leben als Basisgut und fundamentale Voraussetzung für personal menschliches Leben hat Vorrang vor der Lebensqualität in einem Teilbereich.

Die *kriminologische* Indikation umschreibt eine Gruppe unterschiedlicher Gründe wie Ehrennotstand durch außereheliche Schwangerschaft oder die Notlage jener Mutter, deren Leibesfrucht kriminellen Sexualakten entstammt oder der ein Kind gegen ihren Willen aufgezwungen wurde. So verständlich die Notlage einer derart bedrängten Frau sein kann, so ist darauf hinzuweisen, daß es andere Möglichkeiten zur Bewältigung einer solchen Konfliktsituation gibt als die Tötung des ungeborenen Kindes, die in umfassender menschlicher Hilfe bestehen.

Mit *sozialer Indikation* werden jene Konfliktsituationen bezeichnet, in der das ungeborene Kind für die Familie eine große wirtschaftliche und soziale Last bedeutet. Auch dazu ist einzuwenden, daß dem Basisgut

Leben Vorrang zukommt vor den darauf aufbauenden Aspekten der Lebensqualität und das Notstandsrecht nie bis zur Tötung eines Schuldlosen reichen kann. Korrigierbare Güter der Lebensqualität stehen hier ja der grundsätzlich unkorrigierbaren Tötung des Lebens gegenüber. Gerade in wirklichen Konfliktsituationen ist daher die Hilfe der Umgebung, der Gesellschaft und des Staates durch eine wirksame Sozialpolitik angefragt.

5. Das menschliche Leben als *Rechtsgut* ist als Basisgut das Fundament, auf dem alle anderen Güter aufbauen. Da nun aber mit der Befruchtung neues Menschsein nachweisbar vorliegt, eignet diesem Leben eine Würde, die ihm nicht von der Gesellschaft verliehen werden kann und die jeder positiv-rechtlichen Regelung vorausliegt. Da der Schutz des werdenden Lebens ein so fundamentales Gut für das menschliche Zusammenleben ist, muß er auch durch Staat und Gesellschaft grundsätzlich gewährleistet sein. In der *strafgesetzlichen Regelung* hat die Problematik der Abtreibung in den meisten europäischen Ländern während der siebziger Jahre eine weitgehende Neuregelung erfahren. In der Bundesrepublik Deutschland steht der Schwangerschaftsabbruch nach § 218 StGB grundsätzlich unter Strafdrohung, Straffreiheit ist nur unter bestimmten Bedingungen gegeben, die innerhalb bestimmter Fristen nach vorliegender Beratung von einem Arzt festgestellt werden müssen. Zu solchen Bedingungen zählen die medizinische, ethische, eugenische Indikation sowie die Notlagenindikation. Im österreichischen StGB ist nach § 96 Schwangerschaftsabbruch grundsätzlich mit Strafe bedroht. Er bleibt nach § 97 aber dann straffrei, wenn er innerhalb der ersten drei Monate („Fristenregelung") nach vorhergehender Beratung von einem Arzt durchgeführt wird oder danach aufgrund einer medizinischen, eugenischen oder ethisch-kindlichen Indikation. In der Schweiz besteht eine Gesetzeslage, die eine der Bundesrepublik Deutschland vergleichbare erweiterte Indikationenregelung enthält.

E. Blechschmidt, Wie beginnt menschliches Leben: Vom Ei zum Embryo (1976); *M. Benedikt/R. Potz* (Hrsg.), Zygote, Fötus, Mensch. Zur Anthropologie des werdenden Lebens (1986); *F. Böckle,* Der Beginn der konkreten geschichtlichen Existenz des einzelnen Menschen, in: HchE II, 36–45; *F. Böckle* (Hrsg.), Schwangerschaftsabbruch als individuelles und gesellschaftliches Problem (1981); *J. Gründel,* Abtreibung – pro und contra (1971); *K. Hinrichsen,* Embryonale Aspekte des Schwangerschaftsabbruches, in: Theologisch-praktische Quartalschrift 120 (1972) 224–230. *K. Rahner/P. Overhage,* Das Problem der Hoministion (1961); *W. Ruff,* Die Menschwerdung menschlichen Lebens, in: Arzt und Christ 17 (1971) 129–138.

RAIMUND SAGMEISTER

AIDS

→ Diskriminierung → Homosexualität → Krankheit → Schuld
→ Vergebung

1. AIDS als Krankheit

Bei AIDS handelt es sich um eine neu entdeckte Krankheit, durch die das Immunsystem des menschlichen Körpers zerstört wird. 1989 wurden rund 150.000 AIDS-Fälle gemeldet, die Dunkelziffer auf etwa 250.000 geschätzt. Die etwa 10 bis 15 Millionen Infizierten lassen allerdings schon für 1991 etwa 1 bis 3 Millionen AIDS-Kranke erwarten. Kommt die Krankheit zum Ausbruch, führt sie unweigerlich zum Tode. Übertragen wird AIDS durch die Körpersäfte (Blut, Speichel, Tränen, Urin, Sperma, Scheidensekret, Muttermilch) eines Erkrankten, und zwar dadurch, daß diese in den Blutkreis eines anderen Menschen gelangen. Dies geschieht z. B. beim Geschlechtsverkehr in Verbindung mit einer auch nur geringfügigen Verletzung. Da die Verletzungsgefahr beim Analverkehr unvergleichlich höher ist als bei anderen sexuellen Verhaltensweisen, stellen die Homosexuellen ebenso eine besondere Risikogruppe dar wie die Drogenabhängigen, wenn dieselben Injektionsnadeln von verschiedenen Personen verwendet werden. Die Ansteckung mit AIDS kann allerdings auch durch eine infizierte Blutkonserve (besonders gefährdet: Bluter!), durch die Muttermilch oder von der Mutter auf den Embryo im Laufe der Schwangerschaft übertragen werden: 30 bis 50 Prozent der von AIDS-kranken Müttern geborenen Neugeborenen sind ebenfalls krank.

2. Das theologische Problem

Ist AIDS eine Strafe Gottes? Im Unterschied zu fast allen anderen Krankheiten scheint AIDS eine theologische Frage aufzuwerfen: Ist AIDS, das in der Mehrzahl der Fälle durch homosexuellen Geschlechtsverkehr und Drogengebrauch übertragen wird, eine Strafe Gottes? Die Frage könnte man paradox so beantworten: Jede Krankheit (darum auch AIDS) und keine Krankheit (darum auch AIDS nicht) ist „Strafe Gottes"!

a) *Tod und Krankheit als Folge der Sünde:*
Jedes Leid und *jede* Krankheit haben etwas mit der Sünde zu tun. So fern der Gedanke dem modernen Menschen liegen mag: Im Lichte des Glaubens ist das Leid, der Tod – so wie ihn der Mensch erlebt – und natürlich auch jede Erkrankung eine Folge der Sünde und damit auch

Strafe für die Sünde (Röm 5,12). Auch Jesus erinnert an ein schweres Unglück mit mehreren Todesopfern und stellt einen Zusammenhang mit den Sünden der Menschen und ihrer ausstehenden Bekehrung her: „Ihr alle werdet genauso umkommen, wenn ihr euch nicht bekehrt" (Lk 13,5).

Dabei ist zu beachten, daß sich die „Strafe" einerseits von der Rache (die immer auf die bloß subjektive Befriedigung des Rächers bezogen ist) unterscheidet und andererseits auch von einer sinnlosen, bloß negativ zu wertenden Folge einer Tat. Ein sinnhaftes Annehmen der Strafe ist Rückkehr in die Gemeinschaft auf Grund des als Sühne angenommenen Leidens. Ohne diese Annahme durch den Bestraften ist die Strafe ihres tiefsten Sinnes beraubt. Entscheidend aber ist: Strafe ist ihrem Wesen nach immer „ein Übel und dennoch ein Gut" (J. Pieper).

Jeder Mensch sollte seine Krankheiten und die Übel, von denen er betroffen ist, in dieser Perspektive aus dem Glauben deuten lernen: als ein Leid, das in Verbindung mit dem Kreuz Christi in der Solidaritätsgemeinschaft der Kirche eine erlösende, die eigenen und fremden (!) Sünden wiedergutmachende Kraft hat.

Diese Art des gläubig-spirituellen Umgehens mit Krankheit und Tod gilt selbstverständlich nicht nur für AIDS, sondern für *jedwede* Krankheit und *jedes* Unglück, das einen Menschen treffen mag.

b) Sünde und Krankheit im Leben des einzelnen Menschen:
– Keine direkte Entsprechung von Sünde und Krankheit: Die eben dargelegte religiöse Sicht der Krankheit hat nichts mit der verführerischen Annahme zu tun, im Leben des einzelnen Menschen gäbe es eine direkte Entsprechung von Sünde und Krankheit, sodaß man von der Schwere der Krankheit auf die Größe der Sündigkeit eines bestimmten Menschen schließen könne. Jesus weist diese Annahme im Gespräch über die Ursache einer vererbten Blindheit eindeutig zurück (vgl. Joh 9,1ff.).

Daß dies nicht so ist, beweist der gesunde Lump auf der einen Seite, der kranke Heilige auf der anderen. Schon der Psalmist (Ps 39) beklagte das Mißverhältnis von Leid und Schuld und findet die Lösung dieser richtigen Frage nur durch den Blick auf das endgültige Schicksal der Bösen (z. B. Ps 37).

– Spirituelle Deutung der eigenen Lebensgeschichte: In deutlicher Abgrenzung von der eben zurückgewiesenen Fehldeutung mit ihrer oberflächlichen Gleichung „Krankheit gleich Sünde" bleibt dennoch die spirituelle, persönliche Auslegung einer Erkrankung als „Strafe Gottes" möglich: Wenn einer, der sich auf Grund persönlicher Sünde eine bestimmte Krankheit (etwa: ein betrunkener Autofahrer, der verunglückt und infolgedessen im Rollstuhl sitzt) zugezogen hat, diese als „Strafe" Gottes versteht und annimmt, ist diese Deutung legitim, solange er nur die Gleichung „Das Maß der Erkrankung und der Leiden ist Maßstab meiner Sünde" vermeidet.

3. Diskriminierung von AIDS-Kranken

Angesichts der Tatsache, daß bestimmte Randgruppen (Homosexuelle, Drogensüchtige) die wichtigsten Risikogruppen für AIDS darstellen, neigen viele Menschen dazu, diese Erkrankung im Sinne der genannten, abzulehnenden Gleichung als „Strafe Gottes" zu interpretieren und die Betroffenen entsprechend zu diskriminieren.

Daß AIDS besonders häufig durch homosexuelle Kontakte übertragen wird, hat mit der moralischen Qualität dieser Verhaltensweise nichts zu tun. Das sittliche Urteil über homosexuellen Verkehr als solchen ist unabhängig davon, ob dieser eine wie auch immer krankmachende Wirkung hat oder nicht. Dasselbe gilt naturgemäß für jede Form der Drogeneinnahme. Daß derjenige, der wissentlich andere oder auch sich selbst in Gefahr bringt, objektiv sündigt, ist selbstverständlich.

4. Das Verhalten des AIDS-Kranken selbst

a) Leben mit der Krankheit und Vorbereitung auf den Tod:
Wie jeder schwer erkrankte Mensch soll sich der AIDS-Kranke seiner Situation stellen. Er muß lernen, seine bittere Lage im Licht des Glaubens als Kreuz zu sehen, das Gott ihm auferlegt, und das es jetzt zu tragen gilt. Nur dadurch wird es ihm gelingen, nicht zu verbittern, sondern zu innerer Ruhe und Frieden zu gelangen. Auf Grund seiner Erkrankung ist er besonders verpflichtet, an den Tod zu denken – aber nicht, um dann in Depression zu verfallen, sondern immer nur in Verbindung mit dem Gedanken an die Auferstehung, an die Barmherzigkeit Gottes und an die erlösende Kraft jenes Sterbens, das aus der Hand Gottes angenommen wird.

b) Rücksichtnahme auf die Umwelt:
– Schutz anderer Menschen: Der AIDS-Kranke hat die selbstverständliche Pflicht, alles zu tun, um nicht andere Menschen anzustecken. Dies kann, so leidvoll dies für ihn auch sein mag, in einer konkreten Situation auch bedeuten, daß er andere Menschen (und nicht nur den Arzt) von seiner Krankheit in Kenntnis setzt.

– AIDS und Kondom-Verkehr: Rein technisch betrachtet stellen Kondome einen gewissen Schutz gegen AIDS dar und sind daher, auf den Einzelfall des homosexuellen Aktes bezogen, das kleinere Übel. Dennoch ist der Kondom als AIDS-Schutz oder gar die entsprechende Propaganda abzulehnen:

Kondome bieten keineswegs einen absoluten Schutz, sondern weisen eine angesichts der Gefährlichkeit von AIDS verhängnisvoll hohe Fehlerquote auf. Den Ehepartner auf diese Weise tödlich zu gefährden, kann unmöglich ein Akt der Liebe sein. Der Verzicht auf Geschlechtsverkehr ist in diesem Fall „eine Folge der Achtung vor dem Leben und der Rücksicht auf den Partner" (K. Küng.)

Erst recht abzulehnen ist die Propaganda für Kondom-Gebrauch (etwa: „Schutz aus Liebe"), weil sie die Betroffenen in Sicherheit wiegt und zu einem sorglos-liberalen Sexualverhalten geradezu einlädt. Eine indirekte Steigerung der Ansteckungsquote ist die Folge.

Gäbe es einen absolut sicheren Kondom, wäre zu prüfen, ob man ihn innerhalb der Ehe als therapeutisches Mittel im Sinn der Doppelwirkung einer Handlung und damit in Übereinstimmung mit der Lehre von *Humanae Vitae* (vgl. Nr. 15) einsetzen könnte – falls man nicht sagen muß, daß dadurch die eheliche Hingabe als solche auf der körperlichen Ebene nicht mehr ist, was sie sein sollte: Gabe an den Partner. Für nichtverheiratete oder gar homosexuelle Partner könnte ein solcher Kondom nur als kleineres Übel gesehen werden.

5. *Das christliche Verhalten gegenüber AIDS und AIDS-Kranken*

a) *Angst und Vorsorge:* Naturgemäß hat die Umwelt eines AIDS-Kranken Angst. Selbstverständlich darf und soll sich jeder Mensch informieren, wie die Mechanismen der Ansteckung funktionieren, um für sich und seine Angehörigen entsprechende Vorsichtsmaßnahmen ergreifen zu können. Diese legitime Sorge darf allerdings nicht in AIDS-Hysterie ausarten, auf Grund derer AIDS-Kranke ausgesperrt, in Spitälern nicht behandelt oder sonst der normalen Rechte eines kranken Menschen beraubt werden.

b) *Enthaltsamkeit und Treue als wichtigstes Mittel gegen AIDS:* AIDS kann man zwar auch durch unglückliche Umstände oder irgendeine Schlamperei (infizierte Blutkonserve, versehentliches Benützen eines frisch infizierten Gegenstandes) bekommen, aber immer noch stellen die Randgruppen der Homo- oder Bisexuellen und der Fixer bis zu 90 Prozent der AIDS-Kranken. In diesem Sinn gilt in den meisten Fällen: AIDS bekommt man nicht, AIDS holt man sich!

Das aber heißt umgekehrt: Wer nach den Geboten Gottes lebt und daher nur ehelichen Geschlechtsverkehr pflegt, ist in Verbindung mit einer vernünftigen Sorgfalt praktisch sicher, nicht an AIDS zu erkranken. Angst vor AIDS allein ist allerdings keine moralisch hinreichende Motivation und sie begründet keine Ethik. Dennoch bleibt wahr: Das moralisch richtige Verhalten würde die Situation in kurzer Zeit entscheidend verändern!

c) Zuwendung und Hilfe: Der AIDS-Kranke ist nicht anders zu behandeln als jeder andere Mensch, der an einer ansteckenden und gefährlichen Krankheit leidet. Angesichts der Unheilbarkeit dieser Erkrankung bedarf der AIDS-Kranke einer besonderen Zuwendung und begleitenden Liebe, die den leiblichen und seelischen Bedürfnissen und Leiden des Kranken gilt.

Sollte sich der Betroffene AIDS tatsächlich durch ein unmoralisches Verhalten zugezogen haben, ist es wie bei jeder anderen Sünde vor allem seiner freien Entscheidung anheimgestellt, ob er sich dem Seelsorger öffnet und gegebenenfalls sich bekehrt. Umgekehrt ist es – wiederum: wie bei jeder anderen Sünde! – eine Frage der pastoralen Klugheit und des religiösen Taktgefühls, ob, wie und wann der Seelsorger oder ein anderer Mensch, der sich dazu in der Lage sieht, den Kranken auf diesen Aspekt seines Lebens ansprechen kann.

d) Neue Formen der Hilfe: Zu allen Zeiten der Kirchengeschichte haben besondere Nöte auch besondere Antworten hervorgerufen. Vor allem wenn sich AIDS noch weiter ausbreiten sollte (was nach dem Stand der derzeitigen Erkenntnisse wahrscheinlich ist), sind die Christen besonders aufgerufen, auf dieses düstere Zeichen der Zeit die Antwort des Evangeliums, das heißt der Zuwendung und des Erbarmens, zu geben. Die Schwestern der Mutter Teresa (und andere Institutionen) haben Häuser für AIDS-Kranke eröffnet. Erste Schritte sind damit getan.

A. W. v. Eiff/J. Gründel, Von AIDS herausgefordert. Medizinisch-ethische Orientierung (1987); *G. Frankenberg,* AIDS-Bekämpfung im Rechtsstaat. Aufklärung, Zwang, Prävention (1988); *J. Gründel,* AIDS – Herausforderung an Gesellschaft und Moral (^{2}1988); *J. Reiter,* AIDS – das Virus und die Moral, in: Stimme der Zeit 205 (1987) 435–453; *M. Majerus,* AIDS – unsere Verantwortung, (1988); *J. Piegsa,* AIDS. Krankheit und Herausforderung, in: *Katholische Sozialwissenschaftliche Zentralstelle Mönchengladbach* (Hrsg.), Kirche und Gesellschaft 144 (1987); *R. Süssmuth,* AIDS. Wege aus der Angst (1987).

ANDREAS LAUN

Almosen

→ Entwicklungszusammenarbeit → Gerechtigkeit → Liebe
→ Sozialethik → Verantwortung

Unter einem Almosen verstehen wir eine freiwillige Gabe an Bedürftige (vgl. Mt 5,42; 6,3f.). Neben der „milden Gabe" für Bettler kann z. B. auch internationale karitative Hilfe die Form eines Almosens annehmen. Der Almosengeber leistet jedoch noch keine strukturelle Veränderung oder Hilfe zur Selbsthilfe, d. h., er gibt – im Sinn eines chinesischen Sprichwortes – dem Hungrigen einen Fisch, aber er lehrt ihn nicht fischen.

Alttestamentliche Ethik

→ Autonomie → Dekalog → Gott → Heilsgeschichte → Hermeneutik
→ Menschenwürde → Neutestamentliche Ethik

Obwohl der Christ für den konkreten sittlichen Lebensvollzug an der Offenbarungsbasis der Hl. Schrift fundamentale Orientierung, Daseinsperspektive und innovative Impulse gewinnt, muß er sich doch ständig neu vergewissern, ob er im Umgang mit der Bibel wirklich auf den Anspruch des Wortes Gottes trifft und nicht seine zeitbedingte, kulturabhängige, weltbildgebundene Ausdrucksweise dafür hält. Dieses Mißverständnis wirkt sich gerade im Bereich von Ethikaussagen verhängnisvoll aus, indem etwa gewalttätige, androzentrische, autoritäre Züge für die theologische Sachaussage genommen werden. Es ist darum nötig und unverzichtbar, diese „hermeneutische Differenz" zwischen Offenbarungsanspruch der theologischen Sachaussage und ihrer zeitbedingten Ausdrucksgestalt aufzudecken.

Mit dieser Verstehensbarriere, aber auch ebenso mit der im AT dokumentierten tausendjährigen Erfahrungsgeschichte des von Gott geforderten Menschen hängt die Tatsache zusammen, daß eine in sich stimmige, konsistente Gesamtdarstellung atl. Ethik kaum möglich (und bisher auch nur selten versucht worden) ist. Jeder systematisierende Zugriff muß sich gegenüber dem vitalen Wachstumsprozeß der biblischen Texte sowie dem überaus vielfältigen, variantenreichen Ausdruck ethischen Bewußtseins zurücknehmen. Um sich soweit wie möglich der atl. Denkform anzunähern, bietet sich ein doppeltes Vorgehen an: im Sinn einer biblischen Metaethik den offenbarungsgeschichtlichen Rahmen als Großhorizont aller Ethikaussagen zu beschreiben (1.) und im Blick auf eine materiale Ethik die großen Themenfelder zu skizzieren, in denen sich das sittliche Bewußtsein konkretisiert und artikuliert (2.).

1. Die bibeltheologische Ortsbestimmung atl. Ethikaussagen

a) Theonomie als Letztbegründung aller Ethik: Durch die Ausrichtung auf Gott entsteht aus Wertbestimmungen und Sollensaussagen allererst Theologische Ethik (vgl. Ps 147,19f.). Mit den bibeltheologischen Kategorien von Wort Gottes, Heilsgeschichte, Bund und Erwählung profiliert sich auch jene fundamentale Überzeugung der theonomen Grundausrichtung aller Lebensgestaltung des Menschen: Der offenbarende Gott ist die Normbasis aller Ethik, bzw. am Gottesbild gewinnt der Mensch erst den Maßstab für den Entwurf seines Menschseins, bzw. an Gott lernt der Mensch, wie wichtig der Mitmensch ist. Identitätsfindung und Sozialisierung gewinnen somit gleicherweise ihre Impulse aus der Beziehung zu Gott. Für das AT gilt aber ebenso die kritische Negativfassung: Störung des Verhältnisses zu Gott schlägt um in Zerstörung des Verhältnisses zum Mitmenschen und zu sich selbst. So ergibt sich als ethische Verkündigungsperspektive wie als hermeneutische Strukturaussage: Im Maßstab der Theonomie der Lebensform gewinnt der Mensch seine Autonomie (während jede andere Ausrichtung in Heteronomie gerät). Für die Bibel erscheint diese dynamische Sicht der sonst oftmals dialektischen Fassung von Bindung und Freiheit (vgl. „Theonome Autonomie" bei Fr. Böckle) wesentlich. Dieses Gefälle muß sich in den verschiedenen Sachbereichen (2.) bewähren.

b) Heilsgeschichte als Sachkontext der Sittlichkeit in Israel: Biblische Theonomie entsteht nicht aus einer isolierten autoritären Primärforderung, sondern resultiert aus einer Geschichte der Erfahrung des rettenden, intervenierenden, erlösenden Handelns Gottes. Israel verdankt sein Überleben, seine Daseinsentfaltung, seine nationale Identität einer Geschichte, in der sich immer wieder das vitale Interesse Gottes, seine gemeinschaftstiftenden Initiativen und seine Gesprächskontakte mit diesem Volk vernehmen lassen. Diese akkumulierte Rettungserfahrung wird im AT als Bundesgeschichte konzipiert, welche nun als Großkontext des fordernden Gottes fungiert. Dabei zeigt sich als weitere hermeneutische Basisbestimmung: Der fordernde, verpflichtende, bindende Gott ist vorgängig der helfende, heilende, rettende Gott! Daraus ergibt sich, daß die vielen Einzelgebote und Gesetze aus diesem heilsgeschichtlichen Erfahrungskontext zu begreifen sind und im Dienst der Sicherstellung und Bewahrung von Leben, Freiheit und Identität des

Bundesvolkes stehen. Von daher gewinnt die deuteronomistische Toraparänese ihre zentrale Motivation der Lebenssteigerung und Daseinsoptimierung als Sachkonsequenz aus dem Gottesbild: „Wähle das Leben, damit du lebst ... Liebe deinen Gott ..., er ist dein Leben" (Dtn 30,19–20).

c) Die „Sprache der Moral" – Gebots- und Gehorsamsterminologie: Angesichts einer uns oft schwer eingängigen, altorientalisch geprägten Semantik ist gerade die Moraldiktion auf ihre Funktion hin abzuhorchen. Entsprechend obiger Kontextbestimmung der Forderungen Gottes in seinem Rettungshandeln signalisiert die biblische Gebotsparänese jene Konnotationen der Optimierung des Lebens (nicht seiner Reglementierung, Entmündigung usw.). Demnach kann Gebotssprache etwa in Begriffen der Korrespondenz von Gehorsam – Liebe formuliert werden (Dtn 10,20f.; 11,22; 30,16). Der Einsatz polarer Begriffe (wie Leben–Tod, Segen–Fluch, Gerechter–Frevler) deutet die moralische und existentielle Alternative bei ethischen Entscheidungen an: Ist dieser Lebensstil lebensfördernd oder lebensbedrohlich, zukunftshältig oder zukunftslos? Die Sprache der Strafverfolgung, der Sanktionen, der Ahndung, gesteigert in Racheterminologie, ja durch Todesdrohung, schließlich durch Nennung der Exkommunikation aus der Bundesgemeinschaft (damit Lebensgemeinschaft) fungiert als Angabe des Geltungsniveaus, der Verbindlichkeit, des „Ernstes": Was steht dabei auf dem Spiel? Es ist eine Weise negativer Bestimmung von Verantwortlichkeit (unter dem Aspekt des Scheiterns und der Verweigerung).

Viele konkrete, meist auch gattungsmäßig fixierte Ausdrucksformen unterscheiden nach Verpflichtungsgrad und dem Umfang der Verantwortlichkeit. (Entsprechend seiner integrativen Anthropologie kennt das AT nicht jene Trennschärfe zwischen Religion, Rechtsprechung, Ethos des Zusammenlebens usw., was bei Interpretation zahlreicher Einzelregelungen zu beachten ist.) Unter den atl. Rechtssätzen haben sich vor allem zwei Grundformen ausgebildet: apodiktische und kasuistische Satzbildung. Darin spiegelt sich die Differenz von prinzipienhaften, generalisierenden Grundsatzäußerungen gegenüber fall- und anlaßbezogenen Einzelregelungen bzw. normative versus situative Ethik! Besonders die apodiktischen Gebote greifen in totalisierender Formulierung („Du sollst nicht morden!") sehr viel weiträumiger auf den Lebensstil des Bundesvolkes aus und eignen sich für programmatische Deklarationen des biblischen Bundesethos: Dekalog (Ex 20; Dtn 5) sowie andere Reihenbildungen. Dagegen eignet sich das kasuistische Gebot wegen seiner Alltags- und Situationsnähe für die praktizierte

Streitschlichtung und Rechtsprechung und kann sein humanisierendes Potential konkret entfalten.

Eine Reihe von annähernd synonymen Bezeichnungen ist in Verwendung, um je nach weisheitlichem, rechtlichem, priesterlichem Situationsbezug die Gebotsmaterie zu bezeichnen. Neben Wort *(dabar)* ist Vorschrift/Anordnung/Satzung *(choq, miswah, mischpath)* in Verwendung. Bedeutsam ist die Entwicklung von Weisung/Gesetz *(torah)* zum Gesamtgesetz(buch) *(torah)* in Dtn. So kommt immer deutlicher der Universalitätsanspruch des Bundesethos als Gesamtentwurf eines sittlichen Wertekosmos in den Blick. Wichtig ist aber auch, daß diese Terminologie immer wieder mit der Intention der Daseinsoptimierung und Lebensförderung verbunden wird. Wahre Torafrömmigkeit kann sich hymnisch als Begeisterung und Freude über die Gebote äußern: „Ich eile voran auf dem Weg deiner Gebote / denn mein Herz machst du weit" (Ps 119,32; vgl. Ps 1,2; 19,8ff.).

d) Ethische Grundkategorien und Leitbegriffe: Jeder Systematisierungsversuch arbeitet mit begrifflicher Klärung, die schon im AT eine beachtliche Konsistenz erreicht.

– Gut/Böse bzw. Glück/Unglück *(thob-ra')* als weiträumigste Nennung der Pole bzw. Alternativen ethischer Entscheidung. Gemäß atl., nicht-dualistischer Anthropologie („synthetische Lebensauffassung", K. Fahlgren) gelten beide Ebenen: das vital-psychisch-materielle Sein und das geistig-religiöse Sein des Menschen. Der gute Mensch ist auch der glückliche und bundestreue Mensch! „Sucht das Gute, nicht das Böse, dann werdet ihr leben!" (Mi 3,2). Jesaja kann damit einen globalen Orientierungsverlust des Daseins aussprechen: „Weh denen, die das Böse gut und das Gute böse nennen, die Finsternis zum Licht ..., das Bittere süß machen!" (Jes 5,20). Diese generalisierten Polarbegriffe sind nie nur familiär-pädagogisch, weisheitlich-lebenspraktisch, sondern immer auch vom Bundesethos semantisch aufgeladen.

Gemäß dieser integrativ-synthetischen Anthropologie muß auch die Frage der Gesinnungsethik genau bestimmt werden. Zwar wird der Bereich der inneren Haltung, der Intentionen und des Wollens durchaus hoch veranschlagt, aber doch stark auf das konkrete Tun und Agieren bezogen. Die „Gesinnung" wird als „Planen, Sinnen, Trachten nach ..." verstanden (vgl. Gen 6,5; 8,21; Dtn 5,21; Mi 2,1).

Auch der Terminus „Gewissen" hat kein sprachliches Pendant, und doch geht die Auffassung vom Herzen als dem Ort der sittlichen Grundhaltung deutlich in diese Richtung. In alltagsbezogener Toraparänese kann Dtn 30,11–14 die dichte Nähe des Wortes Gottes „in deinem Mund und in deinem Herzen" fast als Stimme des Gewissens verstehen. Aber auch die eschatologische Perspektive ortet die Neugestaltung der bundesgemäßen Lebensform und Sittlichkeit im Herzen: „Ich gebe meine Tora in ihre Mitte hinein, in ihr Herz schreibe ich sie ein" (Jer 31,33; Ez 36,26; Ps 51,12). Eine weitere anthropologische Prämisse ist hier zu berücksichtigen: Nicht Individualethik, sondern primär Gemeinschaftsethik ist der gültige Interpretationsrahmen der Gebote. So wird durch individuell-ethisches Verhalten die Bundesgemeinde zutiefst bestimmt (von daher sind die Exkommunikationsaussagen zu begreifen). Damit wird verständlich, daß die folgenden Leitbegriffe atl. Ethik sämtlich gemeinschaftsorientiert sind.

– Güte/Huld/Gemeinschaftssinn *(chäsäd)* und Liebe *('ahabah)*: Besonders ersterer Begriff ist nicht exakt übersetzbar. Wichtig erscheint, daß diese Ausdrücke ihre Herkunft aus der Verwandtschafts- und Clansolidarität nicht aufgeben, wo sie umfassend Familiensinn bezeichnen.

– Zuverlässigkeit/Verläßlichkeit/Beständigkeit/Treue *('ämät, 'ämunah)* gegen Täuschung, Betrug, im Judizialbereich Falschaussage, Rechtsbruch u. ä. Es geht um den Ausdruck persönlicher Integrität im Gemeinschaftsverhalten.

– Gerechtigkeit/Ordnungssinn *(sädäq, sedaqah)*: Primär nicht auf die mitmenschliche Beziehung, sondern auf den Einsatz und die Bereitschaft für die Bundesordnung bezogen (von der Wirtschaftsordnung über die soziale Wohlordnung bis zur Gottesgemeinschaft): Ausdruck intakter und geordneter Sozialbezüge, welche das Zusammenleben optimal regeln. Ein Mensch ist gerecht, indem er sein Verhältnis zum Mitmenschen gemäß der Wertwelt des Bundes gestaltet. Der Aspekt der Normorientierung und der Durchsetzung von Gerechtigkeit ist in der wichtigen Formel „Recht und Gerechtigkeit" auf den Begriff gebracht und meist auf die Führungsautoritäten (als den Garanten der Bundesordnung) bezogen. Nicht zufällig enthält die eschatologische Heilsutopie auch diese Zielvorstellung einer universalen Gerechtigkeitsordnung: „Ich will das Recht zur Richtschnur und die Gerechtigkeit zur Waage machen" (Jes 28,17; ferner Am 5,24; Jes 56,1; Jer 23,5; Ps 99,4; 89,15).

– Friede/Heil/Glück *(schalom)*: Hier zeigt sich die integrative Anthropologie besonders deutlich und als innovativ. Semantisch liegt die Vorstellung von Ganzheit/Unversehrtheit/Stimmigkeit zugrunde, woraus dann *Schalom* als Globalbegriff mit hoher ethischer Potenz entsteht, demgemäß als Zentralkategorie der Eschatologie (Mi 5,4). Gemäß dem Theonomiemodell ist es primär der Bundesgott, der diese ethischen Grundhaltungen selbst praktiziert und gemeinschaftsstiftend einsetzt. Einige dichte Formulierungen wie Jer 9,23; 16,5; Mi 6,8; Sach 7,9 nennen diese Begriffe zusammen, um die Wertwelt des Bundesvolkes zu signalisieren.

– *Heiligsein/Reinsein/Unbeschädigtsein* (*qadosch* adj.): ebenfalls ein Globalbegriff für sittliche Gesamthaltung ganz eigener Art. Entsprechend seiner semantischen Basis als „abgegrenzt/ausgesondert/rein" zielt er auf die Gemeinschaft mit dem heiligen Gott (versus Götter/Greuel). Hier wird die dynamische Fassung von Theonomie besonders gut faßbar: Durch den heiligen Gott wird Israel ausgesondert, gereinigt, geheiligt (vgl. Ex 19,6; Lev 19,2; 10,10; 11,45; Jes 6,3; Hab 3,3). Kultische Reinheit provoziert ethisches Rechttun (vgl. Ps 15; 24; Jes 58).

e) Ausdrucksweise des Verfehlens und Scheiterns: Das AT bezeichnet mit „Sünde/Schuld" die Qualifikation des Fehlverhaltens im Rahmen der Bundesverantwortung. Bedeutsam die Semantik von Sünde: chatha' und 'awon enthalten die Bedeutung des Ver-, Abfehlens, des Abirrens von einem Zielpunkt; theologisch von der Bundesnorm und in letzter Konsequenz als Verfehlen des Lebenszieles, ja des Lebens selbst (vgl. Spr 8,36; Hab 2,10). Von daher wird die Frage der Beziehung von Schuld-Strafe begreifbar als immanenter Tun-Ergehen-Zusammenhang. Dieser besagt, daß Sünde ein inneres Gefälle auf Sanktion/Bestrafung hat, also eine selbstdestruktive Tendenz erkennen läßt. Sein Lebenswandel ist für den Sünder selbst ruinös, ohne Zukunft, identitätsbedrohend – gerade dort, wo er auf Kosten seiner Mitmenschen seine Lebensmöglichkeiten forciert (vgl. Kain, Lamech). Entscheidend ist der Bibel dabei, daß es Gott ist (nicht eine Sanktionsautomatik), der diesen Zusammenhang aktiviert, in Gang bringt und garantiert: Jes 64,6; Jer 7,19 (vgl. Ps 109,17–19). Auch die prophetische Unheilsbotschaft ist aus diesem Zusammenhang zu erfassen.

2. Horizonte und Sachbereiche ethischer Aussagen (Themenfelder)

Für die ordnende Beschreibung der Vielfalt ethischer Aussagen gilt die wichtige bibeltheologische Prämisse, daß der Jahweglaube – besonders in der Dynamik des sich allmählich immer grundsätzlicher artikulierenden Monojahwismus – angesichts der Fülle und Pluralität ethischer Phänomene als ein integrativer und selektiver Faktor wirksam ist. Während die folgenden Topoi ethischer Wertaussagen als theologische Grundfigur die Theonomie erkennen lassen sowie ein konsistentes Profil der Zuwendung Gottes zur Lebenswelt der Menschen (Grundmotiv des Mit-Seins!), sind die Themenfelder dennoch nach literarischer Darbietung wie nach Problembezirken des Daseins und ihrer sittlichen Ausdrucksgestalt deutlich voneinander unterschieden und nicht völlig vermittelbar.

a) Exoduserfahrung und Bundesethos: Ex 3 proklamiert als Weichenstellung im Gottesbild den Nahmen JHWH, der die unkündbare Zusage Gottes für die Bedrohten und Wehrlosen ausspricht. Das Basiswissen von Gott, der die Versklavten nicht im Stich läßt und sie zu einem neuen Leben befreit/erlöst, ist ein Grunddogma Israels. Dieses Glaubenswissen, daß Gott Partei ergreift für die Rechtlosen, enthält ein hohes ethisches Potential. Im Sinaibund und seiner Gebotsverkündigung vollzieht sich nämlich die Institutionalisierung der Befreiung aus der Sklaverei im Modell der neuen Lebensform des Bundes. Es ist präzise jene nach vorn gerichtete Erzählbewegung der Exoduskomposition, aus der sich eine bestimmte Leseranweisung bzw. Leseregel ableiten läßt für die Masse der Einzelgebote: Der Sinai interpretiert sich vom Exodus her; das heilsgeschichtliche Gefälle von Exoduserfahrung und Bundesverpflichtung ist nicht umkehrbar. Somit geht das „Du kannst/du darfst" dem „Du sollst/du darfst nicht" bzw. geht der Indikativ dem Imperativ/Prohibitiv prinzipiell voraus. Daraus ergibt sich als Grundmotivation: Der Gebotsgehorsam basiert auf dem lebensfördernden, befreienden Handeln Gottes. Negativ gewendet: Verweigerung/Verrat an der Bundesforderung bedroht jenen gewonnenen Freiraum und den Befreiungsimpuls.

Konkret heißt dies für die Bundescharta des Dekalog etwa, daß der Handlungssinn nicht aus den Einzelgeboten abzulesen ist (so in einer naturrechtlichen Exegese), sondern aus der Kontextdetermination. Der Exodusrahmen gewährt den (isoliert und traditionsgeschichtlich gesehen, durchaus in vielen Fällen der altorientalischen Umwelt entlehnten!) Einzelgeboten ihren Sinnhorizont. Indem der Spitzensatz „Ich bin JHWH, dein Gott, der dich aus Ägypten geführt hat, aus dem Sklavenhaus" (Ex 20,2/Dtn 5,6) keinesfalls als Einleitung gemeint ist (wie in Religionsunterricht und Beichtpastoral oftmals suggeriert und aus dem Lerntext der „10 Gebote" eliminiert), sondern im Sinn der theonomen Ethik des AT als hermeneutischer Zugang zu verstehen ist, gewinnen die Einzelgebote ihre theologisch-ethische Dimensionierung. Dabei zielt die Gruppe der drei ersten Gebote auf die Grundsatzentscheidung (nochmals Theonomie) für die Wertbasis des Bundesgottes ab, während die folgenden Einzelgebote (4–10) Einzelbereiche des sittlichen Alltags vor Augen haben.

Dieser strukturelle Zusammenhang von Exodus–Sinaibund wird in der einzelnen Gebotsparänese als Einschärfung der Bundesnorm etwa des Dtn und Lev, aber schon im alten Bundesbuch (Ex 21–23) vielfach signalisiert: bisweilen nur angedeutet in der Chiffre des Exodusnamens „Ich bin Jahwe" (Ex 3,14!), wie bei der Nächstenliebe (Lev 19,17f.), bisweilen aber ausgebaut zum genauen argumentativen Sachbezug wie bei der Fremdenliebe: „Wenn bei dir ein Fremder im Land lebt, sollt ihr ihn nicht unterdrücken ... Du sollst ihn lieben wie dich selbst. – Denn ihr seid selbst Fremde in Ägypten gewesen. Ich bin Jahwe, dein Gott!" (v. 33f.). Selbst in der wirtschaftsethischen Aufforderung zu redlichem Vorgehen mit „richtigen Gewichten, richtiger Waage" wird als Sachmotiv der Exoduskontext genannt (v. 35f.). In der Schuldversklavung (bei zahlungsunfähigen Personen), der Grundenteignung, des Wucherzinses (Lev 25) wird die Anfrage an die Leistungsfähigkeit der Befreiungsethik des Exodusglaubens schonungslos gestellt.

Am Minderheiten- und Randgruppenethos erweist sich dieser strenge argumentative Sachbezug in seiner humanisierenden Logik: „Du sollst das Recht von Fremden, die Waisen sind, nicht beugen; du sollst das Kleid der Witwe nicht pfänden. Denk daran: Als du in Ägypten Sklave warst, hat dich Jahwe, dein Gott, dort freigekauft!" (Dtn 24,17–18). In anderer Diktion ist dieser heilsgeschichtliche Kontext angesprochen durch die Kombination der Formel „Fürchte deinen Gott" mit einer Einzelregelung (Lev 25,36.43.17).

Das wohl eindrucksvollste Phänomen der konsequenten Einbindung von ethischem Material in den Exodus-Sinai-Horizont hat die Redaktionsgeschichte erhoben. Dabei ergab sich, daß die weitausladende und überbordende Sinaiperikope (Ex 19 – Num 10; aktualisierend als mosaisches Vermächtnis in Dtn) zu begreifen ist als Resultat langer Wachstums- und Anreicherungsvorgänge, wodurch eine Menge auch sehr später Gesetze, Gebote und Rechtsmaterialien zurückverlegt und integriert wurde in die Sinaitradition. Damit erweist sich nochmals der singuläre Ort des Sinaibundes als immens fruchtbarer Innovationsraum für die Ethikreflexion. Dieser Redaktionsprozeß besagt bibeltheologisch: Es wird deklariert, daß jedes Gebot/Verbot aus dem Exodus-Sinai-Sachkontext zu begreifen und zu motivieren ist!

Demnach bedürfen alle Verantwortungsbereiche des Menschen der Exodusmotivation, soll das humanisierende und gemeinschaftsstabilisierende Potential der Gebote nicht verlorengehen (etwa durch legalistische Verselbständigung von Torasätzen, wie sie Jesus und Paulus in ihrer Torakritik apostrophiert haben). An dieser Stelle läßt sich kurz auf die Problemdiskussion verweisen, wonach die meisten biblischen Ethikaussagen als Gebotsparänese fungieren. Doch wird diese Paränese vielfach von Ethikern lediglich als literarische Mahnrede aufgefaßt, sodaß sie als Erinnerung, Ermunterung, Einschärfung der längst akzeptierten und verstandenen Wertwelt keine Sachbegründung bieten können (vgl. die Arbeiten von B. Schüller u. a.). Dabei dürfte sowohl die in der Exegese angesprochene Gattung der Paränese anders gebraucht werden als auch die Funktion solcher paränetischer Texte innerhalb des narrativen Großkontextes vernachlässigt sein. Denn es ergibt doch eine genaue kompositionskritische Analyse, wie oben vorausgesetzt, daß sowohl die Erzählrichtung (von Versklavung–Befreiungserfahrung–Sinaioffenbarung mit Gebotsproklamation) als auch der Einsatz bestimmter Gattungen in der Sinaiperikope selbst den programmatischen, deklarativen, neukonstituierenden Charakter solcher Gebotsaussagen signalisieren. Diese Gebotssprache innerhalb des Sinaibundes wird in höchster Verbindlichkeitsstufe vorgetragen. Ferner muß die ständige Kontextualisierung von Geboten auf das Exodusmotiv hin interpretiert werden als theologische Sachaussage und damit doch als kognitiver und argumentativer Beitrag zur inhaltlichen Begründung von Ethikaussagen gesehen werden. Drittens spricht besonders die dtn. Toraparänese in ihrer narrativen Fiktion eines zweiten Bundesschlusses angesichts des verheißenen Landes von einer aktuellen Neuentscheidung, wie einerseits die Segens- und Fluchpassagen (Dtn 28–30) andeuten und andererseits die Aktualisierung im Heute des Mosevermächtnisses zeigt (bes. Dtn 5,3!). Selbst in der späteren Prophetie ist Gebotsparänese noch kognitiv-argumentativ eingesetzt gegenüber einer Unrechtspraxis, wo offenbar falsche Begründungszusammenhänge (ein falsches Gottesbild, ein pervertiertes Menschenbild usw.) gelten.

b) „Wissen von Gott" (Hos 4,1) und prophetische Gesellschaftskritik: Die Propheten decken auf, diagnostizieren und analysieren Unrechtspraxis im konkreten Alltag des Bundesvolkes nicht darum, weil sie eine äußerst ausgeprägte Sensibilität und Humanität (so E. Bloch, E. Fromm) entwickeln, sondern weil sie ein präzises Gottesbild vor Augen haben, womit sich auch hier die theonome Grundstruktur zur Geltung bringt: Dieser Gott, der mit den Bedrohten und Wehrlosen solidarisch ist, duldet nicht, daß im Bundesvolk Menschen auf Kosten ihrer Mitmenschen leben. Es sind vor allem die Propheten, welche die Exoduswahrheit übersetzen und aktualisieren auf die Alltagsverhältnisse der Lebenswelt. Immer wieder läuft die Argumentationslinie so: Aus der Störung der Gottesbeziehung resultiert der soziale Zusammenbruch bzw. Unrechtspraxis erklärt sich aus Gottesverlust! In vier Typen der Gesellschaftskritik entfaltet die prophetische Literatur ihren Protest im Namen des Bundesgottes und im Dienst der Revitalisierung des Gemeinschaftsmodells vom Sinai.

– In der Fremdgötterpolemik wird die Gefahr der „falschen Religion" begriffen als Verlust des Gottesbildes (im Sinn des 1. Gebotes). Wo dieses authentische Wissen um Jahwe als den Rettergott für die Schwachen und Rechtlosen bedroht ist, verliert Israel den gemeinschaftsethischen Maßstab (vgl. Hos 12,1f.; 6,7–10; 13,1–4; Jer 4,1f.; 44,7–9; Ez 8,17; 23,37; 33,25–26 sowie Jes 44 u. Jer 10).
– Die Kultkritik demaskiert eine pervertierte Frömmigkeitspraxis. Der äußerst sensible Bereich des Gottesdienstes, wo ja die Exodusmemoria (Pascha, Sabbat) gefeiert wird, dient der Legitimierung von Unrechtspraxis (Jes 1,10–17; 58,3–5. 6ff.; Am 5,21–24; 8,4–6; Mi 6,6–8; Sach 7,4–11). „Wenn ihr auch noch soviel betet, ich höre es nicht. Denn eure Hände sind voll Blut!" (Jes 1,15). Durch solchen Lebensstil der Gewalttätigkeit wird der Exodusimpuls in sein Gegenteil verkehrt. Eindrucksvoll analysiert Jer 7 jenen fundamentalen Widerspruch, und zwar unter Zitation des Dekalogs (Jer 7,9f.). Die Kritik an der Unrechtspraxis spitzt sich auf die Aussage zu, daß Gott mit solchen Menschen nicht unter einem Dach leben kann. Denn die Nähe Gottes im Heiligtum ist für Jeremia solidarische Nähe zu den Gefährdeten und Hilflosen: „Wenn ihr die Fremden, die Waisen und Witwen nicht unterdrückt ... dann will ich bei euch wohnen hier an diesem Ort (des Tempels)" (v. 6–7). So ist für die Propheten das Heiligtum (Symbolarchitektur des „Gott mit uns" Ex 29,45–46) der Ort der Aktualisierung der Bundesnorm. In diesem Gottesdienst soll der kritische Maßstab wahrer Humanität wiedergefunden werden. Jenes subversive Gedächtnis (J. B. Metz) ist dem atl. Gottesdienst unverzichtbar: „Ich schlage meine Wohnstätte in eurer Mitte auf ... Ich bin Jahwe, euer Gott, der euch aus dem Land der Ägypter herausgeführt hat, sodaß ihr nicht mehr ihre Sklaven zu sein braucht. Ich habe eure Jochstangen zerbrochen und euch wieder aufrecht gehen lassen" (Lev 26,12–13; vgl. auch Ps 81,6–11).
– Die vielgestaltig konkretisierte Sozialkritik zieht aus dem Gottesbild der Propheten die stringente Folgerung für die Sozialethik: Ist Gott Parteigänger der Schwachen, Armen, Versklavten, dann darf der an diesen Gott Glaubende seine Mitmenschen niemals bedrohen, versklaven, ruinieren. Apostrophiert wird die Wirtschaftsethik, Bodenspekulation, Gewinnstreben auf Kosten anderer (vgl. Hos 12,8–9; Am 8,5–6; Mi 2f.8; 6,10–12); Formen der Gewalttätigkeit aller Art (Hos 4,2; Am 3,10; 4,1; Mi 3,2.10; Ez 7,11.23; Hab 2,15–17); die vergiftende Atmosphäre von Täuschung, Betrug, Verlogenheit (Jes 28,15; 59,3ff.; Jer 9,2–5; Hos 12,1–2; Ez 33,31).
– Kritik an Institutionen und Autoritäten trifft Königtum, Hofbeamte, Verwaltungsapparat, Priester, Kultpropheten, die Rechtsprechung

(vgl. Hos 5,1;10,4; Mi 3; 7,2–4; Jes 3,1ff.; Zef 3,1–4; Jer 13,13f.; 32,32; Ez 22,23–28 und besonders die Hirtenallegorie Kap. 34). Diese Form der Gesellschaftskritik ist darum so brisant, weil König, Priester, Prophet und Richter als Garanten des Bundesethos konzipiert sind. Hier nimmt Unrecht strukturelle Gestalt an. Wo diese Instanzen die Autorität des Bundesgottes mißachten, bedrohen sie gerade durch ihre Stellung das Gemeinschaftsmodell des befreiten Gottesvolkes vom Sinai. Gravierend zeigt sich dies an der Schutzlosigkeit von Minderheiten und Randgruppen („Witwen, Waisen, Fremde, Landlose" stehen unter dem Schutz des Exodusgottes: Ex 22,20f.; 23,9; Dtn 10,18f.; 24,17). Auch dabei ist die Unrechtspraxis als Folge des Gottesverlustes qualifiziert (Jes 1,17.23; 10,2; Jer 7,6; Ez 22,7; Mal 3,5; vgl. auch Ijob 24,3; 31,16). Daraus ist die biblische Option für die Armen deduzierbar, denn der Exodusgott selbst hat diese Option exemplarisch vorgetragen (Ex 3,7!).

c) Schöpfungsglaube: Höchstwert des Lebens und Umweltethik. Auch die Schöpfungstexte sprechen vorgängig vom aufbauenden, hochkreativen, lebenspendenden Handeln Gottes (Theonomie), woraus sich eine Reihe tiefreichender ethischer Konsequenzen und Wertaussagen ableiten läßt.
– Von der literarischen Gattung (Urzeitdarstellung) her wollen die Schöpfungstexte ein kritisches Ideal (Gen 1,31 „Siehe, es war sehr gut") und Gegenbild entwerfen – so wäre die Welt nach Gottes Schöpfungswille konzipiert! – im Kontrast zur faktischen Erfahrungswelt einer gestörten Schöpfung.
– Gottes kreatives Schaffen einer Wohlordnung im Kosmos als Lebensraum zielt auf ein fundamentales Lebensrecht für alles Lebendige (darum Pflanzennahrung 1,29f. versus 9,2f.).
– In der Qualifizierung des Schöpfungsmenschen als Bild des Schöpfers liegt die ethische Zentralaussage, daß der Mensch im Maßstab des Schöpfers (Theonomie!) und als sein Mandatar und Verantwortungsträger in der Welt selbst kreativ, hegend, Leben bewahrend und nicht destruktiv, bedrohlich, Leben zerstörend agieren soll (1,27f.).
– Die Ebenbildfunktion ist „dem Menschen", nicht einigen oder bestimmten Gruppen von Menschen zugesprochen. Darin liegt eine „demokratisierende" Grundtendenz: die Welt als Lebensraum für alle! Weil jeder Mensch Bild Gottes ist und Verantwortungsträger für die Schöpfung, darum muß die Welt als Lebensbasis für alle Menschen gelten: für die Schwachen der eigenen Generation ebenso wie für die später Geborenen.
– Die Basisaussage theologischer Anthropologie, wonach der Mensch

„als Mann und als Frau" (1,27) geschaffen ist, sieht die menschliche Konstitution in der Polarität der Geschlechter. Die Paradiesgeschichte (Gen 2) forciert dies in der Aussage, daß der Mann seine Identität und paradiesische Erfüllung erst durch die Frau gewinnt. Deren sozialethische Konsequenzen werden in der feministischen Exegese neu zentriert.
– Als Negativfolie entfaltet die Urgeschichte im „Urfall" (auf den Erzählebenen von Jahwist, Priesterschrift; Jehowist als Redaktor) die Entstehung einer gebrochenen und gestörten Schöpfungswelt – unserer faktischen Erfahrungswelt – durch die Abwendung und Entfremdung des Menschen vom Schöpfer. Der Gottesverlust (Verweigerung der Theonomie), die Differenz von Gut–Böse, d. h. die Bestimmung des Wertkosmos, sich nicht von Gott sagen lassen zu müssen (Gen 3,1–5), sondern selbst zu setzen, wird als Urversuchung des Menschen entfaltet, bzw. die Distanzierung vom Schöpfungsursprung schlägt um in die Lebensform der Gewalttätigkeit (*chamas* 6,11f.) und zum Lebensstil auf Kosten der Mitmenschen (Kain, Lamech, die Flutgeneration; vgl. auch Ps 104, wo allein der Sünder als Störfaktor einer wunderbar funktionierenden Welt geortet ist; Jeremia diagnostiziert das Ausmaß an Unrechtspraxis als Umkehrung der Schöpfung in Chaos: Jer 4,23–26). In der eskalierenden Sündengeschichte des Jahwisten geht das ethische Wissen um den Höchstwert des Lebens verloren, den allein der Schöpfergott garantieren kann.

d) Sapientiales Ethos: Lebensklugheit/Lebenswissen und Sittlichkeit: In sachlicher Nähe zum Schöpfungsgedanken entwickelt die Weisheitsliteratur ein eigenes Konzept ethischer Verantwortlichkeit. Unter Aufnahme altorientalischer Impulse (ägyptische Weisheit *Ma'at* als sinnstiftende Lebensordnung) entfaltet sich die Kategorie der Weisheit *(chokmah)* einerseits aus der alltäglichen Erfahrungswelt und andererseits aus der (später einsetzenden) theologischen Reflexion über die Ordnungszusammenhänge der Welt. Dieses weisheitliche Reden bringt nun auch in die Gebotssprache einen stark kognitiven und didaktischen Zug: ethische Wertaussagen werden vorgetragen als Appell an Einsicht, Verständnis und Vernünftigkeit. Klugheit gewinnt ethische Qualität! Im Rahmen dieses Ordnungsdenkens (das Leben ist nicht irrational) sucht die Weisheit das sittliche Verhalten der Menschen in den Dienst der Gestaltung und Bewahrung einer umfassenden Lebens- und Daseinsordnung zu stellen.

Mit Hilfe polarer Typologie wird die Auffassung vertreten, daß die Mobilisierung und Aktivierung von Einsicht und Vernünftigkeit das Leben fördert, während umgekehrt Tod und Zusammenbruch droht (vgl. die Begriffe Leben–Tod, Glück–Unglück, denen die alternative Grundhaltung Gerechter–Frevler, Redlicher–Törichter, Weiser–Tor entspricht; Spr 11,19; 14,8). Besonders sensibel erweist sich die sapientiale Ethik für die selbstdestruktiven Tendenzen des Sündigens, während – ganz im Sinn der integrativen Anthropologie des AT – das rechte und gute Verhalten ein glückbringender, zukunftssichernder Vorgang ist.

Die auch hier wirksame Prämisse der Theonomie ist über die Formel „Anfang der Weisheit ist die Gottesfurcht" (Spr 1,7; 15,33; ausgebaut Sir 1,1.12.14; Weish 1,1) angesprochen. Das Wissen um Gott ist zugleich als wesentliches Korrektiv gegen eine sich erhebende und absolut setzende Klugheit einsetzbar. In der Problemdichtung (Ijob, Kohelet) wird dieser Hintergrund entfaltet und das Lebenswissen der Weisheit auf die Bewältigung in Grenzsituationen bezogen.

Die einzelnen, oftmals thematisch gruppierten Klugheits- und Lebensregeln beziehen sich auf eine Vielfalt von Alltagssituationen (Naturwahrnehmung des Bauern für die Landwirtschaft, Selbstbeherrschung und Fleiß in der Arbeit, Wahl der richtigen Freunde, Selbstkontrolle im Gespräch, Tugend versus Gewinnstreben usw.). Ein ebenfalls weiter Bereich ist die Frage der Vermittlung von Klugheit durch Erziehung, Vorbildwirkung, Ausbildung, wie ja überhaupt die Weisheitstradition stark aus dem Milieu der Schulung und Ausprägung von Berufs-, Führungs- und Standesethos kommt. Eine spätatl., aber zukunftsweisende Integration von Bundestora und Lebensweisheit schuf Jesus Sirach (um 180 v. C.), und zwar im Kontext der Begegnung mit der kulturellen Alternative des Hellenismus.

e) Ethisches Potential in den eschatologischen Aussagen des AT: Die im AT stark, jedoch gattungsmäßig sehr unterschiedlich ausgeprägte Dimension der Zukunft (Verheißungsstruktur, unkündbarer Bundeswille, Eschatologie, Apokalyptik) erweist sich ebenfalls als Sprachraum ethischer Reflexion. So wird in Entsprechung zur Treue Gottes, der zu seinen Verheißungen an die Väter und zu seiner Bundeszusage steht (Gen 28,15; Jes 61,8; Ps 146,6), der Kampf gegen Resignation und Verzweiflung zur sittlichen Aufgabe (Jes 40,28–31; 46,12f.; für Jesus und Paulus basiert die Auferstehungshoffnung auf der unkündbaren Treue des Verheißungsgottes). Die prophetischen Unheilsweissagungen und Untergangsprophetien stehen im Dienst der Aufrüttelung und Alarmierung der Menschen, daß ihr jetziger Lebensstil zu tödlichen Konsequenzen führt. In der Ausmalung des drohenden Zusammenbruchs soll eine letzte Umkehrchance vermittelt werden. Darin zeigt sich die ethische Grundaussage, daß jedes Verhalten der Menschen die Zukunft determiniert, somit unter der Verantwortlichkeit für die Zukunft steht. Theonom ist die Überzeugung ausgerichtet, daß jedes Unrechtshandeln auf Kollisionskurs liegt gegenüber dem richtenden Gott. Es ist dann die Apokalyptik, welche diese Frage der Rechenschaft für alles Tun im universalgeschichtlichen Großhorizont zu klären sucht; doch hatte bereits die vorexilische Unheilsprophetie in den Fremdvölkerorakeln die Aussage akzentuiert, daß auch Großmächte (Ägypten, Assur, Babylonien) unter dem Richterspruch Jahwes, des Herrn der Geschichte, stehen (vgl. Am 1–2; Jes 8,9f.; 10,5ff.; 19,1ff.; 23,1ff.; 40,15; Joel 4,19).

Die messianische Perspektive der Heilsprophetie konzipiert mit der universalen Gottesherrschaft die endgültige Durchsetzung der Bundesordnung. Doch schon im AT ist jener umfassende, die Schöpfungswelt einbeziehende und alles umgestaltende Schalomzustand visionär im Blick, wo sich „Recht und Gerechtigkeit" universal realisieren werden (Jes 9,6; 42,1–9 mit Exodusmotivation; 2,3f.). 51,4–5 ist die messianische Tora die Orientierung für die Völkerwelt. Noch einmal bewährt sich der Einsatz für die Schwachen und Armen im messianischen Ethos, welches gerade in dieser Frage seine primäre Verifikation findet: „Er richtet in Gerechtigkeit die Hilflosen und in Rechtlichkeit die Armen des Landes" (Jes 9,4; vgl. 42,1–3). Als neue Exodusverheißung wird die Frohbotschaft des Gesalbten Jes 61,1–3 formuliert (vgl. Lk 4,18f.). Ethische Relevanz liegt schließlich auch in jener Funktion solcher messianischen Zukunftsvision: gegen Resignation, Verzweiflung, Desinteresse Hoffnung aufzubauen (Sach 8,6).

Für das Gottesvolk entfaltet die biblische Eschatologie noch einen weiteren Imperativ, der sich aus der Bundessituation und dem Erwählungsstatus ergibt: die Weltverantwortung für die Völker. Israel hat im Aufbruch zur Zukunft Gottes Pilotfunktion zu übernehmen (v. 23). Der messianische Auftrag (in der Perspektive der Abrahamverheißung) verheißt den Völkern Segen und Schalom (8,13.21–23; 9,9–12 mit Exodusmotiven!). Während jedoch die Aufrichtung des universalen Schalomzustandes ausdrücklich als Tat Gottes („Neue Schöpfung") qualifiziert wird, sollen die Leser solcher Friedensutopie Erkenntnis gewinnen und den Mut finden, schon jetzt und heute im Alltag ihrer konkreten Lebenswelt den Weg des Friedens zu beschreiten: „Er zeige uns seine Wege, auf seinen Pfaden wollen wir gehn!" (Mi 4,2).

J. Hempel, Das Ethos des Alten Testamentes ²1964, ¹1938); *H. van Oyen,* Ethik des Alten Testamentes (1967); *E. Würthwein/O. Merk,* Verantwortung. Biblische Konfrontationen (1982) 9–116.

ROBERT OBERFORCHER

Angst

→ Erfahrung → Glaube → Heilsgeschichte → Mensch → Schuld
→ Selbstverwirklichung → Therapie → Trieb

Angst als Urphänomen wird sowohl in den biologisch-genetisch als auch in den geschichtlich-biographischen Lebenskrisen des Menschen als radikal zu ihm gehörend erfahren und erinnert ihn zugleich an seine geschöpfliche Endlichkeit, gottebenbildlich auf Vollendung hin geschaffen. Als psychologisches Phänomen reicht die Angst weit in die affektiven, unaufgearbeiteten, unterdrückten oder verdrängten Konflikte der Kindheit zurück, die tief im Unbewußten verwurzelt sind. Als geistiges Phänomen hingegen wird Angst positiv als lebenstragende Erfahrung erlebt, die uns an unsere Aufgabe der Selbstwerdung in Freiheit erinnert. Das Wort Angst ist auf das lateinische *angusta* zurückzuführen, was sowohl räumliche als auch geistige Bedrängnis bedeutet. So führt uns schon die Sprachwurzel auf grundlegende menschliche Selbsterfahrung zurück. Obgleich die Übergänge zwischen den Begriffen Angst und Furcht (der im Gegensatz zur Angst immer eine objektive, wirkliche Gefahr zugrunde liegt) fließend sind und die Begriffe uneinheitlich gebraucht werden, hat eine Unterscheidung erklärenden Wert und erhellenden Sinn, weil dadurch die verschiedenen Funktionsebenen der Angst und ihre Integration in den verschiedenen Menschenbildern verdeutlicht werden können. Ebenso ist die Unterscheidung zwischen neurotischer und existenzieller Angst geboten, obwohl auch hier eine eindeutige Trennung nur schwer möglich ist. Im vielschichtigen Phänomenbereich der Angst werden folglich unterschieden: Angst als Ausdruck einer Bedrohung, Angst in der Mittel-Zweck-Beziehung als adressierte Angst (unbewußter, aber wirksamer Einsatz der Angst als Hilferuf, um Ansprüche an den Mitmenschen zu erzwingen), systematische Angst als Angst vor der Angst, strukturelle Angst, der jeweiligen psychischen Struktur entsprechend (schizoid, depressiv, zwanghaft oder hysterisch), und die existentielle Angst in der Betroffenheit durch die Grundbedingungen des Menschseins, die unauflösbar nur im seinshaften, integralen Glaubensvollzug bestanden werden kann (A. Heimler).

In der *Philosophie* der Neuzeit treten bei S. Kierkegaard Angst und Freiheit in ihrem dialektischen, innerpsychischen Wirken bei der Selbstwerdung des Menschen in den Vordergrund der Betrachtung. Der Mensch hat nicht nur die Freiheit der Wahl, er selbst ist die Freiheit. Damit ist aber auch die angstmachende Möglichkeit des Sich-selbstnicht-Findens und des Sich-selbst-Verlierens gegeben. Angst wird als Schwindel vor der Freiheit erlebt. Der Mensch soll das Höchste lernen, nämlich auf rechte Weise Angst zu haben, damit er nicht verloren sei, entweder dadurch, daß ihm nie angst gewesen ist, oder dadurch, daß er in Angst versinkt. Nur im hoffenden Glauben auf das Heil in Christus könne die aus der Freiheit stammende Angst überwunden werden (GW 11/12 II, 2). M. Heidegger bestimmt demgegenüber Angst als Grundbefindlichkeit des Sichängstigens vor dem In-der-Welt-Sein und der Ausgesetztheit in das Nichts, erfahren als Ungesichertheit, aber auch als vereinzeltes, auf sich selbst gestelltes Eigentlichsein, herausgehoben aus der Verlorenheit ins Man mit der Erfahrung der Vergänglichkeit im Sein zum Tode (Sein und Zeit § 40).

In der *Tiefenpsychologie* hat sich S. Freud umfassend der Erforschung der Angst zugewandt. In seiner ersten Angsttheorie 1894 ging er noch von der Physiologie der Angst aus und deutete sie als unterdrückte, verdrängte Triebenergie der Libido. In seiner zweiten Theorie 1925 entsteht Angst nicht mehr durch Verdrängung, sondern ist Ursache der Verdrängung frühkindlicher Ängste (Trennungsängste), die jetzt aus dem Unbewußten reproduziert werden. Neben der Realangst (gefahrvolle Außenwelt) benennt er noch die Gewissensangst (Forderungen des Über-Ichs) und die Triebangst (Impulse aus dem unbewußten Es). Diese Ängste sind entweder an ein neurotisches Symptom gebunden, frei flottierend, oder sie treten als Signalängste vor kommenden Gefahren auf (GW XIV, 113–205).

C. G. Jung erweiterte diese Sichtweise, indem er Angst als Gefahrensignal aus dem archetypischen Bereich des kollektiven Unbewußten kommend deutete, welches das Bewußtsein zu überschwemmen drohe, da sich der Mensch mit seinen Urbildern in seiner Seelentiefe nicht auseinandersetzt. Wenn der Mensch dann auch noch den Wirklichkeitsforderungen ausweicht und sich damit vom Leben völlig ausschließt, gerät er in Todesangst. Es gilt somit die infantile Sehnsucht nach Urgeborgenheit im Unbewußten zu überwinden und die Trennung vom Mutterschoß wirklich zu vollziehen. Angst-Überwindung setzt folglich den Verzicht auf Regression voraus (GW V, 134, 383f.). Eine angstfreie Reifung des Menschen ist nicht möglich, da das Aufgeben von Sicherheit und das Vordringen in neue oftmals bedrohliche Lebensbereiche immer mit Entwicklungsangst verbunden ist. Vom angstauslösenden Verlust der ersten Bezugspersonen oder deren liebender Zuwendung und der Einschränkung der eigenen vitalen Triebansprüche bis hin zur Angst vor dem eigenen Gewissen, die als Schuldgefühl erlebt wird, und der Bedrohung des Ichs, die oft als narzißtische

Kränkung erlitten wird, spannt sich der Bogen der frühen lang andauernden Reifungsängste. Wir sind in unserem Ringen um Reife vier grundlegenden Forderungen ausgesetzt, die nach Erfüllung drängen. Wir sollen ein einmaliges Individuum werden, uns der Welt, dem Leben und den Mitmenschen vertrauensvoll öffnen, Dauer anstreben und mit dem gleichzeitigen Wissen um unsere Endlichkeit uns in eine ungewisse Zukunft entwerfen und schließlich immer bereit sein, uns zu wandeln. Damit sind vier Grundformen der Angst mit fließenden Übergängen und unterschiedlichen Überschneidungen benannt: 1. die Angst vor der Selbsthingabe, als Ich-Verlust und Abhängigkeit erlebt; 2. die Angst vor der Selbstwerdung, als Ungeborgenheit, Einsamkeit und Isolierung erfahren; 3. die Angst vor der Wandlung, als Vergänglichkeit und Unsicherheit empfunden, und 4. die Angst vor der Notwendigkeit, sich ordnend festzulegen, welche als Endgültigkeit und Unfreiheit ins Bewußtsein tritt (F. Riemann). Das Streben des Menschen nach möglichst umfassenden Absicherungen in allen Lebensbereichen ist ebenfalls mit dem Erleben der Angst verbunden, was sich beim neurotisch gestörten Menschen besonders deutlich ausgeprägt zeigt. Der schizoide Mensch hat Angst vor der Du-Begegnung und meidet diese aus Angst vor dem damit verbundenen Gefühlserleben. Vor sich selbst hat der depressive Mensch Angst und verzichtet folglich, antriebslos sich unterordnend, auf jedes Selbständigwerden. Die Angst des zwanghaften Menschen hemmt jeden lebendig-dynamischen Veränderungsprozeß durch starres Festhalten an sogenannten absoluten Regeln. Alles normativ Verbindliche und Dauernde versetzt den hysterischen Menschen in Angst, die er durch maßlose Veränderungssucht in den Griff zu bekommen sucht. Therapeutisch können und sollen diese strukturellen, neurotischen Ängste aufgelöst werden durch eine intensive Übung im Menschsein, die mehr und mehr das Du, die Selbstwerdung, den Wandel und das Verbindliche wagt und schließlich frei bejaht, um sich der existentiellen Angst mutig stellen zu können. Die neurotische Angst ist daher von der existentiellen Angst als Wesensmerkmal des Menschseins möglichst deutlich abzugrenzen, da erstere gerade die bejahende Annahme letzterer verhindert. Wer sich der existentiellen Angst mutig stellt, dessen Leben reift und vertieft sich zusehends. Es sind vor allem die Auseinandersetzungen mit den Grundbedingungen des Menschen, in denen die Urproblematik des Menschseins (auch des christlichen) aufbricht. Es ist dies die Thematik um Leben und Tod, Zeit und Ewigkeit, Schuld und Gericht, Geschlecht und polare Identität, Verdammung und Vergebung, Freiheit und das Böse in der Welt sowie Glaube und Erlösung. Identität und Person formen oder zerschlagen sich an den Grundbedingungen der menschlichen Existenz (J. Herzog-Dürck). Selbst im Christentum werden diese Grundbedingungen nicht einfach aufgehoben, wohl aber erfährt sich der Glaubende bestärkt in seinem Ringen um Reife in der positiven, konstruktiven Auseinandersetzung mit ihnen.

In der *Theologie* war es vor allem P. Tillich, der die menschliche Grundangst (der protestantischen Grundauffassung der verderbten Natur folgend) als Angst eines endlichen Seins vor dem drohenden Nichtsein dreifach differenziert: die Angst des Todes und der Vernichtung, der Verdammung und der Schuld sowie der Leere und der Sinnlosigkeit. Der Mut des Vertrauens nimmt diese Ängste des Schicksals, der Schuld und der Sinnlosigkeit in sich hinein. Der Mut zum Sein ist für Tillich Glaube, Ergriffensein durch das, was uns unbedingt angeht und den Grund unseres Seins und Sinnes ausmacht *(Der Mut zum Sein,* 1954). In der katholischen Theologie wird bei der existentiellen Angst-Bewältigung in der je individuellen Heilsgeschichte nicht nur das erlösende Tun Gottes gebührend hervorgehoben, so daß von einer erlösten Angst gesprochen werden kann (vgl. Mk 14,32–37), sondern es wird auch das je mögliche, bewußt menschliche Bemühen in einem vertrauens- und hoffnungsvollen Glaubensvollzug entsprechend berücksichtigt, da es für den in Christus erlösten Menschen auch eine begnadete Angst gibt (vgl. 2 Kor 6,1–10), die es ihm möglich macht, in Angst angstlos sich loslassen zu dürfen und doch nicht zu fallen oder in die Hände dessen zu fallen, den wir Gott nennen (K. Rahner).

Im *sittlichen Verhalten* kann sich Angst sowohl hemmend als auch förderlich auswirken. Der Handlungs- und Entscheidungsspielraum des Menschen wird durch Angst nicht wenig beeinflußt. Die sittliche Verantwortung der eigenen neurotischen Angst gegenüber kann einerseits darin bestehen, sich durch eine der vielen Formen therapeutischer Begleitung helfen zu lassen, andererseits sind wir angerufen, den uns anvertrauten, heranwachsenden Menschen jenen ermöglichenden Umraum zu schaffen, der eine neurotische Fehlentwicklung mit ihren lebenslangen schwerwiegenden Folgen möglichst ausschließt. Wo wir hingegen existentielle Ängste erleben, gilt es, uns im sittlichen Handeln den hinter diesen Ängsten stehenden Lebensforderungen zu stellen und nicht auszuweichen, da im Annehmen dieser Ängste und im bewußten Bemühen, sie zu überwinden, uns ein neues Können zuwächst. Die krisenhaften Erschütterungen lösen dann unsere Ich-Befangenheit und wirken sich auf die notwendige Neuorientierung heilsam aus. Angst kann sich so produktiv in Mut, ja in Tapferkeit wandeln, wenn wir bemüht sind, uns selbst treu zu bleiben, unsere Individualität zu bewahren und durch kritische Zuwendung zur Mit- und Umwelt falsche

Abhängigkeiten zu vermeiden. Wenn wir bestrebt sind, das Wahre und Gute als gültig, ordnend und fortdauernd anzuerkennen, gelingt es uns, auch in Freiheit den steten Wandel des Lebens zu bejahen, da ja die bleibende Unsicherheit unseres Daseins nur in freier Annahme sicherer wird. Es kann in der Überwindung existentieller Angst zur sittlichen Aufgabe werden, den mitmenschlichen Kontakt bewußt zu suchen, Trennung und Einsamkeit gegebenenfalls bewußt auf sich zu nehmen, gewohnte Einstellungen gewollt aufzubrechen und sich der bedrängenden Willkür gezielt entgegenzustellen (F. Riemann). Aufgrund unserer Schuldverflochtenheit in das Böse wird Vollkommenheit in diesem Bemühen nicht erreicht werden, aber wir können und sollen uns der vollkommenen Ganzheit durch den vollständigen Einsatz aller unserer begrenzten Kräfte möglichst weit annähern. Unchristlich wäre die Haltung eines perfektionistischen Vollkommen-sein-Wollens um jeden Preis, die nur eine zutiefst angstbesetzte und ständig bedrohte Scheinsicherheit erzeugen könnte. Das Mit- und Für-einander-Dasein sollte bei der Überwindung der Angst geprägt sein von der Haltung der Sachlichkeit, der wohlwollenden Menschlichkeit, der Gerechtigkeit, die sich nicht nur auf das sittlich Richtige beschränkt, sondern sich zuvor nach dem sittlich Guten ausrichtet, sowie der Freundlichkeit, die nicht wertend und urteilend, sondern ermutigend die Beziehung aufbaut. Der Mensch als geschichtlich-sprachfähiges Wesen hat auch im sprachlichen Sich-Öffnen dem mitmenschlichen und göttlichen Du gegenüber die einzigartige Möglichkeit, durch dieses Mitsein im Du seine Angst nicht nur zu bestehen, sondern gerade dadurch an ihr menschlich und christlich zu reifen. Er wird so gleichsam an sich selbst erinnert, an seine gesunden Urkräfte, an sein vielleicht verschüttetes Urvertrauen. Die einst noch stumme Erwartungshaltung des Geliebt- und Angenommenwerdens beim Kind erlebt jetzt in der sprachfähigen, liebenden Zuwendung zum Menschen ein prozeßhaftes, angstüberwindendes Wiedererwachen und läßt das noch so geschädigte Vertrauen wachsen (J. Herzog-Dürck).

In den Psalmen bekennt der alttestamentliche Mensch, daß ihm Gott Raum geschaffen hat, als ihm angst war, daß er ihn seiner Ängste entriß, als er zu ihm um Hilfe schrie (vgl. Ps 4,2; 34,5; 107,6.13.19.28). Die Frage Jesu an seine Jünger, warum sie solche Angst hätten, beantwortet der Herr selbst, indem er sie auf ihren schwachen Glauben aufmerksam macht (vgl. Mk 4,40). So ist es letztlich der christliche Glaube, der die Angst besiegt. Um aber wahrhaft glauben zu können und dabei auch menschlich zu reifen, müssen wir alle ständig unsere mehr oder weniger neurotischen Ängste überwinden und uns den existentiellen

Ängsten stellen. Durch die Lebenshilfe der Gnade macht es uns Gott möglich, dabei nicht zu verzweifeln oder in ebenfalls neurotische Abwehrmechanismen zu flüchten, sondern aus freier Tat den selbsthaften Glauben zu ergreifen. Durch die personale Urerfahrung des Angenommenseins durch Gott im Glauben können wir unsere existentielle Angst bejahen und sie letztlich auch im Glauben überwinden (A. Heimler).

A. Heimler, Selbsterfahrung und Glaube (1976); *J. Herzog-Dürck*, Grundströmungen der Lebensangst (1984; ¹1969); *A. Hicklin*, Das menschliche Gesicht der Angst (1989); *S. Kierkegaard*, Der Begriff Angst, in: GW Abt. 11/12 (1952) 1–170 (¹1844); *F. Künkel*, Die Arbeit am Charakter (1985, ¹1929); *K. Rahner*, Angst und christliches Vertrauen in theologischer Perspektive, in: F. Böckle u. a. (Hrsg.), Christlicher Glaube in moderner Gesellschaft 9 (1981) 86–98; *F. Riemann*, Grundformen der Angst (1981, ¹1961); *P. Tillich*, Sein und Sinn. Der Mut zum Sein, in: GW 11 (1969, ¹1954).

RAIMUND M. LUSCHIN

Antisemitismus

→ Diskriminierung → Gewalt → Gleichheit → Menschenrechte
→ Religionsfreiheit → Toleranz

Antisemitismus ist eine aus verschiedenen Quellen gespeiste und in unterschiedlichen Ausprägungen vorliegende Abneigung und Feindseligkeit gegenüber Angehörigen des jüdischen Volkes und der jüdischen Glaubensgemeinschaft.

Arbeit

→ Beruf → Erlösung → Kultur → Lohn → Menschenwürde → Schöpfung

1. Grundlegung: Begriff und Bedeutung der Arbeit

Arbeit im weiteren Sinn ist rationales menschliches Tun (Verhalten) unter Einsatz körperlicher oder geistiger Kräfte zur Erhaltung und Entfaltung des Lebens des Menschen und der Gesellschaft. Dieses Tätigwerden ist somit ein wesentliches Kennzeichen der menschlichen Existenz auf Erden. Vorwiegend wird die Arbeit heute als auf wirtschaftliche Ziele gerichtet betrachtet. Dennoch behält auch dieses engere Begriffsverständnis von Arbeit seinen Bezug auf die Personwürde des Menschen. Die Wörter für Arbeit haben in allen Sprachen einen menschlich-existentiellen Sinninhalt. Bezeichnend ist das Mühsame der Tätigkeit bei der Arbeit.

Mit der neuzeitlich-industriellen Zivilisation setzt die wissenschaftliche Befassung mit dem Arbeitsbegriff ein. Für die antike Kultur ist körperliche Arbeit – angesichts des Dualismus von Materie und Geist – des freien Menschen unwürdig, sie ist Sklavensache. Sie hat nicht den Charakter der Tugend, entspricht nicht dem Bildungsideal der Zeit und ist also keine anthropologische Kategorie. Hingegen ist Arbeit im biblisch-christlichen Verständnis ein allgemeiner Auftrag Gottes an den Menschen, seine Schöpfungsarbeit fortzusetzen (Gen 2,15), und Kennzeichen der Menschenwürde.

Im Anschluß an die Antike erkannte die Renaissance die Werte des *homo faber* auch in bezug auf wirtschaftlich-materielles Tätigwerden an. Die protestantische Ethik begünstigte nach Max Weber den „Geist des Kapitalismus". In der Folge kommt es zu einem auf wirtschaftlichen Erfolg allein ausgerichteten rationalistisch-säkularistischen Arbeitsethos. Die sich aus der utilitaristisch orientierten Sozialphilosophie (A. Smith) entwickelnde Wirtschaftswissenschaft sieht in der Arbeit den entscheidenden Produktionsfaktor. Wirtschaftliche Produktivität bestimmt den Wert der Arbeit. Der neuzeitliche Arbeitsbegriff verliert im Gegensatz zur christlichen Tradition seine anthropologische Fundierung und ethische Normierung. Eine ökonomisch-utilitaristische Betrachtungsweise wird vorherrschend.

Mit der breiten Entwicklung der empirischen Anthropologie und der Sozialwissenschaften wurde die philosophische Frage nach der Arbeit weiter zurückgedrängt. Technische, ökonomische und soziale Bedingungsfaktoren bestimmen heute die Charakteristik von Arbeit und ihre Bewertung. Die Arbeit steht unter rein wirtschaftlichen Rationalitätsüberlegungen, sie wird technisch erforscht und auch in ihren humanen Bezügen vorzüglich funktional betrachtet. Die folgliche Entpersonalisierung der Arbeit (durch die moderne Betrachtungsweise) läßt die Subjektstellung des Menschen im Arbeitsprozeß ebenso wie die innere Sinngebung der Ökonomie insgesamt verlorengehen.

In dieser Situation der modernen Arbeitsgesellschaft erscheint die ethische Frage nach der Arbeit und ihre humane und soziale Bedeutung erneut aktuell. Die Arbeitsteilung ist in der entwickelten Industriegesellschaft weit vorangeschritten durch Ausweitung des Dienstleistungssektors, Rückgang der Zahl der Ungelernten oder der in der Industrie oder Landwirtschaft Beschäftigten. Die technischen Anforderungen durch neue Technologien (Informatik!) und spezialisierte

Dienstleistungen erfordern ein hohes Ausbildungsniveau und permanente Weiterbildung der Arbeitnehmer. Arbeitsverminderung in einigen Branchen steht hoher Arbeitsstreß gegenüber. Immer noch ist die Masse der zu beschäftigenden Menschen, insbesondere in den Entwicklungsländern, schlecht ausgebildet und deshalb oft unterbeschäftigt. Erst mit gesteigerter Arbeitsproduktivität und durch größere Arbeitsteilung kann aber auch ein höherer Lebensstandard erreicht werden.

Kritik an der modernen Arbeitsgesellschaft setzt angesichts dessen ein und wendet sich u. a. gegen den technischen Fortschritt mittels industrieller Produktionsmethoden zugunsten einfacherer und umweltschonender oder alternativer Lebensweisen. Die Erwartungen des marxistischen Sozialismus, als antikapitalistisches System durch kommunistische Arbeits- und Besitzverhältnisse alle Probleme zu lösen, sind heute durch die Praxis wohl endgültig widerlegt worden. Umso mehr stellt sich die Lösung der sozialen Frage von der sozialethischen Ebene, vom Sinn der Arbeit her, ist es doch im Kommunismus ebenso zum Zerfall der Arbeitsmoral und des Arbeitsethos gekommen wie unter dem Einfluß kapitalistisch-materialistischer Wirtschaftsauffassungen.

2. Grundfragen der Arbeit im Lichte christlicher Ethik und Theologie

Das Ungenügen einer rein funktionalen Sicht der Arbeit verlangt nach einer auf die Person und die Gesellschaft bezogenen sittlichen Arbeitsauffassung (Arbeitsethos). Die Würde der Arbeit ist in der Menschenwürde begründet. Hier liegt das sittliche Maß für den Wert der Arbeit. Grundlage für jede weitere Bewertung ist der Mensch als „Subjekt der Arbeit" (Johannes Paul II. in LE). Dem personalen Ansatz nach ist Arbeit mit der menschlichen Natur verbunden zur Erfüllung der existentiellen Zwecke des Menschen zu seiner Selbstentfaltung im Tätigwerden der körperlichen und geistigen Kräfte. Der Sozialsinn der Arbeit weist auf die gesellschaftliche Kooperation in Arbeitsteilung unter der Gemeinwohlbestimmung hin. Angesichts der sich stets wandelnden Situation der Arbeitsgesellschaft hat sich die Humanisierung der Arbeit immer neu am Wesen des Menschen zu orientieren, in menschengerechter Arbeitsgestaltung. Da Arbeit aus dem Menschsein erwächst, ist sie nie bloßes Mittel, sondern immer auch menschlicher Wert und Ausdruck von Kultur und Weltgestaltung durch den Menschen.

Die moderne „Theologie der Arbeit" (M.-D. Chenu) entwickelte aus den die Arbeit betreffenden Texten des AT und NT und der mehr das Moralische der Arbeitsauffassung betonenden theologischen Tradition

(Wertschätzung auch der materiellen Arbeit, Arbeit als Beruf und Berufung) stärker den kosmischen und heilsgeschichtlichen Aspekt der Arbeit. Arbeit wird als Teilnahme des Menschen am Aufbau der Welt, am Schöpfungs- und Erlösungswerk Gottes gesehen. Sie übersteigt jede bloß zeitliche und ökonomische Bedeutung, sie bewirkt zwischenmenschliche Kommunikation und Gemeinschaft in der Wirtschaftsgesellschaft über die reine Produktionssphäre hinaus. So wird das „Evangelium der Arbeit" zur Botschaft, die die irdischen Wirklichkeiten in neuem Lichte zeigt.

Die christliche Spiritualität der Arbeit geht von diesem humanen Wert der Arbeit in heilsgeschichtliche Bedeutung aus und sieht den tiefsten Beweggrund zur Arbeit in der Teilnahme des Menschen am Schöpfungswerk Gottes in Verbindung mit der Gnade Christi und seinem Beispiel, das „Evangelium der Arbeit" nicht nur verkündet, sondern selbst gelebt zu haben. Arbeit steht ferner auch im Licht von Christi Kreuz und Auferstehung. So vertiefen sich theologisch die sittlichen Auffassungen der christlichen Tradition von Arbeit als Notwendigkeit, als Beruf und Dienst, als Buße (Arbeitsfleiß) und Verherrlichung Gottes.

Die utilitaristisch-pragmatische Sicht der Arbeit in der Neuzeit verkürzte die Arbeitsauffassung um die personale Dimension einerseits im individualistisch-liberalistischen Denken auf ein Mittel zur Wohlstandsmaximierung. Bei der Übernahme der Arbeitswertlehre verband Karl Marx andererseits seine Sozialanalyse und Kapitalismuskritik mit dem Kollektivismus und der dialektisch-materialistischen Philosophie. Danach sei der Mensch ein sich durch Arbeit selbst schaffendes Wesen. Erst durch den Fortschritt im Produktionsprozeß zur klassenlosen Gesellschaft, der zugleich die Entfremdung aufhebt, werde Würde der Arbeit und des Menschen erreicht. Der Mensch hat im Materieprozeß aber nie Subjektstellung gegenüber den Produktionsverhältnissen in der Gesellschaft. Die neueste Entwicklung zeigt hingegen, daß der enge ökonomische Arbeitsbegriff ungenügend ist. Es wird viel mehr Arbeit geleistet, als über den Arbeitsmarkt vermittelt werden kann. Dies führt zur Neubewertung der Arbeit in unserer Gesellschaft in einem weiteren und ethischen anthropologischen Verständnis.

3. Die gesellschaftliche Bedeutung der Arbeit

Die theologische und ethische Sinnfrage nach der Arbeit und deren Würde bietet Orientierung bei den gesellschaftlichen Ordnungsfragen. Die Arbeitsteilung in der modernen Arbeitgesellschaft erhöht die Sozialbedeutung der Arbeit. Die wirtschaftsethische Betrachtung der Arbeit läßt die Arbeit als ranghöchstes Prinzip der Volkswirtschaft erkennen. Durch den Arbeitsvertrag erfolgt die Verbindung der Arbeit gesellschaftlich mit den anderen Produktionsfaktoren, insbesondere dem Kapital als gleichberechtigtes Ordnungsprinzip der Volkswirtschaft und der betrieblichen Leistungskooperation. Bei dieser Zusammenarbeit von Arbeit und Kapital ist die Achtung vor der Personwürde aller Beschäftigten Grundbedingung. Der Arbeitgeber hat Fürsorge- und Lohnpflicht, der Arbeitnehmer die vertragliche Treue- und Leistungspflicht. Aus dem Gegenüber der Arbeitsmarktparteien kann sich durch ihre beiderseitige Gemeinwohlverpflichtung die Sozialpartnerschaft ideell und institutionell entwickeln. Die höchstmögliche Produktivität der Wirtschaft bedingt auch die Lohnhöhe und die Erhaltung des Wirtschaftswachstums bzw. der Arbeitsplätze.

Versuche mit einem laboristischen System (Jugoslawien) der alleinigen Lenkung der Wirtschaft durch die Arbeit haben sich nicht bewährt. Die verschiedentlich vorgeschlagene Entkoppelung von Lohn und Arbeit unter Ablehnung der Leistungsbezogenheit der Entlohnung und die Idee eines allgemeinen Grundlohns würde die Arbeitsgesellschaft spalten und die Arbeit ohne Bezug auf ihre Produktivität willkürlich bzw. durch kollektive Zwänge bewerten lassen und wäre somit sozial ungerecht.

Die zur Interessenvertretung der Arbeitnehmer (besonders die Gewerkschaften) und der Arbeitgeber in der industriellen Gesellschaft entstandenen Verbände haben eine wichtige Ordnungsaufgabe, jedoch keine prinzipielle Klassenposition zu vertreten. In ihrer autonomen Kompetenz liegt vielfach die Regelung kollektiver Vereinbarungen und die Mitwirkung bei der gesamtwirtschaftlichen Mitbestimmung. Der Wahrung der Subjektstellung der arbeitenden Menschen im Betrieb entspricht die Entwicklung der Idee der Mitbestimmung auf allen Ebenen in verschiedenen Formen der Verwirklichung bis zum Miteigentum. Sie richtet sich auch auf die Arbeitsverhältnisse, die so sein sollen, daß die Betriebsangehörigen das Bewußtsein haben können, sie arbeiten „in eigener Sache" (LE). So ist die Arbeit entscheidender Ansatz der Sozialreform.

Das Recht auf Arbeit richtet sich als soziales Menschenrecht an den Staat, insoferne er durch gute Wirtschaftspolitik für Vollbeschäftigung zu sorgen hat. Das betrifft ebenso den „indirekten Arbeitgeber" (LE), die gesamte Wirtschaftsgesellschaft, an der solidarischen Beschäftigungspolitik mitzuwirken. Die Schaffung neuer Arbeitsplätze ist der vorzügliche Weg, Arbeitslosigkeit zu verhindern. Sie wird durch aktive

Beschäftigungspolitik des Staates ergänzt. Soziale Maßnahmen zugunsten der Nichterwerbstätigen hängen ihrerseits von der Entwicklung des Sozialprodukts bzw. von der Produktivität der Wirtschaft ab.

Die Arbeitslosigkeit hat schwere Folgen für die betroffenen Personen ebenso wie für die ganze Gesellschaft in materieller wie vor allem auch psychisch-geistiger Hinsicht. Als soziales Problem hat sie vorübergehende, aber auch strukturelle Ursachen und ist nicht notwendig eine Folge etwa technischer Fortschritte. Arbeit geht dem Menschen wohl nie aus.

Die Arbeitspflicht ist nach dem weiteren Arbeitsbegriff im Menschsein grundgelegt, des näheren ist sie im Arbeitsvertrag geregelt. Im Rahmen der gesellschaftlichen Arbeitsteilung hat sich ein Zusammenwirken verschiedener Berufe ergeben. In den Berufsgruppen hat sich oft eine eigene Berufsordnung und ein eigenes Berufsethos entwickelt. Arbeit erfährt als Berufung eine vertiefte individuelle und soziale Sinngebung. Durch die berufliche Verbundenheit der arbeitenden Menschen ergibt sich auch ein korporativer Ansatz für die sozialpartnerschaftliche Gliederung der Arbeitsgesellschaft.

M. Bartelt, Wertwandel der Arbeit (1982); *M.-D. Chenu,* Die Arbeit und der göttliche Kosmos (1956); *Johannes Paul II.,* Der Wert der Arbeit und der Weg zur Gerechtigkeit. Enzyklika über die menschliche Arbeit mit Kommentar von O. v. Nell-Breuning (1981); *L. Roos,* Theologie und Ethik der Arbeit, in: Internationale Katholische Zeitschrift Communio 13 (1984) 77–115.

RUDOLF WEILER

Ärgernis

→ Gott → Konflikt → Kritik → Revolution → Skandal → Sünde → Widerstand → Zorn

Ein Ärgernis ist zunächst das negative Beispiel, das von einer moralisch schlechten Handlung oder einem ungerechten Zustand ausgeht. Dann aber bezeichnet Ärgernis den (öffentlichen) Anstoß über die (vermutete) moralisch schlechte Handlung oder den ungerechten Zustand. Wer Ärgernis nimmt, kann auch selbst unrecht tun, indem er sich zum Richter macht. Jedoch muß das Ärgernis ernstgenommen werden, weil sein Bestehen den moralischen Konsens (etwa in einer Gemeinde) schwächt.

Armut

→ Askese → Ehelosigkeit → Gehorsam → Nachfolge → Räte, evangelische

Armut kann als ein *Mangel an Lebensmitteln im weitesten Sinn* verstanden werden; dem Armen geht ab, wovon er leben kann; wovon aber lebt der Mensch? – Zuerst vom Brot, aber nicht vom Brot allein. Die Armut hat verschiedene Komponenten; sie beeinträchtigt die materielle Daseinsvorsorge (Nahrung, Kleidung, Wohnung, gesundheitliche Versorgung; beim Fehlen dieser Existenzbedingungen spricht man von *absoluter Armut*), die Bildungschancen, die soziale Anerkennung (vorwiegend hier spricht man von *relativer Armut*, relativ in bezug auf den gesellschaftlichen Zusammenhang, in dem sie vorkommt und ihre Wertung erfährt) – sie hat somit materielle wie psychische Komponenten, letzteres vor allem dann, wenn sich mit dem Mangel an Lebensmitteln eine Marginalisierung verbindet, die den Armen von den normalen gesellschaftlichen Kontaktmöglichkeiten trennt. In jedem Fall ist sie zugleich eine existentielle und eine gesellschaftliche Größe, läßt sich vom Subjekt des Armen nicht trennen und ist notwendig auf die Wirklichkeit der umgebenden Gesellschaft bezogen, die ihrerseits „definiert", was Armut ist. Sie impliziert beim einzelnen in der Regel charakteristische Erfahrungen, die sich aufdrängen, Erfahrungen, die entwürdigend sein können, wenn die Opfer der Armut nicht einmal die grundlegendsten menschlichen Existenzbedürfnisse befriedigen können und sie zu outcasts der Gesellschaft werden.

Andererseits kann sie – das ist für das christliche Armutverständnis grundlegend – nicht nur auferlegtes Schicksal, sie kann auch *frei gewählte Lebensform* sein. Schließlich wird Armut in übertragenem Sinn Ausdruck für jene innere Haltung, in der sich der einzelne vor Gott arm und bedürftig weiß.

Armut hat in den drei möglichen Bestimmungen ihre jeweils unterschiedliche geschichtliche Gestalt und im Laufe der Zeit höchst unterschiedliche Deutungen gefunden. Immer ist *ethische Verantwortung* durch das Faktum der Armut herausgefordert – auf je unterschiedliche Weise: Armut ist Herausforderung und Anspruch an die Besitzenden (1.); der unfreiwillig Arme steht als Subjekt seiner Armut gegenüber (2.); Armut kann gewählte Lebensform (3.) und schließlich ethisch-religiöse Haltung sein (4.).

1. Armut als Herausforderung und Anspruch an die Besitzenden

Es hängt von der Deutung des Phänomens der Armut ab, ob sich der *Besitzende verpflichtet* wissen muß, *dem Armen zu helfen*. In Zusammenhängen einer mehr fatalistischen Weltanschauung wird das Schicksal der Armen kaum eine starke sittliche Herausforderung für die sein, die ihnen helfen könnten – ganz anders ist das in Zusammenhängen, in denen der Mensch aus der Überzeugung heraus lebt, er könne und müsse seine Lebenswelt gestalten.

a) Biblische Sicht: Im AT finden sich unterschiedliche Tendenzen nebeneinander. Die weisheitliche Literatur sah in der Armut oft die selbstverschuldete Situation des Taugenichts; das gilt besonders dort, wo man der Auffassung von der schicksalwirkenden Tatsphäre verpflichtet war und an den Tun-Ergehens-Zusammenhang glaubte (vgl. Spr 6,10f.; 10,4; 13,18; 20,13; 24,30–34). Dagegen ist die prophetische Predigt darauf aus, die Reichen wachzurütteln; Armut erscheint hier keineswegs als in erster Linie selbstverschuldet. Es gilt eher das Gegenteil: Die Armen sind arm, weil sie von den Reichen ausgebeutet werden (vgl. Jes 3,14f.; 10,2; Jer 7,6; Ez 22,7.15f.; Am 2,6; Mal 3,5 und öfter); dies ist ein Skandal. Jahwe stellt sich auf die Seite der Armen und nimmt sie in Schutz, indem er radikale Umkehr von den Reichen fordert.

Diese prophetische Linie wirkt sich im NT weiter aus. Die Identifikation des Menschensohnes mit den Armen (Mt 25,40; vgl. 2 Kor 8,9) schafft eine völlig neue Situation und motiviert die Verantwortung für die Bedürftigen auf radikal neue Weise. Dementsprechend auch die Forderungen des jesuanischen Ethos (Lk 11,41; 14,13; 16,19–31; 19,8 u. a.) sowie weitere Weisungen des NTs (Gal 2,10; Jak 2,1–13; 1 Joh 3,17f. u. a.). Manche Bemühungen um die Armen spiegeln die reale gesellschaftliche Situation der Zeit wider und zeigen (wie schon die Forderung der Propheten im AT), daß individuelle Hilfe oft nicht ausreicht, um wirksam zu helfen. Es wird zu *gemeinsamen Aktionen* aufgerufen – man denke an den Kollektenaufruf des Apostels Paulus –, und es wird zu neuen *institutionellen Regelungen* gegriffen, um dem Anspruch der Armen gerecht zu werden (vgl. hiezu Apg 6,1–7).

b) Konsequenzen: Arme werden wir immer bei uns haben (vgl. Mt 26,11 und Mk 14,7 sowie Joh 12,8); so begleitet uns auch die *doppelgestaltige sittliche Verantwortung* für sie. Sie hat eine *privat-individuelle* Seite und verlangt Wachheit für die jeweilige Situation des andern, der der Hilfe bedarf; und sie hat eine *politisch-gesellschaftliche* Seite: Keine noch so gut gemeinte Wohltätigkeit kann das Bemühen um Gerechtigkeit in der Verteilung der Güter ersetzen, für die jeder mitverantwortlich ist. *Jeder einzelne* müßte sich der Tatsache stellen, daß nach den Berichten der Weltbank Hunderte von Millionen Menschen in absoluter Armut leben. Diese Wirklichkeit entzieht sich jedoch in eine eigentümliche Anonymität; obwohl jedermann weiß, daß es diese Armut gibt, er begegnet den Armen nicht. Es wurden eine Reihe von Brücken gebaut, die persönliche Beziehungen und damit persönliche Verantwortung wachsen lassen. Kann es Regeln geben für das *Maß,* in dem man gibt, um Konsum- und Lebenschancen der Armen zu verbessern? Das Mittelalter sprach davon, daß man aus dem Überfluß zu geben verpflichtet sei (Thomas v. Aquin, S. Th. II/II, q 32); wir haben nicht so genaue Vorstellungen vom Umfang unserer Verpflichtung; Bemessungsgrundlage für die Güter, die als überflüssiger Luxus anzusehen sind, könnte in Anlehnung an die Regelung der mittelalterlichen Ethik die Aufgabenstellung sein, in der jemand seine Berufung erkennt; von dorther ergibt sich, was er wirklich braucht und was er erübrigen kann.

Nicht zu Unrecht spricht man in unserer Gesellschaft von einer „neuen Armut", man denke an die Arbeitslosen, an die Unterbeschäftigten, an Frührentner, an Behinderte und Süchtige, an Alleinerziehende und ältere Menschen; hier liegt zwar keine absolute Armut vor, aber unsere Hilfsbereitschaft ist nicht weniger herausgefordert, oft weniger in Form von Spenden als vielmehr in der Zeit, die man sich für Menschen nimmt.

Das hier zunächst ins Auge gefaßte Tun des einzelnen wirkt, so der häufige Vorwurf, wie ein Tropfen auf den heißen Stein. Dazu ist festzustellen, daß jede individuelle Hilfe individuell erfahrbar bleibt; überdies ergibt es sich wie von selbst, daß der einzelne Aktivitäten unterstützt, die die Möglichkeiten seines privaten Tuns überschreiten. Wenn die Kirchen zu gemeinsamen Bemühungen aufrufen, wenn Politiker die Verantwortung reicher Völker für die Dritte Welt zu wecken suchen, dann verdienen diese Bemühungen solidarische Unterstützung.

2. Der Arme als Subjekt seiner Armut gegenüber

Wir sahen, daß Armut bedeutet, daß jemand beeinträchtigenden und belastenden existentiellen Erfahrungen ausgesetzt ist. Die bislang beschriebene Hilfe darf deshalb auf keinen Fall bei bloßer Wohltätigkeit stehenbleiben; sie zielt immer darauf ab, eine Partnerschaft herzustellen und möglichst nur das zu tun, was dazu führt, daß der andere selber hilft. Die Armen, so das Postulat, sollten Subjekte ihrer eigenen Geschichte werden (Johannes Paul II., passim). Das existentielle Betroffensein von Armut fordert zu eigener Stellungnahme heraus. Vorschnelle Idealisierung der Armut ist unangebracht. Das wird auch jede Spiritualität freigewählter Armut berücksichtigen. Die Frage ist, *wie wird man mit dieser Situation fertig?*

Global kann man sagen – bei aller Anerkennung der differenzierteren Verflechtungen des internationalen und nationalen Wirtschaftsgeschehens – daß es noch wie zur Zeit des ATs selbstverschuldete und unverschuldete Armut gibt. Wird man selbst und die eigene Familie von ihr bedrängt, *kann die Frage nach möglicher Abhilfe sittliche Pflicht sein.* Je nach den Ursachen wird sie unterschiedliche Züge haben. Es kann sein, daß eine neue Einstellung zu Arbeit und Broterwerb auch neue Möglichkeiten schafft. Es kann sein, daß durch Korrektur von Fehlern Schritte aus der demütigenden Situation gelingen.

In vielen Fällen, vor allem im Phänomen des Massenelends in den armen Ländern, aber auch an den sozialen Brennpunkten bei uns, ist die Armut unverschuldet, bedingt durch gesellschaftliche Strukturen, die Unterdrückung und oftmals Ausbeutung bedeuten. Hier ist der einzelne zumeist hilf- und machtlos. Ein Weg hat sich als Weg der Hoffnung erwiesen: der Weg der *Solidarisierung* mit anderen Menschen in der gleichen Situation. Zusammenschlüsse von Armen, die von der Hoffnung getragen waren, gemeinsam etwas ausrichten zu können, haben oftmals zur Befreiung aus Elend und Unterdrückung geführt. Dies ist der soziale Ort der Theologie der Befreiung, die nur verständlich wird auf dem Hintergrund solcher Prozesse. Sie stiftete ihnen das Bewußtsein jener Hoffnung ein, die darauf baut, daß Gott auf der Seite der Armen steht und seine Hand über sie hält. So können sie ihre Würde gewinnen und ihren eigenen Weg gehen. Es zeigt sich, daß sie innergeschichtlich kaum einmal endgültige Sieger werden; die unvermeidlichen Kämpfe reißen schmerzliche Wunden. Unterdrückungsmechanismen sind zäh und nach Umbrüchen bald auf andere Weise wieder da.

Da bleibt es wichtig, daß der Arme sich auch in seiner Armut annehmen kann, wenn es nicht gelingt, die Situation grundlegend zu ändern. Hier hat die Botschaft vom Kreuz tatsächlich ihren Platz; sie sagt, daß Gott nicht auf der Seite der Sieger steht, nicht nach Erfolgen mißt (vgl. Phil 2,5–11), sondern um unseretwillen arm geworden ist (vgl. 2 Kor 8,9) und in seinem Leben gezeigt hat, daß er für die Armen eintritt. Es gibt keinen Ort, an den seine Liebe nicht dringen würde.

3. Armut als gewählte Lebensform

Erst aus jener „Umwertung aller Werte", die mit der Botschaft des Evangeliums verbunden war, wird es verständlich, daß es Lebensformen gibt, in denen Menschen die Armut freiwillig wählen. Allerdings ist hier vom Begriffsinhalt her zu modifizieren; es handelt sich bei der Wahl der Armut als Lebensform nicht etwa um die Wahl absoluter Armut im oben beschriebenen Sinn. Vielmehr *gewinnt die hier gemeinte Lebensform ihre Gestalt aus der Gemeinsamkeit Jesu mit seinen Jüngern,* so wie sie uns in den Schilderungen des Evangeliums vorliegt (vgl. bes. Mk 1,18. 20 par; 10,17–31 par); und sie findet sie *in der idealisierten Lebensform der Urgemeinde,* in der man den Berichten der Apostelgeschichte zufolge alles gemeinsam hatte (Apg 2,43–47; 4,23–31). In beiden Formen fand z. B. Franz von Assisi, dessen Lebensprogramm engstens mit der freiwilligen Armut verknüpft ist, das Urbild für seinen eigenen Weg; längst vor ihm hatte schon Antonius, der spätere Wüstenvater, im Ruf Jesu an den reichen jungen Mann den Ruf an sich selbst entdeckt.

Von da an sind es *grundlegend zwei Motive,* die die Armut als gewählte Lebensform bestimmen: Die *Gemeinsamkeit mit dem Herrn,* der um unsertwillen arm wurde, und die *Solidarität mit den Armen.* Sie lösen den Menschen aus der Abhängigkeit von eigenem Besitz und machen ihn verfügbar für den Dienst am Evangelium. Die Beispiele der beiden großen Heiligen, die durch viele andere bis in unser Jahrhundert hinein leicht ergänzt werden könnten, zeigen, daß die konkrete Gestalt freiwillig gelebter Armut völlig verschieden sein kann; sie ist notwendig auf die jeweilige Zeit bezogen und wird deren aktuelle ökonomische und gesellschaftliche Situation miteinbeziehen; so werden z. B. heutige Versuche, freiwillig in Armut zu leben, kaum an dem Gedanken der Bewahrung der Schöpfung vorbeigehen, der uns an sparsamen Umgang mit ihren Gütern gemahnt. Die Frage der Armut als Lebensform betrifft nicht nur die nach den Evangelischen Räten lebenden (Ordens-) Gemeinschaften, sondern alle Christen, deren *Lebensstil* der Herausforderung durch die Armut entsprechen sollte.

4. Armut als ethisch-religiöse Haltung

Unüberhörbar sind die warnenden Worte Jesu an alle, den Gefahren des Reichtums nicht zu erliegen (Mt 13,22 par; Lk 6,24; 12,13–21; 16,9–13.19–31); der Reiche sinnt auf die Mehrung seines Besitzes und hat kein Herz für die Armen und keine Offenheit für das Reich Gottes. In diesen Warnungen wird spiegelbildlich vom Negativen her deutlich, um was es in der ethisch-religiösen Haltung der Armut geht: Es geht um die *bleibende Offenheit für Gott*, die nicht ohne innere Unabhängigkeit von den Gütern dieser Welt realisiert werden kann.

Die Motive der freiwillig gewählten Armut (vgl. oben) sind somit für jeden Christen verbindlich wie auch die Forderung der Nachfolge (LG 40–42): Die Solidarität mit dem Herrn, der in Armut gekommen ist und am Kreuz starb, und die Liebe zu den Armen, die unverzichtbare Richtschnur für den Umgang mit den Gütern dieser Welt sein müßte.

Die *Mystik* hat uns auf ein anderes mögliches Verständnis von Armut aufmerksam gemacht; hier geht es nicht mehr nur um die Bestimmung des Verhältnisses zu Besitz und Eigentum, sondern um die Beschreibung des Grundverhältnisses, in dem der Mensch vor Gott steht. Armut heißt hier die Annahme der Tatsache, daß wir vor Gott arm sind, mit leeren Händen dastehen, alles aus seiner Hand empfangen müssen, uns keiner Wirklichkeit vor ihm rühmen können, die nicht Geschenk seiner Güte wäre. Solche Armut des Herzens entsteht insbesondere an den Grenzsituationen unseres Lebens; der Tod zeigt, wie arm wir sind; wir haben uns nicht einmal selbst. Annahme dieser letzten realen Armut, die wir selbst sind, ist Wurzelgrund jener anderen Haltung der Armut, die wir im Zusammenhang mit der Verwirklichung des Geistes der Evangelischen Räte suchen.

B. Albrecht, Dimensionen evangelischer Armut (1978); *A. Böckmann,* Prüfstein Armut (^{2}1982); *J. Bours/F. Kamphaus,* Leidenschaft für Gott. Ehelosigkeit – Armut – Gehorsam (1981); *B. Geremek,* Geschichte der Armut (1988); *P. Henrici* (Hrsg.), Die christliche Armut (1966); *J. B. Metz,* Armut im Geiste (1962); *P. Schmitz,* Die Armut in der Welt als Frage an die christliche Sozialethik (1973).

BERNHARD FRALING

Askese

→ Glaube → Krankheit → Leiden → Lust → Nachfolge → Räte, evangelische

Der ursprüngliche Wortsinn kann einen ersten Zugang zum Sinn von Askese geben; das entsprechende griechische Verb askein bedeutet üben, trainieren und wird wie das eingedeutschte Wort unter anderem im Bereich des Sports benutzt, wo es eine gezielte Tätigkeit bezeichnet, in der man sich auf den Wettkampf vorbereitet. Von Anfang an verband sich mit dem Wort aber auch die Schulung des erkennenden

Geistes und des Willens und gewann darin ethische Bedeutung. Besonders die Stoiker forderten Askese als Voraussetzung des guten Lebens und verstanden sie als Enthaltsamkeit in Überwindung unkontrollierter Wünsche und Neigungen. Die bisher genannten Bedeutungselemente prägen den Inhalt des Wortes Askese, der sich in der Tradition katholischer Lehre herausgebildet hat; unter Askese versteht man „das vorsätzliche und beharrliche Bemühen des Christen um die christliche Vollkommenheit" (F. Wulf). Zu unterscheiden ist im allgemeinen religionsgeschichtlichen Bedeutungsfeld *moralische, mystische und kultische Askese,* je nachdem sich jemand durch Verzicht und Entsagung für moralisches Handeln, mystische Erfahrung (hier ist vor allem innere Entleerung gefordert) oder kultische Vollzüge bereitet. Es ist notwendig, den hiermit gemeinten Lebensvollzug in einer bibeltheologischen Deutung zu erfassen (1.), in einer systematischen Bemühung gegen mögliche Fehldeutungen abzugrenzen und in den Rahmen eines heutigen Weltverständnisses einzuordnen (2.).

1. Bibeltheologische Deutung

Die Bibel kennt das Wort nicht; aber die mit dem Wort gemeinte Sache kommt vor; es zeigt sich, daß sie mit dem Glaubensvollzug innerlich verbunden ist. Daraus ergeben sich signifikante Unterschiede des Verständnisses im Vergleich zu griechischen Vorstellungen, die sich auf dem Hintergrund einer weithin leibfeindlichen Anthropologie entwickelt haben.

a) Alttestamentliche Perspektiven: Es liegt nahe, hier an die kultischen Reinheitsvorschriften zu erinnern, die sich bes. im Buch Levitikus finden. In der Tat sind fast alle Aufforderungen, zu fasten, sexuell enthaltsam zu sein, in irgendeiner Verbindung mit dem Gottesverhältnis gesehen, ob es sich um Ausdruck von Trauer bei einem Todesfall (2 Sam 1,11f.), um die Unterstützung einer Bitte an Gott (2 Sam 12,16–23; Esra 8,21.23 u. a.) oder um bestimmte Fasttage handelt, die auf diese Weise vorbereitet werden (Lev 16,31; 23,27.29.32). Dahinter steht nicht eine Abwertung der geschaffenen Dinge; es scheint vielmehr Ausdruck eines Glaubens daran zu sein, daß eigentlich *alles* Gute in *Gottes* Händen steht und so dem Menschen zukommt. Wenn die Erstlinge der Ernte zum Altar gebracht werden, gewinnt der Bauer erst jene Distanz zu den Gaben der Schöpfung, die notwendig ist, um sich „zu freuen über alles Gute, das der Herr ... gegeben hat ..." (Dtn 26,11); hier ist Enthaltung so etwas wie glaubenserwirkendes Zeichen und ermöglicht eine Sicht der Dinge, die diese als Gaben Gottes wahrnimmt. Alle Erfahrung mit der Vergötzung irdischer Wirklichkeit zeigt, daß eine solche Sicht nicht selbstverständlich ist, sondern systematisch eingeübt und immer neu erinnert werden muß.

Erwähnt werden sollte in diesem Zusammenhang auch der Exoduscharakter atl. Glaubens, der als solcher von radikalen Verzichtleistungen begleitet ist; davon spricht eindringlich Gen 12,1–4. Der Glaube an den heilschaffenden Gott hat von Anfang an – der Glaube Abrahams bleibt vorbildlich im NT – die Zurückstellung menschlicher Wünsche fordern können. Solche Verzichte allerdings hatten keinen Sinn in sich selbst; sie waren auf das verheißene Heil ausgerichtet.

b) Neutestamentliche Aspekte: Wir stehen vor der fast widersprüchlichen Wirklichkeit, daß das NT eigentlich keinen aszetischen Rigorismus kennt, daß andererseits Forderungen von Selbstverleugnung und Verzicht aufgestellt werden, die alles Bisherige in den Schatten stellen. Sie können nur auf dem Hintergrund des Neuen verstanden werden, daß mit Jesu Basileia-Botschaft gekommen ist. In ihm ist die Gottesherrschaft gegenwärtig; alle Wirklichkeit erscheint in einem neuen Licht. Alles andere wird unwichtig angesichts dieses einen. Wer darum zur Teilnahme an Jesu Leben gerufen wird, der muß bereit sein, auf Besitz und Erwerb, auf Heim und Familie zu verzichten (Mk 10,28–31 par; Lk 9,57–62; 14,26.33); und je mehr sich abzeichnet, daß Jesu Leben auf den Tod am Kreuz zuläuft, um so deutlicher wird die Aufforderung, mit ihm das Kreuz zu tragen, d. h. auf sein eigenes Leben zu verzichten und das Martyrium auf sich zu nehmen (Mk 8,34 par). Das wäre überfordernder Rigorismus, wenn diese Forderungen nicht im Kontext der Zusage des Heiles stünden, das Jesus bringt, und mit ihm die Möglichkeit, seinem Anspruch zu entsprechen. Askese wird hier zum *Bestandteil des Glaubensgehorsams selbst*. Nie ist sie Selbstzweck, so wenig das Kreuz Selbstzweck ist; darum ist auch Jesu Leben nicht das eines strengen Asketen; seine Gegner nennen ihn gar einen „Fresser und Säufer" (Mt 11,19 par). In einer großen inneren Freiheit nimmt er die Gaben der Schöpfung an, wo sie zugedacht sind, dies in Gemeinschaft mit seinen Jüngern. Aber er weiß auch, daß Zeiten des Fastens für sie kommen werden (Mk 2,18–20).

Neben diesem existentiellen Ort der Askese im Kontext der Nachfolge findet sich auch untergeordnet der andere, der der *moralischen Askese* zuzuordnen ist. Viele Mahnungen Jesu gehören in diesen Zusammenhang (Mt 5,29f.; Mk 14,38 u. a.). Wenn immer die Berichte von der Versuchung Jesu auch einen pädagogischen Sinn haben, zeigen sie eine Form des Fastens, einer Einübung, die eindeutig ausgerichtet ist auf die Überwindung des Bösen (Mt 4,1–11 par); diese Auseinandersetzung währt für die Jünger bis zum Ende der Zeiten; sie können darauf bauen, daß Jesu endgültiger Sieg ihnen zugute kommt; nicht zu übersehen ist also die Bedeutung der vorbereitenden Askese als Element der Auseinandersetzung mit dem Bösen.

Die Aspekte der Heilsorientierung und der Einübung moralischer Haltung lassen sich nicht trennen; das gilt insbesondere für manche Ausführungen des Apostels *Paulus*. Er nimmt den Vergleich mit dem Läufer im Stadion auf, um die Notwendigkeit asketischer Bemühungen zu veranschaulichen (1 Kor 9,24–27); er fordert die Abtötung der sündigen Begierden und Leidenschaften (Röm 8,13); das geschieht im Bewußtsein davon, daß in der Taufe ein grundsätzlicher Herrschaftswechsel stattgefunden hat, der aber einer ständig zu erneuernden existentiellen Ratifikation bedarf. Ihr Maß hat darum auch für ihn jede christliche Askese in Jesus Christus selbst. Gerade bei Paulus ist die asketische Haltung in die Erwartung des nahen Heiles eingebunden und Zeichen eschatologischer Hoffnung (bes. 1 Kor 7,29–31).

2. *Systematische Einordnung*

Die nach-ntl. Entwicklung stellt teilweise eine Belastung für ein theologisch fundiertes Verständnis der Askese dar. Sie wurde einseitiger als moralische Askese angesehen und dieses zeitweise unter dominantem griechischen Einfluß, der Erlösung fast nur noch als Erlösung von dieser (bösen) Welt und als Befreiung von diesem Leib mit seinen Begierden und Leidenschaften sehen ließ. Es wurde zudem immer mehr der Leistungs- und Werkcharakter der Askese hervorgehoben und damit der theologische Sinn verfehlt; mit der deutlicher werdenden spiritualisierenden Tendenz verlor man die anthropologische Ganzheit aus dem Auge. Das hat Kritik herausgefordert, die ihrerseits teilweise über das Ziel hinausschoß (M. Luther, F. Nietzsche). Neuere theologische Versuche einer Sinnbestimmung der Askese haben diese Kritik zu berücksichtigen versucht und sich um ein ursprünglich theologisch-biblisches Verständnis bemüht:

a) Anthropologische Grundlegung: In der Askese reagiert der Mensch auf bestimmende Gegebenheiten seiner Existenz. Sein Dasein ist von Gegensätzen bestimmt: Er will durchaus nicht immer, was er soll; seine Freiheit hat viele Möglichkeiten, und es gibt in Entscheidungssituationen nur einen Weg; er möchte selber sein Leben bestimmen und unterliegt in hohen Maßen einer Bestimmung von außen, die er oft tief verinnerlicht hat; er möchte er selbst sein und ist doch vielfältig fremdbestimmt; er möchte schließlich das Leben und lebt doch unausweichlich auf den Tod zu. Zwar ist der Mensch grundsätzlich frei – dieses aber unter vielen eingrenzenden Bestimmungen. Die Theologie deutet dieses menschheitliche Phänomen der gespaltenen Existenz als konkupiszente Situation des Menschen, als ein Element seiner Erlösungsbedürftigkeit.

b) In der Askese sucht der Mensch Antwort auf die Grundsituation: Das bedeutet: Die Annahme dieser Existenz fordert immer einen Verzicht auf grundsätzlich mögliche, hier und jetzt aber nicht sinnvolle Wunscherfüllungen; sie impliziert darin das Ja zur eigenen Grenze, letztlich die Annahme des Todes. Man kann nur Herr seiner selbst werden und zur Identität finden, wenn man sich einläßt auf die begrenzten Möglichkeiten, die man tatsächlich hat, um diese ganz zu realisieren. Jeder sittlich verantworteten Existenz sind in der Bejahung der eigenen Endlichkeit solche Verzichte abverlangt.

Für den Christen gewinnen sie *theologische Bedeutung*. Die innere Gespaltenheit bedeutet existentielle Beeinträchtigung; der biblische Glaube zeigt aber, daß der Christ in der Nachfolge Jesu in die Lage versetzt wird, das Böse zu überwinden – allerdings nicht ohne Mühe und Selbstüberwindung. Immer wieder stellen sich eigensüchtige Wünsche seinen besseren Möglichkeiten in den Weg. Aber das Lassen von Wünschen kann Einswerden mit dem bedeuten, der durch die Annahme des Kreuzes jedes menschliche Leben erlöst hat. Er ist uns auch in der Annahme des Todes immer schon voraus; Annahme des eigenen Sterbens im Leben und das Abklingenlassen des eigenen Egoismus gewinnen Heilsbedeutung, da sie existentielle Brücken sind, die mit dem Auferstandenen verbinden können. „Wo der Mensch seiner Todessituation so bejahend ins Auge sieht, wo er personal zu dieser Todesverfallenheit (aus dem reflex-expliziten Mitsterben mit oder aus implizitem Glauben an Jesus Christus) ja sagt und dieses Ja existentiell realisiert, indem er freiwillig auf dieses stückweise im ganzen Leben sich realisierenden Sterbens vorgreift, und wo er darüber hinaus sich des existentiellen Ernstes und der inneren Wahrhaftigkeit dieser Bereitschaft zum Tode dadurch versichert, daß er über das schicksalhaft Erzwungene hinaus ein Mehr an Passion als Moment des Todes an sich reißt, dort treibt der Mensch Askese im eigentlichen, christlichen Sinn." (K. Rahner)

c) Einzelne Formen asketischer Übung: Das *Fasten* ist (vgl. oben 1a) die einzige asketische Übung, die an bestimmten Tagen (Aschermittwoch, Karfreitag, CIC c. 1251) allen katholischen Christen zur Pflicht gemacht wird. Gegenwärtig lassen sich neue Erfahrungen mit dem Fasten beobachten. Fasten kann Solidarität zum Ausdruck bringen und Element des Lebensstils sein, indem jemand bewußt auf die bedrängende Situation der modernen Welt eingeht. Es muß eingeordnet werden in den Lebensvollzug. Es gilt: Wo das Fasten nicht der Liebe dient, ist es von Übel; es ist dann gut, wenn es uns neue Werterfahrungen in den verschiedenen Dimensionen ermöglicht.

– *Konsumverzichte* in anderen Lebensbereichen sind schon zum Selbstschutz notwendig – um nicht unterzugehen in der Flut der Angebote. Sie können sich auf alles beziehen, was wir täglich konsumieren. Besondere Bedeutung dürfte heute dem Verzicht auf Energieverbrauch zukommen; es geht auch um die vielen kleinen Entscheidungen des Alltags, in denen sich die beschriebene Grundorientierung bewähren muß. Ethische Forderung wäre, sich die eigenen Kosumentscheidungen bewußt zu machen, nicht gedankenlos zu wählen, und den, mit dem man teilen könnte, nicht zu vergessen.

– *Grenzziehungen:* Ist man sich klargeworden über die Schwerpunkte der eigenen Lebensaufgabe, wird man sich immer wieder fragen, was man in dieser Richtung tun sollte und was man „abzuwählen" hat. Man muß Aufgaben ausgrenzen können, um diejenigen wirklich wahrzunehmen, die gestellt sind. Es kann Selbstüberwindung kosten, solche Schritte zu tun.

J. Gründel (Hrsg.), Triebsteuerung? Für und wider die Askese (1972); *P. Lippert,* Wer sein Leben retten will. Selbstverwirklichung und Askese in einer bedrohten Welt (1978); *K. Rahner,* Passion und Aszese, in: *ders.,* Schriften zur Theologie 3 (1956) 73–104; *ders.,* Zur Theologie der Entsagung, ebd. 61–72; *P. M. Zulehner,* Leibhaftig glauben Lebenskultur nach dem Evangelium (1983).

BERNHARD FRALING

Autonomie

→ Ethik → Ethos → Freiheit → Handeln, sittliches → Menschenwürde → Natur → Quellen der Moralität → Wert

1. *Der Begriff Autonomie* – zusammengesetzt aus der Wortbedeutung αὐτός (selbst) und νόμος (Gesetz) – wird im Deutschen sinngemäß wiedergegeben mit: Selbstbestimmung, Selbstgesetzgebung, Selbstgesetzlichkeit, Eigengesetzlichkeit. Obwohl der Begriff erst in der Neuzeit sein vollumfängliches Profil sowohl in politischer wie auch in erkenntnistheoretischer und praktischer Hinsicht gewinnt, findet er als *politische* Kategorie bereits in der griechischen Antike (5. Jh. v. C.)

Verwendung und meint die gewährte, relative politische Selbständigkeit einer politischen Entität (Stadtstaat) innerhalb vielfältiger Abhängigkeiten in einem größeren Ganzen und insbesondere das Recht, innere Angelegenheiten ohne äußere Mächte selbst regeln zu können. So scheint denn auch einiges dafür zu sprechen, daß das Wort Autonomie nicht vom Begriff νόμος, sondern eher von dem auch diesem Begriff zugrunde liegenden νέμειν (zuteilen) abgeleitet ist. – In der gesamten römischen und mittelalterlichen Latinität ist der Begriff kaum nachzuweisen, auch wenn die gemeinte Sache im römischen Grundverständnis mit dem Terminus *potestas vivendi suis legibus* wiedergegeben wird. In direkter etymologischer und inhaltlicher Anknüpfung an seine ursprüngliche Verwendung in der griechischen Antike wird der Begriff Autonomie nach der Reformation von der *Jurisprudenz* in einer doppelten Bedeutung aufgenommen: Einerseits signalisiert er die individualrechtlich abzusichernde Glaubensausübungs- und Gewissensfreiheit, andererseits die politisch eigenständige Satzungsgewalt und Handlungsfreiheit politischer Einheiten im Ganzen der Staatsgemeinschaft. Autonomie meint in diesem juristischen Gebrauch nicht absolute Selbstbestimmung noch subjektive Freiheit, sondern Freizügigkeit einer Gruppe unter Anerkennung einer Oberhoheit (vgl. Westfälischer Frieden 1648). – Für die neuzeitliche Entwicklung des Autonomiegedankens kommt der *Philosophie der Aufklärung* mit ihrem im Subjekt zentrierten Menschenbild und dessen emanzipatorischer Absicht eine entscheidende geistesgeschichtliche Bedeutung zu. R. Descartes erhebt erstmals das erkennende Subjekt zum Zentrum und zum Kriterium der Wirklichkeit und initiiert mit der anthropozentrischen Umorientierung die Begründung der „Autonomie des Subjektes"; in methodischer Loslösung der Erkenntnis von der Religion schärft er den Blick für die Eigengesetzlichkeiten der Wirklichkeitsbereiche von Wissenschaft, Politik, Kultur usw., die ohne die ihnen eigenen Methoden nicht richtig erkannt werden können. Mit I. Kant wird diese Tendenz erkenntnistheoretisch (νοεῖν) wie praktisch (πράττειν) teilweise umgedeutet und zu Ende gedacht. Autonomie meint bei Kant nun endgültig nicht mehr das eingeschränkte Recht auf institutionelle Selbstbestimmung, sondern hier steht Autonomie als Programmwort für die „Möglichkeit und Aufgabe des Menschen, sich durch sich selbst in seiner Eigenschaft als Vernunftwesen zu bestimmen" (R. Pohlmann). Damit stehen Erkenntnis, Handeln und Sinnverwirklichung unter dem Strukturprinzip der Autonomie. Die Autonomie der praktischen Vernunft wird als Autonomie des Willens gefaßt: „Autonomie des Willens ist die Beschaffenheit des Willens, dadurch derselbe ihm selbst (...) ein Gesetz ist. Das

Prinzip der Autonomie ist also nicht anders zu wählen als so, daß die Maximen seiner Wahl in demselben Wollen zugleich als allgemeines Gesetz mitbegriffen wird" (I. Kant). Sittliche Autonomie ist also Selbstbestimmung in Bindung an das allgemeine Prinzip der Sittlichkeit, d. h. an den kategorischen Imperativ. Das Wesen der Autonomie ist demnach präzise jene Fähigkeit, sich selbst als Handelnder an der tatsächlichen oder gedachten, widerspruchsfreien Allgemeingültigkeit der eigenen Maximen zu messen und zu normieren. Und eben dieselbe Allgemeinheit ist die Bedingung, der eine Norm genügen muß, um die Person unbedingt beanspruchen zu können. Auf der anderen Seite ist jegliche Bestimmung des Willens durch „äußere Objekte" (Empirie, Autoritäten) Fremdbestimmung (Heteronomie). Für Kant ergibt sich die religionsphilosophische Einsicht, daß ein heteronomes Verständnis des Gotteswillens nicht bloß den Menschen vor Gott, sondern auch Gott vor den Menschen zunichte macht. Sofern demnach die Theologie im Sittengesetz den Willen Gottes erkennt, kann dieser Wille nicht heteronom sein.

Mit Kant erhält die Legitimationskraft der praktischen Vernunft ihr volles Gewicht; und dies wird zum Grundmotiv der neuzeitlichen Ethik, nämlich die Suche nach selbständiger Selbstverwirklichung, die in den Kategorien von Freiheit, Selbstbestimmung und Mündigkeit greifbar wird. Als programmatischer und teils auch unspezifischer Begriff findet Autonomie ihren markanten Ausdruck in der geistigen, kulturellen und politischen *Emanzipationsentwicklung.* In dem Augenblick konnte ein fundamentaler Gegensatz zwischen Vernunft und Glaube entstehen, als die Vernunft sich selbst als Ursprung der von ihr erkannten Wahrheit glaubte begreifen zu können und dementsprechend ein eigenes Wahrheitsprojekt der ihr vorgegebenen mundanen und religiösen Welt als konkurrierendes Prinzip zur Seite stellte. Dies geschieht in der Identität von Selbstsetzung und Selbstgesetzlichkeit (J. G. Fichte), noch schärfer in der Gleichsetzung von Selbstschöpfung und Wertsetzung (F. Nietzsche). Vor allem gegen die postkantische Autarkisierung der Autonomie entsteht ein theologischer und religionsphilosophischer Widerstand, der sich unter dem Stichwort „Theonomie" artikuliert. – In neuerer Zeit wird der Aufklärungsbegriff Autonomie in der „kritischen Theorie" (M. Horkheimer, Th. W. Adorno) insofern einer dialektischen Kritik unterworfen, als die Folgewirkungen eines zunehmend instrumentell gefaßten Vernunftkonzeptes moniert und die Bedingungen der Möglichkeit von Autonomie in ihrer Defizienz ausgemacht werden.

2. Präfigurative Modelle eines neuzeitlichen Autonomie-Konzeptes lassen sich bereits in der vorneuzeitlichen *Theologie* finden. Wendet man den Begriff Autonomie in einem unspezifischen Sinn auf das Mittelalter an, dann besagt er bei Theologen wie Abaelard, Hugo v. St. Viktor u. a., daß der Ablauf irdischer Ereignisse und Entscheidungen nicht unmittelbar durch das Einwirken Gottes betroffen ist, daß darüber hinaus Gesetze der Natur, der Kultur und der Moral vom Menschen selbst gefunden und durchgesetzt werden. Wohl wird die Schöpfungskraft Gottes in der Finalität geschichtlicher Entwicklung, nicht aber im konkret Gegenständlichen thematisierbar. Diese Einsichten werden in der Hochscholastik bei Thomas v. Aquin systematisch-theologisch eingeholt. Für Thomas besteht das *bonum hominis* in der Freiheit und wird durch den vernünftigen Daseinsvollzug (durch das *secundum rationem agere*) verwirklicht. Dabei unterliegt die ethische Vernunft weder passiv einer Naturordnung noch einer heilsmetaphysischen Ordnung. Sie wird vielmehr verstanden als eine selbsttätige und aus sich selbst wirksame Ordnungsvernunft, die als Ebenbild Gottes in Vorsorge für sich und andere durchaus im Sinne der Selbstgesetzlichkeit moralische Ordnungen entwirft (vgl. S. Th. I/II, prol.; I/II, qq 94ff.). Die ethische Vernunft – und dies ist der theologische Gedanke – ist gerade darin, daß sie für sich moralische Ordnung entwirft, Abbild der schöpferischen Ordnungsvernunft Gottes. Damit ist der Gedanke abgelehnt, daß die ethische Vernunft bloßes Ableseorgan statischer Strukturprogramme im Sinne des Naturrechts sein soll. Vielmehr ist der Mensch ein sich selbst normativ entwerfendes Wesen in Analogie zum göttlichen Schöpfungsvorgang. Dabei ist das Evangelium mit seinen hochethischen Weisungen *lex indita,* also gerade gesetzlich nicht verarbeitbar, und damit Wegmarke für die menschliche Vernunft. Die Theologie und Ethik des Thomas v. Aquin ist ein herausragendes Zeugnis für die freie Selbständigkeit des Menschen, aber auch für die schöpferische Souveränität Gottes, die für die menschliche Freiheit nicht Bedrohung, sondern Begründung und Sicherung ist. Die Vernunft der Freiheit steht nicht im Gegensatz zur Logik des Glaubens; sie wird durch den Glauben freigesetzt, jedoch auch in ihrer Vernünftigkeit durch ihn in Pflicht genommen. Bei Thomas ist damit eine nachdrückliche Anerkennung der Eigenständigkeit der geschaffenen Wirklichkeit, aber auch der Ethik ausgesprochen. Der metaphysische Ordo- und Partizipationsgedanke verbietet allerdings eine Parallelisierung mit dem neuzeitlichen Autonomiegedanken.

Es ist die Tragik der Geschichte, daß wesentliche Einsichten, die das spätere Autonomieverständnis vorprägen, in der geschichtlichen Entwicklung der Theologie nicht zum Zuge kamen. Wenn auch nicht exklusiv, so doch wesentlich provoziert durch das Konzept eines nominalistischen Willkürgottes, konnte sich in der Aufklärung ein Autonomieverständnis entwickeln, das sich aus dem Kontext der Religion und der Kirche wie der christlichen Kultur unter teilweise polemischen Vorzeichen loslöste. Dementsprechend ist die theologische Auseinandersetzung im 18. und 19. Jh. durch das Erschrecken über deren Radikalität gekennzeichnet (F. H. Jacobi, F. v. Baader, J. B. Hirscher, J. M. Sailer). Es hätte keine unüberwindliche Schwierigkeit bedeuten müssen, die Vorstellung eines Willens, der sich selbst nach Maximen bestimmt, produktiv zu verarbeiten. Eine unbefangene Auseinandersetzung war offensichtlich nicht möglich, da sich dieses Projekt zu sehr in jenem Umfeld bewegte, das das corpus catholicum in seiner Geschlossenheit zu bedrohen schien. Damit hat die katholische Ethik, von einigen Ausnahmen abgesehen, weitgehend negativ auf die Aufklärung mit ihrem Autonomieprogramm reagiert, das eher als Konkurrenzunternehmen – Alleinvertretungsansprüche für die Ethik seitens der Theologie und Kirche streitig machend –, denn als Herausforderung empfunden wurde.

Vorbereitet durch eine Theologie der „irdischen Wirklichkeiten" (G. Thils, Y. Congar, P. Teilhard de Chardin), hat das Zweite Vaticanum in der *Pastoralkonstitution* den Begriff in einem positiven Sinn aufgenommen, indem es für alle Einzelwirklichkeiten „ihren festen Eigenstand, ihre eigene Wahrheit, ihre eigene Gutheit sowie ihre Eigengesetzlichkeit" (GS 36) hervorhob. Mit der positiven Integrierung des Autonomiebegriffs ist zweierlei gesagt: Eine Dualität von kirchlicher und weltlicher Ordnung ist durchaus legitim und theoretisch wie praktisch durchzusetzen, sofern diese über die Schöpfungsordnung aufeinander bezogen bleiben. Die weltlichen Bereiche in Wissenschaft, Kultur und Politik haben ihre eigenen Sachgesetzlichkeiten, die mit den ihr eigenen Methoden erkannt werden müssen. Andererseits bedeutet hier Autonomie ekklesiale Selbstbescheidung, indem die irdische Wirklichkeit nicht mehr auf Kirche, sondern auf Schöpfung bezogen wird. Damit wird ein Schlußstrich unter jenen „religiösen Integralismus" (K. Forster) gezogen, der entsprechend der mittelalterlichen Einheitsordnung allzuoft als Gegenbild der eigenständigen Forschung und der eigenständigen Ausgestaltung von Kultur und Gesellschaft auftrat. Autonomie wird einerseits eher in einem cartesianischen Sinne als Ernstnehmen der irdischen Wirklichkeiten in ihrer Sachgemäßheit mit den dazugehörenden Wissenschaften verstanden, andererseits markiert sie die Bereitschaft zum Dialog „mit der Welt". Allerdings in der

Schwebe blieb die Frage der Autonomie der Ethik und ihre Relation zum Schöpfer.

3. Die *katholische Moraltheologie* versucht seit den sechziger Jahren das ethische Grundwort Autonomie aufzunehmen und inszeniert auf breiter Front eine Auseinandersetzung mit der neuzeitlichen Freiheitsgeschichte. Insgesamt ist die Diskussion abgerückt von einem apologetischen Nachweis der Grenzen des seit der Aufklärung zum Zuge gekommenen Autonomieverständnisses. Vielmehr erfolgt eine konstruktive Vermittlung des Anspruches der Theologie mit der Autonomieforderung. Deshalb sind einige Moraltheologen, angeregt durch A. Auer, dazu übergegangen, ein Konzept der „Autonomen Moral im christlichen Kontext" zu vertreten. Bei der *theologischen Begründung* dieses Modells wird nicht einfach der Autonomiebegriff Kants übernommen, der in einem präzisen Sinne nur die mögliche Allgemeinverbindlichkeit einer Willensentscheidung als Prinzip der Autonomie gelten läßt. Freilich wird mit Kant der Autonomiebegriff streng von Autarkievorstellungen unterschieden, d. h. von der Selbstverfügung als Selbstherrschaft. Insistierend auf der Authentizität und eigenen Rationalität des Sittlichen im Unterschied zur Logik des Glaubens, wird ein möglicher Formalismus durch die inhaltliche Tradition der Werte, Güter und Haltungen aufgefüllt, die im wesentlichen auf die Menschenwürde und auf den personalen Status des Menschen fokussiert sind. Autonomie meint hier nicht sosehr den Willen, der nach Maximen handelt, sondern den Anspruch, moral-theologische Aussagen in kommunikablen Aussagen vermitteln zu können, also in Aussagen, die propositionalen Charakter haben und folglich verteidigbar, kritisierbar sind und der Begründung offenstehen. Bezugspunkt ist Thomas v. Aquin, der die Sittlichkeit als das *secundum naturam rationis* (das der Vernunftnatur des Menschen Gemäße) definiert. Damit versteht sich theologische Ethik als integrierende Wissenschaft, die in der Synopse der Erkenntnisse der Human- und Sozialwissenschaften und der Einsichten der philosophischen Anthropologie wie der faktisch gelebten Überzeugung in die Sprache ethischer Verbindlichkeit übersetzt. Was allerdings dem Kriterium der „Vernunftnatur" des Menschen entspricht, kann weder in einer metaphysischen Ordnung noch in einer natürlichen Finalitätsordnung erkannt werden, sondern entscheidet sich am jeweiligen *Vorverständnis,* was gleichzeitig auch deren Problematik ist. Im Mittelpunkt steht das Axiom, daß christlich verstandene Humanität die vernünftig ermittelte Humanität nicht vermindert, sondern in ihre Evidenz erhebt. Dies macht deutlich, daß mit dem Begriff Autonomie nicht sosehr die

theoretische Begründung der Autonomie beabsichtigt ist, sondern der Aufweis, daß die theologische Ethik nicht ein Typus einer religiösen Ethik ist, der auf der Unterscheidung in der „Humanität" stehen muß (A. Auer, F. Böckle, J. Fuchs, D. Mieth u. a.). Mit Recht wird darauf hingewiesen, daß die gegenwärtige Diskussion die umgestaltende Fortführung der traditionellen Topoi (natürliche Sittlichkeit, Naturrecht) innerhalb der Moraltheologie ist, auch wenn bislang die Auseinandersetzung mit der Vernunftrechtstradition, insbesondere postkantscher Prägung, noch weitgehend ausgeblieben ist.

Unumstritten ist die These, daß die Einordnung der sittlichen Autonomie in den theologischen Rahmen von Erlösung und Befreiung erkenntnistheoretische und orthopraktische Folgen hat; weit weniger wird die Ansicht geteilt, daß das sittlich Richtige auch ohne theologischen Bezugsrahmen in seiner Verbindlichkeit ermittelt werden kann (H. Rotter). In der Sittlichkeit selbst liegt die *Begründung* einzelner sittlicher Urteile; die Verschärfung sittlicher Verbindlichkeit liegt vielmehr auf der Ebene der sittlichen Gutheit der Person und in der entsprechenden Motivation und Haltung, aber auch im Impetus, das Richtige zu entdecken und das Entscheidende zu tun. Darin liegt auch der Grund, daß sich das christliche Ethos faktisch vom geltenden Ethos unterscheiden kann (etwa im Ethos für die Würde der Entwürdigten), auch wenn in verallgemeinerbaren Normen theoretisch kein Unterschied bestehen muß. Das letztere findet seine theologische Begründung im christologischen Dogma von der Inkarnation.

Mit den exegetischen Wissenschaften (R. Schnackenburg) kann grundsätzlich eine Einigkeit in der Position der „Autonomen Moral im christlichen Kontext" erzielt werden, auch wenn Unterschiede im Zugang zur Sittlichkeit bestehen. Die Schrift selbst weist eine Fülle von Beispielen der Integrierung humaner Sittlichkeit auf (vgl. Dekalog, Haustafeln), die geradezu paradigmatisch dafür sind, wie intensive Humanität zum Kriterium der Sittlichkeit wird. Die theologisch-ethische Systematik macht im Anschluß an Bibeltheologie und Exegese auf folgende Konsequenzen aufmerksam: Das Wort Gottes verändert den geschichtlichen Entdeckungszusammenhang von Sittlichkeit, aber nicht deren Begründungszusammenhang. Grundeinstellungen im Sinne der Bergpredigt haben sich auf dem Feld ethischer Argumentation zu bewähren. Indem Zuspruch und Verheißung der ethischen Praxis vorausgehen (H. Merklein), geht es nicht sosehr um die Fabrizierung der moralischen Welt als vielmehr um deren Ratifizierung. Insofern die Autonomie der Ethik und die moralische Kompetenz unter dem Wort Gottes stehen, sind sie *media salutis*, aber nicht das Heil selbst.

A. Auer, Autonome Moral und christlicher Glaube (1971, ²1984); *F. Böckle,* Theonome Autonomie, in: *J. Gründel* (Hrsg.), Humanum. Moraltheologie im Dienste des Menschen (1972) 17–46; *Concilium* 20 (1984) Heft 4 (Autonomiedebatte); *M. Forschner,* Gesetz und Freiheit. Zum Problem der Autonomie bei I. Kant (1974); *A. Losinger,* „Justa autonomia". Studien zum Schlüsselbegriff des II. Vatikanischen Konzils (1989); *R. Pohlmann,* Art. Autonomie, in: HWP I, 701–719.

ADRIAN HOLDEREGGER

Autorität

→ Freiheit → Gehorsam → Gemeinwohl → Gewissen → Kirche → Kritik → Lehramt → Staat

Autorität besteht in dem Vorzug an fachlicher, persönlicher oder sozialer Kompetenz, der Einzelpersonen oder Institutionen zukommt und dem Anerkennung und Folgeleistung gebührt. So kann man von fachlicher oder funktionaler Autorität sprechen, die jemand hat, wie von persönlicher Autorität, die jemand ist. In abgekürzter Redeweise werden diese Personen, insbesondere die Inhaber von Ämtern sowie die betreffenden Institutionen selbst als Autoritäten bezeichnet. Insofern Autorität einerseits an die Wahrheit und das Gute (Gerechtigkeit, Freiheit, Liebe) gebunden ist, andererseits menschliches Zusammenleben in den verschiedenen Gesellschaftsformen der Funktion einer ordnenden und schützenden Autorität bedarf, die sich wiederum an die Autorität des Gewissens wendet, führt das mögliche Auseinandertreten von fachlicher, persönlicher und funktionaler Autorität zu Konflikten, die den Autoritätsanspruch mehr oder minder stark belasten bzw. in Frage stellen.

Autorität im ursprünglichen, vollen und höchsten Sinne, die auf umfassender Urheberschaft und uneingeschränkter Mehrung des Guten beruht (vgl. *auctoritas: auctor, augere*) und so eine unbedingte Zustimmung und Gefolgschaft (in einem hoffend-liebenden Glauben) begründet, kommt allein Gott zu. Im christlichen Glaubensverständnis ist diese näherhin dadurch charakterisiert, daß sie den Menschen zur Gottebenbildlichkeit und zur Lebensgemeinschaft mit Gott erhebt und wesentlich eine Autorität der Liebe (vgl. 1 Joh 4,16–20) ist, die auf ein „Leben in Fülle" (Joh 10,10) zielt. – Jede wahre Autorität in *menschlicher Gemeinschaft* (sie bildet das eigentliche Autoritätsproblem) partizipiert an dieser Autorität Gottes, was ihre Würde und Verpflichtungskraft beleuchtet (vgl. Röm 13,1–7), und differiert doch zugleich von ihr, insofern sie eine bedingte Autorität darstellt, die auf die Autorität Gottes als ihren tragenden Grund und bindenden Maßstab verwiesen ist und sich immer nur in menschlicher Begrenztheit verwirklichen kann, wobei selbst Irrtum und moralisches Versagen nicht ausgeschlossen sind. Diese heben die Legitimität der Autorität und ihrer Anordnungen nicht ohne weiteres auf. Funktionale Autorität ist ja im Hinblick auf einen bestimmten (sozialen) Zweck gegeben, demgegenüber auch Ungehorsam und Widerstand verantwortet werden müssen (was die Abwägung mehr oder minder schwierig gestalten kann). Zugleich bedeutet aber die Zweckgebundenheit dieser Autorität, daß ihre Weisungen die Adressaten nicht eigentlich auf linearem Weg verpflichten (es gibt unter mündigen Menschen keine unvermittelte Abhängigkeit), sondern auf der Grundlage und in den Grenzen dieser ihrer Bestimmung, somit in einer Art trigonaler Struktur (was entsprechend für den Gehorsam gilt). Es führt kein Weg an der hinreichend begründeten subjektiven Einsicht vorbei, daß im konkreten Fall einer Autoritätsausübung diese Wesensbedingung erfüllt ist. Insofern sich im Gewissen Gottes übergeordnete Autorität vernehmlich macht, bleibt es jedweder innerweltlichen Autorität in einer unaufhebbar bedingten Weise verpflichtet; es kann eine mögliche Divergenz derselben von der Autorität Gottes nicht schlechthin in Abrede stellen und weiß, daß es im Konfliktfall für den Gehorsam gegenüber Gott zu entscheiden hat (vgl. Apg 5,29).

Auch wenn es Zurückweisung und Bekämpfung sozialer Autoritäten in der Geschichte immer wieder gegeben hat, kann man für die Gegenwart (seit den sechziger Jahren) durchaus von einer „*Krise* der Autorität" sprechen. Sie hat ihren Grund nicht nur in der Kritikwürdigkeit von Autoritätsträgern, die nicht selten durch Mißbrauch der Macht und durch fehlende Sachkompetenz enttäuscht haben, sondern auch in einem neuerwachten Interesse an der (Mit-)Gestaltung der verschiedenen privaten und öffentlichen Lebensbereiche.

Das Schlagwort von einer „antiautoritären" Praxis usw. ist Symptom der Ablehnung von Autorität in der Gestalt autoritärer, d. h. nicht auf Einsicht und Mitsprache setzender Maßnahmen bzw. Zustände, die eine Zerrform von Autorität darstellen. Insofern sich freilich die Gegnerschaft auf die Ebene des Machtkampfes begibt, in dem bestimmte Ziele aggressiv oder repressiv durchgesetzt werden sollen, praktiziert sie ihrerseits Elemente der abgelehnten Autoritätsausübung und bleibt die Alternative schuldig.

Dennoch ist Autorität durchaus gefragt. Die Kritik an Zerrformen der Autorität kann sehr wohl in diesem Sinne eines Verlangens nach überzeugender Autorität verstanden werden. Überdies darf die Neigung zur Anhänglichkeit an Autoritäten, die sehr wohl ausgetauscht werden können, nicht unterschätzt werden. Nicht ohne Grund wird etwa die Bedeutung von Vor- und Leitbildern neu gesehen, was sich auf anderer Ebene die Werbepsychologie zu eigen macht. Gerade die verfeinerten Methoden einer Manipulation, die sich offensichtlich von Formen massiver Einengung und Unterdrückung abheben und sogar ein Bewußtsein der Entscheidungsfreiheit suggerieren, signalisieren die Lenkbarkeit und Anfälligkeit des Menschen. Erscheint darum auch die Auflehnung gegen eine Autorität eher als systembedrohend und destruktiv, so sind daneben doch die Phänomene einer bedingungslosen und unkritischen Auslieferung an eine „Autorität" keineswegs zu übersehen und zu verharmlosen. Selbst autoritäre Systeme sind ja aufgrund ihrer offenbaren Transparenz und Effizienz nicht ohne Faszination. Über der vielberedeten Krise der Autorität darf deshalb nicht vergessen werden, daß auch die Freiheit in eine Krise geraten kann, insofern der Mensch immer wieder geneigt ist, um eines augenscheinlichen Glückes und einer spürbaren Entlastung willen seine Freiheit abzutreten und sich seine Verantwortung abnehmen zu lassen (vgl. Dostojewskis Legende vom „Großinquisitor" sowie Huxleys „Schöne neue Welt").

Ist demnach die Autorität gehalten, die Akzeptanz ihrer Forderungen nicht zu erschweren und sich durch Ergebenheit nicht verführen zu lassen, so gibt es eine *Ethik der Autorität* selbst (und nicht nur im Umgang mit derselben). 1. Sie verlangt wesentlich, in Wahrnehmung der Verantwortung für die betreffende Gemeinschaft die rechten (begründeten und angemessenen) Maßnahmen zu treffen und diese entsprechend durchzusetzen. 2. Ersteres erfordert Sachverstand und Erfahrungskompetenz, neben der eigenen Überlegung immer wieder die Beratung und somit die Ermöglichung und Praktizierung eines freien und aufrichtigen Dialogs. 3. Der inhaltlichen Fundierung und Absicherung entspricht es, davon Abstand zu nehmen, sich unter Verzicht auf einsichtsbezogene Transparenz und Argumentation auf die Amtskompetenz zu berufen und sich auf Machtmittel zu verlegen. Ein solches „autoritäres" Vorgehen kann Verbitterung, Verweigerung, geheime Schadloshaltung und Auflehnung provozieren. Auch werden sich Sanktionen in dem Maße reduzieren lassen, als es gelingt, eine positive Einstellung zur (konkreten) Autorität zu schaffen. Aufmerksamkeit verdienen zudem biographische und sozialpsychologische Faktoren, welche autoritäre Tendenzen begünstigen, die vielfach Unterlegenheit und Versagen auf der einen Ebene (z. B. Beruf) auf einer anderen (z. B. Familie) kompensieren sollen. 4. Von besonderer Bedeutung ist der

Umgang mit der Macht. Hier geht es darum, den Versuchungen zum eigennützigen und selbstgefälligen Machtmißbrauch zu begegnen, aber auch die Verantwortung für die Gemeinschaft wahrzunehmen und notfalls (etwa bei unbequemen, aber notwendigen Maßnahmen) die Macht entsprechend einzusetzen; dabei ist immer wieder zwischen dem Anspruch der einzelnen und dem Gesamtwohl zu vermitteln. 5. Ein weiteres bedeutsames Moment stellt der Umgang mit Kritik dar, deren repressionsfreie Zulassung, ernsthafte Prüfung und zutreffende Einschätzung letztlich in der Bereitschaft zur Selbstkritik gründen. 6. Autorität, die ethisch agiert, weiß um die Grenzen ihrer Kompetenz und respektiert die dadurch ausgewiesenen Freiräume. Erst recht steht für sie die Unantastbarkeit der Personwürde und verantwortlichen Gewissensentscheidung außer Frage. 7. Darüber hinaus wird sie die ihr Zugeordneten und Anvertrauten (sie sind nur in einer bestimmten Hinsicht „Untergebene") nicht in Distanz und Passivität halten, sondern in Anerkennung ihrer Subjekthaftigkeit ihre Mündigkeit und Mitverantwortung entwickeln. Um diese auszubilden bzw. einzuüben, bedarf es der Gewährung eines angemessenen Vertrauens. Die Angst vor einem Risiko, die sich dem nicht selten entgegenstellt, wird weniger durch fordernde Appelle als vielmehr durch Erweise der Vertrauenswürdigkeit abgebaut. Schließlich gibt es Verantwortung nicht nur vor der Autorität, sondern auch für diese. Letztere schließt in sich die Unterstützung, Kritik und Verteidigung (gegebenenfalls auch die überlegte Wahl) der Autorität und kann durch sittlich erlaubten Ungehorsam bzw. gebotenen Widerstand nicht ersetzt werden. Im Grunde muß bereits die Erziehung eine kritisch-loyale Einstellung zur Autorität vermitteln und diese leitbildgestaltend bei jenen, die selbst einmal Autorität zu übernehmen haben, als dienende, verantwortliche und ihrer Grenzen bewußte Autorität erfahrbar machen.

Besondere Bereiche: Bei der Wahrnehmung der *elterlichen* und *erzieherischen* Autorität kommt die Sorge für das leibliche Wohl und die geistige Reifung unmittelbar und fundamental zum Ausdruck, die sich allerdings im Dienste der Identitätsfindung – unbeschadet aller notwendigen und hilfreichen Vorgaben (statt Unverbindlichkeit und Permissivität) – mehr und mehr zurückzunehmen hat. Besonderes Augenmerk ist auf die vertrauengeleitete Führung zu einem mündigen (selbständigen und verantwortlichen) Gewissen zu legen. – Im *staatlichen* und *gesellschaftlichen* Bereich ist der Funktions- und Dienstcharakter institutioneller Autorität deutlich zu machen, um das Vertrauen in die Autorität zu wahren bzw. zurückzugewinnen und nicht Enttäuschte zu fragwürdigen Aktionen oder gar Machtproben zu provozieren. Demokratische Systeme und Verfahren bedeuten keine Abschaffung der Autorität, die sowohl über als auch in den Mehrheitsentscheidungen anzuerkennen ist. – In der *Kirche* wird die Autorität entscheidend durch die hierarchischen Amtsträger ausgeübt, ist jedoch auf diese nicht beschränkt, die ihrerseits dem Wort und Geist Gottes in der Gemeinschaft aller Getauften verpflichtet bleiben. Die konstitutive und verbindende Zuordnung zu Jesus Christus, dem Haupt und der Mitte der Kirche, relativiert jede Vorordnung, die dem Amt der Lehre, Heiligung und Leitung in der Kirche allerdings zukommt. Von menschlicher Begrenztheit und Anfälligkeit für Versagen nicht frei, soll die Kirche gleichwohl in der Ausübung ihrer Autorität wie im Umgang mit dieser eine Alternative zu einer vielfach anzutreffenden Autoritätsvorstellung und -praxis aufzeigen (vgl. Mt 20,25–27). Nicht zuletzt würde dies der Autorität der Kirche in der Welt von heute dienen.

F. Hammer, Autorität und Gehorsam (1977); *G. Krems/R. Mumm* (Hrsg.), Autorität in der Krise (1970); *J. M. Todd* (Hrsg.), Probleme der Autorität (1967); *H. J. Türk* (Hrsg.), Autorität (1973).

ALFONS RIEDL

B

Befehl

→ Autorität → Berufung → Gewalt → Macht → Recht → Verantwortung

Befehl ist die Ausgabe einer Anordnung durch eine anerkannte Autorität an einen bestimmten Adressaten.

Befruchtungshilfe

→ Genetik und Gentechnik → Leben → Medizinische Ethik → Therapie → Wissenschaftsethik

1. Der medizinische Tatbestand

Im Jahre 1978 gelang den britischen Ärzten R. Edwards und E. Steptoe nach vielen Versuchen mit menschlichen Embryonen die Befruchtung einer Eizelle in der Petrischale, die zur Einleitung einer Schwangerschaft und zur Geburt der Louise Brown führte. Die neue Technik der extrakorporalen Zeugung (IVF) versteht sich als Sterilitätstherapie im weitesten Sinne. Sie ist anwendbar bei Eileiterverschluß der Frau und vergleichbaren Indikationen wie Wucherungen der Uterusschleimhaut, vorzeitiger Menopause, Fehlen der Eierstöcke; hinzu kommen beim Mann Komplikationen bei der Spermaproduktion sowie verschlossene oder nicht vorhandene Samenleiter. Wichtigste Voraussetzung für den Erfolg ist die Gewinnung reifer Eizellen. Letztere müssen kurz vor der Ovulation direkt vom Graafschen Follikel abgesaugt werden. Dazu bedurfte es anfangs eines Eingriffs mit dem Laparoskop, der unter Vollnarkose durchgeführt wurde. Heute kann der Follikel mittels Ultraschallabtastung abgebildet werden: Die reifen Eizellen lassen sich so orten und operationslos absaugen. Sie werden in physiologischer Kochsalzlösung gewaschen und in verdünntem Blutserum der Frau für einige Stunden aufbewahrt. Sperma wird durch Masturbation gewonnen und gleichfalls in einer Blutserumlösung gewaschen. Die Lösungen mit den Geschlechtszellen werden in der Regel sechs Stunden nach der Gewinnung der Eizellen vermischt und während zwanzig Stunden bei Körpertemperatur inkubiert. Sodann müssen die Eizellen zur Prüfung der Befruchtung mikroskopisch untersucht werden. Wenn eine anscheinend normale Befruchtung festgestellt wird, erfolgt eine weitere Inkubation über vierundzwanzig Stunden in frischer Nährlösung. In dieser Zeit teilt sich die befruchtete Eizelle ein- bis zweimal, anschließend wird sie mit einem Katheter über den Gebärmutterhals in den Uterus transferiert.

Die Vorteile der Technik liegen in der Minderung embryonaler Entwicklungsstörungen und von Geburtsfehlern. Denn die Eizellen werden unter streng kontrollierten Bedingungen gewonnen und zur optimalen Zeit befruchtet; dies im Unterschied zur natürlichen Befruchtung, die öfters zu ungünstigen Zeitpunkten erfolgt und daher mit einer höheren Risikomarge operiert.

2. Die ethische Bewertung

Die Moraltheologie sah sich, vorbereitet durch die zuvor verlaufene Diskussion um die künstliche Insemination, recht bald zu einer Stellungnahme imstande. Als Bezugspunkt dienten die Verurteilungen durch Pius XII. samt den folgenden Anfragen und Differenzierungen. Der Papst bekräftigte sein Veto mit einem dreifachen Argument. Die Spermagewinnung wurde, da an Masturbation gebunden, als „in sich" schlechtes Mittel bezeichnet. Keine noch so edle Zielsetzung vermag seine Anwendung je zu rechtfertigen. Sodann verwies er auf die künstliche Trennung von Liebesausdruck und Zeugung, von *opus personae* und *opus naturae:* Kein Mensch hat das Recht, diese vom Schöpfer gewollte Verbindung aufzulösen. Und im Blick auf die Spermaspende durch einen außerehelichen anonymen Spender erfolgte der Rekurs auf den Ausschließlichkeitsanspruch der leiblichen Beziehung zwischen den Gatten, er werde durch das Dazwischentreten eines Dritten verletzt. Unter dieses Verdikt fiel allerdings nicht die künstliche Nachhilfe des Arztes bei der natürlichen ehelichen Vereinigung.

Die Problemkreise für die Diskussion um die IVF waren so zumindest in Teilen vorgezeichnet. Eine erste Frage kreiste verständlicherweise, wiewohl in begrenztem Ausmaß, um die Moralität der Spermagewinnung. Handelt es sich um Masturbation im gängigen Sinn oder liegt eine gewandelte Bedeutung vor? Der Verweis auf Spermagewinnung zu diagnostischen Zwecken bot sich an. Kernpunkt war aber die Trennung jener beiden Sinngehalte, durch die sich die eheliche Vereinigung auszeichnet: Ausdruck liebender Ganzhingabe und Offenheit auf Zeugung. Die Instruktion der Kongregation für die Glaubenslehre *Donum vitae* (1987) verknüpft beide, und so die Lehramtstradition präzisierend, zu einer unlösbaren, weil von Gott gewollten und in die menschliche Natur eingesenkten Einheit (II B 4). Ihre Auflösung wird als in sich schlecht bezeichnet. Im gleichen Kontext fällt der Hinweis auf das unveräußerliche Recht des Menschen, Geschenk der Liebe und nicht Produkt einer Labortechnik zu sein. Das kategorische Verbot trifft alle Varianten der IVF, es bezieht auch die Leihmutterschaft mit ein.

Die weiterlaufende Diskussion kreist vornehmlich um die bedingte Anwendung des homologen Systems, das im Rahmen einer gültig geschlossenen Ehe verbleibt. Dazu sind Klarstellungen nötig. Zunächst, der künstliche Ort der Zeugung ist grundsätzlich kein Angriff auf die Personwürde des Embryo. Die medizinische Technik erzeugt auch kein Kind, und noch weniger fabriziert sie es, sie kommt nur in der Weise einer Substitutionstherapie der versagenden Natur zu Hilfe, indem sie die Voraussetzungen für einen im übrigen natürlichen Vorgang erstellt. Und andererseits ist die natürliche eheliche Vereinigung nicht unmittelbar prokreativ, sie setzt einen biologischen Prozeß in Gang, dem möglicherweise eine zeitlich verzögerte Befruchtung folgt. Dies vorausgesetzt, heißt die Anfrage an das Lehramt, ob das Verhältnis von Person und Natur nicht flexibler gedacht werden könne, ohne den leitenden Anliegen der kirchenamtlichen Lehre zu schaden.

Die weiteren Überlegungen setzen sich mit dem Leidensdruck steriler Ehepaare auseinander. Kann man sich auch gefaßt mit seinem

Schicksal abfinden, sollte eine Adoption keinen Ausweg bieten? Besteht gar die Gefahr einer Instrumentalisierung des Kindes als Sinnlieferant einer zerbröckelnden Ehe? Das ist allerdings auch bei natürlicher Zeugung möglich. Die Frau kann zudem unter Leistungsdruck gesetzt werden: Man will, zumal in Ansehung des technischen und wirtschaftlichen Aufwands, ein Kind um jeden Preis. Das Wunschkind par excellence wird zum Zwangskind. Neben dieser psychologischen Abklärung, die den vollinformierten freien Konsens beider Gatten einschließt, steht die Forderung, allen Embryonen die Chance des Überlebens zu geben. Ob diese Forderung beim Mehrfachtransfer respektiert werde, wurde gelegentlich bezweifelt. Es hieß, damit ein Embryo die Chance des Durchkommens habe, würden die übrigen geopfert; mit der IVF verbinde sich also eine Abtreibungsmentalität. Dem ließe sich entgegnen, daß die vorkommenden Mehrfachschwangerschaften ein solches Argument nicht stützen. Das Problem der überzähligen Embryonen läßt sich mittlerweile durch Kryokonservierung von Oocyten umgehen. Nicht einhellig beantwortet wird die Frage, ob eine solche Praxis auf befruchtetes Keimmaterial vor der Kernverschmelzung ausweitbar sei. Letztlich wird gefordert, daß jeder Mensch – also auch der Embryo – das Recht auf ein nicht manipuliertes Erbgut habe; er dürfe nicht schutzloses Objekt von Eingriffen sein, die seine Existenz bedrohen, seine Gesundheit schädigen oder seine Identität verändern.

Diese, wiewohl äußerst zurückhaltende Akzeptanz des homologen Systems – nicht mit einem Konsens zu verwechseln – schließt das heterologe System aus. Die Gründe sind psychologischer, gesellschaftlicher und rechtlicher Art. Auch wenn das Dazwischentreten eines Dritten nicht unbedingt als Ehebruch zu bezeichnen ist, denn dazu gehört Treulosigkeit, rühren die Vorbehalte aus der Trennung von biologischer Elternschaft und personaler Verantwortung. Und sollte der Spender bzw. die Spenderin aus der Anonymität heraustreten, wird eine Art Großfamilie geschaffen, in der genetische und legale Elternschaft auseinanderklaffen. Die so geschaffenen Belastungen sind nicht abzusehen. Kritische Anfragen muß sich auch die Gastschwangerschaft gefallen lassen. Eine Schwangerschaft ist mehr als ein biologischer Vorgang, noch weniger läßt sie sich als eine kommerzielle Dienstleistung verstehen. Zwischen der Schwangeren und dem Kind läuft ein kulturbildender Prozeß ab, der sich nach der Geburt nicht willkürlich abbrechen läßt. Probleme würden sich auch in Konfliktsituationen ergeben: bei Gefährdungen für Mutter und Kind. Wer entscheidet mit welcher Kompetenz über welche Lösung? Und was, wenn die genetische Mutter ein möglicherweise mißgebildetes Kind ablehnt? Ebenso versteht es sich, daß eine solche „Therapie" nicht für unverheiratete Frauen gilt, auch nicht nach dem Tod des Gatten, denn ein so gezeugtes Kind würde bewußt in eine Rumpffamilie hineingeboren und der Erfahrung des Vaters beraubt. Zurückhaltung empfiehlt sich zudem beim Gebrauch des Wortes Adoption, wenn genetische und legale Elternschaft sich nicht decken. Man benutzt einen semantischen Trick. Denn ursprünglicher Zweck der Adoption ist es, Waisenkinder mit Eltern zu versorgen und nicht kinderlose Ehepaare mit Kindern. Bestenfalls besteht eine entfernte Analogie zur früher zumal in ländlichen Gegenden gängigen Praxis, kinderreiche Eltern durch „Adoption" des einen oder anderen Kindes zu entlasten.

Auch wenn man das Zentralargument von *Donum vitae* für fragwürdig hält, bleiben Vorbehalte. Sie liegen zum einen in der noch immer enttäuschend niedrigen Erfolgsquote, der Verschleiß an Embryonen ist hoch. Bessere Alternativen müssen gefunden werden. Gewiß gibt es einen solchen „Verschleiß" auch bei der natürlichen Zeugung. Dennoch bleibt jeweils nach den Gründen zu fragen. Der hohe Prozentsatz der Spontanabgänge in der Natur geht auf Nicht-Überlebensfähigkeit der Embryonen, aber auch auf psychische Ursachen zurück. Bei der IVF kommen die Risiken der Technik hinzu. Das wiegt um so schwerer, als die IVF ja unter streng kontrollierten Bedingungen abläuft. Die Frage nach der Angemessenheit des Grundes für ein provoziertes Risiko ist darum verständlich. Auch die Selektion der Embryonen muß sich Anfragen gefallen lassen: Die Intention ist eugenisch, die Geburt mißgebildeter Kinder soll vermieden werden. Im Früheststadium läßt sich eine Nicht-Überlebensfähigkeit nicht mit letzter Sicherheit feststellen. Nun ist aber der frühe Embryo, abgesehen von der Diskussion um seinen Personstatus, wie eine Person zu behandeln (DV I 1); darum ist die sicherste Lösung zu wählen. Von einer verminderten Schutzwürdigkeit läßt sich nicht sprechen. Vorbehalte liegen zum anderen in der wachsenden Technisierung intimster Lebensvollzüge. Zwar ist Technik nicht notwendig personfeindlich, dennoch nimmt die Weckung neuen Lebens unwillkürlich Züge der Leistung an. Der Geschenkcharakter wird zumindest verdunkelt. Es bliebe zu fragen, wieweit die Natur auch Schutz der Person ist. Wohl bleibt das auf Pius XII. zurückgehende Argument, es gebe kein Recht auf ein Kind, in diesem Zusammenhang fragwürdig, dennoch gibt es zu denken. Dies zumal angesichts eines bestehenden Teufelskreises: Um der Verbesserung der innovativen „Therapie" willen bedarf es weiterer verbrauchender Experimente mit Embryonen; menschliches Leben wird in den Dienst einer Technik gestellt, die anderen zugute kommt. Die Variante der GIFT (Gametes

Intra Fallopian Transfer) ist von diesen Bedenken nicht ausgenommen; der Unterschied zur IVF ist nur graduell. Letztlich spielen auch wirtschaftliche Gesichtspunkte eine Rolle, es handelt sich um eine Luxustherapie.

Kongregation für die Glaubenslehre, Über die Achtung vor dem beginnenden menschlichen Leben und die Würde der Fortpflanzung. Antworten auf einige aktuelle Fragen (1987) (Reihe: Verlautbarungen des Apostolischen Stuhls Nr. 74, Bonn 1987); *K. Demmer,* Leben in Menschenhand. Grundlagen des bioethischen Gesprächs (1987); *V. Eid,* Ethische Probleme der Reproduktionstechniken, in: *W. Ernst* (Hrsg.), Grundlagen und Probleme der heutigen Moraltheologie (1989) 270–285; *J. Reiter,* Menschliche Würde und christliche Verantwortung. Bedenkliches zu Technik, Ethik, Politik (1989).

KLAUS DEMMER

Beruf

→ Arbeit → Berufung → Freizeit → Selbstverwirklichung

1. Wort und Begriff

Mit dem Wort Beruf war ursprünglich die Berufung besonders im geistlichen Sinn gemeint, Luther hat das Wort in der weltlichen Bedeutung im Sinne von Amt und Stand in den deutschen Sprachgebrauch eingeführt. Es ist klar, daß die dem Wort Beruf zugrundeliegende Sache viel älter ist als Luther. Der Kerninhalt des Berufbegriffs läßt sich mit M. Weber als die durch eine typische Kombination abgehobene Leistung einer Person beschreiben, die Basis einer kontinuierlichen Versorgungschance ist. Zu diesem Kern kommen in den heutigen Berufsdefinitionen verschiedene Zusatzbedingungen, meist die Ausgerichtetheit auf den Erwerb und damit die Einschränkung auf Erwerbstätigkeit, in den philosophisch-ethisch gefärbten Berufsdefinitionen dann vielfach die Chance zur Persönlichkeitsentfaltung. So kann man aus ethischer Perspektive mit J. Messner definieren: „Unter Beruf verstehen wir die Erwerbsarbeit des Menschen, wodurch er sich an der gesellschaftlichen Kooperation zur Beschaffung des Lebens- und Kulturbedarfs aller beteiligt und damit zugleich die Unterhaltsbeschaffung für sich und die Seinen erfüllt."

2. Humane und christliche Sinndeutung des Berufs

Da arbeitsteilungsspezialisierte Erwerbsarbeit ein wesentliches Element des Berufs ist, partizipiert dieser an der Sinnbestimmung und Sinndeutung der *Arbeit*. So ist der Beruf zu gestaltende Notwendigkeit zur Sicherung des Lebensunterhalts und zur Erhaltung und Entfaltung der Natur; er ist Teilnahme am Schöpferwirken Gottes und Weg zur Selbstverwirklichung in der Entwicklung der persönlichen Fähigkeiten; er ist schließlich Dienst der Liebe für den Nächsten und für die Gesellschaft.

Zu einer in dieselbe Richtung weisenden Sinnbestimmung und Sinndeutung des Berufes gelangt man, wenn man an die Etymologie des Wortes „Beruf" anknüpft. Diese weist auf einen Ruf, einen Rufer bzw. Beauftrager hin. Demnach folgt der Mensch in seinem Beruf dem Ruf und Auftrag eines Höheren, im Horizont des christlichen Glaubens dem in Christus Mensch gewordenen Gott. Dieser Gott ruft und beauftragt mittelbar durch Neigung, Eignung, äußere Möglichkeiten, Not bzw. Erfordernisse der Menschen und dgl. zu einem konkreten Beruf, wobei Gott in Achtung der Freiheit des Menschen hinsichtlich der konkreten Berufswahl gewöhnlich mehrere Möglichkeiten offenläßt.

Das eben Ausgeführte kann aus der inneren Verknüpfung von *christlichem Heil und weltlichem Dienst* noch verdeutlicht und teilweise weitergeführt werden. Danach besitzt der gläubige Dienst an und in dieser Welt Bedeutung ewigen Heils, weil in der Zeit die Ewigkeit beginnt und weil das Reich Gottes als ein Reich der Gerechtigkeit, der Liebe und des Friedens hier seinen Anfang nimmt, um seine Vollendung zu finden in der Endgültigkeit der Ewigkeit Gottes. So erhält der Beruf seine christliche Sinndeutung und Sinnbestimmung vom umfassenden Daseinssinn des Menschen her, nämlich von der Vereinigung des Menschen mit Gott, mit Gottes Willen und mit Gottes Liebe. Der irdische Beruf bekommt demnach seine Ausrichtung auf Gottes Willen hin und seine Bestimmung von Gottes Liebe her. Deshalb heißt es in Kol 3,17: „Alles, was ihr in Worten und Werken tut, geschehe im Namen Jesu, des Herrn." Und die Mahnung des 1. Korintherbriefes: „Jeder soll in dem Stand bleiben, in dem ihn der Ruf Gottes getroffen hat" (7,20) zielt prinzipiell in dieselbe Richtung. Ihrem überzeitlichen Ausdeutungsgehalt nach will diese Mahnung nämlich nicht jeweilige Status-quo-Verhältnisse des Berufslebens zementieren und Berufsstandsveränderungen entgegenwirken oder diese gar verbieten, sondern vielmehr den Gedanken unterstreichen, in jedem Beruf bzw. Stand dessen heilsbedeutende Dimension wahrzunehmen und zu realisieren. So heißt es auch in der Pastoralkonstitution des Zweiten Vaticanums: „Verschieden sind jedoch die Gaben des Geistes: Die einen beruft er dazu, daß sie das Verlangen nach der Heimat bei Gott deutlich bezeugen und es in der Menschheitsfamilie lebendig erhalten; andere beruft er, damit sie im irdischen Bereich den Menschen hingebungsvoll dienen und so durch ihren Beruf die Voraussetzungen für das Himmelreich schaffen." (GS 38)

Mag auch in der säkularisierten Gesellschaft von heute diese religiös-christliche Sinndeutungsdimension des Berufes schwer deutlich zu machen sein, so ist doch festzuhalten, daß diese tiefe Sinnverankerung des Berufes für eine an Humanität interessierte Gesellschaft einen nicht zu unterschätzenden Dauerwert darstellt. J. Messner sagt mit Recht, daß in der Entwicklung des sittlichen Bewußtseins hinsichtlich der Berufsarbeit und damit der Berufsethik der Menschheit durch das Christentum zwei entscheidende Ideen zugewachsen seien: nämlich der sittliche Adel der Arbeit und die Gemeinschaftsbezogenheit der Berufsarbeit.

Daß im Beruf der schöpferische Daseinssinn mit der Komponente der Persönlichkeitsentfaltung und die Gemeinschaftsbezogenheit angesichts der Hochtechnisierung, Hochspezialisierung und Hochautomatisierung nicht zu kurz kommen, bleibt ein immer wieder zu reflektierendes und anzustrebendes hohes Ziel, dem auch die diversen Modelle der Mitbestimmung und Mitverantwortung dienen sollen, ein Ziel, das aber in der Dynamik des modernen Wirtschaftslebens immer wieder bedroht ist.

3. Der Beruf in der dynamischen Gesellschaft von heute

In der dynamischen Wirtschaftsgesellschaft von heute bietet der Beruf naturgemäß ein anderes Bild als in mehr statischen Gesellschaften von früher. Allein die Zahl der Berufe ist gegenüber früher unvergleichlich größer. Gab es etwa in den USA unmittelbar vor dem Zweiten Weltkrieg 27.744 statistisch erfaßte Berufe, so werden heute dort über 40.000 Berufe ausgewiesen. Die größere Zahl von Berufen bedeutet im allgemeinen mehr Arbeitsteilung, mehr Spezialisierung und mehr Differenzierung, damit auch mehr Chance, daß die Berufswahl eher den speziellen Neigungen und Fähigkeiten der Berufswerber entsprechen kann, und vor allem mehr Chance, daß die Berufsleistungen den Interessen und Bedürfnissen der Konsumenten eher gerecht werden können. Freilich darf bei aller Spezialisierung und Differenzierung die Sicht auf das Ganze nicht vergessen werden, auch muß in diesem Zusammenhang die Notwendigkeit einer breiten Grundausbildung und Grundweiterbildung betont werden, dies schon deshalb, weil die oben genannte Dynamik der Gesellschaft immer wieder ein Umsteigen auf andere Berufe erfordert. Dieses Umsteigen kann aus verschiedenen Gründen erfolgen, nicht nur aus subjektiven Gründen etwa des Wunsches nach Abwechslung oder nach Entwicklung neu entdeckter Neigungen bzw. Fähigkeiten, sondern häufig aus Notwendigkeiten des Arbeitsmarktes mit der sonst drohenden längeren Arbeitslosigkeit. Jedenfalls sind heute viele Menschen in einem anderen als dem erlernten Beruf tätig. Die genannte Dynamik bringt es auch mit sich, daß gemäß den Verschiebungen zwischen den drei Sektoren der Wirtschaft nach J. Fourastié, dem primären, der Landwirtschaft, dem sekundären, der Industrie, und dem tertiären Sektor, dem Dienstleistungssektor, letzterer eine immer größer werdende Zahl von Berufen aufweist, wobei in Zukunft vor allem die Berufe des Informationswesens an Bedeutung gewinnen werden.

In der dynamischen Gesellschaft von heute und morgen mit ihrer Schnellebigkeit, ihrer Hektik und ihren Sachzwängen muß aus ethischer Perspektive eine besondere Sorge der *Persönlichkeitsentfaltung* des Menschen im Beruf und angesichts des Berufes gelten. Die meisten Menschen verbringen ja eine große Zeit ihres Lebens mit Berufsvorbereitung und Berufsausübung. Der Beruf ist bestimmend für die soziale Stellung und das Prestige des einzelnen und seiner Familie; er stellt eine sehr wichtige Kontaktstelle zu anderen Menschen und zur Gesellschaft dar. In Analogie zur Dominanz der mit dem Beruf eng verknüpften Erwerbsarbeit kann man überspitzt formuliert sagen: Alles dreht sich um den Beruf. Dies bringt aber auch die nicht zu übersehende Schattenseite der Benachteiligung und teilweisen Diskriminierung der nicht in der Berufserwerbsarbeit Stehenden mit sich, etwa der Arbeitslosen und der „Nur-Hausfrauen". Diese Dominanz der Berufserwerbsarbeit führt dann auch oft zu starken Spannungen zwischen Beruf und anderen Lebensbereichen, vor allem zwischen Beruf und Familie besonders für die berufstätige *Frau,* die faktisch damit eine Doppelbelastung zu tragen hat, der aber doch nicht die prinzipielle Berechtigung abgesprochen werden darf, nicht nur aus finanziellen Gründen, sondern auch aus Gründen der Selbstverwirklichung in der gesellschaftlichen Kooperation und Kommunikation der Berufstätigkeit nachzugehen. Hier wird es darauf ankommen, durch entsprechende Arbeitszeitmodelle und andere entsprechende Gestaltung der Erwerbsarbeit Beruf und Familie zu „versöhnen", abgesehen davon, daß bei Doppelberufstätigkeit eines Ehepaares die anderen Familienmitglieder, vor allem der Mann, an der Last der Familienarbeit entsprechend beteiligt sein sollen bzw. soll.

Ein anderes Spannungsfeld im Blick auf den Beruf in der modernen Wirtschaftsgesellschaft liegt zwischen der Berufserwerbsarbeit und der *Freizeit*. Die Berufserwerbsarbeit droht im Streß und in den Zwängen des Wirtschaftslebens zum bloßen „Job" zu werden, zur bloßen Arbeits- und Verdienstmöglichkeit, und so des geistigen, ganzheitlichen und schöpferischen Gehalts verlustig zu gehen mit der Folge, daß man die Verwirklichung der letztgenannten Werte der Persönlichkeit in die Freizeit verlegt. Aus ethischer Sicht muß aber das Bemühen aufrecht bleiben, die Berufsarbeitswelt so zu gestalten, daß auch darin die Verwirklichung der genannten qualitativen Persönlichkeitswerte immer mehr möglich und gefördert wird.

Dies ist aus vielerlei Gründen wichtig, z. B. auch deshalb, weil eine „Gespaltenheit" des Menschen in einen entpersönlichten Berufsbeschäftigten und in eine Freizeitpersönlichkeit für den einzelnen und für die Gesellschaft nicht gut sein kann. Dies ist weiters z. B. dann auch deshalb wichtig, weil die meisten Menschen einen großen Teil ihres Lebens mit der Verrichtung der Berufsarbeit verbringen und ein Anrecht darauf haben, auch dort Vollmenschen zu sein.

In diesem Zusammenhang ist es positiv zu vermerken, daß nach den Studien des in den westlichen Industrieländern in den letzten Jahrzehnten stattgefundenen *Wertwandels* die arbeitenden Menschen bei aller Wertschätzung des Arbeitsplatzes als Beschäftigungs- und Verdienstmöglichkeit erhöhte qualitative Anforderungen an die Arbeit bzw. den Arbeitsplatz stellen. Mit L. Neuhold läßt sich dieser Wertwandel bezüglich der Arbeit in Anschluß an die und in Modifizierung der Thesen von D. Yankelovich gekürzt so zusammenfassen: „Eine neue Generation von Arbeitnehmern fordert bessere Arbeitsbedingungen... Die Arbeit leistet mit anderen Bereichen des Lebens zusammen einen wichtigen Beitrag zur Gesamtzufriedenheit und Sinnfindung... Arbeit wird nicht schon in sich als sinnvoll empfunden, sondern erst dann, wenn sie einen Beitrag zur Selbstentfaltung leisten kann... Die Berufsrolle bestimmt dann das Verhalten und begünstigt die Identifikation, wenn die Möglichkeit, intrinsische Arbeitsansprüche und soziale Bedürfnisse in seinem Beruf und an seinem Arbeitsplatz zu verwirklichen, besteht... Geld und Erfolg allein sind für die Arbeitsmotivation zuwenig, vielmehr ist für die Erbringung von Leistung ein mehrdimensionales, extrinsische, intrinsische und soziale Momente beinhaltendes Motivationsbündel notwendig..."

U. Beck/M. Brater/H. Daheim, Soziologie der Arbeit und der Berufe (1980); P. Ernst, Beruf als Verantwortung – Ausbildung zur Verantwortung (1987); K. H. Hörning/T. Knicker, Soziologie des Berufes (1981); L. Neuhold, Wertwandel und Arbeit (1989).

VALENTIN ZSIFKOVITS

Berufung

→ Entscheidung → Erziehung → Freiheit → Gehorsam → Nachfolge → Person → Selbstverwirklichung → Verantwortung

Theologische Anthropologie kennzeichnet den Menschen als Geschöpf Gottes. Der christliche Glaube verbindet mit dieser Aussage die Grunderfahrungen des Menschen, zutiefst abhängig, als auch gleichzeitig höchst frei zu sein. Alles, was der Mensch ist, verdankt er dem Willen Gottes; von ihm her ist er bestimmt. Diese Bestimmung ist aber zugleich Bestimmung zur Freiheit, zum eigenen Selbststand. Gott schafft den Menschen so frei, daß er zur Gestaltung der Welt aufgefordert wird (Gen 1,28) und damit Verantwortung gewinnt.

Indem der Mensch als Bild Gottes geschaffen ist, ist er gerufen. Urbild und Abbild kennzeichnen das Verhältnis zwischen Gott und Mensch. Die Aussage vom Menschen als Bild Gottes korrespondiert der biblischen Grundbestimmung, daß der Mensch durch Gottes Wort zur Antwort geschaffen ist. Er ist responsorische Existenz. Seine Existenz geschieht im Dialog, im Austausch mit Gott. Der Mensch als Bild Gottes ist offen für das Wort Gottes, das ihn ja in Gottes Liebe ruft.

Menschheitsgeschichte erweist sich so als Auseinandersetzung mit dem Ruf Gottes und wird damit zur Heilsgeschichte. Ruf und überhörter oder zurückgewiesener Ruf (Sündenfall) bestimmen Israels Geschichte. Erlösung wird Ausdruck der Liebe, die sich als tiefste Wurzel des Rufes im Leben und Sterben, Auferstehen und Himmelfahrt Christi offenbart. Abhängigkeit und Freiheit stehen so nicht unverbunden, dauernd konkurrierend nebeneinander, sondern erhalten ihre gemeinsame Mitte in der Liebe Gottes. Damit wird die Vermutung zurückgewiesen, daß menschliche Freiheit und göttliche Allmacht zwei Kausalitäten sein müßten. Dann würde dem Menschen immer mehr genommen werden, je mehr man Gott zuspricht, und je mehr der Mensch in den Mittelpunkt rücken würde, desto mehr müßte sich Gott zurückziehen. An Stelle von Berufung würde ein Schicksalsglaube stehen. Das Wort Schicksal, in der Alltagssprache oft für die Bestimmung menschlichen Lebens gebraucht, findet sich kaum in der theologischen Diskussion. In neueren esoterischen Richtungen lebt dieser Glaube in eigentümlicher Weise neu auf. Nicht ein blindes Schicksal aber bestimmt den Menschen, sondern der Ruf einer personalen Macht: „Das höchste, das überhaupt für ein Wesen getan werden kann, ist, es frei zu machen. Eben dazu gehört Allmacht, um das tun zu können" (S. Kierkegaard). Die Dialektik von Abhängigkeit und Selbststand verweist auf einen Gott, der freigebender und empfangender Gott ist, auf einen Gott, der personales Geschehen in sich selbst ist. Insofern ist Berufung als Einladung zum trinitarischen Leben zu verstehen.

Damit gewinnt im christlichen Verständnis die Person ihren Selbststand in der Transzendenz, in der Relation über sich selbst hinaus. Diese Relation umfaßt den Mitmenschen in personaler Gemeinschaft. Das Nebeneinander von Menschen vermag in Freundschaft und Liebe personales Menschsein auszudrücken. Letztlich aber zielt diese Bewegung auf Gott. Das Hören auf sein Wort ist gleichsam ein Sich-hinein-Versetzen in die logischen Zusammenhänge des Geschaffenseins. Das Endliche wird wichtig. Gott wagt diese Möglichkeit und erweist sich als kühner Gott (R. Guardini).

Möglich wird dieses nur, weil die Geisterfahrung andauert. Indem man sein Leben auf eine bestimmte Zielrichtung hinordnet und diese Hinordnung nicht als willkürliche eigene Freiheitsentscheidung betrachtet, sondern als eine Aufgabe, die in Verantwortung wahrgenommen werden muß, zeigt sich das Phänomen der Berufung. Diese Ausrichtung geschieht aber nicht durch gesetzliche Bestimmungen oder gar Befehle. Berufung ist vielmehr Vermittlung sittlicher Sinneinsicht. Diese vermittelt sich in einem Prozeß und nicht in der Unmittelbarkeit eines göttlichen Auftrages. Zu diesem individuellen Lebensprozeß gehört die Glaubensentscheidung als aktives Interpretations- und Gestaltungsprinzip: Die Einmaligkeit des Menschen zeigt sich im Ruf zur Entscheidung. Diese Entscheidung ist nicht einfach eine Wahl zwischen gleichwertigen Möglichkeiten, sondern ein mögliches Ja zur ganz persönlichen und unwiederholbaren Berufung. Nicht das eigene Können bestimmt dann den menschlichen Einsatz, nicht die Erfahrung der Möglichkeiten, sondern das Hören auf den Anspruch Jesu. Selbstverwirklichung grenzt den Menschen auf ein bestimmtes Einsatzmaß ein. Berufung bedeutet Freisetzung zu größeren Möglichkeiten. Die Gestaltung des eigenen Lebensentwurfes vollzieht sich im Ja zu erkanntem Sinn, im Glauben an die Offenheit der Geschichte, im Absehen von sich selbst.

Berufung vermag sich in jedem Beruf, auch in der Mobilität sozialer Strukturen zu realisieren. Die Entfremdung durch Beeinträchtigungen der Selbstverwirklichung in der Arbeitswelt verweist auf die Entäußerung, die uns von Christus vorgelebt wurde. Somit zeigt sich im Hinhören auf die Berufung eine letzte Indifferenz, die erst Initiative ermöglicht. Halt für solche Lebensentscheidung findet der Christ in der Institution der Kirche, die erinnernd die eigene Lebensgeschichte bewußt hält, stimulierend anspornt und korrigierend gegen subjektive Festlegungen einzuschreiten vermag. Institution erinnert an den Gehorsam gegenüber der jeweils persönlichen Berufung. Institution läßt die Gemeinschaft von Berufungen erkennen, aber auch die Individualität; fordert somit Toleranz.

Die Zurückweisung von Berufung erweist sich als Sünde, als Zurückweisung des Vertrauens, das dieses Wort Gottes in ihn setzt. Umkehr ist somit ein Neuhören auf die empfangene Berufung.

Berufung gilt nicht für einen bestimmten Lebensstand, sondern das Zweite Vatikanische Konzil erinnert neu an die allgemeine Berufung zur Heiligkeit (LG 39,40). Die Urgestalt des Rufes zeigt sich im Leben der Kirche. In ihr wird die Berufung zum Ordensstand, zu Weltgemeinschaften und zum christlichen Leben in der Welt möglich.

Berufungsgeschichte ist Nachfolgegeschichte. Nach dem biblischen Befund ist Berufung zu verstehen als die in einer bestimmten Zeit geschehende Konkretisierung einer vor aller Zeit bereits geschehenen Erwählung durch Gott. Das zeigen besonders die Berufungsgeschichten der Propheten: Jer 1,5: „Noch ehe ich dich im Mutterleib formte, habe ich dich ausersehen, noch ehe du aus dem Mutterschoß hervorkamst, habe ich dich geheiligt, zum Propheten für die Völker habe ich dich bestimmt." Jes 46,10f.: „Mein Plan steht fest. . . . Ich habe aus dem Osten einen Falken gerufen, aus einem fernen Land rief ich den Mann, den ich brauchte für meinen Plan."

Berufung ist Ausdruck der grundlosen Liebe Gottes, es ist damit ein schaffendes und auch ein richtendes Wort. Der Mensch wird als Ganzes ergriffen, noch ehe er um die Aufgaben weiß, die sich aus dieser Berufung ergeben: Jes 6,8: „Hier bin ich, sende mich."

Berufung erscheint als Erwählung Israels, als Erwählung der Apostel, als glaubendes Staunen, zu den Gliedern der Kirche zu gehören. Der Ruf Gottes ist Neuschöpfung (Röm 4,17).

Berufung zum Dienst in der Kirche wird nicht nur durch Eignung und Bereitschaft gekennzeichnet, sondern auch durch die Annahme der Kirche: Berufung ist persönlich und gemeinschaftlich.

Im Stichwort der Berufung kommt das Zusammenwirken von Natur und Gnade am deutlichsten zum Ausdruck und wird im Kairos, der notwendigen Stunde, erfahren.

K. Demmer, Die Lebensentscheidung. Ihre moraltheologische Grundlage (1974); *ders.*, Entscheidung und Verhängnis (1976); *K. Hemmerle*, Gerufen und verschenkt (1986); *O.-H. Pesch*, Frei sein aus Gnade (1983); *H. Rotter*, Die Berufung, Elemente christlicher Spiritualität (1983); *M. Schneider*, Gottes Utopie. Anstöße zur Nachfolge (1989).

KARL-HEINZ DUCKE

Beschwörung

Beschwörung ist der Versuch, jemanden unter Anrufung Gottes (oder der Götter, der Heiligen oder heiliger Dinge) zu etwas zu bewegen. Sie kann einfach einen inständigen, dringenden Wunsch zum Ausdruck bringen, aber auch eine magische Formel, einen Exorzismus oder eine Drohung (Fluch) beinhalten.

Blutschande

→ Abtreibung → Alttestamentliche Ethik → Familie
→ Neutestamentliche Ethik → Sexualität

Blutschande (Inzest) bedeutet Geschlechtsverkehr zwischen nahen blutsverwandten oder verschwägerten Personen. Das AT kennt die sog. Schwagerehe mit verwitweten Frauen (Dtn 25,5–10). Es verbietet aber die Geschlechtsgemeinschaft von Blutsverwandten (z. B. Lev 18,6–18). Auch im NT wird Blutschande verurteilt (vgl. Mk 6,18 par; 1 Kor 5,1–13). Blutschande ist nicht in erster Linie aus eugenischen, sondern aus sozialen Gründen problematisch: Interne sexuelle Konkurrenz macht das familiäre Zusammenleben unmöglich.

Buße

→ Askese → Reue → Sakrament → Schuld → Sünde → Vergebung

Buße, ein geläufiger und signifikanter Begriff kirchlicher Moralverkündigung und Pastoral, ist gegenwärtig im Zusammenhang mit der Krise des Sündenverständnisses seinerseits in eine Krise geraten, weshalb sich mit der theologischen Reflexion das Interesse an seiner genuinen Vermittlung verbindet. Doch wird erst ein geläutertes Sündenverständnis und -bewußtsein Wesen, Notwendigkeit und Geschenkcharakter der Buße besser erfassen lassen. Vorderhand verstellen Assoziationen vor allem mit Strafe (vgl. „Bußgeld" im Straßenverkehr) sowie mit freudlosem und einengendem Verzicht auf Lebens- und Freiheitsgüter und darum mit bestimmten äußeren Phänomenen und Elementen der Buße („Bußwerken") den Blick dafür, daß die Buße, was schon der sprachliche Ausdruck andeutet, eine Entscheidung bzw. Führung des Menschen zum „Besseren", d. h. in erster Linie nunmehr wiederum zum Sittlich-Guten ist.

Obwohl sittliche Besserung eine allgemein-menschliche Möglichkeit bzw. Erfahrung darstellt, bezeichnet Buße in der Hauptsache die religiöse Wirklichkeit der Abkehr von der Sünde in der glaubend-hoffend-liebenden Hinwendung und Heimkehr zu Gott. Es ist die von Gottes Gnade eröffnete, getragene und vollendete *Bekehrung,* die mit der Reue einsetzende radikale innere Umorientierung *(metanoia)* und die entschieden-konsequente (Vorsatz) Umkehr auf dem verkehrten Weg, die das Wesen der Buße ausmacht. Sie stellt einen Prozeß dar, der an einem religiös-sittlichen Wendepunkt eingeleitet wird, aber noch vollzogen werden muß, und der, da die begangene Schuld oder schuldhafte Vergangenheit nicht auf sich beruhen kann, sondern aufzuarbeiten bzw. auszuleiden ist, auch Schmerzliches an sich hat.

Im einzelnen ist Unrecht, das anderen zugefügt wurde, wiedergutzumachen, soweit dies möglich ist. Darin kommt zum Ausdruck, daß die Sünde nicht allein eine innere Angelegenheit des Gewissens und der Gottesbeziehung eines Menschen ist, sondern immer wieder Menschen Unrecht tut und Zerstörung bewirkt. Dabei ist – stets im Rahmen der Zumutbarkeit – auch möglicher immaterieller Schaden gutzumachen. In manchen Fällen ist außerdem Strafe anzunehmen und zu „verbüßen". – Nicht selten hat die Unrechtstat im Täter eine Erschütterung seines Selbstwertgefühls hervorgerufen, ihm einen Verlust an äußeren Gütern zugefügt, seinen Freiheitsraum eingeengt und soziale Nachteile eingetragen. Hier ist der Versuchung zur Verharmlosung, Abwälzung, Leugnung und Verdrängung der Schuld wie auch der Verzweiflung über diese zu widerstehen und die Schuld zu bewältigen, wobei es dem Schuldiggewordenen ermöglicht werden muß, zu seiner Schuld zu stehen. – Zudem hat sich die verkehrte Entscheidung in die Leibnatur des Menschen eingezeichnet bzw. haben sich mehr oder minder starke Anhänglichkeiten an die bisherige Lebensweise gebildet, die nicht durch den bloßen Willensakt der Bekehrung ausgelöscht sind, sondern noch gezielte Maßnahmen notwendig machen. Diesen Sinn und Wert haben ausdrückliche Bußakte konkreter Art („Bußwerke"), die zugleich wirksame Zeichen der neuen sittlichen Ausrichtung und Einübungen des neuen Weges darstellen. Auch Akte der Selbstüberwindung und des Verzichts sind so (gegen eine kurzschlüssige religiöse Qualifizierung, als sei das Unangenehmere eo ipso Gott wohlgefälliger) als Ausdruck der Entschiedenheit für das Gute und als Dienst an der sittlichen Freiheit zu würdigen bzw. daraufhin zu beurteilen. Darum kann nicht an ihrer Abschaffung, sondern nur an ihrer Einpassung in den heutigen Verständnishorizont gelegen sein. Eine Spiritualisierung der Buße wird der anthropologischen Dimension der Sünde nicht gerecht. Diese Bestimmung des Stellenwertes der Bußakte im Bußgeschehen, die die Tradition zu sehr isoliert und gewichtet hat, bewahrt aber auch vor dem Mißverständnis, sie bildeten Vorleistungen zur Gewährung der Vergebung bzw. begründeten einen Anspruch darauf.

Insofern die Sünde immer in den sozialen Bereich ausgreift und dort zur Distanzierung, vielleicht sogar zur Marginalisierung und Exkommunizierung führt, gehört zur Buße neben der inneren Bewußtwerdung des Unrechts und der Anerkennung der persönlichen Schuld das Eingeständnis derselben im sozialen Raum, verbunden mit der erklärten Abkehr von der Tat und der Bitte um Vergebung. Vorgeprägte Bußriten und institutionalisierte Formen der Bußpraxis bedeuten dabei eine Entlastung, können jedoch die existentielle Bekehrung nicht ersetzen. – Alles menschliche Bußetun bleibt indes letztlich unabgeschlossen ohne die Zusage der Vergebung und der Wiederaufnahme der Gemeinschaftsbeziehung, worin das stärkste Motiv zur Umkehr liegt. In der Wiederversöhnung erfüllt sich, was mit dem Aufbruch zum Vater beginnt (vgl. Lk 15,18). Dabei darf von Gott Vergebung auch derjenige erfahren, dem sie auf der zwischenmenschlichen Ebene versagt bliebe.

Weil auch Gottes Vergebung keinem Anspruch unterliegt, bedeutet für den, der gesündigt hat, Buße nicht nur eine Unabdingbarkeit, sondern auch eine Erfahrung von Gnade. Die vor allem durch die Propheten immer wieder an das Volk Israel wie an einzelne gerichtete Bekehrungsforderung (1 Kön 21,17–29; Jes 1,11–20; 58; Jer 4,1–4; Hos 6,1–5; 14,2–9; Joël 2,12–17; Am 4,4–11), deren Strafdrohung ihre Dringlichkeit herausstellt, impliziert ein ungebrochenes Zutrauen Gottes in den schuldig gewordenen Menschen und eröffnet eine umfassende Vergebung in einer neuen Gottesbeziehung, will doch Gott „nicht den Tod des Sünders, sondern daß er sich bekehre und lebe" (Ez 18,23). Bedarf es auch angesichts der offenkundigen Schwäche, die Bundestreue zu wahren bzw. wiederaufzunehmen (und sich dabei nicht mit dem Vollzug von Bußriten zu begnügen), eines „neuen Herzens" (Jer

31,33), so ist es doch der Mensch in seiner religiös-sittlichen Subjektivität, an den sich (über den Schuldvorwurf und die Strafdrohung hinaus) der Bekehrungsruf richtet und von dem Bekehrung erwartet wird. – Noch einmal und mit dem Nachdruck der Gerichtsdrohung mahnt am Beginn der ntl. Heilszeit der Täufer Johannes zu aufrichtiger und wirksamer Bekehrung, die durch die Bußtaufe besiegelt wird (Mt 3,1–12; Mk 1,2–5; Lk 3,3–18). Jesu Verkündigung stellt sodann, das Gerichtsmotiv und selbst die Bekehrungsforderung hintansetzend, ganz auf die neue Wirklichkeit des nahegekommenen Gottesreiches ab (Mk 1,15), die nun ihrerseits, woran kein Zweifel bleibt, zu einem neuen Verhalten, näher hin zu einem anderen Umgang mit den Mitmenschen und den materiellen Gütern drängt und befähigt (vgl. Bergpredigt). Dabei trägt dieses praxisrelevante Evangelium nicht die Züge des Elitären, sondern wendet sich zumal an jene, die dieser Ermutigung im Glauben und Handeln besonders bedürfen, die Armen und Kranken sowie die Sünder. Geradezu provokatorisch stellt Jesus die in der Bekehrung liegende Chance bzw. Gnade heraus (Mt 9,10–13; Lk 15,1–32; 19,1–10) und macht in der Begegnung mit den Sündern die aufrichtende Kraft der Vergebung deutlich; „Sündige nicht mehr!" (Joh 5,14; 8,11) ist Forderung und Vertrauenserweis in einem. Während bloße Vorwürfe auch lähmen können, vermag gerade das erzeigte und durchgehaltene Vertrauen das Selbstvertrauen zu wecken und die sittliche Verantwortung zu evozieren. Buße ist so die Antwort des Menschen auf seine Schuld, die unter dem Zeichen des Vertrauens und der Zu-mut-ung Gottes steht. In Gottes motivierender unerschöpflicher Vergebungsbereitschaft ist auch das Geheimnis der Sünde als der verhängnisvollen Verweigerung des Menschen gegenüber Gott aufgehoben. Nicht zuletzt bewahrt das durchaus schmerzliche Wissen um die eigene Schuld vor pharisäischer Selbstgerechtigkeit gegen Gott und die Mitmenschen (Lk 18,9–14).

Die fundamentale Bekehrung erfolgt mit der Annahme des Glaubens in der Taufe, der selbst die Frucht der Umkehr und Hinwendung zu Gott in seinem Christus ist (Mk 1,15; Lk 13,1–9), eine Abkehr von der schuldhaften Vergangenheit voraussetzt und Konsequenzen für die Lebenspraxis einschließt. Dabei ist die Überwindung und Vergebung vorausliegender Schuld wesentlich durch die in Jesu Kreuzestod und Auferweckung endgültig erschlossene sieghafte und befreiende Gnade Gottes gewirkt, in dessen heilendes und heiligendes Lebensgeheimnis der Mensch durch das sakramentale Geschehen einbezogen wird. – Die Bekehrung des nach der Taufe in Sünde gefallenen Christen, die Buße im sekundären und engeren Sinne (*paenitentia secunda*), bedeutet die von

Gottes Gnade getragene und durch seine Geduld und Vergebung ermöglichte bewußte und entschiedene Wiederaufnahme des seinerzeit eingeschlagenen, ein für allemal eröffneten Lebensweges. Sie ist deshalb auf dem Untergrund jener ursprünglichen Bekehrung und der sich durchhaltenden Zuwendung Gottes zu sehen, an dem die Schuldgeschichte eines Menschen in seine Glaubensgeschichte mündet. – Insofern der Christ immer wieder und gerade im alltäglichen Versagen die Macht der Sünde an sich erfährt (Jak 3,2) und (wenn eben auch nicht notwendig im Sinne einer fundamentalen Umkehr) die Ausrichtung auf Gott erneut und bewußt zu vollziehen hat, kann die Buße als eine den Christen kennzeichnende Haltung gelten, die sich neben der eigenen Sünde (und gerade auf dem Weg über die eigene Bekehrung) auch der Sünde in Kirche und Welt widersetzt. Aller Kampf gegen die Sünde aber lebt gleicherweise von dem Bewußtsein, daß sie kein unabwendbares Verhängnis darstellt, daß sie aber letztlich nur durch Gott zu überwinden ist. Die Kirche selbst ist aufgrund ihrer eigenen Sündhaftigkeit wie ihrer Verstrickung in das Unrecht der Welt zur Buße herausgefordert, was bedeutet: sich (ohne unredliche Deutungsversuche) zu ihrem Versagen (nicht zuletzt durch Mangel an Sensibilität und Engagement) zu bekennen, an der Bewältigung gerade auch historischer Schuld mitzutragen und sich der Anfälligkeit für das Böse bewußt zu bleiben. Gleichwohl ist festzuhalten und deutlich zu machen, daß sich die Kirche wie das individuelle Christsein als Gemeinschaft mit dem gekreuzigten und auferstandenen Herrn versteht und entscheidend durch die freudige Danksagung und die Hoffnung auf das Offenbarwerden des österlichen Geheimnisses geprägt ist.

Entsprechend der sozialen und ekklesialen Dimension der Sünde ist die Buße kein privates Geschehen, sondern verlangt einen Vollzug auch vor dem Forum der Kirche. Das *Bußsakrament* (normalerweise in der Form der Einzelbeichte und -absolution) ist dabei der vorzüglichste, aber durchaus nicht der einzige Weg, Bekehrung zu bezeugen und Vergebung zu erlangen. Nach dem Tridentinum ist sein Empfang (nur) im Falle schwerer Sünden *(peccata mortalia)* verpflichtend, die wenigstens einmal im Jahr zu beichten sind (DS 1680/1707, 1683; CIC cc. 988f.), während auch die Beichte läßlicher Sünden empfohlen wird. Von Anfang an ist die christliche Gemeinde am Bußverfahren ihrer Glieder beteiligt. Neben Interventionen der Zurechtweisung und Distanzierung gibt es den förmlichen Ausschluß, der durchaus heilsbedeutsam ist und darum die Wiederversöhnung mit der Kirche auch unter strengen Bußverpflichtungen, allerdings meist erst auf dem Sterbebett, erstreben läßt. An die Stelle dieser Exkommunikations-Buße tritt im frühen Mittelalter die Form der wiederholbaren Ohrenbeichte. Unerläßliche Voraussetzung für das Zustandekommen des Sakramentes ist die aufrichtige, den Vorsatz, nicht mehr zu sündigen, einschließende Reue, welcher im Hinblick auf das Bußsakrament bereits sündentilgende Kraft zukommt, während beim Bekenntnis die (moralisch mögliche) Nennung aller schweren Sünden genügt; die vom Priester aufzuerlegende spezielle Genugtuung (Beicht-Buße) dient der Bewältigung der Sündenfolgen und der Bestärkung auf dem Bekehrungsweg und fügt sich so in den Gesamtvollzug der Buße ein. – Der Pastoral ist es aufgegeben, neben dem dogmatischen Stellenwert des Bußsakramentes dessen Funktion innerhalb der Kirche und im Hinblick auf den Glaubensweg des einzelnen (hier u. a. die Aufhebung der beklagten „Sprachlosigkeit" im Bereich persönlicher Schuld) herauszustellen und in der Gestaltung des sakramentalen Vollzugs wie in der Pflege der außersakramentalen Formen Eigenart und Bedeutung christlicher Buße deutlich zu machen.

K. Baumgartner (Hrsg.), Erfahrungen mit dem Bußsakrament, 2 Bde. (1978/79); Dienst der Versöhnung. Umkehr, Buße und Beichte – Beiträge zu ihrer Theologie und Praxis (1974); *E. Feifel* (Hrsg.), Buße – Bußsakrament – Bußpraxis (1975); *Ph. Schäfer,* Buße – Beichte – Vergebung (1987).

ALFONS RIEDL

C

Charisma

→ Berufung → Kirche → Pneumatologie → Spiritualität

Charisma ist eine vom Heiligen Geist bewirkte besondere Gabe im Dienste von Kirche und Gesellschaft; im säkularisierten Alltagssprachgebrauch wird darunter weithin auch ein besonderes Talent verstanden.

D

Dekalog

→ Alttestamentliche Ethik → Glaube → Heilsgeschichte
→ Menschenrechte → Neutestamentliche Ethik → Norm

Die neuere moraltheologische Arbeit hat sich zwar in ihrer eigenen Systematik weithin von der Grundlegung im Dekalog entfernt und sich einer Bearbeitung ethischer Probleme zugewandt, die sich nach Sachbereichen gliedert. Dennoch fällt auf, daß in den letzten 20 Jahren häufig auf den Dekalog zurückgegriffen wurde – vor allem in jenen Veröffentlichungen, die einem weiteren Hörerkreis zugeordnet waren. Dabei spielte einerseits die theologische Einordnung der Zehn Gebote eine entscheidende Rolle, andererseits der sittliche Gehalt, der sich mit den in der Gesellschaft gesuchten Grundwerten weithin deckte; letzteres war Anlaß zu einer gemeinsamen Erklärung des Rates der Evangelischen Kirche in Deutschland und der Deutschen Bischofskonferenz: *Grundwerte und Gottes Gebot* vom 17. 7. 1979.

1. Die Textfassungen des Dekalogs finden sich in Ex 20,2–17 und Dtn 5,6–21; sie *differieren* in einer Reihe von Einzelheiten. Inhaltlich bedeutsam sind die Abweichungen in der Fassung des *Sabbatgebotes;* Ex 20,8 fordert dazu auf, des Sabbats zu gedenken *(zakór)* Dtn 5,12, auf ihn zu achten *(samór)*; die Ex-Fassung motiviert anders, indem sie auf den Schöpfungshymnus von Gen 1,1–2,4 zurückgreift, während Dtn 5,15 das Gebot mit der Erinnerung an das heilsgeschichtliche Urdatum der Geschichte Israels, der Befreiung aus Ägypten, anreichert. Bei den Begehrensverboten am Schluß wird die Frau in Ex 20,17 nach dem „Haus deines Nächsten" genannt; in Dtn 5,21 wird sie diesem vorangestellt. Die Frage nach einer Urfassung des Dekalogs läßt sich kaum beantworten.

Die Zählung der Gebote ist nicht einheitlich; das hängt mit der unterschiedlichen Bewertung des Bilderverbotes am Anfang zusammen. Wo dieses als eigenes Gebot gerechnet wurde (so in den reformierten und den orthodoxen Kirchen wie im Talmud), wurden die Begehrensverbote am Schluß als ein Gebot gefaßt, um auf die Zehnzahl zu kommen, wo nicht (in der katholischen und lutherischen Tradition), wurden zwei Verbote des Begehrens am Ende formuliert.

Die Form ist in sich uneinheitlich; Ex 20,2–6 bilden eine Jahwerede, in der Jahwe in der ersten Person spricht; ab 20,7 wird von Jahwe in der dritten Person gesprochen. Hierin wird ein Hinweis darauf gesehen, daß die Textgestalt kaum in einem Guß entstanden, sondern durch Sammlung und Auswahl von Geboten und eine gewollte literarische Gestaltung gewachsen ist. Die Form apodiktischer Weisung (ohne Zufügung von Bedingungen) ist kaum als spezifisch israelitisch anzusehen. Die Herkunft der Prohibitive ist nicht mit letzter Sicherheit zu bestimmen. Die Bedeutung des Dekalogs wird durch die Art der Einfügung in den Kontext bei beiden Fassungen herausgestellt: „Das betonte Ende macht die vorausgehenden Jahweworte (‚und Jahwe sagte diese Worte und sonst nichts') um so kostbarer" (L. Hossfeld).

Die Entstehung des Dekalogs hat „mit Mose ... nicht mehr zu schaffen als das Deuteronomium auch. Es war dieselbe deuteronomisch/deuteronomistische Schule, die dem Dekalog zu seiner überlieferten Gestalt und herausgehobenen Stellung im werdenden Pentateuch verhalf" (L. Perlitt). L. Hossfeld ergänzt: „Der Pentateuchredaktor erweist dem Dekalog seine Reverenz und setzt ihn nach vorne (Ex 20) an die Spitze aller Gesetze der Sinaitheophanie ..."

2. Die theologische Bedeutung des Dekalogs ergibt sich in erster Linie aus dem Kontext, in den ihn die Redaktion des Pentateuch eingeordnet hat.

a) Vorordnung der Zusage vor den Anspruch: Den Anfang beider Dekalogfassungen bildet die Selbstvorstellung Jahwes, der sein Volk aus Ägypten befreit hat. Die schon im Namen Jahwe „Ich bin da" zum Ausdruck kommende Zuwendung Gottes zu seinem Volk wird veranschaulicht an dem, was Jahwe in der Befreiung aus der Sklaverei in Ägypten getan hat. Gott hat seine Liebe zu seinem Volk unter Beweis gestellt. Er hat Israel „gehen gelehrt" (vgl. Hos 11,3) und garantiert den weiteren Weg. Dieser Weg soll abgesteckt werden. Die Freiheit menschlichen Seinkönnens wird durch Jahwe hergestellt und soll durch die Gebote gesichert werden. Der Zuspruch des Heiles umfaßt auch die Weisung in ihnen. Was als Forderung herausgestellt wird, ist im voraus ermöglicht zu denken durch den Gott, der sein Volk auf dem Weg begleitet. Dies ist das Vorzeichen, unter dem alle Gebote zu sehen sind: Das Evangelium der Zusage ermöglicht die Erfüllung der Weisung und verhindert, daß diese gnadenloses Gesetz wird und im Legalismus entartet.

b) Ethos im Gegenüber zu Jahwe: Der Inhalt des Dekalogs umreißt summarisch die Felder, in denen sich menschliches Verhalten bewähren muß. In der Einbeziehung des gesamten Ethos in das Verhältnis zu Jahwe als dem, der Israel erwählt und sich ihm in der festen Zusage des Bundes verbunden hat, wird er zum Gegenüber eines jeglichen ethischen Anspruchs; das sittliche Handeln des Gläubigen weiß sich in Verantwortung vor dem, der das Volk befreit hat und es in Freiheit bewahrt. Die Gebote verstehen sich von daher als Ausdrucksformen der Sicherung des Lebensraumes, den Jahwe dem Volk geschenkt hat und in dem es nun als befreites leben kann. So gelten alle Einzelforderungen im Bereich des Sittlichen als von dem erhoben, der die Menschen zu ihrer wahren Freiheit führen will.

Von hierher eignet dem Ethos des Dekalogs grundlegend eine *dialogische Struktur*; ethisches Verhalten bekommt Antwortcharakter, wenn im Anspruch nicht nur eine Sachverpflichtung, sondern die Forderung des Gottes vernommen wird, der in die Freiheit ruft. Ethos wird integraler Bestandteil einer personalen Beziehung, ja eines dauernden Dialogs.

Es gilt als selbstverständlich, daß die grundlegenden ethischen Prohibitive längst Regelungen menschlichen Gemeinschaftslebens waren, ehe sie in diesen Zusammenhang gestellt wurden. *Vorgegebenes Ethos wurde* hier *in den Glauben integriert;* man könnte zu einem Bild aus der Biologie greifen und von einer *Assimilation* reden: Der Glaube hat hier vorgegebenes Ethos assimiliert; wird das Bild ernstgenommen, dann gilt, daß der Glaube von solcher Assimilation selber lebt; ohne sie, d. h. ohne Auswirkung des Glaubens im Ethos, würde dieser selbst atrophieren. Durch diesen Vorgang wächst das Leben dem Glauben zu und der Glaube durchformt das Leben.

c) Die innere Struktur des Dekalogs weist eine deutliche Rangordnung auf. Die Gebote sind nicht einfach einander gleichgeordnet. Das erste Gebot wird nicht zu Unrecht als atl. Formulierung des Hauptgebotes angesehen. „Alle Gebote hängen am 1. Gebot, dieses aber an der Präambel ‚Ich bin Jahwe, dein Gott, darum sollst du . . .'" (L. Perlitt). Das ergab sich schon aus den bisherigen Überlegungen: Die Beziehung zu Gott durchzieht das gesamte Ethos. Im Bezug auf das erste Gebot fällt die fundamentale Vorentscheidung, die alles sittliche Handeln trägt. Wenn das Sinnverstehen im einzelnen sittlichen Verhalten notwendigerweise das Ethos insgesamt mitprägt, so geschieht durch die Zuordnung der Gebote der ersten und zweiten Tafel, der Gebote also, die sich auf das ausdrückliche Verhalten Gott gegenüber und auf das mitmenschliche Verhalten beziehen, eine Modifizierung des gesamten Ethos.

d) Entwicklung der Sinngehalte: Wenn in der Abfolge der Geschichte neue Momente des Erlebens die Gotteserfahrung bereichern, dann kann solche Erfahrung auch das Sinnverständnis der einzelnen Gebote verändern. Ausdrücklich sind die sozialen Komponenten des Sabbatgebotes beispielsweise durch Gottes eigenes Verhalten den Unfreien gegenüber motiviert. Geschichtlicher *Fortgang der Glaubenserfahrung* bedeutet darum faktisch auch eine jeweilig entsprechende *Modifizierung des Verständnisses der Gebotsinhalte,* die ihrerseits gleichzeitig von der sich wandelnden gesellschaftlichen Situation beeinflußt sind.

Soweit erkennbar, sind die *Entwicklungen* der Gebots- bzw. Verbotsinhalte im Dekalog somit *von zwei Seiten her bestimmt:* Einmal sind Auswirkungen sich *wandelnder gesellschaftlicher Verhältnisse* erkennbar. Zum anderen formt das durch den *Jahweglauben* bestimmte Wertbewußtsein das Ethos; dabei fließt auch etwas vom Inhalt der heilsgeschichtlichen Erfahrung Israels in die Innovation der Gebotsinhalte ein. Sozial Schwache werden geschützt, und individuelle Gewissensbildung wird gefördert. Der Tendenz nach handelt es sich bei diesem Vorgang nicht nur um eine nachträgliche Motivierung vorgegebener ethischer Strukturen und eine Modifikation im Sinn neuer Motive, sondern um die eben beschriebene „Assimilation". Der Glaube wirkt sich dabei insgesamt humanisierend auf das Ethos aus (vgl. K. Berger).

3. Wirkungsgeschichte. Sie beginnt innerhalb des AT, in dem erst nach und nach die Zehn Gebote ihre Sonderstellung erhielten. In der Liturgie, die insgesamt in ihrem anamnetischen Charakter der Bundeserneuerung zuzuordnen ist, dürften sie eine wichtige Rolle gespielt haben.

a) Im NT wird die Geltung des Dekalogs als selbstverständlich vorausgesetzt; er wird in *synoptischen Jesusworten* zitiert (Mt 19,18f., par), im Liebesgebot zusammengefaßt gesehen (Mt 19,19b; Mt 22,40), in Radikalisierungen verschärft (Mt 5,21–26; 5,27–30) und bei Abweichungen auf seinen eigentlichen Sinn zurückgeführt (Mk 7,9–13).

Auch *Paulus* zitiert den Dekalog und sieht ebenso die Einheit aller Forderungen im Liebesgebot gegeben (Röm 13,8–10); bei ihm ist alles Leben nach den Weisungen durch die in der Taufe vermittelte Kraft des Geistes ermöglicht und durchdrungen. Der Geist Jesu wirkt in den Seinen weiter. Man könnte sagen, daß das im Dekalog erstmals sichtbar werdende dialogische Moment eines vom Glauben bestimmten Ethos hier eine neue Modifikation erfuhr. Das *In-Christus-Sein ist der umfassende neue Horizont* des gesamten Ethos, in das auch die Forderungen des

Dekalogs einbezogen waren. Das sittliche Handeln des Christen ist auf den Herrn des Neuen Bundes bezogen.

b) In der weiteren Geschichte hat der Dekalog unterschiedliche Wirkung gehabt. Die Begegnung des Christentums mit der griechischen Geisteswelt traf hier auf ganz andere Formulierungen und Ansätze der Ethik, die nicht so sehr eine Gebotsethik, sondern eine Haltungsethik war. Der Dekalog dürfte immer wichtiges Element der Katechese geblieben sein; Grundlage für umfassende Darstellungen der Ethik war er durchaus nicht immer. Thomas v. Aquin konzipierte seine Ethik in der *Summa Theologiae* als eine Haltungsethik. In sie bezog er die ethischen Aussagen des Dekalogs ein, indem er sie in seiner inneren Rationalität darzustellen versuchte (S. Th. I/II, q 100). Später hat man bis in unser Jahrhundert hinein moraltheologische Manualia nach dem Dekalog geschrieben.

c) In der aktuellen Diskussion spielen eher jene formalen theologischen Gesichtspunkte, die unter 2. dargestellt wurden, eine größere Rolle als die inhaltliche Interpretation der einzelnen Gebote als solcher.

A. Auer, Autonome Moral und christlicher Glaube (²1984, ¹1971) 55–67; *K. Berger,* Die Gesetzesauslegung Jesu. Ihr historischer Hintergrund im Judentum und im Alten Testament. Tl. 1: Markus und Parallelen (1972); *A. Exeler,* In Gottes Freiheit leben. Die Zehn Gebote (1981); *L. Hossfeld,* Der Dekalog. Seine späten Fassungen, die originale Komposition und seine Vorstufen (1982); *J. M. Lochman,* Wegweisung der Freiheit. Abriß der Ethik in der Perspektive des Dekalogs (1979); *L. Perlitt,* Dekalog I (Altes Testament), in: TRE VIII, 408–430.

BERNHARD FRALING

Diskriminierung

→ AIDS → Frauenfrage → Gerechtigkeit → Liebe → Migration
→ Wahrhaftigkeit

Im Begriff „Diskriminierung" ist das lateinische *crimen* enthalten. Schon diese Herkunft weist auf die Bedeutung des oft gedankenlos angewandten Begriffes der „Diskriminierung" hin. Eine solche liegt nämlich immer dann vor, wenn einem Menschen Rechte vorenthalten werden, wenn er sozial geächtet oder bestimmten Schikanen ausgesetzt oder er gar wie ein Verbrecher behandelt wird, ohne daß es dafür einen legitimen Grund gäbe. Zwei Formen der Diskriminierung sind zu unterscheiden:

Im ersten, besonders grotesken Sinn wird jemand „diskriminiert" auf Grund seiner Hautfarbe, seiner Herkunft, seiner Religion oder sonst einer Eigenschaft, die entweder außerhalb seiner freien Entscheidung liegt oder sittlich gesehen neutral ist. Diese Form der Diskriminierung ist wegen ihrer Widersinnigkeit besonders verwerflich.

Zweitens liegt „Diskriminierung" aber auch dann vor, wenn zwar irgendeine Schuld vorliegt, der Betroffene aber von Leuten schlecht behandelt wird, denen einerseits diese Pseudo-„Rechtsprechung" und Verurteilung nicht zusteht und die andererseits unangemessene und aus illegitimen Motiven gespeiste „Maßnahmen" gegen den Betroffenen setzen. Der Gedanke an die „Schuld" des Betroffenen scheint im Bewußtsein der Diskriminierenden (die möglicherweise ihr gerütteltes Maß an Mitschuld haben!) alles zu legitimieren, was sie dem „Schuldigen" antun – ohne zu merken, daß sie auf diese Weise ihre eigene Rücksichtslosigkeit und ihre eigene Selbstgerechtigkeit bemänteln oder verdrängen. Solche Diskriminierung betrifft besonders leicht z. B. Haftentlassene, ledige Mütter, Rauschgiftsüchtige, Dirnen oder auch AIDS-Kranke.

Gerade der zuletzt genannte Fall zeigt das Wesen der Diskriminierung besonders deutlich: Leichtfertig, ohne den so wichtigen Willen zu Wahrheit und Gerechtigkeit geht man davon aus, der Kranke müsse sich aus eigener Schuld angesteckt haben, und merkt gar nicht, daß er sogar dann, wenn dies wahr wäre, die Rechte eines Kranken hätte, es der Umwelt aber auf keinen Fall zusteht, ihn in irgendeiner Weise zu be- oder verurteilen.

Daraus wird auch ersichtlich: Diskriminierung auf der einen Seite und Wertung eines bestimmten Verhaltens als „objektiv sündhaft" auf der anderen Seite sind wohl zu unterscheiden! Die Gebote Gottes zu verkünden hat mit Diskriminierung nichts zu tun. Eine Sache ist es, ein Verhalten „Sünde" zu nennen, etwas anderes, sich ein Richteramt über den konkreten Menschen anzumaßen und ihn infolgedessen zu „diskriminieren". Das gleiche Gebot Gottes, das ein bestimmtes Verhalten als „Sünde" brandmarkt, verbietet es, den Sünder in einer subtilen Art gesellschaftlicher Lynchjustiz zu diskriminieren.

Die Armen müssen Maßstab sein. Dokumente eines Konflikts: Der Hirtenbrief der katholischen Bischofskonferenz der USA (erste Fassung) (³1986); *H. E. Tödt,* Perspektiven theologischer Ethik (1988); Sozialhirtenbrief der katholischen Bischöfe Österreichs (1990).

ANDREAS LAUN

Doppelwirkung, das Prinzip der

→ Ethik → Ethos → Epikie → Kompromiß → Moralsystem → Übel

1. Das Prinzip der Doppelwirkung ist (nur) innerhalb der katholischen Moraltheologie ein gewichtiger, wenngleich heute umstrittener Bestandteil sittlicher Urteilsfindung. Das Prinzip dient(e) der sittlichen Beurteilung vieler *Konfliktsituationen,* in denen nur dann ein Übel vermieden oder ein mehr oder weniger notwendiges Gut erreicht werden kann, wenn wider Willen ein Übel in Kauf genommen werden muß. Hierfür wurden, in gleicher oder ähnlicher Form, folgende vier Bedingungen formuliert: 1. Die Handlung selbst, aus der sich eine schlechte Folge ergibt, muß in sich gut oder indifferent und darf nicht schlecht sein. 2. Die gute und schlechte Wirkung muß in gleich unmittelbarer Weise aus der Handlung hervorgehen (denn sonst wäre die schlechte Folge ein Mittel zur Erreichung der guten Wirkung). 3. Die Absicht des Handelnden darf sich nur auf die gute Wirkung richten. 4. Es muß ein hinreichend wichtiger Grund vorliegen, um die schlechte Wirkung in Kauf zu nehmen (vgl. H. Noldin, *Summa Theologiae Moralis,* Bd. I, 1962, Nr. 83).

Wie unterschiedlich die vier Bedingungen im Laufe der Geschichte auch formuliert wurden, so gilt doch generell: Wenn sie (oder ihre modifizierten Versionen) erfüllt sind, kann die schlechte Folge als sittlich *rechtfertigbare „Nebenwirkung"* der Handlung betrachtet werden, sofern sie nicht intendiert ist und ein entsprechend schwerwiegender Grund vorliegt.

Das Prinzip selbst mit der ausdrücklichen Formulierung der vier Bedingungen, die von den einzelnen Autoren jeweils eine substantiell unerhebliche Umformulierung erfahren haben, geht wohl auf Johannes a. S. Thoma (1589–1644) zurück; seit der 2. Hälfte des 19. Jh.s gehört das Prinzip der Doppelwirkung, insbesondere durch den Einfluß von J. P. Gury (1801–1866), zu den wichtigen Elementen der Handbücher der katholischen Moraltheologie. Prämissen hierfür finden sich bei Thomas v. Aquin (S.Th. II/II, q 64 a 7), nicht aber das Prinzip selbst. Eine folgenreiche, aber auf bestimmte Handlungen beschränkte lehramtliche Bedeutung erlangte das Prinzip der Doppelwirkung unter Pius XII. (Verbot des *direkten* Abortus und der *direkten* Empfängnisverhütung, aber deren Inkaufnahme gemäß dem Prinzip der Doppelwirkung) wie auch unter Paul VI. (Bekräftigung des Verbotes der *direkten* Empfängnisverhütung; Verbot der *direkten* Sterilisation).

2. Wenn auch das Prinzip der Doppelwirkung für die Moraltheologie „Prüfstein eines sittlichen Unterscheidungsvermögens" (B. Schüller) war, so fand es dennoch nur *Anwendung auf bestimmte Klassen* von Handlungen: Einerseits fand es Anwendung bei der Verleitung zur Sünde (Ärgernis) und bei der Mitwirkung bei sittlichen Verfehlungen anderer *(cooperatio in malo)*; andererseits bei Handlungen, welche die Tötung menschlichen Lebens zur Folge haben (z. B. medizinischer Abortus), wie auch bei Handlungen, welche die menschliche Fruchtbarkeit und Geschlechtskraft (z. B. Empfängnisverhütung, sterilisierende Eingriffe, Masturbation) betreffen.

Analysiert man die verschiedenen in Betracht gezogenen Handlungstypen, so erkennt man sehr leicht, daß sich das Prinzip der Doppelwirkung im einen Fall auf *moralische Übel* (Sünde) bezieht, im anderen Fall auf *physische Übel* bzw. auf Handlungen, die in der Tradition samt und sonders deontologisch normiert wurden. Problematik und mangelnde Schlüssigkeit scheinen nicht so sehr beim ersten Typus zu liegen, sondern beim zweiten. Denn so wie das sittlich Gute eine unbedingte Befolgung verlangt, so verlangt das sittlich Schlechte (Sünde), sofern es als solches erkenn- und definierbar ist, eine unbedingte Verneinung. Um der *condition humaine* wie auch einer unvollkommenen moralischen Welt gerecht zu werden, scheint sich hinsichtlich der *materiellen* Mitwirkung zum *sittlich Bösen* eine Unterscheidung von zulassendem und intendierendem Wollen und von direktem und indirektem Handlungserfolg aufzudrängen. Wo es sich aber um die Verursachung von *physischen Übeln* (Schmerz, Tod, Beeinträchtigung körperlicher Integrität, Eigentumsverletzung usw.) handelt, wird nach einigen Autoren (R. McCormick, J. Fuchs, P. Knauer, L. Janssen, B. Schüller u. a.) die Unterscheidung direkt-indirekt in ihrem ursprünglichen moralischen Sinn hinfällig (vgl. dagegen W. Frankena, G. Grisez, P. Ramsey). Hierfür werden folgende Argumente ins Feld geführt: 1. Die dem traditionellen Prinzip der Doppelwirkung zugrundeliegende Annahme, daß Handlungen unabhängig von ihren voraussehbaren Folgen als in sich „sittlich schlecht" beurteilt werden können, entbehrt der logischen Konsistenz. 2. Das in der klassischen Argumentation als indirekt Gewolltes Betrachtete erweist sich bei näherem Zusehen de facto als direkt Gewolltes, sei es als gewähltes (übles) Mittel, sei es als unabdingbare Voraussetzung zur Erreichung eines Zieles. 3. Jedes innerweltliche Gut ist kontingent und kann in Konkurrenz zu einem anderen Gut geraten, und sofern sie untereinander in einem inneren Wesenszusammenhang stehen, unterliegen sie einer „Güterabwägung". Daraus ergibt sich für eine Reihe von Autoren, daß jene Handlungen, die in der Tradition deontologisch normiert wurden, nicht unter dem Verbotssatz „niemals direkt", sondern unter dem Prinzip „direkt nur aus angemessenem Grund" stehen.

Die Verfechter des Prinzips der Doppelwirkung insistieren auf seiner Gültigkeit bei Konflikten zwischen Gütern und Werten, die in einem vermeintlichen *inkommensurablen Verhältnis* stehen oder bei deren Stufung eine Diskontinuität bestehen soll. Danach ließen sich Grundgüter wie Leben, Freiheit, Wahrheit nicht gegeneinander aufrechnen. Kritiker weisen darauf hin, daß die allfällige Schwierigkeit der Inkommensurabilität auch bei der Beibehaltung des Prinzipes, d. h. bei der Anwendung der vierten Bedingung, grundsätzlich bestehen bleibt, daß sie aber nicht durch den Bezug auf den angemessenen Grund überwunden werden kann, sondern nur durch das In-Beziehung-Setzen von miteinander vereinbarten Grundgütern. Es handelt sich also nicht schlechthin um eine „Güterabwägung", sondern um die Wahl eines kleineren Übels, wenn man vor zwei Entscheidungsmöglichkeiten steht, die beide notwendigerweise (nicht-sittliche) Übel mit sich bringen.

Die teleologische Position, welche hinsichtlich der Verursachung nicht-sittlicher Übel die sittliche Qualität vorrangig durch eine Abwägung innerlich zusammenhängender Güter vornimmt, anerkennt, daß ein *deskriptiver* Unterschied zwischen Handlungen besteht, welche direkt physische Übel verursachen und welche sie indirekt in Kauf nehmen (z. B. Abstellen eines Animationsgerätes oder Verabreichung eines tödlich wirkenden Medikamentes). Dieser handlungsbeschreibende Aspekt erfordert allerdings nicht die Unterscheidung in: Beabsichtigen – Zulassen, sondern viel eher die Unterscheidung in: Intendieren des Zieles und Intendieren als Mittel und Zulassen. Das heißt: Im Falle der Verursachung nicht-sittlicher Übel wie auch im Falle des Zulassens moralischer Übel verlagert sich die Bedeutung von direkt/indirekt auf die Ebene sittlicher *Verantwortung,* sittlicher Intentionalität und Haltung; denn letztere entscheiden über Zielrealisierung und Mittelwahl.

3. Die vierte Bedingung des Prinzipes der Doppelwirkung, allerdings ohne ihre deontologische Basis, hat insbesondere im anglo-amerikanischen Raum seine Weiterentwicklung in den Theorien des *Proportionalismus* und des *Konsequentismus* gefunden (vgl. B. Hoose). Diese Diskussion, welche von der Basisprämisse ausgeht, daß ein sittliches Urteil das Abwägen von vorsittlichen Gütern und Übeln einschließt, versucht eine Klärung des Begriffes „angemessener Grund" (Welche Güter und Werte ergeben einen angemessenen Grund?; vgl. Utilitarismusdebatte) und die Etablierung von Zusatzkriterien (ultima ratio, Sparsamkeits-

prinzip usw.) vorzunehmen. Diese fachtechnische Diskussion wird aber immer mehr zu einer grundsätzlichen Auseinandersetzung zwischen Utilitarismus, Tugendethik und Prinzipienethik.

B. *Hoose,* Proportionalism. The American Debate and its European Roots; P. *Knauer,* Das rechtverstandene Prinzip von der Doppelwirkung als Grundnorm jeder Gewissensentscheidung, in: Theologie und Glaube 15 (1967) 107–133; *ders.,* Fundamentalethik: Teleologische als deontologische Normbegründung, in: Theologie und Philosophie 55 (1980) 321–360; R. *McCormick,* Das Prinzip der Doppelwirkung einer Handlung, in: Concilium 12 (1976) 662–670; *ders./P. Ramsey* (Hrsg.), Doing Evil to Achieve Good, Chicago (1978); L. I. *Uggorij,* The Principle of Double Effect (1985).

ADRIAN HOLDEREGGER

E

Ehe

→ Ehelosigkeit → Familie → Frauenfrage → Liebe → Mann → Sakrament → Sexualität

In der Ehe verbinden sich Mann und Frau zu einer Gemeinschaft, die geeignet ist, gegenseitige Geborgenheit und Beheimatung zu geben, dem geschlechtlichen Verlangen der Partner Genüge zu tun sowie Nachwuchs hervorzubringen und aufzuziehen. Die Ehe kann zwar unter entsprechenden sozialen Bedingungen sehr verschiedene Formen, auch die der Polygamie, annehmen, doch ist die Vielmännerei (Polyandrie) äußerst selten und auch die Vielweiberei (Polygynie) unter modernen Lebensverhältnissen stark in Rückgang begriffen. Obwohl die katholische Kirche bestrebt war, ein einheitliches christliches Eheideal zu fördern, zeigt sich dennoch ein ständiger Wandel im theoretischen Verständnis und auch in der legalen und illegalen Praxis.

Das *AT* betont im Schöpfungsbericht, daß Frau und Mann „ein Fleisch" (Gen 2,23f.) seien. Der Segen Gottes soll ihnen Fruchtbarkeit schenken (Gen 1,28). Entsprechend den sozialen Gegebenheiten kommt dem Aspekt der Fortpflanzung ein besonders großes Gewicht zu. Kinder sind Segen Gottes. Die Wahl der Ehepartner wird durch die Eltern entschieden. Das Einverständnis des Sohnes oder der Tochter sind dabei an sich nicht erforderlich (Gen 24,2–9; 29,23; Tob 6,13). Bestimmte Verbindungen innerhalb der Verwandtschaft (Lev 18,9–19) und außerhalb der Volksgemeinschaft (Dtn 7,3; Esra 9) sind ausgeschlossen. Im Falle einer kinderlosen Witwe sind die nächsten männlichen Verwandten des verstorbenen Mannes an dessen Stelle zur Fortsetzung seiner Ehe verpflichtet, um die Fortpflanzung sicherzustellen (Leviratsehe: Dtn 25,5–10; Gen 38,13–26; Rut 2,20). Die Entscheidung der Eltern verbindet sich manchmal mit dem Wunsch der Betroffenen (Gen 24,62–67; Rut 3,10). Manchmal ist aber auch die Entscheidung der jungen Leute selbst ausschlaggebend (Gen 29,15–20; 1 Sam 18,20–26; 25,40–42), sogar wenn sie dabei dem Willen der Eltern widersprechen (Gen 26,34f.; Ri 14,1–10). Der Familie der Frau ist ein Brautgeld zu zahlen (Gen 34,12; Ex 22,15f). Bei den Königen kommt es zur Heirat mit zahlreichen Frauen, sei es aus erotischem Verlangen (2 Sam 11,2–27), sei es aus politischen Gründen (1 Kön 3,1). In solchen Harems war wirkliche Liebe unmöglich (vgl. Est 2,14), besonders wenn sie Hunderte von Frauen und Nebenfrauen (1 Kön 11,3; vgl. 2 Chr 13,21) umfaßten.

Vorherrschende Praxis war freilich die Einehe. Dabei weiß man sich zur Treue und gewöhnlich auch zur Unauflöslichkeit verpflichtet. Untreue ist verwerflich (Mal 2,14–16; vgl. Spr 5,15–20). Trotzdem sieht man in der Kinderlosigkeit, aber auch in anderen Mängeln der Frau einen Grund zur Ehescheidung. Der Scheidebrief (Dtn 24,1) ist eine Sicherheit für die Frau, daß sie wieder mit einem anderen Mann eine Ehe eingehen kann. – Ehebruch war mit der Todesstrafe bedroht (Gen 38,24; Dtn 22,22; Lev 20,10). Die Verwerflichkeit dieser Handlung sieht man wesentlich in der Verletzung der Rechte des Gatten. Deshalb wird eine geschlechtliche Beziehung zu unverheirateten Frauen oder Dirnen geduldet. – Der Vergleich mit der Beziehung mit Jahwe und seinem Volk Israel mit einer Ehe setzt den Gedanken der Monogamie voraus (Jes 50,1; 54,5; 61,10; 62,5; Jer 2,2; 3,7; Ez 16,8; Hos 2,18–23).

Die Hochschätzung des Nachwuchses zeigt sich auch darin, daß bleibende Ehelosigkeit als Schande (Jes 4,1) und Unglück (Ri 11,37f.) gilt. Ebenso ist es für die Frau eine Schmach, in der Ehe keine Kinder zu bekommen (Gen 30,23; 1 Sam 1.6.11.15; Jes 49,21). Im Spätjudentum gilt hingegen eine Witwe als ehrenvoll, wenn sie nach dem Tod ihres Mannes unverheiratet bleibt (Jdt 16,22).

Festzuhalten ist schließlich, daß die Frau in Israel bei allen Schwankungen im Lauf der Geschichte deutlich dem Mann untergeordnet ist. Das beeinträchtigt auch ihre rechtliche und gesellschaftliche Stellung.

Insgesamt liegt der für die Gestaltung der Ehe entscheidende Wert der Ehe in der Sicht des AT in der Zeugung und Erziehung von Nachkommenschaft. Die partnerschaftliche Beziehung von Mann und Frau wird zwar im Sinne einer grundsätzlichen Treueverpflichtung gesehen, die aber aus schwerwiegenden oder weniger schwerwiegenden Gründen außer Kraft treten kann. Die Frau ist in einem patriarchalischen Verständnis dem Mann untergeordnet. Die Ehe wird nicht in einem unmittelbar sakralen Verständnis gesehen, sondern als eine Schöpfungswirklichkeit, die freilich ihren letzten Grund im Willen des Schöpfers hat.

Im *NT* wird zunächst die Unauflöslichkeit der Ehe betont (Mk 10,2–12 par). Gründe mögen darin liegen, daß Jesus die Benachteiligung und soziale Unsicherheit der Frau verurteilen will. Sicher geht es aber nicht nur um die soziale Gleichstellung mit dem Mann, sondern auch um ein vertieftes Verständnis der Verbindlichkeit, die im Gebot der Liebe und speziell im Anspruch partnerschaftlicher ehelicher Liebe liegt. Aus dem Respekt vor dem ehelichen Bund ergibt sich auch, daß bereits das lüsterne Anschauen einer Frau als Ehebruch qualifiziert wird (Mt 5,27f.).

Freilich ist in der Interpretation der Unauflöslichkeit der Ehe auch manchen äußeren Gegebenheiten und menschlichen Einstellungen Rechnung zu tragen. Das zeigt sich besonders in der Unzuchtsklausel des Matthäus (Mt 5,32; 19,9). Heute neigen „die meisten Exegeten (darunter auch katholische) einer wirklichen Ausnahme im Fall von Ehebruch seitens der Frau zu" (R. Schnackenburg). – Ebenso ist für eine genauere Interpretation des Ehescheidungsverbotes 1 Kor 7,10 zu beachten. Paulus anerkennt zunächst die Trennung einer Ehe ohne Wiederheirat (1 Kor 7,11). Im Falle einer Ehe zwischen einer christlichen Frau und einem ungläubigen Mann spricht der Apostel nach einer Trennung der Ehe der Frau sogar das Recht zu einer Wiederheirat zu. Bei der Interpretation dieser Stellen ergibt sich vor allem die Frage, ob die Unzuchtsklausel bei Matthäus für die spätere kirchliche Praxis von Belang ist oder im Blick auf die Fassung des Markus unbeachtet zu bleiben hat, und welche Konsequenzen für Kirchenrecht und Moral aus den Regelungen von 1 Kor 7,10–16 zu ziehen sind. Ist hier eine eindeutige rechtliche Interpretation gefordert, oder handelt es sich im Wort Jesu zur Ehescheidung primär um einen sittlichen Anruf, der ähnlich zu verstehen ist wie andere extreme Forderungen der Bergpredigt und der dann erst noch einer Auslegung in die konkreten Lebensverhältnisse hinein bedarf? Diese Fragen finden im Wortlaut des NT keine eindeutige Antwort und geben deshalb Ansätze für verschiedene

Traditionen in der orthodoxen und der römisch-katholischen Kirche sowie im Protestantismus.

Ein zweiter Punkt in den Aussagen des NT betrifft eine gewisse Relativierung der Ehe und damit gegenüber dem AT eine höhere Einschätzung der Ehelosigkeit. Jesus verweist darauf, daß die Menschen, wenn sie von den Toten auferstehen, nicht mehr heiraten werden, sondern sein werden wie die Engel im Himmel (Mk 12,25). Entsprechend gibt es Menschen, die um des Himmelreiches willen auf die Ehe verzichten (Mt 19,12). Freilich ist das als eine besondere Berufung und nicht als allgemeine Forderung zu verstehen. – Paulus gibt allerdings den Rat, ehelos zu bleiben (1 Kor 7,8.25–28). So könne man sich ungeteilt der Sache des Herrn widmen (7,32–35). In der Erwartung des baldigen Kommens des Herrn soll auch derjenige, der eine Frau hat, sich in Zukunft so verhalten, als habe er keine (7,29). Doch sollen Mann und Frau sich einander nicht entziehen, außer in gegenseitigem Einverständnis und eine Zeitlang, um nicht in Versuchung zu fallen (7,5). Ebenso hält Paulus es für besser, auf eine zweite Ehe zu verzichten (7,40; vgl. 1 Tim 5,5.9f.), was für Diakone und Vorsteher sogar zur Norm gemacht wird (1 Tim 3,12; Tit 1,6).

Zu beachten ist auch die *Aufwertung der Frau* gegenüber dem AT und ihre Gleichstellung mit dem Mann. Schon das AT betont zwar, daß der Mensch als Mann und Frau von Gott erschaffen sei (Gen 1,27) und daß die Frau aus dem gleichen Fleisch sei wie der Mann (Gen 2,21.23). Aber diese Gleichheit war in Verständnis und Praxis des AT weithin nicht mehr gesehen worden. Im NT haben Frauen (Elisabeth, Maria, Hanna, Maria und Martha aus Bethanien, die Frauen der Umgebung Jesu, die Frauen am Ostermorgen usw.) eine große Bedeutung. Jesus nimmt sich in vielen Heilungen der Frauen an. Er setzt sich über Normen hinweg, die eine besondere Distanz zwischen Mann und Frau fordern (Joh 4,27). Jesus begegnet der Frau mit einer großen inneren Freiheit und mit einer respektvollen Liebe, die keine Minderbewertung gegenüber dem Mann zuläßt. – Bei Paulus finden sich Stellen, in denen die Gleichwertigkeit von Mann und Frau eindeutig bezeugt ist (Gal 3,27f.; 1 Kor 11,11f.). Während hier eine theologische Sicht vorherrscht, finden sich andere Stellen, in denen eher bei den im Volk herrschenden Auffassungen angesetzt wird. Dort wird dann die Unterordnung der Frau unter den Mann deutlich (vgl. 1 Kor 11,1–10.13–16). Das Schweigegebot in der Gemeindeversammlung für die Frauen (1 Kor 14,34) ist nach Meinung vieler Exegeten als nachpaulinischer Einschub zu betrachten. Auch 1 Tim 2,13–15 und 5,11–13 zeigen eine negative und abwertende Sicht der Frau. Ähnlich ist wohl 1 Petr 3,1–6 zu verstehen mit der Forderung nach einer eindeutigen Unterordnung der Frau unter den Mann. Obwohl also das ntl. Briefwerk in mancher Hinsicht noch durch die negative Bewertung der Frau von der Tradition her geprägt ist, bringt doch die theologische Sicht eine Dynamik mit sich, die auf die Durchsetzung einer vollen Gleichbewertung der Frau mit dem Mann drängt.

Auch der Gedanke der *Sakramentalität* der Ehe ist nach katholischer Auffassung im NT grundgelegt. Eph 5,22–33 ermahnt die Ehepartner zu gegenseitiger Liebe. Vorbild dafür ist das Verhältnis von Christus und Kirche zueinander. Die Ehe soll nicht nur ein Zeugnis der Liebe Christi zur Kirche sein, sondern sie lebt auch selbst aus dieser Liebe und vergegenwärtigt damit das Wirken der Gnade Gottes! Dieser Gedanke der Sakramentalität der Ehe stellt im Laufe der weiteren Theologiegeschichte ein gewisses Gegengewicht gegenüber einem einseitig die Fortpflanzung betonenden Verständnis der Ehe dar.

Zusammenfassend ist festzustellen, daß in der Ehelehre des NT vor allem die Beziehung zwischen Mann und Frau in ihrer Verbindlichkeit und in der Gleichwertigkeit der Partner reflektiert wird. Ebenso kommt es zu einer gewissen Relativierung der Ehe in der Betonung der Möglichkeit eines Verzichtes auf sie. Was hingegen im Blick auf die spätere Tradition nicht zu finden ist, sind Äußerungen zum Thema der Zeugung von Nachwuchs. Zwar finden sich Stellen zur Frage, wie man dem Kind begegnen soll (Mt 7,9–11 par; Mk 7,27; Lk 11,7; Joh 16,21); dazu kommt das Vorbild, das Jesus in seiner Begegnung mit den Kindern gibt (Mk 10,16 par; 9,36f. par; Mt 21,15f.); doch werden die Kinder auch nicht idealisiert (Mt 11,16f.; Gal 4,1f.; 1 Kor 13,11; 14,20). Wie von den Kindern Gehorsam verlangt wird (vgl. Mk 10,10 par), so von den Vätern Liebe (Kol 3,20f.; Eph 6,1–4). Hingegen fehlt jeder Hinweis auf eine in der Ehe liegende Pflicht zur Kinderzeugung oder gar darauf, daß die eheliche Vereinigung nur durch das Ziel der Kinderzeugung zu rechtfertigen sei.

In der nachbiblischen Geschichte wirkt sich das stoische Ideal der *ataraxia,* das alle menschlichen Gemütsregungen und besonders die Geschlechtlichkeit negativ bewertet, zusammen mit dualistischen Einflüssen auf die ganze weitere Interpretation des Eheverständnisses aus. In keinem Bereich der Ethik betont man sosehr die Bedrohung menschlichen Denkens und Empfindens durch die Sünde wie bei der Sexualität.

In der Zeit der Patristik tritt die Frage immer mehr in den Vordergrund, wie der Vollzug der durch die Erbsünde belasteten Sexualität gerechtfertigt werden kann. *Augustinus* sieht den entscheidenden

Zweck der Ehe in der Zeugung von Nachkommenschaft. Er beurteilt die konkrete geschlechtliche Vereinigung wegen der dabei gegebenen Fleischeslust als etwas materiell Sündhaftes, das aber wegen der Ausrichtung auf die von Gott gewollte Kinderzeugung sittlich gerechtfertigt sei. Auch die Leistung der ehelichen Pflicht, auf die der Partner ein Recht hat, sei in dieser Weise zu beurteilen. Wo der eheliche Verkehr nicht durch eines dieser Motive gerechtfertigt ist, sei er zwar Sünde, aber nur eine läßliche, weil er noch geeignet sei, die geschlechtliche Begierde zu befriedigen.

Die Eheauffassung des Augustinus wirkte auch in der scholastischen Theologie des Mittelalters stark nach. Mit der Ausdifferenzierung der Sakramententheologie und unter Berufung auf den Gebrauch des Wortes *sacramentum* in Zusammenhang mit Ehe bei Augustinus wird im 12. Jh. klargestellt, daß auch die Ehe zu den sieben Sakramenten zu zählen sei (DS 1327, 1801). – Die Tradition war bisher davon ausgegangen, daß die geschlechtliche Betätigung und insbesondere die geschlechtliche Lustempfindung nicht ohne Sünde sein könne. Deshalb brauchte man zur Rechtfertigung des ehelichen Verkehrs Ausgleichswerte, nämlich die Ehegüter Zeugung von Nachkommenschaft und Vermeidung von Unzucht bzw. Ehebruch. Im Laufe einer stärkeren Verobjektivierung der Betrachtungsweise erkannte man aber, daß die Lust eine notwendige, natürliche Motivation sei und deshalb nicht als Sünde gelten könne. Diese Auffassung des *Petrus Abaelard* wurde auch von *Thomas v. Aquin* übernommen. Man blieb aber bei der Meinung, daß die geschlechtliche Lust von der Erbsünde belastet sei und nicht direkt angestrebt werden dürfe. Den eigentlichen und ursprünglichen Zweck von Sexualität und Ehe sieht man in der Fortpflanzung, obwohl auch die Funktion eines Heilmittels gegen die Begierlichkeit festgehalten, ja sogar bei *Petrus Lombardus* als hauptsächlicher Zweck der Ehe betrachtet wird. *Hugo v. Sankt Victor* hingegen sieht in der Gattengemeinschaft den ursprünglichen Zweck der Ehe. *Albert der Große* führt dann auch noch die Bestimmung des Sakramentes als objektiven Ehezweck ein und verstärkt den Gedanken einer leib-geistigen Personengemeinschaft als objektiven Ehezweck. – *Thomas v. Aquin* geht im Vergleich zu *Albert* nicht sosehr von der Persongemeinschaft aus, sondern von der biologischen Zweckmäßigkeit. In Anlehnung an *Aristoteles* sieht *Thomas* den Hauptzweck der Ehe in Zeugung und Erziehung der Nachkommenschaft. Die anderen Eheziele wie wechselseitige Hilfe, Wirtschaftsgemeinschaft, Freundschaft und Dienst an der Staatsgemeinschaft sind diesem ersten Ziel untergeordnet. Auch Einheit und Unauflöslichkeit der Ehe werden von diesem ersten Ziel abgeleitet, können allerdings im Interesse dieses Zieles im Einzelfall aufgehoben werden. Deshalb konnte Gott im AT auch Polygamie und Ehescheidung gestatten. – Das Festhalten an der Lehre von der Zeugung als erstem Ziel der Ehe führte zu einer gewissen Fixierung von Grundpositionen der Ehelehre. Erst das Zweite Vaticanum (GS 50) geht bewußt von einer qualitativen Reihung der Eheziele ab und will auch der gegenseitigen Liebe der Ehegatten genügend Bedeutung beimessen.

Neben einer mehr spekulativen dogmatischen Sicht ist die Betrachtung der Kanonistik für die Entwicklung der Ehelehre wichtig geworden. Schon sehr früh ging es dabei um die Frage, was juristisch gesehen die Ehe ausmache, insbesondere ab welchem Zeitpunkt von einer unauflöslichen Ehe zu sprechen sei. Das Corpus Iuris von *Justinian* (482–562) vertritt bereits die Konsenstheorie, nach der die Ehe wesentlich durch das Jawort der Partner konstituiert wird. Die Alternative vertritt *Hinkmar von Reims* (806–882). Nach dessen Kopulationstheorie beginnt die unauflösliche Ehe durch deren geschlechtlichen Vollzug. In vielen Variationen werden diese beiden Theorien über Jahrhunderte diskutiert. Eine besondere Bedeutung bekam dabei die Formulierung der Konsenstheorie durch *Petrus Lombardus* von der Universität Paris und die Formulierung der Kopulationstheorie durch *Gratian* (Universität Bologna). Ein Kompromiß zwischen diesen beiden Positionen führte zu der Auffassung, daß die Ehe durch den Konsens zustande komme, daß aber vor dem geschlechtlichen Vollzug aus schwerwiegenden Gründen noch eine Auflösung möglich ist.

Die moraltheologische Systematik sieht in der Ehe eine den ganzen Menschen als Natur und Person umfassende Gemeinschaft. Als Geschlechtsgemeinschaft ist die Ehe bestimmt durch die Eigenart der Geschlechtlichkeit, also des Mann- und Frauseins der Partner. Als menschlich-personale Beziehung ist Ehe nach dem Gebot der Liebe zu gestalten, die Zärtlichkeit, Rücksichtnahme und Treue verlangt. Die volle geschlechtliche Vereinigung ist dann auch geeignet, neben dem Ausdruck gegenseitiger Zusammengehörigkeit und Bejahung im Kind zu einer leiblichen Fruchtbarkeit zu führen (Familie, Geburtenregelung). Als Sakrament vermittelt die Ehe jene Gnade, die sie durch die Gemeinschaft von Mann und Frau bezeichnet, d. h. Kraft zu einer tiefen Liebe und dauerhaften Treue.

Der Beginn der Ehe ist nicht in einer bloß privaten Willensbildung zu sehen, die dann oft auch unklar und unüberprüfbar sein könnte, sondern fordert auch einen sozial relevanten Ausdruck. Nicht umsonst wird deshalb in den verschiedensten Kulturen eine „Hochzeit" gefeiert. Aufgrund einer öffentlichen Eheschließung findet die Ehe auch soziale

Anerkennung und Schutz. Mit dem sozialen Charakter der Ehe ist aber auch gegeben, daß das kirchliche Recht Vorschriften bezüglich der Form der Eheschließung erlassen kann. Als Grundforderung wird jedenfalls gelten, daß die Partner um Einheit und Unauflöslichkeit der Ehe wissen und diese Wesensmomente auch bejahen.

Ein schwerer Verstoß gegen die Verpflichtungen der Ehe ist der *Ehebruch,* d. h. der Geschlechtsverkehr einer verheirateten Person mit einer anderen Person, die nicht ihr Ehepartner ist, oder auch der Verkehr einer nichtverheirateten mit einer verheirateten Person. Die Bibel verurteilt den Ehebruch: Ex 20,14; Dtn 5,18; vgl. Lev 18,20; 19,20, ganz besonders, wenn es sich dabei um Blutschande handelt (Lev 20,10.20f.). Das NT bestätigt diese Bewertung: Mk 10,19; Joh 8,7.11; Hebr 13,4; Jak 2,11. Auch das ehebrecherische Begehren wird verurteilt (Mt 5,27f.; 15,19). Ebenso verurteilt Paulus den Ehebruch: Röm 7,3; 1 Thess 4,3f.; 1 Kor 6,9f. Diese Sicht wird auch in der kirchlichen Tradition fortgeführt: Augustinus *(De coniugiis adulterinis),* Synode von Elvira (DS 117), Verurteilung des Laxismus durch Innozenz XI. (DS 2150), Pius XI. *(Casti connubii:* DS 3706); Pius XII. (UG 579; 5447; 5449); Zweites Vaticanum (GS 49).

Im Ehebruch widerspricht man jenem Ja, das sich die Ehepartner bei der Trauung und beständig durch ihr eheliches Zusammenleben geben. Sie verstoßen also gegen die Wahrhaftigkeit ihrer ehelichen Hingabe oder verleiten den verheirateten Partner des Ehebruchs dazu. Diese Tat ist auch dann eine schwere Verfehlung gegen Gerechtigkeit und Liebe, wenn sich ein Ehepaar dazu gegenseitig die Erlaubnis gegeben hat. Denn der Ehebruch ist mit der geschuldeten Liebe und Treue gegenüber dem betrogenen Ehepartner unvereinbar. Besonders würde auf diese Weise auch der Sinngehalt zerstört, der im sakramentalen Charakter der Ehe liegt, nämlich wirksames Zeichen der treuen Liebe Christi zu seiner Kirche zu sein.

In ethischer Hinsicht ist freilich der Ehebruch nicht als eine isolierte Handlung zu betrachten. Er kann zwar als unüberlegter, leichtfertiger Seitensprung durch eine besondere Situation motiviert sein. Gewöhnlich wird er aber Ausdruck dafür sein, daß sich die eheliche Beziehung bereits in einer Krise befindet. Die Schuld dafür muß dann nicht ausschließlich bei jener Person liegen, die den Ehebruch begeht. Deshalb wäre hier oft ein grundsätzliches Bemühen um eine Verbesserung und Vertiefung der ehelichen Beziehung erforderlich.

Allerdings spricht der CIC (c. 1152 § 1) demjenigen Gatten, der nicht die Ehe gebrochen hat, das Recht zu, das eheliche Zusammenleben aufzuheben, wenn er dessen Schuld nicht ausdrücklich oder stillschweigend verziehen hat, wenn er dem Ehebruch nicht zugestimmt oder dazu Anlaß gegeben oder auch selbst Ehebruch begangen hat. Eine stillschweigende Verzeihung wird dabei angenommen, wenn der unschuldige Gatte in Kenntnis des Ehebruchs freiwillig mit seinem Gatten ehelich verkehrt. – Da kaum einmal ein Ehegatte gegenüber dem andern völlig ohne Schuld ist und da er als Mensch überhaupt auf die Verzeihung seiner Mitmenschen und Gottes angewiesen ist, sollte er sich mit allen Kräften bemühen, auch selbst Verzeihung zu gewähren und, soweit er sich dazu in der Lage sieht, auch die Ehe fortzusetzen.

Ist ein weiteres Zusammenleben nicht mehr erträglich, dann kennt Paulus (1 Kor 7,11) und mit ihm die Kirche die Möglichkeit einer *Trennung*. Nach dem CIC geschieht sie durch Dekret des Ortsordinarius oder notfalls kraft eigener Entscheidung (c. 1153 § 1). Diese Trennung, die im Bereich des staatlichen Rechtes gewöhnlich bereits die Form einer Ehescheidung hat, führt noch nicht zum Ausschluß von den Sakramenten. Hier bleibt allerdings die Aufgabe, sich nach Möglichkeit um Wiederversöhnung mit dem verlassenen Partner zu bemühen.

Eine besondere Problematik stellt hingegen bis heute die Bewertung und pastorale Behandlung einer *Wiederheirat nach einer Ehescheidung* dar. In dieser Frage kam es in der orthodoxen Kirche und im Protestantismus zu anderen Praktiken als in der katholischen Kirche. – Die *orthodoxe Kirche* geht ursprünglich mehrheitlich davon aus, daß die Ehe nicht einmal durch den Tod getrennt werden könne und daß deshalb auch nach dem Tod eines Ehegatten der Überlebende nicht wieder heiraten solle. In der Praxis wird jedoch den Geschiedenen eine Zweit- und Drittehe gestattet und auch in liturgischer Form getraut, wobei aber dann Bußgebete gesprochen und Bußfarben getragen werden. Die theoretische Begründung für dieses Vorgehen liegt im Hinweis auf die Unzuchtsklausel (Mt 19,9) und besonders im sogenannten Ökonomieprinzip, das eine milde Behandlung des Sünders zu dessen Heil erlaubt. Das Tridentinum hat seine Aussage über die Unauflöslichkeit der Ehe bewußt so formuliert, daß dabei die Auffassung und Praxis der orthodoxen Kirche nicht verurteilt wurde (DS 1807).

Die *reformatorischen Kirchen* setzen zunächst ebenfalls voraus, daß eine Ehe als unauflösliche Gemeinschaft gelebt werden solle, sie betrachten aber diese Unauflöslichkeit im Gegensatz zur katholischen Kirche weniger juristisch und mehr ethisch. Sie anerkennen deshalb Ehescheidungen aus einem biblischen Scheidungsgrund (Mt 19,9 und 1 Kor 7) oder einer grundsätzlichen inneren Entfremdung der Ehegatten. Man ist sich dabei bewußt, daß es nicht Sache von Menschen, auch nicht Sache der Kirche ist, ein letztes Urteil über andere, die in ihrer Ehe gescheitert sind, abzugeben (vgl. Joh 8,1–11). Die Auflösung der Ehe verstößt demnach gegen den Willen des Herrn, ist aber doch eine Schuld, die vergeben werden kann und dann den Neuanfang in einer weiteren Ehe prinzipiell nicht mehr ausschließt.

Die *katholische Kirche* erkennt die Zweitehe, die zu Lebzeiten des verlassenen Partners aus einer gültigen Erstehe geschlossen wurde, nicht als gültig an. In manchen Fällen kann hier jedoch das *Privilegium Paulinum* (nach 1 Kor 7,12–16) eine gültige Zweitehe ermöglichen. Dieses „Privileg" besagt, daß eine Ehe zwischen einem Christen und einem Nichtgetauften aufgelöst werden kann, wenn sich der ungetaufte Partner trennt bzw. nicht mehr mit dem Getauften friedlich zusammenleben will und der Getaufte eine neue Ehe eingeht. Dabei ist vorausgesetzt, daß nicht der Getaufte dem Partner berechtigten Anlaß zur Trennung gegeben hat (CIC c. 1143). – Ebenso kann sich eine Lösung daraus ergeben, daß die Erstehe vom kirchlichen Ehegericht als ungültig erkannt wird, etwa wegen eines Mangels in der freiwilligen Zustimmung (Ehewille), wegen eines schweren Formfehlers oder eines trennenden Ehehindernisses.

Wenn hingegen Gültigkeit und Vollzug der Erstehe feststehen und das Privilegium Paulinum nicht anwendbar ist, betrachtet die Kirche die Zweitehe, wenn sie zu Lebzeiten des verlassenen Partners geschlossen wurde, wegen des rechtlichen Weiterbestehens der Erstehe als ungültig. Solche wiederverheiratete Geschiedene können dann nach *Familiaris Consortio* (FC) Nr. 84 nicht zum eucharistischen Mahl zugelassen werden. Gründe für diese Praxis liegen a) in der Tatsache, daß die Zweitehe ein bleibendes Zeichen der Untreue gegenüber dem verlassenen ersten Partner darstellt; daß sie b) dadurch andern zum Ärgernis werden kann; und c) eine von der Disziplin der Kirche her nicht zulässige Geschlechtsgemeinschaft darstellt. Daß das letzte dieser Argumente als besonders wichtig betrachtet wird, zeigt sich daran, daß in einer Zweitehe, in der die Gatten wie Bruder und Schwester leben wollen, Absolution und Zulassung zur Eucharistie gewährt werden.

Diese Sicht und Behandlung des Problems von wiederverheirateten Geschiedenen wird heute viel diskutiert. Man weist darauf hin, daß a) ein bisher unverheirateter Teil in einer solchen Zweitehe durch das Faktum seiner Heirat mit einem Geschiedenen wohl nicht immer eine schwere Sünde begeht, wie sie bei der Verweigerung der Absolution und der Eucharistiegemeinschaft vorausgesetzt ist, daß er vielmehr ein neues Unrecht begehen würde, wenn er sich von seinem zweiten Ehepartner einfach wieder trennen würde (auch FC 84 betont den Unterschied der Schuld in solchen Verbindungen, ohne allerdings daraus Folgerungen zu ziehen); daß b) der zum zweiten Mal verheiratete Teil oft bereit ist zu bereuen, was ihn von der Gnade Gottes trennt, und daß die Vergebung Gottes, auf die er dann vertrauen darf, auch von der Kirche durch die Zulassung zu den Sakramenten bezeugt werden sollte; daß c) die Geschlechtsgemeinschaft in einer solchen Zweitehe nach einem heutigen Verständnis von Geschlechtlichkeit auch als Zeichen der Treue zum zweiten Partner zu betrachten und z. B. wegen vorhandener Kinder und des notwendigen Friedens in der Familie willen auch zu wünschen, demnach also nicht einfach als schwere Sünde zu werten ist; daß d) der Ausschluß eines heute relativ großen Teils von Katholiken aus den Sakramenten aufgrund des Faktums von Scheidung und Wiederheirat für viele Menschen ein Ärgernis sein könnte; und daß e) diese Praxis für viele Menschen ein Anlaß ist, sich der Kirche zu entfremden.

Besondere Fragen an die Gestaltung der Ehe stellt die Verbindung konfessionsverschiedener oder religionsverschiedener Partner dar. Das Motuproprio *Matrimonia mixta* vom 31. März 1970 (AAS 1970, 257–263) betrachtet solche *Mischehen* von Katholiken mit nichtkatholischen Christen oder gar mit Ungetauften, Glaubenslosen oder Angehörigen nichtchristlicher Religionen wegen der Gefahr der Verdrängung des Religiösen aus dem Familienleben oder möglicher Konflikte wegen gegensätzlicher Glaubensüberzeugungen als nicht wünschenswert. Dennoch stimmt die Kirche solchen Eheschließungen zu, wenn der katholische Teil der Gefahr des Glaubensabfalles entgegenwirken und sich, freilich auch in Rücksicht auf das Gewissen des Partners, nach Kräften um die katholische Taufe und Erziehung der Kinder bemühen will. Bedenken müssen vor allem gegenüber der Ehe mit Nichtchristen und Ungetauften bestehen. In der Ehe zwischen christlichen Partnern, wenn sie auch verschiedenen Kirchen angehören, ist doch die Taufe und der gemeinsame Glaube an Jesus Christus ein tragfähiges religiöses Fundament für die Ehe. Das religiöse Gespräch, die Bibellesung und das gemeinsame Bemühen um Formen des religiösen Lebens können für eine solche Ehe auch eine besondere Chance darstellen.

H. Baltensweiler, Die Ehe im Neuen Testament. Exegetische Untersuchung über Ehe, Ehelosigkeit und Ehescheidung (1967); *J. Enichlmayr,* Wieder verheiratet nach Scheidung. Kirche im Dilemma. Versuch einer pastoralen Aufarbeitung (1986); *G. Kiefel/O. Knoch* (Hrsg.), Brennpunkt Mischehe. Anregungen und Modelle für ökumenische Zusammenarbeit (1973); *J. Lell/H. Meyer* (Hrsg.), Ehe und Mischehe im ökumenischen Dialog. Schlußberichte des anglikanisch/katholischen Dialogs, des katholisch/lutherisch/reformierten Dialogs und des katholisch/lutherischen Dialogs in Schweden (1979); *W. Molinski,* Theologie der Ehe in der Geschichte (1976); *J. Prader,* Das religiöse Eherecht der christlichen Kirchen, der Mohammedaner und der Juden (1973); *H. Schenk,* Freie Liebe – wilde Ehe. Über die allmähliche Auflösung der Ehe durch die Liebe (1987); *R. Schnacken-*

burg, Die sittliche Botschaft des Neuen Testaments, 2 Bde. (1986/88); *Sekretariat der Deutschen Bischofskonferenz/Kirchenkanzlei der EKD* (Hrsg.), Gemeinsame kirchliche Empfehlung für die Ehevorbereitung konfessionsverschiedener Partner (1976).

HANS ROTTER

Ehelosigkeit

→ Ehe → Nichteheliche Lebensgemeinschaft → Räte, evangelische
→ Sexualität

Ehelos ist das Leben erwachsener Menschen, in dem diese ohne (Ehe- bzw. Geschlechts-)Partner leben; in diese Überlegung zur Ehelosigkeit werden die nichtehelichen Lebensgemeinschaften nicht einbezogen. Zu unterscheiden sind unfreiwillige (1.) und freiwillige Ehelosigkeit, die nicht religiös (2.) oder religiös in Form des Zölibats (3.) oder eines entsprechenden Gelübdes der Jungfräulichkeit (4.) motiviert sein können.

1. Unfreiwillige Ehelosigkeit kann ganz *unterschiedliche Gründe* haben. Sie können in der Lebensgeschichte eines Menschen liegen, die ihm keine Möglichkeit gegeben hat zu heiraten, obwohl der Wunsch dazu bestand. Sie können in eigenen psychischen Schwierigkeiten liegen, die, wie eine Behinderung, eine erfüllende Beziehung zu einer Frau oder einem Mann nicht hat gelingen lassen. Sie trifft die Frau oder den Mann auf je unterschiedliche Weise. Das Erleben unfreiwilliger Ehelosigkeit ist auch je nach der *Bewertung durch die gesellschaftliche Umwelt* verschieden. Sie kann als eine empfindliche Beeinträchtigung der eigenen menschlichen Möglichkeiten erlebt werden; dies war z. B. im AT der Fall, wo es für eine Frau gar eine Schande sein konnte, unverheiratet zu sein (Jes 4,1) oder keine Kinder zu bekommen (1 Sam 1,6.11.15).

Auch heute stellt sich diese Situation für viele nicht leicht dar; es ist eine sittliche Aufgabe, sich ihr zu stellen und unter den so gegebenen Voraussetzungen das eigene Leben zu gestalten. Ganz sicher ist dies unter christlichen Vorzeichen nicht ohne menschliche Beziehungen denkbar; in ihnen wird sich über kurz oder lang auch zeigen, wo der eigene Lebensschwerpunkt, die eigene Lebensaufgabe und darin die eigene Berufung liegen kann. Es ist wünschenswert, daß in den Gemeinden Hilfen zu solcher Sinnfindung gegeben werden.

Das Arbeitspapier der Sachkommission IV der Würzburger Synode hat die Frage nach der *Sexualität der Nichtverheirateten* angeschnitten. Sie stellt sich unausweichlich; jedem ist aufgegeben, sich in seiner geschlechtlichen Bestimmtheit anzunehmen. Der Mensch ist von ihr als Frau oder als Mann ganzheitlich geprägt. Man muß also auch im Alleinleben seine Geschlechtsrolle annehmen. Die heutige Gesellschaft neigt dazu, jedem das Recht auf volle geschlechtliche Betätigung zuzugestehen – auch außerhalb der Ehe. Der von der Kirche geforderte Verzicht auf sexuelle Beziehungen außerhalb der Ehe kann aus diesem Grund sehr schwer werden. Er ist aber nicht nur nicht unmöglich, wie viele Beispiele gelungenen Lebens belegen, sondern auf die Dauer und auf das Ganze gesehen auch der menschenwürdigere Weg; dieses hängt mit der Eigenbedeutung und Sinnbestimmung der Sexualität zusammen. Als wichtigster Grundsatz mag gelten, daß der Mensch seine Sexualität immer nur im Maß realisierter personaler Liebe integrieren kann – dies ist auch denkbar ohne genitalen Kontakt.

2. Freiwillige, nicht religiös motivierte Ehelosigkeit nimmt in unserer Gesellschaft zu; sie wäre nach dem oben Gesagten in der atl. Zeit undenkbar gewesen. Statistisch stellt sich der Trend folgendermaßen dar: Während 1950 20 Prozent der erwachsenen Bevölkerung der Bundesrepublik Deutschland in Einpersonenhaushalten lebten, waren es 1988 31 Prozent (J. Ch. Köcher).

Eine Gruppe der auf diese Weise lebenden Menschen werden als *Singles* bezeichnet; sie sind in der Regel entschlossen, unverheiratet zu bleiben, schließen aber sexuelle Beziehungen nicht aus. Das Auftreten dieser sich an keine feste Beziehung bindenden Lebensform hängt mit jüngeren gesellschaftlichen Entwicklungen zusammen. Immer weniger ist das Bild gelingender Ehe in unserer Gesellschaft präsent – man denke nur an die vielen Darstellungen völlig mißglückter Ehen in der Literatur der Gegenwart, die ihrerseits ein Symptom sind. Dem dort und vielleicht in der eigenen Familie Erlebten möchte man sich nicht aussetzen und sich so ein hohes Maß an freier Selbstbestimmung erhalten, das man allemal aufgibt, wenn man heiratet; ein gewisser narzißtischer und (vermutlich oft pseudo-)emanzipativer Zug ist diesem Konzept eigen, dessen Realisierung auf Dauer vor nicht geringen Problemen steht (J. Ch. Köcher).

Von den anderen Formen nichtreligiöser freiwilliger Ehelosigkeit seien noch zwei erwähnt: einmal die traditionell bestimmte, oft nur halb freiwillige, in der vor allem den nicht verheirateten Töchtern die

Aufgabe zukommt (-kam), die Eltern in ihrem Alter zu betreuen, zum anderen die modern anmutende, in der sich Frauen oder Männer in einem Beruf so engagieren, daß sie nicht die Verantwortung für eine eigene Familie übernehmen möchten. Die erstere kann sittlich nicht einfachhin gefordert werden (die Gefahr einer nicht verarbeiteten „Opferideologie" wäre gegeben), die zweite kann auf hohem Niveau gelebt werden und dürfte religiösen Motivationen gegenüber offen (d. h. möglicherweise als Berufung erkannt und angenommen) sein und bietet einen breiten Spielraum sinnerfüllten Lebens.

3. Religiös motivierte Ehelosigkeit als Zölibat ist für alle diejenigen durch ein Kirchengesetz zur Pflicht gemacht, die als Kleriker (ausgenommen sind die Ständigen Diakone) in der westlichen Kirche Dienst tun (CIC c. 227, ergänzt durch c. 1087, der die Ehen von Klerikern mit höheren Weihen für ungültig erklärt).

a) Zur Entwicklung des Zölibatsgesetzes: Das NT kannte noch keine Regelung dieser Art; nur die Ehelosigkeit „um des Himmelreiches willen" wurde zweifelsfrei als Wert erkannt (Mt 19,12; 1 Kor 7). Bald nach der konstantinischen Wende setzte sich in der westlichen Kirche die Vorstellung durch, ehelicher Verkehr und der Dienst am Altar seien miteinander nicht vereinbar: „Kultische Reinheit" wurde gefordert (Damasus I., Siricius, Ende des 4 Jh.s) und immer mehr auf gesetzlichem Weg durchgesetzt. Mißverstandene Reinheitsbestimmungen des ATs und griechisch-stoische Einflüsse waren wirksam, aber auch die Vorstellung von einer ganzheitlichen Verfügbarkeit dessen, der nicht die Sorge für eine eigene Familie auf sich nimmt. Im Mittelalter führte der Erfolg der gregorianischen Reform zur seither endgültigen Bestimmung, in der die Eheschließung von Priestern als ungültig angesehen wurde (2. Laterankonzil). Sie wurde im Trienter Konzil gegen die Einwände der Reformatoren aufrechterhalten.

Die Entwicklung im Osten verlief anders: Eine vor der Weihe geschlossene Ehe konnte weitergeführt werden; nur von den Bischöfen verlangte man die Ehelosigkeit. Grundsätzlich gilt die Regelung auch in den unierten Ostkirchen bis heute. Die zitierte gesetzliche Bestimmung betrifft also „allein die lateinische Kirche" (CIC 1983, c. 1).

b) Zur Begründung des Zölibats: Gemeinsam ist fast allen neueren theologischen Begründungsversuchen der Rückgriff auf die Heilige Schrift. Hierin sieht auch das Zweite Vatikanische Konzil die Erneuerung der Kirche grundgelegt. Von vornherein konnte es dabei nicht primär darum gehen, das Zölibatsgesetz biblisch herzuleiten. Aber neue Aspekte in der Motivation wurden erkennbar:

– Ehelosigkeit um des Himmelreiches willen kann demnach als *prophetische Zeichenhandlung* verstanden werden. Der Lebensvollzug des Propheten ging (vgl. u. a. Hos 1–3; Jer 27,1–28,14) als integrierender Bestandteil in seine Verkündigung mit ein. In dieser Weise sollte der Zölibat „Zeichen" (*Presbyterorum Ordinis* 16) sein, Realsymbol für den Glauben derer, die sich zu ihm entschließen. „Zeichen" ist hier nicht nur Zeichen der Bezeugung für andere; er ist vielmehr auch Zeichen für den, der sich zu diesem Weg entschließt, Zeichen, das zurückwirkt auf seinen Glauben, „quasi-sakramentales" und so wirksames Zeichen, in dem sich seine eigene Hingabe ein für allemal – und immer wieder – realisiert. Es ist ein Zeichen, das etwas vom Totalanspruch des Evangeliums ausdrückt und bewußtmacht.

– Inhaltlich wird die freiwillig gewählte Ehelosigkeit vor allem als ein *Zeichen eschatologischer Glaubenshoffnung* angesehen. In dieser Existenzform wird die Sehnsucht wachgehalten, und in ihr ist bezeugt, daß „das Eigentliche", in Christus ein für allemal gekommen, noch seiner Vollendung harrt.

– Mt 19,11f. spricht nicht nur von der Ehelosigkeit, sondern davon, daß es Menschen gibt, die sich „um des Himmelreiches willen" zur Ehe unfähig gemacht haben: Hier ist wohl eine *„existentielle Unmöglichkeit"* (E. Schillebeeckx) gemeint, vergleichbar der der Apostel: „Wir können unmöglich von dem schweigen, was wir gesehen und gehört haben" (Apg 4,20). Sie „können nicht anders", weil sie völlig erfaßt sind von ihrer Aufgabe. Wer sich in dieser Form dem Dienst am Evangelium verschreibt, „kann" sich nicht mehr einer Frau und der Familie zuwenden, weil er sich in diesem Sinn „ganz" gefordert sieht.

– Die Radikalität des Evangeliums ist *keine Überforderung*. Die Berufung im NT wurde als schöpferische Einwirkung verstanden; das Wort dessen, der ruft, erwirkt im Berufenen die Möglichkeit, dem Ruf zu folgen. *Charisma* (das Konzil spricht von *donum*) und Berufung sind zwei Seiten derselben Realität – in der Gabe deutet sich der Ruf an. Den Zölibat als Chance ergreifen, das heißt ihn als Möglichkeit für sich selbst wahrnehmen. Sie ist immer *geschenkte Möglichkeit* (wie auch die Entscheidung für einen anderen Menschen nur geschenkte Möglichkeit sein kann). Das NT wirkt hier realistisch, nicht exklusiv „asketisch", wenn Jesus auf die sehr nüchterne Frage des ersten Apostels, was ihnen, die alles verlassen hatten, zuteil würde, nicht mit einem ausschließlichen Hinweis auf jenseitigen Lohn antwortet, sondern in diesem Leben „Hundertfältiges" verheißt (Mk 10,29 par), nicht in gleicher Münze, das versteht sich, aber doch als reale Erfüllungschance im Vollzug menschlicher Kommunikation.

Ein *formales Grundelement* zieht sich unverzichtbar durch alle Überlegungen. Die Realisierung der Entscheidung ist *nur möglich im Vollzug des existentiellen Glaubens.* Wer diesen Schritt tut, sollte sagen können: „Auf dein Wort hin" (Lk 5,5). – Wird hier naiv blindes Vertrauen gegen nüchterne anthropologische Einsicht gesetzt?

c) Theologische Zölibatsbegründung und anthropologische Bedenken: Der Glaubensvollzug ist ein Akt, der in der existentiellen Tiefe der menschlichen Person wurzelt. Er realisiert sich in Entscheidungen, die ein Leben tragen sollen; der Sich-Entscheidende aktiviert gerade jene Mitte der Person, die auch im Vollzug geschlechtlicher Liebe tragend ist. Da wird nicht verdrängt, sondern integriert – „sublimiert", würde S. Freud sagen. Daß ein solcher Prozeß seine spezifischen Voraussetzungen hat, hat die Psychoanalyse gelehrt; das heißt nicht, daß er unmöglich wäre. Daß dieser Weg immer hohen Risiken ausgesetzt ist, liegt auf der Hand; er ist nur in vielen Schritten zu begehen. Gerade von daher bildet er eine dauernde Provokation, die einmal getroffene Entscheidung existentiell in einem lebensgeschichtlichen Reifungsprozeß, der nie voll abzuschließen ist, je neu einzuholen und zu ratifizieren. In diesem Bemühen ist der ehelose Priester durchaus trotz vielschichtiger Veränderungen in der Gesellschaft und den Gemeinden *nicht allein gelassen.* Es zeigt sich, daß in fast allen Erneuerungsbewegungen, in allen Aufbrüchen, die von der Basis des Evangeliums her das Leben zu sehen versuchen, der Sinn für die „Alternativen", die das Evangelium nahelegt, wächst. Zu ihnen gehört jene Ehelosigkeit um des Himmelreiches willen, in der der Zölibatär auch für den Verheirateten das Zeugnis eschatologischer Hoffnung gibt.

d) Der Zölibat als Gesetz: Von Intention und Praxis der Kirche her gesehen, will dieses Gesetz keinen Zwang ausüben; es setzt Bedingungen fest, die mit der Spendung der höheren Weihen verbunden sind. Daß diese freiwillig und in Kenntnis der zu übernehmenden Verpflichtungen empfangen werden, wird in der Weihehandlung öffentlich festgestellt. Jemand, der dieses so vollzogen hat, wird sich nicht sagen lassen wollen, er habe „unter Zwang" gehandelt. Gleichwohl liegt hier ein Stein des Anstoßes: Wie kann man einen so einschneidenden Entschluß zu einer Forderung für alle machen, die in der lateinischen Kirche Priester werden wollen? Eine zwingende Notwendigkeit, die sich aus der Glaubenslehre über das priesterliche Amt ergäbe, liegt nicht vor – sonst könnte es keine Ausnahme geben. Keines der amtlichen Dokumente spricht von einer Notwendigkeit solcher Art. Es wird dagegen ein hoher Grad von Angemessenheit herausgestellt: Die oben genannten Begründungen weisen diese Angemessenheit aus *(Presbyte-*

rorum ordinis 16). Auf diese Weise kann und soll nichts „bewiesen" werden. Aber es können Entscheidungen nahegelegt werden. Dieses gilt nicht nur für den je einzelnen, der sich entscheidet. Man darf davon ausgehen, daß hier auch der kirchliche Gesetzgeber im Vollzug des Glaubens handelt, wenn er sich auf eine nur im Glauben faßbare Realität beruft: die Führung der Kirche durch den Geist Christi. Die Kirche verbindet den Empfang der höheren Weihen mit der Zölibatsverpflichtung in Treue zu einer über Jahrhunderte hin geübten Praxis; sie vertraut darauf, daß sich in dieser Praxis der Geist Jesu auswirke. Hinter dem Gesetz steht weder Willkür noch dogmatisch zwingende Notwendigkeit, sondern eine von der Glaubensüberzeugung der Mehrheit der Bischöfe getragene geschichtliche Entscheidung (Zweites Vaticanum; Römische Bischofssynode 1971; vgl. *Sacerdotalis caelibatus* Pauls VI.). Andere geschichtliche Bedingungen können u. U. eine andere Entscheidung nahelegen.

Die völlige Aufhebung des Gesetzes der ehelosen Lebensform der Priester würde ein Spezifikum ihrer Zeichenhaftigkeit nehmen, die von der Zusammengehörigkeit von Priestertum und Zölibat und einer darin mitgegebenen Solidarität der Priester in diesem Zeugnis lebt. Die Entscheidung ist keine reine Privatangelegenheit; würde sie das bei Aufhebung des Gesetzes, so würde diese Dimension der Zeichenhaftigkeit aufgehoben. Über die Modifikationen, über die konkrete Handhabung der Gesetze (u. a. Laisierung) wird weiter diskutiert werden müssen – auch über die Frage, ob sich in Inkulturationsprozessen in anderen Ländern nicht doch Probleme zeigen können, die die Behauptung der Zeichenhaftigkeit aufgrund eines ganz anderen kulturellen Kontextes in einem anderen Licht erscheinen lassen. Es fragt sich auch, ob bei hochgradigem Mangel an Priesterberufen, der dazu führt, daß in vielen Gemeinden die Feier der Eucharistie nicht mehr sichergestellt ist, an eine Weihe bewährter verheirateter Männer gedacht werden kann (B. Hume). Solche Überlegungen heben den Wert des Zölibatsgesetzes nicht auf, sondern suchen ihn angesichts bestimmter Problemsituationen zu wahren.

4. Ehelosigkeit aufgrund des Gelübdes der Jungfräulichkeit. Sie unterscheidet sich von der im Zölibat gegebenen Ehelosigkeit z. T. durch die Motivation, durch die zumeist gegebene Existenzform eines religiösen Gemeinschaftslebens und durch den Umstand, daß sie nicht an ein Amt in der Kirche gebunden ist.

Auszugehen ist auch hier von einer *Unterscheidung:* Es gibt das *private* Gelübde der Jungfräulichkeit und das *öffentliche.* Letzteres wird beim

Eintritt in eine religiöse Gemeinschaft abgelegt und hat je nach Art dieser Gemeinschaft verschiedenen Rang (vgl. hierzu CIC c. 607 § 2, c. 1192). Zumeist wird es zu Beginn des Ordenslebens in der Form der zeitlichen Gelübde abgelegt, in denen man sich verpflichtet, über den Zeitraum von einigen Jahren ehelos zu leben, um sich dann in den ewigen Gelübden endgültig an diese Lebensform zu binden.

Das wichtigste zur Motivation des Zölibats Gesagte gilt nach den Texten des Zweiten Vatikanischen Konzils auch für die Ehelosigkeit in den Orden. Auch hier soll sie *eschatologisch ausgerichtetes Zeichen* (so wörtlich im Anklang an das Konzil CIC c. 607 § 1) sein, das den Glauben der Ordensgemeinschaft widerspiegelt; sie ist Ausdrucksform einer Hingabe, die *für bestimmte Dienste* ganz und gar *verfügbar* macht. Hier wäre bei den Orden auf viele Aufgaben hinzuweisen, die praktisch ausschließlich Ehelosen möglich sind – man denke hier nur an den Einsatz in den Missionen.

Typisch für die Ehelosigkeit in den Ordensgemeinschaften dürfte der theologische Sinn der Gelübde sein, mit denen man sich dem Leben nach den evangelischen Räten verpflichtet. Hier sind vor allem in den Mönchstraditionen alte theologische Deutungsmuster lebendig geblieben, die sich so im Zusammenhang mit dem Zölibat nicht finden. Der Mönch verläßt die Welt, stirbt ihr ab. Das Gelübde wird in diesem Kontext als Vertiefung der Taufe verstanden, die von Paulus (Röm 6,1–11) als ein Mitsterben und -auferstehen mit Christus gedeutet worden war; hier liegt also eine Zeichenhaftigkeit vor, die im inneren Zusammenhang mit der Zeichenhaftigkeit des Sakramentes steht.

Manche Zeichenhandlungen im Zusammenhang mit dem Ablegen von Gelübden – besonders in Frauenorden – pfleg(t)en die Symbolik der (mystischen) Vermählung der Seele mit Christus, dem Bräutigam der Kirche (und der einzelnen Seele). Auch hierin wurde ein Spezifikum der Ordensgelübde im Unterschied zum Zölibat der Priester gesehen; der Ordensmann bzw. die Ordensfrau stünde in der Rolle der bräutlichen Kirche und stellvertretend für sie Christus gegenüber, während der Zölibatär sich darauf vorbereite, der Kirche gegenüber Christus darzustellen.

N. Baumert, Ehelosigkeit und Ehe im Herrn Eine Neuinterpretation von 1 Kor 7 (1984); *J. Bours/F. Kamphaus*, Leidenschaft für Gott. Ehelosigkeit – Armut – Gehorsam (1981); *A. Brunner*, Eine neue Schöpfung. Ein Beitrag zur Theologie des christlichen Lebens (1951); *M. Oraison*, Psychologie des ehelosen Lebens (1969); *Paul VI.*, Enzyklika „Sacerdotalis caelibatus" (1967); *E. Schillebeeckx*, Het ambts-celibaat in de branding (1965); *P. M. Zulehner*, Leibhaftig glauben (1983).

BERNHARD FRALING

Ehre

→ Diskriminierung → Gesellschaft → Kommunikation → Menschenwürde
→ Tugenden und Laster → Wahrhaftigkeit

1. Anthropologische Aspekte

In unserer Zeit, in der die Krisen des Selbstwertgefühls sich häufen, gewinnt die Frage nach der Ehre, die dem Menschen gebührt, neue Bedeutung. Denn das Anerkennen, das Geltenlassen eines anderen, tragen wesentlich zum Aufbau der Ichstärke einer Person bei. In früheren Zeiten war der Mensch mehr eingebunden in Familie und Sippengemeinschaft, in einen beruflichen Stand und in eine soziale Schicht und partizipierte an deren Sozialprestige. Man war „wohlgeboren" bzw. gehörte schon von Geburt an einem ehrenhaften Stand und einer geehrten Familie an. Aber auch heute hat jeder/jede das Recht, mit „sehr geehrter Herr"/„sehr geehrte Frau" angeredet zu werden. So ist auch unsere Sprache ein Index für die Rolle, die der Ehre zukommt.

Ehre ist primär eine relationale Eigenschaft. Sie meint zuerst die Anerkennung einer Person durch andere. So spricht man von einer Ehre *coram hominibus et coram Deo*. Diese Ehrerweisung hat aber ihren Grund in einer inneren Qualität der Person, sei es in besonderen Leistungen dieser Person, sei es vor allem in der Würdigkeit, die jeder menschlichen Person zukommt. Es zeigt sich auch, daß die (innere) Ehre immer auch eine moralische Valenz hat. Man kann physische Defekte (Behinderungen) haben, ohne deshalb (zumindest grundsätzlich) eine Einbuße an Ehre erfahren zu müssen; wenn einem aber sittliche Defekte, vor allem solche, die sich auf die zwischenmenschliche Kommunikation beziehen (Lügen, Betrügen usw.), nachgesagt werden, verliert man die Ehre. Dieser Ehrverlust tangiert dabei nicht irgendeinen Aspekt der Person, sondern die Person als ganze. Zugleich berührt er die Basis für deren Eingliederung in die Gemeinschaft, nämlich ihre Vertrauenswürdigkeit.

2. Biblisch-theologische Perspektive

Wenn in der Hl. Schrift von der Ehre die Rede ist (Ausdrücke dafür: hebräisch *kabod* – Gewichtigkeit, griechisch δόξα, dann ist damit sowohl die Ehre Gottes, seine Größe und Herrlichkeit gemeint als auch die Ehre des Menschen. Gott äußert seine Ehre im befreienden Wirken zugunsten seines Volkes und in den wunderbaren Werken der Schöpfung, ntl. im erlösenden Wirken Christi, das als Offenbarwerden der Herrlichkeit verstanden wird (bes. bei Johannes und Paulus). Der Mensch selbst hat hinwiederum den letzten Grund für seine Ehre in der Gottebenbildlichkeit und in seiner Berufung, an der Herrlichkeit Christi teilzuhaben.

In einer biblischen Ethik muß sicherlich erstes Gewicht auf das Bemühen um die Ehre Gottes gelegt werden, auf die Haltung der Ehrfurcht vor Gott und den Menschen, die sich in der Tugend der rechten Gottesverehrung äußert. Aber auch das Streben nach der eigenen Ehre ist legitim, es wird aber relativiert durch die Weise, durch die der Gottessohn seine Herrlichkeit geoffenbart hat, nämlich durch seine Selbstentäußerung und sein Dienen. In der Nachfolge dieses Herrn muß auch der Christ bereit sein, Schmähung und Ehrverlust in Kauf zu nehmen. Der Christ darf „sich rühmen", aber nun im Kreuz, weil er weiß, daß Gottes gnadenhaftes Wirken gerade in menschlicher Schwachheit und Niedrigkeit zum Tragen kommt (vgl. dazu bes. 1 und 2 Kor).

3. Sittliche Verpflichtungen und Verfehlungen

Wegen der Bedeutung der Ehre für Person und Gesellschaft gibt es zweifelsohne eine positive sittliche Verpflichtung, sich um die eigene Ehre zu kümmern. Dabei ist es wichtig, sich des inneren (theologischen) Fundaments für diese Ehre bewußt zu bleiben. Dies besagt zum einen, daß man sich selbst annimmt mit den eigenen Vorzügen und Grenzen und daß man in Antwort auf das vorgängige Wirken Gottes sich um sittliche Tugenden und um die Verwirklichung des Guten bemüht. „So soll euer Licht vor den Menschen leuchten, damit sie eure guten Werke sehen und euren Vater im Himmel preisen" (Mt 5,16). Zum anderen wird man dadurch auch bewahrt vor gewissen Fehlhaltungen, sei es vor Stolz, Hochmut, Ehrsucht, Anmaßung und Überheblichkeit auf der einen Seite, sei es vor Haltungen des scheinbar ehrlosen Sich-gehen-Lassens oder vor Minderwertigkeitsgefühlen und deren Kompensationen auf der anderen Seite.

In der rechten Sorge um die eigene Ehre und den eigenen guten Ruf ist auch die soziale Komponente zu beachten. Achtung und Ehre sind nicht nur wichtig für das eigene seelische Gleichgewicht, sondern auch für die Aufgaben, die man in der Gesellschaft zu erfüllen hat. Das Sozialprestige ist in gewissem Maße unerläßliche Voraussetzung für ein fruchtbares öffentliches Wirken. Dabei ist auch die jeweilige Gesellschaftsstruktur zu beachten. Während in früheren Zeiten die äußere

Ehre fast ein Fetisch war, den man durch Äußerlichkeiten leicht verlieren und durch besondere Tapferkeitserweise (z. B. durch das als leichtfertiger Umgang mit dem Leben eindeutig als sittlich verwerflich zu qualifizierende Duell) wieder zu gewinnen trachtete, so besteht heute die Gefahr, gerade durch äußeren Erfolg und Leistung sich Ehre zu verschaffen und oft in einen krankhaften Ehrgeiz zu verfallen.

Mehr noch als um die eigene Ehre sich zu sorgen (denn es gibt auch in sittlicher Perspektive Gründe, sie aufs Spiel zu setzen), ist man aber verpflichtet, nicht die Ehre des Nächsten zu verletzen. Nach B. Häring sind die Sünden gegen die Ehre anderer so vielfältig, daß kein Sündenkatalog sie alle aufzählen kann. Erwähnt seien Ehrerweisung aus falschen Motiven und Schmeichelei, aber auch öffentliche Verhöhnung und Beschimpfung. Schlimmer noch ist die Verleumdung als lügenhafte Behauptung zum Schaden der Ehre eines anderen und die Ehrabschneidung, die den guten Ruf des anderen beeinträchtigt, auch wenn sie formell nicht gegen die Wahrhaftigkeit verstößt, ebenso die Ohrenbläserei und Zuträgerei, die nicht nur den guten Ruf, sondern auch das Vertrauensverhältnis zwischen anderen zerstören wollen. Bei all diesen Vergehen besteht die strikte Verpflichtung, nach Kräften den angerichteten Schaden wiedergutzumachen, was allerdings oft sehr schwierig und teilweise unmöglich erscheint. Wegen der sozialen Relevanz beschäftigt sich auch das zivile Recht mit einigen dieser Vergehen.

O. F. Bollnow, Ehre und guter Ruf, in: ders., Einfache Sittlichkeit (⁴1968) 47–60; *H. J. Buchkremer,* Ehrgeiz (1972); *F. Haider,* Die Ehre als menschliches Problem. Versuch einer pädagogischen Orientierung (1973); *W. Korff,* Ehre, Prestige, Gewissen (1966); *H. Reiner,* Die Ehre. Kritische Sicht einer abendländischen Lebensform (1956).

KARL GOLSER

Ehrfurcht

→ Erfahrung → Gefühl → Menschenwürde → Tugenden und Laster
→ Umweltethik

1. Der *Begriff* Ehrfurcht stellt im deutschen Sprachraum eine recht junge, erstmals im 17. Jh. nachweisbare Wortbildung dar, die aus den zwei ursprünglich eigenständigen Worten „Ehre" und „Furcht" zusammengesetzt worden ist. Aufgrund dieser Wortentstehung ergeben sich grundsätzlich zwei verschiedene Verstehenszugänge zur Bestimmung

des Wesens der Ehrfurcht: Sie kann als ein Mischwort, wonach entweder das Moment der Ehre oder das der Furcht stärker betont wird, oder als ein selbständiges Wort, mit einer gegenüber den beiden Stammwörtern eigenständigen Bedeutung, verstanden werden. Die erstmals in der ersten Hälfte des 20. Jh.s durch verschiedene Autoren (z. B. M. Scheler, P. Wust, O. F. Bollnow, Th. Steinbüchel) vorgenommene phänomenologische Analyse des Wortes „Ehrfurcht" unterstrich vorrangig den zweitgenannten Verstehenszugang. Zudem legen sowohl die etymologische Herkunft als auch die gebräuchlichsten fremdsprachigen Übersetzungsmöglichkeiten (diese beinhalten keine direkte Übersetzung von Ehre und Furcht, vgl. lateinisch: *reverentia, veneratio;* griechisch: αἰδώς, εὐσέβεια; englisch: *respect, reverence;* französisch: *respect, vénération*) die Eigenständigkeit des Wortes „Ehrfurcht" nahe, so daß man sagen kann: „Nur das Wort, nicht was es bezeichnet, ist zusammengesetzt" (M. Scheler). Im Gegensatz dazu wird jedoch im alltäglichen Sprachgebrauch die Ehrfurcht zumeist als Mischwort, mit vorwiegender Betonung des Furchtmomentes (vgl. etwa die Redewendung „in Ehrfurcht erstarren"), verwendet.

2. Das *Wesen* der Ehrfurcht kann phänomenologisch als grundlegende Erfahrung des Menschen, in der allein die Wirklichkeit Gottes, der Welt und des Menschen sich in ihrer unverfügbaren Tiefendimension und Geheimnishaftigkeit erschließt, bestimmt werden. In dieser Erfahrung weiß sich der Mensch unlösbar eingefügt in eine ihn umfassende und vorgegebene Ordnung, die ihn geheimnisvoll ergreift und in Staunen oder Schweigen versetzt. Die Ehrfurcht ist wesentlich mit dem Staunen-können verbunden. Sie ist daher eine, in der staunenden Begegnung mit der Wirklichkeit sich ereignende, ursprüngliche Grunderfahrung, in der die „zarten Fäden, in denen sich jedes Ding in das Reich des Unsichtbaren hineinerstreckt" (M. Scheler) wahrgenommen werden. Wirkliche Ehrfurcht führt daher stets zur Transzendenz. Sie ist ein „Phänomen der Begegnung" (Th. Steinbüchel), in dem das andere erfahren wird, jedoch stets auch *als* das andere, d. h. unverfügbar fremd und verfügbar nahe zugleich. Der Ehrfurcht ist somit eine Doppelbewegung eigen, die gleichzeitig ein Angezogen- und ein Abgehaltenwerden beinhaltet. Sie ist Brücke zwischen Nähe und Ferne, zwischen Verfügbarkeit und Unverfügbarkeit. Diese Doppelbewegung ist für die Ehrfurcht konstitutiv. Sie kennzeichnet deren unauflösbare, in ihrer Gegensätzlichkeit jedoch einheitliche Spannung, wobei das Moment des Angezogenwerdens überwiegt. Eine einseitige Betonung des Furchtmomentes würde diese Spannung aufheben und am Wesens-

kern der Ehrfurcht vorbeigehen. Das in der Ehrfurcht enthaltene Wort Furcht hat mit der Fluchtbewegung der Furcht letztlich nichts gemein. Statt um Furcht geht es vielmehr um eine Scheu, die nicht gegen die Anerkennung der allem Sein eigenen Würde verstößt. So ist für das Wesen der Ehrfurcht „die Hinwendung, ein Sichöffnen und Sichhingeben an den Gegenstand der ehrfürchtigen Bewunderung trotz und in der Scheu" (F. Tillmann) das Entscheidende.

3. Im *christlichen Sinn* bedeutet Ehrfurcht das Ergriffensein vom Geheimnis Gottes. Darin wird dem Menschen seine Kreatürlichkeit offenbar, er erfährt die unauflösbare Spannung zwischen Nähe und Ferne, zwischen Ähnlichkeit und Unähnlichkeit gegenüber Gott. Kreatürlichkeit bedeutet aber eine Wesensaussage über den Menschen. Deshalb entspricht die Ehrfurcht einem tiefen Wesensstück des menschlichen Seins, da allein darin das richtige Entsprechungsverhältnis zwischen Gott und Geschöpf erkannt wird. Zutiefst gründet die Ehrfurcht daher in Gott, aber in jenem Gott, der selbst wiederum „Ehrfurcht vor dem Menschen" hat, indem er dessen Freiheit achtet, ihn in eigenes Sein freigibt und zugleich sich mit dieser Freiheit verbindet, so daß kein Mensch aus seiner Liebe herausfallen kann.

4. Mit der Ehrfurcht ist nicht nur eine ursprüngliche Erfahrung, sondern zugleich eine *sittliche Grundhaltung* gegeben. Sie bildet, insofern Bereitschaft besteht, die Wirklichkeit in ihrer unauslotbaren Tiefendimension wahrzunehmen, eine unverzichtbare Grundlage jedes sittlichen Handelns. Es überrascht daher, daß die Ehrfurchtshaltung in den gegenwärtigen christlichen Ethikentwürfen nicht jene Bedeutung einnimmt, die ihr zukommen sollte. Freilich ermangelt einer Ehrfurchtsethik, wie sie A. Schweitzer dargelegt hat, indem er die Ehrfurcht vor dem Leben als absolutes und im jeweiligen Subjekt fundiertes ethisches Handlungsprinzip bestimmt, die Möglichkeit, konkrete Handlungsnormen im Konfliktfall festlegen zu können. Insofern aber die Ehrfurcht sowie darüber hinaus jede Haltung auch Verantwortung für die Richtigkeit des Handelns trägt, kann eine um Handlungsrichtigkeit bemühte Normbegründung nicht isoliert, sondern nur in Rückbindung auf zugrunde liegende Haltungen sinnvoll entfaltet werden. Die Ehrfurcht als Grundhaltung realisiert die letztliche Unverfügbarkeit aller verfügbaren Wirklichkeit und steckt somit jenen Rahmen ab, innerhalb dessen sich eine wirklichkeitsgemäße Ethik und Normbegründung auszubilden hat.

5. Der *Gegenstand,* auf den die Ehrfurcht sich richtet, bildet ausnahmslos alles Sein, die gesamte Wirklichkeit, insofern diese in ihrer unauslotbaren Tiefendimension wahrgenommen wird. Da die Ehrfurchtshaltung jedoch zutiefst in Gott als dem Grund allen Seins gründet, wird sie nur dort in tiefster Weise verwirklicht, wo Mensch und Umwelt als auf den Schöpfer verwiesene Schöpfung gesehen wird. Hier wird das Unverfügbare zum Maßstab des Verfügens. Bei aller Notwendigkeit des Verfügens wird so durch die Ehrfurcht die Unverfügbarkeit der Freiheit und Würde des Menschen sowie das (relative) Eigensein der Geschöpfe bewahrt. Insofern die Ehrfurcht sich auf Gott richtet, wird diese, bei aller Sehnsucht ihn erkennen und begreifen zu wollen, zutiefst als jene Haltung deutlich, „in der die Verborgenheit Gottes selbst noch wahrnehmbar wird" (M. Scheler) und die zuletzt in die schweigende Anbetung hineinmündet.

6. *Fehldeutungen* von Ehrfurcht müssen – da weit verbreitet – entschieden abgewehrt werden, damit sie als jene positive Grundhaltung sichtbar werden kann, auf die „alles ankommt, damit der Mensch nach allen Seiten zu ein Mensch sei" (J. W. v. Goethe). Auch wenn die Ehrfurcht die Freiheit und das Eigensein des anderen bewahrt, so darf diese dennoch nicht als Mittel der Repression und als Hindernis für notwendige Veränderungen benutzt werden. Eine Berufung auf die Ehrfurcht, um damit bestehende Machtverhältnisse absichern oder bestimmte Zustände festschreiben zu wollen, geht an ihrem Wesen vorbei. Ehrfurcht hat auch nichts mit Erkenntnisfeindlichkeit gemein, vielmehr ist sie ein Erkenntnisprinzip, das insofern kritisch ist, als es die Wirklichkeit nicht zu einem „flachen Rechenexempel" (M. Scheler) abgleiten läßt, sondern diese in ihrer Tiefendimension wahrnimmt und somit das Unverfügbare zum Maßstab des Verfügens hat. Sie ist jene Haltung, die nicht primär verneint, sondern in der bejahenden Begegnung mit der Wirklichkeit dieser ihr Geheimnis nicht raubt.

O. F. *Bollnow,* Die Ehrfurcht (² 1958); *D. v. Hildebrand,* Sittliche Grundhaltungen (1933) 7–20; *M. Scheler,* Zur Rehabilitierung der Tugend, in: GW Bd. III (⁴ 1955) 15–31; *G. H. Schwabe,* Ehrfurcht als Lebensbedingung, in: Heilkraft des Heiligen (1975) 140–176; *Th. Steinbüchel,* Christliche Lebenshaltungen in der Krisis der Zeit und des Menschen (1949) 87–135; *J. Stelzenberger,* Die Ehrfurcht, in: Theologische Quartalschrift 131 (1951) 1–16; *F. Tillmann,* Katholische Sittenlehre. Bd. IV/1 (¹ 1935) 27–40; *P. Wust,* Der Doppelaffekt von Staunen und Ehrfurcht, in: Hochland 20 (1924) 388–402, 515–521.

GERHARD MARSCHÜTZ

Eifersucht

→ Ehe → Freundschaft → Leiden → Liebe → Neid

Eifersucht ist jene Grundhaltung, die sich daraus ergibt, daß zwei Personen ihr Streben auf dasselbe (unteilbare) Ziel richten. Oft ist dieses Ziel die Gegenliebe einer geliebten Person. Eifersucht ist eine Form von Rivalität, die nur durch Verzicht oder durch Machtkampf entschieden werden kann, wenn nicht Verhandlungen zu einem Kompromiß führen, in dem das Objekt des Strebens doch irgendwie geteilt wird.

Eigentum

→ Alttestamentliche Ethik → Gerechtigkeit → Neutestamentliche Ethik → Recht → Sozialethik → Soziallehre, katholische → Wirtschaftsethik

1. Begriff

Unter Eigentum im engeren Sinn ist die Verfügungsbefugnis über dingliche Werte bzw. über Sachen oder die Sache selbst zu verstehen, im weiteren Sinn versteht man unter Eigentum die Verfügungsbefugnis auch über obligatorische Rechte, Vermögenswerte, Mitgliedschaftsrechte und Immaterialgüterrechte. Die Befugnis bzw. das Recht ist dabei wesentlich zum Unterschied vom Besitz, welcher das tatsächliche Innehaben einer Sache bezeichnet, unabhängig vom Recht dazu. An Unterscheidungen scheinen näherhin zwei besonders wichtig zu sein, nämlich diejenige zwischen Privateigentum und Gemeineigentum sowie diejenige zwischen Eigentum an Gebrauchsgütern und zwischen Eigentum an Produktionsgütern.

2. Zur biblischen Sicht des Eigentums

Die wichtigsten *atl. Aussagen* zum Eigentum lassen sich folgendermaßen zusammenfassen: Die Institution des Eigentums wird als gültig vorausgesetzt und unter den Schutz des Sittengesetzes gestellt (Ex 20,15.17; Dtn 5,19.21). Gott besitzt über die irdischen Güter eine Art Oberherrschaft. Dem Menschen sind diese Güter zum Lehen anvertraut (Lev 25,23). Aus übergroßer Not und aus übergroßem Besitz erwachsen dem Menschen Gefährdungen (Sir 5,1ff., Am 6,4ff.).

Das Eigentum unterliegt sozialen Bindungen, welche letztlich ihren Grund in dem Gedanken haben, daß in der gemeinsamen Teilhabe an dem von Gott anvertrauten Lehen die Allherrschaft Gottes anerkannt werde. Als speziell einschneidende rechtliche Institutionen des Eigentums zur Besserung der Daseinsbedingungen der Armen sind zu nennen: das Sabbat- oder Brachjahr (Ex 23,10f.; Dtn 15,9.12f.); der Schulderlaß im Sabbatjahr (Dtn 15,1f.); die Einrichtung des Jubeljahres (Lev 25,8–16.29–31; Num 36,4; Ez 46,17); die Pflicht zur Abgabe des Zehnten; und schließlich das Zinsverbot (Ex 22,24; Lev 25,36; Dtn 23,20).

Wichtig für die atl. Sicht des Eigentums ist schließlich die Tatsache, daß das Eigentum gleichsam sakralen Charakter besitzt. Dies ist gegenwärtig von großer Wichtigkeit, weil besonders auch heute jede auf das Humanum bedachte Eigentumsethik von einer gewissen Sakralität durchzogen sein sollte. Angesichts der „Vergewaltigung und Ausbeutung" der Natur durch den Menschen ist dies zusätzlich zu betonen.

Was die *ntl. Sicht* des Eigentums anlangt, so ist zunächst festzuhalten, daß deren Botschaft als die Verkündigung des menschgewordenen Gottessohnes nicht die Neuordnung der damals herrschenden Eigentums- und Machtverhältnisse, sondern die Verkündigung des Reiches Gottes zum zentralen Inhalt hat. Konkrete Aussagen zum Eigentum nehmen in diesem Kontext eher sekundären Charakter an und sind daher aus diesem Kontext zu deuten. Unter dieser Rücksicht lassen sich die ntl. Eigentumsbetrachtungen folgendermaßen charakterisieren:

Eigentum wird vorausgesetzt und geschützt (Mk 10,19). Die geschaffenen Dinge sind dem Menschen zur verantwortungsvollen Verfügung überlassen. Dieser hat sich als getreuer Verwalter dieser Talente zu erweisen. Aus Besitz und Reichtum erwachsen dem Menschen aber auch Gefahren für sein Heil (Mk 4,18f.; Mk 10,23ff.; Lk 12,15ff.; Mt 6,24). Zur Bewahrung der inneren Freiheit bedarf er daher einer inneren Distanz zu den Gütern dieser Welt (Lk 10,30ff., 12,33; Gal 5,13ff.). Das Eigentum steht sodann unter eschatologischem Vorbehalt (1 Kor 7,30). Da die Gestalt dieser Welt vergänglich ist, soll man ihre Güter besitzen, als besäße man sie nicht. Entscheidend ist, daß man sich an sie nicht verliert. Denn zu echten Gütern werden sie erst, wenn sie dazu dienen, Schätze zu sammeln, die nicht vergehen und nicht von Motten oder Rost zerfressen werden. Das Eigentum steht letztlich im Dienste der Verwirklichung der Grundweisung ntl. Botschaft: nämlich die im Glauben an Gott fundierte Liebe zu Gott und den Menschen zu verwirklichen (Gal 6,10; 2 Kor 8,1f.; 1 Tim 6,17ff.; Lk 10,30ff.; 12,33).

Neben diesen eher beiläufig enthaltenen Aussagen des NT zum Problemkreis des Eigentums ist der zentrale Inhalt evangelischer Botschaft von Bedeutung, aus dem heraus sich konsequenterweise eine Neugestaltung der Welt und der irdischen Gegebenheiten ergibt: so etwa die Lehre von der Geschwisterlichkeit aller Menschen in und durch Christus, die Lehre von der Kindschaft aller Menschen vor Gott bzw. die Lehre von wahrhaft Seligzupreisenden in der Bergpredigt. Die christliche Ethik hat auch tatsächlich immer wieder versucht, aus diesem Grundtenor des NT und der Bibel heraus nähere Weisungen zur Gestaltung der irdischen Güter anzugeben.

3. Die sozialethische Reflexionsperspektive

Die christliche Eigentumsethik läßt sich in ihrem grundsätzlichen Anliegen durch das Spannungsfeld zweier grundlegender Prinzipien ausdrücken: durch das Gemeingebrauchsprinzip als das für die Güter dieser Erde oberste Prinzip sowie durch die Privateigentumsordnung, die im Normalfall und aufs Ganze gesehen den geeigneteren und realitätsgemäßeren Weg zur Verwirklichung des Gemeingebrauchsprinzips als die Gütergemeinschaft darstellt. Dies sei näher erörtert:

Zunächst zum *Gemeingebrauchsprinzip* als dem für die Eigentumsordnung obersten Prinzip: Die Pastoralkonstitution des Zweiten Vatikanischen Konzils *Gaudium et spes* betont in der Nr. 69 ausdrücklich: „Gott hat die Erde mit allem, was sie enthält, zum Nutzen aller Menschen und Völker bestimmt; darum müssen die geschaffenen Güter in einem billigen Verhältnis allen zustatten kommen; dabei hat die Gerechtigkeit die Führung, Hand in Hand geht mit ihr die Liebe." Was das Konzil hier ausdrückt, ist keine Erfindung moderner Theologie, sondern konsequente Formulierung von Grundanliegen der biblischen Lehre und der Tradition.

Was die biblische Lehre anlangt, so ist sie oben bereits skizziert worden. Die christliche Tradition hat diese biblische Lehre zumindest punktweise immer wieder festgehalten und in Erinnerung gerufen. In einer von der Enzyklika *Populorum progressio* Pauls VI. zitierten Stelle (Nr. 23) des Kirchenvaters Ambrosius von Mailand heißt es z. B.: „Die Erde gehört allen, nicht nur den Reichen." Treffend sagt auch Gregor von Nyssa: „Alles ist Gottes, wir aber sind Brüder eines Stammes. Sind wir aber Brüder, ist es am besten und gewiß gerecht, daß man zu gleichen Teilen am großen Erbe teilhat."

Die aus der Idee der Gotteskindschaft und Geschwisterlichkeit erhobene Forderung nach einer gleichen Teilung des irdischen Erbes hat sich in den charismatischen Gemeinschaftsbewegungen und Gemeinschaftseinrichtungen klösterlicher und sonstiger Art durch die Kirchengeschichte wachgehalten und als realitätsgemäßer Annäherungsimperativ in die Sozialenzykliken der Päpste Eingang gefunden. So betont z. B. *Rerum novarum* Leos XIII., daß Gott die Erde zum Gebrauche und zur Nutznießung dem ganzen Menschengeschlecht übergeben hat, was auch Pius XI. in *Quadragesimo anno* bekräftigt. Ohne noch weitere Belege aus päpstlichen Sozialdokumenten, etwa Pius' XII., Johannes' XXIII. oder Johannes Pauls II., anführen zu müssen: Für die in den kirchlichen Sozialdokumenten repräsentativ niedergelegte christliche Soziallehre steht fest, daß das Gemeingebrauchsprinzip das für die Güter dieser Erde erste Orientierungsprinzip ist.

Bewußt sei betont: Orientierungsprinzip. Aus dem Gemeingebrauchsprinzip als für die Güter dieser Erde erstem Prinzip folgt nämlich nicht, daß der Gemeingebrauch durch eine Gütergemeinschaftsordnung, also gleichsam in einer direkten Ableitung, zu verwirklichen ist. Schon Aristoteles wußte, daß das, was in der Intention das erste ist, in der Ausführung oft erst an späterer Stelle rangiert. Eine paradiesisch-kommunistische Gütergemeinschaft haben Kirchenväter und andere Theologen (z. B. Gregor v. Nyssa, Basilius, Johannes Chrysostomus, Ambrosius, Thomas v. Aquin) für den Stand ohne den Sündenfall für möglich gehalten, da dort der verneinende Ungeist der Zwietracht und Habsucht gefehlt hätte. Im gegenwärtigen Äon – also nach dem Sündenfall – läßt sich die Gütergemeinschaft ohne verderbliche Folgen nur in den Familien und in den zönobitischen Gemeinschaften der Klöster, die ein „Abbild der heiligen Gemeinde" von Jerusalem sind und deren Besitz ein heiliges „Commune" darstellt (Basilius der Große), verwirklichen. Die Teilung von Hab und Gut mit allen zählt eben zu jenen Radikalforderungen des Evangeliums, welche das Kommen des Reiches Gottes verkündigen, welche dem Menschen auf seiner irdischen Wanderschaft als immer wieder anzuvisierendes hohes Fernziel Orientierung geben sollen, welche aber in dieser sündenverflochtenen Welt bereits in der Bibel begleitet sind von jenen kompromißhaften Annäherungs- bzw. Stufenimperativen, die den hinter dem Ziel immer wieder zurückbleibenden Menschen den Weg zu diesem hohen Ziel erleichtern sollen, anstatt den Menschen nach dem „Friß, Vogel, oder stirb!"-Prinzip der Verzweiflung und der Resignation preiszugeben.

Nun zur Begründung der *Privateigentumsordnung:* Die christliche Sozialethik, die eine hohe Zielethik und eine realitätsgemäße Stufenethik ist, vertritt aus diesem Kontext und Sinnverständnis heraus das zweite für die Eigentumsordnung grundlegende Prinzip, und zwar, wie bereits oben gesagt, die Privateigentumsordnung als den im Normalfall alles in allem gesehen geeigneteren und realitätsgemäßeren Weg zur Verwirklichung des Gemeingebrauchsprinzips. Sie führt dabei näherhin folgende Argumente als Begründung an, wobei Privateigentum als Verfügungsbefugnis über Sachen und diverse Rechte nicht nur als Privateigentum an Konsumgütern, sondern auch an Produktionsmitteln zu verstehen ist.

– Das Privateigentum weckt die *Eigeninitiative* und stärkt die *Eigenverantwortung*. Knüpft man an das wohlverstandene Eigeninteresse als jene treibende Kraft menschlicher Gesellschaft an, welche, soll es nicht zu einem noch größeren Nachteil für alle werden, wegen ihrer ureigenen Dynamik weder verdrängt noch unterdrückt werden darf, sondern mit den wohlverstandenen Interessen aller in Einklang zu bringen ist, dann erweist sich ein breit gestreutes Privateigentum prinzipiell als geeignetes Instrument zur humanen Gestaltung der menschlichen Gesellschaft.

– Das Privateigentum stellt ein geeignetes Mittel zur *Sicherung der Freiheit* und Würde des Menschen dar. Eigentum als Verfügungsbefugnis über Sachen und diverse Rechte macht relativ unabhängig vom Willen und von der Willkür anderer, seien diese anderen einzelne, gesellschaftliche Gruppen oder der Staat, letzterer repräsentiert durch seine angeblich oder tatsächlich demokratisch bestellten und kontrollierten Funktionäre. Bedenkt man dazu noch, daß ein vorzügliches Instrument der Freiheitssicherung die Gewaltenteilung ist, dann erweist sich ein breit gestreutes Privateigentum als Stütze menschlicher Freiheit, weil so nicht nur wirtschaftlicher Machtkonzentration entgegengewirkt werden kann, sondern vor allem auch einer Fusion von politischer und wirtschaftlicher Macht in Händen von mehr oder weniger anonymen Kollektiven.

Johannes XXIII. hat in seiner Enzyklika *Mater et magistra* mit Recht formuliert: „Sowohl die Erfahrung wie die geschichtliche Wirklichkeit bestätigen es: Wo das politische Regime dem einzelnen das Privateigentum auch an Produktionsmitteln nicht gestattet, dort wird auch die Ausübung der menschlichen Freiheit in wesentlichen Dingen eingeschränkt oder ganz aufgehoben (Nr. 109)."

Im Zusammenhang mit der Freiheitssicherung ist dringend eine familiengerechte Spar- und Vermögensbildungsförderung zu postulieren. Familienvermögen dient ja nicht nur der Vorsorgesicherung der einzelnen Familienmitglieder – ein Argument für das Privateigentum, das sich immer wieder in den kirchlichen Sozialdokumenten findet –, es dient auch dazu, die Familie als Ort und Hort kritischer Freiheit gegenüber gewaltkonzentrierenden Kollektivgebilden wirtschaftlicher und politischer Art zu stärken.

– Das Privateigentum dient einer klaren Aufgliederung und Abgrenzung der Zuständigkeiten und Verantwortungsbereiche und damit dem sozialen Frieden, vorausgesetzt, daß eine entsprechende Streuung dieses Eigentums besteht. Im Privateigentum kann der Arbeiter die adäquate Form der Anlegung der Frucht seiner Arbeit finden, was einen wichtigen Beitrag zur Entproletarisierung der Arbeiterschaft darstellt. Erinnert man sich in diesem Zusammenhang an die Aussage des Zweiten Vatikanischen Konzils und anderer Sozialdokumente vom metaphysisch-prinzipiellen Vorrang der Arbeit vor dem Kapital, dann wird klar, daß die Arbeit in noch viel stärkerem Ausmaß als bisher vermögensbildender Faktor werden muß, soll dieses Konzilswort nicht ein unverbindliches Abstraktum bleiben. Nur eine verstärkte breitgestreute Vermögensbildung in Arbeitnehmerhand vermag der hohen Bedeutung der Arbeit als Ausdruck der menschlichen Person gerecht zu werden, um so einen Beitrag zur Überwindung der Entfremdung zu leisten.

Nach christlicher Lehre sind dem Eigentum somit zwei Funktionen wesenseigen: die *Individualfunktion* und die *Sozialfunktion*. Aus dieser Perspektive sind dann für die konkrete Eigentumsordnung folgende Orientierungsimperative zu formulieren.

a) Wie schon wiederholt betont, ist eine breite Streuung des Privateigentums anzustreben.

b) Die Sozialverpflichtung des Eigentums zeigt sich ferner in der gemeinwohlorientierten, arbeitsplatzsichernden und arbeitsplatzfördernden Investition. Erinnnert sei in diesem Zusammenhang an die Aussage der Enzyklika *Laborem exercens* Johannes Pauls II., wonach der einzige Grund, der den Besitz an Produktionsmitteln rechtfertige, dieser sei, „der Arbeit zu dienen und dadurch die Verwirklichung des ersten Prinzips der Eigentumsordnung zu ermöglichen, nämlich die Bestimmung der Güter für alle und das Recht auf ihren gemeinsamen Nutzen" (Nr. 14,3).

c) Aus der Individual- und Sozialfunktion des Eigentums folgt sodann das Postulat zum Ausbau der wirtschaftlichen Mitbeteiligung und Mitbestimmung sowie die Forderung nach Annäherung des Lohnvertrags an den Gesellschaftsvertrag bzw. zur Überwindung des einen durch den anderen, alles natürlich soweit als möglich und sinnvoll.

d) Schließlich ergibt sich aus der Sozialverpflichtung des Eigentums das Recht des Staates zur Sozialisierung bzw. zur entschädigungsgebundenen Enteignung, wenn und soweit es das Gemeinwohl erfordert.

Die so skizzierte christliche Eigentumslehre steht in scharfem Gegensatz zum Kapitalismus, sofern unter Kapitalismus eine Wirtschaftsgesinnung und ein Wirtschaftssystem mit vorrangig egoistischem Macht- und Profitstreben sowie mit der Subjektstellung des Kapitals und der Objektstellung der Arbeit verstanden wird, sodaß die Arbeit dem Kapital zu dienen habe und nicht umgekehrt. Diese christliche Eigentumslehre steht aber auch im starken Gegensatz zu jener Richtung des Sozialismus, welche dem Kollektiv den Vorrang vor der Person einräumt und das Privateigentumsrecht an Produktionsmitteln leugnet.

4. Einige Einzelfragen

a) Zuwachs: Unter Zuwachs ist eine Eigentumsvermehrung dadurch, daß sich mit der eigenen Sache durch natürliche Entwicklung oder durch menschliche Tätigkeit oder durch beides ein neuer Wert verbindet, zu verstehen.

Der durch die Entwicklung der Natur oder durch eigene Tätigkeit bewirkte Zuwachs gehört dem Eigentümer der ursprünglichen Sache. Erfolgt der Zuwachs durch fremde Tätigkeit — und solche Trennung von Kapital und Arbeit in verschiedenen Händen ist in der industriellen und postindustriellen Gesellschaft der weitaus häufigere Fall —, dann ist die Zuteilung des Zuwachses vertraglich oder gesetzlich nach dem Prinzip der Gerechtigkeit zu regeln, wobei nicht in allen Fällen ein für allemal festzustellen ist, was konkret gerecht ist. Die Chance, daß dabei im Sinne der Gerechtigkeit jedem das Seine zukommt, steigt, wenn alle Betroffenen an der Regelung beteiligt werden und wenn zwischen den einzelnen Partnern keine allzu großen Machtunterschiede herrschen. Als Zuwachs besonderer Art kann der Zins angesehen werden, der ein Entgelt für das Zur-Verfügung-Stellen von Geld bzw. Kapital darstellt. In der dynamischen, auf Investitionen und Produktivitätssteigerung angelegten Wirtschaft stellt der Zins den Preis für das Sparen dar und ist somit gerechtfertigt. Im Falle eines reinen Darlehens zur Bewältigung einer Not bzw. zur Tätigung eines notwendigen Konsums ist der Zins auch heute sittlich nicht gerechtfertigt, wobei hier wie auch in allen anderen Fällen immer auch die Tatsache mitzubedenken ist, daß der Zins heutzutage im bestimmten Ausmaß eine Kompensation für die Geldentwertung darstellt.

b) Diebstahl: Diebstahl nennt man die heimliche und widerrechtliche Entwendung fremden Gutes entgegen dem vernünftigen Willen des Eigentümers. Somit stellt die Entwendung fremden Eigentums in äußerster Not keinen Diebstahl dar, weil im Sinne des Gemeingebrauchsprinzips der Güter dieser Erde der Entwendende sein Recht gebraucht, vorausgesetzt natürlich, daß sich der Eigentümer des entwendeten Gutes nicht in der gleichen Notlage befindet.

Der Diebstahl widerspricht einer menschenwürdigen und menschengerechten Eigentumsordnung und ist deshalb nicht nur vom 7. Gebot des Dekalogs verboten, sondern Bestandteil jeder humanen Ethik, weshalb der Diebstahl auch von der christlichen Ethik immer als unerlaubt angesehen wurde. Die Schwere des Vergehens richtet sich nach dem Wert des entwendeten Gutes und nach dem Schaden, der dadurch dem Eigentümer des Gutes zugefügt wird. Das NT hält fest, daß Diebstahl vom Reich Gottes ausschließen kann (1 Kor 6,10; Mt 19,18), und die kirchliche Lehre weist die Auffassung zurück, Diebstahl wäre nie schwere Sünde (DS 1368). In der Komplexität, Anonymität und Undurchsichtigkeit der modernen Massen- und Industriegesellschaft gibt es sehr subtile Formen des Diebstahls, die in ihrer Schwere dem ungeschulten Blick oft verborgen bleiben.

c) Raub: Der Raub stellt eine widerrechtliche Aneignung fremden Gutes unter Anwendung oder Androhung von Gewalt dar. Zu dem beim Diebstahl registrierten Unrecht gegen das Eigentum kommt noch das Unrecht der Gewalt gegen die Person dazu. Aus diesem Grund wiegt die Sünde des Raubes im allgemeinen noch schwerer als die des Diebstahls.

d) Wiedergutmachung: Die Wiedergutmachung besteht in der Behebung eines ungerecht zugefügten Schadens, besonders am Eigentum, was in unserem Zusammenhang speziell betrachtet werden soll. Dabei ist es sittlich von großer Bedeutung, daß die äußere Wiedergutmachung von einer inneren Umkehr zur rechten Gesinnung begleitet ist. Solche Wiedergutmachungspflicht stellt eine Forderung der Gerechtigkeit dar.

Die Wiedergutmachungspflicht beinhaltet einerseits die Verpflichtung zur Zurückstellung eines Gutes, das man unrechtmäßig besitzt, andererseits die Verpflichtung zur Wiedergutmachung aufgrund einer ungerechten Schädigung. Beides ist sobald als möglich und soweit als möglich zu leisten. Die Pflicht beginnt mit dem Erkennen bzw. Bewußtwerden des Unrechts drängend zu werden. Gibt es bei der Vernachlässigung der Gewissensbildung selbst bei klarem Raub oder Diebstahl mangelnde Unrechtseinsicht, so steigert sich diese in den undurchsichtigen Wirtschafts- und Steueraffären der modernen Gesellschaft besonders problematisch. Das Ganze verkompliziert sich noch, wenn an einer Schädigung mehrere beteiligt sind, wobei der Grundsatz der Haftung je nach der Ursachenstärke der Schädigung nicht mehr als eine grobe Orientierung zu geben vermag. Keine noch so ausgefeilte Kasuistik kann hier das wache, informierte und gebildete Gewissen ersetzen. Wichtig bleibt noch zu erwähnen, daß die Wiedergutmachungspflicht im Ausmaß der ungerechtfertigten Schädigung und in erster Linie dem Geschädigten gegenüber besteht, daß verschiedene Formen des Diebstahls oder gar des Raubes nicht durch ein Almosen an die Armen billig abgegolten werden können, daß aber an die Armen von seiten der ungerechtfertigten Besitzer oder Schädiger dann zu restituieren ist, wenn eine Wiedergutmachung an die Geschädigten oder ihre Rechtsnachfolger nicht möglich ist.

D. *Eißel,* Eigentum (1978); F. *Klüber,* Katholische Eigentumslehre (1968); W. *Leisner,* Sozialbindung des Eigentums (1972); J. *Schwartländer/D. Willoweit* (Hrsg.), Das Recht des Menschen auf Eigentum (1983).

VALENTIN ZSIFKOVITS

Empfängnisregelung

→ Ehe → Familie → Gewissen → Lehramt → Medizinische Ethik
→ Sexualität

1. Begriffserklärung

Der Begriff „Empfängnisregelung" wird in Alltagssprache und Literatur, zuweilen auch in kirchlichen Verlautbarungen, relativ undifferenziert mit Begriffen wie Geburtenkontrolle, Geburtenregelung, Familienplanung, verantwortete Elternschaft, Empfängnisverhütung und Empfängnisvermeidung gleichgesetzt. Dadurch werden leicht die sachlichen Unterschiede und die ethischen Implikationen, die mit den verschiedenen Begriffen verbunden sind, verdeckt. Der Begriff „Geburtenkontrolle" wird heute zumeist im Rahmen übergreifender Maßnahmen zur Eindämmung der Bevölkerungsexplosion verwendet. Er schließt alle verfügbaren Wege der Empfängnisregelung und der Geburtenregelung mitsamt der Abtreibung ein. Zum Begriff Geburtenregelung gehört zwar in medizinischer Hinsicht nicht der Schwangerschaftsabbruch, aber er umfaßt über den empfängnisverhütenden und -fördernden auch den geburtenfördernden Aspekt in der Sterilitätstherapie (Insemination, extrakorporale Befruchtung und Embryotransfer). Der Begriff „Familienplanung" schließt Geburtenregelung und Empfängnisregelung ein, erfährt aber in neuerer Zeit mehr und mehr eine

Eingrenzung auf die Empfängnisregelung durch sog. „natürliche Familienplanung". Im Unterschied zu allen diesen Begriffen ist der Begriff der verantworteten Elternschaft ein umfassendes ethisches Prinzip. Es besagt, daß die Entscheidung darüber, ob, wann und unter welchen Umständen menschliches Leben weitergegeben werden soll, prinzipiell von denen zu fällen ist, denen es zukommt, menschliches Leben weiterzugeben. Verantwortete Elternschaft enthält mehrere Aspekte. Erstens besagt verantwortete Elternschaft nach christlichem Verständnis, daß der Raum verantwortlicher Weitergabe des Lebens die Ehe ist. Das Zweite Vatikanische Konzil betont ausdrücklich, daß die Aufgabe, menschliches Leben weiterzugeben und zu erziehen, als eine nur den Eheleuten zukommende Sendung zu betrachten ist (GS 50; HV 7,10). Zweitens besagt verantwortete Elternschaft, daß die Ehegatten verpflichtet sind, in gemeinsamer Überlegung sich ein sachgerechtes Urteil über die zu verantwortende Kinderzahl und über die Abstände zwischen den Geburten zu bilden. Diese Entscheidung darf ihnen weder von der staatlichen Autorität noch von einer anderen Instanz abgenommen werden (vgl. GS 87). Drittens besagt verantwortete Elternschaft, daß die Eheleute bei der Urteilsfindung mehrere Kriterien zu beachten haben. Sie müssen auf ihr eigenes Wohl wie auf das ihrer Kinder – der schon geborenen oder zu erwartenden – achten; sie müssen die materiellen Verhältnisse der Zeit und ihres Lebens zu erkennen suchen und schließlich auch das Wohl der Gesamtfamilie, der weltlichen Gesellschaft und auch der Kirche berücksichtigen (vgl. GS 50). Das Urteil kann das eine Mal dazu führen, daß Ehegatten aus vertretbaren Motiven (gesundheitliche, genetisch bedingte, berufliche) ganz auf ein Kind verzichten; und es kann das andere Mal dazu führen, daß Eheleute sich für ein Kind oder mehrere Kinder entscheiden. Viertens schließlich besagt verantwortete Elternschaft, daß Eheleute, die sich entschlossen haben, zeitweise oder für immer auf weitere Kinder zu verzichten, beim Vollzug ihrer intimen Gemeinschaft nur solche Wege wählen dürfen, „die sowohl den vollen Sinn gegenseitiger Hingabe als auch den einer wirklich humanen Zeugung in wirklicher Liebe wahren" (GS 51). Verantwortete Elternschaft wird somit konkret in einer Empfängnisregelung, deren Wege oder Methoden geeignet und sittlich zu vertreten sind, eine Empfängnis zu verhindern bzw. zu vermeiden.

2. Medizinische Aspekte der Empfängnisregelung

In medizinischer Hinsicht werden die Wege oder Methoden der Empfängnisregelung nach den drei Gesichtspunkten der Wirksamkeit (bzw.

Zuverlässigkeit), der gesundheitlichen Verträglichkeit und der prozentualen Akzeptanz betrachtet.

a) Empfängnisregelung auf hormonalem Wege: Ursprünglich als empfängnisförderndes Mittel gedacht, wird seit 1960 die sog. „Pille" als hormonales Kontrazeptionsmittel angewandt. Die Wirksamkeit ist außerordentlich hoch. Die Versagerquote liegt unter 0,5 Prozent. Die anfangs aufgetretenen Nebenwirkungen bzw. gesundheitlichen Risiken sind heute überwunden. Seit der Herstellung und Anwendung hormonarmer Pillenpräparate (Östrogen-Tagesdosis unter 50 Mikrogramm) sind subjektive wie objektive Schäden kaum zu beobachten. Auch nach langjähriger Einnahme ist bei Absetzen der Pille die Fruchtbarkeit der Frau, der Verlauf von Schwangerschaften und der Zustand der geborenen Kinder nicht beeinträchtigt. In den meisten europäischen Ländern ist die Pille gegenwärtig das am häufigsten verwendete Mittel zur Empfängnisverhütung.

b) Empfängnisregelung auf lokal-mechanischem oder -chemischem Wege: Zu den lokal-mechanischen Methoden zählen: Scheidendiaphragma, Intrauterinpessar (IUD = Spirale) und Kondom. Letzteres besitzt eine relativ hohe Zuverlässigkeit (Versagerquote 3 Prozent), ist gesundheitlich nicht schädlich und kommt gegenwärtig wieder mehr zur Anwendung, weil es am wirksamsten vor einer Ansteckung mit Aids schützt. In skandinavischen Ländern (35 Prozent) und in Japan (70 Prozent) ist es die am meisten bevorzugte Methode der Empfängnisverhütung. Das Scheidendiaphragma besitzt eine relativ hohe Zuverlässigkeit, besonders in Verbindung mit chemischen Mitteln. Das Intrauterinpessar (IUD) ist weniger zuverlässig als die Pille. Die Versagerquote liegt bei 2,5 Prozent. Gegenwärtig hat es, besonders als kupferhaltiges Intrauterinpessar (sog. „Spirale"), eine weite Verbreitung, weil nur alle drei bis fünf Jahre ein Wechsel der Spirale nötig ist. Allerdings kann seine Anwendung nachteilige Nebenwirkungen wie Entzündungen, krampfartige Beschwerden oder septische Aborte zur Folge haben. Nach neuester medizinischer Literatur hat die kupferbezogene Spirale nicht, wie ursprünglich vermutet, eine nidationsverhindernde, sondern mit an Sicherheit grenzender Wahrscheinlichkeit eine befruchtungsverhindernde Wirkung (Beeinträchtigung der Beweglichkeit der Spermien). Lokal-chemische Mittel (Cremes, Zäpfchen, Ovula) haben nur eine mittlere Zuverlässigkeit. Sie werden in letzter Zeit immer weniger akzeptiert.

c) Empfängnisregelung auf sympto-thermalem Wege, auch als natürliche Familienplanung bezeichnet: Hierbei handelt es sich – anders als bei der früher verbreiteten und relativ unzuverlässigen sog. Knaus-Ogino-Methode – um eine Weiterentwicklung der Temperaturmethode. Sofern beide Partner zusammenwirken und die Methode sachgerecht angewandt wird, ist sie sehr zuverlässig und hat eine Versagerquote, die kaum höher ist als die der Pille. Sie ist gesundheitlich absolut unschädlich. Ihre Verbreitung nimmt zur Zeit stark zu. Der Vorwurf, die Methoden der natürlichen Familienplanung seien unnatürlich, weil die Partner gerade zur Zeit der höchsten Libido auf die eheliche Begegnung verzichten müßten, ist nicht zu halten. Nach gesicherten Erkenntnissen liegt die Zeit des höchsten Begehrens eher kurz vor bzw. nach der monatlichen Regel. Auch die Behauptung, die Einhaltung der Methode der natürlichen Familienplanung könne zur Folge haben, daß überaltete Samen- und Eizellen zur Befruchtung kommen, ist medizinisch nicht zu vertreten.

d) *Empfängnisregelung durch coitus interruptus:* Die Methode des unterbrochenen bzw. abgebrochenen Geschlechtsverkehrs hat eine hohe Versagerquote. Sie ist zwar nicht gesundheitlich schädlich, beeinträchtigt aber die volle sexuelle Erfüllung der Frau.

e) *Empfängnisregelung durch operative Sterilisation:* Die Sterilisation erfolgt bei der Frau zumeist durch Elektrokoagulation beider Eileiter, beim Mann durch teilweise Entfernung beider Samenleiter. Medizinisch hat sie den Vorteil, daß eine Empfängnis nach Sterilisation ausgeschlossen ist. Allerdings kann der Eingriff nicht rückgängig gemacht werden. Ihre Verbreitung ist bisher gering. Medizinisch ist sie nur aus therapeutischen Gründen zu rechtfertigen.

3. Die kirchliche Lehre über die Empfängnisregelung

Die medizinischen Aspekte der empfängnisregelnden Methoden sind zwar von großer Bedeutung für die praktische Realisierung der Empfängnisregelung, bieten aber allein und aus sich heraus noch keine ethische Rechtfertigung irgendeiner Methode. Aber auch keine noch so gute Absicht und keine noch so ehrenwerte Motivation können allein eine Methode ethisch rechtfertigen. Die sittliche Qualität der Handlungsweise hängt vielmehr, wie das Zweite Vatikanische Konzil betont, „auch von objektiven Kriterien ab, die sich aus dem Wesen der menschlichen Person und ihrer Akte ergeben und die sowohl den vollen Sinn gegenseitiger Hingabe als auch den einer wirklich humanen Zeugung in wirklicher Liebe wahren" (GS 51). In der Diskussion um diese Frage hatte das Konzil zwar erklärt, es sei von den genannten Prinzipien her „den Kindern der Kirche nicht erlaubt, in der Geburtenregelung Wege zu beschreiten, die das Lehramt in Auslegung des göttlichen Gesetzes verwirft" (ebd.), es hatte sich aber zur Methodenfrage selbst nicht geäußert. Diese hatte Papst Johannes XXIII. 1963 einer eigenen Kommission zum Studium übergeben. Nach deren Anhören sollte später eine päpstliche Stellungnahme erfolgen. Das geschah durch Papst Paul VI. am 25. Juli 1968 in der Enzyklika *Humanae vitae*. Hier wird, wie bereits in der Enzyklika *Casti connubii* von Pius XI. aus dem Jahre 1930, auf die natürlichen Gesetze und Gesetzmäßigkeiten der Fruchtbarkeit verwiesen, die es sittlich erlaubt erscheinen lassen, daß Eheleute sich bei der Empfängnisregelung auf den ehelichen Verkehr in den unfruchtbaren Tagen der Frau beschränken, weil dabei die natürlichen Gesetzmäßigkeiten gewahrt bleiben. Von entscheidender Bedeutung für die ethische Bewertung empfängnisverhütender Methoden ist die Aussage der Enzyklika *Humanae vitae,* daß jeder eheliche Akt *(quilibet matrimonii usus)* offenbleiben muß für die Weitergabe des Lebens (HV 11). Diese Lehre wird begründet mit dem Hinweis auf die „untrennbare Verbindung" der zweifachen Bedeutung des ehelichen Aktes, die von Gott gewollt ist und die der Mensch nicht eigenmächtig aufheben kann, nämlich die liebende Vereinigung und die Fortpflanzung (HV 12). Ein Akt gegenseitiger Liebe, der sich über die Bereitschaft zur Weitergabe des Lebens hinwegsetzt, die der Schöpfergott gemäß besonderer Gesetze in ihn hineingelegt hat, steht im Widerspruch zur inneren Wesensstruktur der Ehe und zum Willen des Urhebers des Lebens. Hieraus wird in der Enzyklika die sittliche Unerlaubtheit jeder Handlung abgeleitet, „die sich entweder in Voraussicht oder während des Vollzuges des ehelichen Aktes oder darauf folgend beim Ablauf seiner natürlichen Auswirkungen die Verhinderung der Fortpflanzung zum Ziel oder Mittel zum Ziel setzt" (HV 14). Damit ist jeder eheliche Akt, der willentlich unfruchtbar gemacht wird, „von seinem Wesen her sittlich unerlaubt" (ebd.). De facto ist, sofern eine dauernde Enthaltung nicht in Frage kommt, allein die Methode der Zeitwahl (natürliche Familienplanung) sittlich erlaubt. Auf die Frage, wieweit im Einzelfall bei der Anwendung anderer empfängnisverhütender Methoden schwere Schuld vorliegt, geht *Humanae vitae* im Unterschied zu *Casti connubii* nicht ausdrücklich ein, stellt aber heraus, daß es sich immer um eine sittliche Unordnung *(intrinsece malum)* handelt. Das in der moraltheologischen Diskussion erwogene Argument, die absichtliche Unfruchtbarmachung des ehelichen Aktes sei sittlich vertretbar, wenn entsprechende schwerwiegende Gründe vorlägen, wird in der Enzyklika entschieden zurückgewiesen. Die Anwendung empfängnisverhütender Mittel ist immer unerlaubt (HV 16). Deshalb scheidet auch die von manchen

Moraltheologen diskutierte Möglichkeit, das sog. Totalitätsprinzip anzuwenden, aus (HV 14).

In seinem Apostolischen Schreiben *Familiaris consortio* aus dem Jahre 1981 bestätigt Johannes Paul II. die Lehre von *Humanae vitae* und gibt ihr eine Begründung, in welcher er den anthropologischen und moralischen Unterschied zwischen Empfängnisverhütung und Rückgriff auf die Zeitwahl deutlich zu machen versucht (FC 32). Die Argumentation geht davon aus, daß Gott dem Wesen von Mann und Frau und der Dynamik ihrer sexuellen Vereinigung die beiden Sinngehalte der liebenden Vereinigung und der Fortpflanzung eingeschrieben hat. Wer diese Sinngehalte durch empfängnisverhütende Mittel auseinanderreißt, liefert den Plan Gottes seiner eigenen Willkür aus; er manipuliert und erniedrigt die menschliche Sexualität, denn er nimmt ihr den Charakter der Ganzhingabe. „Während die geschlechtliche Vereinigung ihrer ganzen Natur nach ein vorbehaltloses gegenseitiges Sich-Schenken der Gatten zum Ausdruck bringt, wird sie durch Empfängnisverhütung zu einer objektiv widersprüchlichen Gebärde, zu einem Sich-nicht-ganz-Schenken. So kommt zur aktiven Zurückweisung der Offenheit für das Leben auch eine Verfälschung der inneren Wahrheit ehelicher Liebe, die ja zur Hingabe in personaler Ganzheit berufen ist" (FC 32). Der Papst sieht in der Empfängnisverhütung somit einen zweifachen Vorbehalt: gegen die Offenheit für das Leben und gegen die Ganzhingabe. Beide Vorbehalte bestehen bei der Zeitwahl nicht. Hier unterstellen sich die Eheleute ganz dem Plan Gottes und den Forderungen der Ganzhingabe, d. h. einer Hingabe ohne Eingriffe in die leibliche Integrität. Mit dieser Sicht will der Papst ein personal begründetes ganzheitliches Verständnis der Sexualität aufzeigen. Für die Sexualmoral zieht er daraus die Folgerung, daß jede einzelne leibliche Hingabe Zeichen und Frucht personaler Ganzhingabe sein muß.

In einer Ansprache an die Teilnehmer des Internationalen Kongresses für Moraltheologie (12. November 1988) anläßlich des zwanzigsten Jahrestages der Veröffentlichung von *Humanae vitae* konkretisiert Johannes Paul II. seine Auffassung und erklärt: „Wenn Paul VI. den empfängnisverhütenden Akt als von seinem Wesen her unerlaubt bezeichnet hat, wollte er lehren, daß die sittliche Norm hier keine Ausnahmen kennt; kein persönlicher oder sozialer Umstand hat je vermocht und wird auch nie vermögen, einen solchen Akt zu einem in sich selbst geordneten zu machen" (Nr. 5). Diese Lehre darf nach Johannes Paul II. nicht von einem katholischen Theologen in Zweifel gezogen werden, denn „was hier in Frage gestellt wird, wenn man diese Lehre ablehnt, ist der Gedanke der Heiligkeit Gottes selbst" (ebd.). In der

Lehre über die Empfängnisverhütung geht es „nicht um eine von Menschen erfundene Lehre; sie ist vielmehr von der Schöpferhand Gottes in die Natur der menschlichen Person eingeschrieben und von ihm in der Offenbarung bekräftigt worden. Sie zur Diskussion stellen bedeutet daher Gott selbst den Gehorsam unseres Verstandes verweigern. Es bedeutet, daß wir das Licht unserer Vernunft dem Licht der göttlichen Weisheit vorziehen und damit in die Finsternis des Irrtums fallen" (Nr. 3).

Mit diesen Aussagen scheint der Papst der Lehre über das Verbot der Anwendung empfängnisverhütender Mittel den Rang einer unfehlbaren Lehre zusprechen zu wollen, ohne sie ausdrücklich als unfehlbar zu deklarieren. Die deutschen Bischöfe hatten in der sog. *Königsteiner Erklärung* die Lehre einer Enzyklika als nicht-unfehlbare Lehre bezeichnet und eine abweichende Auffassung grundsätzlich für denkbar gehalten. In ähnlicher Weise hatten sich auch andere Bischofskonferenzen (z. B. die österreichische) geäußert. In der moraltheologischen Diskussion war immer auch auf die Berechtigung einer abweichenden Gewissensentscheidung hingewiesen worden. Dazu nimmt der Papst in seiner Ansprache von 1988 folgendermaßen Stellung: „Da das Lehramt der Kirche von Christus, dem Herrn, eingesetzt worden ist, um das Gewissen zu erleuchten, bedeutet die Berufung auf dieses Gewissen, gerade um die vom Lehramt verkündete Lehre zu bestreiten, eine Ablehnung der katholischen Auffassung sowohl vom Lehramt als auch vom sittlichen Gewissen" (Nr. 4). Diese Aussagen des Papstes sind im Lichte der Lehre des Zweiten Vatikanischen Konzils über die Kirche (LG 25) und über die Kirche in der Welt von heute (GS 16) zu interpretieren, in der die Frage nach unterschiedlichen Lehräußerungen, nach unterschiedlichen Formen der Zustimmung und nach der Würde des Gewissens behandelt wird. Aus ihr ergibt sich, daß katholische Christen an der verbindlichen kirchlichen Lehre nicht vorübergehen können; sie müssen sie respektieren. Es kann jedoch der Fall eintreten, daß jemand in einer konkreten Situation in einen so schweren Gewissenskonflikt gerät, daß er nicht umhin kann, dem verpflichtenden Gewissensspruch Folge zu leisten. In der Befolgung eines solchen Gewissensspruchs bestreitet er nicht die katholische Auffassung vom Lehramt, stellt sich nicht außerhalb der Kirche und verletzt auch nicht die Würde des Gewissens, denn diese Würde behält das Gewissen selbst dort, wo es unüberwindlich irrt.

Kein katholischer Christ, der um die Verpflichtung der verantwortlichen Weitergabe des Lebens weiß, wird bei der Empfängnisregelung leichtfertig zu künstlichen Methoden greifen, wenn es ihm möglich ist, durch die Methode der natürlichen Familienplanung das Ziel der verantworteten Elternschaft und der vorbehaltlosen ehelichen Hingabe zu erreichen. Gegenwärtig bemühen sich weltweit viele Organisationen um sachgemäße und vertiefte Information über die Methode der natürlichen Familienplanung. Diese hat den Vorteil, daß sie von vielen als partnerschaftliche Methode erlebt wird und Eingriffe in die Integrität des ehelichen Aktes überflüssig macht. In vielen Ländern wird die Verbreitung der natürlichen Familienplanung von der Weltgesundheitsorganisation unterstützt und führt dort auch zu guten Erfolgen.

Im Unterschied zur katholischen und zur orthodoxen Kirche mißt die evangelische Kirche der Frage nach der Erlaubtheit empfängnisverhütender Methoden keine entscheidende Bedeutung bei. Verantwortete Elternschaft bezieht sich nach Auffassung der meisten evangelischen Theologen nicht nur auf die vor Gott zu verantwortende Bestimmung der Kinderzahl, sondern auch auf die Wahl der empfängnisverhütenden Methoden, die jedes Ehepaar so vornehmen muß, wie sie der persönlichen Situation der Ehepartner am besten entspricht. Dabei ist es – wie in der katholischen Kirche – selbstverständlich, daß Schwangerschaftsabbruch als Methode der Geburtenregelung auszuschließen ist.

J. J. Billings, The ovulation method (1964); *F. Böckle/C. Holenstein* (Hrsg.), Die Enzyklika in der Diskussion. Eine orientierende Dokumentation zu „Humanae vitae" (1968); *W. Cyran*, Verantwortete Elternschaft (1981); *C. K. Döring*, Empfängnisverhütung ([11]1989); *ders./J. Gründel*, Art. „Empfängnisregelung", in: Lexikon Medizin, Ethik, Recht (Hrsg. *A. Eser* u. a.) (1989) 279–297 (Lit.); *A. Günthör*, Die Bischöfe für oder gegen „Humanae vitae". Die Erklärungen der Bischofskonferenzen zur Enzyklika (Wort und Weisung 3) (1970); *J. T. Noonan*, Empfängnisverhütung. Geschichte ihrer Beurteilung in der katholischen Theologie und im kanonischen Recht (1969); *J. Roetzer*, Natürliche Geburtenregelung, der partnerschaftliche Weg ([13]1985).

WILHELM ERNST

Entfremdung

→ Arbeit → Ideologie → Krankheit → Kritik → Menschenwürde
→ Revolution → Selbstverwirklichung → Schuld → Sünde → Therapie

Entfremdung meint die Nichtübereinstimmung einer Person mit sich selbst aufgrund eigenen Verschuldens und/oder aufgrund von äußeren Strukturen, die die Integration stören oder verhindern.

Entscheidung

→ Alttestamentliche Ethik → Epikie → Freiheit → Klugheit
→ Neutestamentliche Ethik → Person → Pneumatologie
→ Quellen der Moralität → Utilitarismus

Entscheidung (griechisch κρίσις; lateinisch *decisio*) bezeichnet jenen freien Willensakt, mit dem man als Antwort auf eine Herausforderung aus verschiedenen Handlungsmöglichkeiten eine als die eigene ergreift und sich dadurch auf ein bestimmtes Tun oder Lassen festlegt. Damit ist zugleich ein allgemein-menschliches wie speziell jüdisch-christliches Grundwissen vom Menschen angesprochen. Außerhalb des religiösen Bereiches wird Entscheidung am häufigsten im Zusammenhang mit rechtlichen und ethischen Fragen gebraucht und meint, daß etwas Ungewisses, Zweifelhaftes zur Klärung kommt (vgl. lateinisch *decisio* = Urteil, Gerichtsurteil). So bezeichnet Aristoteles den Vollzug der grundlegenden Wahl zwischen Recht und Unrecht als κρίσις (z. B.: Eth. Nik. 1134 a 31).

Das jüdisch-christliche Denken geht davon aus, daß im Gericht Gottes über das Leben des Menschen eine endgültige Entscheidung gefällt wird; der Mensch muß wählen und sich festlegen; mit seinen irdischen Stellungnahmen entscheidet er über das endgültig-jenseitige Glück (vgl. Dtn 30,15f.). Die grundsätzliche Stellungnahme für oder gegen Gott konkretisiert sich im Tun dessen, was der Herr gesagt hat (Ex 19,8; 24,3; vgl. Ex 20–31; Dtn 5–28). Wer aus dem Geist der Bergpredigt in der Nachfolge Jesu lebt, hat sich für die wahre Gerechtigkeit und damit für den richtigen Weg entschieden (Mt 5–7). Die zeitliche Nötigung zur Entscheidung entspringt dem unwiederholbaren, versäumbaren Gnadenanruf Gottes (Eph 5,16; Kol 4,5; Hebr 3,7f.,15ff.; vgl. Ps 95,7f.).

Thomas v. Aquin handelt einschlußweise darüber in seiner Tugendlehre: Die Klugheit als *recta ratio agibilium* (= das Unterscheidungs- und Urteilsvermögen hinsichtlich des sittlich richtigen Tuns) zeigt sich in der Wahl der guten, zielentsprechenden Mittel und Wege unter Berücksichtigung der jeweiligen handlungsrelevanten Umstände und Möglichkeiten, verbunden mit Weitblick, Umsicht, Vorsicht und Einsicht in die Sache (S. Th., II/II, q 47–51). Spätestens seit Ignatius v. Loyola begegnet das für die Neuzeit so kennzeichnende Streben, den Willen Gottes nicht nur in allgemeinen Prinzipien zu finden, sondern den „Individualwillen Gottes" (was Gott jeweils vom einzelnen will) zu begreifen. Als Instrument für die Lebensausrichtung dienen die *Exer-*

citia spiritualia („Geistliche Übungen"): Hierin verbindet Ignatius die „Unterscheidung der Geister" mit Hinweisen zum Vollzug einer guten Wahl (Nr. 169–188). Verfügt man nicht über eine unmittelbare Einsicht, wie zu entscheiden ist, stellen sich nicht in einer weiteren Prüfung „Trost" oder „Trostlosigkeit" ein (man könnte von einem Gefühl der Stimmigkeit oder umgekehrt der Frustration sprechen), so versucht man, Abstand von den persönlichen Vorlieben und Abneigungen *(indifferentia)* zu gewinnen und bei innerer Ruhe mit Hilfe verschiedener Regeln die Wahl zu treffen. Gegen Ende des Exerzitienbüchleins finden sich noch zwei Regelreihen zur „Unterscheidung der Geister", die der unerläßlichen Klärung der Motivation dienen (Nr. 313–336).

In der philosophischen Diskussion des 19. Jh.s erhält Entscheidung seine heute noch gültige emphatische Bedeutung als „das Wesentliche im Verhältnis zum Dasein" durch S. Kierkegaard, der G. F. W. Hegel gegenüber die durch die persönliche Entscheidung bestimmte existentielle Subjektivität des Menschen betont *(Entweder/Oder; Abschließende unwissenschaftliche Nachschrift)*. In der Gefolgschaft Kierkegaards hat der Existentialismus den Entscheidungscharakter der menschlichen Existenz begrifflich weiter ausgebildet (K. Jaspers; M. Heidegger; J.-P. Sartre): Der Mensch stehe infolge seiner Freiheit ebenso vor dem Wagnis wie der Notwendigkeit, in den konkreten Entscheidungen zugleich über den umfassenden Sinnhorizont seiner Existenz zu befinden.

Die Dialektische Theologie auf evangelischer Seite (K. Barth, F. Gogarten) und die Existentialethik im katholischen Bereich (entscheidend inspiriert durch: K. Rahner, *Das Dynamische in der Kirche*) sind davon befruchtet worden und betonen – wenn auch mit je unterschiedlichen Akzentsetzungen – den Entscheidungscharakter des christlichen Glaubens. Speziell die Existentialethik stellt in der neueren katholischen Moraltheologie den Versuch dar, das existentielle Moment der sittlichen Verpflichtung ausdrücklicher methodisch zu erfassen: Der einzelne hat in der Entscheidung seine Befindlichkeit, wie sie durch die jeweilige Situation, die persönlichen Beziehungen und Verpflichtungen, die bisherige Lebensgeschichte und die zu erwartende weitere Entwicklung bedingt ist, ins Spiel zu bringen.

Dem zwischen den beiden Weltkriegen entstandenen Dezisionismus („Entscheidungsdenken") zufolge bestimmt sich der Handelnde zur Entscheidung, obwohl ausreichende Gründe fehlen (H. Lübbe); die Einzelentscheidungen beruhen auf rational nicht weiter begründbaren Grundsatzentscheidungen. In Parallele dazu wurde eingehender nach dem Zweiten Weltkrieg neben der deskriptiven die normative Entscheidungstheorie entwickelt. Als interdisziplinäre Forschungsrichtung aus mathematischer Statistik, klassischer Nationalökonomie und philosophischem Utilitarismus entstanden, ist es ihr zentrales Anliegen, im Sinne eines aufgeklärten Selbstinteresses objektive Kriterien anzugeben, mit deren Hilfe sich besonders in Konfliktfällen eine optimale Lösung finden läßt, die rational begründet werden kann. Hauptgesichtspunkt der Beurteilung ist die Nützlichkeit oder Wünschbarkeit *(utility)* der Konsequenzen einer Entscheidung, und zwar in Abhängigkeit von der Wahrscheinlichkeit *(probability)* des Eintretens bestimmter Handlungsfolgen.

Aufgrund der gegenwärtigen Problemlage ergeben sich unterschiedliche Schwierigkeiten: a) Das Entscheidungsphänomen wird in seiner Eigenständigkeit kaum erkannt, wenn echte Wahlmöglichkeiten entweder aufgrund esoterischer Spekulationen als Illusion des Alltagsbewußtseins abgetan werden; oder durch psychologische und soziologische Theorien, die den Menschen völlig abhängig von unbewußten Trieben bzw. sozialen Einflüssen sehen, bestritten werden. – b) Vom christlichen Standpunkt aus wird das Entscheidungsphänomen nur unzureichend gesehen, wenn der Gnaden- und Entscheidungscharakter des Glaubens zuwenig ernstgenommen wird bzw. diese beiden Charakteristika ungleich gewichtet werden und entweder ein weltloser Mystizismus mit pragmatischem Defizit (zuungunsten des Entscheidungscharakters) oder ein die menschliche Tüchtigkeit überbetonender Pragmatismus (zuungunsten des Gnadencharakters menschlichen Handelns) vertreten wird. – c) Erschwert wird die Bereitschaft, sich festzulegen und zu binden, durch die Tatsache, daß in den letzten Jahrzehnten stabilisierende Sozialbindungen schwächer geworden, die Langzeitfolgen des Handelns aber schwerer abzuschätzen sind; mit einem Weniger an religiös-weltanschaulicher Orientierung steht der durchschnittliche Mensch einer zunehmenden Vielfalt an Wertvorstellungen und Handlungsmöglichkeiten gegenüber.

Doch sieht sich der Mensch stets von neuem vor die Notwendigkeit gestellt, zu wählen und sich zu beschränken, weil er nicht alles haben kann, was er möchte, weder gleichzeitig noch nacheinander. Wohl ist nach christlichem Verständnis die menschliche Entscheidungsfähigkeit aufgrund der Folgen der Erbsünde eingeschränkt; indem jedoch eine Handlung auf eine Entscheidung zurückgeführt und damit einem handelnden Subjekt als Ursprung des Tuns zugeschrieben wird, wird einschlußweise postuliert, daß die handelnde Person fähig ist, Verantwortung zu übernehmen. Denn aufgrund seiner Freiheit kann sich der Mensch sowohl dem Kontext seiner Entscheidungen (den „Umständen") als auch seinen Motiven gegenüber distanzieren und wertend Stellung beziehen.

Weil der Glaube mehr als ein *rationabile obsequium* (eine vernünftige Gefolgschaft), nämlich *simul actus voluntatis* (zugleich ein Willensakt: DS 792, 3008) ist, darf die Glaubensentscheidung als die „Grundentscheidung" schlechthin verstanden werden, mag sie auch nicht immer in gedanklicher Helle gefällt worden und durch die Lebensführung des Christen voll gedeckt sein. Mit dieser Grundentscheidung *(optio fundamentalis)* ist sowohl der umfassende Horizont für weitere Enscheidungen als auch ein Maßstab für deren Richtigkeit gewählt. Darauf aufbauend nimmt man mit der „Lebensentscheidung" zum erkannten Daseinssinn und den damit verknüpften Aufgaben (vielfach in Form einer konkreten Existenzweise: als Verheirateter oder Unverheirateter; in einem bestimmten Beruf) verbindlich und bleibend Stellung: Die persönliche Einmaligkeit wird als moralische Aufgabe anerkannt. Als deren Entfaltung und Konkretisierung werden Einzelentscheidungen gefällt, die ihrerseits zugleich „Vorentscheidungen" für künftige Entscheidungen sind und ein bestimmtes Verhalten vorbereiten bzw. dazu disponieren, ohne zu zwingen.

Eine typische Entscheidungssituation läßt sich durch drei zentrale Variable charakterisieren: a) Im Mittelpunkt steht die Person (das Subjekt), die mit einer Herausforderung konfrontiert ist und sich diesem Anspruch nicht entziehen kann. Indem man „etwas" entscheidet, legt man zugleich „sich selbst" fest. – b) Die handlungsrelevanten Umweltfaktoren (die Umstände; darauf bezieht sich das Tatsachenurteil), auch „faktische/objektive Prämissen" genannt, sind jeweils vorgegeben und charakterisieren die Ausgangssituation, die im Hinblick auf eine künftige, positiv(er) gesehene Situation verändert werden soll. – c) Die dritte Variable umfaßt die „wertenden/subjektiven Prämissen" (die Werturteile), die das handelnde Subjekt mit den faktischen Prämissen in Verbindung bringt. Der weltanschauliche Horizont verhilft zur Orientierung in der Problemsituation, die ja in sich mehrdeutig ist.

Unter Voraussetzung der prinzipiellen Entscheidung für das Gute erweist sich die Richtigkeit einer Wahl vielfach nicht sofort; sie ist nicht nur an objektiven Kriterien zu bemessen. Daher achtet der Christ darüber hinaus auf den nicht mehr durch die menschliche Klugheit (vgl. 1 Kor 13,9) aufzuhellenden „Ruf der Stunde"; die darauf bezogene Lehre von der „Gabe, die Geister zu unterscheiden" (1 Kor 12,10), soll erspüren helfen, welchen tieferen Antrieben man vertrauen und daher folgen kann. Aus der Sicht benediktinischer Spiritualität wäre vor wichtigen Entscheidungen (nicht nur vom Abt!) der Rat kompetenter

Mitmenschen einzuholen (vgl. *Benediktusregel,* Kap. 3), um die nötige Sicherheit zu gewinnen. Dazu disponiert besonders die „Gabe des Rates" (vgl. Jes 11,2; S. Th., I/II, q 68 a 4; II/II, q 52). Ob eine existentielle Entscheidung richtig war, zeigt sich darin, daß solch ein Akt personaler Selbstverfügung allem Wandel zum Trotz durchgehalten wird und ein tiefes Gefühl der Übereinstimmung mit sich und seinen eigentlichen Absichten besteht (vgl. Gal 5,22f.; 2. Wahlzeit des Ignatius).

K. Demmer, Die Lebensentscheidung (1974); *K. Frielingsdorf/G. Switek* (Hrsg.), Entscheidung aus dem Glauben (1978); *H. Kramer,* Unwiderrufliche Entscheidungen im Leben des Christen (1974).

GERHARD HOLOTIK

Entwicklungszusammenarbeit

→ Gemeinwohl → Gerechtigkeit → Menschenwürde → Soziallehre, katholische → Sünde → Wirtschaftsethik

Eine überwiegende Mehrheit der Sozialwissenschaftler ist sich heute weltweit einig, daß in den vergangenen drei Jahrzehnten der Graben zwischen dem „entwickelten" Norden – den Industrieländern – und dem „unterentwickelten" Süden – den „Entwicklungsländern" bzw. der „Dritten Welt" – größer geworden ist: Während die überwiegende Mehrheit der Bevölkerung der reichen Industrieländer Europas und Nordamerikas (materiell) wohlhabender geworden ist, hat sich der Lebensstandard der überwiegenden Mehrheit der Bewohner der „Entwicklungsländer" nicht wesentlich verbessert, ja er ist sogar in manchen Ländern niedriger als vor 10 oder 20 Jahren. Der Wohlstand der Reichen sowohl in den „Entwicklungsländern" als auch in den Industrieländern vermehrt sich auch auf Kosten der Armen in der „Dritten Welt", die unter Ausbeutung und Unterdrückung leiden.

Diese Tatsachenfeststellungen weisen darauf hin, daß die soziale Frage eine weltweite Dimension erlangt hat (vgl. PP 3). Die wachsende Erkenntnis der Interdependenz (wechselseitige Abhängigkeit) zwischen West und Ost, Nord und Süd führt heute dazu, daß die Einteilung der Welt in eine Erste, Zweite, Dritte oder sogar Vierte Welt an Bedeutung verliert. Der Begriff der *einen Welt* tritt in den Vordergrund: Die Handlungen und Unterlassungen von Menschen in einem Teil unserer Erde haben sicht- und spürbare Auswirkungen in anderen

Teilen, Entwicklungen können nicht mehr isoliert gesehen werden, wir sind auf Gedeih oder Verderb im globalen System voneinander abhängig. Trotzdem gibt es keine Zweifel, daß diese Einheit des Menschengeschlechts ernstlich bedroht ist.

Aus der geschilderten Situation und der Erkenntnis der wesentlichen Ursachen folgt die Notwendigkeit und Verpflichtung für alle Menschen, sich aus ganzer Kraft für eine Veränderung einzusetzen. Diese Veränderung muß tiefgreifend sein, „sie muß den ganzen Menschen im Auge haben und die gesamte Menschheit" (PP 14). Eine solche Veränderung wird heute als *Entwicklung* verstanden.

Entwicklung in diesem Sinn ist kein geradliniger, automatischer und von sich aus grenzenloser Prozeß, der abläuft, wenn genug finanzielle Mittel und technologisches Know-how zur Verfügung stehen. Diese vom Fortschrittsoptimismus und der Entwicklungseuphorie der fünfziger und sechziger Jahre dieses Jahrhunderts gekennzeichnete Sicht der Entwicklung klang auch noch in der Enzyklika *Populorum Progressio* Papst Pauls VI. aus 1967 an. Papst Johannes Paul II. hat sich in seiner Enzyklika *Sollicitudo Rei Socialis* 1988 mit der „wahren menschlichen Entwicklung" auseinandergesetzt und eine theologische Analyse der Entwicklungsproblematik eingeführt, die eine interessante Weiterentwicklung der kirchlichen Soziallehre darstellt. Beide Enzykliken stellen Anwendungen der Lehren des Zweiten Vatikanischen Konzils dar, das in seiner Konstitution *Gaudium et Spes* unter Hinweis auf die Situation des Elends und der Unterdrückung von Hunderten Millionen Menschen Horizonte der „Freude und Hoffnung" eröffnen wollte.

Papst Johannes Paul II. weist in *Sollicitudo Rei Socialis* (28–30) darauf hin, daß Entwicklung zwar notwendigerweise eine wirtschaftliche Dimension hat, weil sie der größtmöglichen Zahl der Erdenbewohner die zum „Sein" unerläßlichen Güter zur Verfügung stellen muß, daß sie sich aber nicht darin erschöpft. Wahre Entwicklung orientiert sich an der Berufung des Menschen in seiner gesamten Existenz, d. h. an einem Maßstab, der ihm selbst innewohnt. Er ist enthalten in der besonderen Natur des Menschen, der von Gott nach seinem Bild und Gleichnis geschaffen worden ist (vgl. Gen 1,26) in seiner körperlichen wie geistigen Natur (vgl. Gen 2,7). Der Begriff der Entwicklung ist also nach der Hl. Schrift nicht rein „weltlich" oder „profan", sondern erweist sich, obgleich mit einem sozio-ökonomischen Schwerpunkt, als der moderne Ausdruck einer wesentlichen Dimension der Berufung des Menschen.

Das Ziel der Entwicklung ist für Christen die Verwirklichung und Entfaltung des Menschen, wie er als Ebenbild Gottes geschaffen wurde. Dazu gehört die Verfügung über das Lebensnotwendige, das Freisein von jeglicher Unterdrückung, die Erkenntnis und das Wissen um die Würde und die Ziele seines Lebens, die Fähigkeit und Möglichkeit, sein Leben selbst zu bestimmen und das Leben in der Gemeinschaft mitzubestimmen und die Freiheit und Öffnung zum Absoluten, auf Gott hin (vgl. PP 21). Menschen können nicht entwickelt *werden*. Sie können sich nur *selber* entwickeln. Aufgabe der nationalen Gesellschaft und der internationalen Staatengemeinschaft ist es jedoch, Rahmenbedingungen zu schaffen, innerhalb derer Entwicklung für alle möglich wird. Die Gesamtheit aller Grundsätze zur Schaffung solcher Rahmenbedingungen bezeichnen wir als *Entwicklungspolitik*.

Der direkte und unmittelbare Beitrag zur Verbesserung der Lebensbedingungen der Menschen in der „Dritten Welt" ist die *Entwicklungshilfe*. Da dieser Ausdruck einen negativen Beigeschmack für die Empfänger besitzt, wird er zunehmend durch das Wort *Entwicklungsförderung* ersetzt. Wenn sowohl die direkten als auch die indirekten Beiträge zugunsten der Entwicklungsländer angesprochen werden sollen (z. B. direkte Entwicklungshilfe *und* Maßnahmen zugunsten einer gerechteren Weltwirtschaftsordnung), wird häufig der umfassendere Begriff *Entwicklungszusammenarbeit* verwendet.

Vor allem im kirchlichen Bereich wird häufig zwischen Patenschaft und Partnerschaft in der Nord-Süd-Zusammenarbeit unterschieden. *Entwicklungspatenschaft* geht von einem eher karitativen und paternalistischen Ansatz aus, durch den *für* die von Armut und Leid Betroffenen eine Verbesserung ihrer Lage bewirkt werden soll. Bei der *Entwicklungspartnerschaft* geht es um einen Austausch zwischen zwei Gruppen (Pfarren, Diözesen), die sich als gleichwertige Subjekte ihrer jeweiligen Entwicklung gegenüberstehen, die beide Gebende *und* Nehmende sind (z. B. finanzielle Unterstützung für selbstbestimmte Entwicklungsschritte in der Landwirtschaft gegen authentische Informationen über Hindernisse für die Entwicklung auf dem Land oder über neue Modelle der Landpastoral).

Für die Kirche ist entwicklungspolitisches Handeln ein Beitrag zur Gestaltung der Welt nach dem Geist des Evangeliums. Einerseits ist ein solches Handeln, insbesondere die Entwicklungsförderung, für die Kirche ein Ausdruck ihres Dienstes am Menschen (ihrer Diakonie). Andererseits ist es eine Form der Verkündigung durch das gelebte Zeugnis und somit ein unabdingbarer Teil ihres Sendungsauftrages, der Evangelisierung: Die Kirche will „erreichen, daß durch die Kraft des Evangeliums die Urteilskriterien, die bestimmenden Werte, die Interessenspunkte, die Denkgewohnheiten, die Quellen der Inspiration und die Lebensmodelle der Menschheit, die zum Wort Gottes und zum Heilsplan im Gegensatz stehen, umgewandelt werden" (*Evangelii Nuntiandi*, 19).

Die Verpflichtung, sich für die Entwicklung der Völker einzusetzen, gilt nicht nur für jene Einzelpersonen, die dazu eine besondere Berufung verspüren. Es ist eine Pflicht für alle und jeden, für Frau und Mann, für Gesellschaften und Nationen, im besonderen aber für die katholische Kirche. Die Zusammenarbeit für die Entwicklung des ganzen Menschen und jedes Menschen ist eine Pflicht aller gegenüber allen (SRS 32). Der Christ soll den Einsatz für die Entwicklung nicht unabhängig von der Achtung und Ehrfurcht vor der einzigartigen Würde des Menschen als Abbild Gottes verstehen. Dieses Engagement ist ein Beitrag zur „Zivilisation der Liebe", wie sie die Päpste Paul VI. und Johannes Paul II. beschworen haben (SRS 33).

Nach fast drei Jahrzehnten „Entwicklungshilfe" ist ihr nur beschränkter Erfolg offensichtlich. Inzwischen ist bei vielen an Entwicklungsfragen Interessierten das Bewußtsein gewachsen, daß der Transfer von Geld und Waren zwar kurzfristig die Linderung der Not, sogar eine lokale Veränderung der Einstellung und Aktionsweisen der Beteiligten, nicht aber eine grundsätzliche Umkehr zu einer Praxis der weltweiten Gerechtigkeit bewirken. Hier setzt Johannes Paul II. mit seiner theologischen Analyse der Entwicklungsproblematik ein (SRS Tl. V).

In dieser Analyse stellt der Papst den mangelnden politischen Willen fest, die Entwicklungshemmnisse durch gerechtere Mechanismen zu ersetzen. Damit wird die Entscheidung für oder gegen eine gerechte und umfassende Entwicklung zu einer moralischen Frage. In Anlehnung an die lateinamerikanische Befreiungstheologie spricht Papst Johannes Paul II. von *„Strukturen der Sünde"*, denen die Welt unterworfen ist. Es handelt sich dabei um ein moralisches Übel, die Frucht vieler Sünden, die sich zu *„Strukturen der Sünde"* verfestigen, die über die Taten der einzelnen Menschen hinausreichen. Solche „Strukturen der Sünde" haben aber immer in persönlichen Sünden ihre Wurzeln und hängen daher mit konkreten Taten und Unterlassungen von Personen zusammen, die solche Strukturen herbeiführen, sie verfestigen und ihren Abbau erschweren. Der Hinweis auf das Apostolische Schreiben *Reconciliatio et Paenitentia* vom 2. Dezember 1984 legt den Schluß nahe, daß auch der mangelnde Widerstand gegen diese Strukturen aufgrund von Feigheit, Resignation und Bequemlichkeit einen sündhaften Beitrag zu ihrer Entstehung und Aufrechterhaltung darstellt (AS 77, 1985, 217; vgl. auch SRS 47).

Vielleicht das wichtigste Beispiel für „Strukturen der Sünde" ist die herrschende *Weltwirtschaftsordnung*, die ein wesentliches Hindernis für einen gerechten Ausgleich zwischen Nord und Süd darstellt. Sie ist vor allem gekennzeichnet durch einen ungleichen Austausch von Gütern zwischen den Industrieländern und den „Entwicklungsländern" zum Nachteil der letzteren: Die Preise der Güter aus dem Norden steigen schneller als die Preise der Rohstoffe und Waren aus dem Süden, die zudem noch großen Preisschwankungen unterworfen sind. Diese ungerechten Mechanismen haben auch zur Entstehung und Ausweitung der Verschuldung der „Dritten Welt" beigetragen.

Die christliche Antwort auf diese „Strukturen der Sünde" und die ihnen zugrunde liegenden individuellen und kollektiven Verhaltensweisen („Streben nach Profit und Verlangen nach Macht um jeden Preis", SRS 37) ist die „Tugend" der *Solidarität*. Sie ist die feste und beständige Entschlossenheit, sich für das Gemeinwohl einzusetzen, mit der Bereitschaft, sich im Sinn des Evangeliums für den (auch fernen) Nächsten zu „verlieren", statt ihn auszubeuten, und ihm zu „dienen", statt ihn um des eigenen Vorteils Willen zu unterdrücken (SRS 38; vgl. auch Mt 10,40–42; 20,25; Mk 10,42–45; Lk 22,25–27). Die Solidarität hilft, im „Anderen" (Person, Volk, Nation) nicht ein Objekt der Ausbeutung zu niedrigen Kosten zu sehen, das man fallenläßt, wenn man es nicht mehr braucht, sondern als einen „Gleichen", den wir befähigen sollen, so wie wir am Festmahl des Lebens teilzunehmen, zu dem alle Menschen in gleicher Weise von Gott eingeladen sind. Eine solche Solidarität ist der Weg zum Frieden und zur Entwicklung (*Opus solidarietatis pax,* SRS 39).

Die Solidarität ist die der christlichen Entwicklungshilfe und Entwicklungspolitik zugrunde liegende Haltung. Sie verlangt von der Kirche der reichen Industrieländer einen dreifachen Einsatz:

1. Durch Information und Bildung eine verbesserte Einsicht in die Situation, die Zusammenhänge und Ursachen der „Unterentwicklung" in der „Dritten Welt" zu vermitteln und im Sinne einer „Anwaltschaft" die Stimme zugunsten der notleidenden, ausgebeuteten und unterdrückten Brüder und Schwestern in den „Entwicklungsländern" zu erheben;
2. zur Abkehr von politischen, wirtschaftlichen und individuellen Lebensmodellen aufzurufen, die schwerwiegende negative Auswirkungen auf die Menschen in der „Dritten Welt" haben, und so durch Veränderungen im Norden den Boden für Veränderungen im Süden zu bereiten;
3. die unmittelbare Unterstützung von selbstbestimmten Entwick-

lungsschritten der Armen in den Entwicklungsländern durch finanzielle, materielle und personelle Hilfe.

Johannes Paul II., Apostolisches Schreiben „Reconciliatio et Paenitentia" (1984); *ders.*, Enzyklika „Sollicitudo Rei Socialis" (1987); *Koordinierungsstelle der Österreichischen Bischofskonferenz für internationale Entwicklung und Mission* (Hrsg.), Entwicklungspolitik der katholischen Kirche in Österreich (1980); *Paul VI.*, Enzyklika „Populorum Progressio" (1967); *ders.*, Enzyklika „Evangelii Nuntiandi" (1975); *Zweites Vatikanisches Konzil*, Pastoralkonstitution „Gaudium et Spes".

HELMUT G. ORNAUER

Epikie

→ Entscheidung → Gewissen → Klugheit → Natur → Norm
→ Tugenden und Laster

Die Epikie ist eine der ältesten Tugenden der abendländischen Geistesgeschichte mit einem sehr wechselvollen Geschick. Mit der Zunahme der Komplexität des Gemeinwesens und der damit gegebenen Notwendigkeit, sittliche Normen zu formulieren und positiv rechtliche Regelungen zu erlassen, ergeben sich auch vermehrt Probleme in außergewöhnlichen Situationen. Platon versuchte, die Schwierigkeit zunächst in seiner *Politeia* dadurch zu lösen, daß er *nur* dem weisen Philosophenkönig allein die Kompetenz zugestand, das starre Gesetz *(Politeia* 294c) anzupassen und abzuändern; in seinem nachgelassenen Werk *Nomoi* erweiterte er diese Kompetenz auf das richterliche Ermessen *(Nomoi* 867e). Aristoteles hingegen vertrat die Auffassung, daß *jeder* freie Bürger die generell formulierten Normen verbessern muß, wenn deren Anwendung in einer besonderen Situation unsinnig wird. „Das ist präzise das Wesen der Epikie: Berichtigung des Gesetzes da, wo es infolge seiner allgemeinen Fassung lückenhaft ist" (Eth. Nik. V, 14; 1137b). Sie setzt die Fähigkeit des Menschen voraus, eine Handlungssituation allseitig – und d. h. auch von seiten des Mitmenschen her – zu sehen (syngnome – Mitverstehen). Mit dem Untergang der athenischen Demokratie fielen die gesellschaftlichen Voraussetzungen der Epikielehre des Aristoteles weg. Es gab keine freien Bürger mehr, sondern nur mehr einen Freien – den Herrscher. Konsequenterweise spielt die Epikie in der Folgezeit nur mehr in den Fürstenspiegeln eine Rolle und wurde als Milde und Herablassung des Herrschers verstanden, in denen das Moment der Willkür mitschwingt. Auch die Römer wußten, daß die exakte Verfolgung des Gesetzesstandpunktes zum größten Unrecht werden kann *(summum ius – summa iniuria)*, und versuchten pragmatisch, die Gerechtigkeit durch möglichst genaues Abwägen *(aequitas)* zu bestimmen.

Thomas v. Aquin integrierte zunächst in das präzise Konzept des Aristoteles griechisches und römisch-rechtliches Traditionsgut (S. Th. II/II, q 120), indem er Epikie und *aequitas* gleichsetzte. Epikie stellt für Thomas die höhere Regel der menschlichen Handlungen dar; denn diese Tugend besteht in der Fähigkeit, eigenständig die konkrete Handlungssituation mit allen Umständen im Lichte der höheren sittlichen Prinzipien zu beurteilen. Als christlicher Theologe geht Thomas aber über den Aspekt der genauen Sachgerechtigkeit hinaus und bestimmt Epikie als Persongerechtigkeit. Das primäre Subjekt der Epikie ist Gott selbst, denn nur er kann dem Menschen als Person ganz und gar gerecht werden, indem er auf die *conditio personae* schaut (In Ps 42,1). Aber Gott läßt den Menschen als sein Ebenbild teilhaben an seiner Epikie und *aequitas,* was erst Gerechtigkeit in letzter Konkretion gewährleistet.

Prägend für die neuere Geschichte wurde das Epikieverständnis des F. Suárez, der um der Rechtssicherheit willen die Epikie auf folgende genau umschriebene Fallgruppen einschränkte: Epikie ist geboten, wenn die Befolgung eines Gesetzes zu unsittlichen Konsequenzen führen würde; Epikie ist erlaubt, wenn die Gesetzesbefolgung unzumutbar Schweres vom Untertan verlangen würde, und schließlich, wenn der Gesetzgeber für diesen Ausnahmefall nicht verpflichten wollte. Dies muß aus den normalerweise zu erkennenden Intentionen des Gesetzgebers nachgewiesen werden. Aus der Tugend der Epikie wurde in der Folgezeit eine Interpretationskunst für Gesetzesauslegung. Angesichts der seit der spanischen Spätscholastik eingetretenen Einbeziehung sehr konkreter Einzelnormen unter das natürliche sittliche Gesetz (bei Thomas zählten nur die sittlichen Prinzipien zum natürlichen Sittengesetz) stellte sich auch die Frage der Möglichkeit von Epikie. Der hl. Alphons v. Liguori trat ausdrücklich für die Berechtigung von Epikie auch im Bereich des nun so erweiterten natürlichen sittlichen Gesetzes ein, wenn eine Handlung auf Grund der Umstände von Bosheit freibleibt *(Theologia moralis,* Bd. I, Nr. 201). In den Moralhandbüchern der Neuscholastik spielte die Epikie dann kaum eine Rolle für das wirkliche Leben; eine äußerst eingeschränkte Bedeutung wurde ihr höchstens innerhalb der vielfältigen Regelungen der kirchlichen Gesetze zugestanden, der genuin ethische Aspekt und schon gar der Tugendcharakter gingen fast gänzlich unter.

Neues Interesse an der Epikie erwachte erst wieder im (R. Egenter) und nach dem Zweiten Weltkrieg (J. Giers), da unter der totalitären Schreckensherrschaft aus der Tugend des Gehorsams, zu deren Gunsten die Epikie lange Zeit zurücktreten mußte, vielfach ein „Laster des Gehorsams" geworden war.

Viele Momente der großen abendländischen Tradition der Epikie, die lange Zeit vergessen und verschüttet waren, wurden mittlerweile in der neueren Normbegründungsdiskussion wieder aufgenommen. Epikie hat im Bereich der positiven Gesetze ihre unverzichtbare Bedeutung als dynamisches Prinzip, das zu einer immer besseren und differenzierteren Sicht der Gerechtigkeit führt. Angesichts der oft verworrenen Lebenssituationen, in denen es keine glatte Lösung gibt, kann Epikie die Begrenztheit auch kirchlich positiver Rechtsnormen ergänzen und den Weg weisen zu einer vor dem Gewissen vertretbaren Lösung, in der letztlich Rücksicht auf die *conditio personae* (Thomas) genommen wird.

Die Angst vor dem Mißbrauch der Epikie ist aus der Geschichte und auch aus den Nöten, die der Mensch mit seiner Freiheit hat, verständlich. Es ist bequemer, sich in einem Normengehorsam zu beheimaten oder in einen Rechtspositivismus zu flüchten; dies gewährt scheinbar mehr Sicherheit. Christlicher Glaube aber will helfen, gerade diese Angst, die starr macht, zu überwinden. Der Glaube bricht alles menschliche Regelwerk – so notwendig dieses ist – auf und hält es offen für die Führung durch den Geist Gottes und das Kommen des Herrn im Laufe und am Ende der Geschichte.

K. Demmer, Moraltheologische Methodenlehre (1989) 95–101, 134–136; *G. Virt,* Epikie – verantwortlicher Umgang mit Normen. Eine historisch-systematische Untersuchung (1983).

GÜNTER VIRT

Erfahrung

→ Erziehung → Gewissen → Glaube → Gott → Heilsgeschichte
→ Kultur → Moraltheologie → Spiritualität

Der Begriff der Erfahrung ist mehrdeutig und jeweils selbst bereits Ergebnis vielschichtiger Reflexion, kultureller Einstellungen und vor allem sprachlicher Strukturierung. Aber auch ohne Zeitlichkeit und damit Geschichte ist Erfahrung nicht zu denken, bedeutet Erfahrung doch vom ursprünglichen Sprachbild her so viel wie eine Reise machen und dabei Eindrücke passiv zu empfangen oder aktiv zu sammeln, die man dann erzählen kann. Erfahrung kann überdies nicht unabhängig von der Person, die sie macht, gedacht werden, denn nur Menschen machen im strengen Sinn Erfahrung und werden dadurch zu erfahrenen Menschen in der Gesellschaft. Erfahrung ist nicht ohne weiteres übertragbar, sie kann aber weitergegeben werden, vor allem in und durch Lebensgemeinschaften. Aus dieser komplexen Weise des Werdens menschlicher Einsicht, die wir Erfahrung nennen, können nun einzelne Momente abstrahiert werden. Schließt man die gesellschaftliche und kulturelle Dimension aus, dann bleibt das subjektgebundene private *Erlebnis* übrig; schließt man abstrahierend möglichst auch die Subjektivität aus dem Erfahrungsbegriff aus, so führt dies zu jenem Ausschnitt, den man heute allemein *Empirie* nennt. Hinter diesen Abstraktionsvorgängen stehen jeweils schon bestimmte Absichten, Theorien und Menschenbilder. Erfahrung muß wegen dieser Mehrdeutigkeit für den jeweiligen Erfahrungsbereich eigens expliziert werden.

Für die Moraltheologie sind vor allem das Erfahrungswissen der modernen empirischen Humanwissenschaften, die spezifisch sittliche Erfahrung und die Glaubenserfahrung von Bedeutung und müssen füreinander transparent gemacht werden; eine doppelte Wahrheit kann es nicht geben; bei aller Differenzierung ist es der Mensch, dem die Realität zunächst in einer lebensweltlichen Unmittelbarkeit als ursprüngliche Einheit gegeben ist.

1. *Empirie*

Kein ethisches Wissen kommt ohne Erfahrung aus, denn konkrete sittliche Urteile sind Vermittlungsgestalten von Sinn- und Sacheinsichten und müssen jeweils die erfahrenen Lebensumstände in ihrer ganzen Komplexität mitberücksichtigen. In früheren Zeiten mag die Erfahrenheit alter und durch Erfahrung weise gewordener Menschen zur Vermittlung von Lebenswissen ausgereicht haben (vgl. Weisheitsliteratur); heute hingegen sind die Lebensverhältnisse so komplex geworden, daß die Erfahrenheit einzelner Personen nicht ausreicht. Die spezifische Bedeutung der empirischen Humanwissenschaften für die Moraltheologie liegt darin, daß diese in differenzierter und methodischer Weise die Bedingtheiten und Chancen menschlichen Handelns aufzeigen und damit auch die Handlungs- und Hilfsmöglichkeiten erweitern. Der Moraltheologe hat bei diesem Erfahrungswissen der Zeit anzuknüpfen, aber dabei die oft unausgesprochenen anthropologischen Voraussetzungen und erkenntnistheoretischen Probleme, die in die Theoriebildungen der empirischen Wissenschaften unausweichlich eingehen, anzusprechen.

2. Spezifisch sittliche Erfahrung

Von klein auf erfährt der Mensch ethische Einstellungen durch Teilnahme am sittlichen Leben der Erwachsenen. Mit zunehmender Reife bildet sich allmählich die spezifisch sittliche Erfahrung der Unausweichlichkeit der eigenen Verantwortung und der Unbedingtheit des Anspruchs, das im Gewissen als richtig Erkannte auch zu tun und das Böse zu meiden, heraus. Auch diese Erfahrung des sittlichen Anspruchs hat ihre Dynamik, die häufig mit leidvollen und negativen Erlebnissen beginnt; „so geht es nicht; das ist unmenschlich" (Kontrasterfahrung). In einer solchen Einsicht ist jedoch ein Vorwissen enthalten, wie menschliches Handeln auf die Dauer gelingen könnte: „So geht es menschlich, und zwar auf Dauer" (Sinnerfahrung). Zu einem ethischen Anruf unbedingter Art wird diese Einsicht erst dann, wenn sie einen Menschen unmittelbar betrifft: „Das geht mich unbedingt hier und jetzt an" (Motivationserfahrung). Die so in Kontrast-, Sinn- und Motivationserfahrung aufgeschlüsselte Eigenart sittlicher Erfahrung (D. Mieth) betrifft den Menschen in der Mitte seiner Identität. Nicht die äußere objektive ethische Leistung, sondern der Selbsteinsatz der Person und die Treue zu sich selbst stehen in dieser Erfahrung, die in der Regel auch von tiefgreifenden Emotionen begleitet wird, auf dem Spiel.

3. Glaubenserfahrung

Diese spezifisch sittliche Erfahrung vollzieht sich im Kontext einer mehr oder weniger thematischen – im Grenzfall völlig unthematischen – Glaubenserfahrung (auch der Atheismus oder Agnostizismus muß geglaubt werden), die ebenso ihren Phasencharakter hat. Glaubenserfahrung und ethische Erfahrung sind eigenständige Bereiche, stehen aber in einem Verhältnis wechselseitiger Aufhellung und Interpretation. Der gläubige Mensch interpretiert die Erfahrung eines unbedingten Anrufes als die Auswirkung eines Anrufes durch den Unbedingten, durch Gott und seine Mittler in der Geschichte. Sein ethisches Handeln versteht er als Erfüllung der auf das umfassende Heil bedachten Intention Gottes. Die Erfüllung des ethischen Anspruches wird für ihn zu einer Ausdrucksform seines Glaubens im Alltag. Glaube ist dadurch ermöglicht, daß der Mensch tragende, das Ganze und die Tiefe seiner

Existenz ergreifende und mobilisierende Erfahrungen machen kann. Erfahrungen sind immer konkret und an einen bestimmten Ort und an eine bestimmte Gestalt der Geschichte gebunden. Die Heilsgeschichte besteht in unwiederholbaren Begegnungen mit dem sich der Welt mitteilenden Gott in Liebe und Vertrauen; sie kulminiert in Leben, Tod und Auferstehung Jesu Christi, der der Glaubensgrund schlechthin ist. Da diese Begegnungserfahrung nicht nur niemand ausschließt, sondern sich als Erfüllung der tiefsten Sehnsucht des Menschen erweist, ist sie konkret und universal-integrativ zugleich. Da die authentische Sehnsucht des Menschen durch Schuld und Entfremdung von Anfang an verschüttet ist, wird die Glaubenserfahrung sowohl von der Durchkreuzung konkreten menschlichen Wünschens wie auch von der Integration alles Menschlichen charakterisiert. Gleiche Erlebnisse können bei verschiedenen Menschen zu durchaus verschiedenen Erfahrungen führen. Daß es der Mensch in seinen alltäglichen ethischen Erfahrungen tatsächlich mit dem lebendigen Gott zu tun hat, ergibt sich nicht automatisch aus dem ethischen Anspruch von selbst, sondern bedarf einer zusätzlichen gläubigen Bemühung. Auch die Glaubenserfahrung hat den Charakter eines Prozesses, in dem Phasen direkter Begegnung mit Gott, die Trost, aber auch Herausforderung vermitteln, mit Phasen wechseln, in denen Gott sich scheinbar entzieht. Erfahrung ist in ihrer Ganzheitlichkeit und Bezogenheit auf das Geheimnis Gottes niemals wie ein Gegenstand festzuhalten und in diesem Sinn unverfügbares Geschenk. Glaubenserfahrung gelingt oft erst im Rückblick, wenn jemand merkt, daß er Gott begegnet ist in einer Situation, die zunächst als Schock und Leid hereingebrochen ist.

So wenig solche Glaubenserfahrung festgehalten werden kann, so sehr ist sie darauf angewiesen, miteinander in der Gemeinschaft des Glaubens in der Gemeinde geteilt zu werden. Ohne das konkrete Mitleben in der Gemeinschaft des Glaubens, in der ethisches Handeln als Ausdrucksform dieses Glaubens eingeschätzt wird, entbehrt alle Theologie, besonders die Moraltheologie, ihrer authentischen Erfahrungsbasis.

J. Blank/G. Hasenhüttel (Hrsg.), Erfahrung – Glaube und Moral (1982); *R. Guardini,* Religiöse Erfahrung und Glaube (1974); *W. Korff,* Wege empirischer Argumentation, in: HchE I, 83–107; *R. D. Laing,* Phänomenologie der Erfahrung (1985); *D. Mieth,* Moral und Erfahrung (^{3}1983); *B. Welte,* Das Licht des Nichts. Von der Möglichkeit neuer religiöser Erfahrung (^{2}1985).

GÜNTER VIRT

Erziehung

→ Autonomie → Gesellschaft → Kommunikation → Nachfolge → Person
→ Selbstverwirklichung → Vorbild/Modell

Der Mensch bedarf als in seiner Entwicklung wenig instinktgesichert (Mängelwesen) der dialogischen Anleitung und Begleitung durch Pflege- und Bezugspersonen. In diesem dialogischen Prozeß wird das Ich durch das Du zu einer in zunehmender Weise zu Bewußtsein kommenden Persönlichkeit (Martin Buber). Grundlegende Handlungsvollzüge und sprachliche Entwicklung bedingen dabei einander und ermöglichen Bedeutungen als Lebensinterpretationen (symbolischer Interaktionismus). Erziehung ist der Prozeß der Persönlichkeitsbildung. Diese intendiert die Menschwerdung des Menschen im Sinne personaler Integrität und kommunikativ kultureller Kompetenz. Erziehung ist immer kulturell geprägt. Erziehungsintentionen sind also auch bedingt durch die ökonomischen Grundgegebenheiten einer Gesellschaft (bäuerliche Kultur, Hochtechnologien). Die in einer Kultur als besonders wertvoll eingestuften Verhaltensweisen bzw. Grundhaltungen werden im Erziehungsprozeß internalisiert. Eine anspruchsvolle Erziehung muß allerdings auch dazu führen, die überkommenen kulturellen Verhaltensweisen zu kritisieren und zu optimieren. Im Bereich der religiösen Erziehung nehmen Vorgaben etwa eines ganz bestimmten Kirchenbildes, das entweder zu Kadavergehorsam oder zu konstruktiv kritischem Gewissensgehorsam tendiert, intensiven Einfluß. Immer liegen dem Prozeß der Erziehung Vorentscheidungen zugrunde, auch wenn diese (meist) nicht offengelegt werden. Bisweilen wird aus einem übergeordneten „Bild" vom Menschen deduziert bis hinein in konkrete Vorschriften einer Hausordnung oder konkreter Erziehungsstile.

Erziehung und Unterricht sind zu unterscheiden. Während das Ziel des Unterrichts durch den Begriff des „Wissens" und die Beurteilung des Unterrichtserfolges nach den Kriterien des „richtigen" und „falschen" definiert wird, intendiert Erziehung nicht Wissen, sondern „Haltung". Erziehung richtet sich nicht sosehr nach Wissen und Gewußtem, sondern auf die Person des zu Erziehenden selbst angesichts der vollzogenen Erkenntnis. Erziehung hat zum Ziel die Wahrhaftigkeit des Selbst- und Du-Verhältnisses des zu Erziehenden (D. Benner).

Grundsätzlich ist davon auszugehen, daß dort, wo Unterricht und Lernen stattfinden, sich immer auch Erziehung realisiert. Anzustreben ist ein „erziehender Unterricht", sodaß Wissen auf Haltungen hin und

Haltungen auf Erkenntnis hin erschlossen werden müßten. Es geht um haltungsbezogenes Wissen und erkenntnisbezogene Haltung.

In der Theorie des „erzieherischen Verhältnisses" bedeutet Erziehung, mit dem eigenen Sein auf das Sein anderer einzuwirken und eine Auslese der Welt durch das Medium einer Person auf die andere Person hin zu formulieren (M. Buber). In der neueren erziehungswissenschaftlichen Diskussion wird an diesem Konzept kritisiert, daß die Theorie des erzieherischen Verhältnisses zu sehr nur die zwischenmenschlich personalen Bezüge und zuwenig das jeweilige gesellschaftliche Umfeld bedenkt, in dem sich dieser pädagogische Bezug realisiert. Nach dieser Kritik reicht es nicht aus, lediglich die personalen Erziehungsbedingungen zu analysieren, vielmehr müßten die sozialen und kollektiven, gruppendynamischen, emotionalen und personalen Aspekte im Umfeld aufgehellt werden. Dabei soll der Prozeß und die spezifische Qualität des „erzieherischen Verhältnisses" auf seine verschiedenen Dimensionen untersucht und das gesamte forschungsmethodische Instrumentarium der Psychologie, der Soziologie, der Kommunikations- und Verhaltensforschung sowie der empirischen Erziehungswissenschaft mit herangezogen werden.

Richtig an dieser Kritik ist, daß Erziehung sich nie in einem gesellschaftlich isolierten Raum vollziehen kann, ja die gesellschaftlichen Anforderungen und Gefährdungen sogar intensiv zum Gegenstand des erzieherischen Verhältnisses mitgemacht werden müssen. Die grundsätzliche Unverzichtbarkeit des personalen Bezuges in der Erziehung und im Unterricht hat aber überzeitliche Gültigkeit, auch wenn dies in der neueren erziehungswissenschaftlichen Diskussion bisweilen unterbewertet wird:

Eine im Kontext der Gesellschaft kritische Betrachtungsweise von Schule und Erziehung im Gefolge der Studentenrevolte ab 1968 führte zu einer Veränderung in der Einschätzung der Bedeutung von Erziehung. Basierend auf dem sozial- und gesellschaftskritischen Ansatz der „Frankfurter Schule", werden immer häufiger die abhängigen Variablen ökonomischer und politischer Verhältnisse in die Einschätzung von Erziehung und Unterricht eingebracht. Die Hochschätzung personaler Beziehungen wurde bisweilen als anachronistisch und realitätsfern eingeschätzt, die betonte organisationssoziologische Analyse über die Binnenstruktur der Schule wies auf immer mehr schrumpfende Freiheitsspielräume für Lehrer und Schüler sowie auf die gesellschaftliche Verzweckung von Bildung und Erziehung überhaupt hin.

Im Kontext kybernetischer Ansätze in der Erziehungswissenschaft und insbesondere der Curriculumtheorie wird die Bedeutung des erzieherischen Verhältnisses weiter zurückgedrängt, der Lehrer zum „Lehrsystem" und der Schüler zum „Lernsystem" degradiert.

Diese Entwicklung wurde durch die alternativpädagogischen Ansätze heftig kritisiert. Zum einen reduzieren kybernetische Modelle den Bildungsprozeß auf parzellierte Wissensaneignung, zum andern ist nicht zu übersehen, daß allein schon durch diese Engführung erzieherische Auswirkungen im Sinne einer isolierenden und apersonalen Wissensaneignung auf die Persönlichkeitsstruktur ausgehen. Alternativpädagogische Ansätze legen Wert darauf, die Thematik und Interaktion im Sinne der erzieherischen Begegnung zwischen Lehrer und Schüler, aber auch der Schüler untereinander, die gegenseitig ebenfalls zu Erziehern werden können, in eine dynamische Balance zu bringen. Ein besonders hilfreiches Modell der Alternativpädagogik, das Theorie- und Praxismodell des „lebendigen Lernens" nach der themenzentrierten interaktionellen Methode (TZI nach Ruth C. Cohn), weist darauf hin, daß es bei erzieherischer Interaktion immer um eine themenzentrierte Interaktion geht. Interaktion um der Interaktion willen gibt es grundsätzlich nicht, außer Interaktion wird selbst Thema. Als gleichgewichtiges Dreieckskonzept von Thema, Ich und Wir werden unverzichtbare Bezugspunkte eines erziehungsorientierten/selbsterziehungsorientierten Lernens aufeinander bezogen. Eine der wichtigen Grundregeln dafür ist: Sei dein eigener Leiter. Damit ist eine große Thematik der Erziehung weiterbedacht, die der Selbsterziehung.

Im Prozeß der tendenziellen Autonomwerdung des Menschen, heraus aus der vorwiegenden Heteronomie der frühen Kindheit hin zur selbstverantwortlichen Persönlichkeit, ist auf die *Anleitung zur Selbstleitung, Selbsterziehung* größten Wert zu legen. Vor allem, wenn man die entwicklungspsychologischen Ergebnisse von Piaget, Kohlberg, Fowler, Oser und Nipkow ernst nimmt, ist auf diesen Prozeß der stufen- bzw. schrittweise voranschreitenden Selbstleitung in jeglicher Konzeption von Erziehung zu achten. Dies ist bereits eine ethische Grundentscheidung. Erziehungsprozesse, die eine heteronome Fixierung anstreben, sind unter Ideologieverdacht zu setzen.

In der religiösen Erziehung ist der Prozeß von Autonomie und Heteronomie theologisch so zu interpretieren, daß die Beziehung von Gott her und auf Gott hin den Menschen zur Freiheit befreit und damit den Menschen aus heteronomer Versklavung löst.

Das Modell der themenzentrierten Interaktion hebt besonders darauf ab, die drei Bezugspunkte „Thema, Ich und Wir" im sogenannten „globe", dem Gesamtumfeld, zu realisieren, in dem sich lernen, erziehen und sich selbst leiten vollzieht. Die Gruppe bekommt ein spezifisches Gewicht, sie öffnet das erzieherische Verhältnis auf ein geschwisterliches hin. Kritisch ist zu bedenken, daß die Prämissen Ruth C. Cohns aus der humanistischen Psychologie in theologischer Sicht noch weiter erörtert und differenziert werden müßten.

Die Bedeutung der *Massenkommunikation als einer geheimen Erzieherin* für die Entstehung von Verhaltens- und Einstellungsänderungen sowie darauf aufbauend von Grundhaltungen ist zunehmend ernster zu nehmen. Die Handlungsmodelle, die etwa in Kindersendungen oder in Jugendzeitschriften fast die gesamte nachwachsende Jugend der Gesellschaft beeinflussen, sind einem ethischen Diskurs und einer medienpädagogischen Dauerreflexion auszusetzen. Gerade gesellschaftsübliche Modelle zur normativen Perspektive hochzustilisieren kann zu ethisch nicht akzeptablen Festschreibungen der Normativität des Faktischen führen und Veränderungen auf Handlungsmodelle hin, die menschliches Leben eher glücken lassen, behindern.

Die Erschließung eines erzieherischen Umganges mit den Massenmedien ist sowohl unter ethischen als auch pädagogischen Aspekten unerläßlich geworden.

Am Beispiel der Medienerziehung wird deutlich, daß ganz neue Dimensionen der Erziehung anstehen, wie der Club of Rome in seinen einschlägigen Argumenten immer wieder gefordert hat. Vernetztes Denken und Erziehung zur Sensibilität für Gerechtigkeit, Bewahrung der Schöpfung und Friede sind dringliche Erziehungsdimensionen.

Die Kirche hat in diesem Prozeß der Erziehung eine spezifische Bedeutung. Die Erschließung der Gottesbeziehung und der im Kontext damit entstehenden Verpflichtungsdimension auf der Handlungsebene hat kritisierende, stimulierende und integrierende Funktion im Blick auf gängige Erziehungskonzepte.

Im NT, nach den synoptischen Evangelien, ist Jesus ein Freund der Kinder. Er sieht in ihnen die Grundgestalt der vertrauensvollen Gottesbeziehung. So wie die Kinder sich ausstrecken auf ihre Eltern, so sollen die Kinder Gottes auf Gott selbst aufgerichtet vertrauensvoll leben.

Jesus selbst hat kein Erziehungsmodell begründet. Sein Wirken ist Verkündigung, Herausforderung, Provokation. Er ist innerhalb der rabbinischen Lehrtradition, in der Lernen durch Streitgespräche üblich war, zu verstehen. Ihn zum Erzieher zu reduzieren, würde seinen außergewöhnlichen Anspruch und seine Gottessohnschaft verharmlosen. Er verkündet wie einer, der Macht hat.

Nach Eph 6,1–4 wird die Erziehung in die Dimensionen der Jesus-Christus-Beziehung hineingenommen. „Ihr Kinder, gehorcht Euren

Eltern im Herrn! Denn das ist recht. Ehre – Deinen Vater und – (Deine Mutter), welches ist (das) erste Gebot mit Verheißung, damit wohl Dir es ergeht und Du sein wirst lang lebend auf der Erde! Und Ihr Väter, nicht macht zornig Eure Kinder, sondern zieht auf sie in Zucht und Ermahnung (des) Herrn!" (wörtliche Übersetzung). Rabbinische, stoische und hellenistische Erziehungselemente werden im NT integriert, sie bekommen unter dem Aspekt der Nähe der Gottesherrschaft eine spezifische Bedeutung.

Die „Erklärung über die christliche Erziehung" des *Zweiten Vatikanischen Konzils* formuliert in Artikel 3:

„Ein ganz besonderer Erziehungauftrag ist der Kirche zu eigen, nicht nur, weil auch sie als eine zur Erziehung fähige menschliche Gemeinschaft anzuerkennen ist, sondern vor allem deshalb, weil sie die Aufgabe hat, allen Menschen den Heilsweg zu verkünden, den Gläubigen das Leben Christi mitzuteilen und ihnen mit unablässiger Sorge zu helfen, daß sie zur Fülle dieses Lebens gelangen können. Diesen ihren Kindern hat daher die Kirche gleichsam als ihre Mutter jene Erziehung zu schenken, die ihr ganzes Leben mit dem Geist Christi erfüllt; zugleich aber bietet sie ihre wirksame Hilfe allen Völkern an zur Vervollkommnung der menschlichen Persönlichkeit, zum Wohl der irdischen Gesellschaft und zum Aufbau einer Welt, die menschlicher gestaltet werden muß."

Das Lehrschreiben sieht die Katechese als eine vorrangige Aufgabe und will durch die Katechese „ihr inneres Leben als Glaubensgemeinschaft und ihr missionarisches Wirken nach außen" kräftigen (Art. 15). Als spezifisches Ziel der Katechese wird festgehalten, daß der noch anfanghafte Glaube zu entwickeln sei und für jedes Alter das christliche Leben zu entfalten sei. Es wird davon ausgegangen, daß der in der Taufe ausgesäte Samen des Glaubens auf der Ebene des Bewußtsein und im Leben zum Wachstum zu bringen sei. Die Beziehung zu Jesus Christus habe zwei Ebenen, die Ebene des Vertrauens und die Ebene, das Wort Gottes immer besser zu verstehen (Art. 20). Wahre Erziehung wird als „Bildung der menschlichen Person in Hinordnung auf ihr letztes Ziel, zugleich aber auch auf das Wohl der Gemeinschaften, deren Glied der Mensch ist und an deren Aufgaben er als Erwachsener einmal Anteil erhalten soll", verstanden (Art. 1). In diesem Prozeß sollen die „Fortschritte der psychologischen, der pädagogischen und der didaktischen Wissenschaft" integriert und Wert auf eine positive und kluge Geschlechtserziehung gelegt werden (Art. 1).

Erziehung ist eine der Überlebensfragen der Gesellschaft. Die Gefährdungen der menschlichen Existenz und die rapide wechselnden

Herausforderungen der Gesellschaft sowie die dringend notwendige ganzheitliche Befähigung, die Überlebensprobleme der Menschheit bewältigen zu können, weisen der Erziehung eine zentrale Bedeutung zu mit Folgen weit in die künftigen Generationen hinein.

D. Benner, Hauptströmungen der Erziehungswissenschaft. Eine Systematik traditioneller und moderner Theorien (1973); *M. Buber,* Reden über Erziehung (1953); *Club of Rome,* Das menschliche Dilemma. Zukunft und Lernen (hrsg. von *A. Pecci,* 1979); *R. C. Cohn,* Von der Psychoanalyse zur themenzentrierten Interaktion (1978); *Johannes Paul II.,* Catechesi Tradendae. Apostolisches Schreiben über die Katechese in unserer Zeit (16. Oktober 1979); *Zweites Vatikanisches Konzil,* Erklärung über die christliche Erziehung (1966).

ALBERT BIESINGER

Ethik

→ Alttestamentliche Ethik → Autonomie → Ethik → Ethos
→ Gerechtigkeit → Gleichheit → das Gute → Kasuistik → Lohnmoral
→ Lust → Norm → Orthodoxe christliche Ethik → Pflicht
→ Protestantische Ethik → Schuld → Sünde → Tugenden und Laster
→ Wert

Ethik gilt als Teil der praktischen Philosophie, die sich im Unterschied zur theoretischen Philosophie nicht mit Erkennen und Sein, sondern mit menschlicher Praxis befaßt (Ethik, Sozial-, Rechts- und Staatsphilosophie). Ethik heißt dabei die Wissenschaft von der Sittlichkeit; sie reflektiert die Gesamtheit der moralischen Verpflichtungen des Menschen. Bisweilen kann Ethik freilich auch ein bestimmtes Ethos selbst meinen, etwa wenn man von der Ethik eines Berufsstandes spricht.

1. Normative Ethik

Die Ethik geht in ihrer Reflexion zunächst von überkommenen ethischen Anschauungen aus, von einem bestimmten Ethos. Sie hat dabei zunächst unsere hergebrachten sittlichen Überzeugungen zu formulieren und zu präzisieren, dann aber auch die einzelnen Forderungen auf ihren Grund hin zu prüfen und ggf. zu korrigieren; das ist die Aufgabe *normativer Ethik*. Die Notwendigkeit solcher Reflexion ergibt sich vor allem, wenn verschiedene Pflichten zu kollidieren scheinen oder wenn bestimmte normative Aussagen aufgrund neuer Faktoren, Möglichkeiten unplausibel erscheinen (Beispiel: Zinsverbot), wenn sich ganz neue Fragen stellen (z. B. Bewertung der In-vitro-Befruchtung). Dabei ergibt sich die Frage nach einem obersten Kriterium des sittlich Gebotenen, ob es ein solches gibt oder mehrere voneinander unabhängige Kriterien, wie es (sie) präzise zu formulieren ist (sind). Letzteres ist die Aufgabe einer *ethischen Normierungstheorie*. Schließlich ergeben sich Fragen nach der Eigenart des sittlichen Sollens, nach der Bedeutung ethischer Vokabeln wie „Sollen", „Gut", nach dem logischen Status ethischer Aussagen, nach einem Zusammenhang zwischen Moral und Religion usw. Mit diesen Fragen, die der Reflexion normativer Ethik logisch vorausliegen, befaßt sich die *Metaethik*.

Die Bemühung normativer Ethik ist zunächst gefordert, wenn der Mensch fragt: Was soll ich tun?, wenn er nicht weiß, welche von verschiedenen alternativen Handlungsmöglichkeiten die vom sittlichen Standpunkt aus gebotene ist. Normative Überlegungen sind aber vom Menschen u. U. auch in der Funktion eines ethischen Beraters gefordert. Dabei ist allerdings immer schon vorausgesetzt, daß man nach moralischen Kriterien handeln will, auf dem Standpunkt der Moral steht. Das Kriterium, nach dem die normative Ethik fragt, ist somit nicht das Kriterium sittlicher Güte im Unterschied zu sittlicher Schlechtigkeit (Bosheit, Übel), sondern das Kriterium des sittlich richtigen Handelns. Der Berater braucht also den andern nicht zu ermahnen, nach moralischen Gesichtspunkten zu entscheiden. Der Adressat von Überlegungen normativer Ethik ist damit nicht der Mensch als Sünder oder sittlich Unentschlossener (vgl. Herakles am Scheideweg). Zu gerechtem Handeln, zum *Tun* des Guten mahnt die *Paränese* (sittliche Mahnrede). Solche Paränese setzt wiederum die Fragen normativer Ethik als geklärt voraus: Erst wenn klar ist, welche Handlung sittlich geboten ist, kann man zum Handeln gemäß der sittlichen Erkenntnis mahnen.

Die Funktion des Beraters bedeutet eine Schwierigkeit für den ethischen *Egoismus,* nach dem jeder Mensch nur um sein eigenes Wohl besorgt sein soll. Zu welcher Handlung soll A raten, wenn B ihn um Rat fragt: Zu der Handlung, die A's Wohl dient oder B's Wohl? Es fragt sich, ob der Egoismus wirklich eine ethische Theorie ist, ob er *ein* Prinzip des Handelns für Handelnde, Berater und Betroffene angeben kann. Als „*ethischen* Egoismus" unterscheidet man ihn von einem *psychologischen* Egoismus, nach dem es im Menschen nur egoistische Antriebe, keine altruistischen gebe. Letzterer hat nicht unbedingt den ersteren zur Konsequenz (wie etwa das Beispiel Kants zeigt, für den alle Neigungen egoistischer Art sind).

Zur Antwort auf die Frage nach dem sittlich Gebotenen rekurriert der Mensch zunächst auf überkommene Regeln, nach denen man etwa niemanden schädigen, Versprechen halten, den Autoritäten gehorchen soll. Ob eine dieser Regeln den konkreten Fall betrifft, ist nicht immer offensichtlich. So äußert Sokrates im platonischen Dialog *Kriton,* vor die Wahl gestellt, aus dem Gefängnis zu fliehen oder nicht, wer in einem Staat lebe und davon profitiere, habe das implizite Versprechen gegeben, dessen Gesetzen zu gehorchen. Daß hier ein Versprechen vorliegt und die Pflicht, es zu halten, ist erst ausdrücklich bewußt zu machen. Überlegungen dieser Art erfolgen nach dem (auf Aristoteles zurückgehenden) Muster des praktischen Syllogismus: Eine generelle Regel wird auf eine individuelle Situation angewandt nach dem Muster: Versprechen darf man nicht brechen. – Diese Handlung wäre der Bruch eines Versprechens. – Also darfst du diese Handlung nicht tun. Dabei ist die Subsumtion des Einzelfalls unter die Regel (2. Prämisse) oft nicht so einfach. Nun können aber Regeln dieser Art kollidieren, etwa wenn es gilt, Gott mehr zu gehorchen als den Menschen (Apg 5,29). Um zu wissen, welcher Regel der Vorzug gebührt, hat man nach der Begründung der jeweiligen Regel zu fragen. Bestimmte ethische Theorien, die sich (etwas undifferenziert) unter dem Stichwort „Situationsethik" zusammenfassen lassen, haben deshalb die These vertreten, das grundlegende sittliche Urteil sei das Urteil über die einzelne Handlung; allgemeine Regeln stellten nur eine nachträgliche Generalisierung dar. Demgegenüber ist zu betonen, daß die Alternative „Situation contra Prinzipien" im Ansatz verfehlt ist. Zunächst ist auf die *Universalisierbarkeit* sittlicher Urteile zu verweisen. Das Urteil „Ich sollte in dieser Situation das tun" gilt implizit für jede relevant ähnliche Situation. Die Gründe, die ich für meine Handlungsweise anführe, müssen in jeder relevant ähnlichen Situation Gründe für dieselbe Handlungsweise sein. Dabei spielt es keine Rolle, ob diese Situation häufig oder äußerst selten ist. Außerdem können etwa Regeln, die die Institutionen Versprechen, Eigentum oder Ehe betreffen, nicht als Ergebnis einer nachträglichen Generalisierung verstanden werden. Die Institution und die sie konstituierenden Regeln müssen nämlich vorgegeben sein. Es muß schon geklärt sein, wann etwas mein Eigentum, das Eigentum eines andern ist, bevor ich etwas verschenken, einen Diebstahl begehen kann. Da solche institutionellen Regelungen für das Zusammenleben der Menschen unverzichtbar sind, ist die sittliche Verbindlichkeit der entsprechenden Regeln zu präsumieren. Andererseits ist die sittliche Urteilsbildung nicht als bloße Anwendung von Regeln zu beschreiben. In der Anwendung wird das „Prinzip" nämlich erst präzisiert. Angewandte Ethik besteht nicht nur in der Subsumtion unter Regeln; sie trägt vielmehr selbst zur sittlichen Urteilsbildung bei. Der praktische Syllogismus stellt häufig nur eine nachträgliche Formalisierung eines solchen Urteils dar.

Die Kontroverse um Situation und Prinzipien darf nicht mit dem Gegensatz von Teleologen und Deontologen gleichgesetzt werden, obgleich diese Kontroverse vermutlich von derselben Frage herrührt, sie allerdings unzureichend reflektiert hat: Ist das Wohl und Wehe aller Betroffenen das einzige Kriterium des sittlich Gebotenen? Diese Frage wird bejaht von allen Varianten einer teleologischen (utilitaristischen) Theorie, verneint von deontologischen Theorien. Unter Philosophen unterscheidet man Akt- und Regeldeontologen einerseits sowie Akt- und Regelutilitaristen andererseits. Die existentialistische Ethik eines J. P. Sartre, nach der alle Verpflichtungsurteile reine Einzelurteile sind von der Form „Ich soll in dieser Situation in dieser Weise handeln", wäre ein Beispiel für eine aktdeontologische Theorie. Der Aktutilitarist würde in jedem einzelnen Fall fragen, welche Handlung dem „größten Glück der größten Zahl" am meisten dient. Es ist allerdings die Frage, ob eine solche Theorie wirklich jemals vertreten worden ist. Für J. Bentham etwa ist eine Handlung zu beurteilen nach ihrer *Tendenz,* das Glück aller zu befördern (*Introduction* I, 2: "according to the tendency which it appears to have to augment or diminish the happiness of the party whose interest is in question"). Danach ginge es um die Konsequenzen, die sich *in der Regel* aus einer bestimmten Handlungweise ergeben. Eine Reflexion auf die schon erwähnte Universalisierbarkeit sittlicher Urteile dürfte auch die Kontroverse zwischen Akt- und Regelutilitarismus erledigen, da auch der Aktutilitarist mindestens fragen müßte: Was wäre, wenn jeder so handelte wie ich?

2. Die Goldene Regel

Da, wie gesagt, bei der Frage nach dem sittlich Gebotenen der sittliche Standpunkt bereits eingenommen ist, wird die Frage, was diesen Standpunkt vom gegenteiligen unterscheidet, nicht immer ausdrücklich gestellt. Der moralische Standpunkt ist etwa umschrieben im *Liebesgebot,* nach dem man den Nächsten wie sich selbst zu lieben hat, auf das Wohl des Nächsten ebenso bedacht sein soll wie auf sein eigenes. Dieser Gedanke einer unparteiischen Liebe ist auch ausgesprochen in der *Goldenen Regel,* nach der man an sich selbst die gleichen Maßstäbe anzulegen hat, mit denen man das Verhalten anderer mißt. Diese Forderung des gleichen Maßes ist bereits in der moralischen Sprache impliziert: Wer ein Sollensurteil formuliert, gibt damit implizit zu verstehen, daß dies Urteil ohne Ansehen der Person gilt. Diese logische

Eigenart von Verpflichtungsurteilen hat R. M. Hare ihre *Universalisierbarkeit* genannt.

Man kann letztere als bloß logisches Erfordernis der moralischen Sprache ansehen. Dann gäbe es aber keinerlei Verpflichtung, sich dieser Sprache zu bedienen. Die sittliche Forderung wäre ein rein *hypothetischer* Imperativ: *Wenn* du ein sittliches Urteil fällst, mußt du es universalisieren. Sieht man die Forderung nach der Gleichheit der Maßstäbe, die Goldene Regel, dagegen begründet in der gleichen Menschenwürde, als in einem der sittlichen Entscheidung des Menschen vorgegebenen unbedingten Wert, hat sie *kategorischen* Charakter. Diese *metaethische* Problematik kann Auswirkungen haben auf die Frage nach der richtigen Normierungstheorie. Ist die Goldene Regel in der Selbstzwecklichkeit jedes Menschen begründet, ist sie ein teleologisches Kriterium: das Sollen gründet in einem Wert, das Werturteil geht dem Sollensurteil logisch voraus. In diesem Fall ist die Unparteilichkeit, die (universale) Gerechtigkeit, selbst ein teleologisches Kriterium; im andern Fall bedarf das teleologische Prinzip Wohlwollen der Ergänzung durch das Prinzip Gerechtigkeit; letzteres wird dann als deontologisches Prinzip angesehen.

3. Theorien über das gute Leben

Der Terminus „Utilitarismus" bedarf einer näheren Klärung. Die klassischen Vertreter der so benannten Theorie (J. Bentham, J. St. Mill, H. Sidgwick) vertraten einen ethischen *Hedonismus;* eine nicht-hedonistische Version derselben Theorie („ideal utilitarianism") vertraten F. Brentano, G. E. Moore, H. Rashdall. Der Hedonismus ist eine Theorie über das Gute, nach der Lust und Freude (griechisch *hedoné,* englisch *pleasure*) den einzigen Wert überhaupt darstellt. Dieser *ethische* Hedonismus ist übrigens von einem *psychologischen* zu unterscheiden, nach dem der Mensch natürlicherweise nur nach Lust strebt. Ersterer setzt den letzteren nicht unbedingt voraus. In der Antike wurde der Hedonismus u. a. von Eudoxos von Knidos und Epikur vertreten, wobei letzterer Lust als bloße Abwesenheit von Schmerz definierte. Neuerdings vertreten vor allem Philosophen, die sich für die „Befreiung" der Tiere einsetzen, einen solchen Hedonismus. Wenn es vor allem um die Vermeidung von Leid und Schmerz geht, ist das Leiden von Tieren im Prinzip ebenso zu berücksichtigen wie das Leiden von Menschen. Dann ist allerdings die Frage, wie sich der Mensch zur Gattung der Raubtiere stellt, die andere Tiere fressen. Vom Hedonismus ist der *Eudämonismus* zu unterscheiden, nach der das Glück der eigentliche Wert ist, auf das

das sittliche Handeln ausgerichtet ist; dabei besteht das Glück dann nicht nur aus Lust bzw. der Abwesenheit von Schmerz.

4. *Tugend und Glückseligkeit*

Die Problematik des Eudämonismus ist erstmals von Kant deutlich gesehen worden in seiner Darlegung der Antinomie der praktischen Vernunft. Kant setzt sich dabei mit den Meinungen der Stoiker und Epikureer auseinander. Letztere betrachteten Moralität, Tugend als Mittel zur Erlangung der Glückseligkeit (die sie rein hedonistisch verstanden). Die Stoa setzte Tugend und Glückseligkeit gleich: Wer die Tugend hat, ist glückselig, auch wenn es ihm noch so schlecht geht. Kant macht demgegenüber deutlich, daß es der sittlichen Gesinnung um das Wohlergehen aller geht, ein Ziel, das sie unter den Bedingungen dieser Welt nicht erreicht. Wer die sittliche Forderung als kategorischen Imperativ versteht, muß zwar die Tugend um ihrer selbst willen anstreben als einen unbedingten Wert. Gerade vom Standpunkt der Tugend aus ist aber die Glückseligkeit aller wünschenswert; diese ist „der Sittlichkeit angemessen". So stellt erst die Verbindung von Tugend und Glückseligkeit das *höchste Gut* dar, das nur unter der Voraussetzung der Existenz Gottes möglich ist, die Kant aus diesen Gründen postuliert. Der Mensch kann sich nur bemühen, der Glückseligkeit *würdig* zu sein. Zwischen Moralität und Glückseligkeit besteht also nicht ein Ursache-Wirkung-Verhältnis, in diesem Sinn also keine Mittel-Zweck-Relation, sondern ein Gebührensverhältnis. Das gilt erst recht, wo die jenseitige Glückseligkeit als Ziel begriffen wird. Aus der Hinordnung auf dieses Ziel ergeben sich keine Kriterien sittlicher Richtigkeit. Wenn dem Menschen, der sittlich handelt, Glückseligkeit gebührt, ist das Kriterium des Sittlichen, sittlicher Güte wie sittlicher Richtigkeit, bereits vorausgesetzt. Somit hat die Ausrichtung auf das ewige Heil auch nichts mit Eudämonismus zu tun (den Kant der recht verstandenen christlichen Ethik auch nicht vorwirft).

Wenn Kant im übrigen der Ethik vor ihm pauschal Eudämonismus vorwirft, ist das so nicht berechtigt. Für Kant ist Glückseligkeit „der Zustand eines vernünftigen Wesens in der Welt, dem es im Ganzen seiner Existenz, alles nach Wunsch und Willen geht" (KpV A 224). Bei ihm sind „Tugend" und „Glückseligkeit" scharf geschieden. Die aristotelische „Eudaimonia" dagegen umgreift sowohl die Tugend wie auch eine hinreichende Ausstattung mit äußeren Gütern, wobei die Tugend der dominierende Bestandteil ist. Allein diese Verwendung des Wortes „Glückseligkeit" ist dazu angetan, die Eudämonismusproblematik nicht zu bemerken. So wird denn in der antiken E. auch erst in der Stoa der kategorische Charakter der sittlichen Forderung unzweideutig zum Ausdruck gebracht.

5. Metaethik

Metaethische Theorien gliedern sich auf in *kognitivistische* und *nonkognitivistische*. Die traditionell übliche Version eines Kognitivismus heißt auch *Intuitionismus*. Nach diesem werden Werteigenschaften durch „Intuition" wahrgenommen; Werturteile wären dann als synthetische Urteile a priori zu verstehen: sie sind nicht noch einmal auf andere Urteile zurückzuführen, sind nicht noch einmal zu begründen. (Mit „Intuitionismus" bezeichnet man allerdings bisweilen eine Spielart einer deontologischen Theorie, nach der die Geltung bestimmter Prima-facie-Pflichten [W. D. Ross], also die Richtigkeit bestimmter Handlungen, auf unmittelbarer Erkenntnis beruht.) Dabei ist man sich bewußt, daß die Eigenschaft „gut" nicht mit deskriptiven Merkmalen einer Sache identisch ist; vielmehr ist etwas gut *wegen* einer anderen (oder mehrerer anderer) deskriptiven(r) Eigenschaft(en). Der *Naturalismus* setzt dagegen die Eigenschaft „gut" mit einem deskriptiven Merkmal gleich, etwa: Gegenstand des Begehrens sein, oder er setzt sittliche Urteile mit faktischen Behauptungen gleich (von G. E. Moore als „naturalistic fallacy" bezeichnet). *Nonkognitivistische* Theorien sind in unserem Jahrhundert gerade von solchen Philosophen vertreten worden, die einerseits den Intuitionismus aus erkenntnistheoretischen Gründen ablehnten, andererseits aber auch den Naturalismus, da dieser praktisch die Eigenständigkeit (Autonomie) der Ethik als Wissenschaft aufgibt, indem er ethische Aussagen auf Tatsachenaussagen reduziert. Die wichtigsten Spielarten des Nonkognitivismus sind der *Emotivismus*, nach dem sittliche Urteile Äußerung einer Emotion sind („Töten ist unerlaubt" bedeutet dann etwa soviel wie „Töten – Pfui"), und der *Dezisionismus*, nach dem sittliche Urteile im letzten auf einer subjektiven souveränen Entscheidung für den Standpunkt der Moral beruhen.

W. K. Frankena, Analytische Ethik (1972); *J. Gustafson*, Situation contra Prinzipien. Eine irreführende Debatte in christlicher Ethik, in: Zeitschrift für evangelische Ethik 13 (1969) 14–40; *I. Kant*, Kritik der praktischen Vernunft (1788); *G. E. Moore*, Principia Ethica (1970); *H. Reiner*, Die philosophische Ethik (1964); *ders.*, Eduämonismus. in: HWP II, 819–823; *F. Ricken*, Allgemeine Ethik (1983); *R. Romberg*, Ethik, in: HWP II, 759–805; *W. Wolbert*, Wege und Umwege einer ethischen Normierungstheorie, in: *W. Ernst* (Hrsg.), Grundlagen und Probleme der heutigen Moraltheologie (1989) 75–93.

WERNER WOLBERT

Ethos

→ Ethik → Norm

Ethos weist sowohl auf ἔθος (Gewöhnung) wie auf ἦθος (Charakter, gewohnte Art zu handeln) hin. Es kann zum einen die Gesamtheit der Überzeugungen, Gepflogenheiten und Verhaltensweisen des *individuellen* Menschen bezeichnen, die dieser als natürliche Anlage mitbringt oder durch Übung, Gewohnheit und (oder) Anpassung ausgebildet hat. Es kann auch einen bei mehreren Menschen zu beobachtenden Typus von Sittlichkeit bezeichnen (etwa „kantisches Pflichtethos"). Für den Kulturanthropologen bezeichnet es die „Gesamtheit der von der Mehrheit einer ethnisch abgrenzbaren Gruppe geglaubten Auffassungen über wesentliche Angelegenheiten" (H. Schoeck). Ethos kann ferner (für den Soziologen) die von der jeweiligen Mehrheit als verbindlich angesehenen Verhaltensmuster bezeichnen. Schließlich spricht man auch vom Ethos bestimmter Berufsgruppen (Ärzte, Politiker), das u. U. in einem ethischen Kodex formuliert ist. In jedem Fall meint Ethos ein faktisch gelebtes oder faktisch als maßgeblich geltendes Verhaltensmuster, nicht eine Summe argumentativ begründeter Überzeugungen.

Ein bestimmtes Ethos läßt sich zunächst beschreiben. Solange man sich darauf beschränkt, betreibt man eine rein *deskriptive* Ethik. Wo man dagegen dazu Stellung nimmt, ein bestimmtes Ethos zur Gänze oder in Teilen bewertet, empfiehlt oder auch ablehnt, betreibt man *normative* Ethik.

W. Kluxen, Ethik des Ethos (1974); *H. Reiner*, Ethos, in: HWP II, 812–815; *H. Schoeck*, Ethos, in: *ders.*, Kleines Soziologisches Wörterbuch (1969).

WERNER WOLBERT

Euthanasie

→ Krankheit → Leiden → Medizinische Ethik → Selbsttötung (Suizid) → Therapie → Tod

1. Begriff

Das Wort Euthanasie ist griechischen Ursprungs und bedeutet seiner Etymologie nach „ein guter oder schöner Tod". Im griechischen und römischen Bereich hatte das Wort nicht den Sinn einer Hilfe zum Sterben, sondern den eines leichten und würdigen Todes. Heute dagegen bedeutet es zumeist die beabsichtigte Tötung gequälter, unheilbarer Kranker. Der Terminus technicus dafür ist direkte, aktive Euthanasie. In einem weiteren Sinn wird auch von indirekter und passiver Euthanasie gesprochen. Unter indirekter Euthanasie wird die Erleichterung des Sterbens besonders durch Sedative und Narkotika mit Lebensverkürzung als Nebenwirkung verstanden. Passive Euthanasie ist ein Erleichtern des Sterbens durch Unterlassung oder Abbruch von lebenverlängernden Maßnahmen. Im alltäglichen und kirchlich-theologischen Sprachgebrauch meint das Wort Euthanasie fast immer deren direkte, aktive Form. Der päpstliche Rat *Cor unum* empfiehlt sehr, daß der Ausdruck „Euthanasie" nur dieser letzteren Form vorbehalten bleibe, um Mehrdeutigkeiten und Verwirrungen zu vermeiden (Dokument *Dans le cadre* vom 27. Juni 1981).

Im Laufe der Geschichte gab es besonders (obwohl nicht nur) bei Naturvölkern öfters die Praxis, mißgebildete und abnormale Kinder oder sehr alte und kranke Menschen aus eugenischen und ökonomischen Gründen auszusetzen oder zu töten. In systematischer Weise erfolgte die Vernichtung „lebensunwerten Lebens", d. h. der schwer geistig Kranken und unheilbar Mißgebildeten, durch den Nationalsozialismus. Diese Praxis, die als „soziale Euthanasie" bezeichnet wird, stößt heute auf universelle Ablehnung. Sie ist von der Euthanasie aus Gründen der Mitmenschlichkeit und der Befreiung von extremem Leiden klar zu unterscheiden. Nur um letztere geht es den heutigen Befürwortern der Euthanasie.

Direkte Tötung kann erfolgen durch eine todbringende Intervention, z. B. durch eine tödliche Injektion oder vorsätzliche, direkte Beschleunigung des Todes durch Pharmaka, oder durch Verweigerung der gewöhnlichen Mittel der Lebenserhaltung wie Essen, Trinken und einfache Medizinen. Im Falle eines gequälten, unheilbar Kranken sind freilich nicht einmal einfache Medizinen mehr sittlich geforderte Mittel der Lebenserhaltung, noch ist die Ablehnung von Nahrung aus Mangel an Appetit in seinem Fall ein Verstoß gegen die Selbsterhaltung.

2. *Situation heute*

Nach dem Zweiten Weltkrieg war das Thema der Euthanasie wegen der schockierenden Exzesse der Nazis lange Zeit tabu. Mit dem Abklingen des Schocks zeigt sich jedoch in den letzten Jahren eine stetig wachsende Tendenz der Zustimmung zur Euthanasie in verzweifelten, hoffnungslosen Fällen. 1973 sprachen sich in Deutschland 53% der Bevölkerung für aktive Euthanasie aus, 1977 55% und 1984 66%. In England und Frankreich lagen die Prozentzahlen 1987/88 bei 72% und 76%. Von holländischen Ärzten wird berichtet, daß sie sich besonders bei Patienten mit Krebs, z. B. Lungenkrebs, und multipler Sklerose nicht selten für aktive Euthanasie entscheiden, und zwar durchschnittlich sechsmal am Tag (*Newsweek*, 14. März 1988).

Oft wird behauptet, daß die moderne Medizin in der Lage sei, den Schmerzen abzuhelfen, und von daher kein Grund bestehe, zur Euthanasie seine Zuflucht zu nehmen. Das trifft zwar weitgehend zu, aber doch nicht in dieser universellen Weise. Es gibt nach wie vor schwer beherrschbare Schmerzen und Qualen anderer Art, wie z. B. tiefe, quälende Schmerzen bei Blasen- und Knochenkrebs, Schluckbeschwerden, Atemnöte, Erbrechen und Geschwüre. Darüber hinaus sind auch die grundsätzlich möglichen medizinischen Hilfen nicht immer allen Menschen gleicherweise zugänglich, wie etwa vielen Menschen in der Dritten Welt.

Viele Menschen haben heute Angst, daß ihnen ein unnötig langer und leidvoller Krankheits- und Sterbeprozeß gegen ihren Willen aufgezwungen wird. Sie haben Angst vor einer Lebensphase qualvollen Dahinsiechens, angeschlossen an viele Maschinen, weithin unbeweglich, isoliert und mit minimalem menschlichem Kontakt. Man hört häufig Klagen aus dem Mund von Krankenschwestern und in der Literatur über ein solches Vorgehen. „In der Bekämpfung der Leiden hat die Medizin neue Leiden geschaffen, die an Grausamkeit die Grenzen der natürlichen Leiden sprengen" (H. Saner). Das absolut gesetzte Prinzip der Lebensverlängerung um jeden Preis wird zur Rechtfertigung „kalter Inhumanität" (Wunderli). Unter dem Vorwand der Achtung für das Leben „werden den menschlichen Wesen jedwede Tortur und alle Erniedrigung zugefügt" (S. de Beauvoir).

3. Aktive Tötung und Verzicht auf lebensverlängernde Maßnahmen

Für die ethische Beurteilung ist vor allem die Unterscheidung zwischen aktivem Tun und passivem Unterlassen grundlegend. Der Mensch hat immer eine Verantwortung für das, was er aktiv tut, weil er in diesem Fall die Ursache einer Wirkung ist, die ohne ihn nicht eingetreten wäre, z. B. das Ertrinken einer Person, die er selbst ins Wasser gestoßen hat. Im Falle einer Unterlassung dagegen führt sich die Wirkung auf eine Ursache zurück, die außerhalb der in die Situation hineingezogenen Person liegt, z. B. das Ertrinken eines Menschen, der von selbst ins

Wasser gefallen ist. Hier wird das Ertrinken der dem Ereignis beiwohnenden Person nur angerechnet, wenn sie die Möglichkeit und besonders eine Verpflichtung der Gerechtigkeit hat zu helfen, z. B. als Rettungsschwimmer oder Bademeister. Falls aber der eine oder der andere sein Bestes tut und ihm die Rettung nicht gelingt, ist er an dem Tode des Ertrunkenen nicht schuldig, und das darum, weil er nicht die auslösende Ursache des Sturzes ins Wasser war.

Auf das Problem der Euthanasie angewandt bedeutet dies, daß der Arzt für Maßnahmen aktiver Euthanasie immer verantwortlich ist. Im Hinblick auf die Unterlassung lebensverlängernder Maßnahmen dagegen hat er nur dann eine Verantwortung, wenn ihm die nötigen Mittel zur Verfügung stehen und wenn er in irgendeiner Weise einen Auftrag zur Hilfe hat. Die aktive Ursache des Sterbens des Patienten ist bei Unterlassung derartiger Maßnahmen nicht der Arzt, sondern der dem Patienten interne Defekt der Krankheit. Grundsätzlich kommt dem Arzt ein Auftrag zur Hilfe nur in dem Maße zu, wie er ihn vom Patienten oder dessen Repräsentanten gegeben wird. Nur dann, wenn diese Entscheidungsinstanzen ausfallen, hat der zu Hilfe gerufene Arzt den automatischen Auftrag, für den Patienten zu entscheiden, und zwar in der Weise, wie es nach seiner Überzeugung im besten Interesse desselben liegt.

Nur eine Überlegung sei zu diesen Kriterien hier angefügt. Es wird wiederholt argumentiert, daß man das Leben um jeden Preis verlängern müsse, weil der eine oder andere Patient ab und zu wider Erwarten doch überlebe. Darauf ist einzuwenden, daß damit die vielen, die nicht durchkommen, diesem einen geopfert werden. Ist es gerechtfertigt, mehrere oder auch viele Patienten dem Martyrium eines dahingezogenen Leidens auszusetzen, damit einer von ihnen irgendwie (und vielleicht auch er nur in einem Zustand des Siechtums) doch noch überlebe? Und auch dieser eine hat seiner leidvollen Behandlung nicht zugestimmt (denn nur um Patienten, die ihrer Behandlung nicht zugestimmt haben, geht es hier). Nach der ständigen Lehre der Tradition ist unter gewöhnlichen Umständen selbst ein Patient, der gerettet werden könnte, nicht verpflichtet, sein Leben durch eine außerordentlich schmerzhafte Therapie zu erhalten, wie z. B. in früheren Zeiten durch eine Amputation des Armes ohne Narkose, und das umso weniger, wenn zusätzlich die Erfolgsaussichten auf Überleben gering sind, wie früher bedingt durch den Mangel an Antibiotika. Endlich gibt es auch viele Fälle, wo sicher an eine Wiederherstellung nicht zu denken ist und wo eine Lebensverlängerung nur Leid ohne Hoffnung bedeutet. Auf seiten der Ethiker und Theologen besteht Übereinstimmung darüber, daß dann keine Verpflichtung zu weiteren lebensverlängernden Maßnahmen mehr besteht, sondern daß diese im Gegenteil zu unterlassen und abzubrechen sind.

4. Gründe für und wider die aktive Euthanasie

In der Frage der aktiven Euthanasie geht der Konsens der gleichen Fachleute in weitem Maße dahin, daß sie sittlich und rechtlich nicht vertretbar sei. Erfahrene Ärzte sind sich einig, daß der Wunsch eines Kranken nach Euthanasie ganz überwiegend nicht wörtlich gemeint, sondern vielmehr ein Ruf nach besserer Hilfe sei; oder zumindest verschwindet dieser Wunsch, wenn bessere Hilfe und Zuwendung erfolgen. Doch gibt es Fälle des „totalen Schmerzes", wo selbst unter den günstigsten Umständen pflegerischer Hilfe und intensiver persönlicher Betreuung (Umstände, die allzuoft ermangeln) die Leiden nicht zu meistern sind und der Wunsch nach Sterbehilfe nicht verstummt.

Im Hinblick auf derartig extreme Leiden erklärte schon Pius XII. ohne jede allzu komplizierte Kasuistik, daß schmerzunterdrückende Pharmaka auch dann verabreicht werden können, wenn sie eine Verkürzung der Lebensdauer als nicht intendierten Nebeneffekt mitbewirken. Aktive, direkte Euthanasie dagegen wird von ihm wie auch von der 1980 gegebenen Erklärung zur Euthanasie von seiten der Kongregation für die Glaubenslehre eindeutig abgelehnt.

Die Gründe, die traditionell gegen die Selbsttötung und die Tötung eines unschuldigen Mitmenschen vorgebracht werden, gelten auch für die Euthanasie. Sie sind die folgenden: Euthanasie verstößt gegen das alleinige Verfügungsrecht des Schöpfer-Gottes über Leben und Tod des Menschen; sie verstößt gegen das Wohl der Gesellschaft; und sie widerspricht der Selbstliebe sowie dem Wert des Lebens als dem höchsten irdischen Gut des Menschen.

a) Das Argument vom alleinigen Verfügungsrecht Gottes gilt in der moraltheologischen Tradition als das wichtigste. In den letzten Jahren jedoch wird die absolute Durchschlagskraft dieses Argumentes zunehmend in Frage gestellt. Denn aus der Tatsache, daß Gott der letztliche Eigentümer des menschlichen Leibes und Lebens ist, folgt nicht, daß der Mensch nie und nimmer über ein Glied seines Körpers verfügen oder ein menschliches Leben opfern könne. Es bedeutet nur, daß der Mensch über diese Dinge nicht willkürlich verfügen kann, sondern immer nur in Übereinstimmung mit der dem Menschen von Gott gestellten Aufgabe im Rahmen der Entfaltung des göttlichen Schöpfungsplanes und der Verwirklichung seines Reiches der Liebe und

Gerechtigkeit. Selbst das direkte Lebensopfer eines Unschuldigen kann unter Umständen in Übereinstimmung mit diesem Ziel stehen, z. B. das von der Tradition immer zugestandene Opfer eines Passagieres in einem überfüllten Rettungsboot, selbst wo das Verlassen desselben den sicheren Tod bedeutet; oder die heute auch katholischerseits weitgehend zugestandene direkte therapeutische Abtreibung, wo andernfalls Mutter und Kind zusammen sterben würden.

Einige Autoren kommen von dieser Überlegung her zu dem Schluß, daß auch aktive, direkte Euthanasie unter Umständen gerechtfertigt sein kann, und zwar zur Wahrung der von einer qualvollen Krankheit bedrohten menschlichen Freiheit und Würde und aus Gründen der Menschenwürdigkeit des Sterbens, der Barmherzigkeit und der mitmenschlichen Liebe. So wollen Autoren wie Sporken, Curran und Maguire auch aktive Euthanasie nicht prinzipiell und unter allen Umständen ausschließen. Selbst Theologen, die entschieden gegen die Euthanasie argumentieren, räumen ein, daß sich für Grenzfälle nicht immer eine ganz glatte ethische Lösung finden läßt (Eid, Cahill).

b) Argument des Gemeinwohles: Andere Autoren, die zwar ebenfalls die Argumentation von den Eigentumsrechten Gottes über den Menschen in der vorliegenden Diskussion nicht für durchschlagend halten, z. B. McCormick, Holderegger, Rotter und im wesentlichen auch Eid, kommen von dem Argument des Gemeinwohles (oder der Selbstliebe: Holderegger) her dennoch zu einer grundsätzlichen Ablehnung der aktiven Euthanasie. Im einzelnen handelt es sich um folgende Bedenken.

Erstens, die grundsätzliche Zulassung der Euthanasie kann leicht zu einem „Dammbrucheffekt" führen, indem diese Praxis dann auch auf behinderte und kranke Individuen ausgedehnt wird, die nicht so sehr selber leiden, als vielmehr eine Last für die Gemeinschaft sind. Darauf läßt sich antworten, daß für viele ethische Prinzipien Ausnahmen eingeräumt wurden, die doch zu keinem Dammbrucheffekt geführt haben (wie z. B. der Mundraub), solange die Ausnahmen genau definiert sind. Der in der vorliegenden Debatte benannte Grund für Euthanasie ist die Befreiung von extremem Leiden. Alle anderen Gründe scheiden aus.

Zweitens, das Vertrauensverhältnis zwischen Arzt und Patient müßte ernstlich Schaden leiden, wenn der Arzt den Gnadentod geben könnte. Doch darauf kann eingewandt werden, daß ein solcher Vertrauensverlust nur dann eintreten wird, wenn Euthanasie gegen den Willen eines grundsätzlich kompetenten Patienten erfolgen kann, was von niemandem heute vertreten wird. Im übrigen schafft der vor allem bei entsprechenden Umständen zugestandene Verzicht oder Abbruch auf lebensverlängernde Maßnahmen eine ähnliche Situation. Der Verzicht könnte zu früh erfolgen, z. B. um Organe für eine Transplantation zu gewinnen. Trotz dieser Gefahr ist ein Vertrauensverlust nicht eingetreten, weil entsprechende Sicherungen dem Mißbrauch vorbeugen.

Drittens, unabdingbare Voraussetzung der Euthanasie ist, wie eben angemerkt, die freie Willenszustimmung des Patienten. Aber wie wird diese Zustimmung erkannt und gesichert? Es wurde schon erwähnt, daß der Wunsch des Kranken nach Euthanasie oft nur eine versteckte Bitte um größere Hilfe und Zuwendung ist. Oder er ist das Resultat einer temporären Depression oder durch schwere Medikamente ausgelösten, zeitweiligen Verwirrung. Schließlich könnte der Euthanasiewunsch auch das Resultat eines vermeintlichen oder wirklichen sozialen Druckes der Umgebung sein, daß der Kranke nun abzutreten habe. Gewisse Vorsichtsmaßnahmen sind möglich, diesen Bedenken zu begegnen, z. B. die Gewährung einer besseren Betreuung, eine entsprechende Wartezeit, Konsultation des behandelnden Arztes mit einem anderen Arzt. Doch besonders die Möglichkeit des sozialen Druckes ist eine ernste, nicht leicht zu bannende Gefahr und verbleibt ein ernster Einwand. Die Forderung des Konsenses bietet schließlich auch keine Lösung für jene schwer leidenden Personen, die unfähig zum Konsens sind, wie Minderjährige und Neugeborene. Kann in diesem Fall der Konsens von deren Repräsentanten gegeben werden? Das wäre Euthanasie ohne freie Willenszustimmung des Patienten, freilich auch nicht gegen sie. Aber gerade in diesem Punkt ist der Schritt zur sozialen Euthanasie sehr klein, und die Furcht ist groß, daß – einmal ein Anfang gesetzt – der Schritt nicht vermieden wird. Es sei klargestellt, daß aktive Euthanasie für komatose Patienten nicht zur Diskussion steht, da sie nicht leiden. Die passive Unterlassung weiterer Behandlung und auch künstlicher Ernährung bei terminalem Koma ist erlaubt, wenn nicht geboten, sie ist aber nicht Euthanasie im strikten Sinn.

c) Argument der Selbstliebe: Verbietet die Selbstliebe grundsätzlich die Euthanasie? Das wäre der Fall, wenn jedes Sterbensleiden, auch das größte und längste, als eine gottgewollte, letzte Phase menschlicher Reife zu betrachten wäre, die der Mensch nicht abkürzen darf. Gälte das jedoch absolut, würde das auch die indirekte Verkürzung des Lebens durch Narkotika und die passive Unterlassung lebensverlängernder Maßnahmen mit dem Ziel, Leiden zu vermindern, ausschließen. Und doch werden sie allgemein erlaubt. Vom rein humanistischen Standpunkt aus gesehen erscheint die Selbstliebe gerade ein Argument für die Abkürzung extremer Leiden, wo keine Hoffnung auf Wiederherstellung mehr besteht. Das Leben ist zwar das grundlegendste irdische Gut des Menschen, aber nicht das höchste Gut überhaupt. Darum darf es unter Umständen für ein höheres Gut geopfert werden. Grundsätzlich ist die Befreiung von Leid ein Gut, denn sie ist Gegenstand aller Werke der Barmherzigkeit. Ist jedoch die Befreiung von schwerem, terminalem Leid ein Gut, das die Beendung des Lebens durch Euthanasie rechtfertigt? Diese Frage findet keine einstimmige Antwort.

5. Schluß

Wenn alle Argumente für und wider die Euthanasie durchdacht sind, fällt es schwer, mit den Gründen der Vernunft allein zu einem sicheren Schluß zu kommen, und es verbleibt ein Gefühl der Unsicherheit. In allen Staaten ist die direkte Tötung auch aus Gründen der Euthanasie bisher ein Vergehen. In Deutschland und in der Schweiz gilt Euthanasie nicht als Mord, sondern als Todschlag. Die konkreten Strafen für Euthanasie sind de facto oft nur symbolisch. Weitaus häufiger indessen als die Krankheitsfälle, die die umstrittene Frage nach Euthanasie stellen, sind die Fälle sinnloser, qualvoller künstlicher Lebensverlängerung, in denen Ethiker und Theologen übereinstimmend den Verzicht auf weitere Behandlung oder deren Abbruch erlauben und fordern. Hier ist es dringend geboten, daß Ärzte sich nicht von dem starren Prinzip der Lebensverlängerung um jeden Preis bestimmen lassen, sondern von dem Willen des Patienten und seinem Anspruch auf Bewahrung vor unnötigen, zusätzlich geschaffenen Leiden und auf einen menschenwürdigen Tod in Frieden.

V. Eid (Hrsg.), Euthanasie oder Soll man auf Verlangen töten? (^{2}1985); *D. Humphry/A. Wickett,* Das Recht auf den eigenen Tod und eine menschenwürdige Sterbehilfe (1987); *E. Kübler-Ross,* Verstehen, was Sterbende sagen wollen (1982); *M. von Lutterotti,* Menschenwürdiges Sterben. Kann sich die Gesellschaft auf das Gewissen des Arztes verlassen? (1985); *H. Saner/H. Holzhey,* Euthanasie. Zur Frage von Leben- und Sterbenlassen (1976); *P. Sporken,* Menschlich sterben (^{2}1973).

KARL-HEINZ PESCHKE

F

Familie

→ Ehe → Empfängnisregelung → Erziehung → Frauenfrage
→ Gesellschaft → Liebe → Mann → Sexualität → Treue

1. Familie ist eine universale Erscheinung als grundlegende soziale Einheit der Gesellschaft. Sie erweist sich als anthropologische Notwendigkeit zufolge der Zweigeschlechtlichkeit des Menschen sowie seines Bedarfs nach einer Jahre dauernden Pflege und Erziehung. Die konkreten Erscheinungsformen sind vielfältig und von raum-zeitlichen Faktoren der individuellen und gesellschaftlichen Entwicklung mitbestimmt. Mit Familie werden gewöhnlich die folgenden sozialen Sachverhalte in Beziehung gesetzt: Haushalt, Ehe, Eltern-Kind-Beziehungen und Verwandtschaften. Unterschiede darin ergeben die Vielfalt der Formen und Auffassungen von Familie. Allgemein definiert, bezeichnet heute Familie primär die auf die Gestaltung der sozialen Beziehungen zwischen Eltern und Kindern hin angelegten Sozialformen eigener Art, die als solche sozial anerkannt werden (K. Lüscher). Darin sind drei Aspekte verknüpft: Familie als Gruppe, Institution und ausdifferenzierter Funktionsbereich. Die Pflicht, eine Familie zu gründen, besteht nicht. Das Recht dazu wird als Menschenrecht anerkannt, denn als intime Gemeinschaft von Personen bedarf Familie keiner externen Legitimierung. Dennoch kann erwartet werden, daß Familie Aufgaben erfüllt, was auch geschieht: Beziehungen zwischen den Generationen und Geschlechtern in der alltäglichen Lebenswelt so zu gestalten, daß individuelle und kollektive Identität erreicht wird. Was Familie tatsächlich leistet, wird oft erst dann wahrgenommen, wenn sie ihre Aufgaben nicht erfüllt.

2. *Die Familie im AT,* die israelitische Familie, stellt die umfassende Einheit des Lebensvollzuges dar und ist Ort der Gottesbegegnung. Die ersten Glaubensgeschichten (Patriarchenerzählungen) sind Familiengeschichten. Die Leitung der Familie obliegt dem Vater, der sich dem Willen Jahwes unterstellt weiß und allen Zuflucht zu bieten hat – Familie heißt im Hebräischen „Vaterhaus". Kinder, Gabe Jahwes an die Eltern, sind deren Ehre und Stolz (Ps 144), Freude (Ps 128) und Hilfe

(Ps 127). Männliche Nachkommen sichern die männliche Namenstradition und werden daher besonders geschätzt (Jer 20,15; 1 Sam 4,20; Gen 30,2). Erziehung – hebräisch: Anleitung (Hi 4,3) und Züchtigung (1 Kö 12,11) – wird als Aufgabe von Mutter und Vater erfüllt. Die Mutter besorgt diese vor allem in den ersten Lebensjahren, für die Mädchen bis zur Verheiratung mit 12 bis 15 Jahren. Der Vater führt den Sohn in seinen Beruf und Glauben sowie in die Sitten und Gebräuche des Volkes ein. Mißratene Söhne gelten als Schande für die gesamte Familie. Die priesterliche Funktion wurde dem Vater durch Kultzentralisation genommen, jedoch verbleibt die Pflicht zur religiösen Unterweisung (Dtn 6,20ff. u. a.). Das 4. Gebot verweist auf die Pflicht der Kinder, für ihre alten Eltern ausreichend Sorge zu tragen.

3. Familie im NT: Jesus gibt kein neues Modell von Familie vor, geht von dieser als gegeben aus, lebt selbst in einer Familie, wirkt bei der Gründung einer Familie sein erstes Wunder (Joh 2,1–12) und bezieht sich in Bildern auf Familie. Er setzt diese jedoch nicht absolut und stellt rein familiales Beziehungsdenken in Frage; nicht nur bezüglich seiner eigenen Familie („Wer sind meine Mutter und meine Brüder?", Mt 12,46–50, Mk 3,31–35, Lk 8,19–21; der Zwölfjährige im Tempel, Lk 2,41–52), sondern auch für die seiner Nachfolger („Wer Vater oder Mutter mehr liebt als mich, ist meiner nicht würdig", Mt 10,39). Sogar Gesetzesübertretung wird verlangt, um solche Bindungen aufzugeben (Mt 8,21f., Lk 9,57–62). Gott wird als *abba* (Mt 23,9) vorgestellt, der alle als seine Kinder bedingungslos annimmt. Die Liebe zu Gott zeigt sich in der Liebe zu den Menschen. In dieser neuen geschwisterlichen Gemeinschaft zählt die Gotteskindschaft. Damit kann die Mutter Jesu zur Mutter seines Jüngers werden, wie umgekehrt dieser zu ihrem Sohn (Joh 19,26f.).

Das Gleichnis vom verlorenen Sohn (Lk 15,11–32) kann nicht nur als die Barmherzigkeit Gottes zeigend interpretiert werden, sondern auch als gelungene familiale Interaktion: Die elterliche Liebe und das kindliche Vertrauen wird durch große Enttäuschungen nicht überwältigt, ja sogar aufgedeckt und kommt in der konkreten Situation zum Ausdruck. Für alle Beteiligten werden Vertrauen, Güte, Verzeihen, Versöhnen ... im Beziehungssystem auf neue Weise erlebbar.

In den ntl. Briefen werden antike Haustafeln übernommen und im Geist Jesu modifiziert (Kol 3,18–4,1; Eph 5,22–6,9; 1 Petr 2,13–3,7). Es wird die Angewiesenheit und wechselseitige Unterordnung (Eph 5,21) in Liebe (Eph 5,25) betont, weil sich so die Jesusbeziehung in der Menschenbeziehung spiegelt. Das familiäre Miteinander wird zur

Grundstruktur für das christliche Sozialverhalten überhaupt (1 Tim 5,19). Sosehr die Familie in Ehren gehalten wird, steht sie auch unter dem eschatologischen Vorbehalt, daß Mann und Frau, Vater, Mutter und Kinder einander nicht Himmel und Erde sein können (1 Kor 4,7 und 7,29–34).

4. Lehramtliche Aussagen und Theologie: Die Ehe ist das Fundament, auf dem die größere Gemeinschaft der Familie aufbaut. Würde und Verantwortung von Frau und Mann sind grundsätzlich gleichwertig (FC 22,25). Kinder sind das vorzüglichste Geschenk der Ehe (GS 50, FC 14). Sie tragen zur Heiligung der Eltern bei und besitzen volle personale Würde (GS 49, FC 26). Die ehelichen Akte, human vollzogen, sind von eigener sittlicher Würde (GS 49). Familienplanung als verantwortete Elternschaft ist Recht und Pflicht der Eltern. Dem Plan Gottes nach ist Familie „innige Gemeinschaft des Lebens und der Liebe" (GS 48, FC 17) mit der „Sendung", die Liebe als Teilhabe an der Liebe Gottes „zu hüten, zu offenbaren und mitzuteilen". Dies erfolgt v. a. durch die Erfüllung von vier Aufgaben (FC 17–64): a) Bildung einer Gemeinschaft von Personen, deren innere Grundlage, ständige Kraft und letztes Ziel die Liebe ist; b) Dienst am Leben, in vielfältigen Formen, wobei Zeugung und Erziehung die zentralsten sind; c) Teilnahme an der gesellschaftlichen Entwicklung, begründet in der Natur und Berufung der Familie als Grund- und Lebenszelle der Gesellschaft; d) Teilnahme am Leben und der Sendung der Kirche als glaubende und verkündende Gemeinschaft im Gespräch mit Gott und im Dienst am Menschen. Dort, wo Familie das lebt, erweist sie sich als Schule der Humanität, Fundament der Gesellschaft und Hauskirche (GS 48ff.). Familie kann mit Recht Unterstützung durch Staat und Kirche erwarten. Dabei sind Ansatzpunkte der Familienpastoral: Ehevorbereitung, Trauungsfeier, Ehebegleitung, Vorbereitung auf Taufe, Erstkommunion und Firmung sowie Familien in schwierigen Situationen (FC 65–85).

In der Familie ereignet sich die Liebe Gottes zu den Menschen auf zwischenmenschliche Weise. Sie ist somit Heilsstand und Ort der Heiligung, wo Menschsein in besonderer Weise möglich ist, wo Glaubenserfahrung aus gelebter Liebe erwächst und so Verehrung Gottes stattfindet. Familie leben heißt, sich auf eine gemeinsame Beziehungs- und Wachstumsgeschichte einzulassen – bedingungslos, jedoch nicht in fixierten, sondern in offenen Erwartungen. Im katholischen Verständnis wird Familie eher von der Seinsordnung her gesehen – „Familie, werde, was du bist!" (FC 17) –, im evangelischen eher als Sollensordnung. Ersteres sieht Familie als eine Ordnung Gottes, eine Setzung auf Dauer und eine Rechtsrealität, die auch dem Staat voraus und zu schützen ist (J. Ratzinger); letzteres als eine Kulturerscheinung in der Geschichtlichkeit aller Lebensgestaltung (W. Lohff), ein unterschiedlich gestaltbares Mandat (D. Bonhoeffer).

5. Die historische Betrachtung von Familie in Europa zeigt die Entwicklung von der frühen Neuzeit zur Gegenwart nicht als determinierten Prozeß, sondern als Ergebnis reversibler und irreversibler Trends. Reversibel war z. B. der Trend der unehelichen Geburten vor und nach 1800, ansonsten würde es im 20. Jh. nur noch uneheliche Geburten geben. Als wahrscheinlich irreversibel sind Veränderungen der Rollenstruktur, der Gattenbeziehungen, der Eltern-Kind-Beziehungen und der Funktionen zu nennen: Rollenvielfalt wurde reduziert durch Wegfall des Gesindedienstes, Mitwohnens von Verwandten und ständigen Zusammenlebens der Eltern mit Kindern. Die Verweildauer der Kinder in der Familie war sehr unterschiedlich: In ländlichen Kleinhäusern eher kurz, da diese wegen der Notlage schon oft mit 11 bis 12 Jahren aus dem Haus mußten (von der Kost bekommen); auf großen Bauernhöfen möglichst lang, da Kinder als billige Arbeitskraft zur Verfügung standen, da sie keinen Lohn erhielten. Trotz dieser Unterschiede der Verweildauer lebten immer Kinder in der Familie, da diese während der gesamten biologischen Fruchtbarkeit geboren wurden. Die Lebenserwartung der Eltern war niedrig, und Wiederverehelichung von Verwitweten führte häufig auch zu Stiefeltern- und Stiefgeschwisterkonstellationen (Gegenstand der Märchenliteratur). Bei Partnerwahl und Stabilisierung der Beziehungen nahm die Bedeutung sozialer und ökonomischer Kriterien zugunsten jener von emotionalen Bindungen ab. Der Wegfall der wirtschaftlich und gesellschaftlich bedingten gesetzlichen Ehehindernisse im 19. Jh. förderte diese Entwicklung. Der Patriarchalismus als Beziehungsform zwischen Mann und Frau mit seinen gesellschaftlichen sowie familialen Wurzeln verlor seine Vorherrschaft zugunsten eines partnerschaftlichen Leitbildes. Gegenüber Erziehung über Lernen durch Mitleben und -arbeiten, wobei Dienstboten und ältere Geschwister eine sehr große Rolle gespielt haben, gewann die Pädagogisierung und Scholarisierung zunehmenden Einfluß auf die Eltern-Kind-Beziehungen, z. B. was die Länge des Schulbesuches oder den Autonomiezuwachs der Kinder betrifft. Der erfolgte Funktionswandel wird deutlich am Beispiel der umfassenden Neugestaltung infolge der Industrialisierung: Familie verlor ihre Bedeutung als Einheit der Arbeitsorganisation sowie auch als Einkommensquelle. Die

Lohnarbeit ermöglichte die individuelle, weitgehend unabhängige Lebensgestaltung, was die Verbreitung der Kernfamilie förderte.

6. Die Kernfamilie entstand im Kontext des gesellschaftlichen Differenzierungsprozesses als auf die Liebes- und Beziehungskultur zwischen Eltern und Kindern spezialisierter Aufgabenbereich. Sie ist in den Industrieländern die weitaus verbreitetste Familienform. Die Ehe ist ihre selbstverständliche Grundlage. Partnerwahl und Zusammenhalt beruhen vor allem auf emotionalen Bindungen. In der traditionellen Kernfamilie sorgt der Vater für den Unterhalt, die Mutter für den Haushalt und die Betreuung der Kinder; allerdings gehen heute immer mehr Mütter auch von Kleinkindern einem außerhäuslichen Erwerb nach. Da die derzeit meist 1 bis 3 Kinder in den frühen Ehejahren geboren werden, dauert das Zusammenleben mit diesen selten länger als die „nachelterliche" Phase der Gatten. Kinder gründen häufig noch als Alleinstehende einen eigenen Haushalt. Hierin veranschaulicht sich Kernfamilie als eine auf Freigabe in die volle Eigenverantwortlichkeit und damit letztlich Auflösung hin orientierte Gruppe. Zunehmend mehr Menschen erleben ihre Urenkel, sodaß häufig 4 Generationen einer Familie zur gleichen Zeit leben, wenn auch in (drei) getrennten Haushalten, womit sich die Aufgabe der Integration und Pflege alter und v. a. sehr alter Menschen stellt. Ein Höhepunkt der Ausbreitung von Kernfamilie läßt sich um 1960 feststellen: Heiratsrate über 90%, im 19. Jh. bei 50%. Familie gehörte nahezu für jeden zur Normalbiographie. Diese Erscheinung ist demnach eher jüngeren Datums.

7. Seit Mitte der sechziger Jahre besteht in den Industrieländern ein Trend zu weniger Geburten und Heiraten sowie zu mehr Scheidungen, gegenwärtig stabilisiert auf dem erreichten Niveau. Die Zahl von alleinerziehenden (ledigen, geschiedenen, verwitweten) Müttern und auch Vätern, jeweils mit oder ohne einem andersgeschlechtlichen Partner in Haushaltsgemeinschaft, ebenso wie jene der Stiefkinder und Stieffamilien nimmt zum Teil stark zu. Kulturpessimistische Interpretationen befürchten den Untergang von Familie, libertär-emanzipatorische begrüßen das als Fortschritt. Ohne Tendenzen zur Verharmlosung der Entwicklung unterschätzen zu wollen, stellt derzeit die öffentliche Diskussion doch die Veränderungen wesentlich dramatischer dar, als die empirisch festgestellten es sind. Untersuchungen zeigen, daß Familie bei Jugendlichen für ein sinnvolles Leben höchste Priorität besitzt, ein ausgeprägter Kinderwunsch besteht und die monogame Ehe tendenziell als Basis der Familie gilt, nicht jedoch für die Geschlechtspartnerschaft. Die Lebensverhältnisse von Kindern haben keine grundlegende Veränderung erfahren, so lebten 1982 in der BRD über 90% aller unter Achtzehnjährigen mit zwei Eltern zusammen, über 80% mit den leiblichen. Allerdings zeigt sich deutlich: Elternschaft und Familienleben werden nicht mehr als vorgegebene Selbstverständlichkeit der Lebensbiographie angesehen, sondern als eine von mehreren Optionen für das Lebenskonzept. Gleiches gilt für die Gestaltung der Familie und ihres Alltages. Die Wahlmöglichkeit wird gesellschaftlich akzeptiert und zunehmend von (jüngeren) Frauen genutzt. Die weitere Entwicklung wird wesentlich bestimmt sein vom vorgestellten Lebenskonzept junger Frauen und dessen praktischer Vereinbarkeit mit Familie, vom Verständnis der Männer dafür sowie deren Konzept bezüglich Ehegatte und Vater. Dabei kommt zum Aspekt der Erwerbsarbeit zunehmend jener der gewünschten Freizeit hinzu.

8. Die derzeitige Situation von Familie wird mit Überforderung – Analogie zur Umwelt – zutreffender gekennzeichnet als mit Verlust ihrer sozialen Bedeutung, denn Familie als zentraler Lebenswert ist nicht in Frage gestellt, jedoch wird die praktische Umsetzung im Alltag zunehmend schwieriger. Dieses menschliche Dilemma entsteht aus folgender Situation: Individuelle Freiheit erfordert auch individuelle Sinngebung und Existenzsicherung mit allen Risiken, was nicht selten zu Entscheidungsstreß führt. Der Mensch lebt in mehreren ausdifferenzierten Funktionsbereichen, die schlecht abgestimmt sind, sich sogar konkurrieren, was im Lebensalltag vom einzelnen bewältigt werden muß, so z. B. Arbeitswelt, Schule, Freizeit und Familie.

In der Moderne wird Wandelbarkeit zur normativen Qualität, woraus folgenreicher Widerspruch zum normativen Leitbild von Familie entsteht (F. X. Kaufmann): Ehe auf Dauer wird als Ideal belassen, verliert aber wegen Unerreichbarkeit an Verbindlichkeit, d. h. idealisiert sich; verantwortete Elternschaft erhält in dem Sinn normative Dimension, als zunehmend gefragt wird, ob ein (weiteres) Kind nicht die persönliche Leistungs- und Zuwendungsfähigkeit übersteigt und/oder in diese bedrohte Welt geboren werden soll; Autonomieansprüche der Kinder relativieren Verantwortlichkeit der Eltern; Gegenseitigkeitsverpflichtungen nehmen ab; Sehnsucht nach festen familialen Bindungen bleibt, aber Bewußtsein wächst, sich nicht darauf verlassen zu können; Scheidung verliert an Dramatik; intime Paarbeziehungen außerhalb institutionaler Formen werden nicht zum Ideal, aber zum praktizierten Surrogat.

9. *Der Staat* handelt gegenüber Familie nie neutral, da gesellschaftliche Rahmenbedingungen bedeutenden Einfluß auf den Entscheidungsprozeß bezüglich Lebenskonzept und -alltag ausüben. So bestimmen diese das Ausmaß an notwendiger Zusatzmotivation für den Menschen, um in Familie zu investieren. Es geht demnach vorerst nicht um Förderung von Familie als Lebensform, was an sich legitim wäre, sondern um Wahlfreiheit, Chancengleichheit und soziale Gerechtigkeit konkret zu ermöglichen. Abzulehnen ist, wenn der Staat durch seine Familienpolitik versucht, Familie als Instrument für politische Zwecke (z. B. NS-Zeit) einzusetzen.

In den fünfziger Jahren wurden die Grundlagen für den allgemeinen Familienlastenausgleich in Form von Kinderbeihilfen gelegt. Anfang der siebziger Jahre stand die Gestaltung der inneren Organisation, das Familienrecht, in Richtung Partnerschaft im Mittelpunkt und in den achtziger Jahren infrastrukturelle Unterstützung sowie Beratung.

Konfliktfelder der Familienpolitik sind: Individuumorientierung – Familienorientierung; Erwerb – Familie; Geldleistung – Sachleistung; Familienersatz – Hilfe zur Selbsthilfe; soziale Gerechtigkeit – Almosen; Modell der Einkindfamilie – Entscheidungsfreiheit über Kinderzahl konkret wahren; kollektive Betreuung – familienähnliche Einrichtungen.

10. *Die kirchliche Familienarbeit* hat insbesondere durch das Zweite Vaticanum und die Initiativen von Papst Johannes Paul II. – Gründung des Päpstlichen Rates für die Familie, Bischofssynode zur Familie, Rundschreiben FC, Entwurf einer Charta der Familienrechte – neue Impulse erhalten. Von entscheidender Bedeutung ist dabei der inhaltliche Ansatz von der Familie als Hauskirche (FC 49), d. h. Familie nicht sosehr als Objekt der Lehre, sondern vor allem als Subjekt der Pastoral, sowie die methodischen Instrumente Inkulturation (FC 10) und Gradualität (FC 9). In diesem Kontext gilt es eine Liebes- und Beziehungskultur zu fördern, in der Urvertrauen, Lebensfreude, Solidarität, Zuwendung ... durch Miteinander-Leben wirksam vermittelt wird und damit auch die Grundwerte und -erfahrungen der Gottesbeziehung. Dazu bedarf es weniger der detaillierten Anweisungen als des konkreten Ermunterns und Ermutigens. Die Aufgabe der konkreten Umsetzung dieses Grundwissens in Lehre und Praxis muß noch bewältigt werden.

Der Problemlage nicht gerecht wird die Annahme des Fehlens von Idealen, da eher die Gefahr zur Idealisierung von Familie besteht und die Schwierigkeit vor allem in der Verwirklichung des vorgestellten Ideals im konkreten Alltag liegt. Wird diese Struktur des Problems übersehen, bewirken noch so massive und detaillierte Bemühungen kaum etwas. Im Sinne eines möglichen Konzeptes von Inkulturation gilt es, die Verantwortung des Menschen für sein Handeln in der Familie unzweifelhaft anzuerkennen und die gewonnenen Erfahrungen aufzugreifen. Die eigentliche Aufgabe besteht darin, die Fähigkeit des Menschen zur notwendigen Auswahlentscheidung in einer pluralen Überflußgesellschaft wirksam zu fördern und zu stützen, kurz: zur Askese in der Fülle zu befähigen. Weiters gilt es, das Bewußtsein zu fördern, daß Beziehungsqualitäten anders als materielle Güter nicht grundsätzlich dem Verbrauch unterliegen, also z. B. Liebe mit ihrer Anwendung sich vermehren kann. Gradualität hilft, Widerstände abzubauen, Wirklichkeiten realistisch zu sehen und eventuell einzubekennen, wodurch die Chance auf Entwicklung und Umkehr gefördert wird.

Netzwerke der Kooperation und Kommunikation von Familie in Form von Runden, Nachbarschaftshilfen, aber auch gemeinschaftlichem Wohnen hilft Isolierung sowie Überforderung zu überwinden und schafft homogene Umwelt, die Unsicherheit abbaut. So wird die Chance für die Integration von Alleinerziehern, Alleinstehenden sowie alten oder behinderten Menschen verbessert und ein Ansatz für die bessere Vereinbarkeit von Erwerb, Freizeit und Familie geboten. Dabei kommt der christlichen Gemeinde und den Familien selbst eine bedeutende Aufgabe zu.

11. Die Adoption oder Wahlkindschaft stellt eine spezifische Form der Familiengründung bzw. -erweiterung dar. Dies ist nur möglich, weil Eltern für ihre Kinder nicht sorgen können oder wollen bzw. verstorben sind. Adoption ist gesetzlich genau geregelt und vermittelt alle Rechte und Pflichten leiblicher Kinder. Sie schafft damit formal stabilere Beziehungen als andere Formen von Ersatzfamilie, wie Pflegefamilie oder Kinderdörfer, kann aber auch nicht Probleme wie Schuldgefühle bei den leiblichen Eltern, Fragen der Identität bei den Kindern und Annehmenkönnen bei den Adoptiveltern verhindern. Gerade wegen der schweren Widerrufbarkeit erfordert Adoption eine sorgsame Vorbereitung und nötigenfalls Begleitung. Regelfall ist auch heute die Inkognito-Adoption, was die Informationsbeschaffung über die Beteiligten nahezu unmöglich macht. Inzwischen besteht Konsens, daß die Adoptiveltern mit dem Kind rechtzeitig offen darüber sprechen sollen. Bevorzugt gewünscht werden Kinder im Säuglingsalter, selten behinderte. Häufig wird die Adoption von zeugungs- bzw. gebärunfähigen Ehepaaren angestrebt. Einzelne Fallbeispiele zeigen, daß nach einer

Adoption dann noch leibliche Kinder geboren wurden. In Stieffamilien kann Adoption auch zur Abgrenzung des neuen Systems beitragen, weil der externe leibliche Elternteil dann keine Rechtsansprüche hat. Zunehmend gewinnt die Adoption an Bedeutung zur Verhinderung einer Abtreibung.

R. Gisser/L. Reiter/H. Schattovits/L. Wilk, Lebenswelt Familie – Familienbericht 1989 (1990); *Johannes Paul II.,* Enzyklika „Familiaris Consortio" (1981); *K. Lüscher u. a.,* Die postmoderne Familie (1988); *M. Mitteraner/R. Sieder,* Vom Patriarchat zur Partnerschaft. Zum Strukturwandel der Familie (³1984); *Zweites Vatikanisches Konzil,* Gaudium et Spes (1965).

HELMUTH SCHATTOVITS/SUSANNE PERKONIG

Frauenfrage

→ Arbeit → Ehe → Empfängnisregelung → Familie → Genetik und Gentechnik → Gesellschaft → Gleichheit → Kirche → Lohn → Mann

1. Gesellschaftliche Hintergründe

Seit dem Jahr 1975, das die Vereinten Nationen zum internationalen Jahr der Frau erklärten, sind in allen Ländern der Welt Fragen der Frauen von Frauen selbst, aber auch von Regierungen aller 153 Mitgliedsstaaten in die öffentliche Diskussion gebracht worden: Neben Fragen des Bildungsrückstands der Frauen, des Familienlebens, der Familienplanung und des Geburtenrückgangs, der Benachteiligung der Frauen im Arbeitsleben durch schlechte Ausbildung, durch hohe Belastungen am Arbeitsplatz, durch niedrige Löhne, durch größere Arbeitslosigkeit, den Mühen von behinderten Frauen und Flüchtlingsfrauen gab es immer auch besonders das Problem der Mehrfachbelastung der Frauen durch Familien- und Berufsaufgaben (M. Estor).

Für die Bewußtwerdung dieser Probleme gibt es im europäisch-nordatlantischen Raum mehrere Ursachen:
– Eine wachsende Demokratisierung unserer Gesellschaft, als deren Folge die festgelegte Gleichstellung der Frau in den verschiedenen Bereichen eingelöst wird. Frauen werden sich ihrer Rechte und Möglichkeiten am Arbeitsplatz und in der Familie deutlicher bewußt.
– Medizinisch-technische Entwicklungen, z. B. die Erfindung der „Pille", die Frauen die Chance gibt, die Zahl ihrer Kinder zu bestimmen.
– Eine zunehmende Individualisierung und Privatisierung in unserer Kultur und Gesellschaft, ein Abbau von Ordnungsvorstellungen, die

den Verlust der Großfamilie und die Frage nach der Identität des einzelnen mit sich bringt.
– Die Minderheitenbewegungen in aller Welt, die Farbige, diskriminierte Gruppen, Jugendliche, Behinderte und auch Frauen erfaßt hat und die zu Selbstbestimmung und Eigenverantwortung auffordern.
– Die heutige Frauenbewegung, die viele dieser oben genannten Strömungen enthält, aber speziell die psycho-soziale, wirtschaftliche und kulturelle Situation der Frau analysieren und verändern will (E. Moltmann-Wendel).

Die Situation der Frauen auch in unserer Gesellschaft ist widersprüchlich und konfliktträchtig. Die Gründe dafür sind vielschichtig. Leistungsdruck, Konsumzwang, Freizeitstreß, Isolation und Orientierungslosigkeit sind Probleme unserer Gesellschaft, die nicht nur Frauen betreffen, aber Frauen sind davon in stärkerem Maß betroffen.

Die Veränderung herkömmlicher Rollen enthält daher individuellen und gesellschaftspolitischen Sprengstoff: Sie stellt eine herkömmliche, angeblich mit der sogenannten „Natur" der Frauen und Männer mitgegebene Rollenverteilung in Familie und Gesellschaft in Frage.

Diese Rollenverteilung wurde von der Kirche häufig dazu als „von Gott geschaffen", als „gottgewollte Schöpfungsordnung" proklamiert.

Dies aufzuzeigen ist wichtig, weil der Einfluß der Kirche auf die Gewissen der Menschen und die Gesellschaft viel weiter reicht als auf die sogenannten „praktizierenden Christen". (Durch eine Theologie der Unterwerfung und Unterordnung der Frau unter den Mann kann sich die Kirche auch mitschuldig machen am Leid von Frauen.)

Bereits ein Blick in die Geschichte zeigt aber, daß die Zuschreibung eines „Außenbereiches" an den Mann und eines „Innenbereiches" an die Frau so nie bestanden hat. Frauenerwerbsarbeit gab es bereits vor der Industrialisierung. Im Mittelalter gab es Frondienste, Handwerk und Gewerbe, Landwirtschaft, auch wurde durch wirtschaftliche Not, Armut und Abhängigkeit der Menschen Frauenarbeit erzwungen. Auch Lohndifferenz zwischen Frauen und Männern gab es bereits im Mittelalter. Ab dem 16. Jh. wurde die Frauenerwerbsarbeit eingeschränkt, die Frauenarbeit abgewertet. Heimarbeit bildete sich heraus. Mit der beginnenden Industrialisierung vollzog sich die räumliche Trennung von Wohnung und Arbeit. Frauenerwerbsarbeit geschah unter unmenschlichen Bedingungen: Arbeitszeiten bis zu 17 Stunden, Sonntags- und Nachtarbeit, kein Schutz der werdenden Mutter. Die Unterbezahlung der weiblichen Arbeit setzte sich fort. Bis zum Ersten Weltkrieg waren die Hauptbereiche der Frauenarbeit Landwirtschaft, Fabrik, Dienstleistungsgewerbe und Haushalt.

Der bürgerlichen Frauenbewegung gelang aber Ende des vorigen Jahrhunderts die Erschließung neuer Berufe (z. B. Lehrerin, Krankenschwester). Während beider Weltkriege arbeiteten viele Frauen aufgrund von Zwangsmaßnahmen in den Rüstungsbetrieben. Mit Weltwirtschaftskrise und Arbeitslosigkeit wurden Frauen erneut in die sogenannte Arbeitsmarktreserve zurückgedrängt. Die Entwicklung der Frauenerwerbsarbeit weist zwei charakteristische Merkmale auf:
– Frauen wurden mißbraucht als *Krisenpuffer* und *industrielle Reservearmee* für den Arbeitsprozeß. Wenn Wirtschaft oder Vaterland riefen, wurde die außerhäusliche Erwerbsarbeit gefordert oder gar erzwungen. Bei krisenhafter Wirtschaftsentwicklung und Arbeitsplatzmangel wurde weibliche Erwerbsarbeit diskreditiert.
– Frauen wurden mißbraucht auch als Lohndrückerinnen. Wo Frauen aus Not und Elend heraus bereit sein mußten, schlecht bezahlte Arbeit anzunehmen, gerieten sie – unfreiwillig – in Konkurrenz zu den Männern. Dies hatte negative Folgen für die Entwicklung des allgemeinen Lohnniveaus. „Lösungen" wurden oft nicht im Zusammenschluß beider Geschlechter und gemeinsamen Kampf für bessere Arbeitsbedingungen gesucht, sondern im Ausschluß der Frauen. Solche Dinge lassen sich heute in der Dritten Welt nach wie vor beobachten (M. Dobberthien).

Ein kurzer Vergleich mit der Generation unserer Mütter und Großmütter zeigt folgende Veränderungen im *Familienbereich:*
– Die Zahl der Kinder ist in den letzten Jahren stark zurückgegangen. Die geborenen Kinder aber bleiben am Leben, dank der Fortschritte in der Bekämpfung der Säuglings- und Kindersterblichkeit.
– Die Zeit der Kinderbetreuung ist eine begrenzte Zeit, da die wenigen Kinder früh die Familie verlassen, Mann und Frau aber wegen der gestiegenen Lebenserwartung oft noch mehrere Jahrzehnte gemeinsamen Lebens vor sich haben.
– Der Haushalt ist weitgehend technisiert, wird aber von den allermeisten Frauen ohne zusätzliche Hilfe versorgt.

Trotz dieser Fakten aus Geschichte und Gegenwart wird die Hausarbeit weiterhin der Frau zugeschrieben, die Erwerbstätigkeit dem Mann. Nur die Erwerbstätigkeit wird in unserer Gesellschaft bezahlt und geschätzt, Hausarbeit dagegen nicht. Dabei wird übersehen, daß unsere gesamte Wirtschaftsordnung nur auf der Basis der unentgeltlich erbrachten Hausarbeit funktioniert (M. Estor).

Mädchen und Frauen haben daher in unserer Gesellschaft nach wie vor mit folgenden Schwierigkeiten zu kämpfen:
– Die Gesellschaft, Wirtschaft, der Arbeitsbereich sehen beim Mädchen

die Familienrolle als primäre Rolle, die Berufsrolle aber als sekundäre Rolle an, und zwar vorgängig und unabhängig davon, ob das betreffende Mädchen tatsächlich heiraten und Kinder haben will und wird oder nicht.

Daraus folgt: „Die familiäre Situation bestimmt das Erwerbsschicksal der Frau weit mehr als das des Mannes, und zwar ihre Ausbildung, ihre Aufstiegschancen, ihr Arbeitsplatzrisiko, ihre Arbeitsbedingungen" (M. Estor).

Umgekehrt wird m. E. beim Burschen die Berufsrolle nicht nur als primäre, sondern faktisch als einzige Rolle betrachtet. Eine mögliche, zukünftige Familienrolle kommt überhaupt nicht in den Blick.
– Mädchen und Frauen haben es daher auch in unserer Gesellschaft schwieriger, in Familie und Beruf zu einer eigenständigen und nicht nur zu einer abgeleiteten Identität zu kommen.

Für die Ausbildung des Mädchens ist daher „das Zweitbeste gerade gut genug" (I. Dyk). Sie hat weniger Rollentraining, weniger Freizeittraining, geringeren Lohn. Was sie an Fähigkeiten bei der Hausarbeit erwirbt, schadet ihr im Beruf. Ihre Attraktivität, ihre sozialen Kompetenzen, ihr geschlechtsspezifisches Arbeitsvermögen werden von der Wirtschaft genutzt, aber sozusagen miteingekauft, nicht bezahlt (im Gegensatz zum Beispiel zur größeren Muskelkraft der Männer).

Die Folge ist eine Diskriminierung von Hausarbeit *und* Berufsarbeit der Frauen mit massiven Auswirkungen auf Lohnniveau und -differenzen, Aufstiegschancen (auch für unverheiratete Frauen), Wahl zwischen Beruf und Familie, Auswirkungen auf Herkunfts- und eigene Familie.

2. Frauen in der Kirche

Die Gesellschaft enthält, säkularisiert, bewußt oder unbewußt, Werte, Einstellungen und Vorurteile des Christentums (z. B. Umgang mit Schöpfung, Einstellung zu Frauen). Es gibt „entlaufene" christliche Wahrheiten (z. B. Freiheit, Gleichheit, Brüderlichkeit), die in der Kirche unterdrückt, ja verfolgt wurden, die Kirche verließen und heute gleichsam von außen stürmisch an die Kirchentür klopfen (gleiche Personwürde der Frau). Die ältere Frauenrechts- und die neue Frauenbefreiungsbewegung traf auf Frauen in den Kirchen, die begannen, Parallelen von ihrer Situation in Familie, in Beruf und Gesellschaft zu ihrem Status in den Kirchen zu ziehen und sich als „Frauen in einer Männerkirche" wahrzunehmen.

Solche Frauen erfahren nämlich die konkrete Kirche oft als eine Kirche der Männer, die ihnen mit Berufung auf Gott einen engen, genau umgrenzten Raum zuweisen, die bereits ein Hinausdenken, nicht nur Hinausschreiten über den zugewiesenen Platz abqualifizieren (z. B. „krankhafter Feminismus") und verketzern als Verstoß gegen Gottes Schöpfungsplan, Ungehorsam gegen das Lehramt der Kirche, Egoismus, Nicht-dienen-Wollen; die oft Angst vor Leiblichkeit und Sexualität haben und diese auf Frauen projizieren; die sich ausschließliche Kompetenz zuschreiben in Angelegenheiten, die vor allem Gesundheit, Leben, Familie und Beruf der Frauen beeinflussen; die Frauen als Frauen nicht wahrnehmen, sondern nur als Mütter oder Ordensfrauen; die immer wieder Biologie in Ontologie zu verwandeln suchen.

Nicht wenige Frauen erleben sich daher in der Kirche „als eine Mehrheit, die wie eine Minderheit behandelt wird. Sie füllen die Kirche, aber sie prägen sie nicht" (E. Moltmann-Wendel). Solche Frauen erkennen sich mit ihren leiblichen, emotionellen und geistigen Erfahrungen in der Sprache und in der Wirklichkeit ihrer Kirchen nicht wieder. Vor allem jüngere Frauen fühlen sich manchmal in der Kirche „wie in einem fremden Land" (C. Mitscha-Eibl) und fragen dann: „Wo ist überhaupt Platz für mich in dieser Herberge?" Frauen erleben sich dann als im Stich gelassen in vielen existentiellen Problemen und erleben ihre Kirche oft als eine, die ihr Subjektwerden behindert. In vielen Bereichen, z. B. auch in der Amtsfrage, erfahren nicht wenige Frauen ihre Situation als widersprüchlich: Seit dem Zweiten Vatikanischen Konzil wird der *Dienst*charakter des Amtes betont; Frauen wird aber *Macht*anspruch vorgeworfen, wenn sie danach fragen, und auch die Wiederherstellung des ständigen Diakonats für die herkömmlich dienenden Frauen hat noch nicht stattgefunden, obwohl es in der Kirche jahrhundertelang Diakoninnen gab. Die Ursachen für solche Erfahrungen und Widersprüche sind vielfältig. Die Kirche befindet sich auch in der Frauenfrage in der „Gleichzeitigkeit der Ungleichzeitigkeit" (K. Rahner) und in einer „Ungleichzeitigkeit des Wandels" (P. M. Zulehner). Die an sich richtige Aussage „wir alle sind Kirche" darf überdies nicht darüber hinwegtäuschen, daß nicht alle in dieser Kirche gleichviel zu sagen haben.

Für die Frauenfrage gilt aber besonders: „Geschichte ist Gegenwart" (G. Miller). Die zutiefst ambivalente Einstellung zu Frauen von Bibel und Tradition wirkt sich bis zum heutigen Tag aus. Die Wirkungsgeschichte von Gen 3,16; 1 Kor 14,34–37 und 1 Tim 2,11f. und ähnlicher Bibelverse wog schwer. Sie verstellte den Blick auf die Vielfalt und den Eigenwert der Frauen im AT (z. B. Richterinnen und Prophetinnen) und NT (z. B. Jüngerinnen Jesu Lk 8,1–3, Messiasbekenntnis der Martha Joh 11,27, Auferstehungszeugnis der Frauen in allen Evangelien, vielfältige Funktionen von frommen Frauen in den Paulusbriefen wie συνέργος, πρόστατις, διάκονος; ἀπόστολος) und ließ andere Stellen wie Gen 1,17 und Gal 3,28 nicht durchschlagen. Dabei ist die Bibel selbst oft weniger einseitig als ihre Übersetzer und Kommentatoren. Außerdem müssen wir nach den Erkenntnissen heutiger Forschung beachten, die antike und vor allem jüdische Umwelt der Bibel nicht als Negativfolie für ein ausschließlich frauenfreundliches Christentum zu benutzen.

Die Patristik ordnete die Bereiche „Böses – Sünde – Schlange, Tod – Teufel – Leidenschaften" der Frau und die Bereiche „Gutes – Gott – Vernunft – Geist" dem Mann zu (M. Bußmann). Daher wird die Jungfräulichkeit als bevorzugter Status angesehen und die Frau immer deutlicher abgewertet. Es kommt zur Parallele „Mann – Christus – Erlösung, Frau – Eva – Sünde, Jungfrau – Maria – Heil". Ein erschreckendes Beispiel steht bei Hieronymus: „Solange die Frau für Geburt und Kinder lebt, besteht zwischen ihr und dem Manne der selbe Unterschied wie zwischen Leib und Seele; wenn sie aber Christus mehr dienen will als der Welt, wird sie aufhören, Frau zu sein, und ‚Mann' wird man sie nennen, weil wir wünschen, daß alle vollkommen zum Manne erhoben werden" (PL 26,531ff.). Augustinus hielt die Frau nur zur Kinderzeugung für nötig: „Deswegen kann ich nicht entdecken, zu welcher Hilfe die Frau für den Mann geschaffen worden sein soll, wenn man vom Gebären absieht" (PL 34,395ff.). Thomas v. Aquin greift dieses Zitat bejahend auf und formuliert überdies eine Unterwerfungstheologie, die, wie A. Mitterer bereits 1933 schlüssig nachwies, die dreifache Minderwertigkeit der Frau (körperliche, geistige, sittliche) aus falschen biologischen Prämissen (Zeugungslehre des Aristoteles) entwickelte. Die Konsequenzen dieser Theorie werden aber noch bis heute mitgeschleppt! Die verheerendste „Praxis der Theorie" waren die Jahrhunderte der Hexenverfolgung, für die die Kirchen noch kein Wort eines Schuldbekenntnisses gefunden haben. Aber auch die Betonung der Werte der Ehe bei M. Luther hat sich nicht zugunsten der Frauen ausgewirkt: „Denn eyn weibsbild ist nicht geschaffen jungfrau tzu syn, sondern kinder zu tragen ... Ob sie sich aber auch müde und zuletzt (daran) todt tragen, das schadt nicht, laß nur todt tragen, sie sind darum da" (Luther, *Werke,* Weimarer Ausgabe Bd. XI, 3984f.; Erlanger Ausgabe Bd. XX, 84).

Im katholischen Bereich gibt es zur Position der Frau in der Gesellschaft die Aussage von Johannes XXIII. in der Enzyklika *Pacem in terris* (1963), wo er die Frauenfrage zu den besonderen Merkmalen der Gegenwart zählt (Kap. 41). Gegen Diskriminierung und für die

Gleichstellung der Frauen spricht sich auch das Zweite Vatikanische Konzil mit *Gaudium et spes* (1965) aus (Nr. 9, 29, 60). Das Konzilsdekret *Apostolicam actuositatem* (1965) fordert die Ausweitung der Verantwortung der Frau erstmals auch auf den kirchlichen Bereich (Kap. 9). Allerdings ist bei kirchenamtlichen Äußerungen darauf zu achten, ob nicht das, was unter dem Stichwort „Gleichwertigkeit" zugestanden wurde, unter dem Motto der „Andersartigkeit", der „spezifischen Natur" und dem „besonderen Wesen der Frau" wieder den Frauen aberkannt wird.

3. Die Frauenfrage in der Moral und Moraltheologie

Moralische Normen, Prinzipien und Werte sind ausschließlich von Männern formuliert, auch dort, wo besonders Leben und Gesundheit von Frauen berührt werden. Die Fremdbestimmung, die vielen Frauen in einer patriarchalischen Gesellschaft bewußt wird, zeigt sich hier besonders deutlich. Frauen arbeiten heute daher daran, „die andere Stimme" (C. Gilligan) hörbar werden zu lassen. Damit ist Ideologiekritik an androzentrischer Moral verbunden. „Sünden" und „Versuchungen" von Männern und Frauen werden als verschieden aufgezeigt – hybride Selbstbehauptung einerseits, bereitwillige Unterwerfung und Mittäterschaft anderseits. Die Meinungen hinsichtlich einer eigenen, gar besseren Moralität der Frauen sind dabei geteilt (z. B. Ch. Thürmer-Rohr gegen Ch. Mulack). Konflikte werden z. B. von B. W. Harrison als Herausforderung an die ethische Kompetenz der Frauen interpretiert, die in jedem Fall sorgfältige Erwägungen notwendig machen. Alle Bereiche der Individual- und Sozialethik (vgl. B. I. Prätorius und B. Schiele) müssen auch aus dem Lebenszusammenhang und Erfahrungshintergrund von Frauen neu formuliert werden. Die Anliegen „von Gerechtigkeit, Frieden und Bewahrung der Schöpfung", auch und gerade in so sensiblen Bereichen wie Gentechnologie und Reproduktionstechnik, müssen dialogisch, kooperativ und ideologiekritisch von Männern und Frauen gelöst werden.

Auch für die Moraltheologie gilt: Die Wissenschaftsproduktion, die Wissenschaftsaneignung und die bisherigen Resultate sind kritisch auf Einseitigkeit, Halbheit und Androzentrismus zu untersuchen. Zugleich ist die Sicht der Frauen einzubringen und dann eine neue, gemeinsame, menschenfreundliche Moral und Moraltheologie zu entwickeln. In einer so bedrohlichen Situation wie der unseren, in der es um das Überleben *aller* Menschen geht, können auch Moral und Moraltheologie nur mehr in gemeinsamer Verantwortung von Frauen und Männern, Männern und Frauen bedacht und gelebt werden – in einer partnerschaftlichen, geschwisterlichen Kirche.

W. Beinert (Hrsg.), Frauenbefreiung und Kirche. Darstellung, Analyse, Dokumentation (1987); *C. J. M. Halkes,* Das Antlitz der Erde erneuern. Mensch – Kultur – Schöpfung (1990); *Lissner/R. Süssmuth/K. Walter* (Hrsg.), Frauenlexikon. Traditionen, Fakten, Perspektiven (1988, ²1989); *E. Moltmann-Wendel* (Hrsg.), Weiblichkeit in der Theologie. Verdrängung und Wiederkehr (1988); *H. Pissarek-Hudelist* (Hrsg.), Die Frau in der Sicht der Anthropologie und Theologie (1989); *Ch. Schaumberger/L. Schottroff,* Schuld und Macht. Studien zu einer feministischen Befreiungstheologie (1988); *Th. Schneider* (Hrsg.), Mann und Frau – Grundproblem theologischer Anthropologie (1989); *H. Schüngel-Straumann,* Die Frau am Anfang. Eva und die Folgen (1989).

HERLINDE PISSAREK-HUDELIST

Freiheit

→ Angst → Autonomie → Berufung → Entscheidung → Handeln, sittliches → Selbstverwirklichung → Tugenden und Laster

1. Begriffsbestimmung

Sittliches Handeln ist wesenhaft frei, nur in Freiheit läßt sich sinnvoll zwischen Gut und Böse wählen. Freiheit ist verlangt, damit von Verdienst oder Schuld gesprochen werden kann. Hier liegt eine menschliche Grunderfahrung vor, die alles Tun begleitet. Für gewöhnlich unterscheidet man zwischen Wahlfreiheit und Wesensfreiheit. Erstere bezeichnet die Fähigkeit, zwischen unterschiedlichen Gegenständen zu wählen; der Mensch ist nicht festgelegt, er übersteigt Naturkausalitäten, wiewohl er durch seine Leiblichkeit in sie eingebettet bleibt. Wesensfreiheit hingegen setzt tiefer an, sie signalisiert die zuhandene Mächtigkeit der Selbstbestimmung im erkannten Guten. Erst auf dieser Ebene wird der Mensch zum verantwortlichen Träger seiner Geschichte, die über den Ablauf zeitlicher Ereignisse hinaus der konstruktive Entwurf eines Sinngeschehens ist. Geschichte steigt zum Medium von Selbstverwirklichung auf. Freiheit nimmt in ihrer doppelten Bedeutung an dieser Geschichtlichkeit teil. Sie ist eine Intensitätsgröße, die Riskiertheit wie Wachstum gleicherweise umspannt. Indem der Mensch sich auf das Zielgut umfassend gelungenen guten Lebens hin entwirft, vermag er zwischen Einzelgütern zu wählen. Jede Wahl trägt, so gesehen, Prozeßcharakter, sie ist durch das Existential der Zeitlichkeit gezeichnet. Eine Metaphysik der Freiheit hat das zu bedenken.

2. Freiheit und Entscheidungstypen

Unterschiedliche Dimensionen der Freiheit durchdringen einander und erstellen die Komplexität der konkreten sittlichen Entscheidung, die ob der mannigfaltigen Begrenztheit humaner Existenz zwangsläufig eine Scheidung ist. Freiheit verwirklicht sich am ursprünglichsten in der sittlichen Grundentscheidung. Letztere ist Ursprung und einigendes Band aller Einzelentscheidungen, sie ist deren hermeneutischer Schlüssel und teilt ihnen ihre innewohnende Dynamik mit. Sie verhindert das unverbundene Nebeneinander isoliert verstandener Einzelakte, die ausschließlich als Erfüllung objektiv vorgegebener Normen verstanden werden. Jede einzelne sittliche Tat ist vielmehr Eröffnung einer geschichtlich situierten Person, die sich als dynamische Subjektivität und nicht als statische Substanz versteht. In der Grundentscheidung ist Freiheit vollendet und wurzelhaft mit sich selbst identisch, ehe sie sich in einzelnen Wahlakten auslegt. Die naturale Neigung des Menschen zum Guten, mithin zu seiner Vollendung, wird durch sie ergriffen und in geschichtsgestaltende Befindlichkeit umgestaltet. Die Grundentscheidung muß nicht in thematischer Klarheit wirken; für gewöhnlich umgibt sie ein athematisches Vollzugswissen, was ihre Wirksamkeit keinesfalls mindert. Die Vollendung sittlichen Bewußtseins knüpft sich nicht an den Grad seiner thematischen Reflektivität, wie dies beim Gegenstandsbewußtsein der Fall ist. Entscheidend ist vielmehr die Tiefendimension, sie verleiht – als Entschiedenheit verstanden – der Freiheit Stabilität. Die Grundentscheidung ist nicht mechanisch zu verstehen. Sie kann sich im Verlauf ihrer Geschichte intensivieren, sie kann aber auch verloren werden. Das geschieht über ihre dialektische Wechselwirkung mit den Einzelentscheidungen. Die Grundentscheidung vermittelt sich, in je unterschiedlicher Intensität, in die konkrete Tat hinein, geht aber niemals vollendet in ihr auf. Und die konkrete Tat wirkt auf die Grundentscheidung konsolidierend oder auflösend zurück. Sie kann einen Umsturz herbeiführen; allerdings fällt dieser nicht wie ein Blitz aus heiterem Himmel, er wurde von langer Hand durch Unterlassungen und periphere Verfehlungen vorbereitet. Das Gebäude der Grundentscheidung war schon morsch, ehe es den Todesstoß bekam. Kurz, die konkrete sittliche Tat ist nicht ausschließlich aus sich heraus verständlich, es bedarf der Rückübersetzung auf ihren Ursprungsgrund, will man sie angemessen beurteilen. Das Theorem von der Grundentscheidung hat seine philosophischen Wurzeln im Personalismus und Existentialismus, ebenso in der Aufnahme thomanischen Gedankenguts (S. Th. I, q 89) durch J. Maritain, der von der ersten sittlichen Wahl sprach, die durch alle nachfolgenden Entscheidungen ratifiziert wird. Im theologischen Kontext erhielt es Impulse durch die Frage nach dem Heil des Ungläubigen (P. Tiberghien): Gott gewährt jedem Menschen die Gnade einer Grundentscheidung. Und die theologische Anthropologie bemühte sich um die Ausarbeitung einer „psychologie de la grâce" (P. Fransen): Grundbewußtsein und Grundentscheidung des Christen wurden miteinander verknüpft. In der Hl. Schrift finden sich zumindest Hinweise: die Hinkehr des erwählten Volkes von den Götzen zum Gott des Heils (Ex 19,5–6; Lev 4,23–24); das Gebot der Gottes- und Nächstenliebe (Dtn 6,5–8; Lev 19,18; Mk 12,28–33); die Reich-Gottes-Gleichnisse und die Nachfolgeworte (Mt 13,44–46; Mt 10,37); der Gehorsam Jesu gegenüber dem Willen des Vaters (Joh 4,34; 8,29).

Die Grundentscheidung nimmt eine erste konkrete Gestalt in der Lebensentscheidung an. Die Lebensentscheidung gibt der Lebensgeschichte einen Zuschnitt, der die Einmaligkeit ihres Trägers vollendet in sich zu verkörpern trachtet. Ein Lebensprojekt bindet sich an einen Lebensstand, der in der Weise einer unwiderruflichen Wahl ergriffen wird. Die klassischen Bindungsformen der kirchlichen Öffentlichkeit sind Ehe, Ordensstand, Priestertum samt Zölibatsversprechen; sie können durch private Bindungsformen ergänzt werden. Der Wählende bindet sich in Freiheit und entwirft sich in eine offene Zukunft hinein. Eine Lebensentscheidung ist einem Schritt mit verbundenen Augen vergleichbar; beherrschend ist die Zuversicht, sie in Treue durchtragen zu können. Das Leben mit einer solchen Wahl, die für den Christen alle Zeichen einer faszinierenden Berufung an sich trägt, ist einer permanenten Lern- und Reifungsgeschichte vergleichbar. Das Gelingen einer Lebensentscheidung fällt niemandem unverdient in den Schoß, es muß durch Bewährung erworben werden. Tragende Motivationen wollen geläutert sein, um den wirklichen Herausforderungen an die Freiheit standhalten zu können; falsche Erwartungen sind realistisch abzubauen. Fehleinstellungen sind zu korrigieren, damit die Freiheit nicht an Überforderung zugrunde gehe. Die Lebensentscheidung ruht, so gesehen, zeitlebens in der Hand herausgeforderter Freiheit. Dazu bedarf es der klugen Vorsehung über alle bedeutsamen Umstände, angefangen von der inneren Gedankenwelt bis hin zur äußeren Lebenswelt. Man muß Herr im eigenen Hause bleiben, soll einem die Lebensgeschichte nicht wie Sand zwischen den Fingern zerrinnen. Eine Lebensentscheidung muß lebendig erhalten werden; nur durch Zuführung immer neuer Gesichtspunkte läßt sie sich vor resignierendem Absterben bewahren. Der Christ hofft, daß seine Freiheit nicht über ihre Kräfte versucht werde, daß Gott mit jeder Versuchung auch den guten Ausgang gebe, denn Er fordert nichts Unmögliches (DS 1536).

Grundentscheidung und Lebensentscheidung erzeugen gemeinsam eine Vorentschiedenheit der Freiheit, die als positives oder negatives Existential in jede konkrete Entscheidungssituation eingeht. Die Freiheit ist keine „tabula rasa"; hierin trifft sie sich mit der sittlichen Vernunft, die immer schon mit einem Vorverständnis, als Lebensverhältnis zur Sache, an die konkrete sittliche Urteilsbildung herangeht. Metaphysik der Freiheit und Metaphysik der Erkenntnis sind ineinander vermittelt. Durch die Vorentschiedenheit wird der Ausgang einer jeden Entscheidungssituation mitbestimmt. Die inhaltliche Ausfaltung im Blick auf die vielfältigen Lebensbereiche erfolgt über die Tugenden. Dabei ist das Ineinandergreifen von theologalen Tugenden und Kardinaltugenden, von moralischen und intellektuellen Tugenden im Blick zu behalten. Freiheit wird so zum Tun des Guten und Rechten disponiert.

3. Geschichtliche Riskiertheit

Dennoch bleibt sie allen Risiken der Geschichte ausgesetzt. Diese stammen zum einen aus der auch im Gerechtfertigten verbleibenden Konkupiszenz. Die Dynamik der Freiheit zum Guten unterliegt einem Prozeß schleichender Aushöhlung. Die Vermittlung von Einsicht und Freiheit bewirkt, daß eine wachsende Wertblindheit einsetzt. Das sittliche Urteilsvermögen verdunkelt sich, die rechte Tat wird verfehlt. Fortschreitende Unterlassungen verstärken diese Auflösungserscheinungen. Das erschwert die Umkehr. Risiken stammen zum anderen aus den vielfältigen Begrenzungen, denen der Mensch auf Grund seiner kreatürlichen Kontingenz ausgesetzt ist. Darunter fällt zunächst der lebensgeschichtliche Reifungsprozeß; Freiheit wächst über Lebenserfahrung und Lebenswissen in ihre Autonomie hinein (L. Kohlberg; J. Piaget). So wird eine sittliche Persönlichkeit erzeugt, die sich durch ihre unverwechselbare Physiognomie auszeichnet. Zu denken bleibt aber auch an all jene Grenzen, die aus dem äußeren Bedingungsfeld stammen und die Freiheit der Wahl einschränken. Angesicht dieses komplexen Notstandes bedarf es der Hilfen. So ist es zunächst die Lebenseinheit von Gebet und Nachdenklichkeit, welche in den Möglichkeiten begnadeter und ermächtigter Freiheit Stand gewinnen läßt; Gottes gütige Vorsehung über die eigene Freiheitsgeschichte will liebend bedacht sein. Im Kontakt mit der Psychoanalyse lassen sich lebensgeschichtliche Ursachen pathologischer Freiheitseinschränkungen aufspüren, wobei die Grenzen zwischen Schuld und Krankheit, zwischen eindeutiger Verantwortung und Schicksal oftmals ineinander verschwimmen. Freiheit wird nicht prinzipiell geleugnet, es werden nur die psychischen Bedingungen erhoben, unter denen sie sich zu behaupten hat. Der kritische Moraltheologe achtet allerdings auf die denkerischen Voraussetzungen der unterschiedlichen psychoanalytischen Schulen, insofern sie in die Analyse eingehen. Letztlich läßt sich dem Entscheidungsdruck, dem die Freiheit von seiten ihrer eigenen Zeitgestalt sowie der vielfältigen Verstrickungen konfliktgeschichtlicher Art ausgesetzt ist, durch methodische Hilfen begegnen. Nur handelnd kann man die Freiheitsmöglichkeiten offenhalten, zumindest gilt das auf lange Sicht. Gedacht ist zum einen an die klassischen Moralsysteme und die reflexen Prinzipien: Sie vereinfachen künstlich eine undurchschaubare Situation und ermöglichen so ein hier und jetzt verantwortliches Handeln. Die gefundenen Lösungen beanspruchen allerdings nur einen präsumtiven Wert, sie weichen der Wahrheit, sobald sie nur sicher feststeht. Gedacht ist aber auch an das Theorem vom sittlich verantworteten Kompromiß. Den waltenden Strukturen der Sünde (Johannes Paul II., SRS) werden je bessere Handlungsmöglichkeiten abgerungen. Am niederdrückendsten ist diese Erfahrung dort, wo die Verstrickungsgeschichte der Freiheit sich institutionell verfestigt und lähmende Schwergewichte schafft, die in der Form sozialer Ungerechtigkeit, Ausbeutung und Abhängigkeit dem emanzipatorischen Charakter der Freiheit entgegenstehen. Bisweilen bleibt nur die Wahl des geringeren Übels, das im Fall einer redlichen Güter- und Schadensabwägung, verbunden mit realistischer Folgenabschätzung sowie ehrlicher Einschätzung der eigenen Freiheitsmöglichkeiten immer den Charakter eines nicht-sittlichen Übels trägt. Die Zeitgestalt der Freiheit macht nicht nur ein Eingehen auf hier und jetzt unüberwindbare Grenzen unvermeidlich – zu Unmöglichem ist niemand verpflichtet –; sie verlangt auch eine schrittweise Verbesserung des Handelns gemäß dem Gesetz der Gradualität. Das betrifft zumal die Zuordnung von Ziel und Mittel. Auch auf den Einsatz der Freiheit kommt es an, den Schaden so gering wie nur eben möglich zu halten. Die beherrschenden Anliegen des christlichen Menschenbildes, das zumindest in Umrissen vorliegt, müssen in solchen Situationen ihre Bewährungsprobe bestehen.

Freiheit läßt sich auf vielfältige Weise manipulieren. Das kann durch Einimpfen von Vorurteilen geschehen. Die sittliche relevante Erfassung der Wirklichkeit wird so verzerrt. Zwar kann ein Vorurteil entlasten, aber es kanalisiert auch aggressive Strebungen. Ebenfalls kann eine verfehlte moralische Erziehung eine manipulierende Wirkung haben; so erzeugte Bewertungsmaßstäbe und Verhaltensschemata lassen sich nur schwer ablegen, sie sind gleichsam zur zweiten Natur geworden. Das gilt auch dann, wenn der einzelne darunter leidet. Ein bevorzugtes Feld der Manipulation tut sich in der Beeinflussung durch Werbung und durch die modernen Massenmedien auf. Das geschieht über geschickte symbolträchtige Anreize an das Konsumverhalten, durch gezielte Auswahl und Plazierung von Nachrichten und ihre begleitende interessierte Interpretation sowie die Suggestionskraft des Bildes. Gewiß ist alle Kommunikation an Symbole gebunden; Symbole geben zu denken (P. Ricoeur), sie sind Gerinnungsformen einer gewachsenen Kultur. Die Verführungskraft liegt in der Vereinfachung. Es schwindet die Fähigkeit des konsequenten Denkens, die Möglichkeit des unparteilichen Vergleichers wird eingegrenzt. Manipulation der Freiheit kann sich auch durch Verschweigen gesollter Wahrheit einstellen; der Nächste wird – aus welch sublimer Motivation auch immer – um seine Autonomie gebracht und künstlich in Abhängigkeit gehalten. Der Höhepunkt ist allerdings in der Anstiftung zum Bösen erreicht. Das kann zum einen in der Verführung geschehen; die Sünde des Nächsten wird bewußt angezielt. Hier liegt eine offenkundige Verletzung des Liebesgebotes vor. Nicht so eindeutig faßbar ist dagegen das Ärgernis. Die Sünde des Nächsten wird aus Anlaß des eigenen Tuns vorausgesehen und aus je unterschiedlichen Gründen geduldet. Die klassische Definition *„dictum vel factum minus rectum praebens alteri occasionem peccandi"* umschreibt diesen Tatbestand. Sie macht zunächst offenkundig, daß die ärgerniserregende Handlung nicht unbedingt schuldhaft sein muß; das letztentscheidende Kriterium ihrer Moralität liegt in den Folgen. Gemeinhin unterscheidet man zwischen dem *scandalum pharisaicum* und dem *scandalum pusillorum*. Bei ersterem ist der ausschlaggebende Grund des Schuldigwerdens in der moralischen Verwerflichkeit des Opfers gelegen; die ärgerniserregende Handlung ist willkommener Anlaß zum eigenen schuldhaften Tun. Anders bei letzterem, hier entstammt die Schuld der Unreife, Schwäche und mangelnden sittlichen Urteilskraft. Beide Male stellt sich die Frage, ob ein hinreichender Grund zum Ärgernisgeben vorliege. Jedermann ist nach Maßgabe des Möglichen für die Freiheit seines Nächsten verantwortlich. Was darf man anderen Menschen zumuten? Welche Wirkungen zeitigt das eigene Tun auf die Umgebung? Das Problem kompliziert sich zusehends in einer pluralistischen wie anonymen Gesellschaft. Moral wird zumindest tendenziell der Privatsphäre überantwortet, die öffentliche Moral wird hingegen grobmaschiger, sie läßt eine Variationsbreite des Verhaltens zu, ohne mit der Möglichkeit des Ärgernisses zu rechnen. Das ist eine Herausforderung für die Moralpädagogik: Freiheit bewahren will erlernt sein. Es mag sich in diesem Zusammenhang von selbst verstehen, wie sehr Freiheit eingeschränkt sein kann durch Furcht und Zwang, durch Erpressung, Einschüchterung und Ausnutzung von Abhängigkeitsverhältnissen. Nicht selten ergibt sich ein moralisches Dilemma, in der moraltheologischen Tradition auch *casus perplexus* genannt. Schuldigwerden erscheint unvermeidlich. Angesichts dessen darf getrost jene Lösung gewählt werden, die hier und jetzt als das geringere Übel erscheint. Letztlich kann Freiheit eingeschränkt sein durch Hypnose, pharmakologische Einflußnahme und all jene Steuerungsmöglichkeiten, die durch die modernen Neurowissenschaften eröffnet werden.

Wahlfreiheit als Freisein von Zwang und Nötigung und Wesensfreiheit als zuhandene Mächtigkeit der Selbstbestimmung zum Guten konstituieren gemeinsam den „actus humanus" in seiner moralischen Zurechenbarkeit. Freiheit in dieser Doppelbedeutung teilt sich allen übrigen menschlichen Vermögen mit und durchformt sie. Sie vermittelt die Innenwelt von Motivation und Intention mit der Außenwelt des Vollzugs. Für das sittliche Handeln des Glaubenden ist das neutestamentliche Freiheitsverständnis leitend. Die Freiheit des Christen ist ermächtigte Freiheit. Sie besitzt ihr Vorbild in der Freiheit Jesu gegenüber der Tora (Mk 2,23–28; 3,1–6). Für Paulus ist der Christ vom Joch der Knechtschaft durch Sünde, Gesetz und Tod zur Freiheit der Kinder Gottes befreit (Gal 5,1.13; Röm 7,7–25). Das Sollen ruht im Können, der Imperativ im Indikativ, nämlich dem vollkommenen Gesetz der Freiheit, dessen Gnadenprinzip das Pneuma ist (2 Kor 3,17; Gal 6,12; vgl. Jak 1,25; 2,12). Solche Freiheit erzeugt Freimut (2 Tim 4,2) zum Einstehen für das Gute, sei es gelegen oder ungelegen. Wenn Moraltheologie und kirchliche Verkündigung von Freiheit sprechen (GS 17), dann in dieser Rückbindung. Gewissens- und Religionsfreiheit (DH 2–4), Freiheit des Denkens, des Forschens und der Meinungsäußerung (GS 62) gründen letztlich in der Wahrheit, die frei macht (Joh 8,20).

E. Coreth, Vom Sinn der Freiheit (1985); *J. Fuchs*, Für eine menschliche Moral, Bd. I (1989); *H.-Chr. Rickauer*, Norm und Freiheit in katholischer und evangelischer Sicht, in: *W. Ernst* (Hrsg.), Grundlagen und Probleme der heutigen Moraltheologie (1989) 94–112; *H. Rotter*, Freiheit ohne Normen? (1977); *G. Siewerth*, Die menschliche Willensfreiheit. Texte zur thomistischen Freiheitslehre mit einer Einführung (1954); *C. Taylor*, Negative Freiheit? Zur Kritik des neuzeitlichen Individualismus (1986).

KLAUS DEMMER

Freizeit

→ Arbeit → Beruf → Frauenfrage → Freiheit → Sonntag → Sozialethik
→ Wirtschaftsethik

Freizeit ist ein Thema der Neuzeit und nur am Rande ein Thema der Moraltheologie. Im gängigen alltagspraktischen Sinngehalt ist Freizeit jene Zeit, in der jeder und jede tun und lassen kann, was er/sie will. Historisch gesehen ist Freizeit zutiefst in die Entstehung und Entwicklung der industriellen Gesellschaft kapitalistischen und westlichen Zuschnitts eingelassen. Die große gesamtgesellschaftliche Bedeutung erhielt und erhält die Freizeit durch ihren Zusammenhang mit der Arbeit. In den Industriegesellschaften ist die Existenzsicherung auf ein Geldeinkommen angewiesen, und dieses erzielt die übergroße Mehrheit der Bevölkerung durch den Verkauf eines Teils der Lebenszeit. Die sozialpolitischen Kämpfe des 19. Jh.s zwischen Kapital und Arbeit führten zur Begrenzung und Verkürzung der Arbeitszeit. Die gesetzliche Festlegung von Höchstarbeitszeiten war primär aus Gründen des Gesundheitsschutzes erfolgreich. In der Arbeiterbewegung kam es dann zur Interpretation der Arbeitszeitverkürzung als freier Zeit, verstanden als Zeit für die Entfaltung des Individuums. Damit ist jene Zweiteilung des Alltags in Arbeit und Freizeit gegeben, die von da an zu den typischen Merkmalen westlicher, industrialisierter Gesellschaften zu zählen ist.

Im skizzierten Zusammenhang ist Zeit eine geschichtlich-gesellschaftliche Größe und nimmt auf die chronometrische Gestalt der Zeit Bezug. Sie ist ein umstrittenes Thema gesellschaftlicher Normfindung und der ungleichen Machtverteilung zwischen Kapital und Arbeit. Arbeit und Freizeit sind kulturelle Symbole und unterscheiden sich in charakteristischer Weise voneinander. Während Arbeit in der notwendigen Einkommenssicherung einen allgemeingeltenden Sinngehalt hat und als Erwerbsarbeitszeit sozialvertraglich oder individuell bezüglich Dauer und Lage üblicherweise klar festgelegt ist, verliert sich die zeitliche und inhaltliche Festlegung von Freizeit sehr rasch in individuellen, gruppenspezifischen und kollektiven, z. T. modischen Verständnissen jener Tätigkeiten, die als Freizeit betrachtet werden. Der letzte Sachverhalt zeigt deutlich, daß im heutigen Alltag mit dem kulturellen Symbol Freizeit individuelle Selbstbestimmung assoziiert wird. Dieses Verständnis von Freizeit ist insofern sozialgeschichtlich im Recht, als die Interpretation der Arbeitszeitverkürzung als freier Zeit am Freiheitsverständnis der Aufklärung anknüpft und dieses für die Massen der arbeitenden Bevölkerung verwirklicht sehen möchte. Der ethische Sinngehalt der Freizeit besteht dann auch darin, die zeitliche Bedingung zu schaffen, damit auch die Mitglieder der erwerbsabhängigen Bevölkerung die individuelle Freiheit genießen und ihr volles Menschsein entfalten können. Demnach ist – so das sozialethische Urteil – eine Industriegesellschaft mit der Zweiteilung des Alltags in Arbeit und Freizeit eine Gesellschaft, die im Prinzip ein größeres Potential an Freiheit aufweist als eine Industriegesellschaft, die ausschließlich als Arbeitsgesellschaft konstituiert ist.

Eine genauere Analyse der Zweiteilung des Alltags zeigt eine Vielfalt von Zusammenhängen, einseitigen und gegenseitigen Einflüssen und Abhängigkeiten. Unter ethischem Gesichtspunkt interessieren primär die Sinngehalte von Arbeit und von Freiheit und ihre gegenseitige Zuordnung. Aus den empirischen Materialien und Alltagsbeobachtungen läßt sich ein ethisch brauchbarer Ausgangspunkt konstruieren, wenn der Sinngehalt der Arbeit als Kombination von Einkommenssicherung und Arbeitszufriedenheit formuliert und gleichzeitig ein möglichst verkürzter Blick auf die gelebten Sinngehalte der Freizeit geworfen wird.

Auf diese Weise zeigen sich mindestens sieben qualitativ verschiedene Zuordnungen der Sinngehalte von Arbeit und Freizeit:

1. Reproduktive Zuordnung: Die Arbeit dient der Einkommenssicherung und vollzieht sich unter ausbeuterischen Bedingungen. In der Freizeit wird die körperliche und seelische Erschöpfung soweit abgebaut, daß die Arbeit wieder aufgenommen werden kann.

2. Rekreative Zuordnung: Die Arbeit verschafft das notwendige Einkommen und wird zugleich als befriedigend erlebt. Die Freizeit hat vorrangig die Funktion, die Müdigkeit abzubauen.

3. Suspensive Zuordnung: Der Sinn der Arbeit liegt vor allem im Einkommen. Die eigentlichen Lebensinteressen werden in der Freizeit gelebt.

4. Komplementäre Zuordnung: Arbeit und Freizeit ergänzen einander. Arbeit verschafft Einkommen und Zufriedenheit. Jene Interessen, die nicht in der Arbeit befriedigt werden können, werden in der Freizeit entfaltet.

5. Kompensatorische Zuordnung: Einkommenserzielung und Unzufriedenheit kennzeichnen die Arbeit. Die Freizeit wird durch Konsumsucht, Zerstreuungszwang u. ä. beherrscht.

6. Emanzipatorische Zuordnung: Mit Arbeit wird das notwendige Einkommen erzielt. Die Freizeit wird dazu verwendet, sich für strukturelle gesellschaftliche Veränderungen einzusetzen.

7. Regressive Zuordnung: Im Mittelpunkt des Lebensinteresses steht die Arbeit. Die Freizeit wird als Gelegenheit zu Müßiggang, Langeweile und Faulheit betrachtet.

Der Pluralismus der Zuordnungen der Sinngehalte wird der ethischen Reflexion zugänglich, wenn man danach fragt, ob die jeweilige Zuordnung der Freiheit entgegenkommt oder sich ihr verschließt. In diesem Sinne sind die reproduktive, kompensatorische und regressive Zuordnung zurückzuweisen, die regenerative, suspensive, komplementäre und emanzipatorische zu bejahen. Ethisch gesehen tritt an die Stelle eines deskriptiven Pluralismus eine ethisch legitimierte Pluralität. Berücksichtigt man gleichzeitig die Hinweise auf einen Wertwandel, der eine Verschiebung des Lebensinteresses von Arbeit zur Freizeit andeutet, dann gibt die suspensive, vielleicht auch die emanzipatorische Zuordnung möglicherweise einen Trend an.

Die ethisch wünschbare Pluralität ist allerdings durch eine offensichtlich zunehmende Dominanz eines „freizeitkulturellen Lebensstils" (H. W. Opaschowski) gefährdet. Dieser orientiert sich an Geselligkeit und Erlebnis und konkretisiert sich in den fünf „Freizeit-S": Selbermachen, Spontaneität, Sozialkontakt, Sich-Entspannen und Spaß. Dabei besteht das ethische Problem dieses Lebensstils nicht so sehr in seinem hedonistischen Grundzug, sondern darin, daß er unterschiedslos auf die Arbeit übergreift und daß Eigenaktivität und Genuß unter den herrschenden ökonomischen Bedingungen rasch in den Konsumismus abgleiten können.

Die Zweiteilung des Alltags ist eine geschichtlich-gesellschaftlich situierbare Zeitstruktur, die gesamtgesellschaftlich verallgemeinert worden ist. Im Normalarbeitstag wird die Arbeitszeit der Industriearbeiterschaft geregelt. Die Konzentration auf die Erwerbsarbeit übergeht die genauso notwendige Hausarbeit. Die Geschlechtsrollenteilung bildet die geschlechtsspezifische Klammer dieser Struktur. Sie führt dazu, daß Freizeit für den Mann sozial anerkannter Anspruch ist. Für die erwerbstätige Frau entsteht hingegen üblicherweise die Doppelbelastung von Einkommensbildung und Haushalt; ist die Frau nicht erwerbstätig, folgt die zeitliche Strukturierung ihres Alltags den andersgearteten Erfordernissen von Hausarbeit, Kindererziehung, Partnerschaft usw., unter denen der Anspruch auf Freizeit, Zeit für sich selbst, nachgeordnet ist. Mit anderen Worten, die Zweiteilung des Alltags erweist sich faktisch als Teilstruktur einer patriarchalischen Gesellschaft.

Die herrschende Zweiteilung des Alltags wird in verschiedener Hinsicht in Frage gestellt. Die technische und ökonomische Entwicklung führt zur Forderung nach flexiblen Arbeitszeiten, fördert die Trennung von Maschinen- und Arbeitszeit bis hin zur menschenleeren Fabrik und läßt deutlich Anzeichen erkennen, daß sich die Gesellschaft in Besitzer sicherer Arbeitsplätze und Arbeitslose bzw. Menschen mit unsicheren Arbeitsplätzen spaltet. Die zunehmende Beanspruchung möglicher Freizeit durch Wegezeiten, Konsumarbeit, Zwang zu sozialer Selbstdarstellung, kompensatorischer Gesundheitsvorsorge usw. vergrößert die sogenannte Halb-Freizeit. Gleichstellung und Emanzipation der Frauen führen zum Anspruch auf Erwerbsarbeit, der Forderung nach vermehrter und besserer Teilzeitarbeit sowie einer vernünftigen Berufsbiographie mit Kindern. Ebenso wird die Entlohnung der Hausarbeit thematisiert. Die ausgewählten Hinweise zeigen eine Krise der Zweiteilung des Alltags an. Dies führt zum Urteil, daß die Zweiteilung zu einer inadäquaten Reduktion von Komplexität (N. Luhmann) geworden ist.

Krisen zwingen zu einer besonderen Orientierungsanstrengung. Einer der Beiträge kommt von der ethischen Reflexion. Diese soll im folgenden unter dem autonom-ethisch angelegten Gesichtspunkt des christlichen Solidaritätsethos unternommen werden.

Ausgangspunkt der ethischen Reflexion bildet die pragmatische Annahme, daß es in absehbarer Zeit keine Alternative *zur,* sondern nur Alternativen *in* der industriegesellschaftlichen Entwicklung geben wird. Dabei ist an das Urteil zu erinnern, daß eine Industriegesellschaft mit Freizeit humaner ist als eine ohne. Unter dieser Voraussetzung sollen drei ethische Orientierungsvorstellungen hervorgehoben werden.

1. Ethisches Thema der Flexibilisierung der Arbeitszeit ist die Zeitsouveränität. Männer und Frauen sollen vermehrt selbst bestimmen können, wozu und wie sie ihre Zeit verwenden. Christliches Solidaritätsethos betont hierbei, daß es nicht allein um individuelle Zeitsouveränität gehen kann, sondern um familiale und solidarische. D. h., nebst betrieblichen und individuellen Erfordernissen werden die familiären Bedürfnisse und die Solidarität mit den Arbeitslosen berücksichtigt.

2. Ethisches Thema der geschlechtsspezifischen Strukturierung von Arbeit und Freizeit ist die Freiheit, die Frauen und Männern ermöglicht, miteinander ihre jeweiligen Anteile an Erwerbsarbeit, Hausarbeit, Familienverantwortung und Freizeit auszuhandeln. Christliches Ethos wirft hierbei ein, daß ein faires Aushandeln darauf angewiesen ist, das zeitweilige Zurückstellen eigener Identitätsansprüche mitzubedenken.

3. Ethisches Thema der Zweiteilung des Alltags ist das Freiheitsverständnis und seine strukturellen Handlungsbedingungen. Gängiges Freizeitverständnis ist eine Institutionalisierung individueller Freiheit.

Christliches Solidaritätsethos versteht Freiheit als solidarische und hebt deshalb immer auch die Bedeutung sozialer Verantwortung und deren Institutionalisierung hervor. Wird soziale Verantwortung mit der Zeit vermittelt, kann in Analogie zur Freizeit eine Sozialzeit konstituiert werden. Diese wäre die zeitliche Bedingung der Möglichkeit, daß alle soziale Verantwortung wahrnehmen und sich an den öffentlichen Angelegenheiten beteiligen können. Der Vorschlag einer Sozialzeit mündet in eine Dreiteilung des Alltags: Arbeit – Freizeit – Sozialzeit.

A. Bruggemann/P. Groskurth/E. Ulich, Arbeitszufriedenheit (1975); *W. Nahrstedt*, Die Entstehung der Freizeit (1972); *H. W. Opaschowski*, Arbeit. Freizeit. Lebenssinn? Orientierungen für eine Zukunft, die längst schon begonnen hat; *J. P. Kinderspacher*, Gesellschaft ohne Zeit (1985); *F. Romeiss-Stracke/M. B. Pürschel*, Frauen und Zeitpolitik (1988); *P. Spescha*, Arbeit – Freizeit – Sozialzeit. Die Zeitstruktur des Alltags als Problem ethischer Verantwortung (1981).

PLASCH SPESCHA

Freundschaft

→ Gleichheit → Gott → Kommunikation → Liebe → Spiritualität

Freundschaft meint eine Form der zwischenmenschlichen Beziehung, die aus freier Zuwendung hervorgeht und in einer personalen Sympathie der beiden Partner gründet. Freundschaft stiftet eine dauernde Zugehörigkeit und artikuliert sich in gemeinsamen Gesinnungen und Werthaltungen. Die ideale Freundschaft ist da gegeben, wo zwei Menschen einander ihr Inneres erschließen. In wohlwollender Liebe ist der eine auf das Du des anderen gerichtet; das Eigeninteresse und das Moment der Nützlichkeit dürfen nicht im Vordergrund stehen. In der Freundschaft wird das Zusammensein erstrebt, der Schwerpunkt liegt aber auf der Herzens- und Seelengemeinschaft.

Freundschaft ist zu unterscheiden: von Kameradschaft als einer durch gemeinsame Anliegen oder Aufgaben bedingten Gemeinschaft; von Bekanntschaft, wo Personen einander teilweise etwas anvertrauen; von Ehe als einer exklusiven leib-seelischen Partnerschaft von Mann und Frau. Im neueren politologischen Sprachgebrauch können auch Kollektive zum Subjekt von Freundschaft werden, so wenn z. B. von „Völkerfreundschaft" gesprochen wird.

Von Pythagoras stammen die später oft zitierten Worte, daß Freunden alles gemeinsam ist; sie sind „eine Seele in zwei Körpern"; zwischen Freunden zeige sich harmonische Gleichheit. Mit diesen Vorstellungen von Freundschaft setzt sich Platon in seinem Dialog *Lysis* teils kritisch auseinander. Die wirkungsgeschichtlich wichtigsten Aussagen über Freundschaft in der Antike stammen von Aristoteles und Cicero. Aristoteles handelt von Freundschaft u. a. im 8. Buch der *Nikomachischen Ethik*. Das Gute, das Nützliche und das Angenehme können Motive für die Freundschaft sein; nur die um des Guten oder um der Tugend willen geschlossenen Freundschaften sind dauerhaft und verdienen diesen Namen; Freundschaften aus utilitaristischen oder egoistischen Gründen sind meist nur von kurzer Dauer. Weil Freundschaft auf Tugend gründet, kann es keine Freundschaft zwischen Schlechten geben. Freundschaft erfordert ein Gemeinsames, eine gewollte Gegenseitigkeit, eine Gleichheit. Cicero reflektiert in seiner Schrift *Laelius sive de amicitia* das Phänomen der Freundschaft: Es geht um die Übereinstimmung in allen göttlichen und menschlichen Dingen, verbunden mit Wohlwollen und liebender Zuneigung. Für die Ethik der Freundschaft wird in der Antike häufig die Goldene Regel zitiert: Wir sollen uns den Freunden gegenüber so verhalten, wie wir wünschen, daß sie sich uns gegenüber verhalten.

In den Schriften des AT wird die Freundschaft nicht in gleicher Weise wie in der Antike zum Lebensideal erhoben, doch wird die Freundschaft zwischen David und Jonatan besonders gewürdigt (vgl. 1 Sam 18,1; 20,17). In der Weisheitsliteratur kommen die Erfahrungen wahrer Freundschaft und die Warnung vor falscher Freundschaft zur Sprache (z. B.: Sir 6,5–17; 22,19–26; 27,16–21; Spr 14,20; 19,6). Voraussetzung wahrer Freundschaft ist die Gottesfurcht (Sir 6,16f.). Das AT spricht aber nicht nur von Freundschaft zwischen Menschen; auch Gott tritt mit Menschen in eine Beziehung der Freundschaft: „Freund Gottes" wird Abraham genannt (Jes 41,8; 2 Chr 20,7), mit Mose spricht Gott in freundschaftlicher Weise (Ex 33,11).

In den Evangelien ist von einem freundschaftlichen Verhältnis zwischen Jesus und Lazarus (vgl. Joh 11,11) sowie mit dessen Schwestern Martha und Maria die Rede. Lk 14,12–14 macht deutlich, daß sich die Liebe des Jüngers dort am reinsten zeigt, wo keine Gegenleistung zu erwarten ist. Die Jünger werden Freunde Jesu genannt (Lk 12,4; Joh 15,13–16). Die Zuwendung Gottes zu den Menschen in Jesus Christus kann unter dem Bild der Freundschaft betrachtet werden: Gott wendet sich den Menschen zu und redet sie an wie Freunde (vgl. DV 2). Die Agape, mit der Gott die Menschen liebt, soll die Grundgestalt jeder zwischenmenschlichen Beziehung sein, auch der Freundschaft.

In der Zeit der Kirchenväter kam es zu einer fruchtbaren Begegnung des antiken Freundschaftsideals mit der christlichen Konzeption der

Nächstenliebe. Augustinus, ein wahres Genie der Freundschaft, muß hier genannt werden, desgleichen die Freundschaft des Paulinus von Nola mit Sulpicius Severus. In der Zisterziensertradition des Mittelalters finden sich viele Beispiele christlicher Freundschaft. Abt Aelred von Rievaulx († 1166) hat mit seinem Traktat *De spirituali amicitia* die weitere Tradition maßgeblich beeinflußt: Wahre Freundschaft unter Menschen ohne Christus sei ein Ding der Unmöglichkeit; diese Überzeugung kommt in den Gesprächen Aelreds mit seinem Freund Ivo zum Ausdruck. Geistliche Freundschaft ist für ihn der beste Weg zur Vollkommenheit; sie führt zur Liebe und Erkenntnis Gottes. Neben der Reflexion der zwischenmenschlichen Freundschaft und ihrer geistlichen Dimension findet sich im Mittelalter (nach Anklängen in der Väterzeit) auch der Gedanke der „Gottesfreundschaft". Im 14. Jh. bezeichneten sich Kleriker und Ordensleute, die sich um eine innere Erneuerung mühten und als geistlich Strebende miteinander in Verbindung standen, als „Gottesfreunde". Von Freundschaft mit Jesus spricht auch die *Imitatio Christi* sehr eindringlich (z. B. 2. Buch, Kap. 8).

Die Frage nach der Angemessenheit von Freundschaften in klösterlichen Gemeinschaften wurde in der Tradition gegensätzlich beantwortet: Basilius der Große betonte, daß die Mönche eines Konventes einander in gleicher Weise lieben sollten; die Bildung von Freundeskreisen lehnte er ab. Auch die *Imitatio Christi* spricht sich mit harten Worten gegen solche Freundschaften aus, desgleichen Franz von Sales für die Visitandinnen oder Vinzenz von Paul für die Filles de Charité. Letztlich wollten aber diese ablehnenden Stimmen Cliquenbildung und Zwietracht aus den oft kleinen Kommunitäten verbannt wissen. Andererseits wurden in der monastischen Tradition des Mittelalters (im besonderen der Zisterzienser mit ihren zahlenmäßig großen Kommunitäten) die geistlichen Freundschaften, die die Einheit nicht gefährden, als positiv bewertet. Als Kriterium kann gelten, daß dort echte geistliche Freundschaft vorhanden ist, wo dadurch die Liebe zu Gott intensiviert wird und zugleich die Liebe zum Nächsten in Offenheit und Bereitschaft für alle stärker wird.

Geistliche Freundschaften zwischen Männern und Frauen haben in der Geschichte der christlichen Spiritualität immer wieder Aufmerksamkeit erregt, so z. B. die Freundschaft zwischen Franz von Assisi und Klara, zwischen Teresa von Avila und Jerónimo Gracián sowie zwischen Franz von Sales und Johanna Franziska von Chantal. Nur dort wird eine solche geistliche Freundschaft gelingen, ohne zu einem eheähnlichen Verhältnis zu werden, wo die Liebe und der gegenseitige Austausch auf das gemeinsame Anliegen der Berufung und des Weges zu Gott abzielen. Diese geistlichen Freundschaften sind dann im Lot, wenn sie nicht exklusiv werden, sondern sich für die Liebe zu allen öffnen. In der Liebe zu Gott findet die Freundesliebe ihre Vollendung; in der Liebe der Freundschaft findet die Liebe Gottes eine Konkretisierung.

Aelred von Rieval, Über die geistliche Freundschaft (1978); *M. Schneider,* Das neue Leben. Geistliche Erfahrung und Wegweisung (1987) 140–162; TRE XI, 590–599.

JOSEF WEISMAYER

Friede

→ Freiheit → Gerechtigkeit → Gewalt → Gewissen → Kompromiß → Macht → Sozialethik → Wehrdienst → Widerstand

1. Begriff und Verständnis des Friedens

a) Allgemein: Der Schweizer Rechtslehrer J. B. Sartorius hat schon 1830 zwischen dem negativen und positiven Frieden unterschieden, wobei bei ihm mit „negativem" Frieden der „Nicht-Krieg", mit „positivem" Frieden die „organische Harmonie des Völkerlebens" gemeint ist. Der Norweger J. Galtung hat die Unterscheidung von negativem und positivem Frieden in unserer Zeit einem breiteren Kreis zugänglich gemacht. Um einem etwaigen Mißverständnis vorzubeugen, als handle es sich beim negativen Frieden um etwas Negatives, ist es zweckmäßig, die Unterscheidung von negativem und positivem Frieden als die Unterscheidung von negativ definiertem und positiv definiertem Frieden zu fassen. In diesem Sinn kann man Frieden negativ definieren als die Abwesenheit von Krieg und Gewaltanwendung, von Kriegsursachen und Kriegsvorbereitung, ebenso aber auch als die Abwesenheit jeglichen Schreckens, des gleichgewichtigen, noch mehr des ungleichgewichtigen, positiv als die Ruhe einer gerechten und dynamischen Freiheitsordnung, oder anders ausgedrückt, als die Existenzsicherung und Existenzentfaltung aller Menschen mit vorrangiger Beachtung der Verwirklichung der Menschenrechte. Ein so definierter Friede stellt ein hohes Ziel dar, welches in einer sündigen und unvollkommenen Welt stets neu anzuvisieren und anzustreben, welches aber hier nie als endgültiger und vollkommener Besitz zu betrachten ist. Daher ist es sinnvoll, einen so verstandenen Frieden als stets voranzutreibenden Prozeß zu begreifen und dabei Grade des Friedens bzw. des Unfriedens zu unterscheiden. Was die Unterscheidung bzw. Differenzierung innerhalb des Friedensbegriffs anlangt, ist es sodann sinnvoll, auch die einzelnen Ebenen des Friedens zu unterscheiden, besonders die individuelle, familiale, nationale und internationale, und dabei die gegenseitige Interdependenz dieser Ebenen im Auge zu behalten. Hier ist in erster Linie der internationale Friede gemeint, der Friede auf den anderen Existenzebenen aber vor allem als Voraussetzung und Betroffenheitszusammenhang mitverstanden.

In der Geschichte der christlichen Friedensethik begegnen uns vor allem zwei Friedensbegriffe, die einer etwas näheren Betrachtung wert sind, und zwar der „Friede als Werk der Gerechtigkeit" und der „Friede als Ruhe der Ordnung".

Was den letzten Friedensbegriff, nämlich „Frieden als Ruhe der Ordnung", betrifft, so erlangte dieser seit *Augustinus* besonderes Gewicht. In der Tat ist die Ruhe als Abwesenheit von Kriegs- und Gewalt-„Belästigung" ein wichtiges Element des Friedens. Sodann bedarf der Friede einer institutionellen Absicherung, eben einer entsprechenden Ordnung, welche das Zusammenleben der Menschen friedlich regelt und ihre Konflikte ohne Krieg und Gewaltanwendung löst.

Freilich kann eine *Ruhe* trügerisch sein und einer Friedhofsruhe gleichen und die dabei gemeinte Ordnung auf tyrannischer Gewalt beruhen – Elemente, die Augustinus bei seiner Definition nicht gemeint hat. Um aber das genannte Mißverständnis auszuschließen, muß man Frieden, wenn man ihn von der Ruhe der Ordnung her beschreibt, als „Ruhe einer gerechten und dynamischen Freiheitsordnung" definieren.

Damit sind wir auch bei der zweiten oben genannten Definition des Friedens, beim „Frieden als Werk der *Gerechtigkeit*" angelangt. Dieses Isaiaswort (32,17) findet sich in der Tradition u. a. bei *Thomas v. Aquin, Pius XII.* und wurde vor allem vom Zweiten Vatikanischen Konzil aufgenommen. Die deutschen Bischöfe überschrieben ihren Hirtenbrief aus dem Jahre 1983 mit den Worten „Gerechtigkeit schafft Frieden", und die große Europäische Ökumenische Versammlung im Mai 1989 in Basel nannte ihr Thema in einem Kurztitel „Frieden in Gerechtigkeit". Der Friede hat ja in der Tat wesentlich mit Gerechtigkeit zu tun: Freiheitsberaubende und zerstörerische Gewalt verstößt grundlegend gegen die Gerechtigkeit, Ungerechtigkeit ist ein Nährboden der Gewalt in ihren verschiedensten Formen. Doch darf man dabei nicht übersehen, daß im Namen der letztlich doch subjektiv begriffenen Gerechtigkeit im Laufe der Geschichte unzählige Kriege geführt wurden und viel Gewaltanwendung gerechtfertigt wurde. Dazu kommt, daß zwar im innerstaatlichen Bereich akzeptierte Autoritätsinstanzen auf unterschiedlichen Gerechtigkeitsauffassungen beruhende Konflikte durch ihre Rechtssprüche gewaltfrei oder zumindest gewaltminimierend lösen können, daß es aber auf internationaler Ebene solcher Instanzen und solcher Konfliktlösungsinstrumente ermangelt, sodaß auf dieser internationalen Ebene die gewaltsame Lösung von Konflikten besondere Rahmenbedingungen besitzt. Dies legt es nahe, bei der Definition des Friedens auf den *Gewaltverzicht* einen besonderen Akzent zu legen.

So kann man aus all dem bisher Gesagten Frieden sinnvollerweise definieren als Prozeß abnehmender Gewalt und zunehmender akzeptierter Gerechtigkeit und Freiheit.

b) Speziell biblisch: Einige besonders wichtig erscheinende Gesichtspunkte des biblischen Friedensverständnisses können folgendermaßen zusammengefaßt werden:

– Der Friede ist wesentlicher Punkt des Zentralgehaltes der biblischen Botschaft vom Kommen des Reiches Gottes als eines Reiches der Gerechtigkeit, der Liebe und des Friedens. Dabei ist der Friede, von dem die Bibel spricht, *umfassender* als der Friede, von dem man heutzutage allgemein spricht und um den man mit Recht sehr besorgt ist. Friede nach der Bibel ist ein Zustand der Unversehrtheit oder Wiederherstellung einer in Gott gegründeten Ordnung, die den einzelnen, die Beziehungen der Menschen untereinander wie auch das Verhalten der Völker und den Zustand der ganzen Welt betrifft.

– Wenn auch der politische Friede nur ein Teilaspekt dessen ist, was die Bibel „Frieden" nennt, hängt er dennoch *engstens* damit zusammen. Dieser politische Friede ist Gabe Gottes und Aufgabe des Menschen. Der endgültige und vollkommene Friede ist freilich in der geschichtlichen Erfahrungswelt nicht zu verwirklichen, sondern wird erst von Gott in der Vollendung der Zeiten herbeigeführt werden.

– Der *Krieg* mit dem drohenden Nukleartod kann vielleicht als das größte gemeinsame Übel der pluralen Weltgesellschaft genannt werden. Für den Christen gibt es darüber hinaus aus der Sicht der Bibel noch ein größeres Übel: den Verlust der Gemeinschaft und damit des Friedens mit Gott. Daraus folgt keine Verharmlosung des Krieges, vielmehr die dringende Aufforderung, aus der friedlichen Beziehung zu Gott mit aller möglichen Anstrengung als „Mitarbeiter Gottes" (1 Kor 3,9) an der Vollendung der Schöpfung mitzuwirken und den je eigenen

Beitrag zur Ermöglichung, Wiederherstellung, Sicherung und Förderung des irdischen Friedens zu leisten.

– Die *Gerechtigkeit*, die ein grundlegendes Element des Friedens darstellt, muß nach der Aussage Jesu bei Christen eine vollkommenere sein als die der Schriftgelehrten und Pharisäer (Mt 5,20). Solche Gerechtigkeit ist aufs engste mit der Nächstenliebe verbunden (1 Joh 3,10; Mt 5,21ff.). Die im Glauben an Gott fundierte Liebe zu Gott und zu den Menschen stellt aber überhaupt die Grundweisung biblischer Botschaft dar. So erweist sich von der Gerechtigkeit und von der Liebe her wiederum der Friede als Grundauftrag der Bibel, vor allem des Neuen Bundes. Solche Gerechtigkeit und Liebe erweisen sich gerade heute angesichts der Bedrohung allen Lebens durch nukleare und ähnlich zerstörende Gewalt als dringend wahrzunehmende Heilmittel, um solcher Gewalt den Boden und die Wurzeln zu entziehen.

– Die *wagende Liebe* mit dem Gewaltverzicht zählt zu jenen Radikalforderungen des NT, welche das Kommen des Reiches Gottes verkündigen und welche dem Menschen auf seiner irdischen Wanderschaft als immer wieder anzuvisierende hohe Fernziele Orientierung geben sollen.

2. Strategie des Friedens

Soll der Friede eine Chance auf dauernde Beständigkeit haben, so muß er in einer umfassenden Strategie grundgelegt, aufgebaut, gesichert und gefördert werden. Es müssen dabei vor allem die Ursachen von Krieg und Gewalt beseitigt oder zumindest entschärft und die Bedingungsfaktoren des Friedens gefördert werden, und dies besonders auf der Ebene der Individuen, auf der Ebene gesellschaftlicher Gruppen, auf der nationalen Ebene der Staaten und nicht zuletzt auf internationaler Ebene. Das heißt näherhin:

a) Auf individueller Ebene: Auf der Ebene einzelmenschlicher Existenz ist es zunächst einmal wichtig, das an sich plastische *Aggressionspotential* der Menschen in konstruktive, positive Richtung hin zu kanalisieren und zu entfalten, vor allem auf die Aufgaben einer menschenwürdigen Gesellschaft mit der Bekämpfung und Beseitigung von Krankheit, Hunger, Not und Tod, sodann auf die heute als so wichtig begriffene Aufgabe der Schonung der Umwelt und der Bewahrung der Schöpfung. Der einzelne muß sich auch rechtzeitig und ständig durch Selbst- und Fremderziehung in gewaltfreie oder zumindest gewaltminimierende Formen der Konfliktlösung und der Verteidigung einüben. Die rechtzeitige Internalisierung und die ständige Pflege friedensrelevanter

Werte wie Gewaltlosigkeit, Gerechtigkeit, Liebe, Sensibilität für den Nächsten, Freiheit, Wahrhaftigkeit, Selbstdisziplin, Partnerschaftsfähigkeit, Solidarität, Toleranz, Kompromißfähigkeit, Vorurteilsfreiheit u. dgl. dienen nicht nur echter Persönlichkeitsentfaltung, sondern stellen wichtige Voraussetzungen des Friedens dar.

Bei all dem kommt dem informierten, wachen und gebildeten *Gewissen* eine hohe Bedeutung zu, besonders hinsichtlich der Gehorsamspflicht der gemeinwohldienenden Autorität gegenüber und hinsichtlich der Widerstandspflicht der gemeinwohlschädigenden Autorität gegenüber. In diesem Sinn gibt es sowohl einen Wehrdienst aus Gewissensgründen wie auch eine Wehrdienstverweigerung aus Gewissensgründen. Ein im Gewissen verantwortbarer *Wehrdienst* muß objektiv gesehen ein Beitrag zur wirksamen Aggressionsabhaltung, Friedenssicherung, Verteidigung sowie Gewalt- und Übelminimierung sein und muß den strengen Anforderungen an eine gerechtfertigte Verteidigung entsprechen. Wo eine *Wehrdienstverweigerung* alles in allem gesehen ein besserer Beitrag zu den genannten Zielen ist, ist er objektiv sittlich gerechtfertigt bzw. geboten. Beide Dienste sind also nur als Friedensdienste gerechtfertigt, weil Friede ein sehr hoher Wert ist, dem prinzipiell alle verpflichtet sind. Die kirchlichen Friedensdokumente sind daher prinzipiell für beide Dienste offen. Die subjektive Gewissensentscheidung bleibt verpflichtend und zu respektieren, auch wenn sie objektiv gesehen unüberwindlich irrig sein sollte, wobei selbstverständlich die stete Verpflichtung nach objektiver Ausrichtung aufrecht bleibt.

b) Auf der Ebene gesellschaftlicher Gruppen: Friedensstrategie auf der Ebene gesellschaftlicher Gruppen bedeutet zunächst einmal die Überwindung von *Ideologien* als friedensgefährdende Gedankengebilde gesellschaftlicher Gruppen, wobei unter Ideologie im negativen Sinn mit J. Messner der Glaube an absolute Wahrheiten und absolute Werte zu verstehen ist, „die für eine erstrebte Sozialordnung maßgebend sein sollen, aber im Widerstreit zur Wirklichkeit menschlichen und gesellschaftlichen Seins stehen". Solche Ideologien können Konflikte verschärfen bis hin zur kriegerischen Austragung von Konflikten mit all den dazugehörigen Faktoren und Aspekten, und zwar vor allem dadurch, daß sie die Gewalt in ihren verschiedenen Formen legitimieren bzw. rechtfertigen. Als gemeinsame strukturelle Merkmale von Ideologien, die allesamt konfliktverschärfend wirken, können mit K. Salamun genannt werden: emotionalisierte Feindbilder; absolute Wahrheitsansprüche; manichäische Heilsideen; Polarisierungskategorien und Illusionen von wahren Wesensheiten.

Im Sinne einer positiven Friedensstrategie kommt sodann den gesellschaftlichen Gruppen die wichtige Aufgabe zu, in Vermeidung bzw. Überwindung eines Gruppenegoismus sich selbst und ihre Mitglieder auf das solidarische *Gemeinwohl* des übergeordneten Ganzen samt den berechtigten Interessen aller anderen Gruppen und deren Mitglieder hinzuordnen bzw. das Gruppeninteresse als integrierenden Bestandteil eines übergeordneten Gemeinwohlinteresses zu betrachten und zu verfolgen. Eine besonders wichtige Funktion in der Vermittlung und Sozialisation der eben und oben genannten friedensrelevanten Werte und Verhaltensmuster hat die Primärgruppe der *Familie,* die deshalb, falls sie ihre Chancen wahrnimmt, als Tor zur Humanität des Friedens genannt werden kann.

c) Auf der Ebene der Einzelstaaten: Zunächst kann der Staat als Gruppe besonderer Art betrachtet werden, bei dem die oben besprochene ideologische Friedensgefährdung infolge seines Gewaltpotentials besonders problematisch ist. Nicht nur *Nationalismus* und *Rassismus,* sondern diverse andere Ismen können als Ideologien das staatliche Gewaltpotential zur Bedrohung und Gefährdung Andersdenkender und Andersartiger werden lassen. Vermischt sich solcher Ideologieballast mit dem dem Staat eigenen Streben nach Geltung und Selbstbehauptung, ja bisweilen nach Überlegenheit, kann es allzuleicht zu aggressiven Expansions- und Beherrschungstendenzen kommen, wobei *Diktaturen* diesbezüglich friedensgefährdender sind als *Demokratien,* und zwar dies nicht nur deshalb, weil das Unterdrückungsmuster, das man nach innen ausübt, allzuleicht nach außen praktiziert wird, was besonders durch die Versuchung zur Flucht nach vorne und zur Ablenkung von innen problematisch werden kann.

So liegt ein wichtiger Beitrag der einzelnen Staaten zum Frieden in der Reinigung ihrer geistigen Grundlagen von gefährlichen Ideologien, in der klaren Definition und Praxis von *Grundwerten* und *Grundrechten,* welche international verallgemeinbar bleiben müssen, sowie in der Förderung der Demokratie als Staats- und Lebensform.

Dabei ist der Weg von der Diktatur zur Demokratie ein schwieriger und langwieriger, eine gewaltsame *Revolution* als scheinbar schnellerer Weg schon deshalb problematisch, weil sich die Gesamtsituation dadurch oft verschlechtert, abgesehen davon, daß die Legitimität der Revolutionäre als Beauftragte des sich notwehrenden Volkes nicht immer so leicht feststellbar ist.

Zu den wichtigsten Aufgaben der Staaten zählt von alters her der Schutz seiner Bürger gegen Bedrohungen von außen, wozu die Staaten auch miteinander Militärbündnisse eingehen. Im Nuklearzeitalter wird besonders deutlich, daß kein Staat und kein Bündnis seinen Bürgern diesen Schutz garantieren kann. Da das aus diesem Faktum logisch zu folgernde System gemeinsamer bzw. *kollektiver Sicherheit* bzw. das System der *Sicherheitspartnerschaft* bisher keine befriedigende Gestalt angenommen haben, wurde und wird immer noch partiell oder zumindest qualitativ wettgerüstet, was die gegenseitigen Bedrohungsängste nicht aufhebt und das gegenseitige Vertrauen nicht steigert. So ist *allseitige Abrüstung* mit eventuell einseitigen risikofreien Schritten, begleitet vom Aufbau und Ausbau internationaler Vertrauensinstitutionen und Vertrauensstrukturen, dringend geboten. Damit aber bei Staaten und Staatengruppen der Mut zu solchen Schritten wahrscheinlicher wird und steigt, muß sich freilich auf internationaler Ebene einiges ändern.

d) Auf internationaler Ebene: International muß eine Strategie zur Beseitigung bzw. Entschärfung der Kriegsursachen und zur Förderung des Friedens zunächst einmal ihr Augenmerk den durch Ideologien, Herrschaftsstreben einzelner Staaten oder Staatengruppen, gegenseitiges Mißtrauen, große Wohlstands- bzw. Elendskluft und dgl. bedingten Spannungen zwischen den Staaten bzw. Zonen der Welt zuwenden und solche *Spannungen* zu beseitigen bzw. zu entschärfen trachten. Krieg und andere Formen der Gewalt als Mittel der Konfliktaustragung müssen durch bessere, durch *humane, d. h. gewaltfreie Instrumente der Konfliktlösung* ersetzt werden, so z. B. durch gerechtes, von allen Beteiligten im Prinzip akzeptiertes internationales Recht mit entsprechenden Autoritätsinstanzen zur Durchsetzung solchen Rechts, durch Gespräche, Kompromisse und vertragliche Vereinbarungen, durch Aufbau und Ausbau von gegenseitigem Vertrauen und von Institutionen und Strukturen des Vertrauens und nicht zuletzt durch solidarische Kooperation zwecks Bewältigung der großen Menschheitsaufgaben wie der Bekämpfung von Krankheit, Not, Hunger, Tod und der Bedrohung der Schöpfung, dies alles auch im Rahmen einer gerechten politischen und wirtschaftlichen Weltordnung.

Zur Verwirklichung einer solchen Strategie sind *prinzipiell alle* aufgerufen: alle einzelnen in der Pflege eines international solidarischen Bewußtseins sowie in der Pflege solidarischer internationaler Kontakte; alle Gruppen in der Vermeidung gefährlicher Gruppenideologien und in der Ausrichtung der Gruppenziele auf das internationale Gemeinwohl samt Pflege diesbezüglicher internationaler Gruppenkontakte; die Staaten und Staatengruppen in der Reduzierung ihrer Rüstung auf einem möglichst niedrigen Gleichgewichtsniveau und in der Investierung der auch dabei eingesparten Mittel zur Linderung der Not und Hebung der Wohlfahrt der Völker sowie überhaupt in der solidarischkooperativen Regierung der Welt nach den Prinzipien von Recht und Gerechtigkeit; und nicht zuletzt sind zur Verwirklichung solcher Friedensstrategie die internationalen Organisationen als besondere Anwälte des internationalen Gemeinwohls gefordert, und zwar vor allem durch ihre Schlichtungs- und Vermittlertätigkeit bei internationalen Konflikten samt einem damit verbundenen Krisenmanagement sowie durch ihren Beitrag in der Pflege internationaler Grundwerte sowie im Aufbau und Ausbau einer gerechten internationalen politischen und wirtschaftlichen Ordnung. Eigens hervorgehoben sei in diesem Zusammenhang: die Bedeutung einer interdisziplinär und international betriebenen *Friedensforschung* zwecks Erforschung der Ursachen von Krieg und Gewalt sowie von Bedingungen des Friedens; die Rolle der *sinnstiftenden und sinnvermittelnden Institutionen* mit den Weltreligionen an der Spitze bei der Pflege eines Weltgemeinwohlgewissens und der Kultur transzendental fundierter humaner Werte; sowie die Rolle des *Pazifismus* in seinen verschiedenen Richtungen und Bewegungen, wobei man hier wie bei den Religionen in besonderer Weise vor ideologisch-fundamentalistischen Verengungen auf der Hut sein muß, damit tatsächlich der Friede und nicht ein erbitterter ideologischer Kampf das Ergebnis ist. Daß zu einer hier gemeinten umfassenden Friedensstrategie eine entprechende Friedenserziehung geleistet werden muß, versteht sich von selbst.

3. Einzelfragen

a) *Das atomare Wettrüsten und die Abrüstung:* In der Frage des atomaren Wettrüstens lassen sich aus der Perspektive christlicher Ethik katholischer Prägung zwei Grundpositionen unterscheiden, und zwar die Position des, wie ich es nennen möchte, *absoluten* bzw. radikalen *Pazifismus,* der in der Tradition der christlich-katholischen Ethik eine Minderheitenposition bildet, und die Position des – wie ich es nennen möchte – *relativen Pazifismus,* der in der Tradition der christlich-katholischen Ethik die Mehrheitsposition darstellt.

Die Position des absoluten bzw. radikalen Pazifismus ist die Position jener Christen, nach deren Auslegung die Lehre des Evangeliums jede Gewalt verbietet und die sich daher bedingungslos gegen jeden Krieg und umso mehr bedingungslos gegen jeden Einsatz von Kernwaffen wendet. Entsprechend konsequent wenden sich solche Christen gegen jede Rüstung und speziell gegen die atomare Rüstung und lehnen eine Beteiligung daran ab. Konsequenterweise müssen solche Christen eine *ehebaldigste, wenn nötig auch einseitige Abrüstung* verlangen.

Auch die Position des relativen Pazifismus hat einen mehr oder weniger starken Vorbehalt gegen die Gewalt als Mittel der Konfliktlösung, wobei naturgemäß der Vorbehalt entsprechend der Vernichtungskraft zunimmt bis zur völligen Ablehnung hin. Diese Position sieht aber unter bestimmten, wenn auch streng zu fassenden Voraussetzungen Gewalteinsatz als legitim an, wobei im Sinne einer Notstandsethik *Gewalt als Mittel zur Gewalt- und Übelminimierung* gesehen wird. Punktweise läßt sich diese Position folgendermaßen zusammenfassen:
– Jeder *Krieg* ist ein schreckliches Übel, das es mit allen Kräften zu verhindern und zu überwinden gilt.
– Der *Atomkrieg* kann als das schrecklichste Übel der wertpluralen Weltgesellschaft bezeichnet werden. Er ist durch nichts zu rechtfertigen. Auch ein begrenzter Atomkrieg ist zu verurteilen, nicht zuletzt deshalb, weil sich letztlich ein Atomkrieg nicht begrenzen läßt.
– Der *Rüstungswettlauf,* besonders der nukleare, ist scharf zu verurteilen, weil er angesichts der immer bedrohlicher werdenden Nuklear- und ähnlicher Waffen die Menschheit ihrer totalen Vernichtung immer näher bringt, wobei das auslösende Moment einer solchen Katastrophe ein „Betriebsunfall", eine Fehlreaktion, eine in der Engpaßsituation angetretene „Flucht nach vorne" oder etwas Ähnliches sein kann, und weil er, wie es das Zweite Vatikanische Konzil ausdrückt, unerträglich die Armen schädigt. Deshalb bezeichnen ihn die Friedensdokumente der Kirche als eine der schrecklichsten Wunden der Menschheit, als eine Gefahr, als einen Akt der Aggression gegen die Armen und als einen Wahnsinn.
– Die *Abschreckung,* insbesondere die nukleare, ist keine geeignete Strategie, den Frieden langfristig zu sichern; ihre Problematik besteht vor allem darin, daß sie zum Rüstungswettlauf führt und daß sie, um glaubwürdig zu sein, die Entschlossenheit zur Tat zeigen muß, falls die Abschreckung versagt. Auf der anderen Seite wird der Abschreckung, auch der nuklearen, doch auch die Funktion zugeschrieben, einen potentiellen Aggressor von einem Angriff abzuhalten, indem man ihm einen Schaden androht, der in keinem Verhältnis zu den Vorteilen stehen würde, die er selbst durch seinen Angriff gewinnen könnte. So zitieren die Hirtenbriefe der amerikanischen, der bundesdeutschen und der französischen Bischöfe zum Thema Frieden zustimmend aus der Botschaft Papst Johannes Pauls II. an die zweite Sondergeneralversammlung der Vereinten Nationen über Abrüstung vom 8. Juni 1982 folgendes: „Unter den gegenwärtigen Bedingungen kann eine auf dem Gleichgewicht beruhende Abschreckung – natürlich nicht als ein Ziel an sich, sondern als ein Abschnitt auf dem Weg einer fortschreitenden

Abrüstung – noch für moralisch annehmbar gehalten werden. Um jedoch den Frieden sicherzustellen, ist es unerläßlich, daß man sich nicht mit einem Minimum zufriedengibt, das immer von einer wirklichen Explosionsgefahr belastet ist." Solche Abschreckung ist nach der Aussage der genannten Hirtenbriefe an strenge Bedingungen gebunden.

– *Rüstung* zum Krieg ist umzukehren und zu ersetzen durch eine umfassende Rüstung bzw. Strategie des Friedens, das Wettrüsten zu überwinden durch den Wettlauf des Vertrauens.

– *Abschreckung* ist auf möglichst niedrigem Gleichgewichtsniveau und durch möglichst gewaltfreie bzw. weniger gewaltintensive Strategien anzustreben. Hier bietet sich unter anderem auch die Entwicklung und der notwendige Ausbau der sozialen Verteidigung an. Statt von Abschreckung sollte man vielleicht besser von *Abhaltestrategie* sprechen.

– *Abrüstung,* vor allem nukleare Abrüstung, ist ein dringender Imperativ. Darüber besteht innerhalb der katholischen Kirche Einhelligkeit. Nicht so einhellig ist dabei die Antwort auf die Frage, ob diese Abrüstung in *beiderseitigen* Schritten oder auch durch *einseitige Vorleistungen* erfolgen solle. Bei näherer Betrachtung unterscheiden sich solche Positionen unter anderem darin, was man unter einseitigen Vorleistungen versteht und wie weit man in den vertrauensbildenden Vorleistungen geht. Ob man nun für sogenannte einseitige oder nur für sogenannte gleichzeitige Abrüstung eintritt, auf alle Fälle kann und soll man dafür eintreten, daß die Supermächte auch einseitige, relativ risikofreie Vertrauensschritte unternehmen. Solche wären z. B.: der Verzicht auf Streben nach Überlegenheit; eine Erklärung auf Nicht-Ersteinsatz von Kernwaffen; ein effektiver eigener Beitrag zur Lösung des Nord-Süd-Konflikts durch Förderung einer positiven Entwicklung der Elendszonen dieser Welt; das Vorantreiben der Verwirklichung der Menschenrechte im eigenen Macht- und Einflußbereich und schließlich Abrüstung intoleranter und gefährlicher Ideologien.

b) Friedensbewegung: Die Friedensbewegung läßt sich definieren als eine gesellschaftspolitische Bewegung gegen den Krieg, gegen die Rüstung und gegen andere Maßnahmen zugunsten eines Krieges zum Zwecke der Abschaffung des Krieges und der Überwindung seiner Ursachen durch Aufbau einer internationalen Gemeinwohlordnung einschließlich von Mechanismen gewaltfreier Konfliktlösung.

Gruppierungen, die sich für den Frieden einsetzen, gibt es, solange es Kriege gibt. In unserem Jahrhundert mit der Zunahme der Schrecklichkeit der Kriege haben solche Gruppierungen eine besondere Aktualität, Intensität und Dimension erhalten. Im Rahmen der katholischen

Kirche ist hier aus der Zeit nach dem Zweiten Weltkrieg die Internationale Pax-Christi-Bewegung zu erwähnen. Besonders bekannt wurde die Anfang der achtziger Jahre sich formierende und öffentlichkeitswirksame Massenfriedensbewegung in den westlichen Ländern, die sich vor allem gegen den Nato-Doppelbeschluß von 1979 richtete, die aber ihr eigentliches Ziel, nämlich die Stationierung neuer Mittelstreckenraketen zu verhindern, nicht erreichte.

Aus der uns hier in erster Linie interessierenden ethischen Perspektive läßt sich zur Friedensbewegung folgendes sagen:
– Die Friedensbewegung ist mit ihren Anliegen *grundsätzlich positiv* zu bewerten als eine Möglichkeit, die Werte des Friedens im Bewußtsein breiter Kreise zu verankern und mittels der internationalen öffentlichen Meinung Druck auf die politischen Entscheidungsträger in Richtung Friedenssicherung und Friedensförderung mit besonderer Betonung der Abrüstung auszuüben. Was den Druck der internationalen öffentlichen Meinung auf die politischen Entscheidungsträger anlangt, so ist es besonders wichtig, daß dieser Druck nicht einseitig ausgeübt wird.
– Die Friedensbewegung darf *keine vorübergehende Angelegenheit* sein, sie soll uns vielmehr als eine Begleiterscheinung der Bedrohung des Friedens immer wieder beschäftigen. Wenn die Friedensbewegung auch anlaßbedingt in unterschiedlicher Stärke und Deutlichkeit in Erscheinung treten wird, so sollten doch die berechtigten Anliegen dieser Friedensbewegung von möglichst vielen Menschen in verschiedenen sozialen Zusammenschlüssen getragen, artikuliert und der Verwirklichung nähergebracht werden.
– Die Friedensbewegung besitzt für den Frieden *kein Monopol.* So wichtig es auch ist, daß man sich im Engagement für den Frieden in einer großen und breiten Bewegung zusammenschließt, so würde es fundamentalen Werten des Friedens widersprechen, all jenen sozialen Gebilden, die sich außerhalb der sogenannten Friedensbewegungen für den Frieden engagieren, die Friedensliebe abzusprechen. Es wäre aber auch nicht der Friedensbewegung und ihren Zielen dienlich, alles und jedes, was sich für den Frieden engagiert, mit der Marke der Friedensbewegung zu etikettieren, weil dadurch eine noch weitere Diffusion und Verdünnung der Friedensbewegung zu befürchten wäre.
– Wenn verschiedene andere Bewegungen bzw. Institutionen zu Trägern der Friedensbewegung werden, dürfen die ausgewiesenen Ziele dieser Bewegungen bzw. Institutionen zum Ziel der Friedensbewegung, d. h. zum Friedensziel, *nicht in Widerspruch* stehen.
– *Christen* müssen bei ihrem Engagement in der Friedensbewegung besonders einbringen und wachhalten: die Dimension der Liebe und

der Gewaltlosigkeit; die Dimension der Wahrheit; die Dimension des Glaubens und der Hoffnung angesichts der so leicht aufkommenden Resignation; und schließlich die eschatologische Dimension, wonach in der Zeit die Ewigkeit beginnt, das Vollkommene und Ewige aber in der Zeit nie endgültig zu erreichen ist. Eine solche Sicht ist schöpferisches Korrektiv zur Status-quo-Fixiertheit wie zur gefährlichen Ausgabe der Utopie. Sie ist „Realutopie" im Sinne des „Bereits und Noch-nicht", wonach hohe Fernziele durch konkrete realisierbare Nahziele angestrebt werden sollen.

E. O. Czempiel, Friedensstrategien (1986); *J. Galtung,* Es gibt Alternativen! (1984); *K. Salamun,* Ideologie und Aufklärung (1988); *Sekretariat der Deutschen Bischofskonferenz* (Hrsg.), Bischöfe zum Frieden (²1983); *V. Zsifkovits,* Ethik des Friedens (1986).

VALENTIN ZSIFKOVITS

Fundamentalismus

→ Abtreibung → Familie → Lehramt → Religionsfreiheit → Toleranz

1. Begriff und Geschichte

Unter Fundamentalismus wird heute allgemein das religiös oder politisch motivierte Beharren auf einem absoluten Wahrheitsstandpunkt verstanden, das meist mit einer Ablehnung wichtiger Prinzipien der modernen Welt, wie Toleranz, Pluralismus, Säkularisierung und Relativismus, einhergeht. Ursprünglich und im strengen Sinn bezeichnet Fundamentalismus eine konservative, protestantische Bewegung in den USA, die um die Jahrhundertwende entstanden ist und sich vor allem durch den Glauben an die Verbalinspiration und die Unfehlbarkeit bzw. die Irrtumslosigkeit der Bibel näher charakterisieren läßt.

Der Fundamentalismus entstand als Antwort auf die großen gesellschaftlichen Veränderungen in den USA gegen Ende des 19. Jh.s. Industrialisierung und moderne Wissenschaften veränderten in kurzer Zeit die bis dorthin agrarisch strukturierte Welt der Amerikaner. Aus einem religiös bestimmten und durch das Studium der Bibel geprägten Schulsystem entwickelten sich beispielsweise von religiösen Grundlagen unabhängige staatliche Schulen, während der Bibelunterricht auf Sonntagsschulen beschränkt blieb. Gegenüber dem – als historischer und naturwissenschaftlicher Tatsachenbericht verstandenen – biblischen Schöpfungsglauben setzte sich immer mehr Charles Darwins

Lehre von der Entstehung der Arten durch. Während nun liberale Protestanten sich der neuen Situation anpaßten und eine Neuinterpretation der christlichen Botschaft angesichts der zunehmend säkularen Welt vornahmen (z. B.: „social gospel"), lehnten konservative Protestanten jeden Kompromiß mit der modernen Welt ab. Um ihre Einstellung stärker zu verbreiten, gründeten 1909 konservative Kirchenmänner eine Schriftenreihe mit dem Titel *The Fundamentals: A Testimony to the Truth,* die dann in zwölf Bänden von 1910 bis 1915 erschien. Davon leitet sich auch die Bezeichnung Fundamentalismus ab. Die theologischen Hauptinhalte des Fundamentalismus umfassen im wesentlichen folgende Punkte: Verbalinspiration und Irrtumslosigkeit der Schrift, die Göttlichkeit Jesu Christi, seine jungfräuliche Geburt, die stellvertretende Sühne durch Christus, seine leibliche Auferstehung und baldige leibliche Wiederkunft auf die Erde. Der letzte Punkt impliziert eine bestimmte Geschichtstheologie. Während der amerikanische Protestantismus bis zum Bürgerkrieg (1861–1865) durch eine fortschrittsoptimistische Grundhaltung, den Glauben an eine allmähliche Verwirklichung des Reiches Gottes in der Geschichte und die nach 1000 Jahren erfolgende Wiederkunft Christi (Postmillennalismus) bestimmt war, bricht der Fundamentalismus mit dieser Tradition. Er vertritt nun ein pessimistisches Geschichtsbild, das in naher Zukunft einen radikalen Bruch zwischen Gegenwart und Tausendjährigem Reich erwartet. Das Kommen Christi wird mit der Schlacht von Harmagedon (vgl. Offb 16,16) verbunden, in der Christus gemeinsam mit den Heiligen den Satan und die Bösen besiegen wird. Erst hernach beginnt das Tausendjährige Reich (Prämillennalismus). Gewöhnlich ist der Prämillennalismus mit politischer Passivität verbunden, weil gegen jeden Versuch der Selbsterlösung die Rettung ganz durch Christus allein erfolgen muß. Im Laufe der Geschichte war dann auch der Fundamentalismus meist durch politische Passivität gekennzeichnet, die oft auch Wahlenthaltung beinhaltete. Aber die latente, manichäische Neigung der Fundamentalisten, die Wirklichkeit in heilig und unheilig, gut und böse aufzuteilen, ließ sie dann doch immer wieder auch politisch aktiv werden. Beispielsweise gelang es den Fundamentalisten nach dem Ersten Weltkrieg in einigen amerikanischen Bundesstaaten, durch Gesetz die Vertretung der Abstammungslehre im Schulunterricht zu verbieten. Berühmtheit erlangte dieses Verbot 1925 im berüchtigten „Affenprozeß" in Dayton, Tennessee. Der Biologielehrer John T. Scopes wurde vom Gericht verurteilt, weil er gegen die gesetzliche Bestimmung die Evolutionslehre Darwins lehrte.

2. Fundamentalismus in den USA heute

Ende der siebziger Jahre kam es zu einem Wiedererstarken des Fundamentalismus in den USA. Ausschlaggebend waren neben den zunehmenden Krisenerscheinungen der modernen Welt (Rüstungswahnsinn, Umweltkrise, Arbeitslosigkeit und Energieprobleme) die Bedrohung der traditionellen Familie und ihrer Werte. Steigende Zahlen an Ehescheidungen und unehelichen Kindern, steigende Kriminalitätsrate, Drogenprobleme und die Entscheidungen des Obersten Gerichtshofes, das gemeinsame Schulgebet an öffentlichen Schulen zu verbieten (1962) und die Abtreibung freizugeben (1973), bewirkten eine politische Aktivierung und Organisation der Fundamentalisten („Moral Majority"). Stark förderlich für die Ausbreitung ihrer Ideen war die Verwendung modernster technischer Mittel, wie Kabelfernsehen, Rundfunk, TV, Satellitenübertragung und Computer („electronic church"). Berühmten Fernsehpredigern (Jerry Falwell, Pat Robertson) gelang es, Millionen von Anhängern hinter sich zu scharen. Politisch stehen diese heute meistens auf der Seite der Republikaner. So konnten sie in der ersten Amtszeit von Präsident Ronald Reagan (1980–1984) ihren Einfluß stark ausdehnen. Die erdrutschartige Wiederwahl Reagans 1984 geht nicht zuletzt auf ihr Engagement zurück, weil es ihnen gelang, viele ehemalige Nichtwähler zur Wahl zu motivieren. 1988 kandidierte Pat Robertson selbst für die republikanische Nominierung zum Präsidentschaftskandidaten. Einige Vorwahlerfolge Robertsons zeigten, daß auch in Zukunft mit der politischen Stimme der Fundamentalisten zu rechnen ist. Ihre politischen Hauptaktivitäten sind der Kampf gegen Abtreibung, Homosexualität, Pornographie, Emanzipation der Frauen, Sozialstaat und Kommunismus sowie für die Wiedereinführung des Schulgebets.

3. Integralismus: der katholische Fundamentalismus

Parallel zu den Entwicklungen im amerikanischen Protestantismus entstanden auch in der katholischen Kirche Tendenzen, die man durchaus „fundamentalistisch" nennen kann. Es handelt sich dabei um Traditionalismus und Integralismus. Wiederum ging es um die Abwehr der Moderne. Mehrere kirchliche Erklärungen verurteilten um die Jahrhundertwende (1864–1907) den sogenannten „Modernismus". Dabei wurde aber nicht nur eine unkritische Anpassung der Kirche an die Neuzeit abgewehrt, sondern gleichzeitig auch das positive Bemühen um eine Vermittlung beider Bereiche vorzeitig unterbunden. Zwar wurde im Ersten Vaticanum (1870) die extremste Richtung des Traditionalismus, der jede Gotteserkenntnis durch die menschliche Vernunft leugnete, lehramtlich verworfen, dennoch läßt sich gerade im Engagement um die Dogmatisierung der Unfehlbarkeit des Papstes (so war beispielsweise der Atheist Charles Maurras ein großer Befürworter der päpstlichen Unfehlbarkeit) ein deutliches Symbol in Richtung Antimoderne im Katholizismus erkennen. Die Definition der Unfehlbarkeit und die in ihr gipfelnde Kirchenkonzeption versucht gegen Pluralismus, Demokratie und Relativismus an der „Wahrheit" festzuhalten. Seine letzte Stütze fand dieses Wahrheitsverständnis allerdings nicht in der Irrtumslosigkeit der Bibel, sondern in einer, damals oft rein äußerlichen, absolutistisch verstandenen Unfehlbarkeit des päpstlichen Lehramtes. Das Zweite Vatikanische Konzil hat diese Tendenzen korrigiert. Vor allem das Dekret über die Religionsfreiheit ist dabei hervorzuheben, das für die Suche und die Bewahrung der Wahrheit alle jene Mittel ausgeschlossen hat, die dem Geist des Evangeliums entgegengesetzt sind (Nr. 14). Bereits während des Konzils gab es heftige Auseinandersetzungen um dieses Dekret. Mit 70 Gegenstimmen (3%) erfuhr es die größte Ablehnung. Einer der Hauptgegner war der traditionalistische Erzbischof Marcel Lefebvre, dem es im Laufe der Jahre gelang, europaweit eine eigene traditionalistische Anhängerschaft hinter sich zu scharen (Priesterbruderschaft Pius X.). 1988 brach Lefebvre mit Rom, indem er gegen ein ausdrückliches Verbot Bischöfe weihte. Dadurch wurde er automatisch exkommuniziert.

Auch in der katholischen Kirche selbst haben apokalyptische Ängste als Reaktion auf die heutigen Krisen der modernen Welt zugenommen. Aus diesem Grund wird der Ruf nach eindeutigen Weltbildern und Wahrheiten laut. Neben Lefebvre sind es vor allem: das Engelwerk (Opus Angelorum), Opus Dei, konservative Gruppen innerhalb der charismatischen Bewegungen, und Lesergemeinden konservativer Zeitschriften, wie die in Österreich verbreitete *Zeitung der Katholiken für Glaube und Kirche – der 13.* oder *Der Fels, Theologisches* und die internationale *Una-Voce-Korrespondenz*. Sie kämpfen gegen jegliche „Demokratisierung" der Kirche, erklären die Enzyklika *Humanae vitae* für unfehlbar, pochen auf das Kirchenrecht in der Frage der wiederverheirateten Geschiedenen und stehen ablehnend der Ökumene gegenüber.

4. Außerchristliche Fundamentalismen der Gegenwart

Die Krisen der modernen Welt haben nicht nur in den christlichen Kirchen fundamentalistische Tendenzen verstärkt. Auch im Islam, im

Judentum und in der westeuropäischen Ökologiebewegung sind fundamentalistische Strömungen zu erkennen.

Der Sturz des Schah-Regimes 1979 und die Errichtung eines theokratischen Staates unter Ayatollah Khomeini im Iran waren die auffälligsten Signale einer starken fundamentalistischen Welle im Islam. Hauptursache dafür war eine viel zu schnell erfolgte Modernisierung des Irans, die die traditionellen Sozialstrukturen zerstörte, ohne die von ihnen erfüllten Funktionen für Arme und sozial Schwache übernehmen zu können. Auch im sunnitischen Islam kam es zu fundamentalistischen Entwicklungen (z. B. Ägypten). Das Ziel des Fundamentalismus im Islam ist der Aufbau des Staates auf der Grundlage des islamischen Gesetzes *(Scharia)*.

Fundamentalistische Tendenzen im Judentum gibt es nicht nur im Zusammenhang mit der biblischen Legitimation der Territorialansprüche des Staates Israel (das AT und die Archäologie sollen die Grundlage liefern, um das Israel zustehende Territorium bestimmen zu können), auch die Zunahme der politischen Bedeutung religiöser Gruppen, die das Zusammenleben nach den Maßstäben der Thora organisieren wollen, entspringt dem allgemein feststellbaren Bedürfnis nach eindeutigen Antworten und Lösungen in komplizierten Problemzusammenhängen.

Schließlich sind auch am Rande der europäischen Ökologiebewegung fundamentalistische Positionen erkennbar. Deutlichstes Beispiel dafür ist Rudolf Bahro, der als Antwort auf die bevorstehende Apokalypse die Industriegesellschaft nach radikalökologischen Gesichtspunkten umbauen will. Er geht dabei so weit, daß er für die BRD eine Aufgliederung in autonome 2000-Seelen-Gemeinden vorschlägt.

5. *Kritische Würdigung des christlichen Fundamentalismus*

Die sozialpsychologische Erklärung, der Mensch brauche einen „Hort der Sicherheit", um in der immer komplexeren Welt leben zu können, darf bei der Beurteilung des Phänomens der fundamentalistischen Versuchung nicht allzuleicht wegdisputiert werden. Auch vom christlichen Standpunkt aus ist es wichtig, die Frage nach dem christlichen Fundament zu stellen. Trotzdem müssen zwei Einwände vorgebracht werden. Das moderne, neuzeitliche Denken mit seinem letztlich privatisierten, relativistischen Wahrheitsangebot ist gerade ein Produkt der Religionskriege, in der sich die christlichen Konfessionen gegenseitig tödlich bedrohten. Die modernen Errungenschaften wie Toleranz, Pluralismus und formale Demokratie waren der Ausweg aus diesem

Dilemma. Sowohl im protestantischen als auch katholischen Fundamentalismus gibt es aber Tendenzen, gerade diese positiven Produkte der Moderne zu gefährden. Das zeigt sich zum einen in einer unkritischen Haltung gegenüber Gewalt und äußert sich auch in einer Spiritualität, die sehr große Parallelen zum Kreuzrittertum besitzt. Nur die konkreten Feinde haben sich geändert: An die Stelle des anderen religiösen Bekenntnisses oder des Heidentums traten Liberalismus und Kommunismus. Der zweite Einwand gegen den Fundamentalismus bezieht sich auf die Formalisierung seiner Theologie. Diese wird besonders an den seltsamen Allianzen der fundamentalistischen Gruppen deutlich. Am Beispiel der „Moral Majority" zeigt sich, wie quasiökumenische Plattformen von Fundamentalisten, konservativen Katholiken, konservativen Juden und Mormonen gebildet wurden, die rein politisch motiviert waren. Theologisch kam man sich keinen Schritt näher, ja aus Furcht vor dem Auseinanderfallen sprach man nicht einmal ein gemeinsames Gebet. Weil für die Fundamentalisten letztlich die Bekämpfung der Gegner und nicht die religiöse Wahrheit im Zentrum steht, erklärt sich auch, warum immer wieder nichtreligiöse Konservative zu ihren Hauptförderern gehören. Die eigentliche christliche Wahrheit ist dem Fundamentalismus verlorengegangen, denn sie ist zutiefst von der Feindesliebe und Gewaltlosigkeit Jesu geprägt und würde gerade keine Bedrohung für Toleranz, Pluralismus und Demokratie darstellen.

J. Barr, Fundamentalismus (1981); *R. Frieling,* Die Kirchen und ihre Konservativen. „Traditionalismus" und „Evangelikalismus" in den Konfessionen (1984); *K.-M. Kodalle* (Hrsg.), Gott und Politik in den USA. Über den Einfluß des Religiösen. Eine Bestandsaufnahme (1988); *Th. Meyer* (Hrsg.), Fundamentalismus in der modernen Welt (1989); *J. Niewiadomski* (Hrsg.), Eindeutige Antworten? Fundamentalistische Versuchung in Religion und Gesellschaft (³1989, 1988).

WOLFGANG PALAVER

G

Gebet

→ Gott → Kirche → Nachfolge → Pneumatologie → Quellen der Moralität → Spiritualität

„Beten ist in der Religion, was Denken in der Philosophie ist." Dieses Wort von Novalis weist darauf hin, daß Gebet einen zentralen Ausdruck religiösen Verhaltens darstellt. Mit seinem Beten bringt der Mensch als einzelner und in Gemeinschaft zum Ausdruck, daß er nicht sich selbst verdankt, daß Ursprung und Ziel seines Weges außerhalb seiner selbst liegen.

Die *Schriften des AT* geben Einblick in das Beten des Gottesvolkes Israel und in das Beten der Israeliten. Für das Geschehen des Gebetes gibt es keine spezifischen Gebetstermini, dafür werden Worte aus dem zwischenmenschlichen Verhalten gewählt. Darin zeigt sich, daß Gebet immer mit dem alltäglichen Lebensvollzug verknüpft war. Gebet ist in Israel nicht an den Kult gebunden, vielmehr kann man überall und zu jeder Zeit beten. Im Gebet artikuliert sich der ganze Mensch: Man betet in Israel mit Leib und Seele, da mit den Worten begleitende Handlungen und Gesten verbunden sind. Die Verwobenheit des Gebetes mit dem konkreten Leben wird auch in den Inhalten deutlich: Klage und Lob sind direkte Reaktionen auf Grenzerfahrungen menschlicher Existenz: Klage meint nicht ein Sich-beklagen; der Klagende schüttet vor Gott seinen Schmerz aus. Lob und Dank sind Antwort auf die Befreiung und Errettung. Die Psalmen (im besonderen die Lob- und Klagepsalmen) sind so ein Spiegelbild menschlicher Erfahrungen, die unverkürzt zur Sprache gebracht werden: Krankheit, Trauer, Verlassenheit, Verzweiflung werden ernstgenommen und vor Gott ausgebreitet, dem der Beter mit Zuversicht und Vertrauen gegenübertritt. Zugleich sind die Psalmen Ausdruck der Freude und des Dankes über die Befreiung, die Gott schenkt. So bedeutet Gebet, sich vertrauensvoll für die Wirklichkeit Gottes öffnen, der um uns weiß und uns trägt.

Jesus lebte im betenden Volk Israel, er betete mit Israel. Das wollen die Evangelien andeuten, wenn sie von den Festreisen Jesu zum Tempel sprechen, von seiner Sorge um die Reinheit des Hauses des Vaters (vgl. Mk 11,15–19), von der üblichen Teilnahme am Sabbatgottesdienst (vgl. z. B. Mk 1,21–28; Lk 4,16–22).

Entscheidend für das *christliche Beten* ist das persönliche Gebet Jesu. Die Synoptiker, im besonderen Lukas, zeigen Jesus, wie er allein zu seinem Vater betet (Lk 3,21; 5,16; 6,12; 9,18.29; 11,1; Mk 1,35). Wo Jesus „mit lauter Stimme" betet, ist es Dank an den Vater (Mt 11,25; Joh 11,41), aber auch Erschütterung (Joh 12,27f.) und Todesangst (Mk 14,33f.). Die Gebete Jesu am Kreuz offenbaren den Leidenden und Verfolgten (Mk 15,34), aber auch den vom Vertrauen zum Vater Erfüllten (Lk 23,46), der seinen Henkern verzeiht (Lk 23,34). Das Auffälligste an der Gottesbeziehung Jesu ist die Anrede Gottes als Vater, die in zeitgenössischen palästinensischen Texten nur sehr selten gebraucht wird; noch auffälliger ist aber die konkrete Form der Vateranrede mit dem familiären *Abba* (Mk 14,36). Die ersten Christen betrachteten dies als so bezeichnend, daß sie das *Abba* in griechische Texte aufnahmen (Gal 4,6; Röm 8,15). Jesus spricht mit Gott, „wie das Kind mit seinem Vater, so schlicht, so innig, so geborgen" (J. Jeremias). Am betenden Jesus sollen die Jünger Maß nehmen, in ihm können sie so zum Vater beten wie er. Die nachösterliche Perspektive ist beim „Hohenpriesterlichen Gebet" besonders deutlich (Joh 17): Einmal verherrlicht (Joh 17,5), tritt er für jene ein, die der Vater ihm gegeben hat, die an ihn glauben (Joh 17,6.8).

Die Worte Jesu über das Gebet sollen in die rechte Übung des Gebetes einweisen. Das Gebet des Herrn (überliefert in zwei Formen Mt 6,9–13 und Lk 11,2–4) stellt den zentralen Gebetswunsch nach dem Kommen des Reiches in die Mitte; die folgenden Bitten beziehen sich auf die Situation des Lebens unter dem Anspruch des Gottesreiches. Das Vater-unser ist eine „Kurzformel des ganzen Evangeliums" (Tertullian), ein „Leitgebet" und ein „Kerngebet" (H. Schürmann). Gebet als Austausch mit dem unsichtbaren Gott ist immer bedroht von greifbaren „Nebenzielen", die der Beter verfolgt. Mt 6,5–6 warnt vor einem Gebet, das gesehen werden will; „Beten in der Kammer" meint nicht Absage an öffentliches, gemeinsames, liturgisches Gebet, sondern weist hin auf die Reinheit der Absicht (vgl. Mt 6,1–4.16–18). Weiters betont Jesus, daß die Bemühung um Versöhnung mit den Mitmenschen Voraussetzung des Gebetes ist (Mk 11,25; vgl. Mt 6,14f.). Schließlich mahnt Jesus zu ausdauerndem Bitten: Dazu bedarf es nicht vieler Worte, denn der Vater weiß, wessen wir bedürfen, bevor wir ihn bitten (Mt 6,7–8). Wenn es schon unter widrigen Umständen im zwischenmenschlichen Miteinander Erhörung von Bitten gibt, um wieviel mehr wird dann Gott jene hören, die er erwählt hat (vgl. Lk 11,5–13; 18,1–8). An erster Stelle soll die Bitte um das Kommen des Reiches stehen (Mt 6,33). Gebet darf sich nicht im „Herr! Herr!"-Rufen erschöpfen; entscheidend ist das Tun des Willens des Vaters (Mt 7,21–23; vgl. Mt 21,28–31).

Das christliche Beten ist ein „trinitarisch umgriffenes Gebet" (H.-M. Barth): Im Heiligen Geist können und dürfen die Getauften, die „in Christus" sind, zu Gott „Abba" rufen (Gal 4,4; Röm 8,15). Wir dürfen eintreten in das Gespräch Jesu mit dem Vater, denn in unserer Schwachheit wissen wir nicht, wie wir recht beten sollen (Röm 8,26f.). Unser Gebet richtet sich auf den Vater hin – durch Christus – im Heiligen Geist.

Der bedeutsamste Ort des Gebetes in apostolischen Zeiten ist die *Kirche* als Versammlung, als Gemeinschaft des Leibes Christi. Damit ist zugleich eine Entgrenzung gegeben: Überall, wo sich das Gottesvolk versammelt, um das Wort Gottes zu hören und das Mahl des Herrn zu feiern, ist ein Ort des Gebetes; wo zwei oder drei im Namen des Herrn versammelt sind, ist er mitten unter ihnen (vgl. Mt 18,20). Die Entgrenzung gilt nicht nur für den Ort, sondern auch für die Zeit: „Zu jeder Zeit" sollen die Gläubigen Gott ein Opfer des Lobes darbringen (Hebr 13,15). Da die Feier des Herrenmahles das Gedächtnis des Todes und der Auferstehung des Herrn darstellt, ist der „erste Tag der Woche" (1 Kor 16,2; Apg 20,7), der „Tag des Herrn" (Offb 1,10), der wichtigste Gebetstermin der Gemeinde.

Das Gebet der Christen der apostolischen Zeit ist – wie das Beten Israels – geprägt vom Lobpreis Gottes, von Dank und Hingabe, aber auch von den Nöten und Bedürfnissen der Menschen. So finden wir die Bitte um Gesundheit für jene, die man liebt (3 Joh 2), die Bitte um die Heilung der Kranken (Jak 5,16). Paulus bittet für seine Gemeinden (vgl. z. B.: 1 Thess 3,12–13; 2 Kor 13,7.9; Phil 1,9–11), die Gläubigen sollen für die Verkünder des Evangeliums beten (Röm 15,30). Die Grundstruktur des „allgemeinen Gebetes" wird in 1 Tim 2,1–4 sichtbar; auch die Herrschenden werden in die Fürbitte einbezogen.

Die ntl. Texte, vor allem die Paulusbriefe, haben uns eine große Zahl von Spuren und Zeugnissen christlichen Betens hinterlassen: Glaubensbekenntnisse (z. B.: 1 Kor 12,3b; 15,3–5), Gebete der Hoffnung (z. B. Offb 22,20; 1 Kor 16,22), liturgische Wünsche (z. B.: 1 Thess 5,28), Doxologien (z. B.: Röm 16,25–27) und Hymnen (z. B.: Phil 2,6–11).

Die Geschichte der christlichen Spiritualität ist zugleich eine Geschichte des Betens und der immer neu zu versuchenden Hinführung zum Gebet. Verschiedene Anliegen lassen sich wahrnehmen: In der Übung, dreimal am Tag zu beten (z. B. *Didache* 8,3), ist angedeutet, daß das Beten der Gemeinschaft und auch der einzelnen einer Ordnung bedarf und nicht dem Zufall überlassen werden soll. Damit ist zugleich das Ideal des „immerwährenden Gebets" (Lk 18,1; 1 Thess 5,17) angezielt. Auch das Stundengebet hat die Heiligung der Zeit des Tages zum Ziel; die regelmäßig wiederkehrenden Kontaktnahmen mit Gott sollen aber nicht das Gebet in Leben auflösen, sondern das Leben mit jener Orientierung auf Gott hin durchformen, die im Gebet zum Ausdruck kommt. Auch die Spannung zwischen geformtem Gebet und freiem Gebet kommt in der Geschichte des christlichen Betens immer wieder zum Ausdruck. Kein „Entweder-Oder" ist hier am Platz, sondern ein „Sowohl-Als-auch".

Das *kirchliche Lehramt* hatte sich wiederholt mit Fragen des Bittgebetes zu befassen. Daß auch die Gerechtfertigten die Gnade Gottes erbitten müßten, betonte das Konzil von Orange 529 (DS 380). Die Meinung der Beginen und Begarden, daß der Mensch einen Zustand der Vollkommenheit erreichen könne, in dem er nicht mehr zu beten brauche, hat das Konzil von Vienne 1312 zurückgewiesen (DS 892). Auch einige Sätze aus den Werken Meister Eckharts, die das Bittgebet relativierten, wurden 1329 zensuriert (DS 957–959). Miguel de Molinos hatte erklärt, daß es sich für einen in Gott ergebenen Menschen nicht schicke, Gott um etwas Bestimmtes zu bitten, dies wäre unvollkommen; die Bulle *Coelestis pastor* hat 1687 diese Propositio verurteilt (DS 2214). Die Sinnhaftigkeit der Bitten für bestimmte Menschen hat das Konzil von Konstanz 1418 gegenüber John Wyclif verteidigt (DS 1169. 1176).

Parallel mit der *Religionskritik* artikulierte sich in der Neuzeit auch eine Gebetskritik. Wo die Ansprechbarkeit und Erreichbarkeit Gottes bezweifelt wurde, geriet natürlich auch das Verständnis des Gebetes als Kommunikation mit Gott in Schwierigkeiten. Wenn man trotzdem an der Übung des Gebetes festhielt, betonte man die Wirkung des Gebetes auf den Betenden; von einer Wirkung auf Gott konnte man ja nicht sprechen. Eine letzte Welle von theologischer Gebetskritik zeigte sich Ende der sechziger Jahre: Gebet als Einzelakt wurde „entgrenzt" zugunsten des Ideals des Allzeit-Betens (verstanden als Aufgehen des Vollzugs des Gebetes in einen Lebensvollzug). Vor allem stand das Bittgebet im Kreuzfeuer: Impliziert es die Bitte um ein „Wunder"? Ist die Bitte nicht oft eine Flucht aus der Verantwortung, eine „Ersatzhandlung"?

Eine *systematische Betrachtung* des Gebetes kann mit den „klassischen" Definitionen des Gebetes einsetzen: Gebet ist „Erhebung unseres Geistes zu Gott"; so formulierte Johannes von Damaskus. Augustinus nannte das Gebet ein „Sprechen auf Gott hin", Johannes Climacus in ähnlicher Weise: „Zusammensein von Gott und Mensch". In diesen Beschreibungen des Gebetes tritt der individuelle Zug des Gebetes zutage, und auch da vor allem die „innerliche" Dimension. Daß der ganze Mensch betet, daß der einzelne betet in der Gemeinschaft des Gottesvolkes, daß der Betende immer schon ein Antwortender ist, weil Gott die Initiative hat, bringen diese Definitionen nicht zum Ausdruck. Vor allem aber artikulieren sie nicht den spezifisch christlichen Aspekt des trinitarisch umgriffenen Gebetes. Gebet gehört zur Antwort des Menschen auf den Ruf Gottes, zur Antwort des Glaubens, der Hoffnung und der Liebe. Im Gebet wird diese Antwort „ins Wort gebracht". „Sprechender Glaube" (O. H. Pesch), kann so zutreffend das Gebet umschrieben werden, wobei dieser Dialog auch in Schweigen vor sich gehen kann. Sowohl der Gemeinschaft des Gottesvolkes der Kirche wie auch dem einzelnen in dieser Gemeinschaft obliegt es, im Gebet Dank, Lob und Bitte dem berufenden und liebenden Gott gegenüber zum Ausdruck zu bringen.

Die Grundformen bzw. die Inhalte des Gebetes ergeben sich als Aspekte der Begegnung des Gottesvolkes und des einzelnen mit dem berufenden Gott: Wo die Größe der Berufung, das Beschenktwerden im Vordergrund steht, da geschieht Dank, Lob, Anbetung; wo der Beter auf seine Ohnmacht und Bedürftigkeit blickt, auf seine Sündigkeit, auf sein Zurückbleiben auf dem Weg, da hat die Bitte ihren Platz.

Gebet ist Tun des Menschen und zugleich Gnade und Geschenk. Befähigt und ermächtigt zum Gebet weiß sich der Christ durch den Geist, indem wir „Abba" sagen dürfen. Als Tun des Menschen ist Gebet Vollzug des Menschen mit Leib und Seele. Angesichts der Worthaftigkeit der Offenbarung Gottes an uns Menschen wird sich das christliche Beten nicht nur im Schweigen vor dem unbegreiflichen Gott erschöpfen, sondern sich in Worten artikulieren, womit auch die Berechtigung des Gebetes mit geformten Texten angedeutet ist. Diese Außenseite des Gebetes darf sich aber nicht von der Innenseite, deren Ausdruck sie ist, isolieren und absondern.

Gebet als Kommunikation mit dem unsichtbaren Gott bedarf einer Bemühung, damit es nicht versickert, wo das Gegenüber zu schweigen scheint. Die Weisheit der alten Kirche legt uns eine Ordnung des Betens vor. Die Gemeinschaft der Kirche sammelt sich immer von neuem, wenn es sich als Volk Gottes und Leib Christi am Tag des Herrn sammelt und Eucharistie feiert.

Das Bittgebet wendet sich an Gott, der wahrhaft die Not zu wenden vermag. Im Horizont des Strebens nach Leben und Auferstehung, der Bereitschaft für den Willen Gottes darf der Mensch um alles bitten. Jede Bitte wird „gehört", nicht jede Bitte wird „erfüllt". Auch da, wo der Bittende nicht in einem konkreten Zeichen die Erfüllung seines Anliegens erfährt, verändert das Gebet seine Situation, weil und indem der Beter vor dem Gott, der Jesus von den Toten auferweckt hat, seine Bitte vorträgt.

H.-M. Barth, Wohin – woher mein Ruf? Zur Theologie des Bittgebets (1981); *G. Greshake/G. Lohfink* (Hrsg.), Bittgebet – Testfall des Glaubens (1978); *R. Guardini,* Vorschule des Betens (^{8}1986, 1943); *Kl. Hemmerle,* Dein Herz an Gottes Ohr. Einübung ins Gebet, Freiburg 1986 (^{2}1987); *O. H. Pesch,* Sprechender Glaube (1970); *K. Rahner,* Von der Not und vom Segen des Gebetes (^{12}1985, 1958); *J. Sudbrack,* Beten ist menschlich. Aus der Erfahrung unseres Lebens mit Gott sprechen (^{2}1981, 1973).

JOSEF WEISMAYER

Gefühl

→ Angst → Erfahrung → Freundschaft → Handeln, sittliches → Liebe
→ Mensch → Selbstverwirklichung → Trieb

Zur Grunderfahrung unseres leib-seelischen Menschseins gehört auch das Fühlen. Diese innerseelische Fähigkeit, vom seelischen Akt des Erkennens und des Handelns unterschieden, prägt nachhaltig als Erstimpuls auch unser sittliches Handeln, da sie unser bewußtes Ich mit unseren unbewußten Kräften verbindet und so in einem kreativen Prozeß den Personkern strukturiert. Selbstannahme, das Erleben des Mit- und Füreinander-Daseins, sowie aktive und passive Weltzugewandtheit werden durch das Gefühl als eine subjektive Befindlichkeit des Gemüts im persönlichen Betroffensein erfahren. Dabei erstreckt sich die Hierarchie der Gefühle vom dumpfen, noch triebbestimmten Impuls über die Sinnesempfindungen, seelischen Zustände und intentionalen Gemütsbewegungen wie Affekte, Neigungen und Leidenschaften sowie die Erfahrung des Selbst, des Mitmenschen und der Welt bis hin zum geistigen Fühlen, das die Schwelle zur Transzendenz bereits überschreitet. Die prozeßhafte Entwicklung des Gefühlslebens durchschreitet also die Bereiche des Vor- und Unbewußten, das Erlebnisfeld des Bewußtseins und führt hinauf bis in die Sphäre des Erlebens von Sinnerfüllung in Betroffenheit und der Grunderfahrung geschenkten, verdankten Daseins durch den Glauben an den Gott Jesu Christi. Die Verwirklichung des optimal menschlichen, d. h. des guten Lebens ist nur in der vollen Entfaltung aller Kräfte des Gefühls möglich.

Die Propheten des ATs verkündeten die Bundestreue Jahwes in der Bildsprache gefühlvoller menschlicher Liebe (Hos 11,1–11), und der Psalmist schildert die tiefe Betroffenheit des befreiten Volkes, deren Tränen der Trauer sich in Tränen der Freude wandeln (Ps 126). Jesus selbst zeigt offen freudige Betroffenheit über den Glauben des Hauptmannes (Mt 8,10), weint über den Tod seines Freundes Lazarus (Joh 11,35) und über die Zerstörung Jerusalems (Lk 19,41). Paulus fordert seine Gemeinde auf, alle Kräfte des Gefühls zu entfalten, sich mit den Fröhlichen zu freuen und mit den Weinenden zu weinen, den Zorn zurückzuhalten und das Böse durch das Gute zu besiegen (Röm 12,15.19–21).

Die Psychologie bemüht sich nun, die vielen Ausdrucksformen des Gefühls auf signifikante Grundmerkmale zurückzuführen: ständige Veränderung, Ausrichtung und Hinordnung sowie Lust- und Unlustqualität. Als weitere Bestimmungsmerkmale gelten: die wertende Einschätzung, der Vorgang der Aktivierung und die Verhaltensabläufe auf den verschiedenen Ebenen des verbalen und motorischen Verhaltens sowie die physiologischen und biochemischen Vorgänge und das Ausdrucksgeschehen. Die Differenzierung der Gefühle wird nach Intensität, Qualität und dem zeitlichen Ablauf vorgenommen, wobei auch auf die gefühlsauslösenden und modifizierbaren Bedingungen geachtet wird. Traditionell werden in der philosophisch-psychologischen Betrachtung des Gefühlphänomens drei Erscheinungsweisen beschrieben: das Antriebserleben (als bloßer Trieb oder dumpfer Drang), das Anmutungserleben (verstanden als aktives Fühlen mit wertender Stellungnahme aus innerer Gesinnung) sowie das Erlebnis des Ergriffenseins (im affekthaften Überwältigt-werden vom Ziel). Im Entwurf einer systematischen Theorie der Gefühle des großen Gestaltpsychologen F. Krueger nimmt der noch undifferenzierte Gedanke der komplex strukturierten Ganzheit der Psyche eine zentrale Stellung ein. Gefühle sind hier Ausdruck der erlebten Ganzheit des Menschen, sie sind der mütterliche Ursprung der übrigen Erlebnisarten und ihrer aller ergiebiger Nährboden (*Das Wesen der Gefühle,* 1928).

Die Geschichte der Philosophie zeigt sehr unterschiedlich, daß man sich schon sehr früh nach der Bedeutung der Gefühle fragte. Aristoteles sah in den tugendhaften, lustbringenden Handlungen das wahre Wesen und die wahre Betätigung der menschlichen Natur in ihrer Verwirklichung und in ihrem Streben nach Vollendung (Eth. Nik. X, 2–4). Thomas v. Aquin verfaßt als erster eine umfangreiche Abhandlung über die Affekte, jene spontanen, intensiven Gefühlsaufwallungen, die sich besonders deutlich im Medium des Leibes ausdrücken (S. Th. I/II, q 22–48). Für ihn sind die Affekte *(passiones)* in sich zwar indifferent, moralisch weder gut noch schlecht. Strebt der Mensch das Gute aber nicht nur innerlich und geistig an, sondern auch mit seinem sinnlichen Fühlen und Begehren, so ist er vollkommener zu nennen. Sinnliche Lust, an ein sittlich wertvolles Objekt gebunden, ist sittlich gut (S. Th. I/II, q 24 a 1 und a 3).

Selbstverwirklichung als Selbstwerdung recht verstanden erfaßt immer den ganzen Menschen in seiner leib-seelischen Einheit. Dem Wesen des Gefühls, das ja nicht von irgendwelchen Reizen erzeugt wird, wird wohl nur eine metaphysische Philosophie des Gemüts in einer phänomenologisch-ganzheitlich-integral-analytischen Betrachtungsweise näherkommen können. Der fühlende Mensch mit seinen Gefühlen ist ja auf etwas gerichtet, das ihn mit allen Kräften des Gemüts leidenschaftlich interessiert und zutiefst bewegt: sein Dasein, sein Verhältnis zu Mitdaseienden, zur Welt als dem Ort alles wirklichen und möglichen Daseins und zur Transzendenz als der Wirklichkeit, die das Verständnis von Dasein überhaupt erst ermöglicht (S. Strasser).

Die individuelle Eigenart des Menschen zeigt sich im Gefühlsleben ganz spezifisch ausgeprägt. Einzigartig und unnachahmlich prägt es sein Personsein, was sich auch im Gewissensanruf manifestiert, der dem Menschen noch vor jeder Erkenntnisbemühung und willentlichen Stellungnahme aus der Mitte seiner personalen Existenz zukommt. Gefühl als Wagnis des eigenen Seins wird folglich nicht als eine psychologische passiv-pathische Funktion unter anderen Funktionen zu verstehen sein, sondern als das wesensmäßige, weit vor der bewußten Verarbeitung liegende Jasagen des Menschen zu der Gesamtwirklichkeit seiner Bedingungen in der Welt (J. Herzog-Dürck). Da die Bejahung der sittlichen Werte auch mit dem Gemüt wesentlich ist, können die Leidenschaften, als authentische Antworten auf den Anruf aus dem Wertbereich des transzendent Guten und nicht als unechter Ausdruck menschlicher Verblendung mißverstanden, dem Menschen in seinem Ringen um Reife bei der möglichst vollständigen Verwirklichung seiner Existenz äußerst dienlich sein. Dabei kommt dem Menschen nach Thomas v. Aquin auch seine natürliche Neigung, verstanden als Grundstreben der Natur nach ihrer Vollwirklichkeit bei der notwendigen ordnenden Gestaltung der Leidenschaften, hilfreich entgegen (S. Th. I/II, q 94 a 2).

Die Pflege der Gefühlskräfte sowie den Auf- und Ausbau positiver Gefühlsbeziehungen hat der Mensch somit in ethischer Verantwortung ernsthaft und entschlossen wahrzunehmen. Eine Erneuerung und entscheidende Vertiefung des sittlich-religiösen Lebens wird wohl weitgehend von der bewußten Pflege des Gefühlslebens abhängen. Erschreckende Gefühlsarmut zeigt sich heute im oftmals technisierten Lebensvollzug als allgemeine Erlebnisschwäche aufgrund einer dumpfen Lebensgrundstimmung und als erstarrte Beziehungsunfähigkeit zum Du. Letztlich lähmt die Gefühlsarmut aber auch die religiöse Bildkraft des Menschen, da er sich von seinem Personkern abgeschnitten erfährt. Die Ursache für solche Behinderung wird oft schon in frühkindlicher Entwicklung zu suchen sein. Ein gebrochenes oder gar zerbrochenes Selbstwertgefühl, durch angstvolle allzu frühe Überanpassung aufgrund ungerechtfertigter Rollenerwartung oder ebenso angstbesetzte frühe Eigendurchsetzung, die nur als erstarrter, wandlungs- und differenzierungsunfähiger, eigensinniger Affekt zu verstehen ist, behindert die Entfaltung des Gefühlslebens aufs schwerste. Ein dynamisch sich entfaltendes Gefühlsleben verwurzelt uns wieder in der eigenen Personenmitte, kräftigt unser Selbstwertgefühl und hilft uns, die beängstigende Gleichgültigkeit im Erleben zu überwinden. Sie ermöglicht uns, durch existentielle Aufmerksamkeit die Wirklichkeit und Wahrheit des Mitmenschen recht zu sehen, und befähigt uns zu echter Ganzhingabe. Letztlich werden wir im geistigen Fühlen numinoser Ergriffenheit auch offen für das Unaussprechliche, für die tiefste Verehrung des göttlichen Du – wie es Blaise Pascal in seinem *Memorial* (Denkschrift aus dem Jahr der Gnade 1654) bezeugte. Der von seinem Gefühlsleben abgeschnittene Mensch bleibt dem Irdischen verhaftet und der Gefahr der Verkehrung der Werte fast schutzlos ausgeliefert, da er vom Wesen echter Reifung ausgeschlossen ist (J. Herzog-Dürck). Für den rechten Glaubensvollzug ist schließlich die voll entfaltete, verbindende Kraft der Gefühle in der Begegnung mit mir selbst, mit dem mitmenschlichen und dem göttlichen Du unerläßlich. Solch integraler Glaubensvollzug, der alle begrenzten menschlichen Ausdrucksformen zusammenfaßt und auf Christus hin transparent macht, da er nach integrativer Vollendung in Christus strebt, läßt uns auch im Blick auf Christus unsere tiefgreifendsten Konflikte in uns durchleiden (A. Heimler). Ein Mensch, der sich in seinem Wesenskern derart von der Frohbotschaft ergreifen läßt, wird auch andere im Dienst der Verkündigung in ihrem Wesen ansprechen können und ihnen helfen, ihr inneres Auge zu öffnen für die verwandelnde Wahrheit des Evangeliums (vgl. Lk 10,25–28).

H. Fischle-Carl, Fühlen, was Leben ist (^{3}1980, 1977); *A. Heimler,* Selbsterfahrung und Glaube (1976); *J. Herzog-Dürck,* Menschsein als Wagnis (1960); *V. Schubert* (Hrsg.), Der Mensch und seine Gefühle (1985); *H. Stenger,* Selbstverwirklichung im Glauben (^{2}1989); *S. Strasser,* Das Gemüt (1956).

RAIMUND M. LUSCHIN

Gehorsam

→ Autorität → Freiheit → Gewissen → Kirche → Lehramt → Nachfolge → Räte, evangelische → Widerstand

Wenn heute im Blick auf Gehorsam von einer problematischen „Tugend" gesprochen wird, dann zeigt dies nicht nur, daß die Einstellung zu dieser Haltung uneinheitlich ist, sondern daß es schwierig ist, den gemeinten Sachverhalt sinnvoll zu vermitteln und glaubwürdig zu leben. Erschreckende Beispiele vom Mißbrauch des Gehorsams sind ohne Schwierigkeiten zu finden. Andererseits kann nicht übersehen werden, daß, angefangen vom verweigerten Gehorsam Adams über den Gehorsam Abrahams, der Erwartung Gottes an das Volk Israel, ihm zu folgen, bis hin zum Gehorsam Jesu Christi, der Gehorsam zu einer christlichen Haltung gehört, die nicht durch eine andere ersetzt werden kann. Gerade wegen des möglichen Mißbrauchs ist es notwendig, neben der biblischen Vergewisserung behutsam den theologischen Horizont für diese Haltung zu erschließen, der für das verantwortete Sprechen von Gehorsam unabdingbar ist.

1. Biblisches Zeugnis

Zentrales biblisches Zeugnis für den Gehorsam ist der Christushymnus Phil 2,5–8. In ihm kommt sowohl der Gehorsam, den Jesus gegenüber dem Vater vollzog, zum Ausdruck wie die Grundhaltung, die daraus für alle Christen erwächst. Der Gehorsam Jesu zeigt sich darin, daß er sich auf die menschlichen Gegebenheiten einläßt. Er will mit dieser Bewegung von Gott auf die Menschen zu gerade die Menschen davon abbringen, sich an die Stelle Gottes zu setzen, indem er (Jesus) nichts anderes sein will als ein Mensch. In diesem Gehorsam geht er den Weg bis zum Tod am Kreuz. Jesu Gehorsam wurde immer wieder eingefordert, so wenn in der Versuchungsgeschichte (Mt 4,1–11) die dreifache Versuchung eine dreifache Bewährung des Gehorsams Jesu gegenüber dem Vater herausfordert. Brot, Sicherheit und Macht als Versprechen zielen darauf ab, die Autorität Gottes zu unterhöhlen. Indem Jesus sich dem widersetzt, um vor Gott sich niederzuwerfen und ihm allein zu dienen, zeigt er die Relativität menschlicher Ansprüche auf und die unbedingte Bereitschaft, den Willen des Vaters zu erfüllen. Dies ist seine „Speise" (Joh 4,34). Wie der Sohn die Ehre des Vaters im Blick hat (Joh 8,49f.), so will der Vater den Sohn verherrlichen (Joh 12,23; 14,13).

Jesus hat durch sein Leiden Gehorsam gelernt (Hebr 5,8f.), ja sein ganzes Leben steht unter dieser Haltung, „deinen Willen, Gott, zu tun" (Hebr 10,7.10). Dieses Leben Jesu, sein Gehorsam dem Vater gegenüber, sein Standhalten in der Versuchung, wird den Christen als Vorbild hingestellt. Dabei macht dieses Lebensgesetz Jesu, sein Gehorsam, ihn nicht unfähig gegenüber den Anforderungen in konkreten Situationen. Wie die Begegnung Jesu mit der Sünderin (Lk 7,36–50) zeigt, läßt er sich von der Liebe der Sünderin, die um ihre Sünde weiß, bewegen, ihr ihre Sünden zu vergeben. Zugleich weist er den Pharisäer Simon darauf hin, wie er sich im Vergleich zu dieser Frau ihm gegenüber hätte verhalten können. Sein Gehorsam dem Vater gegenüber und seine Empfindsamkeit, in der konkreten Situation den Willen Gottes zu erkennen und zu tun, kommen hier zu einer Einheit.

Im engen Zusammenhang damit, aber doch mit einem anderen Akzent versehen, steht der Glaubensgehorsam (Röm 16,19), der sich im Gehorsam gegenüber Christus zeigt (2 Kor 10,5). Die Gemeinde soll auch denen gegenüber Achtung haben, die sie im Namen des Herrn leiten und zum Rechten anhalten (1 Thess 5,12f.). Daß dies nicht immer ohne Konflikte geht, zeigt die Auseinandersetzung zwischen Petrus und Paulus um Gesetzesgehorsam oder Glauben (Gal 2,11–21). In allem aber gilt, wie Jesus selbst sich ganz in den Willen des Vaters zu geben (Lk 22,42; 23,46) und wie die Apostel, Gott mehr zu gehorchen als den Menschen (Apg 5,2).

Im biblischen Befund kommen so unterschiedliche Elemente des Gehorsams zum Tragen: den Willen Gottes in der konkreten Herausforderung zu tun, der Lehre Christi zu gehorchen, die Vorsteher, die den Willen Gottes verkünden, zu achten und so immer mehr hineinzuwachsen in den Gehorsam, den Jesus gegenüber dem Vater gezeigt hat und aus dem heraus er sein Menschsein annahm bis hin zur Konsequenz des Todes am Kreuz.

2. Gehorsam als Zeichen der Nachfolge Christi

Das Einüben in den Gehorsam, der Versuch, in der Nachfolge Christi zu leben, ist für alle Getauften und Gefirmten Ausdruck ihres Glaubens. Dieser immer wieder neu zu verwirklichende Prozeß ist vorgängig zu allen Diensten und Ämtern in der Kirche. Voraussetzung dafür ist die Bereitschaft und Fähigkeit zum Hörenkönnen. Gehorsam – Hörsamkeit, Gehorchen – Horchen weisen auf dieselben Wortstämme hin. Zum Gehorsam gehört zum einen die Bereitschaft und die Fähigkeit, auf das Wort Gottes in der Schrift wie in der Verkündigung der Kirche zu hören, diesem in der Stille und im Gebet nachzugehen, aber auch in den „Zeichen der Zeit" in einer konkreten Forderung den Anruf Gottes zu verstehen. Zum anderen ist der Hörende gerufen, durch die Tat, durch sein Leben Antwort zu geben. Sosehr der Gehorsam allen Christen in der Nachfolge aufgegeben ist und immer wieder neu eingeübt werden muß, so ist er in der Tradition der Kirche besonders mit dem Ordensleben verbunden (LG 43–47; PC 1,14). Dabei bilden Armut, Keuschheit und Gehorsam eine Einheit und können nicht voneinander isoliert betrachtet werden. In ihnen drückt sich die Bereitschaft des Menschen aus, ganz Gott gehören zu wollen und für seinen Ruf verfügbar zu sein. Zugleich ist für die ganze Kirche diese in den Gelübden zum Ausdruck kommende Bereitschaft sichtbares und bleibendes Zeichen einer für das Glaubensleben konstitutiven

Grundhaltung, sein Leben Gott ganz zu geben. Für den Glaubenden wird darin seine Freiheit nicht willkürlich eingeschränkt, sondern er sieht in dieser Bindung an Gott durch die Gelübde den Ermöglichungsgrund seiner Freiheit. Dabei kommt hier nicht nur ein auf den Glauben allein bezogenes Moment zum Tragen. Freiheit realisiert sich immer auch in der Bindung an Menschen, an Aufgaben und Projekte. Daß die Beziehung von Freiheit und Bindung nicht konfliktfrei ist, zeigt sich in den Ordensgemeinschaften wie in der ganzen Kirche.

Der Gehorsam verwirklicht sich auch in der Bereitschaft zur Verfügbarkeit. Sie ist schon biblisch grundgelegt in dem Wort Jesu an Petrus: „Ein anderer wird dich gürten und dich führen, wohin du nicht willst" (Joh 21,18). Damit ist nicht selten die Schwierigkeit verbunden, den Willen Gottes in der konkreten Situation, z. B. für eine Ordensgemeinschaft oder ein Bistum, zu erkennen und entsprechende Folgerungen daraus zu ziehen. Dies aber nicht deshalb, weil nicht der gute Wille zu einer gemeinsamen Lösung vorhanden wäre, sondern weil die „Zeichen der Zeit", die konkreten Herausforderungen, seien sie innerkirchlicher, seien sie gesellschaftlicher Art, oft unterschiedlich gesehen und selbst wenn über die Fakten Einvernehmen herrscht, diese nicht einheitlich bewertet werden. Dieses Problem wird angesichts der zunehmenden Komplexität der Lebenssituationen auf Dauer noch größer werden. Das dispensiert nicht von der gemeinsamen Suche nach dem Willen Gottes, der sich in Ordens- wie in anderen kirchlichen Gemeinschaften in schmerzhaften Prozessen niederschlagen kann, wenn der Gehorsam gegenüber einer Anforderung bedeutet, auf Liebgewonnenes und auch jahrelang Bewährtes verzichten zu müssen. In diesem Geschehen erfährt eine Gemeinschaft als ganze wie jeder einzelne, daß für sie in der Nachfolge Christi Umkehr und Buße elementare Grundhaltungen bleiben müssen. Dabei kommt in dieser gemeinsamen Suche die Communio-Struktur zum Ausdruck, die sich in dieser Situation darin realisiert, wie eine Gemeinschaft und die Kirche den Willen Gottes zu erkennen und im Gehorsam anzunehmen sucht. Der Gehorsam schließt die Möglichkeit ein, daß eigene Lebensentwürfe durch den Willen der Gemeinschaft, die sich nicht selten in der Entscheidung des Oberen oder des Bischofs ausdrückt, nicht verwirklicht werden können, sondern um des Ganzen willen zurückgestellt werden müssen. Dazu innerlich ja zu sagen, wird um so eher möglich sein, je mehr bei einem Entscheidungsfindungsprozeß Mündigkeit und Gehorsam nicht als Gegensatz empfunden werden und der einzelne in seinem Anliegen sich ernstgenommen fühlt. Weiterhin wird die positive Aufnahme wachsen, wenn sichtbar ist, daß die Gemeinschaft als ganze hinter der Entscheidung steht, Aufgabe und Ziel begründet sind und auch andere bereit sind, für dieses gemeinsame Ziel Konsequenzen zu ziehen.

Je mehr der Kirche dies auf allen Ebenen gelingt, desto mehr trägt sie zum Aufbau des Reiches Gottes bei. Sie hat dabei die Chance, gegenüber den immer wieder genannten Sachzwängen gesellschaftlicher Art, die wesentlich von Abläufen bestimmt sind, in denen Menschen funktionieren müssen, und gegenüber sektiererischen Gruppen, die den einzelnen völlig entmündigen, den Gehorsam als eine personal verantwortete Grundhaltung zu leben. Dieses Person-Sein kommt für den Menschen nur in der Relation zu Gott zu seiner vollen Ausprägung. In der Freiheit, diesem Immanuel-Gott mit uns anzuhangen, kommt das Paradoxon christlichen Glaubens zum Ausdruck: „Wer das Leben gewinnen will, wird es verlieren; wer aber das Leben um meinetwillen verliert, wird es gewinnen" (Mt 10,39; Lk 17,33).

3. Gehorsam gegenüber der Lehre der Kirche

Es ist selbstverständlich, daß die Kirche als Glaubensgemeinschaft ihren Glauben im Bekenntnis formuliert. Diese bereits biblisch vorhandene und geprägte Form ist später in Konzilien aktualisiert und in Lehrentscheidungen des Lehramtes definiert worden. Der Glaubensgehorsam ist gegenüber einer Lehre zu leisten, die vom Papst oder vom Papst in Gemeinschaft mit den Bischöfen als endgültig verpflichtend vorgetragen wird. Auch wenn das Lehramt des Papstes und der Bischöfe nicht seine höchste Autorität einsetzt, ist ihm ein „religiöser Gehorsam des Willens und Verstandes" entgegenzubringen (LG 25; vgl. CIC 1983 cc. 747–754). Gehorsam als einer personalen Grundhaltung ist nur gegenüber einem anderen möglich, auf den sich das Verhalten bezieht. Bei Inhalten der Lehre ist dagegen von Zustimmung oder Ablehnung zu sprechen. Die Haltung des Gehorsams bringt hier zum Ausdruck, daß der einzelne sich um diese kognitive Zustimmung redlich müht. Die Frage der Zustimmung betrifft aber primär nicht die Haltungsebene des Gehorsams, sondern die Möglichkeit, die vorgetragene Lehre in ihrem Gewicht zu würdigen. Dabei ist darauf zu achten, daß es eine Rangordnung oder „Hierarchie der Wahrheiten" (UR 11) gibt, d. h., jede Äußerung des Lehramtes und damit verbunden jeder Inhalt, der mit dem Glauben zusammenhängt, ist auf seinen Ort im Gesamt des Glaubens hin zu befragen. Natürlich heißt dies nicht, daß eine nicht zum Zentrum des Glaubens gehörende Aussage als unbedeutend angesehen werden kann und damit als eliminierbar erscheint.

Für den moraltheologischen Bereich kommt die weitere Unterscheidung von Heilswahrheiten und sittlichen Wahrheiten hinzu. Diese Unterscheidung ist deshalb von Bedeutung, weil in dem Bereich der sittlichen Wahrheit, insbesondere wenn sie sich in konkreten Normsätzen artikuliert, immer Elemente empirischer Faktizität mit aufgenommen und gedeutet werden. Der Glaubende hat diese vorgelegten Normen ernsthaft zu prüfen und in seine Gewissensentscheidung miteinzubeziehen.

4. Gehorsam im moraltheologischen Kontext

Die Gehorsamsthematik weist, wie sich zeigt, auf eine Reihe grundsätzlicher Themen hin, ohne die der Gehorsam nicht angemessen behandelt werden kann. Dies hängt damit zusammen, daß Gehorsam zwar eine personale Grundhaltung ist, die sich in der Begegnung mit anderen vollzieht, zugleich aber Einsichtsgründe keineswegs ausgeschlossen, sondern meist sehr notwendig sind. Der Prozeß, vorgelegte Einsichtsgründe zu akzeptieren und in seiner Lebensform anzunehmen, ist je individuell und entzieht sich einer Generalisierung. Dies macht die besondere Schwierigkeit, manchmal auch Härte im Blick auf den Gehorsam aus. Von daher ist Gehorsam eng mit der Frage verbunden, wann einer Aufforderung nicht Folge geleistet werden kann. Dabei zeigt sich gerade in einer offenen und pluralistischen Gesellschaft, daß innerkirchliche Themen nicht losgelöst von gesellschaftlichen Prozessen diskutiert werden können wie auch umgekehrt.

So ist die öffentlich geführte Diskussion um den zivilen Ungehorsam, die besonders im Zusammenhang mit dem Nachrüstungsbeschluß 1983 virulent wurde, sowohl im politischen wie im kirchlichen Raum (vornehmlich in der evangelischen Ethik) geführt worden. Zwei Hinweise aus dieser Diskussion scheinen bemerkenswert: Zum einen erweist es sich als außergewöhnlich schwierig festzulegen, unter welchen Bedingungen der Gehorsam gegenüber rechtmäßig zustandegekommenen Gesetzen und Maßnahmen in einem Rechtsstaat nicht geleistet zu werden braucht. Wie sich der Staat gegenüber solchen Bürgern verhält, ist noch einmal eine andere Frage. Zum andern erweist es sich als notwendig, immer wieder neu die in Diskussion stehende Frage zu vermitteln und entgegenstehende Bedenken auszuräumen. Das kann natürlich nicht heißen, daß Entscheidungen auf unbegrenzte Zeit verschoben werden können.

Diese beiden Hinweise sind auch für die innerkirchliche Diskussion nützlich, natürlich unter der Berücksichtigung, daß die Kirche aufgrund ihrer Herkunft und Sendung durch Jesus Christus eine andere Struktur hat als ein politisches Gemeinwesen. Angesichts neuer geschichtlicher Herausforderungen ist immer wieder zu überprüfen, wie eingeforderte Verhaltensweisen überzeugt begründet und gelebt werden können. Zugleich ist immer mitzuberücksichtigen, daß der Schritt von vorgelegten Werten und Normen zum eigenen sittlichen Urteil und zu seiner Ausprägung im konkreten Vollzug ein unverwechselbar eigener individueller Vorgang ist. Dieses Geschehen ist zwar ekklesial eingebunden, aber es kann den einzelnen nicht davon befreien, sich sein eigenes sittliches Urteil zu bilden. Dieses eigene sittliche Urteil ist in der kirchlichen Tradition so hoch geachtet worden, daß es den Gewissensspruch – auch des irrigen Gewissens – anerkannte. Damit sind keineswegs alle Probleme gelöst, die sich nicht nur für den einzelnen in seinem persönlichen Leben stellen, sondern auch für den, der mit der Glaubensverkündigung beauftragt ist, und für den, der Verantwortung für eine Gemeinde trägt oder für die Kirche hat.

Sehr wahrscheinlich wird dieses Thema aufgrund seiner engen Verbindungen mit anderen sittlich relevanten Themen eine bleibende Herausforderung in der Kirche sein. Dies nicht zuletzt deshalb, weil Gehorsam eine zentrale und unaufgebbare Haltung in der Nachfolge Christi ausdrückt.

Für alle gilt es, in der Haltung des Gehorsams – wie Jesus dem Vater gegenüber – zu wachsen, den Petrus und die Apostel in bekenntnishafter Weise zusammenfaßten: „Man muß Gott mehr gehorchen als den Menschen" (Apg 5,29).

J. Bours/F. Kamphaus, Leidenschaft für Gott. Ehelosigkeit – Armut – Gehorsam (1981); *B. Fraling,* Wie kann ich das Evangelium leben? (1985); *P. Glotz* (Hrsg.) Ziviler Ungehorsam im Rechtsstaat? (1983); *G. Greshake,* Gottes Willen tun. Gehorsam und geistliche Unterscheidung (1984); *A. Müller,* Ekklesiologische Erwägungen zum Thema „Gehorsam", in: Theologische Berichte 17 (1988) 111–144; *A. Riedl,* Lehramt und Moraltheologie, in: Theologische Berichte 17 (1988) 79–110.

HERBERT SCHLÖGEL

Gelübde

→ Armut → Ehelosigkeit → Gehorsam → Nachfolge → Räte, evangelische

Gelübde ist „ein Gott überlegt und frei gegebenes Versprechen, das sich auf ein mögliches und besseres Gut bezieht", auf ein Gut, das über das Gesollte hinausgeht. „Kraft der Tugend der Gottesverehrung" muß das Gelübde erfüllt werden. So umschreibt der CIC 1983 das Gelübde (c. 1191 § 1). Das Kirchenrecht unterscheidet zwischen einem öffentlichen Gelübde (wenn es im Namen der Kirche von einem rechtmäßigen Oberen entgegengenommen wird) und einem privaten Gelübde (c. 1192 § 1), zwischen einem „persönlichen" Gelübde (wenn eine Leistung des Gelobenden versprochen wird) und einem „dinglichen" (wenn eine Sachleistung Gegenstand des Gelübdes ist); von einem „gemischten Gelübde" ist dann die Rede, wenn beide Elemente verbunden sind (c. 1192 § 3). Diese Umschreibung durch den CIC gibt auch den religionswissenschaftlichen Befund wieder, denn Gelübde stellen kein spezifisch jüdisches oder christliches Phänomen dar, Gelübde gehören vielmehr zum Erscheinungsbild von Religion. Die häufigste Form stellen bedingte Gelübde dar: Man verspricht der Gottheit eine Gabe oder Verhaltensweise unter der Bedingung, daß die erbetene Gegenleistung der Gottheit eintritt. Die Gefahr, daß dabei der Gedanke des „Geschäftes" mit Gott dominierend wird, ist nicht zu übersehen.

Das Gelübde ist vom *Eid* zu unterscheiden, der zuweilen auch als „Gelöbnis" bezeichnet wird: Eid stellt die „Anrufung des göttlichen Namens als Zeugen für die Wahrheit" dar; er „darf nur geleistet werden in Wahrheit, Überlegung und Gerechtigkeit" (CIC/1983, c. 1199 § 1).

Auch in *Israel* war das religiöse Phänomen des Gelübdes verbreitet, zumeist mit einem Gebet verbunden. Gelübde gehörten zur Frömmigkeit Israels, obwohl sie nicht ausdrücklich von Jahwe vorgeschrieben erscheinen. In der Regel handelte es sich um bedingte Gelübde, in denen einer oder mehrere Menschen Jahwe versprechen, etwas zu tun oder zu unterlassen, um einer Bitte um ein bestimmtes Verhalten Gottes dem oder den Betreffenden gegenüber Nachdruck zu verleihen (z. B. Gen 28,20–22; Ri 11,30f.). Anlaß für solche Gelübde sind meist Notsituationen, wie z. B. Kinderlosigkeit, Krieg, Verbannung, Gefangenschaft. Der Beter verspricht im Gelübde Enthaltsamkeit oder Verzichtleistungen; zumeist ist aber ein Opfer Inhalt des Gelübdes sowie freiwillige Gaben. Der Ausdruck „ein Gelübde erfüllen" wird gleichbedeutend mit der Aussage, daß das Gebet erhört wurde (Ps 65,2; Ijob 22,27).

Wegweisende Worte zu Fragen um die Gelübde finden sich in Num 30,3–16, im Heiligkeitsgesetz (Lev 27) und bei Dtn 12,4–6.11.17.26; 23,18f.22–24. Man betrachtete Gelübde als absolut bindend und warnte daher vor leichtfertigen Gelübden. Eine besondere Rolle spielt das Nasiräergelübde (Num 6,1–21; vgl. Apg 18,18; 21,23).

Kritische *Worte Jesu* zu einer veräußerlichten Gelübdepraxis werden überliefert (Mk 7,9–13 par), doch scheint er nicht grundsätzlich die Praxis der Gelübde verworfen zu haben.

Innerhalb der kirchlichen Tradition und ihrer Lebensvollzüge hat das Gelübde besonders in Gestalt der *Mönchsgelübde* Bedeutung gewonnen. Schon vor dem Auftreten des Mönchtums (in der vormonastischen, „innergemeindlichen" Askese) verpflichteten sich Christen zu einer Lebensweise des „Mehr" in Form der „Ehelosigkeit um des Himmelreiches willen" (Mt 19,12; vgl. 1 Kor 7,25.40). Tertullian und Cyprian verstehen diesen Entschluß als Lebenshingabe, als Weihe an Gott. Einen wesentlichen Beitrag zur Vertiefung der Gelübdetheologie hat Augustinus geleistet: Das ganze Christenleben steht für ihn unter einem Gelübde; dazu gibt es individuelle Gelübde, wozu Augustinus besonders das der Keuschheit zählt. Letztlich ist Gegenstand eines Gelübdes immer die Hingabe des eigenen Lebens an Gott; jede äußere, durch ein Gelübde bedingte Tat ist Ausdruck dieser inneren Haltung. Besonderer Ausdruck der Ganzhingabe an Gott durch das Gelübde ist für Augustinus die monastische *vita communis*. Beim Entstehen des Mönchtums aber stand nicht sosehr die Vorstellung von Gelübden im Vordergrund: Entscheidend war der Entschluß, das monastische Leben in einer konkreten Gemeinschaft zu übernehmen; daraus folgte die lebenslange Verpflichtung, sich dieser Gemeinschaft und den in ihr geltenden Regeln unterzuordnen. Lediglich bezüglich der Jungfräulichkeit wird bisweilen von einem Gelübde gesprochen. Die *Regula Benedicti* spricht nicht ausdrücklich von Gelübden, wohl aber von einer „vor Gott und den Heiligen" abgelegten Professio „der Beständigkeit, des klösterlichen Lebens und des Gehorsams" (Kap. 58), womit die feierliche Übernahme der monastischen Lebensform in ihrer Ganzheit zum Ausdruck gebracht wird. Im Mittelalter wird die monastische Profeß ausdrücklich als Ablegung von Gelübden verstanden; dem Hingabeversprechen folgt eine Heilszusage. Im 13. Jh. erscheint erstmals die Gelübdetrias Gehorsam – Keuschheit – Armut. Diese als „drei evangelische Räte" bezeichneten Gelübde wurden bald zur Kurzformel des Ordenslebens überhaupt. Die Kanonistik beschäftigte sich in der Folge mit den Fragen nach den äußeren Bedingungen dieser Gelübde, ihrem Verpflichtungsgrad sowie auch mit der Entbindung von einem Gelübde. Die Ordensgelübde werden als „besseres" Mittel zur Vollkommenheit angesehen, der Ordensstand wird als „Stand der Vollkommenheit" bezeichnet, die Ordensgelübde werden als „zweite Taufe" betrachtet.

Seit 1517 diskutierte *Luther* auch die Frage der Ordensgelübde. Im November 1521 veröffentlichte er die Schrift *De votis monasticis iudicium*: Der Schwerpunkt der Kritik des Reformators ist die theologische Gewichtung des Ordenslebens, die in den Ordensgelübden zum Ausdruck kommt, die Höherwertung des monastischen Lebens über das Leben in Ehe und Familie. Zugleich ist diese Schrift Luthers auch ein Stück eigener Vergangenheitsbewältigung. Seiner Meinung nach können sich die Mönchsgelübde nicht auf die Schrift stützen, sie dienen daher der Werkgerechtigkeit; ewig bindende Gelübde hätten keine Gültigkeit. Vor allem stehe die Jungfräulichkeit nicht über dem Ehestand. Luthers Thesen verstärkten die schon vorhandene Tendenz zum Verlassen der Klöster.

Das Erstarken des Ordensleben in den katholisch verbliebenen Gebieten nach der Reformation sah man als Bestätigung der bisherigen Theorie und Praxis der Gelübde an. Kirchenrechtliche Regelungen sollten Mißstände verhindern. So unterschied man deutlich „öffentliche" und „private" Gelübde sowie ewige (das ganze Leben verpflichtende) von zeitlichen Gelübden.

Das *Zweite Vatikanische Konzil* hat die Ordensgelübde vor allem in LG 43–47 und in PC bedacht. Von den evangelischen Räten wird erklärt, daß sie in Wort und Beispiel des Herrn begründet und von der Kirche empfohlen seien (LG 43). Ausdrücklich wird von der Bindung durch Gelübde gesprochen; damit gibt sich der Gläubige „dem über alles geliebten Gott vollständig zu eigen, sodaß er selbst durch einen neuen und besonderen Titel auf Gottes Dienst und Ehre hingeordnet wird" (LG 44). Damit ist eine besondere Weihe begründet, die in der Taufweihe wurzelt und diese voller zum Ausdruck bringt (PC 5). Die Konzilstexte betonen auch die Verbindung der Ordensgelübde mit dem Geheimnis der Kirche: Sie sind „ein Zeichen, das alle Glieder der Kirche wirksam zur eifrigen Erfüllung der Pflichten ihrer christlichen Berufung hinziehen kann und soll", sie bezeugen das neue Leben und deuten die zukünftige Auferstehung und die Herrlichkeit des Himmelreiches an (LG 44). Dem Kapitel über die Ordensleute geht in LG das 5. Kapitel über die allgemeine Berufung zur Heiligkeit in der Kirche voran (LG 39–42). Die Heiligkeit der Kirche drückt sich „vielgestaltig in den einzelnen aus, die in ihrer Lebensgestaltung zur Vollkommenheit der Liebe in der Erbauung anderer streben. In eigener Weise erscheint sie in der Übung der sogenannten evangelischen Räte" (LG 39). Entscheidend ist aber die Aussage, „daß alle Christgläubigen jeglichen Standes oder Ranges zur Fülle des christlichen Lebens und zur vollkommenen Liebe berufen sind" (LG 40).

G. Jelich, Kirchliches Ordensverständnis im Wandel. Untersuchungen zum Ordensverständnis des Zweiten Vatikanischen Konzils in der Dogmatischen Konstitution über die Kirche „Lumen gentium" und im Dekret über die zeitgemäße Erneuerung des Ordenslebens „Perfectae caritatis"

(1983); F. Wulf/C. Bamberg/A. Schulz (Hrsg.), Nachfolge als Zeichen. Kommentarbeiträge zum Beschluß der Gemeinsamen Synode der Bistümer in der Bundesrepublik Deutschland über die Orden und andere geistliche Gemeinschaften (1978).

JOSEF WEISMAYER

Gemeinwohl

→ Freiheit → Gerechtigkeit → Gesellschaft → Liebe → Person → Recht → Soziallehre, katholische

1. Zum Begriff: Geschichte, Inhalt, Definition

Die Verwendung des Gemeinwohlbegriffs hat sich *geschichtlich* sehr gewandelt. Er dient in der heutigen politischen Polemik als Gegensatz zum egoistischen Individual- oder Gruppeninteresse.

Nach Aristoteles ist das Gut des Staates das Rechte, dies ist aber das Gemeinwohl, das aus dem Nutzen der kleineren Gemeinschaften resultiert, also als oberster Zweck der Gesellschaft erscheint und die gesellschaftlichen Interessen ausgleicht. In der Gesellschaftslehre bei Thomas v. Aquin wird das *bonum commune* einer der am häufigsten verwendeten Begriffe. Durch seine Bindung an Gott, das höchste Gut, bekommt das Gemeinwohl seine letztlich in der Transzendenz gründende sittliche Dimension. Als Norm gilt es im Gemeinwesen gleichermaßen Herrschenden und Beherrschten gegenüber. Jedes Gesetz ist nur dann gerecht, wenn es in der rechten Ordnung zum Gemeinwohl steht (vgl. S. Th. I/II, q 90 a 2). Auch nach Leo XIII. gilt das Gemeinwohl nach Gott als erstes und oberstes Gesetz in der Gesellschaft.

Aus der heutigen politischen Erfahrung mit totalitären Staatsformen und Ideologien ist die scholastische Tradition hinsichtlich der Eigenständigkeit des Einzelmenschen dem Gemeinwohl gegenüber wesentlich zu ergänzen. Das Gemeinwohl ist sozialphilosophisch nicht nur Ergebnis gesellschaftlicher Kooperation, sondern zugleich ein Kennzeichen der freien personalen Entfaltung der Gesellschaftsglieder. Es beseitigt nicht die übergesellschaftliche Würde, Eigenzuständigkeit und -berechtigung der einzelnen Menschen. Die dem Gemeinwohl entsprechende ontologische Wirklichkeit besteht nicht unabhängig von den Individuen und deren gesellschaftlicher Kooperation. Im Zeitablauf aber überdauert die Gesellschaft die individuelle Existenz ihrer Glieder und bezeichnet so deren Einheit. Durch das Zusammenwirken aller einzelnen, von der wirtschaftlichen bis zur geistigen Kooperation, entsteht eine nur so mögliche kulturelle Entfaltung in der Gesellschaft. Das Gemeinwohl befindet sich immer in dynamischer Entwicklung, bestimmt die Kulturhöhe einer Gesellschaft und ist nicht nur Produkt materieller Verteilungsgemeinschaft. Für die katholische Soziallehre ist das Gemeinwohl ein Schlüsselbegriff gegenüber allen Formen eines sozialen oder politischen Individualismus.

Die ontologisch-anthropologische Fundierung des Gemeinwohlbegriffs und die folgliche Ordnung der Gesellschaft ist in der empirisch gerichteten neuzeitlichen Philosophie und Staatslehre außerhalb der katholischen Naturrechtstradition weitgehend verlassen worden. Der Begriff findet sich heute neben Ausdrücken wie Gemeinnutzen, allgemeines Bestes, gemeinsames Wohlsein oder Lebensqualität, ohne bestimmte inhaltliche Aussagen. Immer geht es aber um den Zusammenhang von individuellem und sozialem Menschsein, um Individualität und Sozialität, einen Interessengegensatz, dessen Ausgleich im Rahmen der Gesellschaft zum Problem wird.

Die *inhaltlich* und folglich normative Bestimmung des Gemeinwohls verlangt den Bezug auf das individuelle Sein des Menschen als Person, das die Anlage zum Mit-Sein mit anderen Menschen einschließt. Jeder Mensch ist als soziales Wesen zugleich gesellschaftlich ergänzungsbedürftig und -fähig. Da jedoch die Person allein Selbstzweck ist, kommt ihr auch zu, metaphysischer Grund der Individualität und der Sozialität zugleich zu sein. Daher gilt die Vorrangregel des Gemeinwohls vor dem Einzelwohl nur im gleichen Güterbereich *(ceteris paribus)* und unter Wahrung der Unverfügbarkeit der Personwürde.

Die soziale Bestimmung des Menschen ist eine aus den existentiellen Zwecken des Menschen (J. Messner), die mit seiner Natur wesentlich verbunden sind. „Aus der gesellschaftlichen Natur des Menschen geht hervor, daß der Fortschritt der menschlichen Person und das Wachsen der Gesellschaft als solcher sich gegenseitig bedingen. Wurzelgrund, nämlich Träger und Ziel aller gesellschaftlichen Institutionen, ist ... die menschliche Person." (GS 25)

Definiert kann das Gemeinwohl werden als Zweck der Gesellschaft, insofern diese die Hilfe darstellt, die die einzelnen für die Erfüllung ihrer existentiellen Zwecke benötigen und die durch ihre gesellschaftliche Kooperation geschaffen wird. Nach *Mater et magistra* (Nr. 65) definiert das Zweite Vaticanum (GS 26, vgl. 74) das Gemeinwohl als „die Gesamtheit jener Bedingungen des gesellschaftlichen Lebens, die sowohl den Gruppen als auch den einzelnen Gliedern ein volleres und leichteres Erreichen der eigenen Vollendung ermöglichen". Hierbei ist stärker auf die organisatorische Komponente des gesellschaftlichen Lebens abgestellt. Der Verweis auf die personale Vollentfaltung („eigene Vollendung") bringt aber auch die inhaltliche Füllung. Um das auszudrücken, spricht O. v. Nell-Breuning neben dem Gemeinwohl auch vom Gemeingut.

Um die inhaltlich ethische Seite des Gemeinwohls zu bezeichnen, definiert J. Messner das Gemeinwohl auch als „allseitige Erfüllung der Gerechtigkeit". Das Gemeinwohl ist voll verwirklicht, wenn soziale Gerechtigkeit herrscht, wenn zwischen den einzelnen Gemeinschaften bis zu den einzelnen nicht nur ein Interessenausgleich funktioniert, sondern dieser aus Solidarität in einem gerechten Verhältnis der Beziehungen stattfindet. Das Gemeinwohl ist ein ständiger Appell an das Solidaritäts- und Rechtsbewußtsein bzw. -gewissen auf allen Ebenen bis zur Weltgesellschaft und dem Weltgemeinwohl.

Politik untersteht auch durch den inhaltlichen Bezug auf das Gemeinwohl der sittlichen und rechtlichen Ordnung. Die evangelische Sozialethik betont an Stelle des naturrechtlichen Gemeinwohlbegriffs die „verantwortliche Gesellschaft". In der utilitaristischen Ethik führt schließlich die Aufgabe einer sittlichen Grundwertordnung für das Gemeinwohl zur Formel eines fiktiven Gesellschaftsvertrages unter Bezug auf das Selbstinteresse des Menschen. Am bekanntesten ist die für die Entwicklung der Demokratie in England bedeutsame Definition des Gemeinwohls von J. Bentham vom „größten Glück der größten Zahl". In zum Teil kritischer Fortentwicklung dieser Tradition stehen auch spätere utilitaristische Wohlfahrts- (V. Pareto) und Gerechtigkeitstheorien (J. Rawls.).

2. Die pluralistische Struktur des Gemeinwohls

Der gesellschaftliche Pluralismus ergibt sich aus der Summe der verschiedenen Gemeinschaftsbildungen innerhalb der Gesellschaft und dem unterschiedlichen und vielfältigen Zusammenhang derselben zur Einheit als Gesamtgesellschaft. In ihr gibt es freie Vereinigungen, die sich auf Grund der Koalitionsfreiheit bilden können, und Gemeinschaften, die als „natürliche Gesellschaften" bezeichnet werden, weil ihnen unmittelbare naturrechtliche Eigenbestimmung und folglich ursprüngliche sittliche Rechte und eine entsprechende Gemeinwohlordnung außerhalb menschlicher Beliebigkeit zukommen. Dazu gehören insbesondere Ehe, Familie und die Staaten einschließlich ihres föderativen und korporativen Aufbaus nach gesellschaftlichen Substrukturen bis zur Völkergemeinschaft.

Der Vorgang der zunehmenden Vernetzung des gesellschaftlichen Lebens heute, auch als „Sozialisation" bezeichnet, entfaltet sich immer mehr durch „mannigfache Verbindungen und Institutionen öffentlichen und privaten Rechts", die eher aus freier Entscheidung der Menschen hervorgehen. Dies bringt Vorteile, aber auch Gefahren für die menschliche Person mit sich (GS 25) und erfordert umso mehr eine umfassende sittlich-rechtliche Gemeinwohlordnung in bezug auf die Grundwerte unter Anwendung der Sozialprinzipien. Im gegenwärtigen Vorgang der Verflechtung der Kulturen zu einer pluriformen und polyzentrischen Weltkultur (Enkulturation) ist dieser Ordnungs- und Rechtsbezug auf den Gemeinwohlpluralismus von entscheidender Bedeutung. Besonders gilt dies auch hinsichtlich der kulturellen ethischen Dimension des Gemeinwohls. Die Achtung der Eigenrechte der Kulturen und deren Bedeutung und Bezug führt zu ihrer Integration in eine schöpferische universelle Kulturgemeinschaft der Menschen im Weltgemeinwohl.

Das *Gemeinwohlprinzip* regelt die Verbindung von Eigenwohl und Gemeinwohl im Aufbau der Gesellschaft, beginnend vom Individuum über die je kleinere Gemeinschaft bis zum Weltgemeinwohl. Als oberstes Gesetz der Gesellschaft besagt es den Vorrang des Gemeinwohls vor dem Eigen- oder Einzelwohl und bewirkt als Rechtsprinzip Begründung und Begrenzung der gesellschaftlichen Autorität bzw. der Gehorsamspflicht dieser gegenüber. Daraus folgt für das Gemeinwohlprinzip auch die zweifache Begrenzung des Vorrangs des Gemeinwohls vor dem Eigenwohl: qualitativ auf die gleiche Güter- oder Werteebene, quantitativ für den Fall, daß Opfer wesentlicher Teile der Gemeinschaft für das Gemeinwohl auch die sinnvolle Erhaltung des Ganzen vereiteln würden. Seine wesentliche Ergänzung erfährt das Gemeinwohlprinzip durch das Prinzip der Subsidiarität. Ohne Beachtung der daraus folgenden Eigenberechtigungen der einzelnen und der kleineren Gemeinschaften kommt ein ausreichendes Gemeinwohl gar nicht zustande.

3. Die Bestreitung des Gemeinwohls

Durch den Ausfall des naturrechtlich sittlichen Ordnungsgedankens in der Gesellschaft, wie er in der empirisch-utilitaristischen Sozialphilosophie und -ethik der Neuzeit erfolgt ist, wurde das Gemeinwohl zu einem meist unverbindlich juristischen Leitbegriff (Wohl des Staates, Staatszweck) oder es wurde als Leerformel abgetan. Aus der Erfahrung sollte durch problemlose Übereinstimmung der Menschen ein gemeinsamer Nutzen – für alle mittels Vertrag oder auch nur durch seine hypothetische Annahme legitimiert – gewonnen werden. Anstelle des Gemeinwohls könne auch, da ein philosophisch erkennbarer und verwirklichbarer Inhalt nicht auszumachen sei, die allgemeine Wohlfahrt durch sozialwissenschaftlich aufgestellte Wohlfahrtsindikatoren bestimmt werden.

Nach dem *individualistischen* Denkmodell stehen hinter den Gemeinwohlwerten nur verdeckte Interessen. Am besten entscheidet diese der Markt, der zur Interessenharmonie führt. Diese liberalistische Gemeinwohlauffassung hat zu schwerster Gemeinwohlnot, z. B. zur Arbeiterfrage im 19. Jh., geführt, da der Markt als gesellschaftlicher Vorgang immer auch der sittlichen Ordnung bedarf. Nach dem *kollektivistischen* Modell ist das Gemeinwohl Ergebnis objektiver zentraler Planung und Leitung namens des gesellschaftlichen Kollektivs. Die Teilnahme am Gemeinwohl wird durch Verteilung desselben nach Gleichheit ersetzt. In beiden Fällen kommt es aber nach aller Erfahrung nicht zur Gemeinwohlkultur der Solidarität und Liebe.

Der individualistische und kollektivistische Gemeinwohlirrtum geht auf ein Menschen- und Gesellschaftsbild zurück, das vom Menschen als reinem Sinnenwesen ausgeht, angetrieben von Selbstsucht. Das Streben nach Freiheit findet danach seine maximale Entfaltung entweder in einer Gesellschaft, die auf die Kraft des Egoismus zur Selbstregulierung setzt oder die mittels gesellschaftlicher Veränderungen objektive Verhältnisse der Gleichheit schafft und erst nachfolgend die Menschen zur unbegrenzten Freiheit führt. Beide Gemeinwohlirrtümer richten sich gegen die volle Wahrheit von Mensch und Gesellschaft und führten in der Praxis auch in größte Gemeinwohlnot. Am Experiment des „realen Sozialismus" unter größten geistigen und materiellen Opfern und Einbußen im persönlichen und gesellschaftlichen Leben in den kommunistischen Staaten erleben wir dies aktuell.

Da „das Gemeinwohl nicht mehr Hände hat, als die in der Gemeinschaft verbundenen Glieder haben" (L. Taparelli), ist es nur die gesellschaftliche Kooperation und Arbeitsteilung, durch die mittels der Leistung vieler Menschen ein höheres Gemeinwohl erreicht wird. Daher ist das Leistungsprinzip auch gesellschaftlich bedeutsam. Bei der Gemeinwohlerstellung kann der Leistungsanreiz nicht ersetzt werden, er bedarf wieder der Ordnung. Der Verteilungssozialismus übersieht, daß nur verteilt werden kann, was vorher geschaffen worden ist, daß das Gemeinwohl vom Leistungswillen der Glieder abhängig ist. Die Beteiligung am Gemeinwohl hat aber auch nach dem Bedürfnisprinzip zu erfolgen, wonach der Mensch Anspruch auf ein menschenwürdiges Leben in der Gemeinschaft kraft seiner Personstellung hat, ohne Rücksicht auf seine Leistungsfähigkeit bzw. deren wirtschaftliche Bewertung, zumal das Gemeinwohl in vieler Hinsicht die materiellen Werte übersteigt. Beitrag zum und Teilnahme am Gemeinwohl läßt sich daher immer nur in Verhältnismäßigkeit zur Leistung auf den verschiedenen Ebenen der Gemeinwohlwerte und zur Bedürftigkeit der solidarisch verbundenen Glieder aussagen. Die Gemeinwohlgerechtigkeit und soziale Gerechtigkeit läßt sich daher auch nur nach Verhältnismäßigkeit bestimmen und steht im großen Rahmen sozialer Liebe.

J. Endres, Gemeinwohl heute (1989); *J. Messner,* Das Gemeinwohl (²1968); *O. v. Nell-Breuning,* Einzelmensch und Gemeinschaft (1950); *A. Rauscher* (Hrsg.), Selbstinteresse und Gemeinwohl (1985); *A. F. Utz,* Sozialethik, Tl. 1: Die Prinzipien der Gesellschaftslehre (1958); *R. Weiler,* Internationale Ethik, Bd. 1 (1986).

RUDOLF WEILER

Genetik und Gentechnik

→ Befruchtungshilfe → Leben → Menschenwürde → Natur → Therapie → Umweltethik → Wirtschaftsethik → Wissenschaftsethik

1. Empirische Grundlagen

Die Genetik hat als eigenständiger Wissenschaftszweig heute eine zentrale Stellung in Biologie und Medizin einerseits als experimentelles Forschungsfach, andererseits als Grundlage der humangenetischen Beratung und der vielfältigen Anwendungsmöglichkeiten. Unter *Biotechnologie* versteht man das interdisziplinäre Arbeitsgebiet zwischen Chemie, Biologie und Verfahrenstechnik. Sie verkürzt die biochemische Syntheseleistung lebender Zellen wie Mikroorganismen, pflanzlicher oder tierischer Zellkulturen oder daraus isolierter Enzyme zur Gewinnung oder Umwandlung von Stoffen im Rahmen industrieller Produktionsverfahren. Die *Gentechnologie* ist nun die Biotechnologie der Genetik und umfaßt die Verfahren zur Identifizierung, Isolierung und Übertragung von genetischem Material.

a) Grundlagenforschung: Über die molekulare Genetik gelang es, die bisherigen relativ vereinfachten Definitionen von Leben aus der Sicht der Naturwissenschaft qualitativ zu erweitern.

Stoffwechsel und Fortpflanzungsfähigkeit sind Funktionen der Organisation des Erbgutes. Freye bezeichnet diese Eigenschaften als teleonomischen Planbesitz unserer Gene. Leben aus der Sicht der Genetik bedeutet, diesen Planbesitz relativ unverändert an die Nachkommen weiterzugeben. Diese Reproduktionsform ist so lange invariant, als es zu keinen spontanen Erbänderungen (Mutationen) kommt. Zu den weiteren Lebenskriterien aus der Sicht der Genetik zählt die autonome Morphogenese. Darunter versteht man die von der Umwelt zwar modifizierbaren, aber über das Erbgut spontan und zielgerichtet ablaufende Gestalt- und Funktionsentwicklung der Organismen. Teleonomie, reproduktive Invarianz und autonome Morphogenese sind die wesentlichen Kennzeichen der lebendigen Natur. Die Erscheinungsformen des Lebens (Gestalt-, Funktions- und Reproduktionspolymorphismus) sind an die Gesamtheit der Erbanlagen und ihr koordiniertes Zusammenwirken gebunden. Der Zugang zu finalen Kausalitäten ist über diese Methoden allerdings nicht möglich.

Entstehung des Lebens aus der Sicht der Genetik: Leben im Sinne der Biologie ist an Eiweiß (*Proteine:* aufgebaut aus Aminosäuren) gebunden. In den berühmten Millerschen Versuchen (1953) konnte plausibel simuliert werden, daß in der Uratmosphäre über starke elektrische Entladungen aus einem Gemisch von Kohlenwasserstoffen (z. B. Methan), Ammoniak, Wasserstoff und Wasserdampf die Grundbausteine der Eiweiße, nämlich die Aminosäuren, spontan gebildet werden können. Aus diesen Aminosäuren wären dann komplexere molekulare Strukturen entstanden: Zellmembranartige Umhüllungen hätten die Aminosäuren umgeben. Nach dieser Hypothese sind solchermaßen Vorstufen von Mikroorganismen – die Bioide – entstanden.

In Form sogenannter „Selbstorganisationsprozesse" wären dann über Zusammenschlüsse kleinerer Moleküle größere und komplexere Einheiten entstanden. Leben ist zwar an Eiweiß gebunden, aber Eiweiß alleine ist nicht lebens-, d. h. reproduktionsfähig. In derselben Uratmosphäre, in der Eiweiß entstand, müssen somit noch weitere Substanzen gebildet worden sein, die die Fähigkeit besaßen, die Kontinuität der biologischen Entwicklung (Evolution) zu gewährleisten. Es handelt sich dabei um Fadenmoleküle, deren Länge durch die Sequenz ihrer Grundbausteine (Nukleotide) bestimmt wird, die Kernsäuren. Die ersten nachweisbaren Spuren einfachsten organischen Lebens sind rund 3,8 Milliarden Jahre alt. Zu dieser Zeit war aber Leben an eine sauerstofffreie Atmosphäre gebunden. Der Weg zur Evolution der Vielfalt der Organismen war nun über die Mutationsfähigkeit der Kernsäuren dieser Bioide geebnet. Aus diesen Bioiden entwickelten sich durch Mutationen neue Mikroorganismen, die zur Photosynthese befähigt waren. Der frei werdende Sauerstoff reicherte sich in der Atmosphäre an und ermöglichte neue Lebensformen aus der Interaktion des Erbgutes mit der Umwelt (Mutation und Selektion). Die nun neu entstandene sauerstoffreiche Atmosphäre machte eine neuerliche „Urzeugung" unmöglich, da spontan entstehende organische Verbindungen unter Anwesenheit von Sauerstoff zerfallen.

Diese hypothetische Beschreibung muß die Frage nach dem Prinzip der Entwicklung des Lebens offenlassen und ist daher auch offen für eine theologische Letztbegründung in der gegenwärtigen Schöpfertätigkeit Gottes *(creatio continua)*.

Von entscheidender Bedeutung für die Organisation und Weitergabe des Lebens sind die beiden Kernsäuren, deren Fadenmoleküle sich durch die unterschiedliche Nukleotidabfolge unterscheiden. Während die RNS (Ribonukleinsäure) immer nur als einfaches Fadenmolekül in Form einer kürzeren Kette vorliegt, tritt die DNS (Desoxyribonukleinsäure) fast immer als Doppelmolekül auf. Diese sehr komplexe Struktur ist färbbar und dem Lichtmikroskop zugänglich und wird als Chromosom bezeichnet. Die Nukleotidsequenz auf der DNS bildet die primäre genetische Information.

Der Begriff „Gen" ist heute eher modellhaft zu verwenden, da es zur Zeit kaum möglich ist, eine exakte und erschöpfende Definition zu geben. Die Gene setzen ihre Information frei und wirken, indem sie mit Hilfe eines komplizierten Apparates in der Zelle Eiweißkörper bilden, die sich aus Aminosäuren zusammensetzen. Die Reihenfolge dieser Aminosäuren wird durch die Gene mittels des genetischen Codes bestimmt und gestaltet den Organismus in Struktur und Funktion. Mittlerweile kennt man durchaus noch andere Funktionen der Gene als die eben genannten, z. B. solche, die die Genaktivität selbst regulieren, solche, die die ontogenetische Entwicklung steuern, solche, die die Segmentierung des Organismus ermöglichen, und solche, die den Kontakt zwischen den Zellen herstellen. Je näher sich die Forschung aber an die molekularen Grundlagen herantastet, desto weniger können diese Vorgänge kausal erklärt, sondern nur noch analog beschrieben werden in Begriffen wie etwa „Selbstregulation". Im Verlauf eines Gens sind auch Sequenzen enthalten, die keine Information für das zu bildende Protein enthalten. Dennoch wird jeweils eine Gesamtkopie eines Gens hergestellt.

Zu den Eigenschaften eines Gens gehört auch seine Bereitschaft zur spontanen Veränderung, die Mutation genannt wird. Auf molekularer Ebene werden diese Veränderungen Punktmutationen, auf der Ebene der Struktur der Chromosomen Strukturmutationen genannt. Solche Änderungen sind einerseits das treibende Moment in der Evolution, andererseits in vielen Fällen Ursachen von Krankheiten. Mutationen sind Zufallsereignisse. Niemand ist in der Lage festzustellen, welche Mutationen sinnvoll waren oder sinnvoll sein werden.

Bei der geschlechtlichen Fortpflanzung verschmelzen die Zellkerne derart, daß aus den Chromosomen der weiblichen Eizelle und den Chromosomen der männlichen Samenzelle sich in einem neuen Zellkern eine neue Genkombination (Gencode) bildet. In der menschlichen Zygote befinden sich 23 Chromosomenpaare, also 46 Chromosomen, in einer neuen Kombination, auf Grund derer jeder Mensch bereits einmalig ist. In Myriaden von Zellteilungen formt und gestaltet diese genetische Information den menschlichen Organismus. Sind ausnahmsweise 47 Chromosomen vorhanden, d. h. ein Chromosom nicht zweifach, sondern dreifach, spricht man von einer Trisomie, bei nur 45 Chromosomen spricht man von einer Monosomie. Monosomien sind bis auf eine derzeit bekannte Ausnahme nicht lebensfähig. Die häufigste Trisomie ist die sogenannte Trisomie 21, die nach dem Erstbeschreiber Down-Syndrom, im Volksmund „Mongolismus", genannt wird. Dieser Ausdruck sollte wegen des rassistischen Hintergrundes vermieden werden. Diese Erbkrankheit tritt bei 700 Geburten im Schnitt einmal auf. Ab dem 36. Lebensjahr, und ganz besonders ab dem 40., steigt das Risiko bei beiden Geschlechtern, da die Zeugung in höherem Lebensalter prinzipiell ein erhöhtes Mutationsrisiko enthält.

Häufig ist jedes Gen in der Weise zweifach vorhanden, als es von beiden Eltern her in derselben Qualität an die Nachkommen weitergegeben wird; diese Nachkommen sind dann reinerbig oder homozygot. Wenn es aber alternative Ausprägungen eines und desselben Genortes gibt (Mutationen), dann führt dies zur Mischerbigkeit oder Heterozygotie. Aus der Kreuzung zweier Heterozygoter (Aa × Aa) werden mit jeweils 25 Prozent Wahrscheinlichkeit homozygote Nachkommen (AA und aa) sowie mit 50 Prozent Wahrscheinlichkeit heterozygote Nachkommen (Aa) entstehen. Beim sogenannten rezessiven Erbgang sind die Heterozygoten Aa phänotypisch unauffällig, da das mutierte Gen a vom „Normalgen" A kompensiert wird. Homozygot rezessive Nachkommen aber, die das mutierte Gen in doppelter Dosis aufweisen, können schwere Funktionsstörungen haben. Eine der häufigeren rezessiven Stoffwechselstörungen ist die Phenylketonurie. Dabei kommt es im homozygot rezessiven Zustand zu einer schweren Störung im Eiweißstoffwechsel, die ohne Therapie zu einer Vergiftung des Nervensystems führt. Diese Erbkrankheit ist heute durch strenge Diät zu beherrschen. Es kommt zu einer phänotypisch normalen Entwicklung, ohne daß der zugrunde liegende Gendefekt behoben worden wäre.

Bei mehreren heterozygoten Genausstattungen ist heute unter bestimmten Umweltwirkungen ein gesundheitlicher Vorteil (Heterozygotenvorteil) nachweisbar; bei anderen wird er mit gutem Grund vermutet. So führen Mutationen, die Aufbau und Funktion des roten Blutfarbstoffes (Hämoglobin) bewirken, im homozygoten Zustand zu schwersten Anämien, die Heterozygoten aber weisen einen Selektionsvorteil gegenüber der Infektion mit Malariaparasiten auf. Die Malaria war aber weltweit die einzige wirklich populationsbedrohende Erkrankung. Es nimmt deshalb nicht wunder, daß das Spektrum der erblichen Hämoglobinvarianten besonders variantenreich ist. Populationsgenetisch kann nachgewiesen werden, daß sich das mutierte Gen unter diesen Bedingungen über die Zunahme der Heterozygoten vermehren muß. Dies bedeutet aber auch eine relative Zunahme der homozygot Rezessiven, die dann über ihr Leiden das Überleben der Population ermöglichen. Aus all dem geht hervor, daß dem Begriff „krank" nicht ohne weiteres der Begriff „gesund" gegenübergestellt werden kann. Der sogenannte genetisch Gesunde (AA) hat in einem Malariagebiet eine wesentlich geringere biologische Resistenz als der Heterozygote (Aa).

Dies zeigt auch, daß eugenische Ideologien von Vorurteilen und nicht von wissenschaftlichen Tatsachen ausgehen. Es ist unhaltbar anzunehmen, daß es über die Fortschritte der modernen Medizin zu einer Anreicherung negativ beeinflussender Gene käme. Zum einen ist nachweisbar, daß unter den Bedingungen des Wegfalls der „natürlichen Selektion" *keine* bemerkenswerte Änderung der Genhäufigkeiten zu erwarten ist, und zum anderen ist niemand in der Lage festzustellen, welche genetische Ausstattung wünschenswert wäre.

Ebensowenig hält der Begriff „Rasse", vielfach als Grundlage von Vorurteilen und Konflikten angenommen, vor dem heutigen Wissen der Genetik stand.

b) Anwendung:
– *Beratung:* Humangenetische Beratung besteht in der Bestimmung des Risikos einer genetisch bedingten Fruchtschädigung und in der Aufklärung Ratsuchender darüber.
– *Gentechnologie im Umweltbereich:* Zur Zeit befindet sich eine riesige Zahl industriell gefertigter Chemikalien in der Umwelt, die zusätzlich zu den vielfältigen Schwermetallablagerungen diese belasten. Man hofft, durch gentechnisch manipulierte Mikroorganismen über ihre Stoffwechselgänge diese Schadstoffe zum Teil aus der Umwelt zu binden und so zu entfernen (z. B. Bakterien in Kläranlagen, die sich dynamisch auf das Substrat einstellen). Bakterielle Erzlaugen gestatten es, aus bisher wirtschaftlich nicht ausbeutbaren Lagerstätten bestimmte Metalle zu gewinnen. Es besteht die Hoffnung, daß Mikroorganismen auch zur Beseitigung von Ölteppichen in den Meeren eingesetzt werden können. Offen

bleiben viele Fragen, etwa die, wie sich diese Mikroorganismen in der freien Natur verhalten werden, wenn sie sich mit anderen genetisch unvorhersehbar neu kombinieren und in welchem Konkurrenzverhältnis sie mit den derzeit natürlich vorhandenen Mikroorganismen stehen werden.

– *Gentechnologie in der Pflanzenzüchtung:* Von den herkömmlichen Züchtungsverfahren unterscheidet sich die Gentechnik dadurch, daß einzelne Gene isoliert und später gezielt in neue Organismen eingefügt werden. Damit ist eine genauere Charakterisierung der Wirkweise der Veränderung und der gewünschten Eigenschaften ebenso gegeben wie die Möglichkeit, Artgrenzen zu überwinden. Im Unterschied zu herkömmlichen Züchtungsverfahren werden bei der Gentechnik aber nicht alle Gene zweier Organismen miteinander gemischt, sondern immer nur eines oder wenige. Der „Vorteil" der Gentechnologie liegt in der Zeitersparnis und im gezielteren Hervorbringen von Eigenschaften. Das Ziel, Pflanzen gentechnisch so zu manipulieren, daß sie bestimmte Vorteile in der Haltbarkeit mit sich bringen, und schließlich Pflanzen zu konstruieren, die von vornherein schädlings- und krankheitsresistent sind, dürfte in absehbarer Zeit erreicht werden. In weiterer Folge hofft man, durch genetische Eingriffe auch den Nährwert bestimmter Pflanzen zu erhöhen (Proteinverbesserung), Pflanzen herzustellen, die auf normalerweise ungeeigneten Böden noch wachsen können, und schließlich solche, die in der Lage sind, den Stickstoff aus der Luft selbst zu binden und somit von der teuren Stickstoffdüngung unabhängig zu werden.

Die Risiken bestehen in diesem Zusammenhang darin, daß besonders ertragreiche Nutzpflanzen zu einer noch intensiveren Bodennutzung und zu einem noch stärkeren Ausbau der Monokulturen mit all den bekannten schädigenden Umweltwirkungen führen können. Die intensivere Nutzung der neuen Sorten könnte weiterhin dazu beitragen, daß andere Pflanzen verdrängt werden und die genetische Vielfalt eingeschränkt wird („genetische Erosion").

– *Gentechnologie in der Tierzucht:* Gerade in diesem Bereich wird die enge Verbindung zwischen Reproduktionsbiologie und Gentechnik besonders deutlich erkennbar. Durch Übertragung von Körperzellen in die entkernte Eizelle, durch künstlich induzierte Mehrlingsbildung im Acht-Zell-Stadium, durch Chimärenbildung aus zwei oder mehr genetisch unterschiedlichen Embryonen oder durch Zuführung gentechnologisch hergestellter Hormone kann der Organismus manipuliert werden. Ziel hiebei ist die Verbesserung der Qualität von Nutztieren durch eine höhere Fortpflanzungsrate, durch höhere Qualität oder Quantität der Tierprodukte und geringere Anfälligkeit für ganz bestimmte Krankheiten. In diesem Bereich erscheinen die Risiken jedoch höher als im Pflanzenbereich.

– *Gentechnologie in der Pharmazie:* Durch den Einsatz der Gentechnologie ist es möglich geworden, menschliche Gene in Bakterien einzuschleusen und dort humane Proteine wie Insulin, Interferon, Wachstumshormone, Antikörper, verschiedene Impfstoffe und auch Blutprodukte in hoher Reinheit zu gewinnen. Im Tierversuch ist es bereits gelungen, ein Protein, das Tumore abtötet, zu isolieren. Mit Hilfe eines Bakteriums könnte es eines Tages gelingen, größere Mengen dieses Tumornekrosefaktors zu produzieren und in der Krebstherapie einzusetzen. Gentechnologisch manipulierte Bakterien und Viren könnten allerdings auch für militärische Zwecke verwendet werden: Sie sind billig, handlich und vielfältig einsetzbar. Die Gefahr des Einsatzes der Gentechnologie im militärischen Bereich könnte die der atomaren Waffen in ihrer Schrecklichkeit eines Tages noch übersteigen.

– *Gentechnologie im Humanbereich:* Am weitesten fortgeschritten ist der Einsatz der Gentechnologie in der Diagnose, mit deren Hilfe eines Tages Genkarten für jeden Menschen auch schon vor der Geburt erstellt werden können, die das individuelle Erbgut festhalten. Mit Hilfe der sogenannten Genomanalyse wird nach Erbanlagen für Krankheiten und auch nach genetisch bedingten Empfindlichkeiten gegenüber Umwelteinflüssen wie Schadstoffe, Nahrungsmittel und Arzneimittel gesucht. Mittels radioaktiv markierter DNS können defekte Gene ausfindig gemacht werden. Auf diese Weise können sehr früh schon Ursachen und nicht erst Wirkungen von Krankheiten erkennbar werden. Die Diagnose kann nach der Geburt beim neugeborenen oder auch beim erwachsenen Menschen vorgenommen werden und bringt gegenüber den üblichen Methoden den Vorteil mit sich, daß die Zahl der untersuchten Merkmale ausgeweitet werden kann. Die Diagnose kann aber auch schon während der Schwangerschaft vorgenommen werden, um festzustellen, ob ein ungeborenes Kind mit einer befürchteten Krankheit oder Behinderung behaftet ist.

In absehbarer Zeit dürfte eine vollständige Diagnose der Erbanlagen möglich sein, obwohl die notwendigen medizinischen Behandlungsmöglichkeiten noch lange nicht vorhanden sind.

– *Gentherapie:* Die Möglichkeiten der Gentherapie befinden sich noch in den Anfangsstadien. Eine Möglichkeit besteht in der sogenannten „somatischen Gentherapie"; bei einer erblichen Bluterkrankung, der sogenannten Beta-Thalassaemie, ist die Funktion der sauerstoffbindenden roten Blutzellen schwer beeinträchtigt. Nun können Knochenmarkszellen entnommen, gentechnisch manipuliert und wieder eingesetzt werden und dann die normale Funktion gewährleisten. Somatische Gentherapie führt, wie bei diesem Beispiel, nicht zu vererbbaren Änderungen. Schwierigkeiten bestehen jedoch darin, den zurückverpflanzten Stammzellen gegenüber den noch im Knochenmark vorhandenen defekten Zellen einen Wachstumsvorteil zu verschaffen. Offen ist auch die Frage, wieweit durch solche Manipulationen Spontanmutationen auftreten können.

Anders als bei der eben erwähnten somatischen Gentherapie würde bei der zunächst freilich noch hypothetischen Keimbahntherapie in einem sehr frühen embryonalen Stadium das Erbgut verändert, noch bevor es zur Differenzierung in den einzelnen Zellstammlinien kommt. Das aber bedeutet, daß das so veränderte Erbgut an alle Zellen weitergegeben und auch an alle folgenden Generationen vererbt werden würde. Die Konsequenzen sind nicht abzusehen. Zudem könnte das für eine solche Therapie notwendige Wissen nur durch Forschung an Embryonen gewonnen werden.

Nicht nur die derzeit möglichen Anwendungsgebiete der Gentechnik, sondern bereits die Grundlagenforschung erfordern wegen ihrer großen Reichweite und Ambivalenz eine besonders sorgfältige ethische Bewertung.

2. Ethische Bewertung

Die Fortschritte im Bereich der Genforschung sind enorm und die Entwicklungen rasant. Hohe Geldsummen werden für diesen Forschungsbereich aufgewendet. Jeder Versuch einer Darstellung des Wissensstandes und der Anwendungsmöglichkeiten kann sehr rasch überholt sein. Insofern in ethischen Aussagen Sach- und Sinnaussagen miteinander vermittelt werden, trifft dies daher auch auf die Einschätzung der ethischen Relevanz zu. Die Bewertung der Genforschung in einem Lexikon der Moraltheologie hat sich mit der Grundlagenforschung (a), den differenzierten Anwendungsmöglichkeiten (b), den darauf aufbauenden Theoriebildungen bzw. Ideologien (c) zu befassen sowie den Stand der Lehramtsaussagen darzustellen (d).

a) Grundlagenforschung: Noch weniger als im Bereich der atomaren Kernforschung, mit der die Genforschung gewisse Analogien aufweist, lassen sich Grundlagenforschung und Anwendung sauber unterscheiden. Grundlagenforschung wird nicht zuletzt wegen der aufgewendeten hohen Geldsummen immer schon in bezug auf ihre Anwendung betrieben. Es liegt in der Dynamik der Forschung, daß sie danach strebt, ab einem gewissen Punkt den Menschen selbst als Forschungsobjekt heranzuziehen. Eine Handlungsweise aber, die den Menschen total zum Objekt macht und nicht auch um seiner selbst willen achtet, verstößt gegen die Würde des Menschen und damit gegen die Grundlage aller Ethik. Grundlagenforschung im Humanbereich auf dem Wege euphemistisch sogenannter „verbrauchender Experimente" ist in jedem Lebensstadium des Menschen ethisch strikt abzulehnen. Abgesehen davon, wachsen dem Menschen aber schon im außermenschlichen Bereich ungeahnte Eingriffsmöglichkeiten in die Schöpfung zu, die in ihren Konsequenzen bisherige Eingriffe übersteigen. Der Mensch darf auch gegenüber der nichtmenschlichen Schöpfung nicht alles, was er kann; andererseits lehrt die Geschichte, daß er alles, was er kann, zumindest einmal ausprobiert. Die ethische Faustregel, daß der mögliche Mißbrauch einer Methode nicht den rechten Gebrauch verbietet, setzt die eindeutige Unterscheidung zwischen gutem und schlechtem Gebrauch voraus. Gerade aus den Konsequenzen menschlicher Eingriffe in die Umwelt kommt uns aber zu Bewußtsein, wie wenig wir noch über die Spätfolgen scheinbar positiver Wirkungen einer Handlung wissen (z. B. der erhöhte Ertrag bei hochgezüchteten Getreidesorten), die langfristig ins Gegenteil umschlagen (z. B. Schädigung des Lebens im Boden und Vergiftung der Böden durch die intensive Düngung und den notwendigerweise verstärkten Einsatz von „Pflanzenschutzmitteln"). Nun können gerade durch den Einsatz der Gentechnik – und moderne Technik ist auf Großgebrauch angelegt – kaum mehr korrigierbare Folgen, die wir keineswegs überblicken können, hervorgerufen werden. Zur ethischen Rechtfertigung des Einsatzes der modernen Gentechnologie bedarf es einer noch größeren Sicherheit darüber, daß es sich um sinnvolles Ausschöpfen von in der Schöpfung angelegten Möglichkeiten oder eindeutig nur um Korrekturen von Mißbildungen handelt, sodaß das Ökosystem Mensch – Erde keinen schwereren Schaden leidet als in anderen Bereichen. Nicht nur die Einsicht in grundlegende Zusammenhänge, sondern auch die technische Beherrschung genetischer Eingriffe unterliegen einem Zeitindex, sodaß unter Umständen heute nicht zu verantworten ist, was vielleicht morgen verantwortet werden kann.

b) Ethische Bewertung der Anwendung:
– *Gentechnologie im Umweltbereich:* So verlockend diese Möglichkeiten auf den ersten Blick erscheinen, so problematisch erweist sich die Freisetzung von manipulierten Bakterien oder Viren, die in der Umwelt überleben, sich ausbreiten, unter Umständen in unvorhergesehener Weise mutieren und mit anderen Organismen in bislang unbekannte

und auch unbeherrschbare Reaktionen eintreten. Mikroorganismen, mit deren Hilfe z. B. Erze, Klärschlamm oder Ölteppiche abgebaut und Pflanzen vor Viren geschützt werden, sind nicht mehr biologisch abgeschwächt und physikalisch abgeschottet wie im Labor. Spätestens an diesem Punkt der Überlegungen wird die Notwendigkeit einer internationalen Kontrolle des Einsatzes der Gentechnologie deutlich und die Frage der Beweislastregelung dringlich. Wenn verheerende Folgen rechtskräftig bewiesen werden können, kann es bereits zu spät sein. Die Beweislast ist im Bereich der Anwendung der Gentechnologie daher umzukehren.

– *Gentechnologie im Bereich der Pflanzen- und Tierzüchtung:* Der Einsatz der Gentechnologie auf den verschiedenen Ebenen der Landwirtschaft scheint beim ersten Hinsehen als eine Verbesserung traditioneller Maßnahmen zur Optimierung landwirtschaftlicher Erträge unter zeitlichem, qualitativem und quantitativem Aspekt. In einer verantwortlichen Abwägung ist zunächst unter *bioethischem* Aspekt sicherzustellen, daß durch solchermaßen manipulierte Lebewesen nicht andere verdrängt werden und auszusterben drohen und es auf diese Weise zunächst zur Verschiebung im ökologischen Gleichgewicht und schließlich zu einer für das Überleben aller Lebewesen bedrohlichen „genetischen Erosion" kommt. Die Steigerung der Milchleistung von Kühen z. B. mit Hilfe eines auf gentechnologischem Weg produzierten Wachstumshormons („Turbokuh") hat Konsequenzen für die Fütterung, für die Kreislaufbelastung und Krankheitsanfälligkeit, die Lebensdauer und Fruchtbarkeit dieser Kühe. Wer eine Kuh als Geschöpf sieht, wird manche Dinge nicht so ohne weiteres tun können wie einer, der in ihr bloß eine Milchmaschine erblickt. Unter *sozialethischem* Aspekt ist zu bedenken, daß der Einsatz dieser Mittel sich erst ab einer bestimmten Betriebsgröße rentiert und daher kleinere und mittlere Betriebe auf der Strecke blieben. Das Sterben bäuerlicher überschaubarer Betriebe, die in einer bisher kaum entsprechend gewürdigten Weise die primären Umweltpfleger der genetischen Vielfalt eines Gebietes waren und sind, hat enorme *umweltethische* Konsequenzen. Und schließlich sind *wirtschaftsethisch* die Gefahren der Abhängigkeit der Welternährung von Patentrechten und womöglich Monopolen von Großkonzernen zu bedenken. Die Züchtung von Pflanzen, die gegen ein spezifisches Mittel einer Firma resistent sind, während alle anderen Pflanzen zugrunde gehen, ist aus ethischen Gründen strikt abzulehnen. Die Bauern werden durch solche Strategien durch die Angewiesenheit auf ein bestimmtes Saatgut und die korrespondierenden Pflanzenschutzmittel völlig von einem Konzern abhängig. Die Patentierung von gentechnologisch manipulierten Lebewesen bedeutet einen weiteren bedenklichen Schritt in jene Einstellung, die in der Natur ausschließlich den Nutzcharakter der Dinge und nicht mehr den Eigenwert der Geschöpfe erblickt. Die derzeitige kostenlose Gen-Jagd in den Entwicklungsländern mit dem Ziel, modifizierte Kulturformen mit Gewinn an diese zu verkaufen und so abhängig zu machen, trägt nicht dazu bei, die Probleme zu lösen, die durch das Anwachsen der landwirtschaftlichen Überproduktion auf der reichen Seite der Welt und dem Hunger auf der armen Seite der Welt entstehen. Die großen ethischen Probleme der Gentechnik beginnen längst vor dem humanen Anwendungsbereich schon im Bereich der Landwirtschaft.

– *Gentechnologie in der Pharmazie:* Auch in diesem Bereich fallen zunächst die positiven Hoffnungen ins Auge, die sich auf die Herstellung hochwirksamer körpereigener Wirkstoffe richten. Unter den sonst üblichen Bedingungen ist der Einsatz auch dieser Medikamente, wie z. B. mit Hilfe der Gentechnologie hergestelltes Insulin, zu begrüßen. Andererseits darf nicht übersehen werden, daß auf diese Weise wohl Symptome kuriert werden, die krankmachenden Faktoren der modernen Zivilisation, die zum Anwachsen dieser Krankheiten führen, aber zuwenig ernsthaft erforscht werden (z. B. Zunahme von Diabetes als Folge der Ernährung in unserer Wohlstandsgesellschaft).

– *Gentechnologie im militärischen Bereich:* Nicht erst der Einsatz von gentechnologisch manipulierten Lebewesen als Waffen, sondern bereits die militärische Forschung in diese Richtung sollte öffentlich und international geächtet werden.

– *Gentechnologie im Humanbereich:* Humangenetische Beratung erfolgt zunächst ohne den Einsatz von Gentechnologie, kann aber unter Umständen in der Folge zu deren Einsatz führen. Gentechnologie wird häufig mit Fortpflanzungstechnologie verwechselt. Obwohl es sich um zwei grundsätzlich verschiedene Dinge handelt, besteht insoferne ein Zusammenhang, als die extrakorporale Befruchtung erst die Voraussetzung für Teilbereiche der Gentechnologie im Humanbereich eröffnet, bei deren Anwendung wiederum Diagnose und Therapie gut zu unterscheiden sind.

Im Bereich der *Diagnose:* Der Einsatz der Gentechnologie zur Diagnose am erwachsenen Menschen eröffnet einerseits Möglichkeiten der Lebensplanung (Berufswahl, individuelle Gesundheitsvorsorge usw.), die zunächst positiv zu bewerten sind, bringt andererseits aber spezifisch neue Gefahren mit sich. Eine umfassende genetische Durchleuchtung („Gencard") kann leicht zu Ungerechtigkeiten bei der Einstellung von Arbeitnehmern, bei der Prämiengestaltung von Versicherungen usw. führen. Es bedarf in diesem Bereich eines besonders strengen Datenschutzes. Es sind nur solche Tests ethisch zu rechtfertigen, die Auskunft geben über spezifische Probleme an einem bestimmten Arbeitsplatz, an dem z. B. die objektiven Gefahren nicht verringert werden können.

Genetische Diagnose am Neugeborenen ist nur dann ethisch zu rechtfertigen, wenn sie einer vorbeugenden Behandlung dient; in bezug auf derzeit noch nicht behandelbare Krankheiten sollte auf derartige Diagnosen – abgesehen vom Mißbrauch – verzichtet werden, da sie dem Kind die Chance nehmen, bis zum Ausbruch der Krankheit in unbefangener Weise zu leben.

Pränatale Diagnostik kann helfen, grundlos besorgte Eltern zu beruhigen, deren Ängste auch während der Schwangerschaft bereits negative Wirkungen auf das ungeborene Kind haben können. Nach statistischen Erfahrungen wird dies in den meisten Fällen möglich sein und in unserer gesellschaftlichen Situation faktisch in der Mehrzahl der Fälle Abtreibungen eher verhindern. Aber auch bei Feststellung einer Schädigung kann die wahrhaftige Mitteilung der Diagnose die Eltern auf eine schwierige Aufgabe vorbereiten und Maßnahmen der Solidarität in die Wege leiten. Ethisch nicht zu verantworten ist eine pränatale Diagnose, wenn sie auf die „Selektion" von voraussichtlich Behinderten durch Abtreibung zielt. Die Tötung Behinderter sowohl vor wie nach der Geburt widerspricht der gleichen Würde aller Menschen. Jeder Zwang der Gesellschaft zur pränatalen Diagnostik ist daher strikt abzulehnen.

Genetische Beratung vor der Empfängnis kann Menschen, die eine Erbkrankheit haben oder in deren Verwandtschaft solche Krankheiten auftreten, Partner, bei denen es wiederholt zu Spontanaborten gekommen ist, die ein altersbedingtes Risiko für eine Chromosomenkrankheit befürchten usw., über das tatsächliche Risiko aufklären und ihnen auf diese Weise bei der eigenen Entscheidung helfen. Bei jedem Untersuchungsschritt ist das Einverständnis der Ratsuchenden sittlich zu fordern. Besondere ethische Probleme ergeben sich hinsichtlich der gesellschaftlichen Konsequenzen der auf dem Weg der Gentechnologie erkennbaren Erbschäden; der Gefahr der Entsolidarisierung mit den Behinderten auf dem Hintergrund unterschwellig vorhandener Vorstellungen von Eugenik sowie jedem Zwang zur genetischen Beratung auf diesem Hintergrund ist entschieden entgegenzutreten.

Therapie: Von grundsätzlicher ethischer Relevanz ist zunächst der Unterschied zwischen sogenannter somatischer Gentherapie, bei der eine fehlende Körperfunktion durch Übertragung von genetischer

Information wiederhergestellt wird, und der sogenannten Keimbahntherapie. Die somatische Gentherapie, die ausschließlich auf die Heilung von konkret umschriebenen genetisch bedingten Schäden abzielt und auf das kranke Individuum in ihren Folgen beschränkt bleibt, unterliegt grundsätzlich den gleichen ethischen Kriterien wie jede andere Therapie. Als zusätzliches Element ist allerdings der mögliche Mißbrauch der Gentherapie zur Eugenik zu beachten; in der Praxis könnten eines Tages die Übergänge zur gezielten Veränderung menschlichen Erbgutes auf Grund gesellschaftlicher Vorurteile fließend werden.

Bei der Gentherapie an den Keimbahnzellen selbst (Eizellen, Spermien oder Spermien produzierenden Zellen oder an jenen Zellen, die im frühembryonalen Stadium noch ungegliedert die Fähigkeit haben, alle Funktionen zu übernehmen) werden nicht nur alle Zellen im Organismus in ihrer genetischen Qualität verändert, sondern dieser veränderte Genbestand auch an die Nachkommen weitervererbt. Eine Indikation für eine solche Therapie bestünde bei jenen Erbkrankheiten, die sonst nicht therapierbar wären. Ein solcher Eingriff hätte aber das Experiment mit menschlichen Embryonen zur Voraussetzung; ein solcher Eingriff, der die biologische Voraussetzung für die Identität und Integrität künftiger Generationen zusammenstellt, würde auch eine fundamentale Fremdbestimmung und „biologische Nötigung" bedeuten. Bei einer Keimbahntherapie würde nämlich nicht ein existierender Mensch geheilt, sondern die genetischen Grundlagen für die Identität nicht nur einer Person, sondern all jener, die von ihr abstammen, manipuliert. Die eigentlich ethische Problematik der Eugenik liegt nicht nur in der Frage, ob wir faktisch das Erbgut verändern können und dabei die Folgen abschätzen, sondern im Maßstab, nach dem wir bewerten können, ob dieser Eingriff auch eine humane Verbesserung bedeutet. Der Mensch müßte dafür eine Weisheit haben, die über seine Möglichkeiten hinausreicht und der Weisheit des Schöpfers gleichkommt. Unweigerlich würde eine genetische Manipulation an den Keimbahnzellen den Betroffenen und alle seine Nachkommen in seiner genetischen Identität den Plänen und Zielen und damit der Willkür anderer Menschen ausliefern. Der Mensch kann sein Leben nur so seiner Würde entsprechend gestalten, wenn er die Möglichkeit hat, sein Wesen als Ausdruck eines dem Menschen entzogenen Zugriffs und damit eines letzten Geheimnisses zu begreifen. Genetische Macht über kommende Generationen auszuüben und noch dazu irreversibel müßte unweigerlich zu einer „Herrschaft der Toten über die Lebenden" (R. Löw) führen.

Jede Forschung, die auf Menschenzüchtung hinausläuft, widerspricht zutiefst der Menschenwürde. Diese Grenze ist bereits in der Grundlagenforschung zu respektieren.

c) Unter den *Ideologien* auf der Grundlage der Genetik, die die größte ethische Relevanz besitzen, sind vorrangig eugenische, rassenhygienische und soziobiologische zu nennen.

Schon lange vor dem Nationalsozialismus führten eugenische Ideologien, die die planmäßige Verbesserung des Erbgutes einer Gesellschaft auf dem Hintergrund der Illusion einer von Erbleiden freien Welt propagierten, in verschiedenen Ländern (z. B. USA, Schweiz, Dänemark) zu Zwangsmaßnahmen wie der Sterilisation bei angenommener Erbschädigung. Adolf Hitler erließ 1933 sein berüchtigtes „Gesetz zur Verhütung erbkranken Nachwuchses" auf dem Hintergrund der Rassenhygiene, dessen unmenschliche Konsequenzen nicht vergessen werden dürfen. Abgesehen vom Widerspruch gegen das ethische Prinzip der gleichen Würde aller Menschen, die in solchen Ideologien beschlossen liegt, wird gerade hier auch der ideologiekritische Effekt einer differenzierten empirischen Forschung deutlich.

Der Biologismus tritt heute vorwiegend in der Gestalt der Soziobiologie auf, der alle Verhaltensphänomene des Lebens, angefangen vom Zusammenschluß der Einzeller bis zum ethischen Handeln, von der Optimierung der Überlebensleistung der Gene im Laufe der Geschichte erklären möchte. Gestaltprinzip der ganzen Evolution ist „das egoistische Gen" (R. Dawkins). Selbst ethische Phänomene wie Altruismus werden als besonders subtiler Egoismus auf Gegenseitigkeit erklärt. Obwohl diese Theorie aus ihrer eigenen Logik heraus widersprüchlich und daher philosophisch leicht widerlegbar ist und zudem von einem falschen Verständnis von Ethik (Verwechslung von Altruismus und Liebe) ausgeht, findet sie in pseudowissenschaftlicher Literatur derzeit eine große Verbreitung. Die Gefahr liegt besonders darin, daß diese Theorien wieder den Boden zu bereiten scheinen für ein Neuaufkommen von ideologischen Vorurteilen gegenüber Fremden, für illusionäre eugenische Vorstellungen sowie für die Verwirrung ethischer Grundkategorien, ohne die es keine gemeinsame Basis in großen, weithin weltanschauungspluralen Gemeinwesen gibt.

d) Lehramtliche Aussagen: Obwohl einige Theologen, zumindest teilweise mehr oder weniger ausdrücklich, mit eugenischen Theorien spielten (z. B. J. Mayer, *Gesetzliche Unfruchtbarmachung geistig Kranker,* 1927; H. Muckermann, *Eugenik und Katholizismus,* 1932), hat sich das kirchliche Lehramt eindeutig gegen alle Zwangsmaßnahmen (Eheverbote, Zwangssterilisation usw.) und rassistische Ideologien gestellt.

Klar und eindeutig hat Pius XI. 1930 in seiner Enzyklika *Casti connubii* gegen die Zwangssterilisation aus eugenischen Gründen Stellung genommen (DS 3722). 1936 wiederholte das Heilige Offizium diese Position, als es die Unsittlichkeit des nationalsozialistischen Gesetzes zur Verhinderung erbkranken Nachwuchses brandmarkte (DS 3764; im Jahr 1940 wird dieselbe Position wiederholt unter DS 3788).

Nach dem Zweiten Weltkrieg begrüßte Pius XII. in einer Ansprache an die Vererbungswissenschaftler die Grundtendenz der Genetik, „das Gute zu fördern und das Schädigende auszuschalten", verwirft aber eugenische Zwangsmaßnahmen und verurteilt erneut die Ideologie des Rassismus als Verstoß gegen die Sittenordnung (UG 1137). In derselben Ansprache betont er in der Bewertung genetischer Maßnahmen den Unterschied zwischen dem Menschen einerseits und der Pflanzen- und Tierwelt andererseits: „Dort stehen ihr (der Genetik) die Mittel und Wege zur Veredelung der Arten und Rassen vollkommen frei" (UG 1143). Angesichts der auf Grund des heutigen Forschungsstandes ahnbaren enormen Konsequenzen des Einsatzes der Gentechnik ist diese Position in ihrer Undifferenziertheit verantwortlicherweise nicht mehr zu halten.

Johannes Paul II. bewertet in seiner Ansprache an die Päpstliche Akademie der Wissenschaften vom 23. 10. 1982 die Steigerung der Nahrungsmittelproduktion und die Züchtung neuer Pflanzen zum Nutzen aller äußerst positiv. Ebenso äußert er seine Befriedigung über die „In-vitro"-Experimente, die Ergebnisse für die Behandlung von Krankheiten erbracht haben, die mit Chromosomenschäden zusammenhängen. „In bezug auf Ihre Tätigkeit darf man auch hoffen, daß die neuen Techniken zur Abänderung des Gencodex in besonderen Fällen von Gen- und Chromosomenerkrankungen für die Mehrheit der von solchen Krankheiten befallenen Menschen einen Grund zur Hoffnung darstellen." (AAS 75 [1983] 38).

Die Instruktion der Kongregation für die Glaubenslehre über die Achtung vor dem beginnenden menschlichen Leben und die Würde der Fortpflanzung aus dem Jahr 1987 bewertet die vorgeburtliche Diagnostik auf Grund der heutigen Kenntnisse der Gentechnologie positiv, wenn das Leben und die Integrität des Embryos und des menschlichen Fötus geachtet wird und dessen individueller Schutz oder Heilung intendiert wird (I. 2). „Ein rein therapeutischer Eingriff, dessen Zweck die Heilung verschiedener Krankheiten ist – wie etwa jener, die auf Mißbildungen der Chromosomen zurückzuführen sind –, kann grundsätzlich als wünschenswert betrachtet werden, vorausgesetzt, daß er auf eine wahre Förderung des persönlichen Wohls des Individuums zielt, ohne seine Integrität zu verletzen oder seine Lebensbedingungen zu verschlechtern." (I. 3). Schließlich werden alle Experimente an lebenden menschlichen Embryonen, die wie alle menschlichen Personen geachtet werden müssen, verurteilt. „Das nicht direkt therapeutische Experiment mit Embryonen ist unerlaubt." (I. 4).

V. Eid u. a. (Hrsg.), Moraltheologisches Jahrbuch I: Bioethische Probleme (1989); Gentechnologie. Chancen und Risken, Bd. 1 (1984) – Bd. 15 (1987); *H. Jonas,* Technik, Medizin und Ethik. Zur Praxis des Prinzips Verantwortung (1985); *R. Löw,* Leben aus dem Labor. Gentechnologie und Verantwortung (1985); *J. Reiter u. a.* (Hrsg.), Gentechnik und Moral. Beiträge zu einer Ethik des Ungeborenen (1985); *J. Reiter,* Gentechnologie, in: *W. Ernst* (Hrsg.), Grundlagen und Probleme der heutigen Moraltheologie (1989) 286–306; *P. J. Russell,* Genetik (1983); *G. Virt,* Was hat die Turbokuh mit Moral zu tun? in: *B. Soucek* (Hrsg.), Achtung Turbokuh (1988); Zeitschrift Concilium 25 (1989) 197–288.

GÜNTER VIRT

Gerechtigkeit

→ Gemeinwohl → Gesellschaft → Gleichheit → Gott → Menschenrechte → Recht → Sozialethik → Staat → Tugenden und Laster → Vertrag

Die Kategorie der *Gerechtigkeit* ist sowohl der hebräischen als auch der griechischen Sprachtradition bekannt. Die dabei vorhandenen schwerwiegenden Bedeutungsunterschiede, welche nicht nur lexikalisch sind, zwingen zu einer differenzierenden Darstellung dieses Begriffes, welche der Vielschichtigkeit der Rezeption in der Kirchen- und Theologiegeschichte Rechnung trägt.

Darüber hinaus gehört Gerechtigkeit sowohl der rechtlichen als auch der ethischen und der spezifisch theologischen Reflexion an. Es wird hier versucht, dieser mehrschichtigen Zugehörigkeit der Kategorie gebührend Rechnung zu tragen, auch wenn der ethischen Dimension der Vorrang gegeben wird.

1. Biblische Motive

Das atl. Schrifttum kennt das Wort *s^{e}daqa* als Ausdruck einer im Bund verankerten *Weltordnung,* welche sowohl die kosmische als auch die sozialethische Dimension des Lebens in der Welt beinhaltet und direkt mit der liebevollen Souveränität Gottes verbunden ist.

„Gerechte" bzw. „Ungerechte" sind die Menschen, welche das Liebesangebot Gottes annehmen bzw. ablehnen. Grundmerkmale dieser

Gerechtigkeit sind die Treue, die Frömmigkeit und die Bereitschaft, den Unterdrückten zu ihrem Recht zu verhelfen.

Die *Gerechtigkeit Gottes* ist zugleich Barmherzigkeit, kann aber nicht in abschließenden definitorischen Formeln festgemacht werden. Sie bleibt im Grund verborgen. Gott erscheint in der Gestalt des Richters (Ex 23,7), welcher aber anders als die Menschen richtet. Seine Gerechtigkeit manifestiert sich in der Gnade allen und in der Treue Israel gegenüber. Gott ist somit Quelle und Grund jeder rechtlichen Anstrengungen des Menschen (Dtn 32,4). In der prophetischen Literatur schafft Jahwe Gerechtigkeit für die Armen gegen die Bestechlichkeit der irdischen Richter. Das Buch Hiobs und die Weisheitsliteratur problematisieren die bisherige Gerechtigkeitsvorstellung, nach der der Gerechte Glück und Lohn von Gott erfahren wird. Die Gerechtigkeit Gottes bleibt den Menschen also unverfügbar.

Im NT erfährt der Begriff eine weitere theologische Entwicklung, und dies vor allem im synoptischen und paulinischen Schrifttum. In der Bergpredigt wird vom Jünger Jesu mehr δικαιοσύνη verlangt als bei der Gerechtigkeit der Pharisäer. Es geht aber hier nicht nur um eine größere ethische Anstrengung, sondern um eine Größe, welche ethisch und eschatologisch zugleich bestimmt ist (vgl. Mt 5,6 und Mt 6,33). Die Gerechtigkeit Gottes ist mit dem versprochenen Reich identisch. Der gerechte Mensch ist derjenige, welcher die Herrschaft Gottes über die Welt überall sucht.

In den Paulus-Briefen erfährt die Kategorie Gerechtigkeit eine neue und originale Auslegung. In der Heilstat Jesu erweist und erschließt Gott seine Gerechtigkeit allen Menschen (Röm 3,23–26). Er macht diejenigen, welche an die Heilstat Jesu Christi glauben, „gerecht". Gerechtigkeit Gottes bei Paulus ist somit Glaubensgerechtigkeit und Gottesmachtwort zugleich. Sie ist nicht mehr, wie im AT, an das Gesetz gebunden. Paulus kennt aber auch Gerechtigkeit als ethischen Leitbegriff (1 Thess 2,10; Phil 4,8; Röm 14,17), wenn auch als sekundäre Größe.

Da das NT keine einheitliche Gerechtigkeitsterminologie kennt, wird die kirchen- und theologiegeschichtliche Entwicklung verschiedene Deutungslinien weiterentwickeln.

2. *Theologiegeschichtliche Rezeptionen*

Die nachbiblische Lehrtradition vertieft einzelne Aspekte der biblischen Traditionen und gibt dem Wort Gerechtigkeit verschiedene, nicht immer unter sich kohärente Bedeutungen. Das Verhältnis zwischen *Gerechtigkeit Gottes* und *menschlicher Gerechtigkeit* gestaltet sich in alternativen Modellen, welche zu je anderen ethischen Einschätzungen und Systematisierungen führen. Bei Lactantius wird Gerechtigkeit noch heilsgeschichtlich, als eine Größe, welche es in der Urzeit schon gab und von Christus wiederhergestellt worden ist, interpretiert. Bei Klemens von Alexandrien und Ambrosius wird die Gerechtigkeit hingegen als eine der vier Kardinaltugenden genannt, und somit stehen einige Kirchenväter schon unter dem Einfluß der stoischen Philosophie.

Bei Augustinus wird die *iustitia* sowohl biblisch-paulinisch als auch in den Kategorien der römischen Philosophie wahrgenommen. Seine Hauptsorge besteht im Willen zur Harmonisierung zwischen beiden Ansätzen. Die Gerechtigkeit Gottes ist unerforschbar (vgl. *Opus imp.* III, 12,22,24), und sie kann dem Menschen auch als Ungerechtigkeit erscheinen. Gerecht ist das, was dem Willen Gottes entspricht: Diese Auffassung führt auch zur voluntaristischen Bewältigung von ethischen Konflikten wie etwa die einer Kriegsführung (vgl. unter vielen Texten *Epistola* 138; *Epistola* 418; *Contra Faustum* 22, 71–78). Da aber der Wille Gottes im Grunde unerforschbar bleibt, kann der Mensch kein Subjekt vollkommener Gerechtigkeit sein. Sie bleibt Gnade Gottes und wird ihre Fülle erst erfahren, wenn der Glaube zur *Visio Dei* wird (vgl. *De perfectione iustitiae hominis*, 3,8).

Bei Thomas v. Aquin ist *iustitia* nicht mehr paulinisch, sondern aristotelisch ausgelegt. Die paulinische und augustinische Reflexion über die Gerechtigkeit Gottes wird nun unter dem Stichwort der Gnade behandelt. Die Quaestiones 57–122 in der *Summa Theologiae* (II/II) legen die Gerechtigkeit als moralische Tugend aus. Sie ist innerlich mit der *caritas* verbunden, indem letztere die Realisierung der Gerechtigkeit als notwendige Bedingung verlangt (vgl. II/II, q 23 a 7 ad 2). Gerechtigkeit ordnet wesentlich den Menschen in seinem Verhältnis zu einem andern und findet ihren Ausdruck im Recht. Thomas unterscheidet dabei zwischen Gemeinwohlgerechtigkeit *(iustitia generalis* oder *legalis)* und Sondergerechtigkeit. Letztere unterscheidet sich wiederum in *commutativa* (ausgleichende Gerechtigkeit zweier einzelner Menschen) und *distributiva* (austeilende, vom Gemeinwohl ordnungsgemäß zum einzelnen Menschen). Unter dieser Tugend behandelt Thomas auch eine Reihe von materialethischen Konflikten aus der politischen und Wirtschaftsethik (so etwa die Rückerstattung, der Mord, Diebstahl und Raub, die Strafe, Kauf und Verkauf und die Zinsfrage). Die weitere scholastische Reflexion wird diese Probleme während des 16. Jh.s in eigenen Traktaten *de iustitia et jure* ausführlich behandeln.

Bei M. Luther wird die Kategorie Gerechtigkeit wieder im paulinischen Sinn verstanden und ausgelegt. Luther unterscheidet scharf zwischen *iustitia activa* Gottes einerseits und *iustitia mere passiva* durch den Menschen andererseits. Die Unterscheidung kann nur aufrechterhalten werden, wenn man die Existenz von *zwei Gerechtigkeiten* postuliert und den Ausdruck *Gerechtigkeit Gottes* nicht als „genitivus subjectivus", sondern als „genitivus auctoris" versteht (vgl. die Beschreibung des „Turmerlebnisses" in WA 54, 185–187). Gerecht kann also nur Gott sein in dem Sinne, daß er den Menschen gerecht macht. Die wirkliche Gerechtigkeit bleibt dem Menschen „äußerlich" *(externa)*. Vor der Instanz der Welt aber muß der Mensch weiterhin die Gesetze halten *(usus civilis legis)*, wohl bewußt, daß hier das Gesetz dem Gemeinwohl und nicht dem Heil vor Gott dient *(lex irae* als *lex caritatis latens)*.

In der katholischen Soziallehre des 19. und 20. Jh.s wird der Begriff *„soziale Gerechtigkeit"* als Ausdruck der neuen ethischen Anforderungen, welche durch die sog. *soziale Frage* entstanden sind, benützt. Träger dieser Gerechtigkeit sind alle gesellschaftlichen Gruppierungen, welche die Güter produzieren und verteilen. Diese Verteilung muß aufgrund der Bedürftigkeit und der Leistungsfähigkeit der einzelnen Akteure geschehen (vgl. die päpstlichen Sozialenzykliken).

3. Zeitgenössische ethische Orientierungen

Die heutige ethisch-philosophische Reflexion hat die Frage der Begründung der Gerechtigkeitsforderung intensiv wiederaufgenommen (vgl. vor allem Rawls). Es bilden sich dabei verschiedene Orientierungen. Die *utilitaristische Richtung* definiert Gerechtigkeit als das Ensemble der Entscheidungen, welche als Resultat die Maximierung des Glücks für die maximale Zahl von Betroffenen verursacht. Dabei können entweder die Einzelhandlungen (Handlungsutilitarismus) oder die dafür angewendeten Normen (Regelutilitarismus) als gerecht betrachtet werden. Die *vertragstheoretische Richtung* (vertreten vor allem durch J. Rawls) versucht, Gerechtigkeit als Billigkeit von Institutionen zu statuieren. Letztere werden als gerecht gesehen, wenn sie die Freiheit der einzelnen Personen respektieren und *Ungleichheiten* partiell zulassen, d. h. wenn die Ungleichheiten zur Besserstellung derjenigen, welche am schlechtesten gestellt sind, beitragen. Andere Ansätze, wie etwa bei M. Walzer, betonen, daß die Verteilungskriterien je nach Lebenssphäre variieren können und müssen, und plädieren für eine vielschichtige Gerechtigkeitstheorie.

Die theologische Ethik ihrerseits versucht vor allem, den Zusammenhang zwischen menschlichen Gerechtigkeitsanstrengungen und der spezifischen theologischen Kategorie der *Gerechtigkeit Gottes* zu vermitteln (vgl. D. Mieth). Die Theologie der Befreiung führt den Ansatz weiter und vertieft den Zusammenhang zwischen Gerechtigkeit und Evangelisierung (vgl. die Dokumente von Puebla). Schließlich versuchen neuere Moraltheologie und Kirchenrecht, auch der Problematik der Menschenrechte in der Kirche als Glaubwürdigkeitstest gerecht zu werden.

4. Einige neue materialethische Anwendungsfelder

Aus der Fülle der heutzutage diskutierten Probleme im Zusammenhang mit der Gerechtigkeit seien hier nur zwei wichtige erwähnt. Die heutige moralphilosophische und moraltheologische Reflexion betont zuerst die *weltweite* Dimension jeglicher Gerechtigkeitsanstrengung. Bei der Bejahung der Komplexität der Strukturen und der damit implizierten Rechte und Pflichten von einzelnen Beteiligten bleibt Gerechtigkeit eine permanente ethische Anforderung sowohl für einzelne, für mittlere Gruppierungen und für Makrostrukturen. Diese Anforderung verlangt unvollkommene, aber reale Verteilungsbemühungen. Die wichtigste ist heute vor allem die, welche im Zusammenhang mit der sog. Verschuldung der Dritten Welt steht.

Eine zweite Problematik ist die der Begründung einer Güterverteilung *in der Zeit, d. h. zwischen Generationen*. Es wird hier versucht, sowohl Normen aufzustellen, welche bei vorliegendem Wissen um die Zustände der Zukunft formuliert werden können, als auch Normen vorzuschlagen bei Fehlen eines solchen Wissens. Die Begrenztheit der verfügbaren Ressourcen schärft hier die Gerechtigkeitsproblematik noch zusätzlich. Über alle diese Dimensionen hinaus stellt sich schließlich die Frage, wie eine solche Gerechtigkeit mit demokratischen Verfahrensregeln, d. h. unter Bewahrung der Freiheit, gewonnen werden kann. Bei solchen komplexen Fragestellungen spielt theologisch verstanden Gerechtigkeit eine Entlastungsfunktion: Sie befreit von Vollkommenheitszwang und ermuntert trotzdem zur Aufhebung von offensichtlichen ungerechten Situationen und Strukturen.

F. Böckle u. a. (Hrsg.), Christlicher Glaube in moderner Gesellschaft, Bd. 17 (1981) 5–75; *D. Christoff/H. Saner* (Hrsg.), Gerechtigkeit in der komplexen Gesellschaft (1979); *D. Mieth*, Rechtfertigung und Gerechtigkeit, in: Gerechtigkeit (1977) 64–89; *J. Pieper*, Über die Gerechtigkeit ([4]1965); *J. Rawls*, Theorie der Gerechtigkeit (1984); *H. Welzel*, Naturrecht und materiale Gerechtigkeit ([3]1962).

ALBERTO BONDOLFI

Geschichtlichkeit

→ Erfahrung → Heilsgeschichte → Hermeneutik → Kasuistik → Quellen der Moralität → Zielgebot

1. Geschichtlichkeit und Absolutheit

Das spontane Empfinden verbindet die Absolutheit des sittlichen Anspruchs mit Unveränderlichkeit: Die sittliche Wahrheit ist geschichtsüberlegen, sie gilt zu allen Zeiten und Orten in gleicher Weise. Ein solch naives Urteil bedenkt nicht, daß der Mensch ursprünglich im Medium der Zeit existiert; es ist ihm natürlich, eine Zeit zu haben. Zeit erscheint hier als kosmische Kategorie, der Mensch hat sie mit aller Kreatur gemeinsam. Gemeinhin unterscheidet man zwischen Zeit als Ablauf *(Kronos)* und erfüllter Zeit *(Kairos)*. Letztere wird auch als Geschichte verstanden. Geschichte ist eine anthropologische Kategorie. Die Erfahrung von Flüchtigkeit, die sich mit der Zeit verbindet, wird durch Verstehen und Deuten in sinnträchtige Befindlichkeit umgestaltet. Geschichte steht unter dem freien Ordnungsanspruch des Menschen.

Die Erkenntnis der Wahrheit, darunter auch der sittlichen, fügt sich in diesen Rahmen ein. Geschichtlichkeit bedeutet nicht Relativierung. Die Geschichte ist vielmehr jener privilegierte Ort, an dem Wahrheit sich fortschreitend entbirgt. Der Lichtkegel des Geistes ist in Bewegung; er läßt neue, bislang nicht berücksichtigte Gesichtspunkte auftauchen. So weitet sich der Erkenntnishorizont aus. Bislang erreichte Einsichtsstände vertiefen und differenzieren sich. Die Geschichte der sittlichen Vernunft ist eine Entdeckungsgeschichte. Es werden Einsichtsschwellen errichtet, hinter die es kein Zurück mehr geben darf. Das Absolute wird fortschreitend ergriffen. Das Verhältnis vom Ganzen und seinen Teilen ist in Bewegung, unvermeidliche Perspektivierungen treten in die Erkenntnis der Wahrheit ein.

Gewiß gründet die Absolutheit des sittlichen Anspruchs in den von der sittlichen Vernunft intuitiv eingesehenen Prinzipien des primären Naturrechts, die sich durch ihre Unveränderlichkeit wie universale Zugänglichkeit auszeichnen (S.Th. I/II, q 99). Aber zwischen ihnen und den konkreten Anwendungen des sekundären Naturrechts verläuft eine komplexe Vermittlung. Sie wird nicht nur durch schlußfolgerndes Denken, sondern auch durch inventive und produktive Einbildungskraft vorangetrieben. Zwar ist die sittliche Vernunft nicht ursprünglich schöpferisch, aber sie ist nachschöpferisch, indem sie zuhandene Vorgaben konstruktiv entfaltet. Das geschieht durch die Anstrengung des Begriffs, wobei Intuition und plausible Argumentation einander notwendig ergänzen. Einsichten müssen sich allgemeiner Kritik aussetzen, nur das bewahrt sie vor einem unkontrollierbaren Dogmatismus, der sich unangreifbar macht. Es gibt ein geschichtliches Ringen um Konsens, dessen Aufgabe es ist, die Risiken der Geistesgeschichte zu mildern. Denn gewachsene Standards an sittlicher Einsicht können auch vergessen oder gar schuldhaft verspielt werden. Es gibt nicht nur Fortschritt, sondern auch Rückschritt, ja offenkundige Dekadenz.

Die Geschichte der sittlichen Vernunft ist eine Lerngeschichte, sie wird durch Erfahrung herausgefordert und in Bewegung gehalten. Gemeinhin unterscheidet man zwischen Sinnerfahrung und Kontrasterfahrung, zu ihnen tritt die empirische Erfahrung mit den konkreten Umständen des Handelns hinzu. Unter dem Druck dieser Herausforderung wird an sittlichen Einsichtsständen, die sich in konsensfähigen Normen niederschlagen, gearbeitet. Betroffen ist die Zuordnung von sittlichen Wertvorstellungen und anthropologischen Ziel- und Leitvorstellungen. Authentischere Handlungsmöglichkeiten werden entdeckt, zugleich werden Einseitigkeiten und Irrtümer korrigiert. Man beugt sich immer wieder auf die eigene Tradition zurück, um das in ihr enthaltene Einsichts- und Erfahrungspotential unter geänderten Umständen voll wirksam werden zu lassen, aber das geschieht zugleich in eine entwurfsoffene Zukunft hinein. Einem Entwurf ist es eigen, geschichtlich eingeholt zu werden.

2. Mehrdeutigkeit des Begriffs

Dieser Prozeß ist mehrdeutig. Er kann zunächst die Form wertneutraler Veränderung annehmen. Geänderte Umstände wirken sich auf die konkrete Anwendung gleichbleibender Prinzipien aus. Es treten Gesichtspunkte in den normativen Diskurs ein, die man bislang weder bedacht hat noch auch bedenken konnte. In der Folge differenziert sich nicht nur das sittliche Urteil, sondern auch der Bedeutungsgehalt tragender Begriffe. Man denke an die unterschiedliche Beurteilung des Zinsnehmens in jeweils unterschiedlichen Sozialsystemen. Aber auch die Geschichte der medizinischen Ethik liefert unverdächtige Beispiele: Die durch den Fortschritt der Technik bewirkte Risikominderung veränderte die Beurteilung von Eingriffen in die körperliche Integrität. Daneben gibt es aber auch eine qualifizierte Veränderung, sie läßt sich als offensichtlichen Fortschritt benennen. Sittliche Standards werden angehoben, das geschieht durch den Beitrag ethischer Eliten. In die

Konfliktgeschichte werden bessere Alternativen eingetragen. Herrschender Unfreiheit werden neue Freiheitsräume abgerungen und zeugnishaft gegen sie durchgesetzt. Mit Recht läßt sich von der Geschichte der sittlichen Vernunft als einer Befreiungsgeschichte sprechen. Für den Glaubenden geschieht das unter der inspirierenden Kraft des Liebesgebots, der christlichen Charismen und Geistesgaben, der anthropologischen Implikationen des Glaubens, insofern sie als offene Sinngehalte verstanden werden. Man denke an die wachsende Sensibilität für die Ausweitung des Lebensschutzes, die bereits im AT beginnt; an die wachsende Humanisierung des Strafrechts, zumal durch die Abschaffung der Todesstrafe in vielen Ländern; an die Proklamation und Durchsetzung der Menschenrechte sowie ihre verfassungsrechtliche Absicherung; an die wachsend kritische Einstellung gegenüber dem traditionellen Lehrstück vom gerechten Krieg (GS 79 ff.); an den Paradigmenwechsel auf dem Gebiet der Religionsfreiheit (DH 2–4); an die gewandelte Stellung der Frau im öffentlichen Leben. In alledem gilt: Die Geschichte der sittlichen Vernunft ist zugleich eine Versöhnungsgeschichte; den Grundelementen eines christlichen Menschenbildes je entsprechendere Lösungen gewinnen an allgemeiner Akzeptanz.

3. Logik der Veränderung

Die Moraltheologie als theologische Wissenschaft ist einem offenen und dynamischen System vergleichbar. Sie sucht den geschichtlichen Erkenntniszuwachs denkerisch zu verantworten und argumentativ abzusichern. Durchbrüche des Neuen und Kohärenz des Systems sind aufeinander abzustimmen. So kann es nicht ausbleiben, daß sie ihre Methoden verfeinert und ihr denkerisches Instrumentarium verschärften Ansprüchen unterwirft. Dabei kann sie, ohne die Autonomie ihrer Fragestellung zu kompromittieren, von der allgemeinen wissenschaftstheoretischen Diskussion lernen. Mit der wachsenden Komplexität der Probleme treten zunehmend Elemente des Hypothetischen in den moraltheologischen Diskurs ein. Die Moraltheologie vertritt zwar keinen konsequenten Fallibilismus (K. Popper). Dennoch kennt auch sie einen methodischen Zweifel, die Tradition wird auf den Prüfstand gestellt. Allerdings ist letztere so lange im Besitzstand, als das Gegenteil nicht eindeutig erwiesen wurde. Zweifel brechen zumal in offenkundigen Konfliktsituationen auf; sie entzünden sich nicht nur an der Sachgerechtheit des Handelns, sondern auch an den Grenzen des Zumutbaren. Richtigkeit, die sich über eine exakte Güterabwägung und Folgenabschätzung erschließt, darf Freiheit nicht überfordern. Das sittlich

Wahre ist das hier und jetzt sinnvoll Mögliche. Die Verwirklichung einzelner humaner Güter bleibt an das Grundgut umfassend gelungenen guten Lebens, an allseitige Erfüllung des Handelnden rückgebunden. Welch konkrete Gestalt letztere annimmt, das entscheidet sich vor dem Hintergrund eines angenommenen Menschenbildes. Es nimmt in diesem Zusammenhang nicht wunder, wenn die klassischen Moralsysteme wie der Tutiorismus und der Probabilismus mit seinen Varianten sowie die reflexen Prinzipien erneut an Bedeutung gewinnen. Sie dienen nicht nur als unmittelbare Entscheidungshilfen, sie treten in den normativen Diskurs selbst ein. Sie sind ein unerläßliches Mittel der Diskursbegrenzung (H. Lübbe). Gleiches gilt auch für das klassische Lehrstück von der Epikie. Sittliche Normen sind niemals bis ins letzte ausformuliert, ihre geschichtliche Unfertigkeit muß durch eine eigenständige Interpretationsleistung aufgefüllt werden. Bei alledem wird – auch im Rahmen der Kirche – ein ethischer Pluralismus nicht ausbleiben, und dies unbeschadet gemeinsamer Grundüberzeugungen (GS 43). Es gibt nicht auf alle Fragen eine bündige Antwort (GS 33).

Die Problematik verweist über den kollektiven Einsichtsprozeß hinaus auf die lebensgeschichtliche Komponente. Gewiß stellt jedermann sein Leben unter faszinierende und inspirierende Ideale, für deren Verwirklichung zu leben lohnt. Dennoch wächst man über einen lebenslangen Reifungsprozeß in ihren vollen Bedeutungsgehalt hinein. Dabei spielen Weisheit und Lebenserfahrung, aber auch sittliche Bewährung eine Schlüsselrolle. Ein Lebensprojekt lichtet sich mit der Konsequenz des eigenen Einsatzes, man entdeckt fortschreitend seine Verheißungen erfüllten Lebens, auch wenn dies über Leiden, Opfer und Verzicht geschehen sollte. Sittliche Normen spielen dabei nur eine sekundäre Rolle, sie stecken einen unüberschreitbaren Rahmen ab. Wie dieser aber konkret ausgefüllt wird, das entzieht sich normativer Festlegung. Gefragt ist vielmehr eine Lebensleistung, die sich bereitwillig auf das Gesetz der Gradualität einläßt und das Maß des eigenen Einsatzes je neu bestimmt. Die mit jeder einzelnen Entscheidung verbundenen Güterabwägungen und Folgenabschätzungen nehmen an dieser lebensgeschichtlichen Dynamik teil.

Die Moraltheologie als Wissenschaft ist alles andere als ein gelehrtes Glasperlenspiel. Sie ist nicht nur Weisheitslehre, sie speichert auch ein gerütteltes Maß an gesundem Menschenverstand. Bedachte Lebensgeschichten fließen in ihr zusammen. Es sind immer wieder geschichtliche Vorbilder und Modelle geglückten Lebens, die systematisch bedacht und für kommende Generationen handlungsleitend aufgeschlossen werden. Bei diesem Unternehmen ist eine eigentümliche Dialektik am

Werk, welche zutiefst die Geschichtlichkeit der sittlichen Vernunft kennzeichnet. Auf der einen Seite gibt es das Gesetz der abnehmenden Treffsicherheit. Es ist immer dann wirksam, wenn von hochgradig abstrakten Prinzipien auf konkrete Situationen geschlossen wird. Je vielfältiger die zu beachtenden Umstände, um so größer der jeweilige Unsicherheitsfaktor. Daneben gibt es aber auch eine Evidenz des Konkreten. Bestimmte Situationen lassen nur eine ganz bestimmte Handlungsweise zu, alles weitere Nachdenken und Abwägen verbietet sich. Die Moraltheologie hat beides denkerisch zu verantworten. Sie darf in wacher Selbstkritik die Stringenz ihrer Lösungen nicht überziehen, sie muß aber auch den Mut zum Konkreten aufbringen. Sie darf weder in Irrealität noch in Irrelevanz enden, das macht ihre eigene Geschichtlichkeit aus.

K. Demmer, Moraltheologische Methodenlehre (1989); *K. Demmer/B. Schüller* (Hrsg.), Christlich glauben und handeln. Fragen einer fundamentalen Moraltheologie in der Diskussion (1977); *J. Fuchs*, Für eine menschliche Moral, Bd. I (1989); *G. Höver*, Sittlich handeln im Medium der Zeit. Ansätze zur handlungstheoretischen Neuorientierung der Moraltheologie (1988); *W. Korff*, Norm und Sittlichkeit. Untersuchungen zur Logik der normativen Vernunft (1973); *H. Rotter* (Hrsg.), Heilsgeschichte und ethische Normen (1984).

KLAUS DEMMER

Gesellschaft

→ Familie → Gemeinwohl → Gleichheit → Kirche → Natur → Norm → Soziallehre, katholische → Staat → Wert

1. Begriff(sgeschichte)

In der Sozialphilosophie und in den Sozialwissenschaften ist Gesellschaft heute ein Grundbegriff, der aber durch die verschiedensten Erklärungsansätze sehr vieldeutig ist. Die Worterklärung des Gesellschaftsbegriffs knüpft an das althochdeutsche *sal* = Raum an. Das Nebeneinander vereint bestimmte Personen, die in einem Raum leben oder zumindest (z. B. Reisegesellschaft) beisammen sind. Das lateinische *communitas (communis* = gemein) verweist auf Gemeinde, als Gemeinschaft übersetzt, auch gebraucht wie Gesellschaft, im Deutschen später auch stärker ideell gedeutet zum Unterschied von Gesellschaft (F. Tönnies). *Societas* steht nach dem römisch-rechtlichen Sprachgebrauch für gesellige Zweckvereinigung und verweist auf einen vertragsartigen Ursprung. Das griechische κοινονία verbindet bei Aristoteles die Politik mit der Theorie der Gesellschaft, gemeinschaftliche

Lebensformen gehen auf eine naturwüchsige Grundform zurück und bilden die politische (bürgerliche) Gesellschaft.

In diesem Sinn ist der Gesellschaftsbegriff in die Sprache der Philosophie eingeführt worden. Die πόλις (der Staat) setzt sich aus Gesellschaften, als Teile eines Ganzen, zusammen. Diese werden zwischen dem einzelnen und der Gesamtgesellschaft von Natur aus oder durch Übereinkunft gebildet. Da der Mensch kraft seiner sozialen Anlage in der πόλις seine Vollendung findet, weil sie auch das Gemeinwohl sichert, tritt damit der Bürger als Subjekt der Verfassung und des Rechts hervor. Die πόλις ist Gemeinschaft der Freien. Über Cicero kommt der Begriff zu Augustinus, der der *polis* oder *civitas* die Gemeinschaft der Kirche gegenüberstellt, über Thomas v. Aquin und die Scholastik als *communitas civilis* oder bürgerliche Gesellschaft auf die Neuzeit. Sie betont gegenüber dem Staat die von diesem getrennten freien gesellschaftlichen Lebenselemente in Wirtschaft und Politik. Dies führt zum modernen Begriff der bürgerlichen Gesellschaft, die die Subjektstellung des Menschen, seine Menschenrechte, herausstellt.

Eine neue Begriffsdimension brachte die neuzeitliche englische Moralphilosophie, die mit ihrem vorzüglichen empirischen Ansatz die Gesellschaft *(society)* als die „gesittete", zivilisierte versteht und auf Geselligkeit bezieht. Es kommt zum Dualismus von Gesellschaft und Staat bzw. Regierung. Die bürgerliche Gesellschaft wird zum wirtschaftlichen und politischen Betätigungsfeld des dritten Standes. So wie das Sittliche aus der Erfahrung der sinnlichen Natur des Menschen und rationaler Einsicht erklärt wird, geht die Gesellschaft und folglich der Staat auf einen Vertrag zurück, im Modell gedacht als Unterwerfung (Hobbes) oder demokratische Einigung im Gemeinwillen (Rousseau). Wie für die Sittlichkeit gibt es für die gesellschaftliche Ordnung kein anthropologisch-ontologisch begründetes präexistentes Naturrecht. Damit ist eine neue Wissenschaft von der Gesellschaft vorbereitet, die von August Comte mit Soziologie als positive Wissenschaft benannt wird, aus der sich die modernen Sozialwissenschaften entwickelten. Diese führten zu einer Fülle von Einzelerkenntnissen über tatsächliche Erscheinungsformen der Gesellschaft und über gesellschaftliche Vorgänge und Zusammenhänge, verzichteten jedoch auf die Frage nach Sinn und Ursprung der Gesellschaft oder brachten vorzüglich monokausale Erklärungszusammenhänge.

2. Sozialwissenschaftliche Theorien der Gesellschaft

Den sozialwissenschaftlichen Theorien der Gesellschaft geht es darum, für die Gesamtheit des sozialen Handelns des Menschen einen umfassenden theoretischen Bezugsrahmen zu finden, den der Begriff Gesellschaft dann abdeckt. Gesellschaft wird zweckrational, als artifizielles Konstrukt, interpretiert. Die Vielfalt der Interaktionen der Menschen als Subjekte in der Gesellschaft bezeichnet ihre Sozialisation, ihr Verhalten in der Gesellschaft wird nachträglich normativ gedeutet. Die liberale Position betont dabei die Autonomie des Individuums. Die universalistische und kollektivistische Position bestimmt den Gesellschaftsprozeß monokausal, vom Ganzen her, vom Geist oder den Verhältnissen oder der Vererbung (biologisch).

Eine besondere Rolle zur Erklärung der Gesellschaft spielen die einzelwissenschaftlichen Ansätze. Von der Psychologie her wird die innere Dynamik einer Gruppe herausgestellt und werden Beziehungsmuster gesehen. Die Biologie sucht in der Tierbeobachtung Analogien zum menschlichen Sozialverhalten zu finden und entsprechend zu erklären. Aus soziobiologischer Sicht entsteht Gesellschaft aus dem Streben der Lebewesen nach Fortpflanzung und Entwicklung. Im Darwinismus spielt die Gesellschaft ihre entscheidende Rolle im Kampf um das genetische Überleben. Auf einer anderen Ebene ist die wirtschaftliche Kooperation zur höheren menschlichen Bedürfnisbefriedigung der Anlaß zur Gesellschaft und zur Herausbildung von Gesellschaftsformationen im Laufe der Höherentwicklung der Gesellschaft. Für die Vertragstheorien steht die wechselseitige vorteilhafte Einigung zur Bildung von Gesellschaft im Vordergrund, die nach ihrem Erfolg zur Rechtfertigung der Gesellschaft beurteilt werden kann, nicht aber um einen Entstehungsgrund der Gesellschaft weiß. Die Soziologie beobachtet Systemzusammenhänge, um das gesellschaftliche Phänomen zu strukturieren und das Funktionieren der Gesellschaft als Einheit zu deuten, Regelmäßigkeiten im Sozialverhalten pauschal zu begründen und als Verhaltensmuster zu empfehlen.

Die soziologische Beobachtung der Gesellschaft als pluralistisches System ordnet die Masse der sozialen Beziehungen unter den Menschen nach vielen Schichten und Ebenen, entwickelt den Begriff der sozialen Gruppe, untersucht sie nach sozialen Mikro- und Makroaggregaten, konstatiert ein dynamisches und vernetztes Kräftespiel der zu beobachtenden Interrelationen und (Inter-)dependenzen. Untersucht wird vor allem auch der soziale Wandel mittels rein soziologischen (wertfreien) Methoden und zugrundegelegten Hypothesen. Zur signifikanten Beschreibung erarbeitet die Soziologie neben Methoden ein eigenes Begriffsinstrumentarium zur Beschreibung und Erklärung. Die Gesamtgesellschaft als Struktur wird durch Teilstrukturen beschrieben, um das komplexe System zu erfassen (Systemtheorie nach N. Luhmann). Die Beiträge eines solchen Teiles (Teilsystem: Wirtschaft, Recht, Kultur, Politik, Umwelt . . .) zum Ganzen werden zur Funktion. Die funktionalistischen Theorien stellen den Zweckcharakter heraus und erklären die Gesellschaft aus dem System von Institutionen und Interaktionen, deren innere Strukturen sich einerseits weiter zweckrational entwickeln und anderseits ihre Funktionen weiter und komplexer ausdifferenzieren und zu besseren Regulierungen oder „Normen" führen. Das Normenproblem ist positivistisch und evolutionistisch, damit sozialimmanent gedeutet. Die systemtheoretische Erklärung des Menschen und seines Verhaltens folgt aus der soziologischen Erklärung der Gesellschaft. Ebenso ergibt sich die Evolution oder Reform der Gesellschaft, auch die Reaktion auf neue soziale Probleme (Ökologie!) aus der Entwicklung der Gesellschaften selbst. Diesen Zirkel vermag auch die Gesellschaftskritik von J. Habermas mittels kritischer Analyse im herrschaftsfreien Dialog (Kommunikation) innerhalb der Gesellschaft nicht zu durchbrechen.

Der Mensch im so als Gesellschaft verstandenen System bleibt trotz aller Evolution der Strukturen und Institutionen ein anonymes Wesen, er hat keine Identität. Die im System zugelassenen Werte und Normen sind individuell irrelevant, ihre Wirklichkeit bleibt abstrakt und unpersönlich. Folgen dieser Geistesströmung in unserer modernen Gesellschaft sind die Nichtidentifikation des Menschen mit dem Sozialen und die Flucht in Anonymität bzw. in irrational sinnsuchende subkulturelle Gemeinschaften (Sekten). Die so mit analytischer Methode und Beobachtung des evolutionären Gesellschaftsprozesses erstellten Normen reichen nicht aus, die persönliche Identität des Menschen als Teil der Gesellschaft und also den Sinnzusammenhang der Gesellschaft als Ordnungsform menschlichen Erlebens zu konstituieren. Die Reduktion auf immer mehr Komplexität führt nicht zu ethischer Kommunikation und Gestaltung des Sozialen nach Sinn und Ordnung. Der Mensch ist mehr als ein Teil des oder der Systeme und ist nie ganz in der sozialen Organisation enthalten. Diesen Hinweis auf Identität und Selbstbewußtsein des Menschen über die Sozialstrukturen und das -system hinaus hat besonders die Phänomenologie bestärkt.

M. Scheler konnte zeigen, daß dem Selbstbewußtsein des Menschen auch die Intentionalität auf die mitmenschliche Welt in personaler Liebe und sozialer Kommunikation entspricht. Er spricht von „Weltoffenheit" in bezug auf das gesellschaftliche Wesen des Menschen. Gesellschaft kann nicht ohne geistige Determinanten, nicht nur aus dem real Faktischen erklärt werden. Dies besagt die Doppelwirklichkeit der Gesellschaft nach Ideal- und Realfaktoren, nach Geistig-Sinnhaftem und Dinglich-Naturalem als Ursache. Entsprechend sind die Bestimmungsfaktoren nicht monistisch-evolutionär wirksam, sondern auch in der Gesellschaft geist- und triebgewirkt. Dies zeigt die Wissenssoziologie auf, die von monokausalen Sozialtheorien unberücksichtigt bleibt.

Die Beiträge der modernen empirischen Sozialwissenschaften und Sozialanthropologie zur Erforschung des Sozialen durch die starke Ausweitung der Empirie ist unleugbar von Wert. Es bedarf ihrer Aufarbeitung durch die über eine 2500 Jahre verfügende Tradition der Sozialphilosophie und -ethik und einer „Theologie der Zeichen der Zeit". Sonst führen diese vielen Teilerkenntnisse in eine geistige Orientierungslosigkeit, zumal die herrschende Wertrelativität in der modernen Massengesellschaft die Flucht in pseudoreligiöses Denken als Ersatz begünstigt. Andererseits ist der Hinweis auf ein sozialphilosophisches und -ethisches Grundwesen der menschlichen Person in der Gesellschaft und die Existenz präpositiver Normen zuwenig für die konkrete Ordnung des Sozialen im Wandel der Gesellschaft. Zur breiten, gesellschaftlich notwendigen Akzeptanz der Norm hilft ihre Einsichtigkeit und Plausibilität aus der Kenntnis der Umstände und damit die Praktikabilität der Formen ihrer Umsetzung. Es muß die Erfahrung und die Anwendung des Naturrechts dazukommen und das Eingehen auf die Natur der Sache.

3. Anthropologie und Philosophie der Gesellschaft

Die Sozialphilosophie fragt als Wissenschaft vom Menschen nach dem Grund der Gesellschaft als Verbindung von mehreren Menschen in relativer Dauer zu einer Einheit mit einem gemeinsamen Ziel aller Beteiligten (Gemeinwohl). Dieser Grund ist auch konstitutiv für entsprechende Regeln, die eine gesellschaftliche Institution ausbilden. Im Mitsein mit anderen Menschen besteht für die Individuen eine Beziehung von Subjekt zu Subjekt, zur umgebenden Natur eine Subjekt-Objekt-Beziehung. Mitmenschlichkeit ist also eine Grundbefindlichkeit jedes Menschen. Er ist also von Natur aus sozialen Wesens ebenso wie er als Person individuellen Wesens ist. Der Mensch bringt kraft seiner geistigen Natur Kultur als Lebensform hervor, die ihm die Vollentwicklung seines Personseins ermöglicht. Kulturelle ethische Werte zeigen sich in Sitten und Gebräuchen und werden über Sozialkontakte vermittelt, die der Mensch wesentlich zur sittlichen Personwerdung braucht. Man spricht von einer zweiten, sozialen Geburt des Individuums und auch in diesem Sinn von Sozialisation. Dadurch erst wird der Mensch sozial lernfähig und soziale Interaktion ermöglicht.

Traditionell wird diese Sozialnatur des Menschen aus dem Erweis seiner sozialen Ergänzungsbedürftigkeit und -fähigkeit erwiesen. Er bedarf seiner Leibnatur nach schon des Sozialkontakts, um zum Leben zu kommen und um zu überleben. Ebenso ist die Entfaltung seiner geistigen Anlagen nur über die soziale Kommunikation und die Sprache bzw. die Entwicklung begrifflichen Denkens möglich. Insoferne kann das Soziale vom Menschen auch eingesehen und innerlich gewollt und bejaht werden. Dies gilt fundamental für die soziale Erfahrung der Gesellschaft in der Familie und sittlichen Grundhaltungen schon bei der ersten Erfahrung der Aufnahme in menschlicher Gemeinschaft und der Einübung in mitmenschliches Wohltun und Wohlverhalten (Goldene Regel). Menschlich soziales Verhalten ist immer Teilnahme an der Gesellschaft und nicht bloßes intersubjektives reflexes Rollenspiel nach Erwartung und Reaktion. Für die Sinngebung menschlichen Lebens ist der Sozialsinn wesentlich, auf den hin die menschliche Natur durch den Sozialzweck angelegt ist. J. Messner spricht vom Sozialen im Menschen als existentiellem Zweck, der zu seiner Erfüllung einen fundamentalen Wertbestand und zugleich das sittliche Ordnungskriterium in der gesellschaftlichen Wirklichkeit für menschenwürdige Verhältnisse darstellt.

Als Personwesen transzendiert der Mensch die Gesellschaft, die losgelöst von ihren Gliedern kein eigenes substantielles Sein hat. Der Organismusvergleich der Gesellschaft ist nur als Analogon brauchbar. Dennoch hat die Gesellschaft und ihr Gemeinwohl auch überindividuelle Bedeutung und ebensolchen Zusammenhalt, aber nie von den sie bildenden Einzelpersonen und deren Eigenrechten losgelöst. Die Gesellschaft ist nach dem Zweiten Vaticanum vielmehr „Zeichen und Schutz der Transzendenz der menschlichen Person" (GS 76).

Das Soziale ist ebenso Wesensmerkmal des Individuums wie das Personsein. Der Vorgang des Personseins liegt darin, daß es die Gesellschaft transzendiert. Nur das individuelle Selbst hat Vernunft und damit soziales Gewissen und Bewußtsein. Es kann sein Personsein aber nur in der Gesellschaft entfalten.

Die philosophischen Strömungen bewegen sich in der Geistesgeschichte zwischen Individualismus und Kollektivismus-Universalismus. Die Beschränkung der Wissenschaft auf Empirie führt zum Ersatz der Sozialphilosophie durch die empirischen Sozialwissenschaften und zur monokausalen materialistischen Erklärung des Sozialen. Nach Karl Marx ist der Mensch das „Ensemble seiner Umwelt" und seine Geschichte der Ablauf der Gesellschaftsformationen im Materieprozeß, der auch das subjektive Bewußtsein produziert, das gesellschaftliche

Sein also, das individuelle Bewußtsein hervorbringt (Unterbau – Überbau). Voraussetzung der Geschichte des Menschen ist viel mehr die Subjektstellung der individuellen Person und die allen Individuen eigene soziale Bestimmung. Gesellschaft kann daher definiert werden als eine Gruppe von Menschen, die zur gegenseitigen Förderung in der Erreichung ihrer existentiellen Zwecke verbunden sind.

4. Gesellschaft als sozialethische Ordnungseinheit

Metaphysischer Grund für die Gesellschaft ist die Sozialnatur des Menschen, die die Existenzordnung des Menschen im sozialen Bereich vorgibt. Einsicht in das Soziale als Grundwert für den Menschen ist wie alles Sittliche für den Menschen mit innerer Zustimmung verbunden. Insoferne beruht Gesellschaft auf Einsicht und Willenseinigung der Individuen, auf Freiheit, auch wenn gesellschaftliche Grundeinheiten für das Menschsein notwendig sind und daher auch ihre Grundordnung als Naturordnung dem Willkürwillen entzogen ist. So ist Gesellschaft wesentlich auch Einheit und Ordnung. Insoweit dies für ihre naturrechtliche wesentliche Zweckbestimmung (Gemeinwohl) gilt, ist diese Ordnung konstitutiv und im Sinne von allgemein gültigen gesellschaftlichen Grundwerten und von Sozialprinzipien bestimmt, die aber den Gliedern einer Gesellschaft in der jeweiligen Anwendung einen weiten Freiraum der Gestaltung eröffnen.

Von der katholischen Sozialethik und -lehre werden als Sozialprinzipien des näheren angeführt: Soldaritäts-, Gemeinwohl-, Subsidiaritäts-, Freiheits- und Partizipationsprinzip. Sie haben keineswegs nur formale Aussagekraft, sondern normative Geltung, die in abgeleiteter Form bis in die konkret gestaltete gesellschaftliche Wirklichkeit Orientierung bietet, um die soziale Bestimmung des Menschen jeweils in der zeitlichen und räumlichen Bedingtheit des sozialen Lebens zur Entfaltung kommen zu lassen.

Gerade in der Gesellschaft potenziert sich oft die Dynamik gesellschaftlicher Prozesse unter dem Einfluß egoistischer und irrationaler Kräfte zu sozialen Konfliken und Krisen. Das Soziale kann oft zum Kampffeld der Interessengegensätze in Politik und Wirtschaft im Großen, aber auch zum Problem und zur persönlichen Not innerhalb kleiner Gemeinschaften werden. So ist die Rückbesinnung in Einsicht und Willenserneuerung auf die Naturordnung und die Grundgesetze und -prinzipien der Gesellschaft und die folgliche Gesinnungsreform oft vor der äußeren Veränderung der gesellschaftlichen Zustände notwendig. Insbesondere die Einheit der Gesellschaft in der Vielheit der modernen vielverzweigten und doch zutiefst interdependenten Weltgesellschaft ist unter das Ordnungsprinzip der Solidarität gestellt. Dieses verbindet inhaltlich bestimmte Freiheit und Gerechtigkeit zur Einheit im Gemeinwohl der Gesellschaft und verhindert den ideologischen Mißbrauch der Gleichheit durch ein Kollektiv ebenso wie die ideologische Freisetzung des Eigeninteresses von jeder Gemeinbestimmung und deren Folgen in den kollektivistischen oder liberalistischen Gesellschaftsirrtümern.

5. Kirche und Gesellschaft

In dieser Welt ist die Kirche nach der Aussage des Zweiten Vaticanums „als Gesellschaft verfaßt und geordnet" (LG 8). Als Gesellschaft sui generis mit von Gott gegebener Bestimmung und Verfassung ist sie auch Werkzeug „für die Einheit der ganzen Menschheit" (LG 1). Dies schließt für ihre sichtbare Gestalt durchaus eine Vorbildfunktion ein, die sich – abgesehen von der fundamentalen Rechtsordnung in der Kirche – auch auf die Anwendung der Sozialprinzipien in der Kirche als menschliche Gesellschaft und Institution bezieht. So tritt neben die dogmatische Sicht der Kirche auch eine sozialethische Betrachtung der institutionellen Erscheinung der Kirche vom Standpunkt ihrer Mitglieder wie auch einer säkularen Gesellschaft. Insoferne kann der gesellschaftliche Leistungsaufweis der Kirche zu ihrer Akzeptanz als Institution beitragen.

Als soziale Institution ist die Kirche auch in eine säkulare Welt und säkularisierte Gesellschaft gestellt. Die Soziologie befaßt sich in Forschung und Methode mit der Kirche in der Religions- und im engeren Sinn in der Kirchensoziologie. Dabei besteht in der Auswertung der Daten wie in der Nutzung der soziologischen Begriffe eine Wert- und Methodenproblematik bzw. die Aufgabe der Kompetenzabgrenzung. Das Wesen der Kirche und der religiösen und kirchlichen Gläubigkeit bzw. der Glaubensinhalte und deren Vermittlung (Seelsorge) entzieht sich letztlich soziologischer Darstellung.

Bedeutsam ist die aus der Soziologie gekommene Säkularisierungshypothese für die moderne, neuestens auch als nachchristlich bezeichnete Gesellschaft. Dies führte auch zu einem ideologischen prinzipiellen Säkularismus. Die Theologie hat die Bedeutung richtig verstandener Weltlichkeit und Autonomie der irdischen Wirklichkeiten, also auch der Gesellschaft, herauszuarbeiten. Dies zeigt die religiöse Eigenbestimmung der Kirche als Gesellschaft innerhalb der säkularen Gesellschaft und ihrer politischen Ordnung bzw. den Staat als laikal nach der Formel „Freie Kirche in der freien Gesellschaft".

Als Antwort auf die Säkularisierungstendenz im Sinne von Entkirchlichung in der europäischen Gesellschaft ruft Papst Johannes Paul II. zu einer Erneuerung des christlichen Erbes Europas auf. Weltweit hat sich eine Verschiebung der Eurozentrierung der Kirche ergeben und die Bedeutung der Enkulturation des Christentums in den aufstrebenden Kulturen der Menschheit außerhalb Europas. Evangelisierung versteht sich daher immer auch als Enkulturation der Weltkirche in die eine Einheit bildenden Kulturen der Menschheit.

G. Gundlach, Die Ordnung der menschlichen Gesellschaft, 2 Bde. (1964); *J. Höffner,* Christliche Gesellschaftslehre (⁸1983); *P. Koslowski,* Gesellschaft und Staat (1982); *J. Messner,* Das Naturrecht (⁷1985); *F. H. Tenbruck,* Die kulturellen Grundlagen der Gesellschaft (1989); *A. F. Utz,* Sozialethik, 3 Tle. (1958/63/86).

RUDOLF WEILER

Gewalt

→ Autorität → Friede → Krieg → Macht → Revolution → Staat → Widerstand

Der Begriff „Gewalt" leitet sich ab vom althochdeutschen *giwalt, gawalt, kawalt* und bedeutete „Walten". Im Laufe der Zeit erst wurde Gewalt mit Zwang, Gewalttat, Unrecht und gesteigerter Kraft gleichgesetzt.

1. Definitionen

In manchen Geschichtsepochen (z. B. im 16. Jh.) wurden die Begriffe „Macht" und „Gewalt" synonym verwendet. Im Unterschied zur Gewalt gehört zur Macht mehr Raum und mehr Zeit. Gewalt ist immer unmittelbar und zwingend und setzt Macht voraus, während Macht nicht immer mit Gewalt verbunden werden muß.

Grob unterscheidet man zwischen der Amts- oder der Staatsgewalt *(potestas)* und der „rohen" Gewalt *(violentia)*.

Amts- oder Staatsgewalt (potestas): Seit dem 18. Jh. geht in den entstandenen Demokratien alle Staatsgewalt vom Volk aus. Dieses Faktum stand im Gegensatz zur Neuzeit. Hobbes beschrieb im *Leviathan* den souveränen Nationalstaat, der physische Gewalt zur Erreichung seiner Ziele ausübt und die Untertanen durch Verbreitung von Furcht unterdrückt. Staaten setzen u. a. legitime Gewalt zum Schutz der Bürger ein (Polizei, Armee). Das Wort *potestas* wird für das Phänomen „Macht und Herrschaft" allgemein verwendet und wird durch das Recht und durch die in der Verfassung verankerten oder in den Verfassungsrang erhobenen Grund- und Freiheitsrechte begrenzt. Legitime Gewalt bedarf immer der Autorität.

„Rohe" Gewalt (violentia): „Violentia" ist Gewalt in Form von Aggression, erscheint als physischer oder psychischer Druck, als Zwang von außen und als Mittel zur Beherrschung. „Rohe" Gewalt richtet sich immer gegen den eigenen Willen des Beherrschten, setzt Macht des Beherrschers voraus und ist Zeichen für den unrechten Umgang mit Macht. Der Gewaltadressat wird mitunter willkürlich ausgesucht.

Erscheinungsformen von Gewalt: Göttliche Gewalt: Die göttliche Gewalt wird im AT in Jes 53 umschrieben: Der Gottesknecht, der siegt, ohne zu schlagen und zu töten. Von göttlicher Gewalt bzw. göttlicher Macht wird in der Hl. Schrift da gesprochen, wo menschliche Berechnung oder menschliche Machtfülle gänzlich fehlt (Schicksalsfügung).

Päpstliche Gewalt: Der Höhepunkt der päpstlichen Gewalt ist mit Bonifatius VIII. anzusetzen (Bulle *Unam sanctam*, 1302). Der Papst versuchte, die Machtstellung des mittelalterlichen Papsttums gegenüber den Herrschern der aufstrebenden Nationalstaaten zu behaupten.

Politische Gewalt: In der amerikanischen Gewaltforschung wird ein theoretisches Modell für die Erklärung von Entstehung politischer Gewalt angewendet. Eine weit verbreitete und intensiv empfundene Unzufriedenheit auf einem Sektor, für dessen Regulierung der Staat zuständig ist und versagt, ist die Rahmenbedingung für politisches Protestverhalten. Als Vorstufe der Unzufriedenheit wird die relative Deprivation angeführt. Sie umschreibt die Diskrepanz zwischen dem, was ist, und dem, was nach Ansicht der Betroffenen sein sollte. Die Folge davon ist Frustration, und diese kann sich in Wut, Unzufriedenheit und Aggression umsetzen.

Gewalt als Ausdruck für Besitz: Gewalt als Ausdruck für Besitz ist dann gegeben, wenn eine Person aufgrund bestimmter Voraussetzungen die volle Verfügung über ein Individuum oder eine Sache hat.

Gewalt als Ausdruck für bestimmte Bereiche: Dazu werden gezählt: die vollziehende und strafende Gewalt (z. B. die Gerichtsgewalt), die Feindesgewalt (z. B. Türkengewalt), die Naturgewalten (z. B. Wassergewalt), die Waffengewalt, die Brachialgewalt (z. B. Tortur) und die elterliche Gewalt, die zur Durchsetzung sittlich berechtigter Ziele erlaubt ist, wenn sie durch die Autorität legitimiert wird.

Gewalt als Ausdruck bestimmter Erscheinungsformen, wie z. B. intendierte und nicht intendierte Gewalt (d. h. sichtbare oder nicht sichtbare

Gewalt), manifeste oder latente Gewalt und personelle oder strukturelle Gewalt. Kennzeichen der strukturellen Gewalt (der Begriff wurde von Johann Galtung im Jahre 1969 eingeführt) ist, daß Menschen so beeinflußt werden, daß ihre aktuelle Verwirklichung geringer ist als ihre potentielle Entfaltungsmöglichkeit. Man erkennt sie erst an den Folgen, deutlich z. B. an den Strukturdefekten in der Dritten Welt und ihren Auswirkungen auf die Bevölkerung. Hier wird deutlich, daß strukturelle Gewalt die Ursache für Deprivation, Frustration und Aggression ist.

Weiters werden dazugezählt: irrationale oder rationale Gewalt und instrumentelle oder symbolische Gewalt. Die instrumentelle Gewalt hat ein konkretes Ziel. Sie wird eingesetzt bei existentieller Vernichtung, meist im Dienst religiöser, rassischer, sozialer oder ethnischer Homogenisierung der Gesellschaft. Bei symbolischer Gewalt ist die Verwirklichung eines bestimmten Zieles nicht vorherrschend, so z. B. bei gewaltsamen Demonstrationen. Weiters gehören dazu: absolute Gewalt, die durch Widerstand nicht abgewehrt werden kann, und teilweise Gewalt, gegen die man sich wehren könnte.

2. Historischer Überblick

Die Untersuchung der Gewaltphänomene hat erst in der jüngeren Forschung Aktualität erhalten (Politische Psychologie, Aggressionsforschung, Kriminologie, Konflikt- und Friedensforschung). Der Begriff „Gewalt" hat im Laufe der Geschichte des öfteren eine Bedeutungswandlung erfahren.

Christentum: Im Christentum wird aus religiösen Motiven die Anwendung von Gewalt abgelehnt. Die Begründung dafür kommt aus dem NT, wo dies im Gebot der Feindesliebe und bei der Aufforderung Jesu, auf Gewalt zu verzichten (Bergpredigt), aufgezeigt ist. Im Mittelalter wurden eine rechtmäßige Herrschaft und die Herrlichkeit Gottes mit „Gewalt" umschrieben. In diesem Sinne verwendet Thomas v. Aquin diesen Begriff. Er geht davon aus, daß das menschliche Gesetz immer am göttlichen Gesetz teilnimmt und so diesem unterworfen ist, d. h. seiner legalen Gewalt zu gehorchen hat. Damit aber das Gesetz durchgesetzt werden kann, bedarf es einer gewissen Zwangsgewalt (vgl. S.Th. I/II, q 91 a 3 und q 6 a 5).

Thomas v. Aquin geht davon aus, daß sich ein guter Fürst von selbst unter die Gesetzesgewalt stellt. Bei einem Tyrann, dessen Herrschaft nicht legal ist, kommt bei Thomas dem aktiven oder privaten Widerstand Bedeutung zu. Bei einem legal herrschenden Tyrannen kann es aber nur ein öffentlich-rechtliches Verfahren geben, um den Tyrannen abzusetzen (vgl. Sent. II, dist 44, q 2 a 2 ad 4; S.Th. II/II, q 69; q 42 a 2). Das Konzil von Konstanz (1414–1418) äußerte sich ebenfalls in diesem Sinne.

Luther verwendet die Begriffe „Macht" und „Gewalt" oft synonym, den Begriff „Gewalt" meist auch dort, wo er als Attribut Gottes oder Jesu erscheint, „Kraft" und „Stärke" bedeutet, und weiters für Unrecht und gewaltsame Handlungen.

Gewalt, der man ausgeliefert ist, schränkt die Freiheit eines Menschen ein und ist ein Angriff auf die Person. Gewaltlosigkeit ist nicht Handlungsmaxime, sondern das Ziel, nämlich die Herstellung von Frieden. Um dies zu erreichen, muß unter bestimmten Umständen Gewalt angewendet werden. Hinweise darauf gibt es in der Pastoralkonstitution des Zweiten Vaticanums (GS 79), in der Enzyklika *Populorum progressio* von Paul VI. (Nr. 31) und in den Ansprachen und Schreiben der Päpste und Bischöfe, wo Verteidigungswaffen erlaubt werden (vgl. gerechter Krieg).

Marxismus: Der Begriff „Gewalt" erfährt hier eine Bedeutungsausweitung. Marx und Engels verwenden das Wort „Gewalt" zur Bezeichnung der gesellschaftlichen und politischen Abhängigkeit. Die „materielle Gewalt" und die „politische Gewalt" bedingen sich gegenseitig. Erst durch die Stellung im Geschichtsprozeß (Klassenkampf) erhält nach Marx der wertneutrale Begriff „Gewalt" seine Legitimation. Nach Engels ist der Begriff „Gewalt" weder ein Wert an sich noch das absolut Böse. Gewalt ist ein „Werkzeug", um die erstarrten politischen Formen zu zerbrechen. Ihr Ziel ist die gewaltlose Gesellschaft der Zukunft.

Gegenwart: Seit einigen Jahrzehnten gibt es in der wissenschaftlichen Forschung über Gewalt den Trend, Gewalt und Zwang zu identifizieren und mit anderen Begriffen zu verbinden: „Gewalt des Bestehenden" (H. Marcuse), „Gewalt des Kapitals" (J. P. Sartre), „strukturelle Gewalt" (J. Galtung, W. J. Lenin). Man ist bemüht, eine schärfere Abgrenzung der Begriffe „Macht" und „Gewalt" zu finden.

Ausdrucksform der „rohen Gewalt" in der Gegenwart ist der Terrorismus. Hier sprechen die radikalen Vertreter von einem Naturrecht auf Gegengewalt, mit der zeitweilig gebrauchten Unterscheidung zwischen Gewalt gegen Sachen und Gewalt gegen Menschen. Weiters gehören dazu: der Aufstand bzw. Staatsstreich, die Revolution und sämtliche Erscheinungsformen von Gewalt im Alltag (Folter, Mißhandlungen usw.).

Gewaltenteilung: Seit der *Bill of Rights von Virginia* (1776) ist die Gewaltenteilung das wichtigste Ordnungsprinzip im politischen System der Demokratie. Staatsfunktionen (Legislative, Exekutive und Judikatur) werden auf verschiedene Organe verteilt. Die öffentliche Meinung wird mitunter fälschlich und selbstüberheblich als „Vierte Gewalt" im Staat umschrieben.

Gewaltlosigkeit: Gewaltlosigkeit bedeutet den grundsätzlichen Verzicht auf Gewaltanwendung. Die Motive sind verschieden. Es gibt religiöse Motive, wie im Christentum und im Buddhismus, Gewaltverzicht aus Gewissensgründen und Motivation durch Vorbilder, wie z. B. in der Friedensbewegung. Vorbilder für Gewaltlosigkeit und gewaltlosen Widerstand sind Leo Tolstoi und John Ruskin (19. Jh.). Ruskin war Vorbild für Mahatma Gandhi und Berta von Suttner (1843–1914), die 1889 den Roman *Die Waffen nieder* veröffentlichte und die „Mutter" vieler nationaler Friedensbewegungen in mehreren Staaten wurde.

Im Völkerrecht gibt es ein Gewaltverbot: UN-Satzung, Art. 2, Ziff. 4: „Alle Mitglieder müssen sich in ihren internationalen Beziehungen der Drohung oder des Gebrauchs von Gewalt enthalten, die gegen die territoriale Integrität oder die politische Unabhängigkeit irgendeines Staates gerichtet oder in irgendeiner anderen Weise mit den Zwecken der UN unvereinbar ist."

Gewaltlosigkeit ist keine bedingungslose Tugend. Wenn ein höheres Gut nur mehr durch gewaltsame Mittel geschützt werden kann, erlaubt bzw. verpflichtet das Widerstandsrecht, Gewalt anzuwenden (vgl. Widerstand, Notwehr).

F. Engel-Janosi/G. Klingenstein/H. Lutz (Hrsg.), Gewalt und Gewaltlosigkeit. Probleme des 20. Jahrhunderts (1977); *K. Lenk,* Macht, Herrschaft, Gewalt. Differenzierungen der politischen Soziologie, in: Aus Politik und Zeitgeschichte, Beilage zur Wochenzeitung das Parlament, B 24/81 (13. Juni 1981); *W. Lienemann,* Gewalt und Gewaltverzicht. Studien zur abendländischen Vorgeschichte der gegenwärtigen Wahrnehmung von Gewalt (1982); *N. Lohfink* (Hrsg.), Gewalt und Gewaltlosigkeit im Alten Testament (1983); *G. Stratenwerth,* Recht und Gewalt, in: Freiheit und Bindung. Fünf akademische Vorträge (Akademische Vorträge gehalten an der Universität Basel 7) (1970) 81–100.

GERTRAUD PUTZ

Gewissen

→ Entscheidung → Epikie → Erziehung → Freiheit → Handeln, sittliches → Kasuistik → Klugheit → Moralsysteme → Toleranz

1. Einstellung zum Gewissen in heutiger Gesellschaft

In der heutigen pluralistischen und zum Teil säkularisierten Gesellschaft bestehen verschiedenste Einstellungen und Erwartungen zu der

Wirklichkeit des sittlichen Lebens, die mit dem Wort „Gewissen"
bezeichnet wird. Für viele ist heute das Gewissen die Instanz, auf die
sie sich berufen, um ihre sittliche Autonomie zum Ausdruck zu bringen: Kirche und andere Institutionen sollen sich in ihr Privatleben nicht
einmischen. Andere wiederum betonen mit Recht, wie sehr die Menschen in ihren sittlichen Anschauungen und in ihrem Verhalten außen-
gelenkt sind. Sie beklagen sich über einen allgemeinen sittlichen Verfall
und werfen der Moraltheologie und der Seelsorge nach dem Zweiten
Vatikanischen Konzil vor, mit der Betonung der persönlichen Gewis-
senskompetenz die Menschen überfordert zu haben. Wieder andere
verstehen unter Gewissen vor allem die Interiorisierung einer repressi-
ven Moral, wie sie sie in ihrer Kindheit und Jugend erlebt haben, und
fordern, den so belasteten Ausdruck in Zukunft überhaupt zu vermeiden.

Auch die Fachliteratur der verschiedenen Disziplinen (Theologie,
Philosophie, Psychologie, Soziologie, Rechtswissenschaft usw.) beklagt sich seit über 100 Jahren, daß der Gewissensbegriff zu den
verschwommensten überhaupt gehört. Es gebe keinen Konsens darüber, welche Phänomene darunter zu verstehen und wie sie zu interpretieren seien.

Dies alles darf nicht verwundern, geht es doch im Gewissen letztlich
um das Innerste des Menschen, um das Zentrum, woraus sein Denken
und Fühlen, sein Wollen und Tun kommt. Das Verständnis des Gewissens hängt deshalb auch immer von bestimmten anthropologischen
Voraussetzungen ab.

Selbstverständlich könnte man auf den Gewissensbegriff verzichten
und versuchen, das mit ihm Gemeinte durch andere Begriffe zum
Ausdruck zu bringen. Auf der anderen Seite gibt es auch Sprachrege-
lungen und ihnen zugrunde liegende sittliche Einsichtsschwellen, hinter die man nicht mehr zurückgehen kann. Die Ausbildung eines
eigenständigen Gewissensbegriffs und einer entsprechenden Gewis-
senslehre kann man als Leistung des sogenannten „christlichen Abendlandes" ansehen (D. Mieth).

2. Geschichte des Gewissensbegriffs

Die Erfahrung eines Gewissens, vor allem des sogenannten nachfolgenden Gewissens, ist eigentlich so alt wie die Menschheit selbst. Allerdings kann man von eigenständiger Gewissensregung erst dort sprechen, wo persönliche Verantwortung und Annahme individueller
Schuld sich herausgebildet haben.

a) Griechische und römische Antike: Während bei Homer der Übergang von Schande zu Schuld noch nicht gänzlich vollzogen ist, finden bei Herodot Gewissensbisse in Form von Reue ihren ersten verbalen Ausdruck. Vollends sind die Erinnyen bei Aischylos als Verkörperungen des bösen Gewissens anzusehen. Sophokles thematisiert die Kompetenz des persönlichen Gewissens: Antigone beruft sich auf ihr Gewissen (das ungeschriebene Gesetz des Himmels), um gegen das positive Gesetz zu handeln. Bekannt ist dann vor allem die Berufung des Sokrates auf sein *Daimonion,* das ihn vor falschem Handeln bewahrt. Aristoteles ordnet das Gewissen als Fähigkeit, sittliche Grundsätze zu erkennen und auf den Einzelfall anzuwenden, der Vernunft zu. Eine zentrale Rolle im ethischen System gewinnt das Gewissen sodann bei den Stoikern. Bei ihnen bildet sich der Fachausdruck für Gewissen heraus: συνείδησις bzw. συνειδός im Griechischen und *conscientia* im Lateinischen. Diese Fachausdrücke gehen um die christliche Zeitenwende in die hellenistische Popularphilosophie und in die Umgangssprache ein.

b) Heilige Schrift: Das AT kennt noch keinen eigenständigen Begriff für das Gewissen. Der Beschreibung der Gewissensregung begegnet man aber schon auf den ersten Seiten des Buches Genesis (vgl. Gen 3,7f.; 42,21) und auch später immer wieder (vgl. bes. 1 Sam 24,6; 25,31; 2 Sam 24,10f.). Der häufigste Ausdruck für das Gewissen ist in der ganzheitlichen biblischen Anthropologie das „Herz", das Innere des Menschen, als Sitz der Gedanken und Gefühle, all der seelischen und religiösen Kräfte. Das Herz ist vor Gott offen (vgl. Ps 139), Gott erforscht „Herz und Nieren" (vgl. Jer 11,20). Das Herz steht auch für den sittlich-religiösen Weg des ganzen Volkes Gottes und des einzelnen im Rahmen der Berufung in den Bund. So kann es verhärtet werden (vgl. Ps 95,8–10), aber auch zerknirscht, zerbrochen, zerschlagen, beschnitten, hörend usw. sein. Gott selbst wird ein neues, reines Herz schenken (vgl. Ps 51,12; Ez 36,26) und sein Gesetz in das Herz schreiben (vgl. Jer 31,31f.).

Das NT wird diese Sicht fortsetzen. So kennen auch die Synoptiker und die johanneischen Schriften keinen eigenständigen Ausdruck für das Gewissen. Es wird weiterhin vom Herzen gesprochen, aus dem das Gute und das Böse des Menschen kommen (vgl. Mk 7,20–23 par), das nur Gott allein kennt (vgl. Lk 16,15). Auch ist die Rede vom Auge und vom inneren Licht im Menschen (vgl. Lk 11,33–36 par).

Der eigentliche Theologe des Gewissens ist Paulus. Er hat den Begriff συνείδησις aus der hellenistischen Popularphilosophie übernommen und ihn in die christliche Sprache eingeführt. Insgesamt 30mal kommt *Syneidesis* in paulinischen bzw. von paulinischem Denken beeinflußten Schriften vor, sowohl im Sinne von Bewußtsein über die sittlich gute bzw. böse Qualität der eigenen Handlungen als auch ganz allgemein im Sinne des Selbstbewußtseins des erkennenden und handelnden Subjekts (vgl. hierzu Röm 2,15; 2 Kor 1,12). Als Novum bei Paulus erscheint das Recht auch des irrenden Gewissens in der Erörterung der Frage des Götzenopferfleisches (1 Kor 8–10; Röm 14). Hier wird mit aller Deutlichkeit hervorgehoben, daß Sünde das ist, was sich gegen das eigene Gewissen richtet. Gerade deswegen muß um der Liebe willen auch das schwache, das irrige Gewissen respektiert werden. Der abschließende Satz in Röm 14,23 – „Alles, was nicht aus Überzeugung (πίστις) geschieht, ist Sünde" – wird zum Ausgangspunkt der systematischen Reflexion über das Gewissen im Mittelalter werden.

c) Die Väter und das Mittelalter: Den biblischen Befund zusammenfassend, kann man zwei Grundzüge der christlichen Gewissensauffassung hervorheben: das fundamentale Verständnis des Gewissens als Ort der Innerlichkeit, der Annahme des Glaubens, der Gottesbegegnung und der Einwohnung des Hl. Geistes, und die mehr spezifisch-sittliche Auffassung vom Gewissen als der Fähigkeit, das eigene Verhalten zu beurteilen und das zu erkennen, was gut und richtig ist. Die christliche Geistesgeschichte wird diese beiden Dimensionen in je unterschiedlicher Gewichtung weiter bewahren.

Die Väter betonen vor allem die mehr spirituelle Bedeutung des Gewissens, so schon Origenes und insbesondere Augustinus, für den Gewissen das Innerste des Herzens ist, wo Gott wohnt. Am folgenreichsten für die Begriffsgeschichte ist aber ein Abschreibfehler aus dem Ezechielkommentar des Hieronymus geworden, indem aus „συνείδησις" „συντήρησις" gemacht wurde. Dies bot den mittelalterlichen Theologen Anlaß, zur *conscientia* eine noch fundamentalere Dimension, die *synteresis* (oder *synderese*) in Beziehung zu setzen.

Lange Zeit hindurch war die Beziehung zwischen den beiden Dimensionen im Gewissensbereich umstritten. So verlegten Bonaventura und die Franziskanerschule die *Synterese* ganz in die Willens- und Gemütssphäre, während Thomas in ihr den *habitus primorum principiorum* sieht, also jenes Ur-Bewußtsein, das weiß, daß das Gute zu tun und das Böse zu lassen ist. Die *conscientia* hingegen ist nach Thomas ein *actus,* die aktuelle Anwendung der sittlichen Erkenntnis auf einen konkreten Fall. In Anlehnung an Josef Pieper könnte man die *Synterese* als „Urgewissen" und die *conscientia* als „Situationsgewissen" bezeichnen.

d) Die Neuzeit: Bei Martin Luther wird das Gewissen zu einem Grundbegriff seiner theologischen Anthropologie und seiner Rechtfer-

282

[handschriftlich: trias: atrium, sanctum, sanctum sanctorum]

tigungslehre. Als anklagendes Gewissen bringt es dem Menschen seinen Zustand als Sünder zu Bewußtsein, als in Christus befreites Gewissen fällt es letztlich mit dem Glauben zusammen.

Die von der katholischen Theologie weitergeführte scholastische Begriffstradition kennt bis ins 19. Jh. keine wesentliche Vertiefung des Gewissensverständnisses, obwohl die ganze Kasuistik unter dem Oberbegriff *De conscientia* abgehandelt wird. Die verschiedenen Moralsysteme des 17. und 18. Jh.s hatten den Sinn, gegenüber der Übermacht des Gesetzes im absolutistischen Zeitalter einen gewissen Freiraum des Gewissens zu sichern. Nach der Episode der Tübinger Schule im 19. Jh. (H. Simar, F. X. Linsenmann, A. Koch), die das Gewissen im Seelengrund verankert, gibt es erst in den dreißiger Jahren des 20. Jh.s in der Tillmannschule (Th. Müncker, Th. Steinbüchel), aber auch bei R. Guardini eine allmählich ganzheitlichere Auffassung, die der Hl. Schrift und dem phänomenologischen Befund (Einfluß der Ganzheits- bzw. Gestaltpsychologie und der Phänomenologischen Schule vor allem M. Schelers) mehr gerecht wird. Diese ganzheitliche Gewissensauffassung setzt sich innerhalb der deutschsprachigen Moraltheologie der fünfziger Jahre durch und gewinnt gesamtkirchliche Bedeutung durch das Zweite Vatikanische Konzil (vgl. vor allem GS 16).

Die von der Theologie abgekoppelte eigenständige philosophische Tradition wirkte sich nicht besonders auf das moraltheologische Gewissensverständnis aus. Zwar gab es gelegentliche Auseinandersetzungen mit der Auffassung Immanuel Kants, der das Gewissen als „Bewußtsein des inneren Gerichtshofes im Menschen" versteht, das in dieser Funktion nicht irren kann (die inhaltliche Seite einer Gewissenseinsicht ist ausgeklammert). Im 20. Jh. wurde immer stärker die Herausforderung durch die Humanwissenschaften (Soziologie, Psychologie, Verhaltensforschung) verspürt. Man versuchte nun, vor allem entwicklungspsychologische Kenntnisse für die Gewissensbildung fruchtbar zu machen. Jedoch kann man noch nicht von einem allgemeinen Konsens und von einer Behebung der Begriffsverwirrung sprechen.

3. Systematische Zusammenschau aufgrund des ganzheitlichen Gewissensmodells

a) Das Urgewissen als Grund für die Gewissensregung: Um die eigentümliche Gewissenserfahrung zu verstehen, daß man im Innersten sich zum Guten hingedrängt fühlt, und vor allem, daß man beunruhigt ist, wenn man sich dieser Stimme zum Guten verweigert hat, ist es hilfreich, sich auf den biblischen Ausdruck „Herz" zu besinnen bzw. als Ort dieser Erfahrung die „Mitte der personalen Existenz", die „Tiefe des Gemütes" zu bezeichnen, wo noch alle Seelenvermögen (Verstand, Wille, Gefühl) geeint sind. Denn das Gewissen betrifft nicht nur irgendein Seelenvermögen, sondern den ganzen Menschen. Die Erfahrung, die dabei gemacht wird, ist eine responsorische. Man erfährt einen „Anruf", den unbedingten Anruf eines Sollens, das letztlich transzendent ist. Der Mensch ist berufen, durch sein freies Tun sich in Einklang mit seiner strukturellen Hinordnung auf das Gute zu verwirklichen. Wo diese Einheit in Gefahr ist, wo das Wollen sich vom Erkennen trennen will, wenn der Mensch versucht ist, etwas zu tun, das im Widerspruch zu dem steht, was er als gut erkannt hat, tritt das warnende und mahnende Gewissen auf den Plan. Falls die eigene freie Tat der persönlichen Gewissenseinsicht nicht entsprochen hat, bildet der Schmerz des bösen Gewissens die Erfahrung der inneren Zerrissenheit im Menschen, die nach Überwindung dieser Wunde durch Reue und Rückkehr zum Guten ruft. Der ganze Prozeß ist in theologisch-dogmatischer Sicht selbstverständlich gnadengewirkt, d. h., im Anruf und im Drang hin zur Bekehrung und zum Guten wirkt die Kraft der Liebe, der Geist Gottes, der in unsere Herzen gesenkt ist (vgl. Röm 5,5). Das Urgewissen ist dabei nichts anderes als der anthropologische Rahmen dafür: die konstitutionelle Ausrichtung des Menschen auf das Gute hin bzw. das jedem Menschen eingestiftete Wissen, daß das Gute zu tun und das Böse zu lassen ist.

b) *Das Situationsgewissen als Einsichts- und Entscheidungsinstanz:* Die Gewissensregung selbst ist aber immer konkret. Sie ist auf eine bestimmte Situation bezogen, in der der Mensch sich verantwortlich zu verwirklichen hat. Wenn der Mensch in seinem Urgewissen konstitutionell (d. h. auch irrtumsfrei) auf das Gute hin ausgerichtet ist, dann ergibt sich aus dieser Dynamik auf das Gute hin auch, daß der Mensch zugleich (wiederum irrtumsfrei) weiß, daß er sich seiner aktuellen Gewissenserkenntnis entsprechend entscheiden muß. Entscheidet er sich in Freiheit dafür, so wird der Mensch sittlich gut (personale Gutheit); entscheidet er sich in Freiheit dagegen, indem er gegen seinen Gewissensspruch handelt, so wird der Mensch sittlich böse. Dies ist aber dann kein Gewissensirrtum, sondern eine sittlich schlechte Willensentscheidung.

Ein Gewissensirrtum ist nur möglich in der Erkenntnis dessen, *was* sittlich richtig ist. In der aktuellen Gewissenseinsicht wird zuerst einmal Bezug genommen auf all das, was sich als „Wissen im Gewissen" schon konsolidiert hat. Gemeint ist hier der ganze Schatz sittlicher

Einsicht, den der einzelne in einem individuellen Lernprozeß aus den überkommenen sittlichen Normen und aus persönlicher Erfahrung sich zu eigen gemacht hat. Zudem muß die je konkrete Situation im Lichte dieses Wissens interpretiert werden, was wiederum ein zum Teil kreativer Vorgang ist, da die Einzelsituation nicht bloß ein Fall des Allgemeinen ist. In diesem komplexen Einsichtsprozeß ist Irrtum auf vielfache Weise möglich. Es offenbart sich hier die Geschichtlichkeit menschlicher Wahrheitsfindung, an der die sittlichen Normen und die Gewissenserkenntnis partizipieren. Im Gewissen als der unumgänglichen Instanz, um mit dem eigenen Sollen konfrontiert zu werden, muß der Handelnde so verantwortlich mit den Normen umgehen. Er muß dabei gegebenenfalls zur Epikie Zuflucht nehmen, durch die „in der Neuheit der Situation auch eine Neuheit der Erkenntnis" (G. Virt, K. Demmer) aufgespürt wird.

Wegen eines Irrtums verliert das Gewissen also nicht seine Würde: Man ist dem irrigen Gewissen genauso verpflichtet wie dem wahren, und man handelt gut, wenn man einem solchen (irrigen) Gewissensspruch folgt. Allerdings muß es sich um einen hier und jetzt unüberwindlichen, d. h. hier und jetzt nicht behebbaren Gewissensirrtum handeln. Ein überwindlicher Gewissensirrtum ist ja nichts anderes als ein Gewissenszweifel, der vor dem Handeln abgelegt werden muß.

Als Folge ergeben sich daraus zum einen der Respekt vor der Gewissenseinsicht der einzelnen, also all das, was unter Gewissensfreiheit und Toleranz abgehandelt wird, zum anderen auch Erkenntnisse für die pastorale Begleitung des Gewissens in seiner Entfaltung und in seinen Grenzen.

c) Gewissensbildung und seelsorglicher Umgang mit dem Gewissen: Die Notwendigkeit einer Gewissensbildung wird heute ganz besonders betont, nicht nur weil viele komplizierte sittliche Fragen auf den einzelnen zukommen, sondern auch weil bei vielen Menschen eine religiös-sittliche Bildung nicht mehr selbstverständlich ist.

Jedoch genügt es nicht, den Menschen ein richtiges Wissen im Gewissen zu vermitteln, sodaß ihre persönliche Gewissensüberzeugung möglichst in Einklang mit den anerkannten sittlichen Überzeugungen der Allgemeinheit bzw. konkret der Kirche gebracht wird. Denn die Gewissenseinsicht ist nicht bloß eine intellektuelle Anwendung allgemeiner Normen auf die persönliche Situation, sondern als ganzheitlicher im Seelengrunde sich abspielender Vorgang ist sie zuerst einmal eine Werteinsicht: Der hinter den Normen stehende sittliche Wert muß vom einzelnen mit allen Seelenkräften, vor allem mit dem Gemüt, bejaht und sich zu eigen gemacht werden.

Es ist so durchaus möglich, daß auch Gläubige, die intellektuell darum Bescheid wissen, daß die Kirche bestimmte sittliche Normen vorlegt, dennoch nicht zur spezifischen Gewissenseinsicht kommen, daß diese Normen für sie verbindlich sind, und zwar nicht bloß weil sie objektive Gründe dagegen anführen können, sondern aus einer existentiellen Unfähigkeit heraus, davon überzeugt zu werden. Der Seelsorger und der Moraltheologe muß bei allem Bemühen um eine plausible Normbegründung diesen Grenzen Rechnung tragen und zu den Rechten eines solchen unüberwindlich irrigen Gewissens stehen.

Gerade weil das Gewissen in einer so tiefen Seelenschicht sich abspielt, gehört zur Gewissensbildung ganz allgemein die ganzmenschliche psychische Entfaltung des Menschen. Es sind also alle Erkenntnisse zu berücksichtigen, die die Entwicklungspsychologie über die Reifungsstufen des Menschen und über das sittliche Urteil (vgl. J. Piaget, L. Kohlberg) zusammengetragen hat. Es sind die tiefenpsychologischen Aussagen über das Gewissen zu berücksichtigen: Hierzu ist zu bemerken, daß das „Über-Ich" S. Freuds sich auf Phänomene bezieht, die nicht das Gewissen im moraltheologischen Sinne sind, daß aber gerade die späteren tiefenpsychologischen Schulen und vor allem die humanistische Psychologie das Gewissen wieder mehr im Selbst bzw. im Ich anzusiedeln scheinen (vgl. vor allem C. G. Jung, E. Erikson, E. Fromm, V. Frankl). Im selben Maße muß man auch die Studien der Sozialpsychologie über die Macht der Umwelt auf das Gewissen einbauen. So ergibt sich von seiten der Humanwissenschaften eine Anfrage an ein ganzheitliches Gewissensverständnis und an eine Förderung der Gewissensreife.

In diesem Sinne scheint die katholische Moraltradition allzu optimistisch gewesen zu sein und zuwenig die effektiven Grenzen sowohl für die Gewissenseinsicht wie auch für das sittliche Können beim einzelnen berücksichtigt zu haben. Es ist deshalb mehr als bisher auf den Reifestand des einzelnen Gewissens zu achten (Gesetz der Gradualität) und das seelsorgliche Wirken vor allem als Wegbegleitung des Menschen zu verstehen. Indem man den Menschen annimmt, wie er ist, und zugleich bei der Vermittlung der verbindlichen Normen darauf achtet, die dahinterstehenden Werte aufstrahlen zu lassen, soll eine Dynamik in Gang gehalten werden in Hinblick auf eine progressive Stärkung der Gewissenseinsicht und der anderen sittlichen Kräfte des Menschen. Dabei darf man auch nicht vergessen, daß im Herzen (Gewissen) des Menschen der Geist Gottes wirkt, der ständig zum Guten antreibt.

J. Blühdorn (Hrsg.), Das Gewissen in der Diskussion (1976); *K. Golser,* Gewissen und objektive Sittenordnung (1975); *D. Mieth,* Gewissen, in: *F. Böckle u. a.* (Hrsg.): Christlicher Glaube in moderner Gesellschaft 12 (1981) 137–184; *St. E. Müller,* Personal-soziale Entfaltung des Gewissens im Jugendalter (1984); *M. Nalepa/T. Kennedy* (Hrsg.), La coscienza morale oggi (1987); *A. Schavan,* Person und Gewissen (1980); *H. Windisch* (Hrsg.), Mut zum Gewissen. Einladung zu einer riskanten Seelsorge (1987).

KARL GOLSER

Glaube

→ Alttestamentliche Ethik → Dekalog → Ethos → Hoffnung → Liebe → Nachfolge → Neutestamentliche Ethik → Spiritualität → Tugenden und Laster

Der Glaube ist die freie Antwort des Menschen auf Gottes Offenbarung. Er liegt allen ethischen Einzelforderungen voraus und ist doch in allen als ihr verborgener Grund, ihr eigentliches Motiv anwesend. Sein Wesen als von Gott her gnadenhaft ermöglichte Antwort auf Gottes Selbstmitteilung bringt es mit sich, daß erst das Offenbarungsgeschehen selbst in vollem Maß erkennen läßt, worin er eigentlich besteht. Die Offenbarung hat sich in einem geschichtlichen Prozeß entfaltet; an ihm werden sich die dem Offenbarungsgeschehen entsprechenden Strukturen des Glaubensvollzuges aufweisen lassen.

1. Der Glaube in geschichtlicher Entwicklung

An mehreren Stellen, an denen das NT vom Glauben spricht, greift es auf den Glauben des ATs zurück (vgl. Röm 4,1–25; Hebr 11,1–12,3; Joh 8,37–59 u. a.). Dort werden manche Strukturen des Glaubensvollzuges im Ansatz anschaubar, die strukturell auch im Neuen Bund ihre Geltung behalten:

a) Glaube im AT:
– *Zur Terminologie:* Die Bedeutung der Wörter, die für den Glauben gebraucht werden, lassen *erste Strukturmomente des Glaubens* erkennen: Das wichtigste Grundwort für Glaube ist im AT das unserem *Amen* entsprechende Verb. Es ist kein Wort, das ausschließlich im Bereich des Religiösen vorkommt; vielmehr ist hier ein Verhalten angesprochen, welches auch unter Menschen Bedeutung hat. *Amen* heißt als Adjektiv „fest, zuverlässig, tragfähig". Auch das Tun Jahwes wird damit beschrieben; es ist etwas, auf das man sich verlassen kann. Wird es als

Verb in der Hifil-Form gebraucht, bedeutet es: zu etwas amen sagen, es unbedingt bejahen. Die eigene Person ist beteiligt; wer so amen sagt, ist selber mit im Spiel. Es liegt nahe, dieses Wort auch für das Verhältnis zu Gott zu gebrauchen; dann ist dieses Amen-Sagen zu Gott Antwort auf dessen zuverlässige Zusage; es umgreift auch das Ja zu den Forderungen, die mit dieser Zusage verbunden sind. Wer glaubt, indem er amen sagt zu Gott, nimmt ihn also als Gott restlos ernst; er bindet sein Leben an ihn, macht sich an ihm fest. Andere hebräische Wörter, die im gleichen Zusammenhang eine Rolle spielen, bedeuten vertrauen, hoffen, Zuflucht nehmen.

Strukturell ergibt sich für das Verständnis des Glaubens schon hier, daß es sich um ein *freies, ganzheitlich-personales Geschehen* handelt, in dem sich der Mensch Gott anvertraut, weil dieser ihm als der Zuverlässige schon nahegekommen ist. Eine personale Beziehung wird in der Antwort des Glaubens realisiert.

– *Der Glaube als Gemeinschaftsvollzug:* Paulus wird später sinngemäß sagen: „Der Glaube kommt vom Hören" (vgl. Röm 10,14.17) und damit einen Grundsatz formulieren, der sich schon in der Entstehungsgeschichte des Glaubens zeigte. Der Glaube Israels ist von vornherein der Glaube einer Gemeinschaft und äußert sich als solcher. Sehr früh tritt er als *Deutung von Ereignissen der (Heils-)Geschichte* in Erscheinung. Eine seiner frühesten Äußerungsformen ist der *Hymnus,* in dem die Taten Jahwes aufgezählt werden. Der Sänger schaut zurück und bekennt: „Da hat Gott gehandelt". Er tut dies in Übereinstimmung mit seinen Glaubensgenossen, deren Glaube er zum Ausdruck bringt. Modell könnte Mirjam sein, die mit ihrem Lied (das ältesten Traditionsschichten zugeordnet wird) die Erfahrung aller wiedergibt (Ex 15,20f.) und so vergegenwärtigt. Bald wird die vergegenwärtigende Rückschau auf den Auszug aus Ägypten zur *Anamnese* in der Gemeinschaft aller Glaubenden, die im Rückblick jenen handelnden Gott wahrnimmt, dem sie sich hier und jetzt gegenüber weiß. Die Aussagen über das Heilshandeln gewinnen in der Gemeinschaft und auf die Dauer eine bestimmte *Verbindlichkeit* – sie haben dabei immer den Sinn, im jetzigen Augenblick der Geschichte den Glauben an den Gott zu ermöglichen, der sich in der Vergangenheit seinem (auserwählten) Volk als einer gezeigt hat, der *Zukunft eröffnet*. Bald wußte man, daß es eine Verantwortung dafür gab, in der *Weitergabe* auch für die Zukunft des Glaubens selber mit zu sorgen: „Ich ... will die Geheimnisse der Vorzeit verkünden. Was wir hörten und erfuhren, ... das wollen wir unseren Kindern nicht verbergen, sondern dem kommenden Geschlecht erzählen, ... damit das kommende Geschlecht davon erfahre, ... damit sie ihr

Vertrauen auf Gott setzen, die Taten Gottes nicht vergessen und seine Gebote bewahren" (Ps 78,2–7). *Der Glaube des einzelnen lebte vom Glauben der Gemeinschaft.*

Es galt auch das Umgekehrte: *Der Glaube der Gemeinschaft lebte vom Glauben des einzelnen.* Hier wäre an die Liturgie, vor allem an Dankliturgien zu erinnern, die in manchen Psalmen ihren Nachklang haben. In Ps 118 z. B. lag ursprünglich ein Formular vor, in dem der einzelne seine eigene Glaubenserfahrung vor der Gemeinde zum Ausdruck bringen konnte; er hatte Jahwes rettendes Eingreifen erfahren und bezeugte dies.

Strukturell gilt: Der Glaube kann nur realisiert werden in einer Konvergenz der eigenen Glaubensüberzeugung mit der der gläubigen Gemeinschaft. Zu dieser Konvergenz trägt jeder bei, indem er die im Glauben gedeuteten Erfahrungen seines eigenen Lebens in die gemeinsame Feier des Glaubens einbringt.

– *Der Glaube als Vertrauen und Hoffnung:* Gott erscheint in seiner Selbsterschließung als Gott der Verheißung, der die Zukunft eröffnet. Er wird damit zu einem *Gott des Weges:* „Ich werde dasein, als der ich dasein werde", übersetzt M. Buber die Antwort Gottes auf die Frage des Moses nach seinem Namen, und: „So sollst du zu den Söhnen Jisraels sprechen: ICH BIN DA schickt mich zu euch" (Ex 3,14). Glaube heißt, sich einlassen auf einen Weg, dessen Zukunft Gott bestimmt. Hier ist insbesondere Abraham Urbild des Glaubens schlechthin, der in seinem Leben „Hoffnung wider alle Hoffnung" (vgl. Röm 4,18) verwirklicht (siehe bes. Gen 12,1–4). Er folgte ohne Absicherung dem Wort der Verheißung. Glaube wird hier zum Wagnis einer neuen Freiheit, die sich voraussetzungslos an das Wort Jahwes bindet, das die erfüllte Zukunft verheißt. Im Glaubensgehorsam wird dieser Glaube manifest.

Strukturell bleibt der Glaube zukunftsbezogen, ist Ausdrucksform eines Zutrauens auf dem Weg Gottes mit den Menschen und behält den Exoduscharakter, der Wagnis und Selbstüberschreitung bedeutet.

– *Der Glaube ist ganzmenschlicher, leibhaftiger Vollzug:* Gerade hier ist davon auszugehen, daß dem AT im großen und ganzen die Leib-Seele-Dichotomie des griechischen Denkens fremd war. Der Glaube ist so sehr ganzmenschliche Äußerung, daß ein rein innerliches Gebet fast unbekannt war (vgl. 1 Sam 1,12–14); die Ausdrücke für das Beten sind solche, die fast immer eine ganzmenschliche Komponente haben: Tanzen, Händeklatschen, Jubeln, Rufen, Sich-Niederwerfen sind leibhafte Ausdrucksgestalten des Glaubens an Gott, ebenso wie die Wallfahrten, das Schuheausziehen des Mose, auch die Waschungen, die Verhüllung als leibhaftige Gestalt der Ehrfurcht vor dem Unsichtbaren und doch Gegenwärtigen.

Die hier sichtbar werdende anthropologische Grundstruktur des Glaubensvollzuges bleibt Kennzeichen des Glaubens schlechthin; er lebt auf in der Praxis der sakramentalen Frömmigkeit und wird in allen Formen ganzmenschlicher Frömmigkeit realisiert.

– *Glaube ist nie ungefährdet;* die Glaubensgeschichte läßt sich nicht beschreiben ohne die sie beständig begleitende Geschichte des Unglaubens. Wagnis und Selbstüberschreitung auf den nahen und doch so fernen Gott hin ist nie einfache Selbstverständlichkeit, ebensowenig wie die darin beanspruchte Ganzheitlichkeit des existentiellen Einsatzes. Das Buch der Psalmen und viele andere Schriften bezeugen die Krisensituation, in die der Glaube immer wieder hineingerät. Anfechtung durch unverdientes Leid (Ijob, die Confessiones des Jeremias), durch den Spott der Andersdenkenden (Ps 13,2–5; 10,4; 22,7–19; 42,4.11), durch die Tatsache, daß es den Sündern oft gut geht, bringt Verwirrung. Die Erzählung vom Mannawunder in der Wüste (Ex 16) verdeutlicht, wo die Versuchung besonders groß ist; die Sorge ums Überleben brachte viele dazu, mehr zu sammeln, als von Gott zugedacht war. Die Selbstauslieferung im vollen und ausschließlichen Vertrauen auf Gott blieb eine Forderung, die nur schwer erfüllbar war.

Auch hier wird man von einem strukturellen Moment des Glaubensvollzuges sprechen müssen; solange der Mensch in der erbsündlich-konkupiszenten Situation lebt, bleibt er versuchbar, und der Glaube ist vom Unglauben nie endgültig zu trennen.

b) Glaube im NT:
Es ist festzustellen, daß die am AT aufgewiesenen Vollzugsstrukturen des Glaubens, die mehr formaler Art waren, sich im ntl. Glauben durchhalten; sie werden vertieft und bekommen in einer neuen heilsgeschichtlichen Situation einen ganz anderen inhaltlichen Hintergrund. Dieses ist im folgenden in einer entsprechenden Abfolge zu zeigen.

– *Terminologie:* Im NT wird, wenn vom Glauben gesprochen wird, vorrangig ein Wort gebraucht: πιστεύειν, wörtlich: sich verlassen auf, vertrauen, Glauben schenken. Wie viele Verwirklichungsformen des Glaubensvollzuges im Wortgebrauch von πιστεύειν gesehen werden können, zeigt sich in folgender Aufzählung: „Ich glaube – ich glaube dir – ich glaube dir das – ich glaube aufgrund von – ich glaube an dich" (B. Waldenfels); alle Elemente spielen bei der Annahme des Evangeliums eine Rolle. Glaube ist der zentrale Grundakt, in dem sich der Mensch der durch Jesus Christus gebrachten Verkündigung des Reiches Gottes öffnet, sie aufnimmt und in sein Leben übersetzt. Glaube ermöglicht im NT eine neue Weise der personalen Beziehung zu Gott, dessen Menschenfreundlichkeit dem Gläubigen in Jesus Christus begegnet ist. Seine gültige Gestalt findet dieser Glaube nach und aufgrund der Auferstehung Jesu Christi: „Selig sind, die nicht sehen und doch glauben" (Joh 20,29). Erst jetzt (in der Sicht johanneischer Theologie, die Auferstehung und Geistsendung zusammensieht) gewinnen die Jünger durch den Geist Jesu Anteil am Leben des Auferstandenen und können im Glauben, der aus der Kraft des Geistes lebt, zu Gott „Abba, Vater!" (Röm 8,15) sagen.

– *Glaube als Gemeinschaftsvollzug:* Der Glaube des NTs wächst wesentlich in der Konvergenzerfahrung aller Zeugen der Auferstehung Jesu Christi. In diesem Zeugnis besteht das Urbekenntnis des Glaubens, das in der Gemeinde durch den Geist Jesu des Auferstandenen erwirkt wird (vgl. 1 Kor 12,3). Die οἰκοδομή ist für die Kommunikation im Glauben wesentlich. Niemand kann zum Glauben kommen, ohne daß dieser bezeugt wird (Röm 10,14f.). Strukturell gilt auch hier: Der Glaube des einzelnen wird getragen vom Glauben der Gemeinde, und er selbst trägt diesen Glauben mit.

– *Glaube und Hoffnung:* Das NT hat einen eigenen Begriff für Hoffnung geprägt, ἐλπίς; es kennt auch die Trias von Glaube, Hoffnung und Liebe (1 Kor 13,13). Mit der Unterscheidung vom Glauben ist keine Trennung gegeben; indem sich der Glaube auf die Verheißung des Evangeliums einläßt, wird er notwendig zur Hoffnung. Die Gemeinde des Neuen Bundes ist Weggemeinschaft wie die des Alten Bundes; aber sie hat ein neues Ziel.

– *Glaube ist ganzmenschlicher, leibhafter Vollzug:* Die Auferstehungsbotschaft enthält das endgültige Ja Gottes zum Menschen in seiner Leiblichkeit. Die Antwort des Glaubens auf die Heilsbotschaft kann sich ganzmenschlich nur leibhaft vollziehen. Gelingenden Glauben kann es nur geben in einer Übereinstimmung von innen und außen: „Wer mit dem Herzen glaubt und mit dem Mund bekennt, wird Gerechtigkeit und Heil erlangen" (Röm 10,10).

– *Der Unglaube im Glauben:* Zwar ist der Glaube eindeutige Entscheidung für Jesus und seine Botschaft; aber der Mensch kann das Gelingen dieser Entscheidung, die völlige innere Umkehr, nicht endgültig feststellen (vgl. 1 Kor 4,3); sein Glaube ist wie der Gang über das Wasser, in dem es jeden Moment Anfechtung, Erschütterung und Bedrohung geben kann (vgl. Mt 14,22–33). Er wird selbst immer wieder auch wie der Mann im Evangelium bekennen müssen: „Ich glaube; hilf meinem Unglauben!" (Mk 9,24). Im Glauben ist beständige metanoia angesagt, Erneuerung des Denkens (vgl. Röm 12,2), wie Paulus sie anmahnt; sie allein macht den Menschen fähig, sein Leben und seine Welt im Licht des Glaubens zu beurteilen und zu erkennen, „was der Wille Gottes ist" (ebd.). In allen Anfechtungen hat er aber den Trost der Verheißung, der darin liegt, daß Jesus auch den gebrochenen Glauben angenommen hat (vgl. Mt 14,31 und Joh 20,27). Alle Garantien gelingenden Lebens aus dem Glauben liegen bei Ihm; Glaube ist und bleibt wesentlich Gnade, ein virtus infusa, wie die Systematik sagen wird.

2. Glaube und Ethos

Unter diesem Stichwort sind hier – wo es nicht um die Methodologie der Moraltheologie geht – vor allem zwei Bereiche anzusprechen: Einmal ist kurz zu verdeutlichen, wie der Glaube als ein allem Ethos vorausliegender Grundakt, der dennoch in ihm wirksam ist, verstanden werden kann (a); zum anderen ist über die Verantwortung nachzudenken, die der Gläubige für den Glauben hat (b).

a) Der Glaube als Grundakt jeglichen Ethos:

Hier könnte sich Widerspruch regen: Das sittliche Handeln ist kein Privileg von Gläubigen; deshalb kann Glaube nicht für jegliches Ethos gefordert werden. Darauf ist mit einer Unterscheidung zu antworten, die sich erst aus der systematischen Reflexion auf die Gesamtbotschaft des NTs ergibt. Eines geht aus vielen Äußerungen der Bibel hervor: Der Glaube ist *heilsnotwendig* (vgl. bes. Hebr 11,6); ebenso steht fest, daß Gott das *Heil aller Menschen* will (vgl. 1 Tim 2,4). K. Rahner hat versucht, diese beiden Aussagen so miteinander zu verbinden, daß er eine *fides implicita* annahm, in der der Mensch sich nicht ausdrücklich und bewußt das Wort der Botschaft zu eigen macht, in der er aber mit einer Treue zu sich und den Erkenntnismöglichkeiten seines Gewissens sein eigenes Dasein im Dienst an anderen annimmt und so vor Gott recht handelt, ohne dieses reflex zu wissen. Hebr 11,6 hat ja gerade jenen Glauben für heilsnotwendig gehalten, in dem Gott als der Garant der sittlichen Ordnung angenommen wird; dieser Gott wird einschlußweise geglaubt, wo jemand in Treue der unbedingten Forderung seines Gewissens nachkommt. *Dieser* Glaube ist allerdings in jeglichem Ethos als heilsnotwendig zu fordern.

Für den ausdrücklich Glaubenden ist sein eigener Glaube Hintergrund seines gesamten ethischen Handelns; das hat sich in aller Deutlichkeit aus den Beschreibungen des Glaubens in der Bibel ergeben. Er hat sich als Totalakt gezeigt, von dem her das Ganze der frei verantworteten Existenz des Menschen umgriffen wird. Gerade weil dies so ist, wird der Vollzug des Glaubens zu einer Aufgabe, die nie abschließbar ist.

Glaube ist auch in diesem Sinn eine Wirklichkeit für den Menschen, der das Ziel immer noch vor sich hat.

b) Verantwortung im Glauben für den Glauben:
Der Glaube wird nicht von selbst die alles durchdringende Mitte unseres Ethos; es bedarf ständiger *Übung*, um *ihn in unser Leben zu übersetzen*. Im einzelnen sind solche Übungen hier nur zu nennen, nicht zu beschreiben: Nicht zu Unrecht hat man das *Gebet* das Atemholen der Seele genannt; es ist die ausdrückliche Aktuierung der im Glauben gestifteten Beziehung zu Gott; in dem Zusammenhang der Vertiefung dieser Beziehung gehört auch das Hören auf Gottes Wort. Gott begegnet uns aber nicht nur im offiziellen Wort seiner Botschaft, sondern im Leben selbst, das uns in Anspruch nimmt; das Leben selbst, seine Freuden und Leiden, sein Gutes und Böses vom Glauben her in den Blick zu nehmen, ist Aufgabe der *Lebensbetrachtung* und der Gewissenserforschung. Eine einmalige Dichte erreicht die Begegnung mit Gott im Empfang der *Sakramente*.

Alle diese Formen des Glaubensvollzuges beziehen sich auf den eigenen persönlichen Glauben. Wir sahen aber schon, daß Glaube nur in Gemeinschaft wachsen kann, daß wir auf das Glaubenszeugnis der anderen angewiesen sind. So kommen hier auf jeden Christen *Aufgaben zu, die der Ermöglichung des Glaubens anderer dienen:* Die aktive *Teilnahme* an *Gottesdiensten* ist Mitwirken am Glauben der anderen; das werbende *Bekenntnis* oder *Zeugnis* hat eine entsprechende Funktion. Wir alle sind mitverantwortlich für die *Weitergabe* des Glaubens (vgl. den zitierten Ps 78,18) an die nächste Generation. Werbend wird das Glaubenszeugnis in allen diesen Bereichen nur dann sein können, wenn spürbar wird, daß aus dem Geist dieses Glaubens Leben gelingen kann. In diesem Kontext müßte auch die Mitverantwortung für die Ausbreitung des Glaubens, für die Mission genannt werden. Auf diese Dimensionen hat das Zweite Vatikanische Konzil in verschiedenen Dekreten und Konstitutionen hingewiesen (LG; AA; AG).

Es gibt neben der beschriebenen *Verantwortung für den Glaubensvollzug,* die fides qua, auch eine solche *für den rechten Glauben,* die fides quae. Die Inhalte der Botschaft sind nicht gleichgültig; ohne sie verlöre sie ihre Eindeutigkeit und ihre Kraft. Es kann sein, daß es Anfechtungen für den einzelnen in der Form gibt, daß er bestimmte Glaubensgehalte nicht annehmen zu können glaubt; hier kann es Probleme geben, die einer rationalen Klärung zugänglich sind. Geschieht solche Klärung nicht, kann die Gefahr bestehen, daß manche Bereiche des Glaubens brachliegen; sie verlieren ihre Wirkung auf das Leben. Es kommt zu Ausblendungen bestimmter Wahrheiten, zu denen man keinen Bezug mehr sucht. Hier kann die Gefahr bestehen, daß aus solchen Anfängen nach und nach ein Glaubensverlust wird. Die bewußte Ausblendung von einzelnen Wahrheiten nennt man *Häresie,* von der sich die Kirche zeit ihrer Existenz bedroht gesehen hat. In ihr wird das Evangelium nicht mehr unverkürzt weitergegeben.

Geschichtlich gesehen haben sich auf diesem Wege die *unterschiedlichen christlichen Konfessionen* herausgebildet, unter denen die Einheit des Glaubens nur noch partiell gegeben ist. Es ist als großer Fortschritt der letzten 50 Jahre, insbesondere auch des Zweiten Vatikanischen Konzils, anzusehen, daß sich die unterschiedlichen christlichen Kirchen in der ökumenischen Bemühung mit neuem Respekt begegnen, indem sie erkennen, daß in jeder Kirche Akzente des Evangeliums bewahrt blieben, die in der jeweils anderen zu sehr in den Hintergrund geraten waren, weil man in den Auseinandersetzungen zu ausschließlich die Unterschiede herausgestellt hatte. Man begann, voneinander zu lernen und wieder aufeinander einzugehen. Es stellte sich dabei die Frage, wie man gemeinsam Gottesdienste feiern könne; das alte Problem der communicatio in sacris stellte sich in neuer Weise. Die Kirchen sind sich über den *Grundsatz* einig, *daß die zeichenhafte Ausdrucksform der Einheit der Einheit in der Glaubensüberzeugung entsprechen muß* und daß es sich hier um Fragen handelt, die in den jeweiligen Kirchenordnungen einer generellen Regelung bedürfen, wobei erklärtermaßen diese Regelungen dynamisch zu verstehen sind, offen für einen Prozeß der Annäherung im Glauben.

Von der sogenannten Häresie ist der *Glaubensabfall* zu unterscheiden, in dem jemand den Glauben ganz verliert. Er ist heute die größere Gefahr, weil die Anfechtungen des Glaubens (vgl. oben) zumeist das Zentrum des Glaubens selbst betreffen, den Sinn des Lebens, und damit den Glauben an Gott als gütigen Vater selbst total in Frage stellen; angesichts der realen Geschichte dieser Welt mit Auschwitz und anderen Orten des Grauens muß das nicht verwundern. Er ist auch deswegen heute die größere Gefahr, weil der Trend der Zeit in einer Richtung verläuft, die für den Glauben keinen Platz mehr zu lassen scheint; dieser Glaube scheint unpassend geworden zu sein, sich in ein modernes Lebensverständnis nicht mehr einzufügen. Wer nicht bewußt den Glauben lebt, verfällt ohne „große Probleme" solchem Trend, der geeignet ist, die wirklichen Probleme erst gar nicht bewußt werden zu lassen. Dafür scheint der moderne Mensch auch dankbar – ist er doch mancher Last der Verantwortung ledig. Was Schaden nimmt, sind dann die Tiefendimensionen des menschlichen Lebens, das seinen Sinngrund zu verlieren droht.

Andere Gefahren ergeben sich für den rechten Glauben aus *Ersatzformen* desselben, die sich in unserer Gesellschaft in mancherlei Form anbieten:
— Unter *Aberglaube* versteht man die Haltung und die ihr entsprechenden Verhaltensweisen, in denen der Mensch Zuflucht zu Riten oder Zeichen sucht, mit denen er sich natürlich nicht faßbare Kräfte dienstbar zu machen versucht. In ihnen sucht er nicht mehr den Kontakt mit dem lebendigen und ihn in Anspruch nehmenden Gott, sondern möchte sich durch andere Kräfte absichern, zu denen weniger ein personaler Kontakt hergestellt, als vielmehr bloß Instrumentalisierung vollzogen wird. In jedem Fall des Aberglaubens liegt eine Art *Verdinglichung religiöser Wirklichkeit* und damit eine Verfälschung derselben vor. Das beginnt schon mit Verdinglichungstendenzen innerhalb zunächst noch kirchlicher Formen der Frömmigkeit. Unangemessenes Vertrauen auf „Anwendung" (sit venia verbo!) von Sakramentalien, wie Kerzen, Weihwasser, Prozessionen, Segnungen, religiösen Bildern (Christophorusplaketten z. B.) liegt dann vor, wenn solcherart berechtigte zeichenhafte Frömmigkeit nicht mehr dem personalen Glauben an Gott dient, sondern der Absicherung eigener Interessen.

Mit dem Schwinden bewußter Religiosität breiten sich Formen des *Aberglaubens im engeren Sinn* aus. In der *Wahrsagerei* versuchen Menschen, geheimes Wissen dingfest zu machen, sich selber die Zukunft zu enträtseln, mehr also zu wissen, als was die Offenbarung uns hier zu erkennen gibt; so etwas kann gesucht werden in unzureichenden Formen der Astrologie (man denke an das unübersehbare Angebot von Horoskopen), des Kartenlegens, des Handlesens, des Pendelns usw. Wo es um reine Machtausübung geht, wird Aberglaube zur *Magie;* in ihr versucht man, durch Riten und Zeichen übernatürliche Kräfte zu binden und sich dienstbar zu machen. Von Schwarzer Magie spricht man bei Versuchen, mit dem Teufel zu paktieren, um eigener partieller Interessen willen.
— Der *Spiritismus* entspricht in seinen Intentionen ziemlich genau den zum Teil beschriebenen Phänomenen; man versucht, sich auf esoterische Weise besonderes Wissen anzueignen. Hier geschieht das mit Hilfe von Praktiken, in denen man mit Verstorbenen Kontakt aufnimmt. Die Kompatibilität dieser Vollzüge mit dem christlichen Glauben stellt sich als Problem in sehr unterschiedlicher Form dar — vor allem dort, wo solcherart Praktiken nicht einer momentanen Modeströmung folgen, sondern auf jahrhundertealten Erfahrungen beruhen, wie in manchen spiritistischen afroamerikanischen Kulten Lateinamerikas.
— Der *Okkultismus* befaßt sich mit okkulten (verborgenen, nicht unmit-

telbar erklärbaren) Phänomenen, die natürlich erklärbare Ursachen haben können, aber durchaus paranormaler Art sind (Telepathie, Zweites Gesicht, Telekinese, Spuk u. a. m.). Es hängt von der Art des Umgangs mit diesen Phänomenen ab, ob man das Bemühen um sie positiv oder negativ beurteilen muß. Die Gefahr, daß das Außergewöhnliche leicht zu großes Gewicht bekommt und von dem Wesentlichen ablenkt, das der Glaube nahelegen würde, wird gerade von denen herausgestellt, die solche Phänomene an sich erlebten und sie in den Zusammenhang mit ihrem eigenen Glaubensweg bringen konnten.

Zu beurteilen sind alle diese einzelnen Verhaltensweisen immer von ihrem Bezug zum eigentlichen Glauben her. Behindern oder fördern sie die Beziehung zu dem Gott, der uns in Christus sein Heil geschenkt hat? – das bleibt die Kernfrage der Unterscheidung.

A. Brunner, Glaube und Erkenntnis (1951); *R. Guardini,* Vom Leben des Glaubens (1957); *J. Imbach:* Glaube aus Erfahrung. Von der Möglichkeit, Gott zu begegnen (1981); *W. Janzen,* Okkultismus, Erscheinungen – Übersinnliche Kräfte – Spiritismus (1988); *P. Knauer,* Der Glaube kommt vom Hören. Ökumenische Fundamentaltheologie (1978); *J. Mouroux,* Ich glaube an dich. Von der personalen Struktur des Glaubens (1951); *H. Waldenfels,* Kontextuelle Fundamentaltheologie (1985); *B. Welte,* Was ist Glauben? Gedanken zur Religionsphilosophie (1982).

BERNHARD FRALING

Gleichheit

→ Diskriminierung → Gerechtigkeit → Liebe → Neid → Sozialethik → Soziallehre, katholische → Toleranz

Die Kategorie *Gleichheit* bezieht sich nur z. T. auf die ethische Reflexion. Sie kann auch mathematische oder logische Relationen kennzeichnen. An dieser Stelle soll von der Gleichheit nur in ethischer Hinsicht (Gleichheit als Gleichwertigkeit, Gleichberechtigung und Gleichrangigkeit) die Rede sein.

1) Ideengeschichtliche Entwicklung

Will man der Gesamtheit der ideengeschichtlichen Einflüsse auf den heutigen ethisch-theologischen Gleichheitsbegriff gerecht werden, dann müssen sowohl die biblischen Motive als auch die Einflüsse der Antike einerseits, der Philosophie der Aufklärung und des deutschen Idealismus bzw. des Marxismus andererseits berücksichtigt werden. Sie werden hier nur skizzenhaft vorgestellt.

a) Biblische Motive: Die altorientalischen Völker waren sich der grundlegenden Ungleichheit menschlicher Verhältnisse bewußt. Dies schlägt sich in zahlreichen Texten nieder. Bei Israel und seinen Traditionen herrscht immer intensiver eine Gottesvorstellung, verstanden als eine Instanz, welche ohne Ansehen der Person alle Menschen liebt und urteilt (vgl. unter vielen Sir 35,12; Weish 6,8). Diese Vorstellung tritt oft mit Denkweisen aus dem Klassensystem der benachbarten Völker (vor allem Kanaan) in Konflikt. Spuren einer polemischen Gegenüberstellung sind vor allem in der prophetischen Literatur auffindbar. Auch die krassen Ungleichheitssituationen wie z. B. die Schuldknechtschaft werden bei den Propheten heilsgeschichtlich relativiert: „Denke daran, daß du selber Sklave im Lande Ägypten warst" (Dtn 15,15).
In den ntl. Schriften erscheint Gleichheit in erster Linie als theologische Kategorie, als Attribut Christi als dem Vater gleich (Phil 2). Es fehlen aber nicht Aussagen direkter oder indirekter ethischer Tragweite. So gründet nach Paulus die Gleichheit unter den Gläubigen (Gal 3,27f.; 1 Kor 12,13) in der Teilnahme am Leben des „Leibes Christi" durch die Taufe. Die Verschiedenartigkeit der Gaben unter den Gemeindemitgliedern hebt diese Gleichheit nicht auf. Die deuteropaulinischen Schriften bestätigen diese Ansichten des Apostels (vgl. vor allem Kol 3,11 und 4,1). In der ganzen paulinischen Tradition werden die geschichtlich weiter wirkenden Ungleichheiten unter Gläubigen als vorläufig, nicht konstitutiv angesehen. Die Gleichheit wird „eschatologisch" verstanden, d. h. als verborgen und real zugleich wahrgenommen.

b) Die klassische Antike: Mit der Bestimmung des Menschen als ζῷον πολιτικόν bei Aristoteles ist auch die Vorstellung verbunden, daß die Mitglieder der Polis unter sich als gleich würdig gelten, in dem Sinne, daß alle am Herrschen und Beherrschtwerden in gleicher Weise partizipieren. Gleichheit kommt auch als Ausdruck von Freundschaft und gemeinsamer Gesinnung vor, nicht aber explizit als politische Gleichheit, welche die Teilnahme aller an den Entscheidungen der Polis vorsieht.
Die stoische Philosophie sieht die prinzipielle Gleichheit unter den Menschen im Logos gegründet. Zum ersten Mal werden hier bestehende soziale Ungleichheiten ethisch entschieden in Frage gestellt.
Die rechtliche Tradition Roms findet in der Kategorie der *aequitas* den angemessenen Ausdruck für Gleichheit und Gerechtigkeit. Die ontologische Gleichheit wird eher durch den Begriff der *similitudo* ausgedrückt.

c) Vätertheologie, Mittelalter und Reformation: In der patristischen Literatur verschmelzen biblische mit griechisch-römischen Gleichheitsvorstellungen. Gleichheit wird vor allem als Resultat des Schöpfungswillens Gottes, der den Menschen als „Ebenbild Gottes" geschaffen hat, wahrgenommen. Im Sohn-Sein vor dem Vater sind alle Menschen grundsätzlich gleich (vgl. vor allem die Schriften der Apologeten). Die Erbsünde wird oft als Legitimierung bestehender Ungleichheiten herangezogen. Die Verschiedenartigkeit der Kombination dieser theologischen Themen läßt, mindestens für die ersten Jahrhunderte, keine einheitliche und theologisch kohärente Gleichheitsvorstellung zu.

Im Mittelalter wird die Gleichheit innerhalb eines Standesdenkens sowohl sozialphilosophisch als auch theologisch ausgelegt. Auch die Kirchenvorstellung betont die standesmäßige Ungleichheit zwischen Laien einerseits und den verschiedenen Klerusstufen andererseits. Über allen Lebensbereichen herrscht ein hierarchischer Ordo von ungleichen Gliedern.

Diese Denkform wurde im Mittelalter selbst hinterfragt: zuerst durch die Bewegungen der Bettelorden, dann durch den „Konziliarismus" und schließlich durch die Reformationsbestrebungen in der ersten Hälfte des 16. Jh.s.

Hier, vor allem bei M. Luther, wird Gleichheit zuerst theologisch verteidigt (*Praesertim in rebus spiritualibus,* WA 12, 189, 9). Vor Gott ist Gleichheit permanent: *Sumus, fuimus, manemus omnes coram deo aequales semper* (WA 5, 169,22), und diese Überzeugung ist mit der Rechtfertigungslehre eng verknüpft. Der Gleichmachung Gottes mit den Menschen in Christus folgt, theologisch gesehen, eine Gleichmachung unter den Menschen. Sie wirkt unmittelbar in der Kirche, durch eine radikale Infragestellung der ontologischen Differenz zwischen Klerus und Laien. „Durch die Tauff werden wir allesampt zu priestern geweyet" (WA 6, 407).

Der radikale Flügel der Reformation wollte diese Gedanken unmittelbar auch auf das gesellschaftspolitische Leben anwenden. Luther findet diese Forderung „fleischlich" und nicht schriftgemäß. Für das menschliche Zusammenleben sind nach Luther Ungleichheiten unerläßlich (vgl. WA 14, 655) und vom Christen als „Trost und Trotz" anzunehmen.

Obwohl J. Calvin in dieser Frage die Position Luthers übernimmt, hat die spätere calvinistische Tradition durch die Erfahrung der Religionskriege eine größere Sensibilität für die politische Gleichheit entwickelt. Deswegen sind die ersten Vertreter einer neuen naturrechtlichen Gleichheit zum großen Teil Calvinisten (vgl. vor allem H. Grotius).

d) Politische Vertragstheorie der Aufklärung, sozialistische Traditionen und katholische „Reaktion": Im 17. und 18. Jh. werden verschiedene philosophische Versuche unternommen, die Gleichheit unter den Menschen an eine vertragstheoretische Gesellschaftstheorie anzuknüpfen. Der Mensch wird hier nicht mehr (wie bei Aristoteles und Thomas v. Aquin) als natürlicherweise politisches und gesellschaftliches Wesen angesehen, sondern als gesellschaftsunfähiges Individuum, welches aus einer natürlichen Position der Gleichheit durch einen Gesellschaftsvertrag in das politische Leben als Bürger eintritt. Diese neue Perspektive leugnet nicht, daß die Menschen in ihren natürlichen Anlagen de facto ungleich seien, betont aber, daß alle Menschen trotz dieser natürlichen Ungleichheiten in ihrem Verhältnis zueinander gleichen Wert und gleiches Recht beanspruchen müssen. Gleichheit wird zum gesellschaftlichen Organisationsprinzip erhoben.

In verschiedenen sozialistischen Ansätzen des 19. Jh.s wird dieser Gedanke nochmals radikalisiert. Gegenüber der bürgerlichen formalen Gleichheit vor dem Gesetz fordert die Arbeiterbewegung „tatsächliche" und „volle" Gleichheit. Bei einigen Vertretern ist die Gleichheitsforderung immer noch theologisch begründet (so bei F. R. Lamennais und W. Weitling: „Die Gütergemeinschaft ist das Erlösungsmittel der Menschheit", und „Das Prinzip Jesu ist das Prinzip der Freiheit und der Gleichheit"). Bei K. Marx entwickelt sich vor allem eine Ideologiekritik des menschenrechtlichen Gleichheitspostulats.

Die katholische Soziallehre, vor allem nach der Enzyklika *Rerum novarum* (1891) von Leo XIII., setzt sich kritisch sowohl mit den aufklärerischen als auch mit den sozialistischen Gleichheitsidealen auseinander. Durch den Gedanken des *Solidarismus* wird vor allem betont, daß Klassenunterschiede als Form des gegenseitigen Dienstes und der Hilfe ausgelegt werden müssen. Aus der gegenseitigen Angewiesenheit, welche aus der Ungleichheit entspricht, leitet die katholische Soziallehre die Grundverpflichtung ab, sich für die einzelnen und für die Institutionen solidarisch zu betätigen.

Erst mit den Enzykliken von Johannes XXIII. und dem Zweiten Vatikanischen Konzil treten in katholischen Dokumenten Äußerungen ein, welche die formale und materiale Gleichheit unter den Menschen direkt begründen und fordern (vgl. vor allem GS 29; DH 6). Unbegründete Ungleichheiten werden offen als *Diskriminierungen* angeprangert.

2. Heutige Trends in der philosophischen und theologischen Ethik
Man muß, um eine angemessene ethische Beurteilung von Gleichheits-

konflikten zu erreichen, verschiedene *Gleichheitsverständnisse* definieren und entsprechend bewerten. So unterscheidet man in der einschlägigen Literatur zwischen der *natürlichen* bzw. der *moralischen* Gleichheit, der *sozialen* und der *politischen* Gleichheit.

Über diese Unterscheidungen hinaus, welche den Bereich, in dem die Gleichheit sich abspielt, präzisieren, sollte man auch näher betrachten, *in welcher Hinsicht* diese so jeweils anders verstandene *Gleichheit* zu gelten hat. Dabei unterscheidet man erstens zwischen *Gleichheit von einigen in einigen Dingen,* zweitens *Gleichheit von einigen in allen Dingen,* drittens *Gleichheit von allen in einigen Dingen* und schließlich viertens zwischen *Gleichheit von allen in allen Dingen.* Nur das letzte Verständnis von Gleichheit kann als *radikaler Egalitarismus* angesehen werden. Diese Position wurde selten aus ethischen Gründen vertreten. Ihre Praktikabilität ist in der Tat nur aufgrund einer radikalen Minimierung der Freiheit denkbar.

Es bleibt als ethisch wohl begründet und praktikabel nur ein Verständnis von Gleichheit, welches die Gleichwertigkeit aller Menschen zur Voraussetzung hat und Unterschiede nur unter vordefinierten Kriterien zuläßt. Unterschiede sind legitim und sogar notwendig aufgrund von verschiedenen Bedürfnissen, Fähigkeiten und Verdiensten. Die Harmonisierung dieser Kriterien untereinander wird als Gerechtigkeit definiert. Sie gibt jedem nicht das Gleiche, sondern das Eigene *(unicuique suum).*

3. Anwendungen in verschiedenen Lebensbereichen

Ungerechtfertigte Ungleichheiten werden ethisch als *Diskriminierungen* definiert und getadelt. Als verbreitete Diskriminierungen gelten Ungleichheiten, die nur aufgrund des Geschlechtes (Sexismus), der Rasse oder des Volkes (Rassismus und Antisemitismus) begründet werden, oder Ungleichheiten, die noch nicht bestehen, welche aber aus unberechtigten Gründen verlangt werden (wie etwa im Nationalismus und/ oder Imperialismus). Alle diese Diskriminierungen können durch eine internationale Gesetzgebung wenigstens minimiert werden.

4. Verfehlung gegen berechtigte Ungleichheiten: der Neid

Er wird als ein intentionales Unbehagen empfunden, welches gegenüber den Ungleichheiten der anderen Personen, Institutionen oder Instanzen eintritt. Es handelt sich um eine ambivalente Tendenz, welche sowohl schöpferische Energien freilassen kann als auch zum regredierenden Laster werden kann. Die biblischen Schriften und die theologische Tradition sehen im Neid ein Hauptlaster, auch wenn Thomas v. Aquin Verständnis für die Neigung als solche *(motus invidiae)* zeigt. Der Nachahmungstrieb ist im Menschen natürlich verankert, der expropriatorische Wille hingegen wird gesellschaftlich vermittelt und psychisch individuell angeeignet. Letzterer läßt sich also auch ethisch gestalten.

O. Dann, Gleichheit und Gleichberechtigung (1980); *G. Fernández de la Mora,* Der gleichmacherische Neid (1987); *G. Kehrer* (Hrsg.), Vor Gott sind alle gleich (1983); *H. Nef,* Gleichheit und Gerechtigkeit (1941); *F. Neumann,* Gleichheit (1980); *H. R. Schlette,* Gleichheit. Philosophische Bemerkungen zu einem Reizwort, in: Orientierung (1989) 171–174, 183–186.

ALBERTO BONDOLFI

Glück

→ Alttestamentliche Ethik → Gott → das Gute → Hoffnung → Leben → Natur → Neutestamentliche Ethik → Wert

Der Begriff „Glück" ist vieldeutig, im Grunde verbinden aber alle damit den Gedanken an erfülltes Leben, an Freundschaften, Frieden, Freude, Reichtum, Ehre, Gesundheit. Diese Güter sind aber zerbrechlich und vom Zufall abhängig; manchmal „hat" man Glück! So wird verständlich, daß Glück im Deutschen ein Zweifaches bedeutet: den glücklichen Zustand und den glücklichen Zufall.

„Alle Menschen streben nach Glück." Mit dieser Sentenz drücken Aristoteles, Augustinus und Thomas v. Aquin eine Grundeinsicht in Motive und Antriebe menschlichen Handelns aus. Ähnlich kann aber auch der Satz „Alle Menschen suchen das Heil" allgemeine Zustimmung finden, wenn man mit Heil das Ganzsein, das Erfülltsein meint. Mit den beiden Worten Glück und Heil wurde bis zu Beginn der Neuzeit der antike Begriff der ευδαιμονία, der *beatitudo,* wiedergegeben. In der Neuzeit trifteten die beiden Begriffe aber immer mehr auseinander: Heil wurde zu einem Sonderbegriff der religiösen Sprache und meinte vornehmlich die jenseitige, von Gott geschenkte Erfüllung. Glück bezeichnete die diesseitige, dem Menschen ermöglichte lustvolle Befriedigung des Lebens „Glück scheint heute der Begriff für das ‚Heil' zu sein, das um seine Transzendenzdimension gekappt ist, Heil ist der ‚Glücks'-Begriff ohne, ja gegen alle immanenten Realisierungen." (G. Greshake)

Aristoteles bezeichnet (in der *Nikomachischen Ethik*) mit Glück das Gut, das um seiner selbst willen und nicht um eines anderen willen angestrebt wird, es ist Ziel und Sinnerfüllung des menschlichen Lebens. Vor jeder inhaltlichen Bestimmung strebt der Mensch nach Glück. Jener kann glücklich genannt werden, der sein eigenes Selbst verwirklicht, „der gemäß vollendeter Tugend wirkt und über die äußeren Güter in ausreichender Weise verfügt, nicht eine flüchtige Zeit, sondern ein ganzes Leben" (Aristoteles). Glück besteht nicht primär in Lustgefühlen, sondern stellt ein objektives höchstes Gut dar. Es sei „wohlgesagt", wenn die Überlieferung das Glück „Gabe des Gottes" nenne.

In der biblischen Sprache steht das Wort *Schalom* für das Heilsein des ganzen Menschen in all seinen Bezügen und Dimensionen. Die damit zusammengefaßten Glücksgüter sind Gabe Jahwes. Die Gemeinschaft mit Gott ist das eigentliche, alles umfassende Glücksgut (z. B. Ps 16,1; 73,28; 144,15). Jesus knüpft an diese atl. Heilserwartungen an (vgl. Lk 4,18), betont aber, daß die heil- und glückbringende Gottesherrschaft schon jetzt anbricht. Jesus bringt und ermöglicht „Leben in Fülle" (vgl. Joh 10,10); Heil und Glück sind in dem von Jesus angesagten Gottesreich schon anfanghaft verwirklicht. Glück kommt von Gott her, ist seine Gabe. In seiner Ichverhaftetheit kann sich der Mensch dieser Gabe Gottes verweigern, indem er sich ein Glück im Bereich des ihm Überschaubaren und Machbaren schafft. Das Glück der Gottesherrschaft setzt daher Umkehr und Distanzierung von Fixierungen auf vorläufige Glücksgüter voraus. Damit klingt wohl die in der Neuzeit sich verhärtende Gegenüberstellung von Glück und Heil an, doch findet sich auch in den ntl. Schriften eine Zuordnung von irdischem und himmlischem Glück und Heil: Das himmlische Heil ist schon erfahrbar, es gibt ein Angeld (vgl. 2 Kor 1,22), eine Vorwegnahme; zugleich aber wird damit das Verabsolutieren von vorläufigem Glück entlarvt.

Augustinus hat für das Glücksverständnis des Abendlandes weitreichende Wirkungen ausgelöst. Die unbestrittene Überzeugung, daß letztlich nur Gott das wahre Glück des Menschen ausmacht, führte beim späteren Augustinus zu einer sehr distanzierten Haltung gegenüber den irdischen Glücksgütern. Die sehr negative Einschätzung des Menschen in seiner Verderbtheit durch die Sünde, die enge Interpretation des Heilswillens Gottes, von dessen Gnade allein das Erreichen des Heils abhängt, führten Augustinus in seinen Spätschriften zur Behauptung, daß man nur Gottes endgültiges Heil in vollem Sinn genießen *(frui)*, nur nach ihm verlangen darf; die Welt und ihre Güter darf man auf dem Weg dorthin nur gebrauchen *(uti)*.

Der scharfe Kontrast, den Augustinus mit dem Wortpaar *frui-uti* aufbaut, wird wohl in der Folge nicht rezipiert, hat aber doch die weitere Geistesgeschichte mitgeprägt. *Thomas v. Aquin* entschärfte den Gegensatz: Das Streben nach Glückseligkeit „bedeutet nichts anderes, als danach streben, daß der Wille gesättigt werde". Aber dieser Hunger und Durst sind so unersättlich, daß sie nur im schlechthin Guten zur Ruhe kommen können. Dieses findet sich aber nur in Gott, so besteht für Thomas das vollendete Glück des Menschen in der Gemeinschaft mit Gott. Dieses Ziel vermag niemand in dieser Welt zu erreichen, trotzdem wird der Mensch nicht einfach „vertröstet": Es gibt hier schon einen Beginn, eine unvollkommene Teilhabe da, wo der Mensch in seinem Handeln durch die Tugenden das Gute verwirklicht. Der Weg des Menschen zu Gott ist nicht nur die „Vorbereitung auf den Empfang der Glückseligkeit, sondern der Prozeß eines Wachstums der jetzt schon empfangenen Beatitudo aus ihrer unvollkommenen irdischen Gestalt zu ihrer eschatologischen Vollendung" (R. Spaemann).

Die „Wende zum Subjekt" ist Kennzeichen der *Neuzeit;* der Mensch versucht, sich immer stärker aus allem Vorgegebenen und Umgreifenden zu emanzipieren. Eine Folge dessen ist auch die radikale Unterscheidung von natürlichem Glück und übernatürlichem Heil: Glück wird machbar („Jeder ist seines Glückes Schmied!"). So wird in der Präambel der amerikanischen Unabhängigkeitserklärung vom 4. 7. 1776 das „Streben nach Glück" zu den unveräußerlichen Rechten des Menschen gezählt. Damit ist auch der Schritt vom „objektiven" Glück zum Glücksgefühl gegeben, das schließlich mit der Erfahrung von Lust in all seinen Schattierungen identifiziert wird. Im gegenwärtigen Verständnis ist daher Glück gleichbedeutend geworden mit Wohlbefinden, Lustgewinn und Bedürfnisbefriedigung.

Die theologische Reflexion hat sich erst in den letzten Jahren wieder der Frage nach dem Glück gestellt. Die Aporien eines nur weltimmanenten Glücksdenkens stellen eine Herausforderung an die Theologie dar. Andersseits wurde neu erkannt, daß das gängige Denken von Heil sehr stark durch einseitige „Verinnerlichung" und „Jenseitigkeit" geprägt war. Glück und Heil wieder in Beziehung zu bringen und damit den Einheitspunkt menschlichen Strebens deutlich zu machen, wurde als Anliegen wieder wahrgenommen.

In der Vergangenheit war Glück mit Lust und Glücksgefühl identifiziert worden, so kam es zu einer Verlagerung der Glücksfrage in den Bereich der Psychologie. Konsequent ging es weiter zu einer empirischen Bedürfnisforschung, um die Möglichkeiten für die Befriedigung der Bedürfnisse zu steigern und damit das Glücksgefühl zu erhöhen. So konnte es als das Ideal erscheinen, die Erfüllung des Luststrebens durch möglichst viele zu garantieren. Die Folge des Bemühens war aber letztlich nicht die Steigerung des Glücks, sondern die Schaffung von neuer Unzufriedenheit, d. h. die Erzeugung von Unglück. Es zeigt sich, daß nicht die materiellen Güter primär Glück zu schaffen vermögen, daß vielmehr die größere Eingebundenheit in die Gemeinschaft, die Anerkennung, die Selbstverwirklichung mehr Glück vermitteln. In all dem wird die „Melancholie der Erfüllung" (E. Bloch) erfahrbar, ein Hinweis, daß das wahre Glück im tiefsten nicht machbar ist.

Gegen dieses „bourgoise Glück" und gegen die Vertröstung auf ein jenseitiges Heil ist der *Marxismus* angetreten: Der Weg zum Glück der Menschheit ist die revolutionäre Praxis, die Umwälzung aller Verhältnisse, „in denen der Mensch ein erniedrigtes, ein geknechtetes, ein verlassenes, ein verächtliches Wesen ist" (K. Marx). Dann wird das wahre Glück des „Reiches der Freiheit" erreicht. Damit wird aber Glück ausschließlich in eine Zukunft projiziert, die für die jetzt Lebenden nie aktuell werden wird; von ihnen aber wird Einsatz und Leistung für diese Zukunft erwartet.

Beide Konzeptionen von Glück in der Neuzeit sehen das Glück als durch den Menschen machbar und erreichbar an, verwirklichbar in der menschlichen Geschichte. Aber das Streben des Menschen nach Glück ist weder zu stillen durch Maximierung des Lustkonsums noch durch Einsatz für ein künftiges Reich der Freiheit. Das Glück, das der Mensch erstrebt, übersteigt alles Erfüllbare und Herstellbare, steht daher mit der letzten Erfüllung des Menschen in einem untrennbaren Zusammenhang. Glück und Heil sind damit aufeinander verwiesen.

Vom Glück gilt: „Es entzieht sich uns gerade, indem wir es intendieren" (V. Frankl). Glück ist wesentlich Gabe und Geschenk, nicht so sehr Ergebnis eigener Leistung. Glück ist nicht möglich ohne Begegnung, ohne Liebe, die dem einzelnen von anderen zukommt. Aber nicht nur im Empfangen von Liebe, auch im Geben, im Einsatz für die anderen empfängt man Glück. Das „kleine Glück", das zugleich als zerbrechlich erfahren wird, verliert das Glückhafte, wenn es nicht offen bleibt für das größere Glück. Letztlich will jener, der das Glück sucht, „alles" besitzen.

Eine hedonistische Auffassung von Glück kann nicht oberste Handlungsmaxime des Menschen und der Gesellschaft sein. Das letztlich erstrebte Glück, das vom sterbenden Menschen angezielte *universale bonum,* weist hin auf das *Summum Bonum.* Zugleich hat aber auch die theologische Reflexion die von Augustinus verschärfte Distanz zur Welt, in der wir leben, zu überwinden getrachtet. In diesem Sinn erklärt das *Zweite Vatikanische Konzil:* „Zwar werden wir gemahnt, daß es dem Menschen nichts nützt, wenn er die ganze Welt gewinnt, sich selbst jedoch ins Verderben bringt; dennoch darf die Erwartung der neuen Erde die Sorge für die Gestaltung dieser Erde nicht abschwächen, auf der uns der wachsende Leib der neuen Menschenfamilie eine umrißhafte Vorstellung von der künftigen Welt geben kann, sondern muß sie im Gegenteil ermutigen. Obschon der irdische Fortschritt eindeutig vom Wachstum des Reiches Christi zu unterscheiden ist, so hat er doch große Bedeutung für das Reich Gottes, insofern er zu einer besseren Ordnung der menschlichen Gesellschaft beitragen kann" (GS 39). Die Christen sollen ihre Hoffnung in den Strukturen dieser Welt ausdrücken (vgl. LG 35), die endgültige Erneuerung der Welt soll in gewisser Weise schon jetzt vorweggenommen werden (vgl. LG 48). Glaube, Hoffnung und Liebe vermitteln das endgültige Heil von Gott her in irdische Glückserfahrungen: „Insofern Glaube, Hoffnung und Liebe als glückhaftes Angeld endgültigen Heils zufallende Gaben sind, zeigt sich, daß das Glück wesenhaft Geschenk ist, ‚Glücksfall', ‚fortuna'; insofern aber Glaube, Hoffnung und Liebe Tugenden des Menschen sind, gibt es kein Glück, ohne daß der gute Geist des Glücks *(eu-daimonia)* sich in glückenden Erfahrungen und glückschaffenden Taten des Menschen verwirklicht" (G. Greshake).

G. Greshake, Glück und Heil, in: *F. Böckle u. a.* (Hrsg.) Christlicher Glaube in moderner Gesellschaft (1981) 101–146; *ders.,* Perspektiven (1983); *J. Ritter/O. H. Pesch/R. Spaemann,* Glück, Glückseligkeit, in: HWP III, 679–707.

JOSEF WEISMAYER

Gott

→ Alttestamentliche Ethik → Gebet → Heilsgeschichte → Kirche
→ Mensch → Neutestamentliche Ethik → Religionsfreiheit
→ Pneumatologie → Spiritualität

Das Wort „Gott" schließt im neuzeitlichen Kontext immer die Frage ein, ob Gott existiert. Diese religionsphilosophische und glaubensbegründende Fragestellung soll vorerst ausgeklammert bleiben. Die Reflexion der Systematischen Theologie kann davon ausgehen, daß Gott sich selbst erschlossen hat, daß er in der Geschichte Israels und in seiner nicht mehr zu überbietenden Offenbarung in Jesus Christus als Befreiender und Retter erfahrbar geworden ist. Der Moraltheologie im besonderen geht es um die Antwort des Menschen angesichts dieses, alles Erwarten übersteigenden, gnadenhaften Handelns Gottes an den Menschen und an dieser Welt.

1. Wie zeigt sich Gott?

Was läßt er von sich in seiner Begegnung mit uns Menschen erkennen, erahnen? Das bezeichnet man oft mit dem nicht sehr glücklichen Ausdruck *Gottesbild:* Israel hat Gott nicht primär mit denkerischen Bemühungen zu erreichen versucht, vielmehr hat er selbst sich dem Volk genähert: Jahwe, der Heilige, hat sich in der konkreten Geschichte gezeigt und zu erkennen gegeben, hat mit dem Volk Israel einen Bund geschlossen. Daher besteht auch die Antwort des Menschen, die Gottesverehrung, nicht im Anerkennen Gottes, sondern in der das ganze Leben des Volkes und jedes einzelnen umfassenden Orientierung auf den berufenden Gott hin. Das AT lehnt jede bildhafte Darstellung von Gott ab (vgl. z. B. Ex 29,4), weil man dem Gott Israels nicht ins Gesicht sehen kann wie einem (Götter-)Bild, wie einem beliebigen Partner, letztlich weil Begegnung mit Gott sich seiner Initiative verdankt und nicht Ergebnis menschlicher Bemühung ist. Wahre Erkenntnis Gottes besteht daher im Eingehen auf sein Begegnen, im Sich-Öffnen für ihn. Es ist verboten, von Gott ein Bild zu machen, aber der Mensch ist „Abbild Gottes" (Gen 1,27).

Die Züge des biblischen „Gottesbildes" werden im Namen Jahwe als Kurzformel biblischer Hoffnung deutlich: Dieser Name unterschied den Gott Israels nicht nur von den Göttern Ägyptens und Kanaans, sondern erinnert den Glaubenden auch an die Weise, wie Gott sich offenbarte. Das Wort Jahwe spricht ja die Zusage aus: „Ich will bei euch da sein, als welcher ich bei euch da sein will." Mit E. Zenger kann man vier Aspekte dieses Naheseins Jahwes unterscheiden: Jahwe ist zuverlässig, man kann auf ihn bauen; er ist unverfügbar, mit ihm kann und muß man rechnen, auch wo sein Dasein dem vordergründigen Streben des Menschen zuwider ist; er will ausschließlich geliebt werden; er ist unbegrenzt, überall nahe.

In der Mitte der Gotteserfahrung Israels steht Jahwe als Retter und Befreier in der Not; er wird verehrt als jener, der mit Israel einen Bund eingegangen ist, der ihm in allen Höhen und Tiefen seiner Geschichte – trotz aller Untreue des Volkes – die Treue gehalten hat. Daß Jahwe der Schöpfer des Himmels und der Erde ist, steht mit diesem Wirken Gottes in der Geschichte in engem Zusammenhang: Jener hat mit Israel einen Bund geschlossen, dem alle Wirklichkeit das Dasein verdankt, der nicht begrenzt ist durch Raum und Zeit. Sein rettendes Bemühen beginnt schon mit dem Herausrufen der Welt aus dem Nichts durch sein machtvolles Wort (vgl. Gen 1,3.6.9 u. ö.). Der Bundesgott ist der Schöpfer.

Dieser Gott ist der „Vater unseres Herrn Jesus Christus" (vgl. Eph 1,3). Der viele Male und auf vielerlei Weise einst zu den Vätern gesprochen hat, hat in dieser Endzeit zu uns gesprochen durch seinen Sohn (vgl. Hebr 1,1). In der Verkündigung Jesu ist Gott der Vergebende, Helfende, Tröstende, jener, der dem Menschen nachgeht und das Verlorene sucht; zugleich aber fordert er zur Entscheidung heraus und begehrt ausschließlich Hingabe. Für Jesus ist Gott „Abba", liebender Vater, dessen Willen zu tun, Jesus bereit ist, auch wenn das den Kelch des Leidens einschließt (vgl. Mk 14,36).

Das Dasein Jesu, sein Heilswirken in Wort und Tat, sein Tod und seine Verherrlichung sind die tiefste Offenbarung Gottes, denn er ist der Sohn Gottes, der für uns Menschen geworden ist; er ist das Wort, in dem Gott sich ganz ausgesprochen hat (Joh 1,1–18); er ist das Ebenbild des unsichtbaren Gottes (Kol 1,15), der „Gott-mit-uns" (vgl. Mt 1,23). An der Gottesoffenbarung in Jesus Christus erweist sich die Grundaussage, daß Gott Liebe ist (vgl. Joh 4,8.16).

Wie in den atl. Schriften steht auch in den Texten des NT das Heilsgeschehen im Vordergrund; wenn von Schöpfung die Rede ist, wird dies eng mit dem erlösenden Christusereignis in Zusammenhang gesehen. Dies wird dann deutlich, wo das Erschaffen der Welt ausdrücklich auf Jesus Christus bezogen wird: Alles ist durch ihn geworden (1 Kor 8,6; Hebr 1,2; Joh 1,3).

Das Christusereignis ist nicht nur von der Beziehung des Sohnes zum Vater her zu sehen; es ist auch wesentlich ein Geschehen im Heiligen Geist. Schon das AT spricht dort vom „Geist Gottes", vom Geist Jahwes, wo Gottes befreiendes und schöpferisches Wirken zum Ausdruck kommen soll (vgl. z. B.: Gen 1,2; Ri 3,10). Für die Endzeit gilt die Verheißung, daß der Messias vom Geist Jahwes erfüllt sein werde (Jes 11,2), daß Gott seinen Geist ausgießen werde auf alles Fleisch (Joel 3,1f.): Er wird nicht nur alle und jeden ergreifen, sondern auch in die Tiefe wirken, indem er ein neues Herz und einen neuen Geist schenkt (Ez 36,26f.) In der Gottesoffenbarung in Jesus Christus ist diese Verheißung erfüllt: Der Taufbericht (vgl. Mk 1,9–11) zeigt Jesus nicht nur als den „geliebten Sohn" des Vaters, sondern auch als jenen, auf den der Geist herabkommt und ruht. Im Heilshandeln Jesu ist das Wirken des Geistes erfahrbar (vgl. Mk 3,28–30; Mt 12,28), ja das Menschwerden Jesu aus Maria, der Jungfrau, geschieht durch den Geist, die Kraft des Höchsten (Lk 1,35; Mt 1,20). Die Vollendung des Weges Christi, die

Auferstehung ist verbunden mit der Sendung des Geistes vom Vater her.

Zum ntl. Gottesbild gehört daher entscheidend die Aussage, daß Gott Vater, Sohn und Geist ist. In der Geschichte Jesu Christi hat er sich als Vater, Sohn und Geist geoffenbart (heilsgeschichtliche oder ökonomische Trinität); damit hat er erkennen lassen, daß er selbst in sich Beziehung ist: Vater, Sohn und Heiliger Geist (immanente Trinität).

Wie wird Gott verehrt? Diese Frage kann man angesichts der biblischen Gottesoffenbarung nur so beantworten: Indem der Mensch, der einzelne und das Gottesvolk, sich vom rufenden und sich mitteilenden Gott ergreifen und bestimmen läßt. Gebet und Gottesdienst sind wesentliche Elemente der Gottesverehrung, aber darin erschöpft sie sich nicht; letztlich sind entscheidend das „Hören und Tun des Wortes Gottes" (vgl. Mt 7,21.24–27). Der Mensch soll nicht nur das Lob des Schöpfers singen, sondern verantwortlich mit der ihm anvertrauten Welt umgehen, sich um den Armen und Ohnmächtigen kümmern, wie dies Gott tut.

2. Gottes Zuwendung zur Welt – Gottes Gnade

Gott ist der Schöpfer der Welt; das meint nicht nur, daß er den Anfang alles Seins gesetzt hat, daß er allem Seienden das Dasein und Sosein geschenkt hat, daß alles und jedes, das existiert, ihm das Sein verdankt, daß also geschöpfliches Sein immer verdanktes, geschenktes Sein ist. Darüber hinaus hat die Theologie mit dem Stichwort der fortdauernden Schöpfung *(creatio continua)*, mit der Rede von der „Vorsehung" zum Ausdruck bringen wollen, daß Gott der tragende Grund alles Seins ist und bleibt, er läßt alles sein. In der geschaffenen Welt erfahren wir den sorgenden und um uns bemühten Gott; seine Macht und seine Treue werden uns kund in der alltäglichen Welt. Gott gibt auch die Möglichkeit des Verstehens und Wahrnehmens seiner Gegenwart und Wirksamkeit.

„Gott hat in seiner Güte und Weisheit beschlossen, sich selbst zu offenbaren und das Geheimnis seines Willens kundzutun: daß die Menschen durch Christus, das fleischgewordene Wort, im Heiligen Geist Zugang zum Vater haben und teilhaft werden der göttlichen Natur" (DV 2). So umschreibt das Zweite Vatikanische Konzil mit Hinweisen auf Texte des NT das Ziel des Heilshandelns Gottes, das in der Geschichte der Erwählung Israels seinen Anfang nahm und in der Offenbarung in Jesus Christus seine Vollendung erfuhr. Schon die Geschichte Gottes mit Israel zielte auf das Heil der Völker (vgl. z. B. Gen 12,3). Auch wenn sich das vorösterliche Wirken Jesu auf Israel beschränkte (vgl. Mt 15,24), die Bekehrung des erwählten Volkes zum Ziel hatte, richtete sich die Wirksamkeit der frühen Kirche auf „alle Völker" (vgl. Mt 28,19). Die Kirche ist eine, eins aus „Juden und Heiden" (vgl. Eph 2,11–22). Auf das Gottesvolk der Kirche sind alle Menschen hingeordnet: „jenes Volk, dem der Bund und die Verheißungen gegeben sind", die, „welche den Schöpfer anerkennen", jene, „die in Schatten und Bildern den unbekannten Gott suchen" und schließlich jene, die noch nicht zur ausdrücklichen Anerkennung Gottes gekommen sind (LG 16). In allen Menschen guten Willens wirkt die Gnade: „Da nämlich Christus für alle gestorben ist und da es in Wahrheit nur eine letzte Berufung des Menschen gibt, die göttliche, müssen wir festhalten, daß der Heilige Geist allen die Möglichkeit anbietet, diesem österlichen Geheimnis in einer Gott bekannten Weise verbunden zu sein" (GS 22).

Gott will das Heil aller (vgl. 1 Tim 2,4), Gott will, daß dieses Heil für alle in der Gestalt des Gottesvolkes der Kirche Gestalt gewinnt, die das „allumfassende Heilssakrament" ist (LG 48), die „Keimzelle der Einheit, der Hoffnung und des Heils für das ganze Menschengeschlecht" (LG 9).

Diese Gabe des Heils, der Gemeinschaft mit dem lebendigen Gott, der sich uns durch Jesus Christus im Heiligen Geist erschlossen hat, umschreiben wir oft mit dem Wort „Gnade". Das Wort wird nicht selten in einem eher verdinglichten Sinn gebraucht. Demgegenüber ist zu betonen, daß Gnade der sich gnädig verhaltende, sich mitteilende Gott ist, der den Menschen zur freien Antwort ruft und dazu auch befähigt. Von „ungeschaffener" Gnade hat die Theologie gesprochen, um deutlich zu machen, daß Gott selbst, der Ungeschaffene, sich gibt. Diese Zuwendung Gottes verändert aber den Menschen entscheidend in seinem ganzen Sein; diese Seite wollte die Theologie mit dem Begriff der „geschaffenen Gnade" zum Ausdruck bringen. Gnade und freier Wille des Menschen sind nicht einander konkurrierende Größen, vielmehr müht sich Gott um die Antwort des Menschen, die als Antwort der Liebe frei und keineswegs erzwungen sein darf. Die „heilig-machende" Gnade ist zugleich jene, die zum Tun befähigt (gratia actualis), zur Antwort in Glaube, Hoffnung und Liebe.

3. Gottlosigkeit

Die Bibel kennt nicht die neuzeitliche Leugnung der Existenz Gottes. Wenn der „Tor" in einem Herzen spricht, es gibt keinen Gott (z. B.:

Ps 10,4; 14,1), dann ist damit vor allem die Leugnung der Wirksamkeit Gottes im erfahrbaren Raum des Lebens und der Geschichte gemeint. Daher lehnt er es ab, sich in seinem Verhalten an Gott zu orientieren. Daß Gott erkannt werden kann, daß die Verehrung von Götterbildern, die von Menschenhand hergestellt wurden, unsinnig ist, kommt in vielfältiger Weise zum Ausdruck (vgl. z. B. Weis 13–15). Auch die ntl. Verkündigung setzt voraus, daß seit Erschaffung der Welt die unsichtbare Wirklichkeit Gottes an den Werken der Schöpfung mit der Vernunft wahrgenommen werden kann (vgl. Röm 1,20). Das faktische Nicht-Erkennen oder Nicht-Anerkennen Gottes kann verschiedene Motive haben: Paulus spricht von der Torheit menschlicher Weisheit (Röm 1,22; 1 Kor 1,19–21), vom „Niederhalten" der Wahrheit durch die „Ungerechtigkeit" (Röm 1,18–23). Neben dieser die Schuldhaftigkeit der Gottlosigkeit betonenden Interpretation zeigt sich Lukas zurückhaltender: In der Verehrung des „unbekannten Gottes" (Apg 17,23) zeigt sich die Sehnsucht nach dem, der keinem von uns fern ist, indem wir leben, uns bewegen und sind (Apg 17,27f.). Gott hat sich nicht unbezeugt gelassen (vgl. Apg 14,17).

Die Kirche hat die Erkennbarkeit Gottes aus seiner Schöpfung auf Grund dieser Schrifttexte (im bes. Röm 1,18–21) immer betont, besonders deutlich in den Lehraussagen des Ersten Vatikanischen Konzils (DS 3004,3026). Daß diese „natürliche" Offenbarung Gottes nicht für alle leicht, sicher und irrtumsfrei möglich ist, betont das gleiche Dokument (DS 3005). Weil man aber in der Tradition die „natürliche" Gotteserkenntnis als problemlos für den Menschen ansah, hat die Theologie lange Zeit die Lehre vertreten, daß es undenkbar sei, daß ein Mensch längere Zeit hindurch ohne Schuld Gott nicht kenne oder zu keinem Urteil in der Frage nach Gott komme. Atheismus wurde in diesem Kontext als in jedem Fall schuldhaft qualifiziert.

Gegenüber dieser „klassischen" Bewertung hat das Zweite Vatikanische Konzil eine Korrektur entscheidender Art vorgenommen. Das Phänomen des Atheismus ist ja sehr vielgestaltig: „Manche leugnen Gott ausdrücklich; andere meinen, der Mensch könne überhaupt nichts über ihn aussagen; wieder andere stellen die Frage nach Gott unter solchen methodischen Voraussetzungen, daß sie von vornherein sinnlos zu sein scheint ... Manche sind, wie es scheint, mehr interessiert an der Bejahung des Menschen als an der Leugnung Gottes, rühmen aber den Menschen so, daß ihr Glaube an Gott keine Lebensmacht mehr bleibt. Andere machen sich ein solches Bild von Gott, daß jenes Gebilde, das sie ablehnen, keineswegs der Gott des Evangeliums ist" (GS 19). Neben dieser Auswahl aus der Vielgestaltigkeit dessen, was man vereinfachend unter Atheismus zusammenfassen kann, stellt das Konzil vor allem zwei Formen heraus, die für die Gegenwart von Wichtigkeit sind: Der Mensch betrachtet sich selbst als Ziel und einzigen Gestalter und Schöpfer der eigenen Geschichte; damit ist die Anerkennung Gottes nicht vereinbar. Neben dieser „westlichen" Form des Atheismus steht die „marxistische": Der Mensch kann nur befreit werden, wenn er von seinen wirtschaftlichen und gesellschaftlichen Zwängen befreit wird; dem stehe aber die Religion im Wege, weil sie den Menschen auf ein künftiges und trügerisches Leben orientiere. Die Anerkennung des Herrn, des Urhebers und Ziels aller Wirklichkeit sei daher unvereinbar mit der Befreiung des Menschen (GS 20). Das Phänomen der Gottlosigkeit heute ist weiters durch seine gesellschaftliche Breitenwirkung gekennzeichnet: Einesteils hat in einigen Staaten der Atheismus den Charakter einer „Staatsreligion" angenommen, andererseits wird er durch die Gesellschaft transportiert, bestimmt die „Atmosphäre".

Mit der Bemerkung, daß der Atheismus keineswegs eine ursprüngliche und eigenständige Erscheinung darstelle, sondern aus einer kritischen Reaktion gegen die Religionen, vor allem gegen die christliche stamme (vgl. GS 19), folgert das Konzil, daß die Gläubigen an der Entstehung des Atheismus einen erheblichen Anteil haben können: „durch Vernachlässigung der Glaubenserziehung, durch mißverständliche Darstellung der Lehre" und „durch die Mängel ihres religiösen, sittlichen und gesellschaftlichen Lebens", mit denen sie „das wahre Antlitz Gottes und der Religion eher verhüllen als offenbaren" (GS 19). Entsprechend sieht das Konzil auch die Heilmittel in einer „situationsgerechten Darlegung der Lehre" und im „integren Leben der Kirche und ihrer Glieder" (GS 21).

Für die Frage der sittlichen Bewertung der Gottlosigkeit und des Atheismus ist diese differenzierte Beurteilung des Phänomens von Bedeutung: Die Kirche versucht, die tieferen Gründe für diese Haltung zu analysieren und zu prüfen, betont aber gleichwohl, daß die Würde des Menschen entscheidend in seiner Berufung zum Dialog und zur Gemeinschaft mit Gott liege; daher widerstreite die Anerkennung Gottes auch nicht der Würde des Menschen (GS 19.21). Schuldhaft handeln jene, „die in Ungehorsam gegen den Spruch ihres Gewissens absichtlich Gott von ihren Herzen fernzuhalten oder religiöse Fragen zu vermeiden suchen" (GS 19). Aber im Gegensatz zur traditionellen Ansicht spricht das Konzil auch von der Möglichkeit eines schuldlosen Atheismus: „Die göttliche Vorsehung verweigert auch denen das zum Heil Notwendige nicht, die ohne Schuld noch nicht zur ausdrücklichen

Anerkennung Gottes gekommen sind, jedoch, nicht ohne göttliche Gnade, ein rechtes Leben zu führen und sich bemühen" (LG 16). Das „rechte Leben" impliziert die – wenigstens im Vollzug – geschehende Anerkennung gültiger Normen und Werte, vor allem des zwischenmenschlichen Zusammenlebens. Die alles entscheidende Begegnung mit Christus geschieht, wo immer einer in wahrer Liebe am geringsten der Brüder handelt (Mt 25,40.45).

G. Greshake, Geschenkte Freiheit (²1981); *W. Kasper*, Der Gott Jesu Christi (1982); *Th. Schneider/L. Ullrich* (Hrsg.), Vorsehung und Handeln Gottes (1988); *H. Vorgrimler*, Theologische Gotteslehre (1985); *A. K. Wucherer/J. Figl/S. Mühlberger* (Hrsg), Weltphänomen Atheismus (1979).

JOSEF WEISMAYER

Gradualität

→ Doppelwirkung, Prinzip der → das Gute → Entscheidung → Gewissen → Kasuistik → Klugheit → Norm → Wert

Gradualität besagt die Verschiedenrangigkeit moralischer Gebote. Eine spezifische Anwendungfrage kann z. B. weniger allgemein verbindlich gemacht werden als das Liebesgebot. Besonders versteht man unter Gradualität auch die unterschiedliche subjektive Annäherung an ein Gebot, das man z. B. nicht vollkommen, jedoch der Intention nach mehr oder weniger weitgehend einhalten kann.

Das Gute

→ Doppelwirkung, Prinzip der → Ethik → Freiheit → Glaube → Handeln, sittliches → Hoffnung → Liebe → Norm → Sünde → Übel

Gut wird ein Seiendes genannt, wenn es einem Verlangen oder Streben entspricht und insofern zur Vervollkommnung beiträgt. Der Aspekt, unter dem etwas erstrebenswert erscheint, die *ratio boni* wird auch als Wert bezeichnet. – Man unterscheidet materielle Werte, biologische (z. B. Gesundheit, Leistungsfähigkeit), psychische (z. B. Befriedigung), geistige (intellektuelle, ästhetische und auch sittliche) Werte bzw. Güter. Die Wertphilosophie anerkennt als höchsten Wert das Heilige.

Unter einer anderen Rücksicht unterscheidet die scholastische Tradition vor allem das nützlich Gute *(bonum utile)*, das angenehm Gute *(bonum delectabile)* und das in sich Gute *(bonum honestum)*, das meist dem sittlichen Guten entspricht.

Das Wesen des sittlich Guten läßt sich nicht auf eine unterpersonale oder untersittliche Wirklichkeit zurückführen oder von daher definieren. Das sittliche Gute ist demnach nicht zu verstehen als Lust (Hedonismus), als objektive Naturordnung (Naturalismus), nicht einmal als blinde Unterwerfung unter den Willen eines Gesetzgebers (Positivismus, Voluntarismus), weil damit die Autonomie der sittlichen Person übersprungen würde. Das sittlich Gute ist vielmehr personal zu verstehen. Es ergibt sich aus einer Freiheitsentscheidung des Menschen. So wurde der erste Mensch nach dem Schöpfungsbericht vor den „Baum der Erkenntnis des Guten und des Bösen" (Gen 2,9.17) gestellt, um sich entweder zum Gehorsam gegenüber Gott und damit zum Leben zu entscheiden oder zum Ungehorsam und damit zum Tod. Die Entscheidung bezieht sich also nicht nur auf die Früchte des Baumes, vielmehr ganz wesentlich auf den Willen Jahwes. In diesem Sinn ist das sittlich Gute eine bestimmte Qualifikation einer interpersonalen Beziehung, die sich aus der Stellungnahme einer Person zu einer anderen ergibt. Das Gute besteht dann darin, daß sich der Mensch zu einer bejahenden, gehorsamen Haltung gegenüber dem Willen Gottes entscheidet, das Böse gründet in einer entsprechenden negativen Entscheidung.

Dabei vermittelt sich die Entscheidung gegenüber Gott immer auch in einer innerweltlichen Stellungnahme, vor allem gegenüber anderen Personen. Insofern kann die Verwirklichung des sittlich Guten dann im wesentlichen auch gesehen werden in der Erfüllung des Gebotes der Nächstenliebe, die „die Erfüllung des Gesetzes" (Röm 13,10) ist. – Das Gute der Person liegt in ihrem Geliebt-Sein und in ihrer Liebenswürdigkeit, die aber nicht einfach als objektive Vorgegebenheit zu denken sind, sondern sich im Vollzug der Beziehung verwirklichen. Ja, das sittlich Gute wird überhaupt erst durch die Begegnungen des Lebens und die innere Stellungnahme dazu vermittelt und so als Geschenk erfahren werden, insofern sich in diesen zwischenmenschlichen Begegnungen eine Beziehung zur transzendenten Wirklichkeit des absolut Guten, nämlich zu Gott, vermittelt. Das sittlich Gute ist also nicht einfach eine objektive, vorgegebene oder erworbene Eigenschaft und das Ergebnis eigener Kraftanstrengung, sondern eine Qualität, die sich durch die Beziehung des Menschen auf das transzendentale, absolute Gute vermittelt. Anderseits ist das Gute auch nicht nur als etwas zu denken, was man einer Person nur äußerlich anrechnet. Gott ist nicht bloß deshalb gut, weil ihm der Mensch das zuschreibt! Weil Gott in sich Liebe ist in gegenseitiger Hingabe der Personen, ist er der an sich Gute, wie das von keinem Geschöpf in dieser Weise ausgesagt werden kann: „Nur einer ist ‚der Gute'" (Mt 19,17 par).

Das sittliche Gutsein des Menschen läßt sich nur als eine Qualität verstehen, die der Mensch durch seine Beziehung zu Gott empfängt. Dabei genügt es nicht, an das Gutsein der Schöpfung (Gen 1,31 u. ö.) zu denken. Denn dort ist zunächst nur ein ontisches Gutsein angesprochen, das den Geschöpfen an sich zukommt, insofern sie von Gott gewollt sind und seinem Willen entsprechen. Davon zu unterscheiden ist das sittliche Gutsein, das den Vollzug menschlicher Freiheit voraussetzt. Sittliches Gutsein kommt nur durch die in Freiheit aufgenommene Beziehung zur Transzendenz des personalen Gottes zustande. Deshalb kann der Mensch dieses Gutsein nicht einfach nur als eigene Leistung oder eigenen Vorzug gegenüber Gott reklamieren, sondern er verdankt es ganz und gar Gott. Aus sich kann der Mensch weder gut sein noch das Gute tun: „Ich aber bin Fleisch, das heißt: verkauft an die Sünde. Denn ich begreife mein Handeln nicht: Ich tue nicht das, was ich will, sondern das, was ich hasse" (Röm 7,14f.). Das sittlich Gute, das als liebende Antwort auf den Anruf des Willens Gottes und als Ja zum transzendentalen Gott verwirklicht wird, muß sich immer in Stellungnahme zu innerweltlichen Gütern und Symbolen darstellen. „Was ihr für einen meiner geringsten Brüder getan habt, das habt ihr mir getan" (Mt 25,40). Dadurch, daß der Mensch in seinem Handeln auf die Bedürfnisse des Mitmenschen, der Gemeinschaft und seiner selbst in geordneter Weise eingeht, verwirklicht er Liebe, die die bloß innerweltlichen Adressaten transzendiert und auch ein Ja zu Gott zum Ausdruck bringt. – Entscheidend für das sittlich Gute ist nicht primär die Richtigkeit und Normgemäßheit der äußeren Handlung, sondern das nach bestem Wissen und Gewissen getroffene Gewissensurteil und damit die Stellungnahme der handelnden Person.

Das Verständnis dessen, was nun in einem konkreten Sinn gut ist, wird immer auch durch geschichtliche Erfahrungen und Einsichten mitbedingt sein. Auch noch die Interpretation des sittlich Guten durch den Begriff Liebe bedarf einer solchen Auslegungstradition, die in einem christlichen Verständnis in der Bibel, besonders aber in Jesus Christus, seinem Wort und Handeln, seinem Leiden, Sterben und Auferstehen gründet. Hier liegt ein entscheidender Unterschied zwischen den christlichen und außerchristlichen Formen von Ethik. Zwar wird man etwa den Gedanken der Nächstenliebe überall finden, wo Menschen auf ihr Gewissen hören. Aber diese Liebe hat nicht überall den gleichen Stellenwert. So ist für Aristoteles die Klugheit grundlegender, für die Stoa die Gemütsruhe (ἀπάθεια). Das genauere Verständnis sittlicher Grundbegriffe ergibt sich ja erst aus dem gesamten Kontext ethischen Denkens, besonders aber aus dem gelebten Zeugnis der jeweils vorbildlichen Gestalten.

Die Liebe zum Mitmenschen muß sich durch unterpersonale Güter ausdrücken und vermitteln. „Denn ich war hungrig, und ihr habt mir zu essen gegeben; ich war durstig, und ihr habt mir zu trinken gegeben . . ." (Mt 25,35–39). Das sittlich Gute steht deshalb nicht schon aus sich in Gegensatz oder in Konkurrenz zu anderen Gütern und Werten, sondern vermittelt sich durch sie, indem diese in rechter Weise auf Gott als oberstes Gut hingeordnet werden. So ist etwa das Bemühen eines Vaters um finanzielle Sicherstellung seiner Familie nicht verwerfliche Habgier, sondern Ausdruck von Verantwortungsbewußtsein und Liebe. – Das sittlich Gute wird beeinträchtigt, wenn sich die Stellungnahme zu Gott in einer Weise darstellt, die den Erfordernissen der Liebe im Eingehen auf die Bedürfnisse des Mitmenschen bzw. der Gemeinschaft nur in eingeschränktem Maße gerecht wird. Zwar kann sich auch in solchen Akten noch die Sehnsucht und das Suchen nach Gott verbergen, aber die Momente der Lieblosigkeit führen den Menschen in dem Maße von Gott weg, wie sie das Ja zum Guten schwächen. – Sehr häufig hat eine menschliche Handlung gleichzeitig gute und schlechte Auswirkungen. Wenn letztere untrennbar mit den guten Auswirkungen verbunden sind, ist eine Güterabwägung vorzunehmen. Man hat sich dann zu fragen, ob der zu erwartende Schaden durch die positiven Wirkungen aufgehoben und überboten wird. Nur in diesem Falle wird eine solche Handlung als Ausdruck von Wohlwollen und Verantwortungsbewußtsein erscheinen und damit auch gerechtfertigt sein. Wenn hingegen die üblen Auswirkungen von den guten nicht aufgewogen werden können, bzw. wenn sie in Kauf genommen werden, obwohl sie sich vermeiden ließen, dann wird die betreffende Handlung nicht mehr glaubwürdiger Ausdruck von Liebe sein können. Eine solche Handlung wäre sittlich zu verurteilen.

Das Gute ist nicht nur in einem individualistischen und statischen Sinn zu verstehen, sondern es ist „ansteckend". Es wirkt zeugnishaft auf den Mitmenschen, ermutigt und bestärkt ihn, sich auch seinerseits zum Guten zu entscheiden. Deshalb ist das Gute auch auf Gemeinschaft angewiesen und bedarf ihrer, um sich voll entfalten zu können. Dort, wo jemand tatsächlich allein gegen die Haltung der andern das Gute bezeugt, tut er es aus der Kraft, die ihm in früheren Erfahrungen aus Begegnung und Gemeinschaft zugewachsen ist.

Das sittlich Gute als solches zu erkennen bedeutet mehr, als daß nur die objektive Zweckmäßigkeit einer Handlung erkannt wird. Es genügt auch nicht, das Bestehen einer Norm bzw. die Übereinstimmung einer Handlung mit einer solchen Norm zu erfassen; denn eine der Norm entsprechende Handlung kann aus den verschiedensten Motiven, aus guten oder bösen, vollzogen werden. Weil zu einer sittlichen Handlung erforderlich ist, daß diese ein freies Ja zum Guten als solchem einschließt, weil aber eine eindeutige Beurteilung der eigenen Freiheitstat oder die eines andern Menschen letztlich nicht möglich ist, kann auch die sittliche Beurteilung einer Tat oder eines Menschen immer nur annäherungsweise erfolgen, insofern die äußere Darstellung der Freiheitsentscheidung auf das Gute oder das Böse der inneren Haltung verweist. Eine eindeutige Entscheidung darüber, ob ein Mensch grundsätzlich gut und damit theologisch gesehen auch im Stande der Gnade ist, ist nicht möglich.

Weil sittliche Erkenntnis besagt, daß man das sittlich Gute als solches erkennt, das heißt als Hinführung zum letzten Ziel des Menschen, setzt eine solche Erkenntnis auch eine Entscheidung darüber voraus, worin dieses letzte Ziel besteht. Für den Christen ist das die ewige, beseligende Gemeinschaft mit Gott. Die verschiedenen Religionen haben freilich von dieser Zielvorstellung jeweils ihre eigene Auffassung. Diese wirkt sich auch auf das Verständnis von Gut und Böse aus, indem es diese Begriffe modifiziert und ihnen überhaupt erst ihren Stellenwert im Verständnis des menschlichen Lebens und Handelns zuweist. Insofern also sittliche Erkenntnis auch eine bestimmte Auffassung vom Sinn und Ziel des menschlichen Lebens voraussetzt, impliziert sie ein Moment des Glaubens. Sittliche Erkenntnis umfaßt schließlich auch einen Vollzug der Hoffnung. Denn es wird dabei auch vorausgesetzt, daß der Mensch im sittlichen Handeln dem letzten Sinn seines Lebens entspricht. Diese Annahme läßt sich aber nicht eindeutig in der Gegenwart verifizieren, sondern muß sich letztlich auf die absolute Zukunft des Menschen im ewigen Heil beziehen. Es ist offensichtlich, daß derartige Aspekte der Hoffnung und des Glaubens in der sittlichen Erkenntnis zwar mitvollzogen werden, aber nicht gegenständlich eindeutig bewußt sein müssen. Deshalb ist auch zur sittlichen Erkenntnis nicht ein reflexer Glaube oder eine reflexe Hoffnung gefordert, sondern nur das Transzendieren bloß innerweltlicher endlicher Erkenntnisgegenstände.

Das genauere Verständnis des Guten zeigt sich besonders auch in der Interpretation von dessen Gegenteil. Dabei ist zwischen dem Übel und dem Bösen zu unterscheiden. Der Begriff des Übels umfaßt sowohl den vorsittlichen wie den sittlichen Bereich. Im letzteren spricht man vom

Bösen. Ist nun dieses nur als eine Unvollkommenheit, ein Fehlen des Guten, ein bloßer Defekt einer freilich gesollten Vollkommenheit zu verstehen? Das wäre eine vorwiegend mit materiellen Kategorien arbeitende Erklärung, die zur Beschreibung der Qualität einer interpersonalen Beziehung wohl weniger geeignet wäre. – Im Verständnis der Bibel ist das Böse eine personale Macht. Deshalb kann die Ursünde zu dem Wort führen: „Verflucht sei der Erdboden um deinetwillen" (Gen 3,17). Deshalb kann auch von einer Erbsünde gesprochen werden, also einer sündigen Macht, die von Generation zu Generation weitergegeben wird. Die Sünde kann den Menschen unterjochen. Deshalb müssen die Mächte des Guten gegen die Mächte des Bösen kämpfen, um sie zu besiegen (vgl. Offb 12,7–17).

Auch das Böse ist demnach nicht einfach nur seinshafter Mangel, sondern eine Qualität an interpersonalen Beziehungen, ein Nein zur Gemeinschaft mit dem Du. Dort, wo dieses Nein zur absoluten Grundhaltung der Person würde, müßte es auch zu einer absoluten Trennung des Menschen von Gott führen.

D. Bonhoeffer, Ethik (1963) 200–237; HWP III, 937–972; *G. Mensching,* Gut und Böse im Glauben der Völker (²1950); *H. Reiner,* Gut und Böse (1965); *B. Schüller,* Die Begründung sittlicher Urteile. Typen ethischer Argumentation in der Moraltheologie (³1987) 133–141.

HANS ROTTER

H

Handeln, sittliches

→ Autonomie → Ethik → Ethos → Freiheit → das Gute → Liebe → Mensch → Person → Pflicht → Tugenden und Laster → Zielgebot

Handeln ist ein Grundvollzug des Menschseins. Geht es nur darum, daß äußerlich etwas bewirkt wird, vielleicht sogar unbewußt und ohne Einsatz der Freiheit, so spricht man von einem Tun des Menschen *(actus hominis)*. Geht es aber um einen Vollzug des Menschen mit allen Dimensionen seiner Persönlichkeit, so kann man von einem im vollen Sinn menschlichen Handeln sprechen *(actus humanus)*. Dies hat immer auch sittliche Qualität. Es kann unter den verschiedensten Aspekten betrachtet werden, mehr ganzheitlich oder auch unter einem partikulären Gesichtspunkt, etwa unter psychologischer oder soziologischer Rücksicht. Eine ethische Handlungstheorie hat darauf zu achten, daß alle wesentlichen und ethisch relevanten Dimensionen des menschlichen Aktes bedacht werden.

Sittliches Handeln als Selbstvollzug des Menschen ist gleichzeitig Stellungnahme zu sich selbst, zum Mitmenschen, zur endlichen Wirklichkeit und zu Gott. In der Bibel haben die verschiedenen Begriffe für Tun oder Handeln oft einen pejorativen Sinn, wenn etwa von unbotmäßigem oder profanem Tun die Rede ist. In diesem Sinn spricht Paulus von Menschen, die „tun, was sich nicht gehört" (Röm 1,28) oder von „Werken des Fleisches" (Gal 5,19). Das menschliche Tun darf ja nicht als eigenmächtiges Handeln des Menschen verstanden werden, so als ob man das Verdienst solchen Handelns ausschließlich der menschlichen Person zurechnen dürfte. Dadurch würde man sich der paulinischen Kritik der Werkgerechtigkeit aussetzen (vgl. Röm 3,21–31; Gal 2,16f. u. ö.). Freilich stehen zu solchen Aussagen andere Stellen mindestens in einer terminologischen Spannung, die die Bedeutung des Tuns als Verifikation des Glaubens betonen (vgl. Jak 2,14–26). Jedenfalls wird in der Bibel nicht sosehr der Gedanke der Autonomie des Handelns herausgestellt, als vielmehr ein Verständnis, das auch die Abhängigkeit des Menschen von der Gnade Gottes in seinem Handeln betont.

Zu sich selbst nimmt der Handelnde insofern Stellung, als er in der Entscheidung zum Guten oder Bösen selbst gut oder böse wird und damit dem Sinn seines Lebens näherkommt oder sich von ihm entfernt. Allerdings bleibt die einzelne Handlung zeitlich isoliert für sich betrachtet in sittlicher Hinsicht mehrdeutig. Denn die innere sittliche Intention kann sich in der äußeren Gestalt des Handelns nicht eindeutig zum Ausdruck bringen, weil ja der äußere Akt neben der Willensintention noch viele andere ihn ursächlich mitbestimmende Elemente umfaßt. Die Eindeutigkeit des sittlichen Charakters einer Handlung nimmt aber zu, wenn man sie in ihrem lebensgeschichtlichen Kontext sieht. Dann wird die Grundhaltung *(optio fundamentalis)* deutlicher, aus der heraus der Mensch handelt, die er bestätigt oder der er widerspricht. Sittliches Handeln ist also immer auch ein Umgehen mit seiner Grundeinstellung, wie sie sich in der Lebensgeschichte bisher entwickelt hat. Ebenso steht das Handeln jeweils in einem bestimmten Zukunftshorizont. Es geschieht aus einer bestimmten Einstellung des Vertrauens und der Gelassenheit oder auch der Resignation und Verzweiflung gegenüber der Zukunft.

Im Handeln drückt der Mensch seine Gesinnung aus, erkennbar für ihn selbst, aber auch für den Mitmenschen. Deshalb kann man das Handeln auch als Sprachgeschehen begreifen. Es sagt somit aus, was es in seinem sittlichen Gehalt ist. Diese Aussage hat auch die Funktion einer Mitteilung. Denn sie sagt dem Mitmenschen, wie man zu ihm steht, ob man ihn liebt und ihm helfen will oder ob man ihn ablehnt, indem man ihm Anerkennung und Hilfe verweigert. Die Wirkung der Handlung besteht hier nicht einfach nur in dem, was man objektiv-sachlich bewirkt, sondern auch in dem, was man durch seine Stellungnahme der Person des andern mitteilt. Die Handlung kann auf dieser Ebene ebenso Medium eines Dialogs der Liebe wie einer gegenseitigen Ablehnung sein.

Dabei hängt die Wirkung einer Handlung abgesehen von der Intention des Handelnden auch davon ab, welche Bedeutung ihr vom einzelnen Mitmenschen bzw. von der Gesellschaft beigemessen wird. Diese Interpretation wird sich immer wieder wandeln und hängt sogar vom augenblicklichen guten Willen des einzelnen ab, der z. B. an einer Handlung Anstoß nehmen oder ihr Verständnis entgegenbringen kann. Der Handelnde muß jedenfalls, soweit möglich, diese Interpretation voraussehend in seine Entscheidung einbeziehen. Er muß sich fragen, ob er durch sein vielleicht subjektiv gutgemeintes Tun tatsächlich auch dem Gemeinwohl dient oder ob er Schaden hervorruft, z. B. in Form von Ärgernis (vgl. Röm 14; 1 Kor 8,1–13).

Das menschliche Handeln ist nie ausschließlich in der Freiheitsentscheidung des Menschen begründet, sondern ist immer auch von *Motiven* empirischer Art getragen. Freiheit und derartige Motive schließen sich also gegenseitig nicht aus; vielmehr besagt Freiheit die Fähigkeit der Person, auf ihre Motivation lenkend und zielgebend einzuwirken. Freiheit wird deshalb mehr bewirken und in diesem Sinne größer sein, wenn starke Motivationen zur Verfügung stehen, und wird kleiner sein oder gänzlich fehlen, wenn keine Motivation vorhanden ist. Der Versuch, das menschliche Handeln nur von unterpersonalen Motivationen her unter Ausschluß der Freiheit erklären zu wollen (vgl. etwa die Handlungstheorien des Behaviorismus eines B. F. Skinner oder eines G. C. Homans), hebt allerdings in der Konsequenz jede menschliche Verantwortung und damit jede Ethik auf, sosehr solche Modelle auch zum Verständnis der unterpersonalen Motivation und ihrer Funktion beitragen können.

Allerdings ist für ein freies Umgehen mit den emotionellen Kräften vorauszusetzen, daß sich diese im Prozeß der Erziehung und Selbstbildung auch in den Gesamtzusammenhang einer reifen Persönlichkeit einfügen und nicht im Sinne verdrängter, aber unbeherrschbarer Gefühlsregungen Ausdruck verschaffen. Das Ringen um Integration und Harmonie der psychischen Triebkräfte ist eine Hauptaufgabe jeder humanen Pädagogik und eine wesentliche Voraussetzung für freies sittliches Handeln.

Neben den individuellen psychischen Motiven spielen auch soziale für das menschliche Handeln eine große Rolle. Schon in der Konfrontation und Auseinandersetzung mit einer anderen Person kann man z. B. Lob und Tadel oder auch einen Befehl nicht mehr völlig unbeeinflußt aussprechen, sondern wird je nach der eigenen Ichstärke und Entschiedenheit sowie der des andern auch von der Stellungnahme des Gesprächspartners beeinflußt sein. Ebenso wird man, selbst wenn man sich bemüht, sich nicht einfach dem Gesetz des „man" zu unterwerfen, doch immer von einem Bewußtsein ausgehen, das durch Tradition und Gesellschaft in hohem Ausmaß bestimmt ist. Selbst dort, wo man sich der Mentalität der Umgebung und dem Geist der Zeit zu widersetzen versucht, ist man noch einmal davon geprägt.

Ähnlich wie bei den individuellen psychischen Triebkräften gibt es auch bei den sozialen eine Verantwortung, sie zu gestalten. Man darf sich nicht einfach rein passiv den Einflüssen der Gesellschaft etwa durch die öffentliche Meinung, die Medien oder durch politische Maßnahmen überlassen, sonden soll sie nach den gegebenen Möglichkeiten (z. B. Wahrnehmung des Wahlrechtes, freie Meinungsäußerung, Bekenntnis des eigenen Standpunkes usw.) zu beeinflussen versuchen.

Wenn die äußeren Gegebenheiten als sittlich ungerecht empfunden werden, dann spricht man auch von „sündigen Strukturen". Damit kann nicht gemeint sein, daß auch die objektiven Gegebenheiten als solche sündig wären. Vielmehr sind sie einerseits selbst Ergebnis und Ausdruck einer sittlich nicht zu rechtfertigenden Haltung, wenn etwa die Eigentumsverteilung in einer Gesellschaft derart unausgewogen ist, daß die einen kaum noch wissen, wie sie ihren Überfluß verschwenden können, während die anderen auch bei bestem Willen kaum mehr das Nötigste zum Leben erwerben können. Andererseits motivieren solche Strukturen ständig zu Rechtsbruch und zu einer Verrohung der ethischen Haltung der Bevölkerung.

Umgekehrt können „Strukturen" auch von einer Art sein, die zu hohen Idealen in einer Gruppe von Menschen motiviert, etwa wenn eine Ordensgemeinschaft oder eine ähnliche Bewegung durch ihre Verfassung und ihre Aufgabenstellung auf aktuelle Nöte einer geschichtlichen Situation antwortet. Hier kann große Begeisterung um sich greifen. Menschliches Handeln gründet nicht nur in der sittlichen

Haltung der einzelnen Person, sondern auch im sozialen Kontext. Dieser Gesichtspunkt darf freilich nicht so überinterpretiert werden, als ob dadurch die Verantwortung des einzelnen völlig aufgehoben würde. Aber es gibt eine Mitverantwortung jener Menschen, die auf den einzelnen in seinem Handeln Einfluß ausüben.

Bei den personalen Motiven handelt es sich vor allem um Bewegkräfte, die sich aus den eigenen personalen Entscheidungen und im Laufe der Lebensgeschichte erwachsenen Grundhaltungen ergeben. Die Person sucht immer ein gewisses Maß an Identität in ihrem Selbstsein. So hat sie auch das Bedürfnis, ihren in Freiheit getroffenen Wertentscheidungen treu zu bleiben. Deshalb wirken diese motivierend auf das spätere Verhalten der Person ein. Aus diesem Grund ist auch die eigene Einstellung nach unterschiedlichen Regeln zu beurteilen. Wenn jemand eine sittlich positive Grundeinstellung aus seiner Lebensgeschichte mitbringt, wird er sich von ihr positiv motivieren lassen können. Insofern hingegen seine Vergangenheit von negativen Wertentscheidungen geprägt ist, wird er versuchen müssen, zu einer Neuorientierung zu kommen und sich zu bekehren.

Zu den personalen Motiven des Handelns gehören aber auch Entscheidungen und Haltungen anderer Menschen. Deren Befehle, Wünsche oder auch deren Vorbild, Lebenszeugnis und Ermutigung können in verschiedenster Weise die Bereitschaft zum sittlichen Handeln wecken. Man kann sich für solche Einflüsse bewußt oder unbewußt öffnen, etwa in einer bewußten Pflege guter Erinnerungen. Man kann sich diesem Einfluß aber auch verschließen bzw. sich in einer Umgebung aufhalten, die in dieser Hinsicht negativ auf den einzelnen einwirkt. In der „narrativen Ethik" geht es um eine Methode, die sittlich hilfreiche Wirkung von Geschichte oder Geschichten für die Gegenwart herauszuarbeiten.

Das menschliche Handeln bringt aufgrund seines komplexen Aufbaues auch verschiedene *Folgen* hervor. Auf der Sachebene können sich ungewollte oder gewollte Wirkungen ergeben. Die ungewollten resultieren schon daraus, daß eine Handlung ja in physikalischer, chemischer usw. Hinsicht (das Beheizen einer Wohnung, das Benützen eines Autos usw.) eine ganze Kette von Wirkungen auslöst, die der Handelnde im einzelnen gar nicht voraussehen kann. Eine Handlung enthält insofern immer ein gewisses Risiko, als damit gerechnet werden muß, daß solche Auswirkungen auch von negativer Art sein können. Dieses Risiko wird innerhalb einer bestimmten Größe verantwortet werden können. Wenn aber mit unerwünschten Handlungsfolgen größeren Ausmaßes gerechnet werden muß, die dann vielleicht auch unkontrollierbar und irreversibel sind, ist die betreffende Handlung ethisch nicht mehr zu verantworten. Ein völliges Ausschließen solcher Risiken beim menschlichen Handeln ist hingegen nicht möglich.

Die Handlungsfolgen können in unterschiedlichem Maße vorausgesehen werden. Grundsätzlich gibt es eine sittliche Verpflichtung, sich über die zu erwartenden Folgen genügend zu informieren, um nicht Schaden zu stiften und für diesen verantwortlich zu werden. Die menschliche Einsicht kann aber beschränkt sein, manchmal z. B. deshalb, weil die Notwendigkeit einer augenblicklichen Entscheidung besteht und eine weitere Prüfung nicht möglich ist. Hier muß dann, wenn die Möglichkeit eines Aufschubs oder einer weiteren Beratung wirklich ausgeschlossen ist, nach dem Maß der vorhandenen Einsicht und nach dem Gespür der bisherigen Erfahrung entschieden werden. Ein solches Handeln nach bestem Wissen und Gewissen ist sittlich gut, auch wenn es sich nachträglich als objektiv falsch erweist.

Eine Handlung kann – ebenso wie übrigens auch Unterlassungen *gleichzeitig die verschiedensten Wirkungen* hervorbringen. Diese können gewollt oder ungewollt, wünschenswert oder nachteilig sein. Nicht selten löst eine Handlung gleichzeitig positive und negative Wirkungen aus. So kann etwa ein starkes Schmerzmittel das Wohlbefinden eines Kranken verbessern, ihn aber gleichzeitig, wenn es auf längere Zeit gegeben wird, süchtig machen und sogar sein Sterben beschleunigen. Praktisch wird man von jeder Handlung sagen müssen, daß sie auf der Sachebene die verschiedensten Wirkungen nach sich zieht und daß manche davon positiv, andere negativ zu bewerten sind.

Wo sich bei einer Handlung positive mit negativen Auswirkungen verbinden, spricht man von einer „Handlung mit Doppelwirkung" (actio cum duplici effectu). Für die sittliche Qualität einer solchen Handlung gilt, daß sie nur gut sein kann, wenn sie Ausdruck eines guten Wollens ist. Das ist der Fall, wenn die eigentlich intendierte Wirkung gut ist und vorauszusehende nachteilige Wirkungen nicht ebenfalls in sich gewollt sind und, soweit sie unvermeidlich sind, doch nicht überwiegen. Das setzt natürlich auch voraus, daß die negativen Folgen einer Handlung nicht durch die Wahl einer anderen Handlung zu umgehen sind. Wenn es z. B. ein Schmerzmittel gibt, das nicht süchtig macht und das Sterben nicht beschleunigt, das aber ebenso wirksam ist wie eines, das solche negativen Nebenfolgen bewirkt, dann ist das erstere vorzuziehen. Würde man hier das letztere wählen, dann würde man dadurch zeigen, daß man die Nebenfolgen wünscht. Bei einer Handlung mit mehreren Wirkungen ist also eine Güterabwägung vorzunehmen, d. h., es ist abzuwägen, ob die positive oder die negative Auswirkung das Übergewicht hat.

Entsprechend ist es auch sittlich nicht zulässig, das gute Ziel einer Handlung durch ein in sich schlechtes Mittel herbeiführen zu wollen. Das wäre z. B. der Fall, wenn man sich absichtlich durch einen vorgetäuschten Unfall töten würde, um seinen in Not befindlichen Angehörigen zum Genuß einer Lebensversicherung zu verhelfen. Der gute Zweck könnte nicht das schlechte Mittel heiligen.

Zu einer genaueren Bewertung der sittlichen Handlung sind auch Kriterien heranzuziehen, die die Tradition als „Umstände" zusammenfaßt. Es geht dabei um sehr verschiedene Aspekte, die sowohl das personale Subjekt, die Intention, die Art der Mittel wie auch die äußeren zeitlichen und örtlichen Gegebenheiten betreffen. Häufig faßt man sie in dem Merkvers zusammen: *Quis, quid, ubi, quibus auxiliis, cur, quomodo, quando*. Alle diese Gesichtspunkte sind zweifellos für die sittliche Beurteilung relevant. Doch kann eine allzu detaillierte Analyse solcher Einzelaspekte leicht zu einer uferlosen Kasuistik führen, die dann die Ganzheit und das Wesentliche der Handlung aus dem Auge verliert.

Fundamental aber beruht die Fähigkeit zu einem sittlichen Handeln nicht nur auf einzelnen empirischen Motiven, sondern auf der Gnade Gottes. Ohne sie kann der Mensch nichts Gutes tun. Sich dessen bewußt zu sein ist nicht nur für ein tieferes theologisches Verständnis menschlichen Handelns wichtig, sondern auch für das richtige Selbstverständnis des Menschen und für das rechte Verhältnis zur Wirklichkeit. Nur so kann er sein Leben in einer christlich gebotenen Dankbarkeit und Demut gestalten.

Die genauere Ausdeutung dessen, wie Gott zu denken ist und in welcher Weise der Mensch in Gott die Erfüllung allen Verlangens erhoffen darf, prägt in entscheidender Weise das Verständnis des sittlichen Handelns. Von daher erklären sich die weitreichenden Unterschiede im ethischen Verständnis des sittlichen Aktes in den verschiedenen Religionen und Weltanschauungen. Nach christlichem Verständnis ist Gott Liebe (1 Joh 4,8). Nur wenn der Mensch liebt, bleibt Gott in ihm und vollendet sich in ihm die Liebe Gottes (vgl. 1 Joh 4,12). Nur in der Liebe kann also der Mensch jene Gemeinschaft mit Gott finden, die das letzte Ziel seines Lebens ist. Deshalb ist auch menschliches Handeln sittlich und entspricht dem letzten Ziel des Menschen, insofern es eine Verwirklichung von Liebe ist. Deshalb lassen sich auch alle Gebote in dem einen Satz zusammenfassen: „Du sollst deinen Nächsten lieben wie dich selbst" (vgl. Röm 13,9). Sittliches Handeln als Liebe aufzufassen, schließt also jene Interpretationen aus, die etwa den Aspekt der Nützlichkeit, des Erfolges, des Genusses, der Pflicht oder einer Notwendigkeit für ethisch entscheidend halten.

Im einzelnen sind bei einer Interpretation des sittlichen Handelns als Liebe folgende personale Aspekte herauszuheben:

1. Sittliches Handeln besagt ein *Ja zum Du,* nämlich zu den Mitmenschen und zu Gott. Oft wird das die Gestalt des Dienstes am Gemeinwohl haben, manchmal die Form einer persönlichen religiösen Hingabe an Gott.

2. In der Liebe zum Du geschieht gleichzeitig auch *Selbstfindung und -verwirklichung.* Der Mensch hat das Recht und die Pflicht, gegenüber andern auch für sich Respekt zu verlangen und jene Ansprüche geltend zu machen, die die Voraussetzung für eine Kommunikation sind, die beide Seiten bereichert.

3. Liebe verlangt immer auch das *Annehmen von Grenzen und Vergebung von Schuld.* So wie der Mensch mit seinen Werken vor Gott nicht bestehen kann und die Barmherzigkeit seines göttlichen Richters und auch seiner Mitmenschen braucht, so muß er denen gegenüber auch selbst Barmherzigkeit zeigen. Sittliches Handeln darf sich nicht auf das „Wie du mir, so ich dir" berufen.

4. Sittliches Handeln steht immer unter einem *eschatologischen Vorbehalt.* Es ist ein Symbol der Ausrichtung des Menschen auf sein letztes Ziel. Als Symbol bleibt es mehrdeutig. Das handelnde Subjekt kann also keine eindeutige Sicherheit über die sittliche Qualität des Tuns haben. Gleichzeitig ist aber dieses Handeln auch Ausdruck von Hoffnung, daß sich die Sinnhaftigkeit dieses Tuns schließlich erweisen wird, auch wenn man gegenwärtig davon vielleicht sogar nur Nachteile hat.

E. Arens, Kommunikative Handlungen. Die paradigmatische Bedeutung der Gleichnisse Jesu für eine Handlungstheorie (²1982); *R. J. Bernstein,* Praxis und Handeln (1975); *G. Höver,* Sittlich handeln im Medium der Zeit. Ansätze zur handlungstheoretischen Neuorientierung der Moraltheologie (1988); *H. Rotter,* Christliches Handeln. Seine Begründung und Eigenart (1977).

HANS ROTTER

Heilsgeschichte

→ Erfahrung → Glaube → Gott → Handeln, sittliches → Hoffnung → Liebe → Moraltheologie

Die traditionelle, stark an der naturrechtlichen Methode orientierte Moraltheologie stand einem heilsgeschichtlichen Denkansatz eher fern.

Einen Versuch in dieser Richtung machte F. Tillmann (*Die Verwirklichung der Nachfolge Christi. Handbuch der katholischen Sittenlehre* IV, Bd. 1 und 2, 1935/36). Es gelang aber nicht, diese Perspektive auch in der speziellen Moraltheologie in befriedigender Weise einzubringen. Ähnliches gilt vom Werk J. Stelzenbergers (*Lehrbuch der Moraltheologie. Die Sittlichkeit der Königsherrschaft Gottes*, 1953) und von anderen Versuchen dieser Zeit, die von christologischen oder christozentrischen Grundprinzipien ausgingen. Am deutlichsten wird die heilsgeschichtliche Perspektive jedoch bei B. Häring, *Das Gesetz Christi*, 1954 (in völlig neuer Überarbeitung: *Frei in Christus*, 3 Bde., Freiburg 1979–81). – Das Zweite Vaticanum fordert in seinem Dekret über die Ausbildung der Priester (OT 16), daß die theologischen Disziplinen aus einem lebendigeren Kontakt mit dem Geheimnis Christi und der Heilsgeschichte neu gefaßt werden. Dieses Anliegen wird besonders im Blick auf die Moraltheologie formuliert, die, „reicher genährt aus der Lehre der Schrift, in wissenschaftlicher Darlegung die Erhabenheit der Berufung der Gläubigen in Christus und ihre Verpflichtung, in der Liebe Frucht zu tragen für das Leben der Welt, erhellen soll" (ebd.). Dieses Anliegen ist jedoch seither nur spärlich aufgegriffen worden. Der Grund liegt wohl darin, daß ein derartiger Ansatz eine entsprechende geschichtstheologische Deutung der gesamten Fundamentalmoral verlangt.

1. Umschreibung

Geschichte ist Ablauf eines Geschehens in der Zeit und dessen Darstellung und Deutung. Geschichte besagt also nicht nur Veränderung oder Veränderlichkeit von Gegenständen. Sie umfaßt vielmehr ein Geschehen, das auch Ausdruck menschlicher Freiheit und Verwirklichung von Wertentscheidungen und Sinngehalten ist. Geschichte kann insofern auch den Anspruch stellen, daß man sie in der Erinnerung bewahre, Kontinuität mit ihr suche, aus ihr lerne, sich von ihr inspirieren und motivieren lasse usw. – Unter Heilsgeschichte versteht man eine Geschichte, in der Heil wirksam wird in Offenbarung und antwortendem Glauben. Christliche Offenbarung ist nicht eine zeitlose Theorie, sondern ein Geheimnis, das sich wesentlich in Form einer Geschichte dargestellt hat und in dieser Form Annahme und Glaube verlangt. Der Heilswille Gottes zeigt sich für den Christen in der Geschichte der Patriarchen, im Leben, Sterben und Auferstehen Jesu Christi und in der Geschichte der Kirche, nicht zuletzt in den exemplarischen Gestalten der Heiligen. – Diese Geschichte ist nicht nur als ständiges Exemplifizieren einer gleichbleibenden zeitlosen Wahrheit zu betrachten, sondern als ein Geschehen, das die Beziehung zwischen Gott und Mensch immer neu gestaltet. Das wird etwa in den Bundesschlüssen des AT und NT deutlich. Was hier Gott in verschiedenen Ereignissen der Geschichte für sein Volk getan hat, stellt jeweils eine neue Anforderung an den Menschen dar. So wird auch das Grundgebot des NT, das Liebesgebot, im geschichtlichen Handeln Christi begründet (vgl. Joh 13,34). Aus dem „Indikativ" des Geschehens wird ein „Imperativ" für das Handeln. Das Leben des Christen soll eine „Nachfolge Christi" sein.

Die Offenbarung der Liebe Gottes in der Geschichte begründet insofern einen Anspruch an den Menschen, als Liebe das umfassende Wohl, also das Heil des anderen will, es aber nur dadurch erreichen kann, daß der Geliebte diese Liebe in Freiheit erwidert. Umgekehrt kann der Mensch sein Heil nicht aus eigener Kraft bewirken, sondern nur, insofern er sich auf die Liebe Gottes einläßt. Dabei ist allerdings vorausgesetzt, daß sich diese Liebe offenbart, was eben in der Heilsgeschichte der Fall ist. Es geht also bei einer heilsgeschichtlichen Begründung der Moral nicht primär darum, daß hier die sachlichen Inhalte einzelner Normen kundgetan würden, sondern um den personalen, in der Heilsgeschichte vermittelten Anspruch Gottes an den Menschen. Freilich ist dabei zu bedenken, daß sich die Art und das genauere Verständnis dieses Anspruchs sekundär auch auf die inhaltliche Gestaltung eines Ethos und seiner Normen auswirkt.

Heil ist die endgültige Erfüllung des tiefsten menschlichen Sehnens nicht nur durch einzelne begrenzte innerweltliche Güter, sondern durch die Gemeinschaft mit der absoluten Wirklichkeit Gottes. Dieses Heil vermittelt sich anfanghaft in der Geschichte des Menschen in Glaube, Liebe, Hoffnung, Güte, Barmherzigkeit, Vertrauen, Ehrfurcht usw. In Widerspruch zu dieser Heilsvermittlung stehen Haltungen wie Haß, Verzweiflung, Mißachtung der Menschenwürde anderer usw. Heil als Gemeinschaft des Menschen mit Gott kann der menschlichen Person nicht aufgezwungen werden, sondern erfordert deren freie Zustimmung. Andererseits ist es auch durch die Leistungen des Menschen nicht erzwingbar, sondern Werk göttlicher Gnade. – Insofern aber in der gnadenhaften Hinwendung Gottes zum Menschen eine Aufforderung zur Annahme der Selbstmitteilung Gottes durch den Menschen eingeschlossen ist, ist Heilsgeschichte Grundlage sittlichen Handelns und Grundlage der Moraltheologie.

Das Heil ist ja dem Menschen nicht einfach durch eine Naturordnung eröffnet, sondern durch das Heilsangebot Gottes in der Geschichte. Der Mensch kann den letzten Sinn und das letzte Ziel seines Daseins nur finden, wenn er auf dieses gnadenhafte, übernatürliche Angebot Gottes eingeht. Deshalb begründet Heilsgeschichte nicht eine bloß natürliche Vernunftethik, sondern eine Ethik, die von vornherein auch den Glauben des Menschen anspricht und insofern theologisch ist.

2. Geschichte als Offenbarung

Nach dem Zweiten Vaticanum ist die Offenbarung nicht in erster Linie als bloße Wortoffenbarung zu verstehen, sondern als die heilschaffende Selbstmitteilung Gottes in der Geschichte (DV 3). Die Wortoffenbarung (Wort Jesu, Wort der Bibel) ist dabei nur eine Auslegung des ganzen Prozesses der Selbsteröffnung Gottes in der Heilsgeschichte. In einem allgemeineren Sinn geschieht diese Offenbarung in der gesamten Geschichte der Menschheit, die ja vom Heilswillen Gottes umgriffen ist, in einem spezielleren Sinn geschieht sie in der Geschichte des biblischen Gottesvolkes, die in Jesus Christus ihren unüberbietbaren Höhepunkt findet. Die Ausdeutung dieser Geschichte ist für den Christen ein verbindliches Kriterium der Sittlichkeit. Die Liebe, Treue, Barmherzigkeit und Menschenfreundlichkeit Gottes wird hier in einer nicht mehr übertreffbaren Weise offenbar und stellt ihren Anspruch an den Menschen.

Zu diesem Begriff der Heilsgeschichte als Erkenntnisgrund der Moraltheologie steht Schöpfung nicht in Gegensatz, sondern ist ein Moment innerhalb desselben. Es gibt deshalb keine Dualität von Schöpfungs- und Heilsordnung, von natürlicher und übernatürlicher Sittlichkeit! Wer den Bedürftigen und Notleidenden ein „natürlich gutes" Werk tut, der tut es, wenn auch unbewußt, an Jesus Christus (Mt 25,40). – In der Moraltheologie mit der Offenbarung zu argumentieren, darf deshalb nicht auf ein bloßes Heranziehen von Bibelzitaten beschränkt werden, sondern muß darin bestehen, daß man sich auf die Erfahrung bezieht, die gläubige Menschen mit der Gegenwart Gottes in Jesus Christus bzw. in der ganzen Geschichte des Heiles gemacht haben. Von dieser Erfahrung her sind dann auch konkrete Einzelweisungen immer neu zu prüfen und zu interpretieren.

3. Geschichte als ethische Kategorie

Biblisches Ethos weiß sich wesentlich in der Geschichte des Gottesvolkes begründet. Eine solche Auffassung findet heute oft Unverständnis. Man meint, daß Entstehung und Geltung einer Verpflichtung voneinander unabhängig seien. Die Unterscheidung zwischen Genese und

Geltung eines sittlichen Anspruchs weist zunächst darauf hin, daß die Entstehung etwa einer Norm oder eines Gesetzes nicht mit deren Weiterdauer identisch ist. Das besagt aber nicht, daß diese Aspekte immer voneinander trennbar sind. So können Menschen einer Generation ein Gelöbnis ablegen, an das sich auch die nachfolgenden Generationen gebunden fühlen (z. B. Aufführung von Passionsspielen!). Grundsätzlich transzendieren personale Entscheidungen den bloßen Augenblick der Gegenwart und bleiben oft auch für spätere Zeiten verbindlich, etwa im Sinne eines Vorsatzes, den man faßt, einer Hoffnung, die man weckt und zu der man zu stehen hat, einer Freundschaft, die man eingeht und die einen weiterhin verpflichtet. In der Geschichte ihres Handelns stellt eine Person ihre Entscheidungen – auch gegenüber anderen Menschen – nach außen dar und kann dadurch eine Verpflichtung schaffen, die über längere Zeit dauert, obwohl sie vielleicht nicht in einem unverändert bleibenden Sachverhalt allein begründet ist, sondern wesentlich auch in einer einmaligen Willensentscheidung. So kann z. B. ein von einer legitimen Autorität erlassenes Gesetz gültig bleiben, obwohl es in mancher Hinsicht veränderungsbedürftig ist und der derzeitige Gesetzgeber eine solche Veränderung auch wünschen würde.

4. Heilsereignisse als Bundesschlüsse

Die Bibel versteht die Geschichte Gottes mit seinem Volk als einen Ausdruck der Liebe, die Jahwe den Menschen schenkt und die diese deshalb auch verpflichtet. Die entscheidenden Taten Gottes, etwa die Beendigung der Sintflut, die Befreiung Israels aus der Sklaverei Ägyptens und im NT schließlich auch Kreuzestod und Auferstehung Jesu Christi, werden als „Bund" verstanden, den der Herr immer neu mit seinem Volk schließt und der dieses Volk auch jeweils neu verpflichtet. Das Ethos wird hier nicht als ein zeitloses System verstanden, das höchstens eine Geschichte seiner Erkenntnis erfährt, sondern der Anspruch Gottes an sein Volk ändert sich und vertieft sich durch die Vollbringung und Offenbarung der Großtaten seiner Liebe.

5. Gedenken der Heilstaten Gottes

Eine solche Geschichte bedarf, um als sittlicher Anspruch wirksam zu bleiben, des Gedenkens. Dieser Notwendigkeit entspricht eine „narrative Ethik", die sittliche Forderungen nicht einfach in einem zeitlos betrachteten Sachverhalt begründet, sondern in einem geschichtlichen

Ereignis. Bei solchen Forderungen geht es allerdings nicht sosehr um die materialen Inhalte einer Norm, sondern vorwiegend um personale Sinngehalte wie z. B. Treue, Dankbarkeit, Bußfertigkeit usw., zu denen aufgefordert wird. Als menschliche Geschichte ist Geschichte des Heiles immer auch eine Geschichte des Versagens und der Sünde. Insofern liegt in ihr eine Aufforderung, sich mit dieser Vergangenheit auseinanderzusetzen, sie zu bereuen und sich zu bekehren. Vergangenheit ist durch ihr nicht mehr Gegenwärtigsein nicht einfach annuliert, sondern ist eine bleibende Aufgabe und Herausforderung; das auch deshalb, weil sich der Mensch immer auch mit seiner Vergangenheit, ja sogar mit der Vergangenheit seiner Familie und seines Volkes identifiziert und durch diese Vergangenheit auch in seinem Selbstverständnis geprägt ist. Deshalb ist es für ihn auch notwendig, sich von Aspekten der Vergangenheit zu distanzieren, die er bedauert, deren äußere Folgen er aber trotzdem mitzutragen hat.

Vergangenheit ist nicht nur als formale Dimension, sondern als konkrete Geschichte zu verstehen, nämlich als die Geschichte, aus der man seine Wertvorstellungen und die Vorbilder seines Handelns bezieht. Für den Christen ist diese maßgebliche Geschichte, von der man den Sinn seines Lebens deutet, vor allem die Geschichte des Lebens, Leidens und Sterbens Jesu Christi. Auf sie bezieht sich die „gefährliche Erinnerung" (J. B. Metz), an der sich das Leben der Christen immer wieder zu messen hat.

Geschichte ist wesentlich auf *Zukunft* bezogen. Die genauere Vorstellung dieser Zukunft wirkt sich in den ethischen Werturteilen aus. Denn erst durch die Festlegung eines bestimmten Zieles, auf das der Mensch zugeht, ist auch ausgemacht, welcher Weg zu diesem Ziel führt. Dabei kann Zukunft nicht willkürlich definiert werden, sondern sie ergibt sich aus einer Deutung von Erfahrungen der Vergangenheit, ohne daß hier eine zwingende Abteilung möglich wäre. Zukunft bleibt als solche immer auch offen und ist Bezugspunkt der Hoffnung, nicht eines sicheren Wissens. – Die Zukunft, auf die der Mensch hofft, ist sowohl weltimmanent als auch -transzendent zu verstehen. Hoffnung verlangt also eine positive Stellungnahme im Sinn von Vertrauen, Zuversicht und Engagement für eine bessere Welt, sie verlangt aber auch jene Ergebenheit in den Willen Gottes, die sich nicht durch innerweltliche Mißerfolge beirren läßt und nicht in Resignation vor den Aufgaben der Zukunftsgestaltung kapituliert. Der Mensch darf auch dann auf ein endgültiges Heil hoffen, wenn seine innerweltliche Existenz mißglückt. Die Zusammengehörigkeit der weltimmanenten und der welttranszendenten Hoffnung schließt jede Weltflucht ebenso aus wie eine fanatische Verabsolutierung der Welt.

Die Beziehung zu Vergangenheit und Zukunft soll schließlich das rechte Verhältnis zur *Gegenwart* ermöglichen. Der Mensch soll sich weder im Gedenken an frühere Zeiten verlieren, noch in Träumen von einer schöneren Zukunft dem Anspruch der Wirklichkeit ausweichen. Er soll den Mut und die Kraft finden, sich an den Augenblick der Gegenwart mit seinen Risiken und Unsicherheiten hinzugeben und sich einzusetzen im Vertrauen darauf, daß der Geist Gottes mit ihm ist. Er soll den *kairos* nützen, der vielleicht nie mehr wiederkehrt.

6. Kriterien der Sittlichkeit

Christliches Ethos stützt sich auf die Ereignisse der Heilsgeschichte und kommt, besonders in der Deutung der Geschichte Jesu Christi, vor allem zu folgenden Aspekten, die die sittlichen Werturteile bestimmen. Zunächst ist die Beziehung zu Gott eine Gemeinschaft der Liebe. Die Geschichte Gottes mit seinem Volk ist nicht einfach eine Herrschaftsausübung, sondern eine Geschichte der Liebe, in der sich Gott wesentlich als Liebender offenbart. Somit wird die Verbindlichkeit eines radikalen Liebesgebotes immer deutlicher. In Jesus Christus wird es unüberbietbar vorgelebt. Damit wird auch die Liebe des himmlischen Vaters offenbar. So darf der Mensch hoffen, daß er in der Liebe zu seinen Mitmenschen und in der Liebe zu Gott auf eine volle Gemeinschaft mit Gott zugeht und daß er in dieser Liebe, die ja wesentlich Hinordnung auf das Du ist, auch sein eigenes Heil findet. In der Liebe sagt der Mensch ja zu einem Du, das ihm vielleicht auch mit manchem Unrecht begegnet ist. So umfaßt Liebe immer auch die Bereitschaft zur Vergebung. Der Mensch, der auf diese Weise seinen Mitmenschen Vergebung erweist, darf darauf vertrauen, daß ihm auch Gott einmal barmherzig sein wird. – Zur Liebe gehört weiters immer auch Versprechen und Vorsatz von Treue. Erst dadurch, daß Liebe bloß augenblickliche Gefühle übersteigt und in guten und bösen Tagen dem andern Treue schenken will, bezieht sie sich auf die Person des andern und nicht nur auf dessen augenblickliche Erscheinung. Weil der Mensch daran glauben darf, von Gott geliebt zu werden, darf er sich deshalb auch mit seiner Vergangenheit und Zukunft von der Treue Gottes angenommen wissen. – Das geschichtliche Handeln des Menschen steht schließlich immer unter einem eschatologischen Vorbehalt. Einerseits beginnt die Gemeinschaft mit Gott schon überall da, wo sich der Mensch in seinem Leben zum Guten entscheidet. In solchen Entscheidungen liegt auch immer schon die Verheißung des ewigen Heils. Anderseits ist diese Vollendung noch ausständig. Der Mensch kann sich seines Heils, solange er lebt, nie einfach gewiß sein. Der Sinn seines Handelns und das Urteil Gottes über den Menschen muß erst noch offenbar werden. – Dieser eschatologische Vorbehalt schließt jeden Fanatismus aus, der meint, daß alles von bestimmten Formen des innerweltlichen Erfolges abhängen würde. Ebenso ist aber auch jede Hoffnungslosigkeit und Verzweiflung auszuschließen, die glaubt, daß es über augenblickliche Formen der Not und des Elends hinaus keine bessere Welt geben werde.

7. Spezifikum einer christlichen Ethik

Nach einer solchen geschichtlichen Sicht liegt die Eigenart christlicher Ethik nicht primär in der Dimension der inhaltlichen Bestimmung konkreter Sittennormen, sondern in der maßgeblichen Geschichte christlicher Ethik, also in dem, woran sich der Christ erinnert und was als „Erzählung" seinem Ethos zugrunde liegt. Insofern diese Vergangenheit auch die Zukunftsperspektive des christlichen Verständnisses von Leben und Welt bestimmt, spezifiziert sie die Hoffnung des Christen und damit auch sein Verhältnis zur gegenwärtigen Welt.

8. Christozentrik

Christliche Heilsgeschichte ist wesentlich christozentrisch zu verstehen. Die Bibel bezieht die Geschichte als Ganze auf die Gestalt Jesu Christi. Er ist das Wort, das im Anfang war (Joh 1,1), und der Weltenrichter, der einst kommen wird, um die Welt zu richten (Mt 25,31). Er ist der Bezugspunkt aller Weltgeschichte als „derselbe gestern, heute und in Ewigkeit" (Hebr 13,8). Er ist auch derjenige, der einst das, was im Menschen verborgen ist, richten wird (Röm 2,16). Diese Glaubensaussage, daß sich alle Menschen, Christen und Nichtchristen, einmal vor Jesus Christus zu verantworten haben, erfordert eine christozentrische Sicht des Ethos. Wenn christliche Theologie immer christozentrisch war und ist, dann muß das eben auch die Moraltheologie sein. Allerdings kann diese Perspektive nicht in Konkurrenz zu jenen Gegebenheiten stehen, die den materialen Inhalt der Sittennormen bestimmen. Vielmehr geht es hier darum, daß in Jesus Christus die heilbringende Liebe Gottes zu den Menschen ihre äußerste und unüberbietbare Darstellung gefunden hat und dadurch auch den Menschen in einer neuen unüberbietbaren Weise in Anspruch nimmt (vgl. Joh 13,34). – Christozentrik besagt nicht, daß nur die Offenbarung in Christus für die Moraltheologie von Belang wäre, denn Gott hat ja auf vielerlei Weise gesprochen (Hebr 1,1). Aber alles, was Gott zu den Menschen gesprochen hat, ist eben von Jesus Christus her neu zu deuten. Deshalb begründet sich christliche Hoffnung letztlich auf Jesus Christus und nicht auf andere Offenbarungen, in denen von Christus abstrahiert werden könnte. Christozentrik der Moral sagt, daß die geschichtliche Gestalt Jesu Christi, der einmal alle Menschen zur Verantwortung rufen wird, auch das oberste Richtmaß sittlichen Handelns ist. Dadurch ist freilich nichts von dem aufgehoben, was an objektiven Gegebenheiten der Schöpfungswirklichkeit in den Inhalt sittlicher Forderungen eingeht.

F. Böckle, Glaube und Handeln, in: *J. Feiner/M. Löhrer* (Hrsg.), Mysterium Salutis 5 (1976) 21–115; *O. Cullmann*, Heil als Geschichte – Heilsgeschichtliche Existenz im Neuen Testament (²1965); *D. Mieth*, Dichtung, Glaube und Moral. Studien zur Begründung einer narrativen Ethik (1976); *H. Rotter* (Hrsg.), Heilsgeschichte und ethische Normen (1984).

HANS ROTTER

Hermeneutik

→ Erfahrung → Geschichtlichkeit → Heilsgeschichte → Lehramt → Methoden der Ethik

1. Anliegen der Hermeneutik

Sittliche Ansprüche sind das Ergebnis einer gewachsenen Tradition, die ein Bewährungswissen speichert. Einsicht und bedachte Erfahrung stehen an ihrer gelebten Wurzel. Eine Tradition ist keine ein für allemal abgeschlossene Größe. Jede Generation tritt aktiv in sie ein, arbeitet an ihr und treibt sie weiter. Man muß sich seiner eigenen Geschichte vergewissern, wenn man Gegenwart und Zukunft bestehen will. Sofern die Moraltheologie diese Herausforderung annehmen muß, ist sie als eine hermeneutische Wissenschaft zu bezeichnen.

Die Hermeneutik ist ursprünglich die Kunst des geschichtlichen Verstehens. Als wissenschaftliche Methode betreibt sie die sachgerechte Auslegung von Texten der Vergangenheit unter Anwendung allgemein akzeptierter Interpretationsregeln. So überspringt sie den Graben der Zeit und sucht die Fremdheit des Vergangenen in die Vertrautheit des Gegenwärtigen einzubringen. Übersetzung ist ihre Aufgabe. Dabei führt sie über das Verstehen eines Textes einen Dialog mit dem Autor.

Sie sucht seine Aussageabsicht zu ergründen, indem sie alle relevanten Entstehungsvoraussetzungen in ihre Betrachtung miteinbezieht. Dabei wird der Text zunächst in seinen Kontext, das heißt in seine Lebenswelt, hineingestellt. Gemeint ist nicht nur das äußere Umfeld sozialer und kultureller Muster, auch die Vorgeschichte erregt das Interesse des Hermeneuten. Das ist allerdings nur *eine* Phase des hermeneutischen Bemühens, und nicht die entscheidende. Die Hermeneutik sucht vielmehr jene Tiefendimension zu erheben, die als Denkvoraussetzungen im Autor selbst gelegen sind. Letztlich gibt auch die sprachliche Form, das literarische Genus, zu denken, sie läßt Rückschlüsse auf die Aussageabsicht zu. All dies zusammengenommen ist es die Absicht der Hermeneutik, die Originalität des jeweiligen Autors und seines Beitrags in den Blick zu bekommen.

Die Hermeneutik beschränkt sich nicht auf das Verstehen isolierter Texte, sie umgreift zugleich deren Wirkungsgeschichte. Die Tradition ist ja ein kritisch-schöpferischer Prozeß, der sich durch permanente Horizontverschmelzung vorantreibt. Die Wirkungsgeschichte läßt sich nicht kurzschlüssig auf die Formel einer Abfallsgeschichte bringen, sie entwickelt ursprüngliche Anliegen unter je neuen Herausforderungen weiter. Die Gabe der Unterscheidung ist darum gefordert. Das verweist auf das Ungenügen der Hermeneutik, sofern sie nur als Methode verstanden wird; sie ist zugleich eine Theorie geschichtlichen Verstehens (H. G. Gadamer). Der Hermeneut beugt sich über sein eigenes Verstehen zurück und sucht dessen Strukturen zu erkennen. Wie wird das Absolute in der Geschichte ergriffen? Das Ziel so verstandener Hermeneutik ist keineswegs die Relativierung der Wahrheit, sondern die kritische Aufdeckung all ihrer ungerechtfertigten Verabsolutierungen. Geschichtsgerechte Absolutheit muß erstellt werden. So zeichnet sich bereits ein emanzipatorischer Zug hermeneutischer Reflexion ab. Die Kenntnis der Tradition ermächtigt zur Traditionskritik um einer besseren Zukunft willen. Der Hermeneut bringt in die Rekonstruktion der Tradition Zielgestalten gelungenen Lebens ein. Die Geschichte des Geistes wird so zu einem Geschehen der Selbstkorrektur. Die Horizontverschmelzung mündet in Horizonterweiterung ein. Das geschieht im Durchstoß auf die letzten erreichbaren regulativen Ideen und Kriterien.

2. Hermeneutik in der Moraltheologie

Für den Moraltheologen fallen Texte mit Handlungsnormen zusammen. Letztere speichern einen erreichten Konsens, sind aber zugleich mit der ambivalenten Hypothek ihrer Tradition belastet. Die Moraltheologie als hermeneutische Wissenschaft sucht die Genese von Normen zu rekonstruieren. Welches ist ihr Ursprungskontext und welche Geschichte haben sie durchlaufen? An Normen wurde gearbeitet, und dies im Wechselspiel zwischen sittlichen Eliten und der gesamten Kommunikationsgemeinschaft. Wiederum sind nicht nur die äußeren Bedingungen in ihrer Relevanz für sittliche Einsicht zu berücksichtigen, das Gesamt denkerischer Voraussetzungen im erkennenden Subjekt fällt gleichfalls unter das Erkenntnisinteresse des Hermeneuten. Das Ziel ist ein verständnisvoller und mithin verantwortlicher Umgang mit Normen. Normen werden aus der Geschichte der sittlichen Vernunft verstanden. Der Mensch dringt ja, herausgefordert durch den Wechsel der Umstände, tiefer in den vollen Bedeutungsgehalt sittlicher Wertvorstellungen ein. Die Vermittlung mit anthropologischen Ziel- und Leitvorstellungen tritt in diesen Prozeß ein. Neue, bislang nicht berücksichtigte Gesichtspunkte tauchen auf und erwirken ein differenzierteres Normenverständnis. Es kann dann nicht ausbleiben, daß der praktische Bedeutungsgehalt oberster Prinzipien sich ändert, auch wenn die satzhafte Fassung davon nicht betroffen wird. Daneben betreibt die Moraltheologie eine Hermeneutik ihrer eigenen Wissenschaftsgeschichte. Sie sucht der Versuchung zu steuern, die Tradition wie einen Steinbruch zu benutzen. Traditionselemente sind vielmehr vor dem Hintergrund der jeweiligen geistesgeschichtlichen Epoche zu sehen und so kritisch auf ihre gegenwärtige Anwendungsmöglichkeit zu prüfen.

Im Kontext der hermeneutischen Fragestellung nimmt die sittliche Erfahrung einen zentralen Platz ein. Erfahrung hält sittliche Einsicht in Bewegung. Gemeint ist nicht nur die unmittelbare Erfassung empirischen Anschauungsmaterials. Es gibt auch eine Sinnerfahrung, die sich an Freiheit bindet. Beide gemeinsam fließen in die sittliche Erfahrung ein. Und ebensowenig läßt sich auf Lebenserfahrung verzichten. Sie wurde mit sittlichen Ansprüchen erworben. Sie erschließt ein unmittelbares Wissen um das der Freiheit Mögliche und Zuträgliche. Verständnisvoller Umgang mit Normen kann von diesem subjektiven Umfeld nicht absehen, ansonsten endet man in einem wirklichkeitsfremden Rigorismus.

3. Kritischer Umgang mit den Quellen

Die moraltheologische Hermeneutik bemüht sich um einen kritischen Umgang mit den Quellen: Tradition, Schrift und Lehramt. Ihr ist bewußt, daß es nicht nur einen ungebrochenen Traditionsstrom gibt, auf den man sich ungefragt berufen kann, sondern eine Vielzahl von Traditionen, die mit unterschiedlichem Gewicht auftreten. Und die Schrift ist kein Lehrbuch der Moraltheologie, sie beansprucht nicht, ein ethisches System vorzulegen. Inhaltliches und methodisches Ungenügen zeichnen sie aus. Gewiß finden sich in ihr bleibend gültige Aussagen: Sie betreffen die beherrschenden christlichen Motivationen und Charismen und stellen sich im Gewand fundamentaler Normen oder paränetischer Rede dar. Sobald der Boden kategorialer Normen betreten wird, überwiegt der Gelegenheitscharakter. Das soziale und das kulturelle Umfeld konditionieren den Text, ebenso sind theologische Interessen und pastorale Notwendigkeiten zu berücksichtigen. Sobald die Übertragung auf die Gegenwart ansteht, lautet die Frage immer, ob neue Gesichtspunkte hinzutreten, die dem biblischen Autor noch nicht zur Verfügung standen. Das hermeneutische Bemühen kompliziert sich im Umgang mit dem Autoritätsargument. Gefordert ist ein geistesgeschichtlich geschärfter Blick für die Aussageabsicht lehramtlicher Dokumente. Bedeutsam sind der Ursprungskontext, der Anlaß und die Zielsetzung eines Dokuments. Wird positiv eine sittliche Wahrheit entfaltet oder wird ein Irrtum bekämpft? Im letzteren Fall ist eine strikte Auslegung gefordert; eine Lehre soll so getroffen werden, wie sie vom Gegner verstanden wird. Aus dem Charakter eines Dokuments sowie aus der Formulierung läßt sich auf die eingesetzte Autorität schließen. So beansprucht eine Enzyklika einen höheren Stellenwert als eine Exhortatio, ein Motu proprio oder eine Instruktion der Kongregation für die katholische Glaubenslehre, von päpstlichen Gelegenheitsansprachen ganz zu schweigen. Damit verbindet sich die Frage nach der Geschichte lehramtlicher Verlautbarungen. Gewiß ist die Geschichte des Lehramts in dem Sinn linear, als die eigene Tradition fortschreitend präzisiert wird. Aber ist das alles? Ohne die privilegierte Stellung des Lehramts innerhalb der Geistesgeschichte bezweifeln zu wollen, bliebe doch zu überlegen, ob solche Prozesse nicht auch ein Element der Selbstkorrektur in sich enthalten. Und letztlich wäre darüber nachzudenken, von welchen denkerischen Voraussetzungen und fraglos angenommenen Paradigmen Lehramtstexte abhängen. Gewiß macht sich das Lehramt nicht von einer bestimmten Philosophie abhängig. Dennoch operiert es zwangsläufig mit philosophischen Kategorien, mit einer bestimmten Vorstellung von Natur und Person. Der Hermeneut frägt hier nach dem Bedingungsverhältnis zwischen Prämissen und Ergebnissen. Werden Schlüsselbegriffe immer gleichsinnig gebraucht, und was bedeutet das für den Lehrinhalt?

Die Geschichte der sittlichen Vernunft kennt nicht nur Veränderung, sie signalisiert auch Fortschritt, der gegen die dauernde Gefahr des Rückfalls verteidigt werden muß. Erinnert sei an die zunehmend kritische Einstellung gegenüber der Gewaltanwendung, an die Sensibilität für die Achtung der Menschenrechte, an die vom Prinzip der gleichen Würde inspirierte gesellschaftliche Stellung der Frau. Der sittlichen Kommunikationsgemeinschaft fällt die Aufgabe zu, diesen Prozeß kritisierend, stimulierend und integrierend zu verantworten. In diesem Zusammenhang nimmt die moraltheologische Hermeneutik eine traditionskritische Dimension an. Horizonterweiterung ist ihr Ziel. Einem verständnislosen Festschreiben der Tradition ist zu wehren. Das wird zumal in geistesgeschichtlichen Umbruchsituationen akut. Hermeneutik ist geschichtliches Verstehen unter erschwerten Bedingungen.

Die Hermeneutik muß sich auch im interdisziplinären Dialog bewähren. Die Moraltheologie besitzt keine Kriterien, um die Ergebnisse anderer Wissenschaften zu überprüfen. Sie muß aber deren Theoriestatus kennen, ehe sie mit ihnen operiert. Dabei ist die Gefahr einer Überinterpretation zu vermeiden. Aus Daten darf nichts herausgelesen werden, was sie nicht bieten können. Das ist ein Grundgesetz der Hermeneutik. Kritische Solidarität ist verlangt, wenn der Dialogpartner seine Fachkompetenz überschreitet und sittliche Schlüsse zieht, die aus idelogischen Prämissen stammen. Die Moraltheologie ist aber auch Lernende. Der interdisziplinäre Dialog verlangt, daß sie ihre eigenen Voraussetzungen überprüft, sofern sie in den Kompetenzbereich anderer Wissenschaften fallen. Entsprechen sie noch dem geltenden Stand wissenschaftlicher Forschung? Der Moraltheologe schaut hier nach der Hilfe des Philosophen aus. Wissenschaftliche Forschungsergebnisse müssen philosophisch bewältigt sein, ehe sie in den moraltheologischen Diskurs eintreten. Ein differenziertes, aber zugleich kohärentes philosophisches Instrumentarium ist gefordert, wenn hermeneutische Reflexion gelingen soll.

K. Demmer, Sittlich handeln aus Verstehen. Strukturen hermeneutisch orientierter Fundamentalmoral (1980); *ders.*, Moraltheologische Methodenlehre (1989); *R. Hofmann*, Moraltheologische Erkenntnis- und Methodenlehre (1963); *H. Rotter*, Grundlagen der Moral. Überlegungen zu einer moraltheologischen Hermeneutik (1975); *J. Seifert*, Erkenntnis objektiver Wahrheit. Die Transzendenz des Menschen in der Erkenntnis (1976).

KLAUS DEMMER

Hoffnung

→ Erfahrung → Geschichtlichkeit → Glaube → Liebe → Sünde
→ Tugenden und Laster → Vergebung

Der Mensch lebt in der Zeit. Zu seinem Bewußtsein gehört die Vergangenheit bis weit vor seiner Geburt und die Zukunft bis lange nach seinem Tod. Er kann deshalb auch den Sinn seines Lebens nicht nur im Augenblick der Gegenwart sehen, sondern strebt eine viel umfassendere Erfüllung an. Hoffnung ist nun eine Einstellung des Menschen gegenüber seiner Zukunft, in der es um eine solche Sinnerfüllung geht. Hoffnung richtet sich im Gegensatz zur Furcht auf etwas Gutes. Sie ist aber zu unterscheiden von einer festen Erwartung, die auf etwas abzielt, was sich mit Notwendigkeit aus schon bestehenden Ursachen ergibt und deshalb mit Sicherheit berechnet werden kann. Andererseits ist aber unter Hoffnung in einem strengeren Sinn auch nicht nur ein Wunsch zu verstehen, dessen Erfüllung reiner Zufall wäre. Hoffnung ist vielmehr eine begründete Erwartung, deren Erfüllung aber nicht mit Notwendigkeit erfolgt. In diesem Sinn erhofft man sich etwa von einem Freund Treue oder auch von Gott Vergebung. Wenn Hoffnung nicht bloß ein irrationaler Wunsch sein soll, dann muß sie begründet sein. Ein solcher Grund kann nicht wieder in der Zukunft liegen, sondern ist in den Erfahrungen der Vergangenheit zu suchen. Wenn sich der Freund schon bisher als treu erwiesen hat oder wenn sich bereits in der Vergangenheit die Barmherzigkeit Gottes bekundet hat, dann darf man auch in Zukunft auf solche Erweise hoffen.

Hoffnung geht also von innerweltlichen Erfahrungen aus und legitimiert sich durch sie. Allerdings zeigen diese Erfahrungen und die darauf beruhende Hoffnung immer auch eine Dimension der Transzendenz. Hoffnung zielt zwar zunächst darauf ab, daß sich gute innerweltliche Erfahrungen fortsetzen und wiederholen. Aber nun kann ja Zukunft nie einfach die bloße Wiederholung von Erfahrungen bringen, die mit Vergangenheit identisch sind. Zukunft bringt immer auch Neues, und so kann Hoffnung, weil sie sich ja auf Zukunft bezieht, nicht die bloße Wiederholung vergangener Ereignisse erwarten. Insofern zeigt sich dann auch, daß der Mensch immer dann, wenn er an das Ziel einer Hoffnung gekommen zu sein scheint, von dem Erreichten nicht völlig zufriedengestellt ist, sondern immer wieder nach neuen Zielen ausschaut, die über das Bisherige hinausgehen. So sind dem Menschen die einzelnen Güter des Lebens letztlich immer nur Versprechen, die die menschliche Hoffnung nicht wirklich erfüllen, sondern wieder auf weitere Versprechen verweisen. Der Mensch ist eben auf eine Sinnerfüllung aus, die er nicht in einzelnen Gütern des Lebens finden kann, sondern nur in einer ewigen Gemeinschaft in Gott, in der ihm ewige Ruhe und endgültige Heimat für all sein Streben gewährt wird. In allen Gütern des irdischen Lebens, nach denen der Mensch strebt, sucht er in Wirklichkeit immer etwas von diesem Frieden bei Gott.

Die geschichtliche Rechtfertigung dieser Hoffnung sieht der Christ in der Heilsgeschichte, besonders in der Geschichte Jesu Christi, seines Todes und seiner Auferstehung (vgl. 1 Kor 15,15–22).

Aus der Art, in der der Mensch auf ein ewiges Heil hofft, ergeben sich aber auch Folgen für seine Einstellung zu den innerweltlichen Gütern. Die Vorstellung von diesem letzten transzendenten Hoffnungsziel, also die „Eschatologie", ist in den verschiedenen Religionen und Weltanschauungen verschieden gestaltet. So spricht z. B. der Hinduismus mit seinem zyklischen Weltbild von einer Reihe von Wiedergeburten, die der Mensch durchmacht, um sich allmählich von dem Karman zu läutern, das er durch schlechte Handlungen in sich gesammelt hat. So gelangt er dann schließlich ins Nirwana. Einer solchen Auffassung entspricht es, daß der Mensch je nach dem Grad seiner Läuterung z. B. in verschiedenen Kasten lebt oder auch in der Gestalt eines Tieres oder gar einer Pflanze. Hier wird man die Unterschiede im sozialen Leben, aber auch im Wohlergehen, in der Gesundheit als verschiedene Läuterungsstufen interpretieren, die nicht aus der Welt zu schaffen sind. Von da her ergeben sich also auch keine starken Impulse, Ungleichheit oder Not zu überwinden. Man würde ja dadurch den Leidenden die Möglichkeit einer Läuterung nehmen. In einem Verständnis, in dem das Leben nicht einmalig ist, ist entsprechend auch die Bedeutung einer sittlichen Entscheidung vermindert. Denn es kann jede Fehlentscheidung im nächsten Leben korrigiert werden. Eine derartige Auffassung wirkt sich auf alle Grundbegriffe der Ethik modifizierend aus. Daß dieses Modell mit christlichem Denken nicht übereinstimmt, ist aus der Bibel zwar nicht durch Stellen bewiesen, die diese Auffassung direkt ablehnen, wohl aber aus einem völlig anderen Verständnis der sittlichen Grundbegriffe.

Anderer Art ist die Hoffnungsstruktur des Atheismus, der ein transzendentes Heil des Menschen leugnet. Hier bekommt das innerweltliche Leben einen absoluten Wert, weil es eben nicht mehr durch ein „anderes Leben" relativiert wird. Das bedeutet vor allem, daß es ganz auf das Gelingen des innerweltlichen Lebens ankommt. Leid kann vielleicht noch einen Sinn haben als Protest gegen die Strukturen der

Gesellschaft und als Motiv zu deren Veränderung. Für die einzelne Person ist das freilich kaum ein Trost, zumal solche positiven Aspekte oft nicht vorhanden sind oder wenig glaubwürdig wirken. Leicht legt sich dann Resignation und Verzweiflung nahe. Entsprechend verliert in einem solchen Verständnis auch jener Aspekt der Liebe seine Plausibilität, wo es um Opfer und Verzicht zugunsten anderer geht. Denn wenn das Gelingen des eigenen Lebens letztlich der oberste Maßstab für den Sinn des Daseins ist, ist es unverständlich, aus welchen Gründen man auf eigene Güter zugunsten anderer verzichten sollte.

Allerdings verliert in einem solchen Verständnis die individuelle Person leicht Wesentliches von ihrer Bedeutung und wird dann nur noch als Rädchen in der Maschine der Gesellschaft gesehen. Denn der Mensch spürt doch in seinem Bewußtsein etwas von einer Transzendenz, die hier nicht mit einem transzendenten Gott, sondern oft mit einer Gesellschaft mit Absolutheitsanspruch in Zusammenhang gebracht wird. Der einzelne kann dann sehr rasch bedroht werden, wenn er etwa wegen seiner Überzeugungen dem Wohl der Gesellschaft im Wege steht.

Menschliche Erfahrung ist weiter immer auch eine Erfahrung der Vergänglichkeit, über die aber menschliche Sehnsucht immer hinausgreift. Jede Glückserfahrung ist deshalb ein Versprechen, das der Augenblick nie voll einlösen kann. Der Mensch kann eine letzte Erfüllung seines Sehnens nur in einem Heil finden, das nicht mehr der Vergänglichkeit der Zeit unterworfen, sondern ewig ist (vgl. 2 Kor 4,17f.; 2 Tim 2,10; 1 Petr 5,10; Lk 16,9; 2 Kor 5,1; Hebr 12,28; 2 Petr 1,11; Hebr 13,14 usw.).

Christliche Hoffnung geht von der Erfahrung aus, daß der Mensch den Sinn seines Lebens nur in Begegnung und Gemeinschaft findet. Das Heil des Menschen, in dem er die volle und endgültige Erfüllung aller Sehnsucht erwartet, besteht also nicht nur in einem Zu-sich-Kommen des Menschen oder in einem Aufgehen des Ich in einem anonymen Glückszustand, sondern in der personalen Beziehung zu einem Gegenüber. Der Mensch kann ja sein Ich nur entfalten und verwirklichen in der Begegnung mit einem Du. – Deshalb spricht auch die Bibel bei der Umschreibung des ewigen Heiles von einer Gottesschau (1 Kor 13,12; 2 Kor 5,7; 1 Joh 3,2) oder auch von einer Mahlgemeinschaft (Mt 25,10; Lk 14,15ff.). Diese Vorstellung vom Begegnungscharakter des ewigen Heiles bedeutet rückwirkend wieder eine Verstärkung des Liebesgebotes als des Grundprinzips christlicher Ethik. Es kann in der Ethik letztlich nie bloß um „Selbstverwirklichung" im Sinne eines bloß ichbezogenen Verhaltens gehen, sondern immer um Begegnung und Gemeinschaft.

Der Mensch ist ständig auch mit *Versagen und Schuld* konfrontiert. Er lebt nicht immer so, wie er es selbst gerne möchte. So erhofft er sich ein Heil, in dem alle Schuld einmal vergeben wird und er seine Seligkeit findet in der Gemeinschaft mit Gott und den Menschen. Die Bibel glaubt an die Barmherzigkeit und Vergebung Gottes. Freilich findet diese Vergebung ihre Grenze an einem grundsätzlich, aus Freiheit gesprochenen Nein des Menschen. „Alle Vergehen und Lästerungen werden den Menschen vergeben werden, so viel sie auch lästern mögen; wer aber den Hl. Geist lästert, der findet in Ewigkeit keine Vergebung, sondern seine Sünde wird ewig an ihm haften" (Mk 3,29). Jedenfalls dürfen die Menschen hoffen, daß Gott einmal „alle Tränen von ihren Augen abwischen" wird (Offb 7,17), die sie weinen über Unrecht und Schuld. – Auch dieser Aspekt menschlicher Hoffnung ist von großer Wirkung für die innerweltliche Befindlichkeit. Schuld ist für den Gläubigen nicht absolut und unverrückbar, sondern vergebbar. Deshalb soll man auch seinen Mitmenschen Vergebung anbieten (vgl. Mt 6,12; Mk 11,25; Lk 11,4). Schuld ist also nicht unerbittlich zu bestrafen. Es ist vielmehr danach zu trachten, daß es zu Reue und Bekehrung und damit auch zu Vergebung und Versöhnung kommt.

Christliche Hoffnung zielt auf das ewige Heil des in dieser Welt lebenden Menschen. Dem entspricht nun aber nicht eine den Menschen mit seinen Lebensbedingungen gar nicht ernst nehmende Weltflucht, sondern eine Haltung, die im Diesseits die Ankündigung des Jenseits sieht. Das bedeutet zwar eine Relativierung der Güter dieser Welt, weil sie nun keine absoluten Werte mehr sein können, gleichzeitig aber auch eine Aufwertung, insofern sie Vorzeichen einer noch tieferen Erfüllung sind. So kann christliche Hoffnung eine echte „Weltfrömmigkeit" begründen, ohne in dieser Welt aufzugehen. Sie kann gleichzeitig ein freudiges Ja zum Leben sprechen, wie auch ein ergebenes Ja zum Tod.

Christliche Hoffnung erwartet das Heil für den Menschen. Es geht hier nicht nur um das „Seelenheil", sondern um den ganzen Menschen. Denn die menschliche Person ist nicht als etwas bloß Geistiges denkbar. Die Beziehung zum Leib ist für die Individualität der Person unverzichtbar. So spricht auch die Bibel nicht bloß von einer Auferstehung der Seelen, sondern von einer Auferstehung der Toten (Mk 9,10; 12,25f., 1 Kor 15,35–55). Freilich wird der Mensch nicht mit seinem irdischen Leib in die Ewigkeit eingehen, sondern mit einem überirdischen (1 Kor 15,44), aber diese beiden Wirklichkeiten können doch ohne jede Beziehung zueinander gedacht werden. So wird auch der auferstandene Christus am Mal seiner Nägel und an seiner Seitenwunde erkannt (Joh 20,24–29).

In ähnlicher Weise wie den Leib umfaßt die Auferstehungshoffnung auch die verlängerte Leiblichkeit des Menschen, nämlich die Umwelt und die ganze Erde, auf der der Mensch lebt. Denn der Mensch ist in seinem leib-geistigen Wesen nicht denkbar ohne die Beziehung zur Welt. So spricht die Bibel zwar von der Vergänglichkeit und dem Untergang dieser Welt (Mt 24,29 par; 2 Petr 3,10–12); sie glaubt aber auch an einen neuen Himmel und eine neue Erde (2 Petr 3; 13; Offb 21,1). Der Zusammenhang zwischen der irdischen Vergänglichkeit und der neuen Schöpfung wird nicht näher geklärt, besagt aber offenbar doch, daß neben der Nicht-Identität von Vergänglichkeit und Unvergänglichem auch eine Identität bleibt, die wohl das Wesentlichste dieser Wirklichkeit betrifft. Jedenfalls ist von einer christlichen Heilshoffnung her jeder Dualismus in dem Sinn auszuschließen, als ob nur die Geistseele der Menschen in die Ewigkeit eingehe und alles Stoffliche einer endgültigen Vernichtung verfallen würde.

Das Heil ist nach christlichem Glauben letztlich ein Geschenk der Gnade Gottes, nicht Ergebnis menschlicher Leistung. Der Mensch kann sich nur bereitmachen, in Liebe und Ergebung die Verbundenheit mit Gott zu suchen und darin sein Heil zu finden. Andererseits darf sich der Gläubige aber auch nicht aus seiner Welt zurückziehen wollen, um in bloßer Passivität auf sein Heil zu warten. Von ihm ist vielmehr gefordert, daß er sich bemüht, seiner Verantwortung für seine Mitmenschen, für sich selbst und die Welt gerecht zu werden. So wenig das Heil einfach Ergebnis menschlicher Leistung ist, so sehr verlangt es doch auch menschliches Bemühen und menschliche Anstrengung.

E. Bloch, Das Prinzip Hoffnung, 3 Bde. (1967); *J. Moltmann,* Theologie der Hoffnung (⁷1964); *G. Sauter,* Zukunft und Verheißung. Das Problem der Zukunft in der gegenwärtigen theologischen und philosophischen Diskussion (1965); *D. Wiederkehr,* Perspektiven der Eschatologie (1974).

HANS ROTTER

Homosexualität

→ AIDS → Freundschaft → Kompromiß → Liebe → Lust → Sexualität

Homosexualität ist ein häufigeres Phänomen als im allgemeinen angenommen wird. Aufgrund des Stigmas, das ihr anhaftet, scheuen homosexuelle Personen davor zurück, ihre Neigung anderen zu offenbaren.

Doch nach Kinsey sind 4 Prozent der männlichen Bevölkerung ausschließlich homosexuell veranlagt, nach anderen Statistiken 5 Prozent. Homosexualität unter Frauen („lesbische oder sapphische Liebe") ist etwa halb so häufig wie bei Männern. Nicht alle Personen mit homosexueller Veranlagung betätigen sich jedoch auch aktiv homosexuell, zum wenigsten nicht regelmäßig. Nach H. Ellis in England und M. Hirschfeld in Deutschland haben 2,2 bis 2,3 Prozent der männlichen Bevölkerung regelmäßig und ausschließlich sexuelle Beziehungen mit Personen des gleichen Geschlechts.

1. Begriff und Natur der Homosexualität

Homosexualität wird definiert als eine dauerhafte, dominierende erotische Anziehung zu Personen des gleichen Geschlechts, die oft (aber nicht notwendig) mit geschlechtlicher Aktivität verbunden ist. Letztere besteht häufig in gegenseitiger Masturbation, zumal bei Frauen. Es muß zwischen Homosexualität als psychischer Konstitution einerseits und mehr oder weniger gelegentlicher homosexueller Aktivität andererseits unterschieden werden. Viele Jungen betätigen sich in der Pubertät und bis hinein in die frühen Jahre des Jünglingsalters wenigstens gelegentlich in sexuellen Spielereien homosexueller Natur. Diese sind oft nichts anderes als eine Verlängerung masturbatorischer Techniken. Der Mangel an Möglichkeiten zu heterosexueller Betätigung (z. B. bei Soldaten, in Gefängnissen usw.) kann auch bei Erwachsenen Anlaß zu temporärer homosexueller Aktivität geben. Derartige Aktivität ist nicht notwendig ein Zeichen von konstitutioneller Homosexualität (obwohl sie dieselbe natürlich nicht ausschließt). Bei der Homosexualität im strengen Sinn ist die heterosexuelle Anziehung durch eine anormale Zuneigung zu Personen des gleichen Geschlechts ersetzt. In vielen Fällen fehlt die heterosexuelle Anziehung ganz. Aber auch bisexuelle Veranlagungen sind häufig, die sowohl für Homosexualität wie auch heterosexuelle Stimulation empfänglich sind, wobei der Schwerpunkt einmal mehr auf der einen und einmal mehr auf der anderen Orientierung liegen kann.

Oft wird angenommen, daß der typisch Homosexuelle ein feminin wirkender Mann bzw. eine maskulin wirkende Frau sei. Doch nur eine kleine Zahl von Homosexuellen besitzt die körperlichen Charakteristika des anderen Geschlechts, und nur einige zeigen gelegentlich dessen Verhalten oder tragen dessen Kleidung. Die große Mehrzahl weist keine äußeren physischen Charakteristika auf, die ihre sexuelle Vorliebe erkennen lassen.

Die Meinungen hinsichtlich der Ursachen und der Natur der konstitutionellen Homosexualität sind vielfältig und verworren. Die Theorie, daß Homosexualität eine angeborene Neigung sei, wird nicht von biologischer Evidenz gestützt. Bis jetzt konnten keine physiologischen Unterschiede zwischen homosexuellen und heterosexuellen Personen nachgewiesen werden. Die Ursachen müssen darum in psychologischen Faktoren gesucht werden. Nach der am weitesten verbreiteten Ansicht stellt die Homosexualität eine erworbene Anlage dar. Homosexuelle berichten über mehr Probleme mit Eltern als andere Personen. Wahrscheinlich ist die Homosexualität das Ergebnis eines Zusammenwirkens von frühen Lebenserfahrungen und der besonderen konstitutionellen Veranlagung einer Person.

2. Sittliche Bewertung

Die sittliche Bewertung muß eine grundlegende Unterscheidung treffen zwischen homosexueller Konstitution, die den Betroffenen ohne persönliche Schuld anhaftet, und offener homosexueller Betätigung. Nur die letztere unterliegt der Kontrolle des freien Willens, zum wenigsten grundsätzlich, und homosexuelle Personen sind für sie verantwortlich wie heterosexuelle Personen für Aktivitäten heterosexueller Natur.

a) Das Urteil der *Hl. Schrift* über die Homosexualität erschien der Theologie bisher als eindeutig und klar: Homosexuelle Akte sind schwer sündhaft. Doch die leidenschaftliche Auseinandersetzung der letzten Jahrzehnte hat auch die Texte der Hl. Schrift einer neuen, radikalen, kritischen Prüfung unterzogen. Der in Gen 19 berichtete Untergang von Sodom und Gomorra wurde traditionell als eine Strafe für die homosexuelle Praxis und Perversität ihrer Bewohner ausgelegt. Doch ein genaueres Hinschauen zeigt, daß das Vergehen der Städte homosexuelle Vergewaltigung und Mißachtung des Rechtes der Gastfreundschaft war. Lev 18,22 und 20,13, zwei Texte im Heiligkeitsgesetz, sprechen die eindeutige Verwerfung homosexueller Akte aus und verfügen sogar die Todesstrafe dafür. Das Verbot gilt sicher nicht nur für kultische homosexuelle Prostitution, wie manchmal angenommen wird; denn es steht im Zusammenhang von vielen anderen, grundlegenden Verboten und Geboten der sittlichen Ordnung, die sich zweifellos nicht nur auf den Bereich des Kultes beschränken lassen. Wohl läßt sich einwenden, daß die Vorschriften des AT nicht automatisch auch Gültigkeit im NT haben, da das AT vom NT abgelöst und überboten worden ist.

Doch auch im NT finden sich Texte, die die Homosexualität verwerfen. Es handelt sich um Röm 1,26–32; 1 Kor 6,9–11 und 1 Tim 1,9f.

Es wird kommentiert, daß Paulus in Röm 1,26f. offensichtlich von der Voraussetzung ausgeht, daß die Ursache für den homosexuellen Verkehr der Heiden ihr unersättliches Verlangen nach geschlechtlicher Lust sei, während ihre Veranlagung von Natur aus heterosexuell sei und sie darum im Bereich der Ehe ihre sexuelle Erfüllung finden sollte. Mit dem Problem der konstitutionellen Homosexualität konfrontiere sich der Text darum nicht. Läßt sich daraus möglicherweise schließen, daß Paulus im Falle konstitutioneller Homosexualität anders geurteilt und homosexuelle Akte gebilligt haben würde, wäre er auf diese Unterscheidung hingewiesen worden? Ein völlig sicheres Nein auf diese Frage läßt sich nicht sagen, allerdings ebensowenig ein völlig sicheres Ja.

Von wesentlicher Bedeutung für die Mentalität der Hl. Schrift ist auch ihre grundsätzlich positive Einstellung zu Ehe und Familie. Texte wie Gen 1 und 2, Mt 19,1–12 und Eph 5,21–23 sprechen sich so eindeutig positiv über die heterosexuelle, eheliche und auf Zeugung hin ausgerichtete Liebe aus, daß sich allein schon daraus ihre Überzeugung ableiten läßt, daß Sexualität in der Richtung von Ehe und Familie ihre Verwirklichung finden müsse.

b) Nach der konstanten Lehre der *christlichen Tradition* ist normative menschliche Sexualität heterosexuell und ehelich und besitzt eine innere Beziehung zu Zeugung, Liebe und Verbindlichkeit. Daraus ergibt sich die traditionelle Ablehnung homosexueller Akte als nicht in Übereinstimmung befindlich mit dem Sinn menschlicher und christlicher Sexualität. Das gilt sowohl für die katholische wie für die evangelische Lehre, wenn auch in letzter Zeit die eine oder andere protestantische Denomination festen homosexuellen Bindungen eine Berechtigung einzuräumen geneigt ist. In der Erklärung der Glaubenskongregation zu Fragen der Sexualethik von 1975 *(Persona humana)* heißt es, daß konstitutionell Homosexuelle mit Verständnis behandelt werden müssen. „Ihre Schuldhaftigkeit wird mit Klugheit beurteilt werden. Es kann aber keine pastorale Methode angewandt werden, die diese Personen moralisch deswegen rechtfertigen würde, weil ihre Handlungen als mit ihrer persönlichen Verfassung übereinstimmend erachtet würden. Nach der objektiven sittlichen Ordnung sind homosexuelle Beziehungen Handlungen, die ihrer wesentlichen und unerläßlichen Zuordnung beraubt sind" (Nr. 8). Der Brief der gleichen Kongregation an die katholischen Bischöfe zur pastoralen Betreuung homosexueller Personen von 1986 bekräftigt dieses Urteil nochmals. Für beide Dokumente sind homosexuelle Handlungen sündhaft. Beide enthalten sich jedoch weiterer Spezifizierungen, ob und wann diese Akte schwere oder läßliche Sünde seien. Für die voraufgegangene Tradition freilich sind solche Akte stets schwere Sünde.

c) Der *innere Grund* für die Berurteilung homosexueller Akte als sittlich unzulässig liegt darin, daß sie den doppelten Zweck der Sexualität nicht zu verwirklichen imstande sind, nämlich die Zeugung neuen Lebens und der Ausdruck gegenseitiger Liebe (vgl. GS 48–50). Ganz offensichtlich sind homosexuelle Akte nicht in der Lage, der Fortpflanzung des Menschengeschlechtes zu dienen. Sie sind grundsätzlich, und nicht nur wegen besonderer ungünstiger Umstände, unfähig, die prokreative Dimension der Geschlechtlichkeit zu verwirklichen. Der zweite Zweck der Sexualität ist die Bekundung und Förderung der ehelichen Liebe. Verteidiger homosexueller Verbindungen argumentieren, daß der geschlechtliche Akt auch als Ausdruck der Liebe zwischen zwei Personen des gleichen Geschlechtes dienen kann. Doch ein genaueres Zusehen zeigt, daß das nicht der Fall ist. Der Geschlechtsakt ist letztlich darum Ausdruck der Liebe und Wertschätzung, weil er in der Lage ist, einem Kind das Leben zu schenken. Jeder Mann und jede Frau möchte nur mit jenem Partner ein Kind haben, den sie aufrichtig schätzen, so aufrichtig, daß sie ihn als Vater oder Mutter des eigenen Kindes bejahen können. Die Bereitschaft zur geschlechtlichen Vereinigung ist darum Ausdruck einer hohen gegenseitigen Wertschätzung, zum wenigsten wenn die Partner die Vereinigung ehrlich in ihrer ganzen Sinnkraft bejahen. Gleichzeitig sind die Geschlechter so geschaffen, daß sie sich gegenseitig ergänzen und darum nacheinander verlangen und eine bleibende Vereinigung suchen. Durch diese Komplementarität unterstützt die Natur die den Kindern der Gatten so notwendige Stabilität der Ehe. Geschlechtliche Akte homosexueller Natur dagegen können niemals Ausdruck einer solchen Liebe werden. Homosexuelle Partner können sich nicht die in der Verschiedenheit der Geschlechter begründete Möglichkeit gegenseitiger Ergänzung bieten. Es fehlt die Voraussetzung, die dem geschlechtlichen Akt die Qualität eines vollen Zeichens der Liebe verleiht.

Die Einsichten aus der Natur der Sexualität werden von dem psychologischen Erleben bestätigt, das homosexuelle Beziehungen begleitet. Homosexuelle Befriedigung wird letztlich als unzulänglich erfahren. Gefühle der Frustration und Depression begleiten sie oft. Wenige Homosexuelle leben wirklich in Frieden mit ihrem sexuellen Lebensstil, in dem die geschlechtliche Gratifikation stets unvollständig und partiell ist. Der Faktor unbewußter Schuldgefühle lastet auf vielen Individuen. Homosexuelle Beziehungen erweisen sich oft als ambivalent. Die Partner fühlen sich gleichzeitig zueinander hingezogen von Emotionen der

Liebe und abgestoßen von Empfindungen der Abneigung. Letzten Endes sind die Partner nicht in der Lage, sich gegenseitig das zu geben, wonach sie verlangen: eine authentische geschlechtliche Liebe. Im Alter finden sich viele Homosexuelle vereinsamt und allein. Als Sexualpartner sind sie nicht mehr attraktiv, und Freundschaften, die sich auf die bleibende Grundlage einer spirituellen Liebe gründen, sind nicht herangereift. Die Furcht vor dem Alter ist vor allem bei männlichen Homosexuellen ausgeprägt. Homosexuelle Personen selbst stimmen in dem Urteil überein, daß der normale Mensch wenig Grund hat, ihr Leben zu beneiden. Umfragen unter männlichen Homosexuellen geben Zeugnis von deren überwältigendem Wunsch, daß, könnten sie Väter sein, sie ihre Söhne von diesem Problem frei sehen möchten. Homosexuelle sind auch eine der hochgefährdeten Gruppen für AIDS.

d) Ein *Einwand* von nicht geringem Gewicht gegen die Qualifizierung jeglicher homosexueller Betätigung als sittlich unerlaubt ist der, daß damit besonders dem exklusiv Homosexuellen jegliche Möglichkeit zu sexueller Erfüllung genommen wird. Und doch ist die Macht des sexuellen Triebes bei ihm nicht weniger stark als bei andern. Der hl. Paulus würde vorziehen, daß alle zölibatär lebten wir er selbst. Er ist sich jedoch bewußt, daß nicht alle dazu in der Lage sind. Darum sei es für diese „besser zu heiraten, als sich in Begierde zu verzehren" (1 Kor 7,1–9). Aber was ist die christliche Antwort für homosexuelle Personen, deren sexuelle Neigungen so stark sind, daß sie sich daran „verzehren"? Muß für sie der Rat des hl. Paulus umgekehrt werden: Es ist besser, sich in Begierde zu verzehren, als sich homosexuell zu befriedigen? Die Tradition sieht es so. Wird sie damit der Lage aller homosexuellen Personen gerecht? Gründend auf dem eben erwähnten Text des hl. Paulus, kennt die Tradition einen dritten, wenn auch untergeordneten Ehezweck: *remedium concupiscentiae,* Heilmittel der Konkupiszenz. Ist es rechtens, homosexuellen Personen dieses Heilmittel zu verweigern? Kommt dem Erotismus und der geschlechtlichen Betätigung möglicherweise noch ein anderer Sinn zu, als nur der der Zeugung und Bekundung der Liebe? Das ist der Kern und die Crux der gegenwärtigen Diskussion.

e) *Neuere Theorien* (hier seien nur katholische Autoren berücksichtigt) halten dafür, daß stabile homosexuelle Verhältnisse ein alternativer Lebensstil zur Ehe sind und homosexuelle Personen ebenso ein Recht auf sexuelle Intimität haben wie andere Personen, allerdings auch verpflichtet sind, nach den gleichen Idealen gegenseitiger Förderung und Treue zu streben (McNeill, Baum, Kosnik et alii, Maguire). Andere Autoren sehen zwar in homosexueller Aktivität ein sittliches Übel, das aber in der konkreten Situation eines von seiner Sexualität bedrängten Menschen das geringere sittliche Übel sein und darum pastoral erlaubt werden kann (Visser, Korff). Für andere kann sie als ein Kompromiß gerechtfertigt sein, der zwar hinter dem Ideal zurückbleibt, aber durch die Sündhaftigkeit der Welt bedingt und zuweilen unvermeidlich ist (Curran, Dedek). Wieder andere betrachten homosexuelle Akte als ein ontisches Übel, das grundsätzlich vermieden werden muß, das aber Ausnahmen zuläßt, sofern hinreichend schwere Gründe vorliegen (Keane, Cahill, Hanigan). Ausnahmen werden auch befürwortet von Marc Oraison.

Was die erste Theorie betrifft, so ist einzuwenden, daß homosexuelle Verhältnisse nie die Sinnfülle einer zweigeschlechtlichen Beziehung erreichen können, wie aus den oben dargelegten Argumenten hervorgeht. Darum sind die beiden Arten von Beziehungen nicht mit den gleichen Maßstäben zu messen. Die Tatsache eines wesentlichen Unterschiedes wird sehr nachdrücklich von der immer wieder gemachten Erfahrung bestätigt, daß sich die Hoffnung auf stabile, treue homosexuelle Verbindungen, wie sie von der Theorie postuliert werden, nicht bewahrheitet. Das Zusammenleben dauert einige Monate oder vielleicht ein Jahr. Es gibt aber Ausnahmen, wo erfolgreiche und dauerhafte Bindungen Homosexueller zustande kommen. Aber in ihnen tritt die sexuelle Aktivität innerhalb der festen Beziehung mehr und mehr zurück und fällt schließlich ganz aus, d. h., die Stabilität der Beziehung gründet auf anderen Werten als denen der Sexualität. Treue im Sinne sexueller Exklusivität bewahrheitet sich nach praktisch einstimmigem Urteil in allen diesen Verhältnissen nicht. Lesbische Freundschaften sind häufiger von dauerhafter Natur. Auch in ihnen läßt die sexuelle Aktivität im Laufe der Jahre nach, aber verlöscht gewöhnlich nicht ebenso völlig. Die Theorien des geringeren Übels, des Kompromisses und des zulässigen ontischen Übels stehen einander sehr nahe. Die Theorie des geringeren sittlichen Übels würde der Lehre der Glaubenskongregation nicht widersprechen, da sie an der grundsätzlichen Sündhaftigkeit homosexueller Akte festhält; aber logisch gesehen erscheinen die beiden anderen Theorien, und vor allem die letzte, kohärenter.

Hier muß auch dem Element psychischer Nötigung Rechnung getragen werden. Formen der Nötigung scheinen bei homosexueller Veranlagung relativ häufig vorzuliegen. Psychischer Zwang vermindert die Verantwortlichkeit für eine Handlung oder hebt sie ganz auf. Je gestörter und je stärker von ungelösten Problemen belastet die Sexualität einer Person ist, desto schwerer ist sie zu kontrollieren.

3. Praktische Erwägungen

Versuche, Homosexualität zu heilen, haben einen sehr beschränkten Erfolg, obwohl es Heilungen gibt. Eine erfolgreiche Behandlung erfordert eine Wandlung der grundlegenden psychischen Identifikation und Rolle einer Person. Das ist nur möglich, wo eine starke Motivierung vorhanden ist. Das verlangt außerordentliche Anstrengungen von seiten des Patienten und des Therapeuten. Viele Homosexuelle sind nicht in der Lage, sich die Behandlung zu leisten oder die geforderte Anstrengung auf sich zu nehmen. Sie müssen mit ihren andersartigen Neigungen weiterleben.

Menschen, die an dieser Abweichung nicht leiden, müssen den Homosexuellen annehmen als das, was er ist: nicht ein Abscheu, sondern eine Person, die Verständnis, Ermutigung und Sympathie braucht. Homophobie ist nicht die Antwort auf das Problem; sie ist kontraproduktiv und ein Unrecht. Der homosexuellen Person muß geholfen werden, zu einem gesunden Selbstwertgefühl zu gelangen. Antipathie und Ablehnung verstärken nur die Bande der unbewußten Komplexe. Liebe und Sympathie dagegen bieten dem Homosexuellen die Hilfe, die er braucht, um sich auf gesunde Weise in die Gesellschaft zu integrieren und an die Möglichkeit eines verantwortlichen Lebens auch für sich zu glauben.

Was die Heirat einer (ambivalenten) homosexuellen Person betrifft, so lassen sich keine absoluten Regeln aufstellen. In jedem Fall muß die Frage sorgfältig überdacht werden. Wenn es sicher ist, daß ein männlicher Homosexueller von exklusiv homosexueller Konstitution ist, sollte er um des Partners willen besser nicht heiraten. In Ehenichtigkeitsprozessen gilt eine derartige Konstitution als ein Hindernis, das die Ehe annulliert. Weibliche Homosexuelle haben weniger Schwierigkeiten bei der Ausübung der ehelichen und familiären Pflichten. In all diesen Fällen sollte, wenn möglich, der Rat eines qualifizierten und psychologisch geschulten Ratgebers eingeholt werden.

Wo homosexuelle Betätigung zwangshafte Züge trägt oder wo eine Person aus anderen Gründen aufrichtig davon überzeugt ist, daß ihre homosexuellen Akte nicht (schwer) sündhaft sind, könnte sie grundsätzlich die Sakramente empfangen. Es kann aber auch der Verzicht auf eine häufige Kommunion gültiger Ausdruck eines demütigen Gebetes um Gottes Gnade sein. Öffentlicher Anstoß muß auf jeden Fall vermieden werden.

Beziehungen zu Personen des gleichen Geschlechts schließen nicht homosexuelle Empfindungen aus, so wie die Begegnung mit Personen des anderen Geschlechts nicht heterosexuelle Empfindungen ausschließt. Im Gegenteil, diese Emotionen verleihen den mitmenschlichen Beziehungen eine Sympathie und Wärme, durch die sich der andere angenommen und gestützt fühlt. Natürlich können homosexuelle Freundschaften Gelegenheit zu sexueller Aktivität geben. Ein begrenztes Risiko widerspricht jedoch nicht der grundsätzlichen Berechtigung solcher Freundschaften. Das wahre, bleibende Fundament einer dauerhaften Freundschaft allerdings sind nicht die sexuellen Akte, sondern die gemeinsamen geistigen, kulturellen und idealen Werte und Interessen. Auf ihre Pflege und Entfaltung muß sich darum das Bemühen richten, und in dieser Richtung müssen die Partner streben, über die Schranken der genitalen Betätigung hinauszuwachsen. Endlich muß die homosexuelle Person auch darin über sich hinausgehen, daß sie ihre Energien in den Dienst von sozialen Aufgaben und Werken der Liebe stellt. Die Bemühungen müssen von aufrichtigem, regelmäßigem Gebet um Gottes helfende Gnade begleitet sein.

A. Adler, Das Problem der Homosexualität und sexueller Perversion (1977); *Arbeitspapier der Würzburger Synode,* Sinn und Gestaltung menschlicher Sexualität (1973); *Evangelische Akademie Tutzing* (Hrsg.), Probleme der Homosexualität (1977); *G. Looser,* Homosexualität – Menschlich – Christlich – Moralisch (1980); *W. Müller,* Homosexualität eine Herausforderung für Theologie und Seelsorge (1986); *P. Schellenbaum,* Homosexualität des Mannes. Eine tiefenpsychologische Studie (1980).

KARL-HEINZ PESCHKE

Humor

→ Glaube → Hoffnung → Konflikt → Mensch → Tugenden und Laster

1. Der *Begriff* Humor gehört zu jenen Schlüsselwörtern, die eine Sprachgemeinschaft für bestimmte Lebenseinstellungen aufschließen und die in verschiedenen Variationen innerhalb eines Sinnbezirkes gebraucht werden. Der Terminus Humor war im Laufe der Geschichte mit unterschiedlichen Bedeutungsinhalten gefüllt. Seine Wurzel liegt im lateinischen Ausdruck *humor,* was soviel wie Flüssigkeit oder Feuchtigkeit bedeutet und die vorwiegend heitere Gemütsbeschaffenheit, Stimmung und Gelassenheit bezeichnet. Es kommt darin eine Ansicht der antiken und mittelalterlichen Medizin zum Ausdruck, wonach Temperament und Charakter des Menschen auf der unterschiedlichen

Mischung der Körpersäfte (= *humores*) beruhen. Da jedoch niemals in einem Menschen eine völlige Harmonie dieser Säfte besteht, führte die Vorstellung von einem Übergewicht dieser Säfte dazu, unter Humor das labile Verhalten überhaupt, Stimmung und Laune zu verstehen. Eine Ausweitung des Bedeutungsumfangs und eine Abänderung des Sinngehaltes von Humor erfolgte später im englischen und danach im deutschen Sprachbereich. Im englischsprachigen Raum vollzieht sich dieser Bedeutungswandel über Stimmung und Laune hin zum Lachen hervorrufenden Objekt und schließlich zur Fähigkeit, Komisches am anderen und an sich selbst zu entdecken. Im deutschsprachigen Raum geht dieser Bedeutungswandel vom Lachen über die anderen zur bewußten Stellungnahme des Humoristen, der aktive Konflikte des Lebens offenbar macht und sich selbst der eigenen Unvollkommenheit distanziert gegenüberstellt. Die Diskrepanz zwischen dem Eigentlichen und dem Uneigentlichen bringt jene humoristische Haltung hervor wie Lächeln, Heiterkeit, Versöhnlichkeit, Gelassenheit oder die Kraft, Leid zu ertragen. Psychologische Erklärungen versuchen, Humor aus ersparter seelischer Energie zu deuten, dessen Ursprung im Lustprinzip zu suchen ist, im bewußten oder unbewußten Streben der Seele, Lust zu erwerben oder Unlust zu vermeiden.

2. Das heutige Verständnis von Humor steht in der Tradition des Begriffes der *Eutrapelie*. Dieser Grundbegriff der Tugendlehre des Aristoteles meinte die edle und human ausgeglichene Mitte des gebildeten und guten Menschen zwischen Ernst und Scherz, Possenreißerei und Griesgram (Eth. Nik. IV 14; 1128 a). In Anlehnung daran sieht Thomas v. Aquin in der Eutrapelie eine Tugend, welche die rechte Mitte wahrt in der Lust des Spielens, und eine Anmut und Wendigkeit in der für den Menschen nötigen Erholung zwischen Ernst und Fröhlichkeit (S. Th. I/II, q 60 a 5; II/II, q 72 a 2; q 160 a 2; q 168 a 2). In den moraltheologischen Handbüchern findet die Eutrapelie in Zusammenhang mit der Kardinaltugend der *temperantia* Erwähnung als der tugendlichen Haltung der ausgeglichenen Mitte in Scherz und Spiel.

3. Der Humor ist ein *Phänomen* eigener Art und ist nicht identisch mit dem Komischen im weiteren Sinn, der Summe von verschiedenen Stimmungen, Haltungen und Existenzweisen. Auch wenn der Humor gewisse Ähnlichkeiten aufweist mit Phänomenen wie Heiterkeit, Ernst, Freude, Trauer, Glück und Unglück, mit Pessimismus, Selbstironie, Scherz, Sarkasmus oder Zynismus, so macht das, was allen gemeinsam

ist, noch keineswegs das Spezifikum des Humors aus. Im Gegensatz zum Humor beruht z. B. Komik auf einem Konflikt zwischen dem vom Betrachter erwarteten Handlungsablauf und dem tatsächlichen Geschehen. Die Art, wie dieser Konflikt gelöst wird, unterscheidet den Humor von Witz, Ironie oder anderen Arten des Komischen. Humor ist Teil der ästhetischen Grundgestalt des Komischen. Im sogenannten schwarzen Humor findet das Scherzen mit dem Schrecken und Grauen seinen Ausdruck, im Galgenhumor die Heiterkeit im Bewußtsein des Unentrinnbaren. Der Humor gehört zu jenen geistigen Mächten, welche, wenn auch nur für einen Augenblick, Aspekte des Realen verändern, indem er einzelne Züge am Bild der Wirklichkeit akzentuiert, verkürzt oder verlängert, unterstreicht oder abblaßt. Im Humor tritt immer auch eine Gelöstheit zutage, eine Fähigkeit, schweren Ereignissen vorauszueilen und ihnen das Bedrückende zu nehmen. Wenn er auch eine Art Urlaub von den Zwängen der Notwendigkeiten und Zwecke darstellt, so liegt ihm doch ein tiefer Ernst zugrunde, der ihn von den anderen Formen des Komischen unterscheidet.

Im Humor wird aber auch eine spirituelle Tiefendimension sichtbar, wenn es gelingt, eine widrige Situation durch Trotzdem-Lachen zu übersteigen und sie so existentiell zu bewältigen. In solcher Sicht kann Humor zu einem Zeichen der Transzendenz werden. Auf dem Hintergrund eines religiös orientierten Wirklichkeitsverständnisses kann der Humor für die Integration widriger Erfahrungen seine Kraft entfalten und dazu beitragen, daß der Mensch zu sich selbst findet, wie es gerade auch bekannte Heilige eindrucksvoll vorgelebt haben (z. B. Philipp Neri). So wird Humor als Lebenshaltung eines reifen Menschen auch sittlich relevant, wenn er dazu beiträgt, das konkrete Leben zu bewältigen und ihm hilft, mehr Mensch zu werden. Er kennt die Grenzen, auch die Grenzen der bösen und lebensbedrohenden Kräfte, und vermag darüber zu lachen, ja sie auszulachen.

Während der Witz sich an den Verstand des Menschen richtet, wendet sich der Humor an das Herz des Menschen und gründet somit im Innersten des Menschen. Er rührt am letzten Geheimnis des Menschen und kann dabei auch theologische Relevanz bekommen als zeichenhafte, fragmentarische Vorwegnahme der Weltüberwindung. Er wird zu einer Seelenhaltung, welche die Welt in heiterem Verstehen relativiert. Der christlich verstandene Humor lebt nicht von einer Distanz zur Welt, sondern von der Botschaft, die ihn zur Freiheit des Lachens ermächtigt.

W. Lauer, Humor als Ethos. Eine moralpsychologische Untersuchung (1974); *W. Schmidt-Hidding,* Humor und Witz (1963); *H. Tellenbach,* Die Wirklichkeit, das Komische und der Humor, in: Heidelberger Jahrbücher 25 (1980) 71–79; *H. Thielicke,* Das Lachen der Heiligen und Narren. Nachdenkliches über Witz und Humor (1974).

RAIMUND SAGMEISTER

I

Identität

→ Autonomie → Freiheit → Gewissen → Liebe → Person
→ Selbstverwirklichung

Identität bedeutet die Übereinstimmung einer Person mit sich selbst und die optimale Integration all seiner (auch sozial erwirkten) Lebensvollzüge in sein wahres Selbst.

Ideologie

→ Fundamentalismus → Geschichtlichkeit → Glaube → Kritik
→ Wahrhaftigkeit

1. Vorbemerkungen

Ideologie ist ein viel- und in vielen Bedeutungen gebrauchter Begriff. Von verschiedenen Ausgangspunkten als verschiedenartigen Bezugsrahmen her (z. B. erkenntnistheoretisch, soziologisch, politologisch) und mit verschiedenen Absichten (z. B. Aufdeckung der Grundlagen des Verhältnisses von Bewußtsein und Gesellschaft, Denunzierung des Gegners) wird der Begriff verwendet. Von sehr weiten Begriffserklärungen, die Ideologien als Systeme von die Welt deutenden Vorstellungen sehen, bis hin zu engeren, die etwa Ideologien als unzutreffende Auffassungen, mit denen die Interessen der herrschenden Klassen gerechtfertigt, abgesichert oder verschleiert werden sollen, betrachten, spannt sich eine weite Begriffspalette, die eine allgemein akzeptierte Bedeutung kaum in den Blick kommen läßt. Zu den wissenschaftlichen Begriffsverwendungen gesellen sich noch solche in der politischen

Alltagswirklichkeit, die im Ideologiebegriff eine Zauberformel zur Entwertung gegnerischer Behauptungen als vorurteilsbehaftet, mit der Wirklichkeit nicht übereinstimmend, der politischen Verführung dienend usw. gefunden zu haben glauben. Zwischen wissenschaftlichem Grundbegriff und politischem Kampfwort spannt sich ein weites Netz mitunter vieldeutiger Ideologiebegriffe.

Wie kaum ein anderer Begriff ist der Begriff „Ideologie" — gerade auch in seiner Vieldeutigkeit — kennzeichnend für das Bewußtsein des modernen Menschen, und das auch angesichts der Tatsache, daß vom „Ende des ideologischen Zeitalters" gesprochen wird (z. B. D. Bell, S. M. Lipset), eine Rede, die aber als ideologisch entlarvt oder der die These von einer „Reideologisierung" neuer Art (D. Bracher) entgegengesetzt wird.

Trotz der Vieldeutigkeit des Ideologiebegriffs ist die Gegenüberstellung von Ideologie und *Wahrheit* für einen Großteil der Ideologiebegriffe kennzeichnend, wenn auch über die Kriterien für diese Unterscheidung keine Einigkeit herrscht. In dieser Gegenüberstellung wird nun in den meisten der Fälle Ideologie als „falsches Bewußtsein" verstanden, das infolge der Bindung des Bewußtseins an soziale und politische Interessen und Instanzen die Wahrheit verfehlt. Aus diesem Operieren mit dem Begriff Ideologie erhebt sich meist die Forderung nach einer Ideologiekritik, die im Aufdecken der Zusammenhänge zu einer von Vorurteilen freien Gestaltung der Gesellschaft beitragen soll.

2. Stationen der Geschichte des Ideologieproblems

Das Ideologieproblem, das weitaus älter ist als der Ideologiebegriff, wie der Ideologiebegriff selbst lassen sich nicht durch Ableitung aus allgemeinen Grundsätzen bestimmen. Auch daher ist es notwendig, einzelnen geschichtlichen Stationen des Ideologieproblems nachzugehen, um daraus Orientierung für die Begriffsverwendung zu erhalten. Dabei ist zu beachten, daß der Ideologiebegriff erst sehr spät, nämlich in der Aufklärung, als ein Grundbegriff kritischen Denkens auftaucht. Diese Tatsache dürfte nach B. Welte mit der neuzeitlichen Abwandlung der Subjekt-Objekt-Struktur zusammenhängen. Die Dinge der Welt treten hier dem Menschen als objektiv meßbare und technisch beherrschbare gegenüber und entwickeln dabei der Tendenz nach den Anspruch, das Ganze und damit alles zu sein. Da die Bedürfnisse des Menschen sich letztlich aber nicht in dieser Welt der Objekte befriedigen lassen, sucht der Mensch einen Ausweg, der jenseits der Objekte liegt. In diesem Spannungsfeld entstehen nun die Ideologien und vor allem auch die

Verdächtigungen auf Ideologien. So kann die Welt der meßbaren und technisch machbaren Objekte als die einzige betrachtet, alles andere zur Ideologie erklärt werden, was selbst wieder eine Ideologie darstellt, oder es werden Sinndeutungen der Welt als ganzer entworfen, die über die Objekte hinausgehen. Die Situation verschärft sich noch, wenn der Mensch selbst zum Objekt des Wissens und technisch Machbaren und sich dabei selbst entfremdet wird, weil er ein freies, nicht objektivierbares Subjekt ist. Durch Totalisierung der Systeme können dabei die entstehenden Spannungen unterdrückt werden. Alles, was dann dem System widerspricht, wird zur Ideologie erklärt, wie von der anderen Seite her die Systemansprüche mit dem Bannfluch der Ideologie belegt werden. Soweit B. Weltes Hypothese der relativ späten Entwicklung des Ideologiebegriffes und seiner Grundformen. Nun zu einigen Stationen des Ideologieproblems:

Der Begriff „Ideologie" wurde 1796 von *A.-L.-C. Destutt de Tracy* in einem Vortrag geprägt. Als Vorläufer des Ideologiebegriffs werden im allgemeinen Francis Bacon, der mit seiner Idolenlehre zu erfassen versucht, was menschliches Denken beeinträchtigt, und dafür Gefühl, Wille, Mitteilung und tradiertes Vorurteil als Störfaktoren der wahren Erkenntnis ausmacht, und die französischen Aufklärer *P. H. D. D'Holbach* und *C.-A. Helvetius,* die den Übergang von einer erkenntnistheoretischen zu einer sozial- und vor allem machtkritischen Sicht des Ideologieproblems vollziehen, gesehen. Letztere verweisen besonders auf das in einer Gesellschaft vorherrschende Bewußtsein, das, von den Mächtigen erzeugt, ihrem Interesse der Machtsicherung dient.

Der Begriff „Ideologie" findet sich aber, wie gesagt, erst bei Destutt de Tracy. Er hat damit einen Namen für die von ihm und seinen Mitstreitern eingeführte Wissenschaft der Ideen gefunden. Die Ideen werden dabei im sensualistischen Sinn als sinnliche Wahrnehmung verstanden und Ideologie als die Wissenschaft begriffen, die auf kritische Weise in exakter wissenschaftlicher Methode die Ideen auf Sinneswahrnehmungen zurückführt und damit die Möglichkeiten des Denkens und Wahrnehmens analysiert. Diese Ideenlehre soll nun Instrument der Erziehung des Menschen sein, denn die Lehre der Beziehung zwischen Physiologie und Moral und der Abhängigkeit des menschlichen Denkens, Fühlens und Wollens von der körperlichen Existenz bietet für die Vertreter der „Schule der Ideologen" die Möglichkeit, falsche und richtige Ideen zu unterscheiden und aus den richtigen Ideen Regeln für das gesellschaftliche Handeln abzuleiten. Der Maßstab für richtiges Handeln liegt damit nicht in der bestehenden Ordnung, sondern es geht darum, aus wissenschaftlicher Analyse den Irrlehren und falschen Autoritäten ein Ende zu bereiten. Mit ihrer Lehre gewinnen die „Ideologen" großen Einfluß auf Unterricht und Erziehung.

Gerade auch dieser politische Einfluß bringt sie in Gegensatz zu *Napoleon I.*, der anfänglich ein Anhänger der Ideologen gewesen ist. Das Wort „Ideologie" wird bei ihm zunehmend in der politischen Rede verwendet, er nennt die Ideologen jetzt Metaphysiker, Fanatiker und Träumer und tut ihre Lehre als „metaphysische und ideologische Hirngespinste" ab. Die Ideologen bilden sich, wie Napoleon meint, ein, aus reinen Vernunftgründen eine bessere Gesellschaftsordnung entwickeln zu können, die aber in der politischen Praxis infolge der Abstraktheit folgenlos bleiben muß. Damit bekommt Ideologie die Bedeutung von auf bloße Theorie und praxisfernes Theoretisieren angelegtem Denken. Diese Wendung Napoleons ist zudem auch kennzeichnend für das Umschlagen von Aufklärung in Gegenaufklärung.

Das Irrationale und die Vorurteile, die Verhaltenssicherheit garantieren und Machtstrukturen absichern, die der Aufklärung als überwindungsbedürftig galten, werden nun positiv gewertet, die Kritik der Ideologen als eine Herausforderung jener Kräfte begriffen, die an der gegebenen Ordnung festhalten. Diese Kräfte tun diese Kritik denunziatorisch als der Realpolitik gegenüberstehend, als Ideologie ab. Ideologie ist jetzt ein Schlüsselbegriff für die Verteidigung wie auch für die Kritik der machtsichernden Funktion von Denkgebilden und damit Mittel gegenseitigen Vorwurfs.

Bei *K. Marx* erfährt die Diskussion über Ideologie eine Weichenstellung, die die Grundlagen für die modernen Auseinandersetzungen um Ideologie bildet. Besonders drei Aspekte erscheinen erwähnenswert:

a) Nach dem Kernsatz der „materialistischen Geschichtsauffassung" bestimmt das gesellschaftliche Sein das Bewußtsein. Die realen Lebensprozesse sind demnach ausschlaggebend für die Ausbildung der Formen des geistigen Überbaus. Menschliches Denken ist somit perspektivisch im Hinblick auf die gesellschaftlichen Bedingungen. Dieser Gedanke wird dann weitergeführt in der als „Soziologisierung der Erkenntnistheorie" bezeichneten Entwicklung zu einem Panideologismus. Dieser findet darin seinen Ausdruck, daß jegliches Denken als perspektivisches, auf die Gemeinschaft bezogenes Denken als Ideologie bezeichnet und Ideologiebeladenheit als konstitutives Element menschlichen Geistes gesehen wird.

b) Seine wesentliche Gestalt gewinnt der Marxsche Ideologiebegriff in der Sicht der Ideologie als *falschen Bewußtseins*. Ideologiebildung steht im Zusammenhang mit dem kapitalistischen Grundwiderspruch von lebendiger Arbeit und totem Kapital. Produkte menschlicher Arbeit erscheinen nur mehr unter dem Aspekt des Tauschwertes, und dies läßt vergessen, daß die Wertform der Ware ein gesellschaftliches Verhältnis zwischen sozialen Klassen darstellt. Wie diese Bedingungen der Produktion hinter dem Tauschwert der Ware verschwinden, so zeigen sich auch alle geistigen Produkte losgelöst vom wirklichen Lebensprozeß. Eine falsch organisierte Praxis bedingt ein falsches Bewußtsein. Den näheren Zugang zur Bestimmung der Ideologie findet Marx dann über die *Religionskritik*. Religion ist das notwendig falsche Bewußtsein, das sich aus den gesellschaftlichen Verhältnissen ergibt, die im Widerspruch zu den Bedürfnissen des Menschen stehen und die es ihm nicht erlauben, zu sich und seinem Wesen zu finden. Zugleich ist sie aber auch Protest gegen diese Situation. Damit wird Religion nicht nur in ihrer bestehende Herrschaft legitimierenden Funktion enthüllt, sondern zugleich erweist sie sich auch als Kritik der gesellschaftlichen Zustände, die einer ideologischen Verbrämung bedürfen, einer Verbrämung, die die Interessen der herrschenden Klasse verdeckt, indem sie das Partikularinteresse der herrschenden Klasse zum allgemeinen Interesse erklärt. Damit wird Ideologie als Trennung des „theoretischen Ausdrucks von den Interessen, die er ausdrückt", bestimmt. In diesem Sinne ist Ideologie die Ideologie der herrschenden Klasse. Dabei ist zu sehen, daß Ideologie nicht unabänderliches Merkmal menschlichen Denkens ist, sondern Folge falscher sozialer Verhältnisse, die nach einer von der Wirklichkeit abgelösten, von der realen Wirklichkeit entlastenden und diese verdeckenden Erklärung rufen. Dabei sind die Elemente des Überbaus wie z. B. Philosophie, Recht, Religion nicht schon Ideologie im engeren Sinn, sondern erst die Behauptung, daß nicht die Produktionsverhältnisse, sondern der Überbau das Treibende der Geschichte sei. Ideologie ist insofern falsches Bewußtsein, als die eigentlichen Triebkräfte unbekannt bleiben.

c) Unter bestimmten Bedingungen ist die Falschheit des ideologischen Denkens aufhebbar. Diese kann aber keineswegs nur theoretisch sein, vielmehr ist sie an die revolutionäre Veränderung der entfremdeten Verhältnisse gebunden. Diese Revolution wird vom Proletariat, dem die Abständigkeit der Ideen der Französischen Revolution von ihrer Verwirklichung in der kapitalistischen Gesellschaft zum Bewußtsein kommt, getragen. Die Überwindung des ideologischen Bewußtseins setzt die *praktisch-revolutionäre* Veränderung der antagonistischen Klassengesellschaft voraus. Damit wird dem Proletariat die Rolle des Überwinders der Ideologie zugedacht.

Wird bei Marx der Begriff Ideologie nur zur Kennzeichnung des Bewußtseins der jeweils herrschenden Klasse benutzt, so wird bei *Lenin* der Begriff Ideologie auch auf das proletarische Klassenbewußtsein angewendet, sodaß sich bürgerliche und sozialistische Ideologie gegenüberstehen.

In der *Wissenssoziologie* wird die „standortgebundene Aspektstruktur des Denkens" (K. Mannheim), die Abhängigkeit allen Denkens vom sozialen Kontext betont und so ein totaler Ideologieverdacht ausgesprochen. Von der „sozial-freischwebenden Intelligenz" kann diese soziale Bedingtheit gesprengt und über die partiellen Interessen hinweg in der Lösung aus dem Verhaftetsein ins Partikulare die „Intention auf das Ganze" gewahrt werden.

Im (neo)*positivistischen* Denken werden Wahrheit und Wissenschaft auf den Bereich festgeschrieben, der positiv-empirischen und logisch-rationalen Verifikationsverfahren zugänglich ist. Aussagen, die über diesen Bereich hinausgehende Probleme betreffen wie solche der Metaphysik oder Ethik, werden mit dem Begriff Ideologie belegt. So sind nach Th. Geiger jene Aussagen ideologisch, die „sich als Sachaussagen geben, die aber a-theoretische, nicht der objektiven Erkenntniswirklichkeit zugehörende Bestandteile enthalten". Werturteile und Urteile über Nicht-Objektives im positivistischen Sinn, in die Form objektiver Aussagen gekleidet, sind somit Ideologie. In ihnen soll beliebigen Wertungen der Anschein absoluter Geltung gegeben werden. Die Aufdeckung von Dogmatisierungen und Ontologisierungen, die kritisch-rationalem Denken entgegenstehen, und die Korrektur der Vorurteile ist Aufgabe der Ideologiekritik.

In der *Kritischen Theorie* (M. Horkheimer, Th. W. Adorno) wird das Unausweichliche der modernen Strukturen, das jeden Sinn zerstört, gleichzeitig aber den Schein von Sinn hervorbringt, als Ideologie erkannt.

3. Umschreibung von Ideologie

Wie schon aus der kurzen Betrachtung einiger Ideologiekonzepte hervorgeht, ist Ideologie ein vieldeutiger Begriff. Eher pejorative Bedeutungen wie falsches Bewußtsein, von der Praxis abgehobenes Denken, illegitimer Ersatz für wissenschaftliche Erkenntnis, Interessen verdeckendes Gedankengebilde oder innerweltliche Heilslehre stehen eher wertneutralen Bedeutungen wie ein dem Handeln Orientierung gebendes System von Werten, Ideen und Überzeugungen, Bündel von Grundsätzen für politisches Handeln oder perspektivische Welt- und Problemsicht gegenüber. Eine ebensolche Vielfalt ist gegeben, wenn von Eigenschaften und Funktionsweisen von Ideologien die Rede ist:

vereinfachend, irrtumsgeladen, monologisch, geschlossen, dogmatisch, doktrinär, die Realität zurechtbiegend, entartet, Interessen maskierend sind einige negative Beiwörter, die oft zu hören sind, positivere Beiwörter wie entlastend oder orientierend kommen seltener vor. Um Ideologie nicht zu einem Alles- und Nichts-Begriff werden zu lassen, ist es sinnvoll, einen *engeren* Begriffsinhalt zu wählen, um etwa Ideologie von *Weltanschauung* abgrenzen zu können. Unter Weltanschauungen sollen hier allgemeine, aus einer bestimmten Perspektive entwickelte Weltkonzeptionen mit universalem und praktisch-ethischem Anspruch als Grundlage der Lebensgestaltung von Individuum und Mensch verstanden werden. Ideologie, wie sie im folgenden umschrieben wird, stellt einen bestimmten Teilbegriff von Weltanschauung dar. Ideologien sind, um einige weitverbreitete Begriffsmerkmale umschreibend zusammenzustellen,
– institutionell verfaßte,
– auf Gruppen bezogene,
– relativ geschlossene, d. h. der Weiterentwicklung durch Diskurs nicht zugängliche
– Systeme von Wahrheitsüberzeugungen,
– die neben wissenschaftlichen Einsichten scheinwissenschaftliche Wertungen, religiöse bzw. quasireligiöse Elemente und falsche Aussagen enthalten,
– mit dem Anspruch, wahr zu sein, auftreten,
– die Funktion einer Gesamtdeutung menschlichen und gesellschaftlichen Daseins haben, einer Gesamtdeutung, die vor allem im politischen Raum greift,
– mit der Tendenz, sachfremden Interessen mit einer diese Interessen verdeckenden Argumentation zum Durchbruch zu verhelfen und
– aktuelle Macht oder gestellte Machtansprüche zu rechtfertigen.
– Besonders in Krisensituationen dienen sie der Abgrenzung gegenüber anderen Gruppen, auch indem sie die Anschauung der anderen Gruppe als Ideologie abtun.

Ideologien sind damit in Abhängigkeit von Wahrheit und Wissen umschrieben, wobei die Übergänge zwischen Wahrheit und Wissen auf der einen und Ideologie auf der anderen Seite nicht trennscharf festzulegen sind, weil das Setzen einer Grenze oft auch ideologischen Wertungen unterliegt.

4. Merkmale von Ideologien

Im folgenden sollen im Anschluß an und in Weiterführung von K. Salamun einige strukturelle Merkmale und Tendenzen von so umschriebener Ideologie angeführt werden, nämlich emotionalisierte Feindbilder, absolute Wahrheitsansprüche, manichäische Heilsideen, Polarisierungskategorien, Illusionen wahrer Wesenheiten und monologische Geschlossenheit.

Emotionalisierte Feindbilder dienen in ideologischen Systemen vor allem der Förderung des inneren Zusammenhalts der als Ideologieträger fungierenden Gruppen, denn der gemeinsame Feind bewirkt, stärker als andere Faktoren, daß die Mitglieder einer Gruppe zusammenrücken. Mit dem Aufbau stilisierter Feindbilder können zudem noch nicht in die Ideologie Integrierte in die Gruppe eingegliedert werden. Dazu kommt noch die Tatsache, daß in der Definition der eigenen Ideologie über das negative Gegenbild der anderen, als feindlich gegenüberstehend betrachteten Ideologie eigentliche Interessen sehr wirksam kaschiert werden können.

Absolute Wahrheitsansprüche im Rekurs auf „absolut wahre" Prinzipien und Einsichten, die als unbezweifelbar geltend und als nicht revidierbar angesehen werden, vermitteln den Eindruck universal anwendbarer Orientierungsinstrumente und schirmen die eigene Ideologie gegen Einwände und Kritik ab. Dazu gesellt sich oft noch der Anspruch auf Erkenntnismonopole, die es einem ideologischen System gestatten, die „richtige" Auslegung der Ideologie auf die jeweilige Wirklichkeit hin vorzunehmen.

Manichäische Heilsideen erlauben eine klare, vereinfachende, dualistische Trennung zwischen Gut und Böse und die Verlegung des Heilsversprechens auf die eigene Seite. In quasireligiösem Pathos wird die jetzige Situation als der Schauplatz betrachtet, wo die endgültige Entscheidung zwischen Gut und Böse fällt. In dichotomischen Deutungsschemata werden komplexe gesellschaftliche Phänomene auf ein schwarzweißmalendes Entweder-Oder reduziert.

Mit *Polarisierungskategorien* werden klare Abgrenzungen zwischen dem eigenen Denksystem und dem außerhalb der eigenen Ideologie Liegenden gesucht. Dabei spielen synonymische Unterscheidungen, die gleiche Sachverhalte im selbst betreffenden Fall in beschönigende Worte kleiden, im gegenteiligen Fall mit abqualifizierenden Wörtern beschreiben, eine wichtige Rolle. Dazu gehört auch die Bezeichnung der eigenen Ideologie als alleinig richtiger Überzeugung und die Abqualifizierung des Denksystems des anderen als Ideologie.

Illusionen von wahren Wesenheiten stützen den Anspruch, um die wahre Bedeutung von gesellschaftlichen Einrichtungen zu wissen und sie ein für allemal zu kennen, da man sie ja in ihrem wahren Wesen erkannt hat.

Das Reden von der „wahren" Demokratie, von der „wahren" Freiheit oder dem „wahren" Recht fallen in diesen Bereich.

Die *monologische Geschlossenheit* einer Ideologie ergibt sich aus dem absoluten Wahrheitsanspruch. Ideologien verschließen sich anderen Denksystemen, sie versuchen, sich anderen gegenüber zu immunisieren, auch indem sie Detailkritik am eigenen System als zerstörerische Gesamtkritik qualifizieren. Sie versuchen, eher Realitäten umzudefinieren als den eigenen Anspruch abzuändern, und können so relativ lange trotz offensichtlich entgegenstehender Tatsachen bestehen. Gerade im extremen Auseinanderklaffen zwischen Wirklichkeit und Anspruch zeigt sich dann ihre Hilflosigkeit, in einen Dialog mit anderen einzutreten.

P. V. Zima sieht nun in der Bereitschaft des Dialogs über Systemgrenzen hinweg eine Möglichkeit, zwischen Ideologie und wissenschaftlicher Theorie zu unterscheiden: „. . . wenn Ideologie ein dualistischer, naturalistischer und monologischer Diskurs ist, dessen politisches Pendant – tendenziell auch in der pluralen Demokratie – der Totalitarismus als Monolog und Exkommunikation ist, dann erscheint die dialektische, selbstreflexive und dialogische Theorie als eine Alternative."

5. Ideologie, Religion und Theologie

Ideologiekritik wird in vielen Fällen auch als Religionskritik betrieben, wie etwa am Beispiel der Priester- und Herrentrugstheorie der französischen Enzyklopädisten oder am Beispiel von K. Marx zu ersehen ist. Dem Bestreben, jegliche Religion als Ideologie zu betrachten, ist entgegenzuhalten, daß Religion als die Beziehung zu Gott und als Einlassen auf seine Wirklichkeit nicht schon von vornherein als Ideologie zu sehen ist. Als lebendiger Glaube, der Gott nicht in Begriffen vollständig und letztgültig festzulegen beansprucht, unterscheidet sich Religion prinzipiell von Ideologie als einem geschlossenen, festlegenden Denksystem. Dies bedeutet aber nicht, daß Glaube und Religion nicht immer in der *Gefahr der* ideologischen Verfremdung stehen. Solche sind etwa in der Bindung von Religion an soziale und politische Systeme und in der Absicherung nicht gerechtfertigter gesellschaftlicher Macht durch die Religion gegeben. Aber auch in der *Instrumentalisierung* der Religion zur Verantwortungsentlastung oder zur Verdeckung der immer gegebenen Ungesichertheit menschlicher Existenz und in (magischen) *Ritualisierungen* oder *Ästhetisierungen* ohne lebendigen Glaubensbezug zeigen sich ideologische Verengungen von Religion. Eine besondere

Gefahr der Ideologisierung von Religion besteht in *Verabsolutierungen*. Diese sind dadurch gekennzeichnet, daß sie im Ausgriff auf das Absolute die je geschichtliche Relativierung dieses Absoluten im menschlichen Erfassen übersehen und einen bestimmten Zugang zum Absoluten als allein gültigen festlegen. Im Ausgriff auf die Wahrheit wird ein unter bestimmten situationalen und relationalen Bedingungen gewonnener Wahrheitsausdruck als allein gültige Wahrheit gefaßt. Gerade solch verabsolutierendem Denken fehlt meist die Fähigkeit zur Selbstkritik und zum Kritisierenlassen durch andere, ein Zeichen für ideologische Verengung.

In solchen Gefahren zur Ideologisierung steht auch die *Theologie*. Auch sie ist immer zur Selbstkritik gefordert. Im Verhältnis zur Ideologie hat Theologie eine zweifache Aufgabe. Sie hat einmal ihre Aussagen immer wieder dahingehend zu prüfen, ob sie nicht einem Totalitätsdenken erliegen oder der ungerechtfertigten Abstützung von Macht- oder Sicherheitsbedürfnissen dienen. Solch ideologiekritisches Denken findet sich schon im AT und NT, wenn etwa die Propheten ein ritualisiertes Opferverständnis oder soziale Mißstände, die religiös verbrämt werden, kritisieren oder wenn Jesus die ideologische Vereinnahmung der Religion durch Ritualisierung und Verzwecklichung anprangert. Diese Forderung zur dauernden Selbstkritik ist besonders auch für die Moraltheologie gerade angesichts eines in der heutigen Gesellschaft verstärkt feststellbaren Zuges zum *Fundamentalismus,* der ein für allemal sichere Lösungen gefunden zu haben glaubt und diese Sicherheit auch auf technische Detailfragen ausdehnt, gegeben. Zweitens hat Theologie die Aufgabe, andere Wissenschaften zu kritisieren, wenn sie zu verabsolutieren drohen. Sie muß Ort und Hort kritischer Freiheit sein. In bezug auf Ethik bedeutet das u. a. das Anbieten einer die einzelnen Bereiche auf das Ganze offenhaltenden „transitorischen Ethik" (F. W. Menne). Dazu bedarf es einer Haltung der Offenheit, nicht zuletzt für einen *Dialog* mit anderen Wissenschaften in der Bereitschaft, nötigenfalls auch eigene Positionen zu ändern.

N. Harris, Die Ideologien in der Gesellschaft (1970); *U. Matz* (Hrsg.), Die Bedeutung der Ideologien in der heutigen Welt (1986); *K. Salamun,* Ideologie und Aufklärung (1988); *B. Welte,* Ideologie und Religion, in: *F. Böckle* u. a. (Hrsg.), Christlicher Glaube in moderner Gesellschaft, Bd. 21 (1980) 77–106; *P. V. Zima,* Ideologie und Theorie (1989).

LEOPOLD NEUHOLD

Individualismus

→ Autonomie → Entscheidung → Freiheit → Kommunikation
→ Moralsysteme → Person → Selbstverwirklichung

Individualismus nennt man jene geistige Grundeinstellung, die das Individuum zum Maßstab des Denkens nimmt. Ursprünglich positive Anliegen des Individualismus sind Sensibilität für die Person und Ernstnehmen des einzelnen Menschen. Jedoch verleitet Individualismus in der Praxis zum Egoismus, der auch im Handeln das eigene Ich allem anderen vorzieht. Individualismus kann sich auch äußern in Isolierungsbedürfnissen, Konsumismus und in einer Tendenz zum Unsozialen oder Unpolitischen, die die Mitmenschen vergißt.

Inkulturation

→ Entwicklungszusammenarbeit → Gemeinwohl → Kirche → Kultur
→ Migration → Wirtschaftspolitik

Inkulturation im Selbstverständnis der Kirche (vor allem im Hinblick auf die christliche Mission), „mit den verschiedenen Kulturformen eine Einheit einzugehen, zur Bereicherung sowohl der Kirche wie der verschiedenen Kulturen" (GS 58); sie geht daher über eine bloße Anpassung weit hinaus (vgl. auch AG 10).

K

Kastration

→ Empfängnisregelung → Frauenfrage → Mann → Medizinische Ethik
→ Menschenwürde → Sexualität

Kastration ist die operative oder gewalttätige Entfernung bzw. Verstümmelung der Geschlechtsorgane bzw. Keimzellenträger. Sie bedeutet nicht bloß das Ende der geschlechtlichen Vereinigungsfähigkeit der betroffenen Person, sondern stellt einen schweren, destruktiven Eingriff in ihre psychische und physische Integrität dar.

Kasuistik

→ Autorität → Entscheidung → Geschichtlichkeit → Methoden der Ethik
→ Moralsysteme

Die Kasuistik genoß im Kontext jener Reformbestrebungen, die dem Zweiten Vatikanischen Konzil vorausgingen und später seine Anregungen in die Gestaltung der Moraltheologie umzusetzen suchten, keinen guten Ruf. Sie stand unter dem Verdacht des Legalismus, des Minimalismus und der Lebensfremdheit. Ein solches Verdikt mag für ihre Entartungsformen zutreffen, berührt aber keineswegs ihr genuines Anliegen. Ursprünglich geht es der Kasuistik um die anschauliche, aus der Lebenserfahrung gespeisten Vermittlung von Theorie und Praxis, um die nüchtern kritische Einschätzung des sinnvoll Möglichen und Zumutbaren, aus begründeter Skepsis gegenüber einem Verbalradikalismus und Rigorismus, die an der Wirklichkeit in der Vielfalt ihrer Grenzen, Zwänge und Verstrickungen scheitern.

Keine praxisbezogene Wissenschaft kann auf diese Postulate verzichten. So entwickeln auch Medizin und Rechtswissenschaft ihre Kasuistik. Bestimmend ist eine Denkkultur des Konkreten. Die verantwortete Praxis ist der Testfall der Theorie. Die Kasuistik verfolgt aber auch ein pädagogisches Anliegen. Sie läßt erkennen, wie man im verstehenden Umgang mit Prinzipien und Normen zu konkreten Imperativen gelangt. Moraltheologische Argumentationen werden auf den Ernstfall der Entscheidung hin einsichtig gemacht. Was mit einer Theorie gemeint ist, das erschließt sich in der approbierten Praxis mit ihr. Die Kasuistik mag, so gesehen, als die Kunst der Anwendung bezeichnet werden. Sie schärft den Blick für alle relevanten Gesichtspunkte, die den Ausgang einer Entscheidung mitbestimmen. Und sie versorgt den Seelsorger mit anwendbarem, praxiserprobtem Wissen.

Gute Kasuistik ist von Lebenserfahrung und Lebensweisheit getragen. Ihre Fälle sind dem Leben entnommen. Und ihre Lösungen haben sich bewährt. Angesichts komplexer Situationen wird eine erste Orientierung angestrebt. Das schließt die Bereitschaft zur Revision nicht aus; Kasuslösungen beanspruchen einen präsumtiven Wert, sie weichen der Wahrheit. Zudem legen sie dem Moraltheologen Bescheidenheit auf, indem sie eine geduldige Situationsanalyse fordern. Unter die relevanten Gesichtspunkte fällt auch die Mächtigkeit der Freiheit. Die Kasuistik versucht eine Antwort auf die immer bange Frage, ob man genug getan habe. Sie entlastet segensreich das Gewissen des einzelnen. Sie führt aus dem Irrgarten selbstquälerischen Grübelns und Zweifelns heraus und steht so im Dienst an seelischer Hygiene.

Kasuslösungen beabsichtigen nicht, die Last des selbstverantworteten Gewissensentscheids abzunehmen; sie wollen sie tragen helfen, indem sie den Weg zu ihm abkürzen. Darauf selbstgenügsam verzichten zu wollen, wäre ein Zeichen von Vermessenheit. Denn niemand ist imstande, zumal wenn er unter Entscheidungsdruck steht, gegebene Situationen von Grund auf durchzudenken. Die Kasuistik erscheint so als ein Sammelbecken denkerischer Solidarität. Das geht keinesfalls auf Kosten jener unwiederbringlichen Einmaligkeit, die jede Entscheidung auszeichnet. Kasuslösungen haben nur annähernden Wert, den letzten Ausschlag gibt die unvertretbare situative Einsicht. Das ist allerdings eine wissenschaftstheoretische Überlegung wert. Sie betrifft die Geschichtlichkeit sittlicher Wertvorstellungen und Urteile. Letztere werden über konkrete Herausforderungen vorangetrieben. Das läßt den Bedeutungsgehalt von Prinzipien und Normen nicht unberührt. Angesichts dessen fällt der Kasuistik eine Pilotfunktion zu: Sie speichert als erste einen stattgefundenen Erkenntnisfortschritt und regt zu weiterem Nachdenken über ihn an.

Die Kasuistik besitzt auch eine lebensgeschichtliche Komponente. Indem sie auf das Gesetz des Wachstums Rücksicht nimmt, ordnet sie moralische Ansprüche in Lern- und Reifungsprozesse ein. Sie steht so im Dienst am Aufbau einer sittlichen Persönlichkeit. Der Mensch wächst ja über zunehmende Einsicht, Erfahrung und Bewährung in Lebensideale hinein. Dazu bedarf es verstehender Begleitung. Angesichts dessen vermittelt die Kasuistik Augenmaß für das hier und jetzt Mögliche. Indem sie realistisch Grenzen anerkennt, wirkt sie fördernd auf die Gewinnung sittlicher Autonomie ein.

Die Kasuistik kann auf biblische Vorbilder verweisen. So finden sich im AT reiche kasuistische Anweisungen moralischer, kultischer und rechtlicher Art in Leviticus und Deuteronomium. Aber auch dem NT ist diese Literaturgattung nicht fremd. Sie begegnet in der hyperbolischen Forderung der sekundären Antithese (Mt 5,39): „Wenn jemand dich auf die rechte Wange schlägt, so halte ihm auch die andere hin!" Die Aufforderung zur grenzenlosen Vergebung (Mt 18,21) radikalisiert die bereits in der rabbinischen Theologie anzutreffenden Vorbehalte gegenüber einer Kasuistik, die Konflikte domestiziert anstatt sie von der Wurzel her zu überwinden. In diesem Sinne sind auch die Gemeinderegeln zu werten (Mt 18,15–17.21–22) sowie die situativ bedingten Anordnungen des Apostels Paulus an die Gemeinde von Korinth (1 Kor 5; 7.10–16; 10, 23–30). Sie stehen unter dem Anspruch unbedingter Versöhnungsbereitschaft. Die gleichen Anliegen bestimmen die frühchristliche Literatur *(Didache; Pastor Hermae)* und die Bußbücher, aber auch immer wiederkehrende Notwendigkeiten lehrhafter Unterweisung.

K. *Demmer,* Moraltheologische Methodenlehre (1989).

KLAUS DEMMER

Kirche

→ Glaube → Gott → Heilsgeschichte → Hermeneutik → Moraltheologie → Pneumatologie → Sakrament → Taufe → Wert

Hinter dem Wort Kirche (hier verstanden als katholische Kirche) verbergen sich unter moraltheologischem Aspekt zahlreiche, zum Teil sehr unterschiedliche Gesichtspunkte. Gerade im sittlichen Handeln der Gemeinschaft der Glaubenden spiegelt sich das gesellschaftliche und kulturelle Umfeld mit seinen spezifischen Anforderungen und Erwartungen wider. Umgekehrt soll diese Lebenswelt christlich geformt werden. Denn der einzelne Christ ist immer eingebunden in eine gesellschaftliche Ordnung und deren kultureller Ausprägung.

Um nur einige dieser manchmal gegenläufigen Gesichtspunkte skizzenhaft zu benennen: Innerkirchlich ist ein steigendes Verantwortungsbewußtsein für globale Herausforderungen zu erkennen, die sich z. B. im Einsatz der kirchlichen Hilfswerke für die Entwicklung der „armen" Regionen in dieser Welt zeigt. Obwohl immer weniger Menschen im westlichen Kulturraum sich zur Kirche bekennen, werden auch von Nichtchristen hohe Erwartungen an die Kirche herangetragen, sich verstärkt zu meist sozialethischen Problemfeldern zu äußern und sich zu engagieren (z. B. friedliche Nutzung der Kernenergie, Ökologie, Rüstungsabbau u. ä.). Daneben ist zu beobachten, daß dort, wo das Lehramt der Kirche in individualethischen Fragen sich kompromißlos äußert (z. B. künstliche Empfängnisverhütung), dies von nicht wenigen für ihre Lebenssituation nicht angenommen wird.

Auch im Bereich des geistlichen Lebens ist diese Ambivalenz sichtbar: Zum einen „praktizieren" immer weniger Katholiken ihren Glauben (Rückgang des Kirchenbesuches, Schwinden des Bußsakramentes), zum anderen versucht – aufs Ganze gesehen – eine kleine Zahl bewußt ihr Leben aus dem Glauben zu gestalten, was auch in der wachsenden Bedeutung neu entstandener geistlicher Gemeinschaften zum Ausdruck kommt. Daß an den Anfängen des Glaubens die enge Verbindung von Glaube und Leben, vom Glied am Leib Christi sein und daraus folgendem Handeln steht, zeigt der biblische Befund.

1. Die Kirche als Ort christlichen Lebens im biblischen Verständnis

Von Anfang an berief Jesus Menschen in seine Nachfolge und scharte eine Jüngergemeinde um sich. Die Nachfolge Christi, die sich als Antwort auf seine Reich-Gottes-Botschaft verstand, vollzog sich in seiner Jüngergemeinde. Diese sieht sich ganz im Dienst der endgültigen Sammlung des Volkes Gottes, das im AT für die Fülle der Zeit verheißen war (vgl. Mk 1,16–20; 3,13–19; 6,6–13; Mt 19,28; Lk 22,29f.). Jesus fordert für seine Botschaft vom Anbruch der Gottesherrschaft einen Glauben, der die Umkehr miteinschließt (Mk 1,15 par). Der Mensch wird zu einer Entscheidung herausgefordert, sich dem Heilsangebot Gottes zu stellen. Wer dem Ruf Jesu folgt, ist auf die Gemeinschaft der Glaubenden, die Jüngergemeinde und spätere Kirche verwiesen, in der er die Nachfolge leben soll. Glaube, Umkehr und Nachfolge sind drei für die Bibel eng zusammengehörige Vollzugsmomente, die in Gottes heiliger Volksversammlung (ἐκκλησία τοῦ θεοῦ) zu leben sind. Mit dieser wichtigen Selbstbezeichnung der ersten Glaubenden wird der gemeinschaftliche Grundcharakter des Glaubens deutlich. Im einzelnen findet sich im NT die Vorstellung der *ekklesia* als Ortskirche (Apg 5,11; 1 Kor 1,2; 2,17 u. a.), als Universalkirche (Apg 9,31; Eph 1,22; 3,10 u. a.) wie auch als Hauskirche (Röm 16,5; 1 Kor 16,19 u. a.). Die *ekklesia* wird im NT immer als Kirche Gottes (1 Kor 1,2; 10,32 u. a.) bzw. als Kirche Christi (Röm 16,16) verstanden. Mit dem Begriff *ekklesia,* in dem sich auch die griechische Grundbedeutung als „Volksversammlung" (Apg 19,32.39f.) widerspiegelt, wird zugleich der öffentliche Anspruch der Kirche zum Ausdruck gebracht. Wenn auch atl. Ursprungs, so besteht zwischen der atl.-jüdischen Vorstellung des Volkes Gottes und der ntl. *ekklesia* zwar keine einfache Kontinuität, aber doch eine innere Verbindung, wie sich in der Berufung der Zwölf als Repräsentanten der zwölf Stämme Israels zeigt.

Als Mitte und Quelle des Lebens seiner Jünger stiftet Jesus am Abend vor seinem Tod die Eucharistie. Das, was im irdischen Leben Jesu grundgelegt ist, kommt in seinem Tod und seiner Auferstehung zur Erfüllung. Der Glaube an den auferstandenen und wiederkommenden Herrn kommt besonders dort zum Ausdruck, wo der lebendige Herr seine Jünger zum eschatologischen Mahl versammelt und als seine Jünger zur Verkündigung des Evangeliums sendet (vgl. Mt 28,16–20; Lk 24,29–48; Apg 1,4–8). An Pfingsten wird der Hl. Geist als bleibende

Gabe Gottes an alle gegeben, damit in der Kraft des Geistes das eine Volk Gottes aus allen Völkern der Erde versammelt werde (Apg 2,1–21). Nur in der Gemeinschaft dieses Volkes Gottes, dem der Geist Gottes geschenkt ist, kann der einzelne diesen Geist empfangen. Das hatte für die ersten christlichen Gemeinden zur Folge, daß der einzelne in die Gemeinde eingebunden war, in die er durch die Taufe eingegliedert war und mit der er sein Leben aus dem Glauben gestaltete. Die enge Verbindung von Gottes- und „Bruder"-Dienst zeigt sich in der Gemeinde von Jerusalem darin, daß mit dem Herrenmahl (vgl. Apg 2,42; 20,7.11) ein gemeinsames Sättigungsmahl verbunden war. Die im Glauben begründete Gemeinschaft sollte sich sowohl im Teilen der Güter wie auch in Eintracht und Geschwisterlichkeit untereinander zeigen (Apg 2,43–47). Im Mt-Evangelium finden sich – besonders in der Bergpredigt – für das sittliche Leben entscheidende Impulse, die der Gemeinde vermittelt werden sollen: den Bruder nicht vorschnell zu verurteilen (Mt 7,1–5), dem Sünder nachzugehen (Mt 18,12–14), immer wieder einander zu verzeihen (Mt 18,21f.35) und einander zu dienen (Mt 20,26–28; 23,11f.). Im Gebet weiß sich die Gemeinde mit dem Herrn verbunden (Mt 18,19f.). Jeder erhält vom Herrn seine Talente (Mt 25,14–30). Die Früchte, die daraus wachsen, werden vom Gottesvolk erwartet (Mt 21,43).

Paulus lobt die Thessalonicher wegen ihres Glaubens und ihrer Liebe (1 Thess 3,6). Er fordert sie auf zur Heiligung des Lebens und erinnert an die Bruderliebe, die Gott ihnen gegeben hat (1 Thess 4,1–12). Für die Gemeinde von Philippi sieht Paulus als wichtigstes die Eintracht und Einmütigkeit an, um damit dem Evangelium Christi zu entsprechen (Phil 1,27). In „herzlicher Zuneigung und Erbarmen" sollen diejenigen, die die „Gemeinschaft des Geistes" bilden, einander zugetan sein (Phil 2,1–3). Die Gemeinde in Korinth, die Paulus als „Leib Christi" bezeichnet, findet ihre Gestalt dadurch, daß sie Anteil hat am gekreuzigten und auferstandenen Herrn, der sich im eucharistischen Mahl hingibt (1 Kor 10,16; 11,24). Die Gemeinde, die so am Leib Christi teilhat, ist dies in der Welt und für die Welt. Diesem Verständnis der Gemeinde Christi widerspricht es, wenn untereinander Prozesse geführt werden (1 Kor 6,1–8) und unsoziales Verhalten bei der Feier des Herrenmahls vorhanden ist (1 Kor 11,17–34). Paulus ermahnt deshalb, Parteiungen zu überwinden und die Einheit zu wahren (1 Kor 1,10–14; 3,3–9.21–23). Je mehr sich die einzelnen als Glieder am Leib Christi verstehen (1 Kor 12,12–27), verwirklichen sie die Gemeinschaft mit Jesus Christus (1 Kor 1,9). Bei den ersten Christengemeinden war die Hausgemeinde der Ort, an dem sich das Ethos zu verwirklichen hatte, und aus dem heraus sich das Gemeindeleben in einer Stadt entfaltete. Das Leben in der Kirche, in der verschiedene Gaben zu ihrem Aufbau beitragen, soll sich in Eintracht und Liebe vollziehen (Eph 4,1–16), vor allem durch die Bereitschaft zum Vergeben und Verzeihen (Eph 4,32). Diese Haltung soll sich in den konkreten Lebensfeldern – besonders in der Familie – bewähren.

In den Pastoralbriefen kommt ein anderer Akzent zum Vorschein, wenn die Kirche nicht vom Bild des Leibes Christi her geprägt ist, sondern als „Hauswesen Gottes", als „Kirche des lebendigen Gottes, die die Säule und das Fundament der Wahrheit ist", gekennzeichnet wird (1 Tim 3,15). Diese gegenüber den Paulusbriefen veränderte ekklesiologische Sicht kommt in einer anfanghaften „Institutionalisierung" im ethischen Bereich (Witweninstitut 1 Tim, 3–16) zum Vorschein.

Hinter allen Mahnungen, die das sittliche Leben betreffen, steht das Doppelgebot der Gottes- und Nächstenliebe (Mk 12,30f. par.), das sich in der Gemeinde verwirklichen soll (vgl. 1 Joh), aber darüber hinaus unabhängig von der Glaubenszugehörigkeit Geltung hat (vgl. Lk 10,25–37). Gerade als Glieder der Kirche, die zur Nachfolge Christi in Glaube und Umkehr gerufen sind, suchen die ersten Glaubenden, die Liebe (agape) zu verwirklichen.

2. Die Kirche – das universale Sakrament des Heils (LG 48/GS 45)

Erst in diesem Jahrhundert wurde die Kirche ausdrücklich zum Gegenstand lehramtlicher Aussagen. Das heißt nicht, daß es nicht vorher durch die Geschichte der Kirche hindurch Reflexionen über ihr Verständnis gegeben hat. Nicht selten werden sie wie in der konstantinischen Wende oder in der Auseinandersetzung zwischen Papst und Kaiser bzw. König durch veränderte politische Konstellationen in Gang gesetzt. Sicher hat die Reformation die katholische Kirche herausgefordert, ihr Selbstverständnis manchmal gerade in pointierter Abgrenzung zu klären. Für das gegenwärtige Kirchenverständnis ist vor allem das Zweite Vatikanische Konzil maßgebend. Vornehmlich in der Kirchenkonstitution *Lumen gentium* (LG) kommt das Selbstverständnis der Kirche zum Ausdruck, das in der Pastoralkonstitution *Gaudium et spes* (GS) im Blick auf die Aufgaben der Kirche in der heutigen Welt reflektiert wird. Dabei sieht sich das Konzil in der Tradition der bisherigen Konzilien und sucht, angeregt durch patristische Forschungen zur Ekklesiologie, eine vertiefte Sicht der Lehre der Kirche zu entwickeln und ihren Ort in einer immer komplexer werdenden Zeit zu kennzeichnen. Mit der Überschrift „Das Mysterium der Kirche" will das Konzil auf den biblisch-patristischen Gehalt von μυστήριον hinweisen, der bereits in den altlateinischen Bibelübersetzungen mit *sacramentum* übersetzt worden ist. Zugleich ist damit ausgesagt, daß die Kirche eine vielschichtige Wirklichkeit ist, die mit Bildern und Begriffen wie Volk Gottes, Leib Christi, Tempel des Geistes u. ä. näher umschrieben wird (LG 6f.). Die Kirche ist auf Erden als sichtbares gesellschaftliches Gefüge verfaßt und hat Mittel sichtbarer und gesellschaftlicher Art. Die Kirche ist verwirklicht *(subsistit)* in der katholischen Kirche (LG 8). Wenn ihr Wesen letztlich nur den Glaubenden zugänglich ist, so ist sie zeichenhaft sichtbar in der Verkündigung, in den Sakramenten, in der Diakonie und in den Ämtern der Kirche. Deshalb kann sie als Sakrament, d. h. Zeichen und Werkzeug des durch Jesus Christus im Hl. Geist erschienenen und in ihr gegenwärtigen Heils Gottes für die Menschheit, bezeichnet werden (LG 1 u. a.).

Die *Communio* ist der Leitgedanke der Ekklesiologie des Zweiten Vaticanums. Auch in ihr kommt das Wesen der Kirche, oder wie das Konzil sagt, ihr Mysterium zum Ausdruck. *Communio* bedeutet zunächst Teilhabe an den von Gott geschenkten Gütern des Heils: am Hl. Geist, am neuen Leben, an der Liebe, am Evangelium, vor allem aber an der Eucharistie. Sie verwirklicht sich in der Teilhabe aller getauften Christen am Heil und damit verbunden an der gemeinsamen Teilhabe am prophetischen, priesterlichen und diakonalen Dienst. Die Mitverantwortung der Laien für die Kirche in ihrer Sendung, die auf dem Zweiten Vaticanum grundgelegt worden ist (LG 10–12; 34–36; AA 3–8), ist auf der Bischofssynode 1987 (vgl. Nachsynodales Apostolisches Schreiben *Christifidelis Laici*) erneut herausgestellt worden. Vor allem wird den Laien die Aufgabe zugesprochen, im Dienst der Gesellschaft das Evangelium zu leben und die Welt von innen her zu heiligen. Ihre Erfahrungen und ihre Kompetenz sollen sie in die Kirche einbringen. In diesem Zusammenhang ist die Lehre vom *sensus* und *consensus fidelium* zu sehen. Sie ist für die Ausübung des Lehramtes von Bedeutung, insofern dieses in das Ganze des Gottesvolkes eingebunden ist (LG 12). Zur Sendung aller Getauften und Gefirmten mit verschiedenen Diensten und Ämtern gehört die Verherrlichung Gottes und der Dienst am Heil der Menschen. Beide aufeinander verwiesene Vollzüge sind Ausdruck des Gebotes der Gottes- und Nächstenliebe. Dieser biblische Gesichtspunkt kommt in der Sicht der Kirche als universales Sakrament des Heils zum Tragen. In dieser Formulierung, die in der Kirchen- (LG 48) wie in der Pastoralkonstitution (GS 45) verwendet wird, wird der Zusammenhang von „Innen"-sicht der Kirche wie ihrer

Beziehung und Sendung zur Welt zum Ausdruck gebracht. Auf diese nicht nur auf den Innenraum begrenzte Sicht hat bereits der biblische Begriff *ecclesia* mit dem darin enthaltenen öffentlichen Anspruch aufmerksam gemacht. Die Texte der Kirchen- und Pastoralkonstitution müssen deshalb in enger Verbindung miteinander gelesen werden, um nicht den „Welt"-auftrag der Kirche von ihrem Fundament zu isolieren.

Aufgrund ihrer universalen Sendung wendet sich die Kirche an die Welt und an jeden Menschen. Ihr ist dabei bewußt, daß diese Welt durchaus einen ambivalenten Charakter trägt (GS 2/3). Zentrale Aufgabe der Kirche ist es, die „Zeichen der Zeit ... im Licht des Evangeliums zu deuten" (GS 4). Für die Moraltheologie besonders relevante Themen wie das Gewissen (GS 16), Sünde (GS 12) und Freiheit (GS 17), Ehe und Familie (GS 47–52) u. a. werden in dieser Konstitution behandelt. Dabei geht es immer darum, die Einzelaussagen im Gesamt der Konstitution und diese wiederum im Bezug zur Kirchenkonstitution zu verstehen und zu deuten.

3. Communio im sittlichen Kontext

a) Veränderte gesellschaftliche Situation: Gegenüber der Zeit des Zweiten Vaticanums hat sich die gesellschaftliche Situation zum Teil erheblich verändert, was unmittelbare Folgen für die Kirche hat. Ohne im einzelnen die Ursachen hier erörtern zu können, die zu einem Teil Erbe der Vergangenheit sind, so wird man hier besonders den fortschreitenden Individualisierungsprozeß nennen müssen. Dieser zeigt sich nicht nur in einem zunehmenden Pluralismus, vor allem bei individualethischen Fragen, sondern hat umgekehrt auch Rückwirkung auf die Bindung von Katholiken an ihre Kirche. Die veränderte Bewußtseinslage fand ihren Niederschlag in neuen Gesetzen im Bereich von Sexualität, Ehe und Familie, die nun ihrerseits auch wieder das öffentliche Bewußtsein prägen. Dazu kommt, daß neue Herausforderungen von Gruppen außerhalb der Kirche benannt und deren Lösung vorangetrieben werden. Zu diesen veränderten gesellschaftlichen Bedingungen gehört, daß ähnliche Prozesse auch andere „Institutionen", wie z. B. die Parteien, Gewerkschaften, Verbände u. a., durchlaufen. Es wäre daher sehr kurzschlüssig, die gegenwärtigen Probleme der Kirche ohne die gesamtgesellschaftlich wirksamen Rahmenbedingungen zu sehen. Es fällt auf, daß neben der Individualisierung des Ethischen im privaten Bereich, die sich u. a. in gegenüber früher „liberaleren" Gesetzen niederschlägt, nicht selten „schärfere" gesetzliche Maßnahmen im sozialethischen Bereich gefordert werden.

b) Sittliche Wahrheitsfindung im Volke Gottes: Die Glaubwürdigkeit der Kirche, sich öffentlich ethisch zu artikulieren – sei es durch das Zeugnis der Laien oder durch die Verkündigung des Lehramtes –, wird fast immer davon abhängig sein, wie überzeugend die verkündeten Normen begründet, die zu schützenden Werte vermittelt und die Glaubenden an diesem Prozeß teilnehmen. Neben den bereits genannten gesellschaftlichen Veränderungen ist hier auf die Schwierigkeiten der Konzilshermeneutik hinzuweisen. Sie liegen u. a. darin, daß in den Konzilstexten oft eine hierarchische Ekklesiologie und eine biblisch-patristisch geprägte erneuerte *communio*-Ekklesiologie nebeneinander stehen. Diese *communio*-Ekklesiologie ist von der außerordentlichen Bischofssynode 1985 erneut gewürdigt worden. Da das Konzil die Bedeutung aller Getauften und Gefirmten und damit auch besonders der Laien herausgestellt und ihre spezifische Sendung betont hat, kommt ihnen bei der Bildung des Glaubenssinnes des pilgernden Gottesvolkes eine unverzichtbare Rolle zu (LG 12). Die Kirche als ganze ist herausgerufen, angesichts sich wandelnder geschichtlicher Herausforderungen eine begründete ethische Antwort zu geben. Einen wichtigen Beitrag leisteten auch die Synoden, die in verschiedenen Ländern nach dem Zweiten Vaticanum stattfanden und die die Aussagen dieses Konzils für die jeweiligen Länder fruchtbar machten. Der theologische Status der Äußerungen wie die Kompetenz der Synoden war unterschiedlich. Der Prozeß sittlicher Wahrheitsfindung ist immer ein Lernprozeß in neuen Zusammenhängen. Zugleich geht es darum, neue Erfahrungen und Herausforderungen mit dem Gesamt der christlichen Botschaft zu vermitteln. Hier kommt dem Lehramt der Kirche seine unverzichtbare Rolle zu (LG 25). Als eine besondere Schwierigkeit erweist sich, nicht nur den genauen Umfang der Kompetenz des Lehramtes in moralischen Fragen zu bestimmen, sondern die inhaltliche Frage, was zu tun und zu lassen ist, was gut und richtig ist. Dies hängt damit zusammen, daß in die sittliche Einsicht neben den tangierten Werten immer konkrete Sachverhalte miteinfließen, so daß eine Urteilsbildung immer auch eine Bewertung von Fakten beinhaltet, die vorgängig zur Offenbarungsbotschaft sind. Deshalb kann es bei der Beurteilung der irdischen Wirklichkeiten bei Christen trotz gewissenhafter Prüfung zu unterschiedlichen Schlußfolgerungen kommen (GS 43). Nicht übersehen werden kann, daß die sittliche Wahrheitsfindung im pilgernden Gottesvolk auch durch Trägheit und Sünde beeinträchtigt ist, die Kirche aus sündigen Menschen besteht und deshalb immer des Weges der Erneuerung und Buße bedarf (LG 8).

c) Geistliches Leben: Damit sind wir auf dem Weg des geistlichen Lebens gewiesen, der allen – Bischöfe, Priester und Diakone, Ordensleute und Laien – als Antwort auf die Gabe des Geistes aufgegeben ist. Das undispensierbar eigene sittliche Urteil ist mitbestimmt von der Art und Weise, wie der Glaube in seinen geistlichen Vollzügen sich verwirklicht. Deshalb hat die Kirche in einigen Weisungen zum Ausdruck gebracht, welche dieser Vollzüge besonders wichtig für den einzelnen wie für das Leben der Gemeinde sind (Feier der Eucharistie am Sonntag, Bußsakrament u. a.). Immer geht es um die communio, die Teilhabe am Leben des dreieinigen Gottes. Deshalb lehrt das Konzil die Berufung aller Glaubenden zur Heiligkeit (LG 39–42), die sich selbstverständlich je nach dem „Stand" in der Kirche unterschiedlich ausprägt. Gerade die Ordensgemeinschaften können durch ihren Dienst die Einheit von geistlichem Leben, Lebensform und Sendung für die Welt sichtbar machen (LG 43–46; vgl. auch Ordensdekret *Perfectae caritatis*). Als Frucht des Konzils darf auf eine erneuerte Laienspiritualität, die sich im vielfältigen Engagement niedergeschlagen hat, hingewiesen werden. Die Vielgestaltigkeit, den Glauben leben zu können, wird im Zeugnis der Heiligen durch die Geschichte hindurch sichtbar.

d) Ökumene: Unter ekklesialem Aspekt ist das Leben aus dem Glauben nicht nur im Sinne des Konfessionellen eine katholische, sondern eine ökumenische Aufgabe. Damit soll keineswegs der Anspruch, sich an alle Menschen guten Willens zu wenden, und der Dialog mit den nichtchristlichen Religionen in irgendeiner Weise abgeschwächt werden. Ansätze zu Gemeinsamkeiten im ethischen Bereich, die durch die Beschreibung der katholischen Kirche auf dem Zweiten Vaticanum im Blick auf die anderen Kirchen und kirchlichen Gemeinschaften einen neuen Impuls erfahren haben, sind derzeit im „konziliaren Prozeß" für Gerechtigkeit, Frieden und Bewahrung der Schöpfung vorhanden. Die Vermittlung von sozialethischen und individualethischen Fragestellungen ist eine Herausforderung, der sich die Kirchen um der Glaubwürdigkeit ihrer Botschaft willen in der Zukunft erneut und verstärkt annehmen müssen. Hier können auch Erfahrungen von Basisgemeinden aus anderen Kontinenten eine Hilfe sein. In allem gilt es, den Glauben für die Zukunft zu verkünden und in seiner sittlichen Gestalt zu bezeugen.

K. Demmer, Moraltheologische Methodenlehre (1989); *ders.,* Katholische Kirche und Naturrecht, in: StL III, 1308–1312 (Lit.); *W. Kasper,* Theologie und Kirche (1987); *W. Kasper/R. Hammerschmidt/W. Schätzler,* Katholische Kirche, in: StL III, 326–342 (Lit.); *W. Kern/H. J. Pottmeyer/M. Seckler,* Handbuch der Fundamentaltheologie, Bd. III–IV (1986/88); *A. Riedl,* Lehramt und Moraltheologie, in: Theologische Berichte 17 (1988) 79–110 (Lit.); *H. Schlögel,* Kirche und sittliches Handeln. Zur Ekklesiologie in der Grundlagendiskussion der deutschsprachigen katholischen Moraltheologie seit der Jahrhundertwende (1981); *R. Schnackenburg,* Die sittliche Botschaft des Neuen Testaments, 2 Bde. (1986/88).

HERBERT SCHLÖGEL

Klugheit

→ Entscheidung → Epikie → Erfahrung → Gewissen → Handeln, sittliches → Maß → Norm → Tugenden und Laster

Als φρόνησις/σωφροσύνη, also als Einsicht und Besonnenheit bzw. als *Prudentia,* wird Klugheit zu den Kardinaltugenden gezählt und nimmt unter ihnen, obwohl selber von der *Temperantia,* der Tugend des rechten Maßes, zwischen Verschlagenheit und ängstlicher Vorsicht in der rechten Mitte zu halten, als koordinierender „Wagenlenker" *(auriga virtutum)* eine Vorrangstellung ein. Als solche gilt sie auch als Voraussetzung für wahre Weisheit. Als sittliche Haltung ermöglicht sie das umsichtig überlegte Einbeziehen aller handlungsrelevanten Faktoren in eine konkrete Entscheidung hinsichtlich der Lebensziele des Menschen und zeichnet so auch in den biblischen Quellen den im Glauben Gott wohlgefälligen Menschen aus. Sie wird von Salomon als Weisheit erbeten und dann an ihm gepriesen (1 Kön 3,9ff. und 5,4–14), sie ist das Leitmotiv in der im Buch der Sprüche vermittelten Lebensweisheit, zeichnet Daniel aus (Dan 5,12), und durch Gottes Gnade ist sie dem an Christus Glaubenden geschenkt (Eph 1,8). In diesem Sinn werden in den Gleichnissen Jesu die vorausschauenden, für das Kommen des Bräutigams bereiten Jungfrauen (Mt 25,1–13), aber auch der um das Wohl seines Gesindes besorgte Verwalter (Mt 24,45–47) als klug bezeichnet. Klugheit soll aber auch den jüngeren Frauen vermittelt werden, damit diese ihre Männer und Kinder richtig lieben (Tit 2,4f.).

Daneben weiß die Bibel aber auch darum, daß kluge Einsicht im vollen Sinn Gott allein zukommt und ihn als Schöpfer auszeichnet (Jer 10,12 wie 51,15). Insofern ist dann auch die Klugheit der Antworten des zwölfjährigen Jesus im Tempel Zeichen für seine besondere Sendung (Lk 2,47); sie kommt aber auch dem Menschen als Gottes Ebenbild nun freilich als Gabe zu, die dieser dann vermessen als seine eigene zu wähnen und freventlich zu mißbrauchen versucht sein kann, wie dies Ezechiel dem Fürsten von Tyros vorwirft (Ez 28,1–10) und als innerweltliche Berechnung und Schlauheit (lateinisch *dolus* = kluge Verschlagenheit) von Paulus als bloße „Weisheit der Welt", welcher die Torheit des Kreuzes Ärgernis ist (1 Kor 1,18–25), bezeichnet wird. Auf dieser Ebene mögen dann die Kinder dieser Welt klüger erscheinen als die Kinder des Lichtes (Lk 16,8); im eigentlichen Sinn aber sind sie die gottfernen Toren, die auf vermeintliche Sicherheiten bauen, die ihnen sogleich wieder genommen werden können (Lk 12,16–21).

Als Fertigkeit des Menschen, in gegebener Situation das sittlich Richtige zu erkennen, danach zu entscheiden und auch zu handeln, ist Klugheit so zunächst Gabe Gottes, der den Menschen zu solcher Weisheit grundsätzlich befähigt. Als Gabe Gottes ist sie aber zugleich auch den Menschen aufgegeben, die diese Befähigung zur Tugend ausbauen und pflegen sollen, genauso wie Gott zwar allein der Gerechte ist, an dieser Gerechtigkeit den Menschen aber so teilhaben läßt, daß er zum Gerechten zu werden vermag. Deshalb, so die Ausdrucksweise der mittelalterlichen Theologen, ist Klugheit immer sowohl eingegossene wie erworbene Tugend *(virtus infusa simul acquisita)*. Zugleich steht sie auch vermittelnd an der Schnittstelle zwischen einer Verstandestugend, welche die richtige Erkenntnis der objektiven Sachverhalte wie der subjektiven Möglichkeiten als vernünftige Einsicht in das Gesollte aufzeigt (so der Schwerpunkt bei Aristoteles), und einer Willenstugend, die alles Streben des Menschen auf das Gute hin ausrichtet (so vor allem die platonische Tradition). Damit wird sie zur *Discretio,* d. h. zum richtigen, aber auch feinfühligen Unterscheidungsvermögen (so ihre Bezeichnung im Frühmittelalter), um schließlich bei Thomas v. Aquin als *recta ratio agibilium* zwar der Vernunft zugeordnet zu werden, dieser aber, insofern sie handlungsbezogen = praktisch ist und das zu Tuende (die *agibilia*) auf das Ziel, also auf das Gute hin ausrichtet (so S. Th. II/II, q 47 a 2), die Willensdimension hinzufügt.

Dabei beschränkt sich Klugheit in keiner Weise darauf, vorgegebene Normen kasuistisch auf eine vorliegende Entscheidungssituation anzuwenden, um daraus dann die konkrete Handlungsweise und Tat ableiten zu können. Schon gar nicht darf sie im juristischen Sinn (so T. Deman) einer exakten Gesetzesgefolgschaft verstanden werden. Vielmehr ist sie als schöpferische Fähigkeit des Menschen zu fassen, die eine konkrete Situation in ihren ethisch relevanten Komponenten richtig einzuschätzen vermag – freilich im Licht der sittlichen Normen, die als Naturgesetz die Vernunfteinsicht des Menschen in seine Wesensstrukturen spiegeln und in der konkreten Form von positivem Gesetz, ungeschriebenem Recht und gutem Brauch die sittliche Erfahrung von Generationen einbringen. So hat sie objektiv die von echten Sachzwängen zu unterscheidenden Gestaltungsmöglichkeiten wie subjektiv die je eigenen konkreten Fähigkeiten des einzelnen abzuwägen, um daraus das hier und jetzt zu Tuende als das sittlich Richtige (sog. *praeceptum*) festzustellen und es als das sittlich daher *von mir* konkret Geforderte, also als das sittlich Gute (das *imperium*) zu verlangen. Es versteht sich, daß für die Klugheit das Entscheidungsfeld des Sittlichen weiter ausgreift, als es in verallgemeinerbaren Normen begrifflich faßbar ist. Anstand, Treue und Glauben, Zuverlässigkeit gehören ebenso dazu wie Bildung im allgemeinen und als Pflege bzw. Ausbau spezieller, etwa beruflicher Fertigkeiten. Aber auch der göttliche Anspruch als je eigene Berufung des Menschen durch Gottes Geist bzw. deren selbstkritische, durch sorgfältige „Unterscheidung der Geister" erkannte Einforderung gehören zur Aufgabe einer in diesem Sinn umfassend verstandenen Klugheit als *recta ratio,* die im Rahmen der sittlichen „Prinzipien" als unabdingbarem Rahmen den je persönlichen „Imperativ" (K. Rahner) zu entdecken und in die Tat umzusetzen hat.

In diesem umfassenden und theologischen Sinn verstanden, spielte die Rückbesinnung auf die Tugend der Klugheit in der Neuzeit eine bedeutsame Rolle, vor allem auch in der theologisch-kirchlichen Auseinandersetzung mit der sog. *„Situationsethik",* welche im Extremfall als eine „Moral ohne Normen" rein aus der Anmutung der konkreten Entscheidungssituation das sittlich Richtige je neu und spontan erkennen zu können glaubte. Ob sie dann die Situation (weitgehend im Sinne von S. Kierkegaard) direkt als Appell Gottes an das je eigene Gewissen verstand (E. Grisebach, K. Barth, J. Fletscher) oder säkularisiert-existentialistisch diese aus dem Lebensprojekt des einzelnen in Beliebigkeit zu lesen verlangte (J. P. Sartre), machte hinsichtlich der Verbindlichkeit von Sittlichkeit wenig Unterschied, da sich Ethik dabei in jedem Fall in einen Relativismus der Beliebigkeit aufzuheben drohte und zunächst für gewisse kontroverse Problemfelder auch aufhob. Die moralische Zerrüttung durch die Greuel des Zweiten Weltkriegs und die ihn auslösenden totalitären Verbrechen des Nationalsozialismus, die trotz aller moralischen Normen auch von Christen mitgetragen worden waren und durch die staatlichen Gesetze und Befehle sogar in den Schein des Rechtes gekommen waren, hatten jedoch eine so große Skepsis gegen Normen und damit einen Ruf nach verantworteter Entscheidung aus eigenem Gewissen zur Folge, daß auch für manche katholische Christen die traditionelle Normenmoral fragwürdig und der direkte situationsethische Appell an das Gewissen erwägenswert wurde.

In Anbetracht der damit verbundenen Gefährdung für eine verbindliche Ethik verurteilte das kirchliche Lehramt diese situationsethischen

Ansätze schon 1952 in einer Ansprache Papst Pius' XII. an katholische Jugendliche aus Frankreich als Antwort auf deren normkritische Anfragen sowie in einem Erlaß des hl. Offizium von 1956. Sosehr sie aber als christlich unhaltbar abgelehnt wurden, sosehr wurde dabei doch auch das Verständnis für das Anliegen an sich signalisiert, für dessen Lösung aber auf die traditionelle Lehre der Klugheit bei Thomas v. Aquin verwiesen. Damit setzte eine direkt vom aktuellen Problembewußtsein angeregte Rückbesinnung auf den differenzierten Klugheits-Traktat des Thomas v. Aquin ein (E. Endres, J. Fuchs, J. Kraus), der die eher historisch erhobenen Elemente aus der neuscholastischen Forschung einbezog. Zugleich wurden sie zum Ausgangspunkt für die damals aktuelle Erneuerung der kasuistischen Moraltheologie zu einer im vollen Sinn verantwortlichen und gerade daher die objektiven normativen Strukturen berücksichtigenden, also der Klugheit verpflichteten Gewissensethik, die als sog. „Existentialethik" (K. Rahner) die Klugheit als für die Erkenntnis der sittlichen Belange im innerweltlichen Bereich wie hinsichtlich der in und durch diese sich vollziehenden existentiellen Antwort auf die göttliche Berufung des Menschen im Glauben zuständig erachtet und sie so gemäß dem klassischen Sprachgebrauch als Weisheit versteht. In diesem Sinn konnte dann das Zweite Vatikanische Konzil formulieren: „Im Gewissen erkennt man in wunderbarer Weise jenes Gesetz, das in der Liebe zu Gott und zum Nächsten seine Erfüllung hat. Durch die Treue zum Gewissen sind die Christen mit den übrigen Menschen verbunden im Suchen nach der Wahrheit und zur wahrheitsgemäßen Lösung all der vielen Probleme, die im Leben der einzelnen wie im gesellschaftlichen Zusammenleben entstehen" (GS 16), denn „unsere Zeit braucht mehr als die vergangenen Jahrhunderte diese Weisheit, damit humaner wird, was Neues vom Menschen entdeckt wird" (GS 15).

Damit erweist sich Klugheit als jene sittliche Schlüsseltugend, die einerseits die menschliche Zielsetzung der Schöpfungsordnung zeitübergreifend gemäß der Wesensbestimmung von Mensch und Kosmos (was folglich auch die ökologischen Momente einschließt) zu beachten vermag, andererseits aber auch in der Lage ist, die durch konkrete Regeln normativ noch nicht erfaßten neuen technologischen Möglichkeiten in die sittliche Verantwortlichkeitsüberlegung einzubeziehen und zugleich in einer immer mehr zusammenwachsenden Welt der kulturellen Vielfalt der Völker und ihrer geschichtlichen Eigenart so Rechnung tragen kann, daß der gemeinsam anerkannte epochale Rahmen der Menschenrechte nicht verletzt wird. Dabei bleibt Klugheit als *ratio recta* stets dem Vernunftargument verpflichtet und ist damit in ihrer Einsicht auch über alle weltanschaulichen Schranken hinweg allen „Menschen guten Willens" vermittelbar. Zugleich bleibt sie aber als Weisheit auch offen auf die letzte Begründung und das endgültige Ziel dieser Menschlichkeit, das sich ihr im Glauben erschließt.

Insofern die für eine ideologiekritische Ethik allerdings unerläßliche Normbegründung hinsichtlich der vollpersonalen Einzelentscheidung wie des angesichts der z. T. risikoreichen, aber noch kaum auf Erfahrung abstützbaren Hochtechnologie unerläßlich anstehenden Entscheidungsbedarfs an eine Grenze stößt und dennoch seitens der Entscheidungsträger hinsichtlich einer rechtzeitigen und selbständigen Wahrnehmung von Verantwortung ein „Verlust der Tugend" (A. Mac Intyre) beklagt wird, wird die Bedeutung der Klugheit als *auriga virtutum* gerade für die Bewältigung der an der Zeitenwende zum dritten Jahrtausend anstehenden Probleme neu deutlich.

J. Fuchs, Situation und Entscheidung (1952); *F. Furger*, Gewissen und Klugheit (1965); *G. Gundlach*, Klugheit als Prinzip des Handelns, in: Gregorianum 23 (1942) 238–254; *F. Hürth*, Kommentare zu den lehramtlichen Stellungnahmen zur Situationsethik, in: AAS 44 (1952) 414–419 und 48 (1956) 144f.; *A. Mac Intyre*, Der Verlust der Tugend (1987); *J. Pieper*, Traktat über die Klugheit (1973); *K. Rahner*, Das Dynamische in der Kirche (1958).

FRANZ FURGER

Kommunikation

→ Gemeinwohl → Gesellschaft → Kirche → Liebe → Mensch
→ Wahrhaftigkeit

1. „Kommunikation" – aus der mehrdeutigen, begrifflich unpräzisen lateinischen Wortgruppe *communio* (Gemeinschaft, Zugehörigkeit, Bindung, Teilnahme, Teilhabe), *communicare* (In-Verbindung-treten, austauschen, sich-verständigen, reden) und *communicatio* (Übermittlung, Verkehr, Beziehung, Mitteilung, Gespräch) entstanden. Ab ca. 1370 bereits im Französischen nachzuweisen als *communication,* dem das deutsche Wort „Kommunikation" nachgebildet sein dürfte.

Als umgangssprachlicher und wissenschaftlicher Begriff bleibt „Kommunikation" bis in die zweite Hälfte unseres Jh.s weitgehend bedeutungslos. An seiner Stelle standen früher die Begriffe „Dialog" und „Sprache" (Sprachphilosophie, Sprachwissenschaft und Sprachpsychologie).

Geläufig und einflußreich wird der Begriff „Kommunikation" erst ab etwa 1960 im Gefolge neuerer, vorwiegend naturwissenschaftlicher und technischer Entwicklungen, vor allem der *Kybernetik* (N. Wiener), durch die Perfektionierung von mathematisch-technischen Regelkreissystemen sowie durch den an Physiologie und stimulus-response-Psychologie interessierten Behaviorismus.

Damit verallgemeinert sich der Begriff „Kommunikation" inhaltlich notwendigerweise auf die Minimalformel von „... Austausch von Informationen zwischen einem Sender und einem Empfänger", wodurch sowohl die drei Bestimmungsstücke von „Kommunikation" als auch der Prozeß „Kommunikation" so unpräzise und indifferent bleiben, daß die wissenschaftlich-hermeneutische Leistungsfähigkeit des Kommunikationsbegriffes grundsätzlich in Frage gestellt werden muß. (So zählt z. B. K. Merten 160 verschiedene Definitionen von „Kommunikation" auf, die sich im Grunde nur in ihrer absoluten inhaltlichen Belanglosigkeit gleichen.) Zu diesem Defizit trägt aber nicht zuletzt die eigentümliche Selbstbeschränkung der Kommunikationsforschung und „Kommunikations"-Wissenschaft auf rein naturwissenschaftlich-empirische Methodik (unter bewußter Aussparung aller philosophischen und anthropologischen Aspekte) erheblich bei.

Der definitorischen Dürftigkeit und inhaltlichen Unbestimmbarkeit von Kommunikation entgeht man aber so lange nicht, als „Kommunikation" immer *übergreifend* zu erfassen gesucht wird, d. h., solange nicht ein wesenhafter *Unterschied* zwischen menschlicher, tierischer und technischer (= Maschinen-)Kommunikation erkannt wird. Und man entgeht ihm ebensowenig, solange man Kommunikation *reduktionistisch* auffaßt im Sinne eines „... nichts als ...", wie z. B. im physikalischen Ansatz von Steinbuch, wonach „... alles, was an geistigen Funktionen zu beobachten ..." ist, nichts weiter sei als „... Aufnahme, Verarbeitung, Speicherung und Abgabe von Information", und wenn es „... auf keinen Fall ... erwiesen oder auch nur wahrscheinlich zu sein (scheint), daß zur Erklärung geistiger Funktionen Voraussetzungen gemacht werden müssen, welche über die Physik hinausgehen". Ähnlich reduktionistisch verfährt der kybernetische Ansatz von Reimann mit der Feststellung, daß menschliche Kommunikation „... nach Art technischer Regelkreisprozesse" ablaufe.

P. Watzlawicks behavioristischer Ansatz wiederum setzt „Kommunikation" mit „Verhalten" gleich. Für ihn steht somit „Kommunikation" nur als Name „... für eine noch nicht näher begrenzte Verhaltenseinheit". Und auch der physiologisch-biologistische Ansatz von Stephenson verwischt die Wesensunterschiede zwischen Mensch und Tier durch seine Feststellung, daß „auch der Tanz der Bienen „Kommunikation" sei („... even the dance of bees – for this, too – is communication: all concern the discipline").

2. Naturwissenschaftliche Beschäftigung mit Kommunikation zielt auf *Generalisierung* und Verallgemeinerung ab. Sie sucht die allen Kommunikationsformen *gemeinsamen* Merkmale und Konstituenten von Kommunikation zu erfassen. Geisteswissenschaftliche bzw. philosophische Auseinandersetzung mit Kommunikation hingegen differenziert, prüft die Vergleichbarkeit und sucht die wesenhaften *Unterschiede* zwischen den diversen Formen von Kommunikation zu beschreiben.

Das entscheidende Problem bei der naturwissenschaftlichen Bearbeitung von Kommunikation liegt dabei in der Tatsache, daß sie, um eine *allgemeine* Beschreibung von Kommunikation anbieten zu können, die sprachlich-begrifflich-logische Dimension *menschlicher* Kommunikation ignorieren muß, was in letzter Konsequenz bedeutet, den Menschen selbst, d. h. seine „Geistigkeit", seine Vernunftnatur und damit seine Sonderstellung in der Welt, zu ignorieren.

Für eine Erörterung des Phänomens Kommunikation unter geisteswissenschaftlichen Aspekten empfiehlt es sich daher dringend, kategoriale Wesensunterschiede von Kommunikation anzuerkennen und verschiedene Formen bzw. „Stufen" von Kommunikation zu unterscheiden, wobei – dem gegenwärtigen Reflexionsstand der Kommunikationsforschung entsprechend – sich eine Dreiteilung anbietet im Sinne von *technischer* (Maschinen-)Kommunikation, von *tierischer* Kommunikation und von *menschlicher* Kommunikation.

Technische Kommunikation überschreitet die Grenze des rein Physikalischen nicht. Sie ist daher zunächst charakterisierbar durch ihre reine Materialität, durch die völlig fehlende Spontaneität sowie durch ihre Zwanghaftigkeit bei aller Folgerichtigkeit der Kommunikationsprozesse. Sie ist im erheblichen Ausmaß nur „Mittel", wenngleich ihr unter Umständen eine gewisse Zweckhaftigkeit nicht abgesprochen werden kann.

In der *tierischen* Kommunikation liegt das „Urphänomen des Ausdrucks" und der „Kundgabe" vor (M. Scheler): a-logische, instinktgesteuerte Äußerungen und Verhaltensweisen (lautlich, gestisch, mimisch) zur Auslösung von biologisch zweckmäßigen Verhaltensweisen. Tierische Kommunikation ist unbewußt und „frei" nur in jenem schmalen Bereich, den „der Bauplan seines Daseins ihm vorschreibt" (Th. Litt). Tierische Kommunikation überschreitet die Grenzen des Organisch-Biologischen nicht.

3. *Menschliche* Kommunikation schließlich weist über alle anderen Kommunikationsformen so weit hinaus, daß im Grunde keine sinnvollen (das Wesen menschlicher Kommunikation erhellenden) Vergleiche mit technischer oder tierischer Kommunikation angebracht erscheinen. Entsprechend weit geht daher auch die Frage nach dem Wesen menschlicher Kommunikation über jede Kommunikationsforschung hinaus. Zwar könnten „... die psychologisch und soziologisch wirklichen Beziehungen ... durchaus ... Gegenstand der Forschung sein", meint K. Jaspers, aber „... die wahre Kommunikation, in der ich eigentlich erst mein Sein weiß, indem ich es mit dem Anderen hervorbringe, ist empirisch nicht vorhanden, *ihre Erhellung ist philosophische Aufgabe*". Daher sei auch auf die Frage „... warum ist Kommunikation?, warum bin ich nicht ich allein?" keine „begreifende Antwort" möglich. Tatsache aber ist: „... ich bin nur in Kommunikation mit dem Anderen". Denn „... wie Bewußtsein nicht ohne Gegenstand ist, so Selbstbewußtsein nicht ohne anderes Selbstbewußtsein". Der Mensch ist angelegt und angewiesen auf Kommunikation. Er „... kann nicht selbst werden, ohne in Kommunikation zu treten, und nicht in Kommunikation treten, ohne einsam zu sein". Karl Jaspers nimmt drei „... objektiv werdende Kommunikationsweisen" an: „die primitive Gemeinschaftlichkeit, die soziale Zweckhaftigkeit und die ideenbestimmte Geistigkeit des Gehalts", denen man – in gewisser Weise – Leben, Wissenschaft und Technik sowie Kultur (Kunst/Religion) zuordnen könnte.

Ph. Lersch erweitert den Kommunikationsbegriff in interessanter Weise, indem er neben der Kommunikation zwischen Menschen auch noch die Begegnung zwischen Mensch und „Welt" in seinen Kommunikationsbegriff aufnimmt: „Wie der lebendige Organismus in, mit und aus seiner Umwelt lebt, so sind Seele und Welt kommunikativ aufeinander angewiesen, sie bilden ein Ganzes. Die Seele lebt und entfaltet sich immer nur in der Begegnung mit der Welt".

4. Selbstverständlich kann sich menschliche Kommunikation auch im Bereich des bloßen „Verhaltens" als non-verbale und a-logische Kommunikation abspielen (Gestik, Mimik, Ausdruck), und soweit hat der Behaviorist recht. Die entscheidende Differenz zwischen der technischen und tierischen Kommunikation gegenüber menschlicher Kommunikation liegt jedoch im *Logos,* worunter allgemein „Geist", „Vernunft", „Verstand", „Logik" und eben „Sprache" zusammengedacht wird. Das Tier habe „Stimme", der Mensch aber „Sprache", machte Aristoteles auf den Unterschied und auf die daraus sich ergebenden

Konsequenzen aufmerksam. Der Mensch ist ein *sprechendes* Wesen, und nur durch die Sprache ist er „Mensch". So ist Th. Litt überzeugt, „... daß das Ich-Du-Verhältnis nach Ursprung und Ausgestaltung vom Wirken der Sprache nicht abzutrennen..." wäre. Sprache sei nicht „... ein System von Mitteln...", sondern vielmehr „... Organ und Medium des Geistes...". Ähnlich sieht M. Heidegger in der Sprache „... das Haus des Seins", denn „... erst durch die Sprache schließt sich uns das Sein auf". Nur als ein denkendes und sprechendes Wesen ist der Mensch zu „Intention", zu „Symbol" und „Abstraktion" fähig (A. Gehlen). Ohne diese Qualitäten wären Kulturleistungen nicht möglich.

5. Die moderne Kommunikationsforschung verdankt ihre gegenwärtig einflußreiche Position innerhalb der Sozialwissenschaften nicht zuletzt dem Phänomen *Massen*-Medien, wodurch die Kommunikationsforschung in enge Beziehung zur *Medien*-Forschung tritt. Massenkommunikation ist nicht möglich ohne (technische) Massen-*Medien,* und es bleibt die Frage, ob und wieweit eine durch Massenmedien (Rundfunk, Presse) zustande gekommene „Massen"-Kommunikation tatsächlich noch als Kommunikation im ursprünglichen Sinne zu bezeichnen ist, wenn wesentliche Aspekte menschlicher Kommunikation (des Dialogischen, des Spontanen, der physisch-psychischen „Gemeinschaft") fehlen, oder ob es sich bei dem Phänomen „Massen"-Kommunikation nicht doch eher um Massen-*Distribution* von „Information" (ähnlich dem Warenverkehr) handelt.

Die Massenmedien „vermitteln" nicht nur „... jedermann ein Bild des Lebens" (Paul VI., *Communio et progressio* 6), sondern sie konstituieren auch neue kulturelle Wirklichkeiten. Sie bestimmen und beeinflussen den inhaltlichen Wandel der „öffentlichen Meinung", sodaß gerade der Bereich der „Massenkommunikation" auch unter einem ethischen Gesichtspunkt zu betrachten ist. Denn durch die Art und Weise, wie (und zu welchem Zweck) die Massenmedien gebraucht werden, „... erfahren die Kommunikationsmittel letztlich ihre Bedeutung und Prägung" (ebd. 13).

In Gemeinschaft und Fortschritt erblickt die Pastoralinstruktion *Communio et progressio,* wie bereits ihr Titel angibt, die obersten Ziele sozialer Kommunikation und ihrer Instrumente (ebd. 1). Die Verbundenheit und Gemeinschaft der Menschen als Ziel jeder Kommunikation ist vorgebildet im Geheimnis der ewigen Gemeinschaft in Gott zwischen dem Vater, dem Sohn und dem Heiligen Geist, die ein einziges göttliches Leben haben (ebd. 8). Die Erschließung dieses tiefsten Grundes der jede Kommunikation ermöglichenden und bewegenden Communio verdanken wir Jesus, dem Christus, der als Meister der Kommunikation bezeichnet wird (ebd. 11). Wenn die Kirche nach ihrem Selbstverständnis lebendige Communio sein will, muß es zwischen „kirchlichen Autoritäten auf jeder Ebene, katholischen Einrichtungen und allen Gläubigen einen ständigen, wechselseitigen und weltweiten Fluß von Informationen und Meinungen geben" (ebd. 120). „Die geistigen Werte, die in der Kirche zum Ausdruck kommen, erfordern es, daß die Informationen über ihre Absichten und über die Fülle ihrer Tätigkeiten mit einem Höchstmaß an Vollständigkeit, Wahrhaftigkeit und Offenheit gegeben werden. Wenn kirchliche Stellen Nachrichten zurückhalten oder nicht in der Lage sind zu informieren, öffnen sie schädlichen Gerüchten Tür und Tor, anstatt die Wahrheit ans Licht zu fördern" (ebd. 121). Bei aller realistischen Sicht auf die großen Gefahren und die Ambivalenz der Massenmedien blickt das Volk Gottes „mit Vertrauen und zum Engagement bereit auf die künftigen Entwicklungen der sozialen Kommunikation im beginnenden Raumzeitalter" (ebd. 187).

Kl. Merten, Kommunikation – eine Begriffs- und Prozeßanalyse (1977); *K. Jaspers*, Philosophie Bd. II: Existenzerhellung (⁴1973); *Paul VI.*, Communio et progressio, Pastoralinstruktion über die Instrumente der sozialen Kommunikation (1971). *P. Watzlawick/J. Beavin/D. Jackson*, Menschliche Kommunikation (1972).

ALOIS HUTER

Kompromiß

→ Entscheidung → Geschichtlichkeit → Handeln, sittliches → Konflikt
→ Schuld → Sünde → Toleranz

Sittliches Handeln vollzieht sich nicht im luftleeren Raum, es unterliegt all jenen Bedingungen, die aus der vielfältigen Begrenztheit des Menschen stammen. Darunter fällt zuallererst das Eingefügtsein in die Raum-Zeitlichkeit. Wählen ist Auswählen unter begrenzten Möglichkeiten, Entscheidung ist Scheidung. Das Medium der Zeit macht Handlungsstrategien unvermeidlich, damit ein sinnvolles Maximum an Güterverwirklichung gesichert sei. Daneben steht eine Erfahrung von Grenzhaftigkeit, die durch die bleibende Konkupiszenz in der erlösten Freiheit provoziert wird. Es gibt eine Konflikthaftigkeit als negatives Existential, gegen deren lähmendes Schwergewicht sittliche Praxis sich durchsetzen muß. Institutionelle Verfestigungen begegnen im sozialen

Umfeld des Handelns; so spricht auch die kirchliche Lehrverkündigung von Strukturen der Sünde (Johannes Paul II., *Sollicitudo rei socialis*). Alle Güterabwägungen, um die sachgerechtes Handeln nicht herumkommt, werden konfliktgeschichtlichen Verstrickungen abgerungen.

Der sittlich verantwortete Kompromiß steht vor diesem Hintergrund. Das leicht mißverständliche Wort verlangt allerdings nach Erklärungen. So spricht man von Kompromiß im Rahmen des Prozeßrechts. Jede der streitenden Parteien grenzt ihre berechtigten Rechtsansprüche ein, um zu einem tragbaren Ausgleich zu kommen. So werden friedliches Zusammenleben und gemeinsames Handeln sichergestellt. Dahinter verbirgt sich nicht nur Toleranz als unerläßliche Tugend des Gemeinschaftslebens, auch ein berechtigter Pragmatismus ist im Spiel. Gefordert ist die Fähigkeit, eine allseits konsensfähige Handlungsbasis zu finden und gegenwärtig unlösbare Konflikte zunächst einmal auszuklammern. Die gegenwärtige pluralistische Gesellschaft ist ohne ständige Kompromißbereitschaft nicht denkbar. Kompromiß und Verantwortung für das Erreichbare sind unlösbar miteinander verbunden. Dabei handelt es sich um einen strategischen Kompromiß, der – sofern nur fair ausgetragen – keine unmittelbar ethischen Probleme aufwirft.

Das Theorem vom Kompromiß auf dem Feld des Sittlichen hat Einflüsse von seiten der reformatorischen Theologie aufgenommen. Maßgeblich ist der angenommene radikale Bruch zwischen integrer Urstandsordnung als Ausdruck der *voluntas Dei propria* und gefallenem Äon, dessen gebrochene Ordnungen die *voluntas Dei aliena* widerspiegeln. Die Schöpfungsordnung wird durch Erhaltungsordnungen abgelöst, ohne sie würde die Welt in Chaos versinken. So bedarf es der Bereitschaft zu kontrollierter Gewaltanwendung (Gen 9,6), um die sonst schrankenlose Aggressivität zu zügeln. Die atl. *lex talionis* mag gleichsam als Paradigma gelten. Ähnliche Gedanken begegnen in der Vätertheologie (Ambrosius; Augustinus) im Hinblick auf das Privateigentum. Unter diesen Voraussetzungen ist alles Handeln kompromißhaft, der Kompromiß spiegelt die ontologische Verfaßtheit des Menschen als Sünder und die Strukturen dieses Äons in seiner Zwischenzeitlichkeit und unaufhebbaren Zweideutigkeit wider. Da der Mensch *peccator in re* und *justus in spe* ist und aus eigener Kraft durch Werke keine Rechtfertigung erlangen kann, kann er nicht anders als in jeder Entscheidung sündigen. Er hofft auf den Zuspruch von Gottes Barmherzigkeit am Ende der Tage. Der Kompromiß nimmt die Struktur des unvermeidlichen Schuldigwerdens an.

Die katholische Moraltheologie geht nicht von einer streng eschatologisch-extrinsezistischen Rechtfertigungslehre aus. Der Gerechtfertigte ist seinshaft eine neue Schöpfung. Zudem setzt sich das unvermeidliche Schuldigwerden dem Verdacht einer Bagatellisierung der Schuld aus, eine unvermeidliche Schuld ist schon keine mehr. Welchen Sinn hätte dann noch sittliche Anstrengung? Dennoch läßt sich auch in der katholischen Moraltheologie ein Bewußtsein vom unvermeidlichen Eingehen auf die Strukturen der postlapsarischen Welt nachweisen. Man denke an die Lehre von der gerechten Notwehr, an das Modell vom geistigen Vorbehalt im Kontext des Wahrheitsethos, an die Dispenspraxis im Fall gescheiterter Gelübde- und Versprechensbindungen. Allerdings ist der hier anwesende Kompromiß niemals das letzte Wort. Er ist nur unvermeidliche Durchgangsstufe auf seine progressive Überwindung hin. Dem Handelnden ist eine Gestaltungsverantwortung für alle erreichbaren Voraussetzungen seines sittlichen Handelns aufgebürdet. Von einem resignierenden Sichabfinden mit gegebenen Verhängnissen kann nicht die Rede sein. Das verbietet schon die zugrundeliegende Rechtfertigungstheologie. Trotzdem gibt es ein realistisches Bewußtsein von der Schwäche der Freiheit angesichts gegebener Verhängnisse, Verstrickungen und Zwänge. Auswirkungen auf die Gestalt des Handelns bleiben dann nicht aus.

Die katholische Moraltheologie hat ebenfalls Argumentationsmodelle entwickelt, die den so verstandenen Kompromiß intellektuell einzufangen suchen. Auf plausible Güterabwägung läßt sich nicht verzichten, und dies unbeschadet aller konfliktgeschichtlichen Bedingungen. Zu nennen wäre die Lehre vom geringeren Übel, das Prinzip von den Handlungen mit Doppelwirkung, das in allen Handbüchern zu findende Kapitel vom *ordo caritatis*. Immer werden aus einem angemessenen Grund nicht-sittliche Übel entweder bewirkt oder zugelassen, weil keine Handlungsalternativen offenstehen. Dabei kommt auch der Faktor Zeit in der Kategorie des „auf lange Sicht" zum Zuge. Es muß ein prospektiver Ausgleich zwischen allen einander ergänzenden Teilkriterien hergestellt werden. Eine in allem gelungene Entscheidung gibt es nicht, sie ist eine abstrakte Utopie. Allerdings bedarf es hier einer Klarstellung. Der Kompromiß betrifft die Richtigkeit des Handelns, nicht die Gutheit des Handelnden. Man wählt niemals ein geringeres sittliches Übel, man kann es bestenfalls bei einem anderen zulassen. Denn ein sittliches Übel, wie gering auch immer, ist kein Gegenstand einer Wahl. Und man bleibt auch nicht bewußt und gewollt hinter den eigenen Freiheitsmöglichkeiten zurück. Dennoch läßt sich nicht leugnen, daß die defekte äußere Gestalt des Handelns Rückschlüsse auf die Grenzen der Freiheit zum Guten erlaubt. Es gibt eine Verstrickungsgeschichte der Freiheit, die sich nur leidend ertragen und überwinden läßt. Der sittlich verantwortete Kompromiß ergreift das hier und jetzt sinnvoll Mögliche.

Der sittlich verantwortete Kompromiß ist bedeutsam für das Theorem von den innerlich schlechten Handlungen. Er vermag notwendige Differenzierungen anzubringen. So unverzichtbar das genannte Theorem bleibt, es operiert nicht in einem geschichtslosen Raum. Grenzen kommen aus dem lebensgeschichtlichen Wachstumsprozeß des einzelnen, aber auch aus überpersönlichen Strukturzusammenhängen. So gesehen ist der Kompromiß eine Reaktion gegen jene unrealistische Reißbrettmoral, die vom unangebrachten Wissenschaftsideal der Mathematik *(mos geometricus)* und der Physik beeinflußt war. Sittliche Entscheidungen gehen aber nicht auf wie mathematische Gleichungen. Das darf nicht zu leichtfertiger Selbstbeschwichtigung führen. Es gibt faule Kompromisse im politischen und wirtschaftlichen Leben: Aus pragmatischem Kalkül – um eine bestehende Koalition zu retten – macht man Zugeständnisse im Hinblick auf geforderten rechtlichen Lebensschutz; um Arbeitsplätze zu sichern, steigt man in den internationalen Waffenhandel ein. Zu einem verantwortlichen ethischen Diskurs gehört auch der Mut, die Folgenkalkulation zu begrenzen. Denn andernfalls läßt sich jede Abwägung rechtfertigen. Ähnliche Gefahren stellen sich auch im überschaubaren Raum der eigenen Lebensgeschichte. Man kann vorschnell angesichts begegnender Schickungen resignieren und so hinter seinen besseren Möglichkeiten zurückbleiben. Man denke an die unbewältigte Sexualität ungewollt Unverheirateter. Überläßt man sich etwa einer trügerischen Einschätzung der eigenen Kräfte? Wie dem auch sei, der verantwortete Kompromiß ist Ausdruck einer kritischen Toleranz. Toleranz kann zur Repression verkommen und die Wahrheit niederhalten. Darum bedarf es des Mutes zum Konflikt. Er ist immer dann gefordert, wenn als Rechtfertigung vorgebracht wird, man tue dieses oder jenes, um Schlimmeres zu verhüten. Läßt sich das sogenannte Schlimmere vor einer sauberen Güterabwägung verantworten?

Der hier geschilderte Kompromiß schränkt die Radikalität des Evangeliums nicht ein. Aber er vermag sichtbar zu machen, daß die christliche Botschaft eine neue Wirkungsgeschichte freigesetzt hat, die an den Verhängnisstrukturen dieser Welt arbeitet. Bessere Möglichkeiten des Handelns werden erkannt und zeugnishaft durchgesetzt. Gewiß geht man im Verlauf dieser Geschichte auf Grenzen ein, aber das ist nur eine immer neu in Frage zu stellende Phase. Sittliche Standards sind der Unfreiheit abgerungen; sie liegen nicht einfach aus der „Natur der Sache" fest, vielmehr ergreift die durch den Glauben erleuchtete sittliche Vernunft in einem fortwährenden Befreiungsprozeß ihre eigenen Möglichkeiten.

H. Ringeling, Die Notwendigkeit des ethischen Kompromisses: Kritik und theologische Begründung, in: HchE III, 93–116; *H. Weber* (Hrsg.), Der ethische Kompromiß (1984); *H. J. Wilting*, Der Kompromiß als theologisches und ethisches Problem. Ein Beitrag zur unterschiedlichen Beurteilung des Kompromisses durch H. Thielicke und W. Trillhaas (1975); *H. Windisch*, Handeln in Geschichte. Ein katholischer Beitrag zum Problem des sittlichen Kompromisses (1981).

KLAUS DEMMER

Konflikt

→ Gehorsam → Gerechtigkeit → Gewalt → Kommunikation
→ Kompromiß → Vergebung → Wert

Die Existenz eines Konfliktes im Sinne des Zusammenstoßes von verschiedener Information und Erfahrung, aufgrund von widersprüchlichen Aktivitäten, Interessen und Werten, also von unterschiedlichen Denk- und Handlungsmustern, gehört zur Grundstruktur des Menschseins überhaupt. Der Konflikt entspricht der Notwendigkeit des Menschen, sich zu entwickeln, zu wachsen und sich zu vervollkommnen; er ist Ausdruck des Willens zum Leben, und zwar sowohl des einzelnen Menschen als auch der Vielfalt der menschlichen Gemeinschaften. Es muß deshalb ein innermenschlicher (-individueller, -persönlicher, -psychischer, seelischer Konflikt, Pflichtenkollision, Gewissensskrupel) und ein zwischenmenschlicher (interpersonaler, sozialer) Konflikt unterschieden werden. Zu letzterem gehören sowohl Geschwister-, Partnerschafts- und Generationskonflikte als auch soziale, wirtschaftliche, politische, nationale und internationale Konflikte (von Gruppen, Klassen und Rassen).

Auch wenn es sich hinsichtlich der Wortbedeutung um ein lateinisches Lehnwort handelt, entspricht der Konflikt uralter menschlicher Erfahrung. Er taucht in der altgriechischen Hybris, der Tendenz und Gefahr des Menschen, sich zu übernehmen, im Kampf der Seelenteile bei Platon und Aristoteles ebenso auf wie im atl. Schöpfungsbericht, wo der Mensch versucht, von den Früchten des Baumes zu essen, der in der Mitte steht, um wie Gott zu werden und Gut und Böse zu erkennen (vgl. Gen 2,17; 3,5). Im NT spricht Paulus davon, daß er nicht das Gute tut, das er will, sondern das Böse, das er eigentlich nicht will (Röm 7,19). Ein berühmtes Zeugnis stellen die persönlichen Konfliktbeschreibungen in Augustins *Bekenntnissen* dar. In Goethes *Faust* ist von „zwei Seelen" in der Brust des Menschen die Rede.

Der innermenschliche Konflikt ist durch die Unsicherheit bezüglich der Erkenntnis, Annahme und Änderung einer bestimmten Werthierarchie und daraus folgend der Entscheidung gemäß eines Wertvorzugsurteils begründet. Er ist aufgrund der menschlichen Begrenztheit und Unvollkommenheit grundsätzlich als normale, ja notwendige Gegebenheit (Entwicklungs-, Reifungskonflikt) anzusehen, solange man nicht einerseits „gewissenlos", d. h. die möglichen Folgen nicht hinreichend sorgfältig berücksichtigt, bzw. andererseits skrupulös und letztlich handlungsunfähig (perplex) wird aufgrund zu großer Ängstlichkeit und Unsicherheit. Im letzteren Fall kann das Beiziehen einer Vertrauensperson (Freund, Seelsorger, Therapeut) hilfreich sein.

Wenn Konflikte also zum Menschsein schlechthin gehören, können sie eine positive und negative Funktion erfüllen. Einerseits stehen sie im Dienst des notwendigen Wachsens und Reifens des Menschen wie der menschlichen Gemeinschaft, wirken tatsächlich als „Motor" der Geschichte oder „Salz des Lebens" und sind daher, solange sie diesem Anliegen dienen, gut, ja unverzichtbar. Andererseits lehrt die Erfahrung auch, daß Konflikte destruktiv, zerstörerisch wirken können. Zu Recht heißt es bereits bei dem altchinesischen Weisen Laotse: „Unsere Tugend und unser Glück können nur inmitten eines aktiven Konflikts mit dem Bösen blühen." S. Freud sieht in den inneren wie äußeren Konflikten des Menschen den letztlich erfolglosen Kampf des Eros bzw. Lebenstriebs gegen den Todestrieb wirksam. In der biblisch-religiös-kirchlichen Tradition ist in diesem Zusammenhang an das Ärgernis zu erinnern, das ebenso einerseits die u. U. notwendige Mißachtung sozial anerkannter Spielregeln riskiert, um die Abkehr von eingespielten Mehrheits-Machtstrukturen zu erreichen. Andererseits bezieht sich das biblische „Wehe" (vgl. Mt 18,6; Mk 9,42; Lk 17,1) auf ein viel fundamentaleres „Irremachen im Glauben" und damit „um das ewige Heil bringen" (R. Pesch) des sog. „Schwachen" im Sinne des Apostels Paulus (vgl. 1 Kor 8,4ff.), weswegen das Ärgernis bzw. der Konflikt zu vermeiden ist.

Es kommt demnach darauf an, daß mit Konflikten richtig umgegangen wird. Dabei ist zu bedenken, daß sowohl ein Konfliktvermeiden, -ersticken und -verdrängen als auch die Provokation und das Schüren von Konflikten einem rechten Umgang nicht entspricht. Denn Konflikte zeigen Spannungen, Probleme, Ungleichheiten an, die zumeist auf strukturellen Ungerechtigkeiten beruhen, und fordern den Menschen zum Nachdenken, zu einem Umdenken und schließlich zur Versöhnung und zu einem Ausgleich heraus. Das Ergebnis eines derartigen Prozesses wird stets ein ethisch verantworteter Kompromiß (Konsens, Übereinkunft) sein müssen nach dem Grundsatz: „Das Mögliche ist das meiste und nicht das von allen Umständen purgierte denkbar Größte, das zum Totalitären tendierende Ideal" (W. Korff). Die Gefahr eines faulen Kompromisses besteht so lange nicht, als man sich von einer nötigen Sensibilität und Behutsamkeit leiten läßt und eine optimistische Ermutigungsethik und -pädagogik und keine starre Gehorsamsethik vertritt. Denn der Mensch tendiert von sich aus auf Idealisierung und Vervollkommnung, zum Überschreiten von Grenzen und auf die Realisierung scheinbar utopischer Ziele. Die Gefahr scheint eher darin zu liegen, daß der Mensch „dasjenige Geschöpf ist, das mehr will, als es kann, und mehr kann, als es soll" (W. Wickler).

Zu lernen und einzuüben haben wir demnach Frustrationstoleranz, Spannungs- und Konfliktfähigkeit als den Willen zur Konfliktverarbeitung und -bewältigung, aber auch Spannungs-, Affekt- und Emotionsabbau. Vor allem aber ist zu lernen, daß es keine Konfliktlösung darstellt, wenn versucht wird, vermeintliche eigene Rechte mittels Gewalt durchzusetzen, weil dies nur Ausweis der Stärke und nicht des Rechtes wäre. Dem Konfliktabbau dient freilich auch nicht regressive Aufgabe bzw. vorschneller Verzicht auf eigene Rechte, sondern nur das Gespräch (Dialog) und die faire Auseinandersetzung. Dabei wird es wichtig sein, nicht nur die Anliegen und Interessen der eigenen, sondern auch der anderen Seite zu berücksichtigen und nach einer Lösung zu suchen, die konstruktiv ist, im Sinne beider liegt und zu größerer Gerechtigkeit führt. Die Lösung kann integrativ (z. B. bei Rollenkonflikten), aber auch innovativ bzw. kreativ ausgerichtet sein, d. h. einen Lernprozeß und durchaus Neues bewirken. Beide Momente entsprechen auch biblisch-christlicher Erfahrung und ihrem Ethos (vgl. z. B. Mt 10,34–36; 11,12; Apg 15,1–29; 1 Kor 9,24–27).

Wenn also die Konfrontation von der Kommunikation abgelöst werden soll, wenn Kooperation und Kollusion an die Stelle der Kollision (Zusammenarbeit und Zusammenspiel statt Zusammenprall) treten soll, dann bedarf es der Sensibilisierung auf der Wahrnehmungsebene ebenso wie auf den Ebenen der Emotion, des Gefühls und des Verstandes bzw. der Vernunft. Dabei kommt es nicht auf die Stärke (oder gar Sturheit in) der Argumentation bzw. auf das Beharren auf Ideologien an, denn auch dies würde auf Gewalt basieren, vielmehr sind die Anliegen beider Seiten zu verfolgen, und zwar zumeist in einem dritten Weg. Selbst bloße Argumentation steht noch zu sehr im Dienst der Konfrontation; die Suche nach einer gemeinsam befriedigenden Lösung erfolgt in einer möglichst unbefangenen Untersuchung (Exploration), in einem Entwurf oder Projekt, und zwar (wenn nötig) unter Zuhilfenahme eines außenstehenden unbeteiligten Dritten, der aber weder den Vorsitz übernimmt noch als Richter fungiert. Nicht durch Verurteilung oder Ausgrenzung, auch nicht durch Verleugnung oder Bagatellisierung, sondern an der Respektierung und Integrationsfähigkeit scheinbar nicht integrierbarer Ansichten oder Gruppen erweist sich der Wert einer (politischen wie kirchlichen) Gemeinschaft.

E. de Bono, Konflikte. Neue Lösungsmodelle und Strategien (1987); *R. Lay,* Krisen und Konflikte. Ursachen, Ablauf, Überwindung (1980); *M. Oraison,* Mit Konflikten leben (1973); *W. Weigand,* Solidarität durch Konflikt. Zu einer Theorieentwicklung von Solidarität (1979).

ALOIS WOLKINGER

Krankheit

→ Leben → Leib → Leiden → Therapie → Tod → Übel

Kranksein gehört, soweit es ein gewisses Maß an Dauer, Belastung, Schmerzhaftigkeit und Bedrohlichkeit übersteigt, zu den einschneidendsten Widerfahrnissen im Leben. Zu den Bemühungen der Medizin um Überwindung, Heilung oder Linderung der Krankheit tritt die Notwendigkeit ihrer geistigen bzw. religiösen Deutung und Bewältigung. Dabei weist Krankheit nicht nur einen vielfältigen empirischen Befund auf, sondern wird auch subjektiv unterschiedlich erfahren, insofern eine gegebene Störung der Lebensfunktionen nicht immer auch (schon) als solche oder von allen Betroffenen in gleicher Weise empfunden wird.

Bereits hier wird die Schwierigkeit ansichtig, Krankheit adäquat auf den *Begriff* zu bringen. Dies gilt nicht so sehr von ihrer Abgrenzung gegenüber dem Leid bzw. Leiden im allgemeinen, gegenüber einem Defekt der Natur (z. B. Behinderung) und einem temporären Energiemangel beim durchaus gesunden Menschen (z. B. Erschöpfung) als vielmehr von der Bestimmung der Defizienz, die in der Krankheit liegt, sowie von der Wahl des Ansatzes, von dem her die Krankheit vor allem definiert wird. Es ist daher von Interesse, unter dieser Rücksicht die verschiedenen Definitionen zu erwägen und zu vergleichen. Bezogen auf den Gesundheitsbegriff der Weltgesundheitsorganisation (WHO), nach welcher Gesundheit „der Zustand völligen körperlichen, seelischen und sozialen Wohlbefindens" ist, liegt Krankheit vor, wo dieses in irgendeiner Weise gestört ist. Andere bestimmen sie als eine leistungs- und genußmindernde sowie seelisch belastende Störung des harmonischen Gleichgewichtes im Menschen (F. Hoff), einen den Organismus schädigenden Störvorgang abnormer Reaktionen (R. Rößle) oder einen Lebensvorgang „an der Grenze der unserem Organismus möglichen Anpassung" (F. Lenz). Unbeschadet der wechselseitigen Beeinflussung (Psychosomatik) kann die Krankheit eher im körperlichen, psychischen oder geistigen Bereich lokalisiert sein und sich als akut oder chronisch, mehr oder minder behindernd und schmerzhaft, vorübergehend oder langwierig, überwindbar oder lebensbedrohend darstellen. Immer aber ist es der Mensch als ganzer, der krank ist und leidet (nicht nur ein Organ). Das subjektive Krankheitserlebnis bestimmt sich nicht zuletzt aus den verschiedenen Umständen wie Lebensphase, Beruf oder Umgebung; zudem ist die Verursachung (Fremdeinwirkung oder eigenes Fehlverhalten) nicht ohne Belang. Alles in allem ist entscheidend, daß der Kranke in seiner Lebensentfaltung (Kommunikation, Mobilität, Konsum, Tätigkeiten, Vorhaben) eingeengt und weithin gesellschaftlich isoliert ist, dabei zumeist Schmerzen empfindet, mehr oder minder die Dienste anderer in Anspruch nehmen muß und vielleicht auch seine Zukunft in Frage gestellt sieht. Daher führt die Krankheit, zumal wenn sie plötzlich und bedrohlich auftritt, durchwegs in eine Krisensituation.

Mit Krankheit hat direkt der Arzt (zusammen mit dem Labor- und Pflegepersonal) zu tun. Aber auch die engere Umgebung des Kranken ist davon *betroffen* und muß sich darauf einstellen (z. B. Arbeitsausfall ersetzen). Ferner ist Krankheit ein Faktor des gesellschaftlichen (und wirtschaftlichen) Lebens und des politischen Handelns (Krankenhäuser, Krankenversicherung, Gesundheitspolitik usw.). So muß sie immer sowohl vom Kranken selber als auch vom Arzt sowie von der Gesellschaft her gesehen werden, wobei es hier noch einmal wechselseitige Beeinflussungen gibt: Der Arzt steht zwischen der Erwartungshaltung des Patienten und gesellschaftlicher Institutionen, der Staat nimmt durch gesundheits- und wissenschaftspolitische Maßnahmen bestimmte Weichenstellungen vor (z. B. zugunsten der Intensivbehandlung oder der Grundversorgung), gesellschaftliche Werthaltungen beeinflussen das Krankheitserlebnis. In diesem Gefüge werden noch weitere Faktoren wirksam, etwa die Bevölkerungsentwicklung (Alterspyramide), die Arbeitsstruktur, Konsumgewohnheiten oder auch unvermittelt auftretende Schäden bzw. Gefahren (z. B. AIDS). Entsprechend umfassend und vernetzt stellt sich die Aufgabe, Krankheit zu bewältigen.

Aufgabe des *Arztes* (mit seinen Mitarbeitern, im weiteren Sinne der medizinischen und pharmazeutischen Forschung) sind Diagnose und Therapie, zu einem (wachsenden) Teil auch Maßnahmen der Prophylaxe. Dabei weist heute das ärztliche Selbstverständnis (über eine physiologische Sicht der Krankheit sowie medikamentöse und apparative Behandlungsmethoden hinaus) auf eine ganz-menschliche, personale Sicht der Krankheit und des Umgangs mit dem Kranken. Um die Wiederherstellung der Gesundheit oder wenigstens die Erleichterung der Krankheit bemüht, ist der Arzt dennoch nicht einfachhin Erfüllungsgehilfe von Patientenwünschen, über die er gleichwohl nicht eigenmächtig verfügen darf. Umsichtig und klug hat er zwischen der Erhaltung der Vertrauensbasis und der eigenen Verantwortung zu vermitteln.

Die *Pflege* Kranker in der Wohnung oder im Krankenhaus, mag sie auch immer wieder mit spontaner Dankbarkeit bedacht werden, stellt vielfach hohe Anforderungen an physischer Anstrengung, Bereitschaft und Sorgfalt. Die Maxime, „menschlich zu pflegen" (P. Sporken), schließt die Zuwendung zur Person des Kranken, der niemals nur Objekt des Dienstes ist, und die Wahrung seiner menschlichen Würde und Rechte ein (exakte apparative Pulsmessung etwa ersetzt nicht, den Kranken auch bei der Hand zu nehmen). Außerdem ist auf bestimmte berufsspezifische Versuchungen zu achten (Herrschaftsgebaren, Mangel an Aufmerksamkeit und Geduld, „Bestrafung" von Belästigungen usw.). Trotz der zumeist bemessenen Zeit darf es nicht unterbleiben, auf die inneren Nöte, Sorgen und Ängste des Kranken einzugehen. Das vieldiskutierte Problem der „Wahrheit am Krankenbett" verlangt besonderes Einfühlungsvermögen, um den Schwerkranken nicht entwürdigend zu täuschen, die Wahrheit jedoch immer in der Liebe so zu sagen, daß er sie schließlich anzunehmen vermag. Eine Ethik des Pflegedienstes adressiert sich jedoch nicht allein an die Pflegekräfte selbst, sondern bezieht auch die institutionelle Seite der Krankenpflege ein und greift ihre Strukturprobleme auf (z. B. Überlastung und mangelnde situative Anpassungsmöglichkeit der Pflege im Krankenhaus).

Die *Gesellschaft* hat die Krankheit weithin hospitalisiert und somit aus dem Bewußtsein verdrängt. In der Öffentlichkeit (zumal der Medien) dominieren die Bilder gesunder, junger und leistungsfähiger Menschen und signalisieren eine Norm, hinter der viele zurückbleiben müssen. Dies erschwert wiederum, auch die Realität der Krankheit anzunehmen bzw. mit jenen umzugehen, denen die Krankheit mehr oder minder enge Grenzen gezogen hat. Eine Leistungsgesellschaft jedoch, die derartige – gewiß zu erweiternde – Grenzen nicht gelten lassen will, droht unmenschlich zu werden. Gerade an ihrem Denken über Krankheit und an der Einschätzung und Behandlung ihrer Kranken, an denen sie möglicherweise sogar schuldig geworden ist, hat sie einen Spiegel ihrer Humanität. Aber auch der Kampf gegen die Krankheit bzw. gegen bestimmte Krankheiten darf nicht so radikal und undifferenziert geführt werden, daß er Würde und Daseinsrecht der mit diesem Feindbild der Krankheit behafteten Menschen selbst tangiert.

Für die Einstellung des *Kranken* zu seiner Krankheit sind verschiedene Faktoren von Bedeutung. Wo nicht äußerer Druck (z. B. drohender Verlust des Arbeitsplatzes) die Krankheit verleugnen und verdrängen läßt oder sich (umgekehrt) die Krankheit als Ausweg aus mangelnder Lebensbewältigung oder sozialer Aufmerksamkeit anbietet („Flucht in die Krankheit"), ist insbesondere die grundsätzliche Einstellung zum Pathischen und zu Grenzerfahrungen im Leben maßgeblich. Ausgeprägtes Leistungs- und Unabhängigkeitsdenken macht es entsprechend schwer, Krankheit einzugestehen und in ihre Behandlung einzutreten („Krankheit, nicht krank sein zu können"). Wo Verdrängung nicht mehr möglich ist, kommt es, solange eine Annahme der Krankheit als „einer Weise des Menschseins" (V. v. Weizsäcker) nicht gelingt, zur Auflehnung oder auch zur Resignation. Der Kranke zeigt sich vielfach ungeduldig, überempfindlich und anspruchsvoll, was wiederum seine unmittelbare Umgebung enttäuscht oder provoziert und so die Verständigung zusätzlich schwierig gestaltet. Er darf indes nicht seinerseits andere abhängig machen und überfordern. Wohl kann er erwarten, daß man auf seine Fragen, Beschwerden, Unsicherheiten und Ängste eingeht, mit denen er nicht allein gelassen werden darf, mag man auch der Auseinandersetzung mit der Krankheit ausweichen wollen.

Die Krankheit partizipiert an der unaufhebbaren Fragwürdigkeit des Leides in der Welt, dem alle Erklärungen und Sinngebungen den Leidenscharakter nicht zu nehmen vermögen. Ohne fatalistische und pessimistische Grundeinstellung zum Leben läßt sie sich mit diesem nicht einfachhin harmonisieren oder daraufhin adäquat funktionalisieren; im letzten sperrt sie sich gegen solche Versuche. Die Krankheit vollkommen in das Daseinsverständnis einzupassen, könnte von den davon Betroffenen sogar als Zynismus empfunden werden. Unter Respektierung dieser Grenzen ist die Frage nach dem *Sinn* der Krankheit zu stellen. Diese ist Ausdruck menschlicher Begrenztheit und Verfügtheit und bringt diese immer wieder zum Bewußtsein. Eigenes Fehlverhalten kann sich zeigen; die Lebensgrenze des Todes tritt ins Blickfeld, mit der der Mensch gerade durch die Erfahrung seiner Krankheit zu leben lernt *(ars moriendi)*. Dies korrigiert nicht nur oftmals die eigene bisherige Wertordnung, sondern läßt auch andere in ihrer Begrenztheit besser verstehen. So kann die Krankheit einen personalen Reifungsprozeß auslösen, der für den Kranken bleibende Bedeutung erlangt.

Solches Sinnverständnis schließt allerdings auch beim religiös gebundenen Menschen eine Erschütterung seines Glaubens, quälende Fragen und schmerzliche Klagen nicht aus (vgl. Ps 38; 88; Jes 38). Insofern die *Hl. Schrift* Tod und Krankheit letztlich durch die Sünde verursacht sieht, erscheinen sie naturgemäß als Widerspruch zu dem, was sein soll und sein will. Es ist jedoch keineswegs nur der Sünder, der davon betroffen wird. So führt die Bibel selbst über eine vordergründige Deutung der Krankheit als Strafe Gottes (Gen 3,16; Dtn 28,15–68) hinaus zur Anerkennung der Krankheit als Zulassung Gottes, in der sich der Glaube, der auch hier der heilenden und rettenden Nähe Gottes gewiß sein darf, zu bewähren hat (Spr 3,12; Jes 53; Joh 9,2f.). Dabei weiß sich der Christ gerade in seiner Krankheit in der Gemeinschaft mit dem Leiden Jesu, von dem her sein Leiden eine neue Bedeutsamkeit erhält (Röm 8,17; Phil 1,29; 1 Petr 4,13). Nicht zuletzt werden die Leiden der Kranken fruchtbar für die Kirche (Kol 1,24), die ihrerseits in Gebetsgemeinschaft mit den Kranken steht. Mit Krankheiten (und nicht primär gegen sie) zu leben und in ihnen sogar Lebenswerte (auch die Chance einer Vertiefung des Glaubens) zu entdecken, ist eine bedeutungsvolle Lebenskunst und besondere Gnadengabe (vgl. Pascals „Gebet um den rechten Umgang mit der Krankheit"), wie sie an nicht wenigen großen Glaubensgestalten (z. B. Theresia v. Lisieux) eindrucksvoll begegnet. – In den Evangelien tritt die Zuwendung Jesu zu den Kranken auffallend hervor. Nicht nur sind seine Wunder in der Mehrzahl Heilungswunder (Mt 4,23f.; 8,16f.; 9,35); auch sonst macht er deutlich, daß ihm, obschon er sich als Arzt der Seelen versteht (Mt 9,12 par), die Kranken besonders nahestehen (Mt 10,1 par; 25,36.43; Lk 5,17; 9,1–6; 10,9) und die Überwindung der Krankheit ein besonderes Signum der messianischen Zeit (Mt 8,16f.; Lk 7,21f.) und des verkündeten Gottesreiches darstellt (Offb 21,4). – Auf die bedrängende Situation der (lebensbedrohlichen) Krankheit nimmt auf ntl. Grundlage (Mk 6,13; Jak 5,14f.) ein eigenes Sakrament der Kirche, die Krankensalbung, Bezug.

Die Kirche rechnet bis heute die *Sorge für die Kranken* zu den vorrangigen Aufgaben ihres karitativ-diakonischen Dienstes (kirchliche Krankenanstalten, Krankenpflegeorden). Neben der institutionalisierten Krankenpflege bleibt jedoch der christlichen Gemeinde und ihren einzelnen Gliedern ein breites Aufgabenfeld der Krankenbetreuung, namentlich in der Form der Krankenbesuche, welche vor allem die belastende Situation des Isoliertseins mildern können. Zur Aufgabe, den Kranken zu informieren, ihm zu raten und ihm zuzuhören, ihn zu trösten und zu ermuntern, kommt der Dienst, ihm bei der spirituellen Bewältigung seiner Krankheit zu helfen.

Die staatliche organisierte Krankenversorgung bedeutet eine weitgehende Entlastung des einzelnen Kranken und seiner nächsten Umgebung. Die steigenden Kosten einer optimalen Versorgung begrenzen allerdings die Ansprüche und nötigen, Alternativen zu entwickeln bzw. auszubauen (z. B. häusliche Pflege). Zudem entheben sie den einzelnen nicht der (Mit-)Verantwortung für die Erhaltung bzw. Wiedererlangung seiner *Gesundheit*. Als fundamentales, wiewohl nicht eigentlich höchstes Gut des Lebens, das nicht einfachhin verfügbar, ja sogar vielfältig gefährdet ist, ist sie menschlicher Sorge anvertraut. Dabei bedarf jeder auch der mitsorgenden Rücksichtnahme und Unterstützung durch andere. Mit der Vermeidung unvertretbarer Gefährdungen (z. B. Suchtgifte) sowie mit positiven Erholungsmaßnahmen (z. B. Ausgleichssport, Freizeitinteressen, Sonntagskultur) sind bereits grundlegende Verpflichtungen wahrgenommen. In diesem Zusammenhang kommt der Konsumaskese als Dienst an der (durch manipulative Werbung und gesellschaftliche Trends gefährdeten) Freiheit besondere Bedeutung zu. Spezielle Aufmerksamkeit ist geboten, wo die Gesundheit anderer, zumal in einem Abhängigkeitsverhältnis Stehender einem Risiko ausgesetzt wird (z. B. durch Vererbung von Defekten, pränatale Schädigungen, Ernährungsfehler, Sicherheits- und Hygienemängel sowie Überforderung am Arbeitsplatz, ungekennzeichneten Vertrieb und Einsatz gesundheitsschädlicher Substanzen, gesundheitsgefährdende Emissionen). Neben profitorientierter Heimtücke und grober Fahrlässigkeit ist auch die bewußte (einfache) Unterlassung vorbeugender Maßnahmen sittlich zu werten. Schließlich ist dies wiederum auf dem Hintergrund der gesellschaftlichen Makrostrukturen zu sehen, die ihrerseits auf ihre Auswirkung auf die Gesundheit zu prüfen sind, näherhin Lebensstil (Hektik, Streß, Konsumgewohnheiten, Freizeitverhalten, Verkehrsgeschehen), Arbeitssituation (Leistungsdruck, Monotonie, einseitige Beanspruchung) und Umweltverhalten (auch längerfristige Beeinträchtigungen). Wenn heute nicht nur einzelne Zivilisationskrankheiten als solche namhaft gemacht werden, sondern überhaupt von einer krankmachenden Lebenssituation die Rede ist, tut offensichtlich eine tiefgreifende Umkehr der Einstellung wie der Praxis auf individueller wie auf institutioneller Ebene not.

Im Zusammenhang mit den zivilisationsbedingten körperlichen Schädigungen sind auch die zahlreichen seelischen und geistigen Störungen zu bedenken. Sie sind Lehr- und Forschungsgegenstand der Psychopathologie. Im Unterschied zu den *Psychosen* als eigentlichen Geisteskrankheiten und -störungen endogener (ohne äußere Ursache) oder exogener Natur (z. B. durch Hirntrauma) handelt es sich bei den *Psychopathien* um erworbene psychische Abnormitäten, weitgehend um emotionale Störungen, mit denen sich jedoch kein subjektiver Leidensdruck verbindet. Sie äußern sich in der Orientierung des Betreffenden an den eigenen Bedürfnissen, in Beziehungsschwäche, in antisozialer Haltung sowie in geringer Ausprägung von Gewissen und Verantwortung, weshalb auch erklärte Reue nicht durchgehalten wird. Die Ursache einer Psychopathie liegt vielfach schon in einer frühkindlichen Fehlentwicklung aufgrund gestörter familiärer Beziehungen, worin der Rolle des Vaters besonderes Gewicht zukommt.

Der *Narzißmus* bedeutet eine Fixierung oder einen Regreß der Zuneigung auf die eigene Person, die zu einer Übertragung auf andere nicht fähig ist. – Eine andere Reaktion stellt die *Verdrängung* dar, bei der bestimmte, vom Gewissen mißbilligte Erlebnisinhalte oder Triebregungen aus dem Bewußtsein gedrängt werden, jedoch, weil nicht verarbeitet, im Unbewußten weiterwirken und sich insbesondere in Träumen und durch Fehlhandlungen bekunden. – Wo innere Konflikte, Schreckerlebnisse oder Mißerfolge nicht verarbeitet und bewältigt werden, bilden sich abnorme Verhaltensweisen aus, unter denen heute nicht wenige Menschen zu leiden haben. Die Formen der *Neurose,* als welche diese auf psychischer Fehlanpassung (ohne organische Schädigung) beruhende und von bloßen Krisensituationen zu unterscheidende Erkrankung bezeichnet wird, sind vielfältig. Im Hinblick auf die Hintergründe (unbewältigte Reifung, Sexualität und Sinnfrage) unterscheidet man Reifungs-, Sexual- und noogene Neurose; mit Bezug auf die Erscheinungsformen Organ- und Zwangsneurose, Hysterie und Phobien, entsprechend dem psychischen Tiefgang Rand-, Schicht- und Kernneurose. Vielfach gehen sie auf traumatische Ereignisse im Kindesalter zurück.

Offensichtlich kann der Mensch nur begrenzt Einschränkungen seiner Bedürfnisse (Leben, Macht, Sexualität, Kommunikation) ertragen und reagiert (bei entsprechender Disposition) auf übergroße Forderungen und Erwartungen ausweichend mit Ersatzbefriedigung, die wiederum sekundäre Formen der Angst ausprägt (z. B. Stottern). Psychopharmaka können den Freiheitsraum erweitern und so der Psychotherapie dienen. Diese muß die Konfliktsituation bzw. die Verdrängung aufdecken, einen Umlernprozeß in Gang setzen und hier insbesondere die Angst dekonditionieren.

Insofern diese Störungen bzw. Erkrankungen die persönliche Reifung und Entfaltung behindern und die soziale Integration erschweren, ist therapeutische Hilfe angezeigt. Dabei darf nicht übersehen werden, wo der wohlmeinende Wille im zwischenmenschlichen Umgang (Verständnis, Rücksichtnahme, Zuwendung usw.) an seine Grenzen kommt und fachliche Behandlung indiziert ist. Gerade bei fehlendem Leidensdruck ist die Bereitschaft zu wecken, sich einer Behandlung zu unterziehen, wobei deutlich zu machen ist, daß die Inanspruchnahme fachlicher Hilfe nichts Beschämendes an sich hat. – Die Therapie wird die meist weit zurückliegenden Ursachen freilegen und bewußtmachen, um eine Aufarbeitung des Konfliktes zu ermöglichen. – Darüber hinaus sind krankmachende Faktoren aufzudecken. Realitätssinn (gegen eine Dominanz des Lustprinzips) sowie soziale Integration und Akzeptanz, die die nötigen Freiräume gewährt, können narzißtischen Regressen und verhängnisvollen Verdrängungen entgegenwirken. Eine besondere Rolle spielt hier der Abbau bzw. die Vermeidung ungerechtfertigter Ängste (und damit auch von Aggressionen). Die Kirche ist ihrerseits gehalten, die Entstehungsbedingungen „ekklesiogener Neurosen" auszuschalten und der befreienden und heilenden Wirkmächtigkeit des Evangeliums Raum zu geben.

E. Drewermann, Psychoanalyse und Moraltheologie, Bd. 1 und 3 (1982/84); *A. Görres* (Hrsg.), Der Kranke – Ärgernis der Leistungsgesellschaft (1971); *J. Mayer-Scheu*, Seelsorge im Krankenhaus (1977); *K. E. Rothschuh* (Hrsg.), Was ist Krankheit? Erscheinung, Erklärung, Sinngebung (1975); *H. Schipperges*, Homo patiens. Zur Geschichte des kranken Menschen (1985); *K. Seybold/U. B. Müller*, Krankheit und Heilung (1978).

ALFONS RIEDL

Krieg

→ Friede → Gewalt → Macht → Revolution → Wehrdienst → Widerstand

Krieg ist eine gewaltsame Austragung von Streitigkeiten. Er ist eine bewaffnete Auseinandersetzung zwischen zwei oder mehreren Gemeinwesen oder innerhalb eines Gemeinwesen (Bürgerkrieg). Der Begriff „Krieg" wurde aus dem mittelhochdeutschen *kriec* (germanische Wurzel) abgeleitet und hatte bis ins 16. Jahrhundert die Bedeutung von Rechtsstreit. Andere Bezeichnungen für Krieg waren *werre* (Unordnung, verwirrte Rechtsordnung, Verwirrung), *guerra* (Feindschaft, Fehde) und *chreg* (Streit, besonders der Rechtsstreit).

1. Historischer Überblick

Bis in die Mitte des 14. Jh.s waren Kriege Auseinandersetzungen von rivalisierenden Völkern und Volksgruppen. Die Wehrdienstleistung war freiwillig, die Kampftechnik (Soldat gegen Soldat) einfach. In den meisten Fällen ging es um Besitzerwerb, um die Sicherung fruchtbaren Bodens oder Fehden unter den Herrschern. Die Geschichtsschreibung berichtet aus dieser Zeit von Kriegen in Europa, dem Nahen Osten und Nordafrika. Einzelne Volksstämme (Germanen, Slawen, Hunnen, Türken) eroberten im Zuge der Völkerwanderung große Gebiete.

Der konfessionelle Bürgerkrieg von Mitte des 14. Jh.s bis Ende des 15. Jh.s war ein neuer Typus von Krieg. Bis dahin mußte von den Gegnern bei Kriegführung eine Rechtsordnung eingehalten werden. Dies fiel im konfessionellen Bürgerkrieg weg. Es gab keine Grenzen bei Gewaltanwendung. Ziel war die Vernichtung des Feindes.

Im 16./17. Jh. beeinflußte die Staatslehre von Th. Hobbes (1588–1679) den Inhalt des Begriffes „Krieg". Er erklärt den Krieg aller gegen alle als Urzustand, der durch den Staatsvertrag beendet werde, wodurch der Staat entstehe. Seit Hobbes diskutiert man nicht mehr sosehr die Rechtfertigung eines Krieges, sondern die Frage: Wie kommt man zu einem garantierten Frieden?

In der Neuzeit stand der Kaiser nicht mehr an der Spitze des Reiches, und das Reich selbst war in viele selbständige Nationalstaaten aufgeteilt. Wenn es um die Rechtfertigung eines Krieges ging, sah sich freilich jeder im Recht, daß also der von ihm geführte Krieg gerecht sei. Die Diskussion verlagert sich vom Recht *zum* Krieg zum Recht *im* Krieg. Auffallend an diesen Kriegen war die Taktik. Mit List, Ausdauer und Geschicklichkeit wurden große Schlachten von Söldnerheeren, die hinsichtlich der Zahl begrenzt waren, nahezu ohne Gewalt gewonnen. Kriege waren mitunter noch ein beliebtes ritterliches „Spiel".

Über die Verknüpfung von Krieg und Staat entbrannte eine Diskussion, die zu einem neuen Kriegsverständnis in der Epoche der Aufklärung führte. Der Bürgerkrieg erfuhr eine Rehabilitation und wurde als „Krieg gegen den Krieg" definiert.

Zur Zeit der Französischen Revolution kam es zu einer erneuten Umdeutung des Begriffs. Der Staatenkrieg wurde zum zwischenstaatlichen Bürgerkrieg, zum Nationalkrieg degradiert, denn daß die sich selbst bestimmenden Völker gegen den Krieg seien, galt als selbstverständlich.

Im 19. Jh. wurde die allgemeine Volksbewaffnung (Massenheere) eingeführt. Kriege wurden so zu nationalen Ereignissen und stärkten die patriotische Gesinnung. Die Einführung der allgemeinen Wehrpflicht hatte die Kriegführung völlig verändert. Die bis dahin noch überschaubaren Söldnerheere wurden zu Massenheeren. Ziel der Kriegführung war die Eroberung des Feindeslandes und die Vernichtung des gegnerischen Heeres. Die Staatsmänner des 19. Jh.s waren außerdem gezwungen, der Bevölkerung und vor allem den Soldaten immer wieder ihre patriotische Gesinnung neu ins Bewußtsein zu bringen, galt es doch Kriege zu gewinnen, die nicht unbedingt immer auch im Interesse der Bevölkerung lagen.

Von der Tradition des revolutionären Bürgerkriegs ist der Marxsche Revolutionsbegriff geprägt. Für Marx ist Revolution Bürgerkrieg, der Klassenkampf, ein wahrhafter Bürgerkrieg, der geführt werden muß, um den ewigen Frieden, d. h. die klassenlose und staatenlose Gesellschaft, zu schaffen.

Am 28. April 1919 wurde durch die Völkerbundsatzung das Recht der souveränen Staaten zum Krieg eingeschränkt (Art. 11, Abs. 1). Mehrere Pakte und Verträge versuchten, friedliche Lösungsmöglichkeiten für Konflikte aufzuzeigen.

Seit den Genfer Konventionen von 1949 gilt es, im Falle eines Krieges bestimmte Regeln einzuhalten: Schutz der Verwundeten und Kriegsgefangenen, Schutz der Zivilbevölkerung, Verbot von Vergeltungsmaßnahmen. Im klassischen Völkerrecht beginnt ein Krieg durch eine Kriegserklärung, nachdem zuvor der Abbruch der diplomatischen Beziehungen stattgefunden hat. Das Kriegsende wird durch einen Friedensvertrag nach Waffenstillstand oder Kapitulation erreicht. Seit dem Zweiten Weltkrieg gab es allein in der dritten Welt mehr als 120 Kriege. Auffallend ist hier das beinahe völlige Fehlen von gültigen Kriegserklärungen.

Seit einigen Jahrzehnten gibt es weltweite Friedensbewegungen, die die Gefahren der Rüstungssteigerung und die Auswirkungen eines atomaren Krieges aufzeigen. Sie fordern eine Rüstungskontrolle und nicht Aufrüstung zur Abschreckung des Gegners. In der Gegenwart bemühen sich die USA und die UdSSR um eine umfassende Abrüstung. Gegenseitiges Vertrauen wird als die Voraussetzung für Abrüstung und Frieden gesehen.

Im atomaren Zeitalter kann Krieg weder als Instrument für die Durchsetzung von politischen Interessen noch als gerechtfertigte Verteidigung akzeptiert werden. Die Menschenrechte sind zu grundlegenden Forderungen für die Bemühungen um Frieden geworden.

2. Die Lehre vom gerechten Krieg

Die Lehre vom gerechten Krieg geht zurück auf Platon (427–347 v. C.) und wurde bisweilen bis in die Gegenwart beibehalten. Unterschieden wird zwischen dem „gerechten Krieg" und dem „heiligen Krieg". Im heiligen Krieg ist der jeweilige Gott Initiator des religiös ideologischen Krieges und der eigentliche Feldherr. Bei einem gerechten Krieg geht man zwar davon aus, daß Kriege abzulehnen sind, unter bestimmten Umständen aber die einzige Möglichkeit sind, die verletzte Rechtsordnung wieder herzustellen.

Die ausgeprägteste Lehre vom gerechten und heiligen Krieg findet man im Islam. Gerechter und heiliger Krieg *(gihad)* sind ident. Krieg muß geführt werden, um das Reich des Islams zu erweitern und zu verteidigen. Religion und Politik gehören im Islam zusammen. Gerechter und heiliger Krieg ist kein abgeschlossenes Kapitel der Geschichte.

In der Lehre vom gerechten Krieg in der marxistisch-leninistischen Lehre gilt noch der Grundsatz des römischen Imperiums: „Wenn du den Frieden willst, bereite den Krieg vor!" Selbst im Atomzeitalter kann so für den Marxismus-Leninismus ein Nuklearkrieg noch gerecht sein.

Im Christentum hat sich die Lehre vom gerechten Krieg aus der philosophischen Tradition entwickelt. Um 200 n. C. gab es die Diskussion, ob ein Christ überhaupt Wehrdienst – damals noch freiwillig – leisten dürfe. Das atl. Tötungsverbot, die ntl. Aufforderung zur Nächsten- und Feindesliebe und der Appell zu Gewaltverzicht ließen unterschiedliche Antworten zu.

Manche Kirchenlehrer, wie z. B. Lactantius, Origenes, Tertullian und Hippolyt v. Rom, waren gegen den freiwilligen Wehrdienst von Christen. Als sich aber immer mehr Soldaten zum Christentum bekehrten, mußte dieses strikte Nein zurückgezogen werden. Kirchenväter wie Tertullian (in seinen späteren Schriften), Klemens v. Alexandrien und Eusebius ließen den einzelnen selbst darüber entscheiden. Problematisch war, daß man als Soldat den Kaiser als Gott verehren mußte. Mit dem Mailänder Edikt fiel die Kaiserverehrung als Gottesverehrung weg.

Die Aussagen von Augustin zum gerechten Krieg wurden später von Thomas v. Aquin übernommen und weitergeführt. Augustinus unterscheidet zwischen Mord und der Pflicht zum Töten im Krieg aus Gehorsam gegenüber der staatlichen Obrigkeit und dem Willen Gottes. Die Gewaltanwendung im Krieg steht immer in Zusammenhang mit dem nachfolgenden Frieden. Krieg ist ein Übel, wenn auch im Falle des gerechten Krieges das kleinere. In der Argumentation des gerechten Krieges gegen Häretiker geht Augustinus von Lk 14,23 aus. Dieses „nötige sie, hereinzukommen" *(compelle intrare)* wurde in der mittelalterlich-kirchlichen Lehre mit der Rechtfertigung des heiligen bzw. gerechten Krieges in Verbindung gebracht.

Thomas v. Aquin zählt vier Bedingungen auf, damit ein Krieg als gerecht bezeichnet werden kann: 1. Die Vollmacht bzw. die Autorität des Fürsten, auf dessen Befehl Krieg zu führen ist. 2. Es muß ein gerechtfertigter Grund vorhanden sein, z. B. Verteidigung oder Ahndung eines erlittenen Unrechts. 3. Die Angemessenheit der Mittel. 4. Die Kriegführenden müssen eine rechte Absicht haben, und Krieg muß dazu führen, das Gute zu mehren und das Böse zu mindern (vgl. S.Th. II/II, q 40 a 1).

Im Mittelalter mußten die Christen einerseits Kämpfe gegen die Feinde des christlichen Glaubens (Wenden, Türken, Sarazenen) führen und andererseits die Befreiung des Heiligen Landes von der Herrschaft der Muslimen durch die Ritter erreichen (Kreuzzüge).

Seit dem Beginn des 14. Jh.s wurde nicht mehr mit Schwertern, sondern mit Kanonen und Handfeuerwaffen gekämpft. Die Lehre vom gerechten Krieg mußte neu durchdacht werden und auf diese Kampftechniken Bezug nehmen.

Durch die Reformationskriege und die Eroberungskriege in der Neuen Welt überdachte Francisco de Vitoria (gest. 1546) die Lehre vom gerechten Krieg neu. Er ging davon aus, daß ein Verteidigungskrieg erlaubt sei. Die Grenzen zwischen Angriffskrieg und Verteidigungskrieg sind jedoch meist verwischt. Als Kriegsgrund für einen Angriffskrieg kommt für Vitoria nur ein erlittenes schwerwiegendes Unrecht in Frage. Und dies sei genau zu prüfen, da meist jede kriegführende Seite für sich solch ein Unrecht aufzeige. Der Fürst müsse von kritischen Beratern unterstützt werden, wenn der Kriegsgrund für einen Angriffskrieg untersucht und diskutiert werde. Daß ein Krieg für beide kriegführenden Parteien objektiv gerecht sein könne, verneint Vitoria ebenso wie Francisco Suarez (1548 bis 1617).

Bis in unser Jh. wurde an der Lehre vom gerechten Krieg festgehalten. Mit dem Zweiten Weltkrieg und dem Einsatz von Atomwaffen änderte sich die Lehre. Pius XII. verurteilte in seiner Weihnachtsansprache von 1944 den Angriffskrieg und erlaubte den Verteidigungskrieg, wenn er kontrollierbar sei. Im Falle der Anwendung von atomaren Waffen sei das Risiko nicht mehr überschaubar. Krieg diene nicht mehr der Verteidigung, sondern sei Vernichtung, und dies sei nicht erlaubt.

In den fünfziger Jahren änderte sich erneut die Diskussion um den gerechten Krieg. Atomwaffen werden zur Abschreckung von den Großmächten eingesetzt. Es geht jetzt nicht mehr um die Frage, ob ein Krieg noch gerecht sein kann, sondern um die politische Funktion dieser Waffen und wie man einen Krieg verhindern und Frieden sichern kann. Pius XII. ruft immer wieder dazu auf, die Ursache des Krieges zu bekämpfen. Diese Gedanken wurden von seinen Nachfolgern und dem Zweiten Vaticanum differenzierter formuliert.

Mit Johannes XXIII. und dem Zweiten Vaticanum kommt es zur Wende in der Diskussion um den gerechten Krieg. In der Enzyklika *Pacem in terris* (11. 4. 1963) wird allseitige Abrüstung gefordert und der Krieg als nicht mehr akzeptables Mittel zur Wiederherstellung von verletzten Rechten bezeichnet. Die Enzyklika spricht nicht mehr vom Recht auf Verteidigung. Diese Aussage wird im Zweiten Vaticanum gemildert. In der Pastoralkonstitution (GS) Nr. 79 heißt es: „Allerdings – der Krieg ist nicht aus der Welt geschafft. Solange die Gefahr von Krieg besteht und solange es noch keine zuständige internationale Autorität gibt, die mit entsprechenden Mitteln ausgestattet ist, kann man, wenn alle Möglichkeiten einer friedlichen Regelung erschöpft sind, einer Regierung das Recht auf sittlich erlaubte Verteidigung nicht absprechen."

Paul VI. spricht davon, daß Waffen zur Abschreckung jetzt noch notwendig seien. Man müsse aber an einer Alternative arbeiten. Der Beitrag der Christen, besonders der Jugend, bestehe in der Bemühung um Frieden, in einer „neuen Kultur der Liebe" und einer „Politik der Liebe", die Abschreckung überflüssig macht. 1965 spricht Paul VI. vor der UNO und lehnt Offensivwaffen ab. Aber: „Solange der Mensch schwach, unbeständig und sogar böse, wie er sich oft zeigt, sein wird, solange werden Defensivwaffen – leider – nötig sein."

Johannes Paul II. lehnt Krieg im nuklearen Zeitalter als unannehmbares Mittel zur Beilegung von Meinungsverschiedenheiten zwischen den Nationen ganz ab. Die Lehre vom gerechten Krieg gehört somit im Atomzeitalter der Vergangenheit an. In seiner Botschaft an die Zweite außerordentliche Abrüstungskonferenz der Vereinten Nationen am 14. Juni 1982 wird das Rüstungsgleichgewicht zwischen den USA und der UdSSR als Mittel zur beidseitigen Abschreckung noch als sittlich annehmbar bezeichnet. Was aber fehlt, ist das gegenseitige Vertrauen, und das kann nur durch die umfassende praktische Verwirklichung der Menschenrechte entstehen.

In der jüngsten Vergangenheit hat zum Thema „nukleare Abschreckung" der Deutsche Friedenshirtenbrief „Gerechtigkeit schafft Frieden" (18. April 1983) für Diskussion gesorgt. Angesichts der gegenwärtigen Situation, die als „Zwischenzeit" umschrieben wird, nennen die Bischöfe jene strengen Bedingungen und Kriterien, unter denen nukleare Abschreckung, solange sie nachweislich der Kriegsverhütung dient, noch zu tolerieren ist. Sie wählen mit dieser Entscheidung unter verschiedenen Übeln jenes, das nach menschlichem Ermessen als das geringere erscheint.

Der gerechte Krieg: Christentum, Islam, Marxismus (Friedensanalysen 12) (1980); Hirtenworte zu Krieg und Frieden. Die Texte der katholischen Bischöfe der Bundesrepublik Deutschland, der Deutschen Demokratischen Republik, der Niederlande, Österreichs, der Schweiz, Ungarns und der Vereinigten Staaten von Amerika (1983); *Th. Hoppe,* Friedenspolitik mit militärischen Mitteln. Eine ethische Analyse strategischer Ansätze (1986); *E. Nagel,* Die Stellung der Kirche zu Krieg und Frieden in ihrer geschichtlichen Entwicklung, in: *J. Gründel* (Hrsg.), Die Verantwortung der Christen für den Frieden. Bischöfliche Hirtenworte als Entscheidungshilfe? (1984) 36–57; *F. M. Schmölz,* Christlicher Friedensbegriff und europäische Friedensordnung (1977); *V. Zsifkovits,* Ethik des Friedens (1987).

GERTRAUD PUTZ

Kritik

→ Autonomie → Autorität → Familie → Freiheit → Gesellschaft
→ Geschichtlichkeit → Hermeneutik → Ideologie → Konflikt → Macht

Kritik (griechisch κριτική Kunst der Beurteilung) bedeutet in den theoretischen Wissenszweigen vernunftentsprechende Prüfung aller Inhalte von Aussagen, die einen Wahrheitsanspruch stellen. Diese sollen das menschliche Wissen modifizieren und verbessern. Dazu bedarf es bestimmter Kriterien im Sinn von Merkmalen rechten Erkennens, wobei die Maßstäbe sehr unterschiedlich sein können. Die Bandbreite von Kritik reicht von „Infragestellung" bis zum „Widerspruch" und „Protest". Die Erkenntniskritik analysiert die als wahr angenommenen Aussagen und setzt solche in Beziehung zu anderen gleichen oder gleich erscheinenden Aussagen.

Die Kunst- und Kulturkritik setzt sich mit ästhetischen Normen, Zielen und der Angemessenheit der Gestaltung künstlerischen Schaffens auseinander. In praktischer Hinsicht bezieht sich die Kritik sowohl auf den Mitteleinsatz, auf die Normen als auch auf die Zielsetzungen. Gemeinhin spricht man dabei von Gesellschaftskritik und Moralkritik im eigentlichen Sinn.

Als Grundlage jeglicher Kritik in der Erkenntnistheorie gilt die angeborene Skepsis bei der Wahrheitssuche (Vorurteil, Tradition), die Erfahrung der (Sinnes-)Täuschung, im Bereich des Handelns die Unzufriedenheit mit den konkreten gesellschaftlichen Entwicklungen, die entweder den moralischen oder politischen Normen nicht entsprechen oder sogar zuwiderlaufen.

Kritik beinhaltet zwei Elemente bzw. Stadien, eine destruierende und eine konstruierende. Demgemäß sprechen wir von destruktiver und konstruktiver Kritik. Schon bei den Griechen war die Kritik eine Technik im vernünftigen bzw. philosophischen Diskurs, die gerechtfertigterweise nur von kompetenten Größen geäußert werden durfte, weil sie ein Optimum an Wissen und Bildung voraussetzt. Für Sokrates etwa bedeutete Diskussion eine Kunst, Wahres und Sicheres vom Scheinbaren, Vordergründigen zu unterscheiden. Philosophiegeschichtlich wurde „Occams Rasiermesser" zum Inbegriff für erkenntniskritische Überlegungen. Kritik bedarf allerdings nicht nur dieser vorausliegenden und immanenten Kriterien, sondern ebenso des jeweiligen Menschen- und Gesellschaftsbildes, des Wissens darum, ob Angepaßtheit an die Tradition oder Widerspruch höher bewertet wird. Diesbezüglich sprechen wir von „neuzeitlichem Bewußtsein" oder von „Aufklärung", von Mündigkeit oder Unmündigkeit. Schon seit altersher bemühten sich Philosophen, „Weise", Theologen und Wissenschaftler, das als gesichert angenommene Wissen zu sammeln und zu überprüfen und nach bestimmten Kriterien zu gliedern. Einen großangelegten Versuch starteten die französischen Enzyklopädisten (insbesondere P. Bayle [1697]) in ihrem *Dictionaire historique et critique,* um systematisch das damals gegenwärtige Wissen fundiert darzustellen. Darauf greift auch I. Kant zurück, versteht allerdings Kritik als eine Propädeutik einer Lehre, indem Leistungsfähigkeit und Grenzen der menschlichen Vernunft aufgezeigt werden. Kants „Kritizismus" basiert auf der Skepsis gegen Dogmatismus und Skeptizismus, hat also nichts mit überzogenem Kritisieren zu tun. Anlehnend an Kants *Kritiken* versuchen gegenwärtig mehrere philosophische Richtungen (Kritischer Rationalismus, Erlanger Schule und die Kritische Theorie der Frankfurter Schule), die Kriterien unseres Wissens neu zu fassen, um gezielter als bisher wahre von falschen Aussagen unterscheiden zu können. Die Erkenntniskritik entwickelte sich allmählich zur Ideologie- und Sprachkritik. Mit Wittgenstein verbindet man Erkenntniskritik im Sinne der Sprachkritik, mit der Frankfurter Schule Erkenntniskritik im Sinne einer Ideologiekritik, die ein Ergebnis der neuzeitlichen philosophischen und sozialwissenschaftlichen Konzepte darstellt und wesentlich von K. Marx beeinflußt ist.

In der praktischen Philosophie gelten Gerechtigkeit, Gleichheit, Brüderlichkeit und Freiheit als anerkannte Kriterien des Handelns. Nicht erst K. Marx warf der traditionellen bürgerlichen Philosophie vor, sie wäre einseitig auf die Theorie fixiert, wobei es darauf ankäme, die Welt zu verändern. Die Geschichte der menschlichen Gesellschaft war und ist auch stets eine der Kritik an den konkreten Zuständen. Kritik äußert sich als Vorwurf, Protest oder Widerspruch gegenüber dem vorherrschenden Gesellschaftssystem, dessen Wertvorstellungen und Interessennahmen (Franz v. Assisi, M. Gandhi u. v. m.). Religiös und historisch Bedeutung erlangt hat die Kritik der Propheten im AT und Jesu Kritik am Gesetz im NT, wobei auch die Kritik der Philosophen und Kritiker hinterfragt wurde.

Kritikfähigkeit gehört zur reifen Persönlichkeit, und Kritikmöglichkeit ist Grundlage jeglicher Demokratie, wenn auch jede vorherrschende Meinung und beherrschende Gruppe versucht, sich gegen Kritik zu immunisieren, indem die Kritik selbst als ungerechtfertigt und die Kritiker als Außenseiter behandelt werden.

Kritische Theorie

Bezeichnung für die neomarxistische Theorie der Frankfurter Schule, die die Ideen der bürgerlichen Revolution, das Prinzip Aufklärung, gemäß dem Vernunftprinzip mit den Grundlagen der Marxschen Gesellschaftsanalyse verbinden wollte. Den Theoretikern war aber klar, daß die Marxsche Kritik als Kapitalismuskritik den kulturellen Strukturen und Phänomenen komplexer Gesellschaften nicht gerecht wird und die Analyse des entfremdeten Bewußtseins den ökonomischen Bereich übersteigen muß. Komplexe Gesellschaften zeichnen sich nämlich dadurch aus, daß die Wissenschaft, die Theorien selbst zur Produktivkraft werden. Damit wäre auch das kritische Potential, der Wille zur Emanzipation, in die Klassen der Gesellschaft getragen. Nur für M. Horkheimer diente die real bestehende Ungerechtigkeit als Angelpunkt für die Notwendigkeit einer kritischen Theorie, das Proletariat als Träger des kritischen Bewußtseins und revolutionärer Praxis. Th. Adorno und auch L. Löwenthal befaßten sich mehr mit der Analyse und Kritik der modernen Kultur im umfassenden Sinn (Musik, Literatur).

Als namhafte Vertreter der Kritischen Theorie seien Th. Adorno (1903–1969), M. Horkheimer (1895–1973), H. Marcuse (1898–1979), L. Löwenthal (geb. 1900) und J. Habermas (geb. 1929) erwähnt. Um den

Nuancen und Entwicklungen der Frankfurter Schule gerechter zu werden, spricht man von einer frühen und einer späten Phase. Der Übergang wird gemeinhin mit dem Todesdatum Adornos angegeben. Die Zentren der Bewegung waren Frankfurt, New York, Los Angeles und wiederum Frankfurt. Die wesentlichen Texte und Diskussionsbeiträge findet man in der *Zeitschrift für Sozialforschung* und in den *Schriften des Instituts für Sozialforschung*.

In der ersten Phase zählten auch W. Benjamin und E. Fromm zum engen Kreis der Frankfurter Schule. Ihr gemeinsames Programm bestand in der Idee einer kritischen Sozialwissenschaft, in der die kritische Vernunft die gesamtgesellschaftlichen Lebenszusammenhänge durchdringen sollte. Zum einen stand die Verbindung von Philosophie und empirischen Sozialwissenschaften zur Diskussion, zum andern gehörte aber auch die Psychoanalyse zum theoriekritischen Potential, obwohl diese bislang ziemlich individualistisch und „bürgerlich" betrieben wurde. Das Neue an ihrer Option bestand gerade darin, daß „interdisziplinär", auf gemeinsamer Grundlage und mit ähnlicher Zielrichtung geforscht und gearbeitet wurde. Dabei stellte die Philosophie des jungen Marx einen Hauptfaktor dar, mit der sich sowohl kulturtheoretische Arbeiten als auch das Interesse an empirisch-sozialwissenschaftlichen Forschungen verbinden ließen. Die Kritik setzt an bei der instrumentellen Vernunft im Sinne einer kognitiv-instrumentellen, welche die ästhetische, moralisch praktische und politische Seite derselben außer acht läßt. M. Weber repräsentiert diesen Wissenschaftsbegriff.

Die Konzeption der Kritischen Theorie läßt sich in folgenden Hauptanliegen zusammenfassen, wie sie sich in der „Dialektik der Aufklärung" darstellen:

Kritische Theorie versteht sich als negative Dialektik. Diese ist sogleich Programm und auch Kritik. Das bürgerliche Zeitalter setzt seine Hoffnungen auf weitere Erkenntnisse und Verbesserung der Zustände auf das aufgeklärte Bewußtsein der erkennenden und handelnden Subjekte. Man ging von einer fortschrittsoptimistischen Haltung aus, die auf Mündigkeit und Erkenntnisfortschritt angelegt war. Die Vernunft, insbesondere die Rationalität, könnten diese Hoffnungen auch einlösen. Kritische Theorie erkennt die instrumentelle Vernunft nur als ein Element im geschichtlichen Prozeß, ihre Bedeutung läßt sich jeweils nur im Zusammenhang mit einer umschriebenen, geschichtlichen Situation bestimmen.

Gegenüber dieser bürgerlichen Aufklärungsphilosophie betonen die Philosophen der Frankfurter Schule, vor allem Adorno und Horkheimer, den illusionären Charakter solchen Ansinnens. Die Übel in der menschlichen Gesellschaft lassen sich nicht durch verbesserte rationale Denkmuster und Handlungsweisen beseitigen, wie es die Rationalisten der Aufklärung glaubten, sondern durch eine Neubestimmung des Theorie-Praxis-Verhältnisses. Denn das Wissen in einer Kultur hängt von den vorgegebenen Herrschaftsbeziehungen ab. Solange die Herrschaftsmechanismen dieselben sind, bleibt auch das Wissen der Herrschaft unterstellt. Soweit gilt auch für die „aufgeklärte Vernunft", daß Wissen Macht ist und Mächtige ihre Diener brauchen. Derartiges Wissen dient nicht dem Wert des Individuums und handelnden Subjekts, sondern seiner Unterdrückung. Vielmehr noch, diese Form von Aufklärung verschleiert die reale Wirklichkeit, indem so getan wird, als dienten die Erkenntnisse und die Errungenschaften allen Menschen. Aufklärung mündet in einen „Mythos der Aufklärung". Die Menschen lassen sich oft allzuleicht von unhinterfragten Autoritäten leiten und nehmen die Unterdrückung an. In den *Studien über Autorität und Familie* und in den *Studien über den autoritären Charakter* gehen Horkheimer und Adorno den psychischen Komponenten des Menschen nach, die den Herrschafts- und Untergebenenwillen beschreiben und erklären wollen. Diese Studien führen weiter zur Analyse des „antiautoritären Staates".

Nicht genug damit. Das bürgerliche Selbstverständnis als ein rationales, aufgeklärtes unterliegt einer profunden Selbsttäuschung insoweit, als es sich seiner eigenen Voraussetzungen nicht im klaren ist. Durch die Überbetonung der Rationalität verkommt es selbst wieder zu neuem Mythos, die Wissenschaft unterliegt den mythischen Mächten der Rationalität allein darin, daß die neuen Mächte sich wieder die Geltung von Aussagen einverleiben, wodurch die Theorien zu Ideologien werden.

Gleiches gilt von den gesellschaftlichen Errungenschaften. Die moralischen Imperative der bürgerlichen Gesellschaft bemessen mit zweierlei Maß, die einen genießen, die anderen arbeiten. Dennoch wird vorgeschützt, daß die Früchte der Arbeit den Arbeitenden zugute kämen. In Wirklichkeit jedoch trennt die bürgerliche, kapitalistische Gesellschaft Arbeit und Genuß. Die Untergebenen sorgen durch ihre Arbeit für den Genuß der Herren. Die instrumentelle Vernunft entfremdet den Menschen von der Natur, da diese bezwungen werden muß, in einer Kultur, die Macht und Herrschaft als Werte versteht.

Wenn nun die bürgerliche Aufklärung die menschliche Gesellschaft vereinfacht, somit nur eine scheinbare Vernunft am Werk ist, so verstanden sich die „Frankfurter" nichtsdestotrotz auch als Kritiker der kommunistischen/sozialistischen Aufklärung und äußerten sich enttäuscht über die praktische Entwicklung der Gesellschaften im Osten. Diese kritische Skepsis gegen Kapitalismus und etablierten Sozialismus erschwerte eine fruchtbare und weiterführende Auseinandersetzung zwischen „bürgerlicher" und „sozialistischer" Position. Den einen waren sie zuwenig theoriebezogen, den andern, speziell den politisch engagierten Linken, zuwenig praxisrelevant. Die Hilflosigkeit bei der Beurteilung spiegelt sich wider in den Aufsätzen sowohl konservativer, positivistischer als auch sozialistischer Provenienz.

Die Kritische Theorie versteht sich jedoch als Theorie, will analysieren und nicht propagieren und aktiv politisieren. Aus diesem Mißverständnis resultierte auch die „Entfremdung" und Enttäuschung der Akteure der 68er Bewegung. Das Scheitern der Bewegung der Kritischen Theorie hatte neben persönlichen Gründen noch systemimmanente. Das Neue war ja die Einsicht vom Doppelcharakter der Gesellschaft, daß sie in der Reflexion als Subjekt (erkennendes Gesamtsubjekt) ihr eigenes Objekt ist. Infolge dieser Wechselwirkung sind die Werkzeuge der Erkenntnisfähigkeit vorbestimmt, insbesondere das Wahrnehmungsvermögen und die Sprache. Kritische Theorie setzt natürlich ausreichende Kenntnis der Regeln aufklärender Sprache voraus und bedarf der Klarheit bezüglich des Erkenntnisinteresses. Konsequenterweise arbeitet J. Habermas am Konzept einer Theorie des herrschaftsfreien Dialogs, wodurch die Herr-Knecht-Beziehung auf einer neuen Ebene zur Sprache kommt. Ein weiteres Problem der Kritischen Theorie liegt darin, daß sie aufgrund ihres Selbstverständnisses, daß keine Theorie mit absolutem Wahrheitsanspruch auftreten könne, bloß deren Unwahrheit zu Bewußtsein bringen kann. Daher versteht sie sich als „negative Dialektik" und bescheidet sich mit kritischen Positionen. Die Philosophie wie jede kritische Wissenschaft könne also keine Rezepte liefern, sondern müsse sich mit der Beschreibung der Zustände zufriedengeben. Dennoch erzielte die Kritische Theorie durch die Studentenbewegung Ende der sechziger Jahre eine sehr praktische Wirkung.

Wirkungsgeschichtlich fällt auf, daß gegenwärtig die Grundthesen der Frankfurter Schule ernsthaft in den angelsächsischen Ländern weiterdiskutiert werden. Aber nicht nur die philosophische oder sozialwissenschaftliche Auseinandersetzung hatte die Kritische Theorie erreicht, sie erreichte genauso die theologische Diskussion. Von der Sache, vom Erkenntnisgegenstand her, war es die Annahme eines zeitumgreifenden Gesamtsubjekts, das von theologischer Relevanz ist. Insbesondere stellte sich nach dem Holocaust für die jüdischen und auch christlich-sensibilisierten Theoretiker die Frage nach dem Sinn des

Leidens und auch des Philosophierens. Nähme man kein die Zeit übergreifendes, zur Solidarität fähiges Gesamtsubjekt an, müßte die Vergangenheit und deren Schrecken positivistisch hingenommen, bestenfalls verdrängt werden. Theologisch bedeutsam wurde ferner Horkheimers späte Philosophie, besonders der Topos der „Sehnsucht nach dem ganz Anderen". Die Kritische Theorie fand in den Hauptvertretern der Politischen Theologie (J. B. Metz, J. Moltmann) Anklang, und ihre Positionen wurden von dieser in echter Auseinandersetzung reflektiert. Die Kritische Theorie zeigt deutlich das Unbehagen an der Welt und deren Zustände auf, auch wenn dabei mehr das kritisch destruktive Element und weniger das Konstruktive betont wird. Horkheimer versteht sich in der „Negativen Dialektik" vornehmlich als Kritiker und nicht als Reformator der Gesellschaft.

Th. W. Adorno/M. Horkheimer, Dialektik der Aufklärung, in: ders., Gesammelte Schriften, Bd. 3 (1981); *ders.,* Negative Dialektik. Chargon der Eigentlichkeit, in: Gesammelte Schriften, Bd. 6 (1973); *J. Habermas,* Erkenntnis und Interesse (1968); *M. Horkheimer,* Kritische Theorie. Eine Dokumentation (³1977); *H. Marcuse,* Ideen zu einer kritischen Theorie der Gesellschaft (1976); *K. Röttgers,* Kritik und Praxis. Zur Geschichte des Kritikbegriffs von Kant bis Marx (1975); *R. Wiggershaus,* Die Frankfurter Schule. Geschichte – Theoretische Entwicklung – Politische Bedeutung (1988).

JOHANN DOLLFUSS

Kultur

→ Autonomie → Erziehung → Gesellschaft → Kirche → Mensch → Natur → Umweltethik → Wert

1. Wort- und Begriffsgeschichte

Sowohl das moderne Wort „Kultur" als auch das ältere „Kultus" ist dem lateinischen *cultura* nachgebildet, das wiederum aus der Wortfamilie *colere (excolere, percolere, recolere, cultus)* stammt und ein allgemein menschliches Tun und Handeln bezeichnet im Sinne von „Pflege" und „Verehrung" *(cultura Deorum)* sowie von der – vom Menschen beabsichtigten und geplanten – Veränderung, Umgestaltung, Veredelung und Züchtung im Bereich der „Natur" *(cultura agri);* ebenso aber auch als Pflege, Veredelung und Vervollkommnung der *menschlichen* Natur („Geist") im Sinne von „Bildung" und „Erziehung" *(cultura animi* resp. der griechischen παιδεία).

Die Verwendung des Wortes „Kultur" in seiner auch heute noch geläufigen Begrifflichkeit und Bedeutung findet sich zum erstenmal bei M. T. Cicero in den *Tusculanae disputationes* (II,5): „Wie ein Acker, auch wenn er fruchtbar ist, ohne Pflege *(sine cultura)* keine Frucht tragen kann, so auch der Geist *(animus)* nicht ohne Unterrichtung *(sine doctrina).*" Der von Cicero für die Antike festgelegte Begriff von „Kultur" taucht im Mittelalter bei Erasmus (1466–1536) und bei Thomas Morus (1478–1535) wieder auf, nachdem die christliche Antike (Augustinus, 354–439) einen eigenständigen Kulturbegriff im Sinne der *Cultura christianae religionis* entwickelt und Kultur als Geschenk Gottes versteht, demgegenüber sowohl im klassisch-antiken als auch im modernen Kulturbegriff der Aspekt menschlicher Anstrengung, Leistung und des Bemühens ausdrücklich betont wird.

Mit der „Aufklärung" vollzieht sich insofern ein bedeutender Wandel des Kulturbegriffes, als ein neues Verständnis nun zwischen Kultur und Religion trennt und damit den Kulturbegriff säkularisiert. Dieser neue Kulturbegriff ist (nach F. Rauhut) „ ... nichts Geringeres als eine Verweltlichung des Begriffes Christentum". Maßgeblich für diese Entwicklung wird der deutsche Frühaufklärer Samuel von Pufendorf (1632–1694), und durch diese Säkularisierung rückt der Begriff „Kultur" in das allgemeine Fortschrittsdenken der Aufklärung ein. Zwar finden sich die Stichwörter „Kultur" und „Zivilisation" noch nicht in der *Enzyklopädie,* aber Wesen und Problem der Kultur wird schon leidenschaftlich diskutiert: optimistisch im Fortschrittsglauben, daß die Kultur – und durch die Kultur auch der Mensch – zur Vollendung geführt werden könnte (A. Diderot); pessimistisch hingegen aus der Befürchtung, daß dem zunehmenden Fortschritt der Kultur eine ebenso zunehmende Entfremdung des Menschen von der Natur entsprechen würde (J. Rousseau).

Im 18. Jh. überträgt Joh. Christian Adelung (1732–1806) das bis dahin ausschließlich lateinisch gebrauchte Wort *cultura* ins Deutsche, womit das Wort „Kultur" auch endgültig dem deutschen Wortschatz eingefügt und gebräuchlich wird. Wesentlich bedeutungsvoller aber wird der Wandel des Begriffes dadurch, daß er zur Zeit Herders (1744–1803) einerseits erweitert wird durch die Hinzufügung der Dimension des Historischen, andererseits aber auch stark eingeengt wird durch die Entstehung der modernen Gesellschafts- und Geschichtswissenschaften, die sich – als Leitideen des 18. Jh.s – mit dem Anspruch auf Gleichberechtigung – neben den Begriff „Kultur" stellen.

Mit Jacob Burckhardt (1818–1897) scheint sich der moderne Kulturbegriff endgültig durchgesetzt zu haben, indem „Kultur" vorwiegend zu einem historisch-gegenständlichen Objektiven wird. Gleichzeitig aber mit dieser Historisierung und Objektivierung von „Kultur" wird „Kultur" auch zu einem neuen Problemwort: Burckhardt und Nietzsche, aber auch G. Simmel und O. Spengler sehen die Gefahr, daß „... die zeugende Bewegtheit der Seele an ihren eigenen Erzeugnissen stürbe..." (G. Simmel). Das führt zu jenem Kulturpessimismus des 19. und 20. Jh.s, der sich u. a. darin ausdrückt, daß dem Begriff „Kultur" jetzt der Begriff „Zivilisation" zur Seite bzw. entgegengestellt wird, wobei „Zivilisation" als „Verfallsform von Kultur" (Spengler) verstanden wird.

Die Gegenwart zeigt gewisse Auflösungstendenzen durch die Überdehnung des Kulturbegriffes dadurch, daß einerseits alles, was verfeinert und sublimiert werden kann, in den Kulturbegriff aufgenommen wird, und andererseits durch die Segmentierung, die sich in den Komposita Massenkultur, Freizeitkultur, Alltagskultur, Subkultur usw. ausdrückt.

2. Kultur und Natur

a) Natur als „Physis": Mit „Natur" (φύσις) bezeichnet man im allgemeinen die Summe des Vorhandenen, des aus sich selbst Gewordenen. Unter Kultur hingegen versteht man gewöhnlich alles, was im weitesten Sinne „künstlich" ist, d. h. das, was der Mensch durch zweck- und wertorientiertes Wollen, Handeln und Tun aus Natur erzeugt, was er aus ihr um- oder neu gestaltet. Im ursprünglichsten Sinne bedeutet „Kultur" „Bewältigung" und „Zähmung" der Natur, weil der Mensch – als Kulturwesen – in ursprünglicher Natur (Wildnis) nicht zu leben vermöchte. Darüber hinausgehend ist Kultur – unter dem Aspekt der Nützlichkeit – der „Inbegriff der vom Menschen ins Lebensdienliche umgewandelten Natur" (A. Gehlen), und schließlich bedeutet „Kultur" Veredelung und Vervollkommnung der Natur in dem Sinne, daß „Natur" zu etwas befähigt wird, was sie aus sich selber *(per se, sine cultu)* nicht hervorzubringen imstande wäre: „Kultur" im Sinne als „Vollendung" von Natur. (Der aktuelle Kulturauftrag unserer technisch-industriellen Gegenwart wird allerdings schon zu einem sittlich-ethischen Imperativ, Natur nicht der totalen Ausbeutung, der Verwüstung und Zerstörung auszuliefern. Die Kultur der Gegenwart trägt *Verantwortung* um die Natur, weil ohne eine intakte Natur [Physis] auch jede Kultur in Frage gestellt ist.)

b) Natur und „Geist": Philosophie und Anthropologie räumen dem Menschen eine „Sonderstellung" im „Kosmos" ein, insoferne man ihm neben seiner „physischen" (= animalischen) Natur noch eine *Vernunft*-Natur (= Geist) attestiert *(animal rationale)*. In seiner physisch-animalischen Naturhaftigkeit ist der Mensch von der äußeren Natur abhängig. Als *animal rationale* jedoch kann der Mensch nicht in unreflektierter Natur leben. Die „Natur" des Menschen liegt also darin, ein *Kultur*-Wesen zu sein. Der Mensch ist – aufgrund seiner Vernünftigkeit – sowohl ange*wiesen* auf Kultur als auch ange*legt* auf Kultur. So liegt die Naturbestimmung des Menschen – nach Kant – in der „höchsten Kultur".

Der Mensch „kultiviert" Natur, indem ihm die physische Natur das Material für alle erdenkliche Formung, Veredelung und Nutzung abgibt. Gleichzeitig aber überschreitet er (physische) Natur, indem er den natürlichen Dingen Deutung, Bedeutung, Sinn und Wert verleiht und Ordnung in die Fülle der Natur bringt und so erst aus dem physischen Chaos einen geistigen Kosmos schafft. Damit – und darüber hinaus – schafft der Mensch *geistige* Wirklichkeit, die nicht mehr des physisch-natürlichen Substrats bedarf: als Kultus ist das die „Besorgung des Schicksals und des Heils" (A. Dempf), *cultura Deorum* also im unmittelbarsten Sinne. Und ebenso schafft er das Symbol, das Numinose, den Mythos, die Religionen, die Kunst, die Wissenschaften.

3. Kultur und Religion

Ganz im Sinne der ursprünglichen *cultura Deorum* scheint sich auch T. S. Eliot sicher zu sein, „... daß eine Kultur immer in Verbindung mit einer Religion aufgetreten ist oder sich entwickelt hat...". Demnach wäre also ursprünglich auch nicht die Kultur, sondern die Religion „... die Gesamtform, in der ein Volk lebt", und Kultur „... ihrem Wesen nach die... fleischgewordene Religion eines Volkes". Die abendländische Entwicklung liefert für Eliots Theorie viele eindrucksvolle Beweise. Ebenso nachweisbar ist aber auch das allmähliche Auseinandertreten von Kultur und Religion. So unterscheidet z. B. Jacob Burckhardt schon zwischen Staat, Religion und Kultur als drei verschiedene „Potenzen" (wobei er unter Kultur das „grundsätzlich Spontane" anerkennt, gegenüber Religion und Staat, welche „... Zwangsgeltung in Anspruch nehmen"). Dieser Entwicklung Rechnung tragend, stellt sich die katholische Kirche heute auf den Standpunkt, „... daß es das Ziel der Kirche ist, zu evangelisieren, und nicht, Kultur zu treiben" (Pius XI. in *Semaine social de Versailles*, 1936, S. 461f.), und bejaht „in Anerkennung dieser berechtigten Freiheit" die rechtmäßige Eigengesetzlichkeit der Kultur (GS 59). „Zugleich ist die Kirche zu allen Völkern ... gesandt, jedoch an keine Rasse oder Nation, an keine besondere Art der Sitte, an keinen alten oder neuen Brauch ausschließlich und unlösbar gebunden. Sie hält zwar an ihrer eigenen Überlieferung konstant fest und ist sich zugleich ihrer universalen Sendung bewußt, kann aber mit verschiedenen Kulturformen eine Verbindung eingehen zur Bereicherung der Kirche wie der vielfältigen Kulturen" (GS 58).

4. Kultur und Bildung

Begriff und Wesen von „Bildung" ist konstitutiv für Begriff und Wesen von Kultur. Ohne Bildung keine Kultur, denn Bildung (als *cultura animi* und παιδεία) ist die Hineinnahme des Individuums in die überindividuelle Geistigkeit einer Kultur (Enkulturation, Sozialisation). Bildung ist demnach einerseits zu verstehen als ein Prozeß, der – nach Kant – in „... Schritten aus der Rohigkeit des Menschen ..." besteht; Bildung ist die „... Aneignung und Weitergabe von Wissen und Können sowie die schöpferische Verwirklichung allgemein menschlicher Anlagen und Fähigkeiten" (*cultura animi* im unmittelbaren Sinne Ciceros). „Bildung" ist andererseits zu verstehen als Qualität und Eigenschaft eines Menschen in dem Sinne, daß in ihm sich Kultur verwirklicht als Persönlichkeit (Kulturträger).

5. Kultur und Gesellschaft

Unter dem Einfluß marxistischen Denkens ist es üblich geworden, zwischen Kultur und Gesellschaft zu unterscheiden und von gesellschaftlichen Bedingungen zu sprechen, wo im Grunde Kultur gemeint ist. Eine derartige Darstellung übersieht, daß alle beobachtbaren und realen gesellschaftlichen Bedingungen immer schon selber bedingt sind, d. h., daß sie ebenso ursprüngliche Kulturleistungen sind wie die „ökonomischen Verhältnisse". Kultur ist das, was eine Gesellschaft erst zur Gesellschaft macht, was Lebens- und Produktionsform vorgibt. Gesellschaft, wie immer sie sich auch ihrer Organisationen, ihren Formen, gemeinsamen Werten und Überzeugungen nach darstellt, ist immer kulturbedingt, Kulturleistung und kulturelle Entfaltung und Spezialisierung. Vor allem ist Kultur „... gerade das, was wir nicht bewußt erstreben können" (T. S. Eliot). Mit der Feststellung der Kulturbedingtheit ist allerdings auch die Tatsache anerkannt, daß „Gesellschaft" selbstverständlich auch kulturelle Dynamik ist, deren kulturgestaltende und -verändernde Kraft man anzuerkennen hat.

6. Kultur und Zivilisation

Der französische Marquis de Mirabeau (1717–1789) gebraucht zum erstenmal das französische Wort *civilisation* im Sinne des traditionellen *cultura animi*, das er vom Verbum *civiliser* herleitet. *Civiliser* bedeutet den Prozeß und die Tätigkeit, durch welche der Mensch erst zum *civis*, zum würdigen Mitglied einer kultivierten (= zivilisierten) Gesellschaft wird (im Gegensatz zum Barbaren). Mit dem französischen (und englischen) Wort *Civilisation* ist vorwiegend eine persönliche Beschaffenheit gemeint, eben der kultivierte Mensch, sodaß der Begriff weder mit dem deutschen Wort und Begriff „Kultur" noch mit dem deutschen Wort „Zivilisation" zur Deckung zu bringen ist, weil im Deutschen die Vorstellung von persönlicher Kultur zurücktritt und unter „Kultur" vorwiegend die Produkte und Erzeugungen des Menschen als kulturelle Objektivationen zusammengefaßt werden. Nach N. Elias bedeutet „Zivilisation" im englischen und französischen Sprachgebrauch den „... Stolz auf die Bedeutung der eigenen Nation" (= Nationalbewußtsein), im deutschen Sprachgebrauch hingegen bedeutet „Zivilisation" „... wohl etwas ganz Nützliches, aber doch nur einen Wert zweiten Ranges, nämlich etwas, das nur die Außenseite des Menschen, nur die Oberfläche des menschlichen Daseins umfaßt". Die moderne deutschsprachige Kulturwissenschaft versteht unter „Zivilisation" vorwiegend die Gesamtheit der zweckrationalen Einrichtungen zur Daseinserleichterung (Technik, Industrie, Konsum), und vor allem wird Zivilisation als ein fortschreitender, *gegen* die Kultur gerichteter und daher Kultur zerstörender Prozeß aufgefaßt. Ging die aufklärerische Philosophie noch davon aus, daß Zivilisation die primitive Vorstufe zur Kultur wäre, so deutet der zeitgenössische Kulturpessimismus Zivilisation als dekadente Endstufe einer kulturellen Entwicklung. Nach O. Spengler (1880–1936) ist Zivilisation die „Verfallsform von Kultur".

7. Kultur als Objektivation

G. W. F. Hegel (1770–1831) entwickelt in seiner Philosophie die Lehre vom „objektiven Geist", worunter – in extremis – zu verstehen ist, daß dieser „objektive Geist" ein Wesen höherer Ordnung sei, zu dem sich personaler (individueller) Geist bestenfalls wie ein Akzidens verhalte. Diese kulturphilosophische These ist seit Hegel mehrfach und in vielen Teilen relativiert und modifiziert worden. Tatsache bleibt allerdings, daß nicht sosehr das geistige Individuum, sondern vorwiegend die geistige Gemeinsamkeit, der „objektive Geist", das im Leben unmittelbar Faßbare und Greifbare ist. Der Mensch – sowohl als Individuum als auch als Gemeinschaft – ist zwar ebenso immer „Schöpfer" als auch „Geschöpf" einer Kultur (M. Landmann), aber er ist beides doch weitgehend unbewußt. Daraus ergibt sich, daß der Mensch Kultur nicht absichtsvoll planend machen und erzeugen kann, weil Kultur nichts anderes ist als „... die Art und Weise, in der gemacht und gehandelt wird" (T. S. Eliot) und weil Kultur – als „objektiver Geist" – „... immer schon das Richtmaß des Handelns ist" (H. Arendt). Durch „Geschichtlichkeit" wird aus dem „objektiven", lebenden Geist ein „objektivierter" Geist, der nur noch als Objektivation besteht und damit nicht mehr in einem lebenden Kontext mit dem personalen und objektiven Geist steht. Dieser selbst nicht mehr lebendige und sich nicht mehr entwickelnde Geist ist nur mehr geschichtlich-historische Realität. Er ist Herausstellung und Ablösung vom lebendigen Geist und „Fixierung". Mit Zunahme kultureller Fixierungen aber verliert Kultur auch zunehmend ihre Spontaneität (N. Hartmann). Kultur verwandelt sich dadurch zunehmend zu Historie und zu Geschichtswissenschaft und wird zum „... Nachteil für das *Leben*" (F. Nietzsche).

H. Brackert/F. Wefelmeyer (Hrsg.), Naturplan und Verfallskritik. Zu Begriff und Geschichte der Kultur (1984); *J. Burckhardt*, Weltgeschichtliche Betrachtungen (dtv – Taschenbuch 1978); *T. S. Eliot*, Zum Begriff der Kultur (Rowohlt – Taschenbuch 1961); *B. Kopp*, Beiträge zur Kulturphilosophie der deutschen Klassik. Eine Untersuchung im Zusammenhang mit dem Bedeutungswandel des Wortes „Kultur" (1974); *W. Perpeet*, „Kulturphilosophie", in: Archiv für Begriffsgeschichte 20 (1976); *M. Rassem*, Stiftung und Leistung – Essais zur Kultursoziologie (1979).

ALOIS HUTER

Kunst und Ethik

→ Autonomie → Freiheit → Sexualität → Wahrhaftigkeit

Es scheint so, daß das Ästhetische der geschworene Feind des Ethischen ist. Am schärfsten hat das Sören Kierkegaard formuliert: „Wer ethisch lebt, hat sich selbst als Aufgabe, wer ästhetisch lebt, läßt sich vom Gaukelwerk lockender Möglichkeiten zerstreuen. Solange du ästhetisch lebst, ist dein ganzes Leben unwesentlich." Eine Kunst, die sich so versteht, wäre dann „schöner Schein", im letzten ein verlogener Luxus. Das gelte nicht nur für einzelne Kunstwerke, die die Wohnungen der Reichen ausschmücken, sondern auch für die Gesellschaft als ganze, wo die Machthaber die Kunst vor ihren Wagen spannen, für ihre Propaganda mißbrauchen und so die Massen manipulieren.

Im Gegensatz zu dieser Auffassung hat Albert Camus gesagt, daß Kunst zwar überflüssiger Luxus sein könne, daß aber gerade die bedeutendsten Künstler seit der Französischen Revolution *gegen* die Gesellschaft ihrer Zeit gestanden sind. Den besten Beweis dafür liefern die Diktaturen, die die freie Kunst bekämpfen.

In der Kunst geht es um mehr als um Ästhetik, also um die Betrachtung von Kunstwerken mit Rücksicht auf die Empfindungen, die sie hervorrufen. Kunstwerke erheben nicht nur den Anspruch, „schön" zu sein, ein harmonisches Ganzes zu bilden und Wohlgefallen zu erregen. Kunst, zumal die moderne, will „wahr", mithin Quelle von Erkenntnis sein. Schon Hegel sagt, Kunst sei dazu berufen, „die Wahrheit in Form der sinnlichen Kunstgestaltung zu enthüllen". Ihre Aufgabe sei es geradezu, „das Göttliche, die tiefsten Interessen des Menschen, die umfassendsten Wahrheiten des Geistes zum Bewußtsein zu bringen und auszusprechen". Nach Schopenhauer vermittelt Kunst „die reine, wahre und tiefe Erkenntnis der Welt". Die gesamte moderne Philosophie der Kunst bis hin zu Heidegger und Adorno terminiert in Fragen des Wahrheitsgehalts der Kunst, bei aller Unterschiedlichkeit der philosophischen Grundpositionen.

Eine Kunst, die „wahr" sein will, kann sich nicht damit begnügen, die Wirklichkeit auf Schönheit hin zu stilisieren, sie muß auch das Disharmonische, Häßliche, Schreckliche der Wirklichkeit einbeziehen. Schon in der zweiten Hälfte des 18. Jh.s wird die Allgemeinverbindlichkeit des Schönheitsideals in Frage gestellt. Edmund Burhe und Immanuel Kant stellen das „Erhabene" gleichberechtigt an die Seite des Schönen. Das Erhabene macht dem Menschen die Inkommensurabilität von Endlichem und Unendlichem bewußt und ruft Gefühle des Staunens und Erschreckens hervor. Nach der Ästhetik des Erhabenen entsteht eine solche des Interessanten (F. Schlegel), des Komischen (Jean Paul), des Häßlichen (K. Rosenkranz) usw. Im 20. Jh. sprengt die Kunst alle Grenzen; man spricht von einer „nicht mehr schönen Kunst" (Jauß).

Das alles geschieht auf dem Hintergrund der Aufsplitterung der Gesellschaft in einzelne Teilbereiche und des wachsenden Pluralismus innerhalb dieser Bereiche. Seit der Aufklärung erhebt die Kunst den Anspruch auf Autonomie; das 1818 zum erstenmal nachweisbare Schlagwort „l'art pour l'art" weist in diese Richtung. Damit sind Konflikte mit der Gesellschaft vorprogrammiert.

Die „Freiheit" der Kunst: Mit der Forderung nach Autonomie der Kunst ist die nach ihrer Freiheit verbunden. „Der Zeit ihre Kunst. Der Kunst ihre Freiheit" steht über dem Eingang zur Sezession in Wien. Die Freiheit der Kunst ist in der Verfassung vieler Länder verankert, auch in der österreichischen. In der Tat ist Freiheit eine Voraussetzung "für die Entfaltung der Kunst (die Diktaturen liefern Gegenbeispiele). „Die Kunst lebt nur von dem Zwang, den sie sich selber auferlegt, an fremdem Zwang stirbt sie" (Albert Camus). Eine absolute Freiheit kann es allerdings in der menschlichen Gesellschaft nicht geben. Freiheit endet dort, wo die Rechte anderer verletzt werden. Das Gesetz kennt solche Einschränkungen: körperliche Verletzung, Ehrenbeleidigung, Schutz Minderjähriger vor Pornographie. Selbst der Wiener Theologe Otto Mauer, der die Avantgarde nach dem Zweiten Weltkrieg sehr gefördert hat, bekannte sich eindeutig zu Einschränkungen der Freiheit der Kunst, etwa „wenn es sich um eine Kunst handelt, die brutal, sadistisch, pornographisch ist, eine Kunst, die die Rassen diskriminiert oder den Antisemitismus propagiert, die kriegshetzerisch ist, die persönlich diffamiert, die blasphemisch-atheistisch ist". Damit werden schwierige Probleme aufgeworfen, wo alle glatten Lösungen versagen.

Die künstlerische Moral: Vorab ist festzustellen, daß sich alle Konflikte an inhaltlichen Fragen entzünden. Formale Probleme scheinen sich der ethischen Beurteilung zu entziehen. Doch das ist eine fragwürdige Einstellung. „Die künstlerische Moral ist nicht die des Dargestellten, sondern die des Darstellens" lautet eine provokante These von F. J. van der Grinten. Das Unbedingte in der Kunst ist der qualitative Anspruch. Der Geist kristallisiert sich in der Form, ohne sie kann kein Kunstwerk bestehen.

In diesem Zusammenhang erhebt sich die Frage nach der ethischen Beurteilung des Kitsches. Richard Egenter hat diesen als „ein dem Bereich des Künstlerischen zugeordnetes Werk oder Erleben, das unzulänglich im Sinn des Unechten und Billigen bleibt", charakterisiert. Das sind moralische Wertungen: Unechtheit hat mit Unwahrhaftigkeit zu tun, das Billige mit dem Oberflächlichen. Nun ist aber gerade in den letzten Jahrzehnten das Triviale aufgewertet worden; die Scheidung von Kunst und Kitsch ist damit schwieriger denn je. Auf der anderen Seite rückt die Idealisierung der Wirklichkeit auf „Schönheit" hin in den Verdacht der Verlogenheit. Kunst wird heute Kitsch, wenn sie nur „schön" sein will (Adorno, Lyotard). Statt dessen wird oftmals eine Ästhetik des Schocks angestrebt, deren Stilmittel die Provokation ist.

Der Vorwurf der Blasphemie: In jüngster Zeit häufen sich die Konflikte. Das hängt mit dem Erstarken traditionalistischer, fundamentalistischer Kreise zusammen. Dabei werden immer wieder zwei Vorwürfe gegen Werke der modernen Kunst erhoben: Blasphemie und Pornographie. Der Vorwurf der Blasphemie ist der schwerer wiegende.

Was ist damit gemeint? Das Wort kommt aus dem Griechischen: *blasphemia* bedeutet Schmähung, Lästerung. In der griechischen Übersetzung des ATs und im NT bezeichnet das Wort sowohl Schmähungen von Menschen als auch Lästerungen gegen Gott. Erst bei den Kirchenvätern wird es ausschließlich für Gotteslästerung gebraucht. Der Mißbrauch des Gottesnamens wird schon im Dekalog verurteilt. Die Gotteslästerung wurde durch Steinigung geahndet (Lev 24,11–16). Zu denken gibt, daß Jesus wegen der Aussage „Ich und der Vater sind eins" der Blasphemie bezichtigt wurde (Joh 10,30–36); Stephanus wurde wegen desselben Vorwurfes gesteinigt (Apg 6,11–14).

Immer handelt es sich um verbale Lästerungen, die angesprochen werden. Daher hat sich nicht nur die Bibel, sondern auch die Theologie bisher fast ausschließlich mit verbalen Gotteslästerungen beschäftigt, und die Moral hat dem Phänomen des Fluches und der Verfluchung Traktate gewidmet. Anders ist es mit der Blasphemie im Bild. Dieses wesentlich schwierigere Problem (wann ist ein Bild gotteslästerlich?) ist theologisch bisher überhaupt nicht aufgearbeitet.

Die Blasphemie wirft einige theologische Probleme auf. Zunächst fragt sich, ob Gott sich durch solche Bilder überhaupt beleidigen läßt. Hinter dieser Meinung stecken menschlich-allzumenschliche, anthropomorphe Vorstellungen von Gott. Vielmehr wird man sagen müssen, daß sich Blasphemie gegen die Gesellschaft richtet, daß sie soziogen ist. Durch die Blasphemie sind Menschen betroffen, jene Menschen, deren „religiöse Gefühle verletzt werden", was allerdings ein sehr subjektives Kriterium ist.

Oft wird kaum gefragt, ob der Künstler überhaupt „blasphemisch" sein will, oder ob es sich um pure Mißverständnisse handelt. Vielfach haben die beleidigten Gläubigen keinerlei Erfahrung im Umgang mit moderner Kunst, verstehen ihre Sprache einfach nicht. Das ist ein Bildungsproblem. Grenzt man diese Fälle aus – und das dürfte wohl die Mehrzahl sein –, so bleiben jene Werke, die „blasphemisch" gemeint sind und es sein wollen, die also bewußt auf Provokation angelegt sind. Wirklich Blasphemisches findet sich in der Literatur häufiger als in der bildenden Kunst. Das beginnt bei den Philosophen der Aufklärung, mit Holbach und Lamettrie und findet seinen Höhepunkt bei den wilden Attacken der Surrealisten. Eine der wenigen theologischen

Auseinandersetzungen von H.-R. Müller-Schwefe geht dem Problem bei Günter Grass und Heinrich Böll nach. Bei den zeitgenössischen Malern von Rang wird man Picasso, Max Ernst und Francis Bacon nennen müssen. Aber auch bei wirklich provokanten Bildern sollte man es sich nicht zu leicht machen. Oft steckt dahinter eine religionskritische Absicht. So etwa bei Max Ernst. Sein Bild „Die heilige Jungfrau züchtigt das Jesuskind vor drei Zeugen" ist wohl geeignet, Menschen zu beleidigen, die gewohnt sind, Bilder der Mutter mit dem göttlichen Kind in Liebe und Ehrfurcht zu betrachten. Der Künstler wollte damit aber sicherlich gegen Erziehungsmethoden protestieren, die im christlichen Namen geübt werden („Wer seinen Sohn liebt, züchtigt ihn"). Mit solchen Provokationen müßte man sich redlich und ohne gleich den Beleidigten zu spielen auseinandersetzen. Viele Blasphemien sind Schreie „de profundis". Das ist schon bei Hiob so; auch bei Albert Camus steht das zu vermuten.

Die Provokation des Obszönen: Am heftigsten prallen die Gegensätze aufeinander, wenn es um das Obszöne, das Pornographische geht. Viele Gläubige erblicken darin zugleich eine Blasphemie. „Pornographie" kommt aus dem Griechischen. *Porné* ist die Hure. Mit Pornographie ist also das Schreiben über (oder wie) Huren gemeint. Der Sache nach bezeichnet man heute damit eine obszöne Darstellung geschlechtlicher Vorgänge. „Obszön" heißt „unanständig, schlüpfrig, schamlos" und leitet sich vom Lateinischen *obscenus* her; das Wort kommt etwa seit der Wende zum 18. Jh. im Deutschen als Lehnwort vor.

In den meisten Fällen hat Pornographie nichts mit Kunst zu tun. Gewissenlose Geschäftemacher sind mit allen Mitteln hinter dem Profit her. Dennoch muß man sagen, daß auch Kunstwerke obszön sein können; Beispiele dafür liefert nicht nur die indische und japanische Kunst, sondern auch die europäische seit der Renaissance. Warum ist das so? Dafür gibt es unterschiedliche Gründe, die aus der persönlichen Lebensgeschichte stammen können oder aus einer gesellschaftskritischen Motivation entspringen.

Fatal ist es, wenn Menschen überhaupt kein Gespür dafür haben, wo das Obszöne beginnt. Sie halten jede Darstellung des Nackten für obszön. Nun kann aber das Nackte in einem Kunstwerk einen ganz verschiedenen Stellenwert besitzen. Damit kann einfach der Naturzustand des Menschen gemeint sein; es kann dadurch die Schönheit und Kraft des Leibes verherrlicht werden, wie in der griechischen Plastik, die gerade die Götter in strahlender Nacktheit zeigt. Umgekehrt kann Nacktheit die Verletzlichkeit und Ausgesetztheit des Menschen zum

Ausdruck bringen, wie bei den quälenden Selbstbildnissen von Egon Schiele. Das Nackte kann auch „obszön" wirken. Was jedoch als obszön betrachtet wird, ist soziokulturell variabel. Ein Hinweis auf die indische Kultur genügt: Dort hatten Darstellungen, die wir obszön finden, eine religiöse Bedeutung. In unserem Kulturbereich gibt es historische Schwankungen: Das 19. Jh. war prüde, heute sind viele unserer Zeitgenossen eher abgebrüht.

Es fällt dem Menschen, besonders heute, offensichtlich schwer, hier einen maßvollen, vernünftigen Standpunkt einzunehmen. Auf der einen Seite müssen wir von einer sexuellen Reizüberflutung in unserer Zeit sprechen, auf der anderen haben wir es mit einem tief verwurzelten Manichäismus zu tun. Dieser findet sich nicht nur, doch vornehmlich in den Kreisen der Frommen. Das Christentum hat hier an einer schweren geschichtlichen Last zu tragen. Der Manichäismus ist tief in die Kirchen eingedrungen. Große Theologen haben ihren Beitrag dazu geleistet, allen voran Augustinus. Seit der Renaissance, die ein Anwalt des Leibhaften und Erotischen war, sind gerade Künstler, Maler und Dichter gegen diesen christlichen Manichäismus Sturm gelaufen, offensichtlich ohne durchschlagenden Erfolg.

Alle Kunst wendet sich an die Sinne. Was sinnenhaft ist, hat es aber – zumindest untergründig – auch mit dem Sinnlichen, dem Erotischen, zu tun. Das ist mit dem Wesen der Kunst gegeben. Wer die Sinnlichkeit aus der Kunst austreiben will, schneidet ihr die Wurzeln ab. Im Barock war das auch den Christen bewußt, und viele Kirchen dieser Zeit legen Zeugnis davon ab. Heute kann man den Sinn mancher künstlerischer Provokationen darin finden, daß sie zum Nachdenken anregen, ob sinnenfeindliche Einstellungen nicht Fehlhaltungen sind. Ein Schock kann auch heilsam sein. Man kann sich zum Beispiel fragen, warum Christen oftmals gegenüber Darstellungen von Aggression – bis hin zum Mord, Krieg und Sadismus – außerordentlich tolerant waren, während alles Nackte abgelehnt wurde. Auch in Kirchen finden sich Bilder von Martyrien, die die größten Grausamkeiten geradezu genüßlich ausbreiten.

Damit ist nicht einer Haltung das Wort geredet, die der Kunst alles erlauben will. Es gibt einen Maßstab, der wohl nicht nur das „unterscheidend Christliche", sondern auch das „unterscheidend Menschliche" bemißt: Wo Worte und Bilder aus Haß oder Menschenverachtung hervorgehen, da wird der Mensch als Mensch verletzt und die Botschaft des Christentums ins Gegenteil verkehrt.

R. *Egenter,* Kunst und Christenleben (1958); Kunst und Kirche, Heft 4/1989, zum Thema „Konfliktfeld Kunst – Kirche"; *H.-R. Müller-Schwefe,* Das sogenannte Obszöne, Blasphemische und Revolutionäre bei Günter Grass und Heinrich Böll (1978); *G. Rombold,* Der Streit um das Bild (1988).

GÜNTER ROMBOLD

L

Leben

→ Abtreibung → Genetik und Gentechnik → Krankheit → Krieg → Leib
→ Medizinische Ethik → Mensch → Menschenwürde → Person → Tod

1. Der *Begriff* Leben läßt sich analytisch schwer beschreiben und umfaßt verschiedenste Bedeutungsvarianten. Je nach dem Blickwinkel, von dem aus Leben betrachtet wird, lassen sich unterschiedliche Charakterisierungen ableiten. Leben kann als Zustand angesehen werden, womit Charakter, Wesen, Sinn oder Existenz des Lebens angesprochen sind. Eine Beschreibung der Lebenserscheinungen, ihrer Ursachen und Zusammenhänge verweist auf Tätigkeit, Bewegung, Änderung und Prozeß. Leben als Zeitspanne zwischen seinem Beginn und Ende lenkt den Blick auf Herkunft, Entstehung, Ablauf, Ende und Ziel. Ob nach einer dualistischen Vorstellung eine unstoffliche Seele den Körper bewohnt oder nach materialistischer Auffassung Lebenserscheinungen allein durch stofflich-physische Faktoren bewirkt werden, es ist der Wissenschaft bisher noch nicht gelungen, eine endgültige Antwort darauf zu geben, was Leben ist. Selbst die Biologie als Wissenschaft vom Leben vermag nur Auskunft über Lebenseigenschaften zu geben. Die Frage nach dem Leben stellt sich daher vor allem als ontologisches Problem. Neueste naturwissenschaftliche Erkenntnisse erschließen ein breites Feld von biotechnischen Veränderungsmöglichkeiten. Die Anwendung von grundlegenden ethischen Prinzipien auf diese neuen Möglichkeiten fällt in den Kompetenzbereich der Bioethik, die sich mit der Bedeutung von Forschung und Technik im Teilbereich Leben beschäftigt und versucht, deren Ziele und Wege in einen gesamtmenschlichen Zusammenhang zu stellen.

2. Die *naturphilosophische Frage* greift die Problematik auf, ob die in einem belebten Organismus ablaufenden Gesetze sich auf allgemeingültige Gesetze der Physik und Chemie zurückführen lassen oder ob das Lebendige neben den Naturgesetzen noch eigenen Gesetzmäßigkeiten unterworfen ist. Hinter dieser Fragestellung verbirgt sich eine jahrhundertealte Kontroverse zwischen Mechanisten und Vitalisten. Die Mechanisten erklären die Funktionen der belebten sowie der unbelebten Materie ausschließlich nach physikalischen und chemischen Gesetzen. Der Unterschied zwischen „belebt" und „unbelebt" stellt sich als ein Problem des Überganges vom Anorganischen zum Organischen. Da Seele oder Geist nicht mit messenden oder logischen Methoden erklärt werden können, scheiden sie bei einer naturwissenschaftlichen Analyse der Lebensvorgänge aus. Die Vitalisten gehen von einer Unüberbrückbarkeit zwischen lebender und toter Materie aus. Die belebte Natur unterscheidet sich von der unbelebten, daß sie eigenen, nur Organismen innewohnenden Gesetzmäßigkeiten gehorcht. Diese Lebensfähigkeit eines Lebewesens, die Aristoteles als *causa formalis* oder Entelechie bezeichnete und die als Lebenskraft Wachstum und Gestalt eines Organismus bestimmt, kann von dessen körperlicher Erscheinung nicht getrennt werden. Charakteristisch für den Menschen ist, daß er sich seines Lebens im personalen Vollzug einer individuellen Geschichte bewußt ist. Menschliches Leben läßt sich daher nicht einschränken auf pure Vitalität oder Kontinuität biochemischer Prozesse, sondern umfaßt die ganze physisch-psychische Existenz des Menschen und schließt Gelingen und Mißlingen mit ein.

3. Leben in *biblischer Sicht* greift über die physisch-biologische Dimension hinaus und zeigt sich als ein weit umfassenderer Begriff.

Zum Grundbestand des *atl.* Glaubensgutes gehört zunächst einmal die Überzeugung, daß Jahwe lebt und Quelle des Lebens ist (Ps 18,47; 36,10). Dies wird in seinem Wirken in Schöpfung, Heilsgeschichte und persönlicher Führung erfahren und ins Bekenntnis übernommen. Leben wird verstanden als eine Gabe Gottes, dem alle lebenden Geschöpfe ihre Existenz verdanken (Ps 104,30; Jes 42,5). Erst in der letzten Etappe der Schöpfung tritt das Leben hervor als deren Krönung. Nach seinem Bild schafft Gott den Menschen, dem er als „Staub vom Erdboden" den Lebensodem in die Nase bläst und der dadurch zu einem lebenden Wesen wird (Gen 2,7). Er lebt in der Nähe des Lebensbaumes, verfällt aber der Sünde und damit dem Tod (Gen 2,9). Das AT kennt auch den jähen und verfrühten Tod, den Tod in der Mitte der Tage, der seine Vorboten in Krankheit, Armut, Not, Einsamkeit oder

Verzweiflung vorausschickt und so ins Leben eingreift, dessen Qualitäten mindert und es vorzeitig abbrechen läßt. Das diesseitige irdischleibliche Leben ist für den atl. Menschen das höchste Gut. Auch wenn er es von seinem Schöpfer nur befristet erhalten hat, hofft er, erst nach einem langen Leben „alt und lebenssatt" zu sterben (Gen 25,7f.; 1 Chr 29,28; Ijob 42,17; Ps 21,5; 91,16; 119,17.37.88.116.149; 143,11). Mit dem Lebenssegen verbunden sind Friede, Freude, Glück, Fruchtbarkeit des Landes, Gesundheit und Kinderreichtum. Ein solches erfülltes Leben ist Gabe Gottes. Das AT sieht Leben aber auch in Verbindung zum Bundesgott (Dtn 32,47). Das Einhalten der Gebote bewirkt Leben (Dtn 4,1; 5,33; 8,1; Ez 18; 33,10–20; Lev 18,5; Am 5,4.14; Hab 2,4). Leben bedeutet für Israel aber auch, das Land der Verheißung zu besitzen. Voraussetzung dafür ist das Einhalten der Gebote und Satzungen (Dtn 11,8f.; 30,15–20; Ps 37,9). In der Spätzeit Israels finden sich Ansätze einer Hoffnung auf ewiges Leben und Gemeinschaft mit Gott (Ps 16; 49,16; 73,23ff.; Jes 25,6ff.; 26,19ff.; Dan 12,2; 2 Makk 7,9–36; 12,43ff.; 14,46). Im Kult wird Leben zu einem Relationsbegriff, es kann nicht ohne Beziehung zu Gott verstanden werden (Ez 18,21). Deshalb nimmt Jahwe das Leben des Menschen unter seinen besonderen Schutz und verbietet den Mord (Gen 4,9–15; Lev 17,11). Das Tötungsverbot des Dekalogs galt allerdings zunächst nur für den freien Israeliten und betraf nicht das Töten schlechthin. Das AT kannte viele Ausnahmen.

Auch in den *ntl. Aussagen* erscheint Leben als ein Relationsbegriff und wird vor allem mit dem griechischen Wort ζωή oder ψυχή wiedergegeben und nicht so sehr mit dem Begriff βίος, der Leben als geschichtliches Dasein versteht. Leben ist Ausdruck der Beziehung zu Gott bzw. zu Christus und bedeutet grundsätzlich Sein im Heil. Dabei geht es nicht nur um das gegenwärtig erfahrbare Heil, sondern vor allem um das zukünftige Leben, das dem Menschen in der Auferstehung geschenkt wird. In der *synoptischen* Überlieferung meint Leben fast immer das ewige Leben, und die Totenerweckungen Jesu zeigen zeichenhaft die Überwindung der Macht des Todes (Mk 5,35–43; Lk 7,11–17). Das irdische Leben erhält dann seinen wahren Wert, wenn es im Dienste Gottes und des Nächsten steht (Mk 8,35f.; Lk 9,24; 17,33). Hängen am irdischen Leben kann zum Hindernis für die Nachfolge Christi werden (Lk 14,26). In der *paulinischen* Theologie bedeutet Leben gnadenhafte Teilhabe am Leben des Auferstandenen. Die eschatologische Dimension des Lebens ist angedeutet im Taufgeschehen als Mitsterben und Mitbegrabenwerden mit dem Gekreuzigten (Röm 6,3f.; Gal 2,20; 6,17; 2 Kor 6,9; Kol 2,12; Phil 3,10). Dieses Leben mit Christus ist noch verborgen und entfaltet sich erst in der Auferstehung von den Toten

(Röm 5,17; 8,2–10; 6,5.22; 2 Kor 2,16; 4,10f.; Kol 3,4). Die *johanneische* Theologie betont die Christozentrik des Lebens. Der präexistente und fleischgewordene Logos ist selbst das Leben (Joh 1,4; 1 Joh 1,1). Er ist gesandt, der Welt das Leben zu bringen (Joh 3,15f.; 10,10). Er ist das Brot des Lebens (Joh 5,24; 1 Joh 3,14). Dieses Leben ist wesentlich Gemeinschaft mit Christus (Joh 15,1–5) und wird vermittelt durch den Geist (Joh 1,13; 3,5f.; 4,14; 7,38f.; 1 Joh 5,6ff.), durch die Todeshingabe Jesu (Joh 6,51–58) und durch die Annahme seines Wortes (Joh 5,24; 6,63–68; 8,51). Es wird verwirklicht durch die Liebe zu den Brüdern, im Halten der Gebote und im Bleiben im Wort (Joh 13,4–17; 14,23; 15,12.17; 1 Joh 3,14; 4,7–16). Das Beispiel der Lebenshingabe Jesu ist Ausdruck der größten Liebe (Joh 15,13; 1 Joh 3,16). Das irdische Leben verweist auf die Teilnahme an der Herrlichkeit Jesu (Joh 14,2f.; 17,24–26). Der Wert des leiblichen Lebens erweist sich in der Teilnahme am göttlichen Leben.

4. Die *moraltheologische Problematik* wirft die Frage nach Sinn und Wert des Lebens auf. Die Lebensgeschichte ist eine Geschichte fortdauernder Selbstgestaltung und Personwerdung, und der Sinn des Lebens liegt für den Menschen darin, er selbst zu werden. Leben ist daher Ermöglichung personaler Existenz und Freiheit, unwiederholbarer Geschichte und zwischenmenschlicher Beziehungen.

In der traditionellen christlichen Ethik galt Leben als ein hohes Gut, über das dem Menschen keine Verfügungsmacht zusteht. Ein langes Leben wird als Segen und Gabe Gottes empfunden, das dem Menschen nur zu Lehen gegeben ist und das daher prinzipiell als unverletzlich gilt, auch wenn dann traditionelle Ausnahmen aus dem absoluten Tötungsverbot gemacht werden wie in der Frage der Notwehr, der Todesstrafe oder der Tötung im gerechten Krieg. Dennoch wird das irdische leibliche Leben nicht als das höchste Gut angesehen; seinen Wert erfährt es erst im Dienste Gottes und am Nächsten. Das Tötungsverbot wird in der Auffassung vom Menschen als Ebenbild Gottes begründet und umfaßt auch den Auftrag zur Bewahrung des Lebens. Die moraltheologischen Handbücher vertreten daher das ausschließliche Verfügungsrecht Gottes über das menschliche Leben als fundamentales Prinzip. Wer sich gegen das Leben verfehlt, verfehlt sich gegen Gott, den Herrn über Leben und Tod.

Mit der Unterscheidung zwischen direkter und indirekter Tötung wird aber bereits eine Wertung der dahinterstehenden Absicht vorgenommen. Jede direkte Tötung eines Unschuldigen wurde unbedingt für alle Zeiten und Fälle als unerlaubt angesehen. Eine indirekte Tötung nimmt bei der Verfolgung eines berechtigten Zieles nebenher die Todesfolge in Kauf. Mit einer solchen Einschränkung kann aber die prinzipielle Auffassung vom alleinigen Verfügungsrecht Gottes über das Leben des Menschen nicht durchgehalten werden. Gerade die Ausnahmefälle zeigen, daß eine teleologische Argumentation, welche die Werteinsichten und normativen Aussagen von ihren Bedeutungen, Wirkungen und Folgen her zu legitimieren versucht, auch in der traditionellen katholischen Moraltheologie zu finden ist. Das irdisch-menschliche Leben galt nie als das höchste Gut, wohl aber als das fundamentalste, das allen anderen Gütern vorausliegt und auf dem alle anderen Güter aufbauen. Im Konfliktfall ist aber dem sittlichen Gut der Vorrang zu geben gegenüber vorsittlichen Gütern, ebenso ist aber auch dem Leben als Basisgut der Vorrang einzuräumen gegenüber darauf aufbauenden Gütern der Lebensqualität.

Aus christlich-sittlicher Verantwortung ist Achtung und Ehrfurcht vor dem Leben gefordert, die in der Würde des menschlichen Lebens gründen und sich in den Menschenrechten, vor allem im Recht auf Leben, konkretisieren. Alle Menschen haben ein gleiches Recht auf Leben, auch die Ungeborenen, Geisteskranken und Sterbenden. Daraus ergibt sich auch die Pflicht, dieses Leben so lange zu erhalten, als es vernünftigerweise im Dienst personaler Entfaltung stehen kann. Es findet aber seine Grenze am Lebensrecht des Mitmenschen. Der in der mitmenschlichen Person liegende absolute Wert als Ebenbild Gottes verbietet es, den Menschen und somit das menschliche Leben als bloßes Mittel zu gebrauchen, da es ja Ausgangspunkt für die endgültige Erfüllung und Auferstehungshoffnung ist. Jede Verfügung über das Leben ist daher auch in diesem Zusammenhang zu sehen.

Die sittliche Problematik stellt sich zunächst einmal am Beginn des Lebens. Die wachsenden Möglichkeiten der Biotechnik setzen menschliches Leben zunehmend der Verfügung aus. Die personale Identität und biologische Integrität sind davon betroffen. Ferner muß jede direkte Tötung generell als ungerecht und ungerechtfertigt bezeichnet werden. Als Ausnahme kann heute wohl nur mehr die unmittelbare Notwehrsituation angesehen werden. Die Tötung im sogenannten gerechten Krieg wird von vielen Moraltheologen nicht mehr als eine solche Ausnahme betrachtet und schon gar nicht die Todesstrafe. Bezüglich der Abtreibung ist festzuhalten, auch wenn mögliche Indikationen einen Abbruch der Schwangerschaft als menschlich verstehbar erscheinen lassen, muß das Recht auf Leben auch dem ungeborenen Menschen zugestanden werden. Euthanasie als bewußte aktive Herbeiführung des Todes gilt als sittlich unerlaubt, ein aussichtsloser Sterbeprozeß muß aber nicht um jeden Preis verlängert werden, und schmerzlindernde Medikamente mit lebensverkürzender Nebenwirkung können verabreicht werden, wenn diese nicht direkt angestrebt wird. Selbsttötung als Zerstörung des eigenen von Gott geschenkten Lebens gilt als sittlich unerlaubt; es ist aber zu berücksichtigen, daß sie durchwegs auf Grund einer tiefen existentiellen Verzweiflung, gravierender seelischer Bedrängnis und Erkrankung oder aus einer anlagenhaften Neigung erfolgt. Lebenshingabe um des Nächsten willen ist nicht einforderbar und kann als Tat der Selbstlosigkeit verstanden werden.

K. *Demmer,* Leben in Menschenhand. Grundlagen des bioethischen Gesprächs (1987); F. *Furger/ K. Koch,* Verfügbares Leben? Die Wertung des menschlichen Lebens in der gegenwärtigen Gesellschaft aus der Sicht christlicher Ethik (1978); H. *Rotter,* Die Würde des Lebens. Fragen der medizinischen Ethik (1987); K. H. *Schelkle,* Theologie des Neuen Testaments, Bd. III (1970) 229–240.

RAIMUND SAGMEISTER

Lehramt

→ Autorität → Empfängnisregelung → Gewissen → Kirche
→ Moraltheologie → Norm

Nach dem heutigen, den Bedeutungsgehalt einengenden Sprachgebrauch ist das kirchliche Lehramt die von den Bischöfen mit bzw. und dem Papst gebildete Instanz innerhalb der Kirche, die den Auftrag und die Vollmacht hat, die Offenbarungsbotschaft oder Glaubenslehre getreu zu bewahren und zu vermitteln sowie verbindlich auszulegen.

Allerdings bleibt Gottes in seinem „Wort" Jesus Christus kulminierende und die Kirche konstituierende Offenbarung der Kirche als solcher und ganzer anvertraut. Indem es ihr und jedem einzelnen ihrer Glieder aufgegeben ist, an dieser im Glauben angenommenen Botschaft festzuhalten, sie in Leben und Geschichte zu entfalten, zu bezeugen und weiterzugeben, kommt der *Gesamtkirche* und allen Christen ein „Amt" der Lehre zu, mit dem sie am prophetischen Amt Christi partizipieren. Zugleich gibt es innerhalb der Kirche das hierarchische Lehramt des Papstes und der Bischöfe, das unmittelbar die apostolische Sendung (vgl. Röm 10,13–15) weiterführt, jedoch vom Glaubenssinn und Glaubenszeugnis der von ein und demselben Geist geleiteten Gesamtkirche nicht zu isolieren ist. In dieser vor allem pneumatologisch konzipierten, in Rechtskategorien nur schwer faßbaren wechselseitigen, wenn auch nicht gleichsinnigen Zuordnung ist das Lehramt auf den Glauben der Gesamtkirche als sein Objekt verwiesen, der wiederum durch das Lehramt seine autoritative Auslegung und theologische, d. h. auf der Geltendmachung der Offenbarung beruhende Verbindlichkeit erhält. Damit aber gründet alle kirchliche Lehrautorität über die so strukturierte innerkirchliche Kommunikation hinaus wesentlich in der Autorität des Wortes Gottes selbst und hat ihr Maß in der Treue, in der kirchliches Lehren sich ihm erschließt bzw. durch dieses selbst erschlossen wird.

Die theologische Reflexion der Strukturen lehramtlicher Autorität und die Ausdifferenzierung derselben setzen verstärkt mit dem 2. Jahrtausend ein, nachdem bisher das synodale Element den Konsens bezüglich der Tradition zu erweisen vermochte, und folgen naturgemäß den Herausforderungen, die nach der Trennung von Ost- und Westkirche vor allem die Bestreitung eines autoritativen Lehramtes (neben der Autorität der Hl. Schrift) durch die Reformatoren sowie innerkatholische Kontroversen (bes. um den Jansenismus) darstellten. Die besonderen Momente dieser *Entwicklung* der Magisteriologie sind die Profilierung der Entscheidungskompetenz des Papstes, dessen Lehrtätigkeit seit dem 19. Jh. in der Kirche zunehmend (verstärkt durch die modernen Kommunikationsmedien) an Bedeutung gewonnen hat, sowie die Klarstellungen hinsichtlich sowohl des Gegenstandes kirchlicher Lehrautorität als auch der Art und des Grades der Zustimmungspflicht. Als markantestes Datum der neueren Geschichte des Lehramtes und seiner Theologie ist die Dogmatisierung der Unfehlbarkeit der Ex-cathedra-Entscheidungen des Papstes durch das Erste Vaticanum anzusehen, dessen (im übrigen unabgeschlossenen) ekklesiologische Aussagen das Zweite Vaticanum in einen umfassenden Kontext gestellt hat (vgl. LG Kap. 2–4). Darin ist die Dichotomie in eine *ecclesia docens* und eine *ecclesia discens* überwunden und die hypertrophe Vorstellung vom kirchlichen, insbesondere römischen Lehramt als einer autarken, jederzeit bequem anzurufenden Auskunftsinstanz zurückgewiesen, wie dies bereits das Erste Vaticanum im kommentierenden Kontext seiner Unfehlbarkeitsdefinition ausdrücklich getan hat (danach haben die Päpste unter Anwendung entsprechender Erkenntnismittel definiert, was sie als mit der Hl. Schrift und den apostolischen Traditionen übereinstimmend erkannt hatten, wird ihnen doch durch den Hl. Geist nicht eine Offenbarung zuteil, um eine neue Lehre zu verkünden, sondern der Beistand, um das Glaubensdepositum zu bewahren und getreu auszulegen; vgl. DS 3069f.). Zugleich wird die Gemeinschaft des Gottesvolkes als solche und darin die Stellung der Laienchristen neu gewürdigt.

Dieses integrierende Verständnis des Lehramtes in der Kirche läßt die christliche Erkenntnis als ein gesamtkirchliches Geschehen im Vollzuge eines *kommunikativen Prozesses* erscheinen. An diesem Prozeß haben alle Gläubigen im Maße ihrer Gnadengaben und menschlichen Möglichkeiten teil. Den Christen in weltlichen Aufgaben und Berufen spricht das Zweite Vaticanum nicht nur eine besondere Aufgabe, sondern auch eine besondere Kompetenz in der Bezeugung und Verwirklichung des Glaubens zu (vgl. LG 36; GS 43; AA 7). Vor allem aber begründeten Taufe und Firmung eine Befähigung und Berufung, die Glaubensbotschaft immer tiefer zu erfassen und in der Praxis des Lebens zu verwirklichen, weshalb es in der Kirche grundsätzlich keine reservierte Erkenntnis gibt. Tatsächlich kommen immer wieder wertvolle Impulse aus den Reihen der Nichtamtsträger, aus denen sich geradezu prophetische, obschon nicht selten kritische Stimmen vernehmen lassen. – Eine Stellung und Aufgabe besonderer Art kommt in diesem Erkenntnisprozeß der Theologie bzw. den Theologen zu. Sie erschließen den Glauben der Kirche im Blick speziell auf die Aussagen des Lehramtes und dienen diesem wiederum, indem sie die Erfahrungen und Zeugnisse der Gläubigen in ihre wissenschaftliche Arbeit einbeziehen, auf die das Lehramt im Grunde nicht verzichten kann, wie auch die Theologie ihrerseits dem Lehramt in der Kirche verpflichtet bleibt. Die Besinnung auf die je eigene Funktion von Theologie und Lehramt einerseits und auf die partnerschaftliche Verwiesenheit beider in der Hinordnung auf die Mitte der Kirche andererseits, die das Lehramt nicht minder als die Theologie um einen redlichen Dialog bemüht sein läßt, hilft, die Konflikte, die sich erfahrungsgemäß aus einer divergierenden Bestimmung dieser Verpflichtung ergeben können, zu vermeiden bzw. abzutragen. – Sache des Lehramtes ist es schließlich, im Modus seiner ordentlichen und allgemeinen Amtsausübung oder einer außerordentlichen Entscheidung die Übereinstimmung des so entwickelten Erkenntnisstandes mit der Offenbarungsbotschaft sicherzustellen bzw. letztere in diesem Sinne autoritativ auszulegen. Seine authentischen Aussagen begründen darum eine Verbindlichkeit, d. h. eine Verpflichtung zu innerer und auch äußerer Zustimmung („Gehorsam" ist nicht eigentlich eine Korrespondenz zur Lehraussage), die allerdings Unterschiede aufgrund der inhaltlichen Dichte wie der formalen Intensitätsgrade kennt. Es gehört in das Aufgabengebiet der Theologie, die jeweilige Eigenart einer lehramtlichen Aussage festzustellen, diese einer Hermeneutik zu unterziehen und so in das Ganze einzuordnen. Es ist eine der in diesem Zusammenhang kolportierten falschen Alternativen, daß nur absolute Verbindlichkeit wahre Verbindlichkeit sei. Hingegen muß Verbindlichkeit nicht eo ipso unbedingte Zustimmung fordern. Lehramtliche Interventionen verwehren nicht notwendig jede weitere Diskussion. Nur bei definitiven Festlegungen der Offenbarungswahrheit als solcher ist der erfolgreiche Beistand des Hl. Geistes (Unfehlbarkeit) aus Glaubensgründen gewiß; sie verlangen deshalb unbedingte Zustimmung. Die Legitimität eines Dissenses in dem nicht durch Unfehlbarkeit gesicherten Bereich ist mit dieser Grenzziehung gegeben, muß jedoch die Zustimmungspflicht auch außerhalb derselben (und entsprechend in der betreffenden Frage) anerkennen und somit um einen Konsens bemüht bleiben. Wo dieses Bemühen offenkundig ist, wird man gegenüber theologischen Lehrern disziplinäre Maßnahmen wenigstens zurückhaltender anwenden.

Zur Verkündigung der Offenbarungsbotschaft gehört von Anfang an auch die Geltendmachung ihrer *ethischen Relevanz*. Die ethosformende Bedeutung des Glaubens, die sich bereits im AT zeigt, steht auch im NT weder für die Botschaft Jesu noch für die apostolische Verkündigung in Frage. Zwar liegt (was keineswegs verkannt werden darf) der Primat eindeutig bei der Botschaft, dem Evangelium bzw. beim Glauben als alleiniger Bedingung der Rechtfertigung (vgl. Gal 2–5), doch ist diese Botschaft nicht ohne inneren Bezug zum sittlichen Leben bzw. ist der (lebendige) Glaube immer und so sehr ein hoffender und in der Liebe wirksamer (Gal 5,6), daß er auch von dieser seiner Praxisseite her in Frage gestellt und um seine Identität gebracht werden kann. Die Botschaft, die im Glauben anzunehmen ist, ist auch auf das sittliche Leben zu applizieren (Zweites Vaticanum, LG 25: *fides credenda et moribus applicanda*). Aus diesem Grunde und in diesem Sinne (der Zuordnung der Moral zum Glauben ohne Gleichstellung beider) rechnen neben den eigentlichen Glaubensinhalten auch Sittenlehren zum Ganzen der christlichen Lehre und beansprucht das Lehramt, wie die beiden Vatikanischen Konzilien ausdrücklich erklären, Zuständigkeit – gegebenenfalls Unfehlbarkeit – in einer *doctrina de fide vel moribus* (DS 3074; LG 25). Dementsprechend prüft und entscheidet die römische Glaubenskongregation wie selbstverständlich auch Fragen der christlichen Moral. Schließlich ist nach den Worten des Konzils wie die übrigen theologischen Fächer die Moraltheologie „unter Führung des kirchlichen Lehramtes" zu betreiben (OT 16), in welchem sie, wie dies ihrem erklärten Selbstverständnis als kirchlicher Disziplin entspricht, ihre nächste und allgemeine Norm anzuerkennen hat.

In den sechziger Jahren ist (im Zusammenhang mit dem 1968 durch *Humanae vitae* erneut verkündeten Antikonzeptionsverbot) die in der Vergangenheit (soweit man sieht) fraglos bejahte und vertretene kirchliche Lehrautorität auf dem Gebiet der Moral einschließlich des natürlichen Sittengesetzes zum *Problem* geworden. Die darüber entstandene heftige Diskussion machte ein Reflexionsdefizit in dieser Frage offenbar. Die traditionellen Begründungen genügten nicht mehr: Das natürliche Sittengesetz werde durch die Offenbarung bestätigt, die Kirche habe auch darin die Menschen zum Heil zu führen, zudem schließe ihre Heiligkeit eine Verkehrung von Gut und Böse aus; es bedurfte einer vertieften Sicht des Wesens und der Zuordnung von Offenbarung, Naturrecht und Lehramt. Dabei ist insbesondere festzuhalten: 1. Die kirchliche Lehrkompetenz (und Unfehlbarkeit) auf dem Gebiet der Moral hat ihren Grund und ihre Grenze in der Bewahrung und Auslegung der Offenbarungsbotschaft. 2. Ohne die Struktur des Sittlichen zu ändern, das sich immer als Handeln aus Einsicht in eine bestimmte Sollensforderung (Gewissen) versteht, vermag die Glaubensbotschaft (von der theologischen Anthropologie her) ethische Entwürfe zu kritisieren, Normen zu bestätigen und in ihrer Begründung zu vertiefen sowie Impulse zu einem sittlichen Erkenntnisfortschritt in der Entwicklung von Handlungsalternativen zu vermitteln. So wird das Ethos in den Glaubensvollzug integriert und zugleich der Glaube in seiner Lebensbedeutung erfahrbar.

Somit ist weder eine Allkompetenz noch eine Alleinkompetenz des Lehramtes beansprucht. Lehramtliches Sprechen und Entscheiden in Moralfragen steht sowohl in Kommunikation innerhalb der Kirche als es andere ethische Instanzen neben sich hat, von denen es herausgefordert wird und denen es sich einladend anbietet. Die Kirche hat (namentlich in ihrem Lehramt) der *Gesellschaft* eine sittliche Orientierung zu geben; allerdings muß sie sich dabei als kundigen wie redlichen Dialogpartner erweisen. (Daß die Kirche, ohne vereinnahmen zu wollen, dort, wo bedeutsame Entscheidungen fallen, präsent bleibt, ist wichtiger, als daß sie dabei bestimmte Positionen durchzusetzen vermag.) Neben dem Einsatz in konkreten Fragen (Umwelt, Friedenssicherung, Arbeit, wirtschaftliche Gerechtigkeit, Biotechnik usw.) muß das Lehramt den Stellenwert der Moral im Heilsgeschehen deutlich machen, der Versuchung zu einem religiösen und moralischen Leistungsdenken entgegentreten, die ethische Relevanz christlicher Hoffnung (vgl. die „Zumutungen" der Makarismen der Bergpredigt) aufzeigen und nicht zuletzt Gottes Geduld und Vergebung verkünden.

A. Auer, (Hrsg.) Die Autorität der Kirche in Fragen der Moral (1984); *W. Kern* (Hrsg.), Die Theologie und das Lehramt (1982); *J. Schuster,* Ethos und kirchliches Lehramt. Zur Kompetenz des Lehramtes in Fragen der natürlichen Sittlichkeit (1984); Schreiben der deutschen Bischöfe an alle, die von der Kirche mit der Glaubensverkündigung beauftragt sind (22. 9. 1967); Theologe und Hierarch, in: Theologische Berichte 17 (1988).

ALFONS RIEDL

Leib

→ Frauenfrage → Freiheit → Genetik und Gentechnik → Kirche
→ Krankheit → Leben → Mann → Mensch → Medizinische Ethik
→ Organtransplantation → Person → Tod

Die Einstellung gegenüber der Leiblichkeit des Menschen ist ein Testfall und ein Grundkriterium für das Selbst- und Weltverständnis des Menschen, von dem sehr viel abhängt. Je nach der Einstellung haben wir ein leib- und lebensbejahendes, optimistisches Verhalten oder ein leib- und lebensverneinendes, asketistisches, sadistisches, masochistisches bzw. aggressives Verhalten vor uns. Grundlage modernen Leibverständnisses ist die zunehmende Überzeugung der Einheit von Leiblichem und Seelischem, von Materiellem und Geistigem. Nicht nur in der Medizin weiß man von psychogenen somatischen Leiden (Psychosomatik) und von der Wirkung des Körpers auf die Seele, auch das moderne Selbstverständnis ringt bei aller Differenzierung um das Anliegen der Einheit und Ganzheit des Menschen. Bloße Körperbezogenheit wird abgelehnt. Grundlage christlicher Leibbetrachtung ist die Tatsache, daß Gott in Christus „Fleisch geworden" (Joh 1,14) ist, daß wir die Kirche als „mystischen Leib Christi" deuten und daß wir die „Erlösung unseres Leibes" (Röm 8,23) bzw. die „Auferstehung des Fleisches" erwarten.

In der *Bibel* gibt es kaum Hinweise für eine Abwertung des Leiblichen. Beispielsweise werden im Hohenlied der Liebe Eros und Sexus in großer Freiheit und Offenheit besungen. Auch in der Lehre Jesu läßt sich keine Höherbewertung der Seele gegenüber dem Leib feststellen. Für das Heil sind Leib und Seele von Bedeutung (vgl. Mt 10,28). Als böse wird nicht der Leib, sondern der Wille bzw. das Herz des Menschen (vgl. Mk 7,20–23), also eher der Geist, bezeichnet.

Die antike heidnische Umwelt ist bereits stark von einem dualistischen Denken, d. h. von einer Leib-Seele-Aufspaltung, geprägt. Bekanntlich hat *Platon* den Leib als „Kerker" der Seele bezeichnet. Im *Phaidon* heißt es demgemäß: „Solange wir noch den Körper als Genossen des Gedankens bei der Selbstbetrachtung haben und unsere Seele noch mit solchem Übel vermengt und beschmutzt ist, können wir uns von dem Gegenstand unseres Strebens, dem wahren Sein, keine hinreichende Vorstellung machen. Denn Ruhelosigkeit in tausend Formen bringt uns der Körper, ... verwirrt uns" (66b). Bei der großen Wertschätzung, die Platon später genoß, ist es nicht verwunderlich, daß beispielsweise im Mittelalter Papst Innozenz III. die Platonische Rede vom Kerker der Seele aufgriff und biblisch begründete: „Der Kerker der Seele ist der Leib, daher sagt der Psalmist: ‚Führ aus dem Kerker heraus meine Seele!'" (Ps 141,8).

Die Problematik eines differenzierten Umgangs mit dem Leib zeigt sich aber auch bereits beim Apostel *Paulus*, der ja bekanntlich hellenistisch-griechische Bildung genossen hatte. So bezeichnete er in einem herrlichen Vergleich den Leib als „Tempel des Heiligen Geistes" (1 Kor 6,9) und warnt in diesem Zusammenhang vor Unzuchtssünden, wobei er vor allem an die damals in Korinth verbreitete Prostitution dachte. Eine spätere Tradition freilich verurteilte die Unzucht, den Vergleich übersteigend, als Sakrileg am Hl. Geist selbst. Paulus selbst spricht dagegen im Philipperbrief davon, daß der wiederkehrende Christus „unseren armseligen Leib verwandeln wird in die Gestalt seines verherrlichten Leibes" (3,21). Weiters übernimmt Paulus vom römischen Konsul Menenius Agrippa die überzeugende Parabel vom Leib, zu dessen Wohlbefinden alle Glieder, auch „die schwächer scheinenden", ja sogar die „weniger anständigen Glieder" (1 Kor 12,22f.) ihren Beitrag leisten. Für die Moraltheologie und -pädagogik erwies sich aber wiederum die Erwähnung von „weniger anständigen Gliedern" als folgenschwer, meinte man doch in ihnen bis in die jüngste Vergangenheit, die Geschlechtsorgane sehen zu sollen, die man deshalb als „unehrerbietige Körperteile" *(partes inhonestae)* bezeichnet hat. Doch Paulus hat dies bestenfalls indirekt angedeutet, aber sicher nicht ausdrücklich so gemeint. Dagegen wurden vom römischen Stoiker Cicero die Ausscheidungsorgane, die ja teilweise mit den Geschlechtsorganen gekoppelt sind, als unschön und schandbar *(deformis atque turpis)* abgewertet *(De officiis* I, 35).

Überhaupt kam von den Stoikern ein starker leib- und lustfeindlicher Einfluß, der sich mit Ambrosius und Augustinus auch innerkirchlich zunehmend etablierte. Darüber hinaus drangen gnostisch-dualistische Strömungen in das Christentum ein. Beispielsweise taucht das Bild, daß der Leib wie ein störrischer Esel behandelt werden müsse, erstmals in den christlich-gnostischen Thomasakten aus dem 2. Jh. auf. Bei *Laktanz,* dem „christlichen Cicero", heißt es zu Anfang des 4. Jh.s bereits klar dualistisch: „Der Seele haftet das Gute an, dem Leibe das Böse, der Seele Licht, Leben und Gerechtigkeit, dem Leibe Finsternis, Tod und

Ungerechtigkeit ... im Geiste haben die Tugenden, im Leibe die Laster ihren Sitz, und beide bekämpfen sich wechselseitig" (*De ira Dei* 15). *Augustinus* dagegen wendet noch, trotz der leibfeindlichen Beeinflussung, gegenüber den Manichäern ein: „Der Geist ist etwas Gutes, und das Fleisch ist etwas Gutes. Und der Mensch, der aus beiden Teilen besteht, von denen der eine herrscht, der andere dient, ist sicher etwas Gutes, freilich ein veränderliches Gutes" (*De cont.* 7,18). Die Mönchsbewegung wiederum ist empfänglicher für leibfeindliche Strömungen. Der Einsiedler Dorotheus deutet den Leib bereits als seinen „Todfeind": „Er tötet mich, und ich töte ihn." Und dennoch bezeichnet *Tertullian*, auch wenn er in seinem späteren Leben stark vom leibfeindlichen montanistischen Denken beherrscht war, seine Schrift von der „Auferstehung des Fleisches" ausdrücklich als ein „Loblied auf das Fleisch" *(praeconium carnis)* und prägt darin das berühmt gewordene Wort, wonach das „Fleisch der Angelpunkt des Heils" *(caro salutis est cardo)* ist.

Der große mittelalterliche Theologe *Thomas v. Aquin,* der sich sowohl von leibfeindlichen (Augustinus) wie von leibbejahenden (Aristoteles) Strömungen beeinflußt zeigt, spricht nicht nur davon, daß der Mensch „in körperlichen Dingen und in den Freuden des Fleisches eine gewisse tierische Glückseligkeit suchen will" (*Summa contra gentiles* IV 54), sondern auch davon, daß „die mit dem Leib vereinigte Seele gottähnlicher ist als die vom Leib getrennte, weil sie auf vollkommenere Weise ihre Natur besitzt" (*De potentia* 5,10 ad 5). Im 17. Jh. formulierte der englische Literat *John Donne* den bekannten Vers: „Geheimnisse der Liebe wachsen in der Seele, aber immer ist ihr Buch der Körper". Etwa zur selben Zeit aber führte der große französische Philosoph *René Descartes* die für die Neuzeit folgenschwere Trennung von Leib und Geist durch, ja er betrachtete den Leib als Maschine: „Jeder, der weiß, wieviel verschiedene Automaten oder bewegliche Maschinen der arbeitsame Mensch machen kann, wird den Leib als eine Maschine betrachten."

Von dem Theosophen *Friedrich Christoph Oetinger* stammt gegen Ende des 18. Jh.s das Wort von der Leibwerdung als dem „Ende (im Sinne von Ziel) der Werke Gottes". Der Dichter der Romantik *Novalis* spricht dasselbe in etwas profanerer Weise aus: „Es gibt nur einen Tempel in der Welt, und das ist der menschliche Körper. Nichts ist heiliger als diese hohe Gestalt ... Man berührt den Himmel, wenn man einen Menschenleib betastet." Es war *Friedrich Nietzsche,* der daraus eine radikale profane Konsequenz zog: „Leib bin ich und Seele – so redet das Kind. Und warum sollte man nicht wie die Kinder reden?

Aber der Erwachte, der Wissende, sagt: Leib bin ich ganz und gar, und nichts außerdem; und die Seele ist nur ein Wort für ein Etwas am Leibe. Der schaffende Leib schuf sich den Geist als eine Hand seines Willens."

Auch unser Jahrhundert zeigt sich vom Ringen um eine Ausgewogenheit zwischen Leibverachtung und Leibbejahung geprägt. Für *L. Klages* ist „der Leib... die Erscheinung der Seele, die Seele der Sinn des lebendigen Leibes". *W. Stählin* vertritt nachdrücklich: „Wir ‚haben' nicht Leib und Seele, sondern wir sind Leib und Seele.... Leib zu sein ist die Form unseres Daseins auf Erden." *H. Plessner* betont, „daß man einen Leib bewohnt und zugleich ein Leib ist". „Leib (als Ausdrucksorgan) ist Seele, wie Seele (als Antriebsform) Sinn des lebendigen Leibes".

Auch theologischerseits sucht man die Einheit von Leib und Seele entsprechend zu vertreten. So ist nach *F. P. Fiorenza* und *J. B. Metz* daran festzuhalten, „daß der menschliche Geist die Vollendung seiner Geistigkeit gerade in seiner Einheit mit dem Leib findet, sodaß der menschliche Geist als solcher nicht desto ‚mehr Geist' wird, je mehr er sich vom Leib trennt, sondern je mehr er sich verleiblicht". Denn „der Leib ist nicht bloße Materie, sondern eine von Geist informierte Materie, und die Seele kein bloßer Geist, sondern die Materie informierender Geist". Die sakramentale Dimension des Leiblichen spricht *P. Teilhard de Chardin* an: „Ich segne dich, Materie, und rufe dich an: nicht wie die Hohenpriester der Naturwissenschaften oder die moralisierenden Prediger dich darstellen – erniedrigt, entstellt, eine Masse grober Gewalten und niedriger Lüste, sondern wie du dich mir heute gezeigt hast, in deiner Ganzheit und wahren Natur... der Leib Christi." Um eine nüchterne und ausgewogene Sicht war das *Zweite Vatikanische Konzil* bemüht: „In Leib und Seele einer, vereint der Mensch durch seine Leiblichkeit die Elemente der stofflichen Welt in sich: Durch ihn erreichen diese die Höhe ihrer Bestimmung und erheben ihre Stimme zum freien Lob des Schöpfers (vgl. Dan 3,57–90). Das leibliche Leben darf also der Mensch nicht geringachten; er muß im Gegenteil seinen Leib als von Gott geschaffen und zur Auferweckung am Jüngsten Tage bestimmt für gut und der Ehre würdig halten. Durch die Sünde aber verwundet, erfährt er die Widerstände seiner Leiblichkeit. Daher verlangt die Würde des Menschen, daß er Gott in seinem Leibe verherrliche (vgl. 1 Kor 6,13–20) und ihn nicht den bösen Neigungen seines Herzens dienen lasse" (GS 14).

Dennoch besteht innerhalb der Kirche nach wie vor auch eine leibabwertende Strömung. So sieht *C. S. Lewis* den Leib noch immer als einen „widerspenstigen Esel" an. Ein weiteres negatives Beispiel leibfeindlicher Strömung innerhalb der heutigen Kirche stellt eine Äußerung von *J. M. Escriva de Balaguer* in dessen Buch *Der Weg* dar, das zwar aus den zwanziger Jahren stammt, aber heute noch die Laienspiritualität im Rahmen des „Opus Dei" beeinflußt: „Wenn Du weißt, daß Dein Leib Dein Feind ist und der Feind der Ehre Gottes, da er Deiner Heiligung im Wege steht, warum behandelst Du ihn mit so viel Nachgiebigkeit?" (Nr. 227).

Freilich zeigt sich auch im modernen Kult des Leiblichen eine erschreckende Leibfeindlichkeit, die typisch ist für die neuzeitliche westliche Industriegesellschaft, wenn der Leib benutzt wird als Mittel vordergründiger Leistungsziele, sei es durch entwürdigende Arbeit, sei es im Rahmen eines bedenklichen Hochleistungssportes, oder im Sinne sexueller Ausbeutung.

Die Notwendigkeit, für ein ausgeglichenes Verhältnis zwischen Leiblichem und Geistigem im Dienste der Gesundheit zu sorgen und die Gefahr, das eine zum Schaden des anderen zu überschätzen bzw. abzuwerten, zeigt sich beispielsweise auch im Bereich der *Nahrungsaufnahme*. Unabhängig davon, daß die moderne Agroindustrie zwar wohl mengenmäßig für gewisse Breiten Nahrung in Fülle bereitstellen kann, zeigen sich schon hier empfindliche Defizite, was Qualität und Gesundheitswert bis hin zu beinhalteten Schadstoffen anbelangt. Zum Problem des Hungers auf der einen Seite kommt das Problem des unbeherrschten Vielkonsums (der Genußsucht) bzw. des einseitigen Auswahlkonsums mit der Folge von neuen Mangelkrankheiten (z. B. Vitamin-B-Mangel in den Industrieländern) aufgrund von denaturierter Nahrungsmitteln und raffiniertem Zucker. Nun ist der Mensch anlagebedingt sicher auch im Ernährungsbereich offen für zahlreiche Variationen, angefangen vom strengen Vegetarismus bis hin zum extremsten Fleischverzehr, und zwar zunehmend auch unabhängig von klimatischen Voraussetzungen, die bislang sehr oft die Ernährungsweise bestimmt haben. Es sei hier aber doch darauf hingewiesen, daß es für eine gemäßigte vegetarische Ernährungsweise zahlreiche Argumente gibt, die auch von ethischem Belang sind. Angefangen von der bedenklichen Massentierhaltung, der Frage der Notwendigkeit der Tiertötung, bis hin zu medizinischen Gesichtspunkten, die im Fleisch auch Gefahren für die Gesundheit des Menschen erkennen lassen, gar nicht zu reden von der globalen Ernährungssituation, deren Ungleichgewicht nicht nur welthandelsbedingt, sondern auch aufgrund des etwa zehnfachen Verbrauchs von Nahrungsmitteln bei der Tierfütterung gegeben ist (etwa 80 Prozent der Welternte des Getreides wird an Tiere verfüttert), gibt es zahlreiche Gründe für eine Nahrung, die ihren Hauptakzent auf

Getreide, Nüsse, Samen, auf Gemüse, Salate und Obst verlegt. Schließlich sollte auch noch beachtet werden, daß gemäß dem Schöpfungsbericht dem Menschen nur „samenhaltige Früchte" (Gen 1,29) als Nahrung zugewiesen wurden. Erst nach dem Sündenfall und der Flut (vgl. Gen 9,2–5), also angesichts seiner Verdorbenheit durch die Erbschuld, wird ihm auch tierische Kost zugemutet, denn nunmehr liegt auf ihm der Fluch, daß sich vor ihm „Furcht und Schrecken ... auf alle Tiere der Erde legen" (Gen 9,2). Gott jedoch fordert Rechenschaft für alles vergossene Blut von Mensch und Tier (vgl. Gen 9,5).

Weil Nahrungsaufnahme jedoch nicht nur zur Erhaltung von Leib und Leben dienen kann, sondern auch einen nicht unerheblichen Kommunikationsfaktor darstellt – man denke an sogenannte Festmähler, an Arbeitsessen zu bestimmten Anlässen usw. –, so sei hier abschließend auch noch kurz auf die Frage des *Hungerstreiks* verwiesen, bei dem Nahrungsaufnahme bzw. deren Verweigerung als Druckmittel zur Erlangung ganz anderer, zumeist politischer Zwecke eingesetzt wird. Solange Hungerstreik als Streik, also als Protest und Aufforderung zur Auseinandersetzung mit den vorgebrachten Anliegen dient, kann er ethisch legitim sein, etwa als verschärfte Fortsetzung eines Protestfastens. Doch darf man nicht leichtfertig das physische Leben für höhere Zwecke opfern, weil es die notwendige Voraussetzung für den Genuß dieser höheren Zwecke darstellt. Lediglich in seltenen Fällen einer lang dauernden Gewaltsituation (Diktatur), die unerträglich und deren Ende nicht abzusehen ist, kann Hungerstreik mit tödlichem Ausgang als letzter Ausdruck eines auf Gewalt verzichtenden Widerstandes ethisch gerechtfertigt werden. Weil aber auch der Handlungsspielraum des angesprochenen Gegners eingeengt wird, ist dieser gegebenenfalls zur Zwangsernährung des hungerstreikenden Erpressers legitimiert, allerdings nur als kurzzeitige Notmaßnahme, damit beide Seiten wiederum Spielraum für weitere Verhandlungen gewinnen.

M. Blechschmidt, Der Leib und das Heil. Zum christlichen Verständnis der Leiblichkeit in Auseinandersetzung mit R. Bultmann und K. Rahner (1983); *S. Heine,* Leibhafter Glaube. Ein Beitrag zum Verständnis der theologischen Konzeption des Paulus (1976); *Johannes Paul II.,* Die Erlösung des Leibes und die Sakramentalität der Ehe. Katechesen 1981–1984, hrsg. v. *N. und R. Martin* (1985); *W. Kerber,* Zur moraltheologischen Beurteilung eines politisch motivierten Hungerstreiks, in: Theologie und Philosophie 57 (1982) 43–60; *M. Krieg/H. Weber,* Leiblichkeit (1983); *E. Moltmann-Wendel,* Wenn Gott und Körper sich begegnen. Feministische Perspektiven zur Leiblichkeit (1989); *H. Petzold,* (Hrsg.), Leiblichkeit. Philosophische, gesellschaftliche und therapeutische Perspektiven (1985); *K. Rahner/A. Görres,* Der Leib und das Heil (1967); *H. Schipperges/H. Pfeil,* Der menschliche Leib aus medizinischer und philosophischer Sicht (1984); *J. G. Ziegler,* Hungerstreik und Zwangsernährung bei Häftlingen. Moraltheologische Aspekte, in: Theologie und Glaube 73 (1983) 108–119.

ALOIS WOLKINGER

Leiden

→ Alttestamentliche Ethik → Glaube → Hoffnung → Nachfolge
→ Neutestamentliche Ethik → Tod → Übel

Das Wort „Leiden" hat im althochdeutschen *lidan* die Ursprungsbedeutung „in die Fremde ziehen"; in der Bedeutung, die man heute dem Wort zu geben pflegt, mag von diesem Ursprung her noch der Gedanke der Entfremdung mitschwingen; Leiden meint eine Erfahrung von Übel und Unglück, die immer fremd bleiben, an die man sich nie einfach gewöhnen wird. Sie hat mit einem *Widerspruch zu vorhandenen Erwartungen, Wünschen und Bedürfnissen* zu tun, die, ob berechtigt oder nicht, der Erfüllung entbehren. Von daher erklärt sich auch, daß es eine vielstufige Skala von Leidintensität gibt, je nachdem welche Bedürfnisse unerfüllt bleiben; der Mensch selbst steht auf dem Spiel, wenn seinen Grundbedürfnissen (etwa nach Sinn, nach Beziehung, nach Überleben u. a.) nicht Genüge getan werden kann. Es ist ein Spezifikum des Menschen, daß er leiden kann und nicht nur Schmerz empfindet; er kann sich zu dem ihn belastenden Übel verhalten. Darum erfährt er im Leiden zugleich eine eminent ethische Herausforderung. Die Art, wie er sich ihr stellt, ist nicht gleichgültig für das Gelingen menschlichen Lebens.

Sie wird zum einen abhängen von der Deutung, die er der Leiderfahrung gibt (1); zum anderen wird sie seine menschlichen Möglichkeiten berücksichtigen müssen – die Psychoanalyse hat uns darauf aufmerksam gemacht, daß es in psychischen Prozessen der Verarbeitung vermeidbare Fehlentwicklungen geben kann, die das Leid im Grunde nur erschweren. Nur so kann man versuchen (um mehr kann es hier wohl nicht gehen), sich der Frage nach einem angemessenen Verhalten im Leid zu nähern (2).

1. Deutung des Leidens in der Sicht des Glaubens

Als ein Fremdes hat Leiden immer das Vertraute, *den Sinn* und die Geborgenheit in ihm, *in Frage gestellt*. Nichts hat die Frage nach dem Warum so sehr provoziert wie das in seinem Sinn nicht durchschaubare Leiden. Sinnbestimmung kann darum hier nicht heißen, das Leiden würde rational erklärbar. Aber der Verzicht darauf, der Frage nachzugehen, kann der Theologie letzter Schluß nicht sein. Die Glaubensgeschichte zeigt, daß der Mensch immer wieder Antworten versucht hat. Ihnen folgen wir zunächst.

a) Deutungen im AT: Schon der erste Antwortversuch hat bleibend gültige Momente: In der *weisheitlichen Lehre* wird Leiden *als Folge des Fehlverhaltens,* der Schuld verstanden. Wer böse handelt, der wird leiden müssen: „Er hat Böses im Sinn ... Er gräbt ein Loch, er schaufelt es aus, doch er stürzt in die Grube, die er selber gemacht hat. Seine Untat kommt auf sein eigenes Haupt, seine Gewalttat fällt auf seinen Scheitel zurück" (Ps 7,15–17; vgl. Ps 9,16; 57,7). Die Vorstellung von der auf dem Fuß folgenden Strafe entstand in einer Weltsicht, in der man einen durchgängigen, fast automatisch wirksamen Tun-Ergehens-Zusammenhang annahm. Oft war es dabei nicht der einzelne allein, auf den die Strafe fiel, sondern sein ganzes Haus. Im Kern enthält auch die jahwistische Sündenfallerzählung (Gen 3) diesen Gedanken, daß der Mensch sich selbst in das Verhängnis verstrickt, das ihn leiden läßt. Nicht Gott hat ursprünglich Leiden und Mühsale dem Menschen zugedacht; der verführte Mensch stolpert in sie hinein und läßt dadurch die Welt heillos werden. Die Propheten schließlich deuten die nationalen Katastrophen in dieser Perspektive als Folgen des Abfalls von Jahwe. Kurzum: *Der Mensch selbst schafft sich sein Leiden.*

Ein anderer Versuch, das Leiden zu deuten, findet sich häufiger im AT und wird auch im NT aufgenommen: *Leiden bedeutet Ruf zur Umkehr* (Hebr 12,5–7 zitiert Spr 3,11f.; vgl. Hebr 12,7–13 und Lk 13,5), ist Mittel göttlicher Pädagogik. Das Modell ist von der menschlichen Familie genommen: Der Vater erzieht seinen Sohn durch Züchtigung – so hält es Jahwe mit seinem Volk (Dtn 8,5; 2 Sam 7,14 und die in Hebr aus Spr zitierte Stelle).

Diese Auskünfte genügen nicht; sie lassen das Fragen nicht zur Ruhe kommen; denn sie entsprechen in vielen Fällen durchaus nicht der *menschlichen Erfahrung,* die *das Leiden des Unschuldigen kennt* und die die Brutalität der Leidzufügungen im *Buche Ijob* keineswegs als Elemente normaler Erziehung (vgl. hier Ijob 6,3f.) erkennen kann. Dieses Buch ist vielmehr ein einziger Protest gegen die Einseitigkeit dieser Deutungen (vgl. hier auch Ps 73 u. a.). Der Dulder Ijob leidet nicht, weil er Schuld auf sich geladen hat, und lehnt es ab, sich von seinen Freunden für schuldig erklären zu lassen. Hinter diesem Leiden steht der unerforschliche Ratschluß Gottes, der *als Geheimnis stehenbleibt.* Die Reaktionen des Ijob sind höchst unterschiedlich; neben dem Dulder (Ijob 1,21; 2,10) steht der, der Klage erhebt, und wird schließlich zu dem, der angesichts der Rückfragen Gottes anbetet und schweigt. Zu seinen letzten berichteten Worten gehört der Satz: „Vom Hörensagen nur hatte ich von dir vernommen; jetzt aber hat mein Auge dich geschaut" (Ijob 42,5). Wird das Leiden zum Ort möglicher Gotteserfahrung?

Eine letzte atl. Stufe der Deutung liegt in den *Gottesknechtsliedern des Deuterojesaja* vor. In jüdischer Theologie hatte sich bereits der Gedanke des in Liebe mit den Seinen *mitleidenden Gottes* entwickelt. Die Deutung der geschichtlichen Leiden des Volkes konkretisierte sich in der gläubigen Überzeugung, daß Gott auch im Leid sein Volk nicht verlassen habe. So ist er denen nahe, die sich im Leid in besonderer Treue zu ihm bekennen. Der leidende Gerechte wird zu etwas wie dem Ort der Nähe Gottes. Denn im Gottesknecht verdichtet sich die gläubige Existenz des Volkes. Dem Gottesknecht ist die Pro-Existenz eigen, er steht und leidet für das Volk, der Gedanke einer Stellvertretung im Leid wird zum ersten Mal zum Ausdruck gebracht (insbesondere in Jes 52,13–53,12).

b) Die Reaktion Jesu auf das Leiden kann Richtlinie und Ermöglichung ent-sprechenden Verhaltens sein. Bevor man seine Passion im Licht der Gottesknechtslieder als stellvertretendes Leiden deutet, ist wahrzunehmen, wie er sich dem Leiden gegenüber verhalten hat. Die synoptischen Evangelien lassen Jesus als jemanden erkennen, der *mitleiden* konnte. Ein hohes Maß an Einfühlung wird in den Wundererzählungen greifbar. Das Johannesevangelium hält fest, daß er nicht dem atl. Vergeltungsdogma verhaftet war (Joh 9,2f.; vgl. aber Lk 13,1–5). Entscheidend ist, daß Jesus sich dem Leiden gegenüber *nicht passiv* verhielt; er hat es aus Liebe zu den Leidenden in Heilungen und Speisungswundern bekämpft, wo immer er es antraf. So macht er die Menschenfreundlichkeit des Vaters sichtbar. „Gegen das Übel, das uns bedroht, zu kämpfen, das Übel, auch wenn es nur körperlich ist, zu verringern, ist ohne Zweifel die erste Geste unseres Vaters, der im Himmel ist" (P. Teilhard de Chardin).

c) Die Bedeutung der Passion Jesu für das Verständnis des Leidens. In Jesus ist auf qualitativ neue Weise wahr geworden, was man im AT und in der jüdischen Theologie als Mitleiden Gottes mit seinem Volk erkannt hatte. Wird diese Linie weitergeführt, dann kann mit Fug und Recht gesagt werden, daß Gott sich in Jesus Christus dem Leiden der Geschichte ausgeliefert hat. Dadurch bekommt das Leiden selber einen anderen Charakter. In dem Augenblick, wo sich – das ist die eigentliche Osterbotschaft – Gott mit dem Gekreuzigten identifiziert, stellt er sich auf die Seite der ohnmächtig Leidenden. Das ist die Grundlage aller weiteren christlichen Rede vom Kreuz. Sie sagt, daß in paradoxer Weise die äußerste Not selbst zum Ort ihrer Erlösung wird. „Die Agonie Jesu dauert bis an das Ende der Zeiten; nicht schlafen darf man bis dahin" (B. Pascal). Wenn das richtig ist, gibt es in der Geschichte „kein Kreuz, an das Christus nicht geheftet wäre" (P. Claudel); das bedeutet, daß für den Gläubigen das Leiden zu einer *Teilhabe an der Passion Christi* werden kann (vgl. Kol 1,24), das reale Kreuz zur Situation *möglicher Begegnung mit dem Erlöser* (vgl. 2 Kor 4,10). Sie kann auch teilhaben lassen an der erlösenden Kraft seiner Passion (Kol 1,24; 2 Kor 1,5–7), eine Überzeugung, die auch durch die Lehre der Kirche hervorgehoben wurde (Enzykliken *Mystici corporis* Pius' XII. und *Salvifici doloris* Johannes Pauls II.).

2. Verhalten in der Erfahrung von Leid

Die Tugendhaltung der Geduld dem Leiden gegenüber wird sich in vielen einzelnen Schritten zu bewähren haben.

a) Der Prozeß des Trauerns: Die Verarbeitung von Leiderfahrung hat prozeßhafte Struktur, deren psychische Eigengesetzlichkeit nicht übersprungen werden sollte. Es finden sich in den Gebeten der Bibel eine Reihe von Reaktionsformen, in denen sich die Erfahrung von Leid Ausdruck verschafft hat: Protest, Anklage, Klage, Hinnahme. Das sind bereits Formen eines Trauerprozesses, die in neueren psychotherapeutischen Forschungen wiederentdeckt wurden (E. Kübler-Ross). Sie sollten nicht nur zugelassen (!), sondern durchlaufen werden, auch wenn hier nie starre Normenschemata den Ablauf von Trauerprozessen bestimmen können.

Wichtig ist einmal, daß man Möglichkeiten herstellt, die eigene Not auszudrücken, unter Tränen, im Aufschrei und wie immer. Indem *dieses* – so bei den großen Vorbildern der Bibel – *vor Gott* geschieht, wenn auch im Modus des Protestes und verzweifelter Klage, bleibt eine tragende Grundbeziehung erhalten. „Eine derart biblisch ‚legitimierte' Leidensklage kann der Weg sein, durch den der Leidende herausgeführt wird aus der tödlichen Angst, nicht mehr er *selbst* sein zu dürfen" (E. Zenger). Wesentliche Stütze dabei kann die Solidarität der Gläubigen untereinander sein; im gemeinsamen Gebet übernimmt der eine die Last des anderen. Hilfe bei Trauerprozessen wird über einzelne und über kleine Gemeinschaften vermittelt (hierzu vgl. Jak 5,14).

Überspringen notwendiger Phasen der individuellen Auseinandersetzung mit dem Leiden wäre falsch; so etwas verlangen zu wollen, lieblos; umgekehrt kann es die Gefahr einer Selbsteinschließung in das Leid geben, die keine Zukunft mehr zuläßt und in Verzweiflung mündet. Sie verliert die Aussicht auf Erlösung.

b) Die Annahme des Kreuzes steht nach wie vor unter Ideologieverdacht: Vorschneller Hinweis auf die Erlösungsbedeutung des Kreuzes könne den Willen zu aktiver Veränderung der Situation zur Linderung des Leidens hindern (so der Vorwurf aus marxistischer Sicht) oder dazu führen, daß man eigenen masochistischen Tendenzen nachgebe und sich in das Leiden flüchte (die Warnung S. Freuds). Dem ist entgegenzuhalten, was über die Haltung Jesu dem Leid gegenüber gesagt wurde. Wie sich Bekämpfung des Leidens und die Annahme des Kreuzes zueinander verhalten, ist aus einem Gebet ersichtlich, das im Kerngedanken bis zur Stoa zurückreicht: „Gott gebe mir die Gelassenheit, Dinge hinzunehmen, die ich nicht ändern kann, den Mut, Dinge zu ändern, die sich ändern lassen, und die Weisheit, das eine vom anderen zu unterscheiden."

Nicht zum Ausdruck kommt darin der Bezug zu Christus, mit dem uns das Kreuz verbindet; sowenig dieses für ihn Selbstzweck war, sowenig wird das für seinen Jünger der Fall sein; wo es ihm aber unausweichlich auferlegt wird, kann er es auf sich nehmen; es verbindet mit Christus und führt zum Heil.

J. Moltmann, Der gekreuzigte Gott. Das Kreuz Christi als Grund und Kritik christlicher Theologie (⁴1981); *K. Rahner,* Passion und Aszese, in: *ders.,* Schriften zur Theologie 3 (1956) 73–104; *ders.,* Eucharistie und Leiden, ebd. 191–202; *H. Schürmann,* Jesu ureigener Tod. Exegetische Besinnungen und Ausblick (1975); *D. Sölle,* Leiden (⁵1980); *E. Zenger,* Durchkreuztes Leben. Hiob, Hoffnung für die Leidenden (1981).

BERNHARD FRALING

Liebe

→ Autonomie → Frauenfrage → Freiheit → Freundschaft → Gott
→ Mann → Mensch → Neutestamentliche Ethik → Person → Sexualität
→ Umweltethik

Liebe ist ein Grundwort, das eine einheitsstiftende Beziehung zwischen Personen besagt, aber auch die Triebkraft meint, die in der psychophysischen Natur des Menschen angelegt ist und auf diese Einheit hinstrebt. Lieben heißt, dem anderen Gutes wollen, aber auch den Drang zur Einswerdung mit dem andern empfinden.

Aristoteles betrachtet die Liebe als eine Tugend oder deren Begleiterscheinung (Eth. Nik. 8 und 9). Der Liebende ist nicht einfach vom Begehren getrieben, sondern hat sich in Freiheit für das Wohl des andern entschieden. Diese Liebe sieht Aristoteles besonders in der Freundschaft verwirklicht. Da er die Gleichheit als Merkmal der Freundschaft voraussetzt (ebd. 11; 58b, 35–36), hält er eine Liebe zu den Göttern nicht für möglich. Überhaupt wird hier Liebe, ähnlich wie Freundschaft, als Austausch einigermaßen gleichwertiger Leistungen verstanden.

Die Bibel geht beim Verständnis der Liebe von der Erfahrung des Volkes mit seinem Bundesgott aus. Wie dieser Gott sein Volk liebt, so gilt auch umgekehrt: „Du sollst den Herrn, deinen Gott, lieben mit ganzem Herzen, mit ganzer Seele und mit all deinen Gedanken" (Dtn 6,5).

Das AT zeigt im Laufe der Geschichte, wie Gott sein Volk zu einem Verständnis der Liebe von wachsender Tiefe führt. Vom reinen Anspruch auf Rache („Ja, einen Mann erschlage ich für eine Wunde und einen Knaben für eine Strieme." Gen 4,23) führt dieser Weg zur *talio*-Formel, nach der die Vergeltung nicht über den erlittenen Schaden hinausgehen durfte („und du sollst in dir kein Mitleid aufsteigen lassen: Leben für Leben, Auge für Auge, Zahn für Zahn, Hand für Hand, Fuß für Fuß." Dtn 19,21). Diesem *talio*-Prinzip stehen die sehr strengen Strafen nahe, die das AT kennt (z. B. Todesstrafe bei Lev 20,2.9–13.15–20). Die Strenge dieser Strafen erklärt sich wohl dadurch, daß die betreffenden Vergehen als eine Verletzung der Ehre Jahwes und eine Schädigung der kultischen Integrität des Volkes aufgefaßt werden. Das atl. Ethos vertieft sich weiter in dem Wort Lev 19,18: „An den Kindern deines Volkes sollst du dich nicht rächen und ihnen nichts nachtragen. Du sollst deinen Nächsten lieben wie dich selbst." Das führt dann auch zur Goldenen Regel (Tob 4,15: „Was dir selbst verhaßt ist, das mute auch einem anderen nicht zu!" Vgl. Mt 7,12). – Die Propheten sprechen in ergreifender Weise von der Liebe Gottes zu seinem Volk, das dem Herrn so oft seine Treue versagte. In der nachexilischen Zeit wird deutlich, daß Gott nicht nur sein Volk als ganzes liebt (Dtn 4,7), sondern jeden einzelnen Gerechten (Ps 37,25–29), insbesondere den Armen und den Kleinen (Ps 113,5–9).

Im NT wird das Doppelgebot der Gottes- und Nächstenliebe noch deutlicher zum Grundgebot der Sittlichkeit (Mt 22,34–40 par; Mt 5,43f.; Röm 13,9; Gal 5,14; 7,12). Diese Liebe beschränkt sich nicht mehr auf bloßen wechselseitigen Ausgleich, sondern geht bis zur Forderung der Feindesliebe (Mt 5,44–47). Dabei beruht das Gebot der Nächstenliebe auf dem Gebot der Gottesliebe, das wiederum in der Erfahrung der Liebe wurzelt, die Gott seinem Volk geschenkt hat. Insbesondere wird die Liebe Jesu Christi zum Maß des ntl. Liebesgebotes (Joh 13,34). Nicht eine bloß rationale Überlegung, sondern die Erfahrung des Heilsangebotes Gottes in der Geschichte der Menschen begründet das christliche Liebesgebot.

Liebe kann sich nicht in schönen Worten erschöpfen, sondern muß sich in der Praxis zeigen. Die Geschichte des Christentums ist deshalb auch wesentlich eine Geschichte der Liebestätigkeit im Sinne der Diakonie und der Caritas. Dabei beschränkte sich die Liebestätigkeit von Anfang an nicht bloß auf die eigenen Glaubensgenossen, sondern wandte sich allen Hilfsbedürftigen zu.

In der nachbiblischen Begriffsgeschichte zeigen sich auf verschiedene Weise Versuche, den heilsgeschichtlich begründeten Liebesbegriff der Bibel und das mehr abstrakt philosophische Verständnis der Antike miteinander zu verbinden. Kennzeichnend ist dabei die Unterscheidung der Liebe in *Eros* (begehrende Liebe mit Beziehung auf das Ich), *Philia* (Liebe der Freundschaft mit Beziehung auf das Wir oder die Gemeinschaft) und *Agape* (selbstlose Liebe).

Augustinus sieht in der Liebe die treibende Kraft im Menschen und in der menschlichen Geschichte. Diese Liebe ist von ihrem Wesen her auf Glückseligkeit ausgerichtet und damit zugleich auf Gott. Sie gibt jedem das Seine, also jeder Wirklichkeit das ihr entsprechende Maß an Liebe.

Thomas v. Aquin betrachtet die Liebe nicht sosehr in ihrer geschichtlich-leibhaften Bedingtheit, sondern in ihrem metaphysischen Wesen. Er unterscheidet eine Begehrensliebe von einer Genußliebe und schließlich einer Freundesliebe. Letztere liebt den geliebten Gegenstand ganz um seiner selbst willen. Diese Form der Liebe ist inbesondere gegenüber Gott angebracht. Thomas versteht die Liebe weiterhin als „forma virtutum" (S. Th. II,II, q 23 a 8 c), also als dasjenige, was den Tugenden erst ihren sittlichen Rang verleiht.

In der Neuzeit zeigt die Geschichte des Liebesbegriffes zunächst eine dualistische Tendenz. Liebe wird hier von vielen Philosophen und Theologen überwiegend auf Gott bezogen und entweltlicht (N. Malbranche, B. Spinoza, F. Fénelon, B. Pascal). Seit der Aufklärung verlagert sich dann der Schwerpunkt der Aufmerksamkeit weg von der Gottesliebe hin zur innerweltlichen Liebe. Man versucht, diese mechanistisch und zunehmend erotisch zu interpretieren. Während der deutsche Idealismus einen sehr abstrakten spekulativen Begriff von Liebe vertritt, wird dieser in der junghegelianischen und sozialistischen Philosophie in eine praktische gesellschaftlich-politische Richtung umgebildet. Die Psychoanalyse S. Freuds sieht hingegen Liebe wieder stärker in einem individualistischen Sinn in Zusammenhang mit Selbstverwirklichung. Von den vielen Nuancen, die die moderne Geistesgeschichte am Begriff der Liebe herausarbeitet, ist besonders auch in theologischer Hinsicht der Beitrag des dialogischen Personalismus wichtig. In diesem, allerdings meist spiritualistisch eingeengten Verständnis tritt besonders der Begegnungscharakter zwischen Ich und Du hervor.

Systematisch betrachtet zeigt sich in der Liebe die Grundsehnsucht des Menschen nach Begegnung und Erfüllung in Gemeinschaft. Der Mensch ist auf Gemeinschaft hin geschaffen und kann nur in ihr den Sinn seines Daseins finden. Der Beginn der Selbstwerdung des Menschen liegt im Empfangen des Lebens und der Liebe. Alles eigene Lieben ist dann Antwort.

Im Vollzug der Liebe vollzieht sich die Person in all ihren Dimensionen und konstitutiven Beziehungen. Der Mensch liebt immer mit Leib und Seele. Selbst das Gebot der Gottesliebe verlangt: „Du sollst den Herrn, deinen Gott, lieben mit ganzem Herzen und ganzer Seele, mit all deiner Kraft und all deinen Gedanken" (Lk 10,27 par; Dtn 6,4). Im Ja zum Mitmenschen bejaht der Liebende sich selbst. Damit sagt er aber auch ja zur Liebe überhaupt über jede menschliche Begrenzung hinaus und vollzieht damit immer auch schon Liebe zu Gott.

Liebe zum Nächsten: Die Liebe zum Mitmenschen als Wohlwollen will dem anderen Gutes. Weil aber das nicht bloß einzelne Güter sein können, die oft für den Menschen auch Nachteile bringen und insofern ambivalent sind, sondern das Gute schlechthin, dieses aber wieder nur im Vollzug von Gemeinschaft in Liebe bestehen kann, zielt echte Liebe letztlich immer darauf ab, auch die Liebe des andern zu wollen. Sie will also den andern zur Liebe führen. Das kann man nicht erzwingen, wohl aber kann man durch sein eigenes Verhalten darum werben und dazu einladen. Weil man dem andern nicht von außen her Liebe aufnötigen kann, ist seine Entscheidung zu respektieren, wie und wie weit er Liebe schenken will. Die Achtung vor der Freiheit des andern und damit die Toleranz ist eine Grundforderung der Liebe. Damit ist auch die Achtung der Grenzen des andern geboten, die sich im Versagen und im Schuldigwerden zeigen. So wird auch Barmherzigkeit und Vergebung zu einer Grundform der Liebe. Das Annehmen des Andersseins des Mitmenschen ist eine der schwersten, aber auch wichtigsten Aufgaben einer reifen Liebe. Anderseits kann aber auch die Zurechtweisung eine Hilfe für den anderen, ein Erfordernis des Gemeinwohls und insofern auch Verwirklichung von Liebe sein.

Die menschliche Person kann sich nur in Geschichte auszeugen und darstellen. Deshalb bezieht sich personale Liebe nicht nur auf die gegenwärtige Erscheinung des andern, sondern auch auf seine Vergangenheit und seine Zukunft. Der Liebende denkt also an die Vergangenheit in Dankbarkeit für das gemeinsam Erfahrene und gewinnt aus diesem Gedächtnis eine Vertiefung seiner Verbundenheit. Er zeigt aber auch vergebende Güte, wenn Unrecht geschehen ist. Die Bewältigung der Vergangenheit und der in ihr erlittenen Verwundungen ist eine wichtige Voraussetzung für die Fähigkeit zu einer offenen, herzlichen Liebe. Wohlwollen bezieht sich aber auch auf die Zukunft des andern. Man bringt ihm einen Vorschuß an Vertrauen entgegen, ermutigt ihn und verheißt ihm Treue.

Die Liebe des Menschen ist auch an die Körperlichkeit und damit an die Bedingungen von Raum und Zeit gebunden. Folglich kann sie nicht unabhängig davon jedem Menschen in gleicher Weise gelten. Sie wird also unterschiedliche Formen annehmen, je nachdem, ob sie sich als eheliche, elterliche oder geschwisterliche Liebe auf die nächststehenden Menschen bezieht oder als Nächstenliebe im Sinne des Gleichnisses vom barmherzigen Samariter (Lk 10,29-37) einem Menschen gilt, dem man in einer Notlage begegnet und ihn dann vielleicht nie mehr wieder sieht, ob sie „Fernstenliebe" derart ist, daß sich etwa ein Mitteleuropäer für die Notleidenden in Afghanistan oder Südamerika verantwortlich fühlt, oder schließlich auch Feindesliebe, in der man sich um einen Menschen sorgt und Versöhnung mit ihm sucht, der jede freundliche Gemeinschaft ablehnt. Solche sehr verschiedenen Konstellationen begründen jeweils auch sehr unterschiedliche Verpflichtungen zur Liebe. Ehepartner werden einander mehr Zeit schenken müssen als Menschen, die sich im beruflichen Leben gelegentlich begegnen, für Notleidende wird man sich mehr einsetzen müssen als für andere, denen es gutgeht. Man kann nicht jedem das gleiche Maß an Zeit und materiellem Aufwand zukommen lassen. Man hat sich in Verantwortung zu überlegen, wer am ehesten Hilfe, Zuwendung und Zeichen der Zuneigung braucht.

Weil Liebe nicht ein bloß geistiger, sondern ein ganzmenschlicher Vollzug ist, umfaßt sie in vielfältiger Weise auch emotionale Komponenten. Diese reichen von der emotionalen Identifikation einer Mutter mit ihrem hilflosen Kind über die erotisch-sexuelle Komponente ehelicher Liebe, die Gefühle eines Jugendlichen, der sich mit einem Spitzensportler oder einem Filmstar identifiziert, bis zu aggressiven Momenten von Antipathie und sogar Haß, die sich etwa in einem von starker Eifersucht geprägten Liebesverhältnis finden können.

In jedem Akt der Nächstenliebe ist aber auch *Selbstliebe* eingeschlossen. Nächstenliebe bringt ja dem Liebenden eine Gemeinschaft, in der er auch sich selbst verwirklicht und Lebenssinn erfährt. Es macht glücklich, sich mit andern verbunden zu wissen, und ist die Erfüllung einer tiefen Sehnsucht, die den Menschen bewegt. Diese Selbstfindung, die in der Nächstenliebe mitgegeben ist, ist nicht etwas Unvollkommenes, sondern sie ist notwendig, und zwar gerade auch deshalb, um den andern lieben zu können. Man wäre ja in Wirklichkeit nicht in der Lage, den Mitmenschen zu achten, wenn man nicht auch sich selbst achten würde. Selbstliebe ist eine Grundbedingung der Verwirklichung der eigenen Existenz. Wo sie völlig fehlt, muß das zum Suizid führen. Selbstliebe verlangt die Sorge um das eigene Wohl. Aus dieser Haltung heraus muß man auch gewisse Ansprüche an den Nächsten stellen. Denn wenn man dem Nächsten erlauben würde, einen zu mißachten und in den grundlegenden, notwendigen Rechtsansprüchen zu übergehen, dann würde man dem andern erlauben, inhuman zu sein. Auch eine Partnerbeziehung, etwa in einer Ehe, kann nur dann wirklich bereichernd sein, wenn darin beide Seiten zu ihrem „Recht" kommen. Würde sich der eine dem andern einfach unterwerfen, dann wäre das unter dem Aspekt der Humanität und eines gegenseitigen personalen Austausches auch ein Nachteil für den Überlegenen.

Selbstliebe wird erst dort zum Unrecht, wo sie auf Kosten einer bereichernden gegenseitigen Beziehung geht, wo sie also Gemeinschaft stört und die begründeten Rechtsansprüche anderer verletzt. Erst dann kann man von Egoismus oder Selbstsucht sprechen. Die Versuchung dazu ist freilich immer gegeben.

Selbstlosigkeit als sittliches Ideal kann also nicht so verstanden werden, als ob der einzelne sich in seiner Werthaftigkeit verachten oder negieren sollte. Vielmehr kann damit nur gemeint sein, daß jemand um der Gemeinschaftlichkeit und verschiedener tieferer Werte willen bereit sein soll, äußere Vorteile zu opfern (vgl. Joh 15,13).

Liebe zur Schöpfung: Das Ja zu sich selbst, das der Mensch in der Liebe spricht, betrifft das ganze eigene Ich in allen seinen Dimensionen. Dazu gehört nicht nur die Seele und der Leib, sondern auch die Umwelt als „verlängerte Leiblichkeit" des Menschen. Diese Umwelt ist eine Voraussetzung des Menschseins, aber auch ein konkretes, gestaltendes Element, das Heimat gibt und zur Formung der einzelnen Person beiträgt. Die Umwelt gibt nicht nur Nahrung und mancherlei Nutzen, sondern sie schenkt auch Freude im Erleben der Natur, der Pflanzen und Tiere, des Schönen und des Erhabenen. Der liebende Umgang mit dieser Welt, besonders mit Pflanzen und Tieren, kann Sinn in das menschliche Leben bringen. Das Bejahen des eigenen Daseins verlangt deshalb auch ein Bejahen der Umwelt in der Liebe zur Natur und in der Sorge um die Erhaltung guter Lebensbedingungen für den Menschen. – Die Gestaltung der Umwelt, der Wohnung, eines eigenen Gartens, der Landschaft ist immer auch Ausdruck des Inneren des Menschen und wirkt gleichzeitig auf ihn zurück.

Wie aber lieben nie rein ichbezogen sein kann, so kann sich auch die Liebe zur Natur nicht darin erschöpfen, den Nutzen des Menschen für Gegenwart und Zukunft sicherzustellen. Liebe umfaßt immer auch die Sorge um Sein und Gedeihen des Geliebten. Deshalb wird sich die Liebe zur Natur auch zeigen in dem Bemühen um Erhaltung der vielfältigen Lebewesen, auch wenn sie im einzelnen dem Menschen keinen unmittelbaren Nutzen bringen.

Gottesliebe: Der Grundvollzug der Liebe übersteigt entsprechend der Transzendenzstruktur des menschlichen Geistes immer schon den bloßen Augenblick und ist auf eine prinzipiell unbegrenzte Zukunft verwiesen. Liebe übersteigt ebenso jeden begrenzten Gegenstand und zielt auf eine absolute Wirklichkeit, auf das Gute überhaupt, das Gott ist. In diesem Sinn schließt jede wirkliche menschliche Liebe auch Gottesliebe ein. Deshalb ist auch jeder Verstoß gegen die Erfordernisse menschlicher Liebe ein Unrecht gegen Gott, eine Sünde.

Gottesliebe ist aber nicht nur als solcher transzendentaler Aspekt an jedem sittlichen guten Akt zu verstehen, sondern auch als eine ausdrückliche Hinwendung zu Gott, wie sie sich in der Geschichte des Heiles in den verschiedenen Religionen, besonders in der jüdisch-christlichen Offenbarung und schließlich im Leben eines jeden Menschen zeigt. Diese Gottesliebe bedarf des Gebetes, der Meditation, des bewußten Eingehens auf die Erfahrung Gottes in Demut, Dankbarkeit und Vertrauen.

Gottesliebe bezieht den Menschen auf Gott, aber auch in neuer Weise auf sich selbst. Hier wendet sich der Mensch nicht nur deshalb Gott zu, weil er wieder etwas für sich sucht, sondern er sagt ja zu Gott, wie dieser in sich selbst ist. Wie Liebe nie den Partner bloß zum Mittel für die eigene Beglückung machen darf, sondern ihn in sich selbst annimmt, so ist es auch mit der Gottesliebe. Anderseits erfährt der Mensch in der Hinwendung auf Gott auch für sich selbst eine neue Erfüllung und Würde. Das Bewußtsein, von Gott geliebt zu sein und Gott lieben zu dürfen, verleiht jedem Menschen eine einmalige Würde.

Liebe und Sittlichkeit: Liebe als „die Erfüllung des Gesetzes" (Röm 13,10b) ist der eigentliche Grund, warum eine menschliche Handlung als gut zu bezeichnen ist. So verstanden meint Liebe aber nicht einfach ein Gefühl, etwa gar erotischer Art, sondern den ehrlichen, gewissenhaften und freien Willen, dem Wohl des andern oder der andern zu dienen. In diesem Sinn gilt auch das Augustinuswort: „Liebe, und dann tue, was du willst!" Der Dienst am Wohl des andern kann nicht Willkür und Laune des Gefühls sein, sondern verlangt auch wohlüberlegte Sachgerechtigkeit.

Der eigentliche Gegensatz zur Liebe ist die Verweigerung von Liebe und Solidarität, die menschenverachtende Gleichgültigkeit, die sich über die Rechte anderer hinwegsetzt. Hingegen ist Haß zunächst eine Emotion, die sich spontan aus der enttäuschten Erwartung nach Liebe ergibt und insofern zunächst vorsittlicher Art ist. Wo man sich dem Haß aber bewußt überläßt und ihn festhält, widerspricht er der Liebe und kann zur bleibenden Feindschaft werden.

Sosehr Liebe als „Erfüllung des Gesetzes" oder als „Form der Tugenden" in einem allgemeinen und abstrakten Sinn verstanden werden könnte, ist es doch von großer Bedeutung, daß christliche Ethik diesen Aspekt auch in konkreten Fragen immer wieder bedenkt. Damit wird betont, daß der sittliche Vollzug wesentlich eine Tat der Freiheit ist, die auch persönlich beglückt. Eine Ethik, die hingegen vom Gedanken der Pflicht oder des Gehorsams ausginge, würde mehr die Unterordnung betonen und Freiheit und eigener Verantwortung weniger Raum geben. Eine Ethik der Liebe legt auf den personalen Aspekt großen Nachdruck. Zentral ist hier nicht Norm und Buchstabe, sondern Menschenwürde und personale Beziehung. Begriffe wie Friede, Versöhnung, Vergebung, Bewältigung der Vergangenheit, Lebenssinn, Hoffnung haben hier ihre zentrale Bedeutung.

D. v. Hildebrand, Das Wesen der Liebe (1972); *H. Kuhn,* „Liebe". Geschichte eines Begriffs (1975); *J. B. Lotz,* Die Drei-Einheit der Liebe (1979); *J. Pieper,* Über die Liebe (1972); *H. Rotter,* Grundgebot Liebe (1983); *B. Welte,* Dialektik der Liebe (1973).

HANS ROTTER

Lohn

→ Arbeit → Gemeinwohl → Gerechtigkeit → Lohnmoral → Politik
→ Soziallehre, katholische → Steuer- und Besteuerungsmoral
→ Wirtschaftsethik

Da in unserer westlichen Industriegesellschaft die Arbeit einen sehr hohen Stellenwert einnimmt, sollte auch die Frage einer gerechten Entlohnung eine Selbstverständlichkeit sein. Wie jedoch die Arbeit Gegenstand der Ausbeutung sein kann, trifft dies in verstärkter Weise auch für einen gerechten Lohn zu, zumal ja in verschiedenster Weise entlohnt werden kann.

Da die ursprüngliche Form der Entlohnung über Naturalien (= *Naturlohn*) durch die Erzeugnisse aus der eigenen Produktion oder durch freie Kost und Wohnung immer mehr an Bedeutung verloren hat und durch den Geldverkehr ersetzt worden ist, dominiert heute der *Geldlohn* mit all seinen Vor- und Nachteilen. Zwar läßt sich der Tauschwert mit Hilfe unseres modernen an sich zumeist wertlosen Zeichengeldes unmittelbar und universal ausdrücken, er unterliegt nunmehr allerdings den ganz anderen Gesetzen des Wertes und der Annahme, der Geltung, der Wirtschaft usw., die die Kaufkraft des Geldes und den jeweiligen Wert (Auf- bzw. Abwertung) ausmachen. Vor allem die Gefahr einer gewissen Verselbständigung der Geldwirtschaft war und ist zu Recht Gegenstand entsprechender Warnung und Kritik. So warnte bereits 1831 Alexis de Tocqueville davor, daß „die Leidenschaft des Geldmachens alle anderen Leidenschaften beherrscht". Auf der anderen Seite wußte Adolf von Knigge schon 1788, daß der Besitz von Geld das Selbstbewußtsein hebt. Er schreibt: „Wer kein Geld hat, hat auch keinen Mut. Er fürchtet, überall zurückgesetzt zu werden, glaubt, jede Demütigung ertragen zu müssen, und zeigt sich allerorten in ungünstigem Licht." Darum war bzw. ist die Einführung von Mindest- und Altersrenten für die sozial schwächer gestellten Menschen von sehr großer Bedeutung. Auch die Einführung einer Haushaltsentlohnung und eines entsprechend ausgeweiteten Karenzgeldes für die Kinderaufzucht wäre von ähnlichem Wert. Auf der anderen Seite besteht natürlich nach wie vor die Gefahr, daß nahezu nichts mehr als Wert empfunden wird, was nicht in einem entsprechenden Geldeswert ausdrückbar ist. Dennoch dürfte nicht das Geld die Wurzel allen Übels sein, sondern die nahezu unstillbare Habgier der Menschen (vgl. 1 Tim 6,10).

Die *Lohnentwicklung* erfolgt nicht nur nach dem Gesetz von Angebot und Nachfrage gemäß den jeweiligen Arbeitsmarktverhältnissen, sondern auch durch den Abschluß von Kollektivverträgen, wobei es hier wiederum stark auf die Macht und Durchschlagskraft der jeweiligen Organisationen auf Arbeitgeber- wie auf Arbeitnehmerseite ankommt. Ungerechtigkeiten entstehen somit bereits durch unterschiedliche Voraussetzungen, je nachdem ob beispielsweise Bodenschätze, eine entsprechend entwickelte Industrie, qualifizierte Arbeitskräfte usw. vorhanden sind. Ungerechtigkeiten entstehen aber auch durch mangelhafte politisch-rechtliche Regelungen, die es Lobbys ermöglichen, Gesetzeslücken auszunützen, durch zentralistische und monopolistische Tendenzen auf nationaler und internationaler Ebene. Im Hirtenbrief der katholischen Bischöfe der USA (Nov. 1986) wird darauf hingewiesen, daß die Mobilität von Kapital und Technologie in manchen Industriezweigen „die Löhne zur Hauptvariablen der Produktionskosten" gemacht habe. „Konkurrenten aus Überseeländern mit der gleichen Technologie, aber mit Löhnen, die bis zu einem Zehntel der unsrigen betragen, üben auf amerikanische Hersteller einen enormen Druck aus, entweder die Löhne zu reduzieren oder Produktionsstätten ins Ausland zu verlagern oder gar zu schließen." Und sie betonen abschließend, daß die „Arbeitnehmer in den Vereinigten Staaten und ihre Gemeinden diese Lasten nicht alleine tragen können" (Nr. 11).

Die *Lohngestaltung* hat dem Lebensbedarf bzw. Lebensunterhalt der arbeitenden Menschen zu entsprechen, d. h., sie darf das Existenzminimum des Arbeiters und seiner Familie nicht unterschreiten. Die Verweigerung des gerechten Arbeitslohnes gilt im AT wie im NT als „himmelschreiende Sünde". Vgl. Dtn 24,14f.: „Du sollst den Lohn eines Notleidenden und Armen ... nicht zurückhalten. An dem Tag, an dem er arbeitet, sollst du ihm auch seinen Lohn geben. Die Sonne soll darüber nicht untergehen; denn er ist in Not und lechzt danach." Lev 19,13: „Du sollst deinen Nächsten nicht ausbeuten und ihn nicht um das Seine bringen. Der Lohn des Taglöhners soll nicht über Nacht bis zum Morgen bei dir bleiben." Sir 34,26f.: „Den Nächsten mordet, wer ihm den Unterhalt nimmt, Blut vergießt, wer dem Arbeiter den Lohn vorenthält." Jak 5,4: „Der Lohn der Arbeiter, die eure Felder abgemäht haben, der Lohn, den ihr ihnen vorenthalten habt, schreit zum Himmel..." Und grundsätzlich gilt: „Wer arbeitet, hat ein Recht auf seinen Lohn" (Lk 10,7; 1 Tim 5,18; vgl. Mt 10,10). Um das Existenzminimum des Arbeiters ging es aber nicht etwa nur zu Zeiten eines Manchester-Liberalismus im vorigen Jahrhundert, es wird auch heute noch in der Dritten Welt und zunehmend auch wieder in unserer westlichen Industriegesellschaft tangiert, beispielsweise in Zeiten konjunktureller Stagnation oder technischer Neuentwicklungen, wenn beispielsweise Arbeiter durch Erzeugnisse der Mikroelektronik ersetzt werden, statt durch Arbeitszeitverkürzung und entsprechenden Lohn den nötigen Ausgleich herbeizuführen.

Die jeweilige *Lohnpolitik* muß demnach von einer entsprechenden *Lohnethik* getragen sein, die bemüht ist, einen Ausgleich zu schaffen zwischen den berechtigten Anliegen der Wirtschaft bzw. der Unternehmer einerseits und dem legitimen Interesse der Hebung des Reallohns der Arbeitnehmer andererseits durch den Lohnvertrag. Wettbewerbsfähigkeit und Kostenentwicklung müssen in einer erträglichen Balance bleiben; Arbeitskonflikte (Streiks, Aussperrungen) sind zu vermeiden, weil sie die Wirtschaft insgesamt beeinträchtigen. Das gleiche gilt für einen Ausgleich zwischen Wirtschaftswachstum und Geldwertstabilität, die auch die Lohngestaltung beeinflussen. Die Politik hat jedoch nicht nur ökonomisch, sondern auch sozial und neuerdings zunehmend auch ökologisch ausgleichend bzw. korrigierend im Sinne eines langfristigen Lohnausgleichs zu wirken.

Auch die *Katholische Soziallehre* ist seit 1891 von diesen Anliegen geprägt. So verweist Papst Leo XIII. in der Enzyklika *Rerum novarum* (15. 5. 1891) auf den Grundsatz „Jedem das Seine", der „unparteiisch auf der Höhe des Lohnes Anwendung finden (müsse), ohne daß die verschiedenen für die Billigkeit des Lohnmaßes mitzuberücksichtigenden Momente übersehen werden" (Nr. 17). In der Enzyklika *Quadragesimo anno* (15. 5. 1931) Pius' XI. wird darauf verwiesen, daß die Lohnbemessung auf die „allgemeine Wohlfahrt" Rücksicht nehmen müsse und daß nicht übersehen werde, „daß alle Arbeitsfähigen, Arbeitswilligen auch wirklich Arbeitsgelegenheit finden". Auch die drohenden Gefahren der damals grassierenden Massenarbeitslosigkeit „für öffentliche Ordnung, Ruhe und Frieden der gesamten Welt" (Nr. 74) wurden deutlich benannt. Schließlich wird auch auf die Notwendigkeit des richtigen Verhältnisses der Löhne und Preise untereinander, beispielsweise für Agrar- und Industrieprodukte, verwiesen (Nr. 75). Johannes XXIII. bringt in der Enzyklika *Mater et magistra* (15. 5. 1961) hinsichtlich einer gerechten Gestaltung des Arbeitslohnes zusätzlich zu den Forderungen der Gerechtigkeit und Billigkeit für den Arbeiter die produktive Leistung, die wirtschaftliche Lage des Unternehmens, das volkswirtschaftliche Gemeinwohl, besonders im Hinblick auf die Vollbeschäftigung, auch das „weltwirtschaftliche" (Nr. 71) bzw. „gesamtmenschliche Gemeinwohl" (Nr. 78, 80–81) ins Spiel. Das *Zweite Vatikanische Konzil* verweist in der Pastoralkonstitution auf die Pflicht der Gesellschaft, nicht nur für „ausreichende Arbeit" zu sorgen, sondern auch „die Arbeit so zu entlohnen, daß dem Arbeiter die Mittel zu Gebote stehen, um sein und der Seinigen materielles, soziales, kulturelles und spirituelles Dasein angemessen zu gestalten – gemäß der Funktion und Leistungsfähigkeit des einzelnen, der Lage des Unternehmens und unter Rücksicht auf das Gemeinwohl" (GS 67). Johannes Paul II. erkennt in der Enzyklika *Laborem exercens* (14. 9. 1981) in der „gerechten Bezahlung" den Prüfstein für die Gerechtigkeit des gesamten sozioökonomischen Systems und für sein rechtes Funktionieren, da „der Lohn für die geleistete Arbeit der konkrete Weg (ist), der den meisten Menschen den Zugang zu jenen Gütern eröffnet, die zur gemeinsamen Nutznießung bestimmt sind, seien es die Güter der Natur, seien es die

Erzeugnisse der Produktion" (Nr. 19). Die katholischen Bischöfe der USA haben in ihrem Hirtenbrief *Wirtschaftliche Gerechtigkeit für alle* (Nov. 1986) u. a., wie bereits erwähnt, beklagt, daß Kapital und Technologie in Länder mit den geringsten Lohnkosten abwandern, und darauf hingewiesen, daß dieses Problem nur international lösbar sei. Im Diskussionsentwurf für einen Sozialhirtenbrief der österreichischen Bischöfe *Sinnvoll arbeiten – solidarisch leben* (1988) wird das Problem bedacht, daß Arbeitslose, wenn sie einen neuen Arbeitsplatz annehmen, sich meist mit einem niedrigeren Einkommen zufriedengeben müssen, was einerseits das Lohnniveau, andererseits aber auch das Masseneinkommen senkt, das sich wiederum auf Konsum und Wirtschaft negativ auswirkt (vgl. Nr. 6). Das kirchliche Sozialdenken erweist sich somit als wichtiger kritischer Begleiter der wirtschaftlichen und sozialen Entwicklung der Länder.

Die kapitalistische Wirtschaftsweise hat gezeigt, daß die unselbständige Arbeit für einen großen Prozentsatz der Bevölkerung eine gefährliche *Lohnabhängigkeit* erzeugt. Darum hat bereits Pius XI. in *Quadragesimo anno* den Einbau gesellschaftlicher Elemente gefordert, womit Arbeiter und Angestellte „zu Mitbesitz oder Mitverwaltung oder zu irgendeiner Art Gewinnbeteiligung" (Nr. 65) gelangen könnten. Die katholischen Bischöfe der USA haben in ihrem Hirtenbrief (Nr. 300) darauf verwiesen, daß sie in ihrem Programm des sozialen Umbaus bereits im Jahre 1919 folgende Beobachtung angestellt hätten: „Die Möglichkeiten der Produktionssteigerung werden so lange nicht voll ausgeschöpft, wie die Mehrzahl der Arbeitnehmer bloß Lohnempfänger bleiben. Irgendwie müssen sie in ihrer Mehrheit zumindest teilweise Miteigentümer an den Produktionsmitteln werden." Vor allem hat auch das Zweite Vatikanische Konzil in der Pastoralkonstitution die „aktive Beteiligung aller an der Unternehmensgestaltung" (GS 68) gefordert, also das, was wir heute *Mitbestimmung* in den Betrieben und Unternehmen bezeichnen.

Der Hintergrund eines modernen Ethos der Lohngerechtigkeit ist ein durchaus positives Verhältnis gegenüber Arbeit und *Leistung,* das allerdings versucht, negative Auswüchse wie ein unsinniges Sparsamkeitsdenken, sinnlose Arbeit (Arbeit um der Arbeit willen), schädliche Arbeit für Mensch und Umwelt usw. zu vermeiden. Arbeit dient aus heutiger Sicht nicht mehr nur verengt dem Lebenserhalt, sondern der Selbstverwirklichung und hat daher nicht nur belastende, sondern auch lustbesetzte Momente. Arbeit kann sich somit sowohl auf Erwerbsarbeit als auch auf Freizeitbeschäftigung beziehen und wird somit zumindest bis zu einem gewissen Grad auch zu einem Teilaspekt der *Muße.*

Freilich sind auch die Auswüchse unserer abendländischen Leistungsgesellschaft evident, und es wird noch großer Anstrengungen bedürfen, von einer derzeitigen Massenproduktionswirtschaft zu einer Bedarfsversorgungswirtschaft zurückzufinden.

H. Büchele, Christlicher Glaube und politische Vernunft. Für eine Neukonzeption der katholischen Soziallehre (1987); *H. Frankemölle u. a.*, Katholische Soziallehre in neuen Zusammenhängen (1985); *W. F. Kasch* (Hrsg.), Geld und Glaube (1979); *H. Lenk*, Eigenleistung. Plädoyer für eine positive Leistungskultur (1983); *L. Schneider*, Soziale Vernetzung. Elemente für eine christliche Gesellschaftslehre (1988); *F. Wagner*, Geld oder Gott? Zur Geldbestimmtheit der kulturellen und religiösen Lebenswelt (1985).

ALOIS WOLKINGER

Lohnmoral

→ Alttestamentliche Ethik → Gerechtigkeit → Glück → das Gute → Lohn → Neutestamentliche Ethik → Norm → Pflicht → Protestantische Ethik → Wert → Zielgebot

Ethisches Verhalten hat seine Motivation in sich selbst und bedarf nicht, wie etwa das rechtsbezogene Verhalten, der Strafandrohung oder der Belohnung in irgendeiner Form. Das ist alte philosophische und auch theologische Tradition. Das höchste Gut und Ziel menschlichen Strebens überhaupt, die Glückseligkeit, wie sie von alters her genannt wurde, hat daher auch seinen Zweck in sich selbst.

In der überlieferten christlichen Moral wurde jedoch die Glückseligkeit gerne mit dem Streben nach der ewigen Seligkeit identifiziert. Demgegenüber betonte bereits Spinoza, daß „die Glückseligkeit nicht der Lohn der Tugend ist, sondern selbst Tugend" (*Ethik* V, prop. 42). Daher kämpfte z. B. Fénelon gegen ein egoistisches Mißverstehen sittlich-religiösen Handelns, indem er die Lehre von der interesselosen bzw. uneigennützigen Liebe, dem *amour pur,* vertrat. Das kirchliche Lehramt hat allerdings Selbstaufgabe- und Selbstverachtungstendenzen einer molinistischen, quietistischen und jansenistischen Gottesliebe verurteilt (vgl. DS 2181–2192, 2201–2268; 2307, 2313, 2351–2373, 2444). Zu einem weiteren Höhepunkt in diesem Streit führte die These I. Kants, die das Glückseligkeitsstreben als ein Prinzip der Selbstliebe verwarf, ja das Streben nach der eigenen Glückseligkeit als „das gerade Widerspiel des Prinzips der Sittlichkeit" bezeichnete. Demgegenüber konterte F. Schiller mit den bekannten Versen: „Gerne dien' ich den Freunden, doch tu' ich es leider aus Neigung,/Und so wurmt es mich oft, daß ich nicht tugendhaft bin. / Da ist kein anderer Rat, du mußt suchen, sie zu verachten, / Und mit Abscheu alsdann tun, wie die Pflicht dir gebeut." / (*Über die Grundlage der Moral* § 6).

Durch die ganze Neuzeit schwelte zudem die katholisch-protestantische Kontroverse zwischen einer Werkmoral, die sich mit Hilfe von Werken den Himmel zu verdienen bzw. individualistisch verengt die eigene Seele zu retten sucht, und einer Gnadenmoral, die auf die bloße Barmherzigkeit Gottes vertraut („allein der Glaube") und einer praktischen Lebensführung weniger Bedeutung beimißt.

Bereits in der Bibel tauchen – zumindest oberflächlich betrachtet – widersprüchliche Auffassungen im Hinblick einer Verdienstlichkeit Gott gegenüber auf. Zwar kann man nach biblischem Verständnis vor Gott niemals mit dem Anspruch auf Belohnung auftreten, denn Gott erwählt sich sein Volk aus freien Stücken (vgl. Dtn 7,7f.; Hos 11,1ff.). Dennoch wurden Erfolg und Mißerfolg als Segen bzw. als Strafe Gottes gedeutet. So spricht bereits Jesaja von einem Lohn durch Gott (49,4; 61,8). Durch die genaue Erfüllung der Vorschriften der Tora meinte somit der fromme Israelit dennoch einen gewissen Anspruch auf Lohn zu erlangen. Auch noch im NT gilt es, sich „Schätze im Himmel" (Mt 6,20) zu sammeln; doch gibt sich Jesus mit vordergründigen Leistungen nicht zufrieden, sondern verlangt ein sich bewußtes Ausrichten auf das „Reich Gottes", das allerdings von selbst kommt. Wer sich dieser neuen Wirklichkeit stellt, dem wird dann so etwas wie ein „Lohn" versprochen: „Freut euch und jubelt: Euer Lohn im Himmel wird groß sein" (Mt 5,12); und wer, ohne Aufsehen zu erregen, Almosen gibt oder fastet, dem wird es Gott, der „Vater, der auch das Verborgene sieht, vergelten" (Mt 6,4.18). Paulus spricht davon, daß nicht Gesetzeserfüllung, sondern der Glaube, d. h. die Annahme der Erlösung durch Christus, Rechtfertigung und Versöhnung mit Gott bewirkt, und fordert von daher ein Leben nach dem „Gesetz Christi" (1 Kor 9,21; Gal 6,2). In diesem Zusammenhang ist dann auch vom „ewigen Leben" (Röm 2,7), vom „Erbe als Lohn" (Kol 3,24) und vom „Kranz des Lebens" (Offb 2,10) die Rede. Doch besagt der allgemeine Heilswille Gottes, daß er schlußendlich „alles" mit sich „versöhnen" (Kol 1,20) wird, unabhängig von irgendwelchen Leistungen und Verdiensten. Demgegenüber hat aber der Spruch, daß der wiederkommende Christus „jedem Menschen vergelten (werde), wie es seine Taten verdienen" (Mt 16,27), die Christen aller Zeiten mehr verunsichert als die Zusage der abschließenden Versöhnung, obwohl die Idee einer Vergeltung im Sinne von Strafe letztlich unbiblisch und somit unchristlich ist.

G. Bornkamm, Der Lohngedanke im Neuen Testament (1947); *R. Heiligenthal,* Werke als Zeichen. Untersuchungen zur Bedeutung der menschlichen Taten im Frühjudentum, Neuen Testament und Frühchristentum (1983); *L. Nieder,* Die Motive der religiös-sittlichen Paränese in den paulinischen Gemeindebriefen. Ein Beitrag zur paulinischen Ethik (1956); *W. Pesch,* Der Lohngedanke in der Lehre Jesu, verglichen mit der religiösen Lohnlehre des Spätjudentums (1955).

ALOIS WOLKINGER

Lust

→ das Gute → Leib → Liebe → Maß → Sexualität → Trieb

1. Das Wesen der Lust

Lust, Freude, Vergnügen, Entzücken, Seligkeit, Wollust, Genuß – all diese Begriffe drücken Erlebnisse aus, die zwar einen gemeinsamen Nenner haben, die sich aber dennoch voneinander unterscheiden und darum auch je anders zu bewerten sind. Vor allem aber ist es unmöglich, über die genannten Realitäten zu sprechen, ohne zu wissen, woran jemand Lust, Freude, Vergnügen usw. hat. Weitere Unterscheidungen ergeben sich aus dem Bereich, dem die einzelnen Erlebnisse zugeordnet sind: Die „Lust" (und die ihr entsprechenden analogen Begriffe) kann sich (im engsten Sinn des Wortes) auf eine sexuelle Erfahrung beziehen oder überhaupt auf jede Form sinnlichen Erlebens, im weitesten Sinn des Wortes aber auch auf die Welt der Kunst, des Geistes, ja auch auf die religiöse Erfahrung – etwa in der Freude des greisen Simeon, der Bestimmung der „vollkommenen Freude" durch den hl. Franziskus usw.

2. Das Kriterium der Bewertung von Lust

Schon Aristoteles diskutierte die Frage, ob jede Lust oder nur manche gut sei oder ob es nicht besser wäre, auf Lust ganz und gar zu verzichten. Seine Antwort: Die Frage ist nicht, ob jemand Lust empfindet oder nicht, sondern woran er Lust hat. Aus dem „woran" ergibt sich die ethische Wertung: „Denn jeder Tätigkeit ist eine eigentümliche Lust zugeordnet; die der tugendhaften zugeordnete ist tugendhaft, die der schlechten schlecht" (Eth. Nik. X, 5). Thomas v. Aquin (S. Th. I/II, q 34 a 1–2) lehrt desgleichen: Die Lust an gottgewollten Gütern ist ebenso gut wie diese selbst, solange das Tun, das der Empfindung zugrunde liegt, der Ordnung der Vernunft und damit der Ordnung Gottes entspricht.

Daraus ergibt sich: Die Frage, ob Lust gut oder schlecht sei, läßt sich ebensowenig mit einem glatten Ja oder Nein beantworten wie diejenige nach der Bewertung des Feuers, das in einem Fall wärmt und Energie bedeutet, im anderen Fall Zerstörung und Tod bringt.

3. Zur prinzipiellen, widerrechtlichen Verneinung der Lust

Von einer grundsätzlichen „Lustfeindlichkeit" des Christentums und seiner Anthropologie kann keine Rede sein. Ein prinzipielles Nein zur Lust und der einer solchen Sicht folgende pseudo-ethische, rigoristische Imperativ sind widerchristlich und häretisch. Das bleibt wahr auch dann, wenn sich unschwer zeigen läßt, daß lust- und leibfeindliche Strömungen auf verschiedenen Wegen immer wieder in die Kirche eingedrungen sind und sich in ihr breitgemacht haben.

Die Kirche bekämpft grundsätzlich sowohl die pauschale Verwerfung der Lust (Stoa) als auch die schrankenlose Verabsolutierung jedweder Lust (schon im Altertum bei den Epikureern, heute oft in Verbindung mit einer unkritischen Berufung auf S. Freud), welcher Art immer sie auch sein mag.

4. Die immanente Lust der subjektiven Befriedigung

Die genannte Klärung der Frage durch Aristoteles und Thomas wird vertieft durch einen Gesichtspunkt, den D. v. Hildebrand herausgearbeitet hat:

Viele Formen der Lust beziehen sich – in der Form des „subjektiv Befriedigenden" – auf das Subjekt und beziehen all ihre Bedeutung von dem Umstand, daß sie eine bestimmte Befriedigung und Lust vermitteln: ein gutes Essen, die Bewegungslust eines Skifahrers, ein witziger Film.

Zu dieser Kategorie der Lust gehören aber auch die böse, unheimliche Lust am Leiden anderer wie z. B. die Lust des Geizigen am Besitz und die Lust des Diktators, der die Macht um ihrer selbst willen genießt.

Wie die Beispiele zeigen, gilt auch hier das aristotelisch-thomanische Prinzip: Die subjektive Lusterfahrung ist an sich ein neutraler Begriff, erst der Bezugspunkt läßt erkennen, ob es sich um eine sittlich gute, neutrale oder böse Form handelt.

5. Die transzendente, wertbezogene Lust

Ein prinzipiell anderer Bereich öffnet sich dort, wo es um die Freude und Lust (in einem weiteren Sinn des Wortes) in der Art der subjekttranszendenten, wertbezogenen Betroffenheit und der affektiven Antwort geht: die Freude/Lust an der Zärtlichkeit oder überhaupt daran, geliebt zu werden und Liebe schenken zu dürfen, aber auch die dankbare Freude über die wiedererlangte Freiheit, über einen beruflichen Durchbruch, über eine schöne Musik. Nicht zuletzt gehört in diese Kategorie auch die verzückte Seligkeit des Mystikers und jedes Menschen, der die „Himmelslust" erfahren darf. Solche Lust freilich kann, wie jede Lust, die wirklich in der Liebe gründet, prinzipiell nicht egozentrisch sein.

6. Sexuelle Lust, Gabe Gottes und ihre Pervertierung

Nach Thomas v. Aquin (S. Th. I, q 98 a 2) wäre im Paradies – wie alles andere auch – die sinnliche Lust noch schöner gewesen als in der real existierenden, von der Sünde geprägten Welt, und dies aus folgendem Grund: Das, was der Mensch nach der Absicht Gottes sein sollte, wäre im Paradies vollkommen verwirklicht gewesen. Damit hätte auch der Leib eine höhere Sensibilität besessen, als dies tatsächlich der Fall ist. Man wird hinzufügen dürfen: Vor allem aber wäre der Mensch einer ganz anderen Lauterkeit und Glut der Liebe fähig gewesen.

Ohne innere Widersprüchlichkeit lehrt die Kirche aber auch: So wie die Sünde alle anderen Bereiche des menschlichen Lebens betroffen hat, so hat sie auch die Beziehungen von Mann und Frau zum Schlechteren verändert. Neben der gottgeschaffenen und gottgewollten Lust am anderen gibt es daher auch den sexuellen Egoismus, die Herrschaft über den anderen, angefangen von der kleinen Rücksichtslosigkeit bis hin zur Vergewaltigung, die es bekanntlich auch in der Ehe gibt. Das biblische Wort (Gen 3,16): „Du hast Verlangen nach deinem Mann, er aber wird über dich herrschen" ist nicht als theologische Legitimierung des „Machismo" zu lesen, sondern, wie Johannes Paul II. in *Mulieris dignitatem* festgestellt hat, die Beschreibung des Bruches, der durch die Sünde eingetreten ist, und damit der bleibenden Bedrohung, die auf der Geschlechterbeziehung lastet.

Schon Innozenz XI. (1679) hat die These abgelehnt, es könne einen sittlich legitimen ehelichen Verkehr geben, dessen ausschließliches Motiv in der Befriedigung liegt (DS 2109). Johannes Paul II. (*Ansprache* vom 8. 10. 1980) hat keine neue, sondern eine zeitlos richtige Lehre aufgegriffen, wenn er sagt: Im Sinne von Mt 5,27, wo Jesus vom lüstern-ehebrecherischen Blick redet, gibt es auch in der Ehe einen sündigen Sexualverkehr, und zwar dann, wenn jemand in seinem Partner *nur* das Medium seiner Triebbefriedigung sieht – das Wort „nur" ist dabei der entscheidende Punkt!

Weil dem so ist, darum bedarf auch die sexuelle Liebe (wie jede andere Liebe auch!) einer sie schützenden Askese („eheliche Keuschheit") und einer Spiritualität, die all ihre Dimensionen durchdringt. Die wahrhaft menschliche Moral fällt dem Menschen nirgends von selbst in den Schoß, immer bedarf es auch seines sittlichen Strebens, und dies gilt – wie könnte es anders sein? – auch für die eheliche Umarmung. Sie verlangt, christlich gesehen, nach dem Geist Jesu, durch den sie zu dem wird, was sie nach der Absicht Gottes sein sollte.

F. Ricken, Der Lustbegriff in der Nikomachischen Ethik des Aristoteles (1976); *D. v. Hildebrand,* Reinheit und Jungfräulichkeit (1981); *ders.,* Das Wesen der Liebe (1971) bes. 295ff; *Johannes Paul II.,* Die menschliche Liebe; Die Erlösung des Leibes (1985); *A. Laun,* Kirche und Sexualität. Der grüne Fleck, in: *Th. Chorherr* (Hrsg.), Heiliger Zorn. Der Streit in der Kirche (1989) 181–197.

ANDREAS LAUN

M

Macht

→ Autorität → Gewalt → Kirche → Politik → Recht → Staat

Das Wort „Macht" leitet sich ab vom althochdeutschen *magun* und vom gotischen *magan* und bedeutete „können" und „vermögen". Bei den Griechen waren die Begriffe „Herrschaft" und „Macht" identisch, ebenso differenzierten die Römer inhaltlich nicht zwischen „Herrschaft", „Macht", „Gewalt" und „Regierung". *Potentia* stand für Vermögen, Kraft, übermäßige Macht, *opes* für Machtmittel (Truppen). Der Begriff *vis* umschrieb Kraft und Macht infolge von Zwang und Gewalttätigkeit, *dignitas* eine Machtposition, und *potestas* bedeutete allgemein Macht und Herrschaft.

Was ist Macht? Macht zeigt sich im menschlichen Miteinander und in der Natur, d. h. in allen Seinsbereichen, und gehört zu den elementaren Erfahrungen der Menschen. In fast allen Kulturen gibt es die Vorstellung einer übernatürlichen Macht oder Kraft (Geister, Götter, Dämonen). Der Machtbereich ist mit Tabus belegt. Mittels Magie und Zauber versucht der Mensch, diese Macht zu manipulieren (vgl. Medizinmänner).

Macht ist eine dreistellige Relation zwischen einem Subjekt, das auf einem bestimmten Gebiet auf ein Gegenüber Einfluß ausübt. Macht ist immer auf Anerkennung angewiesen.

Die Quellen der Macht unterscheiden diejenigen, die Macht ausüben, von denjenigen, die machtlos sind. In der Literatur werden drei Hauptquellen umschrieben, die ihrerseits wieder miteinander verbunden sind: eine Persönlichkeit mit physischen, geistigen, organisatorischen, moralischen oder rhetorischen Eigenschaften, Besitz und Eigentum und Organisationen, die meist noch über Eigentum verfügen. Organisationen sind die wichtigste Quelle der Macht in der modernen Industriegesellschaft, denn eine kleine Gruppe ist finanziell und personell heute nicht mehr in der Lage, über längere Zeit Macht auszuüben.

Die bekannteste Definition vom Begriff „Macht" stammt von M. Weber. Macht ist, „jede Chance, innerhalb einer sozialen Beziehung den eigenen Willen auch gegen Widerstreben durchzusetzen, gleichviel, worauf diese Chance beruht".

Kant definierte Macht als eine Möglichkeit, die große Hindernisse überwinden kann. Für Hobbes ist Macht das geeignete Mittel zur Erlangung eines zukünftigen Gutes. Für Machiavelli-Anhänger ist Macht eine virtuose Technik, einziges erstrebenswertes Ziel, und höhere Werte als das Spiel mit der Macht gibt es für sie nicht. Nietzsche stellt den Willen zur Macht an die Spitze der Wertskala persönlicher Ethik. Für Russell bleibt Macht vereint mit Ruhm das höchste Ziel und der größte Lohn der Menschheit. Die Idealisierung von Macht durch Hegel und Historiker wie Droysen und Treitschke waren mit ausschlaggebend dafür, daß Macht und das Streben nach Macht im modernen Nationalsozialismus und Imperialismus idealisiert wurden.

Macht ist an sich weder gut noch schlecht, sondern hat instrumentalen Charakter. Auch die größtmögliche menschliche Macht ist räumlich und zeitlich begrenzt. Macht zu haben verleitet dazu, diese Macht zu behalten und auszuweiten. Es ist meist ein Streben nach mehr Macht vorhanden (Machttrieb) mit der Möglichkeit zur Korruption des Machtinhabers.

Staat, Macht und Herrschaft stehen in engem Zusammenhang. Macht muß am Recht (Naturrecht) gemessen werden. Macht und Recht bedingen einander. Recht ist der Macht vorausgesetzt. Wenn Macht nicht in Verbindung mit Recht ausgeübt wird, wird sie zur Gewalt. Machtfanatiker können mitunter einen kollektiven Machtrausch auslösen (vgl. Nationalsozialismus). Macht wird nicht selten durch die Androhung von physischer und psychischer Gewalt durchgesetzt.

Historischer Überblick: Immer wieder wurden im Laufe der Geschichte die Begriffe „Macht", „Gewalt", „Herrschaft" und „Autorität" synonym verwendet. Im Spätmittelalter begann man erstmals diese Begriffe zu differenzieren. Macht war zu jener Zeit entweder ererbt (Adel) oder mußte durch Wissen, Stärke und Überlegenheit neu erworben werden. Im gesamten Mittelalter ging man von der Macht bzw. Gewalt Gottes aus und leitete daraus die päpstliche und kaiserliche Macht ab. Ein Merkmal dieses Machtbegriffs war, daß er begrenzt war und nie willkürlich verwendet wurde. In der frühen neuzeitlichen politischen Theorie wurde Macht vom theologischen Denken abgekoppelt und als ein Merkmal des Staates umschrieben.

Mitte des 17. Jh.s begann man mehr zwischen der äußeren und der inneren Macht des Staates zu differenzieren. Die Wirtschaftsmächte England und Holland befanden sich im Aufstieg. Holland wurde als „Schiffsmacht" bezeichnet und war der reichste und somit mächtigste Staat der ganzen Welt. Im 19. Jh. erfährt Macht als wirkende Kraft eine bisher noch nie dagewesene Bedeutungsausweitung auf alle Lebensbereiche der Gesellschaft. Durch Marx und Engels kam es erneut zu einer Bedeutungsausweitung des Begriffs „Macht": Macht bedeutete nun Herrschaftsausübung über (Lohn-)Abhängige, Ausgebeutete und Unterdrückte, die zum Klassenkampf führt. Im 20. Jh. wird der Begriff Macht meist durch Begriffe wie „Herrschaft" und „Autorität" ersetzt.

Erscheinungsformen von Macht: Politische Macht: Politisches Handeln ist immer mit Machtausübung verbunden. Der Staat muß Macht haben. Ausschließlicher Machtbesitz darf nicht letztes Ziel von Politik sein. Durch Macht und Autorität soll der Staat Ordnung garantieren und dem Gemeinwohl dienen. Politische Macht hat viele Erscheinungsformen, und der Machtbereich wird durch das Recht (Verfassung und Verfassungsgerichtsbarkeit, Gewaltenteilung, Menschen- und Grundrechte, Kontrollbehörden der öffentlich-rechtlichen Körperschaften und Gemeinden) abgegrenzt. Politische Herrschaft bedarf der Legitimation, wird als spezifische Verdichtung von Macht gesehen. Offene Machtkonkurrenz ist eine der Erscheinungsformen der Demokratie.

Durch das Völkerrecht wird die Macht der einzelnen Staaten eingegrenzt. In der internationalen Politik dient der Begriff „Macht" zur Qualifikation von Staaten (Großmächte, Weltmächte usw.).

Päpstliche Macht: Der Höhepunkt der päpstlichen Macht ist mit Papst Gregor VII. (1073–1085) anzusetzen. Der Papst war dem Kaiser übergeordnet. Unter Papst Clemens V. und der Errichtung des päpstlichen Hofes in Avignon (1306) ging diese Machtposition zu Ende. Als

Oberhaupt der katholischen Kirche hat der Papst heute noch eine Machtposition inne.

Positionsmacht: Durch Ämter, Berufe, durch Einkommen und Ausbildung (Wissen ist Macht) werden Machtstellungen auf bestimmten, begrenzten Gebieten erreicht (Autorität).

Repressive, kompensatorische und konditionierte Macht: Repressive Macht wird durch Auferlegung oder Androhung von Strafe ausgeübt. Kompensatorische Macht erreicht ihr Ziel durch Versprechungen, Belohnungen oder ein Angebot. Lob zählt ganz wesentlich zu dieser Erscheinungsform der Macht. Die Individuen, die sich freiwillig oder auch nicht freiwillig unterordnen, sind sich dessen bewußt. Konditionierte Macht setzt eine Bewußtseins-, Überzeugungs- oder Glaubensänderung voraus. Durch gezieltes Überreden, Überzeugen und Erziehen erreicht man, daß sich ein Individuum dem Willen eines anderen oder einer Gruppe unterordnet. Nicht selten bedient man sich bestimmter Hilfsmittel, um das Ziel zu erreichen.

Autoritative Macht: Autoritative Macht zeichnet sich dadurch aus, daß sie die Unterordnungs- bzw. Anerkennungsbedürftigkeit eines Individuums bewußt ausnutzt. Durch Lob, Tadel oder Strafen erreicht man diese Unterordnung.

Agierende oder nichtagierende Macht: Agierende Macht geht von einer Person aus und ist entweder bewußt oder unbewußt. Von nichtagierender Macht spricht man dann, wenn der Machthaber nichts tun muß, um Macht auszuüben und anerkannt zu werden (vgl. Positionsmacht, Autorität).

Der Christ und die Macht: Im christlichen Verständnis geht man von der Macht (Allmacht) Gottes aus. Sie ist eine schöpferische und ungeteilte Macht. Macht ist Prädikat des lebenden und persönlichen Gottes, der im Heilswerk, das er an Jesus Christus vollbrachte, diese Macht erwiesen hat. Höchstes Zeichen für die Macht Gottes ist, daß er seinen Sohn in die Welt sandte. Als Sohn Gottes spricht und wirkt Jesus selbst mit Macht. Sein Wirken und seine Wunder sind Zeichen dieser Macht. In Vollmacht sendet Jesus seine Jünger aus und gibt ihnen den Auftrag, zu lehren, zu heilen und Sünden zu vergeben.

Indem der Mensch Ebenbild Gottes ist, hat er teil an dieser Macht. Die Daseinsmacht des Menschen ist aber immer an die Macht Gottes rückgebunden und wurde durch die Sünde eingeschränkt.

Der Christ weiß von den Folgen des Machtmißbrauchs. Drastisch dargestellt wird dies in der Offenbarung (Offb 13) mit dem siebenköpfigen Tier aus dem Meer, dem der Drache Macht gegeben hat, oder in 1 Kor 2,8, wo den Mächten dieser Welt vorgeworfen wird, den Herrn gekreuzigt zu haben. Beschrieben wird die Dämonie der Macht der Finsternis (Lk 22,53), und selbst Jesus wird durch die Macht des Bösen (Satan) in Versuchung geführt (Lk 4,6).

Macht wird nicht generell verurteilt, aber hinterfragt und begrenzt. Der Christ wird angehalten, auf irdische Macht, wenn möglich, zu verzichten. Die Jünger Christi können aber nicht umhin, Macht im täglichen Leben zu gebrauchen. So erhalten sie den Auftrag, Macht so zu haben, als hätten sie keine (vgl. 1 Kor 7,29–31). Macht soll durch Liebe und Demut überwunden werden.

Die Vertreter der mittelalterlichen Theologie befassen sich mit dem Phänomen der Macht im Zusammenhang mit Fragen um die Autorität des Papstes und im Zusammenhang mit den Konflikten um die Machtstellung zwischen Kaiser und Papst.

Im 20. Jh. haben sich mehrere Theologen (Tillich, Barth, Guardini, Rahner, Gogarten, Welte, Gundlach) ausführlich mit dem Machtphänomen beschäftigt. In diesen Abhandlungen geht es u. a. um die unergründliche Allmacht Gottes und die begrenzte Macht der Geschöpfe und ihre theologische Bestätigung.

R. Guardini, Der unvollständige Mensch und die Macht (^{2}1958); *St. Hradil,* Die Erforschung der Macht. Eine Übersicht über die empirische Ermittlung von Machtverteilungen durch die Sozialwissenschaften (1980); *G. J. Kenneth,* Anatomie der Macht (1987); *H. Popitz,* Phänomene der Macht – Autorität – Herrschaft – Gewalt – Technik (1986); *H. Ph. Platz,* Vom Wesen der politischen Macht. Versuch einer Erhellung in Auseinandersetzung mit F. Gogarten und G. Gundlach (1971); *B. Welte,* Über das Wesen und den rechten Gebrauch der Macht. Eine philosophische Untersuchung und eine theologische These dazu (1960).

GERTRAUD PUTZ

Mann

→ Beruf → Ehe → Erziehung → Familie → Frauenfrage → Gesellschaft

Mehr als hundert Jahre nach der Frauen(rechts)bewegung hat sich seit dem Beginn der siebziger Jahre unseres Jahrhunderts eine Männerbefreiungsbewegung formiert (V. E. Pilgrim). Ihr liegt die Einsicht zugrunde, daß nicht nur die Frau infolge eines jahrtausendalten Patriarchats unterdrückt ist, sondern auch der Mann selbst Opfer der von ihm geschaffenen Verhältnisse ist. Insbesondere im Kontext der Industrialisierung hat sich die Lage des Mannes verschlechtert. Die Trennung von Wohnen und Arbeiten, die daraus erwachsene vorrangige Zuordnung des Mannes zur beruflichen Lebenswelt haben zu einem Verlust herkömmlicher männlicher Rollenanteile geführt. Die Berufswelt fordere nämlich von ihm, hart zu sein, sich durchzusetzen, zu gewinnen, erfolgreich zu sein. Ein Mann ohne diese Eigenschaften vermag sich nicht durchzusetzen und verliert soziale Belohnung. Begünstigt wird somit der harte Mann, der starke, der „*winner-Typus*", während der „*looser-Typus*" ein negativ besetztes Männerbild ist. Die Kehrseite dieser Entwicklung ist, daß dem Mann in solchem sozioökonomischen Kontext andere Rollenanteile verlorengegangen sind, die ihm grundsätzlich offenstehen und keineswegs für einen Mann unerlernbar sind: das Weinen, die Lust am Spielen, Kreativität, die Fähigkeit zu leiden und daher auch zu lieben. Das Ergebnis ist der „halbierte Mann" (E. Beck-Gernsheim). Wie zutreffend solche Erkenntnisse über den Zusammenhang von Berufswelt und Rollenausprägung eines Menschen sind, läßt sich nicht zuletzt daran erkennen, daß auch Frauen in der heutigen Berufswelt (oder auch in der Politik) ähnliche Eigenschaften entwickeln wie die dort angesiedelten Männer (F. X. Kaufmann).

Für diese „Halbierung" bezahlen freilich viele einen hohen Preis; einen zu hohen, meinen Frauen wie Männer aus den jeweiligen „Geschlechter-Befreiungsbewegungen":

Betroffen sind die Männer selbst. Die Nötigung, unentwegt stark sein zu müssen, überfordert viele gesundheitlich. Die Lebenserwartung von überstreßten Männern liegt deshalb auch um mehrere Jahre unter jener von Frauen. Auch das Krankheitsbild von Männern ist spezifisch: Herz- und Kreislaufkrankheiten herrschen ebenso vor wie Erkrankungen des Darmtrakts. Männer leben unter einem harten Leistungsdiktat, wobei der „Arbeitgeber" zumeist kulturell verinnerlicht ist – so ist heute „der Mann" eben.

Die Gefahr besteht, daß die im zentralen Lebensfeld des halbierten Mannes eingeübten Denk- und Handlungsmuster auch in andere Lebensbereiche übernommen werden. Nicht zuletzt die Beziehungen zu Frauen, Kindern und darunter wieder zu Mädchen sind davon betroffen. „Männer lassen lieben" (W. Wieck), weil sie zu keiner Liebe fähig sind. In Verbindung mit der ererbten patriarchalistischen Versuchung, die Frau zum Objekt der Sexualität zu machen, verkommt die eingeübte Härte nicht selten zu (physischer [C. Kazis] wie psychischer – beispielsweise sprachlicher [S. Trömmel-Plötz]) – Gewalt gegen Frauen und Mädchen, und das immer mehr innerhalb der „kleinen Lebenswelten". Einen Beitrag zur Beziehungsarmut von „halbierten" Männern spielt allerdings auch die eigenartige Lage, in der heute Kinder in einer vermeintlichen Männerwelt aufwachsen. Da die Männerwelt zumeist deckungsgleich mit Beruf ist, verbleibt die Familienwelt bei den Frauen. So entstehen inmitten des Patriarchats matriarchale Inseln. Kinder wachsen somit oftmals vaterlos, als psychische Halbwaisen auf, und die Söhne sind in Gefahr, „Muttersöhne" (V. E. Pilgrim) zu werden. Diese historisch erstmals weitverbreitete „Madonnenszene" (Mutter und Kind) begünstigt Beziehungen zwischen Söhnen und Müttern, die durch überstarke Mutterbindung geprägt sind und mitverursachen, daß ein Leben lang in den Frauen Mütter gesucht werden. Der alten Aufforderung, auch die Mutter verlassen zu müssen (Gen 2,24), um einer Frau überhaupt liebend anhangen zu können, können viele Söhne immer schwerer nachkommen. Erschwert wird diese Situation noch dann, wenn die Väter aus der „kleinen Lebenswelt" überhaupt ausgezogen sind, wie das bei Alleinerziehenden aus Not oder auch bei einzelnen Vertreterinnen aus der feministischen Tradition aus Prinzip der Fall ist.

Betroffen von der „Halbierung des Mannes" sind schließlich auch öffentliche Bereiche, wo die Männer nach wie vor mehrheitlich das „Sagen" haben. Es ist weniger die fehlende „Weiblichkeit", die *anima*, wie manchmal behauptet wird, sondern was fehlt, sind die verlorenen Rollenanteile des Mannes, die dazu beitragen, daß die Gestaltung der Wirtschaft, der Politik, der Erziehung, aber auch der Friedenssicherung durch den halbierten Mann für die Menschheit eine immer größere Gefahr darstellt (B. Easlea). Der harte Zugriff zur Natur, die Abschreckung als Instrument der Friedenssicherung, der harte Konkurrenzkampf in der Wirtschaft mit der allmachtsphantastischen Idee des unbegrenzten Wachstums werden als „Errungenschaften" des modernen Mannes behauptet.

Auswirkungen hat die Halbierung der Männerrolle wohl auch auf die Gestaltung von religiösen Gemeinschaften (P. M. Zulehner). Zumal die katholische Kirche kennt (allerdings langsam abnehmend) in ihren Amts- und Entscheidungsstrukturen eine fast ausschließliche Männerdominanz. Es ist noch zuwenig erforscht, wie sich diese Tatsache auf Leben und Wirken der Kirche auswirkt: auf die Amtskultur, die Arbeitsweise in Gremien, die Entwicklung von Pastoralplänen, die Aspekte an Machbarkeit an sich tragen. Es ist darüber hinaus auch kaum ersichtlich, inwieweit am Verlust öffentlich praktizierter persönlicher Religiosität wie am Verschwinden der Religion in den wichtigen Institutionen unserer Gesellschaft nicht auch die Halbierung der Männerrolle mitwirkt.

Aus solchen Gründen wächst die Zahl leidender und einsichtiger Männer, die sich die mit der „Halbierung" gegebene Unfreiheit und Unterdrückung von Lebenschancen nicht mehr zumuten lassen. Wie einst Frauen, so treffen auch sie einander – anfangs ohne die Frauen aus ihrem persönlichen Lebenskreis – in Männerbefreiungsgruppen, um die Lage näher auszukundschaften und nach und nach der Halbierung zu entgehen. Neue Erfahrungen werden zu machen versucht. Das ererbte Verhältnis zur Herkunftsfamilie, zu Frauen und Männern, im Bereich der (Hetero- und Homo-)Sexualität, zu Macht und Autorität wird angearbeitet. Manche entziehen sich ihrem bisherigen langjährig erfolgreich ausgeübten Beruf. Auch die Männern (wie der sie tragenden Kultur) verschlossenen Fragen von Leid, Erfolglosigkeit, Scheitern, Tod und Trauer bleiben nicht mehr ausgeblendet. Lebensaufgaben werden neu gelernt, die bislang nur bei Frauen gut aufgehoben waren (H. Bullinger). Das Verhältnis zwischen Vätern und Söhnen wird neu kultiviert (W. Fthenakis).

Männerbefreiungsgruppen sind zunächst außerhalb der christlichen Kirchen gegründet worden. Die starken religiösen Legitimationen der überlieferten Rollenmuster von Mann und Frau haben vermutlich dazu beigetragen, daß dieses Anliegen erst nach und nach in das kirchliche Bewußtsein (in die Bildungsarbeit oder auch in kirchliche Männerverbände) eindringt (R. Rohr).

E. Beck-Gernsheim, Das halbierte Leben. Männerwelt Beruf – Frauenwelt Familie (³1987); *C. Benard u. a.*, Die ganz gewöhnliche Gewalt in der Ehe. Texte zur Soziologie von Macht und Liebe (1978); *H. Bullinger*, Wenn Männer Väter werden. Schwangerschaft, Geburt und die Zeit danach im Erleben von Männern (1983); *B. Easlea*, Väter der Vernichtung. Männlichkeit, Naturwissenschaftler und der nukleare Rüstungswettlauf (1986); *E. Fischer* u. a., Gewalt gegen Frauen (1977); *W. Fthenakis*, Väter, Bd. 1: Zur Psychologie der Vater-Kind-Beziehung (1988), Bd. 2: Zur Vater-Kind-Beziehung in verschiedenen Familienstrukturen (1988); *G. Fuchs* (Hrsg.), Männer. Auf der Suche nach einer neuen Identität (1983); *F. X. Kaufmann* u. a., Ethos und Religion bei Führungskräften (1986); *C. Kazis* (Hrsg.), Dem Schweigen ein Ende. Sexuelle Ausbeutung von Kindern in der Familie (1988); *V. E. Pilgrim*, Manifest für den freien Mann (1988); *ders.*, Muttersöhne (1988); *R. Rohr*, Der wilde Mann. Geistliche Reden zur Männerbefreiung (1986); *S. Trömmel-Plötz* (Hrsg.), Gewalt durch Sprache. Die Vergewaltigung von Frauen in Gesprächen (1988); *W. Wieck*, Männer lassen lieben. Die Sucht nach der Frau (¹¹1988); *P. M. Zulehner*, Männerbefreiung: Geschlechterstreit?, in: *G. Fuchs* (Hrsg.), Männer (wie oben) 137–149.

PAUL MICHAEL ZULEHNER

Maß

→ Klugheit → Lust → Trieb → Tugenden und Laster

1. Zum Begriff

Die Tugend des Maßes oder der Mäßigung *(temperantia,* σοφρωσύνη) als Kardinaltugend wird bereits von den Kirchenvätern (z. B. Ambrosius) zu den sogenannten Kardinaltugenden oder *virtutes principales* gerechnet. Der Ausdruck kommt von *cardo* (die Türangel) und weist auf die tragende Rolle der entsprechenden Haltung hin.

Allerdings, das deutsche Wort „Mäßigung" hat einen verneinenden Klang und erinnert an Einschränkung, Enthaltung, Zügelung. Der erste und eigentliche Sinn von *temperare* aber ist „aus verschiedenen Teilen ein einiges geordnetes Ganzes fügen", wie J. Pieper dies, ausgehend von 1 Kor 12, 24, formuliert hat. Im Unterschied zu den anderen, auf die Außenwelt hingeordneten Tugenden zielt die Mäßigung auf den Menschen selbst und die Ordnung in ihm. Auch darin erweist sich die Gott-Ebenbildlichkeit des Menschen *(conversio intentionis ad seipsum,* Thomas v. Aquin, S.Th. I/II, q 61 a 5).

2. Objekt der temperantia

Nach Thomas v. Aquin bezieht sich diese Tugend auf das Verlangen in all seinen Formen, durchaus nicht nur auf Essen und Trinken (wie dies manche Autoren der Neuscholastik meinten). J. Pieper rechnet zum Bereich dieser Tugend nicht nur den lebenserhaltenden Drang nach Nahrung und sexueller Lust, sondern auch den Geltungstrieb, den Zorn und das Verlangen nach Erkenntnis.

3. Die menschengerechte Ordnung – Sinn der temperantia

Bei Einhalten des Maßes geht es immer nur um die Ordnung der Vernunft und ein „Einüben der Freiheit" (H. Rotter), keineswegs darum, das Begehren als solches zurückzudrängen, soweit es nur irgendwie geht. Im Gegenteil, Thomas v. Aquin (S.Th. II/II, q 141 a) sieht im sinnlichen Begehren und auch in der Lust etwas, das der menschlichen Natur entspricht und der Vernunft dienlich ist – „wie Instrumente, deren sich die Vernunft zur Erreichung ihrer Ziele bedient". Die Tugend der *temperantia* hat aber dort ihren Platz und ihre Aufgabe, wo ein bestimmtes Verlangen über die Grenze dessen hinaustreibt, was wirklich wert- und sinnvoll, gut, bereichernd und wahrhaft menschlich und in diesem umfassenden Sinn „vernünftig" ist. Das heißt: Auch ekstatische Erlebnisse (etwa in der ehelichen Umarmung, im Sport, in Kunst und Religion) werden von der *temperantia* keineswegs zur Ordnung kühler Vernünftigkeit und langweiliger Bürgerlichkeit zurückgerufen und damit ihrer Kraft beraubt. Die Tugend des Maßhaltens ist nur das Immunsystem gegen un-vernünftiges und damit lebensfeindliches Verlangen etwa in Form von Alkoholismus, von Drogenabhängigkeit, von sexuellem Verlangen, wenn dieses nicht mehr dem Ordnungsgefüge der wahrhaft menschlichen Liebe und ihren Ansprüchen gerecht wird. Das richtige, gottgewollte Genießen will die Tugend der „Mäßigkeit" nicht hindern, sondern ermöglichen.

4. Eigenverantwortung des Menschen, Maßlosigkeit und Verzweiflung

Die innere Ordnung ist dem Menschen nicht einfach gegeben (wie dem Kristall oder der Blume), sondern sie ist seiner eigenen Verantwortung anvertraut. Dabei ist es nur von der Ursünde her verständlich, daß die gleichen Kräfte, die das Leben erhalten, es auch zerstören können.

Immer wenn sich der Mensch der Ordnung der Vernunft verweigert und sich dem selbst-süchtigen Genießen in irgendeiner Form überläßt, handelt er auch gegen sein eigenes Wesen, das auf Gott hin, das heißt für die Liebe zu Gott und den Mitmenschen, geschaffen ist. Die Zerstörung der inneren Ordnung aber führt zur Verzweiflung, die durch den isolierten und pervertierten Genuß um seiner selbst willen nur verdrängt und überdeckt, nicht aber geheilt werden kann. Unmäßigkeit und Verzweiflung „sind durch einen verborgenen Kanal miteinander verbunden" (J. Pieper). Da aber gerade darin, nämlich in dem weitverbreiteten Gefühl der Sinnlosigkeit des Lebens und in der diesem Gefühl entsprechenden Verzweiflung, ein besonderes Merkmal und „Zeichen" der Zeit besteht, gilt: Die Tugend des Maßhaltens (in all ihren Formen) aufzuzeigen, ist heute so notwendig wie zu jeder anderen Zeit. Menschen, die einen freiwilligen Verzicht auf innerweltliche Erfüllung um des Himmelreiches willen leben, sind, so gesehen, nicht ein unnützer Fremdkörper in der Gesellschaft, sondern bringen eine unverzichtbare wichtige, heilsame Botschaft: Sie zeigen die Möglichkeit auf, die Antriebskräfte der menschlichen Natur konsequent auf eine höhere, geistige Welt hin auszurichten.

J. Pieper, Zucht und Maß (1940).

ANDREAS LAUN

Maxime

→ Ethik → Ethos → Handeln, sittliches → Mittel → Norm → Wert

Unter einer Maxime verstehen wir einen Leitsatz des Handelns, der im Unterschied zu einer Norm nicht das Handeln, sondern sein selbst gewähltes Ziel beschreibt. Die Maxime ist also ein subjektiver (praktischer) Vorsatz, während die Norm objektiv vorgegeben wird.

Medizinische Ethik

→ Abtreibung → AIDS → Befruchtungshilfe → Empfängnisregelung
→ Euthanasie → Genetik und Gentechnik → Krankheit → Leben
→ Leiden → Organtransplantation → Person → Selbsttötung (Suizid)
→ Therapie

Das Nachdenken über die Verantwortbarkeit ärztlichen Handelns ist schon in der Bibel deutlich greifbar. Es gibt in älteren Schichten des AT eine Auffassung, die das sog. künstliche Eingreifen des Menschen in sein Leben ablehnt und statt dessen nur das Gebet um die Hilfe Gottes zuläßt: „Im 39. Jahr seiner Regierung erkrankte Asa an den Füßen. Die Krankheit war sehr heftig. Aber auch in der Krankheit suchte er nicht den Herrn, sondern die Ärzte. Asa entschlief zu seinen Vätern" (2 Chr 16,12). – In diesen Zeilen wird ein Verständnis angedeutet, nach dem der Mensch in der Krankheit nicht sich selbst helfen bzw. Ärzte aufsuchen soll, sondern er soll einfach zu Gott beten und auf ihn allein vertrauen.

Anders spricht Jesus Sirach (Sir 38,1–15) vom Arzt: „Schätze den Arzt, weil man ihn braucht; denn auch ihn hat Gott erschaffen." Hier wird menschliches Wissen und Können nicht mehr in Gegensatz zum Gottvertrauen gesehen, sondern das Arztsein gehört hier zum Schöpfungsauftrag des Menschen. Der Mensch soll seiner Not nicht nur in Passivität gegenüberstehen, sondern in die Natur eingreifen und versuchen, die Krankheit zu überwinden. Die Natur ist hier nicht mehr ein Tabu, sondern eher ein Bereich, der zum Menschsein gehört und den der Mensch zu seinem Wohl auch manipulieren darf.

Das NT bringt zwar keine so ausdrücklichen Aussagen zur medizinischen Ethik, aber umso auffälliger ist das Beispiel Jesu, der sich ständig der Kranken angenommen hat. „Er heilte alle Kranken" (Mt 4,23). Es geht Jesus wesentlich darum, den Menschen Heilung zu bringen. Darin soll sich das Heil selbst ankündigen. Jesus lehnt dabei aber ausdrücklich und wiederholt Deutungen ab, nach denen Krankheiten oder persönliches Unglück ein Zeichen für persönliche Schuld wären. Krankheit und Unglück sind nicht sakral als gezielte Strafe Gottes zu sehen, sondern mehr säkular. Das Übel ist demnach nicht von Gott verhängt, um dem Menschen zu schaden, aber es stellt für die Betroffenen und ihre Mitmenschen eine Aufgabe dar, das Leid entweder zu überwinden oder doch geistig damit zurechtzukommen. Eine Tabuisierung der Natur und insbesondere des menschlichen Körpers läßt sich hier nicht erkennen.

Freilich sind in der nachchristlichen Zeit immer wieder sakrale Deutungen und Tabus aufgekommen. So hat man z. B. schon sehr früh in der lateinischen Kirche wieder den menschlichen Körper betreffende Reinheitsvorstellungen aus dem AT übernommen, die eigentlich zur Aussage Jesu in Widerspruch standen. Besonders in Zusammenhang mit dem Manichäismus wurden z. B. geschlechtliche Vorgänge wie die Geburt als etwas Verunreinigendes aufgefaßt, gegen das man dann mit einem Exorzismus vorging. Im Mittelalter galt das Sezieren von Leichen als unzulässig, bis dann die Renaissance diesen Bann brach. – Bei solchen Auffassungen spielte gelegentlich eine Naturrechtslehre mit einem zu individualistischen Naturbegriff eine entscheidende Rolle. In die Natur darf demnach nicht eingegriffen werden, auch wenn es zum Wohl des Menschen wäre. So wurden z. B. noch im 20. Jh. gelegentlich Transplantationen von einem lebenden Spender (z. B. einer Niere oder eines Hautstückes) mit dem Argument abgelehnt, daß dabei eine Verstümmelung geschehe, die gegen die Natur und deshalb unsittlich sei.

Aber zumeist, wenn man der Forschung und der Technik solche Grenzen setzte, konnten diese sich nicht lange halten. Mit der Fähigkeit des Menschen, tiefer in die Natur einzugreifen, wuchs das Bewußtsein, immer weitergehen zu dürfen. In manchen Fällen wurden dabei auch Eingriffe vorgenommen, die man heute nicht mehr gutheißen würde. (Vgl. etwa die Kastration von Sängerknaben!)

Die Ärzteschaft hat sich in der Antike wohl als erster Stand organisiert, um medizinisches Wissen und Kunstfertigkeit durch feierliche Gelöbnisse vor Mißbräuchen zu schützen. Eine bis heute paradigmatische Bedeutung kommt dem *Eid des Hippokrates* (ca. 4. Jh. v. C.) zu, der aus einer größeren Sammlung medizinischer Schriften mit ungewissem Ursprung und ungewisser Autorschaft stammt. Wegen seiner Affinität zum christlichen Ethos spielte er sowohl in der christlichen Antike wie auch im Mittelalter eine bedeutende Rolle. Zwei herausragende und bis heute wirksame Grundpflichten verlangen vom Arzt, sich ohne Ansehen der Person für das Wohl des Patienten einzusetzen und ihm insbesondere nicht zu schaden. In der hippokratischen Tradition haben sich seit dem 19. Jh. infolge der Erweiterung medizinischen Wissens eine Fülle weiterer Eides- und Gelöbnisformeln, Deklarationen und in neuerer Zeit vor allem Richtlinien herausgebildet. Eine wichtige Etappe markiert der *Code of Medical Ethics* von Philadelphia (1847), der – 1980 letztmals angepaßt und erweitert – Basis der medizinischen Ethik der „American Medical Association" geworden ist. In ähnlicher Weise hat nach dem Zweiten Weltkrieg der Weltärztebund das Genfer Ärztegelöbnis (1948) angenommen.

Insbesondere seit den späten vierziger Jahren, nicht zuletzt aufgrund des Mißbrauchs der Medizin während des Krieges (vgl. Nürnberger Kodex über Humanexperimente von 1947), hat eine neue Diskussion der medizinischen Ethik begonnen, die in den USA unter dem weiteren Begriff *Bioethics* läuft. Aus ihr entwickelte sich – ausgehend von den USA – ein eigenständiger *Forschungszweig,* der zur Gründung spezialisierter Zeitschriften, zur Errichtung eigener Lehrstühle und interdisziplinär arbeitender Institute führte, z. B. Hastings Center in New York; Kennedy Institut der katholischen Georgetown University in Washington. Die katholischen Universitäten organisieren sich außerdem in bioethischen Forschungsgruppen mit Sitz in Brüssel, Barcelona und Washington.

In den meisten westlichen Ländern gibt es zahlreiche *Richtlinien* der medizinischen Ethik, welche Spezialbereiche der Medizin im Sinne der Selbstverpflichtung selbständig regeln; in den USA sind es zur Zeit über 40. Sie haben zwar keinen gesetzlichen Status, formulieren aber Standards ärztlichen Verhaltens, welche wesentliche sittliche Gesichtspunkte ärztlichen Handelns mitdefinieren.

Sie sind Orientierungshilfen für Ärzte, Standesorganisationen, Institutionen und Gesundheitspolitik. Immer häufiger werden *Ethik-Kommissionen* („Ethics Committees") eingesetzt, um in schwierigen Fällen zu verantworteten Entscheidungen zu kommen, um Sach- und Wertgesichtspunkte gegeneinander abzuwägen. Speziell bei letzteren kann es je nach weltanschaulichem Standpunkt erhebliche Differenzen geben.

Eine besondere Aktualität hat die medizinische Ethik besonders seit den sechziger und siebziger Jahren erlangt, als eine Reihe neuer Techniken in der Medizin Eingang fanden. Die neuen Möglichkeiten der Lebensverlängerung durch Blutwäsche und Herz-Lungen-Maschine brachten die Frage mit sich, ob es erlaubt sei, das Leben eines nicht mehr zu rettenden Patienten aktiv zu beenden bzw. zu verkürzen. Die Einführung der Herztransplantation (erstmalig durch Chr. Barnard 1967) und ähnliche Transplantationen von lebensnotwendigen Organen warfen neu das Problem auf, wieweit solche Maßnahmen zu begrüßen oder abzulehnen seien und wie man den Todeszeitpunkt beim Organspender möglichst genau bestimmen könne. Eine ganze Reihe von ethischen Problemen ergab sich dann durch das Aufkommen der Retortenbefruchtung. Hier kamen neben der homologen und der heterologen Befruchtung, der Samen- und Eispende auch die Mietmutterschaft zur Diskussion, aber ebenso die Kryokonservierung befruchteter Eizellen, die erbrechtliche Behandlung der Verfügung über diese Embryonen sowie insbesondere auch das in der Regel vernichtende Experimentieren mit ihnen. Die ethischen Bedenken, die sich in diesem Bereich ergaben, konnten nur zu einem geringen Teil durch die Weiterentwicklung der medizinischen Technik ausgeräumt werden.

Weiter entstanden ethische Fragen durch das wachsende Ausmaß von Humanexperimenten. Inwiefern läßt es sich z. B. verantworten, daß Gruppen von Patienten zum Zweck eines Vergleiches verschieden behandelt werden, indem die eine ein neues Präparat erhält, während die andere an dessen Stelle nur ein vermutlich weniger wirksames oder gar nur ein Placebo bekommt? Um der wissenschaftlichen Eindeutigkeit des Ergebnisses willen ist es hier wünschenswert, daß der Unterschied in der medikamentösen Betreuung möglichst lange aufrechterhalten wird, so daß der Vorteil der mit dem neuen Präparat Behandelten deutlich sichtbar wird. – Wie lange soll überhaupt ein neues Mittel erprobt werden, bis es allgemein zugelassen wird und damit den Patienten zugute kommt? Welches Risiko darf man dabei auf sich nehmen?

Schließlich stellt der Bereich der Gentechnik zunehmend auch ethische Fragen: Dabei geht es infolge neuer Möglichkeiten um die Auswirkung sowohl auf die Umwelt, die Wirtschaft wie auch auf den Menschen. Abgesehen vom Bereich der Mikroorganismen, der Pflanzen und Tiere findet die Gentechnik auch beim Menschen eine breite Anwendung. Das gilt besonders im Bereich der Humanmedizin. In ethischer Hinsicht ist dabei grundsätzlich zu unterscheiden zwischen dem Eingriff in die Keimbahn, d. h. in die Geschlechtszellen, mit der Folge, daß neu entstehendes Leben veränderte Eigenschaften aufweist, die dann auch an die folgenden Generationen weitergegeben werden können, und dem Eingriff in die übrigen Körperzellen, etwa zur Bekämpfung von Krebs, AIDS usw. Solange es sich um ausschließlich therapeutische Zielsetzungen handelt, wird man diese neue Technik weitgehend begrüßen können. Dort jedoch, wo sie aber eingesetzt wird, um einen neuen Menschen mit veränderten Eigenschaften zu züchten, wird man das ethisch eindeutig abzulehnen haben, weil hier über einen künftigen Menschen verfügt wird, ohne dessen Freiheit zu berücksichtigen, und weil ein solcher Mensch von vornherein zu einem Außenseiter würde und dadurch unübersehbaren Schaden erleiden könnte. Erst recht sind ethische Einwände gegen den Einsatz von Gentechnik zur Herstellung von neuen Waffensystemen gegeben.

Immer mehr Schwierigkeiten zeigen sich in vielen Variationen im Bereich der Diagnose und ihrer Mitteilung. Besonders hier ist die pränatale Diagnostik ins Gespräch gekommen, weil die Mitteilung eines ungünstigen Befundes häufig zur Abtreibung führt oder gar mit dem dringenden Rat zur Abtreibung verbunden wird. Sehr aktuell wird auch der Datenschutz bei bestimmten Krankheiten (z. B. AIDS) und erblichen Belastungen. Unter welchen Bedingungen darf man den Betroffenen selbst, dann aber auch andere Personen oder Institutionen über den Befund einer Untersuchung informieren?

Die Theologie hat sich seit ihren Ursprüngen mit Teilfragen der medizinischen Ethik befaßt, wie mit dem moralischen Status des Embryos, dem Schwangerschaftsabbruch, der Empfängnisregelung, die im Gesamt der Moraldoktrin behandelt wurden. In neuerer Zeit kam es zu einigen wichtigen, allerdings teilweise nicht unumstrittenen lehramtlichen Äußerungen: Stellungnahmen Pius' XII. über die artifizielle Insemination, die Anwendung proportionierter Mittel in der letalen Phase, die Sterilisation sowie *Humanae vitae* (1968) und *Donum vitae* (1987).

Ein erstes Grundprinzip und ethisches Kriterium für alles ärztliche Handeln ist die *Achtung der Personwürde*. Soweit der Patient fähig ist, verantwortlich für sich selbst Entscheidungen zu treffen, sind diese zu respektieren. Allerdings wird dadurch der Gewissensstandpunkt des Arztes oder des Pflegepersonals nicht gegenstandslos. Wenn hier Gegensätze auftreten, ist zunächst im Gespräch ein Konsens anzustreben. Wo dieser nicht erreicht wird, werden Arzt und Pflegepersonal u. U. weitere Dienste im Sinne des Patienten bzw. Klienten unter Berufung auf ihr Gewissen verweigern (z. B. bei einer Abtreibung). Schwere Konfliktfälle können entstehen, wenn Verfügungsrechte Dritter ins Spiel kommen (z. B. das Verbot von Eltern, die den Zeugen Jehovas angehören, an ihrem Kind eine lebensnotwendige Blutübertragung vorzunehmen). Hier wird man im Einzelfall sehen müssen, was unter Berücksichtigung der Rechtslage und sonstiger Faktoren zu tun ist.

Die Entwicklung der modernen Medizin mit ihren Möglichkeiten, den Zeitpunkt des Todes hinauszuzögern, stellte auch neue oder mindestens dringlichere Fragen nach der bewußten und absichtlichen Beendigung oder Verkürzung des Lebens eines Sterbenden. Sicher kann es keine ethische Forderung sein, menschliches Leben unter allen Umständen soweit als möglich zu verlängern. Der Mensch hat ein Recht auf einen „natürlichen Tod". Aber die Moraltheologie macht gewöhnlich einen eindeutigen Unterschied zwischen einer passiven und einer aktiven Euthanasie und hält nur jene Form von Lebensverkürzung für zulässig, die nicht in sich gewollt, sondern sich nur als Nebenfolge etwa der Schmerzbekämpfung oder des Verzichtes auf eine belastende Behandlung ergibt.

Die Personwürde umfaßt Seele und Leib des Menschen. Sie fordert deshalb auch eine gewisse Pietät gegenüber dem Leichnam. Der

Mensch soll während seines Lebens darauf vertrauen dürfen, daß seine leibliche Integrität auch nach seinem Tod geachtet wird. Ein ähnlicher Anspruch besteht auch von seiten der Angehörigen. Diese Rechte schließen aber nicht aus, daß z. B. aus kriminologischen oder aus hinreichenden medizinischen Gründen eine Obduktion vorgenommen oder ein Transplantat zugunsten eines hilfsbedürftigen Patienten entnommen wird. Es bestehen in den verschiedenen Ländern diverse Regelungen, unter welchen Bedingungen diese Verfügungen rechtlich zulässig sind.

Wenn der Patient aufgrund seines Zustandes zu einer freien Entscheidung nicht fähig ist, aber dennoch ein Eingriff geboten scheint, wird dieser in dem Sinn vorzunehmen sein, zu dem eine spätere Zustimmung am ehesten zu erwarten ist. Der Arzt muß sich bei seinen Maßnahmen zum Anwalt des Patienten machen.

Ärztliches Handeln hat den Erfordernissen des *Liebesgebotes* zu entsprechen. Es darf sich also nicht auf eine rein technische Betreuung des Patienten beschränken. Der Arzt muß bestrebt sein, dem Patienten seine Furcht zu nehmen, sein Vertrauen zu wecken und ihm Zeit zu schenken. Er wird sich in einem liebevollen Einfühlen bemühen, den Patienten möglichst weitgehend über seinen Zustand zu informieren, entsprechend dem Maß, das der Patient wünscht und zu ertragen vermag. Der Arzt wird ihm auch – soweit möglich und nötig – menschlichen Beistand leisten in der Auseinandersetzung mit bedrückenden Einsichten und in einer gefaßten Hinnahme von negativen Prognosen. Diese Aufgabe teilt sich freilich das medizinische mit dem Pflegepersonal und dem Seelsorger.

Vom Gedanken des Liebesgebotes her ist letztlich auch zu beurteilen, in welchem Maß das Interesse an medizinischer Forschung in der Behandlung des Patienten wirksam werden darf. Das Wohl des Patienten darf jedenfalls dadurch keinen Schaden leiden. Andererseits dient die Forschung, soweit sie vernünftig und wichtig scheint, dem Wohle künftiger Patienten und stellt insofern einen Wert dar, der auch gegenüber den Interessen des augenblicklich zu behandelnden Patienten im Sinne einer Güterabwägung zur Geltung gebracht werden kann.

Schließlich haben auch *finanzielle Gesichtspunkte* ihre Bedeutung. Die hohe Wertschätzung der Gesundheit begünstigt an sich schon gelegentlich überhöhte und ungerechte Honorarforderungen. Die Kosten für das medizinische, pflegerische und übrige Personal sowie für die Anschaffung moderner Einrichtungen und medizinischer Geräte sind sehr angestiegen. Notwendige Einsparungen sollten aber nicht einfach auf Kosten der pflegerischen Betreuung der Patienten geschehen. Aus finanziellen wie auch aus psychologischen und sozialen Gründen ist das Bestreben zu begrüßen, Patienten nur soweit notwendig im Krankenhaus zu behalten und möglichst ambulant zu versorgen. Jedenfalls stoßen auch die Forderungen nach Zuschüssen von seiten des staatlichen Gesundheitswesens an Grenzen, weil es ungerecht wäre, von der Öffentlichkeit hohe finanzielle Opfer zu verlangen, die sich durch technische und organisatorische Maßnahmen ohne Benachteiligung des Patienten vermeiden ließen. – Ebenso ist denkbar, daß ein Patient von sich aus eine Behandlung ablehnt, weil sie ihm zu aufwendig erscheint.

U. Eibach, Medizin und Menschenwürde. Ethische Probleme in der Medizin aus christlicher Sicht (1976); *B. Häring,* Heilender Dienst (1972); *H. Rotter,* Die Würde des Lebens. Fragen medizinischer Ethik (1987); *P. Sporken,* Die Sorge um den kranken Menschen. Grundlagen einer neuen medizinischen Ethik (²1981).

ADRIAN HOLDEREGGER / HANS ROTTER

Mensch

→ Autonomie → Frauenfrage → Freiheit → Gott → Kultur → Leib → Liebe → Mann → Menschenrechte → Menschenwürde → Person → Recht → Tod

Das Verständnis des Menschen spielt für die Ethik eine entscheidende Rolle. Die Vorstellung von dem, was der Mensch ist, wie er in sich selbst verstanden werden muß, in seine Mitwelt und Umwelt eingeordnet und schließlich in seiner Beziehung zur Transzendenz gesehen wird, bildet den grundlegenden Rahmen für jede Interpretation vom Sinn menschlichen Handelns.

Diese grundlegende Bedeutung des Menschenbildes wird besonders daran deutlich, daß das Adjektiv „menschlich" innerhalb der Ethik der Neuzeit einen letzten normativen Sinn gewonnen hat, an dem sich auch christliche Entwürfe immer mehr messen mußten. Was gut ist, entscheidet sich daran, ob es menschlich ist. Der Begriff „menschlich" steht dabei als Ausdruck für eine Ganzheit des Menschen, die seine personale Würde und Freiheit, seine leibliche und psychische Gesundheit umfaßt.

Wie diese Ganzheit des Menschen genau zu bestimmen ist, darüber herrscht im Pluralismus der wissenschaftlichen Erkenntnisse, der weltanschaulichen Interpretationen und der kulturellen Traditionen eine unüberschaubare Meinungsverschiedenheit. Aus christlicher Sicht bietet dieser Pluralismus, der das Ergebnis der geistes-, wissenschafts- und kulturgeschichtlichen Entwicklungen der Menschheit ist, einerseits die Möglichkeit, die *personale* Sinnerfahrung der heilsgeschichtlichen Begegnung des Menschen mit Gott in Jesus Christus in ihrem ganzen Reichtum zu erschließen. Auf der anderen Seite stellt sich das Problem, die Beziehung des Menschen zu Gott gerade als echtes Zentrum *der Menschlichkeit* darzustellen, die sich der neuzeitlichen Geistesgeschichte erst aufgrund der Loslösung von *metaphysischen* Denkmodellen erschloß.

1. Antikes Seinsdenken und Menschenbild

Die abendländische Geistesgeschichte hat ein Verständnis des Menschen im Begriff der „Person" entwickelt, das in dieser Prägnanz und Schärfe in keiner anderen Kultur erreicht wird. In einem gewissen Sinne läßt sich die Entwicklung hier überhaupt als das Ringen um die einzigartige Würde des Menschen verstehen.

Die im griechischen Raum aufbrechende philosophische Reflexion, die den Mythos ablöst, sucht den Menschen im Zusammenhang der kosmischen Ordnung zu deuten. In der wachsenden kulturellen Eigenständigkeit des Menschen, die sich mit der Herausbildung der antiken Städte- und Staatskulturen entfaltet, herrscht noch das Gefühl der naturhaften Abhängigkeit vor. Die Auffassung der politischen und ethischen Ordnungen als Abbildung und Nachvollzug kosmischer und metaphysischer Vorbilder, die antike Definition des Menschen als *animal rationale* entsprechen diesem Grundverständnis: Stadtstaatliches und staatliches Recht werden von der Harmonie des kosmischen Nomos her legitimiert, der Mensch steht im festgefügten Ganzen der hierarchisch strukturierten Seinspartizipationen.

Die philosophische Strenge dieses kosmologischen Denkens läßt dabei die Transzendenz als das tragende Prinzip der Ordnung verstehen. Das Göttliche ist das hinter allen Seienden Stehende, das Einheitsprinzip der geordneten Ganzheit, das Sein an sich. Die Beziehung zwischen dem Absoluten und der Welt wird durch den Emanations- oder Partizipationsgedanken bestimmt. Der Mensch erscheint darin in einer besonderen Position: Ontisch ist er in den Kosmos eingebunden. Aber in der Fähigkeit, über das Konkrete und Akzidentielle hinaus auch Allgemeingültiges erkennen zu können, partizipiert er an der Ewigkeit des Absoluten.

Die seinsmetaphysische „Anthropologie" neigt auf dem Hintergrund dieser Einsicht zum Leib-Seele-Dualismus. In platonischer Tradition erscheint die Seele als Teilhaberin der Ewigkeit des Seins und der Leib als Bestandteil der vergänglichen Materie. Die Seele gilt damit als das Wesentliche des Menschen. Hier ist die ganze Tradition der Leibfeindlichkeit begründet, welche die abendländische Geschichte bis in jüngste Vergangenheit hinein prägt.

2. Das biblische Menschenbild

Das Menschenbild des AT und NT – neben der antiken „Anthropologie" die zweite wesentliche Wurzel für die abendländische Entwicklung des Verständnisses des Menschen – ist im Gegensatz zum antiken seinsmetaphysischen Denken nicht von der Achse „hierarchischer Kosmos – transzendenter Einheitsgrund" geprägt. Im Zentrum der biblischen Wirklichkeitserfahrung steht die geschichtliche Begegnung von Gott und Mensch. Der Mensch erscheint so als einer und ganzer als Gott geschaffenes Gegenüber. Er ist *adam,* Erde, Fleisch. Er ist Geschöpf im eigentlichsten Sinne: Haupt der Schöpfung, Ebenbild Gottes, Gottes Bundespartner.

Recht und Sittlichkeit werden in den biblischen Schriften deshalb nicht von Strukturen der Eingebundenheit des Menschen in die Natur her bestimmt. Der Mensch ist der ins Leben Gerufene, der in der Geschichte Berufene. Ethische Kategorie im biblischen Denken ist somit nicht erkannte und erfüllte Ordnung, sondern Antwort auf Gottes Ruf, Bund und Gebot.

Im NT gelangt dieses Menschenbild in seinen Höhepunkt. Dabei sind die Tatsache, daß Gott in Jesus *Mensch wird,* und die Botschaft bzw. das Handeln Jesu, in dem die heilwirkende und erlösende Nähe Gottes zum Menschen geschichtlich unwiderruflich wird, zwei Seiten der einen Wirklichkeit: Obwohl sich der Mensch in der Ablehnung des Sohnes Gottes radikal und endgültig von Gott abgewandt hat, hält Gott in Kreuz und Auferstehung Jesu seine liebende Treue zum Menschen durch. Der Mensch hat nach biblischem Verständnis darin von sich selbst her sein ganzes Sein selbst aufgegeben und verloren. Aber Gottes Liebe umgreift noch einmal diese Verlorenheit. Die unwiderrufliche Treue Gottes konstituiert den Menschen so in einer letztgültigen Weise: Das Ganze, das Herz *(nephesch)* des Menschen, im AT Ziel des vielmaligen Anrufes Gottes in Bund und Gebot, wird im Neuen Bund zur von Gott selbst gerechtfertigten und erlösten Freiheit. In dieser Freiheit wird der Mensch durch die trinitarische Liebe Gottes gegenüber jeder Abhängigkeit vom Bösen und von zerstörerischen, versklavenden Zwängen in seine ureigenste personale Würde eingesetzt.

3. Scholastische „Anthropologie"

Die frühen christlichen Theologen mußten sich mit dem antiken Seinsdenken auseinandersetzen. Sie suchen deshalb die beschriebene biblische Heilserfahrung in das kosmologische Seinsdenken zu übersetzen.

Einerseits gehen so die Spannungen des antiken Menschenbildes in die sich entfaltende christliche Theologie mit ein. Augustinus ringt um eine positive Sicht der menschlichen Leiblichkeit. Aber erst Thomas v. Aquin kann auf dem Hintergrund der aristotelischen Tradition eine polare Einheit des Menschen formulieren: *anima est forma corporis*.

Weil aber der jüdisch-christliche Glaube das *Zentrum* seines Wirklichkeitsverständnisses nicht – wie die griechisch-römische Antike – auf das kosmologische Hierarchiedenken aufbaut, sondern bei ihm im Mittelpunkt aller Interpretation das Gegenüber „Gott – Mensch" steht, heben die christlichen Denker andererseits auch in dem von ihnen aufgenommenen metaphysischen Partizipationsdenken die besondere Beziehung des Menschen zu Gott immer stärker hervor. Die eigentümliche Stellung des Menschen im Kosmos aufgrund seines geistigen Transzendenzbezugs, wie sie die seinsmetaphysische „Anthropologie" kennt, wird von ihnen so stark akzentuiert und ausgeformt, daß bei Thomas zum ersten Mal das Subjektsein des Menschen ansichtig wird, das in der Neuzeit in die Mitte allen Wirklichkeitsverständnisses rückt. Der geistige Seinsbezug, den das antike Denken als Partizipation am Absoluten erfaßt, erscheint bei Thomas als Begründung des geistig erkennenden und wollenden Selbstandes, der den Menschen nicht nur mit dem Göttlichen (dem Ewigen, dem absoluten Sein) verbindet. Sondern er verleiht ihm eine eigene Würde und Freiheit innerhalb der naturhaften Zusammenhänge des Kosmos und sogar gegenüber dem absoluten Schöpfergrund, gegenüber Gott.

Unter dem Einfluß des jüdisch-christlichen Glaubens wird so ein Menschenbild artikuliert, das die ontische Einordnung des Menschen in die kosmische Seinshierarchie übernimmt, dessen umfassender Horizont aber die personale und heilsgeschichtliche Beziehung von Gott und Mensch ist.

Innerhalb der Ethik führt das zu der eigentümlichen Denkform des Naturrechtsdenkens, das die christliche Theologie (vor allem in ihrer katholischen Gestalt) bis in die jüngste Vergangenheit geprägt hat. Die konkreten ethischen Ableitungsprinzipien gründen sich auf die Übernahme des kosmologischen Partizipationsdenkens. Die dadurch erstellten Normen sittlichen Handelns werden aber mit Hinweis auf die rationale Vermittlung naturrechtlicher Einsicht als Teil des Anruf-

Antwort-Dialogs zwischen Gott und Mensch verstanden, der im Mittelpunkt der biblischen Heilsgeschichte und Anthropologie steht.

4. Anthropologische Wende

Der Einfluß der jüdisch-christlichen Gotteserfahrung sprengt im Nominalismus schließlich das metaphysische Ordnungsdenken. Die heilsgeschichtliche Erfahrung der geschichtlichen Unmittelbarkeit und Freiheit der Beziehung zwischen Gott und Mensch macht bewußt, daß ein Wirklichkeitsverständnis, das sich zuerst von der kosmischen Seinshierarchie her entwirft, die Freiheit Gottes nicht in den Blick bekommt. Der in den metaphysischen Seinsgrund zurückgedrängte Gott entspricht nicht dem Gott der Heilsgeschichte, in deren *Mitte* die freie Begegnung von Gott und Mensch steht.

Aber die geistesgeschichtliche Entwicklung des Abendlandes schwingt in der Folge nicht einfach auf diese Achse jüdisch-christlicher Wirklichkeitserfahrung ein. Vielmehr rückt als neuer Brennpunkt in das Zentrum des Weltbildes der „Pol", den die christliche Durchformung des antiken Seinsdenkens selbst mit ausbilden half: der Mensch als Subjekt. Die anthropologische Wende der abendländischen Geistesgeschichte, die sich im spätscholastischen Rationalismus ankündigt, mit Descartes anhebt und von Kant vollendet wird, stellt der antiken Kosmos-Absolutum-Schau und der christlichen Gott-Mensch-Erfahrung die Mensch-Welt-Interpretation gegenüber. Aus dem christlichen Erbe geht zwar die geschichtlich-personale Erfahrung souveräner Freiheit in dieses Denken ein. Aber wie im kosmischen Denken das Göttliche als Seinsgrund nur vermittelt in den Blick kommt (als Teil der kosmischen Ordnung), so vermag die Neuzeit die Transzendenz nur im Prisma der Anthropozentrik, als Funktion der anthropologischen Strukturen zu verstehen. In die Mitte des anthropozentrischen Denkens rückt die Autonomie und der subjektive Selbstand des Menschen.

Damit beginnt die Entwicklung, in der die Ganzheit des Menschen zum Maß des ethischen Denkens wird, das Adjektiv „menschlich" den normativen Horizont gewinnt, den es heute hat. Das ethische Denken orientiert sich jetzt an dieser Mitte des Wirklichkeitsverständnisses. Das menschliche Handeln wird daran gemessen, ob es der Entfaltung und Festigung der menschlichen Autonomie und Freiheit dient. Sittlichkeit wird zum Auftrag der Selbstvermittlung des Menschen zur eigenen personalen Würde. Gut und Böse legitimiert sich von dieser dem Menschen zur Entfaltung und Bewahrung aufgegebenen personalen Würde. Das ethische Grundziel ist, daß der Mensch *menschlich* werde.

Der Gottesgedanke kann dabei schließlich nicht mehr – wie im kosmischen Weltbild – als letzter Hintergrund verstanden werden. In seiner radikalsten Ausprägung kreist das anthropozentrische Denken um die konkurrenzlose Mitte des menschlichen Selbstands und Freiheitsvollzugs und führt schließlich zum Säkularismus. Der Sinn des menschlichen Handelns wird somit weder von grundlegenden Zusammenhängen des Mensch-Natur-Verhältnisses aus legitimiert, noch begründet die Beziehung von Gott und Mensch die entscheidenden ethischen Kategorien, sondern alles steht unter dem Anspruch der personalen Selbstentfaltung des Menschen.

5. Anthropologischer Pluralismus

Was aber ist die Bestimmung der personalen Würde des Menschen, deren Entfaltung das Ziel menschlichen Handelns sein soll? Worin besteht die Menschlichkeit des Menschen? Diese Frage wird freilich in der gesamten neuzeitlichen Kultur und weiteren Entwicklung zum Streitpunkt und brennenden Problem.

Auf der einen Seite legen die subjektphilosophischen Ansätze die transzendentale Freiheit (I. Kant, J. G. Fichte, G. W. F. Hegel), den existentialen Seinsbezug (M. Heidegger), die geschichtliche Daseinsgestalt, die interpersonale und dialogische Kommunikation (M. Buber) als grundlegende Strukturen menschlicher Existenz als Person frei. In einem gewissen Gegenzug zu diesen spekulativen Bestimmungen bemächtigt sich auf der anderen Seite die empirische Betrachtungsweise – zunächst von der Naturwissenschaft übernommen, dann aber immer mehr auf das Objekt „Mensch" hin spezifiziert – des Gegenstandes „Mensch". Nach diesem Verständnis lassen die natürlichen Kausalzusammenhänge den Menschen als komplexen Schnittpunkt biologisch-evolutiver (Ch. Darwin), physiologischer, psychologischer (S. Freud, C. G. Jung) und soziologischer (A. Comte, É. Durkheim) Zusammenhänge erscheinen. Der nachidealistische Materialismus (L. Feuerbach, K. Marx) steht philosophischerseits Pate für die weltanschauliche Absicherung und Umsetzung dieser empirischen Erkenntnisse über den Menschen.

So bricht in der Moderne die Frage nach der Einheit des Menschen mit nie gekannter Schärfe neu auf. Auf der einen Seite wird der Mensch spekulativ verabsolutiert, auf der anderen naturwissenschaftlich relativiert. In diesem widersprüchlichen Pluralismus werden zwar die psychologisch- und soziologisch-mechanistischen Betrachtungsweisen der frühen Humanwissenschaft bald durch eine Fülle von Differenzierungen der Methoden und Disziplinen überwunden. Und am Ende der langen Entwicklungskette stehen philosophische Vermittlungen der Empirie und empirische Anbindungen der philosophischen Spekulation. Aber auch anthropologische Psychologie und Soziologie (L. Binswanger, E. Fromm, E. H. Erikson, V. Frankl), empirische Anthropologie (H. Pleßner, A. Portmann) usw. können letztlich nicht darüber hinwegtäuschen, daß das Verständnis des Menschen in der Gegenwart zu einem unüberschaubaren Problem geworden ist.

Für die Ethik als Wissenschaft vom Sinn menschlichen Handelns bringt dieser Pluralismus bedrängende Schwierigkeiten mit sich. Wenn nicht recht auszumachen ist, was die Würde des Menschen letztlich ist, was also die Menschlichkeit bedeutet, zu der der Mensch sich entfalten soll, dann treten die unterschiedlichen anthropologischen Erkenntnisse und ihre weltanschaulichen Deutungen in einen unbedingten Konkurrenzkampf miteinander. Das Programm der Befreiung des Menschen zu individueller Mündigkeit und Spontaneität gerät in Konflikt mit der Einsicht in die notwendige interpersonale und kollektiv-gesellschaftliche Vermittlung der Entfaltung würdigen menschlichen Lebens. Das Anliegen der technischen Emanzipation von naturhaften Zwängen und Abhängigkeiten kollidiert mit dem wachsenden Verständnis für die bleibende tragende Bedeutung existentieller Naturverbundenheit und ökologischer Naturgebundenheit.

6. *Menschliche Ganzheit*

Der abendländische Mensch erfährt sich so in der Frage nach sich selbst in der Sackgasse. Was menschlich ist, ist offenbar weder empirisch noch rein subjektiv-transzendental oder existential noch interpersonal-kommunikativ faßbar. Die philosophische Reflexion versucht deshalb in der negativen Dialektik (Adorno, Horkheimer) die Offenheit auf die unfaßbar gewordene Ganzheit des Menschen zu wahren. Sie vermag diese Ganzheit aber nicht mehr positiv zu benennen, sie wird zur negativen Anthropologie.

Die Unübersichtlichkeit dieser Situation hat in der Gegenwart zu harter Kritik an der abendländischen anthropozentrischen Kultur und dem damit verbundenen Verständnis des Menschen geführt. Der Optimismus, mit dem der Mensch sich selbst in den Mittelpunkt des Wirklichkeitsverständnisses stellte, die Interpretation der politischen und ethischen Ordnung auf sich selbst hin, deren Ziel die Verwirklichung der personalen Würde und Freiheit des Menschen sein sollte, beide sind hinter eine gewisse Distanz des Menschen zu sich selbst zurückgetreten.

Der anthropozentrisch-technische Prozeß wird als Entfremdung des Menschen gerade von seiner Ganzheitlichkeit verurteilt, das Christentum aufgrund seiner geistesgeschichtlich mitentscheidenden Rolle dafür verantwortlich gemacht. Es sind dabei dringend Kriterien notwendig, die in dieser Lage das Handeln bestimmen, damit der Mensch sich durch sein eigenes kulturelles Handeln nicht zerstört.

Es fehlt daher nicht an Versuchen, zu einer positiv gefüllten ganzheitlichen Schau des Menschen zurückzufinden, die vor allem die harmonische Einheit des Menschen mit seinen natürlichen Lebensgrundlagen im Blick hat. Andere Kulturen als die abendländische scheinen den Blick für diese Ganzheitlichkeit, die Beziehung zwischen Mensch und Kosmos, in einer viel tieferen Weise gepflegt zu haben.

Aber es bleibt fraglich, ob ein neues Einschwenken auf die Achse „Mensch – Kosmos", wie es sich in vielen „postmodernen" Weltanschauungen, politischen Tendenzen bis hin zu eklektizistischen religiösen Deutungen (New Age) ankündigt, eine wirkliche Hilfe bringt. Die Einheit des Menschen scheint nicht mehr auf der Basis einer vorausentworfenen oder intuitiv erfühlten weltanschaulichen Ganzheitsschau bestimmbar zu sein. Vielmehr kommt offenbar alles darauf an, realistisch und nüchtern die unüberschaubare Vielfalt der wissenschaftlich erkannten Daten über den Menschen in ihrer begrenzten Wahrheit gelten zu lassen, ihre theoretische und praktische Deutung für das umfassende Verständnis des Menschen aber überschaubar zu machen. Auch wenn diese umgreifende Deutung des Menschenbildes nicht mehr auf empirischer Erkenntnis selbst beruhen kann, muß sie sich immer auf diese aufbauen, zurückbeziehen, an ihr bewähren. Die empirischen Erkenntnisse über den Menschen werden freilich innerhalb der das Empirische notwendig transzendierenden Einheitsschau in Grenzen zurückverwiesen und in das Ganze, das der Mensch als nie restlos objektivierbares Subjekt ist, eingeordnet.

Diesem Anliegen entsprechend müssen die vielschichtigen Ergebnisse der modernen Anthropologie ernstgenommen werden – sei es, daß sie aus der Warte der humanistischen Psychologie, der Soziologie oder Verhaltensforschung (um nur einige Sichtweisen zu nennen) stammen. Um extremen Einseitigkeiten zu entgehen, wie sie etwa im behavioristischen Determinismus Skinners zum Ausdruck kommen, für den der Mensch ein durch und durch sozial konditioniertes Wesen ist, muß die Einsicht der gewärtigen philosophischen Anthropologie gegenwärtig gehalten werden, daß der Mensch als das am wenigsten instinktgeleitete Wesen aufgrund seiner hohen Lernfähigkeit (vgl. die Bedeutung des extrauterinen Frühjahrs) ein freies Kulturwesen ist. Relative Instinktfreiheit und Lernfähigkeit sind dabei nicht als milieudeterminierte Abhängigkeit zu verstehen. Sie eröffnen vielmehr eine Geschichte, in der der Mensch eine personale Distanz zu seinen psychophysischen und sozialen Determinanten gewinnen kann. Im Sinne dieser personalen Exzentrizität (Pleßner) kann der menschliche Leib und seine Determinanten als Ausdrucksfeld des freien Entscheidungsvollzugs des personalen Zentrums im Menschen verstanden werden. Der Mensch erscheint als „ein von innen nach außen gebautes Wesen" (K. Rahner), bei dem die psychophysische Konstitution die personal-exzentrische Mitte fundiert und zugleich sich der Mensch als Person – analog zur Beziehung zwischen Zeichen und Sinngehalt innerhalb der Sprache – in seinem Leib handelnd ausdrückt und darin seine freie personale Geschichte gewinnt.

Nur wenn das moderne Menschenbild für die unfaßbare Unreduzierbarkeit des Ganzen des Menschen *und* für seine konkret bestimmbare Eingebundenheit in physischer, psychischer und sozialer Hinsicht offen ist, kann der Weg des Menschen in die Zukunft gelingen. Die christliche Theologie scheint für diesen Weg eine wichtige Hilfe anbieten zu können. Der heilsgeschichtlich dialogische Bezug zwischen Gott und Mensch kann als *positive,* geschichtlich *konkrete* Erfahrung der unreduzierbaren Offenheit des Menschen stehen, die seine unverfügbare Ganzheit gegenüber dem Teilanspruch jeder vereinzelten wissenschaftlichen Erkenntnis bewahrt. Und die Vielfalt der reichen empirischen und philosophischen anthropologischen Forschungen kann sich als Ausdruck der Fülle erschließen, die der Mensch als Gottes Geschöpf und Partner ist. Die positive Ganzheitserfahrung des Christlichen unterscheidet sich dabei von jeder bloß theoretisch – sei es rational oder intuitiv – entworfenen Spekulation durch die Fülle der unmittelbar geschichtlichen Begegnung Gottes. Die personale Exzentrizität des Menschen, wie sie innerhalb der modernen Anthropologie als spezifische Leistung der interpersonal dialogischen Personengenese und seiner geschichtlich vermittelten Kulturentwicklung als Auszeichnung des Menschen erkannt wird, findet hier in der Geschichte des Menschen mit Gott ihre personal-dialogische Spitze. In einer Analogie ausgedrückt: Aus einem dermaßen desintegrierten Wesen, wie es das Kleinkind ist (das Kleinkind scheint in seiner Unentwickeltheit sozusagen tatsächlich das gleichsam objektivierbare Bündel von physischen, psychischen und sozialen Determinanten, Motivationen und Bestimmungen, welche die empirischen Wissenschaften untersuchen), reift durch die Liebe der Eltern eine – zumindest in einem begrenzten Maße – liebesfähige, einmalige und unwiederholbare Persönlichkeit. So wird die menschliche Person überhaupt in ihrer unreduzierbaren Würde inmitten aller physischer, psychischer und sozialer Abhängigkeiten – ja gerade *als* deren Mitte – durch die Liebe Gottes in ihre eigentlichste personale und menschliche Geschichte wachgerufen und getragen.

I. U. Dalferth/E. Jüngel, Person und Gottebenbildlichkeit, in: *F. Böckle u. a.* (Hrsg.), Christlicher Glaube in moderner Gesellschaft 24 (1981) 57–99; *A. Gehlen*, Der Mensch. Seine Natur und seine Stellung in der Welt (1940); ders., Anthropologische Forschung (1967); *H. Pleßner*, Die Stufen des Organischen und der Mensch (1928); *A. Portmann*, Biologische Fragmente zu einer Lehre vom Menschen (1944); *A. Raffelt/K. Rahner*, Anthropologie und Theologie, in: *F. Böckle u. a.* (Hrsg.): Christlicher Glaube in moderner Gesellschaft 24 (1981) 5–55; *M. Scheler*, Die Stellung des Menschen im Kosmos (1947); *M. Seckler*, Tradition und Fortschritt, in: *F. Böckle u. a.* (Hrsg.), Christlicher Glaube und moderne Gesellschaft 23 (1982) 5–53.

JOSEF RÖMELT

Menschenrechte

→ Freiheit → Gesellschaft → Gleichheit → Menschenwürde → Person → Recht → Sozialethik → Staat → Toleranz

1. Geistesgeschichtliche und politische Entwicklung

Die Entstehung der Menschenrechtsidee entstammt weder einer einzigen Quelle, noch ist ihre Entwicklung einlinig und unter Abstrahierung von den jeweiligen sozialen, wirtschaftlichen und politischen Verhältnissen verlaufen. Bis heute besteht trotz gewachsener Übereinstimmung über die Definition der Menschenrechte als angeborene, unverzichtbare und unantastbare Rechte jedes Menschen kein Universalkonsens über Begründung, Systematisierung, Garantierung und Durchsetzung der Menschenrechte. Trotz eines wachsenden Bewußtseins für Menschenrechte steigt die Zahl ihrer Verletzungen.

Die erste Epoche ihrer geschichtlichen Entwicklung ist nur erst eine Vorgeschichte. Hier treffen griechisch-römisches Denken und christliche Elemente zusammen und münden in eine stoisch-christliche Naturrechtsbegründung. Die griechische Polis vertrat das Ideal der Beteiligung aller Bürger an den Staatsgeschäften, aber weder im Denken noch in der Praxis der Polis gab es eine Rechtsgleichheit aller Menschen, denn die Ordnung der Polis schloß die Sklaverei ein. Von größerer Bedeutung für die Entwicklung der Menschenrechtsidee ist die Ethik der Stoa in ihrer römischen Ausprägung. Nach Cicero sind alle Menschen aufgrund ihres Menschseins gleich. Die Legitimierung dieser fundamentalen Gleichheit erfolgt durch den Rekurs auf die Weltvernunft, an der alle Menschen teilhaben. Seneca, Epiktet und Marc Aurel leiten aus dieser Teilhabe die unbedingte Achtung gegen jeden Menschen ab. Trotz dieser Begründung des Humanitätsgedankens und der Verbindung des römischen Rechtsdenkens mit dem stoischen Naturrecht kennt die heidnische Antike noch keine allgemeinen Menschenrechte. Menschenrechte sind in dieser Zeit zwar ethisches Postulat, haben aber noch keinen eindeutigen Rechtscharakter im Sinne moderner Menschenrechte und Grundrechte. Entscheidende Impulse erhielt die Menschenrechtsidee aus der christlichen Lehre von der Gottebenbildlichkeit des Menschen. Ambrosius und Augustinus verbinden den Gedanken der Gottebenbildlichkeit mit den Ideen des stoischen Naturrechts; aber nicht mehr die „göttliche Weltvernunft" ist die letzte Legitimationsinstanz, sondern Gott selbst. Das führt bei Augustinus aber noch nicht zu einer Anerkennung der Glaubens- und Gewissensfreiheit für alle Menschen, denn nach Augustinus ist die Ketzerverfolgung erlaubt. Ähnlich auch nach dem *Decretum Gratiani* und dem *Corpus Iuris Canonici*. Thomas v. Aquin entfaltet auf der Grundlage eines theonom verankerten Vernunftrechts seine Lehre von der Freiheit und Würde des Menschen und bietet damit einen bedeutenden Anstoß für die Weiterentwicklung der Menschenrechtsidee. Aber der Gedanke der Gleichheit aller Menschen vor Gott hat in dieser Zeit kaum Einfluß auf die realen sozialen Verhältnisse. Eine der historisch-politischen Wurzeln der späteren Menschenrechte war in der alteuropäischen Gesellschaft der Kampf der Stände um korporative Rechte, d. h. konkrete Freiheiten einzelner Stände, Schichten und Gruppen. Das bekannteste Beispiel ist die *Magna Charta Libertatum* von 1215 in England. Sie gewährleistet den Ständen Rechtssicherheit gegenüber dem Herrscher oder Fürsten. Es handelt sich hierbei um Standesrechte, nicht um persönliche Freiheitsrechte. Das trifft auch noch zu für die *Petition of Rights* von 1628, für die *Habeas-Corpus-Akte* von 1679 und für die *Bill of Rights* von 1689.

Die zweite Epoche der eigentlichen Entwicklung der Menschenrechte ist gekennzeichnet durch disparate Theorien, verwickelte politische Vorgänge und unterschiedliche Situationen im amerikanischen und europäischen Raum. Eine entscheidende Rolle spielte die Trennung von Religion und Politik im Investiturstreit (1057–1122) sowie die Auflösung der religiös-politischen Einheit in der Reformation und in den Konfessionskriegen des 16. und 17. Jh.s, in deren Gefolge Toleranz und Bekenntnisfreiheit als Grundrecht im Staat legitimiert wurden. Maßgeblich für die Entwicklung von individuellen Rechten wurde im 16./17. Jh. auch die Wandlung vom Ständestaat zum absolutistischen

Staat. Hier entwickelte sich ein neues Verständnis von Freiheit und Gleichheit, das nicht mehr auf der ständischen Freiheit und Gleichheit gründet, sondern auf der allgemeinen Freiheit und Rechtsgleichheit. Die philosophischen, rechtstheoretischen und politischen Impulse, die zu dem epochal neuen Verständnis des Rechts auf Freiheit und Gleichheit geführt haben, stammen – wenigstens in Westeuropa – nicht aus den religiösen Freiheitsbestrebungen, sondern aus der geistigen Welt des Humanismus, des rationalistischen Naturrechts und der Aufklärung. In ideengeschichtlicher Hinsicht vollzieht sich die Entwicklung zum rationalistischen Vernunftrecht als Loslösung von der Berufung auf Gottes Gebot zur Berufung auf die natürliche Vernunft. Die Menschenrechte werden nicht mehr mit Rekurs auf die Gottebenbildlichkeit legitimiert, sondern mit Rekurs auf die Evidenz der Vernunft. Die englische Entwicklung verläuft über Ideen von Thomas Hobbes (1588–1679), John Milton (1608–1674) und John Locke (1632–1704) zur Begründung fundamentaler Rechte: Leben, Freiheit, Eigentum, die als angeborene Rechte (native rights) für alle Menschen gelten. Die deutsche Entwicklung setzt mit der spanischen Spätscholastik (Gabriel Vasquez, Franz von Vitoria) ein und führt über Johannes Althusius (1557–1638) und Hugo Grotius (1583–1646) zu Samuel Pufendorf (1632–1694), Christian Thomasius (1655–1728) und Christian Wolff (1679–1754), nach denen die angeborenen Rechte des Menschen aus seiner Natur abgeleitet werden. Anders als diese Philosophen beruft sich Immanuel Kant nicht auf das alte Naturrecht, um die Verbindlichkeit der Menschenrechte zu begründen, sondern auf das Wesen des Menschen in seiner neuzeitlichen Prägung als Individuum. Dieses hat ein wesenseigenes Recht als Mensch: Das Recht, als autonomes Subjekt mit Eigenwert in einer gemeinsamen Welt mit seinesgleichen zu leben und streben zu können unter der Herrschaft der Freiheitsgesetze allein, beschützt vor jeder Art von Gewalt, frei in seinen Gedanken und Reden, frei in seinen politischen und religiösen Überzeugungen. Die Trias der Menschenrechte: Freiheit, Gleichheit und Selbständigkeit müssen nicht erst vom Staat gewährt werden, sondern sie liegen ihm voraus und sind von ihm zu gewährleisten. Der Grund dieses Rechts ist die unantastbare Würde des Menschen, seine Freiheit von Natur aus. Diese drei Menschenrechte sind nach Kant transzendentale Bestimmungen der politisch-sozialen Freiheit. Auf diese Prinzipien ist das Zusammenleben der Menschen gegründet. Sie sind die notwendigen Bedingungen der Möglichkeit des Staates überhaupt, die Konstitutionsprinzipien der staatlichen Ordnung und die Begründungsnormen gleichsam abgeleiteter Grundrechte. Vor dieser Interpretation der Menschenrechte durch Kant hatte sich in der amerikanischen und französischen Geschichte bereits eine Entwicklung vollzogen, die von welthistorischer und -politischer Bedeutung ist. Im amerikanischen Denken herrschten naturrechtliche und theologische Begründungen vor, wonach es, wie Jefferson 1776 erklärte, eine aus sich selbst evidente Wahrheit sei, daß alle Menschen gleich geschaffen und vom Schöpfer mit unveräußerlichen Rechten ausgestattet seien: Leben, Freiheit, Streben nach Glück *(happiness)*. Die französische Philosophie hat zwar nicht die Idee der Menschenrechte hervorgebracht, aber sie hat sie eindeutig radikalisiert. Die eigentliche Bedeutung der französischen Entwicklung liegt darin, daß Frankreich zum klassischen europäischen Ursprungsland der Menschenrechte geworden ist. In der Französischen Revolution gewinnt die emanzipative individualistische Revolution ihre erste weltgeschichtliche Wirkung. Man denkt jetzt ganz vom Individuum her als eines vorgesellschaftlichen Wesens, das mit natürlichen Rechten ausgestattet ist und an den Staat Ansprüche stellt. Auf dem Hintergrund unterschiedlicher Begründungen wird in vielen Ländern nach der Französischen Revolution die Zeit zwischen dem Ersten und Zweiten Weltkrieg zur Epoche der ersten großen Entfaltung der Menschenrechte und Bürgerrechte. Sie werden in vielen Verfassungen und Grundrechtskatalogen zu festen Bestandteilen des staatlichen Lebens.

2. Menschenrechte und Grundrechte in der Gegenwart

Mit dem Hereinbrechen des Zweiten Weltkrieges, der anschließenden Aufspaltung der Welt in weltanschauliche Machtblöcke, dem Eintritt der dritten Welt in die moderne Geschichte und den in aller Welt bedrohlich anwachsenden Verletzungen der Menschenrechte entstand bei vielen Völkern das Bedürfnis nach einer Proklamation universal gültiger Menschenrechte.

Auf die *Charta der Vereinten Nationen* (1945) folgte die *Allgemeine Erklärung der Menschenrechte der Vereinten Nationen* (1948) und die beiden Pakte von 1966: der *Internationale Pakt über bürgerliche und politische Rechte* und der *Internationale Pakt über wirtschaftliche, soziale und kulturelle Rechte*. Diese Pakte spiegeln nicht nur die Wandlung im Verständnis der Menschenrechte wider, sondern auch eine unterschiedliche Begründung von Menschenrechten in westlichen Demokratien und im Sozialismus. Erstere betonen im Ausgang von der Würde des Menschen die Persönlichkeits- und Freiheitsrechte, ergänzt durch Gleichheits- und Teilhaberechte; letztere heben aufgrund eines kollektivistischen Menschen- und Gesellschaftsverständnisses die sozialen, wirtschaftlichen und kulturellen Rechte hervor. In der dritten Welt finden aufgrund anderer kultureller Traditionen und angesichts bedrängender Gegenwartsprobleme weniger die Freiheitsrechte des westlichen Konzepts Anerkennung als das Recht auf Selbstbestimmung der Völker sowie das Recht auf Leben und Überleben.

Neben den beiden Menschenrechtspakten bestehen eine Reihe von Verträgen zum Schutz der Menschenrechte: der Vertrag zur Beseitigung von Rassendiskriminierung (1966), über Völkermord (1948), Flüchtlinge (1951), Diskriminierung der Frau (1980) und über Folter (1984). Daneben gibt es auf regionaler Ebene völkerrechtlich verbindliche (europäische, amerikanische, afrikanische) Konventionen sowie Bestimmungen zum Schutz der Menschenrechte in rechtlich nicht verbindlicher Form wie etwa die Schlußakte der Konferenz über Sicherheit und Zusammenarbeit in Europa (Helsinki 1975 und Folgekonferenzen).

3. Katholische Kirche und Menschenrechte

In historischer Sicht vollzieht sich in der Stellung der katholischen Kirche ein Wandel von strikter Ablehnung zu voller Anerkennung sowie eine Entwicklung von der naturrechtlichen zur theologischen Grundlegung der Menschenrechte.

Strikte Ablehnung der Menschenrechte im 19. Jh. meint nicht eine Verwerfung jeglicher Rechte des Menschen. Solche waren in den Lehraussagen von Papst Leo XIII. vielfach bezeugt und gefordert. Hinter der Ablehnung stand die kirchliche Begründung des Verhältnisses von Kirche und Staat, die Frage nach dem Verhältnis von Wahrheit und Freiheit, die antikirchliche Tendenz in der Propagierung der Menschenrechte und die Befürchtung des Säkularismus, Indifferentismus und hypertrophen Individualismus. Die Stellungnahmen der Päpste Pius IX. (*Quod aliquantum*, 1791), Gregor XVI. (*Mirari vos*, 1832) und Pius XI. (*Quanta cura*, 1864) verwarfen Kultus- und Gewissensfreiheit, Meinungs- und Pressefreiheit sowie politische Rechte.

Eine erste Tendenzwende in der Einstellung der katholischen Kirche zu den Menschenrechten läßt sich erst in den Erklärungen und Ansprachen von Papst Pius XII. erkennen (1941, 1944). Zwar bestanden gegen die *Allgemeine Erklärung der Menschenrechte der Vereinten Nationen* (1948) kirchlicherseits noch Vorbehalte, aber in der Enzyklika *Pacem in terris* von Papst Johannes XXIII. sind diese grundsätzlich überwunden. Hier wird diese Erklärung als „Akt von höchster Bedeutung" gewertet und in Anklang an die UN-Erklärung von 1948 ein Katalog von fundamentalen Rechten des Menschen aufgestellt. Den Schwerpunkt bilden hier nicht rechtlich-institutionelle, sondern sozialethische Bezüge und die Begründung der Rechte in der Würde des Menschen.

Ein weiterer Schritt auf dem Wege zur vollen Anerkennung der Menschenrechte und zum Anspruch der Kirche, ihren eigenen Beitrag zur Erklärung und Verteidigung der Menschenrechte zu leisten, sind die Aussagen des Zweiten Vatikanischen Konzils über die in der Würde der Person verankerten unverletzlichen Menschenrechte (GS) und insbesondere die Erklärung über die Religionsfreiheit (DH). Die Bischofssynode von 1971 wiederholt in ihrem Dokument *Gerechtigkeit in der Welt* den Auftrag der Kirche zur Verteidigung der Menschenrechte. Die Bischofssynode von 1974 stellt darüber hinaus in ihrer *Botschaft über Menschenrechte und Versöhnung* in ähnlicher Weise wie die Arbeitspapiere der St. Pöltener Konsultation des Ökumenischen Rates der Kirchen (1974) einen Katalog von fünf Gruppen von Rechten zusammen: Recht auf Leben, Recht auf Nahrung, sozio-ökonomische Rechte, politische und kulturelle Rechte, Recht auf Religionsfreiheit. In diesem Katalog spiegeln sich die Entwicklungen der Menschenrechte wider, die in den beiden Pakten von 1966 ihren Niederschlag gefunden haben. Das trifft in ähnlicher Weise zu für das Arbeitspapier der Päpstlichen Kommission Iustitia et Pax *Die Kirche und die Menschenrechte* (1975), in welchem zwei Kataloge aufgestellt werden, ein grundsätzlicher über „Freiheit und Grundrechte" und ein aufgegliederter über „Bürgerliche, politische, wirtschaftliche, gesellschaftliche und kulturelle Rechte".

Die neueren kirchlichen Dokumente zu den Menschenrechten betonen übereinstimmend, daß die Kirche die Aufgabe hat, Rechte zu erklären und anzumahnen, die in erster Linie auf den Erfordernissen der menschlichen Natur durch die Vernunft und das Naturgesetz begründet sind. Immer öfter taucht aber auch in den kirchlichen Dokumenten wie in den theologischen Diskussionen die Frage nach einer theologischen Begründung oder wenigstens nach einer theologischen Sichtweise der Menschenrechte auf. Dabei geht es nicht darum, die Menschenrechte christlich zu vereinnahmen und durch einen theologischen „Überbau" den Pluralismus der Begründungstheorien und die „latente Begründungsnot" zu überwinden, sondern es geht darum, die schöpfungstheologische, christologische und eschatologische Dimension der Menschenrechte fruchtbar werden zu lassen. Die neuzeitliche Entfaltung der Menschenrechtsidee vollzog sich in vom Christlichen losgelösten und zum Teil gegen das Christentum gerichteten Denkansätzen, in denen die Menschenrechte auf die Menschenwürde als ihren letzten immanenten Grund zurückgeführt wurden. In theologischer Sicht ist die Würde des Menschen noch einmal auf einen letzten verbürgenden Grund ihrer Unantastbarkeit und Unbedingtheit zurückzubeziehen: auf die Gottebenbildlichkeit des Menschen und auf den heilsgeschichtlichen Weg Gottes mit den Menschen. Das hat zur Folge, daß jeder Mensch, unabhängig von völkischer, rassischer und religiöser Zugehörigkeit, Partner Gottes ist und ihm als solchem eine unbedingte und unverfügbare Würde zukommt. In Jesus Christus als dem wahren Bild Gottes wird über die rein menschliche Einschätzung des Menschen hinaus die „neue Würde" und damit die tiefste Begründung der Menschenrechte offenbar. Dadurch, daß er den Platz der Geringsten einnimmt, sind alle Menschen Brüder und Schwestern Christi und untereinander. Dadurch sind alle Menschen in eine Freiheits- und Befreiungsgeschichte hineingenommen, in der Verteidigung, Schutz und Sorge um Verwirklichung der Menschenrechte zum verpflichtenden Dienst der Liebe, der Gerechtigkeit und der Versöhnung werden. Die endgültige Gestalt der Welt und die volle Verwirklichung der Menschenrechte stehen noch aus. Sie kann nicht von Menschen bewirkt, sondern muß von Gott her erwartet werden. Die vertrauende Hoffnung auf die Erfüllung von Gott her schwächt den Einsatz für die Verwirklichung der Menschenrechte, besonders bei den Armen und Unterdrückten, nicht ab, sondern motiviert und bestärkt ihn.

Dieser theologische Zugang begreift die Menschenrechte vom Inneren der Heilsgeschichte her. Nach Johannes Paul II. (*Redemptor hominis*, 1979) kann der Mensch erst aus einer besonderen biblisch-christologischen Perspektive heraus seine wahre Würde, seine Berufung und seine endgültige Bestimmung begreifen. Aus dieser Glaubenseinsicht ergibt sich für die Kirche eine besondere Sendung, die befreiend und prophetisch sein soll. Diese Sendung ersetzt nicht die Verantwortung aller Menschen guten Willens, unter den Voraussetzungen des weltanschaulichen Pluralismus fundamentale Einsichten in das Humanum zu entfalten und zu fördern, sondern in ihr geht es darum, alle Menschen zur vollen Teilhabe am Christusgeheimnis zu führen und von einer integralen Sicht des Menschen her die Grundwerte der Freiheit, der Gleichheit, der brüderlichen Solidarität und der Gerechtigkeit in der Gesellschaft zu fördern und auf politischem Gebiet eine prophetische Sendung wahrzunehmen. Zwar hat die Kirche als religiöse Gemeinschaft keine eigentliche Sendung im politischen, gesellschaftlichen und wirtschaftlichen Bereich, aber aus ihrer religiösen Sendung fließen Auftrag, Licht und Kraft, um der menschlichen Gemeinschaft beim Aufbau einer menschengerechten Gestaltung des Lebens behilflich zu sein, in welchem jeder Mensch ohne Unterschied der Rasse, der Religion und der Abstammung ein volles menschliches Leben führen kann. Die prophetische Sendung besteht zum einen darin, für Gerechtigkeit im sozialen, nationalen und internationalen Bereich einzutreten, und zum anderen darin, die Ungerechtigkeit anzuprangern, wo die Grundrechte des Menschen und sein Heil es verlangen. Hierbei muß die Kirche bei einer Gewissenserforschung bei sich selbst beginnen und prüfen, wie und in welchem Maße die Grundrechte in ihr selbst geachtet und angewendet werden. Nur so kann sie ein glaubwürdiges Zeugnis für die Berechtigung ihrer Forderung nach Verwirklichung der Menschenrechte im Leben der einzelnen, der Gesellschaft und in der internationalen Gemeinschaft abgeben. Als „Zeichen und Schutz der Transzendenz der menschlichen Person" (GS 76,2) hat die Kirche nicht nur das Recht, sondern auch die Pflicht, zusammen mit allen Kirchen und kirchlichen Gemeinschaften aus der Mitte der christlichen Botschaft jenen Kerngehalt des Humanum zur Geltung zu bringen und einzufordern, der in den fundamentalen Rechten auf Freiheit, Gleichheit und Mitbestimmung seine konkrete Ausformung erfährt.

F. Ermacora, Menschenrechte in der sich wandelnden Welt, Bd. I: Historische Entwicklung der Menschenrechte und Grundfreiheiten (1974), Bd. II: Theorie und Praxis. Die Verwirklichung der Menschenrechte in Afrika und im Nahen Osten (1983); *W. Ernst,* Ursprung und Entwicklung der Menschenrechte in Geschichte und Gegenwart, in: Theologie und Glaube 73 (1983) 452–488; *J. Giers,* Kirche und Menschenrechte. Das Anliegen der Menschenrechte in der neueren Verkündigung der Kirche, in: *F. Böck/ F. J. Stegmann* (Hrsg.), Kirche und Gesellschaft heute (1979) 187–208; *L. Kühnhardt,* Die Universalität der Menschenrechte (1987); *G. Oestreich,* Die Grundrechte. Handbuch der Theorie und Praxis der Grundrechte, Bd. I: Die Grundrechte in der Welt (1966); *J. Schwartländer* (Hrsg.), Menschenrechte. Aspekte ihrer Begründung und Verwirklichung (1978).

WILHELM ERNST

Menschenwürde

→ Gleichheit → Gott → Liebe → Mensch → Menschenrechte → Mittel → Person → Soziallehre, katholische → Wert

Mit „Würde" bezeichnet man zunächst den Rang eines Menschen innerhalb einer Gesellschaft, die äußere Ehre. Eine herausragende Stellung steht in Gegensatz zu einer niedrigen Stellung; sofern damit Autorität verbunden ist, knüpft sich daran auch Forderung nach Gehorsam. So formuliert etwa Thomas v. Aquin (S. Th. II/II, q 102 a 1,1) mit Rückgriff auf Cicero *(De inventione,* II, 166): „Die Ehrerbietung *(observantia)* besteht darin, Menschen, die an Würde *(aliqua dignitate)* einen Vorrang haben, mit Achtung und Ehre zu umgeben." In der Zeit der Renaissance bilden Schriften mit dem Titel *De dignitate hominis* (G. Pico della Mirandola) entsprechend das Gegenstück zu Traktaten *De miseria hominis*. „Würde" in diesem Sinn ist etwas, was nicht jeder Mensch erwirbt, was ein Mensch durch unglückliche Lebensumstände oder durch eigene Schuld verlieren kann, was also nicht von selbst und in jedem Fall den Menschen qua Menschen auszeichnet. Wo man dagegen heute in rechtlichem oder ethischem Kontext von „Menschenwürde" redet, bezieht man sich auf etwas, was dem Menschen als solchem, unabhängig von seiner Lebenssituation, zukommt, was allen Menschen in gleicher Weise zukommt, was sie außerdem vor den nichtrationalen Geschöpfen auszeichnet. Natürlich weiß etwa auch bereits ein Cicero um herausgehobene Stellung *(praestantia)* des Menschen als solchen *(De officiis,* I 30, 106); er erörtert sie nur nicht unter dem Stichwort „Würde" *(dignitas)*.

1. Preis und Würde

Diese Idee ist und wird also nicht immer unter dem Stichwort „Würde" (bzw. entsprechenden Äquivalenten) zur Sprache gebracht. Wo die Theologie vom Menschen als Ebenbild Gottes spricht, artikuliert sie u. a. diese Idee. Wo dies aber nicht in einem ethischen Kontext geschieht, geht es u. U. weniger um die universale Geltung der Menschenwürde, als etwa um die Frage ihres Verlusts durch die Sünde (etwa bei Irenäus in der Unterscheidung des Menschen als *imago* [εἰκών] und *similitudo* [ὁμοίωσις] *Dei* in loser Anlehnung an Gen 1,27; vgl. etwa den Prolog zur S.Th. I/II des Thomas und die dort angeführte Stelle aus der *Expositio* des Johannes Damaszenus). Die Formulierung des jedem Menschen als solchem zukommenden Ranges unter dem Stichwort „Menschenwürde" ist vor allem I. Kant zu verdanken. Er unterscheidet zwischen „Preis" und „Würde". „Was einen Preis hat, an dessen Stelle kann auch etwas anderes, als *Äquivalent,* gesetzt werden; was dagegen über allen Preis erhaben ist, mithin kein Äquivalent verstattet, das hat eine Würde" *(Grundlegung zur Metaphysik der Sitten,* BA 77). „Würde" bezeichnet hier einen Wert, dem der Mensch unbedingt verpflichtet ist, der nicht gegen etwas anderes ausgetauscht, *aufgewogen* werden kann. Was einen Preis hat, ist nicht von dieser Art. Wer etwa kein Fußballspiel, keine Opernaufführung anschauen möchte, kann sich einen anderen Zeitvertreib als „Äquivalent" suchen. Ganz offensichtlich aber darf der Mensch nicht sagen: Treue ist gut und schön, aber nicht mein Fall. Für moralisches Verhalten gibt es kein Äquivalent, es ist nicht aufzuwiegen. Man kann dafür nicht einen „Preis" zahlen. Zwar kann Moralität in anderem Sinne etwas kosten, etwa wo jemand gegen Widerstände seinem Gewissen treu bleibt. Im Fall des Martyriums zahlt er den „Preis" seines Lebens (vgl. auch 1 Kor 6,20; 7,23). Aber das Leben als Preis zählt weniger als die Treue zum Gewissen, es wiegt diese nicht auf.

2. Menschenwürde und Liebesgebot

Würde in diesem Sinn kommt zunächst bestimmten Handlungen, sofern sie moralisch motiviert sind, zu, damit vor allem der sittlichen Gesinnung überhaupt. (Das lateinische Äquivalent zu „Würde" in diesem Sinn dürfte *honestas,* nicht *dignitas* sein.) Dem Menschen scheint nun diese Würde zuzukommen, insofern er solche Gesinnung realisiert. Was solche Würde bedeutet, dürfte in der Tat zunächst am Gerechten deutlich werden. Das hätte aber zur Konsequenz, daß die Menschen sich in bezug auf ihre Würde beträchtlich unterschieden. Insofern die Menschenwürde den Grund für das Gebot der Nächstenliebe darstellt, wären die Menschen auf unterschiedliche Weise, der Sünder gar nicht zu lieben. Das Gebot „Du sollst deinen Nächsten lieben wie dich selbst" fordert aber eine gleiche, unparteiische Liebe. Dann kommt aber dem Menschen solche Würde bereits zu, sofern er sittliche Gesinnung, Moralität verwirklichen *kann,* insofern er Adressat der sittlichen Forderung, „Hörer des Wortes" (K. Rahner) ist. So formuliert denn auch Kant präzise (ebd. 77): „Also ist Sittlichkeit und die Menschheit, sofern sie derselben fähig ist, dasjenige, was allein Würde hat." In bezug auf diese Fähigkeit und die darin begründete Würde sind die Menschen gleich. Solche Würde kommt jedem Menschen qua Menschen zu. Diese gleiche Würde ist im Gebot der Nächstenliebe vorausgesetzt. Im einzelnen ergibt sich daraus:
– Die Forderung, alle Menschen als meinesgleichen anzuerkennen (ethischer Universalismus im Gegensatz zu verschiedenen Formen eines Partikularismus, z. B. Rassismus usw.).
– Die Forderung, die Menschen nicht nur um meinetwillen zu lieben (weil sie mir Gutes getan haben oder mir wohlgesonnen sind), sondern um ihretwillen, also die Forderung, auch den Feind zu lieben, der mir zwar Übel zugefügt hat oder mir übelgesonnen ist, dem aber gleichwohl dieselbe Selbstzwecklichkeit zukommt.
– Der Vorrang des Menschen vor der nichtrationalen Kreatur, die nicht „der Sittlichkeit fähig" ist.

– Die Legitimität der Selbstliebe. Wo diese durch einen einseitigen Altruismus ausgeschlossen ist, mißachtet der Mensch die eigene Selbstzwecklichkeit, die „Menschheit" in seiner eigenen Person.

Wenn die Menschenwürde auf der Fähigkeit des Menschen zur Sittlichkeit beruht, nicht auf deren Realisierung, bedeutet das nicht, für die Würde des Menschen sei es gleichgültig, ob jemand Gerechter oder Sünder ist. Der Sünder handelt gegen seine Würde, setzt diese durch seine Sünde aufs Spiel. Ihm kommt die Würde nur zu, insofern er weiter zu sittlicher Güte aufgerufen, weiter Adressat der sittlichen Forderung ist. Diese Voraussetzung ergibt sich freilich eindeutig erst aus der biblischen Botschaft vor allem des NTs vom Angebot der Vergebung, das Gott dem Menschen macht. In bezug auf jeden Menschen gilt, daß Gott ihm seine Würde verleiht, indem er an ihn die sittliche Forderung richtet, daß diese Würde auch beim Sünder bestehen bleibt, solange ihm die Möglichkeit zur Umkehr gegeben ist. Die Liebe Gottes erweist sich somit als im strikten Sinne schöpferische Liebe, die den Wert des Geliebten erst schafft, während die Liebe des Menschen antwortende Liebe ist, insofern der Mensch in seiner Liebe auf den ihm in der eigenen Person wie in der Person des Nächsten vorgegebenen unbedingten Wert antwortet. Diese Sicht wird auch etwa in der folgenden Erläuterung des „Nächsten" vorausgesetzt (H. Noldin, *Summa Theologiae Moralis* II [¹⁰1913] 84): „Unter dem ‚Nächsten' versteht man jede rationale Kreatur, die die göttliche Gnade und das ewige Leben erlangen kann: die Engel und die Heiligen im Himmel, die Seelen im Fegefeuer und die Menschen, seien sie gut oder böse, Freunde oder Feinde; ausgenommen sind nur die Dämonen und die Verdammten."

3. Metaethische Implikationen

Die bisherigen Darlegungen sind davon ausgegangen, daß das Urteil über die Personwürde dem Menschen vorgegeben ist. Eine non-kognitivistische ethische Theorie würde das Urteil über die gleiche Menschenwürde als nicht wahrheitsfähig ablehnen. Sie spricht sich deswegen aber nicht gegen die Gleichbehandlung, gegen die Forderung einer unparteiischen Liebe aus, auch nicht gegen die Rede von der Menschenwürde. Diese Rede versteht sich dann im Sinne einer Präsumtion: Was Menschenantlitz trägt, ist meinesgleichen. Diese Präsumtion beruht auf einer souveränen Entscheidung des Menschen. Indem sich die Menschen gegenseitig als ihresgleichen anerkennen, kreieren sie selbst die Würde, die Selbstzwecklichkeit jedes Menschen. Die Liebe ist dann nicht mehr antwortende, sondern schöpferische Liebe.

4. Mittel und Zweck

Wenn die sittliche Befähigung des Menschen seine Würde ausmacht, dann sind die übrigen Dinge, die das Wohlergehen des Menschen ausmachen, für seine Würde nicht entscheidend. Sie sind nur „Mittel", während der Mensch als sittliches Wesen Selbstzweck ist. Insofern der Mensch aber nicht nur sittliches Wesen ist, ist er auch „Mittel"; er darf nur (nach der zweiten Formel des kategorischen Imperativs von Kant) nicht *bloß* als Mittel behandelt werden. Insofern nun die Menschen aufgrund ihrer gleichen Würde den gleichen Anspruch auf Wohlergehen haben, muß jeder Mensch nicht nur die eigene und fremde sittliche Befähigung respektieren, d. h., er darf niemanden zur Sünde verführen, niemanden zwingen, gegen sein Gewissen zu handeln, auch wenn dieses irrt (Gewissensfreiheit; vgl. GS 16: „Nicht selten jedoch geschieht es, daß das Gewissen aus unüberwindlicher Unkenntnis irrt, ohne daß es dadurch seine Würde verliert"); er muß auch um das Wohlergehen aller besorgt sein. So ergibt sich aus der Idee der Menschenwürde nicht nur die Verpflichtung, sittliche Gesinnung um ihrer selbst willen anzustreben, niemanden von seiner sittlichen Bestimmung abzubringen (durch Verführung zur Sünde oder durch Mißachtung der Gewissensfreiheit). Es ergibt sich auch die Verpflichtung, sich selbst und den Mitmenschen nicht zu schaden bzw. ihnen gemäß den eigenen Möglichkeiten und gemäß den jeweiligen institutionellen Zuordnungen Gutes zu tun.

5. Menschenwürde und Menschenrechte

Aus der gleichen Menschenwürde ergibt sich zwar das gleiche Recht auf Wohlergehen. Da die Menschen in bezug auf ihr Wohlergehen häufig (wegen der Begrenztheit der Ressourcen und der menschlichen Fähigkeiten) in einer faktischen Konkurrenz stehen, gelten die entsprechenden Forderungen nicht unbedingt, ist häufig eine Güterabwägung (der Dinge, die nur einen „Preis" haben) erforderlich. Aufgrund seiner Würde als sittliches Wesen hat der Mensch zunächst prima facie einen Anspruch auf Handlungsfreiheit. Vgl. DH 1: „Die Würde der menschlichen Person kommt den Menschen unserer Zeit immer mehr zum Bewußtsein, und es wächst die Zahl derer, die den Anspruch erheben, daß die Menschen bei ihrem Tun ihr eigenes Urteil und eine verantwortliche Freiheit besitzen und davon Gebrauch machen sollen, nicht unter Zwang, sondern vom Bewußtsein der Pflicht geleitet." Die Menschenrechte, sofern als Schutz- und Abwehrrechte gegen den Staat verstanden, sind Ausdruck der *Achtung* der Menschenwürde in diesem Sinne. Zwang ist erst da erlaubt, wo er im Sinn des *Schutzes* der Menschenwürde notwendig ist als „Verhinderung eines Hindernisses der Freiheit" (Kant), wo also ein Mensch Freiheitsraum auf Kosten der anderen beansprucht bzw. die Handlungsfreiheit auf Kosten der anderen verletzt. Die einzelnen Menschenrechte lassen sich nicht direkt aus der Idee der Menschenwürde ableiten. Der Hinweis auf die Menschenwürde schließt ein Verständnis dieser Rechte im Sinne des Rechtspositivismus aus. Die etwa im Grundgesetz der Bundesrepublik Deutschland genannten Grundrechte verdanken ihre Geltung nicht einem gesetzgeberischen Akt; sie sind der Rechtsordnung vorgegeben. Außerdem distanziert man sich mit dem Hinweis auf die Menschenwürde von einem autoritären System.

Eine fundamentale Konsequenz aus der Selbstzwecklichkeit ist die Achtung vor dem eigenen und fremden Leben; letzteres ist die Basis für die Erfüllung der sittlichen Forderung. Freilich hat auch das Leben nur einen „Preis". Die Hingabe des eigenen Lebens ist u. U. gefordert. Die Tötung eines Menschen wurde in der Tradition im Fall der Tötung eines Schuldigen und der indirekten Tötung nicht ausgeschlossen. Wo es also um die konkreten Inhalte des sittlich Richtigen geht, ergibt sich zwar aus der Idee der Menschenwürde der gleiche Anspruch auf Wohlergehen, wie er etwa in der Goldenen Regel zum Ausdruck kommt. In diesem Bereich ist die Menschenwürde aber nur ein notwendiges, nicht zureichendes Kriterium des sittlich Richtigen. Das wird nicht bedacht, wo man aus der sittlichen Bestimmung des Menschen unmittelbar einzelne partikuläre Pflichten ableiten zu können glaubt.

A. Holderegger/R. Imbach/R. Suarez de Miguel (Hrsg.), De Dignitate Hominis (1987); *B. Schüller,* Die Begründung sittlicher Urteile (³1987) 321–336; *W. Wolbert,* Der Mensch als Mittel und Zweck. Die Idee der Menschenwürde in normativer Ethik und Metaethik (1987).

WERNER WOLBERT

Methoden der Ethik

→ Autonomie → Erfahrung → Ethik → Ethos → Hermeneutik
→ Moralsysteme → Moraltheologie → Natur → Person

1. Problematik und Pluralismus theologisch-ethischer Methodologie

Die Rechenschaft über die Methoden der Ethik gehört zu den Kernfragen theologischer Fundamentalmoral, die über den Wissenschaftscharakter des Faches Aufschluß geben muß. Eine reflektierte und kontrollierbare Methodologie macht es möglich, ethische Argumente intersubjektiv und öffentlich auf ihre Stichhaltigkeit zu prüfen und an rationalen Kriterien zu messen. Was ihren wissenschaftstheoretischen Status betrifft, ist die theologische Ethik sowohl innerhalb der Humanwissenschaften als auch innerhalb des theologischen Fächerkanons in einer schwierigen Situation. Zum einen teil sie die Bürde der Theologie, in der Universität als ein Unternehmen beargwöhnt zu werden, das sich nicht den Regeln strenger Wissenschaftlichkeit unterwirft. Zum anderen pflegt gerade die Ethik von allen theologischen Fächern die meisten Kontakte zu anderen Wissenschaften und steht deshalb nicht selten unter dem Verdacht, zu wenig theologisch zu sein. Als die wissenschaftstheoretische Diskussion der sechziger und siebziger Jahre auch die Theologie erreichte (W. Pannenberg, H. Peukert), fand dies in der theologischen Ethik zunächst nur geringen Nachhall. Der Grundlagenstreit der siebziger und achtziger Jahre um die Zuordnung von Vernunft und Glaube im sittlichen Argument vollzog sich zwar im wesentlichen innerhalb der Grenzen moraltheologischer Tradition, ließ aber eine methodologische Neubesinnung als immer dringlicher erscheinen. Inzwischen wird die theologische Ethik aus einer ganz anderen als der binnenkirchlichen Perspektive nach einer kritischen Darlegung ihrer Methoden gefragt: In einer Zeit wachsender Orientierungskrisen steigt die Nachfrage nach Ethik als jener Disziplin, die das Entstehen von Werteinsichten und die Begründung von Geltungsansprüchen erforscht. Bei den komplexen Problemen der Wirtschaft oder der biomedizinischen Forschung, aber auch bei persönlichen Problemen verlieren die Deklamationen einer weltanschaulich gebundenen Moraldoktrin jede Plausibilität, wenn nicht die Methoden des ethischen Argumentierens Schritt für Schritt transparent gemacht werden können. Theologische Ethik kann sich in ihrer Methodologie prinzipiell nicht von philosophischer Ethik unterscheiden. Daß die biblische Exegese keine anderen Erkenntnisquellen und Methoden hat als die Philologie und Geschichtswissenschaft, ist mittlerweile eine triviale Feststellung. Analoge Entwicklungen in der Ethik sind für die Moraltheologie jedoch noch kein Allgemeingut.

Die logische Operation gilt als Ideal methodischer Exaktheit und hat sich in planmäßigen Verfahren zur Erreichung bestimmter Ziele zu bewähren, z. B. im Verfahren der Induktion oder der Deduktion. Methoden der Ethik beziehen sich in der Regel auf komplexe Gegenstände, deren angemessene Beurteilung sich nicht im logischen Kalkül erschöpft, allerdings auch nicht gegen die Gesetze der Logik verstoßen darf. Eine präzise und konsistente Begriffsbildung gehört deshalb zu den vordringlichen Aufgaben einer ethischen Methodenlehre, die ein Ensemble von Begründungsversuchen entwickelt, welche vorurteilsfrei zu diskutieren sind und je nach Bedarf kombiniert und ergänzt werden können. Ein Methodenmonismus hat sich weder in den Natur- noch in den Geisteswissenschaften als produktiv erwiesen, so daß der Kampf „wider den Methodenzwang" (P. Feyerabend) an Schärfe verloren hat. In der experimentellen Forschung dominiert heute ein „Methodenopportunismus": eine geschickte Ausnutzung verschiedener Verfahrensweisen, bei denen die begründete Vermutung besteht, daß sie besonders ergiebig sind. Das sture Beharren auf *einer* Methode ist eher dazu geeignet, künstlich die Bildung einer Schule zu erzwingen, die sich gegenüber der Forscherkonkurrenz langfristig jedoch kaum behaupten wird. Methodenlehre ist deshalb heute nur noch in pluralistischem und perspektivistischem Stil sinnvoll, weil nur so verhindert werden kann, daß innovative Theorie und Praxis systematisch ausgeschlossen werden.

2. Typologie von Methoden der Ethik

Verstand man unter Methodologie zunächst jenen Teil der formalen Logik, in dem es um die Untersuchungs- und Beweisverfahren geht (in Abgrenzung zur Elementarlehre der Begriffsbildung und des logischen Schließens), so ist der Begriff „Methode" im Sprachgebrauch der Einzelwissenschaften heute weiter gefaßt. Eine vollständige Typologie der verschiedenen Methoden ist kaum möglich, da schon die Bezeichnung der meisten Methoden zu Mißverständnissen Anlaß gibt. Das Verständnis von „phänomenologischen" Verfahrensweisen ist beispielsweise recht unterschiedlich, wenn man dabei primär an die philosophiegeschichtliche Ausprägung der Phänomenologie bei Husserl oder Scheler denkt oder aber einen weiteren Begriff von Phänomenologie voraussetzt, deren Übergänge zur Empirie fließend sind. Die folgende Auflistung von Methoden der Ethik ist deshalb nur ein sich an gängige Typologien anlehnender Systematisierungsversuch von Verfahren, die in ihren historischen Ausprägungen selten in Reinkultur anzutreffen sind. Die schematische Differenzierung der Denkstile und Argumentationsweisen hat lediglich das Ziel, die Pluralität methodischer Optionen darzustellen und die möglichen Übergänge sichtbar zu machen. Für Probleme der Fundamentalmoral werden evtl. andere Methoden relevant sein als für bestimmte Fragen angewandter Ethik.

a) Die logische Methode: Da ethische Aussagen widerspruchsfrei sein müssen, ist die logische Methode in der Ethik stets präsent. In einem engeren Sinn wurde im *ethischen Logizismus* eine Modallogik entwickelt, mit deren Hilfe normative Begriffe und Handlungsalternativen nach den Kategorien „erlaubt", „verboten", „geboten" unterschieden und formalisiert werden (G. H. von Wright). Auf diesem Weg lassen sich deontische Kalküle in Form von Baumdiagrammen durchführen, die dann über die Handlungsmöglichkeiten unter gegebenen normativen Bedingungen graphisch Auskunft geben. Eine Entscheidung wird dem handelnden Subjekt damit freilich nicht abgenommen. Es kann jedoch hilfreich sein, die Logik eines Schlusses von bestimmten Prämissen auf eine Handlungsanweisung transparent zu machen. Schon von Aristoteles wurde die formale Struktur des praktischen Syllogismus analysiert, bei dem aus einer empirischen Aussage und einem Sollenssatz eine moralische Forderung gefolgert wird. Weil mit logischen Mitteln die Konsistenz solcher Argumentationsmuster überprüft werden kann, kommt der formalen Logik innerhalb der Ethik eine herausragende Bedeutung als methodenkritische Instanz zu.

b) Die analytische Methode: Vor allem im angelsächsischen Sprachraum wurde in den vergangenen Jahrzehnten eine moralphilosophische Forschung getrieben, die von der Beobachtung ausgeht, daß unsere Moralsprache gerade nicht immer den Kriterien der formalen Logik gehorcht, sondern alltagssprachlich strukturiert ist und somit auch die Unschärfen der Umgangssprache teilt. So ist etwa die Bedeutung des Wortes „gut" je nach Kontext keineswegs evident. Die Ethik versucht daher mit sprachanalytischen (linguistischen) Methoden eine Grammatik unserer präskriptiven Sprache zu ermitteln, deren Imperative und Werturteile nicht immer reflektiert gebraucht werden. Aufgabe einer analytischen Ethik wäre es also, das Inventar der Moralsprache (gut, richtig, Gewissen, Schuld, . . .) zu erstellen und die Verwendung dieser Vokabeln zu untersuchen. Eine solche Analyse bewegt sich auf der Ebene der *Metaethik,* solange rein deskriptiv verfahren wird und normative Theoriebildungen ausgeschlossen bleiben. Auf der beschreibenden Ebene wird beispielsweise untersucht, wie Sein-Sätze und Sollen-Sätze sich zueinander verhalten und welche Bedeutungen moralisch wertende Adjektive haben. Für extrem skeptische Theoretiker ist die Moralsprache nur ein Ausdruck von Gefühlen, nicht aber ein Medium sittlicher Erkenntnis. Wer eine Handlung als „gut" qualifiziert, gibt aus der Sicht des Nonkognitivismus damit nur seiner subjektiven Stimmungslage Ausdruck. Für die Kognitivisten hingegen impliziert das

Prädikat „gut" bestimmte Eigenschaften, über die intersubjektiv ein Konsens erzielt werden kann.

Der sprachanalytische Ansatz der Metaethik versteht sich als neutrale Beschreibung der Moralsprache und enthält sich jeglicher Werturteile und Handlungsorientierungen. Bei dieser unverzichtbaren Konzentration auf die sprachliche Vermittlung von Moral bleiben jedoch oft der soziale Kontext und die Pragmatik von Sprechhandlungen ausgeklammert, so daß die konkrete Verbindlichkeit von Sollensforderungen nicht recht in den Blick gerät. Die sprachanalytische Ethik leistet keine Normbegründung, kann jedoch bei der Entlarvung einer pathetischen Rhetorik sehr nützlich sein und moralische Konflikte entschärfen helfen. Denn ein Streit über Fragen der Moral läßt sich oft durch den Nachweis schlichten, daß der Informationsstand verschieden ist, während die präskriptiven Standpunkte einander durchaus angenähert werden können. Analytische Mittel tragen wesentlich zur Strukturierung ethischer Diskussionen bei, bieten aber letztlich keine stringente Begründung dessen, was in einer gegebenen Situation gut und richtig ist. Sie führen jedoch an die Schwelle einer universalistischen Moral, nach deren Sicht Werturteile, die in einer bestimmten Situation ausgesprochen werden, auch für vergleichbare Situationen gültig sein müßten. Derartige Konsistenzforderungen lassen sich am besten mit analytischen Methoden überprüfen, die auch in der Moraltheologie noch mehr Anwendung finden sollten, um die Ausgangslage ethischer Kontroversen zu präzisieren.

c) Die empirische Methode: Ethische Aussagen ohne empirische Grundlage sind leer und drohen zum Glasperlenspiel zu werden. Es ist deshalb von besonderer Wichtigkeit, die Vermittlung von Ethik und Empirie zu erforschen und aus diesem Blickwinkel die Unbeliebigkeitslogik menschlicher Normativität zu ermitteln. Die Ethik ist notwendigerweise auf den Dialog mit den Wissenschaften angewiesen, die zur Erhellung der empirischen Grundlagen des Handelns beitragen, z. B. die Humanmedizin, die Verhaltensforschung, die empirischen Sozialwissenschaften. In der moraltheologischen Tradition hat dieser Zugang eine klassische Basis in der naturrechtlichen Frage nach den objektiven Voraussetzungen sittlichen Handelns, einem Ansatz, der jedoch nicht in jeder Hinsicht mit den modernen Erfahrungswissenschaften kompatibel ist. Während extreme naturrechtlich argumentierende Theoretiker ethische Aussagen aus einer fiktiven, normativen Naturordnung glauben deduzieren zu können, dominiert in der empirischen Forschung die induktive Methode, mit der schrittweise aus Einzelbeobachtungen und Faktenwissen größere Theoriezusammenhänge und Hypothesen konstruiert werden. Dieser Weg vom Besonderen zum Allgemeinen mit dem Verfahren einer induktiven Wirklichkeitserfassung war das Credo einer optimistischen Wissenschaftskultur, in der Tatsachenbehauptungen nur anerkannt wurden, wenn sie verifizierbar waren, dann aber als unumstößliches Wissen galten. Alle Bereiche, die mit dem positivistischen Verifizierbarkeitskriterium nicht zu überprüfen waren – dazu gehören auch Religion und Ethik –, galten als unwissenschaftlich und wurden entweder ganz ignoriert oder einer privaten Sonderwelt zugeordnet. K. R. Popper hat den induktiven Ansatz der positivistischen Wissenschaftstheorie scharf kritisiert und das Kriterium der Falsifizierbarkeit eingeführt, wonach eine Aussage sich bewährt, wenn sie wiederholt Falsifizierungsversuchen standhält, deshalb aber noch lange nicht „wahr" ist. Die Theorieentwicklung hin zum Kritischen Rationalismus, aber auch die Kritik dieser Richtung durch Habermas („Positivismusstreit") haben deutlich gemacht, daß empirische Sachverhalte immer schon im Licht von Theorien beurteilt werden.

Die theologische Ethik hat die Vielschichtigkeit des Erfahrungsbegriffs aufgegriffen und hermeneutisch weiterentwickelt, indem sie neben der Methode der experimentellen Überprüfbarkeit vor allem die Dimension der alltäglichen Erfahrung betont und für eine Kombinatorik von empirischem Sachwissen und erfahrungsgeleitetem Orientierungswissen plädiert. Auf diesem Weg können platter Biologismus und naturalistische Fehlschlüsse vermieden und neue Dimensionen eines umfassenderen Verständnisses von Erfahrung erschlossen werden.

d) Die transzendentale Methode: Transzendentalphilosophie fragt nach den Bedingungen a priori der Möglichkeit von Erfahrung, transzendentale Ethik nach den Bedingungen der Möglichkeit von Moralität, also nach einer Letztbegründung von Ethik. Transzendentale Reflexion zielt nicht auf die Erkenntnis eines kontingenten Sachverhalts, sondern auf den unbedingten Anfang aller Sollensforderungen. Für Kant liegt der Grund des Sollens im autonomen Willen, dessen Maximen, die auf ihre Verallgemeinerungsfähigkeit getestet werden, zugleich als allgemeines Gesetz gelten sollen und in Freiheit angenommen werden können. Der als Freiheit gedachte autonome Wille ist unabhängig vom Empirischen und insofern auch eine kritische Instanz gegen jeden Versuch, eine historisch vorgegebene Sittlichkeit zum Maßstab des sittlich Richtigen zu machen. Es geht der transzendentalen Methode um eine Begründung des Sollens schlechthin, nicht um konkrete Anwendungsfälle. Dennoch hat das Prinzip der Freiheit als Maßstab eine kritische Funktion bei der Begründung der Gültigkeit von konkreten moralischen Urteilen.

Die Transzendentalpragmatik K.-O. Apels stellt sich die Aufgabe, die Bedingungen gelingender Verständigung zu rekonstruieren, und setzt damit das Anliegen Kants sprachphilosophisch transformiert fort. Jede Kommunikation beruht auf universalen Regeln, die immer schon prinzipiell akzeptiert sind, wenn sich jemand ernsthaft auf ein Gespräch einläßt. Für die gegenwärtige Moraltheologie liegt in der kritischen Rezeption der Ansätze von Apel und Habermas eine der stärksten methodologischen Herausforderungen, weil hier ein kohärentes Instrumentarium entwickelt wird, das es erlaubt, eine kognitivistische und universalistische Ethik zu vertreten, die mit den Anliegen christlicher Ethik vermittelt werden kann. Damit sich der Theorieaufwand nicht in der Suche nach dem archimedischen Punkt der Moral erschöpft, werden die trockenen Reflexionen der Letztbegründungsstrategien immer mehr durch Anwendungsdiskurse ergänzt.

e) Die phänomenologische Methode: Ziel der phänomenologischen Methode in der Ethik ist eine Analyse des moralischen Wertbewußtseins, wobei die Werte intuitiv erfaßt werden und einen materialen Inhalt haben. Im Gegensatz zur Formalität der transzendentalen Methode geht es zumindest in einer prominenten phänomenologischen Richtung (M. Scheler) um die Beschreibung von Werten, denen eine eigenständige Existenz zugesprochen wird und die hierarchisch angeordnet sind (Personenwerte haben Vorrang vor Sachwerten). Allerdings erweist sich die Verständigung über die objektive Erkennbarkeit dieser Werte als schwierig, da es keine allen Menschen gemeinsame Instanz des Wertfühlens gibt. In der Moraltheologie ist die Phänomenologie zur Zeit vor allem in ihrer personalistischen Variante anzutreffen, wonach eine der Erfahrung zugrundeliegende personale Wirklichkeit angenommen wird, aus der sich z. B. im Bereich der Sexualethik konkrete Normierungen ableiten lassen sollen. Die internationale Rezeption von Husserls Phänomenologie ist jedoch so unterschiedliche Wege gegangen, daß es wenig sinnvoll ist, eine einheitliche methodische Anwendung dieser Philosophie auf die Ethik anzunehmen. Die Diskussion über Werte und über deren Genese, Erkennbarkeit und Vermittlung ist zwar nach wie vor ein Desiderat ethischer Forschung. Ob dies im Sinne Schelers auf der Basis der Wesensschau apriorischer Werte gelingen kann, dürfte aber heute eher fraglich sein.

f) Die hermeneutische Methode: Hermeneutische Verfahren betonen die Geschichtlichkeit sittlich relevanter Erfahrungen und entwickeln eine Auslegungskunst, die sich im Umgang mit den Texten der moralphilosophischen und -theologischen Tradition bewährt und die auch in aktuellen Handlungskonflikten jeweilige Traditionen und Rahmenbedingungen verständlich macht. Hermeneutisch orientierte Ethik leistet also eine Übersetzungsarbeit, die von dem Bewußtsein getragen ist, daß wir immer schon interpretierend und in geschichtlicher Vermitteltheit handeln. Analog zur textwissenschaftlichen Arbeit interpretiert eine praktische Hermeneutik Bedingungen und Vorverständnisse von Geltungsansprüchen im Kontext kultureller Überlieferungen. Für die theologische Ethik liegt eine besondere Aufgabe darin, ethische Einsichten in einem christlichen Sinnhorizont zu reflektieren und die Übergänge vom biblischen Ethos zu christlich gelebten Überzeugungen methodisch zu begleiten.

g) Die dialektische Methode: Die Ethik bedient sich dialektischer Verfahren in der kritischen Absicht, die Genese sittlicher Einsichten und Ansprüche in ihrer Prozeßhaftigkeit und sozialen Bedingtheit zu verstehen. Dies beschränkt sich nicht auf den klassischen Dreischritt von These, Antithese und Synthese, wobei die Synthese ein neuer und endgültiger Maßstab wäre; dialektisches Denken vollzieht sich vielmehr bereits in der konkreten Negation, durch welche die Scheinplausibilitäten einer verkrusteten Moral aufgebrochen werden, um neue Modelle des Handelns jenseits der bloßen Verweigerungshaltung zu erproben. Dialektische Denkfiguren reflektieren die Widersprüche, die in Entscheidungssituationen durchdacht werden müssen, und verzichten auf die „erpreßte Versöhnung" einer vermeintlichen Totalität, aus deren Perspektive alle Gegensätze aufgelöst werden. In Anlehnung an die Philosophie von Emmanuel Levinas ist die Dialektik in der Befreiungsethik von Enrique Dussel zur Analektik weiterentwickelt worden: zur Wahrnehmung des ethischen Appells, der vom Armen als dem konkreten Anderen ausgeht und der sich nicht im leeren Horizont der Utopie verflüchtigt.

3. Theologische Ethik als kritisch-integrierende Wissenschaft

Nur wenige der skizzierten Methoden kommen isoliert zur Anwendung, da für die Ethik als praxisorientierte Wissenschaft die Methodologie kein Selbstzweck ist. Verschiedene Sichtweisen werden sich vielmehr im Sinne einer Konvergenzargumentation ergänzen. Bei der Bearbeitung konkreter ethischer Probleme wird zunächst eine interdisziplinäre Sichtung all jener Aspekte anzustreben sein, die in irgendeiner Weise für eine sachlich angemessene Beschreibung und Interpretation hilfreich sind. Um die Fülle der Teilaspekte zu integrieren, bedarf es allerdings eines anthropologischen Leitbildes, mit dessen Hilfe das Erkenntnisinteresse formuliert und das weite Feld der Forschung eingegrenzt werden kann. Dieses Leitbild ist nicht als ideologischer Standpunkt zu verstehen, sondern als eine problemindikatorische Sonde, mit der unterschiedliche Lösungsversuche angepeilt und versuchsweise zu einer Gesamtschau zusammengeführt werden, ohne jemals ein geschlossenes System zu erreichen. Es ist ein Gütemerkmal ethischen Argumentierens, wenn es gelingt, in Konfliktfällen die Pro- und Kontra-Argumente mit gleicher Sorgfalt zu prüfen und auch bei einer eindeutigen Entscheidung die möglichen Einwände selber formulieren zu können. Eine methodenbewußte Ethik pflegt die Kunst der dialektischen Erörterung, deren Vorbilder sie schon im sokratischen Dialog und in der scholastischen Disputation studieren kann.

U. Christoffer, Erfahrung und Induktion. Zur Methodenlehre philosophischer und theologischer Ethik (1989); *K. Demmer,* Moraltheologische Methodenlehre (1989); *A. Hertz* u. a. (Hrsg.), Handbuch der christlichen Ethik, Bd. I (1978) 45–107 („Grundformen heutigen ethischen Argumentierens"); *R. Hofmann,* Moraltheologische Erkenntnis- und Methodenlehre (1963); *D. Mieth,* Moral und Erfahrung. Beiträge zur theologisch-ethischen Hermeneutik (³1982).

WALTER LESCH

Migration

→ Diskriminierung → Gesellschaft → Menschenrechte → Menschenwürde → Staat

Bevölkerungsbewegungen sind im wesentlichen das Resultat eines besonderen Drucks, unter dem die Bevölkerung steht; sie sind Ausdruck einer Tendenz zum Ausgleich ökonomischer Dichte, welche das Verhältnis zwischen der Bevölkerungszahl und der ihr zur Verfügung stehenden Ressourcen ist. Wanderungstendenzen einer Bevölkerung können dadurch bewirkt werden, daß die verfügbaren, zum Leben notwendigen Mittel knapp werden, aufgrund von Klimaverschlechterung oder anderer Schwierigkeiten. Befreiung von sozialer, politischer oder religiöser Pression waren Ursache der Migration vom Auszug Israels aus Ägypten bis zu den „Mayflowers" in Amerika und dem Auszug der Hugenotten aus dem Frankreich Ludwigs XIV. nach England und der Juden aus dem Hitlerreich. Die Verbindung verschiedener Migrationsbewegungen miteinander führt zu großen Migrationsströmungen. Friedliche, innerstaatliche und internationale Migration, kriegerische Invasion, politische Emigration tragen zur Bildung migratorischer Strömungen bei, die sich über Land und Meer ergießen und der geschichtlichen Periode eine charakteristische Gestalt geben.

Unser Jahrhundert ist mit wenigen Unterbrechungen von so großen Flüchtlingsbewegungen gekennzeichnet, daß sich Zeitgenossen schon früh der Begriff vom „Jahrhundert der Flüchtlinge" aufdrängte. Im Gefolge des Zweiten Weltkrieges haben über 40 Millionen ein- oder mehrmals ihre Heimat verlassen müssen. Seit Mitte der siebziger Jahre hat ein gewaltiges Anschwellen internationaler Flüchtlingsbewegungen endlich die Aufmerksamkeit der Weltöffentlichkeit auf sich gezogen. Auf die Frage nach den Ursachen gibt einer der besten Kenner der Problematik, Peter J. Opitz, zur Antwort, daß insgesamt sechs Gründe zu nennen sind. „Es handelt sich dabei 1. um den Zerfall des Osmanischen Reiches und die unter nationalstaatlichen Prinzipien erfolgende Neuordnung des einstigen Reichsgebietes; 2. um die Rivalität der europäischen Nationalstaaten, die nach den zwei Weltkriegen zu deren Selbstentmachtung und damit zum Niedergang der seit dem 16. Jh. andauernden globalen Vormachtstellung Europas führte; 3. um Ansätze zu imperialen Neugründungen im Anschluß an den Ersten Weltkrieg in Mittel-, Ost- und Südosteuropa durch Deutschland und Italien, in Osteuropa und Zentralasien durch die Sowjetunion und in Ost- und Südostasien durch Japan; 4. um den parallel zum Abstieg der europäischen Mächte sich vollziehenden Aufstieg zweier neuer Kontinentalmächte – ‚Supermächte', wie die chinesischen Kommunisten sie später nannten –, die sich nun die Schaffung neuer imperialer Gebilde (‚informeller Imperien') bemühten und dabei in eine Rivalität gerieten, die in ihren Auswirkungen die ganze Welt erfaßt und gefährdet: die USA und die UdSSR; 5. um den nach dem Zweiten Weltkrieg sich beschleunigenden Zerfall der europäischen Kolonialreiche und die Gründung neuer Staaten bzw. die Wiederherstellung vorkolonialer Strukturen; 6. um die Bemühungen der neuen Staaten der Dritten Welt um territoriale, politische und wirtschaftliche Konsolidierung sowie um die von einigen dieser Staaten mehr oder minder offen betriebene Schaffung neuer hegemonialer Strukturen."

Wenn man bedenkt, daß derzeit noch immer oder schon wieder 15 Millionen Menschen keine Heimat haben, versteht man, daß eine für diese Frage 1978 eingerichtete Päpstliche Kommission sagen konnte, daß Migration nicht eine zeitweilige oder eine Randerscheinung, sondern eine stete Begleiterscheinung unserer Gesellschaft ist – wohl zu unterscheiden von der allgemeinen Mobilität wie etwa Tourismus usw. Unterschieden werden 1. die sozio-ökonomische *Arbeitsmigration,* die durch die Notwendigkeit bestimmt ist, seinen Lebensunterhalt zu bestreiten, der im eigenen Land nicht gewährleistet ist; 2. die *ideologische Migration,* durch die Menschen gegen ihren Willen von den öffentlichen

Autoritäten gezwungen werden, ihr Land zu verlassen; 3. die *kulturelle* und 4. die *freigewählte Migration.* Von besonderer Bedeutung ist selbstverständlich die zweite Gruppe, die Flüchtlinge jeder Art einschließt, Auswanderer, die die Hoffnung hegen, in ihr Heimatland zurückzukehren, und solche, die sich im Gastland assimilieren müssen.

Nach dem Zweiten Weltkrieg hat sich die Flüchtlingsproblematik von jener der Kriegs- und Vorkriegszeit unterschieden durch die Verlagerung der Schwerpunkte der Flüchtlingsbewegung von Europa in die Dritte Welt. Nach den Statistiken des „World Refugee Survey" von 1986 sind über 11 Millionen Flüchtlinge in den Ländern der Dritten Welt. Dafür macht man wieder drei Gründe verantwortlich: 1. den Zerfall der europäischen Kolonialreiche, der bald nach dem Zweiten Weltkrieg seinem Höhepunkt zutrieb und in der Mitte der siebziger Jahre mit dem Zusammenbruch des portugiesischen Kolonialreiches in Afrika seinen Abschluß fand; 2. die Entstehung neuer Gesellschaften nach dem Vorbild europäischer Nationalstaaten auf den Territorien der alten Kolonialreiche, wodurch sich die Zahl der Staaten seit 1945 fast verdreifacht hat; 3. auf die Versuche der beiden „Supermächte" und ihrer Verbündeten, diese neuen Staaten sowohl ideologisch als auch wirtschaftlich und politisch in die eigenen Einflußsphären bzw. imperialen Strukturen eines neuen Typus einzubinden.

Das Migrationsproblem stellt Kirche und Staat vor ungeheure Aufgaben, zumal es zum größten Teil die Armen sind, die eine neue Heimat suchen und die dort bereit sind, kaum menschliche oder gar unmenschliche Lebensbedingungen auf sich zu nehmen, wenn sie nur ihren Lebensunterhalt finden. Das gilt durchwegs für die Übergangszeit und die erste Phase des Aufenthalts im neuen Land und vor allem für den Transport selbst, auch bei denen, die nach gesetzlich geregelten Bedingungen migrieren. Als historisch einzigartige Ausnahme ist die Behandlung der Rücksiedler in die BRD in den letzten Jahren anzusehen.

Unter den rechtlichen Regelungen des Flüchtlingsproblems seien hervorgehoben der Artikel 14 der *Allgemeinen Erklärung der Menschenrechte* mit weltweiter Verbindlichkeit: „Jeder Mensch hat das Recht, in anderen Ländern vor Verfolgung Asyl zu suchen und zu genießen." In Amerika gibt es seit 1924 die *Immigration Act* und seit 1948 die *Displaced Persons Act*. Auf europäischer Ebene gibt es seit dem 9. November 1943, seit der Gründung der UNRRA (United Nations Rehabilitation Relief Agency) und der Genfer Konvention 1951 zahllose Bemühungen, die in den verschiedenen Ländern verschiedene Möglichkeiten der Behandlung des Problems zur Folge hatten.

Einen völlig neuen Aspekt des Migrationsproblems brachte das auch von der UNO mitfinanzierte *Worldwatch Institute* ins Blickfeld wissenschaftlicher Untersuchung: die *Umweltflüchtlinge*.

Von Menschen mitverursachte Naturkatastrophen forderten bereits in den letzten Jahren Tausende von Toten und Hunderttausende von Flüchtlingen. Unkontrollierte Waldschlägerungen in Thailand ließen den unerwartet heftigen Monsunregen freien Lauf. Nach großflächigen Kahlschlägen in den mittleren Regionen des Himalaja verloren weite Teile des Gebirges ihre Funktion als Wasserspeicher; Hochwasser bedeckte drei Viertel des Landes, in Dhaka starben 2000 Menschen. In Bangladesch verloren in einem Jahr 25 Millionen Einwohner ihr Dach über dem Kopf, in Thailand 600.000 Umweltflüchtlinge, die bisher noch von keiner internationalen Organisation offiziell erfaßt und anerkannt sind. Neben den Gefahren durch Wasser beginnt man die durch „Desertifikation" zu erkennen: Die fortschreitende Versandung bedroht weite Strecken Afrikas (Mauretanien, Sahelzone, Tschad, Niger). Zwei Millionen zogen in die ohnehin überfüllten Städte. Ähnliches geschieht in Indien, Lateinamerika (Abholzen des Regenwaldes) und in der Karibik. Bisher 13 registrierte Chemie- und Atomunfälle haben bis 1984 eine Million Umweltflüchtlinge hervorgebracht. Die größten Gefahren jedoch sehen die Autoren der Studie im globalen Treibhauseffekt und im Ansteigen des Meeresspiegels. *Jodi Jacobson:* „Die Vision von zig Millionen Menschen, die auf Dauer aus ihrer Heimat vertrieben werden, ist ohne Beispiel und in ihrer Auswirkung auf die Menschheit wahrscheinlich mit den meisten Kriegen vergleichbar."

A. Ashkenasi (Hrsg.), Das weltweite Flüchtlingsproblem. Sozialwissenschaftliche Versuche der Annäherung (1988); *K. Glaser/St. Possony,* Victims of Politics. The State of Human Rights (1979); *L. J. Jacobson,* Environmental Refugees: A fardstick of Hability. Worldwatch Paper 86 (1988); *L. Kühnhardt,* Die Flüchtlingsfrage als Weltproblem. Massenwanderungen in Geschichte und Politik (1984); *P. J. Opitz,* Das Weltflüchtlingsproblem. Ursachen und Folgen (1988); *Pontifical Commission for the Pastoral of Migrants and Itinerant People,* „Migrations" (1985).

FRANZ MARTIN SCHMÖLZ

Mittel

→ Doppelwirkung, Prinzip der → das Gute → Moralprinzip
→ Utilitarismus → Wert → Zielgebot

Ein Mittel ist bezogen auf einen Zweck. So ist ein Medikament ein Heil*mittel,* ein Lebens*mittel* dient der Erhaltung des Lebens. Ein Werkzeug ist ein Mittel, eine bestimmte Handlung durchzuführen. Diese kann selbst wiederum ein Mittel für etwas anderes sein. So braucht ein Arzt Werkzeuge, Instrumente, um eine Operation durchzuführen; diese wiederum dienen der Gesundheit, der Heilung des Patienten. Solche Mittel können vom Wert her neutral sein (wie ein Werkzeug). Als Mittel kann auch ein (nichtsittliches) Übel dienen; es wird dann durch den angestrebten Zweck gerechtfertigt. Jeder chirurgische Eingriff ist zunächst eine Körperverletzung, der seine Rechtfertigung nur im Rahmen einer Heilbehandlung findet. Von Mitteln in diesem Sinn gilt, daß sie nur wegen eines Zwecks gewollt werden *(bonum utile)*. Wollte ich den Zweck nicht, würde ich auch die Mittel nicht wollen. Umgekehrt gilt auch: Wer den Zweck will, muß auch die notwendigen Mittel wollen. Eine solche Zweck-Mittel-Beziehung ist nach Kant das logische Charakteristikum *hypothetischer Imperative*.

Wenn Kant in der zweiten Formel des kategorischen Imperativs fordert, den Menschen nicht bloß als Mittel, immer zugleich als Zweck zu behandeln, haben die Termini „Mittel" und „Zweck" eine andere Bedeutung. Es geht nicht einfach darum, daß man sich eines anderen Menschen bedient, wie man sich eines Werkzeuges bedient. Daß man sich der Dienste etwa eines Handwerkers bedient, ist an sich durchaus legitim. Erst wo man ihm den entsprechenden Lohn verweigert, könnte der Fall der Behandlung bloß als Mittel gegeben sein. Der Zweck, als der die „Menschheit" immer auch zu behandeln ist, ist ein unbedingter Zweck, der unbedingte Wert des Menschen als moralischen Wesens. Die „Mittel" sind dann die bedingten (Selbst-)Werte, die nichtsittlichen Werte, deren Realisierung nicht oder nicht zur Gänze in der Macht des Menschen liegt.

Sprachlich hat „Mittel" mit „Mitte" zu tun (vgl. die Rede vom arithmetischen und geometrischen Mittel). Die nichtsittlichen Werte liegen gleichsam in der *Mitte* zwischen Tugend und Laster, dem unbedingten Wert und dem unbedingten Übel; insofern heißen sie in der Stoa auch μέσα *(mesa,* Mittleres), sonst von der Stoa meist als ἀδιάφορα *(Adiaphora)* bezeichnet, da sie keinen *Unterschied* ausmachen im Hinblick auf die Moralität des Menschen. Ob jemand arm oder reich, gesund oder krank ist, das macht ihn nicht zu einem guten oder schlechten Menschen. Den Menschen als Mittel behandeln heißt also, ihn als bloß nichtsittlichen Wert zu behandeln, den unbedingten Wert der „Menschheit" (im Sinn von *humanitas,* nicht von *genus humanum*), des Menschen als sittlichen Wesens, wie einen bloß bedingten Wert zu behandeln. Das wäre etwa der Fall, wo man einen Menschen zwingen würde, gegen sein Gewissen zu handeln. Um irgendeines bedingten

Gutes willen oder zur Vermeidung eines bedingten Übels würde man ihn in seiner Moralität antasten.

Die Aussage „Ein guter Zweck heiligt nicht ein schlechtes Mittel" läßt mehrere Deutungen zu. Nicht in jeder möglichen Bedeutung ist der Satz richtig. Er mag den Anschein von Plausibilität zunächst der Tatsache verdanken, daß die Maxime „Der Zweck heiligt die Mittel" unreflektiert als Ausdruck einer unmoralischen Einstellung verstanden werden könnte: Zur Erreichung der von mir gesetzten Ziele ist mir jedes Mittel recht. Versteht man unter einem „guten Zweck" einen nichtsittlichen Wert, unter einem „schlechten Mittel" ein nichtsittliches Übel, gilt, daß nur ein guter Zweck ein schlechtes Mittel heiligt: Nur der Zweck der Heilung rechtfertigt das Übel eines chirurgischen Eingriffs. Erst recht „heiligt" der unbedingte Wert sittlicher Güte das Übel, das man um seinetwillen in Kauf nimmt, etwa im Fall des Martyriums. Der Fall dagegen, daß man um der sittlichen Güte willen ein sittliches Übel in Kauf nimmt, ist überhaupt nicht denkbar. Meine Sünde kann kein Mittel sein, die Tugend eines andern zu befördern. In der Moraltheologie betont man mit dieser Aussage, daß ein sittliches Übel nicht zugunsten eines nichtsittlichen Gutes intendiert werden darf. Auch das ist im Prinzip unbestreitbar. Strittig ist nur u. U., wo ein sittliches Übel vorliegt. Wo man sich über die sittliche Bewertung einer Handlung nicht einig ist, ist offen, ob diese Handlung ein gutes oder schlechtes Mittel darstellt. Diese Meinungsverschiedenheit ergibt sich bei einigen deontologischen Normen, deren Befolgung u. U. mehr nichtsittliche Übel mit sich bringt als ihre Nichtbefolgung. Die Lehre von der Handlung mit *Doppelwirkung* betont in einem solchen Fall, die entsprechende Handlung dürfe als sittliches Übel niemals direkt gewollt, sie dürfe nur indirekt in Kauf genommen werden.

Das Sprechen von „Mittel" und „Zweck" ist, wie diese Darlegungen wohl zeigen, stets erläuterungsbedürftig.

B. Schüller, Der gute Zweck und die schlechten Mittel, in: ders., Der menschliche Mensch (1982); *W. Wolbert,* Der Mensch als Mittel und Zweck (1987).

WERNER WOLBERT

Mitwirkung

→ Doppelwirkung, Prinzip der → Entscheidung → Kompromiß
→ Moralsystem → Toleranz → Widerstand

1. Der gesellschaftliche Kontext

Alles sittliche Handeln steht, offen oder verdeckt, in zwischenmenschlichen und gesellschaftlichen Lebenszusammenhängen. Die Kategorie des „Zwischen" erreicht ihren dramatischen Höhepunkt in Situationen der Mitwirkung. Der Mitwirkende tritt in den Handlungszusammenhang des Haupthandelnden – dieser kann eine Einzelperson, aber auch eine Gemeinschaft sein – ein und hat an ihm teil. Das wird zum Problem, sobald zwischen beiden ein moralischer Dissens aufbricht. Die Selbstachtung gebietet, daß der Mitwirkende seine Identität nicht aufs Spiel setzt.

Die Manualistik hatte das Modell einer sittlichen Konsensgesellschaft vor Augen. So behandelte sie im Anschluß an Alphons von Liguori das Thema unter dem Blickwinkel der Mitwirkung zur Sünde. Leitend war die Forderung der Nächstenliebe, Ärgernis zu vermeiden. Die gegenwärtige ethische Pluralisierung der Gesellschaft verlangt eine Ausweitung der Perspektive. Es mehren sich Situationen, in denen Gewissen gegen Gewissen steht. Der Mitwirkende tritt in einen Handlungszusammenhang ein, der in Zielsetzung oder Anwendung der Mittel vom präsumierten irrenden Gewissen des Haupthandelnden geprägt ist. Angesichts dessen muß sich Toleranz mit der tätigen Verantwortung für den wirksamen Schutz gefährdeter Rechte und Güter verbinden, sei es beim Mitwirkenden, bei wehrlosen Drittpersonen oder gar beim Haupthandelnden selbst.

2. Die Analyse des Handlungsphänomens

Die vielfältigen Zwänge einer komplexen Mitwirkungssituation verlangen nach einer exakten Phänomenanalyse. So unterscheidet man unter der Hinsicht der Intention des Mitwirkenden zwischen formeller und materieller Mitwirkung. Erstere macht sich die Zielsetzung des Haupthandelnden zu eigen, letztere tut dies nicht, sondern leistet nur eine materielle Unterstützung. Die sittliche Beurteilung leuchtet leicht ein: Eine formelle Mitwirkung kann niemals erlaubt sein *(peccatum non potest esse eligibile)*; und eine materielle Mitwirkung fordert einen hinreichenden Grund. Für den Mitwirkenden stellt sich die Frage: Wie notwendig ist das Zielgut, das sich nur auf diese Weise verwirklichen läßt? Was läßt sich an Gutem tun, und welcher Schaden läßt sich vermeiden? Gibt es möglicherweise Handlungsalternativen? Welches Risiko nimmt man in Kauf, wenn man sich der gegebenen Zwangssituation zu entziehen trachtet? – Unter der Hinsicht des Phänomens begegnet die Unterscheidung zwischen näherer und entfernterer Mitwirkung. Größte Nähe ist erreicht, wenn die Mitwirkungshandlung in das Wesen der Haupthandlung eintritt. Als Bewertungsmaßstab gilt: Je größer die Nähe, umso schwerer der geforderte rechtfertigende Grund im ebengenannten Sinne. Das wird allerdings problematisch, wenn Haupthandlung und Mitwirkungshandlung eine Wesenseinheit bilden. Die Meinungen gehen hier auseinander. Die Lösung hängt ab von der Stärke des jeweiligen Rechts, das verletzt, und von der Größe des Schadens, der angerichtet wird. – Und letztlich wird, diesmal unter der Hinsicht der Wirkursächlichkeit, unterschieden zwischen notwendiger und kontingenter Mitwirkung. Notwendig ist eine Mitwirkung, wenn ohne ihr Vorhandensein die Haupthandlung nicht zustande käme. Hingegen übt die kontingente Mitwirkung nur einen erleichternden Effekt auf das Zustandekommen der Haupthandlung aus. Letztere würde auch ohne die Mitwirkung gesetzt; und es besteht keine Möglichkeit, sie zu verhindern. Es mag einleuchtend erscheinen, wenn die notwendige Mitwirkung einen schwereren Grund verlangt als die kontingente.

Für alle Weisen der Mitwirkung gilt: Das geringere Übel ist zu wählen; man darf es auch anraten, wenn sich auf diese Weise ein größeres Übel verhindern läßt. Aber auch das Ärgernis ist mitzubedenken. Es stellt sich im Großraum einer pluralistischen Öffentlichkeit anders dar als im überschaubaren Privatbereich. Wieweit ist der Nächste belastbar? Und wo liegt der Grund für sein durch das Ärgernis provoziertes sittliches Versagen, in seiner Schlechtigkeit *(scandalum pharisaicum)* oder in seiner Schwäche *(scandalum pusillorum)*? Es steht außer Frage, daß es eine liebende Verantwortung für den Nächsten gibt. Sie wächst mit der Nähe der Bindung und der Höhe des Einflusses. Das entnimmt nicht von der Pflicht, die Langzeitfolgen zu bedenken. Wird durch fraglos geleistete Mitwirkung das geistige und moralische Klima einer Gesellschaft langsam, aber sicher verändert? Es gibt ein Gesetz der schiefen Ebene, einen Dammbrucheffekt, denen man sich durch Zivilcourage in einzelnen Situationen entgegenstellen muß. Das hat möglicherweise Signalwirkung.

Die Mitwirkung beschränkt sich nicht auf den äußeren Mitvollzug. Sie kann sich auch mit Anraten, Anstiften und Verführen zum Bösen zufriedengeben. In solchen Fällen liegt konsequenterweise eine formelle Mitwirkung vor. Daneben gibt es eine negative Weise des Mitwirkens. Sie zeigt sich als Unterlassen des gebotenen Widerstandes, als Schweigen oder Verschweigen *(mutus, non obstans, non manifestans)*. Hier ist materielle Mitwirkung durchaus denkbar. Der rechtfertigende Grund kann aus der Aussichtslosigkeit des Widerstandes kommen, aus der Erfolglosigkeit eines Protestes oder einer Anzeige, möglicherweise noch verbunden mit schweren Nachteilen für den passiv Bleibenden oder für schutzlose Drittpersonen.

Weiterführende Anfragen kommen aus der Struktur der pluralistischen Gesellschaft. Toleranz ist eine unverzichtbare Tugend, sie signalisiert zugleich Lernoffenheit. Vielleicht ist der unterstellte Irrtum des anderen gar keiner; es mag sein, daß man selbst noch nicht alle relevanten Gesichtspunkte eines sittlichen Problems erkannt hat. Die Situation der Mitwirkung kann das an den Tag bringen. Sie fördert, so gesehen, den ethischen Kommunikationsprozeß. Vermeintliche Fronten werden überwunden, wirkliche Fronten zeichnen sich dafür umso klarer ab. Allerdings bleibt zu beachten: Toleranz ist immer gegenseitig; niemand ist ein beseeltes Werkzeug in der Hand seines Nächsten. Die Freiheit des eigenen Gewissens ist gegen die lautlose Tendenz des Vereinnahmtwerdens zu verteidigen.

3. Die Überwindung von Zweifeln

Mitwirkungssituationen sind in der Regel von Zweifeln überschattet. Zudem stehen sie unter Entscheidungsdruck. Es muß gehandelt werden. Darum sind Moralsysteme und reflexe Prinzipien anzuwenden, damit das Gewissen einen verantwortbaren Entscheid treffen kann. Sobald sichere Rechte verletzt werden, ist tutioristisch vorzugehen, eine Mitwirkung verbietet sich also. In unaufhebbaren Konfliktfällen verdient der Schutz des stärkeren Rechts den Vorzug. In jedem Fall ist das Recht auf das eigene Gewissen einzubringen, angesichts der Neigung zur Selbstbeschwichtigung verdient es den Vorzug. Das ist zumal angesichts solcher Situationen zu bedenken, in denen es schwerfällt, zu einem objektiven Urteil zu kommen, weil subjektive Vorentscheidungen eine Rolle spielen. Je ausgeprägter die sittliche Persönlichkeit, umso eindeutiger der Verhaltensstil. Konsequenterweise steigen die Anforderungen an den jeweils rechtfertigenden Grund. Mitwirkungen, über die sich theoretisch noch diskutieren ließe, werden mit unbeirrbarem moralischem Instinkt abgelehnt (Film, Theater, Kunst). Leitend ist eine berechtigte Skepsis gegenüber jeder Form der Nivellierung. Gesellschaften leben nicht zuletzt von ihren couragierten Außenseitern. Um den Anforderungen eines qualifizierten Widerspruchs gewappnet zu sein, bedarf es einer prophylaktischen Kasuistik: Man muß sich in kluger Voraussicht auf denkbare Konflikte einstellen und operable Entscheidungsmodelle für ihre Bewältigung ausarbeiten. Das fällt im medizinischen Bereich in die Kompetenz der Ethik-Kommissionen.

Schwer beherrschbare Konfliktsituationen begegnen im politischen und wirtschaftlichen Leben; strukturimmanente Zwänge können stärker sein als der eigene gute Wille. Sofern es sich um eine entfernte Mitwirkung handelt, richtet sich die Entscheidung nach den verbleibenden Möglichkeiten, in einem überschaubaren Rahmen Gutes zu tun, das sonst ungetan bliebe. Je näher und je notwendiger die Mitwirkung, umso schwerer muß dieser Grund wiegen. Man denke an Mitgliedschaften in Parteien und Vereinigungen, an Mitarbeit in politischen und wirtschaftlichen Programmen und in wissenschaftlichen Forschungsprojekten. Letztlich ausschlaggebend ist immer die beherrschende Zielsetzung solch überpersonaler Größen. Wem dienen sie? Aber auch das kommerzielle Leben hält Konfliktstoff bereit. Man denke an das Geschäftsgebaren im Verlags- und Zeitungswesen und der pharmazeutischen Industrie (Pornographie; schwangerschaftsabbrechende Mittel). Der Verweis auf einen ethischen Pluralismus kann als Rechtfertigungsgrund nicht überzeugen, denn Pluralismus heißt nicht Verzicht auf das eigene Gewissen. Ein rechtfertigender Grund mag in Zwängen liegen, gegen die Widerstand sinnlos ist. Das gilt vorzüglich im Bereich des politischen Gehorsams, zumindest in totalitären Staatsformen. In einem freiheitlichen Rechtsstaat wird ein solcher Fall nicht so leicht eintreten: Niemand wird gezwungen, gegen sein Gewissen zu handeln. Ähnliche Probleme stellen sich im Bereich der Medizin (Arzt-Patienten-Verhältnis; Mitwirkung an Abtreibungen), des Sozialwesens (Abtreibung auf Krankenschein; Schwangerenberatung durch kirchliche Beratungsdienste), des Rechts (Ausspruch eines Scheidungsurteils), des Vertragsrechts (Vermietung von Lokalen und Wohnungen zu unsittlichen Zwecken). So muß der Arzt die Freiheit seines Gewissens gegenüber ungerechtfertigten Erwartungen des Patienten wahren. Abtreibungen auf Krankenschein verändern die Zielsetzung des Versicherungswesens, das kann, abgesehen von diskutablen Einzelfällen, dem Beitragszahler nicht gleichgültig sein. Bei der Schwangerenberatung durch kirchliche Beratungsdienste handelt es sich um eine entfernte und kontingente Mitwirkung, sie läßt sich rechtfertigen mit Verweis auf die Zielsetzung und den tatsächlichen Erfolg. Es wird auf diese Weise Leben gerettet, das sonst aller Voraussicht nach verlorenginge. Allerdings bedürfte es einer entsprechenden Öffentlichkeitsarbeit.

Eine Mitwirkungshandlung ist gleichsam das Paradigma eines sittlich verantworteten Kompromisses. Sie läßt sich auf die Formel einer

Handlung mit Doppelwirkung bringen. Zwischen intendierter und in Kauf genommener Wirkung muß ein vertretbarer Ausgleich hergestellt werden. Das kann nur durch Güterabwägung und Schadenkalkulation geschehen. Eine Mitwirkung verbietet sich, wenn bereits vorgängig zu diesen Abwägungen die eigene Handlung als „in sich" schlecht anzusehen ist. Ein Verweis auf die eigene gute Zielsetzung ist dann sinnvollerweise schon nicht mehr möglich. Davon abgesehen trägt die sittliche Erlaubtheit der Mitwirkung immer die Last des Beweises. Denn man gibt, wie ungewollt auch immer, der Dynamik des Bösen oder des Irrtums nach und kompromittiert die eigene sittliche Identität. Man degradiert sich zum Opfer einer Verhängnisgeschichte.

K. Demmer, Der Anspruch der Toleranz. Zum Thema „Mitwirkung" in der pluralistischen Gesellschaft, in: Gregorianum 63 (1982) 701–719. *ders.,* Deuten und Handeln. Grundlagen und Grundfragen der Fundamentalmoral (1985) 195–211; *B. Häring,* Das Gesetz Christi, Bd. I (⁸1967) 458–465; *R. Roy,* La coopération selon S. Alphonse: Studia moralia 6 (1968) 377–435.

KLAUS DEMMER

Moralprinzip

→ Freiheit → das Gute → Methoden der Ethik → Moralsysteme → Moraltheologie → Norm → Pflicht → Wert

1. Definitionen

Hinter der Frage nach *dem* Moralprinzip oder nach Prinzipien der Moral standen in der Geschichte der Ethik recht unterschiedliche Erkenntnisinteressen. Oft ist von Moralprinzipien im Sinne von subjektiven Handlungsregeln die Rede, die für das Individuum orientierende Leitsätze darstellen. Sie sollten besser als Maximen bezeichnet werden. Ein Moralprinzip im engeren Sinn ist ein letzter Maßstab, der als Kriterium für die Begründung und Beurteilung moralischer Argumente, Urteile und Normen dient und das Fundament aller weiteren ethischen Aussagen ist. Hinter der Suche nach diesem Prinzip steht also das Bemühen um eine Systematik normativer Ethik, die in einer regulativen Idee ihren Bezugspunkt hat und von daher stringente Begründungsstrukturen entwickelt. In einer pluralistischen Gesellschaft ist die Verpflichtung auf ein höchstes Gut *(summum bonum)* als Maßstab aller Sittlichkeit nicht mehr möglich, so daß die Metanorm in der nachmetaphysischen Ethik weitgehend formalisiert wurde und vor allem im Prinzip der Verallgemeinerung ihren Kristallisationspunkt gefunden hat. Ein Moralprinzip als materiale Fundierung des Sittlichen wäre eng an die erkenntnistheoretischen Voraussetzungen einer Seinsordnung gebunden, die auf ein vollkommen Gutes als Zielgestalt ausgerichtet ist. Für einen bestimmten Typ theologischer Ethik stellt die Theonomie den höchsten Grund des Sollens dar. Für ein konkurrierendes Moralsystem könnte es z. B. der größte individuelle oder soziale Nutzen sein. Daß die Definition des Moralprinzips nicht der Beliebigkeit zu überlassen ist, zeigt sich an Kohlbergs moralpsychologischen Forschungen zur Stufentheorie des moralischen Urteils und zur Begründung einer postkonventionellen Handlungsperspektive, für die sich das Problem stellt, eine Metanorm anzugeben, welche die Überprüfung von Normierungen leisten kann. Eine prinzipiengeleitete Moral verfügt über Kriterien, mit denen sozial akzeptierte Normensysteme hinsichtlich ihrer Moralität getestet werden können, um eine Verinnerlichung illegitimer Autoritäten, aber auch die Haltlosigkeit einer bloßen Willkürfreiheit zu vermeiden. Unter einem Moralprinzip wäre also jener kritische Maßstab zu verstehen, der die rationale Verständigung über Fragen der Moral überhaupt erst ermöglicht und strukturiert.

2. Verallgemeinerung von Handlungsmaximen

Aus der Tradition ist die *Goldene Regel* als ein formales Moralkriterium bekannt, das die Notwendigkeit einer wechselseitigen Respektierung der Handelnden unterstreicht. Anderen gegenüber so zu handeln, wie man von ihnen behandelt werden möchte, setzt voraus, daß man im Gedankenexperiment den moralischen Standpunkt einnimmt, der sich durch Unparteilichkeit auszeichnet (ideale Rollenübernahme). Seine wirkungsvollste Formulierung hat dieser Gedanke in Kants kategorischem Imperativ gefunden.

a) Der kategorische Imperativ: Der Gegenstand der Verallgemeinerung sind Maximen, jene subjektiven Grundsätze, die der Handelnde als moralische Leitlinien seines eigenen Lebens formuliert (z. B. gesund zu leben, rücksichtsvoll zu sein, Menschen in Notsituationen zu helfen oder aber auch nur auf den eigenen Profit zu achten, sich für erlittenes Unrecht grundsätzlich zu rächen, Machtpositionen kompromißlos auszunutzen).

Diese Grundsätze werden konsequent auf die Lebensbereiche angewendet, für die sie gelten sollen. Der Verallgemeinerungstest besteht nun darin, in einem Gedankenexperiment zu überlegen, ob die jeweilige Maxime auch ein allgemeines Gesetz sein kann, ob es also wünschbar ist, daß andere auch nach diesen Lebensregeln handeln, wenn sie sich in einer vergleichbaren Situation befinden. Es ist der Vorzug einer Maximenethik, daß sie von der vernünftigen Selbstbestimmung des Menschen ausgeht und nicht von einem starren Normensystem. Maximen haben den Rang von allgemeinen Grundsätzen, die bei aller Abstraktion dennoch den jeweiligen Kontext einer Handlung berücksichtigen. Sie sind nicht die Ausführungsbestimmungen eines fremden Gesetzes, sondern Ergebnisse von freien Willensentscheidungen. Mit dem kategorischen Imperativ ist ein formales Moralprinzip formuliert, das als oberstes Kriterium dienen kann, ohne die Inhalte der Moral zu präjudizieren. Verallgemeinerung und Autonomie des Willens sind die sich ergänzenden Aspekte des höchsten Maßstabs der Moral, in der Freiheit und kategorische Verbindlichkeit einander zugeordnet sind. Kriterium für die Beurteilung von Handlungen ist nicht das persönliche Wohlbefinden, Erfolgsstreben oder Glücksverlangen, sondern einzig die objektive Geltung von Regeln als ein möglicherweise allgemeines Gesetz.

b) Der Ansatz der Diskursethik: Der Universalisierungsgrundsatz ist als Moralprinzip in der Diskursethik von K.-O. Apel und J. Habermas von zentraler Bedeutung. An die Stelle des kategorischen Imperativs tritt das Verfahren der moralischen Argumentation mit dem Grundsatz, „daß nur diejenigen Normen Geltung beanspruchen dürfen, die die Zustimmung aller Betroffenen als Teilnehmer eines praktischen Diskurses finden könnten" (Habermas). Von diesem Prinzip wird behauptet, daß es universal gelte, d. h. nicht nur für einen bestimmten Kulturkreis. Jeder, der sich ernsthaft auf moralisches Argumentieren einläßt, akzeptiert indirekt die Voraussetzungen und Regeln praktischer Diskurse, bei denen allein der Zwang des besseren Arguments den Ausschlag gibt. Mit der formalen und prozeduralen Bestimmung des Moralprinzips markiert die Diskursethik einen Standpunkt der Moral, von dem aus Handlungskonflikte analysiert und konsensuell gelöst werden können, sofern man die prinzipielle Möglichkeit einer idealen Kommunikationsgemeinschaft unterstellt. Diese gilt als Grundnorm für praktische Diskurse, die zwar weit von einem solchen Ideal entfernt sein mögen, aber dennoch am universellen Kern der Moral festhalten und nicht vor dem Wertskeptizismus kapitulieren. Andererseits verzichtet die Diskursethik ganz bewußt auf konkrete Modelle vom „guten Leben", die jeweils sehr stark von kulturellen Rahmenbedingungen abhängig sind. Auf den Vorwurf des abstrakten Formalismus und Universalismus kann jedoch geantwortet werden, daß die moralischen Probleme ja stets in der kommunikativen Alltagspraxis vorgefunden werden, also keine

Hirngespinste der Philosophen sind. Das Moralprinzip bietet keine inhaltlichen Lösungen, sondern ist der Prüfstein für moralisch gerechtfertigte Verfahren der Konsensbildung.

3. Transzendentalpragmatische Letztbegründung

Die Frage nach dem Fundament von Ethik läßt sich auf das Programm einer philosophischen (und theologischen) Letztbegründung zuspitzen. K.-O. Apel vertritt die These, daß eine philosophische Letztbegründung moralischer Normen nötig und möglich ist, weil die Argumentationssituation immer schon als unhintergehbar vorausgesetzt werden muß. Wenn wir ethisch argumentieren, müssen wir uns zutrauen, zu einer richtigen Lösung zu gelangen, die in einem vernünftigen Konsens besteht. Diese starke Behauptung der Möglichkeit von Letztbegründungen ist vor allem von Vertretern des Kritischen Rationalismus bestritten worden, die derartigen Versuchen nur folgende Perspektiven des Scheiterns zubilligen: den unendlichen Regreß, logische Zirkelschlüsse oder den willkürlichen Abbruch des Begründungsverfahrens („Münchhausentrilemma"). Dem läßt sich entgegenhalten, daß der Wille zur Rationalität und zum vernünftigen Konsens auch für den Skeptiker unhintergehbar ist, wenn seine Position nicht absurd sein soll. Eine Bestreitung dieser Rationalität käme einem performativen Widerspruch gleich. Allerdings ist die Notwendigkeit einer transzendentalphilosophischen Letztbegründung des Moralprinzips auch innerhalb der Diskursethik umstritten. Nach Auffassung von Habermas können wir auf den „Fundamentalismus der überlieferten Transzendentalphilosophie" verzichten und Ethik als rekonstruktive Wissenschaft betreiben, die sich der Beschreibung empirisch vorgefundener Moralvorstellungen widmet und diese zu Theorien der Moralentwicklung in Beziehung setzt.

4. Begründung und Anwendung

Einer der schärfsten Einwände gegen den Formalismus des Moralprinzips ist der Verweis auf die Ohnmacht des Sollens, die sich in der Diskrepanz zwischen einer philosophischen (Letzt-)Begründung der Ethik und den dornigen Problemen der konkreten Normenanwendung und Normendurchsetzung offenbart. In der Tat sind die Ethiken des Kantischen Typs auf Fragen der Normbegründung spezialisiert und liefern keine Gebrauchsanweisung für die Praxis. Anstatt sich mit dem Rückzug auf eine „substantielle Sittlichkeit" (Hegel) in konkreten

Lebensformen zu begnügen, plädiert die Diskursethik für eine prozedurale Vermittlung begründeter Normen durch deren unparteiliche Anwendung im Einzelfall. Dabei wird freilich vorausgesetzt, daß eine universalistische Moral auf eine ihr „entgegenkommende" Lebensform angewiesen ist. Apel betont die Notwendigkeit einer strategischen Ergänzung der Kommunikationsethik, um die formale Prinzipienethik (Kant) mit der inhaltlich orientierten Prinzipienethik (Hegel) zu vermitteln und die Vorwürfe der Inhaltsleere und des Utopismus zu entkräften.

5. Theologische Aspekte

Auf die Aporien, die sich aus der Grundnorm des kommunikativen Handelns ergeben, hat vor allem H. Peukert hingewiesen: Angesichts der vernichteten Opfer der Geschichte kommt die Idee der potentiellen Zustimmung *aller* Betroffenen an ihre Grenze und mündet in das Paradox der anamnetischen Solidarität mit den Erschlagenen und Entwürdigten und in die Parteinahme für jene, die von sie betreffenden Diskursen systematisch ausgeschlossen werden. Die Erfahrung des Scheiterns dessen, der solidarisch nach den Prinzipien einer universalistischen Ethik handelt, verschärft die Frage nach dem Sinn von Moral überhaupt. Die Gottesidee als Idee der solidarischen Freiheit hängt eng mit dem Versuch zusammen, die Begründung des Moralprinzips und der Selbstzwecklichkeit des Menschen mit der Frage nach dem Grund unserer Hoffnung zu verbinden. Die kontrafaktische Behauptung des Moralprinzips der idealen Kommunikationsgemeinschaft ist auch Bestandteil einer christlichen Ethik, die sich an den Leitideen der Kommunikabilität und Konsensfähigkeit orientiert.

K.-O. Apel, Das Apriori der Kommunikationsgemeinschaft und die Grundlagen der Ethik, in: ders., Transformation der Philosophie, Bd. 2 (1973) 358–435; *ders.,* Diskurs und Verantwortung. Das Problem des Übergangs zur postkonventionellen Moral (1988); *J. Habermas,* Moralbewußtsein und kommunikatives Handeln (1983); *ders.,* Moral und Sittlichkeit. Hegels Kantkritik im Lichte der Diskursethik, in: Merkur 39 (1985) 1041–1052; *O. Höffe,* Die Frage nach dem Moralprinzip, in: *ders.,* Sittlich-politische Diskurse (1981) 52–74; *W. Kuhlmann,* Reflexive Letztbegründung. Untersuchungen zur Transzendentalpragmatik (1985); *H. Peukert,* Wissenschaftstheorie – Handlungstheorie – Fundamentale Theologie. Analysen zu Ansatz und Status theologischer Theoriebildung (1978); *M. G. Singer,* Verallgemeinerung in der Ethik. Zur Logik moralischen Argumentierens (1975).

WALTER LESCH

Moralsysteme

→ Ethik → Ethos → Freiheit → Gewissen → Kasuistik → Klugheit
→ Lehramt → Moraltheologie → Norm → Wert

Moralsysteme sind in der katholischen Moraltheologie (Manualistik) jene Lehrverfahren, in denen im begründeten Gewissenszweifel – mittels allgemeiner Lebensregeln oder reflexer Prinzipien – ein praktisch sicheres Gewissensurteil über die Erlaubtheit oder Unerlaubtheit der konkreten Handlung erreicht werden kann.

1. Vorfeld

Das sittliche Handeln „aus der Überzeugung des Glaubens" (Röm 14,23) setzt ein aufrichtiges Bemühen voraus, das eigene Gewissensurteil sowohl subjektiv sicher als auch objektiv richtig zu bilden. In vielen Lebensbestimmungen stehen die wesentlichen, im Lichte des Glaubens und der Vernunft gewonnenen sittlichen Grundsätze für den Christen fest, und es genügt zur Handlungsgewißheit das Urteil des gebildeten Gewissens. In bestimmten kulturbedingten Teilbereichen aber finden sich ethisch relevante Fragen und Situationen des ethischen Wertens und Normierens, in denen die maßgebliche sittliche Norm noch nicht oder nicht eindeutig zu erkennen ist oder wo die bisherige normative Handlungsbestimmung nicht mehr als objektiv sicher erscheint (oft in Fragen der Sozialethik, Bioethik, Sexualethik, in ethisch relevanten Fragen der Technologie, der Umwelt usw.). Solche Unsicherheiten und Zweifel sind nicht nur deshalb möglich, weil die Hl. Schrift die normative Bestimmung der genannten Bereiche nicht zum eigenen Gegenstand macht, sondern auch, weil dem menschlichen positiven Gesetz keine absolute Bestimmungsautorität zugestanden werden kann. Außerdem tragen alle menschlichen normativen Bestimmungen eine zeit- und geschichtsbedingte Kontingenz in sich, die sich aus der praktisch gegebenen strukturellen Unsicherheit der bedingten Urteile ergibt.

Davon ausgehend, daß nur das sichere Gewissensurteil Grundlage des sittlichen Handelns sein darf, stellt sich die Frage nach der Gewißheit des sittlichen Urteils. Diese Gewißheit wird vornehmlich eine moralische sein. Lediglich wenige ethische Aussagen erfreuen sich der metaphysischen Gewißheit. Die moralische Gewißheit läßt eine Gradualität zu. Als moralisch gewiß im *engeren Sinne* wird jenes begründete Gewissensurteil verstanden, das jeglichen vernünftigen Zweifel ausschließt. Als moralisch gewiß im *weiteren Sinne* ist auch jenes Gewissensurteil anzusehen, in dem die Furcht, daß auch das Gegenteil wahr sein könnte, nicht ganz ausgeschlossen ist. Diese moralische Gewißheit schließt vernünftige Gegengründe ein und die Möglichkeit des Irrtums nicht völlig aus. Auch eine solche praktische Gewißheit oder „kluges Ermessen" wird als hinreichend angesehen, um nach ihrem Urteil selektiv zu handeln. (Thomas v. Aquin, S. Th. II/II, q 47 a 9 ad 2; q 70 a 2c).

Der Gewißheitsgrad des Urteils oder der Ausspruch praktischer Vernunft über die Sittlichkeit dieser Handlung läßt auch eine wahrscheinliche Meinung *(opinio probabilis)* zu. Die Handlungsgewißheit betrifft dann jedoch nicht das Wissen um die Handlung, sondern um ihre Erlaubtheit.

2. *Reflexe Prinzipien*

Die Gewißheit des Gewissensurteils kann erreicht werden: entweder *direkt*, so daß man die Sittlichkeit der Handlung aus den inneren Prinzipien der Moralität anerkennt, oder *indirekt*, so daß man allgemein anerkannte Hilfsprinzipien zu Rate zieht, um mittels ihrer Aussage zum praktisch sicheren Gewissensurteil zu kommen. Die kasuistische Moraltheologie bedient sich der sog. *reflexen Prinzipien*. Das sind allgemeine Klugheitsaussagen oder aus der Lebenserfahrung abgeleitete Grundsätze, die in einer mittelbaren Beziehung zu sittlich relevanten Tatsachen stehen. Aus ihnen kann man im Zweifelsfall in einem Anwendungsverfahren zu einer Lösung gelangen.

Die reflexen Prinzipien betreffen nur Teilgebiete und können nicht als beherrschende Prinzipien der ganzen Moraltheologie gesehen werden. Sie stammen vorwiegend aus der juristischen Praxis. Von den wichtigsten seien aufgeführt:

In dubio standum est pro eo, pro quo stat praesumtio – im Zweifel entscheide man sich für das, was die Vermutung für sich hat.

In dubio iudicandum est ex communiter contingentibus – im Zweifel halte man sich an das, was gewöhnlich vorzukommen pflegt.

In dubio melior est conditio possidentis – im Zweifel verdient der Besitzer den Vorzug.

In dubio pars tutior eligenda est – im Zweifel wähle man das Sicherere.

Factum non praesumitur, sed probandum est – eine Tatsache darf nicht vorausgesetzt, sondern muß bewiesen werden.

Die reflexen Prinzipien dürfen nur nach bestimmter Ordnung und mit kluger Einschränkung angewendet werden. Dabei gilt als Leitprinzip, daß man sich für das zu entscheiden hat oder entscheiden darf, wofür die Vermutung spricht. So spricht bei Anwendung des Prinzips „ein zweifelhaftes Gesetz verpflichtet nicht" die Vermutung für die Freistellung, und zwar, solange die Geltung des Gesetzes nicht moralisch sicher ist. Bei Unklarheit über die Rechtmäßigkeit des Besitzes gilt der Satz „im Zweifel verdient der Besitzer den Vorzug"; hier spricht die Vermutung dafür, daß der tatsächliche Besitzer – bis zum Nachweis des Gegenteils – der Eigentümer der Sache ist. Nicht zu übersehen ist, daß bei der Anwendung der Prinzipien in zweifelhaften Dingen die schwächere Seite begünstigt wird.

Größte Vorsicht und damit Einschränkung im Gebrauch der reflexen Prinzipien, besonders bei der Lösung eines Gewissensfalles der *conscientia probabilis*, ist dann geboten, wenn es um die Gefahr einer Sünde geht. Hier muß die Handlungsgewißheit unter dem Ausschluß jeglicher Probabilität garantiert werden. Denn es ist nicht erlaubt zu handeln, solange es nur wahrscheinlich *(probabilis)* ist, daß bei der Handlung nicht gesündigt wird. Dieses strengere Prinzip muß immer angewendet werden, wenn es sich um das zu erreichende Heil und um die zu gebrauchenden Mittel dazu handelt sowie wenn es um Vollzug der Gerechtigkeit und der Nächstenliebe geht.

Der Charakter des aufgrund der reflexen Prinzipien geführten Verfahrens besitzt eine reduktionistisch-minimalistische Note, insofern nämlich nicht die Vollkommenheit der sittlichen Handlung, sondern nur ihre Erlaubtheit zu bestimmen ist.

3. Die klassischen Moralsysteme

Die historisch-systematische Handhabung der Klugheitsregeln oder reflexen Prinzipien führt zu unterschiedlichen Systemen. Ihre Differenzierung und ethische Klassifikation erhalten sie von dem Modus, mit dem sie zur Gewißheitsbestimmung des moralischen Urteils in einer guten, aber gesetzlich nicht (oder noch nicht) festgelegten Handlung bzw. einer zweifelhaften, gesetzlich auferlegten Handlungsweise beitragen.

Besonders zwei wesentliche Ausrichtungen ragen hervor, die durch das Spannungsverhältnis der sittlichen Handlung einmal zur gesetzlichen Bindung (Gesetz, objektive Komponente), zum anderen zur freien Selbstbestimmung (Freiheit, subjektive Komponente) gekennzeichnet sind. Die eine Tendenz hält sich an das Gesetz *(pro lege)*, während die andere für die Freiheit *(pro libertate)* plädiert. So entstehen die Moralsysteme des gesicherten Zwecks, d. h. die *tutioristischen* Systeme, und die des zureichenden Grundes der Erlaubtheit der Handlung, d. h. die *probabilistischen* Systeme.

Die das Gesetz favorisierende tutioristische Ausrichtung, der *Tutiorismus* mit seinen Abstufungen *Tutiorismus rigidus* oder *Tutiorismus absolutus, Tutiorismus mitigatus, Probabiliorismus* und *Kompensationismus,* hält an dem Prinzip fest, „im Zweifel wähle man das Sicherere."

Die zur freien Selbstbestimmung neigende probabilistische Ausrichtung, der *Probabilismus* mit seinen Modi *Äquiprobabilismus, Probabilismus simplex, Minus-Probabilismus* und im eingeschränkten Sinne *Laxismus,* kann annähernd durch die Maxime charakterisiert werden, „alles ist erlaubt, was nicht durch ein Gesetz verboten ist". D. h., ein Gesetz kann nicht als im Gewissen verpflichtend angesehen werden, solange eine vernünftige wahrscheinliche Meinung für die freie Selbstbestimmung besteht.

a) Historische Gegebenheiten: Die historische Herausbildung der Moralsysteme ist eine Frucht vieler geschichtlicher Umstände der Neuzeit. Nicht zuletzt wurden sie von den Bemühungen des Tridentinums um die sittlich-religiöse Stabilisierung der Christenheit angeregt. Die nachtridentinische Morallehre verlagert den Akzent von der motivierenden auf die gesetzlich-normative Kontrollfunktion im Hinblick auf die Lossprechung. Da das Urteil aufgrund konkreter Normen gefällt werden muß, kommt es zur Mehrung sittlicher Gesetze und gesetzlicher Verpflichtungen.

Die Verrechtlichung der Moraltheologie führt zu undurchsichtigen und konfliktreichen Situationen, die zur Last für die Gewissen werden, insbesondere in dem vielfältigen Wandel der kulturellen, gesellschaftlichen, wirtschaftlichen und politischen Verhältnisse des 16. und 17. Jahrhunderts.

In dieser Situation treten die Moralsysteme auf, die unter Bewahrung einer funktionalen Einheit für die anstehenden Probleme des ethisch-religiösen Entwicklungsprozesses recht unterschiedliche Lösungen bieten. Während die Tutioristen bereit sind, die positiven gesetzlichen Forderungen schlechthin als Ausdruck des Willens Gottes auszugeben, sind die Probabilisten darum bemüht, dem Menschen zu seiner Bestimmung in Freiheit zu verhelfen. Da sie jedoch ebenfalls mit den Mitteln einer legalistischen Kultur arbeiten, ziehen sie sich Verdacht und Feindseligkeit zu.

b) Charakteristik der Hauptsysteme: Der *Tutiorismus* vertritt die Meinung, auch das zweifelhafte Gesetz sei zu befolgen, solange die Gegenansicht, welche die Existenz dieser Verpflichtung bestreitet, nicht gewiß oder im höchsten Grade wahrscheinlich sei. Diese Stellungnahme des Tutiorismus beruht auf der Annahme, daß dort, wo sich die objektive und subjektive Komponente der Handlung begegnen, die Objektivität des Gesetzes der freien Selbstbestimmung des Gewissensurteils vorausgeht, mögen für die Freiheit noch so gewichtige Gründe sprechen (Joh. Sinnich, † 1660). Man setzt voraus, daß auch die größte Wahrscheinlichkeit nie die Handlungsgewißheit garantieren kann. In seiner extremen Form wurde der absolute Tutiorismus (*Tutiorismus rigidus* oder Rigorismus) wegen anthropologisch-theologischer Irrtümer durch Alexander VIII. 1690 verurteilt (vgl. Errores Jansenistarum, DS 2303).

Der *gemäßigte Tutiorismus* und der sog. *Probabiliorismus* vertreten die Priorität des Gesetzes vor der Freiheit in abgestufter Weise. Letzten Endes führen beide jedoch zum Rigorismus. So läßt der Probabiliorismus eine Wahrscheinlichkeit der nicht bestehenden gesetzlichen Bindung bzw. des nicht existierenden Gesetzes nur zu, wenn die Ansicht *pro libertate* offenbar und unzweifelhaft von größerer Wahrscheinlichkeit *(probabilior)* ist.

Am nachgiebigsten ist das *Kompensationssystem,* vertreten durch D. M. Prümmer OP († 1931). Es läßt bereits teilweise auch die wahrscheinliche Meinung zu, schränkt jedoch die subjektive Komponente durch eine wahrscheinlichere Ansicht ein.

Vordergründig geht es allen tutioristischen Systemen um Erlangung und Bewahrung der gesetzlich garantierten Sicherheit der Institutionen und Ordnungen. Dabei wird jedoch der legitime Zweifel ausgeschlossen, der sich aus der *conditio humana* ergeben kann, und darin ist der Tutiorismus ethisch negativ einzustufen. Dem allgemeinen Prinzip des Tutiorismus *viam tutiorem elige* muß aber bei allen Handlungen Folge geleistet werden, die als Mittel zur Erlangung des Heils anzusehen sind.

Der *Probabilismus* lehnt das Prinzip des Tutiorismus als solches nicht ab, sondern tritt ihm mit einer anderen legitimen Annahme entgegen. Der Probabilist bezweifelt, daß das einzig sichere Gewissensurteil nur vom Gesetz her zu bestimmen sei. Er vertritt die Meinung, daß man aus guten Gründen der Freiheit Vorzug vor dem Gesetz geben darf, vorausgesetzt, daß eine wirklich wahrscheinliche Meinung *(opinio probabilis)* für die freie Selbstbestimmung *(pro libertate)* vorhanden ist (B. von Medina OP 1580).

Die Annahme des Probabilismus beruht auf der Erfahrung, daß erstens in vielen sittlichen Handlungen eine Gewissensentscheidung getroffen werden muß, ohne daß eine gesetzliche Regelung schon vorhanden ist, der Handlungssicherheit entnommen werden könnte, daß zweitens die positive gesetzliche Regelung immer nur ein unvollkommener Ausdruck des Willens des Gesetzgebers (auch des Willens Gottes) ist und schließlich, daß die Handlung des Menschen durch das positive Gesetz nicht ganz erfaßt werden kann. Es besteht neben dem Bereich des Gebotenen ein Bereich des Erlaubten, das der freien Selbstbestimmung des Gewissensurteils anheimgestellt ist. Vor allem aber sei die Freiheit des Menschen das ursprüngliche, ihm von Gott mit seiner Bestimmung gegebene Gut, während das Gesetz erst später hinzugekommen sei. Deshalb ist die Freiheit – im Sinne des Prinzips *melior est conditio possidentis* – solange im „Besitz", im Vorrecht, bis sie durch eine moralisch sichere Meinung verdrängt wird. Ob und inwiefern die Freiheit von dem Vorrecht Gebrauch macht, muß allerdings die Tugend der Klugheit entscheiden, da das Gewissensurteil ein Ausspruch der praktischen Vernunft ist (vgl. das modifizierte System [Äquiprobabilismus] des hl. Alphons M. di Liguori).

Der praktische Nutzen des probabilistischen Systems besteht zum einen im Sicherstellen der Erlaubtheit der Handlung, für die noch keine gesetzliche Regelung besteht, zum anderen darin, der begründeten und wirklich wahrscheinlichen Meinung auch in Opposition zum Gesetz folgen zu dürfen, wenn das Gesetz objektiv zweifelhaft erscheint (Fr. Suárez im Sinne *lex dubia non obligat*).

Der Probabilismus fördert die Handlungsgewißheit, indem er die Bedingungen aufzeigt, unter denen einer wirklich wahrscheinlichen Meinung gefolgt werden darf, sowie bestimmt, wie die gegenüberstehenden Wahrscheinlichkeiten einzuordnen sind. Die konkurrierenden Meinungen können entweder gleich wahrscheinlich *(aeque-probabiles)* sein oder beiderseits abgestuft. In der Abstufung der Meinungen entscheidet die Stärke der inneren und äußeren Wahrscheinlichkeitsgründe. Bei Abwägung dieser Gründe muß immer darauf geachtet werden, daß auch ein subjektives Element bei ihrer Bestimmung hinzutritt, welches die Meinung beeinflussen kann.

Unter mißverständlichen oder falschen Anschuldigungen wurde der Probabilismus hart bekämpft (vgl. Jansenismus- und Jesuitenstreit). Das kirchliche Lehramt (Alexander VII. und Innozenz XI.) verurteilte einige Aussagen des überzogenen Probabilismus (Laxismus), u. a. jene Meinung, die eine gesetzliche Regelung auch dann als zweifelhaft ansieht, wenn nur irgendwelche schwache (*quantumvis tenui* – DS 2103) Gründe gegen ihre Geltung sprechen (wichtigste Vertreter: Juan Caramuel v. Lobkowitz, Thomas Tamburini, A. de Escobar y Mendoza).

Die konkreten sittlichen Handlungsnormen sowie positiven Gesetze werden der menschlichen Erkenntnis nicht von außen auferlegt; sie werden kraft des von Gott geschenkten Erkenntnisauftrages von der praktischen Vernunft *(recta ratio)* aufgedeckt. Mag der aufrichtig suchende Mensch dabei auch Gefahr laufen, die absolute Objektivität der sittlichen Bestimmung *in concretis* zu verfehlen, wogegen freilich auch die Moralsysteme keine Garantie bieten, darf er doch hoffen, die nötige Handlungsgewißheit im Bereich der zeit- und kulturbedingten Handlungen erreichen zu können.

K. Demmer, Moraltheologische Methodenlehre (1989) 136–141; *I. v. Döllinger/F. H. v. Reusch,* Geschichte der Moralstreitigkeiten in der römisch-katholischen Kirche, 2 Bde. (1889); *F. Furger,* Einführung in die Moraltheologie (1988) 190 ff.; *L. Honnefelder,* Praktische Vernunft und Gewissen, in: HchE III, 22–33.

FRANTIŠEK KOPECKÝ

Moraltheologie

→ Alttestamentliche Ethik → Autonomie → Ethik → Heilsgeschichte → Kasuistik → Lehramt → Methoden der Ethik → Moralprinzip → Moralsysteme → Natur → Neutestamentliche Ethik → Orthodoxe christliche Ethik → Protestantische Ethik → Sozialethik

Schon die verschiedenen Umschreibungen der Lehrstühle an den Universitäten – Moraltheologie (ausgehend von der Theologie) oder theologische Ethik (ausgehend von der Ethik) – deuten die Spannung an zwischen der Universalität ethischer Reflexion und der Konkretheit der heilsgeschichtlichen Ereignisse, die dieser theologischen Disziplin eignet. Ethik als eigene philosophische Disziplin, klar unterschieden von der Metaphysik, gibt es in der abendländischen Geistesgeschichte seit Aristoteles; sittliche Reflexion im Kontext des jüdisch-christlichen Glaubens beginnt gelegentlich bereits in der Hl. Schrift, wird bei den Kirchenvätern z. T. übersichtlich geordnet und erhält bei den Theologen des Mittelalters eine spekulative Gestalt; Moraltheologie als eigenes Unterrichtsfach aber gibt es erst seit der Studienreform nach dem Reformkonzil von Trient, Moraltheologie als eigenständige systematische Wissenschaft endlich seit der josephinisch-theresianischen Reform der Universitäten.

1. Zur Geschichte der Moraltheologie

Bereits die Vorgeschichte der Moraltheologie ist dadurch gekennzeichnet, daß sich die Christen der ersten Generation in einer Welt verständlich machen mußten, in der verschiedene philosophische Schulen einen sehr hohen Standard erreicht hatten. Die Schriften des AT und NT sind nicht nur voll von konkreten sittlichen Weisungen; das NT im besonderen verkündet nicht nur Jesu Botschaft, Taten, Leben, Tod und Auferstehung, sondern gibt auch Einblick in Konfliktlösungen (generell Mt 18,15–17 und speziell z. B. zwischen den Gemeindemitgliedern aus Palästina und hellenistisch geprägten Christen aus der Diaspora, Apg 6,1–8), in die schöpferische Entscheidungsfindung bezüglich der Heidenmission (vgl. Apg 15) und in die Offenheit der Auseinandersetzung mit schlechter Autoritätsausübung in der Kirche (vgl. Gal 2,9–21 usw.).

Auch einige zentrale ethische Lehren der damaligen Philosophie finden Eingang in die kanonischen Schriften (z. B. Gewissen Röm 2,14–16; Tugend- und Lasterkataloge aus der stoischen Philosophie werden aufgenommen, durch christliche Zielsetzung und Motivierung aber entscheidend umgeformt). Diese schöpferische Begegnung des Evangeliums mit der Philosophie der Zeit findet ihre Fortsetzung bei den Apologeten (z. B. Justin, der in der ganzen Schöpfung und in den Herzen aller Menschen den Keim der Gottesliebe und sittlicher Orientierung findet) und bei den großen Theologen (z. B. Klemens v. Alexandrien, Origenes, die bereits Ansätze zu einer Gesamtdarstellung des christlichen sittlichen Lebens bieten).

Im 4. Jh. durchdrangen die großen Kirchenlehrer und Kirchenväter des Ostens und Westens mit Hilfe ihrer profanen Bildung das Offenbarungsgut. Sie behandelten konkrete ethische Fragen in Gelegenheitsschriften und erarbeiteten auch bereits Zusammenfassungen des christlichen Lebens (z. B. Ambrosius, *De officiis ministrorum* im Anschluß an Ciceros *De officiis;* Hieronymus, Basilius d. Große, Gregor v. Nyssa, Gregor v. Nazianz, Johannes Chrysostomus). Der vielschichtigste und umfassendste Denker mit dem größten Einfluß auf die weitere Geschichte der Moraltheologie und die lehramtlichen Aussagen der Kirche war der hl. Augustinus, der die ethischen Probleme unter dem Primat der Liebe und der Gnade bedachte. Seiner Ehelehre und Sexualmoral aber haftet über weite Strecken der Kulturpessimismus seiner manichäischen Lebensphase an, jener Kulturpessimismus, der bis in die Gegenwart nachwirkt.

Die folgende Zeit der Völkerwanderung bis zum Beginn des 12. Jh.s mit der allgemeinen Unruhe und dem Sinken des Bildungsniveaus war auch für die christliche Moralreflexion eine Zeit bloßen Sammelns und Wiederholens. Im Zusammenhang mit der Reform der Bußpraxis im Rahmen der Mission der iroschottischen Mönche entstanden die sogenannten Bußbücher, die gleichsam in Sündenkatalogen die Bußwerke für begangene Sünden aufzählten und kasuistisch genau festlegten (z. B. für Mord, je nach sozialem Rang des Opfers, 20 verschiedene Bußen).

Auch in und nach der Hochscholastik gab es neben der – durch den allgemeinen gesellschaftlichen Aufschwung und die religiösen Erneuerungsbewegungen ermöglichten – Blüte der spekulativen Theologie die sogenannten Pönitentialbücher, die mit ihren schematisierten Sündenbekenntnissen und starr genormten Bußtaxen als die moraltheologisch-kanonistischen Pastoralhandbücher für den Klerus bezeichnet werden können.

Unter den spekulativen Theologen der Bettelorden, die wohl den größten Beitrag zur Hochscholastik leisteten, ragt unter den Franziskanern der hl. Bonaventura und unter den Dominikanern der hl. Thomas v. Aquin hervor. Letzterer erlangte für die weitere Theologiegeschichte maßgebliche Bedeutung. In einer großen Breite und Tiefe hat er nicht nur die biblische und patristische, sondern auch die aristotelische Tradition in eine schöpferische Synthese gebracht, die ihn für die Zeitgenossen als Neuerer erscheinen ließen. Drei Jahre nach seinem Tod wurden viele seiner Thesen verurteilt. Seine ethischen Lehren sind in den Kommentaren zu philosophischen, theologischen und biblischen Schriften sowie in eigenständigen Quaestionen enthalten, vor allem aber im zweiten und größten Teil seiner *Summa Theologiae*. Thomas hat noch keine selbständige Moraltheologie geschrieben, sondern diese innerhalb der einen Theologie als integralen Teil erfaßt als Lehre vom Weg des Menschen, der als Ebenbild Gottes autonomes Prinzip seiner Handlungen (S. Th. I/II, prol.) dazu bestimmt ist, auf dem von Christus eröffneten Weg durch sein freies und verantwortliches Handeln zu Gott zurückzukehren. So umfaßt die erste Hälfte des zweiten Teils (II/I) seiner *Summa Theologiae* die Gründe, Strukturen und Mittel des menschlichen Handelns im allgemeinen, die zweite Hälfte (II/II) die konkreten normativen Inhalte in Form eines Kosmos von 44 Tugenden, die auf die göttlichen Tugenden (Glaube, Hoffnung und Liebe) und die vier Kardinaltugenden (Klugheit, Gerechtigkeit, Tapferkeit und Maß) zurückgeführt werden.

Hatte die große ethische Tradition von der Antike bis zur Hochscholastik die konkreten Inhalte auf dem Hintergrund einer kohärenten Anthropologie als Tugendlehre und damit als Haltungsethik entfaltet, so führt die weitere Entwicklung vor allem im Nominalismus zu einer vorrangigen Betonung der einzelnen Akte und der Details. Nicht mehr die umfassende Haltung, aus der heraus die Handlungen entspringen, sondern der einzelne Akt des Menschen und dessen maßgebliche Regelung durch Gesetze stand nun im Vordergrund: Ethik wurde vorrangig als Gesetzesethik entfaltet.

Am Beginn der Neuzeit lag der Schwerpunkt theologischen Forschens und Lehrens im spanischen Reich, von dem aus die Neue Welt entdeckt und vor allem mit dem Schwert erobert wurde. (Neuere Forschungen sprechen von mindestens 70 Millionen auf grausame Weise ums Leben gebrachter Ureinwohner und damit vom größten Genozid der Menschheitsgeschichte.) Dies waren die Rahmenbedingungen der Mission. Die damit zusammenhängenden Probleme, die das bisherige Weltbild gewaltig erschütterten, sowie die Notwendigkeit einer Rechtsordnung zur Konsolidierung des Staatsapparates beschäftigten vorrangig die Theologen der spanischen Spätscholastik. Da auf die vielen neu auftauchenden Probleme in der Offenbarung keine unmittelbare Antwort zu finden war, wurde das Naturrecht ausgebaut. Die großen Leistungen der spanischen Spätscholastik liegen vor allem im Ausbau des Völkerrechtes. Während Thomas v. Aquin nur die obersten sittlichen Prinzipien und die grundlegenden Wesenszüge des Menschseins *(inclinationes naturales)* zum unveränderlichen natürlichen sittlichen Gesetz rechnete, bezogen die spanischen Spätscholastiker weitgehend auch die sehr ins Detail gehenden rechtlichen Ableitungen in das unveränderliche Naturrecht mit ein. In dieser Ausweitung zeigt sich nicht nur eine Veränderung der Auffassung vom natürlichen sittlichen Gesetz des hl. Thomas, der nun im 16. Jh. wiederentdeckt und häufig kommentiert wurde (z. B. Kardinal Cajetan, F. de Vitoria, F. Suárez), sondern auch die Gefahr des Zirkelschlusses vor allem in der reichen Gutachtertätigkeit der Theologen: Nur mehr wenige Fachleute bestimmten, was zur Natur des Menschen gehört, und je nach Interesse wurde in die Natur des Menschen hineininterpretiert, was in der Folge daraus abgeleitet wurde. Von den Reformatoren wurde besonders die Gefahr der Werkgerechtigkeit, die im Zusammenhang einer Gesetzesethik gegeben war, gesehen und eine Erneuerung der Moral von der Hl. Schrift her gesucht.

Im Ringen um eine neue Bildungsordnung im Anschluß an das Reformkonzil von Trient, das vor allem über die Beichte eine Erneuerung der Moral anstrebte, tauchte nun erstmals die Bezeichnung Moraltheologie auf. Die Beichtpriester mußten in Stand gesetzt werden, die Sünden genau zu unterscheiden und zu bewerten. Die alten Pönitentialsummen reichten nicht mehr aus, der Beichtpriester brauchte zur Erfüllung seiner Aufgabe nicht nur theologisches Grundwissen, sondern auch eingehende Kenntnisse des kirchlichen und bürgerlichen

Rechtes. Nachdem die 1591 begonnene *Theologiae moralis summa* von H. Henriques nach dem Erscheinen des ersten Bandes indiziert worden war, legte Johannes Azor als erster ein vollständiges Handbuch der Moraltheologie vor: Es umfaßte eine kurze Prinzipienlehre, die 10 Gebote, die Gebote der Kirche, Sakramente, Zensuren, Ablässe, Berufs- und Standespflichten. Beichtvätern und dem normalen Seelsorgeklerus wurden häufig vorkommende Gewissensfälle in sogenannten Kasuskonferenzen gelehrt. Für die Ausbildung des höheren Klerus und akademischen Nachwuchses war zunächst nur spekulative Theologie im engen Anschluß an die *Summa Theologiae* des hl. Thomas vorgesehen. Später wurden in einem zusätzlichen Unterrichtsfach, das nun erstmals den Namen Moraltheologie bekam, Gewissensfälle gelehrt. Damit war aber noch keineswegs eine wissenschaftliche theologische Disziplin geboren. Die Konzentration auf die Gewissensfälle im Beichtstuhl trug der Moraltheologie lange Zeit den Ruf einer moralisierenden Sündenlehre ein. Die Vorläufer dieser Moraltheologie sind viel eher in den Bußbüchern und Beichtsummen als etwa beim hl. Thomas zu suchen. Die große geistliche Literatur dieser Blütezeit war von der Moraltheologie getrennt (Ignatius v. Loyola, Theresia v. Avila, Johannes vom Kreuz usw.).

Im folgenden 17. und 18. Jh. dominierte der Streit um die sogenannten Moralsysteme. Die sittliche Fragestellung war konzentriert auf einen Gehorsam gegenüber kirchlichen und staatlichen Gesetzen. In der damit gegebenen Verrechtlichung der Moral stand angesichts der Vielzahl von Gesetzen und Partikulargesetzen und der damit gegebenen Unsicherheit die Frage im Vordergrund, wann und unter welchen Voraussetzungen Gesetze sittlich bindend sind: Die Laxisten plädierten dafür, daß schon geringfügige, oft spitzfindige Gründe zur Entbindung des Gewissens von der Gesetzesverpflichtung ausreichen (als Laxisten wurden bezeichnet Antonius Escobar y Mendoza, gegen den sich Pascal wandte, Bischof Juan Caramuel, Antonius Diana, der es auf stolze 20.000 gelöste Gewissensfälle brachte, usw.; viele Moraltheologen wurden auch durch Denunziation fälschlicherweise zu Laxisten erklärt). Gegen sie wandten sich die sogenannten Tutioristen, die in allen Zweifelsfällen auf der buchstäblichen Anwendung des Gesetzesbuchstabens bestanden, und vor allem die Jansenisten (unter der Führung von A. Arnauld und P. Nicole, die auch B. Pascal auf ihre Seite ziehen konnten). Nach der Aufhebung des Jesuitenordens drohte durch den Jansenismus ein pastoraler Rigorismus die schöpferische Freiheit der Christen zu zerstören. Nicht grundlegende humane Güter, sondern Gesetzestexte wurden in Konfliktsituationen abgewogen.

Viel zur Befriedung im Kampf dieser extremen Richtungen hat mit seiner Heiligkeit und seinem gesunden Menschenverstand Alphons Maria v. Liguori beigetragen. Er wurde 1950 zum Patron der Moraltheologen erklärt. Im Konflikt zwischen einem Gesetz, an dessen Geltung oder sinnvoller Anwendung gezweifelt werden konnte, und dem Guten aus eigener Einsicht gab er bei annähernd gleichgewichtigen Gründen der eigenen Gewissensentscheidung den Vorrang. Man nannte diese Richtung Probabilismus, Alphons gab ihr jedoch aus Angst vor der kirchenpolitischen Situation den Namen Äquiprobabilismus. Sein Hauptwerk *Theologia moralis,* das nach dem Dekalog aufgebaut ist, erlebte viele Auflagen und prägte bis in die jüngste Vergangenheit sehr viele Handbücher.

Während sich die katholische Moraltheologie lange Zeit in fruchtlosen Streitereien aufrieb, entstand jene noch nicht genügend erforschte Bewegung der Aufklärung, die bei all dem unterschiedlichen Verlauf in den verschiedenen Ländern als Leitidee den selbständigen Gebrauch der Vernunft ohne Fremdbestimmung und damit die sittliche Autonomie des Menschen verkündete. Einige Moraltheologen nahmen mutig den Dialog mit den Licht- und Schattenseiten der Aufklärung auf (z. B. S. Mutschelle). Keineswegs nur durch die Aufklärung motiviert, bildeten sich kulturreligiöse Reformtendenzen heraus, die, zunächst von Kirche und Staat gemeinsam getragen, den Anlaß zu den zwischen 1747 und 1787 dekretierten theresianisch-josephinischen Studienreformen gaben, in denen ein neuzeitlicher Standard an Wissenschaftlichkeit auch für die Theologie gefordert wurde. Für die Moraltheologie bedeutete dies den Schritt von der Morallehre als bloße Kasuistik zur Moraltheologie als systematisch-theologische eigenständige wissenschaftliche Lehrdisziplin. In den behördlichen Reformvorlagen wurde die Moraltheologie als die „aus den Quellen der christlichen Religion geschöpfte Anweisung zur Tugend und Glückseligkeit für das gegenwärtige sowohl als für das zukünftige Leben" definiert. Der Stoff der Moraltheologie sollte nach den drei Pflichtbereichen gegenüber Gott, dem Mitmenschen und gegenüber der eigenen Person aufgebaut werden. Von der Moraltheologie wurde in diesem Zusammenhang die Pastoraltheologie als selbständige Disziplin mit Aufgaben, die früher zum Teil auch der Moral zugefallen waren, unterschieden.

Während im Bereich der österreichisch-ungarischen Monarchie bald wegen der als gefährlich empfundenen kultur-religiösen Offenheit Restaurationstendenzen die Reform rückgängig machten, konnte in den Nachbarländern theologisch schöpferisch weiter gedacht und gearbeitet werden. Als Reaktion auf den ungeschichtlich abstrakten Vernunftbegriff und auf die Gefahr der Verflachung des konkret Christlichen sowie auf den Schwund der Kirchlichkeit durch die Aufklärung suchten Moraltheologen nun eine Erneuerung ihrer Disziplin von Offenbarung und Kirchenbewußtsein her. J. M. Sailer betonte gegenüber dem Rationalismus der Aufklärung eine Theologie, die auch die affektiven Kräfte des Menschen ernst nimmt und in der auch die Mystik wieder einen Platz hat. J. B. Hirscher konzipierte als Moral- und Pastoraltheologe in Tübingen beide Disziplinen als Lehre von der Verwirklichung des Reiches Gottes, in denen das Verhältnis von Glaubens- und Sittenlehre in einem integrativen Verhältnis dargestellt wird. Die Berufung aller Christen zur Heiligkeit und das Wissen um das Gesetz des Wachstums des sittlichen Lebens sind Charakteristika seines Denkens.

Aber auch diese Phase der Erneuerung der Moraltheologie währte nur kurze Zeit; die „Tübinger Schule" wurde mit ihrem Ernstnehmen der Geschichtlichkeit theologischer Erkenntnis bald in Rom denunziert.

Die Zeit der Neuscholastik mit ihrem einseitig bewahrenden und ungeschichtlichen Verhältnis zur Geschichte, die in den verschiedenen Ländern aber durchaus verschieden verlief, führte im deutschen Sprachraum in der Folgezeit zu einer Handbuchmoral, die vorwiegend Thomas v. Aquin oberflächlich repetierte. Der Gehorsam und die positiven Gesetze standen im Vordergrund. Für das Handeln in der Welt wurde ein geschlossenes kasuistisches System auf naturrechtlicher Basis konstruiert, in dem Bibel- und Väterzitate weithin ohne hermeneutische Bemühung als nachträgliche Bestätigung angefügt wurden. Trotz dieser methodischen Mängel sind auch in dieser Zeit differenzierte Kriterien erarbeitet worden, die bei der Lösung heutiger Moralprobleme durchaus noch hilfreich sein können. Im Kontext tiefschürfender Reflexionen auf die paulinische Sicht von Gesetz und Freiheit versuchte demgegenüber F. X. Linsenmann viele drängende sittliche Probleme anzugehen. Sein Erneuerungsversuch konnte aber historisch nicht wirksam werden. Die auf die soziale Frage eingehende und vor der Jahrhundertwende einsetzende soziale Verkündigung der Kirche (Leo XIII., *Rerum novarum,* 1891) führte in weiterer Folge zur Differenzierung von Moraltheologie und christlicher Gesellschaftslehre auch im theologischen Lehrbetrieb.

Nach der Katastrophe des faschistischen Nationalsozialismus, die viele Christen, die in einer reinen Gehorsamsethik erzogen waren, unvorbereitet traf, nahmen Moraltheologen den Dialog mit den verschiedensten ethischen Strömungen und Humanwissenschaften auf, wobei der zu enge Bezug auf die Situationsethik lehramtlich verurteilt wurde (DS 3918–3921). Die pastoralen Herausforderungen wurden vor allem von B. Häring in einer „Verkündigungsmoral" aufgenommen. Gemeinsam mit vielen anderen bereitete er den Boden für das Zweite Vatikanische Konzil, das nicht nur Aussagen zu einer Fülle aktueller Moralprobleme der modernen Gesellschaft gemacht hat, sondern im Dekret über die Priesterausbildung eine Erneuerung der Moraltheologie als ganze forderte: „Besondere Sorgfalt verwende man auf die Vervollkommnung der Moraltheologie, die reicher genährt aus der Lehre der Schrift in wissenschaftlicher Darlegung die Erhabenheit der Berufung der Gläubigen in Christus und ihre Verpflichtung, in der Liebe Frucht zu tragen, für das Leben der Welt erhellen soll" (OT 16). Diesem Auftrag wird keineswegs eine biblizistische Aneinanderreihung einschlägiger Schriftzitate gerecht, sondern geduldige hermeneutische Detailarbeit, die zeitbedingte biblische Weisungen für geänderte Situationen intentional und approximativ (H. Schürmann) zur Geltung bringt.

Im Zusammenhang mit der selbstkritischen Erforschung der eigenen Grundlagen unter dem Anspruch moderner Wissenschaftstheorie geriet in den sechziger Jahren die naturrechtliche Grundlage in die Krise. Angesichts der Herausforderung, zu vielen aktuellen und neuen ethischen Fragen Stellung zu nehmen, stand das Problem der wissenschaftlich konsistenten Begründung konkreter sittlicher Normaussagen im Vordergrund des Interesses der Moraltheologie (F. Böckle, B. Schüller, F. Furger, K. Demmer u. a.). In diesem Zusammenhang wurde u. a. von A. Auer 1971 das Modell einer Erneuerung und Differenzierung der katholischen Naturrechtsethik mit dem das neuzeitliche sittliche Bewußtsein global kennzeichnenden Stichwort der Autonomie in die moraltheologische Diskussion eingebracht. Die „autonome Moral im christlichen Kontext" will einerseits ein auf der Höhe der Zeit stehendes und wissenschaftstheoretisch haltbares Argumentationsmodell bieten, mit dem aktuelle und neue Moralprobleme gelöst werden können (humanwissenschaftliche Grundlegung, anthropologische Integrierung, ethische Normierung); sie will aber ebenso die intensive Wechselwirkung zwischen christlichem Glauben und ethischem Einsichtsprozeß auf der Ebene der persönlichen Motivation wie auf der Ebene der gesellschaftlichen Normfindung durch den kritischen, integrierenden und stimulierenden Effekt des Glaubens zur Geltung bringen.

Der kritische Gegenentwurf einer sogenannten „Glaubensethik" (B. Stoeckle) konnte wohl keine konkreten ethischen Normen aus der Offenbarung ableiten, die nicht auch mit der Vernunft zu begründen sind, wohl aber in der Diskussion um das Proprium einer christlichen

Ethik zur Klärung der verschiedenen Ebenen des sittlichen Phänomens anregen. Im Gespräch der „autonomen Moral im christlichen Kontext" mit einem sogenannten „heilsgeschichtlich-personalen Ansatz" (H. Rotter) zeigte sich, daß diese keine Gegensätze, sondern je verschiedene Einstiege in den komplexen Vorgang sittlichen Verstehens, in dem Sach- und Sinnaussagen stets aufeinander bezogen sind, darstellen. Jeder Einstieg in diesen hermeneutischen Zirkel hat seine Vorteile, aber auch seine Grenzen. In letzter Zeit wird auch der Ruf nach einer Erneuerung der Tugendethik (D. Mieth u. a.) als Grundlage für die sittliche Persönlichkeitsformung und damit nach Überwindung der mit der Konzentration auf die Normbegründung gegebenen Verengung moraltheologischer Fragestellung immer deutlicher hörbar.

Angesichts des unbeschreiblichen und derzeit immer noch zunehmenden Elends der breiten Massen in großen Teilen der südlichen Erdhälfte entstand zunächst in Lateinamerika im Anschluß an das Zweite Vatikanische Konzil die in verschiedenen Richtungen die Ursachen der Armut analysierende und diese theologisch in der Perspektive der Armen reflektierende sogenannte „Theologie der Befreiung". Die Generalversammlung des lateinamerikanischen Episkopates machte sich vor allem mit ihrer auf der zweiten Generalversammlung in Medellin 1968 getroffenen und auf der dritten Generalversammlung in Puebla 1979 bestätigten „Option für die Armen und für die Jugend" wichtige Anliegen aus dieser theologischen Vorarbeit zueigen. So ruht bei der weltweiten Verflechtung der gravierenden Probleme auf der Moraltheologie heute die große Verantwortung, aus einer vertieften Reflexion auf das Geheimnis der Liebe des dreieinigen Gottes, die in Jesus Christus auf menschliche Weise erschienen ist, mitzuhelfen, die himmelschreienden Sünden der Vorenthaltung des gerechten Lohnes (Jak 5,4), die dieses Elend letztlich verursachen, in einer Moraltheologie der Solidarität im Hl. Geiste auszuarbeiten.

Die großen Menschheitsprobleme, die mit dem Thema des konziliaren Prozesses „Friede, Gerechtigkeit und Bewahrung der Schöpfung" genannt werden, erfordern nicht nur eine solidarische Zusammenarbeit aller Moraltheologen auf der ganzen Welt, sondern darüber hinaus eine vermehrte ökumenische Kooperation vor allem in den konkreten Fragestellungen, für die das am Beginn der achtziger Jahre erschienene dreibändige Handbuch christlicher Ethik bereits ein hoffnungsvolles Zeichen ist. Auch das interdisziplinäre Gespräch ist für die moderne Moraltheologie unerläßlich.

Für eine umfassende Darstellung der Geschichte der Moraltheologie fehlen weitgehend noch die Voraussetzungen. Dennoch ist die Kenntnis der Geschichte der Moraltheologie an ihren wichtigen Wendepunkten lehrreich und daher unerläßlich, da auf diese Weise alle wichtigen Themen und Probleme wirklichkeitsgerecht so in den Blick kommen, wie sie in der Geschichtlichkeit sittlicher Einsicht gewachsen sind und wie trotz mancher Sackgassen sittliche Wahrheit in ihrer Unbedingtheit immer differenzierter erkannt wurde. Schon begangene Fehler können auf diese Weise überwunden, Übersicht gewonnen und richtige Gewichtung aktueller Diskussionen (mögen sie noch so heftig geführt werden) erreicht werden.

2. Systematische Gesichtspunkte

Wie bei jeder Wissenschaft ist zunächst auch bei der Moraltheologie oder theologischen Ethik nach dem spezifischen Gegenstand, nach den Erkenntnisquellen und den Methoden zu fragen. Gegenstand der Moraltheologie sind die *freie menschliche Handlung (actus humanus)* und die *Haltung,* aus der die Handlung entspringt *(habitus operativus).* Damit scheidet als Gegenstand der Moraltheologie alles bloß reflexhafte Verhalten genauso aus wie schicksalhaft vorgegebene Ereignisse, die über den Menschen kommen. Als sittlich kann nur gelten, wozu der Mensch sich selbst in Freiheit bestimmt. Insoferne der Mensch aber in seinem freien Handeln sich immer schon auf Vorgegebenes beziehen muß (in diesem Sinn vorsittliche Güter und Übel), erhalten diese Wirklichkeiten eminente Bedeutung für die Moraltheologie. Denn in seiner sittlichen Lebensgestaltung ist der Mensch nicht ursprünglich schöpferisch, sondern vielmehr nachschöpferisch. Der sittliche Anspruch ist der Anspruch der Wirklichkeit in seiner unbedingten Verbindlichkeit. In der Erkenntnis dieser Anspruchswirklichkeit ist die sittliche Vernunft des Menschen rezeptiv und kreativ zugleich. Moraltheologie erfaßt aber die menschlichen Handlungen und Haltungen nicht nur nach ihren naturalen, kulturellen und geschichtlichen Gesetzmäßigkeiten, sondern bewertet sie *normativ.* Dennoch sind die deskriptiven Handlungswissenschaften (empirische Humanwissenschaften wie Moralpsychologie, Moralsoziologie, Verhaltensforschung [Ethologie], Völkerkunde [Ethnologie] usw.) von größter Bedeutung auch für die Moraltheologie, weil sie die Bedingungen, unter denen sittliche Lebensgestaltung sich vollzieht, immer genauer erforschen und auch die Moraltheologie nichts Unmögliches oder Unzumutbares vom Menschen verlangen kann. Moraltheologie nimmt die Bewertung menschlicher Handlungen aber nicht unter einem Teilaspekt, sondern unter dem schlechterdings letztgültigen Aspekt der Differenz von *Gut und Böse* vor. Eine realistische Moraltheologie weiß aber hiebei sehr wohl auch um die Nuancen von weniger Gut und weniger Böse.

Der normative Sollensanspruch kann auf verschiedenen sprachlichen Ebenen, die es gut zu unterscheiden gilt, zum Ausdruck kommen. Werden diese Unterscheidungen nicht beachtet, führt dies zu unnötigen Konflikten.

Auf der *prinzipiellen* oder axiomatischen Ebene werden in verschiedenen Formulierungen und Annäherungen die notwendigen, aber nicht hinreichenden Bestimmungen des sittlich Richtigen universell zum Ausdruck gebracht. Die grundsätzliche Achtung vor der Würde eines jeden Menschen ohne Parteilichkeit als Voraussetzung für jeden spezifisch ethischen Abwägungsvorgang kommt sowohl im Gebot der Nächstenliebe inklusive Feindesliebe wie in der Goldenen Regel oder im Kategorischen Imperativ auf jeweils andere Weise zum Ausdruck. Nur wenige Handlungsweisen können als unmittelbarer Verstoß gegen die gleiche Würde aller Menschen aufgewiesen werden (z. B. Diskriminierung aus rassistischen oder nationalistischen Gründen; Menschenversuche; Menschenhandel; verbrauchende Embryonenforschung usw.).

Kriterien bringen für die – angesichts bestehender Güterkonflikte aufbrechenden – Normfragen generelle Vorzugsregeln für die unvermeidlichen Abwägungsvorgänge auf den Begriff. Auch scheinbar immer und ausnahmslos gültige Normen wie das Verbot der Tötung Unschuldiger sind in einem langen geschichtlichen Ringen erst über Abwägungsvorgänge gefunden worden, auf die bei Infragestellung einer Norm jeweils Bezug zu nehmen ist (vgl. das Problem der Notwehr).

Konkrete Normen hingegen, die eine Handlung ausreichend genau beschreiben und als sittlich richtig oder falsch bewerten, sind meist generalisierte Vorzugsentscheidungen für typisch wiederkehrende Konflikte, wobei angesichts der vielfältigen Lebensumstände niemals taxativ alle Bedingungen ihrer Geltung in die Normformulierung aufgenommen werden können. Im Hinblick auf außergewöhnliche Lebensumstände gilt es daher, in eigener unvertretbarer Verantwortung die Normformulierung zu verbessern (Epikie). Konkrete Normformulierungen erweisen sich als offene Kasuistik.

Übergreifende *Haltungen* bringen die freie Entschlossenheit zum sittlich Richtigen in einem bestimmten Handlungsbereich auf den Begriff (z. B. Wahrhaftigkeit, Gerechtigkeit, Treue usw.). Aber nicht nur die Bereitschaft zum sittlich richtigen Handeln konstituiert eine Tugendhaltung, in ihr spielen auch tragfähige und gute Motivationen eine entscheidende Rolle. Die Motivationsstruktur selbst hat noch einmal verschiedene Dimensionen, die von den mit psychologischen Methoden erforschbaren Beweggründen bis hin zu jener Mitte, aus der heraus ein Mensch sein Leben gestaltet und in der er den Sinn seines Lebens gründet, reichen. Die sittliche Kraft eines Menschen zum Handeln stammt aus seiner innersten Überzeugung.

Normative Aussagen auf allen genannten Ebenen werden sowohl von der philosophischen wie von der theologischen Ethik oder Moraltheologie auf der Basis der jeweils vorausgesetzten Anthropologie gemacht und begründet. Mit der Frage nach dem *spezifisch Christlichen* einer Anthropologie und Ethik hängt das Moralprinzip eng zusammen, das formal zum Handeln provoziert und das Handeln in einer bestimmten Weise, wenigstens in den Grundzügen, auch inhaltlich prägt. Aus theologischen Gründen können philosophische und theologische Ethik nicht gegeneinander ausgespielt werden, denn wie die Gnade die Natur voraussetzt und sie vervollkommnet, so steht die recht verstandene sittliche Autonomie des Menschen nicht im Gegensatz zur Abhängigkeit des Menschen von Gott, sondern ist geradezu Ausdruck seiner einzigartigen Beziehung zum Schöpfer und Erlöser. Göttliche und menschliche Freiheit wachsen nicht gegeneinander, sondern miteinander und dürfen daher nicht gegeneinander ausgespielt werden. Ebenso können Glaube und Vernunft in der Erkenntnis der sittlichen Wahrheit nicht gegeneinander gestellt werden. So wie es keine ungeschichtliche Vernunft gibt, gibt es auch keine Vernunft in einem weltanschaulichen Vakuum. Der Glaube gibt vielmehr der Vernunft zu denken (stimulierender Effekt), korrigiert sie, wenn sie auf Grund der menschlichen Schwäche und Schuld unter das ethische Minimum sinkt (kritischer Effekt) und bestätigt vertiefend ihre richtigen Einsichten, bewahrt sie aber zugleich vor der Gefahr der Absolutsetzung von sogenannten „Werten" (integrierender Effekt). Andererseits können aus dem Glauben ohne Vernunft nicht direkt materiale Normen konkreter Art abgeleitet werden.

Es ist nicht zu bestreiten, daß das spezifisch Christliche einer Ethik in ihrem normativen Bezug auf die geschichtlich einmalige Gestalt Jesu v. Nazareth besteht, von dem der Glaube bekennt, daß er der Christus ist und daß alles in Ihm und auf Ihn hin geschaffen ist (Kol 1,14). Alle anderen Moralprinzipien wie „letztes Ziel" des Handelns, „Glückseligkeit", „Reich Gottes", „Gottes- und Nächstenliebe" bleiben ohne diesen Bezug auf die konkrete Gestalt Jesu zu formal und erhalten erst durch die unverwechselbare Einmaligkeit seiner Verkündigung vom letzten Ziel, von der Glückseligkeit im Reiche Gottes und von seinem

Leben und Sterben aufs exakteste ihre letzte Eindeutigkeit gegenüber allen Mißverständnissen von Liebe. Aus diesem Grund verdient Nachfolge Christi gegenüber allen anderen Konzeptionen eines Moralprinzips theologischer Ethik den Vorrang. Nachfolge Christi bedeutet aber nicht einfach kopierendes Nachahmen dieser oder jener Einzelheit aus dem Leben Jesu, sondern die Verinnerlichung seines Lebensplanes, der ihn im restlosen Gehorsam gegenüber seinem Vater von oben nach unten (Phil 2,5–11) auf den letzten Platz dieser Welt geführt hat, damit er von unten her in grenzenloser Liebe, vor allem zu den Armen und Sündern, alle Menschen auffängt. Nachfolge bedeutet, unter Einsatz aller Talente auf unvertretbar einmalige Weise den von Jesus eröffneten Weg zum Vater zu gehen. In der noch ausstehenden Heilsgeschichte nach Christus ist die von Ihm initiierte Gemeinschaft des Glaubens der Raum, in dem Gottes Ermächtigung zu Glaube, Hoffnung und Liebe – und damit zu einem sinnvollen Leben in dieser Welt, ohne ihr zu verfallen – vermittelt wird.

Konstitutiv für die Moraltheologie ist in diesem Zusammenhang ihre kirchliche Bindung, ohne die ihr ja die Erfahrungsbasis abhanden käme. Will die Kirche dem Evangelium, das die proexistente Lebensdynamik Jesu Christi verkündet, gerecht werden, darf sie sich nicht ghettohaft von der modernen Welt absondern. Gerade die Kirchlichkeit der Moraltheologie bedeutet daher immer auch Dienst am säkularen Ethos und an den dringlichen Weltproblemen. Da der christliche Glaube in der Kirche ganzheitlich durch die Geschichte weitergegeben wird, ist die Moraltheologie an jenes Lehramt (vgl. LG 25) verwiesen, das die Glaubens- und Sittenlehre der Offenbarung authentisch auslegt. Dieser Bezug darf nicht darauf reduziert werden, daß Moraltheologie Lehramtstexte nur zu wiederholen und nach den Regeln der Hermeneutik zu interpretieren hätte. Moraltheologie hat auch durch eigenständige Reflexion dem Lehramt zu dienen und gut durchdachte, auf der Höhe der Zeit stehende Dokumente vorzubereiten. Das Lehramt seinerseits soll den Dialog mit der ganzen Breite theologischen Denkens führen. Da Moraltheologie von ihrer Geschichte und nicht zuletzt vom Auftrag des Zweiten Vatikanischen Konzils (OT 16) her eine integrative Wissenschaft ist, die die Sinnaussagen der Offenbarung und Sachaussagen über das menschliche Handeln adäquat vermittelt, muß sie mit einer Vielfalt von Methoden arbeiten wie kaum eine andere theologische Disziplin. Zusammenfassend läßt sich Moraltheologie als normative Lehre vom guten und richtigen Leben und Handeln des Menschen auf dem von Christus eröffneten Weg zur definitiven Gemeinschaft mit dem dreieinigen Gott bestimmen.

A. Auer, Autonome Moral und christlicher Glaube (²1984); *F. Böckle*, Fundamentalmoral (⁴1985, ¹1977); *K. Demmer*, Deuten und Handeln. Grundlagen und Grundfragen der Fundamentalmoral (1985); *F. Furger*, Einführung in die Moraltheologie (1988); *B. Häring*, Frei in Christus, 3 Bde. (1989); *A. Hertz/W. Korff/T. Rendtorff/H. Ringeling* (Hrsg.), Handbuch der christlichen Ethik, 3 Bde. (²1978); *K. H. Kleber*, Einführung in die Geschichte der Moraltheologie (1985); *F. Kopecký*, Moraltheologie im aufgeklärten theresianisch-josephinischen Zeitalter (1990); *J. Ratzinger/H. U. v. Balthasar/H. Schürmann*, Prinzipien christlicher Moral (1975); *H. Rotter*, Grundgebot Liebe (1983); *B. Schüller*, Die Begründung sittlicher Urteile (³1987); *J. Theiner*, Die Entwicklung der Moraltheologie zur eigenständigen Disziplin (1970); *G. Virt*, (Hrsg.), Moral begründen – Moral verkünden (1985); *J. G. Ziegler*, Die Moraltheologie des 20. Jahrhunderts, in: *R. van der Gucht/H. Vorgrimler* (Hrsg.), Bilanz der Theologie des 20. Jahrhunderts 3 (1970) 316–360.

GÜNTER VIRT

Mut

→ Entscheidung → Epikie → Gewissen → Klugheit → Mitwirkung
→ Tugenden und Laster → Verantwortung

Mut ist die Bereitschaft zu einem Tun, das mit Gefahren, vor allem für die eigene Person (Leben, Freiheit, soziale Anerkennung), verbunden ist. Zu einer sittlichen Qualifizierung gehören die positive Bestimmung der Handlung selbst und die umsichtige Abwägung der Chancen und Risiken. Dies unterscheidet ihn von unvernünftiger Waghalsigkeit („Mutprobe"), von einem in desperater Situation unternommenen Wagnis (Mut der Verzweiflung) sowie von einem die Gefahr mißachtenden (oder gar herausfordernden) und die eigenen Kräfte überschätzenden Übermut (Hybris). Im Gegensatz zum Mut steht deshalb nicht die Vorsicht und Umsicht, mit der die Risiken in die Abwägung einbezogen werden, sondern die Ängstlichkeit oder Feigheit, die, weil sie jedem Risiko ausweichen und den Weg des geringsten Widerstandes gehen will, Gutes stagnieren läßt bzw. verhindert oder zerstört, sowie die Resignation, die unter dem Eindruck der Mißerfolge positive Möglichkeiten nicht mehr in Angriff nimmt.

Ohne den Mut, dem nachher der Erfolg recht gibt, würde vieles nicht getan und nicht erreicht. Oft vermag nur eine „mutige" Entscheidung, zu der man sich durchgerungen oder von anderen hat ermutigen lassen, weiterzuführen und neue Möglichkeiten zu eröffnen. Weder sind alle Konsequenzen durchschaubar noch lassen sich alle unerwünschten Nebenwirkungen ausschließen; nicht zuletzt ist in zwischenmenschlichen Beziehungen kein größeres Maß an Sicherheit zu haben, als sie ein wohlbegründetes Vertrauen bietet. Keinerlei persönliche Nachteile und objektive Risiken einzugehen, kann daher weder im privaten noch im gesellschaftlich-politischen Bereich als Handlungsmaxime gelten; schließlich besitzen auch Unterlassungen sittliche Relevanz. Allerdings ist auch evident, daß nicht selten und bis in die Gegenwart herein Gefahren (u. a. der technischen und industriellen Entwicklung) unterschätzt werden, sodaß in Zukunft eine weitaus sorgfältigere Abwägung nötig ist, insbesondere wo noch kaum abzuschätzende Langzeitfolgen in Betracht zu ziehen sind. Nicht weniger als irrationale oder manipulative Verängstigung widerspricht mangelnde Vergewisserung über die Gefahren bzw. eine (möglicherweise interessengesteuerte) Verharmlosung derselben sittlicher Verantwortung. Eine wirklichkeitsorientierte Angst bewahrt eine Sensibilität für reale Gefahren und ist gerade nicht abzulegen und abzubauen. Hier kann es sogar Mut erfordern, eine Entscheidung zu treffen, die sich nicht einem naiv-optimistischen Erwartungsdruck beugt und zunächst durchaus als unbequem empfunden und mit Kritik bedacht wird.

Gar nicht selten muß dem Gewissen verpflichtetes und gesellschaftlich verantwortliches Handeln, insofern es bestimmten Interessen zuwiderläuft, mit Unverständnis, Ablehnung und Anfeindung seitens der Umgebung rechnen. Davor bei aller gebotenen Klugheit dennoch nicht zu kapitulieren, ist selbst eine (in der Geschichte immer wieder eindrucksvoll bezeugte) Forderung der Gewissenstreue. In der Tat können sich Ungerechtigkeit, Unterdrückung und Zerstörung immer wieder auch dadurch behaupten und ausbreiten, daß es zu wenige auf sich nehmen, ihnen auch auf die Gefahr der Verachtung und der Bestrafung hin entgegenzutreten. Dies wird dann allerdings zunehmend gefährlich und weniger wirksam, wodurch sich die verantwortliche Abwägung (wie auch ein nachträgliches Urteil Außenstehender in der Frage der persönlichen Schuld) noch einmal schwieriger darstellt. Dabei kann sich auch in demokratischen Systemen die Mehrheitsmeinung und -entscheidung mehr oder minder als intolerant und repressiv erweisen.

Wo durch politische Entscheidungen (aus Interesse an einer breiten Plausibilität oder aufgrund der Abhängigkeit von Interessengruppen) unzumutbare Nachteile für Schwächergestellte oder unvertretbare Gefahren für die Zukunft drohen, ist *Zivilcourage* gefordert. Allerdings steht auch sie unter dem sittlichen Anspruch der konstruktiven Kritik, des Augenmaßes für das jeweils Erreichbare und der Mitwirkung am Gemeinwohl und darf nicht ihrerseits fragwürdigen Anpassungstendenzen erliegen.

Die ethische Tradition hat die *Tapferkeit* (Starkmut; *fortitudo*) als eine Kardinaltugend (und damit als ein formales Element jeder sittlichen

Haltung) gewürdigt. Der Name hat heute keinen guten Klang mehr, die Assoziation mit einem zumindest fragwürdigen Heldentum drängt sich auf. Auch die Idee des geistigen Kampfes des Christen *(militia Christi)* ist in den Hintergrund getreten. Gleichwohl stellen sich dem sittlichen Sollen und Wollen, selbst wo die Einsicht in die Forderung gegeben ist, immer wieder Schwierigkeiten in den Weg, die zu bestehen sind: die Schwäche der eigenen Natur, aber auch Widerstand von außen.

Die Hl. Schrift verbindet mit der Mahnung, sich von der Gewissens- und Glaubenstreue nicht durch Menschenfurcht abbringen zu lassen, die Ermutigung zum Vertrauen in den Beistand Gottes und die bleibende Gemeinschaft mit ihm. Jesu Forderung, sich vor den Menschen furchtlos zu ihm zu bekennen (Mt 10,33; Lk 9,26), findet (auf dem Hintergrund des AT; vgl. 2 Makk 6,18–7,41; Dan 3) in den ntl. Schriften einen starken Widerhall (vgl. 1 Petr 4,12–19; Hebr 12,3; Offb 14,13). Die christliche Hoffnung, die sich auf den zukunftstiftenden Sieg Christi gründet, wird so im mutigen und standhaften Zeugnis des Glaubens und der Liebe wirksam (1 Petr 1,3–9; 3,13–4,16). Sie motiviert dazu, trotz der Schwierigkeiten, Widerstände und Rückschläge, die sich im persönlichen Leben und im öffentlichen Handeln einstellen, nicht zu resignieren.

Ermutigung darf sich deshalb nicht auf verbale Appelle beschränken, mögliche Schwierigkeiten und Nachteile hintanzusetzen, sondern muß zugleich Zuversicht vermitteln, Selbstvertrauen stärken und Solidarität erfahren lassen, die den einzelnen anspornt und trägt. Der kirchlichen Gemeinschaft kommt hierfür eine besondere Chance zu.

O. F. Bollnow, Wesen und Wandel der Tugend (1958); *J. Pieper,* Das Viergespann (1964); *K. Rahner/B. Welte* (Hrsg.), Mut zur Tugend. Von der Fähigkeit, menschlicher zu leben (1979).

ALFONS RIEDL

N

Nachfolge

→ Armut → Askese → Autonomie → Berufung → Ehelosigkeit
→ Gehorsam → Glaube → Räte, evangelische → Vorbild/Modell

Insofern das Leben des Menschen Wegcharakter hat, bleibt die Figur der Nachfolge, die zunächst physische Begleitung meinte, eine *unentbehrliche Ausdrucksform, um das Verhältnis des Christen zu Christus zu beschreiben.* Indem der Gläubige im sittlichen Handeln Christus zu entsprechen versucht, geht er seinen Heilsweg in der Kraft dessen, der ihm vorausging und ihm den Geist gesandt hat. Der moralische und der theologische Sinn der Nachfolge sind nicht voneinander zu lösen. Um die sittliche Bedeutung der Nachfolge für den Christen herausstellen zu können, ist auszugehen von der Ursprungsbedeutung von Nachfolge (1); dann ist die Entwicklung vom Nachfolge- zum Nachahmungsgedanken kurz zu skizzieren (2), um schließlich die Nachfolge in ihrem Stellenwert in einer theologischen Ethik zu bestimmen (3).

1. Ursprungsbedeutung von Nachfolge

Wie die jüdischen Schriftgelehrten – und doch ganz anders – hat Jesus, den man als Rabbi ansprach, Schüler um sich gesammelt. Die *Rabbinenschüler* erhielten von ihren Meistern die Einführung in die Auslegung der Tora und deren verschiedene Schulen. Sie lebten in einer Lebensgemeinschaft mit ihm, dem im Bereich der Lehre Autorität zukam. *Jesus,* das wurde bald bemerkt, lehrte ganz anders, als man es gewohnt war (vgl. Mt 7,28f.), und *trat mit einem ganz anderen Anspruch auf.* Er hat manches, was den Rabbinenschulen als selbstverständlich galt, wie beispielsweise die Überlieferung der Alten (vgl. Mk 7,5–13), abgelehnt. Bei ihm ging es nicht in erster Linie um Lehre und Ausbildung zu Lehrern, sondern um die prophetisch-eschatologische Verkündigung des Reiches Gottes, und bei seinen Jüngern ging es infolgedessen um Bezeugung und Ansage dieser Wirklichkeit. Das ist der Hintergrund für die andere Weise der Berufung der Jünger in seine Nachfolge. Jesus ergreift die Initiative und ruft Menschen in seine Nachfolge. Er tut dies in eben der *Vollmacht,* in der er lehrt: Ihr Ausmaß wird erkennbar in der

Konkurrenzlosigkeit, in der das von ihm Geforderte vor alles andere tritt – sichtbar besonders in den lukanischen Nachfolge-Logien (Lk 9,57–62); Nachfolge bedeutet das *Aufgeben aller Lebenssicherung,* aller Bindungen an die Familie, ja sogar der normalen Pietätsverpflichtungen. Die Situation der „letzten Stunde" allein macht diese Forderungen verständlich: „Keiner, der die Hand an den Pflug gelegt hat und nochmals zurückblickt, taugt für das Reich Gottes" (ebd.). Nachfolge impliziert unbedingte Entschiedenheit und ist allein in der personalen Bindung an Jesus als dem Boten des Reiches Gottes begründet.

In einem *berufenden Wort* ist die Möglichkeit der Nachfolge eröffnet. Es ist ein *schöpferisches Wort:* „Kommt her, folgt mir nach! Ich werde euch zu Menschenfischern machen" (Mk 1,17); Jesus „macht", indem er ruft, die Berufenen zu dem, was sie sein sollen. Auf dieselbe Weise werden später die Zwölf von Jesus ausgewählt und eingesetzt (auch hier wird das Verb poiein gebraucht), „die er bei sich haben und die er dann aussenden wollte" (Mk 3,14). Hier wird das *Doppelziel* sichtbar, das mit der Nachfolge verbunden ist: die Aufnahme der Lebensgemeinschaft mit Jesus und die Vorbereitung auf die Mission und das Zeugnis. Beides ist nicht getrennt voneinander zu sehen; alle Mission kann nur geschehen aus der Kraft gemeinsamen Lebens mit dem Herrn. Diese *Gemeinsamkeit des Lebens in der Nachfolge* bestimmte:

– Die *Lebensform:* Die Jünger übernahmen das unruhige Leben der Wanderprediger. Anspruchslosigkeit und Wahrnehmen der Möglichkeiten des Augenblicks dürften es geprägt haben, ebenso das, was für alle Zeit die Erinnerung an diese Gemeinsamkeit festhalten wird, das Mahlhalten mit den vielen, die eingeladen wurden.

– Das *gemeinsame Schicksal:* Wie weit die Solidarität zwischen Meister und Jüngern und damit die Konsequenz der Nachfolge ging, zeigt sich in den radikalen Forderungen, die mit dem heraufziehenden Lebensschicksal Jesu zu tun hatten: „Wer mein Jünger sein will, der verleugne sich selbst, nehme sein Kreuz auf sich und folge mir nach" (Mk 8,34). Gefordert ist die Bereitschaft, mit Jesus in den Tod zu gehen. Das Kreuz ist dabei nicht eigentliches Ziel des Nachfolgerufes – das ist die Gemeinschaft mit Jesus –, aber es zeigt die äußerste Konsequenz der Solidarität mit Jesus auf. Das Leben hingeben für die Freunde, das wird zum Zeichen der Liebe schlechthin.

– Die *Teilnahme an seinem Werk:* Jesus macht seine Jünger zu Menschenfischern; er sendet sie aus und gibt ihnen Vollmacht, das Reich Gottes zu verkündigen, zu heilen, Dämonen auszutreiben. Die synoptischen Evangelien berichten von vorläufigen Aussendungen (vgl. Mk 6,6b–13 par.), die Vorbereitung einer endgültigen Sendung sind.

– Die beständige Erneuerung in der *Metanoia,* die die Kehrseite des Glaubens ist.
– Die *Hoffnung* auf eine gemeinsame Zukunft, von der man sich am Anfang wohl noch unzutreffende Vorstellungen gemacht hat.
– Die *Freude* über die Nähe des Reiches; die Freude an der gegenwärtigen Wirkmacht des Zukünftigen (vgl. Joh 20,20), an der End-gültigkeit des Heiles für alle Menschen. Diese Freude ist der eigentliche Motor, die zutiefst bewegende Kraft aller Mission.

2. *Von der Nachfolge zur Nachahmung*

Man wird davon ausgehen können, daß Jesus sein eigenes Lebensschicksal – das deutet sich in den Worten von der Kreuzesnachfolge an – immer mehr als exemplarisch für seine Jünger angesehen hat. Das ist die Wurzel für die weitere Entwicklung, die nach Ostern beginnt. *Nachahmung meint* inneren Nachvollzug, eine *Angleichung in der Gesinnung:* „Seid ... so gesinnt, wie es dem Leben in Christus Jesus entspricht" (Phil 2,5); mit dem Gedanken der Entsprechung in der inneren Haltung ist hier der andere verbunden, der Grundlage des in der Taufe gründenden paulinischen Ethos ist: Das neue Leben in Christus ermöglicht die neue Existenz. Den Indikativen der Heilsverkündigung in den Gemeindebriefen entsprechen die Imperative der paulinischen Paränese, die vom Grundgedanken der existentiellen Entsprechung geprägt sind.

Inneres Prinzip dieser beständigen Angleichung ist *das Wirken des Pneuma* in jedem einzelnen (vgl. bes. Röm 8,1–17), in dem Christus in seiner Gemeinde gegenwärtig bleibt (vgl. 1 Kor 12,1–11; 2 Kor 3,17f.).

Angleichung an Christus in der Kraft des Pneumas hat eine lebendige Mitte: die persönliche Beziehung zu Jesus selbst, wie sie von Paulus etwa Phil 3,7–21 zum Ausdruck gebracht wird. Ihre das ganze Ethos durchwirkende Frucht besteht darin, daß der Apostel sagen kann: „... nicht mehr ich lebe, sondern Christus lebt in mir" (Gal 2,20).

Dem entspricht die Entwicklung in der *johanneischen Theologie:* „Ich bin das Licht der Welt. Wer mir nachfolgt, wird nicht in der Finsternis umhergehen, sondern wird das Licht des Lebens haben" (Joh 8,12); Nachfolge zeigt sich als wesentlich für die ganze christliche Existenz; sie ist hier identisch geworden mit der Glaubensbindung an Christus. Daß mit ihr zugleich Nachahmung gefordert ist, zeigt sich in der johanneischen Fassung des Liebesgebotes (Joh 13,34f.; 15,12).

In der *nachneutestamentlichen Zeit* nimmt der Nachfolge- bzw. Nachahmungsgedanke griechische Bedeutungselemente auf; dieses geschieht im Zusammenhang mit der Idee der Vergöttlichung des Menschen durch die Erlösung. Ontisch-mystische Teilhabe und ethisch-personale Nachahmung werden besonders in der östlichen Kirche als Einheit gesehen. In der westlichen Entwicklung liegt der Akzent stärker auf der ethischen Bedeutung der Nachfolge.

In *Reformbewegungen* der Kirche hat man wiederholt die ursprüngliche Nachfolge zu leben versucht, die im Martyrium oder in einem konsequent evangeliummäßigen Leben (Franz v. Assisi; Charles de Foucauld u. a.) gesehen wurde. Als heute noch gültige Formel der Nachfolge könnte gelten, was Sailer gesagt hat: „Oportet, ut totam vitam suam illi studeat conformare."

3. Stellenwert des Nachfolgegedankens in der theologischen Ethik

Hier ist auszugehen von seinem *Stellenwert im christlichen Ethos*. Denn jede Ethik setzt immer schon das ethische Handeln von Menschen voraus und bezieht sich darauf. Man kann sagen, daß es keinen christlichen Glauben im Vollsinn des Wortes geben kann, der nicht aus sich selbst zu einer Form der Nachfolge Christi drängt. Die Forderung der Nachfolge, die, wie ausgeführt, schon innerhalb des NTs im Prozeß der Auslegung der Botschaft in den unterschiedlichen Phasen zu einer der Situation angemessenen Forderung der Nachahmung wurde, *begründet kein Sonderethos* für eine ausgesonderte Gruppe unter den Gläubigen. Sie richtet sich an jeden, der an Christus glaubt. Damit ist für den Gläubigen die gesamte Sicht seines Lebens neubestimmt. Die Orientierung an Christus durchwirkt alles, ist ein Motiv, das den Menschen in seiner Ganzheit bewegt. Aber es legt ihn nicht normativ, in Richtung auf dieses oder jenes einzelne Verhalten, fest. Die Geschichte zeigt, daß Nachfolge jeweils *abhängig* war *von dem Bild, das man sich von Christus machte;* dieses wiederum hing zusammen mit der realen Situation der Zeit. Der Bezug zu ihm selbst auf dem Weg der Anamnese seiner Geschichte im jeweiligen Kairos der eigenen Geschichte bleibt ein konstantes Element in der Realisierung eines christlichen Ethos. Er *kann nicht gelingen ohne Kreativität,* d. i. ohne jene Initiative, ohne die die „neue Schöpfung" (2 Kor 5,17) nicht das bleiben kann, was sie ist; das Wirken des Geistes (vgl. 2 Kor 3,6.17; Eph 1,17) ist die innere Kraft solcher existentiellen Hermeneutik.

Diese nimmt die *beiden Richtungen* auf, die mit der ersten Nachfolgeforderung im NT gegeben war, die *Gemeinsamkeit mit Christus* und *den Auftrag,* für das Evangelium *Zeugnis abzulegen.* Sie kann darum nie in reiner Innerlichkeit aufgehen, sondern wird in der Ausdrucksgestalt des eigenen Lebens in Wort und Tat etwas von dem vermitteln, was in der Botschaft Jesu enthalten ist.

Die Moraltheologie hat sich zeitweilig als die Disziplin verstanden, die die Aufgabe hat, die Idee der Nachfolge Christi zu entfalten (F. Tillmann), die „gnadengetragene Gestaltung des liebenden ‚alter Christus' als eines Gliedes im mystischen Herrenleib" (R. Egenter) wissenschaftlich darzustellen; die jüngere Diskussion über die Auswirkung des Glaubens in der normativen Ethik hat die Frage nach dem Verhältnis von Glaube und Vernunft, damit nach der tatsächlichen Auswirkung der im Glaubensethos gegebenen Nachfolge Christi in der vernunftbestimmten Argumentation der Ethik deutlicher gestellt. Daß der Bezug zu Christus als „Kontext" den Text ethischer Sachfragen in einen neuen Verständnishorizont stellt, ist eine Antwort (A. Auer, D. Mieth); vor der Gefahr eines positivistischen Christonomismus wird mit Recht gewarnt, da sich normative Einzelfragen von daher nicht entscheiden lassen (B. Schüller). Konkret dürften Erkenntnisvorgänge immer ihre geschichtlich bedingten Ausgangspunkte haben, die unhintergehbar sind. Für den Gläubigen wird sich die Grundoption, die auf die Nachfolge Christi bezogen ist, in der Wahrnehmung des Ethos auswirken und theologisch hermeneutisch reflektiert werden müssen (K. Demmer).

A. Auer, Autonome Moral und christlicher Glaube (1971); *J. Blank,* Der Jesus des Evangelium (1981); *K. Demmer,* Deuten und Handeln. Grundlagen und Grundfragen der Fundamentalmoral (1985); *B. Fraling,* Wie kann ich das Evangeliums leben (1985); *D. Mieth,* Gotteserfahrung und Weltverantwortung. Über die christliche Weltverantwortung (1982); *A. Rotzetter,* Selbstverwirklichung des Christen (1983); *R. Schnackenburg,* Die sittliche Botschaft des Neuen Testamentes, Bd. I: Von Jesus zur Urkirche (^{2}1986), Bd. II: Die urchristlichen Verkündiger (^{2}1988); *B. Schüller,* Der menschliche Mensch. Aufsätze zur Metaethik und zur Sprache der Moral (1982).

BERNHARD FRALING

Natur

→ Ethik → Ethos → Gleichheit → das Gute → Handeln, sittliches
→ Leben → Leib → Mensch → Moralprinzip → Moraltheologie → Norm
→ Person → Recht → Sozialllehre, katholische → Umweltethik

Der deutsche Sprachgebrauch verwendet „Natur/natürlich" in *drei verschiedenen Bedeutungen:* Umgangssprachlich meint Natur die außermenschliche, vorab biologische Wirklichkeit, besonders auch insofern sie vom Menschen nicht genutzt und gestaltet wird (vgl. „Natur"-Park,

„natürliche" Nahrungsmittel u. ä.); in diesem Sinn hebt sich Natur und Kultur ab. Im Unterschied dazu kann „natürlich" aber auch ein statistisch häufiges, in einem bestimmten Kulturkreis daher fast selbstverständlich zu erwartendes Verhalten bezeichnen. In philosophischer Begrifflichkeit schließlich meint Natur im Anschluß an das lateinische *natura* die Wesensstruktur eines Seienden und umschreibt also jene Eigenheiten, ohne die etwas nicht mehr das wäre, was es ist; meist auf den Menschen bezogen, ist mit „Natur" dann vor allem dessen Körperlichkeit, Geistigkeit und Soziabilität gemeint. Ethisch sind alle drei Bedeutungen, wenn auch unterschiedlich, relevant: Insofern es zur menschlichen *natura* gehört, seine Geistigkeit und Gemeinschaftlichkeit nur in Körperlichkeit verwirklichen zu können, kann reine (biologische) Natur für ihn, der wesentlich Kulturwesen ist, nicht die ausschließliche Richtschnur für sein Handeln sein. Insofern diese Bio-Natur jedoch an sich ebenfalls einen Wert darstellt, steht sie dem Menschen dennoch nicht einfach zur beliebigen Ausbeutung zur Verfügung, sondern verlangt an sich (und nicht nur, weil langfristig der Mensch durch ihre Schädigung selber Schaden nähme) Achtung. Dagegen bedingt ein bloß faktisch verbreitetes Verhalten (wie etwa das in den Kinsey-Reporten festgehaltene, mehrheitliche Sexualverhalten in den USA um 1950), an sich noch keine sittliche Bedeutung; sie aus der Faktizität direkt erschließen zu wollen, wäre im Gegenteil die typische Form eines „naturalistischen Trugschlusses".

Theologisch gesehen muß die nicht-menschliche Natur (unter Ausschluß eines solchen Trugschlusses) als Schöpfung verstanden werden, der als solcher Wertschätzung und Achtung gebührt, die aber zugleich dem Menschen als dem Ebenbild Gottes zu seinem Nutzen und zu seiner Gestaltung zugeordnet bleibt (vgl. Gen 1 u. 2). Solche Gestaltung der Natur als Schöpfung zur Kultur gehört somit zur ebenfalls geschaffenen *natura,* dem Wesen des Menschen.

Wie die ganze übrige Schöpfung ist auch diese Wesensstruktur des Menschen „an sich gut"; sie kann aber durch das Eingehen des Menschen auf die Versuchung zu Selbstüberheblichkeit als Sünde („sein zu wollen wie Gott", vgl. Gen 3) verderben und zur zerstörerischen Ausbeutung degenerieren. Dennoch bleibt diese geschaffene Wesensstruktur als *natura,* ohne die der Mensch zugrunde ginge (sie ist für ihn nicht nur eine Faktizität, sondern schlechterdings konstitutive Seinsgrundlage), auch für sein freies Handeln sittliche Richtschnur. Auf diese Richtschnur, die grundlegend in der allen Völkern bekannten und auch im NT übernommenen, sog. „Goldenen Regel" anklingt – „Alles was ihr wollt, das euch die Menschen tun, sollt auch ihr ihnen tun" (Mt 7,12) – bezieht sich Paulus, wenn er von dem auch den Heiden ins Herz geschriebenen Gesetz redet, das sie von Natur aus zu tun heißt, was im Gesetz Gottes gefordert ist (Röm 2,14f.).

Was schon den griechischen philosophischen Wanderlehrern, den Sophisten, auffiel, deckt sich somit durchaus mit dem biblischen Verständnis: Im menschlichen Verhalten gibt es normierende Elemente, die willkürlicher Setzung (κατὰ θέσιν) entstammen und damit auch von Stadt zu Stadt (also kulturell) unterschiedlich sein können, während andere grundlegendere Regeln ungeschrieben gelten und „von Natur" (κατὰ φύσιν) mit dem Menschen so verwachsen sind, daß „der Schaden einer Übertretung, auch wenn er allen Menschen verborgen bliebe, um nichts geringer wäre, da er nicht auf Meinung, sondern auf Wahrheit beruht" (so Hippias um 400 v. C., *Antiphonfragment* 44). Insofern Aristoteles (anders als Plato, dem diese Unterscheidung fremd ist) dem Menschen als einem am Intellekt (λόγος-νοῦς) teilhabenden Wesen gerade die Einsicht in diese Lebenszusammenhänge als *Physis* zumißt, legt die griechische Philosophie das denkerische Instrumentar für eine theologisch-ethische Auseinandersetzung mit dem christlichen Schöpfungsverständnis bereit. Dieses hat in der Hochscholastik des 13. Jh.s, vorab bei Thomas v. Aquin (vgl. S. Th. I/II, q 91 a 2 und 94), als Lehre vom sog. „natürlichen Sittengesetz" (= *ius oder lex naturae,* also Naturrecht oder „Naturgesetz" – ein Begriff, der heute freilich leicht im physikalischen Sinne mißverstanden werden kann und deshalb nicht verwendet werden sollte) seine für die kirchliche Moraltheologie prägende Form erhalten.

Obwohl in späteren Jahrhunderten essentialistisch-rationalistische Ausprägungen (F. Suárez, H. Grotius, C. Wolff u. a.) diesen Ansatz insofern einseitig lassen, als sie der menschlichen Ratio eine Wesenseinsicht auch für die konkreten Lebensbelange zuschrieben und sich damit naturalistischen Trugschlüssen aussetzten (vgl. dazu die berechtigte Kritik an der unterschwellig oft mehr von daher als direkt von Thomas geprägten Naturrechtslehre neuscholastischer Handbücher), bleibt dieser systematische Ansatz doch bedenkenswert. Denn der Mensch, der als soziales Wesen – anders als die Tiere – in seinem Triebhaushalt nicht hinreichend durch Instinkte gesteuert ist, muß zur Vermeidung letztlich selbstzerstörerischer Exzesse seine Triebe gemeinschaftsfähig gestalten, d. h. sie kulturell einer Ordnung unterstellen, die als solche in ihrer konkreten Ausprägung zwar geschichtlichen, zeitlichen wie örtlichen Veränderungen unterworfen bzw. angepaßt ist, die aber zugleich darin und dadurch die prinzipiellen Wesensstrukturen des Menschseins zum Tragen bringt.

In diesem Selbstvollzug ist der Mensch in christlicher Sicht Ebenbild Gottes. D. h., von seinem natürlichen (wesensgemäßen) Streben her ist er auf Erkenntnis des Wahren und den Vollzug des Guten hin angelegt. Obwohl durch die „böse Begierlichkeit" (= *concupiscentia*) als Neigung zu sündiger Überheblichkeit und Eigensucht geschwächt und versuchbar, ist die *natura* des Menschen durch die Erlösung in Jesus Christus und die darin wirkende Kraft des Geistes Gottes soweit wiederhergestellt, daß er mit dieser Gnade zu Sittlichkeit (und zwar sowohl auf der Ebene des Erkennens wie auf derjenigen des Wollens) grundsätzlich wieder fähig ist. D. h., der Mensch erfährt sich als ein auf den Mitmenschen grundsätzlich Angewiesener, sowohl in seiner Entstehung durch die Zeugung wie in seiner Entfaltung vom hilflosen Säugling (als „biologische Frühgeburt" [A. Portmann] und als „Mängelwesen" [A. Gehlen]) zum Erwachsenen wie in seinem auf Arbeitsteilung und auf gegenseitige Anerkennung angewiesenen Lebensvollzug. Zugleich entdeckt er die damit gegebene, im Vollzug aber keineswegs selbstverständlich gesichtete Forderung nach gegenseitiger Rücksichtnahme, wie sie das Ethos der Völker seit je in der Goldenen Regel ausdrückt und als Gerechtigkeitsforderung zudem die Voraussetzung der schon aufgrund seiner Fortpflanzungsmöglichkeiten einleuchtenden, grundsätzlichen Gleichheit aller Menschen mitbeinhaltet. Daneben erhält diese „natürliche" (dem Menschen als solchem schon vorgegebene) sittliche Wesenseinsicht für den Christen ihre Bestätigung in der biblischen Botschaft, sei es durch die darin ebenfalls genannte Goldene Regel, sei es durch die auch den Fremden und Wehrlosen einbeziehende, das ganze atl. Gesetzeswerk wie die prophetische Predigt durchziehende Gerechtigkeitsforderung, sei es vor allem durch das diese überhöhende Liebesgebot, das in der besonderen Hervorhebung der Sorge um alle Benachteiligten den Gleichheitsanspruch aller Menschen noch besonders hervorhebt.

Weil Gerechtigkeit somit nichts anderes festhält als die aus dem wechselseitig-mitmenschlichen und daher konstitutiven Abhängigkeiten sich ergebenden Verpflichtungen, ist sie als die aus dem menschlichen Wesen direkt erkennbare sittliche Forderung auch die Grundlage der sittlichen *lex naturae*, also des sog. „natürlichen Sittengesetzes", in welchem jede weitere ethische Forderung ihre einsichtige Begründung finden muß, wenn sie sich nicht autoritär-voluntaristisch und damit letztlich willkürlich oder aus beliebiger Anmutung (d. h. letztlich un-ethisch) ableiten soll.

Was I. Kant mit seinem kategorischen Imperativ als Forderung nach Verallgemeinerung jeder sittlichen Maxime wie nach unbedingter Achtung der unveräußerlichen Würde des Menschen, die es verbietet, ihn je bloß als Mittel und nicht zugleich auch als Selbst-Zweck zu beachten (KpV A 54 und A 237) ausdrückte, spiegelt daher auf dem philosophischen Denkweg der Selbstreflexion dieselbe dem menschlichen Wesen entsprechende Grundeinsicht.

Mit der gleichen Unbedingtheit, die auch der allgemeinen Gerechtigkeitsforderung eignet, lassen sich aus dieser Grundeinsicht gemäß den Dimensionen der konstitutiven Abhängigkeiten des Menschen vier sittliche Forderungen ausfalten: nämlich einmal hinsichtlich der letzten ontologischen Abhängigkeit alles Endlichen von einem absoluten Ermöglichungsgrund die Forderung nach der Verehrung eines höchsten Wesens; hinsichtlich der Abhängigkeit in der Generationenfolge sodann jene nach der Achtung und Sorge im Verhältnis Kinder – Eltern; für die gewöhnlichen zwischenmenschlichen Abhängigkeiten drittens jene der Verteilungs- und Tauschgerechtigkeit wie schließlich viertens hinsichtlich der konstitutiven Verwurzelung des Menschen im gesamten Kosmos jene des Schutzes der natürlichen (außermenschlichen) Umwelt als Schöpfung. Während diese letzte Dimension erst in den letzten Jahren in Anbetracht umweltzerstörender Technologien bewußt zu werden begann, sind die drei anderen schon von antiken Stoikern wie M. T. Cicero festgehalten. Von da aus wurden sie auch von den mittelalterlichen Theologen in ihre Systematik übernommen und dort im Vergleich zu weiter konkretisierenden ethischen Grundnormen, wie vor allem den mitmenschlichen Forderungen der sog. „Zweiten Tafel" des Dekalogs (Ex 20,12–17; Dtn 5,12–21), als „primär" bezeichnet, während trotz aller biblischen Autorität der Dekalog systematisch richtig als „sekundär" galt. Während nämlich den Grundforderungen schlechterdings allgemeine, also universale Gültigkeit zukommt, gelten diese weiteren Forderungen nur mehr *ut in pluribus,* also nur noch „im allgemeinen". D. h., sie lassen situativ Ausnahmen zu (wie etwa die Notwehr das Tötungsverbot um der grundlegenden Gerechtigkeit willen einschränken kann) und stehen daher, obwohl aus der allgemeinen Menschheitserfahrung noch konkreter Ausdruck des menschlichen Wesensbestandes, doch auf einer anderen Stufe. Es liegt auf der Hand, daß die neuzeitlichen Menschenrechte dann nicht nur inhaltlich, sondern auch systematisch zusammen mit dem Dekalog als „sekundäres" natürliches Sittengesetz zu gelten haben und deshalb seit dem Zweiten Vatikanischen Konzil vom kirchlichen Lehramt mit Recht auch als Christenpflicht angemahnt werden.

K. *Barth*, Kirchliche Dogmatik, Bd. III/4 (1951). *E. W. Böckenförde/F. Böckle* (Hrsg.), Naturrecht in der Kritik (1973); *F. Böckle* (Hrsg.), Das Naturrecht im Disput (1966); *J. David*, Das Naturrecht in Krise und Läuterung (1967); *F. Furger/C. Strobel-Nepple*, Menschenrechte und katholische Soziallehre (1985); *Th. Herr*, Naturrecht aus der kritischen Sicht des Neuen Testamentes (1976); *J. Höffner*, Kolonialismus und Evangelium (²1969); *G. Höver*, Erfahrung und Vernunft (1981); *A. Laun*, Die naturrechtliche Begründung der Ethik in der sittlichen Autonomie (1978); *A. Müller u. a.* (Hrsg.), Natur und Naturrecht (1972); *K. H. Peschke*, Naturrecht in der Kontroverse (1967); *J. Rawls*, Theorie der Gerechtigkeit (1975); *C. Urban*, Nominalismus im Naturrecht (1979); *A. Verdross*, Statisches und dynamisches Naturrecht (1971); *E. Wolf*, Das Problem der Naturrechtslehre (³1964).

FRANZ FURGER

Neid

→ Liebe → Sünde → Tugenden und Laster

1. Das Wesen des Neides:

Neid ist seinem Wesen nach eine intentionale, affektive, sittlich negative Antwort auf das Gut, das ein anderer besitzt, insofern eben dieser Besitz des anderen die eigene Person (vermeintlich oder wirklich) herabsetzt (vgl. Thomas v. Aquin S. Th. II/II, q 36 a 1). I. Kant definiert Neid als „Hang, das Wohl anderer mit Schmerz wahrzunehmen, obzwar dem seinigen dadurch kein Abbruch geschieht" oder auch als „Unwillen, unser eigen Wohl durch das Wohl anderer in Schatten gestellt zu sehen" (*Metaphysik der Sitten,* A 134).

Der Neid richtet sich auf den Nächsten (und nicht Menschen, die zeitlich, räumlich oder psychologisch unerreichbar sind), und zwar auch auf diesen nur in Hinblick auf Güter, die der Neidische sich selbst zuschreiben können möchte: Der sportlich Uninteressierte empfindet keinen Neid gegenüber einem Olympiasieger, ein Mann beneidet nicht eine Frau wegen ihres schönen Soprans usw.

Der sittliche Unwert des Neides richtet sich vor allem nach der Art des Gutes, um das der andere beneidet wird. Darum heißt es im *Tridentinischen Katechismus* (Nr. 571, 4) folgerichtig: Eine Sünde gegen den Heiligen Geist ist „der Neid wegen eines geistlichen Gutes des Nächsten". Neid ist einer der Gegensätze zur Nächstenliebe.

Neid spielt auch im gesellschaftlichen Leben eine nicht unbeträchtliche Rolle, wenn bestimmte Gruppen (z. B. Beamte, Eisenbahner, Politiker), aber auch Minderheiten und Rassen, die wirklichen oder vermeintlichen Vorteile anderer als unberechtigte Privilegien deuten und dementsprechend eigene Forderungen stellen. Dabei ist es nicht immer leicht, eine genaue Grenze zwischen legitimen Forderungen der Verteilungs-Gerechtigkeit und solchen Ansprüchen zu ziehen, die ihren Ursprung in einem kollektiven Neidgefühl haben. Inhaltlich wird der Neid dabei weitgehend von jenen Leitbildern bestimmt, die in einer bestimmten Gesellschaft Geltung haben: „Man" beneidet die andere Gruppe um das, was als besonders hoher Wert „gilt". Dadurch führt der Neid dann zu Intrigen gegen andere, zu übersteigertem Konsum und der dafür notwendigen Mehrbelastung.

2. Neid als Hauptsünde:

Im Anschluß an Gregor den Großen rechnet die Tradition den Neid zu den „sieben Hauptsünden", die so heißen, weil sie eine Hauptrichtung sündhaften Wollens darstellen und weil aus ihnen viele andere Sünden (Diebstahl, Bosheitsakte, Schadenfreude usw.) entstehen. Hauptsünden sind dabei als „Quellsünden" (J. Mausbach) zu verstehen und nicht immer auch als Todsünden.

3. Abgrenzung des Neides gegenüber legitimer Trauer:

Nichts mit Neid zu tun hat das bloße Bedauern, ein bestimmtes Gut, das der andere hat, nicht zu besitzen, oder auch die Trauer über die eigene Sündhaftigkeit im Vergleich zu den Tugenden eines anderen – eine Trauer, die nicht nur nicht schlecht, sondern sittlich gut und notwendig ist. Auch die Trauer darüber, daß ein Unwürdiger im Besitz bestimmter Güter oder Vorzüge ist, hat nichts mit Neid zu tun. Ebenso drückt das deutsche Wort „beneidenswert" in vielen Fällen nur Bewunderung eines Gutes bzw. Glückes aus, ohne daß es sich um „Neid" im Sinne einer sittlichen schlechten Haltung handelte.

4. Die Überwindung des Neides durch die Liebe:

Da der Neid einer der Gegensätze zur Liebe ist, gibt es keinen anderen Weg, ihn zu überwinden als die Liebe. Goethe hat die ebenso paradoxe wie treffende Formulierung gefunden: „Gegen die Vorzüge eines Menschen gibt es nur ein Mittel: ihn zu lieben."

H. Schroeck, Der Neid. Eine Theorie der Gesellschaft (²1968).

ANDREAS LAUN

Neutestamentliche Ethik

→ Alttestamentliche Ethik → Armut → Ehelosigkeit → Geschichtlichkeit
→ Glaube → Nachfolge → Schuld → Sünde → Taufe

Da unter „Ethik" gewöhnlich eine systematische Reflexion über Motive und Kriterien menschlichen Handelns verstanden wird, eine solche aber im NT fehlt, sprechen heute manche lieber vom Ethos des NT im Sinn einer den Weisungen Jesu und der Apostel entsprechenden ethischen Grundeinstellung. Insofern aber solche Weisungen in bestimmten Begründungszusammenhängen stehen, sind sie rational und können als Ausdruck einer ntl. Ethik (im weiteren Sinn) betrachtet werden. Weil die betreffenden Aussagen in einem Kontext erfolgen, der sich von der heutigen Lebenswelt stark unterscheidet, bedürfen sie grundsätzlich immer einer Übersetzung. Dadurch stellt sich sogleich das vieldiskutierte Problem, welche Bedeutung ntl. Weisungen für das heutige sittliche Verhalten zukommt. Die Berechtigung und Notwendigkeit dieser Fragestellung ergibt sich nicht zuletzt dadurch, daß selbst innerhalb einer einzelnen ntl. Schrift manchmal gegensätzliche Aussagen vorliegen; vor allem aber weichen die in verschiedenen Schriften enthaltenen Anweisungen oft stark voneinander ab (z. B. die Forderungen an die Jünger in Mk 6,8f.; Lk 9,3 und 1 Kor 9,4f.; die Bewertung der Werke in Röm 3,28; 4,2–5 und Jak 2,22f.; die Aussagen über die Wiederheirat von Witwen in 1 Kor 7,8.40 und 1 Tim 5,14). Deshalb wird heute meist darauf verzichtet, „die ntl. Ethik" als solche darzustellen. Statt dessen konzentrieren sich neuere Untersuchungen darauf, die ethischen Prinzipien und Weisungen in den einzelnen ntl. Schriften zu erhellen, und zwar in historischer Ordnung: ausgehend von Jesu Worten und Verhalten bis zu deren Rezeption in der Urkirche und den einzelnen ntl. Schriften (z. B. W. Schrage, R. Schnackenburg). In Auswertung historisch-kritischer Untersuchungen wird in diesem Artikel ein bibeltheologisch orientierter Überblick geboten.

1. Die allen Schriften gemeinsame ethische Grundaussage

Trotz der erwähnten Unterschiede kann nicht bestritten werden, daß die uns von der Kirche als Wort Gottes übermittelten ntl. Schriften eine im Kern gemeinsame ethische Grundaussage enthalten, sei sie nun offen ausgesprochen oder vorausgesetzt. Ihr kommt (zusammen mit der für die kirchliche Auslegung wichtigen regula fidei) bei der bibeltheologischen Interpretation der einzelnen Texte eine wichtige hermeneutische

Funktion zu. Diese ethische Grundaussage kann etwa so beschrieben werden: Wesentlich für die Motivation christlichen Handelns ist das durch die Offenbarung entborgene Wissen um *Gott,* der sich als Retter der sündigen Menschen annimmt (wie schon im AT), und zwar durch seinen *Sohn* Jesus Christus (sein Leben, Lehren und Sterben/Auferstehen), dessen Werk durch den *Heiligen Geist* in der Gemeinschaft der Glaubenden weitergeführt wird und am Ende der Zeit erst seine Vollendung findet. Durch diese heilsgeschichtliche, an die Person Jesu Christi und die Geistmitteilung gebundene Begründung sich unterscheidet die sittliche Botschaft des NT von der des AT als deren Erfüllung und Überbietung, besonders aber von den Ethik-Entwürfen anderer Religionen, Weltanschauungen oder Philosophien. Für christliches Handeln sind damit ein Verstehenshorizont und ein allgemeines Handlungsprinzip gegeben, die bei der Auslegung der einzelnen biblischen Texte und bei der vernunftgeleiteten Suche nach der Erkenntnis des Guten (Norm) in konkreten Fällen nicht außer acht bleiben dürfen: Der Getaufte ist zwar von Geburt an Sünder und vermag aus eigener Kraft sein Leben nicht sinnvoll zu Ende zu führen; weil Gott ihn aber nicht verwirft, sondern ihm zu Hilfe kommt, braucht er nicht zu verzweifeln, sofern er sich nur durch Gott helfen läßt. Da Gott diese Rettung durch Jesus Christus bewirkt, ist der Glaubende auf Christus verwiesen, der ihm (über die Weisungen des AT hinaus) den Weg zeigt und ihn zur Nachfolge aufruft. Insofern der Getaufte jetzt schon Teil hat am Heiligen Geist, darf er sich als gerettet betrachten, ist aber zugleich verpflichtet, dieser Begnadigung entsprechend zu leben und mitzuwirken an der Vollendung des Heilswerks Gottes. Ihrer Grundaussage nach ist die sittliche Botschaft (Ethik) des NT wesentlich auf die Befreiung aus der Verstrickung in die Macht der Sünde (des Todes) und die Teilhabe an Gottes Leben ausgerichtet – also Evangelium. Dem erlösenden (befreienden und zum Eigentum erwerbenden) Handeln Gottes durch Christus im Heiligen Geist entsprechen als Grundhaltungen des erlösten Menschen Glaube, Hoffnung und Liebe.

2. Die ethische Botschaft der einzelnen ntl. Schriften ist wesentlich durch die Zielsetzungen ihrer Verfasser bestimmt, die ihrerseits durch die Situation ihrer Adressaten mitbedingt sind.

a) Die Evangelien bieten eine Wiedergabe der Weisungen Jesu in eigenständiger Auswahl und Fassung. Nach *Mk* fordert Jesus als Antwort auf seine Verkündigung des Anbruchs der Gottesherrschaft (Indikativ): „Kehrt um und glaubt an das Evangelium" (1,15). Dabei liegt das Schwergewicht auf dem Glauben, wie Jesus ihn von den

Kranken (z. B. 2,5; 5,34.36; 9,23; 10,52) und in seinen Worten über das vertrauensvolle Gebet (z. B. 11,22–25) fordert. Dieser Glaube ist wesentlich auf Gott und sein Handeln in Jesus bezogen, aber zugleich unlöslich mit der Person Jesu und dem Bekenntnis zu ihm als Messias, Menschensohn und Sohn Gottes verbunden (vgl. 8,38; 9,7; 15,39). Konkret wird dieser Glaube, der eine Preisgabe eigenmächtiger Lebensbewältigung einschließt (Umkehr), in der Nachfolge Jesu durch die Jünger (z. B. 1,16–20), aber auch durch andere (z. B. Bartimäus 10,52; die Frauen 15,40). Solche Nachfolge bedeutet, den Weg des Kreuzes in der Bereitschaft zu gehen, selbst sein Leben preiszugeben, um es zu gewinnen (8,34–9,1). Diese Forderung erhält besondere Dringlichkeit angesichts drohender Verfolgungen (10,30; 13,9–13). Nach Mk muß sich die Nachfolge Jesu aber auch in der Familie (10,1–15), im Umgang mit dem Reichtum (10,14–31) und nicht zuletzt in der Bereitschaft, zu dienen statt zu herrschen (10,35–45), bewähren.

Charakteristisch für *Mt,* der (aus Mk, Q und S) übernommene Worte Jesu für vornehmlich judenchristliche Leser darbietet, ist die Betonung der „Gerechtigkeit" vor Gott (6,33; fehlt Lk); das liegt ganz auf der Linie der atl. Frömmigkeit, überbietet diese aber (5,20). So betont Jesus die Orientierung am Willen Gottes (6,10; 7,21; 6,42) und die bleibende Geltung der Tora (5,17–19), zeigt aber in den Antithesen, daß diese vom Liebesgebot her neu interpretiert werden muß (5,44–48: Feindesliebe als Höhepunkt; vgl. 7,12: Goldene Regel; 22,34–40: Erfüllung der Tora; 25,31–46: Maßstab im Gericht). Daß die Bergpredigt nicht kasuistisch zu interpretieren ist, belegt das im Evangelium geschilderte Verhalten Jesu selbst: vgl. z. B. 5,22 (betreffs Schimpfnamen) und 23,13–33 (Jesu Worte gegen die Pharisäer). Viele Weisungen betreffen das Gemeindeleben, z. B. die Rücksicht auf die Kleinen (18,1–5.10) und Abirrenden (18,12–14), die Bereitschaft zur Versöhnung (18,21f.), die Warnung vor Herrschsucht und Anmaßung (20,20–28; 23,8–12). Die „Unzuchtsklausel" (5,32; 19,3–9) zeigt den Versuch, Jesu Verbot der Ehescheidung mit der Realität der Gemeinde zu vereinbaren. Das Logion von der Ehelosigkeit um des Gottesreiches willen (19,12) rechtfertigt den freiwilligen Verzicht auf die Ehe. Von den Jüngern wird radikale Nachfolge gefordert (8,19–21; 10,38; 16,34f.); zu ihr sind nach 28,19 („macht alle Völker zu Jüngern") in analoger Weise aber alle aufgerufen, besonders im Blick auf die noch ausstehende Vollendung der Gottesherrschaft (6,10) und im Dienst des Missionsauftrags (28,19; vgl. 5,14–16). Daß dieser Weg angesichts von Versuchungen (4,1–11; 6,13) nicht leicht ist, lehrt u. a. die Aufnahme des Bildes von den zwei Wegen (7,13f.).

Lk gibt die (von Mk, Q und S) überlieferten Weisungen Jesu im Blick auf die verunsicherten Heidenchristen seiner Zeit wieder (1,4). Dem Willen Jesu entsprechen diejenigen, „die das Wort mit rechtem und gutem Herzen aufnehmen, es festhalten und Frucht tragen in Geduld" (8,15a; vgl. 21,19; 22,28; Apg 14,22). Sie sollen dem Beispiel Jesu im Gebet folgen (z. B. 11,1–13; 18,1–8; 22,40.46; vgl. Apg 1,14.24; 2,42 u. ö.). Im Mittelpunkt der Feldrede steht das Gebot der Liebe zum Feind bzw. Nicht-Freund (6,27–35; vgl. die Erläuterung des Hauptgebotes 10,27 durch die Beispielgeschichte vom barmherzigen Samariter 10,30–37). Die Aufforderungen zum Beten für die Gegner (6,28; vgl. 23,34 [textkritisch unsicher]; Apg 7,60) und zum Verzicht auf Gewaltanwendung (7,29) schärfen dasselbe ein; aus einer solchen Haltung heraus sind schließlich auch die Auseinandersetzungen innerhalb der Gemeinde zu bewältigen (6,36–46). Gegenüber der Gefahr des Reichtums erhalten die Weherufe (6,24; vgl. 16,25), die ideale Zeichnung der Urgemeinde (Apg 2,44f.; 4,32) und die Worte über das rechte Verwalten der Güter (16,10–12; 19,17), vor allem im Blick auf die Armen (16,9; vgl. 16,19–26), besonderes Gewicht. Die Einschärfung der zunächst den Jüngerkreis, aber darüber hinaus alle angehenden Nachfolgeworte (9,23f.; 14,26) ist hingeordnet auf die missionarische Sendung zur Verkündigung der Gottesherrschaft (9,57–62; vgl. die Sendung der siebzig Jünger 10,1ff.).

Der Verfasser des *Joh,* der sich an eine durch das wiedererstarkte Judentum bedrängte Gemeinde wendet, konzentriert die ethischen Forderungen Jesu auf Glauben (20,31) und Liebe (3,16; 1 Joh 4,8f.) als Antwort auf die Offenbarung von Gottes Liebe in der Sendung seines Sohnes. Dabei ist der Glaube wesentlich bezogen auf den Sohn (6,28f.), der „Licht" und „Leben" bringt (z. B. 9,35–38; 11,27); Glaube bedeutet Wandel in seinem Licht (8,12; 12,35f.46), Halten seiner Gebote (14,15), d. h. seines offenbarenden Wortes (14,23), und fordert die zur Lebenshingabe bereite Nachfolge (11,26; 12,25). Auch die Liebe richtet sich auf den Sohn (8,42; 14,15.21.23.28; 21,15f.), der die Jünger als seine „Freunde" liebt (13,34) und von ihnen als „neues Gebot" die Liebe untereinander verlangt (13,34; 15,12–17). Die Einengung auf die Liebe zu den Gemeindemitgliedern – das Hauptgebot und dessen Ausdehnung auf die Feinde (s. Lk) werden nicht erwähnt – ist besonders in *1–3 Joh* ausgeprägt; dort wird sogar ausdrücklich verboten, einen Irrlehrer zu grüßen oder aufzunehmen (2 Joh 10) und für „die Welt" (1 Joh 4,4; 5,19; vgl. Joh 17,9) bzw. für jene zu beten, die durch ihre „Sünde zum Tod" (Abfall vom Glauben) aus der Gemeinde ausgeschieden sind (1 Joh 5,16f.). Diese in Widerspruch zu den synoptischen Evangelien stehende Reduzierung des Liebesgebotes ist vermutlich durch die Situation der angefochtenen Gemeinde mitbedingt, die sich durch das in Christus schon erfolgte Gericht (Joh 8,15f.; 12,31; 16,33) von der „Welt" der Nicht-Glaubenden abgesondert weiß und sich um die Bewahrung des Glaubens an den sorgt, der allein „Weg, Wahrheit und Leben" ist (14,6).

b) Paulus, der markanter als die Juden seiner Zeit, Johannes der Täufer und Jesus die Verstrickung aller Menschen in die Sünde betont (z. B. Röm 1,17–3,20; 5,12ff.), predigt als einzigen Weg der Rettung aus dieser Unheilssituation den Glauben an Jesus Christus, den Gekreuzigten und Auferstandenen, und weist dabei die von einzelnen jüdischen Kreisen vertretene Rettung durch die Werke des Gesetzes zurück (Gal 2,15–21; Röm 3,21–31). Da der an Christus Glaubende durch die Taufe als Konkretisierung seines Glaubens in eine Todesgemeinschaft mit Christus tritt und als „neue Schöpfung" schon anfanghaft am Leben des Auferstandenen teilhat (Röm 6,4f.; 2 Kor 5,14–17), untersteht er, ob Jude oder Heide, nicht mehr der atl. Tora (Röm 7,1–6). Sie ist als solche für ihn kein Heilsweg mehr. Diese „Freiheit" vom Gesetz bedeutet aber nicht, daß er jeder ethischen Verpflichtung ledig wäre, wie die vielen Ermahnungen (Paraklesen) zeigen. Paulus begründet diese auf doppelte Weise: erstens als aus der geschenkten Rechtfertigung (Indikativ) folgende Imperative (z. B. Röm 8,1–10: die Teilhabe am „Pneuma" fordert, sich von diesem und nicht vom „Fleisch" leiten zu lassen; vgl. Gal 5,25); zweitens durch den Verweis auf das künftige Gericht Gottes (Röm 14,10–12) bzw. Christi (2 Kor 5,10; 1 Kor 4,4f.) am „Tag des Herrn" (1 Thess 5,2; 1 Kor 1,8; vgl. Phil 1,6.10; 2,16); als schon mit Gott „Versöhnter" darf aber der Glaubende diesem noch ausstehenden Gericht mit Hoffnung entgegenleben (Röm 5,10; vgl. 1 Thess 1,10). Aus der Fülle von Einzelermahnungen seien hier einige beispielhaft herausgegriffen: Der jüdisch-hellenistischen Missionspredigt folgend (1 Thess 1,9a), mahnt Paulus, sich nicht diesem Äon anzugleichen, sondern sich durch die Erneuerung des Sinnes zu wandeln, um zu prüfen, was Gottes Wille, was gut und vollkommen ist (Röm 12,2). Damaliger populärer Ethik gemäß führt er auch „das Gewissen" als eine vom Glauben erhellte Instanz an, die im Einzelfall hilft, das jeweils Geforderte zu erkennen (Röm 2,14–16; 1 Kor 4,4; 8,7–10; 10,28f.) und sich von einer bei den Heiden üblichen Lebensweise zu distanzieren, wie sie in den verallgemeinernden Lasterkatalogen geschildert wird (z. B. Röm 1,29–31; 13,13). Mehrfach fordert Paulus die Leser auf, sich selbst zu prüfen und mittels der Vernunft das Gute zu erkennen (Phil 4,8; vgl. 1 Thess 5,21). Um das im Zusammenleben unterschiedlicher Gemeindeglieder (vgl. 1 Kor 12,4–30; Röm 12,3–8) Gebotene zu erkennen, verweist der Apostel auf die Liebe als „die Erfüllung des Gesetzes" (Röm 13,8–10; vgl. den „Weg, der alles übersteigt" 1 Kor 12,31–13,13) und die vorbildliche Liebe Christi (Phil 2,5f.; 2 Kor 8,9; Röm 15,7). Dies schließt mitunter ein hartes Eingreifen (Exkommunikation) nicht aus (1 Kor 5,1–13). Die Liebe verlangt u. a. Rücksicht auf die Schwachen (Röm 14,1ff.), Verzicht auf Vergeltung von Bösem mit Bösem (12,17–21) und selbst in unvermeidlichen Auseinandersetzungen „Sanftmut und Milde Christi" (2 Kor 10,1). Hinsichtlich der Ehemoral unterscheidet Paulus zwischen dem, was durch ein Wort des Herrn geboten ist, und seiner persönlichen Empfehlung (1 Kor 7,10.25). Er weiß auch um die Grenzen seiner Argumentation, wenn er Frauen, die sein Programm der Gleichwertigkeit aller (Gal 3,27f.) mißverstehen, zur Wahrung der bestehenden Sitte anhält (1 Kor 11,2–6; vgl. 14,22–36). Von der Rücksicht auf die gesellschaftliche Struktur seiner Zeit, deren Änderung angesichts der Parusieerwartung völlig fernlag, zeugen auch seine Äußerungen zum Stand der Sklaven (1 Kor 7,21f.; vgl. Phlm 16) und zum Gehorsam gegenüber dem Staat (Röm 13,1–7). Die trotz der Begnadigung in der Taufe bleibende Anfechtung durch die Macht des Bösen fordert vollen Einsatz und Kampf (1 Kor 9,24–27; Phil 3,12–14; 1 Thess 5,8), „Zucht" (Röm 13,14) und das Meiden der „Werke des Fleisches" (Gal 5,17.19–21). – Wie Paulus selbst (vgl. 2 Kor 4,7–15; 12,9f.) müssen auch die Gemeindemitglieder mit der Teilhabe an den Bedrängnissen Christi rechnen (2 Kor 1,4–7; Phil 1,29f.), die ihnen aber schließlich dank der Nähe des Herrn freudige Zuversicht bereiten können (Phil 4,4; Röm 5,3; 2 Kor 12,9f.).

c) Deuteropaulinische und übrige Schriften: In *Kol* und *Eph* übersetzen Paulusschüler seine Paraklese für die in einer veränderten weltlichen und kirchlichen Situation lebenden Christen. An die Stelle des Ausblicks auf die Parusie tritt die Betonung der schon gegenwärtigen Teilhabe an der Auferstehungswirklichkeit als wichtiges Motiv für christliches Handeln (Kol 3,1–4). Angesichts der Bedrohung durch Irrlehren und Spaltungen wird betont, daß Christus als Haupt der Kirche (Kol 1,18; Eph 1,22; 4,15f.) den Amtsträgern besondere „Gaben" für ihren Dienst beim Aufbau des Leibes Christi verleiht (Eph 4,11–16; anders 1 Kor 12,4–30). In den Haustafeln (Kol 3,18–4,1; Eph 5,22–6,1), die den damaligen sozialen Verhältnissen entsprechen, werden die Gemeindeglieder angeleitet, ihr Christsein im Alltag zu realisieren. *1-2 Tim und Tit* enthalten eine relecture der Paränesen des Paulus, wie sie in der dritten christlichen Generation notwendig wurde. Sie betonen z. B. das Festhalten an der überlieferten „reinen" und „gesunden" Lehre (z. B. 1 Tim 1,10; 6,3; 2 Tim 4,3) sowie die Übung der „Frömmigkeit" (Tit 2,12); sie stellen bürgerlich anmutende Forderungen an die Episkopen (1 Tim 3,1–7; Tit 1,7–9), regeln aufgrund schlechter Erfahrungen die Zulassung zum Witweninstitut (1 Tim 5,9–16), erlassen ein Lehrverbot für Frauen (1 Tim 2,9–15; über 1 Kor 14,34 hinausgehend) und erhoffen ein ruhiges Leben unter der staatlichen Obrigkeit (1 Tim 2,1f.).

Während die vielen ethischen Weisungen in *1 Petr* auf der Linie des Paulus liegen (unter besonderer Betonung der Nachahmung des Gekreuzigten), schöpft der *Jak* mehr aus dem hellenistisch-jüdischen Erbe und betont vor allem (gegen eine aufkommende Mißdeutung des Paulus) die Notwendigkeit eines tatkräftigen Glaubens (2,12–26), vor allem im Erfüllen des „königlichen Gesetzes" der Nächstenliebe (2,8). Nach dem *Hebr* besteht die Grundhaltung der Christen im Glauben, der aber niemals (wie bei Paulus) als Glaube an Jesus Christus bezeichnet wird, sondern wesentlich Gehorsam gegenüber Gottes Wort und Vertrauen auf seine Zusage ist (11,1–12,2). Die *Offb* ermutigt die in harter Bedrängnis lebenden Christen zum standhaften Ausharren: zunächst in den Mahnungen der Sendschreiben (Kap. 2–3), dann vor allem in den apokalyptischen Schilderungen des Gerichts über die sich mächtig gebärdenden Feinde Gottes und der Kirche und schließlich in der tröstlichen Vision des neuen Jerusalem.

3. Die Rückfrage nach der sittlichen Botschaft Jesu und ihrer ältesten urkirchlichen Rezeption läßt sich angesichts der jeder historischen Kritik gesetzten Grenzen zwar nur hypothetisch beantworten, hat aber für die heutige kirchliche Ethik große Bedeutung.

a) Jesus hat bei seiner Proklamation der Gottesherrschaft vor allem den Glauben an Gott und sein Handeln gefordert, ohne dabei den Glaubensinhalt (etwa an seine eigene Person) im einzelnen zu bestimmen. Dieser Glaube verlangt kein volles Begreifen, wohl aber ein vertrauensvolles Ja zu dem, dessen Nähe und Hilfe Jesus verkörpert (z. B. Mk 5,25–34). Solcher Glaube impliziert eine radikale Entscheidung für Gott, wie Jesus ihn verkündet, und eine Abwendung (später „Umkehr" genannt) vom bisherigen Verhalten, das nicht mit Gottes gegenwärtiger Hilfe rechnet. Diese Glaubensforderung Jesu belegen nicht zuletzt seine harten Worte über jene, die sich seiner Botschaft verschließen (z. B. Mt 11,20–24). Als eine Konkretisierung des Glaubens ist der Ruf in die Nachfolge zu verstehen, der zunächst nur an den Kreis der Jünger ergeht (Mk 1,16–20; 3,13) und von diesen – gegen die bisherige Sitte – die Loslösung aus der Familie verlangt (Mk 10,28–30;

Lk 14,24f.; 9,57). Zur Nachfolge gehört auch die Ehelosigkeit um der Gottesherrschaft willen (Mt 19,12), die Trennung von dem als Segen Gottes geltenden Besitz (z. B. Mk 10,17–31) sowie die Bereitschaft zum Martyrium („Kreuz" Mk 8,34f.; Lk 14,27) im Dienst der Gottesherrschaft. Wenn Jesus einen solchen Weg auch nicht allen abverlangt (vgl. Mk 10,17–19), so fordert er doch alle auf, sich in ähnlicher Weise aus dem Bann des Reichtums zu lösen (Mt 6,24;Lk 16,13), auf Gewalt und Herrschaftsausübung zu verzichten (Mk 10,42–45) und anders zu leben, als es damals selbst unter Frommen üblich war. Ohne die Tora grundsätzlich in Frage zu stellen (vgl. 10,18f.), korrigiert Jesus ihre damals verbreitete Auslegung (z. B. betreffs des Sabbatgebotes Mk 2,27 f., der Korbanpraxis Mk 7,9–13) und wagt mitunter sogar eine Neuinterpretation, die zumindest den Buchstaben der Tora gänzlich überbietet (z. B. im Verbot der Ehescheidung Mt 5,31). Ein Beispiel für die grundsätzliche Anerkennung der Tora und ihre gleichzeitige Überbietung ist die für Jesu Verkündigung zentrale Verbindung von Dtn 6,4f. und Lev 19,18 im Hauptgebot der Gottes- und Nächstenliebe, für die es im Judentum nur vereinzelte Ansätze gibt. Dabei ist für die jesuanische Deutung vor allem die Ausdehnung auf die Liebe selbst zu den Feinden charakteristisch (Lk 6,27–35; 10,22–37), die der Liebe Gottes zu den Sündern entspricht (Lk 6,36). Der Verzicht auf Gewaltanwendung steht im Dienste dieser Forderung. Als eigene Worte Jesu dürfen auch einzelne konkrete Anweisungen für den Umgang mit anderen (z. B. bei Einladungen Lk 14,8–10.12–14; Warnung vor dem Ärgernisgeben Mk 9,42) und mit dem Staat (Mk 12,13–17) gelten. Mehrfach greift Jesus dabei damals bekannte Weisheitsmotive auf, die aber der eschatologischen Botschaft untergeordnet werden (z. B. die „Goldene Regel" Lk 6,31; Mt 7,12).

b) Die älteste urkirchliche Rezeption (der sittlichen Botschaft Jesu), soweit sie als den Evangelien und Briefen vorausliegend aus diesen historisch-kritisch eruiert werden kann, war wesentlich mitbestimmt durch die nachösterliche Situation; sie bahnte den hier nicht nachzuzeichnenden Weg zur relecture der Weisungen Jesu, wie sie allen kanonischen Schriften zugrunde liegt. Ein Vergleich mit der Botschaft Jesu lehrt: Die älteste urkirchliche Predigt wie auch die Verfasser der einzelnen Schriften begnügen sich nicht damit, die Weisungen Jesu buchstäblich zu wiederholen, sondern übersetzen diese aktualisierend für ihre in einer anderen Situation lebenden Adressaten. Bei aller Diskontinuität besteht aber, wie die Forschung aufzuzeigen vermag, eine Kontinuität zwischen der kirchlichen Paraklese und Jesu eigener Botschaft. Dieser ältesten kirchlichen Vorgangsweise entsprechend kann es heute nicht genügen, sich bloß auf die historisch-kritisch aus der Bibel zu erschließende Botschaft Jesu zu berufen oder sich auf ihre in der Heiligen Schrift vorliegende kanonische Neuinterpretation zu beschränken, vielmehr ist letztere unter Rückbezug auf Jesu eigene Botschaft (als kritisches Korrektiv) und die gesamte kirchliche Wirkungsgeschichte sowie im Blick auf die veränderte Lebenswelt jeweils neu in vernünftiger Auswertung heutiger Erkenntnisse zu aktualisieren.

K. Kertelge (Hrsg.), Ethik im Neuen Testament (1984); *R. Schnackenburg,* Die sittliche Botschaft des Neuen Testaments, 2 Bde. (1986/88) Lit.; *W. Schrage,* Ethik des Neuen Testaments (⁴1982); *ders.,* Ethik IV (Neues Testament), in: TRE X, 435–462 (Lit.); *H. Schürmann,* Aufsätze zur Ethik (1990).

JACOB KREMER

Nichteheliche Lebensgemeinschaften

→ Ehe → Ehelosigkeit → Norm → Sexualität → Wert

Unter dieser Bezeichnung werden hier alle jene Verbindungen von Mann und Frau verstanden, in denen eine Dauerbeziehung, die die Sexualität einschließt, zumeist in Form des Zusammenwohnens gelebt wird, ohne daß die beiden verheiratet sind. Da es sich hier um ein relativ neues Phänomen in unserer Gesellschaft handelt, ist zunächst Umfang und faktische Bewertung desselben darzustellen (1); sodann wird versucht werden müssen, zu einer differenzierten ethischen Beurteilung zu kommen (2), um schließlich Möglichkeiten kirchlicher Reaktion zu diskutieren (3).

1. Nichteheliche Lebensgemeinschaft in der Beschreibung empirischer Wissenschaften

In den letzten 20 Jahren läßt sich ein *starkes Anwachsen* der Zahl unverheiratet zusammenlebender Paare beobachten, wobei es sich um ein Phänomen handelt, das sich zumindest in westlichen Industrieländern fast allgemein zeigt. Die Zahl wird für das Jahr 1988 mit etwa einer Million von nichtehelichen Lebensgemeinschaften in der Bundesrepublik Deutschland angegeben. Die meisten daran Beteiligten sind in jüngeren Altersgruppen zu finden: „61 Prozent der in der repräsentativen Untersuchung Befragten sind jünger als 30 Jahre, 78 Prozent sind ledig, 14 Prozent geschieden und getrennt lebend und 8 Prozent verwitwet. Im Vergleich der Mikrozensusdaten von 1972 und 1982 hat sich die Zahl der nichtehelichen Lebensgemeinschaften in diesen 10 Jahren vervierfacht, *in der Altersgruppe von 18–25 Jahren fast verzehnfacht*. 25 Prozent der in nichtehelichen Lebensgemeinschaften lebenden Männer und Frauen haben Kinder, aber *nur in 15 Prozent der nichtehelichen Lebensgemeinschaften leben auch Kinder,* bei 10 Prozent sind es Kinder aus früheren Partnerschaften (in der Regel der Frau) und bei 5 Prozent sind es gemeinsame Kinder. Und damit wird deutlich, daß in nichtehelichen Lebensgemeinschaften in der Regel keine Kinder leben und diese Lebensformen vor allem Kinderlose betreffen" (R. Süssmuth). Diese Beobachtungen sind nicht generell als Tendenzen zu einer Alternative zur Ehe anzusehen. 33 Prozent der zusammenlebenden Paare wünschen zu heiraten, und zwar ihre derzeitige Partnerin bzw. ihren derzeitigen Partner. 39 Prozent sind sich darüber nicht klar, 28 Prozent wollen den derzeitigen Partner bzw. die derzeitige Partnerin nicht heiraten; aber *nur 9 Prozent* haben erklärt, daß sie *grundsätzlich die Ehe ablehnen.*

Ein deutlicher *Wandel* ist in der *Bewertung* von nichtehelichen Lebensgemeinschaften festzustellen, die immer weniger gesellschaftlichen Ablehnungen unterliegen: Nach einer neuen Umfrage ist die Zahl der Kritiker noch von 1982 bis 1989 von 36 Prozent auf 27 Prozent gesunken. „Was...früher eine soziale Randerscheinung war, ist innerhalb weniger Jahre fast zu einer gesellschaftlichen ‚Normalität' geworden. Jedenfalls wird ein freies Zusammenleben toleriert und nicht beanstandet... Das ist das Neue" (K. Lehmann).

Sollen *Ursachen* für diesen Veränderungsprozeß angegeben werden, ist man weithin auf Mutmaßungen angewiesen. Es wird auf die veränderten *Lebensbedingungen der modernen Industriegesellschaft* hingewiesen, die die Stabilität von Beziehungen in hohem Maß beeinträchtigen. Die Schwierigkeit, Dauerbindungen einzugehen, wird überdeutlich empfunden. Überdies erwartet der einzelne sein Glück nicht von übergeordneten Institutionen, sondern in personalen Intimbeziehungen, die am ehesten Daheimsein und Geborgenheit vermitteln können. Damit hat sich grundlegend das *Verhältnis von Person und Institution gewandelt.* Man kann auch feststellen, daß das Leitbild gelungener Ehen für viele keine erfahrbare Realität ist.

Unübersehbar sind *gravierende Folgeerscheinungen* der Entwicklung; da in vielen Fällen Lebensgemeinschaften begonnen werden, ohne daß man sich tiefergehender Selbstprüfung unterzogen hätte, werden in den dann oft asymmetrischen Beziehungen Trennungen als hartes Leid – zumindest für einen der Partner – erfahren, das nicht selten tiefgehende Lebenskrisen zur Folge hat. *Auf rechtlichem Gebiet* beginnt sich auf dem Weg einer faktisch notwendigen Entwicklung in der Rechtsprechung ein gewisser Schutz zu entwickeln, wobei sich dort sofort die Frage nach der grundgesetzlich geschützten Wertung der Ehe stellt.

2. *Ethische Beurteilung der nichtehelichen Lebensgemeinschaften*

Es ist keine Frage, daß, wenn *an der in der Kirche geltenden Norm* (vgl. PH 7, FC 79–82, viele Ansprachen Johannes Pauls II.) *gemessen* wird, das Urteil über die Entwicklung der nichtehelichen Lebensgemeinschaften *ausschließlich negativ* ausfallen muß. Nun ist Normeinhaltung nur ein Element des Ethos, nicht das einzige. Zur vollständigen Beurteilung müssen notwendigerweise die Fragen der Einstellung, der Bewertung des Verhaltens, der Zielvorstellungen und *Sinnorientierungen des konkreten Verhaltens einbezogen* werden. Man kommt hier an einer Differenzierung nicht vorbei; denn es zeigt sich, daß sich hinter parallelen Verhaltensweisen unterschiedliche Hoffnungen und Lebenseinstellungen verbergen.

Schon die statistischen Informationen ließen *unterschiedliche Einstellungen* erkennen: Es gibt nichteheliche Lebensgemeinschaften, die dieses aus Prinzip sein wollen und eine institutionalisierte *Ehe grundsätzlich ablehnen* (Gruppe 1); andere lehnen die Ehe nicht grundsätzlich ab, haben aber *noch nicht den Partner gefunden,* mit dem sie dauernd zusammensein möchten (Gruppen 2); eine weitere, ziemlich große Gruppe betrachtet die nichtehelichen Lebensgemeinschaften als *Probeehe;* man möchte heiraten, möchte dies auch im Sinn einer dann unauflöslichen Ehe, ist sich aber noch nicht sicher, ob man es mit dem jetzigen Partner wagen kann (Gruppe 3); eine letzte Gruppe setzt sich aus solchen Paaren zusammen, die sicher sind, daß sie sich *heiraten wollen,* dieses aber aus beruflichen oder anderen Gründen jetzt *noch nicht tun zu können glauben* (Gruppe 4).

a) Von allen Gruppen gilt:
– Es besteht Einigkeit über bestimmte ethische Grundsätze für die Gestaltung des sexuellen Lebens. Allgemein dürfte eine – *relative* – *Treueforderung* akzeptiert sein; es scheint, daß die radikalen Versuche der Kommunen, die im Zusammenhang des Aufbruchs der späten sechziger Jahre entstanden und um der neuen „Freiheit" willen einen Promiskuitätszwang kannten, den wirklichen Wünschen der Partner nicht entsprachen, sondern eher neurotisierende Wirkung zeitigten.
– Die meisten in nichtehelichen Lebensgemeinschaften lebenden Partner werden auch der Meinung beipflichten, sexuelles Verhalten müsse *in personale Beziehungen eingebettet* sein. Diese Auffassung unterscheidet sie deutlich von der verbreiteten Praxis vorehelicher Beziehungen

junger Männer am Anfang unseres Jahrhunderts (angeblich über 90 Prozent!), wie sie in Einzelstudien über das Sexualverhalten aufgewiesen wird; nach einer Stichprobe aus dem Jahre 1912 hatten 75 Prozent der befragten Studenten ihren ersten Geschlechtsverkehr mit Prostituierten, 17 Prozent mit Dienstmädchen und Kellnerinnen, 4 Prozent mit Bürgermädchen und 4 Prozent mit anderen. Als Motiv wurde damals Liebe als Ausdruck persönlicher Beziehung kaum einmal genannt. Hier hat ein Wandel stattgefunden, der nicht als Wandel zum Schlechteren angesehen werden kann. Die personalen Werte der Sexualität werden deutlicher wahrgenommen; man hat aufgehört, einer doppelten Moral, die unterschiedliche Regelungen für Frauen und Männer vorsah, zu folgen.
– Nicht zufällig wird auch der *Wert der Zärtlichkeit* in neuer Weise entdeckt und realisiert; damit wird eine Bedingung für die personalganzheitliche Gestalt des Sexualverhaltens erfüllt, die positiv gewertet werden kann, ist sie doch der Intention nach Ausdruck der personalen Liebe des einen zum anderen, der auch das Verantwortungsbewußtsein füreinander vertiefen kann.
– Ein Ergebnis der Befragungen (viele Paare aus nichtehelichen Lebensgemeinschaften wollen heiraten, wenn sie Kinder haben) zeigt, daß ein Sinnwert der Sexualität, der höchsten Stellenwert hat, bei den meisten nichtehelichen Lebensgemeinschaften faktisch nicht realisiert und dennoch in seiner Bedeutung anerkannt wird; es zeigt sich, daß untergründig die Überzeugung weiterwirkt, daß, wenn *Verantwortung für Kinder* übernommen wird, diese ein stabiles Dach haben sollten; sie sind für ihr Wachsen und Gedeihen auf eine Dauerbeziehung der Eltern angewiesen. Vorerst aber scheint die (zumeist vorläufige) Lebensperspektive der nichtehelichen Lebensgemeinschaften zu bewirken, daß man nicht glaubt, Kindern bereits den notwendigen Lebensraum schaffen zu können.
– Kritisch kann außerdem angemerkt werden, daß auch in der Zweierbeziehung *narzißtische Tendenzen* nicht auszuschließen sind und daß Fixierungen auf einen *Kult des (jugendlich) Leiblichen* die menschliche Reifung der Liebe erheblich beeinträchtigen können. In der Regel werden von den in nichtehelichen Lebensgemeinschaften lebenden Partnern jedoch nicht jene Negativerscheinungen auf dem Gebiet des sexuellen Verhaltens intendiert, in denen Sexualität häufig nur mehr ver-„sach"-licht konsumiert wird, noch weniger die in der Sexualität sich mehrende Gewalt.
Einige „essentials" eines auf die Geschlechtsbestimmtheit des Menschen bezogenen Haltungsethos werden demnach auch in nichteheli-

chen Lebensgemeinschaften gesucht. Es läßt sich auch feststellen, daß die überwiegende Anzahl derer, die in nichtehelichen Lebensgemeinschaften leben, die Ehe nicht grundsätzlich ablehnen.

b) Zu den einzelnen Gruppen ist zu sagen:

Wenn wir versuchen, die Einstellung in den genannten Gruppen genauer zu beurteilen, lassen sich deutliche Unterschiede ausmachen, insbesondere in der Bewertung der Ehe. Sie reichen von der vollständigen Ablehnung der Ehe als Institution bis zu ihrer vollen Anerkennung.

– *Völlige Ablehnung gibt es nur in der ersten Gruppe.* Hier sind *zentrale Werte des Glaubens betroffen: Die Sakramentalität* der Ehe ist nur denkbar in der Einbindung der Ehe in die Kirche als das Ursakrament. Wenn man sich vorstellt, es gäbe so etwas wie ein Gravitationsfeld, in dem sich die einzelnen Glieder einer Gemeinschaft – hier der Kirche – von bestimmten zentralen Werten angezogen fühlen, so müßte man feststellen, daß die erste Gruppe von dieser Gravitation nicht mehr erreicht wird. Kirchliche Einbindung scheint grundsätzlich aufgekündigt.

– In der *zweiten Gruppe* wird eine Alternative zur Ehe angenommen; neben der verbindlicher gedachten Ehe *wird sexuelle Gemeinschaft in weniger bindender Form als möglich angesehen.* Die Frage der Signifikanz der Sexualität stellt sich hier, die Frage, ob sie ganz bewußt auch ohne Ausrichtung auf Ganzheit gelebt werden kann und soll. Hier wird die nichteheliche Lebensgemeinschaft zu einer Art Zweckverband, in dem alles als richtig gilt, was die beiden Partner miteinander verabreden; es fällt schwer, diese Form mit der Glaubensüberzeugung in Übereinstimmung zu bringen, die das Zueinander von Mann und Frau als geschaffene und darin strukturierte Vorgabe für den Lebensvollzug der beiden sieht.

– Die *dritte Gruppe* ist ein typisches Kind unserer Zeit; die *Schwierigkeit, Bindungen auf Dauer zu riskieren,* dürfte mit der enorm gewachsenen Fluktuation aller Lebensumstände zusammenhängen und der entsprechenden Beobachtungen, die Veränderungen am Menschen selbst registrieren. Die *Überzeugungen sind hier oft kompatibel mit den Sinnorientierungen des Glaubens.* Gerade weil man glaubt und auch die Unauflöslichkeit der Ehe annimmt, möchte man sich genauer prüfen, um den Schritt wagen zu können. Hier ist es möglich, alle vom Glauben her vorgegebenen Sinnwerte der Sexualität anzuerkennen, *ohne doch jene Norm zu akzeptieren,* die der Erfüllung dieser Sinnwerte dienen soll. Man befindet sich im Gravitationsfeld der Sinnorientierung, aber außerhalb der Legitimation, die die Normeinhaltung vermittelt. Grundsätzlich ist eine Prüfung des Menschen selbst noch nicht gegen seine personale

Würde, wie sich überall dort zeigt, wo Konvent und Novizen von Ordensgemeinschaften einander in der Ernstfallsituation in einem genügend langen Zeitraum kennenlernen, um dann zu entscheiden, ob man auf endgültige Dauer zueinanderpaßt. Dagegen steht hier die Andersartigkeit der ehelichen Bindung und der Totalanspruch, der mit der geschlechtlichen Vereinigung immer verbunden gesehen wurde – man denke an Mk 10,9 auf dem Hintergrund der zitierten Genesisstellen.
– Dem „Gravitationszentrum" der Wertorientierung noch näher ist die *letzte Gruppe; hier sind es oft sehr praktische Gründe, die den Eheabschluß noch nicht zuzulassen scheinen.* Dem wäre im einzelnen genauer nachzugehen; oft sind die Gründe Scheingründe; manchmal sind sie in gesetzlichen Regelungen gegeben, die faktisch nicht mit der grundgesetzlichen Bewertung der Ehe in Übereinstimmung zu bringen sind, weil sie (finanziell) zu „bestrafen" scheinen, wenn eine bestehende Beziehung im Sinne eines Eheabschlusses legitimiert werden soll.

3. Versuch zur ethischen Beurteilung kirchlicher Reaktion auf nichteheliche Lebensgemeinschaften

Wenn die Bewertungen differieren, werden auch kirchliche Reaktionen verschieden ausfallen, je nach der Einstellung der einzelnen nichtehelichen Lebensgemeinschaften. Deswegen ist es auch kaum möglich, hier strikt allgemeine Verbindlichkeit zu erreichen.

Kirchliche Reaktionen könnten sich die Einsicht zu eigen machen, daß es auch im Gefälle ethischer Wahrheit so etwas wie eine *hierarchia veritatum* geben kann. Wenn das der Fall ist, sind die Sinnwahrheiten, die sich eng mit dem Glauben selbst verbinden, innerhalb eines sittlich relevanten menschlichen Existenzbereichs diejenigen, die an der Spitze oder, um im vorigen Bild zu bleiben, im Zentrum stehen; einzelne, die Zentralwerte schützende Normaussagen haben nicht denselben Stellenwert. Aus dieser Perspektive sind diejenigen, die sich ganz außerhalb der Wertperspektive des Glaubens befinden, anders zu behandeln als diejenigen, die sich bewußt auf diese Werte hin orientieren, aber mit der Norm nicht zurechtkommen. Soll pastorales Handeln die Menschen dort abzuholen versuchen, wo sie stehen, muß es sich auf diese Situation einlassen. Konkret stellt sich die Frage einer möglichen Zulassung zu den Sakramenten in den Fällen, in denen zwar die Wertorientierungen der Kirche grundsätzlich übernommen werden, aber nicht die Normorientierung – dieses meistens im subjektiven Bewußtsein, richtig zu handeln, da man die Begründungen der Kirche im eigenen

Verständnishorizont nicht für plausibel hält. Für den Seelsorger kann dieses nach den Grundsätzen des Zulassens oder Anratens eines minus malum beurteilt werden; stellt sich heraus, daß in der Beratung keine Möglichkeit einer Überzeugungsänderung und auf der anderen Seite die Gefahr eines Wegdriftens von Gemeinde und Kirche überhaupt gegeben ist, dürfte die Zulassung zu den Sakramenten in Einzelfällen das minus malum sein.

Arbeitsgemeinschaft für Jugendhilfe (Hrsg.), Die nichtehelichen Lebensgemeinschaften, Tagungsbericht (1983); *A. Eser* (Hrsg.), Die nichteheliche Lebensgemeinschaft. Rechts- und Staatswissenschaftliche Veröffentlichungen der Görres-Gesellschaft, Neue Folge, Heft 47 (1985); *K. Lehmann*, Nichteheliche Lebensgemeinschaften und christliche Ehe. Fastenhirtenbrief (1984); Nichteheliche Lebensgemeinschaften in der Bundesrepublik Deutschland. Schriftenreihe des Bundesministers für Jugend, Familie und Gesundheit, Bd. 170 (1985); *R. Süssmuth*, Nichteheliche Lebensgemeinschaften – eine Alternative zu Ehe und Familie? in: Diakonia 19 (1988) 317–326.

BERNHARD FRALING

Norm

→ Ethik → Geschichtlichkeit → Handeln, sittliches → Liebe → Moralprinzip → Moraltheologie → Natur → Person → Räte, evangelische → Wert

Im alltäglichen Sprachgebrauch hat das Wort „Norm" unterschiedliche Bedeutung. Es kann zunächst (1) einen nach pragmatischen Gesichtspunkten definierten fixierten Maßstab bezeichnen (z. B. DIN-Norm). Solche Norm ist zwar zunächst rein beschreibend, sie wird aber doch mit dem Ziel der Standardisierung festgelegt. Im Sinne des Adjektivs „normal" bezeichnet „Norm" (2) einen empirisch ermittelten Durchschnittswert. Abweichend von der Norm ist dann die „Anomalie". „Norm" ist (3) ferner ein Grenzbegriff, dem man sich nur annähern kann (so können konkrete Figuren ein Dreieck niemals ganz exakt wiedergeben). Solch ein theoretisch wie praktisch kaum erreichbarer Grenzwert kann auch „Ideal" heißen. (In anderem Zusammenhang meint „Ideal" freilich Werte, denen der einzelne nachstrebt, die aber nicht allgemein verbindlich sind, etwa einen bestimmten Lebensentwurf.) Im Sinne des Adjektivs „normativ" meint „Norm" (4) schließlich eine sittliche oder rechtliche Regel, die das Handeln von einzelnen und Gruppen orientiert.

In Moral und Recht geht es zwar um Normen im letzteren Sinn; jedoch können auch die anderen Bedeutungen im Einzelfall im Sprachgebrauch durchscheinen. Wo man etwa von Jesus Christus als der „Norm" christlichen Handelns spricht, stellt man diesen als ein Vorbild hin, dem der Mensch sich nur annähern kann, andererseits aber auch annähern muß (3). Eine rein deskriptive Ethik beschreibt die in einer Gesellschaft faktisch geltenden Überzeugungen; solche „Normen" (2) sind empirisch zu ermitteln. Freilich muß auch eine normative Ethik bei der Formulierung von Regeln das Können, die Fähigkeiten des Durchschnittsmenschen berücksichtigen. So kann man etwa nicht allein die Ehelosigkeit als Lebensform vorschreiben (1 Kor 7,7). Die Problematik von Handlungs- bzw. Lebensweisen, die nicht für alle geboten sind, deren allgemeine Praktizierung u. U. auch gar nicht wünschenswert ist, wird in dem traditionellen Lehrstück über die Evangelischen Räte und die überschüssigen guten Werke erörtert.

Norm und Gesetz. Statt von „Norm" spricht man traditionell auch von „Gesetz" oder „Gebot". Bezeichnet *„Gesetz"* zunächst allgemein einen gültigen Zusammenhang, so versteht man darunter in der Moraltheologie vor allem eine allgemeine Forderung (von unbeschränkter Dauer) oder auch die Summe aller sittlichen Vorschriften (sofern es um göttliches, nicht um menschliches Gesetz geht). *„Gebot"* meint dagegen eine partikuläre Vorschrift, die sich u. U. nur auf bestimmte Personen bezieht. Das „Hauptgebot" der Gottes- und Nächstenliebe allerdings erscheint im NT gerade nicht als partikuläre Forderung, sondern als Zusammenfassung aller Einzelgebote. Kant unterscheidet das Gesetz vom *Imperativ*. Für rein rationale Wesen ist das Sittengesetz ein Gesetz der Heiligkeit, für den Menschen, der gleichzeitig ein Sinnenwesen ist, erscheint es als (kategorischer) Imperativ, als Pflicht, der die sinnlichen Neigungen entgegengesetzt sind.

Diese Unterscheidungen sind auch bei der Rede von „Normen" zu bedenken. Norm kann ein allgemeines Prinzip bezeichnen, wie etwa in dem traditionellen Lehrstück über die „Norm der Sittlichkeit" *(norma honestatis)*. V. Cathrein unterscheidet etwa zwischen einer materialen Norm, die den Inhalt des sittlich Gebotenen angibt, und einer formalen Norm, die den inneren Grund ihrer Geltung angibt. Der heutige Sprachgebrauch versteht unter „Norm" wohl vor allem eine materiale Norm von mittlerem Konkretionsgrad (also nicht allgemeinste Forderungen wie „Tu das Gute, meide das Böse!", auch nicht ganz spezielle Vorschriften wie „Wenn dich jemand bei der Betrachtung des Grand Canyon auf die Füße tritt, darfst du ihn nicht hinunterstoßen", sondern etwa „Versprechen sind zu halten"). Man kann auch reine von gemischten Normen unterscheiden. Die erstere besteht bloß aus einem sittlichen Werturteil (etwa: Du darfst niemandem aus reiner Wut Schmerzen zufügen). Die letztere enthält ein empirisches Urteil. So ist etwa die Forderung: „Du sollst niemandem Zyankali verabreichen" in ihrer Gültigkeit abhängig von der empirischen Prämisse: Zyankali ist ein tödliches Gift.

Bei der Rede von Normen wird folgende Ambiguität häufig nicht beachtet: Wie man mit „Gesetz" einen bestimmten *Zusammenhang* bezeichnen kann, aber auch die sprachliche oder mathematische *Formulierung* dieses Zusammenhangs, so meint „Norm" in der Ethik entweder ein Urteil über die sittliche Qualität einer bestimmten Handlung bzw. Handlungsweise oder die sprachliche Formulierung dieses Urteils. Um Konfusionen zu vermeiden, empfiehlt es sich, konsequent zwischen der Norm (dem sittlichen Verpflichtungsurteil) und dem normativen Satz, der dieses Urteil ausspricht, zu unterscheiden. Diese Differenzierung ist notwendig etwa, wo man über den Wandel oder die Wandelbarkeit von Normen diskutiert. Ein Urteil kann unpräzise oder unvollständig formuliert sein, dann ist der entsprechende normative *Satz* zu modifizieren. Wenn dagegen das Urteil sich als falsch erweist, ist dieses selbst zu korrigieren.

Die Begründung von Normen. Mit der Begründung von Normen (sittlichen Urteilen) befaßt sich die normative Ethik. Dabei sind die Fragen der sittlichen Gesinnung als geklärt vorauszusetzen. Die Frage normativer Ethik „Was soll ich tun?" kann sinnvollerweise nur der stellen, der bereits zu einem Handeln nach moralischen Gesichtspunkten entschlossen ist. Andernfalls wäre das „Sollen" nicht im Sinn einer kategorischen sittlichen Forderung zu verstehen, sondern eines rationalen Egoismus. Da nun gewöhnlich nicht umstritten ist, worin sittliche Gesinnung im Gegensatz zu ihrem Gegenteil besteht, Liebe als Wohlwollen im Gegensatz zum Egoismus, geht es der normativen Ethik nur um Fragen des Wohltuns, der Umsetzung der sittlichen guten Gesinnung auf die Ebene des sittlich richtigen Handelns.

Zur Liebe als Wohlwollen ist der Mensch allen Menschen gegenüber verpflichtet. Er kann sich aber nicht um das Wohlergehen aller sorgen. Deshalb muß man auf der Ebene des Wohltuns unter den Menschen institutionelle Zuordnungen treffen, die bestimmen, wer für wen zu sorgen hat (die Eltern für die Kinder, der Staat zunächst für seine eigenen Bürger etc.). Solche Regelungen sind aber letztlich nur dann legitim, wenn dadurch für alle Menschen besser gesorgt ist. Die Frage normativer Ethik ist deshalb besser so zu formulieren: „Wer soll für wen was tun?"

Die Frage, ob die Liebe als Wohltun das einzige Kriterium des sittlich Richtigen ist, wird von einer *teleologischen* Normierungstheorie positiv beantwortet. Eine *deontologische* Theorie behauptet dagegen, das Wohl und Wehe aller Betroffenen sei nicht das einzige Kriterium des sittlich Richtigen. Philosophische Deontologen gehen bisweilen von verschiedenen voneinander unabhängigen Grundkriterien des sittlich Richtigen aus. So ergänzen sie etwa das Prinzip Wohlwollen durch das Prinzip Gerechtigkeit (W. K. Frankena). Die Forderungen, die sich aus den genannten institutionellen Zuordnungen ergeben, sind dann Forderungen der Gerechtigkeit. In der Moraltheologie unterscheidet man zwar auch zwischen Rechts- und Liebespflichten; allerdings werden hier „Gerechtigkeit" und „Liebe" als partikuläre Wertungswörter gebraucht: Die Rechtspflichten (im Sinne partikulärer Gerechtigkeit) sind – wie oben vorausgesetzt – Liebespflichten (im Sinne der universalen Liebe). Andere (W. D. Ross) nehmen verschiedene logisch vom Prinzip Wohlwollen und voneinander unabhängige *prima-facie-Pflichten* an (Versprechen halten, Schaden wiedergutmachen etc.). Solche Pflichten gelten *auf den ersten Blick,* ihre Gültigkeit ist im konkreten Fall zu präsumieren. Nur das solchen Regeln entgegengesetzte Handeln bedarf einer ausdrücklichen Rechtfertigung. Eine solche Theorie dürfte zwar dem gemeinen sittlichen Bewußtsein entsprechen, kann auch als moralpädagogischer Ansatz dienen. Allerdings findet das Problem des Konflikts von Rechts- und Liebespflichten bzw. verschiedener prima-facie-Pflichten im Rahmen einer solchen Theorie keine befriedigende Lösung.

Während auf die Erfüllung der erwähnten deontologisch begründeten Pflichten u. U. zugunsten teleologisch begründeter verzichtet werden kann, kennt die moraltheologische Tradition unbedingt geltende deontologische Pflichten, deren Erfüllung auch da gefordert ist, wo das Wohl aller Betroffenen eine andere Handlungsweise zu erfordern scheint. Insofern man sich aber in bestimmten Fragen der Sexualmoral und des Tötungsverbots nicht dem menschlichen Ermessen anvertraut, sondern der überlegenen Weisheit Gottes, ist auch hier das Wohl und Wehe aller Betroffenen das letztlich einzige Kriterium. In der Argumentationsfigur „sittlich falsch, weil naturwidrig" verweist man auf die sinnvolle Ordnung der menschlichen Sexualorgane bzw. der menschlichen Sprache. Dem in dieser Ordnung angezeigten Zweck (Fortpflanzung, Mitteilung der Wahrheit) darf nicht (direkt) zuwidergehandelt werden. Nach der Argumentationsfigur „sittlich falsch, weil unberechtigt" hat Gott als sittlicher Gesetzgeber sich bestimmte Urteile (über die Tötung von Menschen, über die Auflösung von Ehen) reserviert. Nur in den Fällen, die Gott ausdrücklich an den Menschen delegiert hat

(Tötung eines Schuldigen, Auflösung der Naturehe), darf er nach teleologischen Gesichtspunkten handeln.

Die Legitimität des Verweises auf die Weisheit bzw. Gesetzgebung Gottes in diesen speziellen Fragen ist umstritten. Unbestritten ist, daß Gott das Wohl seiner Geschöpfe will, also wie ein teleologisch urteilender Gesetzgeber vorgestellt wird. Insofern gilt auch in diesen Fragen in analoger Weise Mk 2,27: „Der Sabbat ist für den Menschen da, nicht der Mensch für den Sabbat."

F. Böckle, Fundamentalmoral (1977); *W. K. Frankena*, Analytische Ethik (1972); *R. Ginters*, Typen ethischer Argumentation (1976); *B. Schüller*, Die Begründung sittlicher Urteile (³1987).

WERNER WOLBERT

O

Organtransplantation

→ Leben → Leib → Medizinische Ethik → Tierversuche → Tod

1. Organtransplantation beim Menschen

Organverlust durch Organersatz zu behandeln ist ein alter Traum der Medizin, dessen Verwirklichung in legendärer Form z. B. den hll. Ärzten Cosmas und Damian (in Form einer Beintransplantation) zugeschrieben wird. Nach der Entdeckung der Blutgruppen und dem Reifen gefäßchirurgischer Techniken war es eine Frage der Zeit, wann die Organtransplantation in die Tat umgesetzt würde. Die Wiege der modernen Organtransplantation ist Wien, wo bereits 1902 E. Ullmann den Versuch anstellte, Hundenieren zu übertragen, und damit die Türe zu all jenen Versuchen aufstieß, die schließlich zur Organtransplantation im Bereich der Humanmedizin führten. Abgesehen von der schon früher möglichen Hornhauttransplantation wurden Organtransplantationen medizinisch durchführbar und wirklich erfolgreich aber erst mit der Kenntnis der Immunreaktion und der Möglichkeit, sie medikamentös zu beeinflussen. Dies war erstmals in der Zeit nach dem Zweiten Weltkrieg der Fall, größere Verbreitung erlangte die Organtransplantation in den sechziger Jahren. Heute hat sich die Organtransplantation längst zu einer anerkannten, etablierten Heilmethode entwickelt.

Die immer neuen Erfolgsmeldungen der Transplantationsmedizin lösen in der Öffentlichkeit aber nicht nur Freude aus, sondern manchmal auch Abscheu (etwa bei Sensationsmeldungen über Organtransplantationen zwischen Tier und Mensch) und Besorgnis über das, was alles schon machbar ist und eines Tages machbar sein wird.

Auch wenn man von oft irrationalen Reaktionen absieht, wirft die Technik der Organtransplantation tatsächlich eine Reihe von ethischen und rechtlichen Fragen auf, die vor allem den Spender, aber auch den Empfänger des jeweils transplantierten Organes betreffen. Keine speziellen ethischen Probleme scheint vorläufig nur der Einsatz von künstlichen Organen aufzuwerfen.

2. Organtransplantation als Teilfrage der medizinischen Ethik

Die Frage nach der Organtransplantation ist von vornherein eingebettet in die Prinzipien der medizinischen Ethik. Das heißt: Bei der Organtransplantation kann es immer nur um eine therapeutische Zielsetzung gehen, also um Lebenserhaltung, Leidenseingrenzung oder wichtige Verbesserung der Lebensqualität für denjenigen, der Empfänger des transplantierten Organes ist. Dabei folgt die Organtransplantation den üblichen medizinisch-ethischen Regeln, etwa der Güterabwägung und des kalkulierten Risikos.

Ausgegrenzt ist damit einerseits die Idee einer Organtransplantation, die nicht nur am Menschen geschieht, sondern den Menschen selbst neu zu konstruieren und zu manipulieren suchte (etwa durch Transplantationen im Bereich des Gehirns), als auch Organtransplantation, die bloß experimentellen oder gar abstrusen Motiven folgen würde (wie sie in manchen Gruselfilmen präsentiert werden). Dies auszusprechen mag auch dann wichtig sein, wenn momentan niemand daran denkt, gegen diesen Grundsatz zu handeln, oder wenn die Überschreitung bestimmter Grenzen ohnehin (noch) nicht möglich sein sollte.

3. Organspende innerhalb von Lebenden

Eine erste Möglichkeit besteht in der Organtransplantation zwischen Lebenden. So einfach der Fall für den Empfänger liegt, stellt sich bezüglich des Spenders die ethische Frage, ob dieser das Recht hat, in einer seine Gesundheit beeinträchtigenden, gefährdenden oder sogar tödlichen Weise über den eigenen Leib zu verfügen.

Unter folgenden Bedingungen ist Organtransplantation unter Lebenden sittlich möglich:

a) Die Motivation des Organspenders: Sie darf keine andere sein als die Hilfe für einen anderen Menschen. Organverkauf, so freiwillig er auch sein mag, scheidet damit von vornherein aus.

b) Die Unverfügbarkeit des eigenen Lebens und der Gesundheit: „Niemand darf durch die Organverpflanzung seine Gesundheit wesentlich schädigen, nämlich so, daß eine Organfunktion ganz ausgeschaltet würde (durch Entfernung eines Organs, das im Körper nur einmal vorhanden ist, oder bei Doppelorganen durch Entfernung beider). Die Organverpflanzung darf den Geber also nur unwesentlich versehren, darf nie eine Organfunktion ganz zum Aufhören bringen, darf sie höchstens einigermaßen beeinträchtigen, jedoch nur so, daß der Geberorganismus weiter bestehen und wirken kann" (K. Hörmann). Alles andere wäre unmoralisch und müßte auch rechtlich gesehen als „sittenwidrig" bezeichnet werden (W. Brandstetter). Es gibt kein unumschränktes Selbstbestimmungsrecht des einzelnen über seinen Körper.

Das Analogieargument, bei dem das Verhältnis von Einzelorgan zu dem es umgreifenden Organismus mit der Beziehung des einzelnen Menschen zur Menschheit als ganzer verglichen wird, ist unzutreffend, weil dabei nicht zwischen physischem und moralischem Organismus unterschieden wird. Der einzelne Mensch hat einen eigenen, absoluten Wert, der keineswegs darin aufgeht, daß er Glied des größeren Ganzen, d. h. der Menschheit ist (Pius XII. UG 5495).

c) Züchtung und Tötung von Embryonen oder (behinderten) Kindern zur Organverpflanzung: Völlig unannehmbar sowohl aus christlicher als auch aus menschenrechtlicher Sicht ist die Idee, menschliche Embryonen heranzuzüchten, um ihre Organe einsetzen zu können. So hat z. B. Edwards, einer der Väter des ersten „in vitro" gezeugten und tatsächlich geborenen Kindes, den Vorschlag gemacht, man könnte beim Verfahren der in-vitro-Fertilisierung die befruchtete Eizelle im Sinne einer künstlichen Zwillingsbildung teilen und einen der beiden so entstandenen Embryonen einfrieren, um später, im Falle einer entsprechenden Erkrankung des erwachsenen Menschen, den tiefgekühlten Zwillings-Embryo auftauen und bis zur für eine Organtransplantation notwendigen Reife heranzüchten zu können. Andere haben sich vorgestellt, man könnte zum Austragen solcher Embryonen, die zum Organlieferanten bestimmt sind, Tierweibchen heranziehen und damit die zu erwartenden Probleme mit menschlichen Müttern umgehen. Die Annahme, dabei handle es sich noch nicht um Menschen, diese Embryonen seien daher mit einem „Toten" zu vergleichen und daher verfügbar, ist unhaltbar.

Abzulehnen ist auch der Vorschlag, anencephale Kinder (im Zusammenhang mit der Hirntodtheorie) für „tot" zu erklären, ihnen damit das personale Menschsein und die Menschenrechte abzusprechen, um in der logischen Folge dieser Theorie frei über ihre anderen, gesunden Organe verfügen zu können.

d) Die Freiwilligkeit der Organspende muß mit allen nur erdenklichen Mitteln gesichert sein. Diese besteht darin, daß der Spender einerseits wirklich weiß, was mit ihm geschieht, und daß er andererseits in keiner Weise (durch Drohung oder Verlockung) unter Druck gesetzt wird.

e) Grenzen bei der Rekrutierung von Organspendern: Aus dem soeben genannten Grundsatz folgt, daß z. B. Geisteskranke als Organspender nicht in Frage kommen können. Andere Personengruppen müssen in Hinblick auf möglichen Mißbrauch (durch mangelnde Aufklärung oder Ausübung von Druck) als Risiko-Gruppen gelten: unmündige Kinder, Strafgefangene, Gastarbeiter, Asoziale und generell Menschen aus der Dritten Welt, denen man Organe in der übelsten Form von Kapitalismus „abkauft" (vgl. etwa die bekanntgewordene Praxis, Slumbewohner von Kalkutta durch einen noch dazu lächerlich geringen finanziellen Anreiz zu gewinnen, eine Niere für reiche Leute aus der Ersten Welt zur Verfügung zu stellen)!

f) Organe, die Gegenstand einer Organtransplantation sein können: Auf Grund der angeführten Kriterien wird sich eine Organtransplantation zwischen Lebenden praktisch immer nur auf paarige und auf in ihrer Funktion oder Substanz regenerierbare Organe beziehen können.

4. Ethische Fragen bezüglich des toten Organspenders

Vor allem wenn die Mediziner das Verfahren der Organtransplantation noch besser in den Griff bekommen, werden die verwendeten Organe mehr und mehr von toten Spendern stammen. Die ethische Grundfrage, ob die entsprechende Organentnahme erlaubt sei, ist leicht zu beantworten:

a) Sittliche Grundsätze zur erlaubten Organentnahme von einem Toten:
– Es gibt kein moralisches Gebot, daß die Organentnahme aus dem Leib eines Verstorbenen grundsätzlich verbieten würde, da der Leichnam „im eigentlichen Wortsinn kein Rechtssubjekt" (Pius XII. UG 5499) ist.
– Das Wohl der Lebenden hat grundsätzlich Vorrang gegenüber der Ehrfurcht, die auch dem toten Leib eines Menschen gebührt.

— Der Leichnam eines Menschen ist nicht bloß „Material", er hat ein gewisses Recht auf ehrfürchtige Behandlung („Totenruhe") und darf daher nicht wie ein Tierkadaver oder irgendein Stück toter Materie behandelt werden („Leichenfledderei"; vgl. Pius XII. UG 5500).

— Die Angehörigen haben ein natürliches, aber begrenztes Recht, über den Leichnam ihres Familienmitgliedes zu verfügen. Begrenzt wird dieses Recht z. B. durch das Interesse der Allgemeinheit an medizinischen oder zur Rechtsprechung erforderlichen Erkenntnissen. Im 17. Jh. schon hat der heilige Franz v. Sales angeordnet, seinen Leichnam den Medizinstudenten zur Verfügung zu stellen.

— Die konkrete Regelung der Spannung zwischen medizinischem Interesse und den Rechten der Angehörigen bzw. den testamentarischen Verfügungen des Toten obliegt dem Gesetzgeber. In Österreich wurde diese Frage 1979 anläßlich der Klage einer Frau gegenüber einem Arzt geklärt, der ohne ihre Zustimmung der Leiche ihres Sohnes Knochenteile entnommen hatte und auf Grund der damaligen Gesetzeslage (im Sinne des — bis jetzt z. B. in der BRD noch gültigen — „Einwilligungsmodells": Die Organentnahme ist nur möglich, wenn sie ausdrücklich vom Spender oder dessen Angehörigen erlaubt wurde) verurteilt werden mußte. Nach der jetzigen gesetzlichen Regelung ist in Österreich das „Widerspruchsmodell" in Kraft, demgemäß der Arzt die Organe eines Verstorbenen transplantieren darf, wenn nicht der Spender (durch eine schriftliche Erklärung) oder die Angehörigen dies ausdrücklich verbieten. Das „Notstandsmodell" möchte — im Namen des Vorrechts des Lebenden gegenüber dem Recht auf Totenruhe — dem Arzt das Recht zur Transplantation auch dann gewähren, wenn der Spender oder die Angehörigen dies ausdrücklich verbieten.

b) Die Frage nach dem Todeszeitpunkt: Eine theoretisch einfache, in der Praxis aber nicht selten schwierige Frage ist jene nach dem Todeszeitpunkt. Das Prinzip: „Sobald ein Mensch wirklich tot ist, dürfen seine Organe in Hinblick auf eine Organtransplantation entnommen werden" ist denkbar klar. Die — vordergründig bloß medizinische — Frage ist aber: Wann ist ein Mensch tot? Und diese führt zur philosophisch-metaphysischen Frage: Was ist eigentlich der Tod?

Seit dem berühmt gewordenen *Report of the ad hoc Committee of the Harvard Medical School* (1968) hat man weltweit die Definition des Todes als „klinischen Tod" aufgegeben und sie durch die neue Definition des sogenannten Hirntodes ersetzt. In jüngster Zeit hat allerdings J. Seifert auf die Unklarheit und teilweise gegebene Widersprüchlichkeit dieser Neubestimmung hingewiesen, die noch dazu einem praktischen Interesse entgegenkommt und daher doppelt kritisch gesehen werden muß.

Auf Grund seiner Analysen fordert Seifert, die Hirntodthese wieder fallenzulassen, die auf ihr aufbauende Praxis zu überdenken und rückgängig zu machen. Damit ist die Diskussion neu eröffnet. Ethisch gesehen gilt jedenfalls: Eine moralisch einwandfreie Organentnahme setzt eine nach menschlichem Ermessen sichere Antwort auf die Frage nach dem Todeszeitpunkt notwendig voraus.

5. *Xenotransplantate und Organtransplantation im Tierreich*

Immer schon wurden Tiere für die ersten Versuche zur Organtransplantation herangezogen. Außerdem lag und liegt es nahe zu fragen, ob man nicht tierische Organe auch zur („xenogenen" oder „heterogenen") Organtransplantation für Menschen benützen könnte.

a) Organtransplantation innerhalb der Tierwelt: Was die Versuche mit Tieren anlangt, unterliegen diese den auch sonst üblichen ethischen Grundsätzen, die das Tierexperiment zwar zulassen, aber doch auch begrenzen.

b) Übertragung tierischer Organe auf den Menschen: Grundsätzlich wäre moralisch gesehen sicher nichts einzuwenden, wenn etwa ein tierischer Knochen oder eine Niere benützt würden, um einem Menschen zu helfen, erst recht nicht, wenn diese tierisch-menschliche Organtransplantation nur im Sinn einer Überbrückung („Bridging") bis zum Erhalt eines menschlichen Organs vorgenommen wird. Schon Pius XII. hat festgestellt: „Man kann nicht sagen, daß jede (biologisch mögliche) Übertragung von Geweben zwischen Individuen verschiedener Art an sich verurteilenswert sei" (UG 5493). Einer schrankenloswillkürlichen Organtransplantation ist damit nicht das Wort geredet.

Anders verhält es sich allerdings, wenn das tierische Organ sichtbar ist (vgl. den Versuch, einem behinderten Kind eine Affenhand zu implantieren, was im Fall des technischen Gelingens unvermeidlich schwerste psycho-soziale Konflikte auslösen würde) oder wenn es sich um ein Organ wie die Keimdrüsen handelte, deren Transplantation auf einen Menschen nach Pius XII. (UG 5492) als unsittlich zu gelten hätte.

F. Böckle, Ethische Probleme der Organtransplantation, in: Arzt und Christ 35 (1989) 150–157; *W. Brandstetter/W. Kopecki,* Organtransplantationen (1987); *K. Golser,* Das Leben hingeben, in: Konferenzblatt für Theologie und Seelsorge/Brixen 98 (1987) 31–43; *Ch. Kopecki,* Organgewinnung (1989); *W. Ruff,* Organverpflanzung. Ethische Probleme aus katholischer Sicht (1971); *J. Seifert,* Das Leib-Seele-Problem und die gegenwärtige philosophische Diskussion (1989), bes. 235ff.

ANDREAS LAUN

Onanie

→ Lust → Sexualität → Trieb

Onanie ist ein anderes Wort für sexuelle Selbstbefriedigung (auch Masturbation genannt), das mißverständlicherweise auf Onan im AT zurückverweist (Gen 38,8–11: das Wesen der Sünde Onans ist eigentlich der Betrug).

Orthodoxe christliche Ethik

→ Alttestamentliche Ethik → Ethik → Kirche → Moralsysteme
→ Neutestamentliche Ethik → Person → Protestantische Ethik

1. Das theologische ethische Denken der Orthodoxie a) baut auf der Bibel auf, b) berücksichtigt das Gedankengut der Väter, c) hält sich an das Prinzip der Kirchlichkeit, d) zeigt Verständnis für die Bedürfnisse und Forderungen der Zeit, e) bezieht die Ergebnisse der zeitgenössischen philosophischen und nichtorthodoxen theologischen Ethik ein. Ihr Grundprinzip der Kirchlichkeit hob M. M. Tareev, bis zur Oktoberrevolution Professor der Moraltheologie an der Moskauer Geistlichen Akademie, besonders hervor (*Grundsätze des Christentums,* Band V, 1910); es wird von allen Vertretern der orthodoxen Ethik beachtet, denn Zugehörigkeit zur Kirche ist Voraussetzung jeder orthodoxen theologischen Arbeit. Die Vielfalt ethischer Systeme (Methoden, Ideenrichtungen und Schlußfolgerungen) ist in der orthodoxen Kirche geringer als in den Kirchen Westeuropas und Amerikas, doch kennt auch die orthodoxe Ethik mannigfache Unterschiede in den Begründungen und in der Systematisierung des Materials.

2. Die orthodoxe Ethik hat die christliche Lehre von der Sittlichkeit zu begründen und systematisch darzulegen. Ihre wichtigsten Themen sind: a) die psychologischen und anthropologischen Grundlagen der (natürlichen und christlichen) Sittlichkeit beleuchten, d. h. Kenntnisse vom Menschen als geistig-sittlicher Person, die von Natur und Bestimmung her nach dem sittlich Guten strebt, vermitteln und zeigen, daß der Mensch nach dem Bild Gottes geschaffen, von der Sünde verdun-

kelt, durch die Erlösung in Jesus Christus wiederhergestellt und durch die Gnade des Hl. Geistes geheiligt wurde (dies tut die orthodoxe Ethik auf der Grundlage der orthodoxen Anthropologie); b) die sittlichen Werte und die sich aus ihnen ergebenden sittlichen und gesellschaftlichen Pflichten des Christen als im absoluten Sein Gottes wurzelnd und als Ausdruck des heiligen Willens Gottes erschließen, begründen und systematisieren; c) den Grundsatz der Sittlichkeit (das Prinzip der Liebe, Moralprinzip) erschließen und begründen, seine Verdunkelung im Bewußtsein des Menschen durch die Sünde und seine Wiederherstellung im neuen Gebot des Evangeliums (Joh 13,34; 15,12) darlegen und zeigen, wie in ihm alle sittlichen und gesellschaftlichen Pflichten und Tugenden enthalten sind und daraus abgeleitet werden; d) das in der vollkommenen gottmenschlichen Person Jesu Christi verkörperte sittliche Ideal, seinen vortrefflichen sittlichen Wert, seine moralische Schönheit, Erhabenheit und Gültigkeit, seine unter dem Einfluß der sich ändernden materiellen, sozialen, kulturellen, politischen, staatlichen und internationalen Lebensverhältnisse der Menschen erreichte Verwirklichung in der Kirchengeschichte aufzeigen; e) das Wurzelfassen, Wachsen, Blühen und Fruchttragen des Samens des Gottesreiches im sittlichen Leben der einzelnen Christen und in der kirchlichen Gemeinschaft und dessen Bedeutung für Zeit und Ewigkeit darstellen; f) die besonderen Tatsachen, Gesetzmäßigkeiten, Wege und Regeln eines christlichen Lebens nach dem sittlichen Ideal des Evangeliums feststellen, zu dessen Verwirklichung in der christlichen Persönlichkeit und in der christlichen Gemeinschaft es des Zusammenwirkens der natürlichen sittlichen Kräfte des Menschen und der Gnade Gottes bedarf; g) die orthodoxe Lehre von der Gesellschaft und ihren Strukturen, Gebilden und Gemeinschaften darlegen und begründen; zeigen, wie das christliche Ideal auf die moralische Hebung, Veredelung und Vervollkommnung der Gesellschaft hinwirkt und beiträgt zur Beseitigung von Sklaverei, Ausbeutung und Kolonialismus, zur Verminderung der Kriegsgreuel, zur endgültigen Ächtung des Krieges als eines Mittels für das Lösen internationaler Streitfälle, zur Sicherung eines gerechten und dauerhaften Friedens auf Erden und zur Förderung allseitiger wissenschaftlicher, wirtschaftlicher, technischer und kultureller Zusammenarbeit und gegenseitiger Hilfe der Menschen guten Willens (dies wurde in der Vergangenheit von einer vorwiegend individualethisch eingestellten orthodoxen Ethik meist übersehen; heute dient ihr eine eigene wissenschaftliche Disziplin, die christliche Soziologie); h) die sittlichen Werte des Christentums nicht nur logisch und systematisch, sondern auch in historischer Sicht darstellen, nämlich in ihrer Beeinflußbarkeit durch kulturelle, soziale, ökonomische und politische Faktoren (die orthodoxe Ethik soll nicht nur abstrakt-normativ vorgehen, sondern auch die konkreten Verwirklichungen des sittlichen Ideals des Evangeliums im Lauf der Geschichte der Christenheit mitberücksichtigen); i) den positiven Inhalt und die objektive Gültigkeit der sittlichen Prinzipien und Werte des Christentums so erschließen, daß sie sich aufgrund ihrer sittlichen Schönheit, ihrer Überzeugungskraft und ihres Wertes für das Leben und die Menschlichkeit selbst bestätigen und rechtfertigen (zur Erfüllung dieser Aufgabe drängen Bibel [vgl. 1 Petr 3,15] und die Notwendigkeit kritischer Auseinandersetzungen mit modernen Ideen). Die genannten Aufgaben können nie definitiv erfüllt werden, sondern müssen angesichts der Änderung der Lebensbedingungen und der individuellen, sozialen und geistesgeschichtlichen Umstände immer wieder neu bearbeitet werden. Daraus erhellt das Wahrheitselement der Situationsethik, die besonders in der anglo-amerikanischen Welt eifrig vertreten wurde.

3. Zur gesonderten Disziplin in der Theologie wurde die orthodoxe Ethik, als man in der Orthodoxie dem Vorbild der abendländischen akademischen Theologie nachzueifern begann. Starker abendländischer Einfluß prägte die ersten Vertreter der neuen Disziplin daher methodisch und inhaltlich. Spätere Fachvertreter berücksichtigten hingegen das dogmatische, asketische und mystische orthodoxe Erbe stärker und verliehen ihrer Disziplin mehr und mehr ein eigentlich orthodoxes Gepräge.

a) Bereits im Jh. der Reformation, früher als die Griechen, waren die orthodoxen Ostslawen im abendländischen polnisch-litauischen Staat intensiv mit abendländischer Theologie konfrontiert. Dieser Einfluß wurde durch die petrinische Reform des Zarenreiches auf die Moskauer Kirche ausgedehnt und sehr verstärkt. Die ostslawische Orthodoxie erlangte dabei eine orthodoxe Ethik als besondere theologische Disziplin. Deren Anlehnung zunächst an katholische, ab dem 18. Jh. mehr an protestantische Autoren und das Verlangen nach Rückbesinnung auf die eigene orthodoxe Überlieferung ab dem 19. Jh. zeichnet S. Tyszkiewicz (*Moralistes de Russie,* Rom 1951). Ehe in Rußland die orthodoxe Ethik aus den Anregungen, die ihr aus den westlichen Kirchen zugewachsen waren, aus der Diskussion mit der philosophischen Ethik des 18. und besonders des 19. Jh.s und aus dem Studium der eigenen orthodoxen Tradition ein geschlossenes Ganzes hätte schaffen können, setzte die Revolution den theologischen Lehranstalten ein Ende. (Über den Stand der russischen theologischen Wissenschaft, auch über die orthodoxe Ethik beim Ausbruch der Revolution informiert N. N. Glubokovskij, *Russkaja bogoslovskaja nauka,* Warschau 1928; F. Jockwig referiert in deutscher Sprache über Glubokovskijs Ausführungen zur orthodoxen Ethik in: Der christliche Osten 43 [1988] 41-45, 53–54.)

b) In der Sowjetunion wies T. Popov, Professor an der Leningrader Geistlichen Akademie, der orthodoxen Ethik der Gegenwart die Richtung. (*Die Moraltheologie und ihre gegenwärtige Aufgabe* im Journal des Moskauer Patriarchates 1958, 2.) Nach ihm soll die orthodoxe Ethik, ausgehend von der Offenbarung Gottes, als theoretische Wissenschaft die Grundlagen und Prinzipien der christlichen Sittlichkeit aufzeigen und als praktische Wissenschaft zu ihrer Verwirklichung im Leben anleiten. Den echten Christen erkenne man heute nicht an der äußeren Zugehörigkeit zur christlichen Gesellschaft, an der theoretischen Aneignung der Glaubenswahrheiten, an der formellen Erfüllung der Kanones der Konzilien oder am Vollzug kirchlicher Zeremonien, sondern an der Erfüllung des von Jesus Christus gegebenen neuen Gebotes der umfassenden Menschenliebe. Nach Popov hat die orthodoxe Ethik in Rußland bis zur Oktoberrevolution (mit wenigen Ausnahmen) die soziale Frage vernachlässigt; sie sei vorwiegend aszetisch und spiritualistisch geprägt gewesen und habe das Christentum als Religion nur des persönlichen Heiles des Menschen verstanden. Popov betont dagegen, daß der Mensch sein persönliches Leben nicht vom gesellschaftlichen Leben trennen könne; der Christ habe überall christlich zu handeln. Das Evangelium enthalte Ideen (z. B. über Ehe, Familie, Macht, Arbeit), die für das gesellschaftliche Leben des Christen bedeutsam seien. Im besonderen würdigt Popov die Idee vom Reich Gottes als umfassendste sittliche Idee, in der Frömmigkeit und Sittlichkeit (im weitesten Sinn des Wortes) verbunden seien. Zum Unterschied von früher hat sich die orthodoxe Ethik in der Sowjetunion seit der Wiedererrichtung theologischer Lehranstalten aktuellen Problemen der Sozialethik eifrig zugewandt und bearbeitet Themen wie soziale Gerechtigkeit, Arbeit und Ausbeutung, Revolution und Krieg, Struktur der Gesellschaft, christliche Verantwortung für die Gegenwart und die Zukunft der Welt, Imperialismus und Kolonialismus, Rassendiskriminierung.

c) Die wissenschaftliche Erarbeitung einer griechischen orthodoxen Ethik begann Mitte des 19. Jh.s an der Theologischen Fakultät der Athener Universität. S. Harakas (*Greek Orthodox Ethics and Western Ethics,* in: Journal of ecumenical studies 10 [1973] 728–751) unterscheidet drei Schulen orthodoxer Ethik der Griechen: 1. eine Athener Schule mit Chr. Andrutsos (1869–1935) als wichtigstem Vertreter, die, stark vom deutschen Idealismus beeinflußt, keinen vitalen Unterschied zwischen christlicher und philosophischer Ethik kannte; sie stellte den Wissenschaftscharakter der Ethik heraus und zog beim Bestimmen des Guten und beim Erstellen der ethischen Normen die Kirchenväter kaum, die Bibel wenig, philosophische Gedankengänge dafür aber umso ausgiebiger heran. 2. eine in der gesamten griechischen Orthodoxie einflußreiche Konstantinopeler Schule mit B. Antoniades (1851–1932) an der Spitze, die, von einem christozentrischen Zugang ausgehend, es für die Aufgabe der orthodoxen Ethik hält, nach der Lebensweise zu fragen, die dem in Christus erlösten Menschen gemäß ist; ihre Quellen sind in erster Linie biblisch und patristisch; sie stützt sich stark auf die lateinischen und griechischen Väter der ersten vier Jahrhunderte, insbesondere auf Augustinus, dazu auch auf Thomas v. Aquin, jedoch kaum auf spätere griechische (byzantinische) Theologen, sodaß diese Ethik kein spezifisch orthodoxes Gepräge aufweist. 3. eine Thessalonicher Schule mit noch lebenden Hauptvertretern, die sich (insbesondere unter dem Einfluß der historischen Forschungen zur Geistigkeit des Berges Athos im Thessalonicher Patriarchalen Institut für Patristische Studien) um eine Weiterführung der Arbeiten der Konstantinopeler Schule durch besondere Berücksichtigung der byzantinischen Theologie, insbesondere der hesychastischen Tradition bemüht.

d) Über den rumänischen Beitrag zur orthodoxen Ethik, der gegen Ende des 19. Jh.s nach Gründung der Universität Bukarest einsetzte, informieren C. Pavel und I. Zăgrean (ausführlich in: *De la théologie orthodoxe roumaine des origines à nos jours,* Bukarest 1974, 284–322). In neuerer Zeit bearbeitete neben O. Bucevschi (geb. 1897) insbesondere Metropolit Nicolae Mladin (1914–1986) Probleme der allgemeinen und der sozialen Ethik mit Rücksicht auf die Bedürfnisse der Gegenwart im Geiste orthodoxer Tradition (*Moraltheologische Studien,* Sibiu 1969). Grundzüge seiner orthodoxen Ethik sind Christozentrik und Kirchlichkeit: Christus bietet die göttliche Heiligkeit in menschlicher Gestalt dar; ihm sollen die Gläubigen gemäß ihren Lebensverhältnissen nachfolgen (Nachfolge Christi); christliche Aszese ist die dauernde methodische Übung des Menschen, Christus ähnlich zu werden. Mladin unterscheidet göttliche, sakramentale und sittliche Heiligkeit; wesentlicher Charakterzug im religiös-sittlichen Leben der Heiligen ist ihm die Liebe. Im sozialethischen Bereich untersucht er an erster Stelle das Verhältnis von Kirche und Gesellschaft: Die Kirche kann den Fortschritt der heutigen Gesellschaft unterstützen; sie fördert tatsächlich den Fortschritt von Wissenschaft und Technik, den Kampf für soziale Gerechtigkeit und nationale Freiheit, das Streben nach Zusammenarbeit freier und gleichberechtigter Völker. Die Liebe zur eigenen Heimat und zum eigenen Volk schätzt Mladin; Chauvinismus, Rassismus und Kosmopolitismus weist er zurück. Er verurteilt die Ausbeutung der Arbeiter und den Kolonialismus, die angesichts der von der christlichen Ethik geforderten Gleichheit und Brüderlichkeit unter den Menschen antichristlich und unmenschlich erscheinen.

e) Die Belgrader Theologische Fakultät der Serbischen Orthodoxen Kirche leistete ihren Beitrag zur orthodoxen Ethik auf der Grundlage der Bibel und der Tradition der orthodoxen Theologie unter Bezugnahme auf Ethik, Anthropologie und Philosophie des Westens und in Berührung mit den ethischen Systemen anderer christlicher Bekenntnisse (im besonderen der katholischen Kirche). Das Erbe von A. Popović (*Religion und Moral,* 1932; *Das natürliche Sittengesetz,* 1938) und von V. Maksimović (*Der Lebenskranz,* 1936) wurde von D. Dimitrijević (1907–1987) weiterentwickelt, der die ethischen Probleme nach ihrer dogmatischen und ökumenischen Seite bearbeitete (*Moraltheologie und orthodoxe Ethik,* 1970). Nach Dimitrijević geht die orthodoxe Ethik von der göttlichen Offenbarung aus und ist eine „theologische Wissenschaft, die von Gott und vom Menschen unter moralischem Gesichtspunkt spricht. Sie lehrt, worin echtes Gutsein besteht und wie der Mensch gut werden und zum Vollbringen guter Taten gelangen kann." Ihm zufolge betrachtet die Moraltheologie den Willen Gottes als Prinzip der Sittlichkeit, da Gott nach dem Zeugnis des Evangeliums der allein Gute ist (Mt 19,17). Dimitrijević unterstreicht das Prinzip der Kirchlichkeit: Gut und heilig macht den Menschen der Vater durch den Sohn im Hl. Geist in der Kirche, die gott-menschlicher Leib ist; die Kirche braucht die Moraltheologie zur Verwirklichung ihrer soteriologischen und sittlich-erzieherischen Aufgabe. Nach ihm ist die übernatürliche Offenbarung Gottes (in Schrift und Überlieferung) die einzige Quelle der Moraltheologie; diese hält sich eng an die Dogmatik und bedient sich der Patristik als wichtiger Hilfswissenschaft. Die biblische Anthropologie, auf der die orthodoxe Ethik aufbaut, zeigt den Menschen als gut geschaffen und als freie sittliche Person, die dem Guten zustrebt. Dimitrijević bezeichnet die Moral als autonom, insofern der Mensch von Natur aus zum Guten neigt, und als heteronom, insofern die Verpflichtung auf das Gute im Willen des Schöpfers verankert ist. Daß der Mensch nicht selbstgenügsam-individualistisch leben kann, sondern sich auf die Gemeinschaft mit anderen ausrichten muß, findet Dimitrijević letztlich in der Hinordnung des Menschen auf Gott begründet, in dem drei Personen in Einheit verbunden sind. In den Normen der christlichen Ethik entdeckt er auch das natürliche sittliche

Gesetz eingeschlossen, das jedoch nur ein Minimum an sittlicher Ordnung darstelle und der Vervollkommnung durch das übernatürliche sittliche Gesetz mit seinem Grundprinzip der Liebe bedürfe. Die sittliche Freiheit des Christen versteht Dimitrijević weniger im Sinn der Wahl-(Willens-)Freiheit als im Sinn der Freiheit von Sünde, zweitem (ewigem) Tod, Satansmacht, Macht des Leibes, atl. Gesetz. Nach seiner Auffassung werden alle Tugenden in Glaube, Hoffnung und Liebe zusammengefaßt.

f) In Bulgarien begann die Pflege der orthodoxen Ethik als wissenschaftlicher Disziplin, als 1923 an der Universität in Sofia eine theologische Fakultät errichtet wurde. G. St. Pašev schuf Grundlagen für die wissenschaftliche Bearbeitung der orthodoxen Ethik. (*Die Sittenlehre Jesu Christi,* 1932, und mehrere Studien über sozialethische Probleme im Jahrbuch der theologischen Fakultät bzw. geistlichen Akademie.) Sein Lehrbuch: *Orthodox-christliche Lehre von der Sittlichkeit* (1939) baut fast ausschließlich auf russischen Werken auf, von denen die meisten aus dem vorigen Jh. stammen. Sein Nachfolger I. G. Pančovski (1913–1987) bemühte sich um Wesen und Methoden der Moraltheologie, im besonderen um das Verhältnis von Religion und Ethik und den Eigengehalt der christlichen Sittlichkeit (*Einführung in die Moraltheologie,* 1958; *Methodologie der Moraltheologie,* 1962); befaßte sich mit der Liebe als dem Grundprinzip der christlichen Ethik und mit der Bedeutung Jesu Christi für sie; bezog aktuelle sozialethische, moralpädagogische und friedensethische Fragen in seine Überlegungen ein; untersuchte den Niederschlag der christlichen ethischen und sozialen Prinzipien und Ideale im Leben des bulgarischen Volkes. (In Ostkirchliche Studien 25 [1976] 303–320 skizzierte er *Die Entwicklung des orthodoxen ethischen Denkens in den sozialistischen Ländern Osteuropas.*)

4. Eine neue Herausforderung an die orthodoxe Ethik, sich mit den Gegenwartssorgen der Menschheit zu befassen, erwächst aus der orthodoxen Mitarbeit in der ökumenischen Bewegung. Denn diese ist nicht nur um die Überwindung der Kirchenspaltungen bemüht, sondern strebt auch nach einem gesamtchristlichen Beitrag zur Sicherstellung der Menschenwürde, zur Lösung der sozialen Probleme, zur Bannung der Kriegsgefahr, zur Überwindung der Auswirkungen von Kolonialismus und Rassenfeindschaft, zur ethischen Bewältigung der mit den neuen Technologien verbundenen Fragen und zur Bewahrung der Schöpfung angesichts ihrer Gefährdung durch die Konsumgesellschaft. Um mitzuhelfen, den notwendigen gesamtchristlichen Beitrag vorzubereiten, ist die Orthodoxie, die sich unbeschadet ihrer Gliede-

rung in nationale Autokephalien als eine einzige Kirche versteht, gefordert, aus gesamtorthodoxer Sicht ein Votum einzubringen. Dazu bedarf es gesamtorthodoxer Fortentwicklung der orthodoxen Ethik durch gemeinsame Bemühung aus allen einzelnen orthodoxen Kirchen. Einschlägige Konsultationen kamen in Gang und werden insbesondere im Kontext der Vorbereitungen auf die Große und Heilige Synode der orthodoxen Kirche gefördert (vgl. z. B. das Theologische Seminar des Jahres 1985 im Orthodoxen Zentrum Chambésy [Les études théologiques de Chambésy, Band 7: *Un regard orthodoxe sur la paix,* 1986]). Ebenso erfließen Impulse zur Fortentwicklung der orthodoxen Ethik aus den Vorarbeiten für die christliche Weltversammlung „Frieden in Gerechtigkeit und Bewahrung der Schöpfung" 1990 in Seoul, an denen die orthodoxen Kirchen teilnahmen. Noch dringlicher dürfte in naher Zukunft die Ethik der orthodoxen Kirchen zur Neubesinnung herausgefordert werden, wenn sich die Regierungen der sozialistischen Staaten, die derzeit den Zusammenbruch der marxistischen Ethik offen eingestehen müssen, tatsächlich entschließen sollten, das gesellschaftliche Leben künftig auch von gläubigen Christen mittragen zu lassen.

N. N. Glubokovskij, Russkaja bogoslovskaja nauka (1928), eine deutsche Information darüber findet sich, in: Der christliche Osten 43 (1988) 41–45, 53–54 *(F. Jockwig); S. Harakas,* Greek Orthodox Ethics and Western Ethics, in: Journal of ecumenical studies 10 (1973) 728–751; *C. Pavel/J. Zagrean,* De la théologie orthodoxe roumaine des origines à nos jours (1974) 284–322; *I. G. Pančovski,* Die Entwicklung des orthodoxen ethischen Denkens in den sozialistischen Ländern Osteuropas, in: Ostkirchliche Studien 25 (1976) 303–320.

IVAN G. PANČOVSKI / ERNST CHRISTOPH SUTTNER

P

Person

→ Freiheit → Geschichtlichkeit → Gewissen → Gott → Handeln, sittliches → Kommunikation → Liebe → Mensch → Menschenrechte → Menschenwürde → Moralsysteme → Verantwortung

Das richtige Verständnis dessen, was Person ist, ist für die Moraltheologie von grundlegender Bedeutung, weil ja der Mensch gerade insofern ein sittliches Wesen ist, als er Person ist. Grundbegriffe wie Person, Natur, Sein usw. verstehen sich aber nicht von selbst, sondern können in verschiedener Weise gedeutet werden und machen auch im Laufe der Geschichte einen erheblichen Bedeutungswandel durch. Man kann deshalb nicht einfach einen beliebigen Personbegriff aus dieser Entwicklungsgeschichte herausgreifen und dem eigenen Denken fraglos zugrunde legen, sondern muß versuchen, auf dem Hintergrund der gesamten Problemgeschichte ein Verständnis von Person zu finden, das heutiger Einsicht und Erfahrung entspricht.

Person von lateinisch *persona* = „Maske" bedeutete ursprünglich soviel wie die Rolle des Schauspielers, aber auch das von ihm dargestellte Wesen. Die Begriffsgeschichte wurde dann in entscheidendem Maß durch die christliche Theologie geprägt. Tertullian (*Adversus Praxean* 6,1; 8; 18,12) verwendet den Begriff der Person, um das Glaubensgeheimnis des dreifaltigen Gottes darzulegen. Gott ist nur einer in drei Personen. In Christus besteht eine Person in zwei Naturen. Person bedeutet hier Antlitz, Offenbarung des unerkennbaren Logos. Person wird in der philosophisch-theologischen Sprache zunächst als Substanz charakterisiert, hingegen wird die Idee des Subjektseins noch nicht erfaßt. – Boethius führt dann eine philosophische Definition des Begriffs ein: *Persona est naturae rationalis individua substantia.* (PL 64,1343). Geistnatur und Individualität kennzeichnen also die Person. Richard von St. Victor bildet die Definition des Boethius weiter, indem er von einer unmitteilbaren Existenz der geistigen Natur spricht. Ähnlich versteht Thomas v. Aquin die Person als unterschiedene Subsistenz in geistiger Natur (S.Th. I, q 29). – Beachtlich ist allerdings, daß Thomas in der Trinitätslehre erstmalig von subsistierenden Beziehungen spricht. Hier erscheint also die Beziehung gleichursprünglich mit der Substanz.

In der Neuzeit werden dann Bewußtsein, Freiheit, Verantwortlichkeit und Berufung zum ewigen Heil als weitere Charakteristika des Personbegriffes herausgearbeitet. Die Personaliät und die Würde des Menschen als Person werden zunehmend betont. So unterstreicht Kant die Selbstzwecklichkeit des Menschen als eines sittlichen Wesens, als Person. Während er damit den Menschen noch als in sich stehendes Individuum sieht, betont Hegel so sehr die dialektische Bezogenheit der menschlichen Person auf die Mitmenschen, daß die Gefahr einer Verflüchtigung des Eigenstandes der menschlichen Person entsteht. In der weiteren philosophischen Diskussion ringen kollektivistische und individualistische Tendenzen um das rechte Verständnis der Person. Aus Hegels Auffassung, die in Zusammenhang mit der Trinitätslehre vorgetragen wurde, nimmt Feuerbach den anthropologischen Grundgedanken heraus, daß die gegenseitige Hingabe von Ich und Du das menschliche Grundverhältnis sei. Diesen Gedanken entwickelt dann im 20. Jh. der „Personalismus" weiter. Insbesondere sind M. Buber, F.

Ebner, H. Cohen, F. Rosenzweig, G. Marcel. K. Jaspers, R. Guardini, F. Gogarten usw. zu nennen. Hier geht es um die Einsicht, daß sich menschliche Person nur in der Begegnung, d. h. im „Zwischen" (Buber) verwirklichen kann. Das Ich findet sich nur im Du. Ein Defizit zeigt sich in diesem Personalismus weithin insofern, als der Mensch fast ausschließlich in seiner geistig-personalen Dimension gesehen wird, während die physische Seite (Leib, Psyche) ausgeklammert bleibt. Dadurch tritt dann auch die materiale Situiertheit des Bewußtseins und der Freiheit nicht in den Blick. Demgegenüber ist ein Verständnis von Person anzustreben, das ebenso die eigentlich personale Dimension des Menschen wie auch seine objektiv-leibliche integriert.

Auf das Verständnis des sittlichen Handelns wirkt sich der Personbegriff insofern aus, als ja die Eigenart einer Wirklichkeit gerade im Tätigsein sichtbar wird *(agere sequitur esse)*. Entsprechend den verschiedenen Aspekten des Personbegriffs sind in einer personal ausgerichteten Auffassung von Moraltheologie vor allem die Individualität, die Eigenverantwortung, die Dialogik und die Geschichtlichkeit des sittlichen Vollzugs und des sittlichen Anspruchs herauszuarbeiten.

1. Die Individualität

Die menschliche Person ist nicht bloß ein beliebiger Fall einer allgemeinen Art, sondern eine jeweils einmalige, unersetzliche Wirklichkeit. Darin ist ja auch nicht zuletzt die Würde der menschlichen Person begründet. Es kann auch in der Sittlichkeit nicht bloß um die Erfüllung allgemeingültiger Verpflichtungen gehen, sondern auch darum, den je einmaligen Weg zu erkennen, der einer bestimmten Person entspricht, und diesen Weg zu gehen. Sittlichkeit erschöpft sich ja nicht in der Befolgung einzelner Normen, sondern muß sich auch auf die Gestaltung der Lebensgeschichte in ihren größeren Zusammenhängen beziehen. Hier hat jeder Mensch seinen eigenen persönlichen Weg zu gehen und zu verantworten.

Weil die Gestaltung des Lebens aufgrund der ganzen Lebenswirklichkeit zu geschehen hat, müssen hier Entscheidungen getroffen werden, die auch den verschiedenen Motivationen und der subjektiven Verfaßtheit Rechnung tragen, etwa dem Bewußtsein einer „Berufung" zu einer besonderen Lebensaufgabe. Dabei wird auch der bisherige Lebensweg mit seiner Prägung durch Schuld und Gnade einzubeziehen sein. In einer „Unterscheidung der Geister" ist ein Urteil darüber zu fällen, inwieweit die verschiedenen Motive, die den Menschen bewegen, in eine sinnvolle Gestaltung des Lebens einzubeziehen oder aber davon auszuschließen sind.

2. Eigenverantwortung

Die Einmaligkeit und Unersetzlichkeit der Person besagt auch die Unausweichlichkeit der sittlichen Verantwortung. Jeder Mensch hat für seine sittlichen Entscheidungen selbst einzustehen. Er kann diese Verantwortung auch dort nicht abschieben, wo er im Gehorsam handelt. Selbst wenn eindeutige Normen ein bestimmtes Verhalten fordern, hat das Gewissen des einzelnen immer noch darüber zu befinden, ob er zu dieser Verpflichtung stehen oder aber sich ihr entziehen will. Er kann sich nicht einfach zum Werkzeug fremden Wollens oder anonymer Institutionen machen lassen. Der Mensch als Subjekt seines Handelns muß sich nicht nur selbst in Freiheit zum Handeln entscheiden, sondern hat auch das Bewußtsein, selbst über die Verantwortbarkeit seines Handelns urteilen zu müssen. In diesem Sinn ist das Gewissen die subjektiv letzte Instanz sittlichen Handelns, weil auch im Gehorsam noch einmal das Gewissen darüber urteilt, daß man zu gehorchen hat.

Erst recht ist die Eigenverantwortung gegeben, wenn in Situationen Entscheidungen zu treffen sind, deren Bewertungskriterien nicht eindeutig und in denen die Folgen einer Handlung nicht genügend abzusehen sind. Wenn hier dennoch eine Handlung gesetzt werden muß und nicht aufgeschoben werden kann, muß der Handelnde bewußt das Risiko einer irrtümlichen Beurteilung der Lage und einer unrichtigen Handlung auf sich nehmen. – Die Problematik einer solchen Situation wurde in der traditionellen Moraltheologie in der Lehre von den Moralsystemen diskutiert. Allerdings ging es dort um den Versuch, eine objektiv nicht völlig zu klärende Situation doch nach allgemein gültigen Prinzipien objektiv zu bewerten und so das Gewissen des einzelnen zu entlasten. Der lange anhaltende Streit um diese verschiedenen Systeme zeigt das Ungenügen der Fragestellung, in der die subjektiven Momente der Gewissensentscheidung in ihrer Eigenart nicht ausreichend berücksichtigt wurden.

3. Dialogik

Das Ich verwirklicht sich in der Begegnung mit dem Du, in der Findung von Gemeinschaft in der ursprünglichen Einheit eines „Wir". Nur so findet es sein Eigensein, seine Identität. Der Grundvollzug dieser Begegnung in gegenseitiger Bejahung ist die Liebe. Deshalb muß Liebe auch als Grundvollzug einer personal verstandenen Moral gelten. Es geht im sittlichen Handeln letztlich nicht um eine „sachliche" Beziehung zu objektiven Gegebenheiten, sondern um Kommunikation, d. h. um den Vollzug einer *communio* in Wohlwollen und Liebe. Das Wesen der Liebe liegt nicht sosehr darin, dem andern sachliche Güter zu wünschen *(velle alicui bonum)*, sondern darin, den andern zur Liebe zu bewegen *(velle alicui caritatem)*, weil ja auch der andere nur in Kommunikation und Liebe seine volle Verwirklichung und sein Glück finden kann. Sittlichkeit ist nie einfach die Leistung eines individuellen Subjekts, sondern immer gnadenhaftes Schenken und Beschenktwerden in der Begegnung. Man kann den andern nur lieben, wenn man wenigstens anfanghaft Liebe erfährt. Dadurch aber, daß man dem andern Liebe schenkt, kann auch er sich der Liebe weiter öffnen.

Kommunikation geschieht allerdings nicht nur in Form von Liebe, sondern oft auch in einer Verweigerung des Wohlwollens bzw. in Lieblosigkeit. Ebenso kann man dort, wo man Liebe schenken möchte, dem bösen Willen anderer begegnen. In solchen Situationen ergibt sich die Forderung nach der Bewältigung von Konflikten, nach Umkehr, Versöhnung und Vergebung. Kommunikation darf also nicht ausschließlich in ihrer idealen Form gegenseitiger Liebe gesehen werden. Sie geschieht auch da, wo Menschen in einer sachlichen Form miteinander verkehren oder wo sie sich in einer Konkurrenzsituation oder im Streit befinden. Außerdem ist der Gesichtspunkt der Kommunikation über die intime Zweierbeziehung hinaus auch in seiner sozialen Dimension zu entfalten. Sittlichkeit lebt ja immer auch vom Zeugnis vieler Bezugspersonen und von dem, was „man" sagt und tut.

Die Kommunikation zwischen Personen geschieht nicht unvermittelt, sondern sie bedarf des Ausdrucks, der Sprache. Eine solche Symbolfunktion kommt auch dem sittlichen Handeln zu. Das menschliche Verhalten drückt guten oder bösen Willen gegenüber den Mitmenschen aus und soll von diesen so gedeutet und dadurch als wirksam erfahren werden. Insofern hat sittliches Handeln immer einen sprachlichen Charakter. Wie in der verbalen Sprache kann nun der einzelnen Handlung nicht ein beliebiger Sinn beigelegt werden. Vielmehr hängt dieser wesentlich mit den physischen Auswirkungen der Handlung (vgl. die Lehre vom natürlichen Sittengesetz!) zusammen, aber auch mit der sozialen Deutung, die ihr aufgrund von Geschichte und Konvention zukommt. Welche Handlungen liebevoll sind, kann also der einzelne nicht unabhängig vom gesellschaftlichen Kontext bestimmen. Die Befolgung sozialer Normen ist so gesehen eine Form von Sprache, durch die der einzelne sein Ja zum Mitmenschen bzw. zur Gesellschaft und zum Gemeinwohl ausdrücken kann.

4. *Geschichtlichkeit*

Die Person kann sich nie in einem einzelnen Akt voll darstellen; denn dieser ist nicht nur Ausdruck des personalen Wollens, sondern in ihm wirken sich auch viele andere Faktoren aus, wie die leiblich-physischen Triebkräfte oder die von außen einwirkenden Motivationen. Die Selbstdarstellung der Person und des innersten Wollens gewinnt aber an Eindeutigkeit, wenn in einer längeren Abfolge von Handlungen immer wieder die gleiche Grundeinstellung sichtbar wird. So kann sich die menschliche Person nur in einem längeren geschichtlichen Verlauf, ja endgültig nur in ihrer gesamten Lebensgeschichte voll ausdrücken. Erst so zeigt sich, ob ein Mensch gut *ist* oder nur im Einzelfall gut handelt. Die Person gewinnt demnach erst in ihrer gesamten Lebensgeschichte ihr volles Sein. Die einzelne Handlung ist deshalb in ihrem sittlichen Aussagegehalt jeweils auch aus dem lebensgeschichtlichen Kontext zu interpretieren (Grundentscheidung, *optio fundamentalis*). Wie sittliche Vollkommenheit nur in einem langen Weg zu erreichen ist, so ist auch eine grundsätzliche und völlige Abwendung von Gott nur in einem solchen lebensgeschichtlichen Zusammenhang realisierbar. Dabei können natürlich die einzelnen Handlungen nicht einfach als gleichwertig gelten. Vielmehr schaffen sie in ihrer unterschiedlichen anthropologischen Bedeutsamkeit auch unterschiedliche Entscheidungssituationen, die dann zum Guten oder zum Bösen hin das weitere Leben unterschiedlich bestimmen können.

Der Mensch lebt aus seiner Geschichte und muß sich mit ihr auseinandersetzen. Er weiß sich in Dankbarkeit denen verbunden, die ihm Hilfe und Wohlwollen gegeben haben. Der Vergangenheit und ihrer bedeutsamen Ereignisse zu gedenken, ist eine wichtige Hilfe für die Erfahrung von Sinn im eigenen Leben und in den zwischenmenschlichen Beziehungen. Ebenso stellt sich aber auch die Aufgabe, das Schlimme an dieser Vergangenheit zu bewältigen, indem man Böses eingesteht, bereut und aufgrund der bisherigen Erfahrungen seinen Lebensweg zu korrigieren versucht. Man hat sich dort um Versöhnung zu bemühen, wo zwischenmenschliche Beziehungen durch Unrecht belastet sind. Der Mensch kann Vergangenheit nicht einfach auf sich beruhen lassen, weil sie ihm ja helfen soll, Hoffnung und Zuversicht für die weitere Gestaltung seines Lebens zu gewinnen.

Ebenso wie die Vergangenheit gehört auch die Zukunft zu den wesentlichen Dimensionen personaler Existenz. Nur durch die Beziehung zur Zukunft gewinnt der Mensch Freiheit. Denn der Blick in die Zukunft gibt einerseits verschiedene Möglichkeiten des Verhaltens frei, schafft aber anderseits auch das Bewußtsein einer unaufhebbaren Offenheit. Es gehört ja zum Wesen der Zukunft, daß man sie nicht völlig vorhersehen, berechnen und so über sie verfügen kann. Dennoch soll der Mensch aufgrund seiner bisherigen Sinnerfahrung mit Vertrauen und Zuversicht in die Zukunft gehen.

Zukunft ist wesentlich auch Herausforderung zur Treue. Liebe muß ihre Echtheit in Treue bewähren. Die Zukunft, auf die der Mensch ausgerichtet ist, erschöpft sich allerdings nicht in der Lebenserwartung des einzelnen Menschen, auch nicht in der innerweltlichen Zukunft über den Tod des einzelnen hinaus, sondern reicht bis in die absolute Zukunft ewigen Lebens. Im Vertrauen auf die Geborgenheit des Daseins in der gütigen Hand Gottes weiß sich der Glaubende angenommen und vertraut auf einen unauslöschlichen Sinn seiner Existenz. Diese Perspektive der Hoffnung ist für sittliches Leben und Handeln immer maßgeblich, wenn sie auch in den verschiedenen Religionen und Weltanschauungen unterschiedlich gedeutet wird.

Die Gegenwart ist schließlich die Zeit der Entscheidung und des Handelns. Hier gilt es, wachsam den *Kairos,* den rechten Zeitpunkt, zu erkennen, vor den sich stellenden Notwendigkeiten nicht auszuweichen und den Tag zu nützen. In Gegensatz etwa zum Weltbild des Wiedergeburtglaubens ist im christlichen Verständnis die Gegenwart immer als einmalig zu verstehen. Keine Stunde kehrt noch einmal wieder. Das verlangt einen großen Ernst in der Bewertung der Zeit.

In der Identifikation mit seiner bisherigen Geschichte, im vertrauensvollen Zugehen auf die Zukunft und im Eingehen auf den Anspruch der Gegenwart erfährt sich der Mensch in seinem Selbstsein. Erweist er sich in dieser Gesamtheit als jemand, der sich im gesellschaftlichen Kontext auch in seiner Einmaligkeit zur Geltung bringen kann, also nicht nur ein dem allgemeinen gesellschaftlichen Verhalten angepaßtes, sondern ein eigenständiges, oft auch für andere richtungweisendes Verhalten zeigt, so spricht man von einer Persönlichkeit.

Der Begriff der Persönlichkeit spielt naturgemäß im Zusammenhang mit Bildung eine wichtige Rolle. In der Literaturgeschichte sieht die deutsche Klassik ihr Ideal in einer „geschlossenen Persönlichkeit", die die geistigen und künstlerischen Anlagen des Menschen in harmonischer Weise ausbildet. – Die Persönlichkeit als den empirischen Wissenschaften zugängliche Seite der Person ist dann auch Gegenstand verschiedener Humanwissenschaften. Insbesondere die Psychologie hat sich diesem Gegenstand zugewendet. Die Persönlichkeitspsychologie untersucht die typischen Unterschiede zwischen einzelnen Individuen und Individuengruppen. Hier geht es vor allem um die Lehre von den Temperamenten, um Konstitutionstypen (Kretschmer, Scheldon), um Intro- und Extravertiertheit (C. G. Jung), um die Lehre vom Charakter (L. Klages) usw.

In ethischer Hinsicht ist der Begriff der Persönlichkeit von Bedeutung, insofern er das Ziel der Selbsterziehung und Reifung des Menschen beschreibt.

5. Theologische Aspekte

Der Begriff der Person hat seinen Bedeutungsinhalt in entscheidendem Maß aus theologischen Zusammenhängen gewonnen. So muß er auch unter solchen Gesichtspunkten betrachtet werden. Zunächst ist die Würde der menschlichen Person ganz wesentlich auch von ihrer Gottesbeziehung her zu verstehen. Wert und Würde einer Wirklichkeit werden ja auch dadurch konstituiert, daß sie von anderen gesucht und anerkannt wird. So besteht die tiefste Würde der menschlichen Person darin, daß er von Gott angenommen und geliebt ist. Dadurch ist er auch für den Mitmenschen liebenswert, selbst wenn er dessen Feind wäre (vgl. Mt 5,45). – Weiters ruft diese Gottesbeziehung den Menschen zur Verantwortung auf. Schon Kant sieht einen ungereimten Gedanken darin, anzunehmen, daß der Mensch sich nur vor sich selbst zu verantworten habe. Das ethische Verantwortungsbewußtsein, das der Mensch im Gewissen verspürt, ist demnach nicht nur im sozialen Zusammenhang begründet, sondern wesentlich ein Verweis auf den absolut Guten, der in seinem „Wort", d. h. in Jesus Christus, den Menschen anspricht und auch zur Verantwortung zieht (vgl. Röm 2,16).

Auch die dialogische Struktur der Person und der Liebe als des sittlichen Grundvollzugs trägt den Verweis auf die transzendente Wirklichkeit Gottes. Denn Liebe kann sich nicht auf ein bloßes „Wie du mir, so ich dir" beschränken. Sie muß immer Vorgaben leisten, obwohl sich dann im Einzelfall zeigen kann, daß sie nicht erwidert, sondern vielleicht sogar verraten wird. Die Erfahrung und der Glaube, daß Liebe auch in einem solchen Fall sinnvoll ist, setzt voraus, daß sie von dem angenommen wird, der die Liebe selbst ist (1 Joh 4,16b). Deshalb ist die Liebe nach christlichem Verständnis auch der zentrale Ort der Gotteserfahrung. Hier spürt der Mensch die Gemeinschaft mit Gott am stärksten. Das Ja, das Gott zum Menschen gesprochen hat, vermittelt sich in der gesamten Geschichte der Menschheit. In einer besonderen Weise wird dieses Sprechen Gottes allerdings greifbar, in der Geschichte des alt- und neutestamentlichen Gottesvolkes, in unüberbietbarer Weise aber im Leben, Sterben und Auferstehen Jesu Christi. Der Glaube des Menschen, der aus geschichtlichen Erfahrungen lebt, kann sich deshalb in einer besonderen Weise auf die Geschichte der biblischen Offenbarung stützen. Das Gedächtnis an diese Heilstaten Gottes gibt dem Menschen Licht und Sinneinsicht. Es macht ihm bewußt, daß Gott ein liebender und damit auch ein barmherziger, vergebender und treuer Gott ist. Diese Offenbarung bringt ihm aber auch seine Verantwortlichkeit zum Bewußtsein. Aus dem „Wie du mir, so ich dir" wird nun die Maxime „Wie Gott mir, so ich dir".

Die verschiedenen Aspekte eines personalen Denkens in der Moraltheologie betreffen zwar nicht sosehr die Bildung konkreter einzelner Normen, sind aber von größter Bedeutung für das Verständnis größerer Zusammenhänge des menschlichen Lebens und für die Frage nach dem Sinn des Daseins und seiner humanen Gestaltung.

G. W. Allport, Gestalt und Wachstum in der Persönlichkeit, hrsg. v. H. v. Bracken (1970); *A. Brunner,* Person und Begegnung (1982); *M. Buber,* Das dialogische Prinzip (⁵1984); *M. Theunissen,* Der Andere (²1977) Lit.

HANS ROTTER

Pflicht

→ Autonomie → Autorität → Ethik → Ethos → Gehorsam → Gewissen → Gott → das Gute → Moralprinzip → Natur → Wert → Zielgebot

1. Formen des Gesollten: Beziehung des Gebührens und sittliche Pflicht

Jedes wertvolle Seiende, jedes *Bonum* also, *ist* nicht nur existent im Sinne einer bloßen Tatsächlichkeit, sondern *soll* auch sein. Immer, wenn eine Person dieses Bonum wahrnimmt, entsteht aus diesem Erkenntnisakt eine „Beziehung des Gebührens" (D. v. Hildebrand): Die Person *sollte* die dem wertvollen Seienden entsprechende Antwort geben. Allerdings, dabei handelt es sich noch nicht um die sittliche Pflicht, die genannte Gebührens-Beziehung betrifft auch den vormoralischen Bereich der nicht sittlich-relevanten Werte, sie geht von jedem Gut – z. B. auch von bloß ästhetischen Werten – aus, ohne daß sich derjenige, der die entsprechende Antwort verweigert, dadurch schuldig machen würde.

Eine radikal neue Ebene des Sollens und damit der Pflicht ist dort erreicht, wo es sich um ein sittlich relevantes Gut handelt und dem Menschen ein sittliches „Du sollst", eine sittliche Pflicht entgegentritt, der er Gehorsam schuldet. Diese Pflicht ist kategorischer Natur, ist ihrem Kern nach unabhängig von irgendwelchen Folgen einer Handlung (im Sinne einer teleologischen Ethik), wird im Gewissen erlebt, und derjenige, der ihr nicht gerecht wird, macht sich schuldig. „Das Gute soll getan und verwirklicht werden, das Böse ist zu vermeiden" (Thomas v. Aquin, S.Th. I/II, q 94 a 2 c), lautet das Prinzip der sittlichen Verpflichtung in seiner allgemeinsten Form.

2. Die Gründung des sittlichen Sollens im sittlich relevanten, wertvollen Seienden

Woher kommt die sittliche Verpflichtung? Glück, Lust und Nutzen können immer nur einen hypothetischen Imperativ hervorbringen („Wenn du glücklich sein willst, solltest du...." – aber vielleicht will der Betreffende nicht!) und sind, das wurde oft und hinlänglich (z. B. von I. Kant) bewiesen, ungeeignet, einen sittlichen Akt zu begründen.

Der kategorische Imperativ der sittlichen Verpflichtung erklärt sich zunächst aus dem Objekt des Aktes (Thomas v. Aquin, S.Th. I/II q 18 a 2), aus dessen sittlicher Bedeutsamkeit (D. v. Hildebrand), seinem „Gut-Sein", seinem in sich ruhenden Wert, der weder (im Sinne einer ungenügenden Naturrechtsethik) auf eine wie immer geartete Nützlichkeit für die Selbstverwirklichung des Menschen zurückgeführt werden darf noch als eine vom Seienden abgelöste und getrennt von diesem existierende Realität (im Sinne des Neukantianismus wie bei H. Rickert oder N. Hartmann) zu verstehen ist.

3. Die sittliche Pflicht als tragendes Element der Ethik

Allerdings, das genannte, sittlich bedeutsame, wertvolle Sein allein erklärt noch nicht das Wesen der sittlichen Verpflichtung. Mit Recht hebt Kant (*Grundlegung der Sitten*, BA 1,2) hervor, daß nur sittliche Werte in dem Sinne „absolut" sind, daß alle anderen Güter in der Person ohne sie ein Übel wären, während sie selbst kraft ihres eigensten Wesens schlechthin gut sind. Wie aber können niedrigere Güter (wie Leben, Gesundheit usw.) Ursache eines höherstehenden, nämlich sittlichen Wertes sein? Außerdem zeigt sich: Das Objekt des sittlichen Aktes wird in vielen Fällen nicht mit derselben Unbedingtheit gewollt wie der sittliche Akt selbst. Ja manchmal darf man das Gegenteil von dem wünschen, was man zu tun bzw. zu unterlassen verpflichtet ist (etwa das sittlich verpflichtende Nein zur aktiven Euthanasie und der Wunsch, ein bestimmter Kranker möge durch den Tod von seinen Leiden erlöst werden). In dem kategorischen Imperativ des sittlichen Anspruchs taucht die sittliche Pflicht als solche als ein eigenständiges, über den sittlich relevanten Wert hinausgehendes Element auf.

4. Die Analyse der sittlichen Pflicht

Die sittliche Pflicht entsteht unabhängig von den Wünschen und Neigungen des Subjektes aus der „Begegnung zwischen Subjekt und sittlich relevantem Objekt sowie gewissen Faktoren der dadurch entstehenden Situation", sie besitzt den Charakter eines geistigen Rufes an die Person „durch die Kraft ihrer objektiven Verbindlichkeit". Sie enthält eine „einzigartige Synthese aus historischer Konkretheit, mit der sie sich ‚hier und jetzt' an den Handelnden richtet, und aus Universalität, indem sie sich an jeden Menschen in gleicher Situation in derselben Weise richten würde, und aus ‚Ewigkeit', indem sie in ihrer Schicksalsschwere Entscheidung ‚in' der Zeit, doch nicht ‚für' die Zeit, sondern für die Ewigkeit verlangt" (J. Seifert). Sie richtet sich an den einzelnen Menschen und verlangt eine Unterordnung, deren Absolutheit sich aus dem sittlichen relevanten Objekt des sittlichen Aktes allein nicht immer begründen läßt.

5. Sittliche Pflicht und die Existenz Gottes

Im sogenannten „deontologischen Gottesbeweis" wird versucht, aus dem Wesen des sittlichen Sollens dessen seinsmäßig ermöglichenden Grund zu entdecken. Was ist die letzte Ursache der unmittelbar erfahrbaren sittlichen Pflicht? Es zeigt sich, „daß die sittliche Verpflichtung in ihrer Majestät und Unbedingtheit als persönlichster ‚Anruf', der meist viel absoluter ist als die Güter, von denen er ausgeht, metaphysisch unerklärt und seines letzten Seinsfundaments beraubt bliebe, wenn er nicht im absoluten, göttlichen, personalen Sein wurzelte" (J. Seifert), das durch die sittliche Verpflichtung den Menschen persönlich anspricht. Vor allem ist es, wie J. H. Newman (*Grammar of assent*, Kap. 5, § 1) aufgewiesen hat, die im Gewissen erlebte sittliche Verpflichtung, die dem Menschen „das Bild eines höchsten Herrschers, eines Richters, heilig, gerecht, mächtig, allsehend, vergeltend" einprägt.

Denn wenn wir uns im Gewissen verantwortlich fühlen, „so schließt das ein, daß hier Einer ist, dem wir verantwortlich sind". Kant meint, der Mensch könne sich das Gewissen kaum anders denken, hält diese Sicht aber letztlich dennoch für Illusion (*Metaphysik der Sitten*, A 100ff.).

6. Formalismus der Ethik Kants, der Fehler M. Schelers und die Lösung des Problems

Es gehört zum sittlichen Akt, die sittliche Pflicht als solche wahrzunehmen und entsprechend zu antworten: „Pflicht ist", heißt es bei Kant, „die Notwendigkeit einer Handlung aus Achtung fürs Gesetz." Allerdings geht Kant einen Schritt zu weit, indem er die Pflicht allein und nur sie gelten lassen will: „Wenn der Wille . . ., indem er über sich selbst hinausgeht, in der Beschaffenheit irgendeines seiner Objekte das Gesetz sucht, das ihn bestimmen soll, so kommt jederzeit Heteronomie heraus. Der Wille gibt als denn sich nicht selbst" – wie er nach Kant sollte, um wirklich authentisch sittlicher, „autonomer" Wille zu sein – „sondern das Objekt durch sein Verhältnis zum Willen gibt diesem Gesetz" (*Grundlegung der Metaphysik der Sitten*, BA 89). Kant (ebd. 95) setzt dagegen: „Der schlechterdings gute Wille, dessen Prinzip ein kategorischer Imperativ sein muß, wird also, in Ansehung aller Objekte unbestimmt, bloß die Form des Wollens überhaupt enthalten" (vgl. auch KpV A 154f.). M. Scheler (*Der Formalismus in der Ethik und die formale Wertethik* [1966] 200ff.) hat ihm wegen dieser seiner Grundaussagen „Formalismus" vorgeworfen, allerdings selbst einen anderen, Kant entgegengesetzten Fehler begangen, indem er meinte, jedwedes Motiviertsein durch die Pflicht stehe im Widerspruch zu „eigenem Wollen" und eigener Einsicht und sei daher mit wahrer Ethik unvereinbar. Darüber hinaus ist zu beachten, daß Kant selbst an anderen Stellen das falsche Autonomieprinzip aufgegeben hat und der Vorwurf Schelers gegen Kant (sosehr damit eine Grundtendenz der Kantschen Ethik getroffen ist) differenziert werden müßte.

Zu korrigieren und zu ergänzen sind also sowohl Scheler, der einseitig das Objekt des sittlichen Aktes hervorhebt, als auch Kant, der nur die sittliche Pflicht gelten lassen will und jede Bestimmtheit des Sittlichen durch das Objekt als „Heteronomie" ablehnt – was in der Sprache Kants soviel wie Verfälschung heißt. Aber die Pflicht hängt in ihrer Existenz, ihrem Rang, ihrer Dringlichkeit und ihrem Gewicht streng von der Eigenart des sie in der oben genannten Weise begründenden, wert-vollen Sachverhalts ab. Andererseits ist es für jeden sittlichen Akt entscheidend wichtig, daß er – im Sinne Kants – von dem Motiv der

Pflicht mitgetragen wird. Dies anzuerkennen hat absolut nichts mit „Legalismus" und „gesetzlichem Formalismus" zu tun, geschweige denn mit „Gesetzlichkeit" im theologisch-paulinischen Sinn (als Selbsterlösung verstanden). Das heißt also: Jeder sittliche Akt muß – andere Motive bleiben hier unberücksichtigt – durch das ihn begründende Gut (den sittlich bedeutsamen Wert) und durch die sittliche Pflicht als solche motiviert sein, wobei sich beide Motive organisch durchdringen.

7. Die sittliche Pflicht und das moralisch Gute: Die sittliche Pflicht ist nicht identisch mit dem Phänomen des sittlich Guten überhaupt

„Sittliche Pflicht" setzt immer ein kontingentes und des sittlich Bösen fähiges Subjekt voraus. Es wäre unsinnig, von Gott Pflichten aussagen zu wollen, wiewohl man von göttlicher Gutheit mit vollem Recht und per eminentiam sprechen kann und muß.

Außerdem ist nicht alles, was sittlich gut ist, unbedingt verpflichtend. Die Identifikation von „sittlich gut" mit „sittlich verpflichtend" führt unvermeidlich zum Rigorismus. Die Logik dieses Sachverhaltes zeigt sich z. B. im ethischen Werk von H.-E. Hengstenberg (*Grundlegung der Ethik* [1969] 99ff.). Diesem ist natürlich zuzustimmen, daß allem Sittlichen ein Charakter der Verpflichtung, des Gesollten im Sinn der erwähnten Gebührensbeziehung zukommt. Daraus folgt aber nicht, daß alles sittlich Gute verpflichtend im strengen Sinn des Wortes ist. Vor allem die Liebe ist es, die bereit ist, mehr zu tun als das, wozu man verpflichtet ist. Die klassische Moraltheologie spricht in Hinblick darauf von Werken der Übergebühr. Hengstenberg versucht der rigoristischen Konsequenz zu entkommen, indem er auf der einen Seite den Bereich des Verpflichtenden ausdehnt und auf der anderen Seite eingrenzt und beschränkt. Die katholische Moraltheologie hält aber daran fest, daß es sowohl sittlich gute Handlungen gibt, zu denen der einzelne nicht verpflichtet ist (die Hingabe M. Kolbes wäre ein Beispiel. „Verpflichtet" würde ja heißen, daß er schuldig geworden wäre, wenn er sein Leben nicht geopfert hätte), als auch sittlich heroisches Verhalten, das streng verpflichtend ist (etwa lieber zu sterben, als den Glauben aufzugeben oder einen unmoralischen Befehl auszuführen). „Werke der Übergebühr" sind also nicht identisch mit dem sittlich Heroischen!

8. Weitere Quellen sittlicher Verpflichtungen

Sittliche Verpflichtungen ergeben sich nicht nur aus objektiv wertvollem Sein, sondern auch aus anderen Quellen wie etwa durch die Anordnung einer legitimen Autorität, aus der Kontingenz des Menschen (dem es auf Grund seiner metaphysischen Situation z. B. nicht zusteht, seinem Leben aus eigenem Wollen ein Ende zu setzen) oder auch aus Verpflichtungen, die er frei eingegangen ist, und anderen Entscheidungen, die man nicht willkürlich und ohne Schuld ungeschehen machen kann.

9. Adressat der sittlichen Pflicht

Normalerweise und letztlich ist der Adressat einer Pflicht immer nur die einzelne Person. Dennoch gibt es auch Pflichten, die sich an eine Gruppe oder Gemeinschaft richten. So etwa ist es eine Pflicht der Kirche, das Evangelium allen Menschen zu verkünden, ohne daß daraus eine drängende Pflicht für jeden einzelnen folgen würde, in die Mission zu gehen. Ein anderes Beispiel ist der Zölibat, der im Widerspruch zum Auftrag Gottes steht, wenn man die Verpflichtung des Menschen, sich zu vermehren, nur auf den einzelnen und nicht auf die Gemeinschaft als ganze beziehen wollte.

10. Pflichtenkollision

Weil sich der Mensch nicht selten in einer Situation befindet, in der er sich mit verschiedenen Pflichten konfrontiert sieht, denen er nicht allen gerecht werden kann, hat die Moraltheologie zur Lösung solcher „Pflichtenkollisionen" Entscheidungsregeln formuliert. Dabei ist allerdings zu beachten: Pflichtenkollisionen sind nach Überzeugung der katholischen Moraltheologie letztlich immer nur Täuschungen, weil es unmöglich ist, daß Gott vom Menschen in einer bestimmten Situation tatsächlich zwei unlösbar widersprüchliche Pflichten einfordern würde – so nämlich, daß er „notwendig schuldig" würde, wie dies z. B. manche evangelische Ethiker gemeint haben. So schwierig und mühsam es sein kann, den richtigen Weg zu finden: Letztlich ist vom Menschen nicht mehr verlangt als das, was in der Situation möglich ist. Diese Pflichterfüllung kann Heroismus einschließen, aber das schlechthin Unmögliche verlangt Gott niemals!

Dennoch gibt es aus der Sicht des Menschen (scheinbare) Pflichtenkollisionen, die eine schwere Last darstellen können. Zur Lösung ist zu beachten:

a) Klärung der Gültigkeit aller Pflichten: Ein erster Schritt ist getan, wenn geklärt worden ist, ob alle Pflichten zu Recht bestehen oder ob es sich nicht doch da oder dort um ein Mißverständnis handelt.

b) Göttliche Gebote und menschliche Satzung: Es ist zu achten, welchen Ursprungs eine bestimmte Pflicht ist. Kein menschliches Gesetz kann ein göttliches Gebot außer Kraft setzen: „Man muß Gott mehr gehorchen als den Menschen" (Apg 5,29). Dieses Prinzip löst insbesondere viele Schein-Kollisionen zwischen dem Spruch des Gewissens und den Befehlen von menschlichen Autoritäten, zu denen auch berufliche Bindungen zu zählen sind (etwa die „Pflichten" des soldatischen Gehorsams!).

c) Die Wahl des kleineren Übels: Es ist niemals erlaubt, eine Sünde zu begehen. Aber unter sorgfältiger Beachtung der Regeln, die für die Mitwirkung gelten, kann sich der Mensch für das kleinere Übel entscheiden: Die Pflicht, die eigene Familie zu retten, kann jemanden bis zu einer gewissen, nicht leicht zu bestimmenden Grenze legitimieren, gegen ein System des Unrechts nicht offen zu kämpfen oder zu protestieren.

d) Werthöhe und Dringlichkeit in der Abwägung des Gewissens: Nicht selten lassen sich Kollisionen dadurch lösen, daß die verschiedenen Pflichten nicht nur nach den sie begründenden Werten, sondern auch nach ihrer Dringlichkeit in einer echten Gewissensentscheidung gegeneinander abgewogen werden: Die unbedeutende, aber jetzt drängende Pflicht einer kleinen Hilfeleistung kann wichtig genug sein, um das (objektiv wichtigere) Gebet zu verschieben.

e) Standespflichten: Normalerweise haben die Verpflichtungen eines Standes (des Verheirateten, des Priesters, des Mönches usw.) Vorrang gegenüber sittlich an sich erstrebenswerten Zielen, die mit den Pflichten des Standes aber nicht vereinbar sind. Ausnahmen (wie etwa die Entscheidung des Nikolaus von der Flüe, seine Familie zu verlassen) sind zu werten als das, was sie sind: äußerst seltene Ausnahmen, die nur von Gottes klar gezeigtem Willen her zu legitimieren sind. Andere Standespflichten (etwa: das klösterliche Stillschweigen u. a. dgl.) sind überhaupt nur dann richtig verstanden, wenn ihre Relativität auf die Forderungen der Liebe hin klar gesehen wird.

f) Weitere Regeln: Normalerweise gilt des weiteren: Es gibt fundamentale Pflichten der Liebe, die gegenüber nicht streng verpflichtenden Werken einen gewissen Vorrang haben (z. B.: Zuerst die eigene Familie ernähren, dann spenden für die Entwicklungshilfe! Die Darstellung dieses ethischen Gesetzes durch die Gegenüberstellung von „Rechtspflichten" und „Liebespflichten" ist irreführend, weil auch die „Rechtspflicht" dem Hauptgebot der Liebe zu- und untergeordnet ist. Die katholische Moraltheologie kennt, genau besehen, überhaupt nur „Liebespflichten"); affirmative Gesetze müssen „negativen" Gesetzen gegenüber zurückstehen (z. B. „Du sollst nicht stehlen" hat Vorrang gegenüber der Großzügigkeit des Diebes, der mit dem Erbeuteten Gutes tut – sofern es sich wirklich um Diebstahl handelt und nicht um ein legitimes Sich-zur-Wehr-Setzen gegen Ausbeutung), und „die Pflicht geht vor dem Rat".

D. v. Hildebrand, Moralia (1980); *I. Kant,* Grundlegung zur Metaphysik der Sitten, in: *ders.,* Werke (Wiesbaden 1956–1964) Bd. 7; *ders.,* Kritik der praktischen Vernunft, ebd. Bd. 6; *M. Scheler,* Der Formalismus in der Ethik und die Materiale Wertethik (1966); *J. Seifert,* Was ist und was motiviert eine sittliche Handlung? (1976) bes. 44–56.

ANDREAS LAUN

Pneumatologie

→ Alttestamentliche Ethik → Berufung → Gott → Kirche
→ Neutestamentliche Ethik → Sakrament → Spiritualität → Taufe

Unter „Pneumatologie" versteht man in erster Linie jene dogmatische Lehre (griechisch λόγος), die über Wesen und Wirken des Heiligen Geistes (πνεῦμα) handelt. „Spiritualität" hingegen redet vorwiegend vom Geist, insofern er im Begnadeten bleibende bzw. erkennbare Wirkungen hervorbringt und zu bestimmten strukturierten Lebensformen führt; als Reflexion über das „Leben im Geist" darf sie als die subjektive Seite der Pneumatologie (der objektiven Seite dieses zusammenhängenden Themas) angesehen werden. Zunehmend scheint sich die Auffassung durchzusetzen, daß „Pneumatologie" als Querschnittsdisziplin eine durchgehende Perspektive theologischen Denkens zu reflektieren habe.

Die Frage, wie die Lehre vom Heiligen Geist für die Moraltheologie fruchtbar gemacht werden könne, ist in solcher Ausdrücklichkeit relativ neu. Dies verwundert nicht, weil der Pneumatologie nach wie vor eher der Status einer „Einführung" zukommt. Schließlich wurde in der Westkirche (im Unterschied zur östlichen Theologie) die Christologie stärker entfaltet – auf Kosten der Lehre vom Heiligen Geist, was das in letzter Zeit vielfach beklagte „pneumatologische Defizit" ausgelöst hat. Als theologischer Terminus spielt „Pneumatologie" seit knapp einer Generation eine größere Rolle.

Die Schrift selbst kennt keinen präzisen Geist-Begriff. Auszugehen ist daher vom hebräischen Wort „rúach", das bei seiner Übersetzung ins Griechische (πνεῦμα) und ins Lateinische *(spiritus)* mit solchen Begriffen wiedergegeben wurde, die ebenfalls noch die ursprüngliche sinnliche Bedeutung „Wind" und „Atem" erkennen lassen und das Moment des Dynamischen, Unverfügbaren betonen. Der Geist Gottes *(rúach Jahwe)* als Lebenshauch ist zunächst eine Kraft, mit der Gott einmalig oder bleibend Menschen ergreift (z. B.: Ri 3,10; 6,34 u. ö.; 1 Sam 10,5–13; 16,13; als im Messias wirksame sittliche Kraft: Jes 11,1–3); durch seinen Geist wirkt Jahwe auch in der Geschichte Israels. Durch den „Wind/Atem-Geist" weiß sich der Mensch mit Gott verbunden (vgl. Gen 2,7).

Diese Doppelbedeutung bildet den Hintergrund für Joh 3,8: darin kommt einerseits die Kontinuität von AT und NT zum Ausdruck; anderseits deutet sich eine Weiterentwicklung an. Jesus wird anläßlich seiner Taufe als *der* eschatologisch-messianische Geistträger ausgewiesen (Mk 1,9ff. par; Jes 42,1; 61,1); die Personhaftigkeit des Geistes beginnt sich zu enthüllen. Im Taufbefehl wird schon die trinitarische Eigenpersönlichkeit des Heiligen Geistes neben der von Vater und Sohn vorausgesetzt (Mt 28,19). Die dem Christentum eigentümliche Gottesidee tritt damit vollständig ans Licht. In den „Paraklet-Worten" wird dieser Geist den Jüngern als neuer „Beistand" verheißen; der Geist erscheint als der irdische Stellvertreter des Auferstandenen (Joh 14,15ff.; 25f.; 15,26f.; 16,7–15), künftig wird *er* die Jüngergemeinde leiten.

Nach Lk endet die „Zeit Jesu" mit seiner Erhöhung (Lk 24,49ff.; Apg 1,5.8f.). Zu Pfingsten bricht der Geist in seiner Fülle in die Welt herein, die „Zeit der Kirche" beginnt (Apg 2,1–41). Wohl wirkt der Geist Jesu auch als Heils- und Lebensmacht im Kosmos (Röm 8,18–25), doch im besonderen wird er auf vielerlei Weise in vorübergehenden und dauernden Wirkungen in der Kirche erfahrbar (Röm 8,1–17; 12,4–21; 1 Kor 12–14). Gerade die Pneumatologie des Apostels Paulus hat die Beziehung des gekreuzigten und auferstandenen Herrn zur Gemeinde und damit zugleich zur geistbestimmten christlichen Existenz zum Gegenstand.

In der Frühzeit des Christentums entfaltet sich die Glaubenslehre vom Geist langsam und in Abhängigkeit von der Christologie. Die Darstellungen haben fragmentarischen Charakter. Gegen Irrlehren, die den Geist als Wesen zwischen Gott und den Geschöpfen oder als obersten Engel verstanden zu haben scheinen (Makedonianismus, Pneumatomachismus), wendet sich besonders das erste Konzil von Konstantinopel (381). Von da an ist die kirchliche Lehre grundlegend im sogenannten „Dritten Artikel" des Nizäno-Konstantinopolitanischen Glaubensbekenntnisses (zusammen mit den wichtigsten Themen der Pneumatologie) definiert.

Im Anschluß daran kommt es besonders im ostkirchlichen Mönchtum zur Entfaltung der Geistmystik (z. B. Basilius, *Über den Heiligen Geist:* PG 32,67–217; die dem Makarius zugeschriebenen *Homilien:* PG 34,449–822). Der Westen hingegen hat keine so reichhaltige pneumatologische Tradition aufzuweisen. Augustinus drückt das Besondere des Geistes mit Hilfe der Begriffe *communio* (Gemeinschaft) sowie *caritas* (Liebe) und *donum* (Gabe) aus (vor allem in: *De Trinitate,* PL 42,819–1098), die Pneumatologie wird damit in die Gnadenlehre integriert. Diese Sicht bleibt weiterhin bestimmend. Thomas v. Aquin z. B. stellt im ersten Teil seiner *Summa Theologiae* die Lehre über den Geist anhand der beiden Bezeichnungen *amor* (Liebe) und *donum* (Gabe) dar (I, q 36ff.). Die Gnadenlehre wird dann im zweiten (also moraltheologischen!) Teil kurz dargelegt, und zwar als Lehre über die Gaben des Geistes (I/II q 68; vgl.: Bonaventura, *Collationes de septem donis Spiritus Sancti*) und als Lehre vom neuen Gesetz (das in der Gnade des Heiligen Geistes besteht: I/II, q 106 a 1). Trotz aller Scharfsinnigkeit geraten diese Fragen etwas unpersönlich; der Bezug der Firmung zum Heiligen Geist bleibt blaß (III, q 72).

Nach dem Konzil von Trient (1545–1563) setzt mit dem Selbständigwerden der Moraltheologie zuerst in den Vorlesungen über die *Casus conscientiae* (die Gewissensfälle) eine Abnabelung der christlichen Sittlichkeitslehre von ihren dogmatischen Grundlagen ein. Wenn, dann finden sich Hinweise auf das Wirken des Geistes vor allem in den Kapiteln über die eingegossenen bzw. die theologischen Tugenden und die Gaben des Geistes sowie bei den (vielfach kirchenrechtlich orientierten) Ausführungen über die Firmung. Das Vorbild des Aquinaten bleibt hinsichtlich der Gnadenlehre verpflichtend; Sachfragen werden teilweise in Aszetik und Mystik behandelt.

Wichtig wurden die Enzyklika Leos XIII. *Divinum illud munus* (1897), die der Einwohnung des Geistes in der Seele gewidmet ist, und die Enzyklika Pius' XII. *Mystici corporis* (1943), die u. a. über den Heiligen Geist als Lebensprinzip der Kirche handelt, sowie die Enzyklika *Dominum et vivificantem* Johannes Pauls II. (1986). Das Zweite Vaticanum markiert einen theologiegeschichtlichen Aufbruch durch die Rückbesinnung auf die pneumatische Dimension der Kirche und die allen Gläubigen gegebenen Charismen (z. B.: LG 4; 27f.; AA 3f.,30). Entwarf man vorerst noch in Weiterentwicklung der scholastischen Lehre von den innergöttlichen Beziehungen eine „Pneumatologie von oben", so fand in jüngerer Zeit unter Einbeziehung biblischer Ansätze und konkreter (Geist-)Erfahrungen eine Umorientierung hin zu einer „Pneumatologie von unten" statt (beobachtbar an den Veröffentlichungen von H. Mühlen).

Zu dieser theologischen Erneuerung trug bei, daß nach der Jahrhundertwende Gemeinschaften aus der reformatorischen Tradition nachdrücklich eine pneumatische Besinnung forderten; in deren Gefolgschaft entstand seit 1967 in den USA die (katholische) „Charismatische (Gemeinde-)Erneuerung". Im Rahmen dieser Bewegungen stellte sich die Frage nach einer vertieften und zugleich allgemein verständlichen Lehre vom Heiligen Geist, von den Gaben des Geistes, den Charismen sowie besonders von der Unterscheidung der Geister.

Gegen vielfache Verengungen der Moraltheologie auf Moralphilosophie, Sündenlehre und Kasuistik befürwortet das II. Vaticanum einen heilsgeschichtlichen Ansatz; im besonderen empfahl OT 16, die Moraltheologie solle die Berufung der Gläubigen, „in der Liebe Frucht zu tragen für das Leben der Welt", erhellen. In Nr. 79 der von der Kongregation für das katholische Bildungswesen 1970 herausgegebenen „Grundordnung für die Ausbildung der Priester" (*Ratio fundamentalis institutionis sacerdotalis*) wird im Anschluß daran erklärt, die Moraltheologie vollende sich in der Theologie der Spiritualität. Diesem Anliegen scheint noch nicht in befriedigender Weise entsprochen zu werden.

Im folgenden seien einige für die Moraltheologie besonders relevante Züge der Lehre vom Heiligen Geist skizziert. Die kirchliche Urerfahrung läßt sich als Geisterfahrung bestimmen, die mit Neuwerden und Offenheit (vgl. Apg 2,1–18; *Veni Creator Spiritus*), aber auch mit Heiligkeit, Gemeinschaft und Leben in Verbindung zu bringen ist (3. Artikel des Glaubensbekenntnisses). Wie der Geist in Gott Personen verbindet, indem er die Liebe zwischen Vater und Sohn ist, so verbindet er in der Kirche die Christen untereinander sowie mit Christus und dem Vater. Neben der trinitarischen Grundformel (ein Gott in drei Personen) und der christologischen (eine Person in zwei Naturen) ist dies die dritte dogmatische Grundformel: Der Heilige Geist ist derselbe in Christus und in den Christen (eine Person in vielen Personen: H. Mühlen).

Die Geistsendung zeitigt sowohl ekklesiologische als auch anthropologische Wirkungen: a) Einerseits vermittelt der Geist eine „Wir-Erfahrung"; damit konstituiert er die Gemeinde der Glaubenden, er stiftet die Kirche in ihrer Vielfalt, die mit ihrem Reichtum an Ämtern, Diensten und (freien) Charismen zum „Ort des Geistes" wird. Die Kirche ist aber auch „Sakrament des Geistes und der Einheit", nämlich Werkzeug des Geistes, der durch die Kirche in diese Welt hineinwirkt, seine

Sendung *(missio)* durch sie (in der Mission) fortsetzt, aber auch durch die Kirche die Verbundenheit der Menschen untereinander und die Gemeinschaft mit Gott schenkt (1 Kor 12–14).

b) Anderseits wird durch die Geistsendung – grundlegend durch die Taufe vermittelt – das sittliche Bemühen des Christen auf eine neue Grundlage gestellt. Was für den Leib der Atem (πνεῦμα!) ist, ist für den Erlösten das göttliche Pneuma: Prinzip und Ermöglichung christlichen Lebens. Der Indikativ des Heils ist aufs engste mit dem sittlichen Imperativ verknüpft (vgl. Röm 8,1–17;12,11; Eph 4,30; 1 Thess 5,19), sich vom Geist leiten zu lassen! Wer sich diesem inspirierenden, schöpferischen und verwandelnden Geist überläßt, wird davon bis in die Tiefen seiner Persönlichkeit erfaßt.

Die Zuwendung des Geistes entfaltet sich (als „geschaffene Gnade") im Getauften in vielfältiger Form: in „eingegossene Tugenden", die den Menschen befähigen, sein Leben in dieser Welt nach christlichen Grundsätzen zu gestalten; und in „theologische Tugenden" (1 Kor 13,13; weiterentfaltet in: LG 41), die ermöglichen, sein Leben auf das durch die Erlösung geschenkte übernatürliche Ziel hin auszurichten. Diesen aktiven, also auf Betätigung hin angelegten Dispositionen korrespondieren „passive Habitus" (Befähigungen), durch die der Begnadete noch ansprechbarer („passiver" im mystischen Sinn) für die aktuellen Anregungen des Geistes wird. Auf diese Weise erfährt der Mensch seine jeweiligen Verpflichtungen vor allem durch innere Einsicht und nicht nur von außen auf dem Weg über allgemein verbindliche Gesetze und autoritative Anweisungen: Dadurch wird er „mündig".

Diese passiven Befähigungen weisen eine gegenläufige Sinnrichtung auf: Die Gaben (Ansatzpunkt ist Jes 11,1f.) sensibilisieren vorrangig dafür, wie das eigene Heil zu erlangen ist. Die Charismen (Ansatzpunkt: 1 Kor 12–14; LG 10–12 versucht eine Verbindung von individuellen und kirchlichen Charismen) rüsten vorrangig zum Dienst an den anderen aus; jeder Christ ist kraft des Geistempfanges instand gesetzt, das Gemeinschaftsleben in Kirche und Gesellschaft auf seine Weise mitzugestalten.

Wohl bekommt man den Geist als solchen nicht zu Gesicht; er ist aber an Wirkungen, die der menschlichen Erfahrung zugänglich sind, erkennbar (vgl. Joh 3,8). Dafür bedarf es einer adäquaten, gnadenhaften (d. h. charismatischen) Urteilsfähigkeit, eines Gespürs für das Richtige und Echte, „Unterscheidung der Geister" genannt (im Anschluß an: 1 Kor 12,10), um über alle Klugheitsregeln hinaus entscheiden zu können, mit welchem „Geist" man konfrontiert ist, welchen Antrieben – in sich oder im anderen – man also vertrauen und daher folgen kann und welchen nicht. Anzeichen für den widergöttlichen Geist sind nicht nur offenkundige Abkehr von Gott, sondern überhaupt alles Unehrliche und Destruktive (Gal 5,19ff.). Anzeichen dafür, daß der gute Geist – zumindest überwiegend – am Werk ist, sind einerseits inhaltliche Kriterien (Bekenntnis zu Christus und damit zur Lehre der Kirche; Dienst an der Gemeinschaft), anderseits persönliche Kriterien (theologische Tugenden; die „Frucht des Geistes", besonders aber die Liebe: Gal 5,22f.).

G. Holotik, Die pneumatische Note der Moraltheologie (1984); *H. Mühlen*, Una mystica persona (²1967); *Ch. Schütz*, Einführung in die Pneumatologie (1985); *Johannes Paul II.*, Laßt Euch vom Geist bewegen. Enzyklika „Über den Heiligen Geist" mit einem Kommentar von H. U. v. Balthasar (³1987).

GERHARD HOLOTIK

Politik

→ Entscheidung → Erziehung → Friede → Gemeinwohl → Gesellschaft → Ideologie → Macht → Staat → Toleranz → Verantwortung

1. Der Begriff der Verantwortung

Der Politikbegriff wird traditionellerweise hergeleitet aus dem Modell und aus den Organisationserfahrungen der griechischen Stadtstaaten; die πολιτικά umfassen dabei das Insgesamt all der Dinge, die die Allgemeinheit im Bereich einer πόλις betreffen. Die wirtschaftlichen und sozialen Bezüge haben sich aber bald über die Grenzen solch enger Lebenswelten hinaus erweitert; damit hat sich auch die Sache der Politik verbreitet auf die Dinge im Staat bzw. in der Hand eines Staates und auf die Bezüge zwischen den Staaten.

Die heutige Rede von Politik ist aber noch allgemeiner, offener: Von Politik ist allenthalben die Rede; denn Politik reicht in ziemlich alles hinein; und beinahe alles kann zu einem Politikum werden. Politik berührt auch die Menschen in ihrer Gesamtheit; somit ist auch „politische Rede" meist mit Gefühlen und Emotionen befrachtet.

Das Politische ist in unserem Sprachgebrauch keine beliebige Sache, da es zumeist um belangvolle Entscheidungen und Tätigkeiten und um Betroffenheit erweckende Sachverhalte geht. Die jeweilige Einschätzung des Politischen hängt somit zusammen mit der Frage, wie viele Menschen wie weit in die betreffende Sache selber eingebunden sind; so wächst das politische Bewußtsein durch Beteiligung etwa an Bürgerinitiativen. Im bei uns gegebenen demokratischen Umfeld bedeutet dies:

Je mehr Menschen das Politische zu ihrer Sache machen, umso plausibler und verständlicher müßten auch die Geschehnisse und Fakten der Politik werden. Politik ist allerdings auch in Demokratien nicht allgemein beliebt oder attraktiv; das Gegenteil ist der Fall. Das mag herrühren von den Tatsachen schlechten Politisierens oder auch aus desolater Moral; ein derartiges Klima führt auf Dauer zu bedenklicher Politikverdrossenheit des Volkes. Die umstrittene Bewertung des Politischen kommt aber auch aus der einfachen Tatsache, daß es in diesen Belangen stets kontrovers zugeht, weil Interessen kollidieren.

Damit sind aber auch das Verstehen und Einschätzen der jeweiligen Politik disparat. Machtlose haben ständig den bedrohlichen Gebrauch von Macht vor Augen; Begünstigte und Gutwollende betonen den hohen Stellenwert von politischen Aktionen. Mitsorgende und Besorgte spüren in der Politik die permanente Herausforderung und befürchten eine Gefährdung politischer Errungenschaften wie Rechtsstaat, demokratischer Einrichtungen usw. Kritiksüchtige finden in tagespolitischen Geschehnissen ein unendliches Entdeckungsfeld und in diesem auch passable Feindbilder.

Insgesamt: Die Antwort auf die Frage: Was bedeutet Politik? kann gewiß von der Politikwissenschaft theoretisch gegeben werden; klarerweise ergibt sich dabei je nach Zugang und ideologischem Standpunkt eine Palette von Antworten; was Politik meint, ist aber immer auch ein Produkt des konkret gegebenen „politischen Klimas".

2. Politik im geschichtlich-strukturellen Wandel

Jede Zeit hatte bzw. hat ihr Erscheinungsbild von Politik; die jeweilige politische Lebensform ist mit beeinflußt von Gesamtentwicklungen, allemal aber auch vom Wirken der Inhaber politischer Ämter und von den die Gesellschaft regierenden und dominierenden Institutionen.

Leuchtet man die *Felder heutigen politischen Geschehens* aus, so sind als *Inhalte von Politik* zu nennen:
– Alles was für das *Allgemeine*, für die Allgemeinheit, für das allgemeine Wohl und Wehe Belang hat.
– Die *gesellschaftlichen Vorgänge* mit ihren *Akteuren,* aber auch mit den *Strukturen und Mechanismen,* die *Gruppenprozesse,* und damit auch die menschlichen, zumal die zwischenmenschlichen Verhaltensweisen, sowohl die gemeinsamen wie auch die privaten; es handelt sich aber nicht nur um personale Bezüge, sondern auch um das jeweilige Verhalten in und mit Sachbereichen wie Natur, Kultur, Bildung, Technik, Wirtschaft usw.

– Es geht um das *öffentliche Spiel von Interessen,* es geht um öffentliche *Interessens-Auseinandersetzungen.*

– Politik meint das *Miteinander und Füreinander* in der *Regelung und Ordnung* der *Daseinssorge,* vor allem der Für- und Vorsorge.

Da aber Menschen und Gruppen nicht selbstverständlich und vorrangig die allgemeinen Interessen verfolgen, sondern partikuläre und vor allem eigene Interessen, ist Politik auch ein *Konfrontationsfeld* einander zuwiderlaufender und miteinander bzw. gegeneinander konkurrierender Interessen; so kann man Politik auch sehen als einen *Kampf um Machtanteile.*

Ein vorrangiges Anliegen politischer Initiativen in der Neuzeit geht auf die *Verhinderung der Machtkonzentrationen* in einer Hand oder in der Hand einer starken Lobby; dies wird zu erreichen gesucht durch institutionelle *Gewaltenteilung.*

Die Herausentwicklung politischer Absichten, d. h. ihre Artikulation, und das Entstehen politischer Organisationen, d. h. ihre Repräsentation, münden in zwei unterschiedliche Tendenzen: einerseits in eine Option für möglichst demokratische *Mitbeteiligung und Mitverantwortung* aller, anderseits in eine notwendig gewordene *Professionalisierung;* der Politikbetrieb ist zu einem profilierten *Beruf* geworden.

Neben dem Feld der „eigentlichen Politik" gibt es in der modernen Gesellschaft eine breite Bühne von „auch-politisch-relevanten" Kräften: Dazu muß man vor allem die *Medien* rechnen, die es sich immer mehr zur Aufgabe machen, politische Vorgänge darzustellen, sie aber auch zu hinterfragen, aufzudecken und zu kontrollieren; die Frage der Medienpolitik ist ein Prüfstein für die *politische Kultur* eines Landes, sowohl in der Richtung, wie Medien mit der Politik, ebenso aber auch wie die Politik mit den Medien umgeht.

Aber nicht nur die Medienlandschaft ist politisiert; unterdessen ist es dahin gekommen, daß sich kein Kulturbereich als *apolitisch* verstehen mag; auch die Kunst und die Unterhaltung und nicht zuletzt auch Sport und Religion(en) werden auf ihre politische Funktion hin befragt. Einer zunehmenden Politisierung der Lebensbereiche korrespondiert freilich nicht im gleichen Ausmaß ein Zuwachs an Gesellschaftlichkeit der personalen Existenz; vielmehr ereignet sich parallel zur Politisierung oft eine Isolierung und Vereinsamung der Individuen.

Die zunehmende *Vernetzung* der Wirklichkeitsebenen macht das Geschäft der Politik *komplexer* und damit *schwerer durchschaubar.* Die öffentliche Meinung reagiert darauf mit einer Personalisierung der Sachprobleme; so will man z. B. Minister für die ganze Sache in seinem Ressort zur Verantwortung ziehen; es wird also zunehmend eine hohe

Kompetenz und Integrität der politischen Repräsentanten eingefordert, was de facto nicht selten zur Überforderung politisch zuständiger Organe führt. Umso mehr wird die *Durchschaubarkeit* politischer Entscheidungen und Abläufe gefordert.

Ein Hauptanliegen in der Bewältigung der Flut anstehender Sachfragen, z. B. zukunftsträchtiger Entscheidungen in der Atompolitik, in der ökologisch verantwortbaren Abfallbeseitigung, in der Familienpolitik usw., richtet sich auf die Befähigung, den *Stellenwert einzelner Probleme* recht zu sehen, einzuordnen und zu koordinieren; (was die öffentliche Meinung und das Volk im Moment für vordringlich erachten, muß nicht tatsächlich das Vordringlichste sein).

Immer mehr erweist sich, daß *Politiktreiben* auch ein *Können und Vermögen* bedeutet; nicht ohne Grund wurde die Politik durch Jahrhunderte hindurch als *ars* angesehen, also unter die Künste gerechnet.

3. Ethikbezüge in der Politik

Da die Politik zu den die Allgemeinheit interessierenden Sachverhalten und da die Politiker zu den beachteten Persönlichkeiten im öffentlichen Leben zählen, ist es nicht verwunderlich, daß dieser Bereich und diese Menschen es im *öffentlichen Ansehen* nicht leicht haben. Das „Kampffeld von Milieu und Medien" zerreibt das positive Bild von Politik und Politikern/innen augenscheinlich; gängige Urteilsmuster, die vorgebracht werden, lauten etwa: „Der Umgang mit der Macht und mit dem Geld macht korrupt"; „Für die Medien kann jeder zum Freiwild werden"; „Die Mandatare machen sich gegenseitig nur schlecht" usw. Bei derartiger öffentlicher Meinung über das Erscheinungsbild von Politik ist die Bereitschaft, in diesen Beruf einzusteigen, keine Selbstverständlichkeit mehr. In dieser Lage sind *Persönlichkeiten mit entsprechendem Charakter* und Rückhalt gefragt. Es dürfte aber nicht dazu kommen, daß jede/r politisch Engagierte von vornherein unter den Verdacht der Amoralität fällt; festzuhalten gilt: „Politik verdirbt nicht den Charakter, aber sie stellt ihn auf die Probe" (A. Bergstraesser).

Politische Moral ist aber nicht allein eine Sache der agierenden Personen; *politische Kultur und Unkultur* sind gerade in Demokratien ein Produkt der Qualität der ethischen Standards in Volk und Gesellschaft; die populäre Meinung drückt es einfacher aus: „Jedes Volk hat die Politiker, die es verdient."

Ethik und Politik haben sich im Gang der Geschichte zunächst nicht gegeneinander, sondern miteinander und füreinander entwickelt; die Erfüllung politischer Pflichten stand stets unter ethischen Ansprüchen;

der Gebrauch oder Mißbrauch politischer Macht und öffentlicher Ämter sollte sich vor dem Volk, ebenso aber auch vor dem Schutzherrn der Schwachen und Rechtlosen, vor Gott, rechtfertigen. Das Rechtsempfinden, die Gerechtigkeitsforderung, das Respektieren der Minderheiten und der Schutz der Menschenrechte entwickelten sich vorrangig im Rahmen politischer Auseinandersetzungen bzw. aufgrund schlechter Erfahrungen. Das führte zu einer bestimmenden Rolle der Justiz und des Standes der Juristen in Politik- und Verwaltungsämtern. Die „Herrschaft des Rechts" und die Legalität können allerdings nicht die personalen ethischen Qualitäten ersetzen. Wenn im politischen Klima eines Landes die Mentalität vorzuherrschen beginnt, daß „alles erlaubt sei, was nicht ausdrücklich verboten ist", mündet die öffentliche Auseinandersetzung nicht selten in einer Rechtfertigungskampagne aller gegen alle. Da in der *pluralistisch strukturierten Gesellschaft* die persönliche Weltanschauung und die allgemein geltende und normierende Verpflichtung weitgehend entkoppelt sind, kommt es oftmals zu moralisch nicht abgeklärten Räumen und zu einem Vakuum an Rechtsempfinden; auch im Rahmen von Verfassungsgrundsätzen gelangte man unterdessen zur Überzeugung, daß rechtliche Weltanschauungsneutralität nicht gleichbedeutend ist mit Wertfreiheit. Das Bemühen um einen Katalog „politischer Grundwerte" stellt einen neuen Anlauf dar, um die Freiheit der einzelnen und die allgemeine Verbindlichkeit nicht abgrenzend, sondern verbindend zu formulieren; es erweist sich, daß die Entwürfe eines *Ordnungsbildes* für eine Gesellschaft *ethische Implikationen* nicht aussparen können. Die gilt auch und gerade dann, wenn man der Politik die begrenzte Aufgabe zuweist, für die *Herstellung und Aufrechterhaltung von Ordnung in der Gesellschaft* Sorge zu tragen.

Übernommene politische Aufgaben sind der Öffentlichkeit gegenüber zu verantworten; darum ist eine bloße *Gesinnungsethik* in den Bereichen der Politik unzureichend. Politische Verantwortung beginnt beim Wahrnehmen der staatsbürgerlichen Chancen durch alle Bürger: Die Verpflichtung resultiert aus den Chancen, die die Rechtsmöglichkeiten anbieten (z. B. allgemeines *Wahlrecht*); sie entspringen aber auch aus der Notwendigkeit und Verpflichtung, den allgemeinen Anliegen Rechnung zu tragen, z. B. Steuer- und Besteuerungsgerechtigkeit, Verteidigungsbereitschaft, patriotische Gesinnung, Loyalität. Derartige Pflichten lassen sich nicht einfach wegdelegieren oder im Geist der „reinen Pflichterfüllung" aus der personalen Verantwortung abschieben. Einer *grundsätzlichen Loyalität,* d. h. prinzipiellen Unterstützung durch Anerkennung, muß aber auch eine *kritische Aufmerksamkeit* entsprechen.

Politische Meinungsbildung – egal von welcher Trägergruppe sie eingebracht wird – dürfte nicht auf Indoktrination von Ideologien aus sein; sie sollte vielmehr Freiheit und Offenheit gewähren, *eigene Meinungsbildung* ermöglichen und Chancen eröffnen, um Alternativen einzubringen. Verantwortete Meinungsbildung sollte freilich auch nicht in total utopische Phantasiewelten ausufern, die den Zugang zur Realität verstellen und ihre Bewältigung erschweren.

Viele Dinge erscheinen – gerade in der Politik und gegenüber den Politikern – als wünschenswert; aber nicht alle Wünsche sind gleichzeitig und im gleichen Zusammenhang auch maximal erfüllbar (vgl. z. B. die Grenzen der Finanzierbarkeit von Projekten). Politik muß – und das ist einer der grundlegenden ethischen Ansprüche – den *Realitätsbezug* wahren. Politik ist und bleibt darum allemal auch die „*Kunst des Möglichen*", die Kunst der Koordination von Unabdingbarem, von Dringlichem und Möglichem, z. B. in der Budgetpolitik.

Politische Ethik kann eine Reihe von *Rahmenprinzipien* formulieren und vorgeben; solche Richt- und Orientierungslinien sind Grundkoordinaten, mit deren Hilfe sich das „Spiel der Kräfte" in optimalem Rahmen entwickeln kann.

Eine Grundforderung heißt: Streben nach *Beteiligungs- und Entfaltungschancen im Sinn des Gemeinwohls;* das gemeinsame Wohl aller, d. h. der einzelnen und der Gruppen, dürfte heutzutage freilich nicht mehr allein innerhalb nationaler Grenzen gesehen und angestrebt werden; es muß das Wohl der gesamten Menschheit vor Augen sein, und zwar nicht nur der jetzt lebenden Generation, sondern auch die Lebenschancen der kommenden Generationen.

Politische Ethik fordert sodann das Streben nach (mehr) *Gerechtigkeit* ein, d. h. das Bemühen, jedem das ihm Zukommende zu geben, zu lassen und auch zu gönnen. Das schließt einen vorrangigen Kampf zugunsten der Ausgegrenzten und prinzipiell ungleich Behandelten ein. Eine Verständigungsbasis in diesem Bemühen sind die Charta der Allgemeinen Erklärung der Menschenrechte (von 1948) und die Erklärungen der UNO-Konferenzen über „Sicherheit und Frieden".

Politische Ethik muß heute – deutlicher als früher – den *Frieden und die Bewahrung der Schöpfung* als Dringlichkeiten einmahnen; die Lebens- und Überlebenschancen, aber auch die Zerstörungsmöglichkeiten der Menschheit und der (Um-)Welt waren noch nie so sehr in unsere eigenen Hände gegeben wie jetzt.

Gerade angesichts der gravierenden Menschheitsprobleme wie der ungleichen Güterverteilung, des Hungers, des Terrors usw. ist es von entscheidender Bedeutung, wie sich politische Ethik (samt Wirtschaftsethik) in die öffentlichen Debatten einbringt und *welchen Charakter* eine allfällige politische Ethik hat, die ins Spiel kommen möchte. Eine bloß *imperativische Ethik*, die mit Hilfe von Postulaten nur ein Müssen und Sollen fordert, wird sich bald als unergiebig erweisen; sie würde sich wahrscheinlich bald auf einen ethischen Minimalkonsens reduzieren, der allenfalls von den Vertragspartnern ausgehandelt wird, damit das unumgänglich Notwendige erledigt werden kann. Gerade angesichts der – zumal in der Politik erfahrbaren – Gebrochenheit der Weltwirklichkeit und der Menschen als Menschen und angesichts der spürbaren Erfahrungen von begrenzten Ressourcen in materieller wie ideeller Hinsicht braucht es eine *politische Ethik mit Hoffnungsaspekten und Ermöglichungsimpulsen*. Dies ist insbesondere gefordert bei der Bewältigung von geschichtlicher Schuld.

Sosehr es angebracht ist, in der Politik klar rechenbare Kalkulationen zum Tragen zu bringen, so braucht es doch in allem und über allem *menschliche Qualitäten,* die nicht nur als Tüchtigkeiten (im Sinne Machiavellis) zu verstehen sind; es sind Haltungen gefragt, die taugen, d. h. *Tugenden* im Sinne der klassischen Ethik. Der Katalog der *Kardinaltugenden* ist auch in politischen und wirtschaftlichen Zusammenhängen von aktueller Plausibilität. Gerechtigkeit, Starkmut, Klugheit und rechtes Maß sind im modernen Zusammenlebensrahmen neu zu formulieren. Im Persönlichkeitsprofil von Redlichkeit und Rechtschaffenheit ist ein allgemeines Idealbild skizziert, das mit speziellen Befähigungen für einzelne Sachbereiche angereichert sein sollte. Wer „guten Mutes" den Weg, vielleicht sogar Sprung in die Politik wagt, muß auch auf seine/ihre je eigene Weise versuchen, den Anforderungen gerecht zu werden; so gesehen darf man auch von notwendigen „Charismen für die Politik" sprechen. Unter allen Umständen gilt es festzuhalten, daß sich Politikengagierte nicht durch eine *„doppelte Moral"* einen Schlupfweg aus den Verantwortungen freihalten können; den Gefahren und Versuchungen zu einer opportunistischen und populistischen Gefälligkeitspolitik vermögen freilich nur jene zu widerstehen, die um die *Gewissensverantwortung* für die Handlungen wissen, die sie setzen oder unterlassen. Eine plausible Erfahrung vermag das Verantworten möglicherweise zu erleichtern: die Einsicht, daß sich unethisches Handeln in Wirtschaft und Politik auf Dauer schlecht rechnet und letztlich nicht auszahlt.

4. Aufgaben politischer Bildung

Eine solide *politische Bildung* erscheint allemal als vorrangige Aufgabe und Verpflichtung, sowohl im Bereich der schulischen Erziehung wie auch in allen übrigen Bildungsbelangen, z. B. in Erwachsenenbildungsangeboten. Die für das österreichische Schulwesen getroffene Entscheidung, politische Bildung nicht durch ein Unterrichtsfach, sondern als *Unterrichtsprinzip* wahrzunehmen, resultiert aus der Annahme, daß das Politische in alle Lebensräume hineinreicht, daß politische Gesinnung und Verantwortung in allen Erfahrungsbereichen eingeübt werden können; und sie entspringt auch aus der Option, daß eine befriedete Gesellschaft aus einem geordneten Zusammenspiel aller so unterschiedlichen Lebensbereiche erwächst.

Um *politikfähig* zu werden, bedarf es einer Einübung in die Spielregeln des *partnerschaftlichen Gesprächs,* in den Geist der *Toleranz,* in die Fähigkeit, eigene *Interessen zu artikulieren,* sie aber auch *zu relativieren;* es bedarf auch der Bereitschaft, verantwortbare *Kompromisse zu erzielen.*

Die Orientierung zur *Solidarität* – als der Fähigkeit, „mehr das Gemeinsame über das Eigene und nicht das Eigene über das Gemeinsame zu stellen" (Augustinus) – eröffnet eine Perspektive, die angestrebt werden müßte; solidarische Gesinnung ist aber nicht selbstverständlich; um sie zu entwickeln, braucht es geistige und spirituelle Impulse; unter weltweit-ökonomischen und vor allem ökologischen Erfordernissen drängt sich das Akzeptierenmüssen von mehr Solidarität förmlich auf.

Ebenso ist es aber auch von Belang, daß das Strukturschema und der Geist der *Subsidiarität* in ihrem Wert verstanden und bejaht werden; es geht dabei um die Bereitschaft und die Fähigkeit, politische Belange auf der ihnen zukommenden und angemessenen Stufe zu erledigen und erledigen zu lassen; eine von oben her massiv eingreifende Bevormundung widerspricht der subsidiären Ordnung genau so wie das bequeme Abschiebenwollen von unangenehmen Dingen nach oben bzw. auf angebliche Verantwortungsträger.

Eine demokratische Gesellschaft beweist ihre Reife und sittliche Qualität nicht zuletzt dadurch, daß sie Minderheitspositionen nicht durch Mehrheitsentscheide überrollt, daß sie vielmehr eine „vorrangige Option" für die Schwächeren, Ausgegrenzten, Sprachunfähigen zu ihrem Leitprinzip macht und daß sie nicht allein auf das Erringen und Erhalten von regierungsfähigen Mehrheiten aus ist. Es wäre ein fataler Mißbrauch demokratischer Mechanismen, wenn eine Mehrheit die gesellschaftlichen Strukturen so einzurichten wüßte, daß sie auf Kosten einer ausgegrenzten Minderheit gut zu leben versteht.

Auch das Einüben in *Parteilichkeit* und in die Engagementbereitschaft gehört zu den notwendigen Inhalten politischer Bildung; nicht weniger auch die Eröffnung weiter und erweiterter Horizonte und der *Sinn für Objektivität;* „Objektivität ohne Parteilichkeit bleibt leer; Parteilichkeit ohne Objektivität wird blind": diese Spannung müßte durchgehalten werden.

Eine Erziehung zu *kritischem Bewußtsein* soll gegen ideologische Manipulation und Vereinnahmung sensibilisieren; neuralgische Punkte sind dabei immer wieder das Erkennen von Verabsolutierungstendenzen und das von Frageverboten; gereiftes politisches Bewußtsein sollte sich aber auch darin erweisen, daß Kritik nicht in nur moralisierendem und besserwisserischem Gehabe alles Bestehende schlichtweg in Frage stellt oder ungeprüft ablehnt.

In diese Richtung gehen auch die Impulse für eine politische Ethik, wie sie die katholische Soziallehre und die Kirche des Zweiten Vaticanums ins Gespräch bringen wollen; die ermutigende Position der Kirche zeigt sich im folgenden Konzilstext: „Die heute dem Volk und besonders der Jugend so notwendige staatsbürgerliche und politische Erziehung ist eifrig zu pflegen, so daß alle Bürger am Leben der politischen Gemeinschaft aktiv teilnehmen können. Wer dazu geeignet ist oder sich dazu ausbilden kann, soll sich darauf vorbereiten, den schweren, aber zugleich ehrenvollen Beruf des Politikers auszuüben, und sich diesem Beruf unter Hintansetzung des eigenen Vorteils und materiellen Gewinns widmen. Sittlich integer und klug zugleich, soll er angehen gegen alles Unrecht und jede Unterdrückung, gegen Willkürherrschaft und Intoleranz eines einzelnen oder einer Partei. Redlich und gerecht, voll Liebe und politischen Muts soll er sich dem Wohl aller widmen." (GS 75)

5. Religion in der Politik – Politik in der Religion

Das Verhältnis von Religion(en) zur Politik und von Politik zur Religion ist keineswegs ein für allemal zu klären; es sollte sich vom Selbstverständnis einer Religion her auch nicht auf eine bloße politikstützende Dienstfunktion reduzieren. Sosehr Religion auch mit Ethik zu tun hat, darf ihre politische Funktion nicht allein an ihrer ethischen Leistungskraft gemessen werden.

Der Verlauf der Kultur- und Religionsgeschichte weist aus, daß es eigentlich niemals eine konsequent gottlose Politik gab und ebensowenig auch einen politiklosen Gottesglauben; sosehr die Bereiche von Politik und Religion immer miteinander zu tun haben, so dürfen sie doch nicht in einem naiven Partnerschaftsverhältnis oder in einer einfachen Identifikation harmonisiert werden. Die Position gegenseitiger Handlangerdienste – im Bereich des Christlichen sprach man zuweilen von einer „Ehe von Thron und Altar" – ist nicht weniger problematisch als die prinzipiellen Versuche der konsequenten „Trennung von Kirche und Staat".

Angesichts der politischen Bewegungen unserer Zeit sind die Fragen religiöser Implikationen in der Politik und von politischen Elementen im Religiösen immer neu zu bedenken und zu verhandeln; die geschichtlichen Entwicklungen verlaufen dabei keineswegs eindimensional: wir erleben zur Zeit Bestrebungen zur konsequenten Fortsetzung der Säkularisierung, gleichzeitig aber auch eine Politisierung des Glaubens; es gibt immer noch atheistische Bestrebungen auch auf politischer Ebene, gleichzeitig aber auch das Aufkommen neuer fundamentalistischer Religiosität, die direkt politisch wirken möchte. Eine auffällige Spielart dieser Tendenzen ist erkennbar im politisierenden Islam. Die theoretischen, d. h. fundamentaltheologischen Versuche, mit Hilfe einer „politischen Theologie neuen Typs" den Problemstand in den Griff zu bekommen, sind noch nicht ans Ende gekommen; wie sehr derartige theoretische Positionen unvermittelt zu einem Politikum werden können, zeigt sich an der Auseinandersetzung um das politische Engagement mancher Befreiungstheologen.

Auch wenn es stimmt, daß alle Weltwirklichkeit gleichzeitig unter politischem wie auch unter religiösem Aspekt gesehen werden kann, wäre es doch verhängnisvoll, die Anstrengung des differenzierenden Begreifens zu unterlassen; die Ereignisse zeigten oft genug, wohin es führt, wenn sich die verschiedenen Bühnen von Politik und Religion allzu bedenkenlos überlagern, vertauschen oder identifizieren. „Der Unterschied zwischen Politik und Glauben darf im Interesse beider nicht aufgehoben werden" (K. Sontheimer). Die Zugänge, die Absichten und die Ziele religiöser und politischer Wirklichkeitsbewältigung überlagern einander auf verschiedensten Ebenen. So bedient sich die Politik bisweilen – ähnlich wie der Glaube – einer Symbolsprache; Politik neigt fast selbstverständlich auch dazu, sich – zur eigenen Interessens- und Machtsicherung – durch die Nähe zu Religion und Kirche zu verschönen und zu legitimieren; und auch religiöse Einrichtungen nehmen nicht selten staatliche Begünstigungen in Anspruch – oft zum Schaden der eigenen Glaubwürdigkeit (vgl. GS 76).

Die Impulse des AT und des NT enthalten über weite Strecken politikrelevante Aspekte; das ergibt sich allein schon daher, daß in biblischen Zeiten Politik und Religion noch nicht in dem Maß differenziert waren, wie dies im neuzeitlichen Denken der Fall ist. Religionen, die sich wie das Christentum als inkarnatorisch, d. h. weltbezogen verstehen, sehen gerade im Nähe- bzw. Distanzverhältnis von konkretem Glauben und konkreter Politik ein Kriterium des Heils- bzw. Unheilsgeschehens in der Geschichte. Im Christentum wird – im Rahmen der Sendung in der Welt und für die Welt – auch das Politiktreiben als ein Auftrag Gottes verstanden – freilich unter dem Vorbehalt der souveränen, aber menschenfreundlich-dienenden Herrschaft Gottes; damit sind auch alle mißbräuchlichen Totalitätsansprüche kritisiert und relativiert (vgl. Mk 12,17).

Die Kirche des Zweiten Vaticanums sieht sich gegenüber der Welt von heute nicht nur in einem gegenseitigen Gebens- und Nehmensverhältnis (vgl. GS 43f.), sondern auch in bewußter und offener Auseinandersetzung mit ihr. Die Offenheit schließt auch die Bereitschaft ein, um gemeinsame Lösungen für den Aufbau der Völkergemeinschaft zu ringen und die weltlichen Bereiche mitzugestalten; ein derartiges Engagement wird vor allem den Laien zugemutet; nicht Weltflüchtigkeit, sondern Welttüchtigkeit sollte christlich motivierte Personen und Gruppen kennzeichnen.

Einer explizit *„christlichen Politik"* bzw. „christlichen Parteien" gegenüber gibt es in der Kirche zurzeit einige Skepsis, die aus schlechten Erfahrungen insbesondere in der Zwischenkriegszeit resultiert, wo es eine zu direkte Verquickung von Kirchenfunktionären in die Parteipolitik gab. In einer pluralistischen Welt und Gesellschaft kann eine einseitige Bindung an eine Partei der universalen Botschaft der Kirche vieles an Glaubwürdigkeit nehmen und ihr die spezifische Chance entziehen, eine Bühne der Versöhnung – etwa in Bürgerkriegssituationen – zu werden. Eine prinzipielle einseitige Parteienfixierung würde auch dem legitimen Pluralismus im Bereich der politischen Anschauungen zuwiderlaufen; das Zweite Vaticanum betonte: „Andere Christen werden vielleicht, wie es häufiger, und zwar legitim der Fall ist, bei gleicher Gewissenhaftigkeit in der gleichen Frage zu anderen Urteilen kommen" (GS 43).

Die Kirche Österreichs hat – unter dem Eindruck der politischen Ereignisse vor dem Zweiten Weltkrieg – im „Mariazeller Manifest" von 1952 ihre Option und ihre Hoffnung festgeschrieben: „Eine freie Kirche in einer freien Gesellschaft".

Eine wichtige Konsequenz der differenzierenden Sicht der Aufgaben von Politik und Kirchen ist die Selbstverpflichtung zum „politischen Vorbehalt" bzw. zur Abstinenz des Klerus und kirchlicher Amtsträger von einem direkten parteipolitischen Engagement. Der CIC (1983) verbietet in c. 285 § 3 den Klerikern das Annehmen „öffentlicher Ämter, die eine Teilhabe an der Ausübung weltlicher Gewalt mit sich bringen".

Gerade dieser Vorbehalt darf aber nicht als Alibi für politisches Desinteresse dienen. Die Spannung zwischen gleichzeitiger Weltnähe und notwendiger Distanz ist verschiedentlich formuliert worden; aber auch die Unterscheidung von allgemein-politischem und parteilichem Interesse, von prinzipiell-politischem und tagespolitischem Engagement ist in der Praxis nicht durchzuhalten; sie führt – von der politischen wie von der christlichen Sache selber her – in eine Aporie. Am ehesten scheint eine Unterscheidung zwischen *direkter,* d. h. professioneller Tätigkeit für eine konkrete Politik und *indirekter* Beeinflussung etwa in der Form von Predigt und Katechese als sinnvoll. Den Klerikern bzw. kirchlichen (Laien-)Amtsträgern ist es damit – gerade infolge ihrer exponiert-öffentlichen Position – keineswegs verwehrt, eine politische Meinung zu haben und „zu wissen, wo ihr Herz schlägt"; sie müssen aber – gerade als Vertreter des Anliegens der Kirche als Kirche – primär darum besorgt sein, mehr der Sache des Evangeliums zu dienen als dem konkreten Erreichen eines parteilich-politischen Zieles, und sie müßten auch Sorge dafür tragen, daß durch ihre Aussagen und Haltungen die Gehalte des Evangeliums und die Position der Kirche nicht mißbraucht werden für vordergründige politische Absichten.

Sosehr es der Kirche und allen Gläubigen darum gehen sollte, auch in politischen Kontexten das Wort zur Tat und den Glauben zur Liebe werden zu lassen, so ist doch festzuhalten: Die primäre und direkte Verantwortung von Kirche (als Kirche!) besteht nicht in der Durchsetzung politischer Ziele; „die ‚Partei', d. h. der Part, der Kirche ist das Evangelium" (Bischof M. Aichern). Eine solche Konzentration auf die eigene Aufgabe bedeutet keineswegs Unverbindlichkeit, billige Abstinenz oder feige Flucht; sie ist auch kein taktisches Spiel um „Äquidistanz" gegenüber den Parteien. Absicht der Kirche kann es nicht sein, zu allen Parteien einen gleich großen Abstand zu halten; es liegt an den Parteien, durch ihre Programme und durch ihre Praxis unter Beweis zu stellen, wie sie es mit der Achtung von Glaube, Religion und Kirchen halten. Die Vertreter der Kirchen sind allemal auch mitverantwortlich, wie – angesichts akuter politischer Gegebenheiten – ihre Haltung zu Entscheidungen und Entscheidungsträgern in Erscheinung tritt.

Das primäre Anliegen der Kirche aber müßte auf eine Evangelisierung aller Sachbereiche zielen, darunter natürlich auch der Politik. Kirchen und Glaubensgemeinschaften könnten durch ihre Dienste Hilfen bieten, daß engagierten Menschen eine sozial- und politikrelevante *Spiritualität* zur Verfügung steht. Diese müßte darauf zielen, daß Menschen zu einem gemeinschafts-, sach- und persongerechten Handeln befähigt sind; möglichst viele Menschen – in möglichst vielen Interessengruppen, Parteien usw. – sollten durch eine von der Bibel her stimulierte und von der Gemeinschaftserfahrung der Kirche getragene *Wertorientierung* mitwirken am Sichtbarwerden des Gottesreiches – inmitten unserer Welt.

H. Büchele, Christlicher Glaube und politische Vernunft (1987); *I. Fetscher/H. Münkler,* (Hrsg.), Politikwissenschaft (1985); *O. v. Nell-Breuning,* Gerechtigkeit und Freiheit (1980); *E. Schillebeeckx,* Weil Politik nicht alles ist (1987); *V. Zsifkovits,* Politik – ohne Moral? (1989).

FERDINAND REISINGER

Protestantische Ethik

→ Alttestamentliche Ethik → Autonomie → Dekalog → Ehe → Ethik → Freiheit → Gehorsam → Glaube → Liebe → Moralprinzip → Moralsysteme → Neutestamentliche Ethik → Orthodoxe christliche Ethik → Person → Pflicht → Sakrament

Sowohl wenn protestantische Ethik lehrmäßig angeboten wird, wie auch wenn sie theoretisch aufgearbeitet wird, wird sie in der Regel von folgenden Schwerpunkten bestimmt:

1. Begründung und Erkenntnisweg
2. Ethik der Person (früher Individualethik)
3. Ethik der Natur und Kultur
4. Sozialethik (auch Wirtschaftsethik)

1. Die Frage der *Begründung* stellt zahlreiche Probleme, die Antworten sind oft kontrovers. Grundlegend sind zwei Anknüpfungspunkte möglich, die sich allerdings auch gegenseitig beeinflussen können. Einerseits wird der Ansatz mit biblisch-theologischen Überlegungen gewonnen, andererseits wird der ethische Erkenntnisweg philosophisch oder humanwissenschaftlich begründet.

Zum biblisch-theologischen Ansatz: Nach wie vor gilt hier die Bibel als „Wort Gottes", Offenbarung und *norma normans*. Allenfalls spielen auch Überlegungen zu reformatorischen Bekenntnisschriften eine Rolle. Die biblische Begründung argumentiert heute nicht mehr mit biblischen Zitaten. Auch die Anknüpfung an „ethische Partien der Bibel" (Dekalog, Bergpredigt, paulinische Haustafeln usw.) gilt nicht mehr als sachgemäß. Motive der Bibel (und der Tradition) werden mit hermeneutischen Bemühungen auf aktuelle Fragestellungen bezogen. Das erkenntnisleitende Interesse zielt auf eine „Lehre von der Heiligung".

Zu diesem Ansatz einige Einzelheiten: Exegetische und bibeltheologische Argumente ergeben eine grundlegende Dialektik von „Zuspruch" und „Anspruch". Das heißt: Es gibt für den Glaubenden den gnädigen Zuspruch Gottes, der ihn aber zugleich ethisch in Anspruch nimmt. Dieser Doppelaspekt darf nicht auseinandergerissen werden. (Damit ist auch das kontroverstheologische Gegeneinanderstellen von „Glauben" und „Werken" hinfällig geworden.)

Atl. ist die Zuwendung Gottes u. a. in der Befreiung des Volkes aus der Sklavenhaltergesellschaft in Ägypten (Exodus), in der Gabe des Landes, in Bund und Erwählung zu sehen. Die „Antwort" des Menschen auf die großen Taten Gottes besteht im Halten der Gebote, im Einsatz für Gerechtigkeit und Frieden *(schalom)* im Sinne der prophetischen Botschaft zum Reiche Gottes. Das Gesetz *(Tora)* ist als gütige Wegweisung Gottes zu verstehen; es gestaltet jüdische Religiosität vorrangig ethisch und nicht dogmatisch.

Die ntl. Jesusbotschaft als Ankündigung der Nähe des Reiches Gottes hat die folgenden ethischen Implikationen: Solidarisierung mit den Außenseitern der Kultgemeinschaft, Hochwertung der Armut, Radikalisierung des Gesetzes (vgl. die Aussage Jesu „Ich aber sage euch"; die Seligpreisungen der Bergpredigt). Die nachösterlichen Aussagen des Paulus sind – für die Probleme der Ethik – von zwei Fronten bestimmt: gegen falsche Gesetzlichkeit (Legalismus) und gegen die enthusiastische Vorwegnahme des Reiches Gottes. Wenn nach Paulus die Christen „frei" sind vom Gesetz, sind sie zugleich in Anspruch genommen für die Schwachen; Liebe bedeutet dann die Erfüllung des Gesetzes. Weltbezüge des Christen sollen nicht auf Konformität beruhen, aber der Christ zieht sich auch nicht aus der Welt zurück. Mit diesen Haltungen wird Verantwortung vor Gott wahrgenommen.

Zum philosophischen und humanwissenschaftlichen Ansatz der Ethik: Dieser Ansatz ist mit der geschichtlichen Wende zur Aufklärung gegeben, und er ist bestimmt von der Bejahung der Epoche der Neuzeit. Der ethische Erkenntnisweg knüpft am sittlichen Bewußtsein des Menschen an, er begründet die Autonomie der Moral, und er setzt heute allenfalls mit Analysen von Situationen ein, die von Diskriminierungen ausgesonderter Menschengruppen bestimmt sind (induktive Ethik in Entsprechung zu induktiver Theologie).

Im einzelnen: Mit der Wende der Aufklärung bekommt die Frage nach dem ethisch Guten, nach Werten und Tugenden ihr unverwechselbares, neuzeitliches Gepräge. Die Fragestellung ist philosophisch bestimmt von der „anthropologischen Wende", teilweise vom „naturrechtlichen Denken". Jetzt bekommt das Vernunftprinzip einen hohen Stellenwert; jetzt gelten Autonomie und Freiheit als Bedingungen des Guten. Die Bevormundung durch Institutionen – auch durch die Kirchen – wird zunehmend abgelehnt. Dabei kann die Wende durchaus als latente Wirkung des Christentums verstanden werden. Werte einer neuzeitlichen Ethik sind: Toleranz, Mündigkeit, Demokratie, Rechtsstaat, Menschenrechte. Mit diesen Werten bekommt die Gewissensentscheidung des einzelnen einen hohen Stellenwert.

Die Wende zur Neuzeit bestimmt auch das Gesicht des Neuprotestantismus im 18. und 19. Jh. Dabei ist der Neuprotestantismus nicht nur innerkirchliches Phänomen, sondern allgemeine Religion des Bürgertums. Der sog. Kulturprotestantismus und die bürgerliche Welt vertreten die gleichen ethischen Vorstellungen. Für den Bereich der Sozialethik besteht eine starke Verbindung zwischen Protestantismus und Industrialisierung durch das neuzeitliche, kapitalistische Arbeitsethos (Arbeit), das als „innerweltliche Askese" auf den Calvinismus zurückzuführen ist (These von Max Weber). Brückenschläge zwischen Neuprotestantismus und Marxismus bzw. Arbeiterschaft dagegen gibt es nicht.

Auch das 20. Jh. bezieht sich noch auf die skizzierten Ansätze, allerdings unter den Bedingungen starker Wandlungssituationen, die das Erbe der Aufklärung bedrohen (Weltkriege, Militarisierung, Faschismus, atomare und ökologische Bedrohungen). Wenn nach wie vor „Vernunft" als Kriterium der Ethik bezeichnet wird, ist damit jetzt eine kritische und sich selbst beschränkende Vernunft gemeint. Es geht auch im Protestantismus oft um „kritische Theorien" im Sinne der Frankfurter Schule. Das heißt: Gesellschaftliche Phänomene werden daraufhin befragt, wo ihre ethischen Ansätze emanzipatorisch sind und wo sie Emanzipation verfehlen oder verhindern. Mit solchen ideologiekritischen Ansätzen geht es um Versuche der Humanisierung der Verhältnisse. Ethik wird nun auch grundsätzlich interdisziplinär, dialogisch und von einer Methodenvielfalt bestimmt (empirische, psychosoziale, sozioökonomische, sprachkritische Methoden).

Abschließend sei darauf hingewiesen, daß der durch die Neuzeit bestimmte Ansatz der Ethik im Bereich des Protestantismus oft zu einer Verunsicherung in der Bestimmung des „christlichen Propriums" führt. Für diese Bestimmung berücksichtigt die Ethik dann doch wohl wieder biblisch-theologische Ansätze.

2. Hält sich unter den Bedingungen der Neuzeit das *reformatorische Erbe* durch? Die Reformation hat bekanntlich „Werke" des Menschen als Zugang zum „Heil" abgelehnt. Sie hat allerdings Werke als „Früchte des Glaubens" akzeptiert; für den Heidelberger Katechismus steht das Halten der Gebote im Zeichen der „Dankbarkeit" gegenüber Gottes Gnade. Im weiteren hat der Vorrang der Rechtfertigungslehre „weltliche" Bereiche wie Ehe, Schule, Arbeit, Fürsorge freigesetzt. Schließlich bedeutet Glaubensgehorsam Totalentscheidung der Person; Sünde ist verkehrte Grundbefindlichkeit menschlicher Existenz, nicht Einzelhandlung. Diese Sicht impliziert auch die grundsätzliche Ablehnung jeder ethischen Kasuistik.

Lutherische und reformierte Traditionen sind oft verschiedene Wege gegangen. Auch darf für die Probleme der Ethik der sogenannte dritte Strom der Reformation (Waldenser, Brüderunität, Baptisten, Quäker, Methodisten) nicht außer acht gelassen werden. Hier sei an das Beispiel der Quäker erinnert, die sich konsequent als Friedenskirche gestalten.

Für das Luthertum muß als wichtigstes Denkinstrument auch der Ethik die „Zwei-Reiche-Lehre" – im Zusammenhang mit der Unterscheidung von Gesetz und Evangelium – bezeichnet werden. Nach dieser Lehre gibt es das Reich und die Herrschaft Gottes „zur Rechten"; hier herrscht Gottes Gnade, hier handelt der Christ aus Liebe und freier Spontaneität. Gottes Reich und Herrschaft „zur Linken" ist der Bereich von Gesetz, Zwang und Ordnungen; hier muß Gerechtigkeit erzwungen werden; hier liegt die Verantwortung der Obrigkeit; allenfalls wird dieses Reich von der Herrschaft der Vernunft bestimmt. Die Zwei-Reiche-Lehre betont sowohl die Zusammenordnung der beiden Bereiche wie auch die Unterscheidung. Die Lehre wirkte sich positiv in der neuzeitlichen Freisetzung der Vernunft aus. Die negative Auswirkung bestand in der Aufspaltung der Bereiche, die u. a. Karl Barth immer bekämpft hat: Der Christ zieht sich dann in den Bereich einer inneren Frömmigkeit zurück und überläßt die (böse) Welt autonomen und autokratischen Mächten. Das bedeutet auch eine bedingungslose Anerkennung staatlicher Machtausübung, und darum hatte das Luthertum seine besonderen Schwierigkeiten, wenn es darum ging, gegen inhumane, staatliche Machtanwendung und politische Totalitätsansprüche Widerstand zu leisten.

Der Calvinismus betont als Gegenprinzip zur Zwei-Reiche-Lehre (aber auch auf Grund seines Anschlusses an traditionelle Aussagen zum *regnum Christi*) die „Königsherrschaft Christi". Die Formel betont zunächst die Herrschaft Christi über alle Menschen, aber auch über alle Gebiete menschlichen Handelns; die Formel impliziert auch die Christusherrschaft über Kirche und Welt. Der Stand der Christen in der Welt ist einerseits charakterisiert durch seinen Gehorsam gegenüber Gott und Christus, andererseits aber macht ihn gerade dieser Gehorsam frei von Mächten, Ordnungen und Institutionen der Welt. Diese Freiheit ermöglicht auch Widerstand gegen eine falsch handelnde und sich totalitär gebärdende Staatsmacht (Widerstandsrecht). Für das 20. Jh. sei hier auf das bedeutsame Dokument des Bekenntnisses von Barmen und den damit verbundenen Widerstand gegen Anpassungen der Kirche an den Nationalsozialismus hingewiesen; das Bekenntnis von Barmen kann als Konsequenz einer Theologie, die sich in der „Königsherrschaft Christi" verpflichtet fühlt, verstanden werden.

Weiter betont der Calvinismus, daß die Freiheit des Christen diesen innerweltlich aktiviert und motiviert. Darum ist der Reformierte bereit, Verantwortung für sozialethische Programme zu übernehmen. Diese Verantwortung wird auch von der Kirche als Institution erwartet –, Kirche soll sich durch gesellschaftliches Handeln qualifizieren, und sie soll vorbildliche Institution sein. Damit repräsentiert sie die „Königsherrschaft Christi".

Diese zuletzt charakterisierte Zuordnung von Kirche und Gesellschaft wird dann problematisch, wenn der Calvinismus damit theokratische Christianisierungstendenzen vertritt.

3. Es seien nun *Positionen* beschrieben, die bis heute den Bereich der protestantischen Ethik beeinflussen. Es ist sicher sinnvoll, hier zuerst auf den Einfluß Kants für den Protestantismus hinzuweisen. Kant versteht den ethisch handelnden Menschen im Sinne der Aufklärung als Menschen, der es wagt, aus selbstverschuldeter Unmündigkeit aufzubrechen und sich seines Verstandes ohne die Leitung eines anderen zu bedienen. Dabei verfällt Kant nicht einem flachen Optimismus. Er kennt und akzeptiert die Sicht, die einen natürlichen Hang des Menschen zum Bösen annimmt. Aber mit Hilfe des kategorischen Imperativs, der als sittliche Selbstgesetzgebung mit individuellen und gesellschaftlichen Konsequenzen zu verstehen ist, vermag der Mensch durch moralische Anstrengungen Wege des Guten zu betreten. Zielvorstellungen wie Menschenwürde und eine Welt des Friedens sind aber nur erreichbar, wenn das Sich-Verhalten von auferlegten Pflichten und von der Übernahme von Verantwortung bestimmt ist. Dabei sind für das Pflichtengesetz die Sinne des Menschen nur Material und in Dienst genommene Instrumente.

Schleiermachers Ethik ist vor allem dort zukunftsweisend, wo er in Verbindung mit der Romantik steht. Schleiermacher vertritt ein charakteristisches Autonomieprinzip. Normen und Wertvorstellungen der Tradition bedeuten für ihn eine Fremdlenkung des Individuums. Diese Fremdlenkung muß durch die Innenlenkung des Individuums ersetzt werden. Damit geht es ihm nicht mehr um Gehorsam gegenüber Gott oder um ein heteronomes Gesetz, sondern um eine welt-immanente Frömmigkeit. Der Mensch soll seinem „inneren Gesetz" treu bleiben, um seine „Eigentümlichkeit" zu finden. Damit ist aber nicht nur ein individualethischer Ansatz gemeint: Hingabe an die Eigentümlichkeit wirkt gemeinschaftsvertiefend. Ethik ist jetzt grundsätzlich nicht mehr imperativisch, sondern indikativisch-deskriptiv. Man wird damit Schleiermacher schon den induktiven Ethikern zurechnen dürfen.

Für die Ethik des Personalen bedeutet der Ansatz Schleiermachers u. a. folgendes: Der Körper des Menschen ist Symbol des Geistigen. Liebe vereinigt zerstückelte Aspekte der Wirklichkeit; sie ist in Prozessen einer bewegten Totalität zu erkennen; sündig ist der Mensch nur dann, wenn er sich von dieser Totalität losreißt. Schleiermachers Ideal ist auch ein Leben der Bejahung der Sinne, jenseits der traditionellen, christlichen Dualismen. In seiner Verteidigung des Schockromans *Lucinde* von Friedrich Schlegel formuliert er folgende Themen: Erotik als Sprache, die vor allem die Frauen unbefangen gestalten – Aspekte eines männlichen Geschlechtsdespotismus – tastende Versuche der Liebe junger Menschen – Erotik des kleinen Mädchens – Neudefinition von Scham – Ehe als bloße Form und Institution im Gegensatz zur Liebe – Ablehnung der Aussage, es gebe unsittliche Kunst – Bejahung der Freundschaft von Mann und Frau usw.

Eine folgenreiche Wandlung der protestantischen Ethik entsteht am Ende des 19. Jh. mit Ritschl. Für ihn ist die Idee vom Reiche Gottes erfüllbar in der individuellen Nächstenliebe, der beruflichen Verantwortung und der Arbeit. Ritschl vertritt damit die Weltanschauung des national-liberalen deutschen Bürgertums und dessen moralisierenden Ethik. Für die Wende vom 19. zum 20. Jh. muß auf die religiösen Sozialisten hingewiesen werden (Chr. Blumhardt, Kutter, Ragaz, auch Tillich, später in den USA die Bewegung des „Social gospel" im Sinne von W. Rauschenbusch).

Die Bewegung war bestimmt von der Einsicht, daß die Kirchen im 19. Jahrhundert die Arbeiterschaft verloren haben. Sie sah nun im Sozialismus neue Chancen für das Christentum. Sozialismus bedeutete für sie Eingriff Gottes in eine entfremdete und unter ökonomisch-materialistischen Zwängen stehenden Welt. Die religiösen Sozialisten gaben dem marxistischen Hoffnungspotential einen messianischen Sinn, womit sie zugleich den naturalistischen und atheistischen Marxismus ablehnten. Sozialethisch argumentierten sie pazifistisch, wobei die Bergpredigt eine große Rolle spielte. Erstmals in einer langen, christlichen Tradition verstanden sie unter „Sünde" Zwänge der Strukturen und verließen damit das individualethische Verständnis von Sünde und Schuld. Die skizzierten Ansätze führten immer wieder zu einer massiven Kirchenkritik: Kirche war für die religiösen Sozialisten verbürgerlicht: Weil die Kirche die Verbindung von Thron und Altar vertrat, war sie nach Auffassung der religiösen Sozialisten dem Gerichte Gottes verfallen; ein Zeichen, daß sie auf seiten der Herrschenden stehe, war auch ihre (soziale) Unbußfertigkeit.

Die erste Ethik im Sinne der dialektischen Theologie des 20. Jh. verfaßte Emil Brunner *(Das Gebot und die Ordnungen,* 1932). Nach Brunner spricht Gott in der Bibel, aber zugleich auch „gebrochen und indirekt" in den Ordnungen der Ehe und Familie, der Gemeinschaft der Wirtschaft und des Staates. Die Sozialethik als „Lehre von den Grundgesetzen der Gesellschaftsordnung" steht bei Brunner unter dem Leitwort der Gerechtigkeit. Bonhoeffer hat dann den Vorschlag vertreten, es sollte nicht von „Ordnungen", sondern von „göttlichen Mandaten" gesprochen werden.

Karl Barth hat sich strikte gegen Versuche eines naturrechtlichen Ordnungsdenkens gewandt und hat auch Brunner vehement abgelehnt. Barths Ethik gestaltete sich – wie die Ethik von A. de Quervain – im Zeichen des Stichwortes der „Königsherrschaft Christi" (s. oben). Eine große Rolle spielte dabei die Dialektik von Gottes Anspruch (Gebote) und der menschlichen Freiheit. Konkret ging es dabei u. a. um die Affinität von Evangelium und Demokratie und die Analogie von Christengemeinde und Bürgergemeinde, Rechtfertigung und Recht. Hinter Barths Ethik steht sein Kampf gegen den Nationalsozialismus, sein Einsatz für die Demokratie in der Epoche des Zweiten Weltkrieges und seine Ablehnung der atomaren Aufrüstung in den Jahren des „kalten Krieges".

4. Die *aktuelle Situation* ist von folgenden Stichworten bestimmt: ethische Argumente müssen die geschichtlichen Wandlungssituationen berücksichtigen. Damit verbunden ist die Einsicht, daß der Mensch ein gesellschaftlich-bestimmtes Wesen ist. Trotzdem damit die Probleme der Situation und der Erfahrung aufgewertet werden, soll sich Ethik nicht einfach an der „normativen Kraft des Faktischen" orientieren. Es muß auch die philosophische Einsicht berücksichtigt werden, daß vom Sein nicht auf das Sollen geschlossen werden kann. Ethik wird darum nicht nur Situationen beschreiben und empirisch untersuchen, sondern

sie wird es wagen, Humanisierungsangebote zu formulieren, Zielvorstellungen des Menschlichen zu diskutieren und Utopien zu entwerfen.

Stichworte heutiger Diskussionen sind zunächst auf der Ebene individueller Entscheidungsfindung: Identitätsfindung, Reifewege, Emanzipation, Ich-Du-Beziehung im Sinne Martin Bubers und Ferdinand Ebners, ganzheitliche Personalität, Verantwortung, Nächstenliebe. Die angegebenen Stichworte bedeuten beispielsweise für die Sexualethik folgendes: Sie öffnet sich grundsätzlich den Humanwissenschaften (besonders der Psychoanalyse und der Tiefenpsychologie), und sie arbeitet die aktuellen Wandlungsprobleme auf (z. B. im Dialog mit einer neuen Jugendkultur und der Frauenemanzipation). Sie betont, daß das Sexualverhalten nicht im Ehezweck der Kinderzeugung aufgeht, sondern vielmehr der Ich-Du-Begegnung der Geschlechter unter den Bedingungen der Leiblichkeit und der sexuellen Bedürfnisse dient; die vorgegebene Triebstruktur muß allerdings eine humane Überformung erfahren. Damit entsteht ein Erfahrungsweg mit anspruchsvollen, personalen Verantwortungen. Auch für den Bereich der Sexualethik wäre nach wie vor an den Impulsen der Rechtfertigungslehre anzuknüpfen: diese implizieren Angstfreiheit und Mut zum Sein. Damit ist eine Sexualethik im Zeichen von Freiheit und Mündigkeit des Menschen möglich.

Für den Bereich der Sozialethik gelten heute Schlagworte wie globale Verantwortung, Bewußtseinswandel, atomare Bedrohung des Friedens, Themen ökonomischer und ökologischer Gefahren, Kapital als Fetisch, Zweidrittelgesellschaft als System der Aussonderung gesellschaftlich Schwacher oder gesellschaftlicher Minderheiten, Frage nach den Ressourcen. Für den Bereich der Sozialethik muß auf den starken Einfluß der Initiativen des „Ökumenischen Rates der Kirchen" hingewiesen werden. Diese Initiativen wenden sich durchgehend gegen Ungerechtigkeit, Militarisierung, Rassismus und Patriarchalismus. Für die Probleme der Theoriebildung sei auf den Begriff der *middle axioms,* den J. H. Oldham 1937 prägte, hingewiesen. Es geht darin um den Versuch, die Richtung zu bestimmen, in der sich der christliche Glaube in einem bestimmten Zustand der Gesellschaft äußern muß; durch diesen Begriff ist dann die für die ökumenische Bewegung entscheidende Vorstellung der „verantwortlichen Gesellschaft" entstanden.

5. Ist es noch sinnvoll, *Ethik unter konfessionellen Bedingungen* zu gestalten? Faktisch entsteht christliche Ethik heute in ökumenischer Verantwortung, und es gibt auch Institutionen, die sich bewußt ökumenisch öffnen. Hier seien die *Societas Ethica,* die *Zeitschrift für evangelische Ethik* und das *Handbuch der christlichen Ethik* genannt.

Trotzdem kann für ethische Probleme die Unterscheidung zwischen dem Protestantischen und dem (Römisch-)Katholischen nicht einfach verwischt werden, weil Konfessionen unverwechselbare Sozialisationseinflüsse ausüben. Bis heute gibt es den katholischen Typus mit folgenden Merkmalen: Katholiken vertreten eine deutliche, konfessionelle Identität. Sie vertreten die Überzeugung, es gebe eine moralische Ordnung. Durch ihre Bezüge zur Kirche als Institution vermögen sie eine problemlastete Existenz zu realisieren. Sie passen sich in der Regel dem Zeitgeist weniger an. Der protestantische Typus orientiert sich an der ethischen Autonomie des Menschen. Er kritisiert oft Institutionen und Traditionen und vermag Entscheidungen ohne Institutionen und Traditionen zu treffen. Er betont den hohen Stellenwert des Gewissens. Allerdings ist er damit zugleich oft überfordert und wirkt skrupulös oder paßt sich aktuellen Trends an. Die positive Zuwendung zur Welt der Arbeit und zur Gestaltung profaner Bereiche heutiger Wirklichkeit ist für den Protestanten selbstverständlich; in diesem Bereich möchte er seine Verantwortung vor Gott realisieren.

Das dualistische Erbe des Christentums wirkt sich in den Konfessionen ungleich aus. Der Katholizismus setzt sich für eine Moral ein, die sich von Gegenpositionen scharf und oft kämpferisch abhebt. Der Protestant ist in seiner Weltverantwortung im Sinne der Max-Weber-These asketisch und puritanisch. Seine Haltung unterstützt dann auch die Lustfeindlichkeit der heutigen Arbeitswelt. Schließlich gibt es den Unterschied zwischen der Wertung des katholischen Lehramtes und protestantischen Äußerungen zur Ethik. Während das katholische Lehramt auch ethische Fragen regeln möchte und die Tendenz hat, Diskussionen autoritativ abzuschließen, kann der Protestantismus, auch wenn er sich z. B. in Denkschriften an die Öffentlichkeit wendet, ethische Diskussionen nur eröffnen und begleiten.

Muß mit der Feststellung von zwei Typen im dargestellten Sinn von einem Grunddissens zwischen Katholizismus und Protestantismus gesprochen werden? Angesichts der Wandlungen der Neuzeit, angesichts der heute möglichen humanistischen und marxistischen Ethik, werden beide Typen auf ihre ethische Kompetenz hin befragt und sie müssen sich im Praxisbezug bewähren. Darin liegen aktuelle Herausforderungen, denen man eher mit einer „erkenntnistheoretischen Toleranz" (Rahner) im Gegenüber der Konfessionen begegnen sollte; das aber impliziert den weiteren Weg ökumenischer Bemühungen auch im Bereich ethischer Fragen.

E. Brunner, Das Gebot und die Ordnung. Entwurf einer protestantisch-theologischen Ethik (⁴1978); *U. Durchrow*, Christenheit und Weltverantwortung. Traditionsgeschichte und systematische Struktur der Zweireichelehre (1970); *C. Frey*, Die Ethik des Protestantismus von der Reformation bis zur Gegenwart (1989); *K. E. Loegstrup*, Die ethische Forderung (1959); *A. de Quervain*, Ethik, 2 Bde. (1942); *G. Schmidtchen*, Protestanten und Katholiken. Soziologische Analyse konfessioneller Kultur (1973); *H. E. Tödt*, Perspektiven theologischer Ethik (1988); *H. Thielicke*, Theologische Ethik, 3 Bde. (1951); *W. Trillhaas*, Ethik (³1970); *M. Weber*, Die protestantische Ethik, 2 Bde. (1972/73); *H. D. Wendland*, Sozialethik im Umbruch der Gesellschaft (1969).

KURT LÜTHI

Q

Quellen der Moralität

→ Doppelwirkung, Prinzip der → Ethik → das Gute → Handeln, sittliches → Mittel → Übel → Wert → Zielgebot

Die Quellen der Moralität sind jene verschiedenen Elemente der menschlichen Handlung, die an der sittlichen Norm zu messen sind und die Moralität der Handlung bestimmen. Sie sind von den Methoden der Moraltheologie zu unterscheiden, die zuweilen als „Quellen der Moraltheologie" bezeichnet werden. Die Quellen der Moralität sind drei: Objekt, Umstände und Ziel (oder Zweck, Absicht). Eine menschliche Handlung ist gut, wenn alle diese Elemente mit der sittlichen Norm übereinstimmen. Sie ist dagegen sittlich schlecht, wenn auch nur eines dieser Elemente gegen die Norm der Moralität verstößt. *Bonum ex integra causa, malum ex quovis defectu.*

1. Das Objekt des menschlichen Aktes ist jene Wirkung, die die Handlung zunächst und direkt hervorbringt *(finis operis)*. Sie ist immer und notwendig das Ergebnis des Aktes, unabhängig von allen Umständen und der Absicht des Handelnden. Die Sprache bezeichnet die verschiedenen Arten von Handlungen mit bestimmten Ausdrücken wie Diebstahl, Lüge, Almosengeben, Heilen. Objekt ist die Wirkung, die zum Wesen der Handlung gehört und ohne die sie nicht mehr die gleiche wäre. So ist das Objekt des Diebstahls immer die Aneignung der Güter einer anderen Person gegen deren Willen, ob man das Gut einem Reichen oder Armen wegnimmt, ob das Ziel Bereicherung oder Linderung extremer Not ist.

Um eine klare Vorstellung vom Objekt einer Handlung zu bekommen, ist es notwendig, so genau wie möglich die erste und direkte Wirkung derselben zu bestimmen. Wirkung der menschlichen Handlung ist zunächst die physische, biologische oder psychische Veränderung, die sie hervorruft. Doch diese Veränderungen allein bringen noch nicht viel für die sittliche Bewertung der Handlung ein. Die Übertragung von Gütern von einem Ort zum andern oder der Vorgang einer sexuellen Beziehung sagen für sich allein noch nichts über die sittliche Qualifikation der Handlungen aus, die sie verursacht haben. Zu den Wirkungen der menschlichen Handlung müssen auch seine Auswirkungen auf die Rechte und Ansprüche von Personen, sei es einer anderen Person oder sei es der Person des Handelnden selbst, gerechnet werden, und zwar die Aufhebung, Aneignung, Aussetzung, Schaffung oder Übertragung dieser Rechte und Ansprüche. So ist das Objekt eines Kaufvertrages nicht nur die physische Übertragung von Gütern von einem Ort zum andern, sondern auch der Austausch von Eigentumsrechten, die mit den Gütern verbunden sind.

Katholische Handbücher der Moral halten allgemein dafür, daß das Objekt einer Handlung sittlich gut, böse oder indifferent sein kann. Vom Standpunkt des Objektes aus ist das Spielen eines Instrumentes indifferent. Dies bedeutet aber nicht, daß die Handlung als ganze indifferent wäre; denn ihre Moralität hängt ferner von den Umständen und besonders von dem Ziel oder der Absicht des Handelnden ab. Wenn das Objekt einer menschlichen Handlung böse ist, wie z. B. im Falle von Vergewaltigung oder Tötung einer unschuldigen Person, kann kein Zweck des Handelnden, wäre er auch noch so gut, diese Handlung erlauben. Dies ist die bisher allgemeine Lehre der kath. Moraltheologie. Sie setzt die Existenz von „sittlichen Absoluta" voraus, d. h. von Verboten gewisser Arten von Handlungen, die ausschließlich wegen ihres Objektes als absolut und innerlich böse gelten. Doch wird in letzter Zeit von mehr und mehr Theologen in Frage gestellt, ob es wirklich äußere Handlungen gibt, die absolut böse und nie und aus keinerlei guter Absicht heraus erlaubt sein können. Diese Autoren geben Handlungen zu, die wegen der Natur ihres Objektes meistens böse sind. Doch losgelöst von der Absicht des Handelnden habe das Objekt noch keine endgültige sittliche Qualifikation.

Aufs ganze gesehen gibt es selbst in der traditionellen Moraltheologie nicht viele Absoluta. Nur jene Handlungen verdienen die Qualifikation Absoluta mit Sicherheit, die immer und stets dem letzten Ziel des Menschen widersprechen, wie die Verleugnung des Glaubens oder die Verführung anderer zur Sünde. Doch in vielen anderen Fällen läßt sich nur sehr schwer aufweisen, daß keine Ausnahme mit den Forderungen des letzten Zieles vereinbar ist.

Die traditionelle Unterscheidung zwischen guten, indifferenten und bösen Objekten ist gewiß berechtigt. Das Objekt des Almosengebens ist gut, und das Objekt eines Diebstahls ist schlecht. Doch betonen neuere Theologen mit Recht, daß solche Unterscheidungen noch keine sittlichen Qualifikationen bilden, sondern vor-moralisch sind. Wenn jemand zum Schaden seiner Familie Almosen gibt, dann liegt am Ende kein sittlich guter Akt vor. Und wenn der Zweck eines Diebstahls die Rettung vor dem Hungertod ist, bleibt er trotz des verursachten Schadens ein berechtigter Akt. Daher ist es korrekter, nicht zwischen guten und bösen Objekten im moralischen Sinn zu unterscheiden, sondern zwischen wertvollen und schädlichen Objekten im vor-moralischen Sinn. Die Präsumtion spricht dafür, daß wertvolle Objekte gefördert, schädliche dagegen vermieden werden müssen. Doch ein endgültiges Urteil über die Moralität einer Handlung ist nur unter gleichzeitiger Berücksichtigung der Umstände des Aktes und vor allem der Absicht der handelnden Person möglich.

2. *Die Umstände* sind besondere Beschaffenheiten der konkreten menschlichen Handlung, die nicht notwendig mit ihrem Objekt verbunden sind. Sie können sich ändern, ohne daß sich das Objekt der Handlung ändert, etwa das Objekt des Almosengebens, das das gleiche bleibt, ob es von einem Armen oder von einem Reichen gegeben wird. Nicht alle Umstände üben einen Einfluß auf die Moralität der Handlung aus. Die meisten von ihnen sind indifferent, z. B. ob das Almosen am Montag oder Freitag gegeben wird. Sittlich relevant werden die Umstände, wenn sie gute oder böse Wirkungen vergrößern oder vermindern oder zusätzliche Wirkungen guter oder böser Art hervorbringen oder wenigstens geeignet sind, mit einiger Wahrscheinlichkeit hervorzubringen.

Im allgemeinen werden folgende sieben Umstände aufgezählt: wer, was, wo, mit welchen Mitteln, warum, wie und wann. Der Umstand „warum" ist nicht im Sinne des Zweckes der Handlung zu verstehen, da dieser ja eine gesonderte, dritte Quelle der Moralität darstellt. Er bezieht sich auf dem Willen äußere und ihn dennoch bestimmende Einflüsse, wie z. B. Irrtum, Gewalt oder Leidenschaft, also auf die Hindernisse der Willensfreiheit.

Ein Umstand kann im positiven Sinn einen vom Objekt her guten Akt besser, einen indifferenten Akt gut und einen bösen Akt weniger böse machen. Die Verleugnung des Glaubens unter Androhung von

Folter ist weniger böse als eine Verleugnung, um in einem Amt befördert zu werden. Im negativen Sinn kann ein Umstand a einen vom Objekt her schlechten Akt noch schlechter, einen indifferenten Akt schlecht und einen guten Akt weniger gut oder gar schlecht machen. Die Rettung eines Lebens durch Transplantation eines Herzens ist ein lobenswertes Werk; erfolgt sie aber auf Kosten des Lebens einer anderen Person, ist sie schlecht.

3. *Das Ziel* oder der Zweck *(finis operantis)* ist der Grund, aus dem der Handelnde einen Akt vollzieht. Es kann auch als die Wirkung definiert werden, die der Handelnde subjektiv bei seinem Handeln anstrebt. Das vom Handelnden bei einem Akt angestrebte Ziel kann das gleiche sein wie das Objekt der Handlung, in welchem Fall *finis operis* und *finis operantis* identisch sind. Die unmittelbare Wirkung des Konsums einer größeren Menge Alkohol ist Trunkenheit, d. h. ein Zustand der Unbeschwertheit und größerer Sorglosigkeit. Dieses Objekt des Aktes kann das subjektive Ziel des Handelnden sein. Er kann aber auch eine andere, indirekte oder entferntere Wirkung seines Aktes anstreben, die in einigen Fällen sich mit Gewißheit einstellt, in anderen Fällen dagegen nur möglich ist und erhofft wird. Die Friedensvermittlung zwischen zerstrittenen Parteien verlangt viele vermittelnde Akte, die alle das gleiche, entfernte Ziel haben. Doch die erfolgreiche Erreichung des Zieles wird nur erhofft, sie ist nicht sicher. Dieses Beispiel zeigt zugleich, daß sehr oft mehrere Akte aus der gleichen Absicht hervorgehen und das gleiche Ziel haben.

Das Ziel verändert die Moralität eines Aktes in ähnlicher Weise wie die Umstände. Ein guter Zweck kann einen vom Objekt her guten Akt besser, einen indifferenten Akt gut und einen schlechten Akt weniger schlecht machen. Ein schlechter Zweck andererseits kann einen vom Objekt her bösen Akt schlechter, einen indifferenten Akt schlecht und einen guten Akt weniger gut oder schlecht machen.

Im Gegensatz zu den Umständen, die oft sittlich indifferent sind, ist das Ziel für die Moralität eines jeden menschlichen Aktes bedeutsam. Außerdem verbindet das Ziel häufig viele verschiedene Akte zu einer Einheit und verleiht ihnen allen eine gemeinsame Gutheit oder Bosheit. So verleiht das Ziel, Überschwemmungsopfern zu helfen, allen Akten, die vom Organisator der Hilfskampagne unternommen werden, gemeinsam etwas Gutes.

Bei der sittlichen Bewertung einer Handlung ist daher das Ziel von größter Wichtigkeit. Dennoch darf diese große Bedeutung des Zieles für die Moralität einer Handlung nicht dazu führen, das Gewicht der

Umstände und besonders des Objektes für die sittliche Bewertung einer Handlung unterzubewerten. Die gute Absicht allein genügt nicht. Sie kann nicht alle und jedes Mittel rechtfertigen.

Es gibt freilich ein Ziel, das als oberstes Kriterium des sittlichen Aktes alle Mittel rechtfertigen kann (natürlich nur jene, die ihm dienen, und eben nicht alle dienen ihm). Dies ist das letzte Ziel des Menschen, das in der Verherrlichung Gottes, der Aufrichtung seines Reiches und der Verwirklichung seines Schöpfungsplanes besteht. Doch in seinen konkreten Akten strebt der Mensch nicht direkt das letzte Ziel an, sondern vielmehr Zwischenziele. Auch wenn diese Ziele mit dem letzten Ziel übereinstimmen, so teilen sie doch deswegen nicht seinen Charakter als absoluten Wert. Sie bilden relative Werte. Ihre Verwirklichung unterliegt daher Bedingungen und Einschränkungen. Der Bau einer Kirche steht gewiß in Übereinstimmung mit dem großen Anliegen des letzten Zieles. Das rechtfertigt aber nicht den Erwerb des Grundstückes dafür durch Fälschung und Betrug. Obwohl also der Bau der Kirche mit dem letzten Ziel übereinstimmt, schädigt das für diesen Zweck eingesetzte Mittel dieses Ziel mehr, als die Vorteile wert sind, die der Bau der Kirche einbringt.

Deswegen sind die unmittelbaren, relativen Ziele, die Menschen bei ihrem Tun anstreben, nur ein Element bei der Bewertung der Moralität einer Handlung neben deren Objekt und den Umständen. Alle Elemente sind in ihrem Verhältnis zueinander und in ihrer Tauglichkeit, dem letzten Ziel zu dienen, abzuwägen. Wenn das Tun eines Menschen trotz seiner guten Absicht für das letzte Ziel wegen des Objektes und der gegebenen Umstände kontraproduktiv wird, ist die Handlung als ganze nicht gut, sondern böse.

Immer wieder wird die Wichtigkeit einer guten Absicht in pädagogischen Schriften betont. Das ist ein berechtigtes Anliegen. „Gute Absicht" bezieht sich hier auf eine umfassendere Motivierung, wie das Verlangen, Gott zu dienen, Christus treu zu sein, sich als ein nützliches Mitglied der Gemeinschaft zu erweisen usw. Sie ist sicher für den Menschen ein starker Antrieb zu tun, was gut ist, im Unterschied zu einer egoistischen Intention, die unvermeidlich zu vielen egoistischen und fragwürdigen Handlungen führen muß. Dennoch garantiert eine gute Motivierung allein noch nicht die sittliche Richtigkeit aller Handlungen, die davon veranlaßt werden. Viele Vergehen sind infolge der guten Absichten von religiösen Fanatikern aller Schattierungen begangen worden. Auch hier müssen die Mittel den Test der Richtlinien bestehen, die das letzte Ziel gibt. Eine gute Absicht kann jemand nicht von der Mühe dispensieren, den Tatsachen der Wirklichkeit Rechnung zu tragen, die Natur der Dinge und die Rechte von Personen hinreichend zu kennen, mit denen sein Tun verknüpft ist, und die Folgen zu studieren, die sein Tun mit sich bringt.

K. Demmer, Erwägungen zum „intrinsece malum", in: Gregorianum 68 (1987) 613–637; *J. Fuchs*, „Intrinsece malum": Überlegungen zu einem umstrittenen Begriff, in: *W. Kerber* (Hrsg.), Sittliche Normen (1982); *R. A. McCormick/P. Ramsey* (Hrsg.), Doing Evil to Achieve Good (1978); *G. Stanke*, Die Lehre von den „Quellen der Moralität". Darstellung und Diskussion der neuscholastischen Aussagen und neuerer Ansätze (1984).

KARL-HEINZ PESCHKE

R

Rache

→ Buße → Gerechtigkeit → Krieg → Schuld → Strafe → Vergebung

Rache ist die persönliche, absichtliche, selbstrichterliche Schädigung einer anderen Person. Wer Rache übt, möchte sich nach erlittenem Unrecht Recht verschaffen. Rache ist auf jeden Fall ein sittliches Übel, weil sie nur vergelten will und deshalb nicht vergeben, versöhnen oder wirkliche Gerechtigkeit suchen kann.

Räte, evangelische

→ Armut → Askese → Ehelosigkeit → Freiheit → Gehorsam → Kirche → Nachfolge → Neutestamentliche Ethik

Unter ihnen wird eine *Dreiheit von Forderungen* verstanden, die ihre *Wurzeln im Evangelium* haben und im Lauf der Geschichte geprägte Lebensformen in der Nachfolge Christi bildeten: *Armut, Jungfräulichkeit und Gehorsam.* Im folgenden wird zunächst etwas zur Geschichte der evangelischen Räte gesagt (1); danach soll versucht werden, eine anthropologische Grundlegung zu geben (2); die einzelnen evangelischen Räte bedürfen einer theologischen Begründung (3).

1. Zur Geschichte der evangelischen Räte

Bevor es zur Systematisierung der evangelischen Räte in ihrer Dreiheit kommt, gibt es eine lange Geschichte der gelebten Wirklichkeit derselben. Einige Stellen des NTs waren Anlaß, unter den Räten die Aufforderung zu einem *besonderen Weg* zu verstehen, der sich vom *Weg der Gebote* abhob. Dies geschah in Anlehnung an die Übersetzung von 1 Kor 7,25, die bei Tertullian lautete: „*Praeceptum* domini non habeo sed *consilium* do"; dies bedeutete: Ich habe kein Gebot des Herrn (was jeden unbedingt verpflichten würde), sondern ich gebe einen Rat (dem Hörer zu bedenken). Solche Unterscheidung entsprach damaliger Praxis bei manchen bedeutenden Stoikern, die ähnlich unterschieden und dadurch ein Eliteethos neben einem „normalen" Ethos schufen. Auch im Mittelalter ließ sich diese Unterscheidung leicht auf eine Gesellschaft anwenden, die ohnehin ständische Unterschiede kannte: Man unterschied den *Stand der Räte* vom Stand der übrigen Christen. Dem entsprach lange Zeit die Charakterisierung des Ordenslebens.

Thomas v. Aquin machte deutlich, daß die Form des Lebens nach den Räten allein noch nicht die Vollkommenheit garantiere; diese sei für jeden Christen in der Vollendung der Liebe gegeben (vgl. S. Th. I/II, q 108 a 4; II/II, q 184); aber der Weg der Räte biete Mittel, die den Weg der vollkommenen Liebe erleichterten. Degenerationserscheinungen im Ordensleben, das Verständnis der evangelischen Räte im Zusammenhang mit der Werkgerechtigkeit, die Einschränkung der Erkenntnisquellen auf die Schrift waren für *M. Luther (De votis monasticis)* die wichtigsten Gründe, die Sinnhaftigkeit eines Lebens nach den evangelischen Räten in der bisher üblichen Form radikal abzulehnen. Diese Positionen haben bis in unser Jahrhundert die Diskussion bestimmt. Auf dem Hintergrund dieser Geschichte gilt es in der Tat, *folgende Problematik* zu sehen:

– Die Unterscheidung der Stände und der Wege barg die Gefahr, die evangelischen Räte in ihrer Bedeutung nur für einen Teil der Gläubigen gelten zu lassen. Radikal christliche Forderungen wurden nur für den „Stand der Vollkommenheit" verbindlich, was aber im NT eigentlich keine Grundlage hat. Erst das Zweite Vatikanische Konzil hat hier anders geurteilt und festgestellt, daß *alle Gläubigen* zur Heiligkeit und damit zur Vollkommenheit berufen sind (LG Kap. 4–5).

– Man berief sich bei der Begründung der evangelischen Räte nicht nur auf Paulus, sondern insbesondere auf Mk 10,17–27 par.; vom reichen jungen Mann wird zunächst verlangt, er solle die Gebote halten; erst als er äußert, daß er etwas darüber hinaus tun wolle, weist Jesus ihm den

Weg der größeren Vollkommenheit. Hier sah man neben Mt 19,12, wo die Ehelosigkeit um des Himmelreiches willen als etwas vorgestellt wird, was nicht jeder faßt, eine Grundlage der Lehre von den Räten. Die neuere Auslegung *bestreitet* entschieden, daß es sich in dem beschriebenen Fall der Berufung *nur um einen bloßen Ratschlag* gehandelt habe; gerade in der Perikope Mk 10,17–27 gehe es generell darum, die Gefährlichkeit des Reichtums zu erweisen; das Verhalten des jungen Mannes wird vom Text her nicht als eine ethisch akzeptable, wenn auch unvollkommenere eigene Alternative angesehen werden können. Jesus hatte nicht nur geraten, sondern unzweideutig in seine engere Nachfolge berufen.

– Die Dreiheit der Räte ist *biblisch* – darin ist der protestantischen Kritik Recht zu geben – *nur rudimentär nachzuweisen*. Warum man dennoch an der Dreiheit der genannten Räte festhält, ergibt sich aus den darzulegenden Sachgründen anthropologischer und theologischer Art.

Inzwischen haben Stellungnahmen dieser Art das Eis schmelzen lassen; die katholische Position hat die Vorstellung des Zwei-Wege-Ethos verlassen; die evangelische Stellungnahme hat die Chancen eines Lebens nach den evangelischen Räten neu erkannt; es mehren sich Versuche praktischer Realisierung in den Kirchen der Reformation.

2. Anthropologischer Hintergrund der evangelischen Räte

Der Ruf Jesu im Evangelium ist radikal und beansprucht den ganzen Menschen. Wer sich auf solchen Ruf einläßt, wagt sich selbst, riskiert sein Leben. Der Preis der Liebe entspricht dem, was Christi Liebe getan hat. Es geht um Leben und Tod. Wer sich auf diesen Ruf einläßt, muß damit rechnen, daß ihn angesichts eines solchen Risikos „Angst" befällt. Sie macht als „Schauder der Freiheit" auf die Ernsthaftigkeit der Entscheidungssituation aufmerksam. So wächst mitten in der Selbsterfahrung der aufgerufenen Freiheit ein Widerstand gegen sie. Die Angst läßt den Menschen auf sein armseliges Selbst starren, das sich vor diesem Anspruch eher verstecken möchte. Sie ist Reflex eines urtümlichen Sicherungsbedürfnisses des Lebendigen schlechthin. Der Mensch, so wie ihn die Hl. Schrift sieht, partizipiert an diesem Bedürfnis; er ist, ob er will oder nicht, auf *Selbst-sicherung* bedacht.

Es gibt unterschiedliche Möglichkeiten, in dieser Angst auszubrechen aus der risikoreichen Freiheit, in der man sich ganz geben sollte:

a) Der Gerufene sucht *Sicherung in materiellem Besitz;* Sorge um das Materielle ist nur eine Form dieser fundamentalen Bedürftigkeit des Menschen, in der er Vorsorge treffen muß für die Erhaltung seines

Lebens. Er braucht Lebensraum, den er sein eigen nennt, um sein Dasein fristen zu können. Das ist ihm, wie Verhaltensforscher zeigen konnten, in seinem vitalen Erbe aus dem Tierreich überkommen. Das Bedürfnis nach Daseinsvorsorge um des Überlebens willen ist tief in sein Menschsein eingezeichnet. Wo der Mensch einen Ruf vernimmt, dieses alles hintanzustellen, wird ihm der ganze Ernst dieser Entscheidung bewußt.

Im Vorfeld der Forderung Jesu nach Besitzverzicht bei seinen Jüngern schildert die Hl. Schrift im *Bild vom Manna* die Versuchung des Menschen, sich gegenüber dem anderslautenden Willen Jahwes an den materiellen Dingen dieser Welt zu sichern; obwohl es verboten ist, sammeln viele im Volk „auf Vorrat" (Ex 16,20); aber das so Gesammelte wird ihnen unter den Händen faul; *nur der von Gott zugedachte Besitz* – wie am Sabbat – *frommt* ihnen (Ex 16,22–26). Das Verhältnis zu den Dingen der Schöpfung kann nur dann richtig gelingen, wenn sie empfangen und nicht in falscher Sicherungstendenz errafft werden. Das Verhältnis zu so Erworbenem wird unter den Händen schal; es mißlingt in dem Maß, als sich der Mensch Gott entzieht.

Dem entspricht nun (kontrapunktisch): *Der Ruf in die Nachfolge ist immer* ein *Ruf zur Armut,* in der der Gerufene auf Daseinsvorsorge freiwillig verzichtet und sich so dem anvertraut, was Gott ihm als Weg vorzeichnet. So liegt in der im NT geforderten *Armutshaltung eine Überwindung falscher Sicherungsangst,* die sich an Dinge klammert, eine Distanznahme, *die erstmals überhaupt ein richtiges Verhältnis zu den Dingen der Welt ermöglicht* und damit die Voraussetzung für ein bedingungsloses Vertrauen auf den Herrn, der ruft. Im Vaterunser, dem eigentlichen Gebet der Jünger, wird in der Brotbitte „für jeden heutigen Tag" die Erinnerung an die Vertrauensprobe des Volkes in der Wüste fest- und damit die Gesinnung wachgehalten, in der das unbedingte Vertrauen auf Gott gelebt wird.

Es gibt andere Ausweichmanöver der Angst, die dem totalen Anspruch der Freiheit zu entkommen versucht. Sie möchte nicht zur Verfügung stellen, *was fundamental zur Geborgenheit gehört,* die *Erfahrung menschlicher Nähe,* menschlicher Gemeinschaft, *die am intensivsten in der Ehe und der aus ihr hervorgehenden Familie erfahren wird.* Der hier erfahrbare Urwunsch ist nach dem Zeugnis der Schrift von Anfang an dem Menschen eigen (Gen 2,18) und entspricht auch jener von der Biologie her jedem Menschen eigenen Dynamik, die auf Arterhaltung und Weitergabe des Lebens abzielt. Wenn gefordert wird, daß da, wo Gott ruft, auch die Rücksicht auf familiäre Bindung zurückstehen muß, ist das nur anzunehmen im Vertrauen auf Gott, der der eigentlich tragende

Grund von allem ist; er ist in der Liebe eines jeden Menschen wirksam. Weil der Ruf von ihm ausgeht, kann und muß man ihn als konkurrenzlos akzeptieren und befolgen. Dem *evangelischen Rat der Jungfräulichkeit* liegt jene Haltung zugrunde, in der der Gläubige diese Bereitschaft aufbringt, gegebenenfalls auf die familiäre Bindung an einen anderen Menschen zu verzichten oder sie ganz im Sinne Gottes zu verwirklichen und so dem göttlichen Ruf zu folgen. *Beide* Wege gelingen nur richtig aus dieser Haltung heraus, in der man bereit ist, Gott immer den je Größeren sein zu lassen.

Die Rückgebundenheit des Menschen an die Geborgenheit in Ehe und Familie *kann* eine Gefahr sein, wo sie in Ängstlichkeit (man denke an alles, was sich mit Regression verbindet) vor dem Herausgefordertsein durch Gott festgehalten wird; dann nämlich verdirbt auch sie, wie die Beziehungen zu den materiellen Dingen korrumpieren, wenn sich der Mensch an sie klammert. Rückbindung an die Eltern kann zum Verlust des Selbst führen, überzogene Anhänglichkeit an den Partner verhindert die für jede Beziehung wichtige Fähigkeit, dem anderen seine Freiheit zu lassen. Wirklich gelungene Partnerschaft ist nur möglich in dem Maß, in dem jemand auch in sich selber ruht. In der Sicht des Glaubens aber wird dieses Selbst erst in der Beziehung zu Gott wirklich. In diesen Sachverhalten ist der zweite evangelische Rat anthropologisch grundgelegt.

Im Grunde *dreht sich die Angst der Freiheit immer um sich selbst;* es ist die Angst, sich selbst zu verlieren; auch sie ist mitbegründet *in einer vital gegebenen Notwendigkeit der Selbsterhaltung,* des Angehens gegen den Tod. Sie läßt den Menschen sich an sich selber festhalten und kann verhindern, daß er sich jemals in einer Entscheidung wirklich losläßt, sich wirklich auf etwas (ihn Übersteigendes) einläßt, was das Leben ausfüllen kann. Diese verborgene Form des Auf-sich-selbst-zurückgebeugt-Seins, die einem unbedingten Anspruch entgegensteht, die nicht den Wagemut des Sprungs aufbringt, liegt allen anderen Formen der Selbstsicherung zugrunde und *tendiert immer dahin, das totale Vertrauen auf Gott aufzukündigen.* Da *wickelt einer sein Talent ein* (vgl. Mt 25,25) und versteckt es, weil er Angst hat, damit zu arbeiten. Das verhindert, daß er wahrnimmt, was ihm möglich wäre. *Der evangelische Rat des Gehorsams* könnte ihn von sich selbst erlösen; er weist auf jene Grundhaltung der Loslösung von sich selbst hin, die dem Menschen hilft, von der Ich-Verkrampfung, der eigenen Ängstlichkeit loszukommen. Sie erst läßt ihn in Wahrheit die Chancen seines Lebens wahrnehmen. Selbstwerdung im guten Sinn ist immer nur in Selbstüberschreitung möglich. Im Glauben geschieht sie in der Hingabe an Gott.

Die anthropologische Analyse zeigt, *daß die evangelischen Räte an jenen Punkten der menschlichen Existenz ansetzen, an denen sich der menschliche Selbstbehauptungswille,* getrieben von der Angst um sich selbst, immer wieder dem *Wirken Gottes in den Weg* stellt. Daß die Selbstgerechtigkeit, die Unfähigkeit, sich loslassend ganz Gott zu verdanken, die Existenz des Menschen in dieser (von der Sünde bestimmten) Welt belastet und zu korrumpieren droht, wird von der gesamten Theologie des NTs, insbesondere der des Paulus, bestätigt. Wir erkennen den Menschen dort als einen solchen, der von sich aus dazu geneigt ist, die Tatsache seines Geschaffenseins niederzuhalten, sich nicht Gott zu verdanken, sich angstvoll den Urmächten seines eigenen Daseins zu überlassen. Daß dabei dieses Dasein selber verfällt, macht der Römerbrief in den ersten Kapiteln in aller Deutlichkeit klar. *Die in der Dreiheit der evangelischen Räte geforderte Haltung ist ein tief im Menschlichen begründetes Gegengewicht gegen die Gefahr solcher Daseinsverfehlung.* Die Geschichte der Spiritualität kennt diesen *Ternar* der *Gefährdung* des Menschen von Anfang an – man denke an die in etwa zu parallelisierenden drei Versuchungen Jesu, an 1 Joh 2,16 – und hat ihm durch Gegengewichte zu steuern versucht. Hier liegt nun auch der innere Grund dafür, daß die den evangelischen Räten korrespondierenden Grundhaltungen nicht auf ein Exklusivethos beschränkt werden dürfen, sondern Möglichkeitsbedingungen für das Gelingen einer Existenz aus dem Glauben überhaupt sind.

3. Theologische Begründung der evangelischen Räte

Die Linie der bisherigen Überlegungen wird hier aufgenommen und weitergeführt: Es geht immer um den Aufweis, daß die evangelischen Räte zunächst an alle Gläubigen gerichtet sind und erst in bestimmten Lebensformen eine spezifische Gestalt bekommen, in der ihr innerer Sinn zeichenhaft in der Kirche festgehalten wird.

a) Die Armut als evangelischer Rat verwirklicht sich im Rahmen folgender Sinnbestimmungen:
– Sie bewirkt in ihrem Vollzug den Glauben an die Welt als Gottes Schöpfung. *Die Loslösung* von diesem und jenem einzelnen, das man besitzt, *ermöglicht die umfassende Sicht des Glaubens auf alles,* was Gott den Menschen zugedacht hat (vgl. Dtn 26,11: Der auf die Erstlinge verzichtende Bauer soll sich „freuen über alles Gute, das der Herr, dein Gott ... gegeben hat"); so wird der einzelne „arm vor Gott" (Mt 5,3), indem er alles aus seiner Hand empfängt. Das Beispiel des radikal auf Besitz verzichtenden Poverello von Assisi zeigt, wie hier – man denke

an den Sonnengesang – *eine neue Nähe zur Wirklichkeit der Welt aus Gottes Hand* erreicht wurde, die eine Vorahnung eschatologischer Vollendung der Welt und eine darin wirksame Weise des „Besitzens" darstellt, in der Besitztümer nicht mehr trennen und vereinzeln im Sinne des „Mein und Dein", sondern in durchlässiger Weise kommunikabel sind.

– Sie ist *durch mitmenschliche Verantwortung motiviert*. Mk 10,17–31 gilt als klassische Perikope, die den Besitzverzicht mit dem Ruf zur Nachfolge koppelt. Dort werden die Armen ausdrücklich genannt. Neben der Aufforderung, sich vom Eigentum zu lösen, steht die, den Erlös den Armen zu geben. Darin wirkt *Jesu eigene Option* weiter: „Der Geist des Herrn ruht auf mir . . ., damit ich den Armen eine gute Nachricht bringe", so zitiert Jesus den Propheten in der Synagoge von Nazareth (Lk 4,18). In der Gerichtsrede identifiziert er sich mit den „geringsten Brüdern" (vgl. Mt 25,40). Hier zeigt sich auch unübersehbar, daß die von Jesus gemeinte Armut nicht ausschließlich Sache innerer Gesinnung sein kann. Wird sie nicht in realen Verzichten gelebt, gerät sie in Gefahr, zu einem Romantizismus zu degenerieren. Bei jedem Geben sollte das Bewußtsein vertieft werden, daß wir eigentlich bereit sein müßten, alles zu geben, so wie der Tod uns einmal alles nehmen wird.

– Sie realisiert so die *Solidarisierung mit der Armut Jesu* selbst. Er hat nicht Askese um ihrer selbst willen getrieben; aber er lebte immer aus der Bereitschaft, alles zu geben. Gerade darum besaß er auch die Freiheit anzunehmen, wenn er Einladungen folgte (vgl. Lk 7,36–50; Joh 2,1–12), ohne dabei jemals die Würde der Armen zu verletzen, wie sich gerade in der Begebenheit mit der Sünderin zeigt, von der Lukas berichtet. Jesu Armut hat noch andere Aspekte; gegen Ende seines Lebens spitzt sie sich ungeahnterweise zu; sie wird zur Armut der Einsamkeit, der Gottverlassenheit, in der er sich dem unentwirrbaren Dunkel menschlicher Machenschaften ausliefert, Armut als letztes nacktes Ausgesetztsein dem Tod gegenüber.

b) „*Jungfräulichkeit" als evangelischer Rat*. Für das hier Gemeinte gibt es eigentlich keinen eingeführten Begriff. Soll dieser evangelische Rat zunächst als etwas verständlich gemacht werden, was Anspruch an jeden Gläubigen ist, als jene Haltung äußerster Bereitschaft, gegebenenfalls – im Falle konkreter Berufung – auf eine eigene Familie zu verzichten, dann muß man Zuflucht nehmen zu einem Wort, das in der normalen Bedeutung mehr besagt, als hier gemeint ist; das Wort wird deswegen in Anführungsstriche gesetzt.

– Die *Haltung der „Jungfräulichkeit" heißt Offensein für das Kommen der Gottesherrschaft*. Wirklich offen ist man für deren Kommen nur, wenn man sie *als etwas schlechthin Entscheidendes* und alle Maßstäbe des Wertens

Bestimmendes annimmt. Von ihr her relativiert sich alles, was sonst Wert hat. Wenn der Christ zuerst das Reich Gottes sucht (vgl. Mt 6,33), weiß er, daß der Vater alles andere hinzugeben wird. Ja, alles andere gewinnt erst seinen wahren Wert von dem Kommen dieser Gottesherrschaft her. Dazu gehört auch, hier wird der radikale Anspruch des Evangeliums besonders deutlich, menschliches Kommunikationsbedürfnis, familiäre Beheimatung, auf die im Falle einer konkreten Berufung verzichtet werden kann.

— Die *„Jungfräulichkeit" als evangelischer Rat und auch die faktisch gelebte Ehelosigkeit gründen im Glauben an die Berufung durch den Herrn.* Nur so ist das hier verlangte Vertrauen aufzubringen, das notwendig ist, wenn jemand sich zu den zur Debatte stehenden existentiellen Risiken entschließen soll. Die lebensspendende Achse, die jede Lebensform mit Sinn erfüllt, ist die Bindung an den Gott, der den Atem des Lebens eingibt (vgl. Gen 2,7). Nicht zufällig steht dieses Wort vor aller Begegnung des Menschen mit der Welt.

c) Der Gehorsam als evangelischer Rat läßt sich als Grundhaltung des Glaubens relativ leicht verständlich machen. Urbildlich vorgegeben im Tun des Patriarchen Abraham, bei dem im Gehorsam der Glaube selbst manifest wurde, wird er im NT als Vermittlung des Heils angesehen. Einswerden mit Christus ist nicht denkbar, ohne daß man in die Solidarität seines Gehorsams eintritt, wie sie Paulus in Phil 2,5–11 fordert. Die hier und anderswo verlangte Grundhaltung Gott gegenüber wird sich nur realisieren lassen in der *Bereitschaft, sich den Willen Gottes von Menschen vermitteln zu lassen.* Auch dieses betrifft ein Grundgesetz (mit-)menschlicher Existenz. Hier gerade hat der evangelische Rat des Gehorsams seinen eigentlichen Ort. Um nicht der eigenen geheimen Ichsucht anheimzufallen, die den Menschen sein Leben lang begleitet, ist es notwendig, daß er andere Menschen neben und über sich hat, die ihm das vermitteln helfen, was ihm möglich ist.

Die theologische Begründung der konkreten *Lebensform der Orden,* in denen die evangelischen Räte gelebt werden, kann hier nicht in Ausführlichkeit erfolgen; nach den Diskussionen des Zweiten Vatikanischen Konzils hat sich als wichtig herausgestellt, sie vor allem in einer Verlängerung der Idee der Realprophetie zu verstehen; ihre Existenz wird als zeichenhafte Darstellung des eschatologischen Glaubens der Kirche verständlich gemacht; gleichzeitig sind sie als Gemeinschaften in einer erhöhten Verfügbarkeit für den Dienst am Evangelium für die Kirche unentbehrlich geworden. Nicht mehr die Idee des Standes der Vollkommenheit beherrscht ihr Selbstverständnis, sondern die des Dienstes am Evangelium in zeichenhaft gelebter Verfügbarkeit.

J. Bours/F. Kamphaus, Leidenschaft für Gott. Ehelosigkeit – Armut – Gehorsam (1981); *A. Brunner*, Eine neue Schöpfung. Ein Beitrag zur Theologie des christlichen Lebens (1951); *B. Fraling*, Wie kann ich das Evangelium leben? (1985); *A. Rotzetter*, Selbstverwirklichung des Christen (1983); *J. Sudbrack*, Leben in geistlicher Gemeinschaft. Eine Spiritualität der Evangelischen Räte für heute und morgen (1983); *P. M. Zulehner*, Leibhaftig glauben. Lebenskultur nach dem Evangelium (1983).

BERNHARD FRALING

Recht

→ Gerechtigkeit → Glaube → Kirche → Norm → Pflicht → Schuld
→ Staat → Strafe → Wehrdienst

1. Begriff

a) Etymologisch: Das lateinische *ius* wird teils von der Sanskritwurzel *yu = iungere, iugum* abgeleitet, was den Charakter der Verbindlichkeit, des Gebundenseins an eine bestimmte Ordnung zum Ausdruck bringt, teils wird es auf eine indogermanische Wurzel *yos, yaos* zurückgeführt, und damit verbindet sich die Vorstellung des Heiligen, Reinen, Himmlischen. Es wird des weiteren von *iustitia* (Gerechtigkeit) hergeleitet. In diesem Sinne schreibt der römische Jurist Ulpian *Nomen iuris est a iustitia appellatum (Digesten* 1,1,1,), und der Vater der Kanonistik, Gratian, sagt: *Ius est autem dictum, quia iustum est (Dist* 1,2). Schließlich wird *ius* noch mit *iubeo, iussum* in Verbindung gebracht, womit der Gedanke des verbindlichen Befehls verknüpft ist.

b) *Objektives – subjektives Recht:* Recht im *objektiven* Sinn meint die Summe der Rechtsnormen, die in einem bestimmten Gemeinwesen gelten. Unter Recht im *subjektiven* Sinne versteht man den rechtlichen Anspruch, den der einzelne aufgrund der Rechtsordnung für sich ableitet und aufgrund dessen er sagen kann, er habe ein Recht auf bestimmte Rechtsgüter. Diesem Anspruch (Anrecht, Berechtigung) des einen entspricht im anderen die korrelative Pflicht, das Geschuldete zu leisten bzw. den anderen in der Ausübung seines Rechtes nicht zu stören. Dem subjektiven Recht entspricht die von der Rechtsordnung gewährleistete Möglichkeit, das Zustehende zwangsweise durchzusetzen (Erzwingbarkeit).

Recht ist somit nur möglich, wenn mehrere vernunftbegabte Wesen zusammenleben *(ubi societas, ibi ius).* Bestimmte „zwangsbewehrte" Verhaltensregeln müssen sich herausbilden, um den Freiraum des einen vor Übergriffen des anderen zu schützen. Recht erweist sich somit als Mittel zur Sicherung einer möglichst großen Freiheit einzelner bzw. von Gruppen im Zusammenleben mit anderen.

c) Gesatztes – ungesatztes Recht: Recht entsteht entweder durch die Anordnung eines mit entsprechender Befehlsgewalt ausgestatteten Hoheitsträgers, eines Gesetzgebers *(gesatztes Recht, Gesetzesrecht)* oder durch die längere Zeit hindurch faktisch eingehaltene Übung einer Gemeinschaft, die die Absicht hat, dadurch Recht entstehen zu lassen *(ungeschriebenes Recht, Gewohnheitsrecht).* Die Existenz von Gewohnheitsrecht wird im staatlichen wie im kirchlichen Bereich grundsätzlich anerkannt, doch überwiegt heute bei weitem das Gesetzesrecht.

d) Positives – präpositives Recht: In der Frage der Verbindlichkeit von Rechtsnormen stehen der strenge *Rechtspositivismus* und eine (wenngleich von durchaus verschiedenen Prämissen ausgehende) *Naturrechtslehre* in schroffem Gegensatz. Der Rechtspositivismus stellt hinsichtlich der Geltung einer Rechtsnorm nur auf das Faktum ihres gemäß der Verfassung eines Staates formal richtigen Zustandekommens ab, ohne sich die Frage nach der materialen Gerechtigkeit einer Norm zu stellen. Die „Reine Rechtslehre" Kelsens geht zwar von einer (ungeschriebenen) „Grundnorm" aus, derzufolge die Menschen sich so verhalten sollen, wie es die konkrete Verfassung vorschreibt. Diese Verfassung selbst als höchstrangige Norm, wie auch die aufgrund dieser Verfassung in einem Bedingungs- und Delegationszusammenhang entstandenen niederrangigen Normen (vgl. dazu die Lehre vom „Stufenbau der Rechtsordnung" nach A. Merkl und H. Kelsen) sind inhaltlich nicht mehr überprüfbar. Gerechtigkeit und (vom Staat gesetztes) Recht sind somit identisch; der Staat kann kein Unrecht setzen.

Demgegenüber gibt es verschiedene Ansätze, die von der Geltung *präpositiver,* jeder konkreten Rechtsordnung schon vorgegebener Normen ausgehen. So etwa die „fundamentalen Rechtsgrundsätze" (F. Bydlinski), nämlich die als sog. *Rechtsidee* zusammengefaßten rechtsethischen Prinzipien von Gerechtigkeit, Rechtssicherheit und Zweckmäßigkeit, die als jeder, auch der höchsten Stufe des positiven Rechts (Verfassung) vor- bzw. übergeordnete Rechtsschicht angesehen werden. Diese Prinzipien müssen sowohl bei der Setzung von positivem Recht (Gesetzgebung) wie auch bei dessen Anwendung (Auslegung) beachtet werden. – Z. B. weist das österreichische ABGB § 7 auf „natürliche Rechtsgrundsätze" als Auslegungsbehelf hin.

Eine insbesonders im katholischen Raum vertretene Rechtsgeltungstheorie geht von der Unterscheidung zwischen menschlichem (ius humanum) und göttlichem Recht *(ius divinum)* aus. Soweit es sich bei ersterem um kirchliches (kanonisches) Recht handelt, wird von rein kirchlichem Recht *(ius mere ecclesiasticum)* gesprochen.

Das göttliche Recht gliedert sich in *positiv göttliches Recht (ius divinum positivum)*, worunter die in den Hl. Schriften des AT und NT enthaltenen göttlichen Weisungen zu verstehen sind, soweit sie einer Transformierung in Rechtsgebote zugänglich sind. Das *natürliche göttliche Recht, Naturrecht (ius divinum naturale)*, besteht aus den in der menschlichen Natur grundgelegten und durch die Vernunft daraus ableitbaren Normen, z. B. dem Tötungsverbot. Dieses so verstandene *ius divinum* wird als jedem menschlichen (kirchlichem wie staatlichem) Recht vor- und übergelagert angesehen und kann von diesem nicht außer Kraft gesetzt werden, sondern setzt umgekehrt ihm entgegenstehendes menschliches Recht außer Kraft.

Gegenüber einem mitunter recht unreflektierten Umgang mit dem *ius divinum,* gleichsam, als ob dessen Inhalte ohne weiteres jederzeit ablesbar wären, wird in der kirchlichen Rechtstheorie jüngeren Datums die Problematik um deren Deduzierbarkeit deutlich aufgewiesen. Das *ius divinum* liegt nicht als einfach ablesbarer Normenkomplex vor, sondern ist in einen u. a. auch geschichtlichen *Erkenntnis*prozeß eingebunden. K. Rahner geht sogar so weit, nicht nur die Erkenntnis, sondern auch die *Entstehung* von *ius divinum* zumindest teilweise als historischen Vorgang aufzufassen. Demzufolge hätten gewisse Entscheidungen der Urkirche (etwa im Bereich der konkreten Ausformung der kirchlichen Ämter) grundsätzlich auch anders ausfallen können; die einmal getroffene Entscheidung zugunsten einer bestimmten Struktur sei aber irreversibel und insofern göttliches Recht geworden. Sätze des positiv göttlichen Rechts unterliegen dem hermeneutischen Prozeß der Inhaltsermittlung von Aussagen der Hl. Schriften; das Naturrecht ist keinesfalls in allem unwandelbar, sondern enthält auch dynamisch wandelbare Komponenten. Das göttliche Recht ist somit nicht einfachhin *vor*gegeben, sondern als je und je zu ermittelnder Inhalt auch *auf*gegeben, es muß in positives Recht transformiert, „verpositiviert" werden, wobei der (menschliche) Gesetzgeber nicht einfachhin Vorgegebenes übernimmt, sondern im geschichtlichen Kontext rechtsgestaltend tätig wird. „Auch das göttliche Recht ist ein Gott-menschliches Recht" (K. Rahner).

2. Recht und andere Sollensordnungen

a) Recht und Moral: Das Verhältnis der beiden Sollensordnungen wurde häufig dahingehend voneinander abgegrenzt, daß Recht nur das *äußere,* auf einen Rechtsgenossen bezogene Verhalten gebiete, während die Moral die *innere* Gesinnung verlange. Dieses Unterscheidungskriterium ist jedoch nur hinsichtlich eines Primäraspekts richtig; es kann ihm teilweise insofern beigepflichtet werden, als es Rechtsgebote gibt, die ohne Rücksicht auf die innere Gesinnung des Normadressaten erfüllt werden können (vgl. S.Th. II/II, q 57 a 1). Andererseits aber gibt es Rechtsnormen, die auf inneres Verhalten abstellen, ja wo der Eintritt von Rechtsfolgen geradezu davon abhängig ist. So basiert die strafrechtliche Verantwortung des Täters auch auf subjektiven Tatbestandsmerkmalen wie Vorsatz, Fahrlässigkeit, setzt somit ein moralisch schuldhaftes, d. h. dem Täter zurechenbares Verhalten voraus. Kirchliches wie staatliches *Strafrecht* verwirklichen konsequent das Schuldprinzip: Keine Strafe ohne Schuld *(nulla poena sine culpa)*. Schuld ist sowohl Voraussetzung für die Bestrafung (strafbegründende Funktion) als auch Grundlage der Strafbemessung (strafbegrenzende Funktion). – Das verfassungsrechtlich garantierte Grundrecht der Glaubens- und Gewissensfreiheit (z. B. in Österreich Artikel 14 Staats-Grundgesetz über die allgemeinen Rechte der Staatsbürger aus 1867) und die daraus abgeleitete Möglichkeit der Freistellung vom Wehrdienst mit der Waffe aus Gewissensgründen stellen auf innere Komponenten ab.

Unzureichend ist ferner der Versuch, Recht und Moral in der Weise zu unterscheiden, daß Recht nur das „ethische Minimum" verlange und somit der Verzicht auf Forderungen einer Hochethik geradezu Kennzeichen einer Rechtsordnung sei. Dem ist folgendes entgegenzuhalten: Zum einen ist die Vorstellung unzutreffend, daß die Moral grundsätzlich mehr als das Recht verlange. In Wirklichkeit sind gegebenenfalls die Forderungen von Recht und Moral deckungsgleich. So wird die Bezahlung einer Schuld gleichermaßen von Recht und Moral gefordert; die Moral verlangt aber in diesen Fällen nicht mehr als das Recht. Zum anderen kann es Rechtsgebote geben, die Forderungen einer Hochethik zum Inhalt haben, etwa wenn von Polizeibeamten oder Feuerwehrleuten verlangt wird, sich auch unter Einsatz des eigenen Lebens um die Rettung anderer zu bemühen.

Der Versuch, als Recht nur das zu bezeichnen, was gemäß der Verfassung (eines Staates) nach den dort niedergelegten Rechtserzeugungsregeln zustande gekommen ist, und alles übrige nichtrechtlichen Kategorien zuzuweisen, kann nur vom Standpunkt des reinen Rechtspositivismus überzeugen. In Wirklichkeit kommt keine Rechtsordnung ohne Einbeziehung außerrechtlicher Kriterien aus. So wird etwa auf die „guten Sitten" oder auf die Grundsätze von „Treu und Glauben" als moralischen Maßstäben verwiesen, wobei allerdings nicht die sittlichen

Vorstellungen einer bestimmten weltanschaulichen Gruppe, sondern die im Alltag anerkannten Standards der ganzen Rechtsgemeinschaft herangezogen werden.

Das richtige Verhältnis zwischen Recht und Moral dürfte in dem Bild zweier sich überschneidender Kreise zu erblicken sein (G. Otte).

b) Moralwidriges Recht: In Einzelfällen kann es zu Divergenzen zwischen rechtlicher und moralischer Verpflichtung kommen. Der Gegensatz kann *konträr* oder *kontradiktorisch* sein. Letzterer ist dann gegeben, wenn sich Recht und Moral wie Erlaubnis (Ermöglichung) und Verbot gegenüberstehen, z. B. das staatliche Recht schützt ungeborenes Leben unzureichend, indem es den Schwangerschaftsabbruch innerhalb einer bestimmten Frist für straffrei erklärt. Durch diese Bestimmung wird aber niemand *gezwungen,* moralwidrig zu handeln, d. h. einen Schwangerschaftsabbruch durchführen zu lassen bzw. (als Arzt) durchzuführen. – Ein konträrer Gegensatz bestünde dann, wenn Recht und Moral einander wie Gebot und Verbot gegenüberstehen. So etwa, wenn in einem totalitären Staat ein Befehl einem Grenzsoldaten gebietet, auf einen Flüchtigen zu schießen, wenn dieser das Staatsgebiet verlassen will. Hier besteht ein Gebot der Moral, eine solche Rechtsnorm nicht zu befolgen.

c) Verhältnis zu Sitte, Brauch, Mode: Die Sitte begründet ihren Anspruch auf tradiertem Herkommen und kollektivem Überzeugtsein. Als „Verkehrssitte" bzw. „Vertragssitte" erlangt sie allerdings gegebenenfalls, etwa bei der Auslegung von Verträgen, rechtliche Bedeutung (vgl. z. B. § 914 ABGB, § 157 BGB). Brauchtum und Mode sind Formen normativer Außenlenkung, wobei erstere dem Herkommen, letztere mehr dem Aktuellen, Kreativen verpflichtet ist.

Im Unterschied zum Recht sind alle diese Verhaltensregeln nicht mit Sanktionen ausgestattet, die hingegen dem Recht eigentümlich sind.

3. Der Ort des Rechts in der Kirche (Kirchenrecht)

a) Begriff: Unter Kirchenrecht versteht man die Gesamtheit der positiven Rechtsnormen, die eine Kirche zum Urheber hat und die das Zusammenleben der Glieder dieser Kirche regeln. Von einem höher- bzw. niederrangigen Recht kann man bei Kirchenrecht insofern sprechen, als es einerseits Inhalte des göttlichen Rechts in konkrete Rechtssätze kleidet *(ius divinum)* und andererseits innerhalb des vom göttlichen Recht gezogenen Rahmens rein menschliches Recht *(ius mere ecclesiasticum)* setzt. Es ist vom jeweiligen Selbstverständnis einer Kirche abhängig, welche Materien sie zum Gegenstand einer rechtlichen Regelung macht. Die evangelischen Kirchen kennen z. B. grundsätzlich kein eigenes *Eherecht,* das im Bereich der katholischen Kirche wie auch der orthodoxen und altorientalischen Kirchen einen wichtigen Bestandteil einer autonomen, vom Staat unabhängigen Regelung darstellt. Man unterscheidet das auf der Ebene der Gesamtkirche bestehende Recht *(ius universale)* von dem in Teilkirchen bzw. Teilkirchenverbänden geltenden Recht *(ius particulare).*

Das für die Gesamtkirche geltende Recht der katholischen Kirche *(ius universale)* liegt gegenwärtig in zwei Kodifikationen vor: für die lateinische Kirche im *Codex Iuris Canonici* (1983), für die orientalischen Kirchen in einem unmittelbar vor der Promulgation stehenden Entwurf. Im Gegensatz zum vorkonziliaren kanonischen Recht, das grundsätzlich Geltung gegenüber allen Getauften beanspruchte, somit auch die (getauften) Nichtkatholiken einschloß, verpflichtet das gegenwärtige kanonische Recht, sofern es sich um reine Kirchengesetze *(leges mere ecclesiasticae)* und nicht um Verpflichtungen aufgrund des göttlichen Rechts handelt, nur die Katholiken.

b) Theologische Begründung des Rechts in der Kirche: Das Zweite Vatikanische Konzil mahnt, das kirchliche Recht im Blick auf das Mysterium der Kirche darzustellen (OT 16,4), und Papst Paul VI. hat in besonderer Eindringlichkeit auf die Notwendigkeit einer ausreichenden theologischen Begründung des Rechts in der Kirche hingewiesen (Paul VI., Ansprache an die Mitglieder der Sacra Romana Rota vom 8. Februar 1973, in: AAS 65 [1973] 95–103). Damit ist den seit mehreren Jahrzehnten in verstärktem Maße bestehenden Bemühungen um eine Theologie des Kirchenrechts neuer Auftrieb gegeben worden. Seit der vom evangelischen Kirchenrechtslehrer R. Sohm (1841–1917) aufgrund seines extrem spiritualistischen Kirchenbegriffs pointiert formulierten These, wonach das Wesen der Kirche geistlich, das des Rechts hingegen weltlich sei und somit das Wesen des Kirchenrechts mit dem Wesen der Kirche in einem Widerspruch stehe, hat es nicht an Versuchen gefehlt, den spezifischen Ort und Stellenwert vom Recht in der Kirche ausfindig zu machen und zu begründen.

Gegenüber Einseitigkeiten in der einen oder anderen Richtung, die das Kirchenrecht entweder als reine Rechtswissenschaft ohne theologischen Bezug betrachten *(Verjuridisierung)* bzw. als vorwiegend theologische Disziplin, der kein mit der übrigen Rechtswissenschaft gemeinsamer Rechtsbegriff zugrunde liege *(Vertheologisierung),* ist davon auszugehen, daß das Kirchenrecht wirkliches Recht und nicht bloß Recht in analogem Sinn ist. Infolgedessen ist an das Kirchenrecht (auch) mit dem Rüstzeug der allgemeinen Rechtsphilosophie und Rechtsdogmatik heranzugehen.

Auf der anderen Seite ist der Aufweis der spezifischen Eigenart des Kirchenrechts als des Rechts einer die irdische Wirklichkeit zwar erfassenden, sie aber zugleich transzendierenden und von daher in ihrer Wesensart bestimmten Gemeinschaft unverzichtbar. Die aus einem menschlichen und einem göttlichen Element zusammengewachsene, eine einzige komplexe Wirklichkeit bildende Kirche (vgl. LG 8) bestimmt auch die Besonderheit ihres Rechts und der diesem gewidmeten Wissenschaft, die zugleich theologisch und juristisch zu sein hat.

Bereits vor Jahrzehnten hat Mörsdorf den theologischen Ansatz des Kirchenrechts in den Elementen gesehen, durch die Kirche konstituiert wird, nämlich Wort und Sakrament. Wortverkündigung und Sakramentenspendung seien die Aufbauelemente der Kirche, denen auch rechtliche Momente innewohnen. Kirchenrecht sei demnach eine „theologische Wissenschaft mit juristischer Methode". – Insbesondere in der nachkonziliaren Ära sind mehrere rechtstheologische Begründungsversuche des Kirchenrechts festzustellen. Unter Hinweis auf das Inkarnationsprinzip, wonach die Kirche als der fortlebende Christus eine wahre menschliche und damit zugleich auch rechtliche Gemeinschaft sei, komme für sie auch das Axiom *ubi societas, ibi ius* zur Anwendung. – Ferner wird auf den Charakter der Kirche als Volk Gottes, Leib Christi, Tempel des Heiligen Geistes und insbesondere auf die Communio-Struktur der Kirche hingewiesen. – Im Bereich der evangelischen Kirchenrechtswissenschaft sind u. a. E. Wolf und H. Dombois zu erwähnen. Ersterer versteht Kirchenrecht als „Recht des Nächsten", letzterer als „Recht der Gnade".

Von rechtstheologischen Überlegungen her stellt sich auch die Frage, ob die von Thomas v. Aquin stammende Definition des Gesetzes („... *ordinatio rationis ad bonum commune*..." S.Th. I/II, q 90 a 4) ohne weiteres auf das kirchliche Gesetz anwendbar ist, oder ob dieses nicht vielmehr als *ordinatio fidei* bezeichnet werden muß. – Es ist jedoch festzuhalten, daß auch ein kirchliches Gesetz, so wie jedes andere, dem Gebot der Vernünftigkeit unterliegt und von daher seine Verbindlichkeit erhält. Überdies ist der Glaube kaum in gleicher Weise wie die Vernunft Regelungsobjekt im Hinblick auf das Gemeinwohl. Beim Kirchengesetz ist allenfalls zu bedenken, daß es sich dabei um eine *ratio fide illustrata* handelt, was aber kein Hindernis darstellt, die Definition Thomas' auch auf die *lex ecclesiastica* anzuwenden.

F. Bydlinski, Fundamentale Rechtsgrundsätze (1988); *H. Heimerl/H. Pree,* Kirchenrecht. Allgemeine Normen und Eherecht. (1983); *P. Krämer,* Katholische Versuche einer theologischen Begründung des Kirchenrechts, in: Theologische Berichte 15 (1986) 11–37; *K. Mörsdorf,* Kirchenrecht, Bd. I: Allgemeiner Teil und Personenrecht (¹¹1964); *G. Otte,* Recht und Moral, in: *F. Böckle* u. a. (Hrsg.), Christlicher Glaube in moderner Gesellschaft 12 (1981) 7–36.

BRUNO PRIMETSHOFER

Religionsfreiheit

→ Freiheit → Gewissen → Glaube → Kirche → Menschenrechte → Recht → Toleranz

Was wir heute Religionsfreiheit oder – nicht ganz gleichbedeutend – religiöse Freiheit nennen, schlägt tiefe Wurzeln in den Schriften der Heilsgeschichte und ist verschiedentlich bezeugt in der katholischen Tradition. Mit der Neuzeit und ihrem Freiheitsverständnis wurde sie erst zum eigentlichen Thema. Sie war bis zuletzt eine heiß diskutierte Frage in der Konzilsaula beim Zweiten Vaticanum. Die Diskussion fand ihren provisorischen Abschluß und lehramtlichen Niederschlag in der Erklärung *Dignitatis humanae.*

Inzwischen hat sich die Aufmerksamkeit einer breiten Öffentlichkeit auf andere Religionsgemeinschaften verlagert, allen voran den Islam. Doch kann das Problem der Religionsfreiheit sowohl innerkirchlich als auch theologisch nicht als endgültig erledigt betrachtet werden. Gegenüber verunsicherten Katholiken, nostalgischen Schwärmern vormoderner geschlossener Gesellschaften oder auch bestimmten Gruppen in und um die Kirche gilt es, die katholische Lehre recht einzureihen, zu begründen und weiter zu entfalten.

1. Grundsätzlich hängt Religionsfreiheit mit dem Wesen des biblisch-christlichen Glaubens zusammen. Allem voreiligen antiklerikalen Urteil zum Trotz, aber auch entgegen einigen mißverständlichen Papstäußerungen des 19. Jh.s (vgl. Gregor XVI. *Mirari vos,* DS 2730–2731; Pius IX. *Syllabus,* DS 2915–2918 und 2977–2980; Leo XIII. *Libertas praestantissimum,* DS 3252) hätte die Kirche nie Gewissens- und Religionsfreiheit verneinen können, ohne den Ast abzusägen, auf dem sie sitzt. Ihre Botschaft, ihr Wesen hat zutiefst mit Freiheit und Befreiung zu tun.

Sicher, das Maß der persönlichen Entscheidung für (oder wider) den Glauben mag sehr unterschiedlichen Grades sein. Es gab und gibt manche Kirchenzugehörigkeit ohne eigentlichen Beitritt. Als das Christentum zur Volksreligion wurde, entschied nicht der Wille, ja nicht einmal die Taufe, sondern zuerst das Land und die Geburt. So kam es auch allmählich dazu, daß man die Freiheit, die man für sich selbst weniger brauchte und gebrauchte, auch anderen vorenthalten konnte.

Die Entwicklung hatte auf einer anderen Basis begonnen. Christus als freier Mensch wandte sich auf freieste Art an freie Menschen. Die von ihm voraus- und in ihr volles Recht eingesetzte Freiheit sollte auf andere Gebiete und Religionen übergreifen. Schon um das Jahr 200 hatte Tertullian (PL I, 777) ein Recht – *ius humanum* – formuliert, „anzubeten je nach seinen eigenen Überzeugungen". So eine revolutionäre Forderung konnte sich nicht sofort durchsetzen im Römischen Reich mit seinem offiziellen Kaiserkult. Die aus Jerusalem stammende Religion war bis ins 4. Jh. der Unduldsamkeit, ja der Verfolgung ausgesetzt. Die Leidensgeschichte der Frühkirche sollte eines Tages Früchte tragen.

Als sich aber die neue Religion durchgesetzt hatte und in ein Nahverhältnis zur politischen Macht getreten war, neigte sie zunächst dazu, allein die Szene zu beherrschen. So bestimmte sie auf lange Zeit geistig bzw. ideologisch das Leben ganzer Völker. Es mußte sich der bald auch theoretisch abgesicherte Abstand erweitern zwischen der in jedem Glaubensakt implizierten persönlichen Freiheit und mancher Haltung, die es in der Kirche zu beobachten gab. In einem geschlossenen monoreligiös organisierten System konnte jetzt der objektivistische Aspekt des Heiles wichtiger scheinen als dessen überlegte Aufnahme und ihre redliche Mitwirkung. So schwer solch eine Entzweiung und Gegenüberstellung ethisch und theologisch zu begründen ist, sie hat viel und lange gewirkt.

Die Ausbreitung des Christentums ging auch über Massen„bekehrung" und Taufzwang. Seit Augustinus standen viele Vorgänge der Missionierung und Einheitsbewahrung unter einer von ihrem Parabelkontext losgerissenen Wortgruppe: *compelle intrare*. Die ntl. Einladung zum Reich Gottes wurde zur Zwangsmaßnahme. Als könnte das – überirdische – Ziel irdische, allzu irdische Mittel heiligen.

2. Als Ergebnis einer zuweilen dramatischen Geschichte stand bis in die Neuzeit hinein ein scharfer Kontrast über der katholischen Einschätzung der menschlichen Freiheit auf religiösem Gebiet. Wo die Kirche eine Minderheit bildet, erhebt sie Anspruch auf Unabhängigkeit, souveräne Selbstgestaltung, also uneingeschränkte Freiheitsausübung. Hier streitet sie der staatlichen Gewalt oder irgendeiner ande-

ren, u. U. mehrheitlichen Religion jede Befugnis ab, in religiösen Fragen Werturteile abzugeben. Wo aber der Katholizismus vorherrscht, soll er alle Möglichkeiten wahrnehmen, das gesamte Volk mitzuprägen, bis auf die Gefahr hin, individuelle Freiheiten und allgemeine Rechte zu verletzen. Letztgenannte Lage wurde mit wenigen Ausnahmen als die ideale, im französischen gegenrevolutionären Raum als die eigentliche *thèse* bewertet, während jene als eine interimistisch auszuhaltende *hypothèse* herabgewürdigt wurde.

Indessen hat sich der Stand der Dinge in starkem Gegensatz zu dieser forcierten Dualität geändert. Die mehr oder minder demokratisch aufgebauten Staatsgebilde setzen sich selber Grenzen, verweisen auf Werte und Grundrechte, verstehen sich als Verteidiger von öffentlichen Freiheiten und werden damit – zumindest im Prinzip – einer alten Forderung des Lehramtes gerecht. Seinerseits kann dieses nicht umhin, der neuen Lage Rechnung zu tragen und seine frühere Ablehnung der rein liberalen Religionsfreiheit als einer Art Irrlehre neu durchzudenken. Dies umsomehr, als die Verfechter der modernen Grundsätze, etwa der Menschen- und Bürgerrechteerklärungen, ihren kirchenfeindlichen Ton weitgehend aufgegeben haben.

Viele Christen haben es gelernt, sich in demokratischen, pluralistischen, säkularisierten Gesellschaften zurechtzufinden und sich an ihnen aktiv zu beteiligen. Die Mutter Kirche mit ihrer Vorliebe für Konsens zögerte lange, dieses Risiko einzuräumen: Im Laufe der Jahrhunderte war sie eher bemüht, ihren Kindern Umwege und Sackgassen zu ersparen und sie vor sich selbst zu schützen. Sie gingen schließlich ins Freie, in ungeschützten Raum, Gefahren und Erfahrungen entgegen, welchen sie von Haus aus vielleicht nicht gewachsen waren. Das kirchliche Lehramt mußte einmal in einen ähnlichen Lernprozeß eintreten.

Die gesamte Problematik wurde in der zweiten Sitzungsperiode des Zweiten Vatikanischen Konzils angegangen. Sie breitete sie rasch und weit aus in den ereignis- und diskussionsreichen Jahren 1963 und 1964. Angesichts der skizzierten geschichtlichen Entwicklung – die antiliberalen Stellungnahmen eines Gregors XVI. waren zwischen 120 und 130 Jahre, der *Syllabus* Pius' IX. kaum 100 Jahre alt – mußte die Debatte auf heftigen Widerstand stoßen, aber auch ein weltweites Interesse hervorrufen. In kurzer Zeit nahm die diesbezügliche Literatur gewaltig zu, während sie in den vorhergegangenen Jahren dank wegweisenden Theologen wie J. C. Murray nahezu nur amerikanische Titel aufzuweisen hatte. In ebenso kurzer Zeit vollzog das katholische Lehramt eine enorme Nachholarbeit und eine verdienstvolle Wandlung auf einem besonders sensiblen Gebiet. Dazu verhalf vor allem die befreiende Unterscheidung zwischen rechtlicher Ebene und moralischer Ebene; ebenso bedeutsam ist in diesem Zusammenhang die Unterscheidung zwischen sittlich gut (bezogen auf die Person und ihre Motive) und sittlich richtig (bezogen auf den Einsichtsstand), die erst die Einsicht in die Würde des (unüberwindlich) irrenden Gewissens möglich machte (vgl. GS 16).

Am 7. Dezember 1965 sprachen sich die Konzilsväter mit übergroßer Mehrheit für die Erklärung über die Religionsfreiheit aus.

3. Die kirchenfähig gewordene Religionsfreiheit wird jetzt als erhabenste Form der menschlichen Freiheit dargestellt. Der aufklärerische Ruf nach eigenem Suchen und Nachprüfen, nach selbstverantwortetem Gebrauch der Vernunft und mündiger Zustimmung wird von der katholischen Kirche feierlich gutgeheißen, und zwar auf dem Boden ihrer eigenen, nun voll zum Durchbruch gelangten Lehre. In der theologischen Anthropologie wird das Gewissen wieder großgeschrieben. „Ihm muß der Mensch in seinem gesamten Tun in Treue folgen, damit er zu Gott, seinem Ziel, gelange." Damit leiten sich unmittelbar gewichtige Richtlinien für die Gesetzgebung ab: rechtlicher Schutz der Person und der Gemeinschaft vor jedem Zwang in religiösen Dingen, andererseits das Recht, ihrer Überzeugung freien Ausdruck zu verleihen. „[Der Mensch] darf nicht gezwungen werden, gegen sein Gewissen zu handeln. Er darf aber auch nicht daran gehindert werden, gemäß seinem Gewissen zu handeln" (DH 3 § 3). Beides betrifft den Menschen als solchen, ob er gläubig sei oder nicht, ob er die Wahrheit suche oder nicht, beides fußt auf dem Boden seines kreatürlichen, aller geschichtlichen Instanz vorgegebenen Seins. Beides drängt sich dem Recht auf, und der Schutz der Religionsfreiheit für alle Bürger wird zur Staatspflicht (DH 6).

Allerdings wird der Ausdruck „Freiheit des Gewissens" nicht als solcher aufgenommen: Er wird irgendwie der Gleichgültigkeit oder Lässigkeit verdächtigt. Doch war die anthropologische Wende schon 1960 im ersten Vorbereitungspapier vorgenommen: Nicht die abstrakte Wahrheit hat Rechte im eigentlichen Sinne, sondern nur die Person. Diese wiederum wird an eine objektive moralische Ordnung verwiesen: „Die Person hat Pflichten der Wahrheit gegenüber", welcher ihrerseits wiederum nur frei zugestimmt werden kann. Denn: „Die Wahrheit setzt sich nur durch die Kraft der Wahrheit durch" (DH 1).

Im übrigen werden der Religionsfreiheit keine weiteren Schranken gesetzt als das Gebot der ehrlichen Gewissensbildung und die Erhaltung der gerechten öffentlichen Ordnung als eines beträchtlichen Bestandteils des Gemeinwohls.

Heute ist katholischerseits dem 1874 paradox erscheinenden Satz von J. H. Newman in seinem *Brief an den Herzog von Norfolk* zuzustimmen, wonach Religions- und Gewissensfreiheit die *raison d'être* der Kirche sei. Pius VI. hatte die Prinzipien der Französischen Revolution verworfen; Johannes XXIII. berief sich – selektiv – auf die Menschenrechte; Paul VI. wollte die Triade „Freiheit – Gleichheit – Brüderlichkeit" zu ihren eigentlichen Quellen, denen des Evangeliums, zurückführen; Johannes Paul II. nimmt sie in die kirchliche Lehre auf. Die Gedankenfreiheit und die Glaubensfreiheit laufen zusammen.

4. Daß es zu einer epochemachenden Überprüfung kommen konnte, bedurfte es einer beträchtlichen atmosphärischen Änderung. Im Laufe unseres Jahrhunderts haben viele Staaten von ihrer traditionell antikirchlichen bzw. vormundschaftlichen Einstellung abgelassen. Der kämpferische Laizismus etwa wich allmählich einer neutralen Laizität, die selbst zunehmend die Interessen und Werte der Bevölkerungskomponenten achtet. Gleichlaufend aber ergreift – weit über das Politische hinaus – eine gewaltige Bewegung alle Bereiche des öffentlichen und privaten Lebens. Die Welle reißt das Wissenschaftliche, das Wirtschaftliche, das Soziale, ja das Ethische von eingewurzelten, speziell religiösen Abhängigkeiten ab und setzt sie in ihre jeweilige Eigengesetzlichkeit ein.

Dies radikal Neue – die Säkularisierung – mußte besonders in den etablierten Religionen entsprechend radikale Reaktionen des Erschrekkens, der unbeholfenen Gegenwehr und der scharf abgrenzenden Selbstbehauptung hervorrufen. In einer weiteren Überlegung sollte es die katholische Kirche fertigbringen, in ein neues Verhältnis zur Moderne zu treten. Die Erklärung des Zweiten Vaticanums über die Religionsfreiheit ist darüber ein unüberhörbares Signal und Engagement.

Dignitatis humanae stellt eine für immer gültige Errungenschaft dar, soll aber nicht nur faul registriert werden. Es dürfte klarer die Stellung der Religionsfreiheit in der Gesamtheit der persönlichen und öffentlichen Freiheiten sowie ihre Beziehung bzw. Ausweitung auf nahestehende Fragen beleuchtet werden. Als Angelpunkt und Testfall verweist doch die Religionsfreiheit auf die Gewissens- und Meinungsfreiheit als eigentliches Grundprinzip. Es gilt auch, das Verhältnis zwischen moderner Selbsteinschätzung des Subjekts und objektivem Wahrheitsverständnis schärfer zu erfassen. Ebenso sollte eine stärkere Kohärenz zwischen dem theologischen Freiheitstraktat und anderen Kapiteln der christlichen Lehre – wie etwa dem kirchlichen Lehramt – gesichert werden. Kurzum, die Religionsfreiheit ist zu aktualisieren und weiter aufzubauen, um ihrer inneren Logik und Dynamik Folge zu leisten. Hier dürften der *communio*-Begriff und eine effiziente Pneumatologie höchste Gewähr bieten, manche Angst beiseite legen und so zur inner- wie außerkirchlichen Kredibilität beitragen.

E. W. Böckenförde, Die Bedeutung der Konzilserklärung über die Religionsfreiheit, in: Stimmen der Zeit 111 (1986) 303–312; *J. Hamer/Y. Congar,* Die Konzilserklärung über die Religionsfreiheit (1967); *G. Jarczyk,* La liberté religieuse (1984); *P. Krämer,* Religionsfreiheit in der Kirche. Das Recht auf religiöse Freiheit in der kirchlichen Rechtsordnung (1981); *J. Lecler,* Geschichte der Religionsfreiheit (1965); *J. C. Murray,* The Problem of religious freedom (1965); ders. (Hrsg.), Religious Liberty. An end and a beginning. The declaration on religious freedom: an ecumenical discussion (1966).

RAYMOND MENGUS

Reue

→ Buße → Entscheidung → Gewissen → Schuld → Strafe → Sünde → Vergebung → Versuchung

1. Der *Begriff* „Reue" leitet sich vom althochdeutschen Wort *hriuwa* ab und bedeutete ursprünglich Gram, Kummer oder Schmerz über etwas Verlorenes. Diese allgemeine Bedeutung verengte sich zum Schmerz über etwas, das durch eigene Schuld geschehen ist und das man nun ungeschehen wünscht. Reue wird somit zum Ausdruck für das tiefe Leid und zur Bezeichnung für den Schmerz über das Selbstverschuldete, das eigene Versagen und Vergehen, aber auch über das selbstverschuldete Leid, das aus der Sünde und aus dem menschlichen Dasein in der Welt erwächst.

In den kirchlichen Sprachgebrauch hat der Terminus „Reue" Eingang gefunden als Übersetzung des lateinischen Wortes *contritio*. Zur Bezeichnung des Reueverständnisses hat die theologische Fachsprache die beiden Begriffe *contritio* und *poenitentia* verwendet. Unter *contritio* wurde dabei der erste Teil der *poenitentia* verstanden, der Zustand der reuigen Zerknirschung, der Reue und Abscheu über begangene Schuld, verbunden mit dem Vorsatz, künftig nicht mehr zu sündigen. *Contritio* steht somit der *confessio* und der *satisfactio,* dem Bekenntnis und der Wiedergutmachung, gegenüber. *Poenitentia* hingegen wird in weiterem Sinn als Buße, bußfertige Gesinnung, Bußakt oder Bußsakrament verstanden. Reue stellt in diesem Verständnis einen Aspekt oder ein Moment im Ganzen des individuellen Heilsgeschehens dar.

2. Der im *biblischen Sprachgebrauch* für „bereuen" verwendete Terminus μεταμέλομαι drückt das veränderte Empfinden einer Sache gegenüber aus und läßt sich nicht klar abgrenzen vom Begriff μετανοέω, mit dem ausgesagt wird, daß man über eine Sache anders denkt. So wird in den atl. Schriften von Jahwe einerseits ausgesagt, er sei nicht ein Mensch, sodaß ihn sein Wort reuen könnte (Num 23,19; 1 Sam 15,29; Jer 4,28; 20,16; Sach 8,14), andererseits wird festgestellt, daß auch Jahwe Reue empfindet (1 Sam 15,35; 1 Chr 21,15; Am 7,3.6). Reue bedeutet in biblischer Sicht (z. B. Mt 21,30.32; 27,3; 2 Kor 7,8; Hebr 7,21) zunächst einmal, daß der Mensch anderen Sinnes wird, daß ihm noch nachträglich leid tut, was er getan hat, und er es ungeschehen machen möchte (Mt 21,28–30). Es wird ferner damit die Haltung beschrieben, wenn der Mensch dem Mitmenschen gegenüber sein Unrecht eingesteht und einsieht, daß seine Tat schlecht war (Lk 17,4). Weiters gehört dazu die Erkenntnis, daß ein Verschulden gegenüber dem Nächsten immer auch ein Verschulden gegenüber Gott bedeutet (Jer 3,13; Ps 51,6; Lk 15,18.21).

In ntl. Sicht besteht eine Verbindung zur grundlegenden Forderung Jesu in seinem Ruf nach Umkehr (Mk 1,15), womit die Abkehr vom Bösen und von der Sünde verbunden ist und die sich auswirken muß im Beachten der Gebote Gottes und in Werken der Nächstenliebe (Lk 3,8.10–14). Sündenvergebung setzt Bekehrung voraus (Apg 2,38; 3,19; 8,22; 2 Kor 7,9f.; Offb 2,5; 3,19). Das Kernelement der Bekehrung liegt aber in der Reue, dem ehrlichen Bedauern der begangenen Sünde und der inneren Lossage von ihr (Lk 7,38; 15,18–21; 18,13f.). Die zur Reue notwendige Haltung ist die Demut, welche die Bereitschaft einschließt, sich wirklichkeitstreu zu sehen und sein Versagen einzubekennen.

3. Die *theologische Reflexion* der Reue findet ihren Niederschlag in der dogmatischen Definition des Konzils von Trient, das die Reue beschreibt als Schmerz der Seele und Abscheu über die begangene Sünde mit dem Vorsatz, fortan nicht mehr zu sündigen (DS 1676, 1705). Dahinter steht die Auffassung, daß zur Rechtfertigung des Menschen eine entsprechende Disposition erforderlich ist, wozu auch die Reue gehört (DS 1526, 1543).

Eine theologische Betrachtung des Reuephänomens muß die menschliche Freiheit voraussetzen, sowohl hinsichtlich der Möglichkeit, zu sündigen und schuldig zu werden, als auch der Aufhebung einer schuldhaften Freiheitsentscheidung. Da Sünde und Schuld immer auch eine Verletzung der personalen Beziehung zwischen Gott und Mensch bedeutet, ist unter Reue nicht bloß ein Erkennen von Schuld gemeint, sondern ein positiver Akt, durch den nicht nur eine früher gesetzte Handlung oder Unterlassung aufhört, sondern durch den der ontologische und moralische Zustand der Person sich ändert. Im Reueakt setzt der betreffende Mensch ein Nein zum sittlichen Unwert einer vergangenen Tat oder Unterlassung, wobei die Grundausrichtung und Willensausrichtung auf Gott eine Wiederherstellung erfährt. Im Reueakt kommt jene Grundentscheidung des Menschen wieder zum Durchbruch, die durch den kategorialen Akt des Schuldigwerdens verdunkelt oder zerstört worden ist. Im Reueschmerz zeigt sich die Reaktion des Sünders auf die von ihm im Glauben wahrgenommenen Folgen seiner Schuld, die zur Umkehr und zu einer neuen Begegnung mit Gott führt. Dies kommt auch durch den biblischen Zentralbegriff für Reue, durch die *Metanoia* (μετάνοια), die Umkehr oder die innere Bußgesinnung, zum Ausdruck. Eine solche Disposition ist die Voraussetzung für die Rechtfertigung des Menschen vor Gott.

Erst wenn Reue zur entschiedenen Umkehr, zur Abkehr von der Sünde und zur Hinkehr zu Gott geführt hat, ist Bekehrung geschehen. Die Motivation für ein solches Nein zur eigenen Vergangenheit kann unterschiedlich sein. Einer solchen Willensänderung kann eine mehr oder weniger bewußte Vorbereitung vorausgehen und von Motiven wie Scham, Bedauern oder Furcht getragen sein. Der Reueakt als solcher ist aber eine Grundentscheidung, die sich im Kern der Person auswirkt und in den Tiefen der Seele vollzogen wird. In der theologischen Reflexion wird daher je nach den Motiven unterschieden zwischen vollkommener Reue oder *contritio* und unvollkommener Reue oder *attritio*.

Unter unvollkommener Reue ist jene Reue gemeint, die aus einem Motiv heraus erfolgt, das sittlich zwar gut, aber unterhalb der uneigennützigen Liebe zu Gott steht. Nach der Aussage des Konzils von Trient geht die Attritio nicht aus dem Antrieb des einwohnenden Hl. Geistes hervor, wohl aber aus dem Antrieb des bewegenden Hl. Geistes und bereitet so den Weg zur Gerechtigkeit (DS 1678). Sie kann zwar den Sünder für sich genommen nicht rechtfertigen, wohl aber ihn auf die im Bußsakrament zu erlangende Gnade vorbereiten. Wenn Reue als *Metanoia*, als Umkehr, verstanden wird, so muß sie in Verbindung mit Liebe, Vergebung, Bleiben in Gott gesehen werden. Deshalb wird unter vollkommener Reue jene Reue verstanden, deren Motiv Gott selbst, die Liebe zu Gott ist (DS 1677). Der Unterschied zwischen vollkommener und unvollkommener Reue liegt also nicht in der psychischen Intensität oder in der Wirkung, sondern im Motiv.

Wo sich Reue als Heilsakt ereignet, entspringt sie immer schon der Gnade Gottes und ist geprägt von einem Antwortcharakter auf das Heilsangebot Gottes. Als Glaubender erkennt der Mensch die teilnehmende Liebe Gottes. Am Leben Jesu wird für ihn das Mitleiden Gottes mit dem Menschen sichtbar. Situationen und Begegnungen, die den Menschen betroffen machen, können für ihn einen gnadenhaften Charakter annehmen und zum Kairos werden, in dem Heilung erfolgt. Im Reueschmerz offenbart sich für den schuldig Gewordenen jener Rufcharakter der Entscheidungssituation, der ihm durch den Glauben aufgedeckt wird. In dieser heilsamen Distanz zu sich selbst wird er fähig, auch alle Konsequenzen durchzutragen, die sich aus einer schuldhaften Entscheidung ergeben, und die Schuld als Schuld anzunehmen. Reue wird dadurch zu einem Zeichen der Hoffnung auf Versöhnung. Der Bereuende stellt sich dem Anruf Gottes und antwortet darauf, indem er sich überantwortet. Reue bedeutet aber auch Öffnen meiner Sinne für den anderen und Sensibilisierung für sein von mir mitverschuldetes Leid. Der Bereuende sieht die Welt mit den Augen der Betroffenen und mit den Augen Gottes und setzt so ein Zeichen der Solidarität.

4. In seiner *Struktur* erweist sich der Reueakt zunächst als ein intentionales Verhalten, das sich nur bei dem Menschen zeigt, der bereut, und das über sich selbst hinaus gerichtet ist. Es ist immer ein Bereuen von etwas und läßt sich durch folgende Merkmale kennzeichnen: Es ist immer auf ein Tun oder Unterlassen bezogen, das in der Vergangenheit liegt. Diese Tat oder Unterlassung ist jeweils meine Tat oder Unterlassung. Ich kann immer nur bereuen, was ich selbst getan oder unterlassen habe, so oder nicht so gewesen zu sein. Es ist darin die Frage enthalten: Bin ich das wirklich, der das getan oder nicht getan hat, der so oder nicht so gewesen ist? Kennzeichen jeglicher Reuesituation ist, daß dem Ich als Subjekt ein selbstentfremdetes Ich als Objekt gegenübersteht, ein schuldig-gewordenes Ich einem nicht-schuldig-sein-wollenden Ich. Das Angebot und die Möglichkeit zur Reue liegen im Bereich menschlicher Freiheit. In der Reue drückt sich ein in voller Freiheit gesprochenes Nein zum sittlichen Unwert einer vergangenen Tat oder Haltung aus. In ihr stellt sich der Mensch seiner Vergangenheit, er bekennt sich zu ihr und übernimmt dafür die Verantwortung. Im Reuephänomen treten vor allem drei Momente zutage: sittliche Beurteilung, aufrichtiger Schmerz und aktive Ich-Beteiligung des Wil-

lens. Betroffen davon sind die drei Komponenten Intellekt, Gefühl und Wille.

Auf eine Schuldsituation gibt es unterschiedliche Antwortmöglichkeiten, die dem Schuldiggewordenen vielleicht nicht immer bewußt sind, ja auch die Möglichkeit einer Antwortverweigerung. Eine dieser Formen ist die Verdrängung und Weigerung, die eigene Schuld zur Kenntnis zu nehmen. Eine andere Form ist der Versuch, die Schuldsituation durch gesteigerte Leistung auf einem anderen Gebiet zu kompensieren. Aber auch Flucht vor der Realität, Ablenkung, Betäubung oder Aggression sind Versuche von Schuldbewältigung. Vergessenwollen umgeht die Antwort und führt zu einem Selbstbetrug, da Vergessen nur vorläufig imstande ist, Schuld abzuschieben. Resignation bedeutet Kapitulation vor der Schuld. In der Trotzreaktion schlägt sich der Schuldiggewordene in freier Entscheidung auf die Seite der Schuldfaktizität und überhört ihren Anruf. Im Bedauern kommt eine gewisse Distanzierung und innere Teilnahmslosigkeit zum Ausdruck, welche die Schuldsituation nicht entsprechend ernst nimmt. Auch Trauer darf nicht mit Reue verwechselt werden. In ihr tritt ein lebensverdüsterndes Schmerzgefühl über eine Einbuße an Sinn und Fülle des Daseins zutage, eine Lebensgrundstimmung, die auch Auswirkungen auf den Gesamtorganismus zeigt und die als eine Art Grundstimmung die leiblich-geistige Vitalität hemmt.

Die Antwort auf Schuld kann aber auch so erfolgen, daß sie durch die Reue die geschehene Schuld in sich selbst zurückzunehmen sucht. Ein solches Reueverständnis findet sich insbesondere bei Max Scheler. Scheler geht davon aus, daß Reue voll verstehbar nur in einer tieferen Gesamtschau des Lebensabschlusses ist. In der Form von Erinnerung oder Erwartung begegnet mir in jeder menschlichen Situation die Gesamtheit meines jeweiligen Daseins in seinen vergangenen wie zukünftigen Momenten. Durch die Reue bemächtigt sich die Person ihrer selbst gegenüber der Determinationskraft ihrer Vergangenheit. Bereuen heißt also zunächst einem Stück Vergangenheit einen neuen Sinn geben. Damit wird der bereute Unwertgehalt neu oder in einer neuen Wirkrichtung in den Gesamtzusammenhang meines Lebens hineingestellt. Gegenstand der Reue ist dabei nicht sosehr eine Tat oder Unterlassung der Vergangenheit, sondern der eigentliche Reuegegenstand ist jenes Glied-Ich in der Totalperson selbst, aus dessen Wurzeln die Tat oder der Willensakt hervorfloß, das nacherlebt wird und in der Art des Bereuens aus der Totalität der Person gleichsam herausgestoßen wird. So will Reue den Lebensnerv der Schuld abtöten, indem sie Motiv und Tat mit ihrer Wurzel aus dem Lebenszentrum der Person hinausstößt, um so die Person zu heilen. Der Vergangenheit wird durch die Reue eine neue Wirkrichtung gegeben und durch die Entmächtigung der Schuld deren Wirkungsbereich so beschnitten, daß sie nicht mehr wirksam werden kann.

Im Reueakt geht die volle evidente Erkenntnis des Gekonnthabens eines Besseren auf, weil in ihm eine höhere idealistische Existenz als eine mögliche entdeckt wird. Je mehr sich also die Reue von einer bloßen Tatreue zu einer Seinsreue hinbewegt, umsomehr gelingt es ihr, die Schuld an der Wurzel zu fassen, sie aus der Person hinauszustoßen und ihr die Freiheit zum Guten zurückzugeben. Reue ist daher auch eine Bewegung des Gemüts auf jene Schuld hin, die sich im Menschen angesammelt und deren Ziel die emotionale Negation und Entmächtigung der Fortwirksamkeit der Schuld ist. Die Gegenwirkung des Schulddruckes auf diese Bewegung bringt den Reueschmerz hervor, der mit der Unnachgiebigkeit der Schuld und ihrer je tieferen Verwurzelung im Personkern steigt und sich als scharf, brennend und aufwühlend erweist. Da der Reueakt sich gegen die objektive Qualität der Schuld richtet, die in der Person haftet und in jedem ihrer Akte mitgegenwärtig ist, ermöglicht er einen neuen Anfang und stellt somit die Selbstregenerationskraft der sittlichen Welt dar, die ihrem Absterben entgegenarbeitet.

Reue ist wie die Schuld aber auch eingebettet in einen sozialhistorischen Kontext, daher schließt Schulderfahrung fast immer auch eine mitmenschliche Komponente mit ein. Reue setzt in diesem Fall bei den Auswirkungen eines Handelns an, wenn die Konsequenzen für einen davon Betroffenen wahrgenommen werden. Reue wird hier zum Schmerz, in dem die einem anderen zugefügte Verweigerung zutage tritt. Eine wesentliche Komponente des Reueschmerzes begegnet daher auch im Moment der Beschämung. Auf dem negativen Hintergrund der Schuld schämt sich der Schuldiggewordene seiner Tat angesichts der als richtig erkannten Wertungen der anderen und beginnt so den schmerzlichen Prozeß der Umwertung. In der Anerkennung der Schuld durch die Reue geschieht die Anerkennung meiner selbst als der, der ich wirklich bin.

A. Esser, Das Phänomen Reue. Versuch einer Erhellung ihres Selbstverständnisses (1963); *B. Fraling,* Persönliche Bewältigung der Schuld, Reue, Metanoia, in: *St. Rehrl* (Hrsg.), Sünde – Schuld – Erlösung. Kongreß der Moraltheologen und Sozialethiker 1971 in Salzburg (1973) 85–89; *M. Scheler,* Reue und Wiedergeburt, in: *ders.,* Vom Ewigen im Menschen (= Gesammelte Werke, Bd. 5) (^{5}1968) 27–59; *J. Werbick,* Schulderfahrung und Bußsakrament (1985).

RAIMUND SAGMEISTER

Revolution

→ Gemeinwohl → Gerechtigkeit → Gewalt → Ideologie → Konflikt
→ Krieg → Macht → Mittel → Recht → Widerstand

1. Revolution im heutigen Verständnis

In unserem derzeitigen Sprachgebrauch ist von Revolutionen verschiedener Art die Rede; rasante und radikale politische Wandlungen sind allenthalben zu gewärtigen; die Geschehnisse auf dieser Welt und auch die politischen Rahmenbedingungen sind nicht nur in Fluß geraten, es gibt auf weite Strecken turbulente Entwicklungen. Insbesondere dort, wo Dinge anfangen „kopfzustehen", wird von Revolutionär-Neuem gesprochen; dabei wird der Revolutionsbegriff auch übertragen auf Mode, Künste, Technik usw.

Die markanten Elemente, die in üblichen Revolutionsbegriffen als konstitutiv aufgezählt werden, haben noch Gültigkeit; Iring Fetscher sieht in einer Revolution „den relativ raschen, meist unter Anwendung von Gewalt zustande kommenden strukturellen Wandel des politischen Systems, der Zusammensetzung der herrschenden Klasse und/oder der sozialen Verhältnisse".

Angesichts der Ereignisse von 1989 im europäischen Osten mag man unter Revolution einen umwälzenden, d. h. radikal verändernden Prozeß sehen, in dem sich ein Volk seiner unrechtmäßigen Beherrscher entledigt.

Revolutionen sind aber keine einfachhin zu diagnostizierenden Sachverhalte. Hoffnungen auf Revolution und Angst vor Revolution hängen damit zusammen bzw. davon ab, wer diejenigen sind, die Revolution ins Gespräch bringen, und wo diejenigen stehen, die revolutionäre oder antirevolutionäre Aktionen anstreben. Die Parteilichkeit unterstreicht den Charakter der Ernsthaftigkeit; Revolution ist niemals Spielerei oder Sache der Beliebigkeit, sondern das Anliegen eines beinahe unumschränkten Erreichenwollens eines Ziels. In Revolutionen steht Großes auf dem Spiel: das Erringenwollen besserer, humanerer Zustände einerseits oder das Stabilisieren und Sichern von beanspruchter Macht auf der anderen Seite. In Revolutionen ist das Erreichenmüssen eines Zieles zumeist so dominant, daß die angewandten Mittel dem Ziel untergeordnet sind („Der Zweck heiligt die Mittel"); die revolutionären Mittel sind dabei oft die gleichen wie die von Krieg und Terror.

Soziale und politische Revolutionen beabsichtigen weniger eine *reformerische Wandlung* oder einen *friedlichen Umschwung,* vielmehr wollen sie – unter allen Umständen – einen *Umsturz* gesellschaftlicher, ökonomischer und kultureller Zustände, d. h. Mißstände herbeiführen; es handelt sich also beabsichtigtermaßen nicht nur um einen Austausch einer Führungsgarnitur, sondern um das Ersetzen einer Herrschaftsform durch eine andere. Derartiges ist nicht widerstandslos erreichbar. Revolution bedarf darum eines entsprechenden *politischen Klimas:* Aus Unterdrückung, Unordnung und oft auch aus Verwirrungen erwächst ein „Geist der Revolte".

Revolutionen nähren sich zwar zumeist von positiven Veränderungshoffnungen; diese bleiben aber im akuten Klima der raschen Umwälzung leicht auf der Strecke. Idealistische Visionen stehen in revolutionären Vorgängen oft in nächster Nachbarschaft zu lebensbedrohlicher Praxis; das traurige Ergebnis „schlechter Revolutionen" ist dabei nicht selten eine anarchistische Demontage wertvoller politischer und kultureller Errungenschaften.

2. Geschichtliche Durchleuchtung von Revolution – Versuch einer Theoriebildung

Ein Blick in die Geschichte zeigt, daß das Thema Revolution in der Neuzeit einen spezifischen Charakter angenommen hat. Zwar gab es auch in früheren Jahrhunderten revolutionäre Umbrüche; diese waren aber eher nach rückwärts orientiert: Sie wollten eine Wiederherstellung früher guter Zustände erreichen (Re-volution). Dem neuzeitlichen Revolutionsbegriff aber liegt eine prinzipielle Vorwärts-Orientierung zugrunde: Revolution ist eine markante Form des emanzipatorischen Prozesses, des „Auszugs aus Unmündigkeitssituationen"; andererseits geht es im Revolutionsprozeß um das „eigentliche Heraufkommen des Neuen", das Ernst Bloch im *Prinzip Hoffnung* entdecken wollte. Revolutionen sind – nach einem Wort von Karl Marx – die „Lokomotiven der Geschichte"; „das Eigentliche ist erst im Werden, im Kommen".

Während früher revolutionären Geschehnissen eher der Charakter von schicksalshafter Notwendigkeit zu eigen war, werden die modernen Revolutionen auch „gemacht": ein wesentliches Moment im revolutionären Prozeß ist das Herauskommen des *Subjekts,* des geschichtemachenden Elements; gerade dabei kommt einer revolutionären Vorhut bleibende und entscheidende Bedeutung zu.

Moderne politische Revolutionen erwachsen zwar auch aus Sachgegebenheiten, z. B. aus der industriellen Entwicklung, aus der Modernisierung im Produktionsprozeß, aus der Monopolisierung der Produktion, aus der rasanten Entwicklung der Elektronik usw.; das generelle *revolutionäre Bewußtsein* spielt aber eine dominierende Rolle. Dem neuzeitlichen Revolutionsverständnis liegt weiter ein *Vertrauen in die Macht der Vernunft* zugrunde; dabei spielt das Denkschema der *Dialektik* eine bedeutende Rolle (G. F. W. Hegel, K. Marx, Fr. Engels). Revolution als geschichtsphilosophische Denk- und Deutekategorie zielt darum auf eine Universalisierung und Totalisierung der Prozesse *(permanente Revolution);* einzelne Revolutionen werden als Teil einer *Weltrevolution* verstanden.

Für diese Art des Verstehens von Revolution ist es konstitutiv, daß auch die zuhandenen Interpretationsschemata nicht mehr ausreichen, um das Neue im revolutionären Geschehen selbst festzustellen, denn das Bewußtsein selbst ist in den Revolutionsvorgang einbezogen. Solche Revolution ist darum Unterbrechung des bzw. jeglichen Geschichtskontinuums; Revolution bedeutet damit den entscheidenden *qualitativen Sprung.*

Die als markante historische Ereignisse diagnostizierten „*großen Revolutionen*" weisen mehr oder weniger augenscheinlich die Merkmale solcher Revolutionsideologie auf; das gilt schon für die *französische Revolution* (1789), ebenso für die *russische Revolution* (1917), für die *chinesische Revolution* (1949) und auch für die derzeitige *islamische Revolution.* Allerdings muß man bei der Analyse dieser Geschehnisse die einzelnen Vorgänge im jeweiligen wirtschaftlichen und kulturellen Umfeld belassen; dies bedeutet, daß es allemal schwierig und problematisch ist, Revolutionen miteinander zu vergleichen.

Wo von Revolution nicht in einem übertragenen Sinn gesprochen wird, etwa von Bildungsrevolution, technischer Revolution, wo also Revolution als *konkrete politische Aktion* im *Machtkampf konkurrierender Gruppen* bzw. Klassen gesehen wird, können die folgenden Elemente festgehalten werden:

– *Voraussetzungen:* soziale Ungleichheiten; ökonomische Verfügungsmacht weniger über die Machtmittel, besonders von Grundbesitz, Produktivkräften, militärischer Gewalt; drückende Belastung der Mehrheit des Volkes; keine Lösungskompetenz für die anstehenden Probleme.

– *Bedingungen:* Erschütterung der politischen Autorität; Entstehen einer neuen politischen Trägergarnitur; Artikulation eines konsensfähigen Programms.

– *Verlauf/Phasen:* Destabilisierung und Ausschaltung der Herrschaftsmechanismen, vor allem der Medien und der Verwaltung; radikaler Umsturz; taktische Erfolge; spontane Zustimmung von bedeutsamen und großen Bevölkerungsschichten; Übernahme der tragenden

Säulen im Staats- und Machtapparat; Blockierung konterrevolutionärer Kräfte; Beruhigung in der nachrevolutionären Phase.
– *Ziel:* Ablösung und umfassende Erneuerung der politischen Kräfte und Mechanismen, Umbau der politischen, wirtschaftlichen und kulturellen Strukturen.

3. Zur ethischen Bewertung revolutionärer Situationen und Vorgänge

Für die Beurteilung von Revolutionen ist es klarerweise notwendig, diese nicht losgelöst von den *Entstehungs- und Ausbruchsbedingungen* zu durchleuchten; Revolutionen sind zumeist *Reaktionsvorgänge* auf frustrierende, lebensbehindernde, also sozialethisch bedenkliche Zustände. Das ethische Urteil über Revolutionen ist somit immer relativ, auf Bestehendes bezogen. Wenn das Urteil im nachhinein gefällt wird, gilt es darüber zu befinden, ob der Gesamtzustand der Gesellschaft, das „Gemeinwohl", durch die Revolution besser oder schlechter geworden ist. Die brisantere ethische Frage zur Revolution ist aber die vor dem bzw. im Prozeß. Die Frage heißt: „Ist eine bzw. diese Revolution zu riskieren und erlaubt?" Die Urteilskriterien beziehen sich dabei auf die allfällige Notwendigkeit einer derartigen Veränderung, ebenso geht es um die Zielperspektiven („neue Ordnung"). Das ethische Urteil zielt insbesondere aber auf die in Anschlag gebrachten Mittel; auch im Fall einer positiven Beantwortung der Fragen nach der Notwendigkeit und den Zielen bleibt es ethisch bedeutsam, *wie* – vor allem unter humaner Rücksicht – der Wandel zu verbesserten Zuständen erstrebt wird.

Die Parole von Revolutionären heißt zumeist: „Revolution muß sein: kurz, und wenn notwendig auch unter Opfern und Schmerzen"; die damit korrespondierende ethische Anfrage betrifft weniger die Quantität der Revolutionsmittel bzw. -schäden als vielmehr das *Problem der Kalkulierbarkeit des Risikos*.

Auch wenn revolutionäre Programme auf relativ gewaltfreie Mittel und Methoden setzen („friedliche Revolution"), bedarf doch auch die erreichte neue Lage der ethischen Beurteilung: „War für die Erreichung dieses Ziels eine Revolution nötig?"

In Revolutionsprozessen wird neben handfesten Zustandsänderungen zumeist auch ein fundamentaler *Bewußtseinswandel* erstrebt; Revolutionen wollen also auch eine Änderung der moralischen Anschauungen und Wertsysteme erreichen; damit sind auch die die Revolution selbst betreffenden ethischen Kriterien relativ, d. h. auf die Absicht, den Verlauf und das Gelingen bzw. Mißlingen des jeweiligen Prozesses bezogen.

4. Religion als Faktor des revolutionären bzw. antirevolutionären Bewußtseins

Weil Revolutionen *riskante Unternehmungen* sind, braucht es dafür auch so etwas wie einen *hoffnungsvollen Glauben* an die Erfolgschancen. Es ist verständlich, daß es darum ein Nahverhältnis von revolutionären Plänen und religiösen Überzeugungen gibt; ein beredtes Beispiel in der Christentumsgeschichte sind Thomas Müntzer und die Bauernkriege; Gleiches ist erkennbar in der islamischen Revolution.

Es ist aber auch eine feststellbare Tatsache, daß den meisten großen Revolutionen der neueren Geschichte eine *religionskritische Stoßrichtung* eigen war. Die Französische Revolution war gleicherweise kirchen- und religionsfeindlich, wie es die marxistische Revolutionstheorie ist. Das ist erklärlich aus der politischen Rolle und Funktion, die einflußreiche religiöse Gruppen von Kirche und Klerus in der vorrevolutionären Politik innehatten. Die Revolutionäre sahen in der herrschenden Religion dabei nichts anderes als einen machtstabilisierenden Faktor, den es mit der Revolution auch auszuschalten galt. Karl Marx brachte sein Urteil gegenüber dem Christentum auf die kurze Formel: „Die sozialen Prinzipien des Christentums sind duckmäuserisch, die des Proletariats sind revolutionär." Für ein derartiges Urteil meinte er in der Christentumsgeschichte genügend Belege von wirkmächtigen Tendenzen nennen zu können. Es gab tatsächlich eine überzogene Berufung auf das Paulus-Wort in Röm 13,1–7, daß „alle Staatsgewalt von Gott stammt und daß jeder Obrigkeit der geschuldete Gehorsam zu leisten sei".

In heutigen kirchengeschichtlichen Deutungen und neuen theologischen Reflexionen wird die Haltung der Kirche und der Gläubigen zu existierenden Unrechtspositionen, besonders in brisanten politischen Konstellationen, differenzierter gesehen. Durch die *politische Theologie* angeregt und sensibilisiert, versucht man die gesellschaftlichen und wirtschaftlichen Abhängigkeiten und Bedingtheiten von Glaubensbewußtsein und Theologie zu erspüren. So wird vor allem in den Entwürfen der *Theologie der Befreiung* die Frage nach dem Ort von Kirche und Gläubigen in revolutionären Prozessen und unaufschiebbaren Veränderungen thematisiert. Das gilt sowohl von den bibelorientierten Überlegungen in den Basisgemeinden wie auch von den theologischen und pastoralen Konzepten (z. B. dem Dokument von Puebla 1979) und den spirituellen Impulsen.

Aus der biblischen Motivation heraus wird der prophetische und praktische Mut Jesu angesichts von Unrechtserfahrungen aufgedeckt; eine direkte Zuordnung Jesu zu den „Revolutionären seiner Zeit", zu den Zeloten, wird dabei allerdings vermieden.

Gewiß muß sich Theologie, zumal auch die Moraltheologie, den Fragen der *Gewalt* stellen. Die meisten Befreiungstheologen opponieren gegen den Einsatz und Mißbrauch militärisch-physischer Gewalt; sie kritisieren aber ebenso offen und unerschrocken die massiven wie diffizilen Formen *struktureller Gewalt*. Parteinahme als „vorrangige Option für die Armen" ist dabei eine notwendige Konsequenz der Nachfolge Christi, die nicht mehr in einer politisch neutralen Position vorstellbar ist.

In den kirchenamtlichen (römischen) Orientierungen zum *Thema Revolution* sind ein weitgehender Vorbehalt und eine Skepsis gegenüber Revolutionen erkennbar. Vom Wort Jesu motiviert, daß „alle, die zum Schwert greifen, durch das Schwert umkommen" (Mt 26,52), gelangt man eher zu einer Befürwortung der Geduld, allerdings einer kreativen Geduld, die nicht verwechselt werden darf mit einer fatalistischen Gleichgültigkeit gegenüber herrschenden Verhältnissen. Papst Paul VI. mahnte 1975 im Apostolischen Schreiben *Evangelii nuntiandi*: „Die Kirche kann nicht die Gewalttätigkeit, vor allem nicht die Waffengewalt – die unkontrollierbar ist, wenn sie entfesselt ist – und auch nicht den Tod von irgend jemand als Weg zur Befreiung akzeptieren, denn sie weiß, daß die Gewalttätigkeit immer Gewalt hervorruft und unwiderstehlich neue Formen der Unterdrückung und der Sklaverei erzeugt, die oft drückender sind als jene, von denen sie zu befreien vorgibt" (Nr. 37).

Im Rahmen der kirchenamtlichen Texte ist jener von großer Bedeutung geworden, in dem Papst Paul VI. in der Enzyklika *Populorum progressio* doch eine Tür für legitime Revolutionen offenzulassen scheint: „Es gibt ganz sicher Situationen, deren Ungerechtigkeit zum Himmel schreit. Wenn ganze Völker, die am Mangel des Notwendigsten leiden, unter fremder Herrschaft gehindert werden, irgend etwas aus eigener Initiative zu unternehmen, zu höherer Bildung aufzusteigen, am sozialen und politischen Leben teilzunehmen, dann ist die Versuchung groß, solches gegen die menschliche Würde verstoßende Unrecht mit Gewalt zu beseitigen. Trotzdem: Jede Revolution – ausgenommen im Fall einer eindeutigen und lang andauernden Gewaltherrschaft, die die Grundrechte der Person schwer verletzt und dem Gemeinwohl des Landes schweren Schaden zufügt – zeugt neues Unrecht, bringt neue Störungen des Gleichgewichts mit sich, ruft neue Zerrüttung hervor. Man kann das Übel, das existiert, nicht mit einem noch größeren vertreiben" (Nr. 30 und 31).

Revolution wird hier als „Ultima ratio" in konkret ausweglosen Lage gesehen, also als ein Spezialfall im Rahmen des traditionellen Notwehrrechts beurteilt. Allerdings ergibt sich auf diesem Weg das Paradox, daß etliche Elemente, die das Zweite Vaticanum als unbrauchbare Argumente für die Begründung eines „gerechten Kriegs" aufzählte (GS 79ff.), hier als Grund für eine Befürwortung der Revolution wieder ins Treffen geführt werden könnten.

Die Soziallehre der Kirche warnt auch vor einem naiven Kokettieren mit revolutionärem Utopismus, wie er in einer verkürzenden Auslegung eschatologischer Hoffnung bisweilen in Erscheinung tritt; es wird darauf insistiert, daß das Kommen des Reiches Gottes nicht vorschnell mit einem konkreten revolutionären Prozeß gleichgesetzt werden darf.

Die christliche Botschaft will einen gangbaren Weg weisen zwischen der nicht zu tolerierenden Haltung der billigen Zustimmung zum Status quo und dem emphatischen Glauben an konkrete Reich-Gottes-Ankündigungen und die Realisierbarkeit dauerhafter gerechter Zustände. Daß in beide Richtungen kritische Aufmerksamkeit not tut, zeigen viele Erfahrungen der Geschichte; sie veranschaulichen auch, in welch problematische, gefährliche und inhumane Perversionen allfällige „Revolutionen im Namen Gottes" abgleiten können.

Das Christentum sollte seine spirituellen und gerade als solche höchst politikrelevanten Impulse nicht billig funktionalisieren bzw. verkehren lassen zum Handlangerdienst für politisch-aktivistische „Veränderungen um jeden Preis". Angesichts der vielen revolutionsträchtigen Situationen in den armen Ländern unserer Welt und der Krise der herrschenden Ideologien ist es sehr wohl gerade den Christen zugemutet, im Licht des Evangeliums und in der Spannkraft des Heiligen Geistes die Mächte und Geister zu unterscheiden, die die weltweiten Prozesse antreiben; demgemäß ist es aber auch gerade den Christen, besonders den Laien aufgegeben, Position zu beziehen und Partei zu ergreifen.

I. Fetscher, Revolution und Widerstand, in: *F. Böckle u. a.* (Hrsg.), Christlicher Glaube in moderner Gesellschaft 14 (1982) 78–133; *G. Girardi,* Revolutionäre Gewalt aus christlicher Verantwortung (1971); *K. Griewank,* Der neuzeitliche Revolutionsbegriff. Entstehung und Geschichte (1973); *M. Hengel,* War Jesus Revolutionär? (1970); *K. Lenk,* Theorien der Revolutionen (1982); *H. Maier,* Revolution und Kirche (1975); *M. Rock,* Christen und die Revolution. Widerstandsrecht und Widerstandspflicht (1968); *P. Rottländer* (Hrsg.), Theologie der Befreiung und Marxismus (1986).

FERDINAND REISINGER

S

Sakrament

→ Buße → Ehe → Glaube → Heilsgeschichte → Kirche → Pneumatologie
→ Spiritualität → Taufe

Der *Codex iuris canonici* gibt eine aus dem Geist des Konzils entstandene Umschreibung: „Die Sakramente des Neuen Bundes sind von Christus dem Herrn eingesetzt und der Kirche anvertraut; als Handlungen Christi und der Kirche sind sie Zeichen und Mittel, durch die der Glaube ausgedrückt und bestärkt, Gott Verehrung erwiesen und die Heiligung der Menschen bewirkt wird..." (c. 840).

Die Behandlung dieses Stichwortes in der Perspektive theologischer Ethik muß einem formalen und einem materialen Aspekt gerecht werden: Einerseits weist Sakrament auf die (seinshaft) in ihm gegründete christliche Existenz hin, als deren Ausfluß das christliche Ethos verstanden werden kann (1); andererseits ergeben sich aus dem Sinn der Sakramente im einzelnen und ihrem Vollzug eine Reihe von Verpflichtungen, die Spender (2) und Empfänger (3) der Sakramente betreffen.

1. Sakrament als existenzbegründender Vollzug

Es leuchtet ein, daß das sich gegebenenfalls aus der Sakramententheologie ergebende Verständnis des Ethos *vom Verständnis der Sakramente selbst abhängt*. Dieses aber hat einen geschichtlichen Index und hat sich noch im Laufe der Theologiegeschichte unseres Jahrhunderts wesentlich *geändert*. Von daher modifiziert sich auch die formal gestaltende Kraft, die von der Sakramententheologie auf die theologische Ethik einwirkt. Das Urwort für Sakrament im NT dürfte μυστήριον sein; die Wirklichkeit, um deren Erfassen es hier geht, hat Geheimnischarakter. Man kann sich ihr nur asymptotisch nähern. Die unterschiedlichen Zugänge sind daher nicht als sich ausschließende Versuche zu verstehen, dem Geheimnis christlicher Existenz auf die Spur zu kommen. Dennoch haben Sichtweisen ihren Kairos und können wieder zurücktreten; dies wird man auch in der Frage nach der Bedeutung des Sakramentes im christlichen Ethos berücksichtigen.

In der Mitte unseres Jahrhunderts herrschte in der Ekklesiologie das *Paradigma des Leibes Christi* vor (vgl. insbesondere die Enzyklika *Mystici corporis* Pius' XII.); der Bezug, den die einzelnen Glieder des Leibes in den Sakramenten zum Geheimnis Christi gewannen, wurde in *organischen Bildern* als Eingliederung, Verwurzelung o. ä. beschrieben. In diesen Vorgängen sah man eine seinshafte Veränderung sich vollziehen, die, dem Axiom des *agere sequitur esse* gemäß, als Grundlage für ethische Argumentation angesehen wurde (G. Ermecke).

Die weitere *Entwicklung des Kirchenbildes* bis zum Zweiten Vatikanischen Konzil ließ andere Aspekte des Geheimnisses der Sakramente sichtbar werden. Es waren insbesondere *anthropologische Grundkategorien,* die ein neues Verstehen des Sakramentes ermöglichten: Einmal wurde im Begriff des *„konstitutiven Zeichens"* (K. Rahner) das Sakrament als etwas verstanden, was der leibseelischen Grundstruktur menschlicher Vollzüge entspricht: Innere Wirkung kommt ohne Gebärde und Ausdruck menschlich nicht zustande. Zum anderen wurde erkannt, daß Sakramente als Zeichen und Gebärde ein *Begegnungsgeschehen* wirklich werden lassen; es geht um Begegnung von Gott und Mensch, von Christus und Gläubigem im Medium der Kirche (E. Schillebeeckx). Zugleich sind sie sichtbare, zeichenhafte Formen eines verdichteten *Selbstvollzugs von Kirche,* die als Zeichen der eschatologisch wirksamen Gnade diese selbst zur Geltung bringen (K. Rahner). So ereignet sich der sakramentale Vollzug auch immer nur in den Formen einer kirchlichen *Kommunikation* (A. Ganoczy), die ihm die *Struktur liturgischer Feier* gibt. In ihr, insbesondere in der Feier der Eucharistie, erfährt sich das Volk Gottes als solches am intensivsten, indem es glaubend das Heilshandeln Christi in Wort und Zeichen an sich vollziehen läßt.

Eine vergleichbare intensive Querverbindung ethischer Reflexion zu diesen neueren Entwicklungen der Sakramententheologie, wie sie in der früheren Phase beobachtet werden konnte, ist heute im deutschsprachigen Bereich theologischer Ethik nicht gegeben, obwohl die Erfassung der Wirklichkeit des Sakramentes heute viel mehr in eigentlich existentiellen Kategorien geschieht als früher. Wenn es jedoch stimmt, daß Sakramente als existenzbegründende Vollzüge angesehen werden müssen, wird man auch in der Ethik über sie nachdenken.

Theologischer Ausgangspunkt könnte die *Tauftheologie des Apostels Paulus* sein; sie war der Angelpunkt seiner Paränese in den Gemeindebriefen. Umfassend wird die Grundlegung des Ethos hier in seiner *christologischen, pneumatologischen, ekklesiologischen und eschatologischen Dimension* vorgenommen (H. Halter); denn die Taufe verbindet mit dem gestorbenen und auferstandenen Herrn (Röm 6,1–23), sie vermittelt den Geist (1 Kor 12,13), von dem sich der Christ leiten läßt (Röm 8,1–17), sie stellt die Verbindung zur Gemeinde her (1 Kor 12,13 u. a.), in der der einzelne sein Charisma und darin seinen Beruf erkennt (1 Kor 12,1–31a), und ordnet schließlich das gesamte Leben auf das Ziel hin, zu dem der Mensch mit der Schöpfung unterwegs ist (Röm 8,18–30). Wenn nicht nur das Wort der Botschaft, sondern der reale Kontakt im Zeichen die Beziehung, die tragend ist, aktiviert, dann sind die sakramentalen Vollzüge auch in der Bildung der grundlegenden Wertorientierungen unverzichtbar, die den Gläubigen auf das Reich Gottes hinordnen. Zuzugeben ist, daß Reflexionen auf sakramentales Ethos wenig geeignet sind, Einzelfragen des Weltethos einer Lösung näherzubringen; aber die in ihnen immer von neuem aktivierte *Vertiefung der Grundoption des Glaubens* macht fähig, im Jetzt der eigenen Geschichte den Kairos im Sinne heilshafter Chance wahrzunehmen. Hier geschieht demnach *mehr als Hilfe zum guten Handeln,* die man als Wirkung einzelner Sakramente ansehen kann.

2. Verantwortung der Spender der Sakramente

Die lateinische Bezeichnung läßt deutlicher hervortreten, was gemeint ist: *minister sacramenti;* Verantwortung wird im Sinne eines Dienstes wahrgenommen. Dieser steht *in einer dreifachen Beziehung:* Der minister sacramenti dient *Christus,* der in seiner Kirche weiterlebt; er tut dieses im Medium der *Kirche,* die ihr eigenes Wesen in sakramentalen Handlungen vollzieht, und er dient dem *Empfänger,* dessen Glaube bestärkt werden soll im Empfang der Gnade Christi. Solcher Dienst fordert existentielles Engagement heraus und ist eine Chance auch für den Spender, im Mitvollzug der sakramentalen Handlung seinen eigenen Glauben und seine Liebe zu vertiefen.

Der dreifachen Bezüglichkeit seines Dienstes entsprechen nun im einzelnen auch *drei Bereiche der Verantwortung:*
– Im sakramentalen Vollzug ist der Spender *einbezogen in das Heilshandeln Christi selbst.* Er ist es nicht selbst, der die Wirkung seines eigenen Tuns garantiert. Aber er ist einbezogen; ohne ihn als das menschliche Werkzeug kann sich nicht vollziehen, was Sinn der Sakramente ist: heiligende Begegnung von Gott und Mensch. Die zeichenhafte Ausdrucksgestalt dieser Handlung sollte auf den Spender selbst zurückwirken; von ihm sind Ehrfurcht und Aufmerksamkeit verlangt. Die Spendung bleibt bevorzugter Ort des Glaubenszeugnisses, das der Spender zu geben hat.

Dem Spender ist von Christus her *Heiliges anvertraut,* für dessen Heilighaltung er sorgen muß (man denke an Mt 7,6). Hier ergeben sich in der heutigen Pastoralpraxis oft schwerwiegende Probleme, die immer dann entstehen, wenn der Spender eines Sakramentes die Einstellung und Gesinnung des Empfängers nicht durchschaut und den Eindruck haben kann, die Sakramente würden als bloße Staffage familiärer Feiern mißbraucht und so nicht mehr dem Glauben dienen (oft im Zusammenhang mit Erstkommunion und Trauung). Soweit möglich, muß er die *notwendige Disposition beim Empfänger* herzustellen versuchen (vgl. CIC c. 843 § 2). Dies betrifft auch die Verantwortung für eine *angemessene liturgische Gestaltung* der Feier der Sakramentenspendung. Hat er den Eindruck, daß der Empfänger nicht an das Sakrament und seine Wirkung glaubt, würde er das Zeichen, das ja immer auch Zeichen für den Glaubensvollzug des Empfängers sein soll, zur Lüge machen. Kann er sich keine Klarheit über die Disposition des Empfängers verschaffen, stellt sich die *Frage der Nichtzulassung,* die in jedem Fall einer soliden Begründung bedarf. In den Fällen, in denen nicht sicher feststeht, ob notwendige Dispositionen anderer Art gegeben sind oder nicht, ist eine *bedingte Spendung* unter bestimmten Voraussetzungen möglich, z. B. bei der Frage der Gültigkeit einer schon empfangenen Taufe (CIC c. 845 § 2; c. 869 § 1). Bedingte Spendung kann auch insbesondere dann geraten sein, wenn sich der Empfänger in Lebensgefahr befindet oder nicht sicher feststeht, ob er noch lebt.

Die konziliare Öffnung der Kirche den anderen Konfessionen gegenüber hat dazu geführt, daß unter bestimmten Bedingungen auch *Gläubigen orientalischer Kirchen* die Sakramente der Buße, der Eucharistie und der Krankensalbung gespendet werden können (CIC c. 844 § 3); entscheidend ist hierbei der Glaube an die betreffenden Sakramente. In Lebensgefahr trifft diese Erlaubnis auch zu für *Angehörige aus den Kirchen der Reformation,* die um ein Sakrament bitten (ebd. § 4).

– Da die einzelnen Sakramente Handlungen sind, in denen die Kirche (als Ursakrament, wie man sie genannt hat) ihr eigentlichstes Wesen vollzieht, ist der *Spender gehalten, in Einheit mit der Kirche zu handeln,* zu tun, was hier die Kirche tun will. Hier pflegt man Stufen der Verantwortlichkeit zu benennen: Die Notwendigkeit, die Sakramente *gültig* zu spenden, legt eine höhere Verantwortung auf als die Forderung, sie auch *in erlaubter Weise* zu spenden; die Bedingungen der Gültigkeit *(ad validitatem)* sind nicht identisch mit denen der Erlaubtheit *(ad liceitatem),* die die ersteren umgreift; da die Kirche insgesamt die Verantwortung nicht nur für die gültige, sondern auch eine fruchtbare Spendung der Sakramente hat, nimmt sie für ihre höchsten Amtsträger die Kompetenz in Anspruch, die Bedingungen für erlaubte und gültige Spendung festzulegen (CIC c. 841). Letztere haben zumeist mit der Einsetzung des Sakraments selbst zu tun und betreffen dessen Wesen, die ersteren erwachsen aus der pastoralen Verantwortung. Sie beziehen sich auf den Bereich der konkreten Ausgestaltung der liturgischen Feier, für die von der Kirche in Grundlinien Festlegungen getroffen sind. Reibungsflächen ergeben sich hier, wenn der Eindruck entsteht, daß vorgesehene Formen der Universalkirche der Situation nicht zu entsprechen scheinen, in der sich der Spender befindet. Epikie in solchen Fällen besagt die Übernahme von Verantwortung und Beweislast, die dann beim Handelnden liegen. Die Güterabwägung wird hier mehr berücksichtigen müssen als die momentane Zustimmung der gerade Anwesenden. Ein alter Grundsatz der Sakramentpastoral, den es hier anzuwenden gilt, lautet: Sacramenta propter homines.

Diesem Grundsatz entspricht auch, wenn die *Gültigkeit* der Sakramentenspendung von der Kirche *nicht abhängig* gemacht wird *von der Würdigkeit des Spenders* (DS 1612; vgl. DS 1684). Alle Sakramente zielen auf eine vermittelte Unmittelbarkeit ab, in der der Empfänger vor Gott steht. Das hebt nicht die oben erhobene ethische Forderung an den Spender auf, sich existentiell auf den Vorgang der Spendung einzulassen. Die Sakramentenspendung ist *nie etwas, was rein mechanisch gedacht werden kann;* rein zufällige oder absichtslose Spendung kann es darum nicht geben. Über den Grad der notwendigen Absicht hat man diskutiert *(intentio actualis, virtualis, habitualis, interpretativa),* wobei die Grenzlinien nicht mit völliger Sicherheit festgestellt werden können. Inhaltlich wird für die Absicht als Minimum betrachtet, in der Spendung „tun zu wollen, was die Kirche tut", so im Tridentinum formuliert (c. 11 der Canones über die Sakramente im allgemeinen, DS 1611; vgl. DS 1262; 3318f.).

Für die meisten Sakramente bedarf es zur Spendung einer *Vollmacht,* die durch die Weihe verliehen wird. Die Taufe wird normalerweise vom Priester bzw. Diakon gespendet; aber in Notfällen ist jeder Christ aufgerufen, die (Not-)Taufe zu spenden – ja es ist denkbar, daß die Taufe sogar von Nichtgläubigen in der gerade beschriebenen Absicht gespendet werden kann (vgl. DS 1617). Eheleute empfangen das Sakrament, indem sie sich vor der Gemeinde das Jawort geben. Insofern sind sie selbst als Zweieinheit Spender und Empfänger in einem. Für die Feier der Eucharistie, die gültige Spendung von Bußsakrament, Krankensalbung und Firmung, bedarf es der Priesterweihe, für die Spendung der Priesterweihe der Bischofsweihe.

Der *Aspekt der Kirchlichkeit der* Sakramente *bedarf neuer Akzentuierung;* es ist richtig, daß Sakramente zeichenhaftes Heilshandeln der Kirche am einzelnen sind; aber es wird zu sehr vergessen, daß jeweils das Ganze der Kirche, nicht nur der einzelne Spender, involviert ist.

Besonders deutlich treten Privatisierungstendenzen bei der Spendung der Taufe und bei Trauungen in Erscheinung. Es wäre aber wichtig, Gemeinde zu bilden um diejenigen, die ein Sakrament empfangen – das gilt auch von der Krankensalbung und von der Wegzehrung. In liturgischen Feiern der Sakramente, die oft an entscheidenden Wendepunkten des Lebens der Gläubigen ihren Ort haben, sollte zum Ausdruck kommen, daß der Glaube des einzelnen immer getragen ist vom Glauben aller und umgekehrt. Sakramente sind Feiern der Gemeinde, keine isolierten Riten von Spender zu Empfänger; es gehört zur Verantwortung des Spenders, das in seiner Praxis zu berücksichtigen.

– Der Spender *dient* in diesen Bemühungen *dem Empfänger;* implizit wurde zur Realisierung dieser Verantwortung bereits einiges gesagt: Es muß seine Sorge sein, daß der Empfang den Glauben beim Empfänger vertieft.

Der Seelsorger ist *verpflichtet, die Sakramente zu spenden,* wenn er darum gebeten wird (CIC c. 843). Hier ist sein ganzes pastorales Engagement gefordert. Er soll für die Gläubigen etwas von der Liebe Christi zu jedem Menschen darstellen, mit dem er im Vollzug des Sakramentes eins wird, hier insbesondere, da die Sakramente verstanden werden können als in der Kirche weiterlebende Gebärden der Menschenfreundlichkeit des Erlösers. So wie sich Jesus als guter Hirt dem einzelnen und gerade auch dem Verlorenen zugewandt hat, so sollte dies der Seelsorger tun, der Brücken bauen muß, um Verständnis- und Vollzugsschwierigkeiten des Menschen unserer Tage zu überwinden. Es kann sein, daß ihm heute eine wachsende Empfänglichkeit der Menschen für Symbole und Zeichenhandlungen dabei entgegenkommt.

3. Verantwortung des Empfängers der Sakramente

Christsein wird konstitutiv begründet durch den Empfang der Taufe, es findet die dichteste Gestalt seines Selbstvollzuges in der Feier der Eucharistie. *Jeder Gläubige ist Empfänger von Sakramenten.* Es ist für das Verhältnis zu Gott *nicht gleichgültig, wie sich der einzelne darauf einstellt.*

Wesentlich für die Erneuerung der Beziehung zu den Sakramenten war die Bewegung der Theologie von einem Verständnis, das sich einseitig an der Idee des aus sich wirksamen Zeichens *(opus operatum)* orientierte, zu einem solchen, das die *Sakramente als Zeichen personaler Begegnung* im Medium der Kirche ansah. Sie sind wie die ausgestreckte Hand, die zum Kontakt bereit ist; sie sind Einladungen, Gott auf eine menschliche, das ist auch leibhafte, Weise zu begegnen. So haben sie –

die einerseits und immer in erster Linie Zeichen der geschenkten Zuwendung Gottes und seiner Selbstmitteilung sind – stets auch dialogischen Charakter, zeigen also auch das an, was im einzelnen als Gläubigkeit und Hinwendung zu Gott schon gegeben ist bzw. sein sollte. *Vorbereitung* auf den Empfang ist daher notwendig und für die Wirkung eines Sakramentes vorentscheidend. Sie hat verschiedene Stufen:
– Es gibt eine *entferntere Einübung* in den sakramentalen Vollzug im bewußten Erleben menschlicher Zeichen der Kommunikation. Wer nie erfahren hat, daß ein gemeinsames Essen Kontakte schafft, Gemeinschaft entstehen läßt, ist schlecht disponiert für die Teilnahme am Eucharistischen Mahl. Es gilt, die spezifische Zeichenhaftigkeit der einzelnen Sakramente auf ihre anthropologischen Grundlagen her aufzuschlüsseln, um menschlichen Zugang zu ihnen herzustellen. Dies gehört auch zur Verantwortung des Empfängers.
– Auch im Sakramentenempfang gilt, daß der Mensch nicht vom Brot allein, d. h. hier, vom Verständnis der äußeren Zeichen allein her, leben bzw. die lebendige Wirklichkeit des Geschehens wahrnehmen kann. *Konstitutiv für das Sakrament ist das in ihm wirksame Wort,* das dem Zeichen erst seine eindeutige Sinnbestimmung gibt (theologisch seit alters in den hylemorphistischen Kategorien von Materie und Form gefaßt). Erst das Wort macht das Zeichen zum Ausdruck einer hier und jetzt geschehenden Selbstmitteilung Gottes an den Menschen. Erst das Wort kann diese Sinndimension erschließen, kann die Gegenwärtigkeit des heilsgeschichtlichen Handelns Gottes für den Empfänger wirksam werden lassen – jedes Sakrament stellt einen spezifischen Bezug zum Geheimnis unserer Erlösung in Kreuz und Auferstehung her und verbindet mit Christus, dem Auferstandenen. Sakramente können nur fruchtbar bleiben im Zusammenhang der Annahme der Botschaft des Evangeliums.
– *Bestimmte Sakramente* bedürfen einer *eigenen Vorbereitung.* Der (Erwachsenen-)Taufe geht ein Katechumenat voraus, das in den Glauben und die Glaubenspraxis einführt, der Firmung als zweitem unwiederholbarem Sakrament eine eigene Katechese, ähnlich der Erstkommunion. Das Sakrament der beständigen Erneuerung, das Sakrament der Buße, fordert die grundlegenden Akte der Umkehr in Reue und Vorsatz. Der Empfang des Bußsakramentes gilt als notwendige Vorbereitung auf den Kommunionempfang in allen Fällen, in denen nach eigenem Erkenntnisstand eine schwerwiegende Sünde begangen wurde.

– Ist die richtige generelle Voreinstellung hergestellt – es ist selbstverständlich, daß dieses immer nur in Annäherungen geschehen kann – wird man im Empfang selbst bemüht sein, für das sich zu öffnen, was als Geschenk wirksam zugesagt ist. Die erlebnismäßigen Erwartungen sollten nicht zu hoch geschraubt werden. Die Dankbarkeit für die erfahrene Mitteilung der Gnade kann in das Leben hinein wirken; *die Entschiedenheit für ein Leben aus dem Glauben,* wesentlich in der Taufe grundgelegt, kann durch jeden Sakramentenempfang *vertieft* werden.

A. Ganoczy, Einführung in katholische Sakramentenlehre (1979); *H. Halter,* Taufe und Ethos. Paulinische Kriterien für das Proprium christlicher Moral (1977); *H. Luthe* (Hrsg.), Christusbegegnung in den Sakramenten (1981); *K. Rahner,* Kirche und Sakramente (1960); *ders.,* Über die Sakramente der Kirche. Meditationen (1985); *E. Schillebeeckx,* Christus – Sakrament der Gottesbegegnung (1960); *H. Weber,* Sakrament und Sittlichkeit. Eine moralgeschichtliche Untersuchung zur Bedeutung der Sakramente in der deutschen Moraltheologie der ersten Hälfte des 19. Jahrhunderts (1966).

BERNHARD FRALING

Schuld

→ Buße → Dekalog → Freiheit → Gewissen → Handeln, sittliches
→ Strafe → Sünde → Tugenden und Laster → Vergebung

Schuld als komplexes, ursprüngliches Phänomen hat ihren Ursprung in der Personmitte des Menschen und betrifft immer dann seine dynamische Ganzheit als transzendierende, auf Gott hingeordnete, geistbegabte Person mit einmaliger Identität, wenn sich der Mensch in freier Entscheidung dem existentiellen Anruf zur gottgewollten, leiblichen und geistigen Selbstwerdung in seiner je konkreten Mit- und Umwelt bewußt verschließt. Schleichender Sinnverlust und Beziehungsunfähigkeit aufgrund mangelnder Ichstärke sind heute signifikante Kennzeichen der tiefen Identitätsproblematik des modernen Menschen, der durch Verharmlosungs- oder Verdrängungsprozesse oft nur sehr schwer zur Erfahrung seiner Schuld gelangt, die sich im Umraum einer personal-dialogisch-responsorischen Beziehung ereignet.

In der theologischen Ethik sind sittliche Schuld und Sünde identische Begriffe, die bezüglich der Tat nicht getrennt, auf der Motivationsebene aber unterschieden werden können. Folgende Differenzierungen haben sich in der Moraltheologie bewährt: *Schuldigkeit (debitum):* Schon immer stehe ich verantwortlich in personal-verpflichtender Beziehung zu mir selbst, zur Mit- und Umwelt. *Schuld (culpa):* Ich hemme bewußt in freier Entscheidung meine Fähigkeiten zur sittlich-personalen Entfaltung, die ich aufgrund meines Gewissensspruches als sittlich gut und normalerweise auch als sittlich richtig erkenne, und werde so, meine Personwürde verletzend, vor mir selber schuldig mit allen Auswirkungen auf die Mit- und Umwelt. *Sünde (peccatum religiosum):* Im Sinnhorizont des Glaubens ereignet sich hier die existentielle Antwortverweigerung auf den Anruf Gottes, den ich glaubend erkenne, verstehe und einsehe. Über die tatsächliche sittliche Normverfehlung hinausgehend, wende ich mich auch von Gott und damit vom Wahren und Guten ab. Die letzten Auswirkungen solchen Tuns in der Gottferne verstärken auch die Macht des Bösen in der Welt (H. Kramer). Von der personalsittlichen Schuld ist die rechtliche Schuld, die eine faktische Handlung oder Unterlassung mit bestimmten Folgen in der Rechtsordnung ausmacht, zu unterscheiden. Weiters ist im subjektiven Schulderleben zwischen Schuldbewußtsein (Wissen um Schuld durch rationales Erkennen) und gesundem oder krankhaftem Schuldgefühl (aus dem soziokulturellen Verhalten entstanden und von emotionaler Erlebnisqualität) zu differenzieren.

Das geheimnisvolle Phänomen der Schuld als offene Frage der Menschheit beschäftigt auch die Philosophen aller Zeiten. Der Mensch der Antike sah sich noch völlig dem Schicksal ausgesetzt und konnte Schuld folglich nur als Verhängnis erfahren. Schon für Aristoteles entspringt Schuld jedoch aus dem freien, vernünftigen Willensentschluß des Menschen, der um seine ethisch-juristische Verantwortung vor sich selbst, vor seiner Mit- und Überwelt wußte (Eth. Nik. 1109 b 32–33). Auf der Suche nach einer Letztbegründung der Ethik stellt in der Neuzeit I. Kant Freiheit, Selbstbestimmung und autonome Selbstverantwortung in den Mittelpunkt seiner Überlegungen, da nur unter diesen Voraussetzungen der Mensch als sittliches Wesen vernünftig handeln könne. So wird der Mensch schuldig, wenn er den kategorischen Imperativ mißachtet, der da lautet: Handle nur nach derjenigen Maxime, durch die du zugleich wollen kannst, daß sie ein allgemeines Gesetz werde; befolgt er den praktischen Imperativ nicht, der festlegt: Handle so, daß du die Menschheit, sowohl in deiner Person, als auch in der Person jedes anderen, jederzeit zugleich als Zweck, niemals bloß als Mittel brauchst *(Grundlegung zur Metaphysik der Sitten* II/1). Bei M. Heidegger erinnert das Gewissen den Menschen an sein Schuldigsein. Aufgrund seiner endlichen Existenz könne der Mensch nur immer eine Möglichkeit realisieren und werde so an den anderen unvermeidlich schuldig. Es gelte nun, diese existentielle Schuld als Anruf zur eigentlichen Selbstwerdung auf- und anzunehmen *(Sein und Zeit* § 58).

Aufgrund des personal-dialogisch-responsorischen Charakters der Schuld kann in der rein empirisch ausgerichteten Psychologie nicht eigentlich von Schuld gesprochen werden. Wohl aber ist ein bewußt oder unbewußt verdrängtes Schuldbewußtsein und ein krankhaftes Schuldgefühl in den vielfachen Ausdrucksformen des Schulderlebens mit den Methoden der Tiefenpsychologie aufzulösen, um den Menschen zu befähigen, sich seiner wirklichen Schuld verantwortungsbewußt zu stellen. Durch die Stärkung des Ichs und die Hebung des durch diffuse Angst gestörten Selbstwertgefühls und in der Erfahrung des Angenommenseins im Du wird die sittliche Schuldfähigkeit des Menschen erweitert oder wiederhergestellt, wird der neurotische Mensch erst zur positiven Schuldannahme und Schuldverarbeitung befähigt.

S. Freud deutete Schuldbewußtsein und Schuldgefühl als angstbesetzte Spannung zwischen dem sich minderwertig, überfordert und schuldig fühlenden Ich und dem strengen, strafenden Über-Ich, das er als introjiziertes Moralgewissen verstand. Hinter dem unbewußten Schuldgefühl verbirgt sich oft auch ein unbewußtes Selbstbestrafungsbedürfnis aus Angst vor drohendem Liebesverlust, der dadurch aufgehalten werden soll; und nicht selten wird das Schuldgefühl falsch lokalisiert und bezieht sich gar nicht auf wirkliche Schuld (GW XV, 3–197). Freud sah auch einen Zusammenhang zwischen Schuldgefühl und Kulturentwicklung, die durch den Aggressions- und Destruktionstrieb behindert wird. Durch das fortschreitende Zusammenleben der Menschheit und den dadurch notwendigen Triebverzicht wächst jedoch das unbewußte Schuldgefühl, das als Ambivalenzkonflikt des ewigen Kampfes zwischen dem Eros- und dem Destruktions- oder Todestrieb verstanden und als diffuses Unbehagen an der Kultur erfahren wird (GW XIV, 421–506).

Für C. G. Jung stand nicht ein unbestimmtes, die Reifung behinderndes Schuldgefühl oder ein numinoses Schuldbewußtsein im Vordergrund, sondern die existentielle Schulderfahrung, die er als sinnvoll und not-wendend im Reifungsprozeß der Selbstverwirklichung (Individuation) ansah. In diesem Ringen um Reife geht es vor allem um die Zurücknahme von Projektionen (Hinausverlegung eines subjektiven Vorgangs in ein Objekt), die Integration des persönlichen Schattens (die dunkel erscheinende, nicht gelebte, unterentwickelte oder verdrängte Seite unserer Seele), die Bewußtmachung und Sublimierung von Animus und Anima (zu verstehen als Seelenbilder, die für den jeweils komplementär-geschlechtlichen Anteil der Psyche stehen) sowie um die verantwortete Lebensgestaltung aus der eigenen Personmitte durch Selbst-Findung. Mit der Zurücknahme der Schattenprojektion wird auch die damit verbundene Hinausverlegung der eigenen Schuld zurück- und angenommen und kann letztlich auch recht benannt und bekannt werden (GW XIV/1, 183). C. G. Jung zeigte im Individuationsprozeß das existentielle Schuldigwerden des Menschen als einen Mangel an entfaltetem Menschsein durch Unterdrückung schöpferischer Kräfte in der Personmitte empirisch auf. Der Mensch wird schuldig, wenn er nicht auf die innere Wahrheitsstimme des Selbst (Gewissen) hört, die ihn zum gereiften Selbstsein in Gemeinschaft ruft, sondern im selbstverhafteten Nein gegen seinen Schöpfer aus der Schöpfungsordnung ausbricht. Existentielles Schuldigwerden kann sich auch zur sittlichen Schuld vertiefen, vorausgesetzt, daß Freiheit und bewußte Erkenntnis ausreichen, den Mangel einzusehen, der darin besteht, hinter dem Schöpfungsauftrag zurückzubleiben, ihn nicht ins Bewußtsein treten zu lassen, um dadurch auch jeder willentlichen Entscheidung zwischen Gut und Böse ausweichen zu können, um sich nicht verantwortlich zu seiner schuldhaften Tat bekennen zu müssen.

Angesichts des zwanghaft-perfektionistischen Strebens des Menschen, Schuld einerseits möglichst umfassend zu vermeiden, und der defätistischen Haltung andererseits, Schuld sei ohnehin unvermeidlich und es gebe gar kein Entrinnen, bemüht sich die personale Psychotherapie J. Herzog-Dürcks, den Menschen aus dieser neurotischen Fehlhaltung herauszuführen, die letztlich darin besteht, nicht schuldig werden zu können. Der fortschreitende Verlust der personalen Identität kann aufgehalten werden durch die ermöglichte Erfahrung, daß es auch verschüttete und noch verborgene Antwortmöglichkeiten aus der Personmitte heraus gibt und daß es möglich ist, an seiner Schuld, die verantwortlich übernommen wird, zu reifen. Immer ruft die Grundbedingung der Schuld in die Krise der Selbstwerdung und des Vertrauens, aus der der unecht religiöse Mensch gerade nicht mit erstarkter Identität hervorgeht, da er angstvoll-verzweifelnd Sicherheit für sein Seelenheil will, dabei das wirkliche Leben meidet und so seine Lieblosigkeit gar nicht mehr lebendig erfährt, die seine wirkliche Schuld ist (J. Herzog-Dürck). Nur nach wirklicher Annahme der Schuld läßt sich nach dem nun möglichen Neubeginn an einer hoffnungsvollen Zukunft bauen, wird der Widerstand gegen die Reifung aus innerem Anruf eines personalen Reifungsgewissens aufgegeben, und es kann somit auf die Flucht in die Abwehrmechanismen aus Angst vor dem Wagnis des Daseins verzichtet werden. Durch die Zurücknahme der falschen Ortsbestimmung oder Urheberschaft der Schuld kommt auch die rechte Wertordnung wieder ins Lot. Die Schuld muß dann nicht mehr durch Selbstbestrafung, magisches Zeremoniell oder Ich-Mythisierung verdrängt werden. Erlebnishaftes Betroffensein und Sich-betreffen-Lassen wird möglich, aber auch die wirkliche Konfrontation mit den prägenden Antriebshemmungen und Fixierungen der Kindheit, die ja eine personale Auseinandersetzung mit der Schuld erschweren oder gar verhindern. Schließlich erweitert sich das Öffnen auf ein personales Du hin bis in das göttliche Du hinein, durch dessen Anruf sowohl die Annahme der Schuld als auch die Reifung durch die Schuld erst möglich wird (A. Heimler).

Für die Schuldreflexion in der theologischen Ethik ist die Tatsache von Bedeutung, daß die Übergänge von neurotischer zu existentieller, sittlicher Schuld fließend sind. Der neurotische Mensch ist für seine Fehlhandlungen somit auch mehr oder weniger mitverantwortlich, ansonsten wäre ja Heilung in der analytischen Psychotherapie nicht möglich. Er verschließt sich einerseits vor seinem neurotischen Kernproblem, das seine Identität und Mitmenschlichkeit zutiefst berührt, durch Reifungsverweigerung und Verabsolutierung einzelner Lebensvollzüge, andererseits ist er aber gleichzeitig den Grundbedingungen der menschlichen Existenz gegenüber äußerst sensibel. Es wird folglich auf die Freiheit, Reife und Tragweite seiner Entscheidungen (Grund- oder Teilentscheidungen) zu achten sein, die er als Handelnder oder Leidender trifft. Die ethisch-religiöse Dimension sittlicher Schuld erfordert letztlich eine metaphysisch-theologische Begründung. Schuld wird zwar als gegen die Natur des Menschen und gegen die konstruktiv-schöpferische Beziehung zur Mit- und Umwelt gerichtet erfahren, das personal-dialogisch-responsorische Wesen der Schuld hingegen als Abfall der transzendenten Person von Gott in der Tiefe ihrer geistbegabten Personmitte kann nur geglaubt werden. Schlußendlich gibt es Schuld nur dort, wo gegen Gott gesündigt wird durch Ablehnung der personalen Gemeinschaft mit ihm (K. Rahner). Nach Thomas v. Aquin könne Gott nur dadurch beleidigt werden, daß wir gegen unser eigenes Gut, also gegen uns selbst und damit gegen unsere von Gott geforderte Selbstverwirklichung, tätig werden oder das rechte Tun, das zu diesem gottgewollten Ziel hinführt, unterlassen *(Summa contra Gentiles* III,22). Der Lebensgrundentscheidung gegen Gott und gegen unsere eigene personale Würde wider bessere Einsicht und im Mißbrauch der Freiheit liegt immer ein uneigentlicher Daseins- und verkehrter Wertentwurf zugrunde. Die Absolutsetzung einzelner Lebensvollzüge entspringt einer Haltung der Lebenslüge, die die Grundbedingungen unseres endlichen Menschseins wie Zeit, Tod, Geschlecht und Schicksalsausgesetztheit sowie Schuld und das Böse in der Welt mißachtet oder verdrängt. Dem Aspekt des Gewordenseins eines solchen Tatbestandes ist besondere Aufmerksamkeit zuzuwenden, um das schleichende Schuldigwerden rechtzeitig bewußt zu erfahren, um es nicht nur zu erkennen, sondern letztlich auch voreinander und vor Gott bekennen zu können.

Schuldbewältigung als schöpferischer personal-integraler Akt ist nur durch inneres Handeln im Bereich eines personalen Reifungsgewissens möglich. Solches Handeln erfordert Wahrheitswillen und Aufrichtigkeit, Annahme der Mitverantwortung durch rückläufige Übernahme der Freiheit, die dann zur Selbstannahme mit Vergangenheit und Zukunft und zur Umgestaltung des Lebens führt, in dem dann auch das Geheimnis der Vergebung erfahren werden kann (J. Herzog-Dürck). Dabei zeigt sich, daß menschliche Geschichte immer schon Heilsgeschichte ist, in der die verheißene befreiende Erlösung von Schuld durch Gott in Jesus Christus im Glauben hoffnungsvoll erwartet, erbeten und erhalten wird. Da letztlich alles Tun des Menschen wesentlich Antwort auf den Anruf Gottes ist, kann nach dem Nein der Kreatur auf diesen Anruf der dialogische Prozeß menschlicher Existenz nur wirklich durch das neue Wort Gottes weitergehen. Er muß die Schuld, die ihm gegenüber begangen wurde, vergeben, und nur sein Tun befreit von Schuld (K. Rahner). In den Bekenntnistexten des ATs und NTs wird die ganzheitliche, personale Wirklichkeitserfahrung von Sünde und Schuld, die nach dem Zeugnis der Bibel unlösbar zusammengehören, unübertrefflich zum Ausdruck gebracht, da durch den performativen Charakter des Bekenntnisses Schuld und Sünde wirklich ganz angenommen werden (Ps 51,4–7; 103,3.10–12; Mt 6,12). Diesem menschlichen Bemühen in der Bitte um Vergebung kommt das heilstiftende Handeln Gottes in Jesus Christus noch zuvor, der den Schuldschein, der gegen uns sprach, durchgestrichen und dessen Forderungen, die uns anklagten, dadurch aufgehoben hat, daß er unseren Schuldschein an das Kreuz geheftet hat (vgl. Kol 2,14).

A. M. Dorn, Schuld – was ist das? Versuch eines Überblicks (1976); *R. Goetschi,* Der Mensch und seine Schuld (1976); *A. Heimler,* Selbsterfahrung und Glaube (1976); *J. Herzog-Dürck,* Menschsein als Wagnis (1960); *dies.,* Grundströmungen der Lebensangst (1984, ¹1969); *H. Kramer,* Problemstand der moraltheologischen Diskussion um Schuld und Sünde, in: *G. Kaufmann* (Hrsg.), Schulderfahrung und Schuldbewältigung. Christen im Umgang mit der Schuld (1982), 35–72; *W. Lauer,* Schuld, das komplexe Phänomen (1972); *K. Rahner,* Schuld und Schuldvergebung als Grenzgebiet zwischen Theologie und Psychotherapie, in: *ders.,* Schriften zur Theologie, Bd. II (1968, ¹1953), 279–297; *ders.,* Verharmlosung der Schuld in der traditionellen Theologie? in: *ders.,* Schriften zur Theologie, Bd. X (1972), 145–163.

RAIMUND M. LUSCHIN

Selbsttötung (Suizid)

→ Dekalog → Euthanasie → Freiheit → Leben → Leiden → Tod

1. Jeder ethische Umgang mit der Suizidproblematik hat zunächst davon auszugehen, daß der Suizid in unserer Gesellschaft im Vergleich zu weniger entwickelten Gesellschaften eines der mächtigsten, oft verdrängten Zeichen des Todes ist. Sozialstatistisch werden für die mitteleuropäischen, hochentwickelten Staaten ca. 20 und mehr Suizidtote je 100.000 Einwohner und Jahr angegeben. Empirische, seit E. Durkheim (1897) immer wieder bestätigte Ergebnisse zeigen, daß vollendete und unvollendete Suizidhandlungen vielmehr Symptom vielfältig individuell und gesellschaftlich bedingter Unfreiheit sind denn Ausdruck souveräner Selbstbestimmung. Die heutige Freitodproblematik muß deshalb vorverständlich im Kontext des Mangels an menschlicher Würde und Freiheit, als Indiz von Einsamkeit, Isolation und Überforderung interpretiert werden, auch wenn mit dem Grenzfall der freien und souveränen Selbstbestimmung (Bilanzsuizid) gerechnet werden muß. Die ethische Orientierung an den Grenzfällen sowie die theoretisch-abstrakte Diskussion um das Verfügungsrecht laufen Gefahr, die gesellschaftliche Genese der Suizidproblematik und die Situation der Betroffenen zu verdecken. In ethischer Hinsicht ist deshalb an der gesellschaftlichen Verfaßtheit der Moral anzuknüpfen, welche das Phänomen des Suizids mithervorbringt. Noch vor der eigentlich normativ-ethischen Beantwortung der Frage nach Erlaubtheit und Verbot muß daher präventiv-ethisch auf die Schaffung und Förderung von gesellschaftlichen Haltungsbildern abgehoben werden, welche die Kunst des „Leben-Könnens" verdeutlichen und damit zur Beseitigung suizidverursachender Faktoren beitragen. Über differierende ethische Urteile hinweg dürfte folgender Konsens erzielt werden: In erster Linie sind die ethischen Haltungsbilder der Solidarität und der Lebensförderlichkeit modellhaft zu veranschaulichen, wie mitmenschliches Leid, Belastung und Not in soziale Kommunikation überführt werden können; ferner das Haltungsbild der Selbstliebe, das aufzeigt, wie aufgrund der Annahme durch den andern eigene Leiblichkeit, Begrenzung und Leiden integriert werden können. Durch die Geltendmachung solcher Haltungsbilder wird zwar der Einzelfall entmoralisiert, aber die gesellschaftliche Moral einer ethischen Kritik unterworfen. Dies ist im Gegensatz zur klassischen Ethik erforderlich, da der Suizid anerkanntermaßen unter den Bedingungen des Versagens, der Verzerrung und des

Zusammenbruchs eines kommunikativen Zusammenhangs geschieht, aus dem derjenige herausfällt, der zum Suizid motiviert ist.

2. Bezüglich der einzelnen Suizidhandlung hat man aufgrund klinischer Erfahrung und empirischer Befunderhebung davon auszugehen, daß der Suizid in der Regel Abschluß einer Entwicklung im Rahmen einer akuten Einengung oder Dekompensation der psychischen Selbststeuerung (z. B. Neurose) ist, oder dann Manifestation einer phänomenologisch erfaßbaren psychopathologischen Basis (z. B. endogene Depression, Paranoia, Schizophrenie). Unabhängig davon, ob man den Suizid als „Ende einer Krankheit" (E. Ringel), als „erlernte Hilflosigkeit" (M. Hautzinger) oder als Ausdruck einer „unbewältigten Lebenskrise" (R. Guardini) interpretiert, ist doch wohl jenseits subtiler Unterscheidungen um Krankheit und Freiheit davon auszugehen, daß sich die Mehrzahl suizidal Handlungswilliger in einem außergewöhnlichen Zustand befindet, der einen drängenden, mehr oder weniger determinierenden Einfluß ausübt, so sehr, daß es höchst fraglich erscheint, ob hier noch von einem Freiheitsakt („Freitod") die Rede sein kann. Versteht man die Aktualfreiheit als Identitäts- und Konsistenzfähigkeit, die darin besteht, zu sich selbst Distanz gewinnen und Kräfte begreifen zu können, denen man unterworfen ist, insbesondere aktiven Anteil am Lebensgeschick zu gewinnen und eine Lebenskonsequenz auch unter veränderten Bedingungen durchhalten zu können, dann muß man von der Tatsache ausgehen, daß die allerwenigsten Suizidenten diese Fähigkeit noch besitzen. Dieses Vermögen ist eine unerläßliche Möglichkeitsbedingung von Moralität, Verantwortung und Zurechnung. Je weniger dieses subjektive Moment vorausgesetzt werden kann, desto weniger fällt die Einzelhandlung unter moralische Kategorien. Aber selbst, wenn in der Regel eine psychodynamische Einengung der Wahrnehmung und damit der Wertwelt (E. Ringel) wie auch des jeweiligen Entscheidungsspielraumes vorliegt, ist eine Entscheidung über den Anteil an Selbstbestimmung und Verantwortung im Sinne der Quantifizierung kaum möglich. Schon allein dieser Tatbestand verbietet moralische Verurteilung und Ächtung; er erfordert im Gegenteil taktvollen Respekt vor Lebensnot und Lebenstragik. Diese vorwiegend gesamtmenschliche Betrachtungsweise des Suizids hat im übrigen in der katholischen Kirche de facto zur Aufhebung der Begräbnisverweigerung geführt; jedoch fehlen diesbezüglich klare kirchenrechtliche Äußerungen (vgl. CIC c. 1184).

3. Die Einschätzung des Suizids nach freiverantwortlichen und pathologischen Gesichtspunkten bleibt ambivalent; dennoch darf sich

ärztliche und therapeutische Praxis nicht am Grenzfall des Frei-Todes orientieren, sondern hat vom Grundsatz *in dubio pro vita* auszugehen und sich von der Absicht leiten zu lassen, dem Suizidgefährdeten wie auch Menschen nach einem Suizidversuch die innere Freiheit im Sinne der Identitäts- und Konsistenzfähigkeit zu vermitteln, selbst wenn stellvertretend Entscheidungen getroffen werden müssen. Zielwert ist allerdings nicht die Lebenserhaltung um jeden Preis, sondern das menschenwürdige und selbstbestimmte Dasein. Die Präsumption für das Leben – darin liegt das ärztliche Standesethos begründet – schließt die Pflicht für den Arzt ein, nach Möglichkeit Suizidhandlungen zu verhindern oder tödliche Folgen abzuwenden (A. Eser). Da die Suizidforschung einen hohen Prozentsatz an Suizidhandlungen als Appell zum Weiterleben versteht, hat sich die Medizin darauf eingerichtet, intervenierend beizustehen. Die Präsumption für das Leben und die daraus folgende Maxime stellt jedoch die Praxis vor eine Reihe von Problemen, die nicht mehr allein ethisch, sondern nur unter Einbezug juristischer, medizinischer und sozialpolitischer Überlegungen zu lösen sind (Patientenverfügung, Beihilfe zur Selbsttötung, Schutzeinweisung, Zwangsernährung). Darüber hinaus ist jeder Umgang mit Suizidgefährdeten mit dem Dilemma konfrontiert, daß nicht jeder Suizid verhindert werden kann und wohl auch nicht mit allen erdenklichen Mitteln verhindert werden muß, daß aber andererseits auch nicht von der erforderlichen Hilfsbereitschaft und den dazugehörigen Schutzmaßnahmen dispensiert werden darf. Weder in medizinischer, psychotherapeutischer noch in pastoraler Hinsicht konnten bis heute befriedigende Konzepte für die Begleitung Suizidgefährdeter entwickelt werden (H. Henseler). Damit ist jede fachliche und mitmenschliche Begleitung im besonderen Maße vor das auf Erfahrung basierende Ermessensurteil gestellt, wie fremdbestimmte Interventionen (z. B. Überwachung, Patientenabmachung) und Respekt vor der Würde des Bedrohten in Einklang zu bringen sind. Wie kaum sonst in Notsituationen entscheidet über den Fortgang der suizidalen Krise das persönliche Engagement, einfühlsame Zuwendung und diskrete Nähe. Darin liegt die primäre mitmenschliche Verantwortung.

4. Abzuheben von der moralischen Beurteilung der einzelnen Suizidhandlung ist die moralphilosophische und moraltheologische Beurteilung der Selbsttötung. Während die Zugänge der Human- und Sozialwissenschaften nach Dynamik, Entwicklung, Ursachen und mithin freiheitsmindernden Momenten der Suizidalität fragen, beschäftigt sich die allgemein-ethische Perspektive mit dem Grundproblem, ob die

Selbstbeendigung des eigenen Lebens erlaubt oder verboten sei und ob es dementsprechend eine intersubjektiv gültige und damit gesellschaftlich durchsetzbare Norm gebe. Diese Überlegungen sind insofern von Bedeutung, als sie wiederum eingehen in Prävention, ärztliche Praxis und in den gesellschaftlichen Umgang mit dem Suizid. Zunächst ist man hier mit der Tatsache konfrontiert, daß die abendländische Moralphilosophie in der Beurteilung der Selbsttötung eine eigenartige Ambivalenz aufweist (F. Hammer). Während beispielsweise in der Frühzeit Sokrates die Selbsttötung mit dem religiösen Argument verbietet, man dürfe sich nicht eher selbst töten, als bis der Gott irgendeine Notwendigkeit dazu verfügt habe (*Phaidon* 62c), begründet Aristoteles seinen Vorbehalt gegen die Selbsttötung mit dem sozialethischen Argument, daß sie ein Akt der Ungerechtigkeit gegenüber der menschlichen Gemeinschaft und meist Ausdruck moralischer Unbeherrschtheit sei (Eth. Nik. 1166b 7). Dagegen verteidigt die Stoa – und im Anschluß daran sehr wirksam D. Hume – die Selbsttötung als ein mit der Freiheit gegebenes Selbstbestimmungsrecht. In der Neuzeit verwirft Kant die Selbsttötung mit der metaphysischen Begründung, das „Subjekt der Sittlichkeit auslöschen bedeutet ebensoviel wie die Sittlichkeit selbst in seiner Existenz zu vertilgen" (*Metaphysik der Sitten* § 6). Im Gegensatz dazu verteidigen in jüngster Zeit eine Reihe von Autoren (J. Amery, W. Kamlah, J. Roman) oder Organisationen (Exit) die Erlaubtheit der Selbsttötung in auswegloser Situation als ein Privileg des Humanen oder als ein unveräußerliches Menschenrecht. Der Vergleich der Positionen zeigt ein zweifaches Grunddilemma: Das radikale Freiheitsverständnis gerät in einen gewissen Selbstwiderspruch, weil der Akt der Selbstauslöschung gerade, auch wenn er höchster Freiheitsvollzug sein will, ein Stück Unfreiheit setzt, insofern sich die Freiheit ihrer konstitutiven Voraussetzung der zeitlichen Dauer und des leiblichen Ausdrucks beraubt. Und zudem trägt die Selbsttötung den Charakter der Unwiderruflichkeit, indem antizipierend über die noch offene und fragliche Zukunft entschieden wird. Dies bleibt wohl angesichts endlicher Erkenntnis und Einschätzung eine existentielle Überforderung und wird insofern eher zum Signum menschlicher Tragik als zum Signum menschlicher Freiheit.

Die christliche Tradition hat sich nach anfänglicher Uneinhelligkeit einiger Grenzfragen mit zunehmender Eindeutigkeit zum Problem der Selbsttötung geäußert. Das biblische Ethos kennt keine eindeutige Verurteilung der Selbsttötung (vgl. Ri 9,54; 16,30; 2 Makk 14,41–46). Einige Kirchenväter (Chrysostomus, Eusebius, Ambrosius) haben Frauen, die in Verfolgungszeiten Hand an sich legten, ausdrücklich seliggesprochen, während Augustinus solche Handlungsweisen scharf verurteilt (vgl. *De Civitate Dei* I, 17–27). Die Synoden von Arles 452 und Braga 563 erklärten den Suizid zum Verbrechen und zum *furor diabolicus*. Die moraltheologische Tradition hat im Anschluß an Thomas v. Aquin (S.Th. II/II, q 64 a 5) stets mit dem Hinweis argumentiert, Gott sei der Herr über Leben und Tod, und deswegen komme dem Menschen kein absolutes Verfügungsrecht über sein eigenes Leben zu; das Leben sei Leihgabe und dem Menschen in der Spanne von Geburt und Tod zur verantwortlichen Gestaltung aufgegeben. Von diesem Prohibitiv ist allerdings traditionellerweise das Selbstopfer aus altruistischen Motiven zugunsten hoher ethischer Werte (Lebensrettung, Freiheit) ausgenommen, indem der Tod gleichsam in Kauf genommen wird. Die ethische Schlußfolgerung, die aus der theologischen Prämisse gezogen wird, betrachten einige Theologen als nicht schlüssig. Denn die Souveränität Gottes kann im Hinblick auf die Freiheit des Menschen nur analog ausgelegt werden, und daher sind aus der theologischen Prämisse keine eindeutigen Verbots- und Gebotssätze abzuleiten; dennoch gewinnt das damit theologisch Gemeinte an Bedeutung, wenn man diese Aussage als göttlichen Vorbehalt versteht, der darauf hinweist, daß sich das Leben verdankt und sich daher einer letzten Objektivation entzieht. Es bleibt in der Tat nicht bloß eine theologische, sondern auch eine menschliche Frage, ob wir den Tod nicht doch wiederum verfremden, wenn wir ihn zum Objekt der Wahl machen. Das Bewußtsein der Verdanktheit scheint dadurch gebrochen zu werden, daß man in einem irreversiblen Akt Sinn gegen Unsinn aufrechnet. Der theologische Vorbehalt formuliert sich gleichsam als ständige Frage, ob nicht gerade angesichts der Todeswahl die Überforderung darin besteht, darüber entscheiden zu wollen, daß auch im verbleibenden Lebensrest kein Sinn mehr sein soll. Der theologische Gehalt zielt – zweitens – auf die Aussage, daß Leben und Tod wurzelhaft miteinander verbunden sind. Sozialkritisch gewendet heißt dies, daß eine liberale Handhabung der Selbsttötungsnorm der gesellschaftlichen Trennungsarbeit zwischen Glück und Leid Vorschub leistet und daß sie gesellschaftliche Haltungsbilder verstärkt, die nicht mehr vermitteln können, warum beschädigtes Leben angenommen und Leid nicht isoliert werden sollen. So sind die Theologen aus individualethischen, besonders aber aufgrund sozialethisch bedeutsamer Folgeüberlegungen in der Regel gegen eine Verbindlichsetzung einer Selbsttötungsnorm.

Auch wenn die ethischen und theologischen Voraussetzungen für einen Prohibitiv des Suizid nicht geteilt werden, bleibt doch zu bedenken, daß eine gesellschaftlich durchgesetzte Norm auf Suizid die soziale

Verpflichtung für stigmatisiertes Leben zu unterlaufen droht und daß dadurch im Endeffekt doch mehr Inhumanität und Unfreiheit geschaffen als beseitigt wird. Auf der anderen Seite darf aber nicht übersehen werden, daß physisches und psychisches Leid Formen annehmen kann, bei denen ethische Kategorien nicht mehr zu greifen scheinen. Wo die Leidenszumutung an Grenzen stößt, erfordert die Achtung vor menschlicher Tragik und die Achtung des subjektiven Entscheides doch wohl die Suspendierung eines ethischen Urteils.

F. Hammer, Selbsttötung philosophisch gesehen (1975); *A. Holderegger*, Der Suizid. Humanwissenschaftliche Ergebnisse und anthropologische Grundfragen (1979); *V. Lenzen*, Selbsttötung. Ein philosophisch-theologischer Diskurs mit einer Fallstudie über C. Pavese (1987); *T. Regan*, Matters of Life and Death (²1986), 77–124; *H.-L. Wedler*, Der suizidgefährdete Patient. Grundlagen, Diagnostik, Krisenintervention, Nachsorge (1987).

ADRIAN HOLDEREGGER

Selbstverwirklichung

→ Autonomie → Gewissen → Gott → Liebe → Person → Pflicht → Treue

Selbstverwirklichung ist in der Gegenwart zu einem hohen ethischen Wert geworden. Die unverstellte Entfaltung des Selbst erscheint als unbedingte Voraussetzung dafür, daß der Mensch überhaupt eine reife, selbständige und damit auch personal liebende und ethisch verantwortungsfähige Persönlichkeit werden kann. Selbstverwirklichung ist in diesem Sinne heute eine ethische Grundkategorie, die die für das neuzeitliche Verständnis grundlegende sittliche Aufgabe konkretisiert, daß der Mensch durch den Vollzug seiner eigenen Freiheit den Auftrag seiner eigenen Personwerdung erfülle.

1. Die psychologische Idee des Selbst

Zu der genannten hohen Wertschätzung der Selbstverwirklichung hat vor allem die komplexe Psychologie C. G. Jungs und die spätere humanistische Psychologie geführt. Bei Jung findet sich der Begriff des Selbst als Kennzeichnung der grundlegenden personal-synthetischen Funktion menschlicher Psyche, als Archetyp für die psychische Integration der komplexen und polaren Spannungen der inneren und äußeren Welt durch die Person. Für Jung konstituiert sich psychologisch gesehen mit Hilfe dieser Integration die menschliche Person sowohl in ihren bewußten als auch in ihren unbewußten Schichten.

Jung hat damit die Freudsche Entdeckung des Unbewußten auf eine positive Ganzheit des Menschen hin interpretiert. Das Unbewußte erscheint als ganzheitliche Ergänzung des Bewußten. Seine Integration ist nicht etwa nur notwendige Konsequenz bei krankhaften Verdrängungen und Verselbständigungen. Auch für Jung kann wie für Freud das Unbewußte Ort der es-haft anonymen, die menschliche Person bedrohenden Triebdynamiken sein. Aber Jung deutet über Freud hinaus das Unbewußte mehr noch als Quelle der reicheren Ganzheit der menschlichen Person, die in der bewußten, gesellschaftlich determinierten und lebensgeschichtlich einseitig ausgeformten Persönlichkeit nicht aufgenommen ist.

Mit dieser Interpretation hat Jung für das Verständnis des Menschen ein konkretes psychologisches Deutungsmodell geliefert. Es gibt dem mit der neuzeitlichen Subjektphilosophie aufgebrochenen idealistischen Selbstvermittlungsdenken des transzendentalen Ich eine psychologisch empirische Basis. Was innerhalb des Idealismus als Weg des Ich zu sich selbst über das Objekt, innerhalb des Materialismus als Überwindung der Selbstentfremdung und als Selbstrealisierung des Menschen im Medium der Arbeit verstanden wird, das kann jetzt psychologisch als Einholen der komplexen Fülle des menschlichen Selbst in seinen bewußten und unbewußten Schichten gedeutet werden. Erst in der ganzheitlichen Entfaltung der spannungsreichen Fülle der bewußten und unbewußten Schichten seiner selbst kommt so gesehen der Mensch zu sich selbst, wird er zu der ganzheitlichen Person, deren Anlagen er in sich trägt. Die Unterdrückung einer der Seiten dieser ganzheitlichen Entfaltung führt notwendig zu personaler und menschlicher Verkümmerung und Selbstentfremdung.

Die verschiedenen Ansätze der humanistischen Psychologie haben diesen Gedanken in unterschiedlicher Weise ausgeformt. Durch Verknüpfung der verschiedenen Ergebnisse der Psychoanalyse, der Tiefenpsychologie, der Kommunikationslehre und Gesellschaftstheorie wird die physische, psycho-soziale und personale Ganzheit des Menschen und die damit verbundene Aufgabe der Selbst-Verwirklichung und Selbst-Entfaltung unterschiedlich beschrieben.

2. Selbstliebe, Nächstenliebe, Gottesliebe – Zur theologischen Kritik der Selbstverwirklichung

Die theologische Tradition steht dem Begriff der Selbstverwirklichung zunächst reserviert gegenüber. Von seiner Herkunft her ist dieser Begriff ein nichtchristlicher Begriff. Zwar findet sich auch schon bei Thomas v. Aquin der Gedanke, daß die geordnete Selbstliebe notwendige Implikation der Nächstenliebe sei. Aber dieser Gedanke gründet innerhalb der Denkform des Seinsdenkens auf der Notwendigkeit, daß jede Wesensform ihrem ontologischen Maß entsprechend entfaltet werden müsse. Gemäß der Seins- und Wesensordnung erfährt die Selbstliebe somit eine klare Einordnung in das Gesamt der ethischen Verpflichtungen. Insofern innerhalb der Seinshierarchie das Sein Gottes die Spitze bildet, bleibt besonders die Gottesliebe der Selbstliebe wesenmäßig vorgeordnet. Der neuzeitliche Gedanke der Selbstverwirklichung kennt eine solche Einordnung nicht. Im Sinne der Begründung aller Sittlichkeit vom Auftrag der Selbstentfaltung der Freiheit her erscheint die Selbstverwirklichung als ethischer Grundimperativ. Die menschliche Person kommt dabei gerade durch ihren Selbstvollzug zu sich selbst. Sittliche Pflichten gegenüber dem Nächsten und gegenüber Gott scheinen erst als Funktion dieses sittlichen Grundgebotes in den Blick zu kommen.

Hier liegt der Grund dafür, weshalb die christliche Theologie lange im Begriff der Selbstverwirklichung keine genuine ethische Kategorie zu sehen bereit war. Für das theologische Denken ist grundlegende Voraussetzung, daß der Mensch nur *im Dialog* mit seinen Mitmenschen und mit Gott zu sich selbst kommt und den sittlichen Auftrag des Menschseins erfüllt.

3. Die Selbstpsychologie und die dialogische „Ontologie" der Person

Ist für das christliche Denken somit die Selbstverwirklichung als ethisches Ziel radikal unbrauchbar? Für die Beantwortung dieser Frage sind die Ergebnisse einer jüngeren psychologischen Forschungsrichtung sehr wichtig. Nach den Einsichten der Selbstpsychologie in die Personengenese des Menschen gelingt Selbstfindung, d. h. also die Ausbildung eines personalen Selbst, der personalen Identität als psychologischen Suppositums der Person, gerade nicht in isolierter Selbstzentriertheit. Immer schon braucht der Mensch eine Selbstobjekt-Beziehung. Das heißt, seine eigene personale Identität bildet sich nur in freier Auseinandersetzung und Begegnung mit einem personalen Gegenüber.

Die psychologische Untersuchung der Entwicklung des Kleinkindes hat festgestellt, daß das Kind erst in der Begegnung mit der Mutter zu wirklicher Selbstwahrnehmung gelangt. Selbstwerdung, also die Bildung eines Selbst-Bewußtseins, Anerkenntnis des Du und Fähigkeit zu objektivem Erkennen gehen dabei in eins. Ist das Kind zunächst – psychisch gesehen – ein undifferenziertes Bündel von elementaren, naturhaften Trieben und Wünschen, so lernt es an der Mutter (durch die Regelmäßigkeit der Versorgung) die eigenen Bedürfnisse in Distanz zu befriedigen bzw. zu beherrschen. Weil die Begegnung mit der Mutter eben ein Wechsel zwischen Befriedigung der Wünsche und gleichzeitiger notwendiger Einschränkung und Kontrollierung ist (die Mutter verlangt dem Kind notwendigerweise auch Rücksichten ab), kann das Kind zu Selbstbewußtsein und Objektivität reifen. Es erfährt, daß es auch bei Aufschub der Trieberfüllung nicht untergeht, sondern immer wieder von der treuen Sorge der Mutter aufgefangen wird. Gerade das Gegenüber der Mutter hilft dem Kind so, sich von der eigenen blinden Triebwelt selbst zu befreien. Der Wechsel zwischen Liebe und notwendiger Einschränkung ist der Grund dafür.

Über diese Untersuchung der grundlegenden ersten Entwicklungsstufen personalen Lebens hinaus ergibt auch die weitere psychologische und philosophische Erforschung des Menschen die radikal dialogische Struktur seiner personalen Identitätsbildung und Personalität. In Identifikation mit und Abgrenzung gegenüber dem Du lernt der Mensch innerhalb intimer zwischenmenschlicher Beziehungen und gesellschaftlicher Begegnungen, seiner eigenen Person gegenüber den unpersönlichen Triebimpulsen und den sozialen anonymen Machtdynamiken bewußt zu werden und sie liebend und menschlich ins Spiel zu bringen. Weil sich das menschliche Selbst somit von Anfang menschlichen Lebens an am Gegenüber bildet – sich in diesem spiegelnd, an dieses anlehnend, von diesem abgrenzend –, ist Selbstwerdung und Identitätsfindung ein grundlegend dialogischer Vorgang. Und menschliche Person kann in ihrer ontologischen Wirklichkeit überhaupt nur dialogisch begriffen und definiert werden.

4. Theologische Integration des Begriffs „Selbstverwirklichung"

Von hier aus läßt sich mühelos und eindrucksvoll die Brücke zum christlichen Glauben schlagen. Die Sorge, der Begriff der Selbstverwirklichung fordere implizit auch den Begriff der Selbsterlösung, wird als grundlos überführt: Der Mensch kommt gerade erst in der Begegnung mit einem Du, letztlich in der Begegnung mit dem absoluten Du in der Gottesbeziehung zu sich selbst. Diese Spannung ist dabei nicht eine bloße Erweiterung des Funktionskreises der selbstbezogenen Selbstvermittlung menschlichen Ichs. Sie ist nur im unreduziert polaren, frei dialogischen Sinne verstehbar. Im christlichen Verständnis der

Selbstverwirklichung geht es so nicht um Selbsterlösung, sondern um Erlösung zum Selbst. Denn gemäß dem jesuanischen Gottesbild vermag der Mensch erst in der Gottesbeziehung die „Selbstobjekt-Beziehung" zu finden, die ihn von den zahlreichen Hindernissen einer gelungenen Selbstentfaltung in einem letzten Sinne und mit letzter Radikalität befreit. Auf diesem Hintergrund erscheint jede Selbstverfehlung letztendlich in der mißlungenen oder fehlenden Orientierung des Menschen über sich hinaus (auf das Du der Mitmenschen und das Du Gottes) begründet. Die christliche Rede von der Sünde gewinnt von daher radikale Bedeutung für die Gegenwart. Es geht nicht darum, die gegenwärtige Suche nach Selbstverwirklichung ganz allgemein als Egoismus und narzißtischen Hochmut zu verdächtigen. Vom dialogischen Verständnis der Selbstwerdung her erscheint Sünde vielmehr als Ausdruck einer behinderten Entfaltung der unbedingt notwendigen zwischenmenschlichen und transzendenten „Selbstobjekt-Beziehung".

5. Auswirkungen des Selbstverwirklichungsdenkens

Die Idee der Selbstverwirklichung als grundlegender Imperativ personaler Reifung hat das menschliche Verhalten in bezug auf verschiedene Lebensbereiche heute in sehr unterschiedlicher Weise geprägt. Die Einstellung zu Arbeit, Partnerschaft und Familie, Erziehung und Lebensspiritualität hat sich unter dem Einfluß dieser Idee sehr stark gewandelt.

In der Erziehung wird verstärkt Wert darauf gelegt, den Heranwachsenden ein genügendes Durchsetzungsvermögen zu vermitteln. Dahinter steht der Gedanke, daß letztlich nur jeder Mensch selbst die eigenen Bedürfnisse in ihrer existentiellen Tiefe erkennen kann. Die unaustauschbare Individualität und Würde macht es dem einzelnen zur Verpflichtung, seine ureigenste Persönlichkeit in die Gemeinschaft der Menschen einzubringen. Dazu braucht es den Freiraum der unverformten Selbstentfaltung.

Für die zwischenmenschliche Beziehung und insbesondere für die eheliche Partnerschaft wird diese unverformte Selbstentfaltung in der Begegnung mit dem anderen häufig überhaupt zum umfassenden inneren Maßstab des Verhaltens. Die psychologische Erfahrung, daß nur dann menschliche Beziehung gelingt, wenn zwischenmenschliche Anpassung nicht zum zerstörenden und personentstellenden Druck wird, rückt in das Zentrum der gemeinsamen Lebensgestaltung. Menschliche Liebe ist unmöglich, wenn die personale Identität der liebenden Partner nicht geachtet wird. Diese Achtung gelingt dabei nicht von selbst, sondern muß erarbeitet werden. Die Treue zur eigenen Individualität muß häufig gegenüber dem oberflächlichen Bedürfnis nach konfliktfreier Harmonie errungen werden.

Diesem Grunderleben entsprechend, daß entfaltete individuelle Persönlichkeit im Geflecht der zwischenmenschlichen Beziehungen erkämpft werden muß, werden dann auch die weitergehenden gesellschaftlichen Verpflichtungen von Familie, Beruf usw. interpretiert. Daraus wächst nicht selten eine „Lebensspiritualität", die in der radikalen Treue zu den unmittelbar selbst erlebten Bedürfnissen und Anliegen die Voraussetzung für die menschenwürdige Gestaltung der Gesellschaft und der Umwelt zu erkennen glaubt.

Vom dialogischen Verständnis der Selbstentfaltung her, wie sie oben angedeutet wurde, erscheint aber eine solche unmittelbare Umsetzung der Selbstverwirklichungsidee problematisch. Es wäre zu einfach, wenn man die Chance menschlicher Reife einseitig an die getreue Durchsetzung selbsterlebter Bedürfnisse bindet. Zwar gehört auch die Abgrenzung gegenüber dem anderen – wie schon angedeutet – ganz ursprünglich zur dialogischen Genese personalen Lebens. Die ehrliche Selbstwahrnehmung ist in diesem Sinne tatsächlich unverzichtbarer Bestandteil der wirklich menschlichen Reifung in zwischenmenschlicher Begegnung. Aber der Glaube an die sozusagen automatische Erstarkung der eigenen Persönlichkeit durch unmittelbare Treue zu den sich aufdrängenden Wünschen der eigenen Innenwelt drückt die Findung der Selbstidentität sehr schnell auf bloße Selbstzentrierung oder gar Trieberfüllung herab. Es ist dagegen gerade die ausgehaltene Spannung zwischen fremder und eigener Individualität, die den unverwechselbaren Sinn der eigenen Identität erschließen hilft. Der Mensch hat gar keinen ursprünglichen und unmittelbaren Zugang zu sich selbst, wenn ihm seine Mitmenschen und in einem letzten Sinn die Begegnung mit Gott nicht dazu verhilft. Die frühkindliche Beziehung zwischen Mutter und Kind, die dem Kind erst die rechte personale Distanz zu den es-haften Triebimpulsen ermöglicht, manifestiert diesen Sachverhalt.

Die Prägung menschlichen Verhaltens durch den Gedanken der Selbstverwirklichung heute kann somit einerseits bewußtmachen, daß das Ziel menschlicher Gestaltung des Lebens, von Gesellschaft, Familie, Partnerschaft und Beruf für jeden die Reife zur unaustauschbaren Person ist. Sie rückt damit den personalen Sinn der ganzen sittlichen Anstrengung des Menschen unmißverständlich in die Mitte. Und sie kann auf die befreiende Funktion aufrichtiger Selbsttreue für die Verwirklichung dieses Zieles aufmerksam machen. Aber sie muß bei alldem den dialogischen Zugang des Menschen zu sich selbst beachten, der ursprünglich nur über die Begegnung mit den Mitmenschen und mit Gott führt. Nur dann behält die Idee der Selbstentfaltung menschlicher Person ihren wirklich menschlichen – nicht triebpositivistischen, nicht eindimensionalen – Sinn.

E. H. Erikson, Identity and the Life Cycle, deutsch: Identität und Lebenszyklus (1966, ⁷1981); *J. Fuchs*, Selbstverwirklichung und Selbstentfremdung, in: Stimmen der Zeit 202 (1984), 651–661; *K. Hilpert* (Hrsg.), Selbstverwirklichung. Chancen – Grenzen – Wege (1987); *H. Kohut*, Die Heilung des Selbst (1979).

JOSEF RÖMELT

Sexualität

→ Ehe → Homosexualität → Leib → Liebe → Lust → Mensch
→ Nichteheliche Lebensgemeinschaften → Natur → Person → Treue
→ Trieb

Biologisch betrachtet denkt man bei der Sexualität des Menschen vielleicht zuerst an seine Fähigkeit, Nachwuchs ins Leben zu rufen. Doch bereits im Tierreich ist Sexualität mit einer Fülle von Erscheinungen verbunden, die vor allem soziale Beziehungen betreffen oder sich in diesen auswirken (Größe, Färbung, Balzverhalten, Paarbildung, Brutfürsorge usw.). Entsprechend zeigen sich auch beim Menschen die Unterschiede seines Geschlechtes nicht nur in den Geschlechtsorganen, sondern auch in sekundären Geschlechtsmerkmalen (Behaarung, Stimme, Milchdrüsen, Körpergröße, Knochenbau, Herz- und Atemtätigkeit, Reifungszeit und -tempo usw.). Auch das psychische Leben ist bei Mann und Frau unterschiedlich geprägt (Aggressivität, Angstpotential usw.), sei es aufgrund einer vorgegebenen Veranlagung oder aufgrund von Lernprozessen im Laufe der Entwicklung (Geschlechterrollen). Sexualität erweist sich also als eine sehr umfassende Charakteristik des Menschen, die ihn zum Mann oder zur Frau macht. Psychologisch betrachtet beruht Sexualität nicht auf einem einzigen einheitlichen Trieb, sondern weist eine sehr komplexe Struktur auf. Dabei spielen einerseits Sexualhormone eine Rolle, anderseits aber auch Sinnesreize von außen und nicht zuletzt die symbolische Bedeutung, die bestimmte Objekte oder Handlungen aufgrund sozialer Deutung oder auch aufgrund der persönlichen Lebensgeschichte und bestimmter Lernprozesse angenommen haben. In personaler Hinsicht kann man sexuelles Verhalten als Sprachgeschehen begreifen. Hier teilt der Mensch körperlich mit, wie er zum Partner steht. So bringt geschlechtliche Vereinigung Einssein, Bejahung, Geborgenheit, Wärme, Fruchtbarkeit usw. zum Ausdruck. Andere geschlechtliche Signale und Verhaltensweisen verheißen wenigstens derartige Sinngehalte. Aus der Verpflichtung zur Wahrhaftigkeit dieser Körpersprache ergibt sich auch ein Ansatz für ethische Folgerungen.

Die Triebkräfte der Sexualität beziehen den Menschen nicht nur auf sich selbst, sondern auf ein Du. Insofern erfährt man hier eine Transzendenz über das eigene Ich hinaus und Gemeinschaft mit dem Du eines Partners. Wo diese Beziehung von wirklicher Liebe, von Wohlwollen und einem grundsätzlichen Ja zum Guten getragen ist, geschieht dabei auch eine Begegnung mit Gott. Sexualität ist zu allen Zeiten und in allen Religionen auch zu Gott bzw. zu einer Gottheit in Beziehung gesetzt worden. Die Erfahrung eigener Kreativität und einer Fruchtbarkeit, über die der Mensch dennoch nicht nach Belieben verfügen kann, bestärken diesen Zusammenhang. – Manche Autoren unterscheiden zwischen Sexualität und Geschlechtlichkeit. Der letztere Begriff wird dann verwendet, wenn personale Sinngehalte besonders betont werden sollen. Die Umgangssprache beachtet aber diese Unterscheidung kaum. Nach dem *AT* ist der Mensch als Mann und Frau geschaffen (Gen 1,27; 2,18–24; 5,2). Obwohl als eine Folge der Ursünde sich dann Schamgefühl einstellt (Gen 3,7.10f.), spricht das AT sehr offen über Sexualität und sieht etwa in der Liebe zwischen Mann und Frau ein Abbild der Beziehung zwischen Gott und Mensch (Hos, Jer, Ez, Hld). Allerdings finden sich neben der hier ausgesagten positiven Bewertung der Sexualität auch andere Akzente. So kommt in den Reinheitsgesetzen (Lev 15; 20,18; Dtn 23,10–15) eine überwiegend negative Einschätzung zum Ausdruck. Ähnliches zeigen die Verbote der Selbstentblößung (Ex 20,26; 28,42) und des Kleideraustausches (Dtn 22,5). Die Abwehr der Kulte von Geschlechtsgottheiten (Aschera, Hierodulen) mögen dabei einen gewissen Einfluß gehabt haben.

Das *NT* lehnt die kultischen Reinheitsgesetze des AT ab. Nicht was durch den Mund in den Menschen hineinkommt, macht den Menschen unrein, sondern was aus dem Mund des Menschen und damit aus seinem Herzen herauskommt (Mt 15,10–20). Das Verbot ehebrecherischen Begehrens wird gegenüber dem AT (Ex 20,17; Dtn 5,21) womöglich noch verstärkt (Mt 5,28). Auch Paulus zeigt trotz des Rates zur Ehelosigkeit eine angstfreie, positive Einstellung zur Sexualität (1 Kor 7,3–7; 1 Thess 4,4–7; 1 Tim 5,14). In der *Patristik* wird der Zusammenhang der Geschlechtlichkeit mit Zeugung vorherrschend. *Augustinus* bringt die Übertragung der Erbsünde in Zusammenhang mit der unkontrollierten Lust bei der Zeugung. In der Diskussion um die Ehezwecke geht es um die Frage, wie nach den Regeln der Güterabwägung das Übel geschlechtlicher Lust ausgeglichen werden kann. – *Thomas v. Aquin* betont zwar, daß auch die Geschlechtsanlage ein Teil der guten Schöpfung Gottes sei, aber im Gebrauch doch vom Ziel der Zeugung her gerechtfertigt werden müsse. Erst das 20. Jh. bringt hier eine Weiterentwicklung. Das Zweite Vaticanum überwindet die Lehre von der Zeugung als erstem Ziel der Ehe (GS 49) und eröffnet den Weg zu einer positiveren Beurteilung verschiedener Aspekte der Sexualität.

Es kann in der *ethischen Bewertung* von Sexualität und Sexualverhalten nicht nur darum gehen, einen der partiellen Sinngehalte (Zeugung, Lust, Lustvermeidung usw.) zum obersten Kriterium zu machen. Ein solches Richtmaß läßt sich auch nicht aus der Natur der Geschlechtlichkeit ablesen, zumal je nach Lebensphase (Kindheit, Reife, Alter) verschiedene Teilziele wichtig werden oder zurücktreten. Es kann vielmehr nur darum gehen, daß ein übergeordnetes, allgemeines ethisches Kriterium vorausgesetzt wird, auf das sich die einzelnen Aspekte der Sexualität hinordnen lassen. Im Sinne einer biblischen Theologie kann das Liebesgebot als solches Kriterium gelten (Röm 13,9f.; 1 Kor 13; Gal 5,14). Im einzelnen ist dann zu klären, wie sexuelles Verhalten dem vielfältigen Anspruch der Liebe zu sich selbst, zum Partner, zu den Mitmenschen und damit auch zu Gott entsprechen kann. Was z. B. Keuschheit verlangt, ist nicht eindeutig aus der Natur der Sexualität abzulesen, sondern ergibt sich aus einem bewußten und verantwortungsbewußten Umgang mit Sexualität. Das Wort Keuschheit kommt ja von lateinisch *conscius,* d. h. bewußt, althochdeutsch *chuski,* d. h. enthaltsam, mittelhochdeutsch *kiusche,* d. h. mäßig, sittsam, und meint sowohl Bewußtheit, Verantwortungsbewußtheit wie auch Enthaltsamkeit und Maßhalten. Das kann je nach Lebenssituation verschieden aussehen, etwa für Eheleute anders als für Unverheiratete.

Sexuell im weiteren Sinn sind die Verhaltensweisen des Menschen, insofern er sich als Mann oder Frau gibt. In einem engeren Sinn spricht man von sexuellem Verhalten, wenn sexuelle Empfindungen, Wünsche und Handlungen auf eine Beziehung oder Gemeinschaft abzielen, die auch den genitalen Aspekt einschließt. Insbesondere die Forschungen und Hypothesen S. Freuds haben deutlich gemacht, daß Sexualität als ein komplexes System von Antrieben zu verstehen ist, das für das menschliche Leben eine elementare Bedeutung besitzt. Dieses System bedarf allerdings eines längeren Reifungsprozesses. Das Kleinkind ist nach S. Freud noch „polymorph pervers", d. h., daß die einzelnen Komponenten der sexuellen Dynamik noch nicht zu einer ausgewogenen Ganzheit integriert sind und die Teilkomponenten für sich noch zu Phänomenen führen, die beim reifen Menschen als Perversion bezeichnet würden.

Wenn es im Reifungsprozeß zu schwereren Störungen kommt, können Perversionen zu Dauereinstellungen werden. Weil es dabei zunächst noch nicht um bewußtes und gewolltes Fehlverhalten geht, spricht man statt von Perversion besser von „abweichendem Verhalten" oder „Deviation". – Der *Sadismus* ist eine psychische Disposition, in der jemand Lust darin findet, anderen Schmerzen zuzufügen. Diese Haltung kann sich entweder in den verschiedensten Formen des Quälens anderer zeigen oder auch speziell darin, daß jemand seine geschlechtliche Befriedigung nur finden kann, wenn er seinen Partner quält und mißhandelt. Im *Masochismus* wird hingegen eine (geschlechtliche) Erregung und Befriedigung nur dadurch erlangt, daß man selbst Schmerzen und Mißhandlung erleidet. Von *Fetischismus* spricht man in einem weiteren Sinn, wenn man bestimmten Gegenständen (Hölzer, Knochen, Figuren) eine besondere Macht zuschreibt; und in einem engeren Sinn, wenn jemand sexuelle Erregung und Befriedigung vor allem mit Hilfe bestimmter Gegenstände (z. B. Schuhe, Haare, Wäschestücke usw.) sucht und findet. Unter *Bestialität* versteht man eine Disposition, nach der sexuelle Erregung und Befriedigung im Umgang mit Tieren gesucht wird. In ähnlicher Weise sind *Transvestismus* (Verlangen, sich mit den Kleidern des anderen Geschlechtes zu kleiden), *Voyeurismus* (Suche nach sexueller Befriedigung durch Zuschauen), *Exhibitionismus* (Suche nach Befriedigung durch Zurschaustellung der eigenen Geschlechtsorgane), die *Pädophilie* oder *Päderastie* (Befriedigung des geschlechtlichen Verlangens im Umgang mit Kindern) usw. zu verstehen. Der in solchen Zusammenhängen ebenfalls genannte Begriff *Sodomie* ist mehrdeutig und kann Homosexualität, Inzest (d. h. Blutschande), sexuellen Umgang mit Tieren oder Analverkehr bedeuten. Eine Deviation eigener Art ist die *Homosexualität*. Hier tritt das gleichgeschlechtliche Moment, das neben der Hinneigung zum anderen Geschlecht in jedem Menschen angelegt ist, in den Vordergrund. Von *Bisexualität* spricht man, wenn sowohl heterosexuelle wie homosexuelle Zuneigung angelegt ist. Unter *Transsexualität* versteht man eine Anlage, bei der sich z. B. eine Person mit allen körperlichen Merkmalen eines Mannes psychologisch als Frau empfindet oder umgekehrt.

Die Tatsache, daß eine Deviation als eine fast unüberwindbare oder jedenfalls schwer zu beeinflussende psychische Anlage bestehen kann, besagt zwar, daß in dem Maß keine subjektive Schuld vorliegt, wie die Freiheit einer Verfügung über diese Anlage fehlt, besagt aber nicht, daß diese Anlage nun auch bedenkenlos ausgelebt werden dürfte. Vielmehr hat sich eine so veranlagte Person mit allen Kräften darum zu bemühen, ihr Verhalten zu kontrollieren, um nicht anderen Schaden zuzufügen, oder auch sich selbst in einem Verhalten zu festigen, das ihr letztlich keine tiefere Befriedigung bringen kann und die Fähigkeit zur Liebe eher blockiert als fördert. Als abweichendes Verhalten ist auch der *Inzest* („Blutschande") zu betrachten. Dabei werden entweder zwischen Eltern und Kindern oder zwischen Geschwistern sexuelle Beziehungen unterhalten.

Sexuelles Verhalten bringt eine bestimmte Einstellung zum Partner zum Ausdruck, etwa Geschlechterangst, Ablehnung, Flucht oder Hinneigung und Verlangen nach Einheit. Wo es zu einer vollen Vereinigung auch im genitalen Sinn kommt, wird damit körpersprachlich ausgedrückt, daß man den Partner bejaht, in ihm Ergänzung, Geborgenheit und Angenommensein erwartet usw. Weil es sich dabei um eine Begegnung von Personen handelt, verlangt die Wahrhaftigkeit der Symbolik auch das Ja zur Vergangenheit des anderen im Sinne von Dankbarkeit und Vergebung sowie zu seiner Zukunft im Sinne der Zusage von Treue. So wäre es unwahrhaftig, dem andern mitzuteilen, daß man ihn bejaht und mit ihm ganz eins sein will, wenn man nicht bereit wäre, zu dieser Einheit auch in Zukunft zu stehen. Man würde dabei den Partner nur zum eigenen Lustgewinn mißbrauchen und in seinen Gefühlen verletzen. Die geschlechtliche Vereinigung schließt deshalb, wenn sie verantwortlich sein soll, auch die Verpflichtung zur Treue ein. Weil aber die Zusage der Treue erst dort definitiv sein kann, wo sie sich auch formell und öffentlich bekennt, hat der Geschlechtsverkehr seinen eigentlichen Ort in der Ehe.

Die traditionelle Norm der vorehelichen Enthaltsamkeit erweist sich zudem in verschiedener Hinsicht als sinnvoll. Sie vermindert die Gefahr einer voreiligen Verbindung von Partnern, die wenig zueinander passen. Sie schützt die Freiheit der Partner, sich wieder zu trennen, wenn sich eine Ehe als nicht ratsam erweist. Sie bewahrt auch vor den sehr ernsten Problemen, die sich aus unfreiwilligen Schwangerschaften trotz der modernen Möglichkeiten der Empfängnisregelung auch heute noch häufig ergeben. Solche Schwangerschaften führen ja oft zu einer Abtreibung oder zur Geburt eines unerwünschten Kindes, zu einer unüberlegten und oft unglücklichen Ehe, zur Trennung des Paares, weil z. B. der Vater des Kindes die Verantwortung nicht auf sich nehmen will usw. Derartige Folgen sind ernst genug, um voreheliche Enthaltsamkeit als sinnvoll erscheinen zu lassen. Damit sind andere Formen erotischer Zärtlichkeit nicht ausgeschlossen, die Liebe und

Zusammengehörigkeit ausdrücken, aber auch dem Charakter der Vorläufigkeit dieser Beziehung Rechnung tragen. – Ähnliche Überlegungen gelten für die verschiedensten außerehelichen Beziehungen, teilweise auch für nichteheliche Lebensgemeinschaften. Denn auch diese wollen gerade jenes definitive Ja zueinander und seine Konsequenzen vermeiden, die in der vollen körperlichen Vereinigung, wenn sie wahrhaftig sein soll, ausgesprochen werden.

Daß Sexualempfinden und die daraus folgenden Normen auch sehr stark kulturell bedingt sein können, zeigt die Scham. Darunter versteht man ein Empfinden, das auf die Verletzung der Intimsphäre mit Unlustgefühlen reagiert. Im sexuellen Bereich zeigt sich diese Scham in dem Bedürfnis, durch Bedecken des eigenen Körpers andere nicht zu sexuellen Empfindungen und Aktionen zu verleiten. Je nach Kultur können sich daraus aber sehr verschiedene Normen bezüglich der zu verhüllenden Körperteile ergeben. Der Tugend der Scham entspricht man deshalb nicht sosehr durch die Bekleidung an sich, sondern durch ein verantwortliches Verhalten in der ganzen Körpersprache, in der man Provokationen anderer vermeidet, bei denen eine sexuelle Annäherung nicht zu verantworten ist. Hingegen verstößt es nicht gegen die Scham, sich einem Partner unbekleidet zu zeigen, wenn aus der Situation hervorgeht, daß keine sexuelle Annäherung gesucht wird (z. B. die Entkleidung beim Arzt) oder wenn die sexuelle Gemeinschaft Ausdruck einer verantworteten Lebensgemeinschaft ist.

E. Borneman, Lexikon der Sexualität (1984); *A. Elsässer,* Die sittliche Ordnung des Geschlechtlichen (^{2}1978); Fragen menschlicher Geschlechtlichkeit. Katholische Stellungnahmen zur Sexualethik und Sexualpädagogik (1976); *K. Loewit,* Geheimsprache Sexualität (1988); *W. Rohrbach,* Humane Sexualität. Analyse der Problemzusammenhänge in der theologischen Sexualethik als Grundlage für sexualethische Entscheidungen (1976); *H. Rotter,* Fragen der Sexualität (1979); *A. K. Ruf O. P./E. J. Cooper,* Grundkurs Sexualmoral, Bd. I: Geschlechtlichkeit und Liebe (1982), Bd. II (E. J. Cooper): Leben in Liebe (1983); *W. Schubart,* Religion und Eros (1966).

HANS ROTTER

Simonie

→ Kirche → Recht

Simonie meint das Bestreben, eine rein geistliche Sache oder eine mit einer geistlichen Sache verbundene weltliche Sache um Geld oder Geldeswert zu kaufen oder zu verkaufen.

Skandal

→ Ärgernis → Konflikt → Sünde → Zorn

Ein Skandal ist das Öffentlichwerden eines groben Mißbrauchs von Autorität oder Einfluß (aber nicht dieser Mißbrauch selbst). Das griechische Wort σκάνδαλον bezeichnete ursprünglich das Stellholz in einer Falle, im übertragenen Sinn auch den Stein des Anstoßes, durch den der Betroffene zu Fall kommt. Im politischen Leben lösen Skandale oft Amtsverlust aus.

Sonntag

→ Arbeit → Dekalog → Freiheit → Freizeit → Gebet → Gleichheit → Glück → Kirche

Der christlich verstandene Sonntag ist Gottesdiensttag zur Feier des Herrn Jesus Christus, und er ist Ruhetag. Letzteres ist ein Erbe des alttestamentlich-jüdischen Sabbats.

1. Zur Geschichte

a) Der Ursprung des *atl.-jüdischen Sabbats* als regelmäßig wiederkehrender Ruhetag nach sechs Arbeitstagen liegt im dunkeln. Es scheint, daß in der Identitätskrise des 6. Jh.s v. C. eine Verschmelzung des spezifisch israelitischen „siebenten Tages" als Ruhetag (Verb: *schabat*, vgl. Ex 23,12; 34,21) mit dem auch außerisraelitisch bezeugten „Vollmond-Sabbat" als öffentlicher Kulttag (Substantiv: *Schabbat*) stattgefunden hat (vgl. Dtn 5,12f.). Arbeitsruhe und einfache kultische Feier gehören nun zusammen. Das ist die Grundlage der Sabbatgebote in den Dekalogen: Jahwe ist der Geber der Freiheit (Dtn 5,12–15) und des Lebens für alle (Ex 20,8–11). Die in der gemeinsamen Sabbatruhe zum Ausdruck kommende Gleichheit aller hat im AT beachtliche soziale Eigendynamik entwickelt (vgl. das „Sabbatjahr" Ex 23,10–12; Dtn 15 und das „Jubeljahr" Lev 25). Nachexilisch wird der Sabbat zum Bundeszeichen (Ex 31,13.16f.) und zum Identitätsmerkmal der Gemeinschaft Jahwe-Israel schlechthin; er erhält nun auch endzeitliche Bedeutung (Jer 17,19–27; Jes 56, 1f.; 66,23). Das jetzt als vornehmstes Gesetz der Sinaioffenbarung geltende Sabbatgebot wird als strenge

Verpflichtung rigoros sanktioniert (Ex 31,14f.; 35,3; Num 15,32-36) und im Frühjudentum durch Sabbatgebräuche angereichert.

Entgegen weitverbreiteter christlicher Auffassung hat *Jesus* den Sabbat nicht abgeschafft, er hat ihm aber angesichts seiner kasuistischen Verabsolutierung im Judentum seinen ursprünglichen Sinn zurückgegeben (Mk 2,23–28). Nach ntl. Verständnis ist mit Jesu Wirken nicht nur die Schöpfungsordnung – Gottes Gebot – erfüllt, sondern der endzeitlich verheißene Sabbat bereits angebrochen (vgl. bes. Lk 4,16–21). Die Judenchristen feierten – anders als die heidenchristlichen Gemeinden – sowohl den Sabbat wie den „Herrentag" mit. Wegen der zunehmenden Spannungen zwischen Juden und Christen setzte auch eine zunehmende (gegenseitige) Absetzung von jüdischem Sabbat und christlichem „Herrentag" ein; auf christlicher Seite wuchs die Tendenz, das Sabbatgebot zu spiritualisieren bzw. die jüdische Feier des letzten Tages der Woche durch die neue christliche Feier des „Herrentages" abzulösen.

b) *„Herrentag"*: Die Anfänge des christlichen Wochenfeiertags sind bereits im NT angedeutet mit Hinweisen auf Kollekten und Herrenmahlfeiern am „ersten Wochentag" (= „erster Tag nach dem Sabbat"; 1 Kor 16,2; Apg 20,7) oder auf den „Herrentag" (Offb 1,10). Dieser hat seinen Ursprung in der Erinnerung an die ersten Begegnungen mit dem Auferstandenen am Tag nach dem Sabbat (Mt 28,1ff. par; Joh 20,1.19.26). Begangen wurde er durch die Zusammenkunft der Gemeinde zum Gottesdienst als Feier des Todes und der Auferstehung Christi, vorzüglich im „Herrenmahl", und dies am Abend, später am Morgen eines normalen Arbeitstages.

c) *Sonntag:* Der heutige Sonntag als Synthese der gottesdienstlichen Christus-Feier und der Arbeitsruhe geht auf Kaiser Konstantin zurück, der 321 den seit dem 1. Jh. n. C. der Sonne geweihten (aber nie eigens gefeierten) „Tag der Sonne" zum öffentlichen Ruhe- wie Kulttag im Römischen Reich erklärte. Das führte zwischen Augustinus und Scholastik nicht nur zur an sich glücklichen „Hochzeit" von Sabbat(gebot) und Herrentag, sondern leider auch zu einem immer dichter werdenden, kasuistisch gehandhabten Sonntagsgesetz, dessen Durchsetzung mit staatlichen und kirchlichen Sanktionen verbunden war. Synodalkanones und Bußbücher verlangten am Sonntag die (nüchterne) Mitfeier des Meßopfers und das Mitbringen von Opfergaben einerseits, die Enthaltung von (knechtlicher) Arbeit und ehelichem Verkehr andererseits. Zur Motivation dienten nicht nur atl. und ntl. Ansätze und „die Tradition", sondern auch mythische Relikte („heiliger Tag") und Naturrechtsdenken („der Gottheit geschuldeter öffentlicher Kult"). Mit

Beginn des kanonischen Rechts (12. Jh.) wurden die Vorschriften vereinheitlicht und konzentriert auf allsonntägliche Meßpflicht und Enthaltung von knechtlicher Arbeit, in welcher Form sie 1917 auch in den CIC eingegangen sind. Die Arbeitsruhe galt schon im 13., die Meßpflicht an Sonn- und Feiertagen seit dem 15. Jh. als Verpflichtung unter schwerer Sünde, was peinliche kasuistische Differenzierungen nötig machte. Seit der Scholastik hatte sich folgende Rechtfertigung des strengen „Sonntagsgebotes" herausgebildet: Der Mensch ist Gott einen sich gemeinschaftlich äußernden Kult schuldig. Die naturrechtliche Kultpflicht wurde im AT durch das Sabbatgebot, in christlicher Zeit durch die dafür zuständige kirchliche Autorität mit der Sonntagsgesetzgebung verbindlich konkretisiert. Im Gegensatz zum naturrechtlichen und kasuistischen Ansatz auf katholischer Seite begründeten die *Reformatoren* die Gottesdienstpflicht der Gemeinde (!) in deren notwendigen Dienst am Wort und Sakrament, was seit alters vorzüglich am Sonntag stattfindet. Kirchenordnungen sind unumgänglich; man soll sich aus Liebe zu den anderen freiwillig daran halten. Die einzelnen sind zur Gottesdienstteilnahme verpflichtet, soweit sie eben zur Gemeinde gehören. Aber diese Verpflichtung ist kein „nötigendes Gesetz", das unter Sünde bindet oder gar heilsnotwendig wäre. Freilich hat auch dieser Ansatz im reformatorischen Raum handgreifliche staatskirchliche Sanktionen für Fehlbare nicht verhindert. Mit deren Aufgabe im 18. Jh. und der wachsenden Säkularisierung setzte ein massiver Schwund der Kirchenbesucher am Sonntag ein, ein Prozeß, der sich mit einiger Verspätung auch auf katholischer Seite zeigt(e). Während auf evangelischer Seite einer eigentlichen Sonntagsverpflichtung gegenüber eine gewisse Hilflosigkeit festzustellen ist, galt und gilt auf katholischer Seite die kirchlich-theologische Anstrengung in der Zeit vor und nach dem II. Vaticanum primär der Motivation zum Besuch des Sonntagsgottesdienstes unter Vernachlässigung der Sabbatdimension des Sonntags. In einem gewissen Gegengewicht dazu stand in der gegen Ende des 19. Jh.s beginnenden sog. „katholischen Soziallehre" die sonntägliche Arbeitsruhe – auch als Voraussetzung für die Erfüllung der „Meßpflicht" – als soziales Postulat im Vordergrund. Die moraltheologische Diskussion versuchte, das grundsätzlich nicht bestrittene Sonntagsgebot aus seiner Verabsolutierung und kasuistischen Verstrickung herauszulösen und es aus den Fundamenten des Glaubens im Rahmen einer Gewissensethik neu zu begründen. Die naturrechtliche Begründung der „Sonntagspflicht" ist fast ganz verschwunden. Artikel 106 der Liturgiekonstitution des Zweiten Vaticanums führt die Pflicht der sonntäglichen Zusammenkunft der Christen auf das Pascha-

Mysterium zurück. So soll der Herrentag als Urfeiertag „auch ein Tag der Freude und der Muße" werden. Der CIC von 1983 hält in c. 1247 an der verpflichtenden Sonntagsmesse fest und fordert darüber hinaus die Enthaltung von Tätigkeiten, die den Gottesdienst, die sonntägliche Freude und die sowohl Geist wie Körper geschuldete Erholung hindern.

2. Feier des Lebens in Freiheit als Gabe Gottes

Der Sonntag als „Tag, den der Herr gemacht hat" (Ps 118,24), läßt uns den Glauben, daß Gott uns Zeit und Leben schenkt, in der Weise des Feierns gewissermaßen erfahren. Es ist in der heute vielfach beklagten Krise des christlichen Sonntags wichtig, daß trotz der Priorität des Gottesdienstes die an humanen und religiösen Werten so reiche Sabbatdimension des Sonntags ernst genommen und der Sonntag moraltheologisch als Tag, nicht bloß als liturgische Feierstunde gesehen wird.

Der Sonntag als (getaufter) *Sabbat* gibt dem Leben einen bestimmten Rhythmus im Wechsel von Arbeit und Ruhe. Es geht um ein Innehalten, das ein intensives Ausatmen und Einatmen ermöglicht und so zum Aufatmen wird. Sabbat soll regenerieren, verlebendigen, Lebenserfahrung vermitteln. Sabbat (Verb: *schabat*) besteht primär im Vollzug des Ablassen-Dürfens von der alltäglichen, belastenden, total in Beschlag nehmenden Arbeit. Die rhythmische Befreiung vom Zwang des Leistenmüssens gilt allen, sogar der nichtmenschlichen Schöpfung. Dabei geht es um mehr als um die notwendige Erholung, damit man im Arbeitsprozeß wieder voll leistungsfähig ist. Die Sabbatruhe hat durchaus auch Selbstzweckcharakter, dient der Sinnfindung und Sinnerfahrung des Lebens als Ganzheit, der Arbeit und Freizeit im besonderen (vgl. Gen 2,2f.; Ex 20,8–12; Dtn 5,12–15). Das Distanznehmen ermöglicht Hinwendung zu sich selbst, zu den Mitmenschen, zur Natur als Schöpfung Gottes, zu Gott. Sonntag als Sabbat führt „horizontal und vertikal" in die Gemeinschaft. Der Ruhetag als Tag des bewußten Innehaltens mitten im Planen und Organisieren, Produzieren und Bearbeiten – auch im Blick auf geistige Arbeit! –, Kaufen und Verkaufen, Sammeln und Speichern ist positiv Erinnerung daran, daß der Mensch nicht vom Brot allein leben kann (Mt 4,4), daß wir unser Leben und unsere Freiheit aus der Hand Gottes empfangen, daß Gott als Schöpfer, Erhalter, Herr und Vollender unseres Lebens und aller Zeit unser aller sorgender Vater ist, dem wir ohne Lebensangst vertrauen können (vgl. Mt 6,19–34). Am Sabbat sollen wir uns des Lebens in Freiheit als Geschenk freuen können. Negativ-kritisch setzt der Sonntag als Sabbat ein Nein hinter unsere dauernd mögliche Versklavung an die Arbeitswelt, ein Nein auch hinter eine Lebenseinstellung, die weitgehend vom Haben-Modus (Erich Fromm) bestimmt ist (vgl. Lk 12,13–21), ein Nein schließlich hinter den menschlichen Wahn, das Leben (im Sinne des Jesuswortes Mt 10,39 par) allein aufgrund eigener Leistung gewinnen zu müssen.

Der Sonntag als *„Herrentag"* verkündet als Tag (!) der ganzen Schöpfung das Evangelium von Jesus Christus, das zugleich frohe Botschaft und prophetische Kritik an den sündigen Zuständen in Kirche und Gesellschaft ist. Die Botschaft vom Auferstandenen ist Hoffnungsankündigung für die ganze Schöpfung und Gericht über die weltliche Hoffnungslosigkeit und Angst. Der Sonntag proklamiert die befreiende Herrschaft Christi über das All und alle Zeit bis zu seinem öffentlich-universalen Erscheinen zum Weltgericht und zur Vollendung der Schöpfung am jüngsten „Tag des Herrn", wodurch alle irdischen Herrschaftsstrukturen relativiert und – soweit sie versklavend wirken – jetzt schon gerichtet werden. Als „Herrentag" im genannten Sinn wird der Sonntag zum kirchlichen Versammlungstag par excellence. In dieser weltweit geschehenden Sammlung wird die Kirche für die Welt zum Heilszeichen des sammelnden (einheits- und friedensstiftenden) Versöhnungshandelns Gottes durch Jesus Christus und zum Gericht über alles, was in Kirche und Welt der „Friedensbewegung" Gottes entgegensteht. All das findet seinen dichtesten Ausdruck im Gottesdienst der Kirche, worin diese stellvertretend für die ganze Schöpfung und solidarisch mit ihr sich „in Christus" Gott verdankt und eben darin auch neu Kraft schöpft, um den Dienst in und an der Welt besser erfüllen zu können.

3. Sonntag als ethische Aufgabe

Die Feier des Sonntags im genannten Sinn ist primär eine ethische Aufgabe der *Kirche bzw. der Pfarrgemeinde*. In der Feier des Sonntags verkündet die Kirche missionarisch das Evangelium von Gott, dem Schöpfer, Erlöser und Vollender. Nur eine sich versammelnde Kirche kann Kirche Jesu Christi sein: eschatologische „Sammlung Gottes". Aber die Feier des Sonntags als Selbstvollzug der Kirche geschieht zugleich im Dienste des Menschen und der Gesellschaft. Die Sonntagsfeier ist sinnvoll, ja notwendig *um des Menschen* willen: Der Mensch braucht das mit dem Sabbat angezielte Aufatmenkönnen, um lebendig und frei im umfassenden Sinn des Wortes zu bleiben. Der Christ braucht den Herrentag, um im weltlichen Alltag nicht aus der Gemeinschaft mit dem eigentlichen Herrn und Befreier und seiner Kirche herauszufallen. Insofern gibt es auch eine individuelle sonntägliche Verantwortung, die ein individuelles bzw. familiäres Bemühen um eine „Sonntagskultur" nötig macht. Der im Laufe der Geschichte in unserer Gesellschaft fest etablierte Sonntag ist aber auch für die Gesellschaft, abgesehen von spezifisch religiös-kirchlichen Interessen, eine Institution, die wegen der in ihr verkörperten humanen Güter und Werte *um der Gesellschaft bzw. des Staates willen* erhalten werden sollte. Der Sonntag ist in unserer Kultur zum Gemeinwohlgut geworden! Das gilt primär im Blick auf den Sonntag als öffentlichen Ruhetag, der darum folgerichtig als soziale Errungenschaft Eingang in unsere Rechtsordnungen gefunden hat. Der Sonntag ist eine einzigartige soziale Institution der Sinnstiftung, er ermöglicht Gemeinschaft, er gestattet die Pflege von Gütern und Werten, die in dem von der Wirtschaft dominierten Alltag nur allzuleicht unter die Räder geraten, er wirkt befreiend und fordert gerade als christlich begangener zum positiv-kritischen Engagement in gesellschaftlicher und weltweiter Perspektive heraus, er kann so etwas wie eine „psychosoziale Kläranlage" sein. Die zu einem Großteil in unserer Gesellschaft an sich unbestrittenen Güter und Werte des Sonntags können nur dann zum Tragen kommen, wenn der Sonntag im Prinzip arbeitsfrei bleibt. Wenn die sog. „gleitende Arbeitswoche" über die am Sonntag unentbehrlichen Dienstleistungsbetriebe hinaus auch auf die industrielle Produktion ausgeweitet wird, werden immer mehr Menschen aufgrund wirtschaftlicher Zwänge am Sonntag arbeiten müssen. Der Sonntag wird zum Auch-Werk-Tag, die Werk-Tage werden zu Auch-Sonntagen. Es gibt dann keinen allgemeingültigen Freitag und Feiertag mehr, der ein gesellschaftlicher Freiraum ist zur Pflege der Gemeinschaft, zu Begehung von Festen, zur gemeinsamen Pflege von außerwirtschaftlichen Gütern und Werten. Eben darum wird derzeit die Aufrechterhaltung des Sonntags als rechtlich gesichertem öffentlichen Ruhetag zu einem gewichtigen politischen Anliegen, das Kirchenleitungen und Gewerkschaften heute zu Recht in gemeinsamer Anstrengung einfordern.

A. M. Altermatt/A. M. Schnitker (Hrsg.), Der Sonntag (1986); *R. Bärenz,* Das Sonntagsgebot. Gewicht und Anspruch eines kirchlichen Leitbildes (1982); *W. Grimm,* Der Ruhetag (1980); *H. Halter* (Hrsg.), Sonntag, der Kirche liebstes Sorgenkind (² 1984), bes. 78–80 (Lit.); *F. Heckermann,* Arbeitszeit und Sonntagsruhe (1986); *L. F. Hossfeld,* Der Dekalog (1982); *H. Huber,* Geist und Buchstabe der Sonntagsruhe (1957); *A. Rauscher,* Christliche Sonntagskultur (1988); *W. Rohrdorf,* Der Sonntag (1962); *G. Troxler,* Das Kirchengebot der Sonntagsmeßpflicht als moraltheologisches Problem in Geschichte und Gegenwart (1971).

HANS HALTER

Sozialethik

→ Arbeit → Ethik → Eigentum → Gemeinwohl → Gerechtigkeit
→ Gesellschaft → Lohn → Lohnmoral → Menschenrechte
→ Menschenwürde → Person → Politik → Soziallehre, katholische
→ Wirtschaftsethik

Obwohl vom Wortstamm *socius* her jede den Mitmenschen betreffende Handlung als soziale zu bezeichnen ist, bezieht sich Sozialethik gemeinhin nur auf jene Belange, die mit der Gesellschaft und ihren Strukturen befaßt sind. D. h., wo nicht mehr wie in allen „soziologisch-primären", also gerade noch überschaubaren Gruppen der direkte Kontakt von Mensch zu Mensch die Beziehungen prägt und regelt, sondern institutionelle Strukturen (positive Gesetze als Verfassungen und Ordnungen, Behörden und Funktionäre, aber auch technische Infrastrukturen) das Zusammenleben in einem größeren Sozialkörper ermöglichen und tragen, müssen diese selber und nicht nur (obwohl auch) die Haltungen und Entscheidungen der gesellschaftlichen Verantwortungsträger auf ihre Sittlichkeit (Gerechtigkeit, kurz- und langfristige Gemeinwohlförderlichkeit im nationalen wie im globalen Rahmen usw.) bedacht werden. Inhaltlich wie methodologisch ist die Sozialethik daher von einer personal-zwischenmenschlichen Ethik zu unterscheiden, weil gesellschaftlich strukturelle Probleme nicht mit zwischenmenschlichen, etwa fürsorgerischen, Maßnahmen zu bewältigen sind, weil diese u. U. durch kurzfristige Hilfe sogar strukturelle Ungerechtigkeiten verfestigen können. So war der Not der Industriearbeiter oder Proletarier nicht mit karitativer Hilfe, sondern erst durch adäquate Sozial- oder Arbeitsgesetzgebung beizukommen. Diese, wenn auch in Anbetracht der Verelendung des Industrieproletariates nur sehr verzögert wahrgenommene Verschiebung in der ethischen Problemstellung auf die sog. „soziale Frage", ist denn auch der Anfang der Ausprägung von Sozialethik als eines eigenen Spezialgebietes der Ethik im allgemeinen wie auch im christlichen Bereich der Moraltheologie.

Damit sind sozialethische Probleme wesentlich auf die Strukturfrage der komplexen modernen Industriegesellschaften bezogen, die in ihrer wissenschaftlichen und politischen Vernetzung längst alle nationalstaatlichen Grenzen gesprengt und globale Dimensionen angenommen haben. Auch wenn aus der biblischen wie aus der kirchlich-theologischen Tradition kaum direkt im modernen Sinn sozialethische Impulse zu erwarten sind und diese folglich aus den Grundlagen und Prinzipien neu erarbeitet werden mußten, so lassen sich doch in dieser Tradition zahlreiche inspirierende Ansätze festhalten:

Geschichtlich ist von der *Bibel* her darauf hinzuweisen, daß der atl. Gottesbund nicht mit einzelnen Personen oder Stämmen, sondern mit einem Volk geschlossen wurde und dieses dann auch stets als Ganzes in die Verantwortung genommen wurde. Dabei standen aber immer auch politisch gesellschaftliche Belange im Vordergrund: Bündnisse, Kriege, öffentliche Moral im Rechtswesen, Armenschutz u. ä. beschäftigen als Probleme die alttestamentlichen Morallehrer, also die Propheten und die Verfasser der Weisheitsbücher. Aber auch die ntl. Glaubensgemeinschaft in Christus versteht sich als das neue Gottesvolk, das nun aber bei ähnlichen Problemen ausdrücklich nicht mehr ein konkretes Volk, sondern universal alle Völker schlechthin umfaßt und so einer christlichen Sozialethik von vornherein ihre globalen Dimensionen zuweist. Obwohl der soziologischen Struktur der vorneuzeitlichen Gesellschaft entsprechend auch in den nachfolgenden Jahrhunderten und weit über die Zeit der Verfolgungen hinaus meist karitative, also direkt mitmenschliche Hilfe bei Not oder Ungerechtigkeit im Vordergrund stand (die Liste der sieben „sogenannten Werke der leiblichen Barmherzigkeit" sind dafür unbedingt typisch), lassen sich punktuell doch auch schon Ansätze zu institutionellen Maßnahmen ausmachen. Zu denken wäre etwa an die Gründung von Krankenbruderschaften als Trägern von Hospitälern, vor allem für Fremde und Verlassene, an die Bekämpfung des Zinswuchers durch Pfandleihanstalten als ersten Sparkassen oder an die sog. „Reduktionen" der Jesuiten in Lateinamerika als Schutzsiedlungen für die Indios usw.

Zu einer systematischen Aufarbeitung der sozialen Dimension kam es (wenn man von den Einsichten von Karl Marx, die aber in dessen historisch-dialektischem Materialismus die Ethik als bloßen Überbau ausblendeten, absieht) zumindest unter den Christen erst gegen Ende des 19. Jh.s. Gemäß der unterschiedlichen Ausbreitung der Industrialisierung war zudem auch der ethische Erkenntnisfortschritt hinsichtlich der Notwendigkeit von Strukturreformen sehr ungleich. Da die traditionell katholischen Gebiete eher verzögert in diesen Prozeß eintraten, wurde das Problem in traditionell von den reformatorischen Kirchen geprägten Gebieten früher virulent, wobei allerdings meist die mit der politischen Führung weniger verbundenen Freikirchen die Initiative übernahmen. Dies geschah natürlicherweise am frühesten in England, wo die Initiative des christlich motivierten Unternehmers Robert Owen (1771–1858) zu ersten Pioniertaten für eine Sozial- und Fabrikgesetzgebung (Versicherungen, Einschränkung der Kinderarbeit u. ä.) führte oder die aus freikirchlich-methodistischem Umfeld herausgewachsene Heilsarmeebewegung von William Booth (1829–1912) bzw. in den USA die von Walter Rauschenbusch (1861–1918) initiierte „Social Gospel"-Bewegung wenigstens das allgemeine soziale Verantwortungsgefühl weckten. Impulse gingen aber auch von Böhmen aus, wo der protestantische Pfarrer Rudolf Todt (1839–1887) eine Verbindung christlicher Vorstellungen mit dem Sozialismus unter Ablehnung von dessen Atheismus und seinem sündenfreien Fortschrittsoptimismus suchte und damit die Richtung der weiteren Entwicklung im deutschsprachigen protestantischen Raum auf den sog. *Religiösen Sozialismus* wies.

Unter Distanzierung von der auf Luther zurückgehenden sog. „Zwei-Reiche-Lehre" und unter Ablehnung einer bloßen Jenseitsfrömmigkeit wurde unter diesem Stichwort das alte sozialkritische Erbe der reformatorischen Täuferbewegung mit Thomas Müntzer (1490–1525), aber auch die aufklärerische Tradition von Religion als Sittlichkeit (Immanuel Kant [1724–1804]) aufgegriffen und zur Leitidee einer innerlich allerdings sehr heterogenen Bewegung für soziale Verantwortung geformt. Ein besonders starker Impuls ging dabei vom süddeutschen pietistisch geprägten Bad Boll mit Christoph Blumhardt (1842–1919) aus, ohne das nicht nur die starke schweizerische Ausprägung dieser Richtung mit Namen wie Hermann Kutter (1869–1931), Leonhard Ragaz (1868–1945), Howard Eugster-Züst (1861–1932) und deren Auswirkungen auf die für die Sozialethik bedeutenden Theologen wie Karl Barth, Emil Brunner oder Artur Rich nicht denkbar wären, sondern von wo aus auch die im Nationalsozialismus dann unterdrückte, aber für die Sozialethik nach 1945 erneut bedeutsamen, zeitweilig im „Bund religiöser Sozialisten" zusammengeschlossenen sozialkritischen protestantischen Theologen ihre Anregungen empfingen. Besonders zu nennen wären dabei: Hermann Schaft (1883–1959), Paul Tillich (1886–1965), Günter K. Dehm (1882–1970), Emil Fuchs (1874–1971) sowie die meisten theologischen Systematiker, die seither auf Sozialethik spezialisierte Lehrstühle an den deutschsprachigen protestantischen Fakultäten innehaben.

Katholischerseits hat zunächst in Frankreich der Roman *Die Elenden* (1862) von Victor Hugo das Gewissen vieler geweckt. So etwa eines Albert de Mun (1849–1913) oder des Belgiers Charles Perin (1815–1905), während in Deutschland der Mainzer Bischof Wilhelm Emmanuel von Ketteler (1811–1877) oder Karl zu Löwenstein (1834–1921), Franz Hitze (1851–1921) u. a. mehr, in Österreich Karl Vogelsang (1818–1890), in Italien Giuseppe Toniolo (1845–1918) und in der

Schweiz der Kapuziner Theodosius Florentini (1808–1865) und der spätere Kardinal Gaspard Mermillod (1842–1892) vom gleichen Anliegen bewegt waren. Wenn auch jeder dieser Vertreter auf seine Weise und oft aufklärungskritisch retrospektiv sowie völlig unabhängig von der gleichzeitigen Sorge bei protestantischen Christen dachte, so waren Motiv und Ziel doch gemeinsam, nämlich aus christlicher Verantwortung die Situation der Industriearbeiter grundlegend verändern zu wollen. Insofern es Mermillod gelang, diese verschiedenen Ansätze in seiner „Union catholique d'ètudes sociales et économiques à Fribourg" zusammenzuführen und mit deren Ergebnissen das Interesse des Papstes Leo XIII. so zu wecken, daß daraus 1891 die erste Päpstliche Sozialenzyklika, *Rerum novarum,* hervorging, fand hier eine Bündelung der verschiedenen Ansätze statt, die unter Ablehnung sozialistischer Entwürfe und unter dem Rückgriff auf Thomas v. Aquin und dessen Naturrechtslehre eine eigenständige Soziallehre zu entwickeln begann. Unter dem Einfluß der deutschen Jesuiten Oswald von Nell-Breuning und Gustav Gundlach fand diese 1931 in der Enzyklika *Quadragesimo anno* ihre kohärente Systematisierung. Seither wurde sie immer wieder, besonders durch die Enzykliken *Mater et magistra* (1961) und *Pacem in terris* (1963) von Johannes XXIII., *Populorum progressio* (1967) und *Octogesima adveniens* (1971) von Paul VI., dann aber auch durch die Pastoralkonstitution *Gaudium et spes* des Zweiten Vatikanischen Konzils (1965) sowie durch die Enzykliken *Laborem exercens* (1981) und *Sollicitudo rei socialis* (1987) von Johannes Paul II. den veränderten sozialen Problemen angepaßt. Damit konnte sich diese wesentlich vom päpstlichen Lehramt getragene Sozialethik als kirchlich-katholische Soziallehre unter einer gewissen Verlagerung der Schwerpunkte von einer nationalökonomisch orientierten auf eine global-gesellschaftliche Problemstellung ausweiten, die zugleich regional angepaßte Konkretionen (so in Lateinamerika durch die II. und III. Vollversammlung des lateinamerikanischen Episkopats von Medellín [1968] und Puebla [1979] oder in den USA durch die Hirtenbriefe zum Frieden [1983] bzw. zur Wirtschaftslage [1986]) zuließen und gleichzeitig doch eine weltweite und auch ökumenische Öffnung ermöglicht haben.

Inhaltlich ist für diese Lehrentwicklung in den letzten 100 Jahren festzuhalten, daß sich die Einsicht durchgesetzt hat, daß sich Gerechtigkeitsprobleme oder gar soziale Ungleichgewichtigkeiten in der Gesellschaft nicht allein durch Appelle an das Verhalten des einzelnen, sondern nur über soziale, d. h. institutionell-strukturelle Maßnahmen angehen lassen, bzw. daß die sog. „soziale Frage" der Proletarier-Verelendung nach sozialen Lösungen und einer diese argumentativ tragenden Theorie, also nach einer eigentlichen *Sozialethik* verlangt. Die von *Rerum novarum* erhobenen Forderungen nach dem Recht des Arbeiters auf Zusammenschlüsse zur selbst Kampfmaßnahmen nicht ausschließenden Wahrung ihrer eigenen Interessen sowie nach Bildung von Privateigentum in Arbeiterhand zur Absicherung seiner direkten existentiellen Bedürfnisse und damit zur Gewährleistung einer gewissen Unabhängigkeit vom Unternehmer zielten damals schon auf solche Maßnahmen, für welche *Quadragesimo anno* dann die theoretisch-sozialethische Begründung nachlieferte.

Grundlage ist dabei stets das für alle weiteren strukturethischen Überlegungen vorausgesetzte christliche Bild vom Menschen, der als Ebenbild Gottes eine Person mit einer unveräußerlichen und damit unbedingt zu achtenden Würde ist, die diese Personalität aber nur in Mitmenschlichkeit, und zwar in direkten Beziehungen von Mensch zu Mensch wie im größeren gesellschaftlichen Rahmen zu verwirklichen vermag. Diese Wesenszüge bedingen zugleich als Konstitutiva des Menschseins auch deren gegenseitige Achtung als ethische Forderung der Gerechtigkeit. Konkret sind sie im wechselseitigen sog. *Person-* und *Gemeinwohlprinzip* als ethische Ko-Prinzipien der *natura hominis* gefaßt. Im Blick auf die Umsetzung dieser prinzipiellen Grundlagen in normative Aussagen bzw. in den Aufbau und die Organisationen sozialer Institutionen werden zudem zwei heuristische Prinzipien präzisierend genannt: das sog. *Subsidiaritäts-* und das *Solidaritätsprinzip*. Dabei soll das Prinzip der Subsidiarität Freiheit und Selbständigkeit der Person (bzw. der kleineren Gruppierungen) vor dem vorschnellen Übergriff der größeren sozialen Einheit einerseits bewahren, diese aber zugleich dann in Pflicht nehmen, wo der einzelne seine existentiellen Belange nicht mehr allein wahrzunehmen vermag. Dagegen fordert die Solidarität die stets wache und aktive Rücksichtnahme auf die mitmenschliche Gemeinschaft besonders in ihren schwächsten Gliedern, und zwar in ihren einfachen Gruppierungen wie in der gesellschaftlichen Struktur. Zunächst eher auf die einzelstaatlichen Umfelder bezogen, ist dieses Grundmuster aber durchaus global zu verstehen und in den letzten Jahren gerade auch vom kirchlichen Lehramt zunehmend so verstanden und verkündigt worden: Jede menschliche Person ist gleicherweise in ihrer unveränderlichen Würde zu achten, völlig unabhängig von Rasse, Kultur, Herkommen usw. Dies bedingt zugleich die Sorge um ein durch keine Grenzen von Hautfarbe, Nation oder Klasse beschränktes Gemeinwohl.

Obwohl diese Ko-Prinzipien sachlich als gleichwertig zu gelten haben, ist je nach Zeitumständen und -bedürfnissen eine jeweilig angepaßte, unterschiedliche Gewichtung zu erwarten. So drängte sich etwa unter dem Druck der kollektivistisch totalitären Ideologien von Nationalsozialismus und Stalinismus eine besonders deutliche Betonung des Subsidiaritätsprinzips auf (vgl. dazu besonders *Quadragesimo anno*), während die Entkolonialisierung und die Vereinheitlichung der Welt wie das zunehmend deutlicher wahrgenommene Nord-Süd-Gefälle seit der Mitte des 20. Jh.s eine Verlagerung auf das Prinzip der Solidarität mit sich brachte. Dies wird besonders deutlich in der Enzyklika *Mater et magistra* Johannes' XXIII., wobei sich dort freilich nicht nur die neue Weltsituation, sondern auch der Beizug von nicht-deutschsprachigen Experten mit einer anderen sozialethischen Tradition ausgewirkt hat.

Dabei finden als weltweit anerkannter, den eigenen Prinzipien aber voll entsprechender Normenrahmen die *Menschenrechte,* wie sie 1948 von der UNO-Charta festgehalten und seither wenigstens theoretisch (vgl. die Europäische Menschenrechts-Charta, die KSZE-Gespräche von 1974 bis 1989 u. ä. m.) rezipiert wurden, trotz aller im 19. Jh. von den Päpsten Gregor XVI. und Pius IX. geäußerten Reserven zunehmend Beachtung sowie päpstliche und konziliare Unterstützung. Die Menschenrechtsgrundlage, die in ihren individuellen Freiheits- und Mitbestimmungsrechten das personalbezogene Subsidiaritätsprinzip und in ihren Sozialrechten die gemeinwohlbezogene Solidarität konkret thematisiert, wird so zur angemessenen praxisbezogenen Brücke der am christlichen Menschenbild gewachsenen Prinzipien. Unter Voraussetzung der berechtigten und notwendigen Rationalismus- und Naturalismuskritik in seiner neuscholastischen Ausprägung bleibt dieses vor allem der katholischen sozialethischen Tradition vertraute Vorgehen dem klassischen Naturrechtsdenken durchaus angepaßt und vermag seine Einsichten auf heutige Gesellschaftsgestaltung zu übertragen. So können (und müssen) dann auch je nach den sozio-kulturellen Umständen unterschiedliche, die grundlegenden Prinzipien je anders adäquat anwendende konkrete Lösungen vorgeschlagen werden, die doch von einer inneren Einheit zusammengehalten sind. So kann etwa die „soziale Hypothek" (Johannes Paul II.), die auf jedem privaten Eigentum liegt, sowohl privat wie genossenschaftlich organisiertes Eigentum an Produktionsmitteln bedingen, je nachdem, ob Mißbräuche oder Vergeudung produktiver Kräfte abgestellt werden sollen (so Pius XII. 1945 in seiner Ansprache an die ACLI) oder die freie unternehmerische Initiative zum Wohl aller zu fördern ist (so Johannes Paul II. in SRS 15) – vorausgesetzt freilich, daß die Teilnahme an Entscheidungen wie an Erträgen für alle Beteiligten in jedem Fall sichergestellt bleibt. Ebensowenig bestimmt diese Soziallehre als christliche Sozialethik von vornherein, ob ein Gemeinwesen mehr zentralistisch oder mehr föderalistisch, eher nach dem Modell der direkten oder nach dem der repräsentativen Demokratie organisiert sein soll, wiederum vorausgesetzt, daß die Menschenrechte in jedem Fall gewahrt bleiben. Kulturelle und geschichtliche Eigenarten und damit Vielfalt bleiben also im Rahmen der Grundprinzipien unbedingter personaler Menschlichkeit wie des Gemeinwohls gewahrt. Dies ist besonders in einer Zeit wichtig, in der für zunehmend global menschheitsweit zu bedenkende soziale Ordnungsvorstellungen die Kooperation zum Wohl aller unerläßlich nötig ist, die aber dennoch keinesfalls eine Vereinheitlichung und eine damit nur allzuleicht einhergehende Dominanz von Stärkeren bedingen darf.

Unter diesen Voraussetzungen können dann auch die jeder konkret gesellschaftsbezogenen Sozialethik seit je aufgetragenen Überlegungen zu Sozialkritik und Sozialreform als spezifisch christliche Aufgaben jeweils neu in Angriff genommen werden. Weil Christen aber unter dem Impuls des Evangeliums zu besonderer Sorge für die Armen und Benachteiligten berufen sind, sollten dabei auch schon latente Ungerechtigkeiten im gesellschaftlichen Gefüge kritisch aufgegriffen werden. Zugleich sollten Christen stimulativ auf mögliche soziale Reformen im Sinn je größerer Humanität hinwirken. Ebenso gilt es, integrativ Initiativen zu Verbesserungen, woher sie auch immer kommen mögen, aufzunehmen und im Blick auf je größere Menschlichkeit ohne Rücksicht auf reines Erfolgskalkül und weltliche Anerkennung zu bündeln. Dabei wird eine christliche Sozialethik ihre Christlichkeit vor allem in diesem stimulativ-kritischen und im Sinn der Kreuzesnachfolge Jesu geduldig unermüdlichen Einsatz zu sehen haben und weniger in einzelnen inhaltlichen Normen oder Vorschlägen, die an sich durchaus auch von anderen Menschen „guten Willens" entdeckt, vorangebracht oder zumindest eingesehen und gestützt zu werden vermögen.

Dabei darf eine auf Sozialreform abzielende Sozialkritik sich nicht mehr allein auf innerstaatliche Gerechtigkeit konzentrieren, obwohl auch da nach wie vor die Unrechtsstrukturen keineswegs überwunden sind und entsprechenden sozialethischen Einsatz erfordern: Arbeitslosenprobleme, Gastarbeits- und Flüchtlingsfragen mit latenten Rassismen, sexistische Ungleichbehandlung der Frau, Neuverarmung durch wirtschaftliche Strukturveränderungen, Inflation, erst rudimentäre Partizipationsmöglichkeiten, besonders im wirtschaftlichen Bereich (trotz der noch nicht überall überwundenen diktatorischen Totalitarismen, die die politische Beteiligung unterbinden), Korruption bei den Führungsschichten usw. wären dabei zu nennen. Vielmehr muß sie sich der

Probleme auf Weltebene annehmen (Verschuldungskrise, Ungleichgewichte im Welthandel in den sog. „Terms of Trade", Verhinderung von Chancengleichheit durch Protektionismus, Entstehung von regionalen Wirtschaftsblöcken als Machtfaktoren usw.), ohne sich dabei auf simplizistische oder kurzfristige, oft ideologisch utopische Lösungen einlassen zu dürfen. So sind etwa Forderungen nach allgemeiner Sozialisierung aller Produktionsmittel, der Ruf nach einem „Laissez-faire-Liberalismus" oder gar – vom Extremfall eindeutiger Notwehr abgesehen (vgl. PP 31) – nach einem gewaltsamen Umsturz, dessen Kosten fast immer die sozial Schwächsten zu bezahlen hätten, auszuschließen.

Christliche Sozialethik darf damit weder einem Konfliktmodell des Klassenkampfes noch einem Modell vorgegebener, sich längerfristig von selber einstellender Harmonie folgen. Vielmehr hat sie unter den Bedingungen von durch die Sünde egoistisch (also auf stets neu mögliche Ungerechtigkeit hin) verfälschten Interessendivergenzen kritischstimulativ und damit dynamisch zielgerichtet nach je größerer Gerechtigkeit zu suchen.

1. Quelle: Texte zur Katholischen Soziallehre, hrsg. vom Bundesverband der Katholischen Arbeitnehmerbewegung ([7]1989).
2. Literatur: H. *Büchele,* Christlicher Glaube und politische Vernunft (1987); W. *Dreier,* Sozialethik (1983); E. *Dussel,* Ethik der Gemeinschaft (1988); F. *Furger,* Weltgestaltung aus Glauben (1989); G. *Gundlach,* Die Ordnung der menschlichen Gesellschaft, 2 Bde. (1964); J. *Höffner,* Christliche Gesellschaftslehre ([8]1983); M. *Honecker,* Sozialethik zwischen Tradition und Vernunft (1977); F. *Klüber,* Grundriß der Katholischen Gesellschaftslehre (1971); N. *Monzel,* Katholische Soziallehre, 2 Bde. (1965/67); N. *Monzel/J. Stegmann,* Die katholische Kirche in der Sozialgeschichte, 2 Bde. (1980/83); O. *v. Nell-Breuning,* Gerechtigkeit und Freiheit ([2]1985); A. *Rauscher,* Kirche in der Welt – Beiträge zur Christlichen Gesellschaftsverantwortung, 2 Bde. (1988); T. *Rendtorff,* Politische Ethik und Christentum (1978); H. *Schulze,* Theologische Sozialethik (1979); H. *Weber,* Theologie – Gesellschaft – Wirtschaft (1970); W. *Weber,* Person in Gesellschaft (1978); H. D. *Wendland,* Grundzüge der evangelischen Sozialethik (1968); E. *Wolf,* Sozialethik (1975).

FRANZ FURGER

Soziallehre, katholische

→ Gemeinwohl → Gerechtigkeit → Gesellschaft → Kirche → Mensch → Menschenrechte → Menschenwürde → Person → Politik → Recht → Sozialethik → Staat

1. Katholische Soziallehre als wesentlicher Bestandteil kirchlicher Lehre

Im Zusammenhang mit der Betonung, daß die Kirche auf viele der ihr vormals zuerkannten Privilegien verzichten will, heißt es in Art. 76 der

Pastoralkonstitution *Gaudium et spes* des Zweiten Vatikanischen Konzils: „Immer und überall aber nimmt sie [die Kirche] das Recht in Anspruch, in wahrer Freiheit den Glauben zu verkünden, ihre Soziallehre kundzutun, ihren Auftrag unter den Menschen ungehindert zu erfüllen und auch politische Angelegenheiten einer sittlichen Beurteilung zu unterstellen, wenn die Grundrechte der menschlichen Person oder das Heil der Seelen es verlangen." Die Kirche ist ja nach eben diesem Artikel von *Gaudium et spes* „Zeichen und Schutz der Transzendenz der menschlichen Person", und um dieser Funktion gerecht zu werden, hat sie, deren Sendung sich nach Art. 42 von *Gaudium et spes* nicht auf den politischen, wirtschaftlichen oder sozialen Bereich bezieht, auch den politischen und gesellschaftlichen Bereich einer Beurteilung zu unterziehen und am Aufbau von den Menschen dienenden Strukturen mitzuarbeiten. Die katholische Soziallehre ist somit *wesentlicher Auftrag* der katholischen Kirche, und sie genießt auf diesem Gebiet auch große moralische Autorität, was auch darin seinen Ausdruck findet, daß die Kirche mit ihrer Soziallehre außerhalb ihres Bereiches oft mehr Anklang findet als bei sich selbst. Gerade aber hier bleibt auch eine sehr wichtige Aufgabe der Kirche, nämlich ihrer Soziallehre in *ihrem* eigenen *Bereich* mehr zum Durchbruch zu verhelfen, um so auch mehr Glaubwürdigkeit für den gesellschaftlichen Bereich zu gewinnen.

Dabei ist zu betonen, daß die katholische Soziallehre Autorität nicht in der Lösung technischer Fragen beansprucht, sondern in der Orientierung des sozialen und politischen Bereichs an der unantastbaren Würde des Menschen und in der Beurteilung dieser Bereiche im Hinblick auf die Angemessenheit, diesen Zielen zu dienen. Die Verbindlichkeit ihrer Lehre nimmt mit der Entfernung von den Prinzipien und dem Grad der Konkretisierung ab. Gerade neue soziale Entwicklungen fordern nämlich oft eine veränderte konkrete Ausgestaltung der Grundsätze.

2. Begriff und Inhalt der katholischen Soziallehre

Katholische Soziallehre kann man definieren als die auf katholischer Lehre und hier besonders der christlichen Anthropologie aufbauende, in Dokumenten des kirchlichen Lehramtes anlaßorientiert niedergelegte, in katholischen Schulen bzw. von katholischen Autoren methodisch entfaltete und systematisch ausgebaute Lehre vom Sozialen (vgl. O. v. Nell-Breuning, V. Zsifkovits). Der Begriffsbestandteil „Soziales" ist hier in seiner weiten Bedeutung als gesellschaftlich zu sehen. Als *Lehre* ist die katholische Soziallehre vor allem eine normative Wissenschaft, die in der Beziehung allgemeiner Normen auf konkrete Sachverhalte Orientierung für gesellschaftliches Zusammensein zu geben versucht und sich in erster Linie an katholiken, prinzipiell aber an alle richtet. Im *engeren* Sinn wird unter katholischer Soziallehre die in lehramtlichen Dokumenten vorliegende Soziallehre der katholischen Kirche verstanden.

Als Erkenntnisquellen der katholischen Soziallehre dienen traditionellerweise Offenbarung und Naturrecht, wobei heute Naturrecht in einem weiten Sinne als Zugang zur gesellschaftlichen Wirklichkeit aufgrund natürlicher Vernunft zu verstehen ist, also über die traditionelle Sicht von Naturrecht insofern hinausgeht, als sie Philosophie, human- und sozialwissenschaftliche Zugänge zum Sozialen umfaßt.

In der Ausrichtung auf die soziale Wirklichkeit ist die katholische Soziallehre nie ein abgeschlossenes Lehrgebäude, sondern eine *Soziallehre in Entwicklung,* die im Erfassen neuer Probleme erweitert, in manchen Fällen auch berichtigt werden muß. In ihrer Entfaltung in verschiedenen Schulen ist sie kein monolithischer Block, in dem alle Vertreter zu gleichen Ergebnissen gelangen würden, sondern in verschiedenen Schulen bzw. bei verschiedenen Autoren werden zum Teil unterschiedliche, sich manchmal sogar widersprechende Folgerungen aus der Soziallehre der Kirche gezogen. In der Entfaltung der Grundprinzipien können nämlich durch verschiedene Gewichtung dieser Prinzipien und/oder durch verschiedene Einschätzung der konkreten Lage etwa aufgrund eines verschiedenen Analysezugangs verschiedene Ergebnisse erzielt werden.

Die Veränderung der sozialen Problemlagen peilt die katholische Soziallehre in erster Linie durch *Sozialreform* an, gewaltsame Revolution wird nur im Fall „der eindeutigen und lange dauernden Gewaltherrschaft, die die Grundrechte der Person schwer verletzt und dem Gemeinwohl des Landes ernsten Schaden zufügt" (Paul VI., *Populorum progressio* 1967), als möglicher Weg erachtet. Diese Sicht trägt der katholischen Soziallehre manchmal die Kritik ein, strukturerhaltende Kraft zu sein. Die Ausrichtung auf Reform hat zwei Stoßrichtungen: *Gesinnungsreform* und *Strukturreform*. Diese beiden Arten von Reformen stehen in enger Verbindung, insofern als die Gesinnung ihren Niederschlag in konkreten Sozialstrukturen finden muß und Strukturen ohne entsprechende Gesinnung zur Aushöhlung tendieren. Als „Sozialstrukturenethik" (W. Korff) ist die katholische Soziallehre auf enge Zusammenarbeit mit Soziologie, Wirtschaftswissenschaften und Politikwissenschaften angewiesen.

Die *Prinzipien,* von denen die Bewertung der sozialen Wirklichkeit und die Vorschläge zur Gestaltung dieser ihren Ausgangspunkt nehmen, sind das Personprinzip, das Solidaritätsprinzip, das Gemeinwohlprinzip und das Subsidiaritätsprinzip. In letzter Zeit werden Stimmen laut (z. B. V. Zsifkovits), die als 5. Prinzip die *Option für die Armen* als Artikulation der besonderen Verantwortung der gesellschaftlichen Institutionen für die Armen, Schwachen und auf verschiedene Arten Benachteiligten den vier klassischen Sozialprinzipien zur Seite stellen.

Diese Prinzipien sind nun nicht als starre Normen, sondern als in die Findung konkreter Normen eingehende *Grundorientierungen* und als *Prüfkriterien* konkreter gesellschaftlicher Gestaltungsmodelle zu verstehen. Sie stellen somit Eckwerte und dem Wortsinn von Prinzip – Anfang, Ausgang – entsprechend Ausgangspunkte des Denkens in bezug auf die soziale Wirklichkeit dar und nicht starre Normierungen. Ihre spezifische Form erhalten diese Prinzipien auch in ihrer gegenseitigen Bezogenheit.

Das *Personprinzip* ist in der Enzyklika *Mater et magistra* Art. 219 folgendermaßen definiert: „Nach dem obersten Grundsatz dieser Lehre (der katholischen Soziallehre) muß der Mensch der Träger, Schöpfer und das Ziel aller gesellschaftlichen Einrichtungen sein. Und zwar der Mensch, sofern er von Natur aus auf Mit-Sein angelegt und zugleich zu einer höheren Ordnung berufen ist, die die Natur übersteigt und diese zugleich überwindet." Dieses Personprinzip findet seine Konkretisierung z. B. in der Forderung des Vorranges der Arbeit vor dem Kapital oder der Forderung des Vorranges der Ethik vor Technik und Ökonomie. Es stellt eine Schranke gegen jegliche Instrumentalisierung des Menschen dar und erweist sich gerade auch angesichts vermehrter technischer Zugriffsmöglichkeiten auf den Menschen als kritisches Korrektiv. In der Betonung der *Menschenwürde* und der daraus resultierenden *Menschenrechte* findet dieses Prinzip einen wichtigen Ausdruck. Dabei wird die Person in ihrer *Individual- und Sozialnatur* gesehen. Auf letztere macht besonders das folgende Prinzip aufmerksam.

Das *Solidaritätsprinzip* geht von der heute angesichts der globalen Vernichtungsgefahr durch einen Nuklearkrieg oder die ökologische Krise besonders sichtbar werdenden Gemeinverstrickung aus und leitet davon die Gemeinhaftung ab. Damit drückt das Solidaritätsprinzip die Bezogenheit und Rückbezogenheit der Personen untereinander und auf das Gesellschaftsganze hin aus und die sich daraus ergebende Forderung, füreinander einzustehen. In der Fundierung der Solidarität in der Tatsache, daß Christus unser aller Bruder und alle Menschen Schwestern und Brüder sind, kann im christlichen Menschenbild eine tiefere

Sicht der Solidarität als einer Solidarität *in* Gegenseitigkeit und nicht nur *auf* Gegenseitigkeit (P. Weß) erreicht werden. Besonderes Augenmerk ist dabei auf die ganz konkrete Ausgestaltung der Solidarität zu legen, damit sie nicht in einer Alles-oder-nichts-Solidarität inhaltlich entleert oder als Gruppensolidarität egoistisch verkürzt wird.

Das *Gemeinwohl* kann mit V. Zsifkovits als das „an der Bestimmung der Menschennatur sich orientierende größtmögliche Glück aller einzelnen in Gegenwart und Zukunft mit vorrangiger Beachtung vitaler Lebensbedürfnisse für alle sowie mit besonderer Berücksichtigung der Realisierungsbedingungen beider Anliegen" definiert werden. In der Ausrichtung auf die Verwirklichung des Personprinzips macht das Gemeinwohlprinzip auf die gesellschaftlichen Voraussetzungen dieser Aufgabe aufmerksam und legt die Verantwortung aller einzelnen, der Gruppen und besonders der Gemeinschaftsautorität zur Pflege des Gemeinsamen im Interesse aller einzelnen fest.

Das *Subsidiaritätsprinzip* weist auch auf die Verwirklichungsform der anderen Prinzipien hin. Die klassische Formulierung dieses Prinzips findet sich in Art. 79 der Enzyklika *Quadragesimo anno* Pius' XI.: „ . . . wie dasjenige, was der Einzelmensch aus eigener Initiative und mit seinen eigenen Kräften leisten kann, ihm nicht entzogen und der Gesellschaftstätigkeit zugewiesen werden darf, so verstößt es gegen die Gerechtigkeit, das, was die kleineren und untergeordneten Gemeinwesen leisten und zum guten Ende führen können, für die weitere und übergeordnete Gemeinschaft in Anspruch zu nehmen; zugleich ist es überaus nachteilig und verwirrt die ganze Gesellschaftsordnung. Jedwede Gesellschaftstätigkeit ist ja ihrem Wesen und Begriff nach subsidiär; sie soll die Glieder des Sozialkörpers unterstützen, darf sie aber niemals zerschlagen oder aufsaugen." In eben diesem Artikel bezeichnet Pius XI. dieses Prinzip als einen höchstgewichtigen Grundsatz, „an dem nicht zu rütteln noch zu deuten ist". Das Subsidiaritätsprinzip, das grundsätzlich in allen Gesellschaftsbereichen gilt, bezeichnet die möglichste Belassung der Kompetenz und Verantwortung auf unterster Stufe, also bei den einzelnen und Gruppen, und die Verantwortung übergeordneter Sozialgebilde, die Voraussetzungen für das Wirksamwerden der einzelnen und Gruppen zu schaffen, und die Verpflichtung der übergeordneten Gebilde, dort einzuspringen, wo der einzelne nicht wirksam werden kann, diesen Einsatz aber als Hilfe zur Selbsthilfe zu gestalten. Damit stellt das Subsidiaritätsprinzip auch ein wichtiges Machtteilungs- und Freiheitssicherungsprinzip dar. Diese Sozialprinzipien erfahren in der Tradition je nach Problemlage ihre entsprechende Anwendung auf die verschiedensten sozialen Bereiche.

3. Entwicklung der katholischen Soziallehre

Die Mahnung zu sozialethischer Verantwortung ist innerhalb der Kirche so alt wie das Christentum selbst. Schon die Bibel des AT und des NT enthält wesentliche sozialethische Orientierungen. Insofern gibt es katholische Soziallehre seit den Anfängen des Christentums. Aber eine *explizite* Soziallehre zu erarbeiten, sah die Kirche erst Anlaß, als das Bewußtsein von der Wandelbarkeit und Beeinflußbarkeit gesellschaftlicher Zustände sich verstärkt durchsetzte und die Industriegesellschaft die herkömmlichen politischen und sozialen Bindungen sprengte, sodaß die Befassung mit dem Staat und der Familie nicht mehr ausreiche und sozialen Problemlagen nicht mehr durch traditionelle individuelle Caritas beizukommen war. Als auslösendes Moment wirkte dabei die *soziale Frage* der Verelendung des Industrieproletariats, die in ihrer Komplexität einer umfassenden und strukturellen Betrachtung bedurfte. Mit der Enzyklika *Rerum novarum* Leos XIII. wurde diese soziale Frage explizit Gegenstand des kirchlichen Lehramtes über moraltheologische Implikationen hinaus mit der Absicht, aus dem christlichen Glauben gewonnene Orientierungen für eine menschenwürdige Gesellschaft anzubieten. Um diesem Ziel gerecht werden zu können, wählte Leo XIII. einen Ausgangspunkt der Betrachtung der Probleme, der für alle Menschen offen ist, nämlich den naturrechtlichen. Damit versuchte er eine allgemeinverständliche Ausgangsbasis zu gewinnen, also die Probleme *kommunikabel* zu machen.

Im Laufe der Zeit erfuhr die katholische Soziallehre *inhaltlich* eine Ausweitung insofern, als neben der klassischen Arbeiterfrage und den damit gegebenen sozialstrukturellen Implikationen etwa die „neue soziale Frage" der Proletarisierung der Dritten Welt (z. B. *Populorum progressio* 1967, *Sollicitudo rei socialis* 1987), Fragen der weltweiten Gerechtigkeit und der Erhaltung des Friedens (z. B. *Pacem in terris* 1963), Probleme der modernen Industriegesellschaft (z. B. *Octogesima adveniens* 1971), in Anfängen auch die ökologische (z. B. *Sollicitudo rei socialis* 1987) und die Frauenfrage (Ansätze schon in *Mater et magistra* 1961) behandelt werden.

Auch hinsichtlich des *Adressatenkreises* erfuhren die Dokumente der katholischen Soziallehre eine Ausweitung. War *Rerum novarum* noch an „die Ehrwürdigen Brüder, die Patriarchen, Primaten, Erzbischöfe, Bischöfe und die sonstigen Ortsordinarien, die in Frieden und Gemeinschaft mit dem Apostolischen Stuhl stehen", gerichtet, so weitet sich der Hörerkreis mit *Quadragesimo anno* (1931) auf „alle christgläubige Katholiken des Erdkreises" aus, in *Pacem in terris* (1963) sind auch „alle

Menschen guten Willens" eigens angesprochen. Die Notwendigkeit der *Zusammenarbeit* aller zur Lösung sozialer Probleme trat damit verschärft in den Mittelpunkt. Auch in der *Argumentationsweise* lassen sich Änderungen feststellen. Neben die eher philosophische Ausrichtung trat in den neueren Rundschreiben eine zunehmend sozialwissenschaftliche Orientierung und besonders unter dem Pontifikat Johannes Pauls II. eine ausgewiesen theologische. Alle diese Entwicklungen erlauben es aber nicht, von einem fundamentalen Richtungswechsel zu sprechen, wie es mitunter in der Betrachtung des Überganges von Pius XII. zu Johannes XXIII. und zum Zweiten Vatikanischen Konzil geschieht. „In dem gesamten Zeitraum von der ersten Sozialenzyklika Leos XIII. (1891) verläuft die Entwicklung in gerader Linie", stellt O. v. Nell-Breuning fest.

4. Typen der katholischen Soziallehre

In der Anwendung und Interpretation der kirchlichen Soziallehre lassen sich verschiedene Ausrichtungen feststellen. Dabei bilden sich verschiedene Typen auch immer wieder angesichts neuer Probleme oder Unzulänglichkeiten herkömmlicher Ausrichtungen. Mit F. Hengsbach können wir drei Typen unterscheiden, wobei mit Typen Tendenzen der Betrachtung gemeint sind, die in Wirklichkeit nur immer mehr oder weniger „rein" vorkommen: die System-Soziallehre, die kritische Soziallehre und die Handlungs-Soziallehre.

Der System-Soziallehre geht es um die Ordnung der als ganzheitliches Gefüge begriffenen Gesellschaft. In der Betrachtung der Strukturen der Gesellschaft wird der einzelne vorrangig als Systemelement betrachtet, das sich tendenziell dem Systemganzen unterordnen muß. Dem einzelnen wird sein Ort im Ganzen zugewiesen. Mit der Methode der naturrechtlichen Betrachtung wird dieses Ganze der Gesellschaft und die Stellung des Menschen in ihm zu betrachten gesucht. Die System-Soziallehre ist in der Ausrichtung auf objektive Ordnungsentwürfe eher statisch orientiert.

Die kritische Soziallehre wendet sich gegen ein harmonisierendes Gesellschaftsverständnis und hat vor allem die negativen Auswirkungen des jeweiligen Gesellschaftstyps vor Augen. Die kritische Soziallehre agiert auf zwei Ebenen, der realen Ebene der Wirklichkeitsbeschreibung, die eher in einer dramatischen, die Übel der Gesellschaft negativ überzeichnenden Weise erfolgt. Die Ebene der Vision einer anderen Gesellschaft wird im Gegensatz dazu in leuchtenden Farben als positiv dargestellt, wobei meist keine Möglichkeit friedlichen Übergangs der realen in die ideal dargestellte andere Gesellschaft gesehen wird. In der Darstellung der anderen Gesellschaft werden vermehrt biblische Motive aufgenommen, so etwa das Bild einer in der Bergpredigt anvisierten idealen Gesellschaft oder das Bild der Kontrastgesellschaft. Bekehrung der Herzen und radikale Befreiung der Menschen von den ökonomischen, politischen und sonstigen gesellschaftlichen Zwängen sind die Schlüsselelemente des konfliktbeladenen Umkehrprozesses.

Die Handlungs-Soziallehre stellt das menschliche Handeln in den Mittelpunkt. In der dauernden Rückkoppelung der Soziallehre auf das Handeln werden die Schritte des Handelns kritisch hinterfragt. Im Dialog, der den Schritten des Handelns vorangeht und ihnen folgt, wird eine optimale Anpassung des Handelns an die Ziele versucht. Die Realisation der Ziele erfolgt in kleinen Schritten in den dafür gebildeten Gruppen. Gerade kirchliche Gruppen versuchen so die Umsetzung ihrer Soziallehre in realitätsgemäßen kleinen Schritten.

Das stärkere Hervortreten eines Typs katholischer Soziallehre stellt meist auch eine Reaktion auf Verengungen in der herrschenden Soziallehre dar. So kann man das Aufkommen kritischer Soziallehre als Reaktion auf eine Vernachlässigung der biblischen Dimension und auch eine mitunter ungerechtfertigte Bindung der Soziallehre an das jeweilige System erklären. Die Handlungs-Soziallehre ist schließlich auch als Reflex auf eine Unsicherheit bezüglich der Umsetzung der katholischen Soziallehre zu sehen. Die in einer bürokratischen Gesellschaft mitunter abhanden gekommene Handlungskompetenz soll in Basisgemeinden wieder zurückgewonnen werden. Hier zeigt sich auch der Einfluß der Theologie der Befreiung.

5. Katholische Soziallehre und Wertwandel

Ein wichtiges Merkmal der heutigen Gesellschaft ist der sogenannte Wertwandel. Hier sollen einige Punkte dieses Wertwandels in bezug auf katholische Soziallehre betrachtet werden.

Der Wertwandel heute zeigt sich wesentlich als *Pluralisierung* von Werten. Verschiedene Gruppen haben verschiedene Werte zum Ziel. Dies ist eine Herausforderung an die katholische Soziallehre einmal dahingehend, daß sie zusammen mit anderen gesellschaftlichen Kräften die Gestaltung der sozialen Wirklichkeit ins Auge fassen muß. Dazu muß sie eine Sprache sprechen, die von allen verstanden wird, und sich dabei vor allzu schnellem Theologisieren hüten. Auf der anderen Seite aber muß sie ihr Charakteristikum, die Fundierung im Evangelium und in der christlichen Lehre, deutlicher herausstellen. Zum anderen zeigt sich die Pluralisierung auch innerhalb der katholischen Soziallehre. Verschiedene Richtungen und verschiedene Schulen wirken mitunter lähmend, wenn nicht die gemeinsamen Grundwerte und die gemeinsame Aufgabe der Vermenschlichung der Gesellschaft beachtet werden. Auf dem Hintergrund gemeinsamer Grundwerte können Schulen mit verschiedenen Akzenten in Toleranz zur besseren Verwirklichung wichtiger gesellschaftlicher Ziele beitragen.

Sodann erweist sich der Wertwandel als *Segmentierung* der einzelnen Bereiche der Gesellschaft, was für die katholische Soziallehre die Gefahr mit sich bringt, als eine Wissenschaft neben die Bereiche gestellt oder zur Verbrämung der Bereiche von Politik und Wirtschaft benutzt zu werden. Als die Perspektive des Ganzen offenhaltende Lehre muß sich katholische Soziallehre um das Verständnis der einzelnen Sachbereiche und um den Dialog mit ihnen bemühen.

Der *Verlust der Selbstverständlichkeit* und der damit gegebene Begründungszwang von Werten stellt die katholische Soziallehre vor die Aufgabe, sich um eine weiterreichende Begründung ihrer Werte zu bemühen. Das mit dem Wertwandel gegebene weitere *Auseinanderklaffen von Werten und Handeln* stellt die katholische Soziallehre vor die Aufgabe, in der Konkretisierung ihrer Werte die Umsetzung in kleinen, realitätsgemäßen, auch von einzelnen bewältigbaren Schritten ins Auge zu fassen, ohne für diese Umsetzungsschritte letztgültige Verbindlichkeit zu beanspruchen. Schließlich erweist sich der zunehmende *Individualismus* als Herausforderung, dem Menschen die Bedeutung sozialen Handelns bewußtzumachen.

Neben diesen formalen Aspekten sind die neu oder mit neuer Intensität zu behandelnden Fragen wie Freizeit, Stellung der Frau in Gesellschaft und Kirche, die Ökologie, die Anonymität der heutigen Gesellschaft, Randgruppen in der Gesellschaft und Mechanismen, die solche Randgruppenbildung bedingen, wichtige Herausforderungen an eine dem Menschen dienende katholische Soziallehre.

R. Antoncich/J. J. Munárriz, Die Soziallehre der Kirche (1988); *G. Baadte/A. Rauscher* (Hrsg.), Christliche Gesellschaftslehre (1989); *H. Büchele*, Christlicher Glaube und politische Vernunft (1987); *F. Hengsbach*, Die Arbeit hat Vorrang (1982); *O. v. Nell-Breuning*, Gerechtigkeit und Freiheit (1980); *V. Zsifkovits*, Politik ohne Moral? (1989).

LEOPOLD NEUHOLD

Spiritualität

→ Alttestamentliche Ethik → Askese → Entscheidung → Glaube → Gott
→ Moraltheologie → Neutestamentliche Ethik → Pneumatologie

Mit dem Wort „Spiritualität", das seit etwa 1960 im deutschen Sprachraum verwendet wird, bezeichnet man jenen Lebensvollzug, den man früher mit „geistlichem Leben" umschrieben hat, mit „Streben nach Heiligkeit", nach „Vollkommenheit", mit „Innerlichkeit" oder „Frömmigkeit". Der Gebrauch des Wortes ist aber nicht selten unpräzis. Einerseits wird der Begriff „Spiritualität" häufig in einem eingeschränkten Sinn gebraucht: Man spricht damit nur den Bereich des Betens und Meditierens an, oder man verbindet mit diesem Wort innere Erneuerung, Sich-Zurückziehen, Konzentration auf das Innere. Wenn man einen Menschen als spirituell kennzeichnet, kann damit auch ein Gegensatz zu intellektuell gemeint sein. Spiritualität wird auch als in einer gewissen Spannung zu Weltverantwortung stehend verwendet. Anderseits wird im Zusammenhang der New-Age-Bewegung der Begriff „Spiritualität" in einem sehr weiten Sinn gebraucht: als Chiffre für Religiosität in einer Welt, die vom Sichtbaren, Meßbaren, Wahrnehmbaren dominiert wird. Die Betonung liegt auf dem Bereich des „Geistigen" und damit der Sinnsuche und Sinnerfahrung. In dieser neuen Religiosität ist aber nicht immer ein göttliches Gegenüber mitgemeint; nicht unzutreffend hat man die Grundtendenz dieser „neuen Frömmigkeit" als Religiosität ohne Gott charakterisiert.

1. Spiritualität kann mit Hans Urs von Balthasar verstanden werden als „jene praktische oder existentielle Grundhaltung eines Menschen, die Folge und Ausdruck eines religiösen – oder allgemeiner: ethisch-engagierten-Daseinsverständnisses" ist, nämlich: „eine akthafte und zuständliche (habituelle) Durchstimmtheit seines Lebens von seinen objektiven Letzteinsichten und Letztentscheidungen her". Damit ist eine Brücke zur spezifisch *christlichen Spiritualität* gegeben, um die es im Folgenden geht. Diese kann daher umschrieben werden als Folge des christlichen Daseinsverständnisses: als Berufensein des Menschen zur Gemeinschaft mit dem liebenden Gott, als Durchstimmtheit von den objektiven Letzteinsichten und Letztentscheidungen, geprägt durch das Antwortgeschehen auf Gottes Zuwendung in Glaube, Hoffnung und Liebe. So kann christliche Spiritualität als „subjektive Seite der Dogmatik" verstanden werden, als Wort Gottes, insofern es angenommenes und aufgenommenes ist.

Um die Grundzüge christlicher Spiritualität zu umschreiben, kann man von der Wirklichkeit des Heiligen Geistes *(Spiritus Sanctus)* ausgehen, die im Wort Spiritualität anklingt: Spiritualität kann in diesem Sinn umschrieben werden als Leben im Heiligen Geist, aus der Kraft des Heiligen Geistes:

Christliche Spiritualität bedeutet (1.) Sich-Ergreifen-Lassen von Gottes heilendem und befreiendem Wirken. Israel hat Jahwe als wirksame Macht erfahren; wo dieses bewegende, befreiende und heilende Tun Gottes zur Sprache kommt, ist vom Geist Gottes die Rede. Das Unerwartete, das Unberechenbare des Wirkens Gottes in Israels Geschichte und in der Schöpfung, das alles Menschliche Übersteigende des Handelns Gottes drückt die Schrift mit dem Hinweis auf den Geist Gottes aus. Die Evangelisten deuten das Christusereignis als Geschehen im Heiligen Geist: Das will heißen, in Jesus von Nazareth ist Gott selbst am Werk, in Jesus erfährt Gottes heilendes und rettendes Tun seine Vollendung (vgl. z. B. Lk 1,35;4,1.14). Christliche Spiritualität meint daher bewußtes Leben unter diesem aus dem Nichts herausrufenden, heilenden und rettenden Wirken Gottes. Der spirituelle Mensch nimmt dieses Walten Gottes ernst, er weiß sich darin gesichert und geborgen, getragen und zum Tun befähigt. Christliche Spiritualität ist nicht zuerst Leben aus einer Verpflichtung, sondern ein Leben, das sich verdankt, das aus dem Beschenktwerden kommt. Vor der Aufgabe steht die Gabe. Vertrauen, Zuversicht, Tragfähigkeit und Belastbarkeit sind Zeichen echter Spiritualität, denn „der Herr ist unsere Burg" (vgl. Ps 46). Gottes heilendes und befreiendes Tun schenkt ein „neues Herz und einen neuen Geist" (vgl. Ez 36,26f.), es beschränkt sich aber nicht auf das „Innere" des Menschen, sondern will den ganzen Menschen und die Welt, in der wir leben, „heil" machen. So wird auch christliche Spiritualität auf dieses Innere, auf das Herz bedacht sein, ohne aber sich darauf zu beschränken.

Christliche Spiritualität ist (2.) Gemeinschaft mit dem gekreuzigten und erhöhten Herrn. Wenn die Evangelisten deutlich machen, daß das Dasein und das Wirken Jesu ein Geschehen im Heiligen Geist ist, dann soll damit auch sichtbar gemacht werden, daß nun die Zeit der Erfüllung, die Zeit des Endes anbricht, in der der Geist Gottes ausgegossen wird über alles Fleisch (vgl. Joel 3,1f.). Das trifft in besonderer Weise für das Ende, für die „Stunde" (vgl. Joh 13,1) zu: Der Weg Jesu vollendet sich in seinem Kreuz und in seiner Auferstehung und Verherrlichung. Die Ausgießung des Geistes für alle ist Frucht der Auferstehung (vgl. Apg 2,33f.; Joh 7,39). Der Heilige Geist schenkt uns Gemeinschaft mit Jesu Tod und Auferstehung im Geschehen der

Taufe. Da wird der Mensch mit Jesu Tod eins, und darin gründet die Hoffnung, daß „wir mit ihm auch in seiner Auferstehung vereint sein werden" (Röm 6,5). Der Heilige Geist ermöglicht Leben mit Christus. „Nachfolge Christi" ist daher nicht imaginatives Sich-Versetzen in die vorösterliche Situation der Jünger, sondern Lebensgemeinschaft mit dem jetzt gegenwärtigen und wirkenden Herrn, der uns im Heiligen Geist nahe ist. In die gleiche Richtung weisen die Worte vom „Parakleten" und vom „Geist der Wahrheit", denen wir in den johanneischen Abschiedsreden begegnen (Joh 14,16f.26; 15.26f.; 16,7–11.13–15): Der „Beistand" erinnert uns Jesu Worte, d. h., er schließt sie auf, er interpretiert sie, er führt uns mitten hinein in die Wirklichkeit des Heiles in Jesus Christus. Die paulinischen Briefe deuten vor allem auf zwei Bereiche, in denen sich die Christusgemeinschaft verwirklicht, das Beten und die Liebe zum Nächsten: Der Geist Gottes ruft in uns: Abba, Vater! (vgl. Röm 8,14–16; Gal 4,6). Wir wissen ja nicht, wie wir recht zu beten vermögen; der Geist tritt für uns ein (vgl. Röm 8,26f.). Durch den Geist werden wir auch mit jener Liebe erfüllt, die Christus bewegte; der Heilige Geist befähigt zur Nächstenliebe, sie ist die größte und wichtigste Geistesgabe (vgl. 1 Kor 13), die Frucht des Geistes (vgl. Gal 5,22f.). Christliche Spiritualität als Leben im Heiligen Geist bedeutet Leben mit Christus: In der Taufe ist diese Lebensgemeinschaft grundgelegt. Die Gemeinschaft mit dem Gekreuzigten vermag dem Menschen Kraft zu geben, auch die Tiefen und Widrigkeiten des Lebens zu tragen. Das Gespräch Jesu mit dem Vater findet ein Echo im Beten des Christen. Der Einsatz des Lebens, die Liebe bis zur Hingabe des Lebens ist auch das Grundmuster christlich-mitmenschlichen Verhaltens.

Christliche Spiritualität bedeutet (3.) Leben in der Gemeinschaft der Kirche. Die Gabe des Geistes, die im Sakrament der Taufe geschenkt wird, steht in einem untrennbaren Zusammenhang mit dem Eingegliedertwerden in die Gemeinschaft der Kirche. Die Heilige Schrift schreibt dem Geist das „Sammeln" des Gottesvolkes in besonderer Weise zu. Die Paulusbriefe sehen den Geist des Herrn als das Lebensprinzip der Einzelgemeinde: Er schenkt vielfältige und vielgestaltige Gaben, auffällige und schlichte, außergewöhnliche und alltägliche (vgl. 1 Kor 12); dem „Aufbau der Gemeinde" sollen alle und jeder einzelne dienen (vgl. 1 Kor 14,4f.12.26), denn der Geist des Herrn ist ein Geist der Einheit, des Miteinanders und nicht der Entzweiung. Der Epheserbrief betont dies für die gesamtkirchliche Situation: Kirche ist Gemeinschaft aus Juden und Heiden; in dem einen Geist haben beide durch Christus Zugang zum Vater (vgl. Eph 2,18). In einer anderen Perspektive sieht die Apostelgeschichte die Kirche in einem untrennbaren Zusammenhang mit der Gabe des Geistes: Das spektakuläre Kommen des Gottesgeistes am ersten Pfingstfest der jungen Kirche wiederholt sich im Gang der Geschichte noch einige Male (vgl. Apg 4,31; 8,15.17; 10,44 u. ö.). Damit soll deutlich werden, daß auch der weitere Weg des Evangeliums vom Gottesgeist bestimmt wird (vgl. Apg 8,29.39; 16.7f. u. ö.). Schließlich weist auch die Überlieferung der Parakletworte in den Abschiedsreden des Johannesevangeliums auf die Kirche hin: Die Begegnung mit dem Geist der Wahrheit wird den „Jüngern" verheißen, der Gemeinschaft derer, die mit dem Erhöhten leben, die sein Geschick teilen. Die Kirche wird vom Gottesgeist in die Wahrheit eingeführt und in ihr gehalten. Christliche Spiritualität hat daher wesentlich eine kirchliche, gemeinschaftliche Dimension. Wer geistliches Leben nur individualistisch sehen und verstehen wollte, als ob dieses nur „Gott und die Seele" beträfe, hätte die umfassende Wirklichkeit des vom Gottesgeist erweckten Lebens nicht erfaßt. Zum Christsein gehört Interesse für die Kirche, Liebe zur Kirche, Sorge um die Kirche, Ringen um ihre immer neu notwendige Reform angesichts von Entwicklungen und Fakten, die das Antlitz Christi in ihr verdunkeln. Dies gilt sowohl für die Ebene der Einzelgemeinde, der Teilkirche (Diözese), als auch der Gesamtkirche. Zum Christsein gehört auch das Entdecken der Begabung, des Charismas jedes einzelnen für das Ganze, der Einsatz und das Engagement für die Kirche.

Christliche Spiritualität bedeutet (4.) Leben der Hoffnung für diese Welt. Für das Ende der Zeit, für die Vollendung des Heilhandelns Gottes in dieser Welt ist der Geist Gottes verheißen: Wo alles neu wird, wo Gott einen „neuen Himmel und eine neue Erde" schafft, da schafft der Geist des Herrn auch ein „neues Herz und einen neuen Geist" (vgl. Ez 36,26f.). In Jesus Christus ist das Ende angebrochen, mit der Auferstehung Jesu beginnt die Auferstehung der Toten. Die Aussendung des Heiligen Geistes für alle ist die Frucht der Auferstehung (vgl. Joh 7, 37–39). Zugleich ist mit dem Heiligen Geist auch eine Vorausgabe der Vollendung gegeben: Er ist der „erste Anteil des Erbes, das wir erhalten sollen" (Eph 1,14), die „Erstlingsgabe" (Röm 8,23). Christliche Spiritualität ist daher von dieser Orientierung auf die Vollendung bestimmt. Sie lebt in der Spannung zwischen dem „Schon" des Heils und dem „Noch nicht" des alles vollendenden Kommens des Herrn in Macht und Herrlichkeit. Ein Aufheben dieser Spannung wäre eine Kurzschlußlösung: Das Reich Gottes ist noch nicht in Macht und Herrlichkeit, „ohne Falten und Runzeln" (vgl. Eph 5,27) realisierbar, es ist gegenwärtig in Ohnmacht und Unansehnlichkeit – wie ein Senfkorn (vgl. Mk 4,30–32), wie ein Sauerteig (vgl. Mt 13,33). Aber die gegenwärtige Situation ist auch nicht völlig heillos; die Welt, in der wir leben, ist nicht Inbegriff des Bösen, und daher ist auch „Weltflucht" keineswegs das christliche Ideal schlechthin. Christliche Spiritualität wird daher danach trachten, in dieser Welt schon etwas von der neuen Welt Gottes sichtbar werden zu lassen. Die Hoffnung auf die Vollendung darf nicht zu einem Erlahmen der Initiativen für eine menschlichere und menschenwürdigere Welt führen, sondern zu einem verstärkten Engagement in dieser Richtung. Darauf hat vor allem das Zweite Vatikanische Konzil in der Pastoralkonstitution über die Kirche in der Welt von heute eindringlich hingewiesen (GS 34,39 u. ö.).

2. Diese so entfaltete christliche Spiritualität ist eine und für alle. In der kirchlich-religiösen Sprache wird aber das Wort „Spiritualität" häufig *im Plural* gebraucht. Man spricht z. B. von der Spiritualität einer Gemeinschaft, einer Gruppe, um deren Spiritualität abzugrenzen von der Spiritualität anderer. In diesem Fall steht nicht so sehr das allen Getauften gemeinsame Leben im Heiligen Geist im Vordergrund, sondern das je Eigene und Unterscheidende. Damit ist die Frage gestellt, unter welchen Bedingungen man von Spiritualität im Plural sprechen kann, ohne daß damit dem Singular einer gemeinsamen Spiritualität aller Getauften widersprochen wird.

Die starke Betonung des Singulars der christlichen Spiritualität – und damit des Postulats der „Heiligkeit für alle" – steht in Spannung zur Unterscheidung der kirchlichen Lebensformen in einen Weg der Gebote und einen Weg der Räte. Gegenüber der Lebensform des „in der Welt" lebenden Christen sei das Leben nach den „evangelischen Räten" das „bessere", weil – so argumentierte man – die Räte die Verwirklichung des Hauptgebotes der Gottes- und Nächstenliebe leichter machen und weil nicht wenige Hindernisse, die diesem zentralen Ziel des christlichen Lebens entgegenstehen, im Leben nach den Räten schon beseitigt seien. Demgegenüber hat das Zweite Vatikanische Konzil mit dem 5. Kapitel von *Lumen gentium* thesenhaft betont, daß alle in der Kirche, alle Christen zur Heiligkeit berufen sind. Dies liegt in der Heiligkeit der Kirche begründet. Damit ist aber nicht eine Einheitsform gemeint; vielmehr betont das Konzil in diesem Zusammenhang wiederholt, daß dieses Ziel in und durch die Situationen und Gegebenheiten des konkreten Lebens verwirklicht werden soll. Eingehend und durch „Fallbeispiele" belegt, führt dies *Lumen gentium* 41 aus: „Alle Christgläubigen werden in ihrer Lebenslage, ihren Pflichten und Verhältnissen und durch dies alles von Tag zu Tag mehr geheiligt, wenn sie alles aus der Hand des himmlischen Vaters im Glauben entgegennehmen und mit Gottes Willen zusammenwirken und so die Liebe, mit der Gott die Welt geliebt hat, im zeitlichen Dienst allen kundmachen." Mit dieser Unterstreichung der Berufung aller zur Heiligkeit will das Konzil keineswegs die Ordensspiritualität abwerten, vielmehr soll das Ideal des „gewöhnlichen" Christen aufgewertet werden: Es gibt nur eine Berufung des christlichen Lebens, ein Ziel, aber verschiedene Wege führen dorthin. Es kann nicht darum gehen, diese verschiedenen Wege gegeneinander auszuspielen oder den einen gegen den anderen als „leichter" oder als „vollkommener" zu qualifizieren.

Die Rede von „Spiritualitäten" im Plural darf nicht im Sinn einer Höher- oder Minderbewertung einer Spiritualität einer anderen gegenüber verstanden werden. Wenn aber die eine Spiritualität des Evangeliums in den jeweiligen Umständen und Situationen des Lebens zu verwirklichen ist, dann ist damit zugleich deren Einheit und die Vielfalt deutlich gemacht. Insofern eine Personengruppe gleichartige Bedingungen des Lebens hat, kann man von einer spezifischen Spiritualität dieser Gruppe sprechen. Da wird die eine Spiritualität des Evangeliums unter ganz spezifischen Lebensbedingungen gelebt. In diesem Sinn kann man z. B. von einer Priesterspiritualität sprechen, von der Spiritualität des Politikers oder von der Spiritualität des Studenten. Man kann noch einen Schritt weitergehen: Nicht nur gleiche Lebensbedingungen charakterisieren die Spiritualität des einzelnen Getauften, der seine Berufung leben will; seine ganz konkrete Situation, seine charakterlichen und milieuhaften Vorgegebenheiten prägen auch die konkrete Gestalt seines geistlichen Lebens. Dies ist der Grund, warum geistliche Wegmodelle immer eine gewisse „Allgemeinheit" und damit „Unbestimmtheit" haben werden. Gelebte christliche Spiritualität wird daher immer etwas Einmaliges und Unverwechselbares an sich haben.

Zu dieser personbezogenen Pluralität von Spiritualität kommt eine inhaltsbezogene. Die einzelnen Elemente christlicher Spiritualität stehen in einem fließenden Gleichgewicht. Eine konkrete Spiritualität ist dann im Lot, wenn diese Konstanten in einem ausgewogenen Verhältnis zueinander sind, wenn nicht ein Moment aus diesem Gefüge herausgebrochen oder willkürlich ausgeschaltet wird: Wenn Spiritualität charakterisiert wurde als Betroffensein und Beschenktwerden von Gottes befreiendem und heilendem Tun, dann kann dies verschieden akzentuiert sein: Das Überwältigtsein von der Größe und Unbegreifbarkeit Gottes steht das eine Mal im Vordergrund, das andere Mal das Moment der Vertrautheit, des Nahegekommenseins Gottes. Das Bewußtsein des Beschenktwerdens kann in einer Spannung stehen zu Übung und Leistung im Dienst Gottes. Einer Spiritualität des Gebetes, des Sprechens mit dem Du Gottes, der sich uns erschlossen hat, kann eine Spiritualität des Tuns, der Sendung gegenüberstehen. Soweit es sich bei diesen verschiedenen Positionen um Akzente innerhalb des einen christlichen Lebensvollzuges handelt, sind dies legitime Spiritualitäten, die man mit vielen Beispielen belegen könnte. In gleicher Weise birgt der Aspekt der Christusgemeinschaft, der zu jeder christlichen Spiritualität unabdingbar gehört, eine Fülle von Variablen in sich: Wir kennen eine Frömmigkeit, die sich auf die Menschwerdung des Sohnes Gottes konzentriert, anderseits kennt die Tradition auch eine ausgesprochene Passionsfrömmigkeit, eine Kreuzesfrömmigkeit. Zur christlichen Spiritualität gehört weiters die kirchliche Dimension. Aber nicht für jede Epoche der Frömmigkeitsgeschichte war diese Facette deutlich entfaltet. Aber auch dort, wo Kirche als entscheidende Gegebenheit christlichen Lebens gesehen wurde, konnte das eine Mal das Moment des Gehorsams vorherrschen, während ein anderes Mal die Gemeinschaft, die *communio,* deutlicher herausgestellt wurde. Schließlich hat die Hoffnung auf Vollendung, die zur Grundgestalt jeder christlichen Spiritualität gehört, oft zu einer *fuga saeculi,* zu einem Auszug aus dieser Welt, geführt, zur deutlichen Erfahrung der Vorläufigkeit und Vergänglichkeit irdischen Seins. Aber zugleich finden wir andere Zeugen eines rastlosen Einsatzes für die Mitmenschen, für eine Behebung von Elend und Not.

3. Christliche Spiritualität ist primär ein Lebensvollzug, die theologische Reflexion dieses Geschehens nennt man „Theologie der Spiritualität" oder „Spirituelle Theologie". Im theologischen Lehrbetrieb der neueren Zeit erscheint erstmals 1919 ein Lehrstuhl für Mystische-aszetische Theologie an der Päpstlichen Universität Gregoriana in Rom. Im Zug der Durchführung der Studienordnung der Konstitution *Deus scientiarum Dominus* (1931) figuriert die *Ascetica* als Hilfswissenschaft, die „Mystische Theologie" als Spezialdisziplin. Die *Ratio fundamentalis* für die Priesterausbildung (1970) betrachtet die Spirituelle Theologie als Ergänzung der Moraltheologie.

Während die kirchlichen Studienvorschriften die Spirituelle Theologie der Moraltheologie zuordnen, wurde im deutschen Sprachraum diese Disziplin in größerer Nähe zur Dogmatischen Theologie gesehen (Karl Rahner, Hans Urs von Balthasar).

H. Urs von Balthasar, Spiritualität, in: *ders.,* Verbum caro. Skizzen zur Theologie Bd. I (1960) 226–244; *ders.,* Das Evangelium als Norm und Kritik aller Spiritualität in der Kirche, in: *ders.,* Spiritus Creator. Skizzen zur Theologie Bd. III (1967) 247–263; *B. Fraling,* Überlegungen zum Begriff der Spiritualität, in: Zeitschrift für katholische Theologie 92 (1970) 183–198; *Ch. Schütz*

(Hrsg.), Praktisches Lexikon der Spiritualität (1988); *J. Sudbrack,* Um den Stellenwert der Spiritualität im Gesamt der Theologie, in: Glaube und Leben 37 (1964) 387–393; *J. Weismayer,* Leben in Fülle. Zur Geschichte und Theologie christlicher Spiritualität (1983); *J. Weismayer,* Christliche Spiritualität als ganzheitlicher Lebensvollzug, in: *J. Figl/E. Waldschütz* (Hrsg.), Ganzheitliches Denken (1989) 183–196.

JOSEF WEISMAYER

Sport

→ Ethik → Ethos → Kultur → Leib → Mensch → Natur → Wert

1. Bedeutung und Begründung des Sports

Sport hat heute eine für Einzelmenschen wie Gesellschaft wichtige Bedeutung erlangt. Informell oder organisiert, in Freizeit oder beruflich betrieben, in den Medien oft an bevorzugter Stelle ausführlich präsent, ist er für Wirtschaft und Politik gleichermaßen als Phänomen der industriellen Gesellschaft ein bedeutender kultureller Faktor geworden. Auch im übertragenen Sinn verwendet, bezeichnet der Begriff doch meist körperliche Aktivitäten. Sport umfaßt (heute synonym für Leibesübungen gebraucht) den gesamten Begriffsinhalt von Turnen, Spiel, Gymnastik, Leistungs- und Spitzensport. Im Sportbegriff haben sich differente historische Entwicklungen wie das Deutsche Turnen (F. L. Jahn) und der Englische Sport somit vereinigt. Zugleich aber ist es zu einer breiten Differenzierung auch der Sinngehalte im Sport gekommen. Die Annahme, der Breitensport würde den Spitzensport tragen, gleich einer Pyramide von unten nach oben aufgebaut, hält angesichts der Verselbständigungstendenzen im Sport und einer Fülle von Unterteilungen und unterschiedlichen Sinngehalten des Begriffs nicht mehr. Näherhin wird der Sport unterschieden nach Bereichen wie Alters-, Frauen-, Versehrten- und Militärsport, nach Sparten und Arten des Sports, nach Formen seiner Ausübung (Freizeit-, Amateur-, Berufssport) oder nach der Einstellung zur Leistung (Gesundheits-, Spiel- oder Hochleistungs-/Spitzensport). Weitere Gesichtspunkte sind der organisierte oder der informelle Sport, rezeptiver Sportkonsum, die Anwendung von Sport unter pädagogischen Aspekten (Schulsport), mit Zwecken der Rehabilitation oder Therapie verbundener Sport, ideologisch ausgerichteter oder von verschiedenen weiteren fremden Interessen bestimmter Sport.

Diese bis zum Zerfall einer einheitlichen Sportidee führende Differenzierung des Begriffs richtet sich nach den jeweiligen Funktionsbestimmungen des Sports, die seine Grundidee relativieren und auch die dem Sport eigenen Sinngehalte und die entsprechenden Normierungen und Regeln aushöhlen. Die „Nebensache" Sport, als eigenständige Wirklichkeit verstanden, wird, zur Hauptsache geworden, von sportfremden Zwecken – Kommerzialisierung, Politisierung! – in Dienst genommen und zweckentfremdet. Eine gewisse Übereinstimmung bei der Definition des Sports besteht noch im Verweis auf die damit verbundenen körperlichen Aktivitäten. Dies führt zum anthropologischen Grund des Sports im Menschen als Leib-Geist-Wesen zurück, zu seiner personalen und sozialen Natur. Der Mensch weiß um seinen Leib, hat ein Leibbewußtsein, das es ihm ermöglicht, seine körperlichen Aktivitäten (Bewegungstrieb) zu erfahren und zu verstehen. Er kann diese in eine ganzmenschliche Dimension stellen und so die Leibesübung im Sport als sittliche Aufgabe in bezug auf seine Menschenwürde – und damit normativ! – bestimmen.

Zur körperlichen Tätigkeit im Sport kommen als weitere bestimmende Elemente zwei mit der Erfahrung des Leibes verbundene kulturelle Lebensformen des Menschen hinzu, die aber jeweils verschieden stark ausgeprägt sein können. Dennoch bedeuten sie Wesenszüge des Sports, nämlich das Spiel und der Wettkampf. Körperfreude verbindet sich im Sport mit Spiel, das die Ungeschuldetheit der Leistung, aber auch das ästhetische Element und den sozialen Gedanken des Fair play in den Sport einbringt. Das Agonale im Sport bedeutet das Element der Konkurrenz und Leistungsförderung, weist auf Askese und Mut hin und stärkt im Teamgeist die kameradschaftliche Verbundenheit. Der im Wettkampf mitwirkende „Gegner" wird zum Partner. Die Verbindung der körperlichen Bewegungsformen des Menschen mit den Formen von Spiel und Wettkampf zu personaler und sozialer Sinngebung im Sport ist zwar gesellschaftlich vermittelt und also zeitabhängig. Das zeitgemäße Sportethos ist jedoch insoferne zeitunabhängig, als das Tätigsein im Leibe, aber auch die beiden Pole für körperliche Aktivität im Sport, nämlich Spiel und Kampf, zugleich allgemeinmenschliche Kulturmerkmale sind. So finden sich sportliche Grundelemente in allen Kulturen. Der heutige Sport hat sein Ethos unter den Bedingungen der industriellen Gesellschaft und deren ideologischen Strömungen (bürgerlicher Sport, Arbeitersport) entwickelt. Auch die aus der Antike übernommene olympische Sportidee trägt die besonderen Merkmale unserer Epoche und befindet sich in stetem Wandel.

Erst die Wesensbestimmung des Sports ermöglicht es, ein allgemein verbindliches sittliches Kriterium für die sittliche Normenfindung im Sport über das Reglement hinaus herauszuarbeiten. So zeigen sich trotz aller Einbindung der Sportidee in soziale und historische Bedingtheit anthropologische Konstanten des Sportethos, nämlich die Bedeutung des Sports im Dienste der Entfaltung der vom Leibsein her bestimmten existentiellen Zwecke des Menschen. Das entsprechende körperliche Tätigwerden verbindet sich mit Spiel und Wettkampf zum Sport als eigene menschliche Lebensform und kultureller Sachbereich.

Der theologische Deutungsansatz des Sports liegt ebenso in der Leiblichkeit des Menschen, insoferne die dem Menschen über sein Leibsein vermittelte Welt- und Wirklichkeitserfahrung durch die Offenbarung eine übernatürliche Erhöhung und Sinnrichtung erfährt (Geschöpflichkeit, Auferstehung). Auch der Kampf- und Spielcharakter des Sports ist Ansatz für theologische Deutung ebenso wie für vertiefte Sicht der moralischen Normen und Prinzipien. Für Paulus ist der Sport in seinem Einsatz für den Sieg Zeichen für den Wettkampf des Lebens (1 Kor 9,23–27) und für das christliche Streben nach den ewigen Werten (Phil 3,12 ff.). Härte des Trainings und Ehrlichkeit im Kampf ergeben weitere Vergleiche (2 Tim 2,5). Der Sport vermag der Gefahr einer dualistisch-gnostischen Verfälschung des (biblischen) Leibverständnisses entgegenzuwirken. Für die Pastoral der Kirche ergibt sich nach einer Zeit eher kritischer Distanz zum Sport – abgesehen von der zuerst geschlossen aufgebauten christlich-konfessionellen Sportbewegung – heute die Aufgabe einer kritischen Solidarität und Partnerschaft zum Sport. Besonders seit Pius XI. haben die Päpste verschiedentlich die Bedeutung des Sports gewürdigt. Nachdem sie zunächst den Sport mehr als Mittel in pädagogisch-charakterlicher oder gesundheitlicher Sicht, insbesondere für die Bildung der Jugend, betont haben, hebt Paul VI. den Eigenwert des Sports als irdische Wirklichkeit und eigenständigen Sachbereich in der besonderen Verantwortung der Laien hervor. Die theologische Deutung und ethische Orientierung des Sports durch die Kirche, aber auch die Verbindung mit der Sportwissenschaft und Sportethik unterstützen den gesellschaftlichen Stellenwert und die Kulturhöhe des Sports in unserer Zeit.

2. *Entwicklungen und ethische Probleme des Sports*

Die vermehrte Freizeit des Menschen in der Industriegesellschaft, höhere Mobilität und Wohlstandsmehrung machen den Sport heute zu einem Massenphänomen. In informeller Weise ist in den Industriestaaten heute bis zur Hälfte der Bevölkerung vom Sport erfaßt, in Vereinen etwa ein Drittel. Die Sportausübung dient heute breiten Kreisen als Ausgleich zur Bewegungsarmut in der industriellen Arbeitswelt im

Dienste von Fitneß, Gesundheit und Erholung. Der Sport wird zugleich auch von vielen, oft gegensätzlichen Interessen vereinnahmt, die ihn seiner eigentlichen Bestimmung zum Schaden seiner Wertorientierung entfremden. So treten neben den positiven Seiten der Sportausübung viele Negativa in den Blick, die geeignet sind, von den humanen Sinngehalten abzulenken. Weitgehende Funktionalisierung des Sports allenthalben für sportfremde Interessen ist besonders dann schädlich, wenn diese Interessen sich auf sittlich schlechte Ziele richten, z. B. im Dienste von Nationalismus oder Rassismus stehen, oder wenn wesentliche Sinngehalte des Sports verdunkelt werden. Das ist der Fall, wenn die Verzweckung des Sports der Gesundheit schadet, den Spielgedanken vergessen läßt und der Wettkampf zur bedingungslosen Auseinandersetzung entartet. Gefahr für den Sport besteht immer dann, wenn die äußere sportliche Leistung vor der ideellen Motivation in der persönlichen und gesellschaftlichen Bewertung des Sports dominiert. Der Sport läßt sich dann leicht für fremde Interessen umfunktionieren. Damit wird auch der Sportler zum Mittel zum betreffenden Zweck erniedrigt, meist ohne Rücksicht auf seine Gesundheit, seine persönliche Integrität und seine Menschenrechte. Sportvereine werden immer mehr zu kommerziellen Dienstleistungsunternehmen. Das Funktionärswesen im Sport wird professionalisiert. Der Spitzensport löst sich aus dem allgemeinen Sportbetrieb heraus und verselbständigt sich.

Diese Entfremdung im Sportbetrieb geht auf die entscheidende Stellung des Spitzen- und Hochleistungssports und die folgliche Kommerzialisierung und Ökonomisierung zurück. Das Ziel der Hochleistung geht nicht mehr vom Gedanken aus dabeizusein und wird nicht mehr von sportlichen Motiven bestimmt, sondern von kommerziellen und politischen Auftraggebern und deren Interessen. Diese setzen den Sportler in Training und Wettkampf unter unerhörten Leistungs- und Erfolgsdruck. Diesen Interessen und deren Auftraggebern kommt daher in der sittlichen Schuldbemessung ein hoher Stellenwert zu. Nicht nur für den betroffenen Sportler, sondern für die ganze gesellschaftliche Kultur entsteht durch mangelnde Achtung der sittlichen Ordnung im Sport so bedeutender Schaden.

Der Ansatz des Sports am Leibsein des Menschen kann in der Verbindung mit der oft vorherrschenden materialistischen Tendenz und der gleichzeitigen säkularistischen Einstellung in der heutigen Gesellschaft auch zu einer Vergötzung des Materiellen führen. Der Sport kann so zum Religionsersatz werden. Die Bezeichnung des Sports als *religio athletae* war allerdings von Pierre de Coubertin, dem Schöpfer der Olympischen Spiele der Neuzeit, als Überhöhung der

Sportidee gedacht. Er sah vor allem die Verbindung zur geistig-religiösen Idee darin und nicht den Ersatz für Religion, entgegen späteren Mißdeutungen. Eine so funktionalisierte und materialistische Sportkultur hat auf die Sportausübung natürlich negative Folgen. Sport kann immer mehr zum Konsumartikel und zur Show werden, das Training zur Arbeitsfron. Diese Sinnreduktion fördert besonders – auch bei den Zuschauern! – aggressives Verhalten, beeinträchtigt den Spielgedanken, übersieht die asketischen Werteelemente des Sports und die soziale Bedeutung von Fairneß und Kameradschaft. Der Sport verliert weiters als Faktor von Bildung und Geisteskultur. In bezug auf die Umwelt wird er zur Gefährdung, statt daß er zum Naturerlebnis beiträgt. Illustriert wird dies an der Entwicklung z. B. des Wanderns und des Skilaufs. Geringer äußerer Leistungssteigerungen wegen werden große finanzielle und technische Investitionen in Sportanlagen und Sportausrüstung gesteckt. Die Folge ist weitere Kommerzialisierung und Professionalisierung an der Spitze der Sportbewegung. Hohe materielle Anreize, Preise in Millionenhöhe, werden geboten, um die Weltspitze im Sport bei Modesparten (z. B. Tennis) an den Start zu bringen. Die Olympischen Spiele sind zu einem überdimensionalen, sehr kosten- und gewinnträchtigen Unternehmen für Veranstalter und Teilnehmer geworden. Die mit ihnen verbundene Friedensidee, der positive pädagogische Einfluß auf die Jugend der Welt stehen ganz im Schatten individueller, nationaler, politischer und kommerzieller Eigeninteressen. Dies führt zu einer weiteren Konsumorientierung, Sinnreduktion und Versachlichung im Breiten- und Freizeitsport. Es zeichnen sich aber auch Bemühungen um Alternativen zum herrschenden Sportbetrieb ab. So fördert der Zugriff sportfremder Interessen den Zerfall der Einheit auch des ethischen Minimalkonsenses im Sport über Idee, Wert und Ausübung desselben.

Nach dem Zweiten Vaticanum sind die Konflikte zwischen sportlichen Zielen und humanen personalen und sozialen Werten nach ihrer Rangordnung zu lösen. Es gilt, „zum psychischen Gleichgewicht des einzelnen und der Gesellschaft sowie zur Anknüpfung brüderlicher Beziehungen" zwischen den Menschen beizutragen (vgl. GS 61).

3. Bedeutung der Sportethik

Entgegen diesem Wertewandel und -verlust bietet die Sportethik den in der Menschenwürde liegenden Ansatz zur Herausbildung einer dem Sport eigenen humanen und sozialen Wertorientierung. Es gilt, die zentrale Stellung des Menschen im Sport und die sittliche Bestimmung und Orientierung des Sports auf seine spezifischen Werte zu bewahren. Diese Werte sind Grundlage zur Lösung einer Reihe von Haupt- und Einzelfragen des Sports von heute. Für die ethische Betrachtung seien genannt: die sittliche Einstellung der Sportausübenden selbst, einschließlich der informell Sporttreibenden, der Vereinssportler, aber auch der Profis und der Zuschauer; das Verhalten der Funktionäre in den Sportverbänden und -vereinen, aber auch unter den kommerziellen Anbietern; das sportgemäße Angebot der Sportausrüster und Produzenten von Sportartikeln; die Verantwortung für die Sportidee innerhalb der Sportwerbung und des Showgeschäftes; die verantwortliche Tätigkeit von Journalisten und Kommunikatoren in den Sportmedien; die Verantwortung der Wissenschafter in der Sportwissenschaft bei Forschung und Lehre, besonders auch in der Medizin; die sportpolitischen Aufgaben der Politiker im Sinne des Gemeinwohls und der Wahrung der Menschenrechte.

Ein Festpunkt in der Bemühung um humane Sportausübung ist heute die vom Internationalen Olympischen Komitee (IOC) über die Weltsportverbände betriebene Bekämpfung und Bestrafung des Dopings. Die sittliche Unerlaubtheit des Dopings liegt in der damit verbundenen gesundheitlichen Gefährdung des Sporttreibenden bzw. in der Übertretung der sportlichen Regeln, die Gleichheit und Ehrlichkeit als Voraussetzung des Wettkampfes verlangt. Von besonderer Bedeutung ist die Weiterentwicklung der Regeln des Sports im Dienste der Fairneß und zugleich die Überwachung dieser Regeln durch den Sport selbst. Im einzelnen ist die Einhaltung der sportlichen Regeln und ihrer ethischen Grundlegung Aufgabe der Trainer, der Betreuer und Manager sowie der Schiedsrichter, abgesehen von den Sportlern selbst. Die Information über die sportlichen Regeln und deren Bedeutung sollte vor allem auch den Sinn dieser Regeln vermitteln und etwa über die Medien besonders auch die Zuschauer beim Sport erreichen. Die Vermittlung pädagogischer Gesichtspunkte im Sport sollte den Eltern und Erziehern helfen, ihre sittliche Verantwortung den Kindern und Jugendlichen gegenüber besser wahrzunehmen. Die Betonung der Ethik im Sportunterricht im Anschluß an die pädagogische Tradition der Sportwissenschaft als Leibeserziehung wäre im Sportunterricht wieder mehr zu beachten. Die Übertragung sportlicher Verhaltensweisen in entsprechendes tugendhaftes Verhalten geht nicht ohne willentliche verstandesmäßige Zuwendung zu diesen Werten vor sich. Auch in dieser Hinsicht bedarf es der stetigen sittlichen Anstrengung, die dem Sport eigenen humanen Werte im Dienste des Menschen und der

Gesellschaft gemäß der sittlichen Ordnung zu erhalten und zu entwikkeln.

Concilium 25 (1989), Themenheft „Sport"; *St. Größing* (Hrsg.), Wertkrise und Wertwandel im Sport (1988); *O. Grupe,* Bewegung, Spiel und Leistung im Sport (1982); *P. Jakobi/H. E. Rösch* (Hrsg.), Sport und Religion (1986); *H. Lenk,* Die achte Kunst (1985).

RUDOLF WEILER

Staat

→ Freiheit → Gerechtigkeit → Gesellschaft → Kultur → Macht
→ Menschenrechte → Politik → Recht → Soziallehre, katholische
→ Steuer- und Besteuerungsmoral

1. Begriff und Wesen

Als Staat ist jene politische Gemeinschaft anzusehen, die auf einem bestimmten Territorium eine oberste Herrschaftsgewalt über die auf dem Staatsgebiet ansässige Bevölkerung ausübt. Dabei ist diese Gewalt in der Zeit der Entwicklung integrierter Großräume vielfach durch internationale Vereinbarungen eingeschränkt. Entscheidend ist aber, daß die Staatsgewalt unvertretbar ist, daß dem Staat also immer eigenständige Aufgaben zukommen, die nicht durch andere Institutionen erfüllt werden können. In der Ausübung dieser Staatsgewalt, in ihrem territorialen Umfang und der Größe der staatlich organisierten Bevölkerung ergeben sich enorme Unterschiede. Wir unterscheiden Großstaaten, Mittelstaaten, Klein- und Kleinststaaten; aus der Sicht der Sozialethik sind jedoch die Unterschiede in der Ausübung der Staatsgewalt bedeutsamer: Totalitäre Systeme zwingen der staatlich organisierten Bevölkerung bestimmte Ideologien auf, Diktaturen zumindest autoritäre Regierungsformen, demokratische Systeme realisieren unterschiedliche Formen und Ausmaße parlamentarischer und direkter Mitbestimmung ihrer Bürger. Die traditionelle Naturrechtslehre sieht im Staat eine „vollkommene Gesellschaft", der unvertretbare Gemeinwohlaufgaben zukommen: Die Sicherheitsfunktion, eine zumindest subsidiäre Wohlfahrtsfunktion (soweit die Bürger nicht selbst vorsorgen können), eine Friedensfunktion innerstaatlich und international, vor allem aber auch eine Rechtsetzungsfunktion. Ihrem Wesen nach soll die Staatsgewalt kontrollierbar sein, soll der Schutz der Grund- und Freiheitsrechte durch die Staatsverfassung garantiert sein. Eine sinnvolle Begrenzung der Staatsgewalt ist durch Gewaltentrennung möglich, indem die Staatsfunktionen der Gesetzgebung, der Gerichtsbarkeit und der Verwaltung bzw. Regierung durch unterschiedliche Organe erfüllt werden.

2. Biblische Aussagen zum Staat

Jesus weist auf die Notwendigkeit hin, dem Kaiser zu geben, „was dem Kaiser gehört, und Gott, was Gott gehört" (Mk 12,17). Damit wird die Eigenständigkeit von Staat und Kirche deutlich hervorgehoben. Paulus verlangt, „den Trägern der staatlichen Gewalt den schuldigen Gehorsam" zu leisten; jede staatliche Gewalt sei von Gott eingesetzt; „wer sich daher der staatlichen Gewalt widersetzt, stellt sich gegen die Ordnung Gottes..." (Röm 13,1–2). Man müsse Gehorsam nicht allein aus Furcht vor Strafe üben, „sondern vor allem um des Gewissens willen" (Röm 13,5). Auch Petrus mahnt, sich „um des Herrn willen jeder menschlichen Ordnung" zu unterwerfen, so dem Kaiser, weil er über allem stehe. Petrus verbindet diese Mahnung freilich mit der Aufforderung, allen Menschen Ehre zu erweisen, die Brüder zu lieben, Gott zu fürchten und den Kaiser zu ehren (1 Petr 2,13–17).

Es ist eine auf die Bibel zurückreichende Lehre, daß die Konflikte letztlich in einzelmenschlichen Verfehlungen verursacht sind: Jakobus weist darauf hin, daß die Streitigkeiten unter den Menschen aus ihren Leidenschaften kommen. Mit der Mahnung, das Gesetz einzuhalten, verbindet Jakobus die Grundaussage, daß nur einer – nämlich Gott – der Gesetzgeber und Richter sei: „Er, der die Macht hat, zu retten und zu verderben" (Jak 4,1–12). Die immer wieder gegebene Mahnung, Gottes Gesetze über alles andere zu stellen, begrenzt auch die Macht des Staates.

Im übrigen hat weder das NT noch das AT eine politische Theorie entwickelt; einzelne Mahnungen wie die zum Steuerzahlen (Mt 17,24) zeigen eher eine Haltung neutraler Distanz. Der Staat wird von Jesus deutlich vom Reich Gottes abgegrenzt. Mit der Anerkennung der staatlichen Ordnung wird allerdings deutlich, daß eben diese staatliche Herrschaftsgewalt auf den Willen Gottes zurückgeht und damit der Natur der Sache nach nichts Böses ist.

Ein Mißbrauch der Staatsgewalt entspringt dem Bösen im Menschen; manche sehen in den grauenvollen Bildern des Tieres in der Geheimen Offenbarung auch Zeichen eines dämonischen Staates, eine Verzerrung der Staatsgewalt zu einer totalitären und unmenschlichen

Herrschaftsform, wie sie auch unser Jahrhundert immer wieder erlebt hat (Offb 13).

3. Ordnungsprinzipien

Aus dem Geist der christlichen Naturrechtslehre und einer Katholischen Soziallehre ergeben sich deutliche Ordnungsgrundsätze für den Aufbau des Staates: Der Staat ist die zur Erfüllung der menschlichen Kultur- und Lebensaufgabe berufene und notwendige Gemeinschaft (J. Messner). Der Staat hat daher die ihm zukommenden Gemeinwohlaufgaben zu erfüllen, die eingangs umschrieben wurden, im einzelnen aber von Staat zu Staat verschieden sind. Unabdingbar bleibt das Subsidiaritätsprinzip: Dieses verweist den Staat auf die Notwendigkeit, die kleineren Gemeinschaften – von der Familie über die Gemeinden, Vereine, Verbände, Parteien, regionale Einheiten wie autonome Provinzen oder Bundesländer, Kirchen und andere freie Vereinigungen – in ihren natürlichen Rechten zu achten und nicht in ihre inneren Angelegenheiten einzugreifen, soweit sie sich im Rahmen der Rechtsordnung halten. Mit dem Subsidiaritätsprinzip verbindet sich das Freiheitsprinzip, das die Achtung des Staates vor den Menschenrechten verlangt, die innerhalb der Verfassung als Grund- und Freiheitsrechte verbürgt werden sollen. Das Solidaritätsprinzip zwingt die Staatsbürger zur Erfüllung bestimmter Leistungen an den Staat, diesen aber zur Gleichbehandlung seiner Bürger und zur subsidiären Leistung sozialer Hilfe. Der moderne Sozialstaat ist in diesem Grundsatz der Solidarität begründet. Im übrigen hat der Staat alle jene äußeren Bedingungen zu schaffen, die für die Staatsbürger zur Erfüllung ihrer Aufgaben und Entfaltung ihrer Anlagen notwendig sind, wie Pius XII. betont hat (UG 231); außer der Familie sei keine andere soziale Einrichtung so notwendig wie der Staat (UG 3450).

Aus der Zusammenschau von Subsidiaritätsprinzip und Freiheitsprinzip ergibt sich die Notwendigkeit der Schaffung des gegliederten Staates: Autonome Gemeinden und andere regionale Einheiten, bei größeren Staaten die Schaffung eines Bundesstaates erscheinen als sinnvolle Lösungen; ebenso ergibt sich die Notwendigkeit der Entwicklung zu einem pluralistischen Staatssystem: Die ideologisch-weltanschaulichen Differenzierungen sollen sich nicht nur in der Parteienstruktur, sondern in allen gesellschaftlichen Bereichen widerspiegeln, besonders im Vereins- und Medienwesen.

Die Katholische Soziallehre verweist immer wieder auf die entscheidende Bedeutung der Menschenrechte, so besonders in der Enzyklika

Johannes' XXIII. *Pacem in terris;* Johannes Paul II. hebt in seiner Enzyklika *Redemptor hominis* die Unvertretbarkeit und den Eigenwert jedes einzelnen Menschen hervor und weist damit dem Staat eine verantwortungsvolle Schutzfunktion zu, die sich aus der Anerkennung des Personprinzips herleitet. Die Verwirklichung der Gemeinwohlaufgaben des Staates setzt eine gewisse Stabilität des politischen Systems voraus: Dies bedeutet etwa Bemühungen um sozialen Frieden und wirtschaftliche Stabilität, nicht aber Erhaltung einer gegebenen Macht- und Parteienstruktur.

Aus der Personwürde und dem Personprinzip, aber auch aus dem Subsidiaritäts- und Freiheitsprinzip ergibt sich die Notwendigkeit der Schaffung eines politischen Entscheidungssystems im Staat, das seinen Bürgern ausreichende Mitbestimmung sicherstellt. Damit wird die Schaffung demokratischer Entscheidungsprozesse zu einem Grundziel einer freiheitsorientierten Gesellschaftspolitik – dies bei allen notwendigen Differenzierungen nach den einzelnen Ländern und ihren Entwicklungsstufen. Politische Kultur in einem Staat wird entscheidend vom Ausmaß und den Formen der Mitwirkung der Bürger an den Entscheidungsprozessen bestimmt; diese Mitwirkung soll sich nicht auf die Bestellung der Staatsorgane (direkt oder indirekt) über politische Wahlen beschränken, sondern es sollen die Verfassungen der Staaten die vielfältigen Möglichkeiten einer Partizipation der Bürger nutzen, so besonders über Formen einer Bürgerbeteiligung an politischen Entscheidungen (Bürgerinitiativen, Volksabstimmungen, Volksbegehren usw.).

Das natürliche Sittengesetz und in seiner Interpretation die Katholische Soziallehre stellt keine bestimmte Staats- und Regierungsform als ideale Lösung heraus: zu unterschiedlich sind die politisch-sozialen Strukturen in den einzelnen Ländern. Dennoch ergibt eine Zusammenschau der Ordnungsgrundsätze der Subsidiarität, der Solidarität, der Personalität und der Freiheit die Notwendigkeit einer Staatsform, die seinen Bürgern und ihren verschiedenen Organisationen und Institutionen eine Eigenständigkeit und die Möglichkeit bestimmter Formen der Selbstbestimmung und Selbstverwaltung läßt.

Aus der Sicht der politischen Ethik eher unbedeutend ist die Frage der Staatsform zwischen Monarchie und Republik: Ob das Staatsoberhaupt gewählt wird oder von einem Herrscherhaus im Erbweg bestimmt ist, ist weniger entscheidend als die Frage nach der Repräsentation der staatlich organisierten Gesellschaft durch parlamentarische Institutionen.

4. Rechtsstaat und Demokratie

Diese Überlegungen sprechen für den Vorrang des demokratischen Rechtsstaates, der in seiner Verfassung die Grundzüge des politischen Systems und vor allem des politischen Entscheidungsprozesses umschreibt und die Grund- und Freiheitsrechte seiner Bürger normiert. Die Verfassung als rechtliche Grundordnung des Staates soll mit der Verfassungswirklichkeit übereinstimmen: Gegen diesen Grundsatz verstoßen Staaten, die etwa Religionsfreiheit und andere Grundrechte verfassungsrechtlich garantieren, in der Praxis aber beschränken. Von der Verfassung im materiellen Sinn (politischer Entscheidungsprozeß, Weg der Gesetzgebung, Regierungsbestellung, allenfalls Wahl des Staatsoberhauptes) unterscheiden wir die Verfassung im formellen Sinn (alle Gesetze, die als Verfassungsgesetze zustande kommen bzw. einzelne Bestimmungen in Gesetzen, denen Verfassungsrang zukommt). Ein entsprechendes Niveau der politischen Kultur setzt eine gewisse Deckungsgleichheit zwischen materieller und formeller Verfassung voraus; es sollen die Grundsätze der Verfassung nicht durch zu viele Sonderbestimmungen mit Verfassungsrang in einzelnen Gesetzen außer Kraft gesetzt werden.

Für den Rechtsstaat ist entscheidend, daß die Gesetze auf Grund der Verfassung beschlossen werden, Gerichtsbarkeit und Verwaltung auf der Grundlage der Gesetzgebung erfolgen, so die Verordnungen der Regierung bzw. Verwaltung ebenso wie die Urteile der Gerichte und die Bescheide der Verwaltung auf der Grundlage der Gesetze und der diese ergänzenden Verordnungen ergehen. Die Kontrolle der Verfassungsmäßigkeit der Gesetze kann am besten durch eine eigene Verfassungsgerichtsbarkeit erfolgen, die der Gesetzmäßigkeit der Verwaltung durch eine Verwaltungsgerichtsbarkeit. Die Gebarung der öffentlichen Haushalte soll im Rechtsstaat gleichfalls durch unabhängige Organe (etwa Rechnungshöfe) kontrolliert werden, die dem Parlament verantwortlich sein sollen. Ganz allgemein geht es beim Rechtsstaat darum, daß alle Staatstätigkeiten durch die Gesetzgebung und letztlich durch die Verfassung gedeckt sind und ausreichende Kontrollmöglichkeiten der Aktivitäten der Regierung und des gesamten Behördensystems gegeben sind.

Demokratie als „Volksherrschaft" läßt sich in den modernen Staaten mit einer größeren Bevölkerungszahl nur durch repräsentative Organe auf gesamtstaatlicher Ebene oder derjenigen der Teilstaaten (Parlament, Ein- oder Zweikammersystem) verwirklichen. Daneben geht es um sinnvolle Formen der Mitbestimmung der Staatsbürger durch die erwähnten Formen der direkten (unmittelbaren) Demokratie (Volksbegehren, Volksabstimmungen, Bürgerinitiativen usw.).

Für den Rechtsstaat von großer Bedeutung ist eine Steuergesetzgebung, die den Bürgern klare und übersichtliche Richtlinien für die Besteuerung gibt, die Grenzen zumutbarer Belastungen einhält und nicht Freiheitsbeschränkungen über sinnwidrige Belastungen zuläßt. Entsprechende Kontrollmöglichkeiten im Rahmen des rechtsstaatlich gesicherten Berufungsverfahrens müssen gegeben sein (Steuermoral).

5. Ordnung in der Gerechtigkeit

Der Staat ist die organisierte Gesamtgesellschaft zur Verwirklichung der Gemeinwohlordnung: Als in den existentiellen Zwecken des Menschen begründete Gemeinschaft ist der Staat in den Gesamtzusammenhang der sittlichen Ordnung gestellt (J. Messner). Die Demokratie ist auf die wesenhafte Gleichheit der Menschen ihrer Natur nach begründet: Der demokratische Staat hat daher die Verpflichtung, diese Gleichheit auch vor dem Gesetz sicherzustellen. Bedrohungen der Gleichheit wie der Freiheit sind aber auch durch Machtkonzentrationen durch organisierte Gruppen möglich: Dem hat der Staat durch eine entsprechende Verbandskontrolle entgegenzuwirken. Auch die Verbändedemokratie ist dem Gemeinwohl verpflichtet. Der Mensch als *animal sociale et politicum* (Thomas v. Aquin, *De rege et regno* 1,1) ist seiner sozialen und politischen Natur nach auf viele Formen der Vergesellschaftung hin angelegt: Diese hat der Staat zu achten, aber auch Freiheitsbeschränkungen durch solche Gruppenbildungen zu verhindern. Die Enzyklika Johannes' XXIII. *Mater et magistra* nennt die intensive gesellschaftliche Verflechtung ein unsere Zeit besonders kennzeichnendes Merkmal: Dieses immer dichter werdende Netz sozialer Beziehungen zwischen den Menschen habe zu einer Bereicherung des Lebens und Wirkens der Menschen geführt (MM 59). Eine Ordnung der Gerechtigkeit verlangt aber eine sinnvolle Abgrenzung der Einflußbereiche der einzelnen Institutionen, Organisationen und Gruppierungen.

Gerechtigkeit bedeutet, jedem das Seine *(suum cuique)* zu geben. Schwieriger ist die Bestimmung dieses *suum:* In oberster Instanz wird der Staat (im besonderen als Sozialstaat, aber auch im Rahmen seiner Steuergesetzgebung) zumindest nach der materiellen Seite dieses dem einzelnen Zukommende bestimmen. Entscheidend sind aber auch die ideellen Voraussetzungen in diesem Zusammenhang, vor allem der Zugang zu den Bildungseinrichtungen, ganz allgemein die Ermöglichung einer umfassenden Partizipation am kulturellen Leben für möglichst alle Bürger. Dem Recht des einzelnen entspricht eine Pflicht des Staates und seiner einzelnen Institutionen, die Gerechtigkeit zu verwirklichen. In oberster Instanz ist der Staat für die Gesamtordnung der Gerechtigkeit verantwortlich. Das Zweite Vaticanum hat die Notwendigkeit herausgestellt, daß die politischen und rechtlichen Strukturen des Staates ohne jede Diskriminierung allen Staatsbürgern immer mehr die tatsächlichen Möglichkeiten geben müssen, „frei und aktiv teilzuhaben an der rechtlichen Grundlegung ihrer politischen Gemeinschaft, an der Leitung des politischen Geschehens, an der Festlegung des Betätigungsbereiches und des Zwecks der verschiedenen Institutionen und an der Wahl der Regierenden" (GS 75).

6. Souveränität und internationale Gemeinschaft

Die zunehmende internationale Verflechtung bringt die Notwendigkeit mit sich, die Souveränität der Staaten als oberste Herrschaftsgewalt nach innen und außen sinnvoll zu begrenzen: Dies geschieht durch die Errichtung internationaler Gemeinschaften und durch vertragliche Begrenzungen dieser Souveränität, vor allem in Form der Bildung regionaler politisch-wirtschaftlicher Integrationsformen. Am Beispiel der Europäischen Gemeinschaft sehen wir die zunehmenden Ausmaße dieser möglichen Souveränitätsverzichte.

Aus der Sicht der politischen Ethik und der Katholischen Soziallehre im besonderen geht es um die bessere Kooperation der Staaten weltweit und in den regionalen Bereichen, vor allem um die Entwicklungshilfe und die damit auch den einzelnen Staaten auferlegten moralischen Verpflichtungen. Die Enzyklika Pauls VI. *Populorum progressio* weist mit besonderem Nachdruck auf den immer neuen Zusammenhang von internationaler Gerechtigkeit und Sicherung der Weltfriedensordnung hin (PP 5ff.). Die Enzyklika Johannes Pauls II. *Sollicitudo rei socialis* führt den Gedanken Pauls VI. weiter, daß Entwicklung der neue Name für Frieden sei. In diesem Sinn stellt Johannes Paul II. in dieser seiner Enzyklika die Sorge um das Gemeinwohl der ganzen Menschheit auch als Problem der einzelnen Staaten heraus. Die Trennung der heutigen Welt durch eine weitgehende Wohlstandsdifferenzierung stelle letztlich eine Bedrohung für die Einheit der Welt dar und damit auch eine Gefahr für jeden einzelnen Staat (SRS 14). Auch hier werden Zusammenhänge zu den existentiellen Zwecken des Menschen hervorgehoben: Es gehe um eine menschlichere Entwicklung weltweit, um sinnvolle Formen und Möglichkeiten der dem Menschen gegebenen Güter

(SRS 28,29). Der Mensch ist in diesem Sinn dazu berufen, diese Güter zu nutzen, zugleich aber auch die Grenzen für den Gebrauch der auf der Erde vorhandenen Güter zu erkennen. Dies bringt für den einzelnen Staat die Verpflichtung mit sich, übermäßigen Formen eines Konsums entgegenzuwirken, vor allem für eine zukunftsweisende Umweltpolitik Sorge zu tragen, aber auch immer die internationalen Zusammenhänge zu beachten. *Populorum progressio* zeigt in diesem Sinn die Verantwortung der Staatsmänner auf, eine wirksamere internationale Solidarität zu entwickeln (PP 84). In diesem Sinn sollen auch zwischenstaatliche Hilfen geleistet werden, wenn in schwierigen politischen Situationen einzelne Staaten ihre politische und soziale Struktur verändern müssen, etwa totalitäre und autoritäre Systeme demokratisiert werden sollen (Osteuropa).

7. Staat und Religion

Der Staat muß die Freiheit der Religionsausübung (und auch der Nichtausübung) schützen, ganz allgemein die Gewissensfreiheit als ein entscheidendes Grundrecht des Menschen. Gerade dieses Grundrecht muß verfassungsrechtlich abgesichert sein und von den Staatsbürgern auch immer einklagbar sein. Totalitäre und autoritäre Systeme bedrohen dieses Grundrecht immer wieder trotz formaler verfassungsrechtlicher Garantie. Anders als der Islam verlangt die Katholische Soziallehre klare Kompetenzabgrenzungen zwischen Staat und den Kirchen. In diesem Sinn wird eine Trennung des Staates von der Kirche durchaus bejaht, wenn der Staat auch seine Kirchen und Religionsgemeinschaften als gemeinwohlorientierte Institutionen anerkennen und fördern soll, etwa in ihrem Schul- und Bildungswesen. Das Subsidiaritätsprinzip spricht für ein Schulwesen, das nicht zur Gänze staatlichen Trägern anvertraut ist. Auf jeden Fall können Kirchen und Religionsgemeinschaften einen entscheidenden Beitrag zur Sicherung einer pluralistischen Kultur leisten; die freiheitsorientierte Katholische Soziallehre lehnt jede Staatskultur ab. Religion ist wie Wirtschaft ein wesenhafter Kultursachbereich: Sie trägt daher auch zur Entwicklung der (auch politischen) Kultur entscheidende Elemente bei.

J. Messner, Das Naturrecht. Handbuch der Gesellschafts-, Staats- und Wirtschaftsethik ([1]1950, [5]1966); *M. Imboden,* Die Staatsformen (1959); *E. Forsthoff,* Der Staat der Industriegesellschaft (1971); *E. W. Böckenförde,* Der Staat als sittlicher Staat (1978); *A. Klose,* Gewissen in der Politik (1982); *V. Zsifkovits,* Politik ohne Moral? (1989)

ALFRED KLOSE

Steuer- und Besteuerungsmoral

→ Eigentum → Epikie → Gemeinwohl → Gerechtigkeit → Staat
→ Widerstand

1. Begriffe

Die christliche Moraltheologie und Moralphilosophie (Ethik) behandelt unter der allgemeinen Bezeichnung der Steuermoral im weitesten Sinne („Steuergerechtigkeit") in der Regel die Rechte und Pflichten des Steuerschuldners (Steuerzahler) *und* der Steuergläubiger (Staat, Kirche). Die Unterscheidung von Steuer- und Besteuerungsmoral läßt hingegen die Adressaten leichter erkennen. Die Postulate der Steuermoral und der Besteuerungsmoral sind – von der prinzipiellen Verpflichtung zur Steuerleistung abgesehen – der Moralphilosophie zuzurechnen. Das wenige, was die Bibel diesbezüglich sagt, muß im geschichtlichen Kontext gelesen werden (B. Häring).

2. Moral des Steuerschuldners

Die theologische Begründung jeder Steuerpflicht wird allgemein in Mt 22,21 („Gebt dem Kaiser, was des Kaisers ist!") und Röm 13,7 („Leistet allen gegenüber, was ihr ihnen schuldig seid: wem Steuer, die Steuer, wem Zoll, den Zoll!") gesehen. Ob die Steuerleistung angesichts der Willkür des damaligen Steuerpachtsystems des Usurpators als Gewissenspflicht oder lediglich als erlaubt dargestellt werden sollte, wird unterschiedlich beurteilt. In der traditionellen Moraltheologie wird überwiegend das Verständnis der Steuerpflicht als prinzipielle Gewissenspflicht sowohl hinsichtlich des Steuerbekenntnisses als auch der Steuerentrichtung vertreten. Der *Catechismus Romanus* (p. 3c. 8q. 10) bezeichnet als Kirchenlehre, daß sich „jene des Vergehens der Hinterziehung schuldig machen, welche die den kirchlichen Vorstehern und den Obrigkeiten gebührenden Zölle, Abgaben, Zehnten und anderes solcher Art nicht entrichten oder unterschlagen oder an sich reißen". Die Steuerpflicht verpflichtet als Gewissenspflicht unter Sünde. Die mit Recht verlangten steuerrelevanten Auskünfte dürfen weder verweigert noch lügnerisch erstellt werden. Das Zweite Vaticanum nennt die Steuerhinterziehung einen „Betrug" (GS 30). Der Steuerschuldner darf aber im Rahmen der Gesetze alles für ihn Günstige herausholen, um wie bei anderen positiv-menschlichen Gesetzen gegebenenfalls Billigkeit („Epikie") zu üben, und darf sich nur bei physischer oder moralischer Unmöglichkeit als ganz oder teilweise, vorübergehend oder dauernd entpflichtet verstehen. – Die Steuermoral war zunächst vor allem Tugendlehre und fußte auf den Tugenden des Gehorsams und der Gerechtigkeit.

3. Die Moral des Steuergläubigers

Bei der Beantwortung der Frage der Steuergerechtigkeit wurde oft zuwenig zwischen der sozialethischen und der individualethischen Seite unterschieden und die Gerechtigkeitsverpflichtung des Bürgers zur Steuerleistung viel häufiger behandelt als die Gerechtigkeitsverpflichtung des Gesetzgebers (J. Messner), obwohl die Theologen seit den Vätern (Justin und Tertullian) gleichzeitig mit der Steuerpflicht der Steuerschuldner forderten, daß auch die Steuer selbst gerecht sei: ihre Verordnung durch die rechtmäßige Obrigkeit in Kirche, Staat und Gemeinden, die Beschränkung der Abgaben auf das zum Gemeinwohl erforderliche und die gerechte Verteilung der Lasten auf die einzelnen (G. Ermecke). Den Forderungen der Gerechtigkeit unterliegt die Steuergesetzgebung, -verwaltung (Steuerveranlagung und -einhebung) und die Steuerverwendung. In einem demokratischen Staat erfaßt die Besteuerungsmoral auch den Stimmbürger mit der Frage, welche Art der Steuergesetzgebung und der Verwendung der Steuergelder er durch seinen Stimmzettel befürworten soll (B. Häring).

Die philosophische Begründung des Besteuerungsrechts des Staates und der Kirche und damit der grundsätzlichen Steuerpflicht der ihnen Angehörigen wird in der Erfüllung unentbehrlicher Gemeinwohlaufgaben gesehen: von der Bereitstellung öffentlicher Güter (Rechtsordnung, Geldordnung, Sicherheit, Seelsorgsdienste usw.) bis zu Transferzahlungen an Bedürftige als rechtliche Verpflichtung oder karitative Zuwendung. Daraus werden folgende Anforderungen an das Steuersystem abgeleitet: die Förderung der volkswirtschaftlichen Produktivität (z. B. im Zusammenhang mit der Steuerlastquote und der Kapitalbildung), die Wahrung des ordnungspolitischen Zusammenhanges (im Hinblick z. B. auf die Wirtschafts- und Eigentumsordnung), die subsidiäre Sorge für die soziale Verteilung des Volkseinkommens (J. Messner). Zu diesen Gesichtspunkten tritt angesichts der neuen ökologischen Problematik die Aufgabe der Besteuerung hinzu, z. B. durch eine Belastung schädlicher Emissionen, bisher externalisierte Kosten in die Produktionskosten der damit belasteten Produkte eingehen zu lassen, um sie damit gegenüber umweltschonenden Erzeugungsweisen zu verteuern und so zum Schutz der bedrohten Schöpfung beizutragen.

Dabei sind aber sowohl eine Erhöhung der volkswirtschaftlichen Steuerlastquote wie auch internationale Wettbewerbsverzerrungen zu vermeiden. Die Besteuerungsmoral umfaßt nicht nur die Verteilung der Steuerlast, sondern letzten Endes den ganzen Bereich der Finanzwirtschaft, definiert als wirtschaftliches Handeln des Staates, soweit sich dieses in einem öffentlichen Haushalt niederschlägt (C. Smekal).

Zur Besteuerungsmoral gehört auch die Durchsetzung der Steuergesetze. Mangelhafte Effektivität durch höhere Tugendhaftigkeit der Steuerschuldner ersetzen zu wollen, wäre weder zielführend noch moralisch vertretbar. Dies würde sie einem selbstschädigenden Teufelskreis ausliefern.

4. Beziehung zwischen Steuermoral und Besteuerungsmoral

Für die Folgen einer Mißachtung der Besteuerungsmoral durch den Steuergläubiger auf die Verpflichtungen des Steuerschuldners wurden die Latten verschieden hoch gelegt. Einigkeit besteht darin, daß die optimalen Voraussetzungen in dieser unvollkommenen Welt günstigenfalls annähernd erfüllt werden und daß es sich dann, wenn alle Voraussetzungen fehlen, nur dem Namen nach um eine Steuer, der Sache nach aber um Raub handelt. Dieser Extremfall wird aber (z. B. von Nell-Breuning) für unrealistisch gehalten. Auch das verwerflichste Regime erfüllt gemeinnotwendige Aufgaben und verwendet dafür einen Teil der Zwangsabgaben. Er nennt es „kurzschlüssiges Denken", wenn daraus gefolgert wird, daß dann nur die Pflicht bestehe, den entsprechenden Teil der Steuer zu entrichten. Durch eine solche Kürzung der gezahlten Steuer werde nämlich – eine ausgesprochene Zwecksteuer ausgenommen – die verwerfliche Verwendung der Steuergelder nicht verhindert, das Regime werde auf alle Fälle den von ihm beanspruchten Betrag an Steuern eintreiben. Die Minderzahlung einzelner führe damit zu einer ungerechten Lastverteilung zu Lasten derer, die aus irgendwelchen Gründen nicht hinterziehen können. Darum werde sich der Steuerpflichtige – soweit nicht besondere Gründe vorliegen – nicht davon freisprechen können, die Steuern voll zu entrichten.

Bei den Grundsätzen der Besteuerungsmoral folgt die Sozialethik der Natur der Sache nach den von den Finanzwissenschaften entwickelten Steuergrundsätzen (z. B. J. Messner, J. Höffner) und nimmt damit auch an deren Lernprozeß teil. Einigkeit dürfte darüber bestehen, daß es selbst nach interdisziplinärer Ausschöpfung aller Mittel der Moraltheologie und der Finanzwissenschaften nicht gelingen wird, zweifelsfrei zu entscheiden, wie weit die Gewissenspflicht zur Steuerzahlung reicht und wo sie endet.

Diese Gewissensentscheidung kann letzten Endes wie jede andere durch keine Moraltheologie abgenommen, es können von dieser nur Entscheidungshilfen erwartet werden. Nell-Breuning bietet zur „Eingrenzung des Fehlerfeldes" folgende Grundsätze an: Die rechtmäßige Obrigkeit hat die Rechtsvermutung für sich, daß ihre Anordnungen, obwohl als Menschenwerk unvollkommen, sich doch im Rahmen dessen halten, was sie anzuordnen befugt ist; diese Rechtsvermutung muß schlüssig widerlegt sein, bevor man sich von Verpflichtungen freisprechen darf. Je mehr die heutigen Steuern neben den unmittelbaren fiskalischen noch zahlreichen anderen (sozial-, wirtschaftspolitischen u. a.) Zwecken zu dienen haben, um so sorgfältiger hat der Steuerschuldner eine auf den ersten Blick erlaubt scheinende Steuerverkürzung und deren weitverästelte Wirkungen nach all diesen Richtungen zu verfolgen und abzuwägen, bevor er sich das Urteil bilden darf, eine nach dem Gesetz auf ihn entfallende Steuer belaste ihn in wirklich unvertretbarer Weise und sei daher für ihn in dieser Höhe nicht verbindlich. Bei der Höhe der heutigen Steuern kann steuerliche Unredlichkeit einen schwerwiegenden Wettbewerbsvorteil bedeuten und so anderen Wettbewerbern widerrechtlichen schweren Schaden zufügen. Die in früherer Zeit nicht unbegründete, auch heute noch im moraltheologischen Schrifttum anzutreffende Differenzierung zwischen direkten Steuern als gewissensverbindlich und indirekten Steuern (einschließlich Zöllen), die es nicht seien, ist heute als überholt anzusehen. Die indirekten Steuern verdienten des Wettbewerbsvorteiles wegen sogar das strengere moralische Urteil.

Es gibt auch die Meinung, die dem Steuerschuldner aufgrund der unübersichtlichen und komplexen steuerrechtlichen Zusammenhänge die Fähigkeit abspricht, sich darüber ein Urteil anzumaßen, ob und inwieweit der Steuergläubiger seine sittlichen Schranken eingehalten hat. Damit wird die Freiheit des Steuerschuldners darauf beschränkt, alle legalen Möglichkeiten zur Änderung der beanstandeten rechtlichen Regelungen wahrzunehmen. Wie z. B. J. Höffner: Die Höhe der Steuern, ihre Anonymität, das Fehlen einer sichtbaren Gegenleistung, die komplizierten Überwälzungsvorgänge und nicht zuletzt das Umsichgreifen jener Haltung, die man „Grenzmoral" nennt, haben die Steuermoral bedenklich absinken lassen. Die Steuerhinterziehung sei so allgemein geworden, daß diejenigen, die sich ihr nicht anschließen, im Konkurrenzkampf zu erliegen drohen. Dieser Haltung gegenüber betonte die christliche Soziallehre, daß die Steuerpflicht eine Gewissenspflicht ist. Durch hohe Ausgaben bedingte höhere Steuern wären jedenfalls das geringere Übel als eine Staatsfinanzierung durch Inflation.

5. Proportionalität von Steuermoral und Besteuerungsmoral

Es fällt hingegen schwer, die Unübersichtlichkeit von Staat, Wirtschaft und Gesellschaft als komplexe Phänomene lediglich zu Lasten des Steuerschuldners und der Gestaltungsmöglichkeit seiner Steuerverpflichtung gelten zu lassen. Nicht zuletzt ist die Kompliziertheit der Steuergesetzgebung auch auf die mangelhafte Befähigung des Staates und der für ihn Verantwortlichen zurückzuführen, die vielschichtigen Interessenkonflikte mangels einer klaren Ordnungspolitik für alle so akzeptabel wie möglich zu lösen.

A. F. Utz wendet sich ausdrücklich gegen jene Moralisten, die erklären, der einzelne könne aus eigener Erkenntnis die Erfüllung der Forderungen der Besteuerungsmoral nicht beurteilen, und es dem Steuerzahler selbst dann, wenn er dazu fähig wäre, nicht gestatten, seine Steuererklärung zu fälschen, und ihm lediglich die Möglichkeit einräumen, an den Bemühungen um eine Steuerreform teilzunehmen. Angesichts des gesamtheitlich „prinzipienlosen Pragmatismus" der heutigen Steuerpolitik werde es unmöglich, die Mängel dem hilflosen Steuerschuldner aufzuladen: Ohne eine ethische Staatstheorie fehlt jeder Steuermoral, sei es der des Staates oder des Individuums, der Maßstab.

Heute sind trotz klar definierter finanzwissenschaftlicher Grundsätze auffallende Ungleichheiten in der Besteuerung die Regel, wie z. B. zwischen Selbständigen und unselbständig Erwerbstätigen, zwischen pauschalierten und voll steuerpflichtigen Betrieben, zwischen Unterhaltspflichtigen und Kinderlosen, dem Eigen- und dem Fremdkapital, zwischen Dienstleistungen in Betrieben und solchen in privaten Haushalten, zwischen Steuerschuldnern an unterschiedlichen Standorten usw. Bei der zunehmenden internationalen Verflechtung wird es immer leichter, sich der nationalen Besteuerung zu entziehen. Die sogenannte Steuer-(oder Kapital-)flucht in Länder mit geringerer Besteuerung ist nicht nur nicht an sich schon amoralisch, sondern meist der effektivste Weg zur Beseitigung grober Verletzungen der Besteuerungsmoral („Konkurrenz der Standorte").

Daß im Falle einer demokratischen Staatsordnung die Frage nach optimaleren Konfliktlösungsstrategien gestellt werden kann, während sich andere Regierungsformen überhaupt jeder oppositionellen Kritik entziehen, kann für die Beziehung zwischen Steuermoral und Besteuerungsmoral nicht ohne Folgen sein. Sind die Voraussetzungen für ein

Steuerwiderstandsrecht von der traditionellen Steuermoral relativ hoch angesetzt, so gibt es doch gewisse Berührungspunkte mit jener moraltheoretischen Auffassung, die eine strengere Proportionalität zwischen Steuermoral und Besteuerungsmoral sehen. So wird z. B. von B. Häring die uneingeschränkte Bejahung der individuellen Steuerpflicht am Symbol der römischen Steuermünze und trotz des korrupten Steuerpachtsystems als bloß durch die Machtlosigkeit der kleinen Christengemeinde historisch bedingt angesehen.

Häring erklärt auch die Beurteilung der Steuervorschriften lediglich als Pönalgesetze, die zwar nicht das Gewissen binden, aber zur Zahlung der (riskierten) Strafe im Nichtleistungsfall verpflichten, mit der in der Zeit des Absolutismus üblichen Zensur, die viele Moralisten an einer schärferen Kritik an der damaligen Besteuerungsmoral (kostspielige Hofhaltung, sinnlose Kriegsführung) hinderte. Er verlangt damit eine engere Verbindung der Gewissenspflicht des Steuerschuldners mit der Gerechtigkeitspflicht des Steuergläubigers. In einem freien demokratischen Staat könne man im allgemeinen sagen, daß das grundsätzliche Ja zu den demokratischen Spielregeln auch die Verpflichtung nach sich ziehe, sich der geltenden Steuergesetzgebung zu unterwerfen. Steuerbetrug sollte mit allen rechtsstaatlichen Mitteln aufgedeckt und bestraft werden. Bei ganz offensichtlich ungerechter Verwendung von Steuergeldern (z. B. zur Finanzierung der „Abtreibung auf Verlangen") möchte B. Häring einen Steuerstreik jedoch „nicht kategorisch ausschließen". In einer amoralischen Diktatur besteht kein Anlaß, nicht auch die Steuerverweigerung in das moralisch abgesicherte Widerstandsrecht des Staatsbürgers einzubeziehen.

Im Umstand, daß jemand deshalb mehr Steuern zahlen muß, weil er sich keinen gewiegten Steuerberater leisten kann, liegt einer der schwersten Vorwürfe gegen die Besteuerungsmoral des heutigen Staates und darum einer der beachtlichen Gründe jener, die zum Schutze der Bürger auch heute noch viele Bestimmungen des Steuerrechts für bloße Pönalbestimmungen betrachten (G. Ermecke) und die Steuer- und Zollgesetze nicht als strenge Gewissenspflicht ansehen, die unabhängig von der Besteuerungsmoral eine absolute wäre. Daß die Steuermoral in der öffentlichen Meinung weit hinter der allgemeinen Moral rangiert, wird auch heute vor allem auf die tatsächlichen Härten und Mängel der Steuergesetzgebung zurückgeführt. Der Staat trägt dem insoferne Rechnung, als er die Steuerhinterziehung in einem eigenen Steuerstrafrecht meist weniger streng bestraft als den zivilrechtlichen Betrug (G. Schmölders).

Diese Auffassung ist begründbar durch die Bindung der an die Steuerschuldner adressierten individualethischen Postulate an die Erfüllung der an den Steuergläubiger gerichteten sozialethischen Forderungen als gegenseitig proportionale Verpflichtung: Je strenger sich der Steuergläubiger an die Grundsätze der Besteuerungsmoral hält, desto mehr wird die Verbindlichkeit des Steuerschuldners zur Gewissenspflicht. So wird zwischen der prinzipiellen Steuerpflicht selbst dem Usurpator gegenüber und der Anwendung der Steuerpflicht nach dem Grundsatz, daß niemand im Gewissen verpflichtet ist, mehr Steuern zu zahlen als gerechterweise von ihm als Beitrag zum Gemeinwohl verlangt werden kann (G. Ermecke), eine plausible Verbindung hergestellt.

6. Schutz des Steuergläubigers vor sich selbst

Aufgrund der Erfahrungen mit dem totalitären Gewaltstaat weist die moderne Theorie der Ordnungsethik dem Staat jene Aufgaben zu, zu deren Lösung er gegenüber anderen gesellschaftlichen Konfliktlösungsinstitutionen (Wettbewerbsmarkt, Sozialpartner, Selbsthilfeeinrichtungen, Religionsgemeinschaften usw.) relativ am besten geeignet ist. Die auf den Prinzipien der christlichen Soziallehre (insbesondere der Subsidiarität) beruhenden Konzeptionen der Sozialen Marktwirtschaft bringen eine strenge Überprüfung (einschließlich Neuzuweisungen) des staatlichen Kompetenzkataloges. Eine Gesellschaftsordnung ist umso effizienter und sittlich umso reifer, je weniger Aufwand an moralischer Kraft sie den einzelnen in den konkreten Einzelentscheidungen abverlangt (W. Schreiber). Das gilt in bezug auf den Steuerpolitiker wie auf den Steuerzahler.

Eine neue Theorie der Politik sieht den als Steuergläubiger agierenden Menschen nicht anders als den Steuerschuldner: als einen solchen, der auf seine Vorteile bedacht ist. Seine Moral muß auch und gerade dem Wähler gegenüber durch Regeln und Institutionen geschützt werden. Insbesondere braucht das staatliche Gewaltenmonopol verfassungsrechtliche Schranken zum Schutze vor seiner „natürlichen Neigung zum Exzeß", vor allem auf dem Gebiet der öffentlichen Finanzen und hier insbesondere der Besteuerung (z. B. J. M. Buchanan, aber auch F. A. Hayek u. a.).

7. Kirchensteuer und Kirchenbeitrag

Für die Anwendung der allgemeinen Grundsätze der Steuermoral und der Besteuerungsmoral auf die abgabenähnliche Finanzierung der christlichen Kirchen gilt eine gewisse Analogie, über deren Grenzen vor allem unter pastoralen Gesichtspunkten unterschiedliche Meinungen bestehen.

G. Brennan / J. M. Buchanan, Besteuerung und Staatsgewalt (1988); *B. Häring,* Frei in Christus. Moraltheologie für die Praxis des christlichen Lebens (³1981), 393f.; *J. Höffner,* Christliche Gesellschaftslehre (⁸1983); *J. Mausbach / G. Ermecke,* Katholische Moraltheologie, Bd. III/2 (¹⁰1961), § 55; *J. Messner,* Das Naturrecht (⁵1966), 899f.; *F. Neumark,* Grundsätze gerechter und ökonomisch rationaler Steuerpolitik (1970); *H. Paarhammer* (Hrsg.), Kirchliches Finanzwesen in Österreich (1989); *A. F. Utz,* Sozialethik, Tl. III: Die soziale Ordnung (1986), 211ff.

WOLFGANG SCHMITZ

Strafe

→ Gerechtigkeit → Lohn → Lohnmoral → Menschenrechte
→ Menschenwürde → Rache → Recht → Reue → Schuld → Sünde
→ Todesstrafe → Übel

1. Rechtsphilosophische und ethisch-philosophische Überlegungen

In der rechtsgeschichtlichen und in der rechtstheoretischen Literatur wird die *Strafe* von Formen der Privatrache einerseits und von sogenannten Maßnahmen andererseits unterschieden. Die *Rache* ist eine Sanktion, welche gegen Personen oder deren Angehörige auferlegt wird, ohne öffentlich-rechtliche Regulierung in der Anwendung und im Maß derselben.

Die *Maßnahme* ist eine administrative Entscheidung, die von Behörden getroffen wird, einer Person gegenüber, welche in ihrem gesellschaftsschädlichen Handeln als schuldunfähig und insofern als strafunwürdig betrachtet wird.

Strafe hingegen ist eine freiheitseinschränkende Sanktion, die aufgrund eines Rechtsverfahrens, in dem die Schuld eines Täters eruiert wird, getroffen wird. Seitdem Rechtsverfahren in menschlichen Gesellschaften bekannt sind, ist auch eine ethische Diskussion über die prinzipielle Legitimität dieser Sanktion und über die Kriterien der Messung ihrer Intensität im Gange.

Man unterscheidet seit Plato zwischen sogenannten *absoluten* und *relativen* Begründungen bzw. Theorien der Strafe. Diese Einteilung wird auch mit den parallelen Stichworten *Retributionstheorie* bzw. *utilitaristische Theorien* ausgedrückt.

In der Perspektive der *absoluten Theorien* wird die Strafe als eine Sanktion gesehen, welche an und für sich keine Wirkung beim Betroffenen auslösen will, als ein Übel, das keinen Erfolg erzielen möchte, sondern nur das geschehene Unrecht ausgleichen will. Die Strafe ist hier eine automatisch eintretende proportionale Vergeltung des geschehenen Rechtsmißbrauchs. Auf den ersten Blick könnte man meinen, daß dieses Verständnis der Strafe ethisch höchst primitiv und undifferenziert sei, d. h. als eine rational verfeinerte Form der „Blutschuldsideologie" und des „Taliongesetzes" anzusehen. Daß dies nicht die einzig mögliche Auslegung dieser Begründungsfigur sein muß, zeigt z. B. die Strafrechtstradition des deutschen Idealismus. Besonders bei I. Kant wird die Idee der Vergeltung in harmonischen Einklang mit dem Ideal der Verwirklichung der Gerechtigkeit gebracht. Die Vergeltungstheorie rechtfertigt nicht die naturwüchsige Reaktion des verletzten Rechtsempfindens einer Gesellschaft, die Rache, sondern geht vom Begriff der Gerechtigkeit aus. Sie betrachtet den Rechtsbruch als Anmaßung gegenüber den Mitbürgern, was, immer nach Kant, einen Ausgleich durch die Strafe verlangt. Heute kennt man eine ausdifferenzierte Version der absoluten Theorie vor allem durch die Unterscheidungen, welche von H. L. A. Hart eingeführt worden sind. Die sogenannte „Vergeltung" oder Retribution bezieht sich hier nicht auf den *Grund* der Strafe, auch nicht auf eine gemeinte *sühnende Funktion* derselben, sondern ausschließlich auf ihr *Maß*. Letzteres kann nicht größer sein, als das geschehene Unrecht gewesen ist. Bei H. L. A. Hart wird die Hauptfunktion und zugleich ihre ethische Begründung in der sogenannten moralischen *Mißbilligung* zur geschehenen Tat.

Diese wohlwollenden Auslegungen der absoluten Begründung der Strafe beseitigen aber die zahlreichen dagegen formulierten Einwände nicht. Vor allem kann die Vergeltungsstrafe das konkrete Leiden des Opfers eines Delikts nicht mindern oder gar aufheben, sondern sie summiert Leiden mit Leiden.

Die *relativen Theorien* legitimieren die Strafe, indem sie mit ihr einen Zweck erreichen wollen. Die Bezeichnung von verschiedenen Zwecken differenziert dann die relativen Theorien selbst. Die systematische Gliederung und Verkettung solcher verschiedenen Zwecke der Strafe sind schon seit dem Mittelalter bekannt. Bei Thomas v. Aquin sind solche Zwecke bekannt und legitimiert: „Die Bestrafungen des gegenwärtigen Lebens ... sind an sich nicht gefordert – denn hier unten haben wir nicht die letzte Frist der Vergeltung –, sondern als Heilmittel, und so dienen sie entweder zur Besserung des Fehlenden oder zum Wohl des Gemeinwesens, dessen Ruhe durch die Bestrafung der Übeltäter gesichert wird." (S.Th. II/II, q 68 a 1). *General- und Spezialprävention* sind also die Hauptfiguren der sogenannten relativen Strafbegründungen. Letztere haben, vor allem im 19. Jh. durch die Tradition von Franz v. Liszt und der *„défense sociale"*, eine detailliertere Aufgliederung der Strafzwecke erfahren. Somit unterscheidet man heute in der Rechtshandbuchtradition zwischen *Unschädlichmachung*, *Abschreckung* und *Resozialisierung* des Täters als sich ergänzende Ziele jeder Strafe. Ihre Ergänzung geschieht vor allem durch den je zeitlich anders gelagerten Funktionseintritt der drei verschiedenen Strafzwecke. So sollte die *Generalprävention* (Abschreckung) vor möglichen Delikten, die *Spezialprävention* unmittelbar vor der Tat und die *Resozialisierung* nach der Tat und nach dem Prozeß wirken bzw. zur Anwendung kommen.

Gegen die relativen Theorien werden auch ethische Bedenken ins Feld geführt. Es seien hier die häufigsten erwähnt. Gegen die Figur der Generalprävention im allgemeinen wird vor allem behauptet, daß letztere einerseits empirisch nie restlos als wirksam nachgewiesen werden kann und andererseits, daß sie den Täter zum Mittel des Wohls der Gesellschaft reduziert. Falls man die Generalprävention zum ausschließlichen Kriterium für das Angemessensein einer Strafe betrachtet, könnte man damit auch die Bestrafung einer unschuldigen Person damit legitimieren.

Auch die Resozialisierungsthese weist ihre Schwächen auf. Falls sie mechanisch verstanden und angewendet wäre, könnte sie zu einer Zwangsmoralisierung der Täter führen. Dies würde dem Wesen des Ethischen, welches nur unter der Bedingung der Überzeugung und der frei angeeigneten Gesinnung sich realisieren läßt, widersprechen.

Alle diese Einwände sollten mindestens zur ethischen These führen, daß eine adäquate Strafbegründung nicht monistisch sein sollte. Nur eine differenzierte Dosierung verschiedener Strafbegründungsfiguren kann sowohl theoretisch befriedigend und zugleich praktikabel sein.

Über die Begründungsfiguren hinaus spielen andere *Grundbedingungen* eine zentrale Rolle in der ethischen Legitimation der Strafe. Sie können mit den bekannten lateinischen Ausdrücken zusammengefaßt werden: *nulla poena sine lege, nulla poena sine culpa, in dubio pro reo*. Der erste Grundsatz besagt, daß man nur aufgrund von in Gesetzen klar vorausdefinierten Strafbeständen bestraft werden darf. Ausgeschlossen sind hier z. B. reine Gedanken und Gesinnungen *(cogitationis poenam nemo patitur)*. Der zweite Grundsatz drückt die Notwendigkeit einer regulierten Überprüfung (durch einen Prozeß) der Fähigkeit und der Absicht des Täters, eine Straftat zu begehen, aus. Falls bei dieser Überprüfung Unsicherheitselemente bezüglich der Tat und/oder der Absicht entstehen, ist zugunsten des Angeklagten zu entscheiden.

2. Geschichtsphilosophische und wissenschaftstheoretische Zwischenbetrachtung

Der Gesinnungswandel, welcher von C. Beccaria bis heute reicht und welcher die Vergeltungstheorie verneint und die Resozialisierung des Täters als Hauptziel der Strafe ansieht, wird von der heutigen Literatur fast immer als ein schwieriger, aber kontinuierlicher *Humanisierungsprozeß* in Theorie und Praxis interpretiert. Diese optimistische Perspektive, in die der Argumentationswandel eingebettet ist, scheint (wenigstens in ihrer „vulgären" Version, so wie sie von den Massenmedien verbreitet wird) hinterfragbar. Ist in der Tat die Ausdifferenzierung der Strafrechtsargumentation ein eindeutiges Zeichen menschlicheren und ethischeren Umgehens mit Sanktionen? Haben wir es seit der Aufklärung mit einem langsamen, aber sicheren Verbesserungsprozeß zu tun?

Eine zweite Frage soll hier erörtert werden. Läßt sich die ethische Qualität einer strafrechtlichen Sanktion nur aufgrund ihrer Legitimation ableiten? Ist ihre empirische Gestaltung, mit welchen Argumenten immer sie begründet sein mag, nicht faktisch wichtiger? Hier läßt sich eine solche Fragestellung nur mit der Heranziehung von Daten und Resultaten aus der Kriminologie und anderen Humanwissenschaften entscheiden. Was für eine Rolle spielen aber diese Informationen in der sittlichen Urteilsbildung?

Je nach wissenschaftstheoretischem oder fundamentaltheologischem Standpunkt kann man diese Informationen entweder als irrelevant oder als höchst signifikant einstufen. Strenge Anhänger der sprachanalytischen Ethik werden Mühe haben, die normative Tragweite dieser kriminologischen Resultate und Theorien anzuerkennen. Sie werden zu Recht behaupten, daß diese Aussagen deskriptiver Natur sind und daß sie aus diesem Grund niemals direkt Grundlage eines normativen Werturteils sein können.

Es besteht aber die Möglichkeit, daß philosophische und/oder theologische Ethiker, welche eher eine andere Linie im Normenfindungsprozeß vertreten, eine Revision in der Strafbegründungsargumentation verteidigen, weil sie eine bestimmte Kontinuität zwischen Erklärungs-, Verstehens- und Legitimationsmustern postulieren. Auch viele Kriminologen glauben an die direkte Relevanz der Resultate ihrer Forschung für die Problematik der ethischen Begründung der Strafe, für die Strafrechtsform und für die Kriminalpolitik. Die Problematik der ethischen Rechtfertigung der Strafe ist also ein Ort, wo das allgemeine

Thema der Relevanz der Humanwissenschaften für die ethische Urteilsbildung exemplarisch angewendet werden kann. Die neuzeitlichen Entwicklungen in der Theorie und in der Praxis der Strafe sind nicht als parallele Verbesserungsprozesse zu interpretieren. Wir stehen vielmehr innerhalb eines sehr komplexen Differenzierungsvorganges, welcher angemessenere Strategien der Humanisierung fordert.

3. Einige theologische Perspektiven

Es scheint mir nützlich, zuerst auf den *systematischen Ort* der Thematisierung der Strafe als solcher innerhalb des Aufbaues einer theologischen Ethik hinzuweisen.

In der Tradition der *katholischen Moraltheologie* findet man vor allem zwei Grundtypen der Systematisierung des ethisch-theologischen Diskurses, welche der Strafe je einen anderen Stellenwert zuweisen. Die *mittelalterlich-scholastische* Einordnung und Eingliederung der ethischen Materie in ein „Tugendschema" behandelt die sogenannte „weltliche Strafe" im Rahmen der Gerechtigkeitslehre. Diese Art, das Problem der Legitimität der Strafe zu thematisieren, bringt sicherlich einige Nachteile mit sich. Gesellschaftliche Vorgänge und Institutionen werden in ihrer Komplexität und ethischen Relevanz nicht angemessen erfaßt. Andererseits, da die Realisierung der Gerechtigkeit im Zentrum aller Überlegungen zur Strafe steht, wird die Gefahr der theologischen Verherrlichung der Institution, welche Strafe ausübt, geringer.

Diese Gefahr der Ideologisierung wird in der *nachtridentinischen Gebotsmoral,* die den Dekalog als Aufbauschema benützt, viel größer. Hier, vor allem in den Handbüchern, die eher für die Beichtpraxis geschrieben wurden, wird der Wille Gottes in einzelnen Geboten so direkt und undifferenziert verobjektiviert, daß eine Gottesvorstellung im Sinne eines autoritären und willkürlichen Gesetzgebers eindeutig begünstigt wird. Göttliches Gericht und menschliche Rechtsprechung bedienen sich der gleichen Terminologie und scheinen oft mechanisch aufeinander bezogen zu sein.

Gleichzeitig und parallel dazu herrscht auf *protestantischer* Seite, vor allem in der lutherischen Auslegung der Reformation, eine verkürzte (und von Luther selbst kaum vertretene) Auffassung der „Zwei-Reiche-Lehre". In dieser Perspektive erscheint der Staat vor allem als Hüter einer gottgewollten Ordnung, der daher berechtigt ist, zu deren Aufrechterhaltung seine strafende Macht einzusetzen.

In beiden theologischen Ansätzen, auch wenn sie konfessionell anders gelagert sind, sind die theonome Legitimation des Staates und der

Autorität und die theonom begründete Vergeltungsstrafe aufeinander bezogen. Im Gegensatz dazu sollten die christliche Qualität und Angemessenheit der ethisch-theologischen Argumente, welche im Zusammenhang mit dem Strafbegründungsverfahren gebracht werden, an ihrem Beitrag zur Entpotenzierung der Vergeltungs- und Staatsallmachtsideologie gemessen und beurteilt werden.

Damit eine solche theologische Leistung vollzogen werden kann, müssen verschiedene theologische Vorstellungen, die um die Souveränität Gottes kreisen, tiefgreifend revidiert werden. Dies bedeutet aber nicht, daß der theologisch motivierte Ethiker enthusiastisch und undifferenziert die sogenannte „Resozialisierungsthese" übernehmen soll.

Abgesehen von der Tatsache, daß jede Sozialisierungsvorstellung von vielen gesellschaftsbezogenen Ideologien behaftet ist, sollte also auch jedes Plädoyer für echte Resozialisierung die Dimension des *Schuldhaften* und sogar des *Sündhaften* enthalten. In der Tat ist manchmal diese Vorstellung der Resozialisierung ethisch „neutral" oder will mindestens nicht moralisierend sein. Wenn man aber auf jede Analogie zwischen der juridischen und der ethischen Schuldauffassung verzichtet, wird jede Sozialisierungsmaßnahme zu einer Anpassungstechnik an die bestehende Gesellschaft.

Im Gegensatz dazu eröffnet und ermöglicht theologisch verstandene Schuld eine Auffassung von (Re-)Sozialisierung, die alle involvierten Akteure auf je eine spezifische Art betroffen und verantwortlich macht: den Täter, das Opfer und die beobachtende und verurteilende gesellschaftliche Umgebung.

Dies bedeutet nicht, daß mit der Kategorie der „Sünde" eine Art Generalfreispruch ausgesprochen wird. Vielmehr wird göttliche Gerechtigkeit vor jeder Vermischung mit menschlicher Justizverwaltung bewahrt.

Trotz aller dieser Anstrengungen bleibt es immer schwierig, in dieser Welt auf Sündenböcke zu verzichten. Gegenseitige Stigmatisierung ist der kürzeste Weg, um sich auf der rechten Seite wohl zu fühlen, ohne sich selbst zu hinterfragen. Der Verzicht auf den Sündenbock und der entschiedene und organisierte Wille zur Versöhnung wird immer mehr zu einer heiklen Angelegenheit. Die Christen aber wissen, daß Versöhnung in der Welt ein für allemal schon stattgefunden hat. Sie brauchen nur die exemplarische Praxis Jesu am Kreuz mit entschiedener Phantasie zu verlängern.

Theologisch motivierte Bemühungen für eine Strafrechtsreform sollten alle Schritte bevorzugen und unterstützen, welche Interaktionen der gegenseitigen Anerkennung zwischen Straffälligen, Justiz- bzw.

Vollzugspersonal und Öffentlichkeit begünstigen. Der Christ, der sich als *simul iustus et peccator* versteht, soll jeden Straffälligen als „Nächsten" erfahren können. Damit dies möglich wird, versucht er alle unnötigen Rituale der Isolierung und der Etikettierung innerhalb und außerhalb der Vollzugsanstalten zu beseitigen. In diesem zur Praxis ermunternden Verständnis jedes einzelnen Menschen als Sünder und Gerechten zugleich liegt vielleicht die Spezifität einer christlichen Grundvorstellung der Strafrechtsreform.

F. Böckle, Strafrecht und Sittlichkeit, in: HchE II, 313–318; *A. Bondolfi*, Pena e pena di morte (1985); *E. Frey* (Hrsg.), Schuld – Verantwortung – Strafe im Lichte der Theologie, Jurisprudenz, Soziologie, Medizin und Philosophie (1964); *H. L. A. Hart*, Punishment and Responsibility (1968); *U. Neumann / U. Schrot*, Neuere Theorien von Kriminalität und Strafe (1980); *P. Noll*, Die ethische Begründung der Strafe (1962); *E. Schmidhäuser*, Vom Sinn der Strafe (²1971); *J. Wisnet*, Die verratene Versöhnung (1980).

ALBERTO BONDOLFI

Straßenverkehr

→ Kommunikation → Leben → Maß → Technik → Tugenden und Laster → Umweltethik

1. Die Fragestellung

Ein menschliches Leben ohne Fortbewegung und damit auch ohne Straßenverkehr ist schlechthin unvorstellbar. Allerdings, der moderne Straßenverkehr stellt an jeden, der daran teilnimmt, sittliche Forderungen. Denn erstens ist der Verkehr auch eine Weise der Begegnung und des menschlichen Umgehens miteinander, zweitens ergibt sich aus den objektiven Gefahren des Verkehrs die sittliche Pflicht der Rücksichtnahme auf das menschliche Leben, und drittens wirft der Straßenverkehr Probleme des Umweltschutzes auf.

2. Der Straßenverkehr als Begegnung und Kommunikation von Menschen

Trotz äußerlicher Nähe ist der einzelne Verkehrsteilnehmer zunächst einmal isoliert und allein. Dennoch handelt es sich um eine ständige, stumme und anonyme Kommunikation – eine Art Körpersprache, die sich in der Art des Beschleunigens, des Überholens, des Hupens und Anblinkens, des Vordrängens oder Herein- und Vorbeilassens oder auch des freundlichen und unfreundlichen Zeichens durch die Windschutzscheibe manifestiert.

Darüber hinaus weiß man heute sehr gut, wie viele Motive, die mit dem eigentlichen Sinn des Verkehrs, nämlich der Fortbewegung, nichts zu tun haben, das Geschehen auf der Straße mitbestimmen: Autos und Motorräder werden angeschafft, um Prestige und Reichtum oder eine bestimmte Gruppenzugehörigkeit zu manifestieren, im Fahrverhalten reagiert man Ärger und Enttäuschungen ab, macht auf sich aufmerksam, zeigt Imponiergehabe oder betrachtet das Fahren wie einen aufregenden Sport oder ein unterhaltsames Spiel.

Sittlich gesehen sind solche subjektive Motive einerseits an ihrem inneren Wert oder Unwert zu messen, andererseits muß immer auch die Frage nach der Gefährdung des Lebens und der Umwelt gestellt werden.

3. Die Gefahren des Straßenverkehrs im Licht der Ethik

Der Straßenverkehr fordert seine Opfer, wobei ein Teil dieser auf menschliches Versagen zurückzuführen ist. Jeder Verkehrsteilnehmer ist gehalten, alles zu tun bzw. zu vermeiden, was das eigene Leben oder Leben und Gesundheit anderer Menschen gefährden könnte. Angesichts der Folgen, die sich aus Verkehrsunfällen für die Betroffenen nicht selten ergeben, sind gefährliche Verkehrsdelikte oder Verhaltensweisen, die die Sicherheit beeinträchtigen wie der überhöhte Genuß von Alkohol oder das Fahren in übermüdetem Zustand, keine „Kavaliersdelikte" oder gar Heldentaten, sondern unmoralisch wie jede andere leichtsinnige Gefährdung des menschlichen Lebens.

Jeder, der im Verkehr einen Schaden verursacht, ist natürlich genauso wie bei allen anderen Schadensfällen in seinem Gewissen gehalten, diesen nach Maßgabe der Gesetze wiedergutzumachen, ja sogar über diese hinaus, wenn eine Gesetzeslücke zu klarem Unrecht führen sollte.

4. Aufgabe des Staates

Aufgabe des Gesetzgebers und der Behörden ist es, einerseits die Voraussetzungen für einen sicheren und umweltfreundlichen Verkehr zu schaffen, andererseits die Verkehrstüchtigkeit der einzelnen zu überwachen und eine gewisse Verkehrsdisziplin durchzusetzen.

Außerdem obliegt es der Jurisprudenz, auch für eine geordnete und gerechte Regelung der materiellen Schäden zu sorgen.

5. Straßenverkehr und Umwelt

Erst in den letzten Jahren hat man erkannt, welch schwere Belastung der Straßenverkehr, so wie er heute abläuft, für die Umwelt darstellt. Daraus ergibt sich eine dreifache Verantwortung:

a) Die Verantwortung des einzelnen: Der einzelne Verkehrsteilnehmer hat die sittliche Pflicht, im Rahmen des Möglichen die von ihm produzierte Umweltbelastung geringzuhalten bzw. herabzusetzen. Das bedeutet erstens zu überlegen, ob und inwieweit er nicht auf öffentliche Verkehrsmittel umsteigen kann, und alle unnötigen Fahrten mit dem privaten Pkw zu vermeiden. Zweitens sollte jeder Verkehrsteilnehmer alles tun, um die von seinem Fahrzeug produzierte Gift- und Abfallmenge geringzuhalten (Anschaffung eines abgasarmen Motors, Einstellung des Motors, Katalysator etc). bzw. entsprechend zu entsorgen (z. B. Altbatterien).

b) Die Verantwortung von Industrie und Technik: Die Verantwortlichen der Autoindustrie und die Techniker haben die sittliche Verpflichtung, mehr und mehr umweltfreundliche Technologien zu erforschen und möglichst rasch auf den Markt zu bringen. Genauso wie es unverantwortlich wäre, bewußt ein beschränkt sicheres Auto auf den Markt zu bringen, ist es unmoralisch, Autos zu bauen und zu verkaufen, die die Umwelt mehr belasten, als dies nach dem heutigen Stand der Technik möglich wäre. Marktwirtschaftliche Gesichtspunkte müssen also durch das Kriterium der Umweltverträglichkeit ergänzt werden.

c) Die Verantwortung des Gesetzgebers: Allerdings, die technischen Innovationen zugunsten der Umwelt werden nur dann entdeckt und technisch umgesetzt werden, wenn der Gesetzgeber die Forschung ebenso fördert wie dafür sorgt, daß der Hersteller umweltfreundlicher Autos nicht wirtschaftlich ins Hintertreffen gerät. Zu überlegen, wie dies geschehen könnte und sollte, ist Aufgabe der staatlichen Organe in Zusammenarbeit mit allen Fachleuten der Forschung und der Industrie.

W. Heinen, Rücksichtslosigkeit – Rücksichtnahme im Verkehr. Zur Psychologie und Ethik des Straßenverkehrs, in: *R. Hauser/F. Scholz* (Hrsg.), Der Mensch unter Gottes Anruf und Ordnung (1958); *J. Miller,* Lebensstandard, Lüge, Straßenverkehr (1962); *W. Schölgen,* Alkohol und Verkehr in der Sicht ethischer Verantwortung, in: *ders* (Hrsg.), Konkrete Ethik (1961) 273–285.

ANDREAS LAUN

Sucht

→ Familie → Glaube → Gott → Krankheit → Selbsttötung → Therapie

Unter Sucht versteht man im allgemeinen Sprachgebrauch ein krankhaftes (Sucht ist sprachlich verwandt mit *siech,* zurückgehend auf das althochdeutsche Wort *Suht* = Krankheit) Verhalten, in dem ein Mensch Spannungen und innere Leere auf eine illusionäre und persönlichkeitzerstörende Weise durch Flucht in eine Scheinwelt „zu lösen" sucht. Süchtiges Verhalten tritt häufig im oralen Bereich der Nahrungs- und Genußmittel auf (Freßsucht, Magersucht, Alkohol, Nikotin, Rauschmittel usw.). Aber auch Verhaltensweisen im weiteren Konsumbereich (Spielsucht, Fernsehsucht usw.), ja sogar Aktivität und Arbeit (Arbeitssucht) sowie Fehlformen des Liebens (z. B. Nymphomanie) können den Charakter einer Sucht erhalten (sog. *stoffungebundene* Sucht). Süchtiges Verhalten hat seine Ursachen primär in der Persönlichkeit und den Lebensumständen und bedient sich sekundär bestimmter Mittel, die, wie ein Blick in die Geschichte zeigt, zeit- und kulturgeprägt sind.

1. Fast in allen Kulturen läßt sich der Gebrauch von spezifischen rauscherzeugenden Mitteln nachweisen, durch die außergewöhnliche, scheinbar erweiterte Bewußtseinszustände hergestellt werden. Eine besondere Form des „außer sich Seins" ist die Ekstase, durch die der Mensch seine unstillbare Sehnsucht nach einem größeren Bewußtsein durch Rhythmen, Meditationstechniken, aber eben auch durch Halluzinogene, wie sie in Pilzen oder Kakteen enthalten sind, ausagiert (*ekstatische* Sucht). In Europa ist von alters her der Alkohol als Rauschmittel bekannt und im Rahmen bestimmter Grenzen auch gesellschaftlich akzeptiert. In Zeiten der Krise und erfahrener Sinnlosigkeit sowie in Zeiten des Kulturpessimismus dominiert die nihilistische Flucht in die verschiedenen Formen des Rauschgiftes (*nihilistische* Sucht). In einer überzogenen Leistungsgesellschaft hingegen findet sich vermehrt auch die sogenannte *pragmatische* Sucht, in der der überforderte Mensch versucht, sich mit Aufputschmitteln fit zu halten, und wenn er davon überdreht ist, sich mit Beruhigungsmitteln zu dämpfen (z. B. Medikamentensucht).

Die Weltgesundheitsorganisation, auf exakte Klassifikation bedacht, definierte 1964 einen Ausschnitt dieses ganzen Bereiches: Als Drogenabhängigkeit bezeichnet sie einen Zustand psychischer oder einen

Zustand psychischer und körperlicher Abhängigkeit von einer stimmungsverändernden Substanz mit zentralnervöser Wirkung, die zeitweise oder fortgesetzt eingenommen wird und dem Betroffenen und der Gemeinschaft schadet. Nach den chemischen Substanzen und deren Wirkungsweise werden zur Zeit sieben Klassen unterschieden: 1. der Morphintyp, 2. der Barbiturat-/Alkoholtyp, 3. der Amphetamintyp, 4. der Kokaintyp, 5. der Kannabistyp, 6. der Kathtyp und 7. der Halluzinogentyp. Die Folgen der Einnahme dieser Mittel zeigen sich vor allem in den sogenannten Entzugserscheinungen. Neuerdings kommen vermehrt sogenannte synthetische Drogen, die in Salben, Parfums und Sprays enthalten sind und über die Hautaufnahme ihre verheerende Wirkung zeitigen, auf. Kennzeichnend für die gegenwärtige Situation sind aber nicht nur die neuartigen Mittel, sondern auch die Allgegenwart und leichte Verfügbarkeit der verschiedenen Drogen. Die großen Gewinne, die auf kriminelle Weise bei Herstellung und Handel erzielt werden, machen den Drogenhandel zu einem Wirtschaftszweig, der in bestimmten Ländern ganze Regierungen in Schach hält.

2. *Ursachen* für die Sucht können sowohl in genetischen wie in individual- und sozialpsychologischen Faktoren liegen, die die Persönlichkeit prägen und die Freiheit des Betroffenen mehr oder weniger stark einschränken. Meist entsteht die psychische und/oder physische Abhängigkeit, die einen Menschen zwingt, die Dosis zu steigern, und die ihn die Kontrolle über sein Leben zunehmend verlieren läßt, aus dem komplexen Zusammenspiel von Individuum, Umwelt und Droge. Süchtiges Verhalten ist nicht nur von den Konsequenzen her eine langsame Selbsttötung, sondern weist häufig auch dieselbe narzißtische Psychodynamik auf, die zum Suizid führt und die in gravierenden Störungen im ersten Lebensjahr ihre Wurzeln hat. Zum Wesen dieser psychischen Zeitkrankheit des Narzißmus gehört u. a. die Unfähigkeit, stabile Beziehungen einzugehen und Spannungen durch Verzicht auszuhalten. Diese Unfähigkeit zur Beziehung als Folge fundamentaler Störungen am Lebensbeginn wirkt sich nicht nur auf zwischenmenschliche Beziehungen, sondern auch auf die menschlichen Voraussetzungen für die Glaubensbeziehung zu Gott aus. Doch diese Narzißmustheorie ist nur eine, wenn auch zur Zeit besonders bedeutsame, unter vielen Suchttheorien.

Die sozialpsychologischen Faktoren, die sich vor allem auf die schwächsten Glieder in einer Gemeinschaft, nämlich auf die Kinder und Jugendlichen, auswirken, sind vielfältig und reichen von unsinnigen Trinksitten bis zu den anonymen undurchschaubaren Großstrukturen der modernen Welt, die zu Resignation und Orientierungsverlust führen. Wie jede Krankheit kann die Sucht durch wiederholtes unmäßiges Verhalten schuldhaft oder auch durch Verführung verursacht sein. In welchem Maße ein Mensch – vor allem ein Jugendlicher – für sein Handeln verantwortlich und in welchem Maße diese Verantwortung eingeschränkt oder gar verlorengegangen ist, läßt sich nur von Fall zu Fall, und da nicht immer genau, unterscheiden. Ein bestimmtes Maß an Freiheit kann auch inmitten von vielfältigen Zwängen noch einen ausbaufähigen Stützpunkt abgeben, bei dem eine Therapie ansetzen kann.

3. Prophylaxe und Therapie: Der wichtigste Faktor zur Vermeidung der Sucht ist eine gute Erziehung in einer intakten Familie, in der reife Beziehungen bestehen, Konflikte offen und fair ausgetragen sowie Probleme realistisch gelöst werden. Auch eine möglichst breite Aufklärung über die verheerenden Folgen der Drogen, besonders in den Schulen, und konkrete Hilfen durch Beratungsstellen (für Gefährdete), ehrliche Diskussion und Zurückdrängung der suchtfördernden Faktoren in der Gesellschaft gehören zur Prophylaxe. Als schwierig erweist sich nach wie vor die Therapie, die zunächst mit dem Entzug und der Entgiftung in der Klinik beginnt, dann aber die Betroffenen in therapeutische Gemeinschaften und Institutionen einzugliedern hat. Vielfach erweisen sich Gruppen von ehemals Betroffenen (z. B. Anonyme Alkoholiker) in ihrer gegenseitigen Stützfunktion als sehr hilfreich. Gewarnt werden muß vor manchen Sekten und sektenähnlichen Gemeinschaften, hinter deren pseudoreligiöser Fassade sich Rauschgiftszenen abspielen: Ebenso ist äußerste Vorsicht geboten, wenn solche Gruppen bei Eltern sich anbieten, ihre drogenabhängigen Kinder in „Therapie" zu nehmen.

4. Ethische Bewertung: Als entscheidende Kriterien für die ethische Beurteilung des Konsums von Genuß- und Suchtmitteln erweisen sich Wahrhaftigkeit und Maß. Eine wahrhaftige Auseinandersetzung mit den Problemen, die an der Wurzel der Sucht stehen, sowie mit jenen Scheingütern, die durch die Droge erstrebt werden, ist unerläßlich. Nach den allgemein geltenden Regeln kann der Gebrauch von psychotropen Substanzen zur Schmerzstillung oder, wenn nötig, zur Therapie verantwortet werden, nicht aber als Ersatz für eine mögliche, wenn auch mühsame Psychotherapie personaler Art. Der maßvolle Gebrauch von Genußmitteln, die beispielsweise der Geselligkeit dienen, kann auch ethisch gebilligt werden, solange diese Mittel nicht wegen ihrer berauschenden und damit isolierenden Wirkung genommen werden. In dem Maß und insofern bestimmte Rauschmittel seelisch oder seelisch und körperlich abhängig machen und in der Folge zur Zerstörung der sittlichen Persönlichkeit und ihrer Freiheit führen, ist der Konsum in keiner Weise sittlich vertretbar.

5. Die biblische Offenbarung gibt in ihrer Heilsgeschichte Antwort auf jene tiefen Sehnsüchte des Menschen, die auch in der Fehlform der Sucht und der Flucht noch am Werk sind. Schon das AT setzt sich mit Prophetenschulen in Kanaan auseinander, die mit Ekstasetechniken versuchten, des Göttlichen teilhaftig zu werden. Jahwe hingegen muß nicht durch Ekstase gesucht werden, er selbst ist es, der aus sich herausgeht, hinein in den Prozeß der menschlichen Geschichte seines Volkes. Vollendet zeigt sich im Herausgehen Jesu Christi im Neuen Bund aus der Daseinsform Gottes und in seinem Zugehen auf den letzten Platz dieser Welt am Kreuz (vgl. Phil 2,5–11) die „Ekstase Gottes" in die Geschichte besiegelt. Seither hat der Gläubige den Auftrag, so gesonnen zu sein wie Christus Jesus und in diese seine Lebensbewegung einzutreten. Nicht die Extravaganz seelischer Erlebnisse ist der Erweis des Göttlichen, sondern das Mitwirken mit der Liebe Gottes, die aus sich heraus auf den Menschen in seiner realen Not zugeht. Menschen suchen auf vielfältige Weise durch Ekstase oder Flucht aus der Enge des Daseins heraus ihr Heil. Im christlichen Glauben begegnen sie Gott, der in seiner Selbsthingabe an diese reale Welt auch ihnen den Weg zeigt. Dieser Weg ist ein Impuls für den Menschen, mit dieser Bewegung Gottes mitzuwirken; er ist zugleich die Entlastung vom Zwang, erfolgreich sein zu müssen, welcher gerade die geduldige, aber konsequente Bemühung um die narzißtische Persönlichkeit des Süchtigen stört, der stark an sich selber hängt und so leicht verletzbar ist.

W. Feuerlein, Alkoholismus – Mißbrauch und Abhängigkeit (^{2}1979); *H. Henseler,* Narzißtische Krisen. Zur Psychodynamik des Selbstmordes (^{2}1984); *C. Jenner,* Wege aus der Sucht (1981); *W. Keup,* Sucht, Abhängigkeit und Mißbrauch. Deutscher Ärztekalender (1977); *F. Kreuzer / O. M. Lesch,* Die Krallen des Katers (1989); *G. Virt,* Sucht und Flucht (^{2}1985).

GÜNTER VIRT

Sünde

→ Alttestamentliche Ethik → Angst → Freiheit → Gewissen
→ Neutestamentliche Ethik → Reue → Schuld → Tugenden und Laster
→ Versuchung

1. Der Lebenskontext

Die gemein-menschliche Erfahrung des Schuldigwerdens steht für den Christen in der gelebten Beziehung zum heilschaffenden Gott, Schuld nimmt so die Bedeutung von Sünde als Beleidigung Gottes an. Nicht jedem gelingt es, das existentiell nachzuvollziehen, stehen doch oftmals Glaubensvollzug und sittliche Praxis unvermittelt nebeneinander. Engführungen sind dann unvermeidlich: Man bleibt der gebotenen Selbstachtung, dem Nächsten oder der Gemeinschaft etwas schuldig, schöpft nicht alle Möglichkeiten der Freiheit aus oder begeht folgenschwere Fehler. Der Schuldige hat seine Verantwortung nicht wahrgenommen und muß sich darum vor dem Spruch seines Gewissens, vor dem Anspruch des Nächsten und der Gemeinschaft verantworten, denn er weiß, daß er auch anders hätte handeln können, daß er ungeachtet aller Verstrickungen und Zwänge nicht festgelegt war. So ist es nur konsequent, wenn sein Hauptinteresse auf die Wiederherstellung der verletzten Ordnung zielt. Das kommt dem spontanen Verlangen nach Gerechtigkeit und Solidarität entgegen. Dennoch regt sich der Verdacht, der Mensch werde nicht in seiner ganzen Tiefe erfaßt. Schließlich ist die religiöse Erfahrung eine Urerfahrung, wie entstellt oder verblaßt sie sich auch immer darstellen mag. Den Schuldigen quält das zumindest dunkle Bewußtsein, daß er sein Tun und Lassen vor Gott als dem letzten Daseinsgrund verantwortet, von dessen unbestechlichem Urteil das sinnvolle und endgültige Gelingen der eigenen unvertretbaren Lebensgeschichte abhängt, daß die sittliche Ordnung mehr ist als eine Sammlung erlassener Gebote und Verbote, sondern eine Lebensordnung, die unverbrüchliche Erfüllung in Gott verbürgt und unter der geschichtlichen Zusage des Heils steht. Ihm gelingt es nicht, sein Schuldbewußtsein im befreienden religiösen Symbol zu verobjektivieren, so bleibt er im Teufelskreis von Schuld und Angst gefangen.

2. Das Zeugnis der Heiligen Schrift

Die existential-theologische Denkform der biblischen Autoren prägt die vielgestaltigen Aussagen über die Sünde, im Zentrum steht die

Deutung erlittener Erfahrung und nicht die Ausarbeitung eines Systems. Hinzu kommt, daß die theologische Einsicht durch die geschichtlichen Widerfahrnisse hindurch an Tiefe und Reinheit gewinnt. Sünde ist Auflehnung gegen Jahwes Ordnung (Num 14,9; Dtn 28,15–44), in der Bundestheologie erscheint sie als Untreue und Ehebruch (Jes 24,5; Hos 3,1), in der Geschichte vom Sündenfall wird eine Ätiologie der Erfahrung von Schuld und Leid vorgelegt (Gen 3,1–24). Angesichts objektivistischer Tendenzen, die Sünde auf Irrtum und Übertretung einer gesetzten göttlichen Ordnung reduzieren, wobei an Verhaltensweisen gedacht ist, die kultische Unreinheit erzeugen (1 Sam 5,7ff.), darf die wachsende Verinnerlichung nicht unterschlagen werden; die Sünde stammt aus dem freien Willen (Gen 4,7), aus dem bösen Herzen (Gen 6,5; Ps 51,12), zwischen Schuld und Sünde wird nicht unterschieden. Dafür begegnet bereits der Unterschied zwischen schweren und leichten Sünden, die aus Schwäche und Unerfahrenheit begangen werden (Ijob 13,26; Ps 25,7). Die in den besten Elementen rabbinischer Gesetzestheologie sich abzeichnende Gesetzeskritik wirkt sich auf das Verständnis der Sünde aus; sie erreicht ihren Höhepunkt in den Forderungen der Bergpredigt, zumal in deren primären und sekundären Antithesen (Mt 5,21–48). Alle Einzelaussagen über die vorausgesetzte Wirklichkeit der Sünde bleiben daraufhin perspektiviert: Aufkündigung der Gemeinschaft mit Gott (Lk 15,11ff.), Nichtbefolgung des göttlichen Wortes (Mt 7,24); leitend ist die Perspektive des barmherzigen Vaters (Lk 15,11–32). Das Liebesgebot als Zentrum ntl. Sittlichkeit, das zur Nachahmung des himmlischen Vaters auffordert, läßt Sünde als Haß gegen Gott (Joh 3,19f.) und den Nächsten (1 Joh 4,20) erscheinen. Die paulinische Gesetzeskritik setzt bei der Erfahrung des geteilten Menschen an (Röm 5–7); in den Lasterkatalogen (Gal 5,19ff.) erfolgen anschauliche Konkretisierungen.

3. Die anthropologischen Strukturen

Eine Besinnung auf die Strukturen der sittlichen Handlung schärft den Blick für die gelebte Wirklichkeit der Sünde, die theologische Begrifflichkeit erhält lebensgeschichtliche Konturen. So suchte die Theorie von der Grundentscheidung hervorzuheben, daß alle Einzelentscheidungen einem gemeinsamen Wurzelgrund entspringen, der stellvertretend für die dynamische Identität des Handelnden steht. Sie läßt die Sünde als einen Zerfallsprozeß erkennen, als den stillen Tod der Seele, sofern unter letzterer die frei verantwortete Gottesbeziehung verstanden wird. Ehe die Sünde als Tat in Erscheinung tritt, ist sie ein

Sterbeprozeß, der aus Unterlassung geboren wird. Wachheit und Gespanntheit des Geistes nehmen unmerklich, aber sicher ab, die Entschiedenheit der Freiheit als Mächtigkeit zum Guten erlahmt, seelische Traurigkeit – in der aszetischen Literatur *acedia* genannt – breitet sich aus und untergräbt jegliche Initiative. Der Mensch wird zusehends orientierungslos. Er verfehlt sein letztes Ziel, mithin den tragenden Sinn seiner irdischen Existenz. Eine reine Gebots- und Verbotsmoral, die an äußerlich kontrollierbaren Einzelleistungen hängenbleibt, lotet diese Tiefe nicht aus, sie vermag darum auch nur Symptomtherapien anzubieten, die Möglichkeiten einer Kausaltherapie bleiben ihr versperrt. So droht aber die Gefahr einer Bagatellisierung der Sünde, es kommt nicht genügend in den Blick, daß der Sünder an seiner Lebensleistung schuldig wird.

Es nimmt nicht wunder, wenn die Sünde als Sinnverlust und Lebensverfehlung eine tiefsitzende Daseinsangst erzeugt, die zu immer neuen Verdrängungen, Beschwichtigungsversuchen und Selbstrechtfertigungen antreibt. Der Sünder verfängt sich in seiner selbstgeschaffenen Unfreiheit, der Teufelskreis von Angst und Schuld schließt sich und erschwert mehr und mehr den heilenden Ausbruch. Dieser Prozeß ist einem reißenden Strudel gleich, mit dem man sich treiben läßt. Der Sünder ist gleichsam auf der Flucht vor sich selbst, sein Leben verkommt in einer dauernden Lüge. Daß die Erfahrung Gottes Freude und Friede im Heiligen Geist, Trost und Geborgenheit schenkt, ist für ihn schon keine Lebenswirklichkeit mehr. Die ntl. Gottesvorstellung verblaßt, in den Vordergrund schiebt sich das Bild eines tyrannischen Willkürgottes, der unerträgliche Lasten aufbürdet und unerbittliche Kontrolle ausübt. Das kann nur in einer lebensgeschichtlichen Katastrophe enden. Sünde ist der untaugliche Versuch, dieser Verstörtheit des Geistes zu entfliehen und eine Scheinwelt aufzubauen. An diesem Punkt bringt sich das Band zwischen Grundentscheidung und Lebensentscheidung in Erinnerung. Das einzelne Versagen ist, sei es manifest oder verdeckt, Symptom einer tiefsitzenden Lebenskrise. Gehegte Erwartungen mit der eigenen Lebenswahl erfüllen sich nicht, Enttäuschungen nehmen überhand, Apathie und Resignation breiten sich aus. Der beschwingte Zauber des Anfangs wandelt sich unter der Hand in freudlose Routine. Man ist schon nicht mehr Herr, sondern Opfer einer Lebensgeschichte, die alle Züge eines unabwendbaren Schicksals annimmt. Was wunder, wenn es einen drängt, sich insgeheim schadlos zu halten, nach Ersatz auszuschauen, das Gefühl des Scheiterns zu beschwichtigen. Allerdings ist es dem kurzschlüssigen Ausbruch eigen, immer unabwendbarer in die Verstrickung hineinzutreiben. Mit der

Zeit wird es schwerer, das Ruder herumzureißen, Schwäche und Verhärtung sind nur die zwei Seiten der gleichen Medaille. Daneben sind es die schuldhaft geschaffenen Umstände, die diesen Prozeß befördern und ihn bestärken.

Jede Sünde beginnt in der Innerlichkeit der eigenen Gedankenwelt. Die Gesinnung eines Menschen nimmt in der Kultur des Denkens ihre ursprünglichste Gestalt an. Wie ein Mensch denkt, so lebt und handelt er auch. Was gedacht wird, findet irgendwann einmal, auf welch verschlungenen und verborgenen Pfaden auch immer, den Weg zur Tat. Das ist für den Aufbau einer sittlichen Persönlichkeit von Bedeutung, ist man doch mit den eigenen Gedanken die meiste Zeit seines Lebens allein. Es ist darum nur konsequent und zugleich realistisch, den Gedankensünden mehr Aufmerksamkeit zu schenken. Denn durch sie wird das Terrain für die Tatsünden bereitet, Gefühlsbahnen werden eingeschliffen, Erwartungshaltungen bauen sich auf und lenken unmerklich den Gang der Ereignisse. Die seelische Distanz zur Sünde geht verloren, man hat den Graben bereits übersprungen und mit dem Gegner paktiert. In der Folge greift Selbsttäuschung um sich, man wird selbst das erste Opfer der eigenen Gedanken, läßt es an der kritischen Vorsehung über die Lebensumstände fehlen und manövriert sich so zwangsläufig in Situationen des Versagens hinein. Oftmals bedarf es nur eines geringfügigen Anlasses, und das morsche Gebäude der Grundentscheidung wie der Lebensentscheidung erhält den Todesstoß. Die Zusammenarbeit von Moraltheologie und Psychologie hat diesen Zusammenhang eingehender zu erforschen. Es kann nicht genügen, das Augenmerk nur auf den Einzelakt zu lenken und ihn unter dem beherrschenden Aspekt der Schuldminderung auf Grund eingeschränkter Einsicht und Freiheit zu betrachten, wie dies für die Manualistik weitgehend zutraf. Im Hintergrund stand die rationale Psychologie der Aufklärung, deren Anliegen zwar berechtigt, aber zugleich ergänzungsbedürftig sind. Die Moraltheologie hat in der unmittelbaren Vergangenheit von der Tiefenpsychologie und der Psychoanalyse unterschiedlicher schulischer Ausprägung gelernt. Immer geht es darum, die Grenzlinien zwischen Schuld und Schicksal, wie verschwommen sie auch sein mögen, so sauber wie möglich zu ziehen, damit die wirkliche Verantwortung allen Vertuschungsversuchen zum Trotz entlarvt werde.

4. Die theologische und moralische Klassifizierung

Die Wirklichkeit der Sünde ist so vielgestaltig wie das Leben. Es gibt offensichtliche Unterschiede der Art wie der Schwere nach. Die moraltheologische Tradition spricht von der *species moralis* und der *species theologica*. Erstere sucht zu bestimmen, welcher sittliche Wert und welches vorsittliche, aber sittlich relevante Gut verletzt werden, bei letzterer hingegen steht die Anrechenbarkeit der Tat vor Gott in Frage. Nur die Todsünde verdient die Bezeichnung einer Sünde im vollen und eigentlichen Sinn (Thomas v. Aquin, S.Th. I/II, q 88 a 1 ad 1), die läßliche Sünde nimmt analog und abgeleitet an ihr teil. Sie ist Abwendung von Gott sowie Hinwendung zur Kreatur (Thomas v. Aquin, S.Th. III, q 86 a 4 ad 1), und dies bei voller Entscheidungsfähigkeit und in einer wichtigen Sache. Wieweit diese Bedingungen erfüllt sind, läßt sich nur annähernd feststellen. Das gilt eindeutig für die Fähigkeit zur religiösen Erfahrung, bei vielen Menschen ist sie verschüttet. Demgegenüber erlaubt die Analyse des objektiven Tatbestands eine gewisse Differenzierung, so gibt es Gegenstände wie Diebstahl oder Lüge, die eine Geringfügigkeit zulassen, andere hingegen wie Mord und Ehebruch nicht. So unterschied man zwischen *peccata ex genere suo gravia* und solchen *ex toto genere suo gravia,* letztere schließen eine Geringfügigkeit der Sache von vornherein aus. Die läßliche Sünde hingegen zerstört nicht die Hinordnung auf das letzte Ziel, sie verbleibt in der Peripherie der Entscheidungswirklichkeit, Geringfügigkeit der Sache und eingeschränkte Entscheidungsmächtigkeit sind ihre Kennzeichen. Dennoch ist sie nicht ungefährlich, sie kann bei dauernder Unachtsamkeit eine Dynamik erzeugen, die in das Zentrum vorstößt. Hinter dieser theologischen Lehre verbirgt sich ein Grundanliegen theologischer Anthropologie. In der Annahme der läßlichen Sünde ist ein Element der Hoffnung enthalten, man verwirkt nicht gleich das ewige Heil, das Ruder läßt sich noch leicht herumwerfen. Daß es eine Todsünde gibt, unterstreicht hingegen die Heilsbedeutung der eigenen unvertretbaren Lebensgeschichte, man gewinnt oder verwirkt sein Heil im Hier und Jetzt. Diese Einsicht ist unverzichtbar. Dennoch sind unrealistische Erwartungen an sie zu dämpfen, wenn es gilt, den einzelnen Akt zu bewerten. Man kann zwar theoretisch bestimmen, was als eine gewichtige Sache anzusehen ist, aber das entbindet nicht vom existentiellen Urteil in der konkreten Situation. Hier hat die Sache – in der Fachterminologie Materie genannt – nur einen präsumtiven Wert, den letzten Ausschlag gibt vielmehr die Bosheit des Handelnden. Sie erwirkt sich die entsprechende Materie, deren ursprünglichste Funktion darin besteht, Ausdrucksmedium zu sein. Angesichts dessen stellt sich die Aufgabe, Terrain aufzuarbeiten gegenüber jener verhängnisvollen Tendenz, bei der theologischen Qualifizierung die Gewichte zugunsten der Materie zu verlagern. Das Anliegen war verständlich, bedurfte es doch sicherer und praktikabler Kriterien für die Verwaltung des Bußsakramentes gemäß den Bestimmungen des Trienter Konzils. Das hat in der Manualistik bisweilen zu einer Inflation der Todsünde geführt, ein Phänomen, das bei vielen Gläubigen eine bis zur Skrupulosität gesteigerte Sündenangst hervorrief oder zur gegenteiligen Neigung einer minimalistisch-legalistischen Immunisierungsstrategie führte. Eine differenzierte, die Lebenswirklichkeit besser treffende Handhabung theologischer Kategorien ist darum verlangt. Das betrifft zum einen die vorschnelle theologische Befrachtung von Handlungsphänomenen, eine schwere Sünde ist nicht automatisch eine Todsünde; zum anderen die Fähigkeit, in prozeßhaften Kategorien zu denken und den Faktor Zeit bei der Beurteilung von Lebensvorgängen einzubeziehen. Allerdings hatte die Manualistik auch ein Gutes, wurde doch das diffuse Sündenbewußtsein gedanklich diszipliniert. Das trug zu seelischer Entlastung bei.

Handlungen stammen aus Haltungen, Einzelsünden aus Lastern, in denen sich verkehrte Lebenseinstellungen speichern. Gregor d. Gr. schuf den Katalog der sieben Wurzelsünden: Hoffart, Neid, Zorn, Geiz, Unkeuschheit, Unmäßigkeit und religiös-sittliche Trägheit. Petrus Lombardus kennt sechs: Vermessenheit, Verzweiflung, Ablehnung der erkannten Wahrheit, Neid über die Begnadigung anderer, Verstocktheit und Unbußfertigkeit. Ebenso begegnet eine Aufzählung der himmelschreienden Sünden, die sich gegen die soziale Ordnung richten, wie Mord (Gen 4,10), Sodomie (Gen 18,20), Unterdrückung der Armen und Ausbeutung der Arbeitenden (Jak 5,4). Widerstand gegen Gottes Gnade wird auch als Sünde gegen den Hl. Geist bezeichnet (Mt 12,32). Immer entsteht eine Geneigtheit zum Bösen, die aus der bleibenden Konkupiszenz stammt, sie sucht sich ihre günstige Gelegenheit zum Ausbruch. Eine negative Vorentschiedenheit ist am Werk, die den Ausgang konkreter Entscheidungssituationen moralisch vorbestimmt. Das gilt zumal in den vielfältigen Versuchungen zum Bösen, denen jedermann ausgesetzt ist. Es fehlt an der nötigen Selbstachtung, Anspruchslosigkeit setzt sich durch, wo Unbestechlichkeit des Urteils und Unterscheidung der Geister, Unbeirrtheit des Willens und Mut zur Inkaufnahme von Leiden aller Art um der eigenen sittlichen Konsequenz willen gefordert wären. Einer aufmerksamen Gewissenserforschung kommt es zu, die dauernden Konfliktherde ehrlich aufzudecken.

5. Die übergreifenden Zusammenhänge

Keine Schuld fällt wie ein Blitz aus heiterem Himmel, sie verweist auf eine nur zu oft unbemerkt gebliebene Vorgeschichte und löst zugleich eine Nachgeschichte aus, die eine Eigendynamik entwickelt, deren Einfluß sich auch institutionell verfestigt. In diesem Zusammenhang ist die Rede von den Strukturen der Sünde. Sie lähmen die Initiative des einzelnen, indem sie einen Handlungskontext von Machtverteilung, Egoismen und Vorurteilen schaffen, dessen bleiernem Schwergewicht man sich nur unter größten Opfern entziehen kann. Dennoch sind sie kein blindes Schicksal, dem man sich willig zu fügen hätte, ist doch auch der eigene Schuldanteil in ihnen wirksam, sei es durch offenkundige Tatschuld, sei es durch Unterlassen des gebotenen Widerstands, Trägheit oder Gedankenlosigkeit. Allerdings entziehen sich Mitverantwortung und Mitschuld einem Denken in quantitativen Kategorien, sie lassen sich nicht aufrechnen, und darum verbieten sich auch globale Schuldzuweisungen. Denn die Vermittlung von Individualität und Sozialität ist komplex, sie wird durch objektive und subjektive Zwänge konstituiert und ist so dispositiv für das konkrete Handeln des einzelnen. Daß so neues Unrecht weitergezeugt werden kann, ist bereits dem biblischen Denken vertraut (Gen 4;11; Ex 20,5; Ps 79,8); in der Prophetenpredigt wird auch das ganze Volk Israel zur Verantwortung gezogen (Am 1ff.). Und im paulinischen Sprachgebrauch erscheint Sünde als eine überpersönliche Macht, von der nur die Erlösung durch Jesus Christus befreit (Röm 3,9; 5,18; Gal 3,22). Annahme der Gnade geschieht zwar in einer unvertretbar persönlichen Entscheidung, dennoch reicht die Umkehrgeschichte des einzelnen in die Dimension des Sozialen hinein und erzeugt befreiende Gegengewichte.

Verführung und Ärgernis stellen sittliche Konsequenz auf die Probe, sie sind Dauerherausforderungen vergleichbar, mit denen man es lernen muß zu leben. Zwischen beiden besteht insofern ein Unterschied, als die Verführung das schuldhafte Versagen beabsichtigt, das Ärgernis hingegen in einer Verhaltensweise besteht, die zur Sünde Anlaß gibt. Dabei kann der ausschlaggebende Grund einmal in der Bosheit oder in der moralischen Schwäche und Unreife liegen; demgemäß unterschied die Manualistik zwischen dem *scandalum pharisaicum* und dem *scandalum pusillorum*. Im Kontext einer pluralistischen Gesellschaft fällt es nicht immer leicht, ein vorliegendes Ärgernis klar zu bestimmen, ist doch die öffentliche Moral auf den kleinsten gemeinsamen Nenner reduziert. Das erlaubt, ja provoziert geradezu ein Vordringen von Meinungsäußerungen und Verhaltensweisen, zumal in den Medien, die ärgerniserregend sind; dem läßt sich wirksam nur durch eine überzeugende moralische Erziehung begegnen.

A. Auer, Ist die Sünde eine Beleidigung Gottes? Zur theologischen Dimension der Sünde, in: Tübinger Theologische Quartalschrift 155 (1975) 53–68; *K. Demmer,* Entscheidung und Verhängnis. Die moraltheologische Lehre von der Sünde im Lichte christologischer Anthropologie (1976); *A. Görres / K. Rahner,* Das Böse. Wege zu seiner Bewältigung in Psychotherapie und Christentum (1989); *J. Gründel,* Das Verständnis von Sünde und Schuld in geschichtlicher Entwicklung, in: HchE III, 130–159; *A. M. Meier,* Das peccatum mortale ex toto genere suo (1966); *M. Sievernich,* Schuld und Sünde in der Theologie der Gegenwart (1982).

KLAUS DEMMER

T

Taufe

→ Alttestamentliche Ethik → Autonomie → Glaube → Heilsgeschichte
→ Kirche → Neutestamentliche Ethik → Pneumatologie → Sakrament
→ Spiritualität

1. Biblische Grundlegung

Die Johannes-Taufe (Mk 1,1ff. par) ist Umkehrtaufe zur Vergebung der Sünden. Die Taufe Jesu (Mk 1,9–11 par) ist eschatologisches Offenbarungsgeschehen: Jesus ist der verheißene geisterfüllte, geliebte Sohn bzw. gerechte Knecht Gottes, der sich gehorsam in die Reihe der Sünder stellt. Die Nähe von Taufe und Leiden und Tod Jesu ist offenkundig (Mk 10,38f.; Lk 12,50; vgl. Joh 19,34). Taufe stellt die Jüngergemeinde Jesu in eine Schicksalsgemeinschaft mit dem eschatologischen Geistbringer und Gerichtsvollstrecker (vgl. Mt 3,11), was beides durch Leiden und Tod (Gehorsam) hindurch Wirklichkeit wird. Obwohl die Taufe als Ausdruck der glaubenden Hinwendung zu Jesus und als eschatologisches Heilszeichen der Geistverleihung, Sündenvergebung und Eingliederung in die Jüngergemeinde auch im Rahmen der Evangelien (bes. Mt 28,19; Joh 3,3–8) und häufig in der Apg zur Sprache kommt, wird ihre *ethische* Bedeutung doch vorwiegend von Paulus und seinen Schülern reflektiert. In seiner Tauftheologie (vgl. bes. Röm 6,1–7,6) thematisiert Paulus die Relation von rein gnadenhafter „Rechtfertigung allein durch Glauben" und verantwortlichem christlichem und kirchlichem Lebensvollzug. Das Taufgeschehen *ist* Rechtfertigungsgeschehen (vgl. 1 Kor 6,11)! Durch die Taufe lebt der (glaubende) Mensch in einer Schicksalsgemeinschaft „mit Christus", d. h., er bekommt Anteil an der „durch Christus für alle" geschehenen, wenn auch geschichtlich noch nicht vollendeten Überwindung der alles beherrschenden Sünde und des in ihr wurzelnden eschatologischen Todes; er partizipiert am unvergänglichen Leben des Auferstandenen; er existiert nun nicht mehr in der hoffnungslosen Situation („im Fleisch"), aus welcher auch die peinliche Erfüllung des Gesetzes nicht heraushelfen konnte, er lebt vielmehr „in Christus", in dessen Heils- und Herrschaftsbereich, in dem allein Hoffnung auf das endgültige Heil des einzelnen und der ganzen Schöpfung liegt. Diese gnadenhafte Gabe Gottes aber enthebt den Menschen nun nicht seiner sittlichen Verantwortung, sondern *ermöglicht* jetzt erst einen „fruchtbaren", nicht dem endgültigen Tod ausgelieferten Lebensvollzug. So ist der Getaufte erst recht *sittlich in Pflicht genommen*. Er soll nun dem ihm widerfahren(d)en Heilshandeln Gottes durch Christus im Geiste *entsprechen,* indem er das an ihm Geschehen(d)e existentiell mitvollzieht. Es gibt kein endgültiges Heil an der ernsthaft versuchten sittlichen Bewährung vorbei.

2. *Systematischer Ansatz*

Taufe ist ntl. gesehen als Initiationssakrament sowohl ein prägnantes Symbol des christlichen Erlösungsglaubens als auch des christlichen Lebenssinns mit beachtlichen Konsequenzen für das Verständnis und den Vollzug des christlichen und kirchlichen Lebens! Davon sind wir aber im *heutigen Bewußtsein* weit entfernt. Das ist eine Folge der pastoralen (Kindertaufe), dogmengeschichtlichen (Erbsünde; Gültigkeit) und liturgischen (Abspaltung von Taufe und Firmung) Entwicklung des Taufverständnisses und der Taufpraxis im Abendland. Das schlug sich später – greifbar schon in den mittelalterlichen Bußbüchern – in einer auf gültige Spendung und Empfang des Sakramentes fixierten Behandlung der Taufe im Rahmen des moraltheologischen Sakramententraktates nieder. Zwar wurde dieser moralistisch verkürzte Ansatz bei einzelnen Moraltheologen ohne Breitenwirkung schon im 19. Jh., allgemein – im Sog der liturgischen und der Bibelbewegung – erst im Laufe des 20. Jh.s korrigiert (F. Tillmann; B. Häring). Aber was in der moraltheologischen und dogmatischen *Lehre* bis hin zur lehramtlichen Verkündigung (Zweites Vaticanum) im Rückgriff auf das NT und die reiche Vätertradition ins rechte Lot gerückt wurde, bleibt da wie dort eigentümlich historisierend wirkende theologische Theorie ohne signifikante praktische Relevanz – wenn von der Taufe (und den Sakramenten insgesamt) in der Moraltheologie überhaupt noch die Rede ist. Trotz der ihr grundsätzlich zugeschriebenen fundamentalen Bedeutung ist die *Taufe (in der katholischen Kirche) faktisch marginalisiert* worden. Daran wird sich in absehbarer Zeit wohl nichts ändern können, solange die seit der spätchristlichen Antike dominierend gewordene Praxis der Kindertaufe in einem sich zusehends säkularisierenden volkskirchlichen Rahmen fortdauert und solange nicht zur Kenntnis genommen wird, daß in der katholischen Kirche der *Ordo* (das Weihesakrament) und seine praktischen Auswirkungen der Taufe *faktisch* den Rang abgelaufen hat. Das setzt einer ethischen Betrachtung der Taufe praktische Grenzen.

a) *Moraltheologisch* böte die Reflexion der Taufe (wie der anderen Sakramente) die Möglichkeit, das sog. *Proprium christianum,* also das Spezifische einer christlichen Moral, herauszuarbeiten. Moral erschöpft sich nicht in der moralischen Forderung, christliche Moral ist auch mehr als der gehorsame Vollzug des in Christus geoffenbarten Willens Gottes. Die ethische Forderung gründet in dem die moralische Verantwortung und das moralische Handeln überhaupt erst ermöglichenden Heilshandeln Gottes durch Christus im Geiste am Menschen.

Christlich verstandene Moral der Selbstverwirklichung in Gottes- und Nächstenliebe ist Antwort in Entsprechung auf diesen Ur-Grund der moralischen Forderung und ihres Vollzugs. Das *Proprium christianum* liegt also primär im Bereich der sog. „Handlungstheorie" (klassisch: *subiectum morale*) bzw. des Ethos, der *Spiritualität* des Handelns, nicht in jenem der normativen Ethik, obwohl beide miteinander verbunden sind. Die Konzeption einer „theonomen Autonomie" oder einer „autonomen Moral im christlichen Kontext" wird von daher bestätigt bzw. theologisch mit Leben gefüllt.

b) Das Ernstnehmen der Taufe als Grund-Sakrament hat weitreichende Konsequenzen für das *Verständnis der Kirche und ihres Lebensvollzuges.* Während der Ansatz beim *Ordo* die Kirche in Laien und Kleriker spaltete und die hierarchische Ordnung zur dominanten Struktur der Kirche macht, geht der fundamentalere Ansatz bei der Taufe vom allgemeinen „königlichen Priestertum" (1 Petr) und von der Gleichheit und Einheit der „in Christus" Eingegliederten aus (Gal 3,26–29), und das bei aller Anerkennung der unterschiedlichen Geistesgaben, Aufgaben und Ämter in der Kirche als Leib Christi (1 Kor 12). Daraus seien bloß zwei Konsequenzen formuliert:

– Das Ernstnehmen der Taufe verbietet einen klerikalistisch-hierarchischen Ansatz, wenn es darum geht, im nie abgeschlossenen geschichtlichen Prozeß der Wahrheitsfindung in der Gemeinschaft der Kirche zusammen mit allen Menschen guten Willens nach dem sittlich

Guten und Richtigen zu suchen (vgl. Röm 12,1f.), was für das Thema „Lehramt und Moral" zu bedenken wäre!

– Wenn die christlichen Konfessionen im Sinne des NT lehren, daß die „eine Taufe" (Eph 4,5) zugleich Übereignung an Christus und Eingliederung in dessen „einen" Leib (die Kirche) ist, und wenn sie sich zur Einsicht durchgerungen haben, daß die „eine Taufe" sich auch in anderen christlichen Konfessionen bzw. „kirchlichen Gemeinschaften" findet, dann wären dieselben Kirchen zu einem viel größeren ökumenischen Engagement und zu einer intensiveren kirchlichen Gemeinschaft wenigstens im Sinne größerer Offenheit und gegenseitiger Akzeptanz verpflichtet!

A. Exeler, Taufe als Lebensthema, in: Diakonia 2 (1971), 3–15; *H. Halter,* Taufe und Ethos. Paulinische Kriterien für das Proprium christlicher Moral (1977); *H. Weber,* Menschliche Moral und christliches Sakrament, in: *D. Mieth / H. Weber* (Hrsg.), Anspruch der Wirklichkeit und christlicher Glaube (1980), 248–269.

HANS HALTER

Technik

→ Arbeit → Gemeinwohl → Genetik und Gentechnik → Kultur
→ Medizinische Ethik → Umweltethik → Verantwortung
→ Wissenschaftsethik

1. Zu den Begriffen Technik und Technologie

Technik geht auf das griechische Wort τέχνη zurück, mit dem (bei Aristoteles) im weitesten Sinn menschliche Kunstfertigkeit bezeichnet wird, die sich im Herstellen dinglicher Gegenstände, aber auch im Hervorbringen anderer, die menschliche Begabungsfülle spiegelnder Kreationen und Fertigkeiten erweist. Die heutige Technik trägt alle Merkmale eines einschneidenden Bedeutungswandels an sich, den sie insbesondere seit Beginn der Neuzeit – bei zunehmender wechselseitiger Verflechtung mit Wissenschaften und Wirtschaft – durchmachte. Der stürmische Siegeszug der modernen Technik, dem die Menschheit große Errungenschaften (wirksame Krankheitsbekämpfung, Lebens- und Arbeitserleichterungen, Wohlstand u. a.) verdankt, verlief so umfassend und tiefgreifend, daß heute von einer globalen wissenschaftlich-technisch geprägten Kultur gesprochen werden muß. Zum heutigen Gesamtbild gehören aber auch die seit Jahrzehnten verstärkt in Erscheinung tretenden Schattenseiten moderner Technik (z. B. nukleares

Vernichtungspotential, Umweltschäden, Wegrationalisierung von Arbeitsplätzen usw.). Die alte Wahrheit von der Ambivalenz der Technik erhält heute neue, weit gravierendere Konturen, zu denen man nicht zuletzt auch jene schwer greifbare Tendenz rechnen muß, den reinen Mittelcharakter zu überschreiten und einen nachhaltig prägenden Einfluß auf Wahrnehmungs-, Denk- und Handlungsstil zu gewinnen. Diese Komplexität und Plurivalenz der Technik spiegelt sich in zahlreichen Wesensbestimmungen und Definitionsvorschlägen aus verschiedenen Wissensbereichen (Technikphilosophie, Sozialwissenschaften, Betriebswirtschaft u. a.). Eine alle wesentlichen Aspekte berücksichtigende und allgemein anerkannte Definition steht bislang nicht zur Verfügung. Im Sinne einer Ausgangsverständigung wird hier im Blick auf die heutigen technoethischen Hauptprobleme unter Technik das Gesamt aller Verfahren, Instrumente und Artefakte (Werkzeuge, Maschinen, Anlagen, Systeme) verstanden, die der Mensch unter zweckrationaler Nutzung von Naturgesetzen, -prozessen und geeigneter Stoffe zur Erreichung seiner Ziele entwickelt bzw. herstellt. Zugleich sind hier alle jene gesellschaftlichen Maßnahmen und Einrichtungen angesprochen, die die Entwicklung und Förderung sowie die Kontrolle und Beherrschung technischer Gebilde zum Ziele haben. Ähnlich schillernd ist der Begriff „Technologie", der im engeren Sinn u. a. die Lehre von den technischen Produktionsverfahren und deren Anwendung meint. Nicht selten wird Technologie heute auch als Wissenschaft von der Technik oder – in Anlehnung an den englischsprachigen Usus – als Synonym für Technik verwendet.

2. Zur anthropologischen und theologisch-ethischen Grundlegung

In bezug auf die anthropologische Verankerung wird zu Recht auf die Notwendigkeit der Technik für die menschliche Existenzsicherung verwiesen. Damit ist freilich keine erschöpfende Erklärung gegeben. Dem Menschsein eignet wesentlich ein technischer Aspekt, der eng verbunden ist mit der Arbeit des Menschen. Technik-Gebilde sind „Arbeit im objektiven Sinn" (Johannes Paul II., LE 5). Technik bezieht sich auf die Frage, *wie* bestimmte Ziele zweckrational verwirklicht werden können. Technik-Wissenschaften geben Auskunft über das Machbare. Die Frage, ob eine als technisch machbar erkannte Zielsetzung auch rechtfertigbar ist und gegebenenfalls verwirklicht werden soll, übersteigt die Kompetenz technischen Wissens. Sie betrifft die unseren Umgang mit Technik leitenden Werte und ist Sache der Ethik. Technik ist somit kein Selbstzweck, sondern – innerhalb der Grenzen ihrer Steuerbarkeit – dem Primat der Ethik verpflichtet, von der her nicht nur die Zwecksetzungen, sondern auch die technischen Gegenstandsbereiche und Verfahren sowie auch die unerwünschten Nebenfolgen zu beurteilen sind. Technik ist weder ethisch noch religiös-weltanschaulich neutral, wie nicht nur bestimmte Einflußfaktoren der Technikgeschichte (z. B. der Fortschrittsglaube), sondern auch heutige Auseinandersetzungen um neue Großtechnologien belegen. Eine solche Neutralität entspräche auch nicht der vielzitierten „Autonomie der irdischen Wirklichkeiten" (siehe GS 36). Technik greift in die Schöpfung ein und gestaltet sie um. Für die theologische Ethik bildet daher die biblische Schöpfungslehre in ihrem christologisch-soteriologischen und eschatologischen Zusammenhang die angemessene Argumentationsbasis. Die theologische Schöpfungslehre vermittelt zwar keine konkreten Handlungsrezepte, wohl aber eine ethische Grundorientierung. Aufgrund der gegebenen strukturellen Gemeinsamkeiten mit den theologischen Grundlagen der Umweltethik und der Arbeit wird auf die entsprechenden Abschnitte dieser Artikel verwiesen und hier lediglich hervorgehoben, daß der Schöpfungsauftrag von Gen 1.26.28 den gottebenbildlich erschaffenen Menschen zur Weltgestaltung ermächtigt. Auch der Auftrag des „Bebauens und Behütens" (Gen 2,15) intendiert nicht nur eine die Naturgegebenheiten hinnehmende Bewahrung und Pflege, sondern auch ein aktiv-kreatives Umgestalten, mit dem der Mensch an der Entfaltung der Schöpfung mitwirken soll. Dies bedeutet zugleich, daß die technische Verfügungsmacht des Menschen dem theozentrischen Sinn der Schöpfung und damit den von Gott gezogenen Grenzen verpflichtet bleiben muß.

3. Ethische Maßstäbe, Verantwortungsdimensionen und Haltungen

Der Schöpfungsbegriff umfaßt das Ganze der geschaffenen Wirklichkeit in ihrer bleibenden Bezogenheit auf den trinitarischen Gott. Die aus dem Schöpfungsauftrag folgende ethische Grundorientierung bezieht sich auf das Wohl des Ganzen, soweit es vom Menschen abhängt. Damit ist der umfassende ethische Maßstab für technisches Handeln benannt, dem – wie allem menschlichen Schaffen in der Welt – Heilsbedeutung zukommt (vgl. GS 33–45). Dieser Gesamtmaßstab ist nach mehreren Schwerpunkten zu differenzieren, denen die Bedeutung ethischer Kriterien zukommt: Zunächst ist das Wohl des Menschen im Sinne des Respekts der Menschenwürde und der Menschenrechte zu nennen. Die im Gebot der Nächstenliebe begründete Pflicht zu umfassender Humanität wendet sich kritisch gegen die Tendenz zur technischen Verzweckung des Menschen und umreißt, bezogen auf die heutige Technikwirklichkeit und auf mögliche Zukunftsperspektiven, die Schutzziele technischen Handelns: langfristige und menschengerechte Erhaltung der Lebensgrundlagen; Sicherheit; Streben nach Frieden; Humanisierung der Lebensverhältnisse der Gesamtmenschheit, insbesondere Beseitigung sozialer Ungerechtigkeit sowie gerechte Verteilung und Nutzung technischer Güter; Gesundheit; selbstbestimmte Persönlichkeitsentfaltung, Achtung der Privatsphäre (Datenschutz); Respekt der genetischen Integrität; Rücksichtnahme auf die Sozialverträglichkeit und Gemeinschaftsförderlichkeit neuer Technologien u. a. Ein weiterer normativer Schwerpunkt betrifft die Umweltverträglichkeit der Technik.

Diese normativen Leitvorstellungen erfordern ein weites Verständnis der betreffenden ethischen Prinzipien (z. B. Gerechtigkeit und Fairneß auch gegenüber späteren Generationen). Insofern technische Entwicklungen und Produktionen in der Regel Ergebnis des Zusammenwirkens von Teams, Kollektiven und Institutionen sind, bedarf es einer entsprechenden Differenzierung des Verantwortungsbegriffs im Sinne von abgestuften Formen der Mitverantwortung, die von einer Mehrzahl anteilig (gemäß Mitwirkungsart, Entscheidungsstrukturen, strategischer Einfluß-Position) getragen wird. Zur angemessenen Übernahme der je eigenen (Mit-)Verantwortlichkeit bedarf es einer eingehenden Gewissensbildung. Die betreffenden Berufsgruppen (Ingenieurvereinigungen u. a.) können und sollen dabei mitwirken (z. B. durch detaillierte Richtlinien, Ethikkodizes und durch eine die ethische Urteilsfähigkeit fördernde Ausbildung). Die alltägliche ethische Aufgabe besteht in der sorgfältigen Erfüllung der Berufspflichten.

Die genannten Schutzziele verlangen eine dem jeweiligen Wissensstand angemessene (deskriptive) Technik-Folgenabschätzung und eine (normative) Technik-Bewertung. Bei einem erheblichen, das Gemeinwohl tangierenden Gefahrenpotential tragen Politik und Staat Verantwortung dafür, daß durch wirksame Maßnahmen (Einrichtung von Prognose- und Bewertungskapazitäten, administrative und legislative Regelungen zur Koordination der Interessen aller betroffen Individuen, Gruppen, Institutionen und Gesellschaftsbereiche u. a.) die notwendige Gemeinwohlverträglichkeit gewährleistet wird. Sicherheit hat dabei Vorrang vor Wirtschaftlichkeit und anderen Partikularinteressen. Die gebotene Minimierung von (Betriebs-, Versagens- und Mißbrauchs-)Risiken erfordert, daß der Hersteller-Verantwortung eine Nutzer-Verantwortung entspricht. Über die Zumutbarkeitsgrenzen von Risiken, zu denen keine sichereren Alternativen bestehen und für die ein proportionierter Nutzen geltend gemacht werden kann, hat letztlich die Gesamtgesellschaft zu befinden. Die öffentliche Technologieförderung muß den ethisch gebotenen Zielen verpflichtet sein.

In bezug auf die tugendethischen Gesichtspunkte ist insbesondere die Kardinaltugend der Klugheit *(prudentia)* gefordert, die zwischen den Extremen einer kritiklosen Technophilie einerseits und einer Technophobie andererseits die rechte Mitte anstrebt, die in nüchternem Realismus zu unterscheiden weiß zwischen scheinbaren und echten Sachzwängen und sich der ausgleichenden Vermittlung zwischen technischer, wissenschaftlicher, ökonomischer, ökologischer und ethischer Vernunft annimmt. Genannt werden müssen ferner die Kardinaltugend der besonnenen Mäßigung *(temperantia)*, die (ethische) Macht über die technische Macht zu gewinnen sucht, sowie die Tugend der Wachsamkeit, die von der theologischen Einsicht getragen ist, daß alle Einflußsphären des Menschen, gerade auch die technische Verfügungsmacht, vom Einbruch der Sünde in die Schöpfung betroffen und daher anfällig sind für selbstherrliche Übersteigerung und Verantwortungslosigkeit.

H. Jonas, Das Prinzip Verantwortung. Versuch einer Ethik für die technologische Zivilisation (Neuausgabe 1989, ¹1979); *H. Lenk,* Zur Sozialphilosophie der Technik (1982); *ders.* / *G. Rohpol* (Hrsg.), Technik und Ethik (1987); *H. Sachsse,* Anthropologie der Technik (1978).

HANS-JÜRGEN MÜNK

Therapie

→ Krankheit → Leib → Leiden → Medizinische Ethik → Mensch → Tod

Ursprünglich bedeutete das Wort „Therapie" dienen (θεραπεύειν); und zwar den Göttern dienen (Gottesdienst) und den Menschen dienen, diese heilen und pflegen (Krankendienst). Heilen – ganz allgemein – ist die Wiederherstellung einer verlorengegangenen Ordnung, insbesondere im medizinisch-ärztlichen Bereich; Wiederherstellung als Selbstheilung oder mit Hilfe therapeutischer Maßnahmen.

Hinsichtlich des Menschen als Geistseele-Leib-Wesen wirkt sich Therapie psychophysisch aus; wenn die Therapie zumeist bei der Hauptursache einer Erkrankung ansetzt (kausale Therapie), so ist beim konkreten Patienten der objektive Krankheitsbefund (die Krankheit als solche) und das subjektive Krankheitserlebnis in das therapeutische Bemühen einzubeziehen, zumal sich beide auch gegenseitig – negativ oder positiv – beeinflussen können.

Die gegenwärtige Medizinphilosophie postuliert die in der Pastoralmedizin immer schon gesehene Ganzheitlichkeit, etwa in der Definition H. Aspergers: zur Gesundheit gehöre die somatische Harmonie, das psychophysische Gleichgewicht, die Ausgeglichenheit von Geist und Gemüt, das ungestörte Zusammensein der Mitmenschen und die lebendige Beziehung des menschlichen Ichs zum göttlichen Du. In diesem Sinne kann man auch mit B. Häring festhalten: Heil und Heiligkeit des Menschen stehen in inniger Beziehung zu Ganzheit und Heilung der menschlichen Person.

Freilich, im allgemeinen Verständnis der Gegenwart steht *sanitas* (innerweltliches Gesundsein) im Vordergrund statt salus, dem die Welt überschreitenden Heilsein.

Dennoch, Gottesdienst und Krankendienst (nach dem alten Wortsinn) haben einen inneren Zusammenhang, der auch für Ethik und Moral relevant ist und in der umfassenden humanen Therapie deutlich werden soll.

Alle Kulturen haben einen ihnen eigentümlichen Begriff von Gesundheit und Krankheit entwickelt, der sich auf das Verständnis von Therapie auswirkt. So wird Therapie beispielsweise im hellenistischen Naturalismus anders gesehen als in einem semitischen Personalismus, anders in einem christlichen Menschenbild, anders in einem islamischen oder gar in einem atheistischen Daseinsverständnis.

Weltweit hat die Weltgesundheitsorganisation (WHO) versucht, eine gemeinsame Basis zu finden: leibliches und seelisches Wohlbefinden und – soziale – Harmonie. Diese Formulierung schließt einerseits die religiöse Dimension aus, während sie andererseits in ihrer maximierenden und nicht bloß optimierenden Form eine Utopie darstellt. Ganzheitlichkeit im Sinn von Heil kann innerweltlich nicht erreicht werden und nur als Geschenk Gottes über diese Geschichte hinaus empfangen werden.

Im speziellen ist zwischen kausaler und symptomatischer Therapie zu unterscheiden; erstere zielt direkt auf die Beseitigung der Grund- und Hauptursache einer Krankheit, letztere erreicht eine Besserung oder Heilung über die erfolgreiche Bekämpfung der Symptome. Auch bei der kausalen Therapie müssen allgemeine Bedingungen der Gesundheit berücksichtigt werden (Konstitution, Alter, Immunlage, Kreislaufverhältnisse, subjektive Betroffenheit des Patienten usw.). Es kann zu einer vollständigen Heilung kommen *(restitutio ad integrum)*, zu einer Defektheilung mit mehr oder minder ausreichender Lebensqualität; eigentlich sollte aber immer eine restitutio ad integratem beabsichtigt sein.

Die Fülle der Therapien und deren Kombination ergibt sich aus der Komplexität der einzelnen Krankheiten und der „Heilkraft der Natur" im Menschen und dem Bemühen des Kranken, mit seiner Krankheit fertig zu werden. Eine fehlerhafte Immunlage oder ein mangelhafter oder gar fehlender Gesundheitswille sind besondere Hindernisse für die therapeutischen Maßnahmen.

Trotz der Fülle der Therapien und der sich überschneidenden Wirksamkeit lassen sich gewisse Schemata aufstellen, nach welchen eine zielführende und sinnvolle Behandlung durchgeführt werden kann, entsprechend der Art der Erkrankung oder deren Hauptursache. Folgende Einteilung bietet eine Übersicht über die Gruppen der Heilverfahren: pragmatische Therapien, Psychotherapien, magisches Heilen, therapeutische Seelsorge.

Pragmatisches Heilen umfaßt somatisches Heilen aufgrund physikalisch-technischer Maßnahmen, indem anatomisch-pathologische Veränderungen im vordem gesunden Organismus durch gezielte und bewährte chirurgische Eingriffe ausgeschaltet oder entfernt werden; hierher zählen auch nuklear-medizinische und strahlentherapeutische Maßnahmen. Ferner gehört hierher der physiologisch-biologische Bereich der Therapie, wobei versucht wird, mit Hilfe von Medikamenten die Wiederherstellung normaler Organleistungen zu erreichen, durch Substitution (z. B. Insulin bei Diabetes mellitus), durch Regulation (bei Störungen des Blutdrucks) oder durch antibiotische Maßnahmen (bei Infektionskrankheiten); durch Diät bei Fehlernährung und Mangelernährung.

Die Psychopharmakotherapie ermöglicht die Beeinflussung seelischer Funktionen durch dem Körper zugeführte biochemisch wirksame Stoffe. Depression, Hemmung, Angst, Erregungszustände, Wahnideen und Halluzinationen, Verwirrung und Unruhe können gemildert und sogar beseitigt werden. Zur Psychopharmakotherapie muß jeweils eine begleitende Psychotherapie hinzukommen. Der Vorgang der psychosomatischen Heilung ergibt sich aus der Entstehungsweise der sogenannten psychosomatischen Erkrankungen, die dadurch zustandekommen, daß innerseelische und/oder zwischenmenschliche Konflikte sich in Störungen in der leiblichen Dimension niederschlagen und zu Schlaflosigkeit, Kopfschmerzen, Herzdruck, Atemstörungen, Verstopfung usw. führen. Es werden demzufolge organ-somatische und psychotherapeutische Maßnahmen für Diagnostik und Therapie notwendig sein.

Eine besondere Form der pragmatischen Therapie ist die Notfalltherapie (Intensivtherapie) mit der vielfältigen Steuerung lebenswichtiger mangelhafter Funktionen in lebensbedrohlichen Situationen bzw. der zeitweise Ersatz derselben durch chemische und physikalische Maßnahmen. Die Notfalltherapie bei akuter Lebensgefahr ist um die Erhaltung des Lebens bei möglichem guten Ausgang bemüht, ihr Ziel ist die Wiederherstellung der sich selbst regulierenden Lebensprozesse, der biologischen Basis des menschlichen Lebens. Die Therapie für den Sterbenden bei infauster Prognose ist die kunstgerechte Behandlung von Schmerzen, Angst und anderen belastenden Symptomen während des Sterbens.

Die Naturheilkunde (Kräutermedizin, Phytotherapie, Balneotherapie) ist in ihrer Wirksamkeit teils pragmatisch, teils magisch und ist bei sorgfältiger Indikation zu bejahen, ihre spezifische Gefahr besteht im Übersehen von Krankheiten, die bei pragmatischer Therapie eine hohe Chance der Heilung gehabt hätten.

Die *Psychotherapie* selbst ist gekennzeichnet durch eine nicht geringe Anzahl von Methoden, die ihre besonderen Indikationen haben, ihre Grenzen und Kontraindikationen: Es gibt aufhellende und zudeckende, analytische und sinnerhellende, direktive und nicht-direktive, individuelle und kollektive Formen; letztlich auch solche, die der Seelsorge sehr nahe stehen, zumindest dem nicht-sakramentalen Bereich der Seelsorge. Für die psychotherapeutische Heilung bedarf es wirksamer Mittel des Wortes, des Gespräches; der Sinngehalt des Gespräches wird heilsam, das Wort wird zum Medikament; zumal bei Neurosen, die Störungen der seelischen Verarbeitung innerer Konflikte sind. Das Wort muß sinnfällig gehört und verstandesmäßig begriffen und gemüthaft bejaht werden. Das Wort wird dann heilsam wirken, wenn im zunehmend besseren Verständnis der neurotifizierenden Situation und des verfehlten Selbstheilungsversuches eine Reifung gelingt, die wiederum wahrgenommen, angenommen und bejaht werden muß und dann ausgeglichen, zufrieden und glücklich macht. Diese Heilgespräche bleiben jedoch unwirksam, wenn das Problem nicht allein im Innerweltlichen gelegen ist, sondern transzendente Beziehungen aufweist, wie bei manchen „noogenen Neurosen" (V. Frankl) oder „existentiellen Neurosen" (V. E. v. Gebsattel), aufgrund einer selbst- oder fremdverschuldeten Ich-Verschlossenheit des menschlichen Ich gegenüber dem göttlichen Du.

Zur Gesundheit gehört auch eine lebendige Beziehung zum Heiligen und Numinosen (Asperger). Der Mangel an Kommunikation mit dem Absoluten macht krank (C. G. Jung, F. Büchner, V. E. von Gebsattel). Die charismatische Heilung wird durch Gebet vermittelt und ist Bitte um göttliche Heilung. Freilich darf man die Gefahr des Abgleitens zu magischen Wirkungen und die Möglichkeit suggestiver Vorgänge nicht vernachlässigen. Eine Gebetsheilung wird wohl für den Fall moralischer Fehlhaltung und zugehöriger reaktiver pathologischer Phänomene ein adäquater therapeutischer Weg sein. Andere „Glaubensheilungen" werden mit den sehr strengen Kriterien z. B. des Ärztebüros in Lourdes zu beurteilen und zutreffendenfalls als „extramedikale Heilungen" zu bezeichnen sein: Es muß eine vollständige Heilung einer schweren Krankheit innerhalb abnorm kurzer Zeit feststellbar sein.

Die *magische Methode* setzt die suggestiv wirkende Persönlichkeit des Arztes voraus, bei der Psychotherapie wird vom Patienten eine aktive Teilnahme gefordert. Die heutige vorwiegend naturwissenschaftliche Medizin ist durch eine pragmatische Zielsetzung gekennzeichnet, wobei die heilsame Mitmenschlichkeit des Arztes und die bemühte Pflege durch die Krankenschwester zweifelsohne auch einen magischen Effekt bewirkt; die Psychotherapie enthält ebenfalls in der Sympathie ein magisches Element. Die pragmatische Methode ist relativ indifferent und verlangt den medizinisch geschulten Arzt. Sowohl in der magischen Therapie wie auch in der Psychotherapie ist die besondere Gefahr der Manipulation gegeben.

Die Therapie der noogenen bzw. existentiellen Neurosen hat eine innere Beziehung zur *therapeutischen Seelsorge,* zum Seelsorgs- und Beichtgespräch, da es sich bei dieser Form der Neurosen (V. E. Frankl, V. E. von Gebsattel) um personale Konflikte handelt: Es geht um Sinnlosigkeit des eigenen Lebens, um existentielle Krisen (Bedrohtsein durch schwere Krankheit, Pensionierung, chronische Leiden), um Wertprobleme, die den Patienten in seiner „Personmitte" treffen. Wie bei der charismatischen Heilung ist diese gegebenenfalls Bekehrung – womit wiederum die innere Beziehung von Heilung und Heil berührt wird. „Nach christlicher Ansicht erfassen die Erlösung Christi und seine heilbringende Gnade den ganzen Menschen in seiner menschlichen Beschaffenheit und somit auch in Krankheit, Leiden und Tod" (Johannes Paul II.).

F. Anschütz, Indikation zum ärztlichen Handeln (1982); *V. E. Frankl,* Logotherapie und Existenzanalyse (1987); *V. E. v. Gebsattel,* Imago Hominis (1964); *Johannes Paul II.,* Dolentium hominum (1985); *G. Roth,* Über den inneren Zusammenhang von ärztlicher Ethik und Pastoralmedizin, in: Ethik und Technik (1988); *H. Schäfer,* Brückenschläge. Zum Verständnis zwischen Schulmedizin und außerschulischen Methoden (1983). *H. Tellenbach* (Hrsg.), Psychiatrische Therapie heute. Antike Diaita und moderne Therapeutik (1982); *W. Wesiack,* Grundzüge der psychosomatischen Medizin (1974).

GOTTFRIED ROTH

Tierversuche

→ Gleichheit → Kultur → Natur → Person → Recht → Utilitarismus
→ Umweltethik

Die in den vergangenen zwei Jahrzehnten heftig und kontrovers geführten Diskussionen über die Tierversuche spiegeln sich nicht nur in zahlreichen wissenschaftlichen Publikationen, sondern haben vielfach auch zu neuen gesetzgeberischen Aktivitäten geführt. Im Sinne einer Ausgangsverständigung verstehen wir unter Tierversuchen „jede Maßnahme, bei der lebende Tiere verwendet werden mit dem Ziel, eine wissenschaftliche Annahme zu prüfen, Informationen zu erlangen, einen Stoff zu gewinnen oder zu prüfen oder die Wirkung einer bestimmten Maßnahme am Tier festzustellen sowie das Verwenden von Tieren zur experimentellen Verhaltensforschung" (Eidgenössisches Tierschutzgesetz vom 9. 3. 1978, Art. 12).

Wichtige Impulse bezieht die gegenwärtige tierschutzethische Diskussion aus philosophisch-ethischen Beiträgen des englischsprachigen Raumes. Hervorzuheben ist hier zunächst die dem Utilitarismus verpflichtete Tierbefreiungsethik P. Singers, der als Konsequenz des ethischen Unparteilichkeitsprinzips eine Erweiterung der „moralischen Gemeinschaft" auf alle Wesen fordert, die aufgrund ihrer Bewußtheit und Empfindungsfähigkeit (sog. Sentientismus) Interessen haben können. Alle Lebewesen, die Angst, Schmerz und Lust empfinden können, haben ein Interesse an der Rücksichtnahme auf ihre Empfindungsfähigkeit und verdienen unmittelbar moralische Beachtung. Wie Singer setzt auch der bekannte Theoretiker einer Tierrechtskonzeption, T. Regan, den Sentientismus voraus, spricht aber dann – in kritischer Auseinandersetzung und Distanzierung zu ersterem – jedem bewußt empfindenden Subjekt eines Lebens einen prinzipiell gleichen Eigenwert und dementsprechend grundsätzlich gleiche moralische Rechte zu. Hier mündet die These von der moralischen Irrelevanz der Specieszugehörigkeit in die Forderung einer strikten Gleichbehandlung von Menschen und bewußtseinsbegabten Tieren. Die sittliche Pflicht zur Anerkennung der Subjektivität empfindungsfähiger Tiere und der Respekt vor ihnen als Akt der Humanität in einem weiteren (nicht speziesmäßig eingeengten) Sinn, ferner die Beachtung des Gleichheitsprinzips, d. h. die Forderung nach Gleichbehandlung der Tiere in bezug auf gleiche Interessen (z. B. nicht willkürlichem Leiden ausgesetzt zu werden) stehen im Zentrum philosophisch-ethischer Überlegungen im deutschsprachigen Raum (R. Spaemann, G. M. Teutsch, K. M. Meyer-Abich).

Die Anerkennung gleicher Interessen von Mensch und Tier in bezug auf Wohlbefinden und Unversehrtheit bedeutet jedoch nicht eine völlige Gleichstellung. Im Unterschied zum Tier ist der Mensch Person, Subjekt moralischer Verantwortung (O. Höffe).

Eine theologisch qualifizierte Pflicht zur Achtung der Interessen von Tieren ergibt sich aus der Hl. Schrift, die eine grundlegende Gemeinsamkeit zwischen Mensch und Tier unterstreicht: die Gemeinschaft alles Lebendigen, das sich dem göttlichen Schöpfungswirken verdankt (vgl. Gen 1 und 2). Darin ist das verbindende Charakteristikum der Mitgeschöpflichkeit grundgelegt. Dieser Gemeinsamkeit im Ursprung entspricht die Hoffnungsgemeinschaft von Mensch und Tier in bezug auf das eschatologische Heil (vgl. Jes 11,6–8; Mk 1,13b; Röm 8,19–22). Mensch und Tier werden allerdings nicht als gleiche, ebenbürtige Partner verstanden. Die Namengebung durch den Menschen (vgl. Gen 2,19f.) und der Herrschaftsauftrag (vgl. Gen 1,26.28) unterstreichen die Zuordnung und Verfügbarkeit des Tieres. Die Sonderstellung und die Verfügungsrechte des Menschen sind jedoch begrenzt; sie sind im Sinne der von Gott übertragenen treuhänderischen, stellvertretenden Verwaltung und der Fürsorge für die Mitgeschöpfe, des „Bebauens und Behütens" (Gen 2,15) zu deuten. Auch die im Zusammenhang mit dem Noachbund (vgl. Gen 9,2f.) zum Ausdruck kommende Verschärfung der Lebenssituation der Tiere widerruft nicht die Eigenwertigkeit und die geschöpfliche Würde der Tiere. Diese Stelle verdeutlicht aber, wie sehr auch das Verhältnis des Menschen zu den Tieren von der Sünde betroffen, konfliktgeladen und gestört ist.

Die Ehrfurcht vor dem Schöpfer impliziert die Ehrfurcht vor dem Erschaffenen und für gut Befundenen (vgl. Gen 1,21.25). Die Achtung vor dem Leben der Tiere ist somit eine schöpfungsethisch fundierte Pflicht. Dem widersprechen sinnlose Tötung und Quälerei von Tieren (Zufügung von Schmerzen ohne rechtfertigenden Grund) (vgl. Spr 12,10). Dem widerspricht auch ein Verständnis der Tiere als neutrales Sacheigentum, mit dem man nach Belieben verfahren kann. Vielmehr sind Eingriffe an Tieren so rechtfertigungspflichtig, daß die gebotene Achtung ihrer Bedürfnisse ernst genommen wird. Dazu ist eine Güterabwägung erforderlich, die für Konfliktfälle das Wohl von Mensch und Tier bedenkt und nur aus schwerwiegenden Gründen den Lebens- und Gesundheitsinteressen des Menschen einen Vorrang einräumt oder zugunsten fundamentaler Lebens- und Gesundheitsbedürfnisse der Tiere selbst Tierversuche gestattet. Nur wo Leben und Gesundheit von Mensch und Tier nicht ohne Einsatz von Tierversuchen bewahrt, gerettet und geschützt werden können, sind Tierversuche, die mit großer Angst, mit erheblichen Störungen des Allgemeinbefindens, mit Schäden, Schmerzen oder dem Tod der eingesetzten Tiere verbunden sind, sittlich erlaubt. Dabei sind (ohne hier eine Vollständigkeit erreichen zu können) folgende ethische Leitlinien zu beachten, die eine hohe Kompetenz der unmittelbar verantwortlichen Personen voraussetzen: Tierversuche sind auf das für die genannten Zwecke unerläßliche Maß zu beschränken. Die Übertragbarkeit der Ergebnisse auf den Menschen muß in angemessenem Ausmaß gesichert sein. Die Versuchstiere sind artgerecht zu betreuen. An vom Aussterben bedrohten Arten dürfen nur der Arterhaltung dienende Versuche vorgenommen werden. Versuchstiere sind sorgfältig auf die Experimente vorzubereiten, bei deren Durchführung auf eine Minimierung von Angst, Schmerzen (wo immer möglich durch allgemeine oder lokale Betäubung) und Schäden zu achten ist. Versuche, die dauernde Schäden und Einschränkungen zur Folge haben, sind nur zulässig, wenn auf keine tierversuchsfreien Alternativen rekurriert werden kann. Auf die Optimierung der wissenschaftlichen Auswertung, d. h. auf die Erzielung des optimalen Erkenntnisgewinns, ist größter Wert zu legen. Durch Auf- und Ausbau von Informationsnetzen und Datenbanken sind die Ergebnisse (möglichst international) so zugänglich zu machen, daß Doppel- und Wiederholungsversuche vermieden werden können. In der wissenschaftlichen Lehre sind Tierversuche nur zulässig, wenn keine tierversuchsfreien Alternativen bestehen. Die Förderung von Ersatzmethoden (z. B. mit Zell- und Gewebekulturen, mit isolierten Organen und durch Computersimulation) ist entschieden voranzutreiben. Solche Ersatzmethoden sind – wo immer sinnvoll möglich – bevorzugt einzusetzen. Tierversuche zur Entwicklung militärischer Angriffswaffen sind ethisch verwerflich. Die staatlichen Behörden sind verpflichtet, diesen ethischen Leitgedanken durch entsprechende Vorschriften und Kontrollen sowie durch periodische Anpassungen der rechtlichen Bestimmungen an neue Gegebenheiten zur Durchsetzung in der Praxis zu verhelfen.

U. M. Händel (Hrsg.), Tierschutz (1984); *W. Hardegg/G. Preiser* (Hrsg.), Tierversuche und medizinische Ethik (1986); *G. Liedke,* „Tier-Ethik" – Biblische Perspektiven, in: Zeitschrift für evangelische Ethik 29 (1985) 160–173; *H. Ruh,* Tierrechte – neue Fragen der Tierethik. Literaturbericht, in: Zeitschrift für evangelische Ethik 33 (1989) 59–71; *P. Singer* (Hrsg.) Verteidigt die Tiere (1986); *G. M. Teutsch,* Mensch und Tier – Lexikon der Tierschutzethik (1987).

HANS-JÜRGEN MÜNK

Tod

→ Abtreibung → Euthanasie → Krieg → Leben → Leiden
→ Medizinische Ethik → Mensch → Sakramente → Selbsttötung (Suizid)
→ Todesstrafe

Der Tod als ethische Grenzproblematik: Der Tod, will man diese Kategorie genau wahrnehmen und sie vom *Sterben* unterscheiden, kann als ein Zustand bezeichnet werden, welcher sich außerhalb von Raum und Zeit befindet und sich also auch der ethischen Bewertung und Gestaltung entzieht. Daß es für den Menschen beinahe unmöglich ist, den Tod zu „denken", führt dazu, daß man ihn oft mit dem „Sterben" verwechselt. Der Sterbensprozeß hingegen (als empirisches Phänomen), welches mindestens partiell verändert und gestaltet werden kann, darf und soll Gegenstand ethischer Verpflichtung werden.

Eine absichtliche (was nicht unbedingt heißt „freiwillige") Herbeiführung des Sterbensprozesses bei sich selbst wird als *Selbsttötung* bezeichnet. Mit dem Stichwort *Euthanasie* werden die Maßnahmen definiert, welche zu einem schmerzlosen Sterben führen. Beide Themen werden in diesem Lexikon gesondert in eigenen Stichworten behandelt und werden hier nicht mehr weiter ausdrücklich entfaltet. Das gleiche gilt für den *Krieg,* definiert als kollektive, unter bestimmten Bedingungen ethisch gerechtfertigte Tötung durch „Amtspersonen" wie eben die Soldaten. An dieser Stelle werden also nur die ethischen Aspekte der Tötung behandelt, welche im Rahmen der erwähnten anderen Stichworte keine Beachtung finden.

Gegenüber Tod und Sterben wurden in der Geschichte verschiedene Einstellungen, Mentalitäten und Bewertungen vertreten. Diese wurden in letzter Zeit Gegenstand einer intensiven Geschichtsschreibung, welche indirekt auch die ethischen Grundbewertungen des Lebens beeinflußt haben. Man unterscheidet hier vor allem zwischen „traditionellen" und „zeitgenössischen" Einstellungen zum Tode. Erstere werden dadurch gekennzeichnet, daß in traditionellen Gesellschaften präzise Jenseitsvorstellungen vertreten werden und Kontaktmöglichkeiten zwischen Lebenden und Toten durch den asymmetrischen Kommunikationsweg des Gebets und Sakraments gefördert werden. Der Sterbevorgang wird somit als moralisch bedeutsam angesehen, da die Zustände der Person im Jenseits durch das Verhalten in diesem Leben wesentlich geprägt werden. Zuerst wird die Definitivität der Entscheidung im Diesseits und des Zustandes im Jenseits betont („Himmel", „Hölle"). Die Möglichkeit einer Änderung dieses Zustandes auch im Jenseits, durch „*gute Werke*" von Dritten in diesem Leben oder durch Buße im Jenseits („Fegefeuer"), tritt erst in Erscheinung in einer Zeit, wo das Auseinanderklaffen zwischen christlichen Werten und ethischer Lebensführung von neuen Schichten, wie z. B. den Gewerbetreibenden oder Bankleuten, als sehr manifest empfunden wird.

Die modernen Einstellungen zum Tode lassen sich nicht leicht kennzeichnen. Es werden, durch die heutige Geschichtsschreibung und sozialwissenschaftliche Literatur, vor allem die *Verdrängungs-* und *Verdinglichungsthesen* einerseits und die *Versachlichungs-* und *Säkularisierungsthesen* andererseits vertreten. Die durch die beiden Stichworte umschriebenen Grundeinstellungen dem Tod gegenüber haben indirekt auch einen Einfluß auf die geschichtlich vorgefundene ethische Bewertung von verschiedenen Gestalten der Tötung.

Biblische Motive: Du sollst nicht töten lautet die Aufforderung der atl. Tradition (Ex 20,13; Dtn 5,13), welche bis heute nachwirkt. Das Gebot wurde ultimativ und bedingungslos verstanden, wenn es um *unschuldiges* Leben ging und wenn die Tötung durch kein rechtmäßiges Mandat geschah (Ex 23,7 und Gen 9,6). Das Gebot wird im direkten Zusammenhang mit der Ebenbildlichkeit des Menschen gesehen, und die Ausnahmen (Todesstrafe und Krieg) scheinen dem Gebot nicht zu widersprechen, da sie direkt oder indirekt als Anordnungen Gottes angesehen werden.

Die ntl. Schriften bestätigen diese theologische Perspektive, verlängern sie aber in einer radikalen Weise. Die synoptische Tradition (vgl. vor allem die zwei Versionen der „Bergpredigt" Mt 5-7; Lk 6,20-49) sieht die Option zur Gewaltfreiheit als Ausdruck einer vollkommenen Gerechtigkeit, als die des versprochenen und angebrochenen Reiches Gottes. Diese Gewaltfreiheit wird in der synoptischen Tradition nicht als gehobenes Ideal für wenige angesehen, sondern als Grundorientierung für alle Jünger(innen) Jesu.

Aus dieser Perspektive läßt sich keine materiale Ethik für die sittliche Gestaltung von Einzelfällen, wo u. U. mit einer Tötung zu rechnen ist, ableiten. Deswegen hat die kirchliche Tradition im atl. Verbot der Tötung mit den vorgesehenen Ausnahmen festgehalten und versucht letztere vor allem naturrechtlich zu begründen.

Zu Tötung und Mord: Jede rechtlich regulierte Gesellschaft ahndet die private Tötung von Personen mit dafür vorgesehenen Sanktionen. Als *Mord* werden die Tötungen gekennzeichnet, welche absichtlich und aus einer „niedrigen" Motivation (aus Geldgier u. a.) begangen werden. Bei der Beurteilung und strafrechtlichen Verurteilung von Tötungsdelikten wird infolgedessen den Motivationen und dem subjektiven Zustand des Täters besondere Aufmerksamkeit gewidmet. Auch die Analyse und Rekonstruktion der Umstände tragen zur Bewertung der Schuldhaftigkeit der Tötung bei.

Zur Notwehr: Ausgehend vom Prinzip, daß *necessitas legem non habet,* d. h., daß Not kein Gesetz kenne, wird versucht, sowohl in der rechtlichen als auch in der ethischen Reflexion die Tötung, welche in einer Notsituation geschieht, unter klaren Bedingungen als moralisch gerechtfertigt, in manchen Fällen sogar als geboten anzusehen. Zur grundlegenden Bedingung für eine berechtigte Notwehr gehört die Situation, in der eine solche Tötung geschieht: Sie soll objektiv *ausweglos* sein bzw. subjektiv als solche wahrgenommen und gedeutet werden. Da es in einer solchen Situation dem Menschen nicht möglich ist, freie Handlungen und Entscheidungen zu treffen, ist die unter diesen Umständen eintretende Tötung ein Geschehen, welches quasi in einem *vorsittlichen* Bereich geschieht.

Falls aber die Situation nicht ausweglos ist bzw. wahrgenommen wird, ist grundsätzlich anders vorzugehen und zu bewerten. So ist bei schweren Eigentumsdelikten (Überfall) das Recht auf Leben des Täters höher zu bewerten als das Recht auf Eigentum. Eine direkte Tötung durch Polizeibeamte oder Dritte wäre hier als unverhältnismäßig einzustufen.

Notwehr ist auch nicht mit Selbstjustiz zu verwechseln. Eine Privatperson darf nur direkt töten, wenn die vitale Bedrohung unausweichlich ist und keine Polizeikräfte oder Soldaten diese Aufgabe übernehmen können.

Als Notwehrsituation soll in der Regel auch die selten eintretende Situation eines *Schwangerschaftsabbruchs* mit vitaler Indikation, in der notwendigerweise entweder nur das Leben der Mutter oder nur das Leben des Fötus zu retten sind, interpretiert und bewertet werden.

In jedem Fall gilt Notwehr als sittlich berechtigt, wenn die eintretende Situation als unausweichlich erscheint, keine gewaltloseren Alternativen (mehr) möglich sind und wenn die Verhältnismäßigkeit bewahrt wird. Darüber hinaus soll die subjektive Absicht derjenigen, welche die tötende Handlung vornehmen müssen, immer auf prinzipielle Gewaltlosigkeit orientiert bleiben.

Ph. Ariès, Geschichte des Todes (1980); G. Condrau, Der Mensch und sein Tod. Certa moriendi conditio (1985); H. Ebeling (Hrsg.), Der Tod in der Moderne (1979); F. Furger/K. Koch, Verfügbares Leben? (1978); K. Marxen, Die „sozialethischen" Grenzen der Notwehr (1979); G. Schmied, Sterben und Trauern in der modernen Gesellschaft (1985); Schweizerische Nationalkommission Justitia et Pax, Gewaltfreies Handeln in unserer Gesellschaft (1988).

ALBERTO BONDOLFI

Todesstrafe

→ Dekalog → Gemeinwohl → Gerechtigkeit → Gewalt → Leben
→ Menschenrechte → Menschenwürde → Rache → Recht → Strafe → Tod

Die Existenz von zum Tode führenden Strafen ist bei einer großen Zahl von Völkern und Zivilisationen bezeugt. Diese Tatsache gibt dem Phänomen, das man etwas übereilt „Todesstrafe" nennt, einen Anschein von fast automatischer Evidenz. Letztere ist erst seit der Aufklärung in der europäischen Gesellschaft in Frage gestellt worden.

Man muß aber zwischen der rechtlichen Institution der Todes*strafe* und anderen tödlichen Sanktionen, wie sie in prähistorischen Gesellschaften vorhanden sind und von den Ethnologen als *Rache* bezeichnet werden, unterscheiden. Die *Blutrache* wird hauptsächlich an Menschen außerhalb des eigenen Familienverbandes (Clans) ausgeübt und kann, wenn es sich nicht anders machen läßt, auch „unschuldige" Glieder des feindlichen Clans treffen. Sie wird als eine heilige Pflicht verstanden, durch welche man den Zorn der Götter und der Schutzgeister besänftigt oder das vergossene Blut sühnt. Wegen dieser Grundmotivation ist es unangemessen, hier von einer *Strafe* durch den Tod zu reden. Strafe hat spezifische Eigenschaften, welche erst mit einem Entwicklungsprozeß im rechtlichen Denken innerhalb des Clans in Erscheinung treten.

Das Strafrecht tritt erst mit dem Beginn der Delegation der richterlichen Gewalt auf stabile, persönliche Instanzen in Erscheinung. Diese richten öffentlich, nach einem zunehmend gleichen, geregelten Verfahren.

1. Die biblischen Zeugnisse

Ein objektives Studium der biblischen Schriften zeigt, daß darin dem Thema der Todesstrafe keine zentrale Bedeutung zukommt, sondern daß sie als eine *rechtliche Institution* erscheint, die im AT selbstverständlich ist und im NT nur gelegentlich erwähnt wird.

In den Schriften des AT wird die Todesstrafe als ziemlich gebräuchlich bezeugt. Nach Gen 4,10b–11 sind die Verwandten eines Ermordeten verpflichtet, das vergossene Blut zu rächen, denn dieses schreit nach Rache bei Gott. Man kann auf diese Pflicht verzichten, indem man den Totschläger fliehen läßt, aber nur, wenn dieser unfreiwillig oder fahrlässig getötet hat. Die Geschichte des Volkes Israels nach dem Pentateuch zeigt, wie mit der Einführung des geschriebenen Rechts immer stärker und differenzierter ein bestimmter Rechtsprozeß an die Stelle der Sippenrache tritt. So wird das Ausführen der Todesstrafe immer mehr den Regierenden allein überlassen und der Kompetenz von Familien- und Stammeshäuptern entzogen. Die deuteronomischen Schriften zeigen mehrere Beispiele dieser Entwicklung des Rechtsbegriffs bei der Strafe. So wird die Rache für den absichtlichen Totschlag, die schon in Gen 9,5–6 vorgesehen ist, durch das „zweite Gesetz" in kasuistischer Weise ergänzt, indem der Götzendienst und die Gotteslästerung, schwere Fälle der Sabbatsmißachtung, Rebellion gegen die eigenen Eltern, qualifizierte Fälle von Ehebruch der Frau wie auch der Inzest, die Sodomie und Bestialität als todeswürdige Verbrechen genannt werden. Dabei ist die Tatsache von Bedeutung, daß das Volk vor Jahwe rein bleiben und sich von allem fernhalten soll, was die Bundestreue zwischen Gott und seinem Volk stören könnte (vgl. vor allem Dtn 13,6–12). Auch das *Talionsgesetz* (Auge um Auge, Zahn um Zahn) muß in diesem besonderen theologischen Zusammenhang gesehen werden. Es darf nicht als Ausdruck blinder Grausamkeit verstanden werden, sondern im Gegenteil als ein historischer Schritt auf die Humanisierung der Rache zu. Diese wird darauf beschränkt, nicht maßlos zu reagieren, sondern das geschehene Böse als Maß oder Bezugspunkt für die Strafe zu beachten. Das Talionsgebot erlaubt auch eine *individualisierte* Anwendung der Strafe, indem es verbietet, mit der Strafe auch Unschuldige aus dem anderen Clan zu treffen. Das Prinzip der individuellen Schuld beginnt in das Denken und in die Sitten einzudringen (vgl. Dt 19,21 und Ex 21,23–25). Um andere Mißbräuche bei der Todesstrafe zu verhindern, ohne dem Prinzip der Blutrache untreu zu werden, führt man auch eine Art *Asylrecht* ein (1 Kön 1,50–53; Kön 2,28–35). In der prophetischen Literatur bleiben zwar noch viele Elemente der alten Vorstellung einer „kollektiven Verantwortung", andererseits aber auch solche, die für die Zukunft nur eine „persönliche Verantwortung" verkündigen (Jer 18,21–23 und 31,29). Das Spätjudentum wird mehr und mehr Zurückhaltung bei der Anwendung der Todesstrafe üben. Es gibt Zeugnisse von verschiedenen *Synhedria,* welche zeigen, daß sie stolz darauf sind, daß sie die Todesstrafe nur sehr selten oder gar nie angewandt haben. Der Prozeß der Individualisierung und Verrechtlichung (Recht), welcher von der Familienrache zu dem führt, was man normalerweise *Todesstrafe* nennt, kommt nicht nur in Israel und im Zusammenhang mit seiner religiösen Erfahrung des Glaubens an Jahwe als den Führer seiner Geschichte vor. Diese rechtliche und gleichzeitig ethische Entwicklung gibt es bei verschiedenen Völkern und Gesellschaften, die vom Nomadentum zum seßhaften Leben in Städten übergegangen sind. Das heißt nun aber nicht etwa, der Glaube an den Gott des Bundes habe im religiösen und ethischen Bewußtsein des Volkes Israels keine produktive und positive Rolle gespielt. Letztere besteht vor allem in *stabilisierender* und *reinigender* Rolle, welche von der religiösen Überzeugung, in einem Bund mit Gott zu leben, auf das erwählte Volk Israels ausgeübt wurde.

Wenn man von Röm 13,4 absieht, reden die Schriften des NT nicht ausdrücklich von der Todesstrafe als einem ethischen Problem, sondern erwähnen nur ihre Existenz (vgl. Joh 8). Das neue Element in den ntl. Schriften besteht nicht so sehr im Aufweis neuer Normen in diesem Bereich, sondern eher in der radikalen Infragestellung der Ideologie des „Blutpreises". Die an biologische und/oder kosmische Elemente appellierende Denkweise wird durch die Botschaft Jesu, wie wir sie aus der synoptischen Tradition kennen, endgültig desakralisiert. Jesus schlägt eine neue Strategie zur Überwindung des Bösen vor, indem er nicht mehr an blutige Gewalt appelliert, sondern eine Gemeinschaft ins Zentrum stellt, die von der Liebe lebt, welche Freunde und Feinde umschließt. Die Bergpredigt verneint die Berechtigung des Talionsgesetzes nicht auf eine kasuistische Weise, indem sie es durch ein neues Normrezept ersetzt, sondern dadurch, daß sie die Tiefe der vergebenden Liebe Gottes aufzeigt, die uns sagt, daß auch unter den Menschen in dieser Welt Vergebung möglich ist (vgl. vor allem Mt 5,38–39 und Lk 6,29–30). Gottes Gericht ist voll Erbarmen und relativiert jedes menschliche Urteil und jeden damit verbundenen absoluten Anspruch (vgl. Mt 7,1–7; Lk 6,37–38.41–42).

Im NT scheint jedoch Röm 13 eine größere Schwierigkeit für unsere Problematik darzustellen, weil dieser Text die Macht der weltlichen Obrigkeit über Leben und Tod aller, welche das Recht brechen, zu legitimieren scheint. Paulus hat hier nicht im Sinn, ein für allemal die Todesstrafe zu legitimieren. Er möchte vielmehr die leicht enthusiastisch werdenden Christen zurückrufen, die schon glauben, das Versprechen vom kommenden Reich dispensiere sie von ihren Bürgerpflichten. Zusammenfassend kann man weder behaupten, daß das NT die Todesstrafe rechtfertigt, noch daß es sie direkt verbietet. Was die synoptische Tradition eindringlich bestätigt, ist, daß der Christ im Blick auf das Reich Gottes seine Hoffnung nicht auf die Kräfte der rächenden

Gerichtsbarkeit setzen soll, welche auf dem Talionsgesetz beruht, sondern daß er sein Vertrauen auf die Kraft des *Rechtsverzichts* setzen soll. Die Gerechtigkeit Gottes, die alle Rechnungen übersteigt, verdrängt die Vergeltungslogik der menschlichen Gerechtigkeit.

2. Stellungnahmen in der Theologie- und Kirchengeschichte

a) Die Zeit der Kirchenväter: Bei Tertullian, Minucius Felix, im Kanon des Hippolytus und bei Laktanz findet man oft Aussagen, wonach das Verbot zu töten nicht nur dem einzelnen gilt, sondern auch der Behörde. Auch wenn dieses Zeugnis der vorkonstantinischen Theologen klar und bekannt ist, erscheint seine Interpretation aber recht schwierig und verbietet eine übereilte Aktualisierung. Die historisch-kritische Forschung über diese Texte, welche besonders seit A. Harnack vorangekommen ist, unterstreicht dessen polemisches Element. Die Theologen wollten vor allem die heidnischen Gebräuche und den Kaiserkult in Frage stellen. Sie waren hauptsächlich von der Erwartung des Reiches beeinflußt, dessen Erfüllung sie in unmittelbarer Nähe glaubten. In der nachkonstantinischen Literatur reiht sich das konkrete Problem der Todesstrafe in den allgemeinen Diskurs der politischen Ethik ein. Dabei stellen wir fest, daß seit dem 4. Jh. die Beziehung von Staat und Kirche sich radikal verändert hat. Der Staat wird nun als *instrumentum regni,* als mögliches Werkzeug für das Kommen des Gottesreiches, verstanden. Dieser Zusammenhang erklärt die Unsicherheit einiger Theologen gegenüber der Todesstrafe und den Versuch, sie durch die Intervention der Kirche und ihrer Bischöfe zu mäßigen. So skizziert *Augustinus* in *De Civitate Dei* die Züge einer politischen Ethik im spätrömischen Reich. In bezug auf Röm 13 stellt Augustin das Recht des Staates, das Schwert gegen die Übeltäter zu gebrauchen, nicht in Frage, aber er will diese Macht über Leben und Tod durch die *Intervention des Bischofs* gemäßigt haben. Aber Augustin führt auch ein neues Kriterium zur Rechtfertigung der Todesstrafe ein, indem er mit Überzeugung dartut, daß es eine Aufgabe der politischen Macht sei, der Kirche in ihrem Kampf gegen die Häretiker zu helfen.

b) Das Mittelalter: Die alten Vorbehalte gegenüber der Todesstrafe überleben in dieser Epoche nur noch in einer Art Arbeitsteilung zwischen kirchlichen und weltlichen Autoritäten. *Ecclesia non sitit sanguinem,* die Kirche ist nicht blutdürstig, sie soll nicht direkt mit der Exekution zu tun haben, sondern sich darauf beschränken, die Fälle, die sie betreffen, wie etwa die Häresie, zu beurteilen, und die Ausführung der Strafe dem weltlichen Arm überlassen. Aber auch im Mittelalter gibt es noch Anzeichen dafür, daß der Zweifel auf diesem Gebiet nicht ganz ausgestorben ist. In einem Brief an die Bulgaren freut sich Papst Nikolaus I. darüber, daß dieses Volk in seinen Gesetzen die Folter und die Todesstrafe nicht vorgesehen hat. Anno 1190 wurde in Rouen eine Synode abgehalten, welche verbot, daß man Prozesse, die ein Todesurteil bringen konnten, in kirchlichen Gebäuden abhielt, und die auch den Klerikern verbot, an Duellen und Turnieren teilzunehmen. Eine radikale Infragestellung der Gewalt des Schwertes finden wir nur bei häretisch genannten Gruppen, z. B. den Katharern oder den Waldensern. Auch die akademische Theologie, die sich vom 13. Jh. an in den Universitäten der Städte entwickelt hat, nimmt diese polemische Stellung gegen den waldensischen Radikalismus wieder auf und gibt ihr eine systematische Form, welche noch lange in den Handbüchern der Ethik aller christlichen Konfessionen erscheint. Einer der bedeutendsten Zeugen ist *Thomas v. Aquin,* der die voluntaristische Perspektive Augustins überschreitet, um zu einer rationalistischeren und weltlicheren Bewertung des Problems überzugehen. „Das Gemeinwohl steht höher als das Eigenwohl einer einzelnen Person. Man muß vom Eigenwohl etwas wegnehmen, um das Gemeinwohl zu bewahren. Das Leben einiger verpesteter Menschen verhindert das Gemeinwohl. Also..." (Thomas v. Aquin, *Summa contra gentiles* II, 146). Das Mittelalter hat aber deswegen die voluntaristischen Elemente der Augustinischen Tradition nicht vergessen. Dabei kann die Erinnerung an die Forderungen des *göttlichen Willens* auch eine begrenzende Rolle bei der Anwendung der Todesstrafe spielen. Das ist der Fall bei *Duns Scotus,* der sich in jedem nicht in der göttlichen Offenbarung vorgesehenen Fall, wie bei Diebstahl oder Ehebruch, gegen die Todesstrafe stellt. Diese Praxis wurde im späteren Mittelalter üblich, und der Protest des Scotus findet auch in den Anfängen der Neuzeit bei den Humanisten ein Echo.

c) Die Neuzeit: Die Reformatoren bewegen sich z. T. in den schon vom Mittelalter gestellten Geleisen. Bei *Luther* verschwinden die „Bedenken", welche im Mittelalter Theorie und Praxis charakterisiert haben. Auf den ersten Blick könnte man meinen, die Lehre von den zwei *Fora* begünstigen eine repressive Ansicht über das Strafrecht. Wenn man aber näher zusieht, merkt man, daß dies nicht notwendigerweise immer der Fall ist. Nach Luther liegt die fundamentale Begrenzung der mittelalterlichen Theologie darin, daß diese zwei Ebenen oft verwechselt werden *(commixtio regnorum).* Von diesem Standpunkt aus wird Luther sich immer gegen Körperstrafen und erst recht gegen die Todesstrafe für Häretiker stellen. „Hier muß das Wort Gottes wirken; wenn es ihm nicht gelingt, wird es der weltlichen Macht auch nicht gelingen." Zwingli und Calvin hingegen haben sich der Hinrichtung von Häretikern nicht widersetzt. Im Gegenteil, sie befürworteten sie ausdrücklich. Aber um sich den schon von Luther entwickelten guten Argumenten nicht auszusetzen, strengen sie sich jedesmal an, zu zeigen, daß diese Häretiker auch sehr gefährlich für das Wohl der politischen Gemeinschaft sind. Auf der Seite der Gegenreformation versuchte *R. Bellarmin* in seinen *De controversiis christianae fidei* die Argumente des Reformators zu widerlegen, er erreichte jedoch hier die von der Zwei-Reiche-Lehre inspirierte Tiefe nicht.

Die wirkliche Herausforderung und radikale Infragestellung der Todesstrafe sollte nicht von der Theologie, sondern von der *Philosophie der Aufklärung* herkommen. Es ist vor allem das Werk *Dei delitti e delle pene* des *C. Beccaria,* das in ganz Europa die Auseinandersetzung entfacht, aber auch den konkreten Einsatz gegen die Todesstrafe hervorruft. Die katholische Kirche hat negativ auf diese Position reagiert. Der Heilige Stuhl setzte das Werk Beccarias auf den Index.

Im 19. Jh. unternimmt mindestens *Schleiermacher* eine theologische Kritik der Vergeltungstheorie und der Todesstrafe, hier als eine Art Aufforderung zum Selbstmord gesehen. Unser Jahrhundert ist Zeuge einer immer stärkeren Sensibilität, auch im Gebiet der theologischen Ethik bezüglich der moralischen Berechtigung eines so gewaltsamen Eingriffs des Staates in das Leben des einzelnen. Diese Sensibilisierung führt vor allem zu einer gewissen Vorsicht beim Wiederholen von klassischen Argumenten für die Todesstrafe in der moraltheologischen Literatur. Aber, und dies gilt ohne Unterschied der Konfessionen, man ist noch zu keinem grundsätzlichen Infragestellen gekommen, höchstens zu einer Erklärung der Inopportunität ihrer Anwendung. Eine bedeutende Ausnahme stellt im 20. Jh. *Karl Barth* dar. Neu im Vergleich zur Zeit der Aufklärung ist bei Barth die spezifisch christologische Argumentation. Nach dem Tod Christi ist keinerlei *Sühne* oder *erlösende Dimension* durch die Strafe mehr nötig, denn die Werke der menschlichen Sühne tragen nichts zum sühnenden und erlösenden Werk des Gottessohnes bei. Nach den sechziger Jahren haben sich die Kirchen dieser Problematik weiter angenommen. Verschiedene protestantische Kirchen sowie auch katholische Episkopate haben dieser Strafe immer mehr ihr moralisches Recht zu entziehen versucht, sowohl mit juristisch-politischen als auch mit ethischen und theologischen Argumenten. Es fehlte aber immer noch eine offizielle Stimme vom Heiligen Stuhl.

3. Ethische Argumente und Gegenargumente

Wenn man von der Todesstrafe spricht, werden gewöhnlich die gleichen Argumente vorgebracht, die in allgemeinen Abhandlungen über Sinn und Begründung von Strafe zu finden sind, nur mit einer zusätzlichen Radikalität.

a) Todesstrafe als „Resozialisierungsfaktor": Wer Strafe ethisch dadurch rechtfertigt, daß er sie auf ihre resozialisierende Aufgabe bezieht oder auch auf ihre Funktion als Entschädigung oder Vergütung, kann damit offensichtlich nicht zugleich die moralische Berechtigung der Todesstrafe verteidigen. Denn diese stellt tatsächlich die definitive und blutige Desozialisierung des Delinquenten dar. Er wird gewaltsam aus der Gesellschaft entfernt, ohne irgendeine Alternative, außer man versteht, wie es in der Geschichte vorgekommen ist, den „Eintritt in die Gemeinschaft der Heiligen" als eine Art „Sozialisierung a posteriori".

b) Spezialprävention: Argumente und Rechtfertigungen, welche sich auf *Abschreckung und besondere Verhütung* berufen, können im Zusammenhang mit der Todesstrafe weder von einem ethischen noch von einem logischen Gesichtspunkt aus vorgebracht werden. Durch den unwiderbringlichen Verlust jeglichen freien Willens wird der Delinquent *post mortem* nicht mehr schädigen können, und aufgrund des Verlustes jeglicher Freiheitsausübung durch die physische Beseitigung kann man nie sagen, ob eine Person noch irgendwelche Verbrechen begangen hätte oder nicht.

c) Zur Generalprävention: Wenn man sich der Argumentation der *Vorbeugung oder allgemeinen Abschreckung* bedient, wird die Diskussion noch schwieriger. Man muß hier zwischen einer „normativen" (d. h. juristischen und/oder ethischen) und einer „empirischen" Legitimation unterscheiden. In diesem zweiten Fall kann man eine Übereinstimmung der empirischen Untersuchungen mit der These der *Nicht-Abschreckung* durch die Todesstrafe feststellen. Die aus solchen Nachforschungen gewonnene Sicherheit ist jedoch nicht groß genug, um gewisse Fachleute der Sozialwissenschaften daran zu hindern, an der gegenteiligen Meinung festzuhalten. Man darf überdies nie vergessen, daß es nicht möglich ist, eine moralische Legitimation oder Ablehnung auf Informationen zu begründen, die ausschließlich von empirischen Untersuchungen stammen („naturalistischer Fehlschluß"). Wenn man aber die Berechtigung der Todesstrafe als ein notwendiges Mittel verteidigt, um die *sittliche Ordnung* auf exemplarische Weise zu bestätigen, fällt man in eine andere Reihe von argumentativen Schwierigkeiten. Selbst wenn sich empirisch beweisen ließe, daß die Todesstrafe das durchschnittliche moralische Niveau einer bestimmten Bevölkerung hebt, hätte man damit noch nicht genug hinreichende Argumente, um ihre Nützlichkeit, Dringlichkeit und moralische Notwendigkeit zu beweisen. Es ist wirklich nicht jedes Mittel gut und gerechtfertigt, um ein ethisch unanfechtbares Ziel zu erreichen. Wenn man nicht restlos beweisen kann, daß das Mittel der Todesstrafe die einzige Möglichkeit ist, um das gute Ziel der Sicherheit und des Friedens zu erreichen, müßte man darauf verzichten und weniger blutige Mittel wählen, um dasselbe Ziel zu erreichen. Dies ist heute in allen staatlichen Gesellschaften der Welt der Fall, in denen die politische Gemeinschaft über genug technische nicht tötende Mittel verfügt, um die Sicherheit zu erhalten und zu garantieren.

d) Die Vergeltung: Es bleibt nur noch der Rekurs auf eine Argumentation, nämlich auf die Idee der Strafe als Entschädigung oder Rache. Diese „absolut" genannte Legitimation der Strafe zeigt hier deutlich ihre Argumentationsschwächen sowie auch die Gefahr des Mißbrauchs bei einer möglichen konkreten Anwendung. Am deutlichsten zeigt sich der Mißbrauch bei der Argumentation mit der Staatsraison. Sie kann mit einer ethischen Begründung nur im Falle wirklicher Notwehr angerufen werden, in einem Verteidigungskrieg, den man gezwungenermaßen führen muß. Über alle diese Argumente hinaus wird auch zu Recht auf die irreversible Möglichkeit des Justizirrtums hingewiesen.

A. Bondolfi, Pena e pena di morte (1985); *Concilium* 14 (1978) Nr. 10 zum Thema „Todesstrafe und Folter"; *H. Rotter,* Todesstrafe, in: *A. Klose* u. a. (Hrsg.), Katholisches Soziallexikon (1980), 3056–3060; *J. Sewing,* Studien zur Todesstrafe im Naturrecht (1966).

ALBERTO BONDOLFI

Toleranz

→ Freiheit → Gemeinwohl → Gerechtigkeit → Gleichheit → Kompromiß → Liebe → Religionsfreiheit → Widerstand

Zwischen Menschen und Gruppen gibt es kein Zusammenleben ohne Duldung gegenseitiger Einstellungen und Anschauungen. Als Bedingung und Gegenstück zur allseitigen Ausübung der gemeinsamen Meinungs- und Glaubensfreiheit erstreckt sich Duldsamkeit oder Toleranz gewissermaßen bis auf das, was als Irrtum oder Fehler eingeschätzt werden mag.

1. Die Neigung zur Intoleranz sitzt tief. Sie hat eine längere Geschichte als die Tugend der Toleranz. Sie hat auch und in besonderem Maße die Religionen ergriffen, als ob die Berufung auf eine Transzendenz, speziell auf eine geschichtlich geoffenbarte und personell gedeutete Transzendenz, das Verhältnis zum Mitmenschen und zur Menschheit erschweren müßte. Die aus dem Evangelium geborene Gemeinschaft hat diesbezüglich mehr als einen Mangel und Makel aufzuweisen. Für manche bleibt die Kirche so etwas wie die Verkörperung der sich selbst genügenden, wahrheitssichernden Einrichtung, die sich vom Prinzip her schwertut, andere, scheinbar fremde Kräfte und Werte neben sich anzuerkennen.

Dabei hatten die Quellen des Christentums Ausrichtungen ganz anderer Natur aufzuweisen. Zu einer wirklichkeitsnahen und menschenfreundlichen Haltung bietet die Frohbotschaft erleuchtend klare *Grundlagen*. Warum man sich so oft, so allgemein, so lange dadurch *nicht* erleuchten ließ, bleibt einer ehrlichen Rückfrage würdig.

Jesu Erscheinung, wie auch immer ausgelegt, gilt allenthalben als Modell der Jünger und Richtschnur der Kirchen. Es zeichnet sich unstreitig durch ein großzügiges Akzeptieren und Respektieren des andern aus. Sein Verhalten und Verkünden gewähren dem Nächsten, wer und wie er auch sei, volles Recht auf Dasein; beide beruhen auf einem überall aufzuspürenden Freiheitsraum, den sie noch erweitern und mit neuer Bedeutung bereichern. Bis in den eindringlichen Ruf zur Bekehrung vor dem kommenden Gericht steht alles unter einer stillen, an einigen Stellen geäußerten Voraussetzung: „Wenn du willst . . ." Der Bote und eigentliche Gegenstand des Gottesreiches läßt einen jeden leben und walten, gibt dem Sünder (s)eine Chance. Unentwegt setzt er sich selber dem „Nein" der zu Nachfolge Aufgerufenen aus. Er bringt es allmählich seiner Gruppe bei, das Urteil über die Menschen wie über sich selbst dem einen entscheidenden Richter zu überlassen. Er warnt sie vor übereiltem Eifer; er lehrt sie, das unentwirrbare Durcheinander von Gut und Böse zu ertragen und vor der Spreu der Geschichte auszuharren (vgl. Mt 13,24–30). Die Goldene Regel sagt im Prinzip aus, worum es geht: den Mitmenschen genauso ernst zu nehmen wie sich selbst.

Es bleibt den christlichen Generationen überlassen, die Folgerungen aus diesem allumfassenden Liebesgebot zu ziehen. In den Paulusbriefen liegt, unter allerlei Konkretisierungen desselben, ein bemerkenswerter Nachdruck auf einer grundlegenden Tugend des christlichen und zwischenmenschlichen Verkehrs: die Hochregel der Geduld, des gegenseitigen Ertragens und Verzeihens, des Austragens all der gemischten, ambivalenten Lagen und Zeiten, die das Leben der Menschen ausmachen.

Noch konzentrierter tragen die Johanneischen Schriften das Ihre zum Lobe der Agape bei, die sich als Kern des göttlichen Wesens und Angelpunkt menschlichen Gedeihens offenbart. Zu diesem Ur- und Grundsinn christlicher communio gehören natürlich sowohl das Annehmen als auch das Angenommenwerden, das Risiko der eigenen Identität, die Freiheit des Du und die Offenheit auf ein Wir. Die Selbstverständlichkeiten des Ursprungs waren selbst in der jüdischen und römischen Umwelt auf Toleranz angewiesen. Teilweise konnten sie sich dank eines Minimums derselben durchsetzen, teilweise wurden sie behindert, verfolgt, ja blutigen Versuchen eines radikalen Ausstoßes ausgeliefert. Nach jahrhundertelangen Kämpfen und Kompromissen gelangte man zum modernen, auch theologisch verankerten Verständnis von Toleranz.

2. Aktiviert wurde der Prozeß durch die neue Situation des christlichen Glaubens inmitten einer pluralistischen Ordnung und durch die Überwindung lange andauernder Tendenzen, etwa zum Fanatismus oder zum geistigen Imperialismus.

Solche kollektive Versuchungen waren und sind eine Bedrohung für einen Monotheismus, der Anspruch erhebt auf Allgemeingültigkeit, wenn nicht auf Alleingültigkeit. Wer um den letzten Sinn alles Seienden und Geschehenden weiß, wird dieses Wertvollste allen Geschöpfen mit allen Mitteln beibringen wollen. Die Einstellung des anderen, sein Gewissen, seine Freiheit, eben sein Anderssein, mußten bisweilen als Hindernisse erscheinen.

Ein folgenschwerer Satz beherrschte bis vor kurzem die Problematik: Nur die Wahrheit hat Rechte; der Irrtum hat kein Recht auf Existenz. So kam es zu (gutgemeintem) Gebrauch von Gewalt gegen die (auch gutgläubig) Irrenden.

Im religiösen Eifer liegt eine halsstarrige Entschlossenheit, verwoben mit Machtwillen, ein Bedürfnis nach Behauptung und Selbstbehauptung, oder die überspannte Gewißheit einer Heilssendung für die ganze Welt. Wo diese Momente die Oberhand gewinnen, setzten sie das Ja- oder Neinsagenkönnen außer Kraft und greifen auf Methoden zurück, die mit den angeführten Zielen nicht im Einklang stehen.

Es bedurfte einer geistigen Wende und des Übergangs von einem geschlossenen, vermeintlich einstimmigen System zur offenen Gesellschaft, um die Differenz zu bewerten, um den verschiedenartigen Menschen als Partner zu behandeln. Grundsätzlich sind wir in eine Phase eingetreten, in der das sympathische Begegnen, das solidarische Miteinander und der freiheitliche Wetteifer die alte Konfrontation unumkehrbar ablösen. Trotz zeitweiliger Rückschläge fußt diese Strategie fest auf ntl. Boden.

Was bis heutzutage not tut, ist eine *Kultur der Toleranz*. Prinzipien sind nicht nur einmal aufzustellen: Es gilt, sie wach, wirksam, anregend zu gestalten, ja sie rechtlich zu schützen.

Von der Geschichte her gibt es eine solche Kultur im Katholizismus erst ansatzweise. Um dem hohen Grad an Aufholbedarf gerecht zu werden, wird ein steter, hartnäckiger Lernprozeß gefordert.

Dabei fällt auf, wie die neuzeitlichen Werte und Grundrechteerklärungen, die den demokratischen Staaten die Basis für ein tolerantes Zusammenleben sicherten, vom katholischen Lehramt erst spät und eigentlich nur spärlich erkannt worden sind. Noch *Pacem in terris* (1963) bleibt bei einer selektiven (Religionsfreiheit wird noch nicht genannt), behutsamen Anerkennung der Menschenrechteerklärung von 1948. Jüngere und jüngste Äußerungen des römischen Lehramtes loben gewisse, ausgewählte Artikel, verweilen etwa bei der Forderung nach Religionsfreiheit, während sie über abstraktere, grundlegendere Werte wie Meinungs-, Ausdrucks- und Pressefreiheit hinweggleiten. Hier schadet offenkundig jeder „Kontrast" seitens der Kirche ihrer eigenen Sache. Eine klare Aufnahme und christliche Integrierung der Grundfreiheiten könnte die Grundlage freiheitlicher und friedlicher Ordnung nur verstärken, das allgemeine Menschheitsgut mit einer eigenen Deutung der Menschenwürde bereichern und andere Religionsgemeinschaften zu einem ähnlichen Weg ermutigen.

Als ständige Grundhaltung ist aber die Toleranz gleichzeitig eine *Minimalhaltung*. Sie verlangt noch mehr nach Respekt, Reziprozität, bis zum Einsatz für den anderen. Sie erhält ihren letzten Wert durch die Werte, die sie fordert und fördert. Wem sagt man schon: „Ich toleriere dich...''? Die Liebe ist von der Syntaxe her reversibel. Wer nur toleriert, könnte unter anderen Umständen *nicht* tolerieren. Und wer toleriert wird, dürfte noch nicht als volles Subjekt erkannt worden sein. Jedoch ist die Toleranz als unerläßlicher Schritt in die gute – liebevolle – Richtung zu bewerten.

3. Durch ihre Neuartigkeit bedeutet die heutige Lage eine enorme Herausforderung, die es gilt, als Krisis und Kairos – als Chance – umzufunktionieren. In einer offenen Gesellschaft haben die Christen und Kirchen mehr denn je eine vom Geheimnis Gottes her lebende und allen Menschen zugewandte *communio* zu sein. Homogenität war das

Gesetz der menschlichen Gruppierungen. Störungen brachten in die alte, „natürliche" Ordnung geschichtliche Vorkommnisse wie Massen- und Ideenwanderungen, Religionskriege, Kolonialisierung, Industrie, Kultur und Welthandel, Migration und politische Integration. Es entsteht ein noch nie dagewesener hoher Grad an Durcheinander von Lebensstilen und Glaubensarten. Gerade in dieser höchst organisierten Komplexität gilt es, einen Lebenssinn vorzuleben und anzubieten, der um seine eschatologische Begründetheit, seine Unübertrefflichkeit und Unersetzbarkeit weiß und gleichzeitig dem andern sein Anderssein läßt, es zu respektieren lernt, ja sich daran erfreut. Toleranz erfordert die Biegsamkeit und Fügbarkeit der Starken, welche dialektische Momente vereinen können: überzeugt und einsichtig; der erkannten Wahrheit ergeben und alles Wahre anerkennend; die erhaltene Glaubensgabe bezeugend und in Symbiose mit jedem Glaubens- und Wahrheitssucher.

Für alle gilt die Methode, die in der Konzilserklärung über Religionsfreiheit so empfohlen wird: „Die Wahrheit muß auf eine Weise gesucht werden, die der Würde der menschlichen Person und ihrer Sozialnatur eigen ist, d. h. auf dem Wege der freien Forschung, mit Hilfe des Lehr(amtes) oder der Unterweisung, des Gedankenaustausches und des Dialogs, wodurch die Menschen einander die Wahrheit, die sie gefunden haben oder gefunden zu haben glauben, mitteilen, damit sie sich bei der Erforschung der Wahrheit gegenseitig zu Hilfe kommen" (DH 3 § 2).

Diese Art des gegenseitigen Akzeptierens, diese Kunst der geistlichen Gastfreundschaft bietet die Chance, von verschiedenen Ansätzen her und unter einer zu ordnenden Vielfalt von Gesichtspunkten gemeinsam der Wahrheit näherzukommen, mehr von ihr zu erfahren, ja dank der Partner die eigenen Grenzen zu übersteigen, die doch auch jedem menschlichen Erfassen des göttlichen Wortes strukturell anhaften. Am Ende des 2. christlichen Jahrtausends gehen die pluralistischen Gesellschaftsordnungen und die katholische Strategie des Dialogs hierin Hand in Hand.

4. Toleranz gilt nicht ohne Grenzen. Wenn sie auch unter Umständen Dritten gegenüber den Eindruck erwecken kann, sich unterscheidungslos mit allem abzufinden, hält sie doch daran fest, daß Gut und Böse, Wahr und Falsch an sich unvereinbar sind. Allein sie vergißt nicht, daß Gutes und Böses selten in Reinkultur, sondern meist vermischt auftreten. Auch in unseren irdischen, immer gemischten Verhältnissen, gibt es Unerträgliches, Untolerierbares. Dieses zu dulden, würde mehr als

Schwäche, umfassendes Verständnis oder Resigniertheit bedeuten, nämlich geheimes Einverständnis, ja Mitschuld. Wo u. U. Grundgüter des einzelnen bzw. der Gemeinschaft verletzt werden, kann keine Passivität toleriert werden. Da hieße es, Widerstand an den Tag zu legen; da hat die aktive Tugend der Toleranz ihre verweigernde, gar kämpferische Seite zu betätigen.

Lassen sich hier allgemeine Grenzen ziehen? Toleranz hängt eng mit Freiheit zusammen, und zwar sowohl als Bedingung der Freiheit als auch als deren Ergebnis. Wo Freiheit von Grund aus verneint wird, hat eine resignierte Toleranz keine Rechtfertigung. Über Gerechtigkeit ließe sich Ähnliches aussagen. An Grenzsituationen erweist sich so, daß die Toleranz umsichtig und wachsam bleiben muß: Sie kann in laues Nebeneinander und schüchterne Ruhesucherei entarten und in Belanglosigkeit bzw. Indifferenz enden. Doch schließt sie gegenseitigen Ansporn und geistigen Wetteifer keineswegs aus.

Internationale Theologenkommission, Die Einheit des Glaubens und der theologische Pluralismus (1973); *L. Kolakowski,* Toleranz und Absolutheitsanspruch, in: *F. Böckle u. a.* (Hrsg.), Christlicher Glaube in moderner Gesellschaft 26 (1980) 6–38; *H. Lutz* (Hrsg.), Zur Geschichte der Toleranz und Religionsfreiheit (1977); *K. Rahner,* Toleranz in der Kirche. Freiheit und Manipulation in Gesellschaft und Kirche. Rückblick auf das Konzil (1977).

RAYMOND MENGUS

Treue

→ Berufung → Ehe → Gelübde → Selbstverwirklichung → Versprechen → Wahrhaftigkeit

Treue, sprachgeschichtlich mit „Festigkeit" und „Vertrauen" zusammenhängend, bedeutet das kontinuierliche und konsequente Festhalten an einer eingegangenen zwischenmenschlichen oder sozialen Beziehung, das u. U. durch Vertrag oder Versprechenseid bekräftigt wurde und seine Echtheit und Größe vor allem unter Schwierigkeiten erweist. Der treue Mensch steht zu seinen erklärten und übernommenen Verpflichtungen und bietet so dem Partner oder Adressaten Verläßlichkeit. Mehr als bei einzelnen Versprechungen wird die Treue bedeutsam in der ehelichen Gemeinschaft, in einem Dienstverhältnis oder in der Beziehung zu den großen Sozialsystemen von Staat und Kirche. Daß die sittliche Haltung der Treue den Griff zu unmoralischen Zielen oder Mitteln (z. B. Betrug) ausschließt, deutet bereits an, daß es unter

Menschen keine bedingungslose Treue (im Bereich äußerer Vollzüge) geben kann, sondern diese in ihren anthropologischen, sozialen und christlich-religiösen Grundlegungs- und Auslegungskontext eingebunden bleibt.

Die Wertschätzung der Treue ist offenkundig. Treu sein galt zumal in Gefolgschaftsbeziehungen als ehrenvoll und wird auch heute immer wieder ausdrücklich gelobt und belohnt. Umgekehrt belegen Untreue, Treulosigkeit und Verrat einen Menschen mit einem schweren Makel. Selbst wo ein Treuebruch nicht erheblichen äußeren Schaden anrichtet, erschüttert er doch das Vertrauen und führt zu einer Belastung, wenn nicht zur Zerstörung der Beziehung. In alldem zeigt sich die große und unverzichtbare Bedeutung, die der Treue sowohl für das Gelingen der zwischenmenschlichen und sozialen Beziehungen als auch für die Entwicklung der Persönlichkeit zukommt. So sind die verschiedenen Sozialsysteme vom Kleinbetrieb bis hinauf zum Staat auf verläßliche Kooperation angewiesen, ohne welche die hauptsächlichen Aufgaben nicht wahrzunehmen und längerfristige Unternehmungen nicht durchführbar wären. Auch im engeren zwischenmenschlichen Bereich, und hier vor allem in der Lebensgemeinschaft der Ehe, schafft Treue eine Vertrauensbasis, die dem Partner Geborgenheit vermittelt und die Sicherheit und Freiheit bietet, um sich seinerseits ganz auf die Beziehung einzulassen und so das Geschenk der Treue mit dem anderen zu teilen. Nicht zuletzt ist es zur Persönlichkeitsentwicklung unerläßlich, jenseits von Zufall und Vorläufigkeit konzeptive und prospektive Entscheidungen zu treffen und in einen bestimmten Lebensentwurf zu integrieren, um darauf die Energien zu konzentrieren. Diese zunehmend die eigene Lebenswahrheit herausbildende Verbindlichkeit, in deren Perspektive auch eine spätere Lebenswahl liegt, erweist sich als Gewinn an Identität, Sicherheit und Freiheit und damit auch an Beziehungs- und Bindungsfähigkeit.

Gleichwohl ist heute der Stellenwert der Treue nicht unumstritten. Mit dieser assoziiert man vielfach Unabänderlichkeit und kompromißlose Ergebenheit, die sehr wohl als Mittel zu fragwürdigen bis unvertretbaren Zielen mißbraucht werden und schwere Gewissenskonflikte hervorrufen kann, wobei die Gefährlichkeit oder Ungerechtigkeit der verlangten Pflichterfüllung nicht immer sogleich zutage tritt. Zurückhaltung erweckt auch die Erfahrung, daß Treue immer wieder gebrochen oder doch in vielen Fällen als Belastung und Einengung erlebt wird, was die Frage aufwirft, ob dadurch der Mensch nicht überfordert wird und somit nicht besser daran täte, solche Treuebindungen erst gar nicht einzugehen bzw. dabei klare Bedingungen zu setzen. Damit hängt zusammen, daß zum Wert der Treue heute offensichtlich andere Werte wie Kreativität, Offenheit, Flexibilität, Entfaltung oder Fortschritt in Konkurrenz treten. All das macht eine Besinnung auf das Wesen und die Bedeutung der Treue notwendig.

Treue ist im tiefsten das Bleiben in der Lebenswahrheit und ihrer personalen, sozialen und religiösen Dimension und in diesem Sinn Selbst- und Gewissenstreue, Treue zu den Mitmenschen und Treue zu Gott. Weil nicht auf kategoriale Verpflichtungen zu reduzieren, die für sie gleichwohl konstitutiv sind, ist sie über diese (für sich betrachtet) auch nicht einzufordern. Wo die Lebenswahrheit explizit unter dem christlichen Heilsgeheimnis steht, hat sie sich diesem in der individuellen Freiheitsgeschichte immer mehr und somit ohne Verabsolutierung eines Erkenntnisstadiums auf die stets geschichtliche Wahrheit hin zu erschließen („schöpferische Treue"), wobei auch schuldhaftes Versagen möglich ist. So steht die Treue des Christen im Zeichen und Wirkungsfeld der im Christusereignis unüberbietbar offenbar gewordenen (Bundes-)Treue Gottes zum Menschen und zur Welt und hat darin ihren tragenden Grund und ihren orientierenden, stimulierenden und kritisierenden Maßstab. Gottes menschlicher Liebe vorausgehende Liebe ist ja zugleich eine durch menschliche Untreue nicht erschütterte und nicht aufzukündigende treue Liebe (Dtn 7,9; Hos 2,18–25; Röm 3,3; 2 Tim 2,13), als welche sie sich in der Geschichte bezeugt hat und, durch Christus, den „treuen Zeugen" (Offb 1,5), vollends erschlossen, auch in den Widerfahrnissen von Leid und Schuld Vertrauen bewahren und Zuversicht gewinnen läßt (Ps 31,6; 69,14; 1 Kor 1,9; 10,13; 2 Thess 3,3; Hebr 10,23). Im Lichte dieser Treue Gottes ist die vom Menschen geforderte Treue sowohl die Treue des Glaubens, der eine besondere Verheißung gilt (Offb 2,10), als auch mitmenschliche Treue, die eine verantwortliche Erfüllung der weltlichen Aufgaben verlangt (Mt 24,45; 25,21.23; Lk 16,10–13; 1 Kor 4,2) und wesentlich und unabdingbar (transzendental, d. h. in, vor und über den konkreten Verpflichtungen) in der Treue der Liebe in deren vielfältiger Gestalt und maßgeblicher Struktur *(ordo)* besteht, näherhin einer Liebe der Fürsorge und Hilfe, der Großmut, Geduld und Vergebung.

Weil die zwischenmenschliche Treue des Christen Abbild und Erfahrung der Treue Gottes ist, fällt auch der Bruch bzw. die Zurücknahme des Bindungsversprechens unter die Qualifikation religiös-sittlicher Schuld, die allerdings entsprechend den konkreten Gegebenheiten abzuklären ist. Dabei hat die moralische Beurteilung wie die (kirchen-)rechtliche Regelung die soziale Bedeutung der Treue gebührend in Anschlag zu bringen und den anderen Aspekten (insbesondere dem der persönlichen Zumutbarkeit) zuzuordnen. Angesichts des vielfachen Scheiterns von Lebensbindungen (Ehe, Zölibat, Gelübde) bedarf es hierzu offensichtlich weiterführender Überlegungen. Gleichzeitig stellt sich für den einzelnen wie für Kirche, Gesellschaft und Staat die Aufgabe, für stabilere Bindungsverhältnisse Sorge zu tragen. Hierher gehören die Erziehung zur Bindungsfähigkeit (verbunden mit einer grundsätzlichen Rehabilitierung zwischenmenschlicher Treue), die Stützung und der Schutz des Bindungswillens wie auch Hilfen zur Bewältigung von Konflikten und Krisen.

O. F. Bollnow, Wesen und Wandel der Tugenden (1981); *K. Demmer,* Die Lebensentscheidung. Ihre moraltheologischen Grundlagen (1974); *R. Ginters,* Versprechen und Geloben. Begründungsweisen ihrer sittlichen Verbindlichkeit (1973); *H. Kramer,* Unwiderrufliche Entscheidungen im Leben des Christen. Ihre moralanthropologischen und moraltheologischen Voraussetzungen (1974).

ALFONS RIEDL

Trieb

→ Askese → Freiheit → Gefühl → Handeln, sittliches → Mensch
→ Schuld → Selbstverwirklichung → Tugenden und Laster

Der Begriff des Triebes hat in der Anthropologie vielfache Wandlungen erfahren. Von der Vorstellung des Menschen als animal rationale über die psychologisch-psychoanalytische und intersubjektive Sichtweise des Triebgeschehens bis hin zur ganzheitlichen und metaphysischen Triebauffassung spannt sich der Bogen, der sowohl begrifflich als auch inhaltlich oftmals umstrittenen Erklärungsversuche. In der psychoanalytischen Begriffswelt ist der abstrakte Triebbegriff wenig hilfreich. Es geht vielmehr darum, triebhafte Erlebnisse zu beobachten sowie ihre Beziehungen zueinander und ihre wechselnden Einordnungen in das seelische Ganze darzustellen (H. Schultz-Hencke). Menschliches Fühlen kann ja nie von einer Trieb- oder Instinkttheorie abgeleitet werden, da der hypothetische, mehrdeutige und widerspruchsvolle Begriff auf unsicherer und wechselhafter Kausalinduktion beruht und die Antriebe aus den habituellen Strukturen kaum ins Auge faßt (Strasser). Im folgenden soll nun nach einem historischen Rückblick die phänomenologische Bedeutung des Triebgeschehens in der Erfahrung des Getrieben-werdens entfaltet und die konstruktiven und destruktiven Antriebserlebnisse beschrieben sowie nach der ethischen Relevanz dieser leib-seelischen Vollzüge des Menschen gefragt werden.

Auf der Grundlage verschiedener Menschenbilder formten sich zwei Hauptrichtungen im Triebverständnis heraus. Die Tradition der Stoa führte in der Diskussion um Wert oder Unwert der Triebakte zur Lehre der leidenschaftslosen Sittlichkeit, der Augustinus und Thomas v. Aquin heftig widersprachen. Die aristotelische Auffassung hingegen gelangte zur Einsicht, daß auch die vernunftlosen Strebekräfte unter der Leitung der Vernunft Träger der Tugenden sein könnten (Eth. Nik. III, 13; 1117b 23). Umfassend in Fragestellung und Beweisführung, sowohl unter psychologischem als auch unter moraltheologischem Gesichtspunkt, erörtert Thomas v. Aquin die menschliche Triebkraft (S. Th. I, q 81 a 3; I/II, q 24 a 1-4). Nachdem er die allgemeine Bedeutung der Triebakte herausstellt und die Fähigkeit der Triebkräfte untersucht, wie sie Träger sittlicher Haltungen werden, wendet er sich der Frage zu, wie gut oder schlecht sich die Triebkräfte auf die gesamte Lebensgestaltung des Menschen auswirken. Als Träger der Tugenden werden sie in der Folge mit den Leidenschaften verglichen. Die positive Würdigung der menschlichen Antriebskräfte findet eine weitere Entfaltung bei der Darstellung der beiden Kardinaltugenden, der Tapferkeit und der Maßhaltung. Auch die dunkle Seite der Triebkräfte aufgrund der Schuldverflochtenheit des Menschen in der Erbsünde blieb dem Aquinaten nicht verborgen. So beantwortet Thomas abschließend auch die Frage, wieweit das gestaltete, durch die Erbsünde geschädigte Triebleben des Menschen Ursache zur Sünde und zum Laster werden kann. Zu den bleibenden Erkenntnissen der phänomen- und wirklichkeitsgerechten und damit auch erweiterungsfähigen Psychologie des Aquinaten zählen die Unterscheidung in der sinnlichen, realen Antriebskräfte in eine potentielle concupiscible und eine irascible Strebekraft (sinnlicher Lust- und Bewährungswille), die Lehre über die Triebakte *(Passiones)* als deren Grundakte und die Einsichten in die Beziehungen zwischen der Triebsphäre und den anderen seelischen Bereichen (S. Pfürtner).

Die moderne Triebpsychologie konnte die von Thomas v. Aquin erforschten Antriebswurzeln und Grundverhaltensweisen des menschlichen Trieblebens nur bestätigen und so die notwendige Weiterführung der Forschung ohne wirklichkeitsfremde Engführung vorantreiben. Für S. Freud waren die Triebe aufgrund seines kausal-deterministischen Denkens zunächst noch mythische, in ihrer Unbestimmtheit großartige Wesen. Angesiedelt im Grenzbereich zwischen Seele und Körper erscheinen sie als die psychische Repräsentanz einer innersomatischen Reizquelle, als ein Maß der Arbeitsanforderung, die dem Seelischen aufgrund des Zusammenhanges mit dem Körperlichen auferlegt ist (GW V, 67; GW X, 211). In der Entwicklung der psychoanalytischen Trieblehre wurde anfangs im Triebgeschehen unterschieden zwischen dem Drang (gesammelte Triebkraft), dem Ziel (befriedigende Aufhebung des Reizzustandes), dem Objekt (Person oder Sache, auf die die Trieberfüllung hinzielt) und der Quelle (körperliche Organreizung, die ins seelische Erleben bedrängend hineinwirkt). Die dualistische Trieblehre S. Freuds unterscheidet am Anfang die beiden Urtriebe der Sexualität und der Selbsterhaltung und in ihrer letzten Entwicklungsphase Lebens- und Todestrieb als metapsychologische Größen (GW XIII, 57). Freud verließ damit seine dynamisch-zukunftsorientierte Triebvorstellung und bezeichnete seine auf weite Strecken umstrittene Trieblehre selbst als Mythologie der Psychoanalyse. Triebsteuerung und Triebbeherrschung ist dem gesunden Menschen nach Freud jedoch möglich, da sich das Ich von der Triebwahrnehmung zur Triebbeherrschung unter der Führung des Ich-Ideals entwickelt (GW XIII, 286).

C. G. Jung sieht im Gegensatz zu S. Freud das seelische Leben auf sich polar ergänzenden Gegensatzpaaren gegründet, die nach einem Ausgleich streben. Er versteht die Psyche als ein sich selbst regulierendes System, in dem die verschiedenen gegensätzlichen Triebstrebungen sich gegenseitig komplementieren oder kompensieren. Neben den psychischen Erscheinungsformen der biologischen Triebe nimmt C. G. Jung auch geistige Triebe an, verstanden als ein Durch-sie-Getriebensein, die er jedoch nie als ein Derivat eines anderen Triebes, sondern als Ausdrucksform eines principium sui generis ansieht. Sein Libido-Begriff umfaßt somit die gesamte psychische Energie des Menschen, die sich im Lebensprozeß manifestiert und die subjektiv als Streben und Begehren wahrgenommen wird (GW VIII, 63f.).

Die Erkenntnisse S. Freuds und C. G. Jungs, aber auch die Einsichten A. Adlers führte H. Schultz-Hencke im Entwurf seiner Neopsychoanalyse weiter, in der er das menschliche Antriebserleben und die neurotischen Hemmungen weiter erforschte. Erst die unverstellte, ehrliche Bejahung der eigenen Antriebskräfte und der damit verbundenen Gefühlsqualitäten läßt uns das tägliche Wagnis des Menschseins voll auf uns nehmen. Es liegt nicht an den Antrieben selbst, wenn diese sich isoliert und bedrängend der gesunden Entwicklung hemmend entgegenstellen, sondern an schicksalhaften Triebfixierungen und fehlgeleiteten Lernprozessen oftmals schon in früher Kindheit, die in einem Humanfeld der Daseinsunlust, der Weltangst, der Menschensatzungen und des selbstherrlichen Ego durchlebt und durchlitten werden mußten

(J. Herzog-Dürck). Ein gesundes Antriebserleben stellt jedoch dem Menschen in seinem Ringen um Reife Kräfte zum Aufbau seiner Persönlichkeit zur Verfügung. Wahrnehmungsfähigkeit und Realitätsprüfung werden verfeinert, am Aufbau positiver Gefühlsbeziehungen wird gearbeitet, und die konstruktive Aggression kann mehr und mehr zugelassen werden. Die Antriebskräfte brauchen so nicht mehr in die Abwehrmechanismen falsch investiert werden. Abwehrmechanismen werden immer dann eingesetzt, wenn Triebimpulse besonders stark angstbesetzt und bedrohlich auftreten, aufgrund von äußeren agressiven Forderungen oder inneren von irrationalen Forderungen eines rigiden oberflächlichen Moralgewissens. Die Sollensforderung entspringt hier nicht aus der Mitte der eigenen personalen Existenz und erzeugt so Angst und Schuldgefühle.

Anna Freud widmete sich in der Vertiefung der Lehre ihres Vaters besonders den Ich-Störungen und den Abwehrmechanismen. Zu den zehn Abwehrmethoden gehören: Verdrängung, Regression und Reaktionsbildung, Isolierung, Ungeschehenmachen, Projektion und Introjektion sowie Wendung gegen die eigene Person, Verkehrung ins Gegenteil und schließlich – schon im Bereich der Normalität – die Sublimierung. Die Verdrängung ist nicht nur der wirksamste, sie ist auch der gefährlichste Mechanismus. Die Abspaltung vom Ich, die sich durch den Bewußtseinsentzug für ganze Gebiete des Affekt- und Trieblebens herstellt, kann ein für allemal die Intaktheit der Persönlichkeit zerstören (A. Freud). Die Wendung destruktiver Aggression gegen die eigene Person wird immer dann eingesetzt, wenn unangenehme Folgen der Um- und Mitwelt befürchtet werden. Schuldzuweisungen an andere werden so zu selbstquälerischen Anklagen, die Minderwertigkeitsgefühle aufkommen lassen. Destruktiven Charakter nimmt die Aggression immer dann an, wenn sie aus einem oftmals unbewußt-affektiven Konflikt hervorgeht. Demgegenüber stellt die konstruktive Aggression als Ich-Funktion, aus einem gesunden Selbstvertrauen und Eigenmachtgefühl erwachsen und auf konkrete Objekte gerichtet, ein ad-gredi im Dienste der Selbstentfaltung dar. Sie ist die treibende Kraft, auf die Um- und Mitwelt zuzugehen und sie schöpferisch mitzugestalten. Eine gefestigte, dynamisch lebendige Ich-Funktion kann auch leichter den ganzen Spannungsbogen der Triebimpulse wie Reifungsangst, Schuldgefühle und innere Unsicherheit, aber auch Wagnis, Entschlossenheit und Vertrauen aushalten und so auf sofortige Triebbefriedigung verzichten. Die Sublimierung ist ein prozeßhaftes Geschehen, bei dem die Antriebskräfte der Selbsterhaltung, der Sexualität und der Aggression in individuelle geistige Impulse und sozial anerkannte wertvolle Strebungen umgewandelt werden, so daß die biologischen Antriebe, in den geistigen Bereich gehoben, ihren bedrängenden Charakter verlieren und eine Art von Motivationsfunktion ausführen. Ursprünglich sah man aufgrund eines verkürzten Welt- und Menschenbildes in der Arbeitshypothese der Sublimation den Menschen lediglich als Triebwesen und führte alle kulturellen Leistungen nur auf die Sublimation von Selbsterhaltungs-, Sexual- und Aggressionstrieb zurück.

F. Künkel und J. Herzog-Dürck entfalteten demgegenüber den Begriff des Subjektseins und die Dimension des Personalen im Menschenbild der Tiefenpsychologie und brachten so die notwendige Ergänzung zum Menschenverständnis S. Freuds und C. G. Jungs. Das Triebgeschehen konnte somit in seiner ganzen menschlichen Dimension unverkürzt gesehen werden. Nicht die Triebe wirken letztlich, sondern der Mensch selbst wirkt von seinem Personkern her durch die Triebe, auch dort noch, wo er sich scheinbar verantwortungslos dem Treiben überläßt. Art und Ausdrucksform des Trieblebens sind und bleiben von der Persönlichkeit bestimmt. Ein personales Verständnis der Sublimierung kann sich auf dem Weg der Selbstwerdung in der offenen Auseinandersetzung mit unseren Antriebskräften helfend auswirken. Zudem wird dadurch auch die ethische Dimension in diesem prozeßhaften Geschehen erschlossen. Demnach wird Sublimierung als ein Sicheinlassen in die intentionalen Grundspannungen der Psyche auf Selbstwerdung hin verstanden und in die dadurch ermöglichte Bejahung dieser, da sie sich auf die Ganzheit des individuellen wie des kollektiven Menschseins bezieht. Die Person macht letztverantwortlich den Reifungssinn der Sublimation bewußt, läßt sich in die intentionale Grundspannung ein, koordiniert die intentionalen Teilstrebungen der psychischen Trieb- und Antriebskräfte und anderer seelischer Faktoren und Funktionen und kontrolliert schließlich sich selbst in ihrem Verhalten zu den einzelnen Strebungen und Zielen. Sublimation wird so zur existentiellen Antwort des Menschen auf seinen Reifungssinn (A. Heimler).

In sittlicher Verantwortung sind folglich auch die unwillkürlichen vorpersonalen Triebregungen positiv zu sehen und in die personalen Triebkräfte gestaltend einzubinden. Letztere artikulieren sich als Gedächtniskraft (menschliches Geschichtsbewußtsein), als Phantasie (verstehendes Ergriffenwerden), als Gemüt (Hinwendung zum Du) und als Gewissen (Offensein für die Wahrheit). Sie wirken im Reifungsprozeß beim Aufbau der eigenen Identität auch auf das innere Handeln, das sich auf den vier Stufen der Selbsterkenntnis, der Übernahme von

Freiheit und Verantwortung, der Selbstannahme und schließlich der Umgestaltung des Lebens entfaltet (J. Herzog-Dürck). Wird die natürliche Triebhaftigkeit nicht der personalen Entscheidung durch vernünftige Motivierung zum Guten unterworfen, kann sie – aufgrund der Schuldverflochtenheit des Menschen in das Böse – in Widerspruch zu seiner transzendenten Bestimmung treten und sich in die wesenswidrige Haltung der Begierlichkeit wandeln, in der der Mensch sein Wesen oder Teilbereiche seines Existenzvollzugs in ungeordneter Eigenliebe aus einem libidinösen Impuls heraus absolut setzt (vgl. Gen 3,1–24). Im Ringen um die willentliche Integration der Triebkräfte bei der Ausformung der personal-transzendenten Identität kommt dem Menschen auch das erlösende Tun Gottes hilfreich zuvor (vgl. Röm 7,7–25).

Schon für Thomas v. Aquin galt die Grundüberlegung, daß jede seelische Potenz, die aktiv an einer sittlichen Handlung als echtes Handlungselement teilnimmt, durch eine Tugend vollendet werden muß. So werden die Triebakte nicht nur in tiefenpsychologischer, sondern auch in ethischer Perspektive zur Vervollkommnung und Heiligung geführt (S. Th. I/II, q 68 a 4). Dabei kommt der Tapferkeit und der maßvollen Zucht als Gegenkräfte gegen alle Laster eine besondere Bedeutung zu. Während die Tapferkeit die elementaren Triebimpulse gegen alle Widerstände zum sittlich Guten mobilisiert, hat die maßvolle Zucht die vernunftwidrigen Impulse aus der Triebsphäre zu zügeln oder zurückzuweisen (S. Pfürtner). In der Bejahung ihrer ursprunghaften Güte und in der personalen Durchformung der Triebkraft kommt auch ihre Bedeutung für die religiöse Beziehung des Menschen zu Gott voll zum Tragen, der damit seinem sittlichen Grundauftrag nachkommt, im integralen Glaubensvollzug alle seine seelischen Kräfte als Ausdruck der Gottesliebe auf Gott und den Mitmenschen hin auszurichten (vgl. Mt 22,36–40).

R. Fetscher, Grundlinien der Tiefenpsychologie von S. Freud und C. G. Jung in vergleichender Darstellung (1978); *A. Freud*, Das Ich und die Abwehrmechanismen (1936, [11]1978); *A. Heimler*, Selbsterfahrung und Glaube (1976); *J. Herzog-Dürck*, Menschsein als Wagnis (1960); *F. Künkel*, Die Arbeit am Charakter (1985, [1]1929); *S. Pfürtner*, Triebleben und sittliche Vollendung (1958); *H. Schultz-Hencke*, Lehrbuch der analytischen Psychotherapie ([2]1970).

RAIMUND M. LUSCHIN

Tugenden und Laster

→ Epikie → Ethik → Erfahrung → Freiheit → Glaube → Glück
→ Handeln, sittliches → Hoffnung → Klugheit → Liebe → Maß → Mut
→ Selbstverwirklichung → Sünde

1. Ursprünge in der griechisch-römischen Antike

Das Konzept der Tugend (griechisch: ἀρετή, lateinisch: *virtus*) ist seit den Anfängen des Nachdenkens über das gute Leben und den rechten Weg des Menschen ein zentraler Begriff sowohl der praktischen Moralparänese wie auch der ethischen Reflexion. In der *heroischen Gesellschaft* des homerischen Epos, deren soziale Struktur ganz von Hauswirtschaft und Sippenverband bestimmt ist, meint die Tugend in erster Linie die körperliche Vortrefflichkeit des Mannes in seinen Rollen als Athlet, Krieger oder Sippenvorstand; im Kampf mit dem Tod und den Schicksalsmächten nimmt die Tapferkeit im Krieg sowie der Ruhm, den sie der eigenen Sippe einträgt, die Vorrangstellung vor allen anderen Tugenden ein. In der *klassischen Zeit* der griechischen Antike steigt die Polis zum eigentlichen Lebensraum des Menschen auf; die entscheidenden Tugenden des öffentlichen Lebens, von dem der Handwerker- und Sklavenstand freilich ausgeschlossen bleibt, sind die politische Freundschaft freier Bürger und die Gerechtigkeit in allen Angelegenheiten des gemeinsamen Lebens. In der *Spätantike* löst sich der enge, in der Rückschau von Philosophie und Mythos jedoch häufig auch idealisierte Zusammenhang zwischen Tugend und Praxis und einer bestimmten Sozialstruktur der realen Lebenswelt zunehmend auf. Der stoische Weltenbürger lebt in Harmonie nicht mit den Gesetzen seiner Stadt, sondern der kosmischen Ordnung der Natur, der Weise Plotins flieht aus dieser verdüsterten Welt in das reine Reich des Geistes. Die Möglichkeiten sinnvollen Menschseins reduzieren sich für beide auf die gelassene Zustimmung zum Schicksal und das Erreichen einer vollkommenen Leidenschaftslosigkeit (ἀπάθεια) bzw. den Weg einer inneren Reinigung der Seele, der zur abgeschiedenen Ruhe des Geistes und auf seiner höchsten Stufe zur ekstatischen Einswerdung mit dem Göttlichen führt. In erneuerter Weise wirkt der Öffentlichkeitsbezug des moralischen Lebens dagegen im urchristlichen Gemeindeethos weiter, das den Anspruch der Brüderlichkeit und Nächstenliebe auf den überschaubaren Sozialraum der kirchlichen Gemeinschaft und auf anfanghafte Formen institutionalisierter Fürsorge für Arme, Witwen und Reisende stützt.

Die ethische Reflexion der griechischen Philosophie bemüht sich schon früh um eine erste Klassifizierung der Tugenden und Laster sowie um eine systematische Erarbeitung des Tugendbegriffs. Für *Sokrates* ist sittliches Gut-Sein eine Form des rechten Wissens und der intellektuellen Kultur eines Menschen; entsprechend ist ihm die Tugend durch Bildung erlernbar. Bei *Plato* rücken dagegen auch die übrigen seelischen Antriebskräfte in den Blick; er ordnet der dreigliedrigen hierarchischen Struktur des Seelenlebens verschiedene Grundformen menschlichen Tätigseins zu, die ihren sozialen Ort in den drei Ständen seiner idealen Staatsverfassung (Philosophen, Soldaten, Handwerker und Bauern) finden. So entspringen dem vernünftigen Seelenteil die Einsicht und Weisheit, dem muthaften die Tapferkeit und dem triebhaft-begehrenden die Mäßigung. Indem er diesen drei Leittugenden die Gerechtigkeit voranstellt, die sowohl innerpsychisch als auch im politischen Bereich im Sinne eines harmonischen Ausgleichs der antagonistischen Kräfte wirkt, liefert er zugleich eine kohärente Begründung für das seit Pythagoras aufgekommene und fortan klassische Viererschema.

Am Gedanken der Übung und des Erlernens einer künstlerischen Fertigkeit wie des Kithara-Spiels ist das wichtigste Element des *aristotelischen Tugendbegriffs* abzulesen. Ἕξις, der spätere *habitus*, meint eine zur verläßlichen Gewohnheit gewordene Haltung des Menschen, die ihn dazu befähigt, die Leidenschaften seiner Seele am Maß der praktischen Vernunft auszurichten und sie dauerhaft, spontan und leicht in den Dienst eines guten und glücklichen Lebens zu stellen. Entsprechend seiner dichotomischen Seelenlehre unterscheidet Aristoteles die „dianoetischen" Verstandestugenden von den im eigentlichen Sinne „ethischen" Tugenden, deren inhaltliches Eigenprofil das Kriterium der rechten Mitte (μεσότης) erfaßt, das etwa der Großzügigkeit ihren Ort im ungefähren Schnittpunkt von Geiz und Verschwendung oder der Tapferkeit annähernd in der Mitte von Feigheit und Tollkühnheit zuweist. Daß die Tugend stets die „Mitte" sucht, meint freilich nur ihre inhaltliche Festlegung zwischen zwei ihr entgegengesetzten Extremhaltungen, nicht aber ihren Rang als höchste Form gelungenen menschlichen Handelns. Aristoteles unterscheidet ausdrücklich, daß die Tugend „hinsichtlich ihres Wesens und der Bestimmung ihres Was-Seins eine *Mitte*, nach der Vorzüglichkeit und Vollkommenheit aber das *Höchste* (Eth. Nik. 1107 a 5) ist, so daß sie am ehesten im Bilde eines Grates erfaßt wird. Das Wissen um die Verschiedenheit und den Zusammenhang der Tugenden untereinander vertieft sich in der *Stoa;* sie kennt die Tugend nur im Singular als die eine und einzige Lebensform der

Freiheit von jeglicher Leidenschaft, die – um ihrer selbst willen erstrebt – allein wahres Glück verbürgt und den Weisen an der Unwandelbarkeit Gottes teilhaben läßt. Ein dreigliedriges Stufenschema findet sich dagegen in der *neuplatonischen* Rede von den bürgerlich-politischen, den reinigenden und den exemplarisch-kontemplativen Tugenden wieder, das durch die Vermittlung des *Macrobius* Eingang in die Scholastik findet und vor allem die monastische Spiritualität des frühen Mittelalters nachhaltig prägt.

2. Aufnahme in der Bibel

Das hebräische AT kennt viele Tugenden (vgl. die Liste von Is 11,2), aber kein Äquivalent für deren Begriff. Unter dem Einfluß der griechischen Ethik verwendet die LXX das Wort ἀρετή, um sowohl die Macht Gottes (Is 42,8; Zach 6,13) als auch die sittliche Haltung des Frommen (Weish 4,1; 5,13) auszudrücken; in Weish 8,7 findet sich das damals bekannte Quaternar in einer Reihung, der die Gerechtigkeit voransteht. Das griechische NT greift den Begriff der Tugend gelegentlich auf (zur Kennzeichnung göttlicher Macht und Herrlichkeit 1 Petr 2,9; 2 Petr 3,1 und für die sittliche Einstellung des Menschen etwa Phil 4,8 und 2 Petr 1,5–7); er nimmt im gesamten ntl. Schrifttum jedoch allenfalls eine Randstellung ein. Möglicherweise ist diese Zurückhaltung gegenüber dem zentralen Topos der zeitgenössischen Profanethik darin begründet, daß der Tugendbegriff für das Sprachenempfinden der ntl. Schriftsteller zu sehr der Herausstellung menschlicher Leistungsfähigkeit dient, während sie das rechte Handeln wie auch das Gut-Sein des Menschen in erster Linie als Geschenk und Gabe Gottes verstehen. Die paulinische Theologie wendet sich scharf gegen die Tendenz zur Selbstrechtfertigung des Menschen vor Gott (vgl. Röm 3,24), in der sie eine latente Gefahr des antiken Tugendideals gerade in seinen anspruchsvollen Formen sieht; in Gal 5,22 bezeichnet Paulus Liebe, Freude, Friede, Langmut, Freundlichkeit, Güte, Treue, Sanftmut und Selbstbeherrschung, die allesamt auch in den Tugendkatalogen der popular-philosophischen zeitgenössischen Ethik genannt werden, vorangestellt als „Früchte des Geistes". Er rechnet in nüchternem Respekt vor dem profanen Ethos seiner Zeit damit, daß seinen Adressaten alles, „was Tugend heißt und lobenswert ist" (Phil 4,8), ebenso bekannt ist wie der Inbegriff allen Lasters, das „sich nicht gehört" (Röm 1,28).

Im gleichen Sinne greifen die urchristlichen Schriftsteller der zweiten und dritten Generation zur inhaltlichen Bestimmung des von Christen in der länger werdenden Zeit der Bewährung geforderten Verhaltens weitgehend auf die Tugend- und Lasterkataloge zurück, die zum Gemeingut paränetischer Tradition gehören (vgl. Eph 4,32–5,5; Kol 3,5–8.12–14; 1 Tim 1,9f.4,12; 2 Petr 1,5–7). Deren Integrierung in den neuen christlichen Sinnhorizont führt zur betonten Herausstellung der Tugenden, in denen sich die eschatologische Erwartung der Christen ausspricht, insbesondere der Hoffnung, Wachsamkeit, Nüchternheit und Geduld, andererseits aber auch zu einer neuen Hochschätzung von Haltungen wie Demut, Mitleid und gegenseitiger Unterordnung, die zwar (entgegen einem noch immer verbreiteten Vorurteil) auch in der griechischen Ethik bekannt sind, dort aber noch nicht die pointierte Herausstellung erfahren, die ihnen dadurch zuwächst, daß sie unmittelbar an dem Lebensmodell Jesu abgelesen werden. Häufig bleiben die übernommenen Tugendkataloge in ihrem Eigenbestand jedoch unangetastet und werden nur dadurch modifiziert, daß sie von den christlichen Grundhaltungen des Glaubens und der Liebe umklammert sind (vgl. 1 Tim 4,12; 6,11; 2 Tim 3,10; 2 Petr 1,5–7). Am folgenreichsten hat das NT, das selbst keine systematische Tugendlehre entwickelt, die spätere theologische Reflexion jedoch dadurch angeregt, daß sie in der Rede von Glaube, Hoffnung und Liebe (1 Kor 13) dem philosophischen Tugendschema eine Trias zur Seite stellt, in der sich die innere Wurzel und die angespannte Dynamik des christlichen Ethos bündeln.

3. *Entfaltung im Mittelalter*

Die lateinischen Kirchenväter geben das antike Erbe der Tugendethik an das christliche Mittelalter weiter. *Ambrosius* deutet im Anschluß an Philo von Alexandrien die vier Paradiesströme allegorisch auf die *prudentia, temperantia, fortitudo* und die *iustitia;* er ist es auch, der den vier Grundtugenden mit Hilfe der Spr 16,14 entlehnten Metapher der Türangel den Namen „Kardinaltugenden" gibt. *Hieronymus* gebraucht das Bild eines Viergespanns, dessen Wagenlenker Christus ist. *Gregor der Große* greift auf die biblischen Listen zurück und parallelisiert erstmals die philosophischen Kardinaltugenden mit den theologischen Tugenden und den Gaben des Heiligen Geistes. Seine Einheit findet das breit angelegte Klassifikationsnetz der Tugenden wie bei *Augustinus* in der von Gott geschenkten, allein durch die Gnade Christi gewirkten Liebe, ohne die es keine wahre Tugend gibt. In den Katalog der Hauptlaster, dem er seine seitdem gültige Form gibt, fließen auch außerbiblische (vor allem die Acht-Laster-Lehre der Wüstenväter) und nichtchristliche Quellen mit ein; das ganze Mittelalter hindurch werden nun Hoffart, Geiz, Neid, Maßlosigkeit, Unkeuschheit, Zorn und Trägheit als die sieben Hauptsünden *(vitia capitalia)* gezählt.

Das systematische Interesse der scholastischen Theologie richtet sich vor allem auf eine exakte begriffliche Formulierung des Tugendgedankens. Im Gefolge des Augustinus gewinnt, vermittelt durch das zum Schulbuch gewordene Sentenzenwerk des Petrus Lombardus, anfangs eine Definition breiten Einfluß, in deren Mittelpunkt das Handeln Gottes am Menschen steht. Tugend ist eine „gute Verfassung des Geistes" *(bona qualitas mentis),* die von Gott selbst gewirkt und dem Menschen als reines Geschenk seiner Gnade gegeben ist; das Weiterwirken der augustinischen Gnadentheologie fordert in zugespitzter Konsequenz, daß sie „Gott allein im Menschen hervorbringt" *(quam Deus solus in homine operatur* – Liber Sententiarum II 27,5). Seitdem im 13. Jh. vor allem auf dem Gebiet der Ethik eine umfassende Aristotelesrezeption einsetzt, wirkt einer solchen Auflösung des Ethischen unter der Allmacht der göttlichen Gnade eine zweite Definition entgegen: „Tugend ist, was den, der sie besitzt, in seinem Sein und Handeln gut macht" *(virtus est quae bonum facit habentem, et opus eius bonum reddit* – S. Th. I/II, q 55 a 3; Eth. Nik., II, 5; 1106a 15–23). In ihrem Mittelpunkt steht der aristotelische Gedanke des Habitus, einer stabilen Handlungsvorprägung, die dem menschlichen Tätigsein im ethischen wie im intellektuellen Bereich Konstanz, Freude und Kreativität zugleich verleiht.

In dem wirkungsgeschichtlich bislang bedeutungsvollsten systematischen Entwurf einer theologischen Tugendethik führt Thomas v. Aquin beide Linien zusammen, indem er das philosophische Schema der vier Kardinaltugenden als Ordnungsgefüge des gesamten ethischen Stoffes zugrunde legt und ihm die biblische Trias von Glaube, Hoffnung und Liebe in der Weise voranstellt, daß die *caritas* der architektonische Schlußstein und das durchgängige Handlungsprinzip für den gesamten Tugendkanon bildet. Er beschreibt das ethische Handeln als den Weg der Liebe, auf dem der Mensch nach dem Ziel seines äußersten Seinkönnens ausgreift und seiner ewigen, alle irdische Lebenserfüllung übersteigenden Vollendung entgegengeht. Die sittlichen und die intellektuellen Tugenden benennen dabei immanente Qualitäten des Menschseins, in denen sich die Gestalt seines ewigen Lebens bei Gott vorweg entwirft; im ethischen Handeln und in der Betrachtung der Wahrheit antizipiert der Mensch kraft der Ausrichtung seines ganzen Lebens am *finis ultimus* bereits jetzt das ewige und unzerstörbare Glück, das ihm von Gott her zugedacht ist. Thomas verbindet dabei die These von der Liebe als der „Form" aller Tugenden mit dem Konzept des *habitus infusus* und gelangt so zu dem Gedanken, daß Gott dem Menschen zugleich mit Glaube, Hoffnung und Liebe auch alle Tugenden des moralischen Lebens eingießt. Dieses später heftig umstrittene und selbst von seinen Kommentatoren oft mißverstandene Interpretament erlaubt es ihm, die Wirklichkeit und Wirksamkeit der Gnade in den anthropologischen Handlungsstrukturen zur Geltung zu bringen, die in einer Tugendethik vorrangig zur Sprache kommen. Anders als die *Franziskanerschule,* die alle Tugenden in den Willen verlegt, nimmt er dabei alle seelischen Potenzen in den Blick und kann so auch den Beitrag der psychischen Antriebskräfte, insbesondere des konkupisziblen und iraszibien Strebevermögens zu einem vollendeten und reifen Menschsein würdigen.

Diese innere Weite der thomanischen Konzeption verliert sich in der Krise des *Nominalismus,* der den Gedanken des Sittlichen nicht mehr auf die innere Gutheit des Handelns und seine Kongruenz mit dem wahren Glück des Menschen, sondern auf das moralische Gesetz und den hinter ihm stehenden dekretorischen Willen eines allmächtigen Gottes gründet.

4. *Neuzeit, Aufklärung und gegenwärtige Diskussion*

Obwohl der neuzeitlichen Ethik der Gedanke eines einheitlichen Lebenszieles und die Möglichkeit der Verständigung auf verpflichtende Leitbilder gelungenen Lebens verlorengeht, bleibt der Tugendbegriff bis in das 18. Jh. hinein die vorherrschende Stilform der philosophischen Ethik. Ohne die innere Verbindung mit der Vorstellung vom guten Leben reduziert sich sein formaler Gehalt jedoch auf eine äußere Disposition zur Befolgung moralischer Regeln, die gemäß dem Postulat der Universalisierbarkeit einen friedlichen Ausgleich unter den divergierenden Interessen aller Beteiligten gewährleisten sollen. Auf der Ebene seines materialen Inhaltes verändert sich das Tugendbewußtsein entsprechend dem Wandel der Lebensformen im aufgeklärten, bürgerlichen und frühindustriellen Zeitalter. Als Paradigma für die Herauskunft des Neuen kann dabei der Aufstieg der im Mittelalter als sündhaftes Laster geächteten *curiositas* zur Tugend der wissenschaftlichen Neugierde und Entdeckerfreude gelten. Im familiären und beruflichen Bereich kommt es zur Ablösung der ritterlichen und höfischen Tugendsysteme und zur Herausbildung der bürgerlichen Tugenden wie Sparsamkeit, Ordnungsliebe, Fleiß, Anständigkeit und Sauberkeit; auch die verengte Fixierung des Tugendbegriffs auf den intimen Be reich von Ehe und Sexualität ist ein Ergebnis dieses Wandlungsprozesses.

Während der Tugendgedanke durch den inflationären Gebrauch und das hohe Pathos der Literatur und Moralpädagogik des ausgehenden Bürgertums obsolet und zum Gegenstand karikierender Darstellung auf der Theaterbühne wird, vollzieht in theoretischer Hinsicht *I. Kant* den radikalen Bruch mit der Tradition. Als Geneigtheit, der Pflicht zu folgen, ist die Tugend zwar noch immer gefordert, aber dadurch, daß sich der Unbedingtheitsanspruch des Ethischen nun in genauer Umkehrung des Tugendgedankens auf den Primat des Sollens vor dem Können und den Antagonismus von Pflicht und Neigung gründet, ist einer systematischen Tugendethik der Boden entzogen. Die Versuche aus dem Umkreis der *Wertphilosophie* unseres Jh.s, die formale Reduktion des sittlichen Anspruchs auf ein reines „Du sollst" durch eine Rehabilitierung der Tugend zu überwinden, sind vor allem deshalb gescheitert, weil sie die Tugenden nicht lebensnah genug als „Richtungen des sittlichen Könnens" (M. Scheler) verstanden und sie, bei *N. Hartmann* zudem unter bewußtem Verzicht auf das psychologische Fundament der Habituslehre, durch eine fast hymnische Idealisierung auf eine erfahrungsferne, rein ästhetische Ebene emporhoben. Stärker an der anthropologischen Verwurzelung und der politisch-sozialen Einbindung der antiken Tugendethik knüpfen dagegen der Rückgang *O. F. Bollnows* auf die „einfache Sittlichkeit" des Alltags und der jüngste Versuch *A. MacIntyres* an, den aristotelischen Tugendgedanken im lebensweltlichen Kontext eines sozialen Gruppenethos wieder zu beleben. Auf ein neues Verhältnis von individuellen und sozialen Haltungsbildern zielt *D. Mieths* Versuch einer Neubegründung der Tugendlehre, in dessen Mittelpunkt Lebensförderlichkeit, Friedensbereitschaft und Wahrhaftigkeit stehen. Stärker im Blick auf die Annahme der Fraglichkeit des Daseins im ethischen Grundentschluß des einzelnen versteht *W. Weischedels* „skeptische Ethik" die einzelnen Tugenden als Ausfaltungen der drei Grundhaltungen von Offenheit, Abschiedlichkeit und Verantwortlichkeit. Auf Dauer wird das Projekt einer erneuerten Tugendethik nur Erfolg haben, wenn es sich aus der oft verdeckten Symbiose mit den Motiven einer offen vorgetragenen oder nur unterschwellig wirksamen pessimistischen Zeitkritik befreien kann und zum unverstellten Blick auf sein großes Thema, die Bindung des verläßlichen Glücks an die Vorstellung vom guten Leben, zurückfindet.

Im angelsächsischen Raum wird seit über 30 Jahren eine heftige Debatte darüber geführt, welche ethische Grundkategorie, der Tugendgedanke oder das normative Postulat des Sollens, die ethische Reflexion leiten soll. Einigkeit wurde darin weitgehend darüber erzielt, daß weder eine reine Haltungsethik noch eine bloße Pflichtenlehre oder Regelethik dem Phänomen der moralischen Erfahrung gerecht wird. Unter der Voraussetzung einer komplementären Zuordnung von Tugend und moralischem Gesetz verschiebt sich der Gegensatz auf die Frage, welcher Typos die größere Integrationsfähigkeit für die Erklärungsleistung des jeweils anderen aufweist. Dabei kann der Tugendgedanke für sich in Anspruch nehmen, daß er der Ethik mit dem Thema einer einheitlichen Lebenspraxis und dem Aufweis des sittlichen Könnens eine umfassende Fragestellung aus der Perspektive des handelnden Subjekts zurückgibt: Die Einzelhandlung kommt als Teil einer großen Handlungsstruktur und als symbolische Repräsentation eines zugrundeliegenden Lebensentwurfs in den Blick; das ganze sittliche Leben erscheint als der Weg der freien Selbstaneignung des Menschen. Die Frage: „Was soll ich tun?" wird der ethischen Grundfrage: „Wer will ich sein?" zugeordnet und die jeweilige Bestimmung des sittlich Richtigen in den Horizont der Frage nach dem guten Leben gestellt.

Auch in praktischer Hinsicht erscheint die Zeit für eine Neuentdeckung der im Begriff der Tugend vorausgesetzten Möglichkeiten des Menschseins günstig. Die Gefährdung des Humanum in unserer technologischen Zivilisation mit ihren rasanten Veränderungen macht die Unerläßlichkeit neuer Haltungsbilder wie Zivilcourage, Schonung im Umgang mit der Natur, Rücksichtnahme auf die Interessen künftiger Generationen und Lebensförderlichkeit im weitesten Sinn bewußt, die es dem Menschen erlauben, gemeinsam nicht nur defensiv, sondern vorauslaufend und prospektiv auf die Herausforderungen des technologischen Zeitalters zu antworten.

O. F. Bollnow, Einfache Sittlichkeit (1957); A. MacIntyre, Der Verlust der Tugend. Zur moralischen Krise der Gegenwart (1987); D. Mieth, Die neuen Tugenden. Ein ethischer Entwurf (1984); J. Pieper, Das Viergespann (1964); M. Scheler, Zur Rehabilitierung der Tugend (1950); E. Schockenhoff, Bonum hominis. Die anthropologischen und theologischen Grundlagen der Tugendethik des Thomas von Aquin (1987); W. Weischedel, Skeptische Ethik (1980).

EBERHARD SCHOCKENHOFF

U

Übel

→ das Gute → Mittel → Norm → Sünde → Wert

„Übel" ist der Gegenbegriff zu „Wert" oder „Gut". Dabei kann entsprechend der engeren Bedeutung von „Wert" (1) der Unwert eines Gegenstandes gemeint sein, insofern er Grund ist, ihn zu beseitigen oder zu mindern; das Substantiv „Übel" ist dann von den Adjektiven „schlecht" oder „verabscheuenswert" her zu verstehen. Übel kann sich (2) auch auf menschliche Unzulänglichkeiten (Untugenden) wie auf Laster im sittlichen Sinn beziehen; im letzteren Fall handelt es sich um eine Artikulation sittlicher Schlechtigkeit, Bosheit, also um ein sittliches Übel. Falls mit dem Stichwort „Werte" die axiologische Problematik allgemein angesprochen ist, sind die Übel (als „negative Werte") miteinbezogen. Dieser Sprachgebrauch liegt nahe, da die semantischen, logischen und erkenntnistheoretischen Probleme bei Aussagen über Werte und Unwerte identisch sind. Wohl aus diesem Grund bezieht man sich mit dem Substantiv „Übel" (im Unterschied zum Adjektiv „schlecht") auch weniger auf die konsekutive Eigenschaft eines Gegenstandes, sondern auf den schlechten Gegenstand selbst. Unterscheidet man mit Scheler zwischen Werten und Gütern, wäre „Übel" der Gegenbegriff zu „Gut", nicht zu „Wert".

Nicht im Rahmen der Axiologie, wohl dagegen im Rahmen der *Theodizee* ergibt sich ein besonderes Problem des Übels, die Frage nämlich, wie dieses mit der Allmacht und Güte Gottes vereinbar ist. Die Theodizeefrage läßt sich in folgendem Dilemma artikulieren: Ist Gott allmächtig, muß er das Übel verhindern können. Ist er allgütig, muß er es verhindern wollen. Nun gibt es das Übel. Also ist Gott entweder nicht allmächtig oder nicht allgütig. Falls wir aber Gott beide Eigenschaften notwendigerweise zusprechen müssen, gibt es ihn nicht.

Das Problem stellt sich jeweils unterschiedlich für das *sittliche* und das *nichtsittliche* Übel. Das *sittliche* Übel, die Sünde, ist ein unbedingtes Übel. Da es der Güte Gottes diametral widerspricht, kann dieser es nicht wollen. So sagt man, Gott lasse es bloß zu. Diese Erläuterung ist zwar unausweichlich, wenn man an der Güte Gottes festhalten will, sie bleibt aber dunkel. Wie kann Gott etwas zulassen, was unbedingt schlecht ist, wenn er es doch verhindern kann? Andererseits ist die sittliche Gesinnung etwas unbedingt Gutes. Solche Gesinnung kann aber nur Ergebnis einer freien Entscheidung des Geschöpfes sein. Freiheit, damit auch die Freiheit zum Bösen, scheint also die Bedingung der Möglichkeit von Moralität zu sein. Damit ist aber Gott der Urheber einer Freiheit, die zugleich die Möglichkeit beinhaltet, sich gegen ihn zu entscheiden und damit den Heilswillen Gottes zu vereiteln, „der will, daß alle Menschen selig werden und zur Erkenntnis der Wahrheit gelangen" (1 Tim 2,4). Aber auch der Ursprung des Bösen aus der menschlichen Freiheit ist ein Problem: Wie kann der Mensch in klarer Erkenntnis eines unbedingten Übels dieses wählen? Es zeigt sich somit, daß sowohl der Ursprung des Bösen wie auch die Vereinbarkeit seiner Existenz mit der Güte Gottes dunkel bleibt; die Sünde bleibt ein Mysterium.

Bei den *nichtsittlichen* Übeln (traditionell auch *physische* Übel genannt) sind zu unterscheiden solche, die vom Menschen verursacht sind, von solchen, die durch höhere Gewalt über den Menschen kommen (Krankheit, Naturkatastrophen, Tod). Die ersteren erklären sich zunächst als Folgen der Sünde. Aber auch hier stellt sich die Frage: Wieso läßt Gott die Folgen der Sünde zu? Warum bleibt es nicht bei der Sünde im Herzen (beim Ehebruch, beim Mord im Herzen gemäß Mt 5,21–30)? Die anderen Übel wurden als Folgen der Erbsünde erklärt. Damit ist eine Antwort auf die Frage nach dem Sinn nichtsittlicher Übel angedeutet, die sich durch einen Hinweis auf das Problem der Echtheitsproben für Moralität erläutern läßt. In einer Welt ohne Übel und ohne jeden Mangel (Schlaraffenland) gibt es keinerlei Konflikt zwischen Eigeninteresse und Gemeininteresse. Der Mensch stände niemals vor der konkreten Entscheidung zwischen Liebe und Selbstsucht, da die Entscheidung für die Liebe keinerlei negative Folgen, keinerlei Verzicht mit sich brächte. Der Mensch könnte immer nur das tun, was auch die Sünder tun (vgl. Lk 6,33). Es gäbe keinerlei Echtheitsprobe, damit keine Möglichkeit der Selbstprüfung. Sünde wäre höchstens als Sünde des Hochmuts denkbar (wie traditionell bei den gefallenen Engeln). Freilich gilt das nur für den gefallenen Menschen, dessen Erkenntnis, damit auch Selbsterkenntnis, getrübt ist. So gelten denn die nichtsittlichen Übel als Folgen der Erbsünde. An sich darf (und muß) zweifellos ein nichtsittliches Übel im Konkurrenzfall zugunsten des unbedingten Werts sittlicher Güte in Kauf genommen werden (etwa im Fall des Martyriums). Wo es bloß um die Echtheitsprobe für sittliche Güte geht, gilt das aber nicht in jedem Fall. Man darf das Martyrium nicht suchen, um seinen Glauben zu bewähren, da jede Echtheitsprobe zugleich

Versuchung zur Sünde bedeutet. So läuft die Frage, warum Gott nichtsittliche Übel zuläßt, auf die Frage hinaus, warum er den Menschen versucht. Diese Frage ist naturgemäß vom Menschen nicht befriedigend zu beantworten. Somit stellt der Hinweis auf die Echtheitsprobe für Moralität nur die Andeutung einer Antwort für die Frage nach der Rechtfertigung nichtsittlicher Übel dar.

Außerdem scheint diese Erklärung im Fall des Leidens der Tiere zu versagen, wenngleich die Bibel auch hier möglicherweise einen Zusammenhang mit der Sünde des Menschen annimmt (Röm 8,18–23). Wenn die Bibel die kommende Vollendung auch am Bild vegetarischer Raubtiere schildert (Jes 11,7), sieht sie auch im Fressen und Gefressenwerden unter den Tieren ein Übel, dessen Vereinbarkeit mit der Güte und Allmacht Gottes noch zu erklären ist.

Wer aus den Problemen der Theodizee die Konsequenz des Atheismus zieht, hätte u. U. eine Erklärung für das Gute zu liefern.

W. Brugger, Summe einer philosophischen Gotteslehre (1979) 416–427; *J. Hick,* „Evil, The Problem of", in: Encyclopedia of philosophy III, 136 ff.; *J. L. Mackie,* Das Wunder des Theismus (1985) 239–281; *H. Schlier,* Das, worauf alles wartet, in: *ders.,* Das Ende der Zeit (²1971) 250–270; *J. Splett,* Gotteserfahrung im Denken (²1978) 207–255.

WERNER WOLBERT

Umweltethik

→ Askese → Ethik → Gemeinwohl → Mensch → Natur → Sozialethik → Technik → Verantwortung → Wirtschaftsethik

1. Begriffliche Klärungen

Das noch junge, im wesentlichen durch die Reflexion auf die seit Anfang der siebziger Jahre in größerem Maßstab wahrgenommene ökologische Krisenlage angeregte Gebiet der Ethik, das heute überwiegend als Umweltethik bezeichnet wird, bezieht sich auf die Verantwortung, die dem Menschen aus seinem Verhältnis zur nicht-menschlichen Natur erwächst. Im Vordergrund stehen Fragen, die sich aus der heutigen technischen Verfügungsmacht des Menschen über die natürlichen Lebens- und Existenzgrundlagen ergeben. Die konkreten Anliegen der Umweltethik betreffen den ethisch geforderten Schutz der Umwelt, dessen Hauptziele in der Beseitigung, Minderung und Vermeidung von Schäden und Gefährdungen der natürlichen Lebensgrundlagen (Biosphäre im weiteren Sinn, primäre Umwelt) liegen. Zur

Erreichung dieser Ziele ist eine Berücksichtigung der Wechselwirkungen mit der kulturell-zivilisatorischen Umwelt (sekundäre Umwelt) unabdingbar, sodaß der Umweltbegriff der Umweltethik als in sich strukturierter Komplex beider Aspekte zu verstehen ist. Diese integrale Sicht ist gefordert durch die der Umweltethik korrespondierende Grundproblematik, die vor allem dadurch charakterisiert ist, daß der Mensch der Natur jene Stoffe, Substanzen und Mittel entzieht, die er zur Verwirklichung seiner kulturell-zivilisatorischen Zwecksetzungen benötigt, und daß er an sie die nicht mehr verwerteten bzw. verwertbaren Stoffe in Form von Abfällen zurückgibt. Hervorzuheben ist ferner auch die soziale und ästhetische Bedeutung der Natur (z. B. Erholung, Naturerlebnisse u. a. m.). Die Begriffe „Umwelt" und „Natur" weisen zwar einen großen Überschneidungsbereich auf (bes. deutlich erkennbar in Zentralbereichen des Umweltschutzes wie Natur-, Landschafts- und Artenschutz), sind aber nicht deckungsgleich (z. B. nicht in bezug auf die sekundäre Umwelt). Im heutigen umweltethischen Sprachgebrauch ist beim Begriff „Umwelt" die Relation zum Menschen impliziert. Umweltethik reflektiert gemäß den anerkannten Regeln und Methoden der Ethik bzw. Moraltheologie die normativ bedeutsamen Grundlagen, die entscheidenden Grundwerte, -haltungen und Zielvorstellungen wie auch die konkreteren ethischen Kriterien, Normen, Motive und Tugenden, von denen das Handeln und Verhalten des Menschen in bezug auf die außermenschliche Natur geleitet und bestimmt sein sollen. Umweltethik hat sowohl die Umweltschutzinteressen des Menschen als auch den Schutz der außerhumanen Natur vor anthropogenen Einflüssen zum Thema. In Anbetracht der genannten Wechselwirkungen können diese Aufgaben nur im Zusammenwirken mit anderen Ethikbereichen (Sozialethik, Wirtschaftsethik u. a.) angegangen werden.

2. Philosophisch-ethische Ansätze und theologisch-fundamentalethische Aspekte

Grundlegend für jede Umweltethik ist die Bewertung des Mensch-Natur-Verhältnisses. Die von vitalen Interessen und elementarer Abhängigkeit einerseits wie auch von einem enorm gewachsenen wissenschaftlich-technischen Verfügungspotential andererseits gekennzeichnete Beziehung des Menschen zur natürlichen Außenwelt erfährt in den vorliegenden philosophisch-ethischen Ansätzen (die hier nur grobrastig, ohne die teilweise erheblich abweichenden Varianten referiert werden können) recht unterschiedliche Akzentuierungen: Im *anthropo-*

zentrischen Ansatz werden umweltethische Forderungen auf der Vorrangbasis menschlicher Interessen (Spezies Mensch) begründet; der *pathozentrische* Ansatz anerkennt – über den Menschen hinausgehend – alle empfindungsfähigen (d. h. insbesondere leidensfähigen) Tiere als Träger eigener moralischer Rechte, auf die um ihrer selbst willen Rücksicht zu nehmen ist; der *biozentrische* Ansatz dehnt den Kreis moralisch-rechtsfähiger Wesen auf alle Lebewesen aus und verlangt eine entsprechende Rücksichtnahme; im *holistischen* Ansatz wird darüber hinaus auch den unbelebten Naturbereichen ein eigener moralisch-rechtlicher Status zuerkannt.

Der angemessene *theologische* Ansatzpunkt liegt im biblischen Schöpfungsverständnis. Von ihm her bestimmen sich die Grundlagen und -linien des umweltethischen Orientierungspotentials der christlichen Ethik. Schöpfung ist gegenüber Umwelt und Natur, denen noch keine theologischen Konnotationen anhaften, der umfassendere, das Ganze der Wirklichkeit in ihrem theologischen Verweischarakter und Zusammenhang reflektierende Begriff. Aus dem biblischen Schöpfungsverständnis ergibt sich zunächst einmal eine klare Unterscheidung zwischen Schöpfer und Geschöpf. Die Mitgeschöpflichkeit, die der Mensch mit allem Erschaffenen teilt, ist ein Grunddatum einer schöpfungsethisch fundierten Umweltethik. Im Kreis der Mitgeschöpfe kommt dem Menschen eine Sonderstellung zu. Seine Gottebenbildlichkeit (vgl. Gen 1,26f.) meint eine besondere Beziehung zu Gott und (als Folge) zu den anderen Mitgeschöpfen. Der Mensch ist einerseits – von Gott her gesehen – eingesetzt als Stellvertreter, Repräsentant und Statthalter des Schöpfers; andererseits – von „unten" her gesehen – steht er in der Solidargemeinschaft aller Geschöpfe als deren Sachwalter, Treuhänder und Sprecher. In diesem Rahmen sind auch die Aussagen zu den schöpfungshaften Gemeinsamkeiten wie auch Verschiedenheiten zwischen Mensch und Tier zu sehen (z. B. paralleler Segensspruch, Benennung der Tiere; vgl. Gen 1,22.28; 2,19f.). Somit stellt sich die Sonderstellung des Menschen näherhin als Mittelstellung zwischen Gott und Mitgeschöpfen dar. Diese Position verlangt vom Menschen die Übernahme einer Ordnungs- und Konfliktregelungsfunktion, die auf eine Entfaltung der guten Anlagen und eine Kontrolle der destruktiven Kräfte in der Natur zielt. Anthropologisch entspricht der skizzierten Sonderstellung eine unauflösliche Grunddialektik: Einerseits steht der Mensch in der Natur, in die er durch seine Leiblichkeit eingebunden ist. Andererseits kommt die Natur in ihm gleichsam zu sich selbst; er steht aufgrund seiner Geistbegabung erkennend und handelnd über ihr; er ist der Verantwortung (und d. h. auch: der Zukunftsvorsorge) fähig.

Diese Sonderstellung kommt zum Ausdruck im Herrschaftsauftrag von Gen 1,26.28 *(dominium terrae)*, durch den der Mensch ermächtigt wird, gestaltend in die Natur einzugreifen und sie für seine Lebensbedürfnisse heranzuziehen (vgl. auch den allerdings von einer verschärften Lebenssituation der Tiere gekennzeichneten Noahbund, Gen 9,1–17). Die Befugnisse des Menschen müssen mit jener Verantwortung und Fürsorge abgestimmt werden, die im Auftrag des „Bebauens und Behütens" (Gen 2,15) ausgedrückt sind. Ebensowenig wie dem Menschen eine Befugnis zur willkürlichen Selbstvernichtung zusteht, kann er sich legitimerweise ein Recht zur rücksichtslos ausbeuterischen und zerstörerischen Willkürherrschaft über die Natur zusprechen. Letzteres ginge zu Lasten jener „Verderbtheit" (vgl. Gen 6,11f.), durch die die ursprüngliche Schöpfungsgüte verdunkelt und das *dominium terrae* pervertiert wird. Wie alle geschöpflichen Beziehungen ist auch das Verhältnis des Menschen zur Natur vom Einbruch der Sünde gekennzeichnet, zugleich aber auch in das von Christus geschenkte Heil hineingenommen. Der mitgeschöpflichen Solidargemeinschaft ist in der eschatologischen Vollendung universaler Friede verheißen (vgl. Röm 8,18–24 im Zusammenhang mit Hos 2,20; Jes 11,6–8). Die nicht-menschlichen Naturwesen sind auch nicht „von Gnaden" des Menschen da. Die Ehrfurcht vor dem Schöpfer, der als trinitarisch Handelnder in seiner Schöpfung fortwirkt, impliziert die Ehrfurcht vor dem Erschaffenen, für gut Befundenen, Gesegneten und in den Lebensbund mit Gott Aufgenommenen (vgl. Gen 1,18.21f.25; 9,9ff.) wie auch die Verpflichtung auf das der Schöpfung innewohnende Maß. Damit ist die Anerkennung einer (abgestuften) Eigenwertigkeit der außermenschlichen Naturwesen und -bereiche verbunden. Diesem Eigenwert korrespondieren Ehrfurcht und Sorgfalt. Wo die Natur von ihrer Schöpfungsqualität her verstanden wird, kann sie nicht mehr unter das ausschließliche Vorzeichen partikularer Interessen (z. B. des technisch Machbaren, des ökonomisch Nützlichen) gestellt werden. Der theozentrische Sinn der Schöpfung verbietet selbstredend eine absolute Anthropozentrik. Die biblischen Texte enthalten vielmehr eine Kritik der anthropozentrischen Anmaßung, insofern sie die Mitgeschöpfe als in sich differenzierte Mitwelt verstehen lehren, ohne dabei freilich der Illusion vollkommener naturinterner Harmonie vor der eschatologischen Vollendung zu verfallen. Die Kritik dieser Texte trifft auch (alte und neue) Versuche der Divinisierung und Dämonisierung der Natur. Die Eigenwertigkeit der Natur ist nicht gegen die Sonderstellung des Menschen gerichtet, den es auszeichnet, die rein anthropozentrische Perspektive verlassen zu können.

Ein den skizzierten theologischen Grundlagen entsprechender umweltethischer Ansatz muß insofern doppelt dimensioniert sein, als er vom Menschen als Subjekt moralischer Verantwortung getragen und zugleich für das Wohl nicht nur des Menschen, sondern auch der Mitgeschöpfe engagiert sein muß. Will man die oben genannten philosophisch-ethischen Kategorien anwenden, so kann man hier von einem *anthropo-relationalen* Ansatz in dem Sinne sprechen, daß der Mensch als Verantwortungssubjekt zwar im Zentrum steht, dabei aber streng bezogen bleibt (daher relational) auf die schöpfungsethischen Maßstäbe, die eine weitgehende Berücksichtigung von Anliegen der anderen referierten Ansätze erlauben. Der gewählte Ansatz verpflichtet den Menschen darauf, seine instrumentell-technische Vernunft nicht losgelöst von der ökologischen Vernunft zu gebrauchen. Ein allgemeiner umweltethischer Imperativ läßt sich auf dieser Basis folgendermaßen formulieren: Handle so, daß die Wirkungen deiner Handlungen die angemessene Lebensfähigkeit und Integrität der Menschheit und der nicht-menschlichen Natur nicht zerstören! Die diesem Imperativ korrespondierende Verantwortung muß in Anbetracht des erreichten technischen Zerstörungspotentials in jenem erweiterten Sinne verstanden werden, demzufolge wissenschaftlich-technische Handlungsfolgen, gerade auch in bezug auf ihre möglichen Fernwirkungen, mit größter Sorgfalt und im Zweifelsfalle unter vorrangiger Beachtung der Negativprognose (H. Jonas) abzuwägen sind. Eingriffe in die Natur sind angesichts der schöpfungsmäßig begründeten Werthaftigkeit rechtfertigungsbedürftig, wobei legitime Interessen des Menschen im Konfliktfall sorgfältig mit dem Integritätsanspruch und den Bedürfnissen anderer Lebewesen sowie mit den ökologischen Erfordernissen der betroffenen Naturbereiche abzuwägen sind.

Dazu bedarf es ethisch fundierter Entscheidungskriterien, deren Aufstellung und Begründung zu den unerläßlichen Aufgaben der Umweltethik zählt. Die nachfolgend formulierten ethischen Leitvorstellungen verstehen sich, ohne Anspruch auf Vollständigkeit zu erheben, als Leit- und Rahmenkriterien, die mit dem dargestellten theologisch-ethischen Fundament insofern notwendig verknüpft sind, als deren bewußte, systematische Mißachtung eine Umsetzung der schöpfungsethischen Anliegen blockieren müßte. Dabei sind schon auf einer ersten Stufe die Wissensgebiete der Umweltforschung zu berücksichtigen: Umweltethik verlangt eine sorgfältige Prüfung und Beachtung der Erfordernisse des Umweltschutzes in der Gesamtgesellschaft mit Schwerpunkt in den besonders betroffenen Teilsystemen und Lebensbereichen (Wirtschaft, Wissenschaft, Technik, Haushaltungen). Technische Eingriffe in die Natur sind grundsätzlich auf die schonendste, die ökologischen Zusammenhänge am wenigsten schädigende Art durchzuführen. Eine vergleichbare Dringlichkeit kommt der Bewahrung der ästhetischen Naturqualitäten und dem Schutz einer substantiellen Artenvielfalt zu. Fundamentalere und umfassendere Naturbereiche, von denen die Lebens- und Funktionsfähigkeit anderer Sektoren abhängt, sind – ceteris paribus – vorrangig zu berücksichtigen. Den Selbsterhaltungs- und Eigenregulationskräften der Natur ist möglichst viel Raum zu geben. Eingriffe mit reversiblen Wirkungen sind nach Möglichkeit solchen mit irreversiblen Folgen vorzuziehen. Letzteren muß ein entsprechend proportioniertes Zielgut gegenüberstehen. Die gleiche Rechtfertigungskraft hat der Nachweis, daß andernfalls größerer Schaden unabwendbar wäre. Erneuerbaren Energieträgern kommt Vorrang vor nicht erneuerbaren zu. Solange erstere in einer wirtschaftlich angemessenen Größenordnung noch nicht verfügbar sind, ist Energiesparen als vorrangige Maßnahme geboten. Die bevorzugte Förderung regenerierbarer, umweltverträglicher Energien muß bereits bei der entsprechenden Forschung einsetzen. Bei allen Planungen und Maßnahmen mit erheblichen Langzeitfolgen sind die existentiellen Lebensinteressen späterer Generationen im Sinne eines intergenerationell erweiterten Gerechtigkeits- und Fairneßprinzips zu respektieren, notfalls indem weniger dringliche Interessen der jetzt Lebenden zurückgestellt werden. Dabei geht es primär um den Schutz der physischen Voraussetzungen einer menschenwürdigen Freiheitsentfaltung künftiger Generationen. Technische Projekte mit irreversiblen langfristigen Folgen (insbesondere mit großen Entsorgungsproblemen) kommen für eine umweltethische Legitimation nur in Betracht, wenn ohne sie zentrale Existenzprobleme der jetzt Lebenden ungelöst blieben und zugleich mit moralischer Sicherheit feststeht, daß die entsprechenden Risiken beherrschbar bleiben. Die Bemessungskriterien der Zumutbarkeit im Blick auf die Nachwelt müssen in einem gerechten Verhältnis zu den in der heutigen Gesellschaft als angemessen betrachteten Maßstäben stehen. Neben einer besseren Durchsetzung der Verursacherhaftung für Umweltschäden ist vermehrt präventiven und kooperativen Maßnahmen Vorrang einzuräumen (ethische Fundierung des umweltrechtlichen Verursacher-, Vorsorge- und Kooperationsprinzips).

3. Umweltethik in den ethischen Hauptbereichen

Die Aufstellung umweltethischer Leit- und Rahmenkriterien bedeutet einen wichtigen Schritt zur anwendungsbezogenen Umsetzung des umweltethischen Imperativs. Diese stellt Anforderungen an alle ethischen Hauptbereiche. Umweltethik erweist sich – analog zum Umweltrecht – als „problembezogene Querschnittaufgabe" (R. Breuer). Auf dieser Ebene ist die Berücksichtigung der Umweltforschungsbeiträge anderer Wissenschaften ganz unmittelbar vonnöten. Zu den konkreten Dimensionen dieser Aufgabe können hier nur einige knappe und fragmentarische Hinweise gegeben werden:

a) Bereich Sozialethik: Mit den Mitteln des Rechts und der Verwaltung ist die für den Umweltschutz notwendige Koordination der verschiedenen gesellschaftlichen Teilsysteme wie auch des Handelns von Gruppen und Individuen zu regeln. Aus umweltethischer Sicht ist es eine ebenso dringliche wie komplexe Aufgabe, die Leistungen der Natur im Wirtschaftsprozeß als eigenen (dritten) Produktionsfaktor angemessen anzuerkennen und damit einen entscheidenden Schritt zur besseren Verbindung von ökonomischer und ökologischer Rationalität zu tun (Frage einer angemessenen Ökologiepflichtigkeit des Eigentums). Eine effiziente Umweltpolitik wird sich nicht auf die Selbstregulierung des Marktes allein verlassen dürfen; sie muß vielmehr mit einer Reihe verschiedener Instrumente und Maßnahmen (z. B. Auflagen, Abgaben, Zertifikate) arbeiten, die je nach dem konkret zu erreichenden Umweltziel einzusetzen sind. Auf Umweltabgaben wird nicht verzichtet werden können, um den geforderten Strukturwandel in Richtung umweltverträglicher Techniken und Güter zu fördern und auf einen verantwortlichen Umgang mit nicht erneuerbaren Ressourcen hinzuwirken. Weil Umweltschutz aufgrund seiner grenzüberschreitenden Problemdimensionen (Luftreinhaltung, Klimaveränderung, „Mülltourismus" usw.) zu einer internationalen Gemeinwohlaufgabe geworden ist, sind strukturelle Maßnahmen der Staaten zur Abhilfe gefordert (internationale Umweltpolitik).

b) Personal-zwischenmenschlicher Bereich: Die Zahl der Möglichkeiten kleinerer Gruppen zur Umsetzung umweltethischer Postulate in die Praxis hat mit steigendem Umweltwissen laufend zugenommen und sollte im Geist der Subsidiarität beurteilt werden. Am Beispiel der Familie sei stichworthaft hingewiesen auf die Möglichkeiten umweltgerechter Ausstattung und Nutzung von Häusern und Wohnungen, Verwendung von besser abbaubaren Wasch- und Reinigungsmitteln, Kooperation bei separierter Müllentsorgung, ein generell umweltbewußteres Konsumverhalten u. a. Eigens zu unterstreichen ist die Pflicht, zur Umwelterziehung der Kinder beizutragen.

c) Individualethik: Die Einlösung umweltethischer Intentionen verlangt einen gesellschaftlichen Wandel, der dauerhaft nicht ohne Wandel möglichst vieler einzelner denkbar ist. Nicht zuletzt das Problem der Durchsetzung umweltrechtlicher Bestimmungen erinnert daran, wie sehr die Wirksamkeit solcher Regelungen auch mit der Verankerung der zugrunde liegenden ethischen Werte im Bewußtsein möglichst vieler Menschen zusammenhängt. Bei der geforderten Gewissensbildung sind pflicht- und tugendethische Aspekte zu berücksichtigen. Zu ersteren gehört der Erwerb einer Umweltgrundkompetenz, einer ökologisch gebildeten Einsichts- und Urteilsfähigkeit, um sich angemessen an den allgemeinen Aufgaben des Umweltschutzes beteiligen zu können. Auf diese Forderung weisen schon die Bedingungen hin, unter denen heute die Pflicht zum Schutz der eigenen Gesundheit wahrgenommen werden muß. Angesichts der Bedeutung des Mensch-Natur-Verhältnisses für die ethischen Grundlagen des Umweltschutzes muß das Umweltlernen des einzelnen bis an die Wurzeln der Wirklichkeitserfassung dringen und auf eine integrative, teilnehmende Wahrnehmungsfähigkeit zielen. Um den Schritt vom Umweltwissen zum Umweltgewissen und Umwelthandeln zu tun, bedarf es entsprechender Wertorientierungen und Motivationen, die nicht isoliert, sondern im Gesamt der ethischen Leitgedanken zu sehen sind. Für den Christen heißt dies, daß er sich um eine Integration der theologischen Grundlagen der Umweltethik in das Ganze seines Glaubensvollzuges bemühen muß.

Was die tugendethischen Gesichtspunkte anlangt, so kann Schöpfungsverbundenheit als Zentraltugend bezeichnet werden. Zum innersten Kern dieser Werthaltung gehört die Lebensverbundenheit, d. h. eine lebensfreundliche Einstellung, welche die produktiven Gehalte der „Ehrfurcht vor dem Leben" (Albert Schweitzer) als umweltethische „Verdolmetschung" des universalen Liebesgebotes in sich aufnimmt. Darüber hinaus geht es auch um angemessene Achtung der unbelebten Natur. Diese Grundhaltungen sind integrierbar in die umweltethisch aktualisierten Kardinaltugenden (z. B. Tugend des Maßes und der Besonnenheit im Sinne umweltgerechter Selbstbegrenzung, Selbstbescheidung und Verzichtsleistung). Auf diesem Wege sind sie einzubringen in die theologalen Tugenden (Glaube, Hoffnung, Liebe), d. h. in den christlichen Lebensvollzug. Eine solche Synthese entspricht der Zusammengehörigkeit von Schöpfungs- und Erlösungsordnung und gehört zum Kern einer christlich-ökologischen Spiritualität. Hier eröffnen sich der christlichen Verkündigung neue Lern- und Aufgabenfelder, auf denen schon hoffnungsvolle Ansätze zu erkennen sind. Für den heutigen Ethiker gehört der umweltethische Problembereich zu den komplexesten Herausforderungen, welche die Ethikforschung mit schwerwiegenden neuen Fragestellungen konfrontiert, die einer präzisieren und realitätsnahen Beantwortung bedürfen.

A. Auer, Umweltethik (³1989, ¹1984); *D. M. Bauer/G. Virt* (Hrsg.), Für ein Lebensrecht der Schöpfung. Analysen, Visionen und Strategien zur Bewältigung der Umweltkrise 1988; *H. Halter*, Theologie, Kirchen und Umweltproblematik. Der Beitrag der Theologie zu einer ökologischen Ethik, in: Theologische Berichte 14 (1985) 165–211; *K. Hilpert*, Umweltethik, in: Stimmen der Zeit 205 (1987) 35–46; *J. Hübner* (Hrsg.), Der Dialog zwischen Theologie und Naturwissenschaft. Ein bibliographischer Bericht (1987) 360–406; *H. Münk*, Umweltschutz zwischen individualethischer Verantwortung, personal-zwischenmenschlichem Anspruch und strukturalen (legislatorischen) Maßnahmen, in: Jahrbuch für christliche Sozialwissenschaften 30 (1989) 85–111; *P. Schäfer*, Herausforderung zur Umkehr. Katholische Dokumente, theologische Argumente, physikalische Begriffe und didaktische Strukturen zum Thema Umwelt (1984); *B. Stöckle* (Hrsg.), Wörterbuch der ökologischen Ethik (1986).

HANS-JÜRGEN MÜNK

Utilitarismus

→ Ethik → Gerechtigkeit → Gleichheit → Glück → das Gute
→ Lohnmoral → Mittel → Moralsysteme → Norm → Wert
→ Wirtschaftsethik

Unter Utilitarismus versteht man gemeinhin die um 1800 in England entstandene, der Aufklärung verpflichtete und darin auch sozialkritische ethische Theorie, nach welcher nicht feste (meist die Privilegien des Adels stabilisierende) Apriori-Normen, sondern nur die Nützlichkeit (vom lateinischen *utile* = nützlich) bzw. die Schädlichkeit einer Handlung, also wesentlich deren Folgen die sittliche Qualität derselben bestimmen. Dies bedeutet freilich nicht, daß es dabei nur um Nutzen im Blick auf einen beliebigen Zweck ginge, was der praktischen Negation von Sittlichkeit schlechthin gleichkäme. Ebensowenig trifft der allgemeine deutsche (hier etwas unterschiedlich zum englischen) Sprachgebrauch, der unter Utilitarismus einfach jede normative Theorie faßt, welche die Sittlichkeit von Handlungsweisen nach ihren guten oder üblen Folgen, also „teleologisch", bestimmt. Ziel und damit Prinzip von Sittlichkeit ist dem Utilitarismus vielmehr das größtmögliche Quantum von Glück, das hier freilich anders als bei den antiken Eudaimonisten (Epikur, Lukrez, Horaz) nicht individualistisch im Sinn eines egoistischen Hedonismus, sondern gemeinschaftsbezogen verstanden wird.

Utilitarismus ist daher als konsequentialistischer (von den Handlungsfolgen her sich bemessender) Sozialeudaimonismus (so besonders

J. Bentham, J. St. Mill) zu verstehen, der als ethische Theorie über den schottischen Philosophen und Ökonomen F. Hutcheson und dessen Einfluß auf A. Smith für den Wirtschaftsliberalismus Bedeutung erhielt und mit welchem sich auch der junge Kant kritisch auseinandersetzte. Dabei wird vorausgesetzt, daß Glück als empirische Größe, eben als Nützlichkeit bzw. Wohlfahrt an festen Parametern meßbar sei und Ethik damit auf die Stufe einer exakten Wissenschaft zu stehen käme. Die historische Nähe dieser Moralphilosophie zur Ökonomie (Hutcheson, Smith) findet hier ihre methodologische Grundlage.

Da die strikte Anwendung eines solchen quantitativen Nützlichkeitsprinzips auf die eigene Handlung in einem sozialen Ganzen offensichtlich die Interessen von Minderheiten verletzen kann, weil das „größte Glück der größten Zahl" (Bentham) gegebenenfalls am besten durch die Minderung von Glück einer kleineren Zahl zu erreichen ist, hat man in neuerer Zeit die Theorie insofern verfeinert, als der Grundsatz des Utilitarismus nicht direkt auf die einzelnen Handlungen, sondern im Sinn der Wahrung von Chancengleichheit auf die sittlichen Normen (sog. Regel-Utilitarismus) zu beziehen sei (K. Baier, R. B. Brandt, P. H. Novell-Smith, M. Singer). Sobald diese Grundforderung nach Chancengleichheit jedoch in der fundamentalen Gleichheit der Menschen begründet wird, übersteigt dies eine reine utilitaristische Proposition (so J. Rawls), was dann als „altruistischer Utilitarismus" oder, wo letzte Sinndimensionen des Menschseins miteinbezogen werden, als „Idealutilitarismus" bezeichnet wurde, weil hier ein letztes Ideal, etwa Fairneß, Gerechtigkeit oder christliche Liebe, im neutestamentlichen Sinn als absoluter Richtwert angenommen wird. „Teleologisch" ist eine solche ethische Theorie dann insofern, als sie alle Handlungen und Regeln sowie ihre Folgen danach bewertet, ob sie – im christlichen Sinn – der Liebe diene, ohne die sie nichts wäre, mit der sie aber alle Gesetze erfüllt (1 Kor 13,2; Röm 13,10). Wo aber in diesem neutestamentlichen Sinn verstandene Liebe, die innerweltlich die Kreuzesdimension nie ausschließen kann, als das unbedingt verpflichtende, also deontische Richtziel angenommen wird, kann das Stichwort *utile* kaum mehr sinnvoll für eine so ausgerichtete ethische Theorie stehen. Besser würde dann in Abhebung vom klassischen Utilitarismus hier von einer „deontologischen Teleologie" die Rede sein, die dann auch mit einer christlich-theologischen Ethik durchaus vereinbar ist.

Utilitarismus als Sozialeudaimonismus dürfte mit seinen vielfältigen Schattierungen im angelsächsischen Raum zu einer der am weitesten verbreiteten Ethikformen gehören und so gerade auch sozialethisch das Zusammenleben von Menschen in freiheitlichen Demokratien prägen, die als Rechtsstaaten die Einhaltung der Menschenrechte weitgehend garantieren. Er ermöglicht darüber hinaus, Leistung und Erfolg besonders im wirtschaftlichen Leben nicht nur als egoistische Verbesserung der eigenen Existenz, sondern auch als sozialen Nutzen zu werten; ebenso vermag er Exzesse von Wettbewerb und Markt in Rücksichtslosigkeit und mitmenschliche Ausbeutung als dem sozialen Glück langfristig abträglich zu denunzieren. Der Utilitarismus erweist sich praktisch gesellschaftlich damit als eine wenn auch letztlich nicht voll genügende, so doch für die konkret alltägliche Praxis des Zusammenlebens von Menschen in politischen, wirtschaftlichen und sozialen Bezügen hinreichende ethische Theorie, die auf folgenden vier prinzipiellen Elementen aufbaut:

Erstens auf dem *Folgeprinzip,* nach welchem Handlungen bzw. Handlungsregeln ihre sittliche Qualität nicht aus sich erhalten, sondern erst unter Berücksichtigung all ihrer Folgen. Maßstab ist dabei, wie als Zweites das *Nutzenprinzip* festhält, wieweit dadurch die Verwirklichung von Wohlfahrt als des an sich Guten vorangebracht wird. Die Zielsetzung ist also keineswegs beliebig (Utilitarismus ist keinesfalls eine Form von Wertnihilismus). Sie wird vielmehr als Drittes vom *Lustprinzip* bestimmt. Dabei meint Lust keine subjektivistisch individuelle Erfüllung beliebiger egoistischer Ziele. Ebensowenig soll sie sich in neoeudaimonistischer Ideologie zu einer eigenen Theorie verdichten, wie dies etwa für die im Anschluß an H. Marcuse vertretene Idee, Triebunterdrückung sei die Wurzel jeder Unterdrückung und damit stets auch der Anfang von Menschlichkeit unterdrückender Herrschaft (A. Plack), zutrifft. Vielmehr geht es darum, die menschlichen Grundbedürfnisse und Interessen (also etwa Nahrung, Wohnung, Sicherung bei Krankheit und Alter u. ä., aber auch Freiheit von totalitärer Willkür, Rechtssicherheit, eine gewisse Mitbestimmung in den alle betreffenden Belangen, Chancengleichheit zu persönlicher Entfaltung usw.) bestmöglich zu befriedigen und dabei Frustrationen zu vermeiden. Dies – so hofft der Utilitarismus immer neu – lasse sich empirisch eindeutig, etwa über eine sorgfältige rationale Analyse von Entscheidungsverfahren als „rational choice" ausmachen. Schließlich steht viertens dieses Lustprinzip stets noch zusätzlich unter dem Anspruch des *Sozialprinzips,* das verbietet, bloß an sich selbst oder auch nur an die eigene Gruppe zu denken, und stets eine menschheitsweite, auch kommende Generationen durchaus einschließende Überlegung verlangt.

Damit erweist sich der Utilitarismus als eine respektable ethische Theorie, die gerade auch in ihrer sozialethisch positiven Relevanz vorschnellen Kritiken den Boden entzieht, die nur allzuleicht in ideologischer Erstarrung nicht allein für neu auftretende Probleme zuwenig Flexibilität aufbringen und damit Lösungen verzögern (d. h. für die Sicherung von Menschlichkeit abträglich reagieren), sondern auch menschenmörderische Fanatismen auslösen können. Dennoch muß die Frage gestellt werden, ob der Utilitarismus als umfassende ethische Theorie zu genügen vermag. Denn die Tatsache, daß er für den Normalfall des menschlichen Zusammenlebens hinreichende Verhaltensmuster und auch die dazugehörenden Regelsysteme (Gesetze, soziale Bräuche, Aufbau sozialer Tugenden u. a. m.) bereitzustellen vermag, garantiert noch nicht, daß er auch Menschlichkeit als unbedingte Achtung der Würde schlechthin jeder Person gewährleisten kann. Allein schon die sozialeudaimonistische Grundformel des Utilitarismus, das größtmögliche Glück der größtmöglichen Zahl zu sichern, muß stutzig machen und fragen lassen, was denn mit jenen geschehe, die allenfalls nicht zu dieser Zahl gehören.

Als Ethik des gesunden Menschenverstandes für Wert und Anstand, des *moral sense* (F. Hutcheson) bringt der Utilitarismus mit seiner Neigung, der alltäglichen wie der natur- und humanwissenschaftlichen Erfahrung zu vertrauen wie mit seiner Überzeugung von der prinzipiellen Gleichheit aller Menschen und deren Anspruch auf irdisches, also nicht erst jenseitiges Wohlergehen zwar ein beachtliches Korrektiv gegen Vorurteile aller Art in den ethischen Diskurs. Erkenntniskritisch fragwürdig ist dagegen schon die genauere Umschreibung dessen, was Glück bedeuten soll; denn empirisch messen und berechnen lassen sich allenfalls die materiellen Grundbedürfnisse des Menschen, soweit sie in ökonomischen Größen (etwa in Geldwerten) ausgedrückt werden können. Während dies aber schon für kulturelle Werte wie Kunstwerke u. ä. schwierig ist, wird es für ideelle, etwa der mit menschlichen Zuneigungen oder religiösem Glauben verbundenen Werte unmöglich. Dafür vermag der Utilitarismus keine Weisung mehr zu geben. Die Vorzugsregeln sind danach von kulturellen oder individuellen Präferenzen bestimmt, die sich einer Berechnung entziehen und damit im Utilitarismus in die Beliebigkeit abzurutschen drohen. Vor allem aber können auf der Basis des Nützlichkeitskalküls keine unbedingt unveräußerlichen Menschenrechte festgemacht werden. Obwohl es ohne Zweifel dem größten Glück der größten Zahl in den allermeisten Fällen zuträglich ist, sich an deren Forderungen zu halten (und diese Tatsache auch der Verbreitung der Menschenrechte wie wohl nichts sonst geholfen hat), ist es „nach dem Utilitarismus nicht ausgeschlossen, daß unter bestimmten, wenn auch vielleicht nicht sehr wahrscheinlichen Randbedingungen eine Sklaven- oder eine Feudalgesellschaft, auch ein Polizei- und Militärstaat nicht bloß erlaubt, sondern sogar geboten sind – vorausgesetzt, daß dadurch das Gemeinwohl gesteigert wird" (O. Höffe). Die Anerkennung, welche wirtschaftlich erfolgreiche totalitäre Systeme in der Weltöffentlichkeit trotz aller Unterdrückung immer wieder finden, zeigt auf der empirischen Ebene, daß dieser Einwand alles andere als bloß theoretisch ist. Schließlich sichert der Utilitarismus zwar für manche Güter eine gewisse Verteilungsgerechtigkeit, aber indem er Fortschritt und Frustration gegeneinander verrechnen muß, kann die Opfersymmetrie Minderheiten dennoch leicht substantiell treffen, während andere, die sich besser zu wehren wissen, nur marginal berührt werden (vgl. etwa den Abbau von Staatsverschuldung u. ä.). Aber schon der Grundsatz, daß ein Fortschritt an Wohlfahrt so beschaffen sein muß, daß der Schwächste dadurch zumindest nicht schlechter gestellt werden darf (J. Rawls), erfordert nicht nur eine Gleichbemessung, die das rationale Kalkül nicht zu geben vermag, sondern vor allem eine unbedingte Achtung der Würde jedes Menschen als Person, die mit einer Glückmaximierung nie hinreichend zu begründen ist. Dies ist nämlich auch dann nicht möglich, wenn man mit Hilfe der Goldenen Regel versucht, sich in die Position des Benachteiligten hineinzudenken, um dann nichts zu tun, was man sich selbst nicht angetan wissen möchte. So ist etwa der Schutz des ungeborenen Lebens utilitaristisch kaum, derjenige von menschlichem Keimmaterial nicht mehr zu begründen. Vielmehr setzt der ethische Rekurs auf die Goldene Regel die unbedingte Achtung der menschlichen Würde als Bedingung der Möglichkeit für ihre ethische Gültigkeit immer schon voraus.

Damit erweist sich der Utilitarismus als eine für die praktische Gewährleistung von Menschlichkeit und Gerechtigkeit im zwischenmenschlichen wie im sozialen Bereich sehr nützliche ethische Theorie, mit der sehr viele ethische Probleme direkt für den Handlungsbedarf wie für den gesellschaftlichen Regulierungsbedarf durch Gesetzgebung u. ä. bewältigt werden können. Er gibt aber in den Grenzfällen, wo die Interessen zwar nicht einfach der Stärkeren, wohl aber der großen Mehrheit durch das Opfer einer kleineren Minderheit erkauft werden müßte, keine Garantie für die Universalisierbarkeit ethischer Normen, womit die theoretische Konsistenz einer Ethik nicht mehr gewährleistet ist: Brauchbar, eben „nützlich" als „Schönwetter"-Moral bleibt Utilitarismus als eigentliche Ethik auf eine letzte Begründung, etwa im Sinn des Kantschen kategorischen Imperativs oder des christlichen Liebesgebotes verwiesen, die denn auch von manchen Utilitaristen implizit oder auch ausgesprochen (so bei J. Rawls) mitgedacht zu werden scheint.

K. *Baier*, Der Standpunkt der Moral (1974); *W. F. Frankena*, Analytische Ethik (1972) Kap. 3; *F. Furger*, Was Ethik begründet (1984); *O. Höffe* (Hrsg.), Einführung in die utilitaristische Ethik (1975); ders., Ethik und Politik (1979) Kap. 4; *N. Hoerster*, Utilitaristische Ethik und Verallgemeinerung (1971); *A. Quinton*, Utilitarian Ethics (1973); *B. Schüller*, Die Begründung sittlicher Urteile (³1987) 278ff.; ders., Pluralismus in der Ethik (1988) Kap. 3.

FRANZ FURGER

V

Verantwortung

→ Autorität → Entscheidung → Freiheit → Gewissen → Pflicht
→ Sozialethik

Nach dem Zweiten Weltkrieg wurde „Verantwortung" zu einem ethischen Zentralbegriff, weil Sittlichkeit kaum noch auf Pflichterfüllung eingegrenzt werden kann. Gegenüber der bisherigen Ethik muß das Problembewußtsein in dreifacher Hinsicht ausgeweitet werden: Was die Zuständigkeit anbelangt, ist nicht mehr nur auf die Verpflichtung einzelner für einzelnes zu achten, sondern ebenso auf die solidarische Haftung besonders juridischer Personen und verschiedenster Interessensvertreter für Entwicklungen weltweiten Ausmaßes (vgl. SRS 9; 39); was den Umfang betrifft, wird über die Erhaltung des „Menschseins" hinaus (Gentechnologie!) – in einer Korrektur bisheriger anthropozentrischer Beschränkung – die nichtmenschliche Umwelt im Sinne einer planetarischen Makroethik einzubeziehen sein; hinsichtlich des Horizontes gilt es, nicht nur den jeweiligen Istzustand zu bewahren, sondern die Wirkungen der eigenen Handlungen auf die Verträglichkeit mit den künftigen Bedingungen echt menschlichen Lebens hin zu überprüfen.

Dem Wechselspiel von Anrede und Erwiderung folgend, sei nun dieser Begriff entfaltet: a) ein (impliziter oder in Worte gefaßter) Anspruch wird im Gewissen als verpflichtend erfahren, ein Sollen kommt „zu Wort"; b) aufgrund der dadurch entstandenen persönlichen Verbindlichkeit fühlt man sich veranlaßt, entsprechend der Auffassung von der Verpflichtung zu handeln und so dem Anspruch existentiell zu „antworten"; c) eine Steigerung und einen Abschluß findet diese Entwicklung, wenn man jemandem dazu Berechtigten Rechenschaft über das Intendierte und Geschehene ablegt, sich also „ver-ant-wortet".

So ist zu unterscheiden: „Verantwortung" meint die (wie eine Last) zu übernehmende verbindliche Zuständigkeit für einen bestimmten Tätigkeits- oder Lebensbereich sowie die damit verknüpfte Haftung der jeweils kompetenten Autorität gegenüber. „Verantwortlichkeit" hingegen verweist vor allem auf die sich daraus ergebende persönliche Verpflichtung, für sein Tun und Lassen Rechenschaft abzulegen sowie gegebenenfalls für seine Schuld einzustehen und Wiedergutmachung zu leisten. Verantwortungsbewußt handelt, wem die Bereitschaft, für sein Verhalten Rede und Antwort zu stehen, zur Haltung geworden ist.

Welche Struktur ist der Rechtfertigungssituation immanent? a) Der Verantwortungsträger (Wer), der einer sittlichen Handlung *(actus humanus)* fähige Mensch, steht in einer doppelten Relation: b) er ist mit einer zur Fragestellung berechtigten Instanz (Wovor) konfrontiert, c) der gegenüber er sich für den Gegenstand (Wofür), nämlich einerseits Handlungen sowie deren Folgen und Nebenfolgen und anderseits Personen bzw. Sachen, rechtfertigen muß. d) Diese drei Faktoren werden schließlich durch die sich aus der situationsbedingten Zuständigkeit ergebende Verbindlichkeit (Wodurch) zusammengehalten.

a) Im einzelnen heißt dies, daß von Verantwortlichkeit nach heutigem Verständnis nur in dem Maße die Rede sein kann, wie ein handelndes Subjekt (Wer) über Einsicht und Freiheit verfügt, d. h. soziale Reife, die die intellektuelle, voluntative und emotionale Komponente umfaßt, erlangt hat. Die „Fraglichkeit" des Menschen sowie seine Verpflichtung, „ver-ant-worten" zu müssen, können aus dieser Sicht als eine Grundbefindlichkeit des Menschen angesehen werden (vgl. Gen 3,9–13; 4,9ff.). So erfährt sich der Mensch ständig als Schuldner, der mit (sittlichen) Ansprüchen konfrontiert ist; denn er kann sich nur als Gemeinschaftswesen *(ens sociale)* in Mitmenschlichkeit (Solidarität) im Gegenüber zu einer Autorität (Instanz) verwirklichen.

b) 1 Kor 4,3f. folgend, ergeben sich für die theologische Ethik drei Arten von Instanzen (Wovor), vor denen Rechenschaft abzulegen ist: Der Christ weiß sich verantwortlich vor sich (genauer: vor seinem Gewissen, dem „Ort", wo ein Anspruch erfahren wird); dann (im eigentlichen Sinn) vor jenen Personen, die im eigenen Namen oder namens einer Gemeinschaft beauftragen bzw. in Frage stellen können; schließlich vor Gott, der einzig unbegrenzt Rechenschaft fordern darf (Röm 14,10.12; 2 Kor 5,10).

c) Bei dem „Wofür" (Gegenstand) der Verantwortlichkeit geht es im weiteren, vormoralischen Sinn um die Zurechenbarkeit (Imputabilität) einer Tat bzw. der u. U. langfristigen Tatfolgen; im Sinne der „verantwortungsethischen Maxime" ist man bereit, dafür aufzukommen. Im engeren Sinn geht es (formal) um das moralisch Gute oder Unmoralische einer Handlung oder Unterlassung, ob man mithin vor einer Instanz bestehen kann. Inhaltlich bezieht sich die Verantwortlichkeit auf die Bereiche der Zuständigkeit, nämlich den eigenen Charakter und die jeweiligen Möglichkeiten (vgl. Mt 25,14–30); dann auf jene Personen, die einem anvertraut sind oder die selbst (noch) nicht ihre eigene Verantwortlichkeit wahrnehmen können (vgl. Mt 25,31–46; Lk 16,19–31); schließlich jene Aufgaben, die einem überantwortet sind. Im analogen Sinn ist man für die „Sache Gottes" verantwortlich, insofern man verpflichtet ist, für den Glauben einzustehen (vgl. Lk 12,8–12; 21,12–15; Apg 22,1–21; 24,10–21; 26,1–23).

d) Die alle wie eine Klammer zusammenhaltende Verbindlichkeit (Wodurch) kann als „Bindung in Freiheit" bestimmt werden: Das persönliche Verpflichtetsein mag sich „aus der Natur der Sache", aufgrund der Anordnung einer zuständigen Autorität oder als Ergebnis einer freiwilligen Zusage ergeben – es muß Hand in Hand gehen mit der Freiheit als notwendiger Voraussetzung der Anrechenbarkeit. Doch ist Freiheit auch das Ergebnis einer guten Rechenschaft, wenn man von der zuständigen Autorität entlastet wird. Weil nie alle Handlungsfolgen abzuschätzen sind, gehören sowohl Risiko- als auch Sühnebereitschaft zu einem verantwortungsbewußten Menschen. Der zunehmenden Neigung, sich dem Verantwortungsdruck zu entziehen bzw. verstärkt wieder auf Gehorsam zu setzen, ist entgegenzutreten.

R. Ingarden, Über die Verantwortung (1970); *H. Jonas,* Das Prinzip Verantwortung (1984); *W. Weischedel,* Das Wesen der Verantwortung (³1973).

GERHARD HOLOTIK

Vergebung

→ Buße → Friede → Liebe → Rache → Reue → Sakrament → Schuld → Sünde

Vergebung, Versöhnung und Verzeihung beziehen sich immer auf Schuld und Sünde bzw. setzen notwendig voraus, daß derjenige, dem die Vergebung zuteil wird, tatsächlich gesündigt hat, dafür auch subjektiv verantwortlich ist und nicht nur Glied in einer Ursachenreihe war.

Auch wenn die Alltagssprache nicht sorgfältig trennt, ist wohl zu unterscheiden zwischen der *Vergebung* der Sünde, von der gilt: „Wer kann Sünden vergeben außer dem einen Gott?" (Mk 2,7), und dem menschlichen *Verzeihen,* das immer nur jenem Unrecht gilt, das dem Verzeihenden selbst angetan wurde.

1. Die Vergebung Gottes

a) Die Sünde als das Übel aller Übel: Die giftige Quelle aller Feindseligkeiten, aller Verletzung von Menschenrechten, aller Tragödien in den zwischenmenschlichen Beziehungen ist jene Wunde im Herzen des Menschen, die der Glaube „Sünde" nennt. Diese ist einerseits ihrem tiefsten Wesen nach ein Akt des Ungehorsams gegenüber Gott, andererseits richtet sie Zerstörung an im Menschen selbst und seiner Umwelt: „Innerlich zerrissen, erzeugt der Mensch fast unvermeidlich einen Riß auch im Geflecht seiner Beziehungen mit den anderen Menschen und mit der geschaffenen Welt" (Enzyklika *Dives in misericordia* Nr. 15). Dem Bruch mit Gott entspricht der Bruch mit den Mitmenschen und der Schöpfung überhaupt.

b) Die Versöhnung – Sehnsucht des Menschen: Dem Leiden an der Feindschaft entspricht die Sehnsucht nach Versöhnung. Diese Sehnsucht (nach Versöhnung der Völker, der Rassen, der Religionen, nach Versöhnung mit der Natur) ist geradezu ein Grundmotiv der heutigen Gesellschaft und damit auch „Zeichen der Zeit". Allerdings, viele Menschen erkennen nicht oder nicht deutlich, wo die eigentliche und letzte Wurzel des Übels liegt, und darum verstehen sie auch nicht, was die Welt – über die natürlichen, psychologisch orientierten und durchaus wertvollen Maßnahmen zugunsten von mehr Gerechtigkeit und Liebe hinaus – am meisten braucht: die Versöhnung mit Gott. Die „besondere, originale Gabe der Kirche" besteht nur darin, „daß sie stets bis zu dieser ursprunghaften Versöhnung vordringt" (Enzyklika *Dives in misericordia* Nr. 4). Das entspricht ihrer Sendung: Ihr ist der „Dienst der Versöhnung aufgetragen" (2 Kor 5,18).

c) Die Vergebung – Tat Gottes: Allerdings, im Unterschied zu allen Selbsterlösungslehren (von Pelagius bis New Age) lehrt die Kirche: Die Versöhnung setzt zwar den Willen des Menschen zur Bekehrung mit Gott voraus, aber sie selbst ist nicht Menschenwerk, sondern Geschenk Gottes durch Jesus Christus. Schon das AT spricht in herrlichen Bildern über die Vergebungsbereitschaft Gottes („Ich tilge deine Missetaten wie eine Wolke und deine Sünden wie ein Gewölk. O kehre um zu mir; denn ich habe dich erlöst!" Jes 44,22; vgl. Jes 1,18). Das NT vertieft dieses Gottesbild: Gott ist wie ein barmherziger Vater, er ist wie ein guter Hirte, der das verlorene Schaf nach Hause holt, er will der Sünden der Menschen nicht mehr gedenken (Hebr 8,12), er will sie zudecken und nicht mehr anrechnen (Röm 4,7) und sie fortnehmen (Röm 11,27). Gott ist bereit, sagt das NT, die Menschen von der Sünde zu reinigen (2 Petr 1,19), Erbarmen zu üben (Eph 2,4) und sich versöhnen zu lassen. Gott gewährt die Vergebung als Geschenk der Gnade, die von Jesus Christus kommt, weil dieser sein Blut zur Vergebung der Sünden vergossen hat. Angesichts der kleinlich-engen Fragestellung danach, wie oft man vergeben müsse, fordert Jesus eine grenzenlose Bereitschaft (Mt 18,21). Er selbst betet noch am Kreuz für seine Feinde (Lk 23,34), und Stephanus folgt dem Beispiel seines Herrn (Apg 7,60).

d) Bekehrung – die unerläßliche Bedingung: Vergebung von seiten Gottes setzt allerdings voraus, daß sich der Mensch klar und eindeutig von der Sünde trennt, die er begangen hat. Einerseits ist es Gott, der die Umkehr ermöglicht und damit die Bedingung für die eigentliche Vergebung setzt, andererseits überfährt er niemals die Freiheit des Menschen, der die Gnade durch seine Reue und seine Umkehr annehmen muß.

e) Vergebung aller Sünden – „unvergebbare Sünden"?: Wenn der Mensch bereit ist, sich zu bekehren, vergibt Gott alle Sünden, ohne Ausnahme. Die Sünde, von der es an bestimmten Stellen des NT heißt, sie könnte nicht vergeben werden (Mk 3,28; Hebr 6,4ff.; 10,26f.; 12,1.17; 1 Joh 5,16), ist identisch mit der Haltung der Verstocktheit, der Verweigerung, des Verharrens in der Sünde. „Unvergebbar" ist diese Sünde nur, weil sie ihrem Wesen nach gerade jene einzige Voraussetzung negiert, die Bedingung der Vergebung ist. Anders gesagt: Wer nicht und nicht will, daß Gott ihm vergibt, dem kann Gott nicht vergeben, solange er in dieser Haltung verharrt.

So wie Christus unbegrenzte Vergebungsbereitschaft fordert, so vergibt Gott wieder und wieder. Darum besteht auch für Gewohnheitssünder Hoffnung. Dem entspricht das schöne Wort eines chassidischen Rabbi: „Wie eine Gebärende im übergewaltigen Schmerz sich schwört, sie wolle nicht mehr bei ihrem Manne liegen, und vergißt ihren Schwur, so bekennen wir an jedem Versöhnungstag unsere Schuld und unsere Umkehr und fahren fort zu sündigen, und du fährst fort zu vergeben" (M. Buber).

f) Formen der Vergebung: Es gibt vielfältige, ineinander verwobene Formen der Buße (Fasten, Gebet usw.). Aber keiner dieser Wege ist wirksamer und leichter zugänglich als das Sakrament der Buße, das

„eine der erstaunlichsten Neuheiten des Evangeliums" (Johannes Paul II.) gegenüber dem AT darstellt. Nach der Überzeugung der Kirche ist es der gewöhnliche Weg, die Vergebung Gottes zu erlangen: Es schenkt dem Beichtenden die Versöhnung mit Gott, mit der Kirche und mit sich selbst. Darum ist „jeder Beichtstuhl ein privilegierter und gesegneter Ort, von dem nach der Behebung der Spaltungen neu und makellos ein versöhnter Mensch, eine versöhnte Welt entsteht" – vorausgesetzt, es werden alle (subjektiven) Bedingungen einer guten Beichte erfüllt! (Vgl. *Reconciliatio et Paenitentia* Nr. 29–31).

2. Die Vergebung der Menschen

a) Menschliches Verzeihen: Verzeihen zwischen Menschen setzt zwar sittliche Schuld voraus, bezieht sich aber immer nur auf das dem Verzeihenden selbst angetane Unrecht: Es bedarf aber noch der Vergebung durch Gott.

Ohne wenigstens die Schuld der Fahrlässigkeit gibt es kein Verzeihen. Dennoch kann es sehr schwer sein, jemandem, der schuldlos ein Unglück verursacht hat, zu „verzeihen". Sogar eine Heilige wie Johanna von Chantal hat dazu Jahre gebraucht gegenüber dem Mann, der bei der Jagd versehentlich ihren Mann erschossen hatte. – Das Verzeihen heilt die Seele dessen, der verzeiht, und ermöglicht, wenn der Täter bereut, eine neue Harmonie zwischen den beiden Menschen. Entsprechend der Vaterunser-Bitte schafft der Verzeihende damit die notwendige Voraussetzung, daß Gott auch ihm vergibt.

Im Unterschied zur Vergebung Gottes ist das (christliche) Verzeihen möglich, auch ohne daß der Beleidiger um Verzeihung bittet, ja sogar ohne daß er um das Verzeihen weiß: „Lange, lange bevor der Widersacher daran denkt, Aussöhnung zu suchen, ist schon der Liebende mit ihm ausgesöhnt" (S. Kierkegaard). Andererseits macht die Bitte um Verzeihung eine andere Qualität des Verzeihens möglich, nämlich ein Verzeihen, das auf die innere Umkehr des anderen antwortet.

Verzeihen kann man immer nur das Unrecht, das einem selbst widerfahren ist. Solches Unrecht ist allerdings auf Grund der Solidarität der Liebe auch jenes, das einem Familienmitglied, einem Freund oder sonstwie „Angehörigen" zugefügt worden ist. Nur so läßt sich die Bitte jenes deutschen Soldaten begreifen, der den jüdischen Gefangenen S. Wiesenthal bittet, ihm seine Morde an anderen Juden zu vergeben. Ein Unrecht aber, das einem schlechthin Fremden angetan worden ist, kann nicht Gegenstand des Verzeihens sein.

b) Zur Struktur des Verzeihens: Verzeihen ist eine Verhaltensweise, in der eine aktartige Struktur mit einer affektiven Stellungnahme verbunden ist. Im Verzeihen geschieht etwas, der Verzeihende vollzieht einen Akt, der seine Stellung zu einer anderen Person verändert, und zwar in Hinblick auf deren böses Verhalten gegenüber dem Verzeihenden. Darum kann man, streng genommen, ein bestimmtes Unrecht immer nur einmal verzeihen, obwohl die Erfahrung zeigt, daß der Akt des Verzeihens oft mehrere Anläufe braucht, um sich wirklich durchsetzen zu können.

Das Verzeihen ist dem Willen anheimgegeben und doch nicht frei in dem Sinne einer Handlung, die man völlig frei setzen oder unterlassen kann. Denn wenn das Verzeihen nicht „von Herzen" kommt, ist es eben kein richtiges Verzeihen, und das Herz läßt sich nicht einfach befehlen. Das Verzeihen ist kein sozialer Akt (im Sinne von A. Reinach), weil es nicht vernehmungsbedürftig ist, aber es hat die Tendenz, auch ausgesprochen und angenommen zu werden.

Die volle Versöhnung von Menschen bedarf nicht nur des Verzeihens von seiten des Opfers, sondern auch der Bitte darum und der tätigen Reue dessen, der Unrecht getan hat. Dies geschieht aber nur „durch die objektive Erkenntnis der ganzen Wahrheit und durch die Distanzierung von der eigenen Schuld" (F. Kardinal Tomasek am 11. Jänner 1990 zur tschechisch-deutschen Versöhnung).

c) Antithesen und Pseudo-Formen des Verzeihens: Derjenige, der nicht verzeiht, will entweder Rache nehmen oder behält wenigstens seinen unaufgelösten Groll im Herzen.

Neben diesen direkten Antithesen zum Akt des Verzeihens gibt es einige Formen des Verhaltens, die das erlittene Unrecht nur scheinbar aus der Welt schaffen:

Man kann das Unrecht einfach beiseite schieben, zur Tagesordnung übergehen und es mit der Zeit vergessen, weil es dem Betroffenen zu unangenehm ist, sich damit auseinanderzusetzen. Eine andere Fehlhaltung ist die der geistigen Stumpfheit, die das Unrecht als solches ignoriert und sich nur ärgert über das, was geschehen ist. Der Groll über die Person, die das Unrecht getan hat, vergeht mit der Zeit wie ein Schmerz, der nachläßt. Wieder andere leben immer nur in der Gegenwart. Daher gelingt es ihnen, das erlittene Unrecht einfach zu vergessen. Die Vergangenheit bedeutet ihnen nichts mehr. In keinem der genannten Fälle findet wahres Verzeihen statt. Außerdem gehört es auch zu einer gesunden Askese, sich freizuhalten von Pseudo-Akten des Verzeihens. Solcherart ist das „Verzeihen" des Überempfindlichen, dessen, der sich auf Grund seiner Egozentrik bei jeder Gelegenheit beleidigt fühlt. Verzeihen ohne objektive Grundlage kann eine pharisäische Geste sein: Indem man verzeiht, hat man auf subtile Weise behauptet, der andere wäre im Unrecht, und kann sich zu allem Überfluß großmütig gebärden.

d) Christliches Verzeihen: Verzeihen im eigentlichen Sinn ist eine Folge des Glaubens an Christus. Zwar können auch Nicht-Christen verzeihen, aber, ceteris paribus, nicht so wie ein Christ. Sie haben buchstäblich keinen Grund dazu. Denn dem Gleichnis Jesu vom unbarmherzigen Gläubiger gemäß macht der Christ die Erfahrung: Gott vergibt ihm, unbegreiflich großzügig. Darum soll und darum kann auch der Christ vergeben, und zwar nach dem Maßstab Gottes: „Wie Gott mir, so ich dir" (J. Kardinal Meissner).

Dabei ist allerdings zu bedenken, daß Gottes Liebe alle Menschen umfängt und die von Jesus Christus kommende Gnade über die Schwellen der sichtbaren Kirche „bis an die Enden der Erde" hinausströmt. Daher gibt es immer auch Nicht-Christen, die aus dieser Kraft des Heiles leben, ohne um ihre eigentliche Quelle, nämlich das Kreuz Christi, zu wissen, und darum eben doch, wie K. Rahner es genannt hat, „anonyme Christen" sind. Dadurch aber sind auch sie bis zu einem gewissen Grad befähigt, christlich zu vergeben, obwohl sie die letzten Zusammenhänge nicht durchschauen.

D. v. Hildebrand, Moralia (1980) 313–354; *Johannes Paul II.,* Dives in misericordia (1980); *ders.,* Reconciliatio et paenitentia (1984).

ANDREAS LAUN

Versprechen

→ Autorität → Entscheidung → Gehorsam → Gemeinwohl
→ Selbstverwirklichung → Treue → Widerstand

Die Sicherheit und Kultur des Zusammenlebens fordern Stabilität und Kalkulierbarkeit eingegangener Bindungen. Man muß sich aufeinander verlassen können, der Nächste muß berechenbar sein. Denn der Mensch entwirft sich frei in eine offene Zukunft hinein. Freiheit entbehrt aber natürlicher Sicherheiten, sie ist auf künstliche Festlegungen angewiesen, sofern sie nicht zerfallen will. Nur unter dieser Voraussetzung steigt die Zeit des Menschen, die er mit allen Geschöpfen gemeinsam hat, zur gestalteten Geschichte auf.

Das Versprechen ist, so gesehen, eine beredte Geste der Solidarität und der Weggefährtenschaft. Es versichert den Partner der eigenen

Verläßlichkeit, indem es eine Treuepflicht erzeugt. Durch gegebene und angenommene Versprechen wird – zumindest im weitesten Sinn – ein Rechtsverhältnis geschaffen, das um der Gerechtigkeit willen einzuhalten ist. Versprechen sind zu erfüllen; das ist eine fundamentale Forderung, deren Geltung solange anzunehmen bleibt, als das Gegenteil nicht eindeutig erwiesen wurde. Der Nächste wird in den Rang eines grundsätzlich gleichberechtigten Gegenübers eingesetzt.

Jedes Versprechen ist einer Sprachhandlung vergleichbar. Es informiert nicht nur über Tatsachen, in diesem Fall über die Absicht des Versprechenden; und es erschließt nicht nur Teilhabe an seiner Lebenswelt. Vielmehr verändert es die Wirklichkeit. Sprechen wird so zur ursprünglichsten Weise des Handelns. In der Form des Versprechens legt es eine gemeinsame Zukunft fest, wie ausschnitthaft das auch immer geschehen mag.

Unterschiedliche Formen der Verpflichtung sind denkbar. So kann man eine genau umrissene Sachleistung versprechen. Damit ein solches Versprechen bindend sei, muß sein Gegenstand sittlich erlaubt sein *(moralitas ex objecto);* ein unsittlicher Gegenstand kann niemals eine Verpflichtung erzeugen. Diese Bedingung ist nicht immer leicht zu erkennen. Zudem sind, soweit möglich, die voraussehbaren Folgen zu berücksichtigen, denn sie gehören zum Gegenstand hinzu. Dabei ist zwischen notwendigen und freien Folgen zu unterscheiden. Erstere bilden eine physische Einheit mit der Versprechensleistung, letztere stammen aus der Freiheit des Versprechensnehmers: Man denke an den Mißbrauch von Treueverhältnissen oder an Rechtsverletzungen gegenüber dem Versprechenden oder Drittpersonen; aber auch das Gemeinwohl kann betroffen sein. Im Konflikt mit eindeutig stärkeren Rechten erlischt die Versprechensverpflichtung. Das muß allerdings sicher feststehen; im Fall des unüberwindbaren Zweifels steht die Vermutung für die andauernde Verpflichtung. Unter die Treuepflicht fällt auch die tätige Verantwortung für die Absicherung aller Erfüllungsvoraussetzungen, soweit dies auf zumutbare Weise möglich ist. Je wichtiger der Gegenstand, um so höher ein solcher Einsatz. Ein Versprechen erlischt, wenn seine Erfüllung physisch oder moralisch unmöglich geworden ist *(ad impossibile nemo tenetur).* Sollte aber der Gegenstand eines Versprechens eine teilweise Erfüllung zulassen, so ist man dazu verpflichtet.

Neben Sachleistungen können auch Lebensleistungen versprochen werden. Man bindet sich an Personen oder Institutionen, sei es bedingt und zeitlich, sei es unbedingt und unwiderruflich. Gedacht ist an das Verlöbnis, an das Eheversprechen, an religiöse Versprechen und Gelübde, an staatliche Treueversprechen (Eid) und an Berufsgelöbnisse.

Ein gemeinsames Geschick wird festgelegt, das verlangt eine Treuegesinnung als fundamentale Lebenseinstellung. Sie beginnt in der Innenwelt der Gedanken: Man muß sich denkerisch mit seiner Wahl anfreunden, in ihr Stand gewinnen und an ihr reifen; die Gefahr einer inneren Emigration ist zu vermeiden. Aber es bedarf auch kluger Vorsehung über die äußeren Lebensumstände: Ein für treues Durchstehen günstiges Umfeld ist zu schaffen; man muß Herr seiner Lebensgeschichte bleiben und darf sich von widrigen Konstellationen nicht überrollen lassen. In jedem Fall sind Gefaßtheit und Tapferkeit vonnöten, das Gelingen steht in der Hand ermächtigter Freiheit. Das beherrschende Motiv für solchen Einsatz kommt aus der Treue Gottes zum Menschen (1 Kor 1,9.10,13; 2 Tim 2,13). Er läßt uns nicht über unsere Kräfte versucht werden, sondern gibt mit jeder Versuchung auch den guten Ausgang. Dennoch kann es – so im Fall religiöser Versprechen und Gelübde – Grenzsituationen geben, in denen die Erfüllung moralisch unmöglich wird, zum geistlichen Schaden des Versprechenden ausschlägt oder die Erfüllung dringlicherer Pflichten verhindert. Zur Gültigkeit der gewährten Dispens bedarf es eines gerechten Grundes. Dieser kann auch im Gemeinwohl liegen.

Ein Versprechen begründet niemals ein bedingungsloses Gehorsamsverhältnis gegenüber Menschen, es ist immer an sittliche und rechtliche Vorgaben gebunden. Man muß Gott mehr gehorchen als den Menschen. Dennoch ist, zumal in schwer durchschaubaren Situationen, mit der Möglichkeit eines Befehlsnotstandes zu rechnen. Im Zweifelsfall steht die Vermutung für die Rechtmäßigkeit eines Befehls. Der einzelne kann intellektuell und moralisch überfordert sein. Das schließt den Mut wie die Bereitschaft zum Widerstand nicht aus. Niemand kann verpflichtet werden, gegen den eindeutigen Spruch seines Gewissens zu handeln. Allerdings ist Offenlegung der Gründe, soweit möglich, verlangt.

K. Demmer, Die Lebensentscheidung. Ihre moraltheologischen Grundlagen (1974); *R. Ginters,* Versprechen und Geloben. Begründungsweisen ihrer sittlichen Verbindlichkeit (1973); *H. Kramer,* Unwiderrufliche Entscheidungen im Leben des Christen (1974).

KLAUS DEMMER

Versuchung

→ Freiheit → Konflikt → Mut → Schuld → Sünde → Treue
→ Tugenden und Laster

1. Das Wesen der Versuchung

In der Geschichte vom Sündenfall (Gen 3) wird meisterhaft dargestellt, wie die Schlange Adam und Eva in Versuchung führt und wie der Gedanke, von der Frucht zu essen, im Herzen der beiden Fuß zu fassen beginnt. Versuchung ist demnach immer ein Anreiz zum Bösen, wobei der Mensch meint, etwas zu gewinnen („Ihr werdet sein wie Gott"), wenn er ihr nachgibt und damit sündigt.

Zwei Aspekte der Versuchung sind zu unterscheiden: die innere Versuchbarkeit des Menschen und der äußere Anreiz. Dabei ist zu beachten: Daß ein geschaffenes Gut zur Versuchung werden kann, hängt immer von der inneren Versuchbarkeit des Menschen ab, der sich dem „Gegenstand" der Versuchung unter dem Gesichtspunkt seiner „subjektiven Befriedigung" in der Form des Hochmuts oder der Begierlichkeit mit all ihren Abschattierungen zuwendet (D. v. Hildebrand). So gesehen ist jede Versuchung mit der Lüge verbunden, weil in ihr eine Lüge über die geschaffenen Güter enthalten ist.

Jesus wurde, so berichtet das NT, in Versuchung geführt, aber der ntl. Bericht zeigt: Die Versuchung blieb ihm äußerlich, sie konnte in keiner Weise in ihn eindringen (Hebr 4,15; DS 291, 293, 299, 301, 554). Auch Maria war gnadenhaft von dieser inneren Versuchbarkeit befreit (DS 1573, 2800, 3908, 3915).

Versuchung ist keine Sünde – eine Erkenntnis, die für den religiösen Alltag des Menschen (vor allem bei Skrupulanten!) von großer Wichtigkeit ist. Allerdings können frühere Sünden die Versuchbarkeit in bestimmten Bereichen verursachen.

Umgekehrt sind bestandene Versuchungen eine Hilfe und Grund zur Freude. „Heil dem Mann, der in der Anfechtung standhält, denn wenn er sich bewährt, wird er den Kranz des Lebens empfangen, den der Herr denen verheißen hat, die ihn lieben" (Jak 1,12; vgl. 1,2f.; Hebr 12,5–11; 1 Petr 1,6f.; 2 Petr 2,9; Offb 3,10; DS 1515).

2. Ursprung der Versuchung

a) Gott versucht den Menschen niemals: Ein guter Gott, der sein Geschöpf zum Bösen versuchte, wäre ein Widerspruch in sich selbst. „Keiner sage, wenn er versucht wird: Ich werde von Gott versucht. Denn Gott kann nicht zum Bösen versucht werden; er versucht aber auch selbst niemanden" (Jak 1,13; vgl. Sir 15,11–17). Aussagen der Heiligen Schrift, die nahelegen zu glauben, Gott versuche den Menschen („Führe uns nicht in Versuchung" Mt 6,13; Gen 22,1; Ex 4,21; 7,3; 10,1.20), können daher nur verstanden werden im Sinn einer Zulassung Gottes, die im Leben eines bestimmten Menschen einerseits als Prüfung, andererseits als Strafe zu sehen sind (Ex 15,25; 16,4; Dtn 8,2; 13,4; Ri 2,22; 3,1.4; 1 Makk 2,52; Ijob 42,1–7; Weish 3,5; 11,9; Sir 2,1; 4,17; 33,1; 44,20; Hebr 11,17.36f.).

b) Der Teufel als Versucher: Sehr oft tritt in der Heiligen Schrift der Teufel als Versucher auf (DS 800, 1511, 1521). Er versucht die Ureltern, David, Job, die Apostel, Judas, Ananias und Saphira und Jesus selbst. Da er diese Tätigkeit fortsetzt (2 Kor 2,11; 1 Thess 3,5; 2 Thess 2,9; Offb 2,10; 12,9; 13,14; 19,20; 20,3.8.10; DS 1694), mahnen die Apostel, vor dämonischen Versuchungen auf der Hut zu sein (1 Kor 7,5; 1 Petr 5,8).

Diese Aussagen werfen einerseits die Frage nach der Existenz eines personalen Teufels auf und, da diese mit Ja zu beantworten ist, andererseits diejenige nach seinem Einfluß auf den Menschen bzw. seine Rolle als Versucher im menschlichen Leben.

Festzuhalten ist, daß der Teufel immer nur als Geschöpf, nicht als Gott gegenüber gleichrangiges, allmächtiges Prinzip des Bösen gedacht werden kann. Der Teufel ist wesenhaft begrenzt und stößt in Christus auf eine unüberwindliche Grenze: „Der Herrscher dieser Welt ist gerichtet" (Joh 16,11). Jeder, der bewußt oder unbewußt zu Christus gehört, ist daher in Sicherheit. Auch der Teufel kann nicht außerhalb der Allmacht Gottes sein Unwesen treiben.

Zweitens ist auf Grund der Aussagen der Schrift festzuhalten: „Das Handeln Satans besteht vor allem darin, die Menschen zum Bösen zu versuchen" (Johannes Paul II., 17. 8. 1986). Allerdings, das Wie dieser versucherischen Tätigkeit liegt weithin im dunkeln. Sicher ist nur: Gott allein hat Zugang zum Innersten des menschlichen Herzens (Thomas v. Aquin, S. Th. I/II, q 80 a 1), dem Teufel ist es verschlossen, mit seiner versucherischen Aktivität kann er immer nur an den menschlichen Fähigkeiten und Umständen anknüpfen. So sagt z. B. Thomas: Der Teufel versucht besonders die Einsamen (Thomas v. Aquin, S. Th. III, q 41, a 2). Vorsichtig formuliert Johannes Paul II.: „Innerhalb der menschlichen Realität wirken Faktoren mit, durch welche die Sünde über den Menschen hinausragt in den Grenzbereich, wo Bewußtsein, Wille und Empfinden im Kontakt mit den dunklen Kräften steht, die nach dem hl. Paulus in der Welt fast bis zu deren Beherrschung wirken" (*Reconciliatio et paenitentia,* 14).

So wahr es ist, daß sich der Mensch der Versuchung und Sünde ausliefern kann, so besteht doch der Grundtenor der Heiligen Schrift darin, zu sagen: Er kann den Mächten des Bösen in der Kraft Gottes widerstehen und sie überwinden (Eph 6,11–17).

c) Die „Welt": Die Heilige Schrift kennt die Welt als Schöpfung Gottes, aber daneben gibt es auch die „Welt", die der Herrschaftsbereich der gottwidrigen Kräfte, des „Herrscher" dieser Welt ist. Grundsätzlich ist mit Augustinus festzuhalten: „Die Welt ist schlecht, sofern die Menschen schlecht sind, denen die Welt mehr gilt als Gott" (Augustinus, *Sermo* 95,5).

Insofern die Welt Schöpfung Gottes ist, ist sie keine Quelle der Versuchung. Grund der Versuchung ist der sündige Mensch, der sich den geschaffenen, guten Geschöpfen Gottes in der falschen Haltung zuwendet, indem er in ihnen seine subjektive, begehrliche und hochmütige Befriedigung sucht. Auch in diesem Sinn gilt das Wort Jesu: „Nichts, was von außen in den Menschen hineinkommt, kann ihn unrein machen, sondern was aus dem Menschen herauskommt, das macht ihn unrein" (Mk 7,15). Sünde ist immer Abwendung von Gott *(aversio a Deo)* und Hinwendung zum Geschöpf *(conversio ad creaturam).* Aber nicht die Hinwendung zum Geschöpf als solchem, sondern die sündige Art der Hinwendung ist es, die der Ordnung Gottes nicht entspricht: „Nicht in den Dingen liegt das Böse, sondern in ihrem unrechten Gebrauch" (Augustinus, *De Genesi ad litteram* I, 3). Bildhaft gesprochen: Ursprung der Versuchung ist nicht die verbotene Frucht als solche, sondern dazu wird sie erst in dem verfälschenden, irreführenden Licht, das die Schlange auf sie fallen läßt!

Es gibt Grundformen der Versuchung, wie sie uns etwa in der Versuchung Jesu begegnen oder von den Vätern in der Form der Achtlasterlehre (Völlerei, Unzucht, Habsucht, Traurigkeit, Zorn, Trägheit, Ruhmsucht, Stolz) beschrieben werden. Die jeweils typischen Versuchungen können sich ebensogut innerhalb weniger Tage wie im Lauf von Jahren abspielen (etwa in der Gestalt der Midlife-crisis) oder über das ganze Leben hinziehen. Darüber hinaus gibt es individuelle Ausprägungen von Versuchungen im einzelnen Menschen, die sich nach Erziehung, Situation und Lebensalter ändern können: Was für den einen eine schwere Versuchung ist, bedeutet einem anderen möglicherweise gar nichts oder es ekelt ihm sogar davor. Es ist wichtig, um die persönliche Versuchbarkeit, um die je besonders gefährdeten Ansatzpunkte des Bösen zu wissen, sei es, daß diese in der eigenen Natur (etwa: eine homosexuelle Neigung) liegen, sei es, daß diese durch die äußeren Umstände (etwa: Machtstrukturen, denen der einzelne im gesellschaftlichen, politischen Leben oder auf Grund seiner beruflichen Tätigkeit ausgeliefert ist) bedingt sind.

3. Überwindung der Versuchung

a) Die bleibende Versuchbarkeit des Menschen: Jedes Konzept vom Menschen, das seine Geneigtheit und Fähigkeit zum Bösen in Abrede stellt, ist zum Scheitern verurteilt. Hochmut und Begierlichkeit sind als Möglichkeit bleibende Konstanten im Menschen: „Wir möchten wohl, daß keine Begierden wären; aber wir erreichen es nicht, ob wir wollen oder nicht, wir haben sie" (Augustinus, *Sermo* 128/9,11).

b) Möglichkeiten des Kampfes gegen Versuchungen: Ungenügend ist ein rein passives Verhalten. Die „conditio humana" verlangt eine persönliche Entscheidung, „Arbeit" und einen „geistlichen Kampf" (so die Ausdrücke der Väter der monastischen Tradition), um den Anspruch Gottes in der konkret existierenden menschlichen Natur (die, an der ursprünglichen Schöpfungsabsicht gemessen, auch eine Un-Natur ist) durchzusetzen. Nach der Lehre der Meister des geistlichen Lebens findet der wichtigste Kampf gegen die Versuchung auf der Ebene der Gedanken statt.

Aber auch wenn sich der Mensch bemüht, gilt: Letztlich ist er unfähig, längere Zeit hindurch und aus eigener Kraft der Versuchung zu widerstehen (DS 1573). Nur mit der Hilfe Gottes kann er die Gebote Gottes halten. Dem entspricht auch die Mahnung Jesu, um die göttliche Hilfe in der Situation der Versuchung zu beten (z. B. im Vaterunser). Abgelehnt hat die Kirche sowohl die Auffassung, der Christ könne ohne die Hilfe Gottes die Gebote halten, wie auch die These, er könne dies auch mit Gottes Hilfe nicht (DS 1572, 1536). Den Weg, Versuchungen zu überwinden, hat Jesus vor allem am Ölberg gewiesen: „Wachet und betet, damit ihr nicht in Versuchung fallet" (Mk, 14,38).

Psychologisch gesehen ist es in der Regel sinnvoller und wirkungsvoller, Versuchungen durch die jeweils entgegengesetzten Akte des Guten zu überwinden und sich dabei im besten Sinn des Wortes abzulenken, als sich in der Anstrengung des Widerstandes nochmals auf den Gegenstand der Versuchung zu fixieren: „Betrachte nicht die Versuchung, sondern den Herrn", rät Franz von Sales (*Anleitung* IV, 7). Kleine, unbedeutende Versuchungen kann man durch entschlossene Nichtbeachtung übergehen, schwere sittliche Krisen (Versuchungen

„bis aufs Blut", Hebr 12,4) oder auch Entscheidungssituationen außerordentlicher Art verlangen nach einer bewußten Auseinandersetzung und einer ebensolchen Entscheidung – etwa nach dem Beispiel eines Thomas Morus, der, obwohl er wußte, was ihm drohte, seinem Gewissen treu blieb und dies mit dem berühmten Satz zum Ausdruck brachte: „Der Kampf ist gewonnen."

Den Menschen in der Not der Versuchung tröstet Paulus: „Noch ist keine Versuchung über euch gekommen, die den Menschen überfordert. Gott ist treu; er wird nicht zulassen, daß ihr über eure Kraft hinaus versucht werdet. Er wird euch in der Versuchung einen Ausweg schaffen, sodaß ihr sie bestehen könnt" (1 Kor 10,13).

D. v. Hildebrand, Die Umgestaltung in Christus (1950); *M. Schneider*, Aus den Quellen der Wüste (1987) bes. 79ff.

ANDREAS LAUN

Vertrag

→ Freiheit → Friede → Gewalt → Gleichheit → Macht → Wahrhaftigkeit

1. Wort und Begriff

Etymologisch hängt „Vertrag" mit „sich vertragen" zusammen und weist damit auf den Kernpunkt des Vertragsbegriffs hin, nämlich auf die Willensübereinstimmung bzw. Willenseinigung zweier oder mehrerer Subjekte. So kann ein Vertrag kurz definiert werden als Willensübereinstimmung zweier oder mehrerer Subjekte über die Herbeiführung eines Erfolges bzw. die Erzeugung rechtsverbindlicher Verpflichtungen.

2. Funktion und Bedeutung von Verträgen

Der Mensch bedarf zur Sicherung und Entfaltung seiner Existenz der mitmenschlichen und gesellschaftlichen *Kommunikation und Kooperation*, er wird Vollmensch nicht in isolierter Einzelexistenz, sondern in gemeinschaftlicher und gesellschaftlicher Kommunikation und Kooperation. Zwecks solcher sozialer Koexistenz und Kooperation bedarf es einer entsprechenden Koordination der diversen Einzelwillen und Einzelinteressen, eben eines entsprechenden Miteinanders, bei welchem man sich auf den anderen einstellen und verlassen kann, der andere berechenbar bleibt, dem anderen „Treu und Glauben" geschenkt werden kann. Diesem Ziel bzw. diesen Zielen dienen u. a. zwischen Menschen bzw. zwischen Gruppen von Menschen abgeschlossene Verträge, die es in allen Gesellschaften gibt, die aber in allen Gesellschaften bei grundsätzlicher Wahrung der Autonomie der vertragschließenden Parteien gewissen Rechtsregeln unterworfen sind, und dies aus verschiedenen Gründen, so z. B. um Übervorteilungen zu verhindern, um im Streitfall die Konfliktlösung zu erleichtern oder dergleichen mehr.

Heutzutage wird auf internationaler Ebene die wichtige Bedeutung ehrenhafter Verträge zur *Sicherung* und *Förderung* des *Friedens* besonders deutlich, wobei nicht nur an die diversen Verträge zur Abrüstung, Rüstungsbegrenzung, Rüstungskontrolle und dergleichen zu denken ist, sondern auch an die verschiedenen Verträge zur Förderung der Kommunikation und Kooperation insbesondere auf kulturellem, wirtschaftlichem, ökologischem und politischem Gebiet. Das Zweite Vatikanische Konzil hat mit Recht formuliert: „Täuschen wir uns nicht durch eine falsche Hoffnung! Wenn Feindschaft und Haß nicht aufgegeben werden, wenn es nicht zum Abschluß fester und ehrenhafter Verträge kommt, die für die Zukunft einen allgemeinen Frieden sichern, dann geht die Menschheit, die jetzt schon in Gefahr schwebt, trotz all ihrer bewunderungswürdigen Wissenschaft jener dunklen Stunde entgegen, wo sie keinen anderen Frieden mehr spürt als die schaurige Ruhe des Todes" (GS 82).

3. Sittliche Anforderungen

Für die Ehrenhaftigkeit und sittliche Richtigkeit von Verträgen ist es vor allem notwendig, daß die vertragschließenden Parteien zum Abschluß von Verträgen fähig und berechtigt sind, daß die Zustimmung zum Vertrag eine freie Entscheidung darstellt und daß der Vertragsinhalt sittlich zulässig ist, wobei die Spezifizierung und Konkretisierung solcher Anforderungen eher Sache der Rechtswissenschaft, der Rechtsetzung und der Rechtsprechung ist als der Moraltheologie.

Was die *Fähigkeit und Berechtigung* der vertragschließenden Parteien anlangt, so ist dazu notwendig, daß diese den Vernunftgebrauch besitzen und erfassen, was sie mit dem Vertragsabschluß tun, und daß sie, vor allem wenn sie Gruppen vertreten, die Kompetenz zum Vertragsabschluß besitzen. Wichtig ist dabei auch, daß die vertragschließenden Parteien möglichst frei von Irrtum sind, vor allem, daß sie einander nicht bewußt irreführen.

Das Stichwort Irrtum macht auf etwas aufmerksam, was mit der Vertragsfähigkeit in weiterem Sinn des Wortes eng verknüpft ist, nämlich auf die Notwendigkeit der hinreichenden *Information* über den Vertragsinhalt und die Vertragsbedingungen auf seiten aller Vertragsparteien. Diese Informiertheit ist nicht immer gegeben. Erinnert sei in diesem Zusammenhang nicht nur an die diversen detaillierten Rechtsbestimmungen, über die der Durchschnittsbürger meist nicht hinreichend Bescheid weiß, sondern auch an die allgemeinen Geschäftsbedingungen, Handelsklauseln und dgl. Bedingungen, die vielfach in Kleindruck auf der Rückseite des Vertragsformulars oder sonstwo abgedruckt sind und die zu lesen sich der Durchschnittskonsument oft nicht die Mühe nimmt.

Die *Freiheit* des Vertragsabschlusses ist die nächste wichtige Bedingung für die sittliche Richtigkeit von Verträgen. Auch sie ist nicht immer hinreichend vorhanden. Dabei ist gar nicht an die im Rahmen der Rechtsordnungen gemachten Einschränkungen der Vertragsfreiheit zum Schutz der Interessen Dritter oder Schwächerer gedacht, wie es z. B. beim Kontrahierungszwang der Verkehrsmonopole, bei diversen Abschlußverboten, beim Genehmigungszwang, bei Beschränkungen der Gestaltungsfreiheit durch Typenzwang und Aufstellung zwingender Rechtsvorschriften und dgl. mehr der Fall ist. Gedacht ist vielmehr an die verschiedenen Grade der Unfreiheit bei Vertragsabschlüssen, die außerhalb dieser im Sinne des Gemeinwohls gemachten Beschränkungen liegen: so etwa die Unfreiheit infolge allzugroßer Ungleichheit und Abhängigkeit; oder die Unfreiheit der Besiegten bei einem als Friedensvertrag deklarierten Friedensdiktat oder auch die verschiedenen Grade der Unfreiheit bei Offensivwerbung und bei in Richtung Kaufzwang gehenden Praktiken von seiten verschiedener Vertreter und Werbefahrtveranstalter. In letzterem Fall bemühen sich Konsumentenvertreter um einen entsprechenden Konsumentenschutz mit entsprechenden Rücktrittsmöglichkeiten vom Vertrag.

Gar nicht so einfach ist die oben angeklungene Frage zu klären, wie es mit der Gültigkeit eines Friedensvertrages steht, der einem im ungerechten Angriffskrieg besiegten Staate *aufgezwungen* wurde. Die vergewaltigte Nation und das natürliche Rechtsempfinden werden die Frage der Gültigkeit eines solchen Vertrages verneinen. Hugo Grotius dagegen bejaht die Gültigkeit eines solchen Vertrages mit dem Argument, daß der Kriege kein Ende wäre, wenn jeder Staat, der sich ungerecht behandelt glaubt, solche Verträge einseitig für null und nichtig erklären und zum Krieg schreiten könnte. Aus all dem ersieht man die Notwendigkeit einer von einer internationalen Autorität unterstützten internationalen Gerichtsbarkeit analog zur nationalen Gerichtsbarkeit zwecks Beseitigung solchen Unrechts.

Wie auch immer solche ungerechte Verträge bewertet werden, für die Moraltheologie steht fest, daß Verträge, die durch absolute Gewalt oder aus Furcht, welche die Sinne vollkommen verwirrte, herbeigeführt wurden, ungültig sind.

Für die sittliche Richtigkeit von Verträgen ist schließlich auch die *sittliche Qualität* des Vertragsgegenstandes von Bedeutung. Die Rechtsordnungen drücken dies mit der Bestimmung aus, daß ein Vertrag nicht gegen die guten Sitten verstoßen dürfe. So ist ein Vertrag, mit dem jemand einen gedungenen Mörder verpflichtet, oder ein Vertrag, mit dem sich jemand in die Sklaverei eines anderen begibt, natürlich sittenwidrig und auch ungültig, also nicht verpflichtend.

Wie oben bereits vermerkt wurde, besitzen ehrenhafte Verträge eine wichtige Funktion bei der Wahrung und Steigerung menschlicher Wohlfahrt und bei der Sicherung und Förderung des Friedens, und dies auf allen Ebenen menschlicher und gesellschaftlicher Existenz. Damit aber Verträge diese so wichtige Funktion erfüllen können, sind aus der Perspektive der Ethik neben den bereits erwähnten sittlichen Anforderungen weitere sozio-ökonomische Bedingungen des Zustandekommens und der Realisierung von Verträgen zu beachten. Besonderes Augenmerk verdient dabei die Bedingung *relativer Gleichheit*. Wo allzu große Machtungleichgewichte zwischen den Vertragsparteien herrschen, besteht die Gefahr, daß Verträge in Wirklichkeit verkleidete Diktate darstellen, weil die Schwachen unter dem Druck der Not Verträgen mit für sie sehr ungünstigen Bedingungen zustimmen. Ebenso ist die Durchsetzung der vertraglich verbrieften Rechte nicht von den *Machtverhältnissen* ökonomischer, sozialer und politischer Art unabhängig. Eine wichtige Möglichkeit zur Beseitigung der Machtungleichheit im Blick auf den Vertragsabschluß stellt der Zusammenschluß der Schwächeren dar, wie dies z. B. beim gewerkschaftlichen Zusammenschluß der Arbeitnehmer im Blick auf Lohnverhandlungen mit den Arbeitnehmern der Fall ist, wo dann ein Kollektivvertrag ausgehandelt wird, der eine nicht zu unterschreitende Lohnuntergrenze mit nicht zu unterschreitenden Sozialleistungen festsetzt. Ähnliche Zusammenschlüsse könnten bzw. sollten auch die internationalen Habenichtse stärken.

Teils zusammenfassend, teils ergänzend, kann also festgehalten werden: Damit Verträge ihre so wichtige Friedensfunktion erfüllen können, müssen vor allem folgende Aspekte beachtet werden:
– Verträge müssen *gerecht* sein, was umso eher der Fall sein wird, je

mehr die Kluft zwischen Reich und Arm, zwischen Mächtig und Ohnmächtig abgebaut wird.
– Verträge müssen vom Grundsatz von *Treu und Glauben,* übrigens einem fundamentalen Rechtsprinzip, getragen sein.
– Der natürliche Rechtsgrundsatz *pacta sunt servanda* (Verträge müssen gehalten werden) muß in Geltung bleiben, dieser Grundsatz muß vor allem über den Sonderinteressen stehen.
– Verträge, welche die menschliche Person in ihrem *Kernanliegen* treffen und betreffen, wie z. B. der Ehevertrag und der Arbeitsvertrag, sind mit besonderer Sorgfalt zu betrachten und zu behandeln.

4. Das Ende der Vertragsverpflichtung

Normalerweise endet die verpflichtende Kraft eines Vertrages durch Ablauf der vereinbarten Zeit, durch Erfüllung der vereinbarten Leistungen oder durch beiderseitiges Einverständnis. Eine besondere Frage lautet, ob Verträge durch die stillschweigend vorausgesetzte Klausel *rebus sic stantibus* (solange die Verhältnisse sich nicht ändern) ihre verpflichtende Kraft verlieren, ob also die Vertragspflicht aufhört, wenn sich für eine Vertragspartei die Lage so sehr ändert, daß er unter solchen Umständen den Vertrag damals nicht abgeschlossen hätte. Die rechtliche Geltung dieser Klausel ist Sache der Rechtsordnungen, wobei die Geltung dieser Klausel im Völkerrecht im allgemeinen bejaht wird, von der übrigen Rechtsordnung aber nur in Ausnahmefällen anerkannt wird. Aus der Sicht der Ethik ist bezüglich dieser Klausel festzuhalten: Diese Klausel ist sehr problematisch, weil dadurch der Grundsatz *pacta sunt servanda* allzuleicht ausgehöhlt werden könnte, da sich in einer dynamischen Gesellschaft die Situation ständig ändert, sodaß sich dann praktisch jeder darauf berufen könnte. Aus ethischer Perspektive wird man daher nur ausnahmsweise in besonders harten Fällen sich auf diese Klausel berufen können und eher auf eine einverständliche Änderung oder Auflösung solcher, den geänderten Verhältnissen nicht entsprechender Verträge, hinarbeiten.

E. A. *Kramer,* Grundfragen der vertraglichen Einigung (1972); J. *Messner,* Das Naturrecht ([7]1984); A. *Verdross/B. Simma,* Universelles Völkerrecht ([3]1984).

VALENTIN ZSIFKOVITS

Vorbild/Modell

→ Autonomie → Erziehung → Ethik → Handeln, sittliches → Nachfolge → Person → Sozialethik

Die Theologie des Urbildes – Gott schuf den Menschen nach seinem Bild und Gleichnis (Gen 1,27) – ist für „Bildung" eine wichtige Grundkategorie. Im Prozeß der „Bildung" sind nämlich intentionale Vorgaben transparent oder verdeckt dafür vorhanden, welchem Vorbild denn das Bild des Menschen prozessual ähnlicher werden soll.

Die ideologischen Gefahren der Festlegung eines einzigen normativen Menschenbildes im Rahmen solcher theologischer Überlegungen sind ernst zu nehmen. Das chemisch reine, geschichtsenthobene theologische Bild des Menschen gibt es nicht, jede Interpretation der Gottesebenbildlichkeit ist gekennzeichnet durch die Spuren einer bestimmten Zeit und damit geschichtlich bestimmt. Das unüberbietbare Wort Gottes in der Sendung Jesu Christi und seiner Selbsthingabe für die vielen darf nicht dahingehend mißverstanden werden, daß daraus ein einziges ideales Menschenbild als Vorbild und als typische Norm eines idealen Menschen abzuleiten sei. Die Absolutsetzung eines einzigen christlichen Menschenbildes ist allein schon dadurch zu hinterfragen, als etwa Augustinus, Thomas v. Aquin, Pascal, Teilhard de Chardin andere Vorstellungen vom Menschen hatten als etwa Franz v. Assisi oder Don Bosco. Dennoch können deren Ausprägungen als christliche Menschenbilder und als nachahmenswert eingestuft werden. Das Problem des christlichen Menschenbildes ist also nicht dadurch zu lösen, daß man ein uniformes Christentum vorschreibt, vielmehr gibt es viele Ausprägungsmöglichkeiten mit einer allerdings gemeinsamen Struktur.

1. Ntl. ist davon auszugehen, daß Jesus Christus der Mensch schlechthin ist. Das Menschenbild, das an ihm ablesbar ist, zeigt, daß der Mensch – verwiesen auf die Gottesbeziehung – verdankte Existenz ist.

Im NT wird Nachfolge zu Jesus Christus verkündet, Paulus geht auch von Nachahmungsprozessen aus, zwischen „nachfolgen" und „nachahmen" ist streng zu unterscheiden. Die in Jesus angekommene Nähe Gottes ermöglicht diesen Ruf zur Umkehr und Nachfolge. Eine *Imitatio Christi* ist nur dann sinnvoll, wenn sie verstanden wird als Nachfolge. Ein Ähnlichwerden in ethischer Sicht ist im Blick auf Jesus Christus eine Unmöglichkeit, ebenso wie eine Angleichung des Menschen nach dem Bild Gottes. Unter diesem Vorbehalt ist es allerdings sinnvoll, den Menschen als Geschöpf und Ebenbild Gottes, als Sünder, als Erlösten und als Vollendeten zu beschreiben.

Als Kriterien für authentische christliche Menschenbilder können die Bestimmung des Menschen als Wesen der Transzendenz, als Wesen der Freiheit, als Wesen der Ganzheit, als Wesen der Universalität, als Wesen der Grenze, der Interkommunikation, der Sünde und des Scheiterns gelten (K. Rahner, K. Lehmann, W. Kasper).

Religionspädagogisch sind diese Grundüberlegungen transformiert worden in Strukturelemente des Christlichen, das als handlungspraktisches Modell nachahmens- und verwirklichenswert ist: Sinn – Liebe – Hoffnung (G. Biemer).

– *Sinn:* Der Mensch, durch Schöpfung und Gnade Ebenbild Gottes, ist Wesen der Freiheit. Sinn ist ihm vorausgesetzt und geschenkt. Menschsein ist verdankte Existenz. In der Person Jesu Christi wird dieser Sinn universal und konkret zugleich. Die durch Jesus bezeugte Gottesnähe setzt den Menschen frei zu sich selbst und zu seinem letzten Sinn.

– *Liebe:* Als Wesen der Interkommunikation und der Universalität ist der aufgrund der Gottesnähe befreite Mensch zur Solidarität im Dienste anderer fähig und gefordert, die in Jesus sich zeigende Gottesnähe ist Ermöglichungsprinzip von Liebe.

– *Hoffnung:* Durch die sich in Jesus Christus zeigende unüberbietbare Gottesnähe wird Scheitern und Sünde durch die Vollendung Gottes aufgehoben und Ausweglosigkeit durchkreuzt.

Diese Strukturelemente des Christlichen geben zwar noch nicht personalisierte Vorbilder/Modelle ab, sie sind jedoch Kriterien dafür, welche Modelle denn nachahmenswert seien. Der Prozeß der Nachahmung vollzieht sich ja vorwiegend in unterbewußten Prozessen und kann auch die Übernahme von möglicherweise sehr gefährlichen Modellen, durch Millionen Menschen etwa von Adolf Hitler, mit fürchterlichen Folgen meinen.

Während die Forderung der Nachfolge Jesu Christi den Menschen in eine ihn existentiell anrührende Grundentscheidung ruft, kann sich der Prozeß der Nachahmung auf lediglich einzelne als positiv einzuschätzende Handlungsweisen, aber auch auf komplexe Grundhaltungen beziehen.

2. Im Bildungsprozeß der katholischen Kirche spielt *Heiligenverehrung* eine große Rolle; es ist deswegen auch kritisch nach einer Begründung der Dignität solcher Modelle zu fragen, die als Heilige verehrt werden, und welche Grundstrukturen christlicher Existenz sie vorgelebt haben.

In der theologischen Ethik wird der Begriff „Vorbild" durch „Modell" ersetzt (D. Mieth). Vorbilder können eine Einengung im Sinne einer genauen Kopie bestimmter Verhaltensweisen bedeuten, der Begriff Modell dagegen versteht den Prozeß der Nachahmung als eine Ausweitung im Sinne eigenständiger Auseinandersetzung in der eigenen Lebensgeschichte mit kreativen und situativen Realisierungsmöglichkeiten. Im Prozeß eines solchen kreativen Umgangs mit Modellgestalten christlichen Lebens wird auch dem Element der konkreten Geschichtlichkeit der Realisierung des Anspruchs Jesu in der eigenen Biographie und der jeweiligen konkreten gesellschaftlichen Heils- und Unheilssituation Rechnung getragen.

Der Modellbegriff kann dabei auch von Personen abgelöst, Grundmodelle christlichen Glaubens, Hoffens und Liebens, wie sie in einer Gemeinde gelebt werden, können zur evozierenden Kraft werden. Auch Symbole, etwa eine Schale, eine brennende Kerze, eine Kugel, Brot und Wein usw. können wichtigen Modellcharakter für Nachahmungs- und Transformationsprozesse haben.

3. Welches Verhalten „modellhaft" sei, ist kritisch konstruktiv *ethisch zu begründen*. In der Diskrepanz zwischen dem vorbildlichen SS-Mann, der als Modell belobigt wird, weil er jüdische Kinder getötet hat, und dem modellhaften Verhalten Heiliger früherer Zeiten und in unseren Tagen liegen Hölle und Himmel.

Es ist deswegen ein Argumentationsgang nötig, durch den Modelle als ethisch legitimiert erweisbar sind. Daß es biblische Modellgestalten gibt, die den Glauben an Gott und entsprechendes Handeln vorbildlich darstellen, ist keine Frage. Wenn man sie allerdings kopieren wollte, ergibt sich bereits das Grundproblem, daß die Ungleichzeitigkeit der Herausforderung eine Fülle von Zwischenentscheidungen nötig macht. Will man etwa die prophetische Sozialkritik oder Sinn, Liebe und Hoffnung in neutestamentlichem Sinne auf heutige lateinamerikanische Situationen, auf die Probleme des Sozialstaates in West- oder in Osteuropa umsetzen, dann ist ein Offenlegen der Zwischenschritte im Rahmen eines Prozesses ethischer Argumentation unerläßlich. In einem ganzheitlichen Denkmodell wird der christliche Sinnhorizont, also die Existenz in der trinitarischen Gottesbeziehung, als Grund und Motivationskraft für die Evidenz ethischer Modelle deutlich. Die Vergewisserung über das Vorverständnis des Sittlichen, die Rechenschaft über dieses Vorverständnis durch Analyse der humanwissenschaftlichen, sozialwissenschaftlichen, politischen, ökonomischen Bedingungen müssen in den Prozeß der Normenbildung integrativ eingehen. Die anthropologische Integrierung und Bündelung dieser Ergebnisse, ausgehend vom christlichen Menschenbild, führt zu einer bestimmten Qualität ethischer Normierung.

Es geht dabei nicht um ein automatisches Modell ethischen Handelns unter Ausschluß der Gottesbeziehung, sondern um die schöpfungstheologische Eigenständigkeit des Sittlichen im christlichen Kontext im Sinne einer Beziehungsethik (A. Auer). Ein Beispiel: Das Handeln Schwester Teresas aus Kalkutta und ihrer Ordensgemeinschaft an und mit den Ärmsten der Armen ist einerseits eine plausible Realisierung des Gleichnisses vom Barmherzigen Samariter, der nach Jesus als Modell für den nächstenliebenden, in der Gottesherrschaft existierenden Menschen gilt. Ob die analoge Realisierung dieses Modells durch Schwester Teresa angesichts der beängstigende Ausmaße annehmenden weiterschreitenden Verelendung vieler Völker ausreichend ist, muß offenbleiben.

Es fehlt noch eine andere Qualität von modellhafter Umsetzung des Gleichnisses vom Barmherzigen Samariter:

Es sind Heilige, Modelle christlichen Handelns zu suchen, die die Ursachen dafür, daß Menschen auf der Straße verfaulend sterben, bekämpfen. Auf diese Ebene kommt man zunächst nicht, wenn man lediglich eine Analogie zwischen dem Geschundenen im Gleichnis des Barmherzigen Samariters und dem Geschundenen in den Elendslagern dieser Welt realisiert. Eine lediglich auf Kopie des Samariters gehende Nachahmung wäre verfehlt und zu kurz gegriffen. Es ist auch angesichts der Reaktion der Weltöffentlichkeit deutlich: Wenn etwa Schwester Teresa mit ihrem eindrucksvollen Handlungskonzept auftritt, jubeln ihr Menschen verschiedenen Alters und verschiedener Einstellung zu. Wenn jedoch Gustavo Gutiérrez, der Vater der Befreiungstheologie, verlangt, die Grundbedingungen zu verändern, die diese Verelendung herbeiführen, wird er angefeindet oder der Beifall hält sich in Grenzen.

An diesem Beispiel zeigt sich, daß eine theologisch-ethische Grundargumentation für eine Modellethik erforderlich ist und erst damit zusammenhängend für Lernen am Modell sinnvoll ist.

4. Aus der Theorie des *Imitationslernens* ist festzuhalten: Imitation hat als eine der entscheidendsten Formen des Lernens im Prozeß wechselseitiger Interaktion zentrale Bedeutung. Die Intensität der Nachahmung hängt von der stimulierenden Anregungsdichte einer bestimmten Interaktion ab. Dies hat Konsequenzen für Lernprozesse. Ethisch begründbare Modelle und das in ihnen sich bergende Handlungskonzept sind

durch dichte Interaktion in einer Familie, Gruppe, Pfarrgemeinde und der Gesellschaft nachahmend erlernbar. Christsein wird nicht nur durch Reiz-Reaktions-Schemata einzelner parzellierter Verhaltensweisen aufgebaut. Vielmehr realisiert sich Christsein in komplexen Handlungsmustern, die auch ritualisiert eine grundlegende Beziehungsgestalt zu Gott und zu den Mitmenschen darstellen. Wenn etwa ein dreijähriges Kind seine Mutter nachahmt, die in der Kirche vor dem Tabernakel eine Kniebeuge macht, dann wird es möglicherweise erst im mehrmaligen, langjährigen Vollzug dieser Kniebeuge zunehmend verstehen, was Ehrfurcht vor Gott, Anbetung, in Beziehung zu Gott Sein bedeutet.

Gerade wenn man nicht will, daß fremde Rollen aufgedrängt werden, ist mit Kindern in einem offenen Prozeß das ihnen gemäße Handeln zuzulassen. Ziel muß sein, daß die Nachahmenden von der heteronomen Bestimmung durch ein Modell hin zur autonom-selbstbestimmten Realisierung konkreter ethischer Handlungsweisen kommen können.

Das Grundpostulat „Leite dich selbst" (R. C. Cohn) ist für eine Vorbildethik und für den Prozeß des Imitationslernens eine wichtige Grundthese. Man könnte sie erweitern und so formulieren: Leite dich selbst in Auseinandersetzung mit Modellen glückenden Lebens. Suche selbst deinen Weg, deinen eigenen Weg der Identität in der Gottesbeziehung. Der Prozeß von der einseitigen Heteronomie zu einer tendentiellen Autonomie ist in den Konzeptionen der entwicklungspsychologischen Stufentheorien moralischen Handelns bedacht worden (Piaget, Kohlberg, Fowler, Oser, Nipkow). Je intensiver der Prozeß der eigenständigen gewissensorientierten Handlungsweise wird, desto weniger geht es lediglich um ein enges Nachahmen eines bestimmten Vorbildes, sondern vielmehr um eigenständige, kritische Auseinandersetzung mit einem Modell christlicher Existenz. Deswegen ist auf die Qualität des Identifikationsprozesses zu achten. Jegliche geistige Abhängigkeit von Meister und Schüler, Lehrer und Schüler usw. ist dabei strikte zu hinterfragen und in Richtung selbstverantwortlichem Handeln weiter zu entwickeln.

5. Die *christliche Gemeinde* muß im Blick auf die Herausforderungen zeitgenössischer Verantwortung Lösungsmodelle entwickeln. Wie menschliches Leben angesichts der tödlichen Ungerechtigkeit, der Selbstzerstörung durch Zerstörung der Schöpfung und der nach wie vor nicht aus der Welt geschaffenen Bedrohung durch gefährliche Waffensysteme geschützt und weiterentwickelt werden kann, ist ebenso

als dauernde Herausforderung zu verstehen wie der Schutz ungeborenen Lebens und die Wege täglichen Betens.

Die Bewahrung menschlichen Lebens vom Augenblick der Zeugung bis hin zu beängstigenden Krankheiten, die in den Tod führen, ist in den großen Rahmen dieser Thematiken einzuordnen. Modelle glückenden Lebens müssen demnach ganzheitlich ansetzen. Die vor allem in katholischen Kreisen immer wieder auftauchende platte Gegenüberstellung zwischen Recht auf Leben gegen Abtreibung und Recht auf Leben durch Bewahrung der Lebensgrundlagen Luft, Wasser usw. muß überwunden werden. Es ist letztlich das eine und selbe Grundanliegen. Denjenigen, die ausschließlich die ökologische Problematik ethisch bedenken, ist gegenüberzuhalten, daß es dann inkonsequent ist, Abtreibung zu verharmlosen. Den ausschließlichen Abtreibungsgegnern ist vorzuhalten, daß sie sich mitschuldig machen an der Tötung von Millionen, möglicherweise Milliarden Menschen, wenn sie die globalen Ursachen für die Verelendung und der Umweltzerstörung verdrängen.

Modelle christlichen Lebens sind also in einer ganz spezifischen geschichtlichen Weise gesucht und erforderlich. Insofern sind die Auseinandersetzungen darüber, welche Modelle menschliches Leben langfristig glücken lassen, von größerer Bedeutung als Worte und Belehrung dies vermitteln können. Christen können zu glaubwürdigen Modellen werden, wenn es ihnen gelingt, den christlichen Weg als langfristig glückendes Leben zu verkünden.

A. Auer, Autonome Moral und christlicher Glaube (^{2}1984); *G. Biemer/A. Biesinger* (Hrsg.), Christsein braucht Vorbilder (1983); *K. Lehmann,* Was ist der Mensch? – Eine theologische Antwort, in: Humanismus und Schule. Fragen und Antworten unserer Zeit (1972) 14–40, 24–26; *D. Mieth,* Dichtung, Glaube und Moral. Studien zur Begründung einer narrativen Ethik (1974); *A. Schulz,* Nachfolgen und Nachahmen. Studien über das Verhältnis der neutestamentlichen Jüngerschaft zur urchristlichen Vorbildethik (1962); *G. Stachel/D. Mieth,* Ethisch handeln lernen. Zu Konzeption und Inhalt ethischer Erziehung (1978).

ALBERT BIESINGER

W

Wahrhaftigkeit

→ Ethik → Gewissen → Glaube → Kommunikation → Konflikt
→ Tugenden und Laster → Vertrag

Begrifflich benennt Wahrhaftigkeit ähnlich wie die Ehrlichkeit die subjektiv-moralische Dimension von Wahrheit, nämlich den Willen, das als richtig Erkannte den Mitmenschen auch als solches zum Ausdruck zu bringen, während Wahrheit im objektiven Sinn als Richtigkeit in der Bedeutung von Übereinstimmung von Sachverhalt und Erkenntnis *(adaequatio intellectus et rei)* verstanden wird. Das bestmögliche Bemühen um Richtigkeit gehört ebenfalls zur Wahrhaftigkeit. Diese seit der Hochscholastik gebräuchliche Unterscheidung (vgl. Thomas v. Aquin S. Th. I, q 16 a 1 und II/II, q 19 a 1) ist ethisch bedeutsam, weil sie Wahrheit nicht auf einer bloßen Sachebene reflektiert, sondern anthropologisch in ihre mitmenschlichen Zusammenhänge stellt und damit auf ihren eigentlichen *ontologischen Grund* verweist. In diesem Sinn ist Wahrhaftigkeit eine wesentliche Grundlage von Mitmenschlichkeit und damit von Gemeinschaft überhaupt.

Denn der Mensch als wesentlich soziales Wesen, das ohne mitmenschlichen Bezug zum „Selbstling" (griechisch ἰδιότης) verkommt, ist dafür wesentlich auf sichere Kommunikation, etwa hinsichtlich der Erfahrungsvermittlung, der notwendigen Absprachen usw., angewiesen. Während diese aber im Tierreich, vor allem bei soziallebenden Insekten, also etwa im Bienenvolk oder im Ameisenstaat, über feste instinktgesteuerte Verhaltensweisen gewährleistet wird, ist sie dem Menschen zur Eigengestaltung übergeben. Sie ist ihm nicht einfach als Natur, sondern von Natur aus als Kultur – also als eine sittliche Aufgabe – übertragen, bei deren Vernachlässigung Menschlichkeit geschädigt, ja langfristig zerstört wird.

Die *Bibel* thematisiert diese Versuchung im kategorischen Verbot des Dekalogs „Du wirst kein falsches Zeugnis geben" (Ex 20,12 bzw. Dtn 5,20) sowie in der Susanna-Erzählung (Dan 13,1–64), wo die prophetische Kraft des jungen Daniel durch die Überführung des mörderisch falschen Zeugnisses der geilen Greise die menschenfreundliche Schöpfungsordnung in der gottgewollten Wahrhaftigkeit erweist. Das NT bestätigt diese Sicht, wenn vom Jünger Jesu die schlichtklare Rede in Ja und Nein gefordert wird (Mt 5,37) oder das Ablegen jeder Lüge vom Christen als Glied der einen in Christus geschwisterlichen Gemeinschaft als selbstverständlich gilt (Eph 4,25). Wer in der Nachfolge Jesu Christi steht, der sich selber als Weg und Wahrheit schlechthin bezeichnet hat (Joh 14,6) und in dessen Mund sich kein Trug findet (1 Petr 2,21f. nach Jes 53,9), ist aufgefordert, eben darin in dessen Fußstapfen zu treten. Kurz: Alles, was der Wahrhaftigkeit und Ehrlichkeit widerspricht: Betrug, Täuschung, Lüge, Angeberei und Heuchelei gehören wie jedes „alberne und zweideutige Geschwätz" zu jenen Dingen, die unter Christen nicht einmal genannt werden sollten (Eph 5,3f.).

Als Grundhaltung eines sittlich hochstehenden und schon gar eines von christlichem Glauben geprägten Menschen verdient Wahrhaftigkeit daher subjektiv als Tugend (und nicht nur nach der Volksmund-Maxime „ehrlich währt am längsten" aus pragmatischen Nutzensüberlegungen) gepflegt zu werden. Als Voraussetzung von Mitmenschlichkeit und damit von Nächstenliebe verlangt sie ein stetes Bemühen um eine Lebenslüge und Illusion meidende nüchterne *Selbsterkenntnis,* die auch Einsichten aus der u. U. schmerzlichen Kritik anderer wie aus den Erkenntnissen der modernen Humanwissenschaften einzubeziehen vermag und damit auch vor dem Eingeständnis eigener Grenzen, Schwächen und Fehler nicht zurückschreckt. Vor allem aber verlangt sie mutige Treue zum einmal als sittlich richtig Erkannten wie zu der auf Gottes Anruf hin gefällten Lebensentscheidung, ohne die sich der Mensch vor sich selber schämen müßte und zu der er sich u. U. in der Nachfolge Christi bis zur Kreuzesdimension innerlich verpflichtet weiß.

Objektiv meint Wahrhaftigkeit negativ zunächst das Vermeiden der *Lüge* als einer bewußten und – wie Augustinus die altgriechische Definition präzisiert – auf Täuschung angelegten Falschaussage bzw. als „Verweigerung geschuldeter Wahrheit" (H. Grotius). Dabei geht es freilich nicht darum, deontologisch jeden Mangel an Richtigkeit in einer Aussage als a priori in sich sittlich verbotene Lüge zu umschreiben. Fabel und Roman haben ihre eigene Wahrheit. Auch wenn sie sachlich keine Richtigkeit vermitteln wollen, täuschen sie den Mitmenschen nicht, während vernachlässigte Zusage, ungehaltene Versprechen, Verleumdungen oder gar Rufmord ebenso Lüge sind wie jede Verletzung von „Treu und Glauben" bei Abmachungen und Verträgen, und zwar sogar dann, wenn äußerlich legalistisch der Buchstabe von Gesetz oder Vertrag eingehalten worden sein sollte. Eine solche scheinbare Ehrlichkeit im rein formalen Ein- und Hochhalten von

Normen wäre als sog. „doppelte Moral" der Wahrhaftigkeit noch abträglicher als ihre direkte Verletzung, weil sie die Sicherheit der Kommunikation und damit das zwischenmenschliche Vertrauen von innen her aushöhlt.

Umgekehrt ist aber auch nicht jedes Verweigern von wahrer Auskunft auch schon eine Verletzung von Wahrhaftigkeit. Zum Schutz einer vertraulich erhaltenen Information, insbesondere wo diese in den Bereich des *Amts- oder Berufsgeheimnisses* fällt, oder auch dort, wo es nur um die Wahrung der Diskretion vor ungehöriger Neugier geht, besteht durchaus, und zwar um der Wahrhaftigkeit selber willen, ein sittlicher Anspruch auf Wahrheitsverweigerung. Diese kann u. U. sogar zur eigentlichen ethischen Pflicht werden, etwa wenn der Verrat eines von totalitären Machtträgern Verfolgten dessen Verderben bedeuten würde. Entgegen der rigoristischen Meinung Kants, der sich vehement gegen ein „vermeintliches Recht, aus Liebe lügen zu dürfen" (so gegen Constant) wandte, hat die moraltheologische Tradition für solche Fälle zwar nicht einfach die Lüge gutgeheißen, wohl aber mit dem Hinweis auf die sog. *restrictio mentalis,* also unter geistigem Vorbehalt eine meist unausgesprochene Einschränkung der Aussage gebilligt, so etwa wenn zu der Antwort „Ich weiß es nicht" dazu gedacht wird „für dich nicht, da du gar kein Anrecht auf diese Wahrheit hast". Dies trifft beispielsweise zu, wenn der Fragende eine Auskunft mißbrauchen würde, aber auch, wenn sie ihn einfach gar nichts angeht. Es gilt ebenfalls, wenn etwa Eltern mit bester Absicht eine Information über ihre Kinder verweigert wird, weil die Integrität von deren Persönlichkeit oder das besondere, u. U. auch öffentlich und amtlich gesicherte Vertrauensverhältnis zu einer Person (Arzt, Priester, Sozialarbeiter usw.) die Wahrung des Geheimnisses unbedingt und sogar gegen das Sorgerecht von Eltern gebietet oder dessen Preisgabe doch nur unter ganz bestimmten, von vornherein klar umschriebenen Ausnahmen gestattet. Neben der Aussage unter Vorbehalt dient aber auch die mehrdeutige Rede häufig solcher Verschleierung, wobei allerdings gerade hier die berechtigte Rücksicht gegen unzulässige Informationsbeschaffung nur allzu leicht in einen opportunistischen Umgang mit Wahrheit bzw. zu faulen Kompromißformeln umkippt. Sauberer als solche Klauseln ist es daher, wo immer möglich, der angelsächsischen Konvention zu folgen, solche ungehörigen Fragen mit dem Stichwort „no comment" klar und damit ehrlich zurückzuweisen.

Harmloser, aber wirklicher Wahrhaftigkeit dennoch abträglicher als diese Fälle gestörter Kommunikation ist schließlich die *Notlüge,* hinter der aber kaum je eine eigentliche Notlage steht, sondern bloß die Angst vor der Verletzung einer von Umgang und Konvention verlangten Form. Anstatt die oft genug berechtigte Ausnahme von der Konvention offen zu nennen, flieht man aus Bequemlichkeit oder Mangel an Zivilcourage in die Ausrede. Wirklicher Schaden entsteht dabei kaum, aber das Klima der Offenheit und zuverlässigen Kommunikation leidet trotzdem.

Zerstörerische Folgen für Wahrhaftigkeit sind dagegen dort zu befürchten, wo solche Offenheit sich zum Schaden des Ehrlichen auszuwirken beginnt, wo Wahrhaftigkeit also nicht mehr als normaler ethischer Anspruch eingefordert wird, sondern zu einer heroischen Tugend wird, die man zwar gerade auch christlich-ethisch als Zeugnis für die vom Evangelium in der Christusnachfolge angesprochene klare Haltung noch immer erwarten darf, die man aber im strikt ethischen Sinn wohl kaum mehr allgemein fordern kann. Im Kleinen kann solche Unterdrückung schon im Familienkreis beginnen, wo Kinder aus Angst vor elterlichen Vorwürfen oder Strafen oder Gatten wegen Zornausbrüchen des Partners den Mut zum offenen Wort nicht mehr finden. Im Großen kennzeichnet sie politisch totalitäre Systeme, wo Wahrhaftigkeit im einzelnen wie in den Medien der öffentlichen Meinung mit Zensur- oder Strafmaßnahmen systematisch ausgeschaltet wird und so die politische Meinungsbildung, aber auch Kontrolle und Kritik in Desinteresse und Angst ersticken bzw. Wahrhaftigkeit nur unter dem Risiko des Martyriums noch möglich ist. Sozialethisch bedeutet dies dann, daß selbst die in Anbetracht von Stil, Auswahl und Aufmachung gewisser Medienerzeugnisse an sich vielleicht sogar verständlichen Verbote sowie Zensurmaßnahmen aller Art unangebracht sind: Wahrhaftigkeit erfordert auch in diesem Fall offene Kommunikation, allenfalls klares Recht auf Gegendarstellung, aber nicht *Zensur,* an der sie – und wäre es auch um einer primär guten Sache willen – langfristig stets Schaden nimmt.

Trotz dieser Hinweise kann es im Sinn einer feinfühlig empfundenen Wahrhaftigkeit jedoch nicht genügen, die ethische Überlegung auf die Lüge als falsche Aussage zu beschränken. Das menschliche Kommunikationsspektrum ist viel breiter als die sprachliche Vermittlung in exakten Begriffen, die in einer festen Grammatik und nach logischen Schlußregeln vermittelt werden. So wichtig in den Bereichen von Wissenschaft, Technik, Handel und Verkehr diese Kommunikationsform auch ist (man denke etwa an die standardisierte englische Formelsprache zwischen Flugzeug und Kontrollturm, die allein die Sicherheit im Luftverkehr gewährleistet und doch von einer voll menschlichen Kommunikation weit entfernt ist), so wenig vermag sie den Bedürfnissen einer personal-existentiellen Mitteilung zu genügen. Hier spielen Nuancen wie Tonfall, Stil, geschichtlich kultureller, aber auch schichtenspezifischer Sprachgebrauch usw. eine wesentliche Rolle. So können an sich unscheinbare Worte in einem Liebesbrief, obwohl für Dritte völlig belanglos, eine letzte personale Beziehung ausdrücken oder scheinbar höfliche Floskeln eine verletzende Beleidigung darstellen.

Wirkliche Wahrhaftigkeit verlangt dementsprechend auch hier einerseits das sorgfältige Bemühen um ehrliche Übereinstimmung zwischen Tatbestand und Ausdrucksform bis hin zum umsichtigen Umgang mit Zeichen und Symbolen, die – man denke an den sakramental-liturgischen Bereich – bei fahrlässigem Umgang rascher, als man denkt, den Verkündigungsgehalt überdecken und damit den Heilsbezug verdunkeln. Wie im Bereich der Kunst etwas als verlogen, also als Kitsch gilt, weil der Form kein geistiger Inhalt entspricht bzw. rein äußerlich vorgetäuscht wird, gilt dies auch für alle Ebenen der im existentiellen Bereich bedeutsamen Zeichensprache.

Andererseits erfordert Wahrhaftigkeit unter diesen Voraussetzungen aber auch sensible Wachheit für die kulturell unterschiedlichen Schattierungen des Ausdrucks, der mit gleichen Worten und Begriffen jeweils anderes meinen kann, als der Hörer auf Anhieb zu verstehen meint (zehn „italienische Minuten" sind eben etwas anderes als 600 Sekunden). Was als spezifische Schwierigkeit jedem Übersetzer vor allem literarischer Werke bekannt ist, verlangt auch unter moraltheologischen Gesichtspunkten aus feinfühliger Liebe im Sinn des Evangeliums ein aufmerksames Eingehen auf die u. U. erheblich verschiedene Sprachkultur des anderen, und zwar oft sogar innerhalb ein und derselben Sprache, die je nach sozialer Schicht oder Alter und Generation andere Stilformen pflegt. Für rein äußere technische Information mag dann die in Bahnhöfen und Flugplätzen übliche Zeichensprache international ausreichen; wahre Menschlichkeit erfordert größere Differenzierung. Sie nicht zu beachten, ist dann Zeichen von Rücksichtslosigkeit oder Selbstüberheblichkeit und widerspricht ebenfalls echter, d. h. menschlich umfassender Wahrhaftigkeit.

Positiv schließlich fordert Wahrhaftigkeit die Auseinandersetzung mit jenen Problemfeldern, in welchen menschliche Kommunikation auf *besondere Schwierigkeiten* stößt und es daher gilt, aus Erfahrung und Überlegung ethisch nach normativen Hilfestellungen zu suchen. So verlangt Wahrhaftigkeit schon im alltäglichen zwischenmenschlichen Umgang ein redliches Bemühen um sachlich richtige Information, weil auch da, wo es nicht um eine beabsichtigte Falschaussage im Sinn der Lüge, sondern um fahrlässig in Kauf genommene Unwahrheiten geht,

Zuverlässigkeit und Vertrauen in Kommunikation abgebaut werden. Zu einer eigentlichen ethischen Gerechtigkeitspflicht wird das Bemühen um solche sachliche Richtigkeit zudem für alle mit Informationsaufgaben in der Gesellschaft betrauten Fachleute, also für Lehrer, Journalisten, Verkündiger, Politiker usw. Für sie sind folglich die fachliche Aus- und Weiterbildung wie der Verzicht auf Schönfärberei, interessenbedingte Selektion von Information usw. unabdingbar. In ganz besonderer Weise gilt dies für Werbefachleute im wirtschaftlichen Produktmarketing wie in der politischen Propaganda. Wo Werbung an psychologische Grundbedürfnisse wie Geltungs- oder Sicherheitsbedürfnis oder auch an die Sexualität appelliert und vom anzupreisenden Produkt eine (Schein-)Befriedigung dieser Bedürfnisse suggeriert wird, wird Wahrhaftigkeit ebenso verletzt wie dort, wo der politische Gegner verunglimpft oder das eigene Programm mit hohlen Versprechungen hochgejubelt wird. Selbstbeschränkung auf Sachlichkeit trotz gegenläufiger Trends wie auch kritischer Umgang mit Werbung seitens der Konsumenten und Bürger sind daher sozialethische Forderungen im Blick auf Wahrhaftigkeit und zugleich Voraussetzung für staats- und gesellschaftserhaltendes und politisches Vertrauen.

Sosehr somit Lüge, der Bruch eines Versprechens oder gar von vornherein falsche Vorspiegelungen usw. wahrhaftigkeitswidrig und daher unethisch sind, so sehr lehrt doch die Erfahrung, daß sie immer wieder vorkommen. Entsprechend verständlich ist es, daß sogar unter Christen und trotz aller Reserven im Evangelium (vgl. Mt 5,33–37) das Bedürfnis nach Bekräftigung einer Zusage durch *Eid oder Gelübde* verspürt wird. Dies läuft freilich – bei aller Ablehnung fahrlässiger (auch kirchlich zeitweilig sanktionierter) Schwurpraktiken – nur dann der evangelischen klaren Wahrhaftigkeit von Ja und Nein nicht zuwider, wenn in Anbetracht der Übernahme einer schwerwiegenden Verpflichtung ein Mensch Gott zum Zeugen anruft (vgl. 2 Kor 1,23). Sosehr nämlich der Eid magisch leichtfertig zur billigen Absicherung mangelhafter Wahrhaftigkeit mißbraucht werden kann, so sehr kann er Ausdruck dafür sein, die ganze eigene Existenz vor Gott und im Vertrauen auf dessen Vorsehung und Beistand in den Dienst einer als gut erkannten Sache zu stellen. Dies gilt auch für das Gelübde, das sich mehr auf eine Selbstverpflichtung mit direktem religiösem Inhalt (Wallfahrt, Stiftung und vor allem Lebensweihe) bezieht. Damit wird nicht billige Rückversicherung gegen Unzuverlässigkeit gesucht, sondern menschliches Entscheiden ausdrücklich in seinen letzten Gottesbezug gestellt. Eid und Gelübde sind so verstanden dann Ausdruck von Glaubensbekenntnis und Gebet in menschlicher Entscheidungssituation von besonderer Tragweite und folglich alles andere als leichtfertige Absicherung.

Ein eigenes Problem bezüglich der Wahrhaftigkeit stellt schließlich die Frage dar, wie weit sie dazu verpflichtet, einem Menschen die volle Wahrheit, auf die er an sich durchaus ein Anrecht hätte, auch dann mitzuteilen, wenn vorauszusehen ist, daß er mit diesem Wissen nicht zurechtkommen wird, damit u. U. sogar Mißbrauch treiben könnte. Hier gilt zunächst für die allgemeinen Belange des menschlichen Lebens die oft mit *need to know* umschriebene Regel: Man soll Mitmenschen nicht mit Informationen (z. B. Geschäftsgeheimnissen u. ä.) belasten, die sie für ihre Aufgabe, Stellung und eigene Existenz gar nicht zu wissen brauchen. Alsdann ist in jeder Kommunikation auch auf die Aufnahme- und Verarbeitungskapazität des Empfängers Rücksicht zu nehmen. So kann eine zu sehr in die Einzelheiten komplexer Zusammenhänge gehende Information dem Nichtfachmann die Wahrheit oft sogar mehr verstellen als aufhellen. Sich hier – etwa in der Erziehung von Kindern – auf die Mitteilung der großen Linien zu beschränken, ist somit kein Verstoß gegen, sondern Dienst an der Wahrhaftigkeit, sofern – worauf jeweils zu achten ist – die Vereinfachung nicht eine Verfälschung, sondern einen Ansatz zu möglicher Vertiefung darstellt. Besonders herausgefordert ist Wahrhaftigkeit schließlich dort, wo die Mitteilung der objektiven Wahrheit einem Menschen direkt Schaden zufügen könnte, wie dies vor allem für das Problem der „Wahrheit am Krankenbett" zutrifft. Wer da aus Rücksicht auf den Kranken Unwahrheit sagt bzw. die Wahrheit einfach verschweigt, verstößt, weil er damit die letztlich doch wahrheitsberechtigte Persönlichkeit des Kranken mißachtet, nicht weniger gegen die Wahrhaftigkeit als derjenige, der durch die bloße Mitteilung der harten Fakten Wahrheit auf sachliche Richtigkeit reduziert und dabei vergißt, daß es um einen zwischenmenschlichen Kommunikationsvorgang geht. Wahrhaftigkeit verlangt daher ein geduldiges, gestuftes Mitteilen, für das keine rezeptartigen Regeln vorgegeben werden können, sondern das eine sorgfältige feinfühle Abstimmung erfordert. Kaum anderswo wie hier erweist sich Wahrhaftigkeit so als Tugend hoher Mitmenschlichkeit.

E. Ansohn, Die Wahrheit am Krankenbett (1965); *H. Arendts*, Wahrheit und Politik, in: *ders.*, Philosophische Perspektiven Bd. I (1969); *H. Büchele*, Politik wider die Lüge. Zur Ethik der Öffentlichkeit (1982); *F. Furger*, Nur die Wahrheit (1980); *K. Jaspers*, Von der Wahrheit (1947); *E. Jüngel*, Der Wahrheit zum Recht verhelfen (1977); *H. Küng*, Wahrhaftigkeit (1968).

FRANZ FURGER

Wehrdienst

→ Friede → Gewissen → Krieg → Menschenrechte → Staat

Die Aufgabe des Staates, für das gemeinsame Wohl seiner Mitbürger zu sorgen, verpflichtet den einzelnen Staatsbürger grundsätzlich zu Dienstleistungen im Sinne des Wohls des Staatsganzen, im speziellen auch zur Abwehr von Bedrohungen und Gefahren von innen wie von außen. Davon unabhängig wurden jedoch derartige Aufgaben des Schutzes traditionellerweise fast ausnahmslos nur von Männern und lange Zeit auch nur von speziellen Berufsgruppen – dem Berufsheer bzw. dem Militär- oder Soldatenstand – wahrgenommen. Ausdrücklich ausgenommen wurde seit langem immer wieder der Priesterstand, und zwar offensichtlich aufgrund alter Tradition.

Die von Napoleon eingeführte allgemeine Wehrpflicht erfolgte jedenfalls gegen den erbitterten Protest der Kirche. Noch Papst Leo XIII. wies eindringlich auf die Schäden, welche die allgemeine Wehrpflicht verursacht habe, hin (Rundschreiben *Praeclara gratulationis* vom 20. Juni 1894). Benedikt XV. ließ am 28. September 1917 durch seinen Staatssekretär Kardinal Gasparri eine Botschaft an den englischen Premier richten, die nicht die Bewaffnung, sondern die allgemeine Entwaffnung und die Aufhebung des obligatorischen Militärdienstes als Voraussetzung für Frieden und Wohlfahrt bezeichnet hat. Der Text schloß mit den Worten: „Der obligatorische Militärdienst ist seit mehr als einem Jahrhundert die wahre Ursache unzähliger Übel gewesen; seine gleichzeitige und gegenseitige Aufhebung wird das wirkliche Heilmittel sein." Die Gewissenspflicht eines Wehrdienstes ergibt sich nach Pius XII. erst dann, wenn „eine durch freie Wahl zustande gekommene Regierung in äußerster Not mit den legitimen Mitteln der Außen- und Innenpolitik Verteidigungsmaßnahmen beschließt und die ihrem Urteil nach notwendigen Vorkehrungen dazu trifft" (*Ansprache* vom 23. Dezember 1956).

Das Christentum führte von Anfang an eine starke Relativierung der Staatsfunktion ein. In diesem Sinn setzte sich bereits die Urkirche zwar wohl dafür ein, daß den jeweiligen Autoritätsträgern (bzw. der staatlichen Macht) der schuldige Gehorsam zu leisten sei (vgl. Röm 13,1), ja sie empfahl sogar das Fürbittgebet „für die Herrscher und für alle, die Macht ausüben", aber nur zu dem Zweck, damit die Christen „in aller Frömmigkeit und Rechtschaffenheit ungestört und ruhig leben können" (1 Tim 2,2). Denn „unsere Heimat ist im Himmel" (Phil 3,20).

Und: „Wir haben hier keine Stadt, die bestehen bleibt, sondern wir suchen die künftige" (Hebr 13,14).

Diese Begrenzung der Staatsfunktion hält sich auch in der Alten Kirche durch. Sehr deutlich äußerte sich Tertullian in diesem Sinn: „Soll der Sohn des Friedens in der Schlacht mitwirken, er, für den sich nicht einmal das Prozessieren geziemt? Wird er Bande, Kerker, Folter und Todesstrafe zum Vollzug bringen, er, der nicht einmal die ihm selber zugefügten Beleidigungen rächt? Wird er ferner für andere Stationen halten als für Christus . . .? Wird er vor den Tempeln Wache stehen, denen er widersagt hat . . .?" (*Vom Kranze des Soldaten,* 11). Die Antwort ist für ihn noch recht eindeutig. Auch auf die seinerzeit gestellte Frage, „ob Christen zum Christentum zugelassen werden können", erteilt er eine negative Antwort: „Es harmoniert nicht zusammen, unter dem Fahneneid Gottes und der Menschen, unter dem Feldzeichen Christi und des Teufels, im Lager des Lichtes und in dem der Finsternis zu stehen . . . Wie . . . wird der, dem der Herr das Schwert weggenommen hat, Krieg führen, ja auch nur in Friedenszeiten ohne Schwert Soldat sein?" (*Über den Götzendienst,* 19). Nicht so polemisch, aber gleich kategorisch negativ schrieb Origenes in seiner *Schrift gegen Celsus:* „Wir ergreifen nicht mehr ‚das Schwert gegen ein Volk', und wir lernen nicht mehr ‚die Kriegskunst' (Jes 2,4), da wir ‚Kinder des Friedens' (Lk 10,6) geworden sind durch Jesus, der unser ‚Führer' (vgl. Apg 3,15; 5,31; Hebr 2,10; 12,2) ist" (V, 33). Außerdem seien die „Waffen" der Christen die effizienteren: „Wir kämpfen sogar mehr (als andere) für den Kaiser; und wenn wir auch nicht mit ihm ins Feld rücken, sobald die Not es fordert, so ziehen wir doch für ihn zu Felde, indem wir ein besonderes Kriegsheer der Frömmigkeit durch die an die Gottheit gerichteten Fürbitten zusammenbringen" (VIII, 73). Eher beschreibend äußerte sich Athanasius: „Diese Menschen, die nicht eine Stunde ohne Waffen leben konnten, haben sie, seit sie die christliche Lehre kennengelernt haben, verlassen, um sich dem Ackerbau zu widmen, und ihre schwertgewohnten Hände heben sich nun zum Himmel im Gebet. Anstelle der gegenseitigen Kriege, die sie miteinander führten, ist jetzt der Krieg gegen den Teufel getreten" (*Über die Menschwerdung des Logos,* 52).

Mit der sogenannten Konstantinischen Wende, als sich das Christentum von einer verbotenen zu einer staatstragenden Religion wandelte, änderten sich allerdings die Auffassungen im Hinblick auf die Staatsbürgerpflichten. Bereits im Jahr 314 hat die von Kaiser Konstantin einberufene Synode von Arles die Wehrdienstverweigerer exkommuniziert, weil sie in Friedenszeiten die Ordnungsfunktion des Heeres und damit indirekt auch die des Staates nicht gebührend anerkannten. Wenig später griffen die Kirchenväter Ambrosius und Augustinus die bereits vom römischen Philosophen und Staatsmann Cicero formulierte Kriegsrechtfertigung auf, wonach ein Krieg zwecks Schadenersatzes, und zwar nach Androhung und Erklärung, als gerecht(fertigt) zu bezeichnen sei. Der Satz des Ambrosius: „Die Tapferkeit, mit der man im Krieg das Vaterland vor den Barbaren schützt oder zu Hause die Schwachen verteidigt oder die Freunde vor Räubern schützt, ist vollgültige Gerechtigkeit" und Augustins drei Kriterien für einen gerechten Krieg (Vollmacht des Fürsten, gerechte Sache und die rechte Absicht der Kriegsführenden, den Frieden herbeiführen zu wollen) gelangten wegen ihres hohen Ansehens im Mittelalter in das *Decretum Gratiani,* der bis 1917 gültigen kirchlichen Gesetzessammlung, und waren so grundlegend für die theologische Argumentation bis in die jüngste Vergangenheit. Daß der Umschwung aber nicht konfliktlos erfolgte, beweist die Klage von Basilius dem Großen, wonach „so viele aus Furcht vor dem Kriegsdienst in den Kirchendienst sich eindrängen" (*Brief,* 24).

Die kirchlich-theologische Argumentation der Gegenwart ist durch die entsprechenden Äußerungen in der *Pastoralkonstitution* des Zweiten Vatikanischen Konzils gekennzeichnet. Hier wurde einerseits der Soldat ermahnt, sich nicht nur als Verteidiger des eigenen Vaterlandes, sondern als „Diener der Sicherheit und der Freiheit der Völker" zu verstehen. Denn „indem er diese Aufgabe recht erfüllt, trägt er wahrhaft zur Festigung des Friedens bei" (GS 79). Andererseits wollte es auch jenen Menschen gegenüber die „Anerkennung" aussprechen, „die bei der Wahrung ihrer Rechte darauf verzichten, Gewalt anzuwenden, sich vielmehr auf Verteidigungsmittel beschränken, so wie sie auch den Schwächeren zur Verfügung stehen, vorausgesetzt, daß dies ohne Verletzung der Rechte und Pflichten anderer oder der Gemeinschaft möglich ist" (GS 78). Darüber hinaus hielt es das Konzil für angebracht, „daß Gesetze für die in humaner Weise Vorsorge treffen, die aus Gewissensgründen den Wehrdienst verweigern, vorausgesetzt, daß sie zu einer anderen Form des Dienstes an der menschlichen Gemeinschaft bereit sind" (GS 79). In diesem Sinn hat sich neuerdings auch die Konferenz der Europäischen Kirchen und der Rat der Europäischen Bischofskonferenzen im *Schlußdokument der Europäischen Ökumenischen Versammlung in Basel* am 20. Mai 1989 unter dem Titel „Gerechtigkeit, Frieden und Bewahrung der Schöpfung" ausgesprochen: „Diejenigen, die in den Streitkräften mit dem Ziel dienen, Rechte und Freiheiten ihrer Völker zu schützen, sollten ihr Amt im Dienst des Weltfriedens ausüben. Gleichzeitig muß das Recht auf Verweigerung des Militärdienstes als Teil der Religions-, Gewissens- und Gedankenfreiheit von allen Regierungen dadurch anerkannt werden, daß Möglichkeiten für einen angemessenen zivilen Alternativdienst geschaffen werden. Kirchen und Gemeinden haben die Aufgabe, die zum Militärdienst Einberufenen in ihrer Gewissensentscheidung zu beraten und ihnen unter Respektierung der Entscheidung des einzelnen seelsorgliche Beratung anzubieten" (Nr. 86e).

Die zunehmende Anerkennung der Wehrdienstverweigerung in den modernen Gesellschaften läßt aber auch Probleme und Fragen entstehen. So zeigt sich bei der Einrichtung von sogenannten Zivildienstkommissionen, daß es für den einzelnen Wehrdienstverweigerer nicht bloß eine Überforderung, sondern auch eine angemaßte Zumutung sein kann, wenn über die Ernsthaftigkeit von Gewissensüberzeugungen befunden wird. Zudem gibt es immer noch die Tendenz, Gewissensentscheidungen im Sinne der Wehrdienstverweigerung bloß als subjektiv unüberwindlich irrige Gewissensentscheidung abzuwerten und nicht als Grund- und Menschenrecht schlechthin anzuerkennen. Weiters besteht die Gefahr, die sozialen Dienste, die man Wehrdienstverweigerern anbietet, in die Infrastruktur einer militärischen Verteidigung einzubeziehen. Es stellt auch nur eine Notlösung dar, Wehrdienstverweigerer zu Hilfsdiensten bei Post, Bahn und in der Kranken- und Altenbetreuung heranzuziehen. Wehrdienstverweigerer verstehen sich selbst ja als Alternative (daher Alternativ- bzw. Zivildiener) zu einem als eindimensional – weil ausschließlich auf Gewalt basierenden – verurteilten Verteidigungssystem. Diese sich als alternativ verstehende Verteidigungsweise müßte natürlich erst theoretisch wie praktisch entwickelt und ausgebaut werden, statt sie in eine diskriminierende Minderheitenposition abzudrängen. Alternativdiener müßten demnach für den Aufbau alternativer Friedensdienste zur Beseitigung bzw. Überwindung von innerstaatlichen wie internationalen Konflikten (z. B. im Rahmen der Entwicklungshilfe) geschult und eingesetzt werden. Statt also die einzelnen Gruppen als Militaristen bzw. Pazifisten zu verteufeln und zu stigmatisieren, wäre darüber nachzudenken, inwieweit sich beide nicht einfach ausschließen, sondern auf durchaus komplementäre Weise ergänzen. Während der Dienst mit der Waffe der Erhaltung und Sicherung des Friedens obliegt, arbeitet der Diener ohne Waffe am Aufbau und an der Ausbreitung des Friedens. Schutz und Sicherheit sind zu umfassende Anliegen, als daß man sie monopolistisch einer einzigen Gruppe und Handlungsweise überlassen dürfte. Schließlich sollte auch der Protestcharakter der Wehrdienstverweigerer gegen Uniformismus und Kasernierung nicht übersehen werden, zumal noch Papst Pius XII. „die moralischen Gefahren des Kasernenlebens zutiefst beklagt" (*Ansprache* vom 23. Dezember 1956) hat.

Theologisch zwar wohl reflektiert, aber noch nicht hinreichend anerkannt erscheint die Zeichen-, Ausdrucks- und Zeugnisfunktion eines gewaltfreien Wehrdienstes für das anzustrebende Ziel der Gewaltfreiheit und des umfassenden Friedens in Gerechtigkeit und gegenseitiger Liebe auf der Grundlage des Beispiels Jesu und seiner Nachfolge bzw. des Friedensverständnisses des ATs und vor allem des NTs. In Zeiten massiven Imponier- und Drohverhaltens durch eine übersteigerte Militärmaschinerie könnten solche Zeichen eines persönlich verantworteten Freibleibens bzw. Verzichts wichtiger sein denn je. Auf diese Weise vermag bereits eine kleine Minderheit, ja sogar ein Einzelmensch in einer Art „prophetischen Protests" auch einer überwältigenden Mehrheit zu dokumentieren, daß wirksame Friedenssicherung mehr erfordert, als sich auf Waffen und Gewalt zu verlassen. Auch wenn Wehrdienstverweigerung nicht vorschnell als das „deutlichere Zeichen" im Dienste des Friedens oder gar als Form der Nachfolge Christi zu benennen ist, zumal dadurch auch der Militärdienst verunglimpft würde, so kann es doch als empirisch feststellbare Tatsache gelten, daß Wehrdienstverweigerung in den letzten Jahren zu einem immer deutlicheren Zeichen christlich-praktischen Friedenshandelns geworden ist.

H. Bühl/E. Vogel (Hrsg.), Wehrdienst aus Gewissensgründen. Zur politischen und ethischen Legitimation der Verteidigung (1987); *F. Furger,* Bewaffnet gewaltlos? (1981); *P. Kranebitter,* Die Verweigerer. Militär, Zivildienst, Ersatz-Wehrdienst (1989); *A. Krölls,* Kriegsdienstverweigerung. Das unbequeme Grundrecht (1980); *W. Krücken,* Kriegsdienstverweigerung. Politisch-ethisch-theologische Erinnerungen und Erwägungen zu einem unbewältigten Problem (1987); *A. Schittenhelm/N. Steidl,* Bundesheer – Zivildienst. Erfahrungen – Tips – Informationen (1983).

ALOIS WOLKINGER

Wert

→ Ethik → Ethos → das Gute → Kunst und Ethik → Mittel → Norm → Übel

Von „Werten" sprechen verschiedene Wissenschaften von der Ökonomie bis zur Ethik. Daraus ergibt sich eine zu beachtende sprachliche Mehrdeutigkeit. Man mag zunächst die folgenden Bedeutungen unterscheiden:

1. „Wert" als abstraktes Substantiv, das von den entsprechenden Adjektiven „gut" oder „begehrenswert" her zu verstehen ist. Mit dem

Substantiv ist dann das bezeichnet, worauf wir uns mit diesen Adjektiven beziehen. Wenn wir einem Gegenstand ein solches Adjektiv zusprechen, nehmen wir eine *Wertung* vor. Der Wert eines Gegenstandes ist für den Menschen ein Grund, danach zu streben oder ihn zu bewahren. In dem jeweiligen Wert ist die Forderung nach bestimmten Handlungen oder Haltungen begründet, die an den Menschen von einem sittlichen (rechtlichen, ästhetischen) Standpunkt aus ergehen.

2. In einem weiteren Sinn bezeichnet „Wert" aber auch solche menschlichen Haltungen, Tugenden wie auch bestimmte sittliche Überzeugungen oder Verpflichtungen, denen sich der Mensch unterwirft. Wenn man etwa von sittlichen Werten (Plural!) spricht, kann dieser Sprachgebrauch vorliegen.

In Entsprechung zu diesen beiden Bedeutungen kann eine Werttheorie (Axiologie) sich mit bloßen Werturteilen im engeren Sinn befassen (Das leibliche Leben ist ein fundamentaler Wert. Sittliche Gesinnung ist von unbedingtem Wert), kann aber auch sittliche Verpflichtungsurteile einschließen (Die Tötung eines Unschuldigen ist unerlaubt). Da beide Arten von Urteilen unterschiedliche logische Eigenschaften haben, sind sie strikt zu unterscheiden. Deshalb empfiehlt es sich, im allgemeinen von der engeren Bedeutung von „Wert" auszugehen.

Vor allem bei der engeren Bedeutung ist noch eine weitere Ambiguität zu bedenken. Bezeichnet „Wert" zunächst eine bestimmte Eigenschaft des Gegenstandes, den man *bewertet,* kann das Wort in anderer Verwendung diesen Gegenstand selbst bezeichnen, der (im ersteren Sinn) Wert *hat* (ein Möbelstück, ein Grundstück, Schmuck usw.). Einige Vertreter einer Wertethik haben Werte in diesem Sinne als „Güter" bezeichnet. So formuliert M. Scheler: „Güter sind ihrem Wesen nach Wert*dinge.*" Als „Güter" bezeichnet er also die Dinge, die Wert haben. Scheler hat mit Recht auf diesen sachlichen Unterschied hingewiesen. Wie man ihn terminologisch benennt, ist eine andere Frage. Die obige Äußerung kann nur als terminologischer Vorschlag verstanden werden. Außerdem hat Scheler bei der strikten Unterscheidung zwischen Gütern und Werten den Zusammenhang zwischen deskriptiven Eigenschaften und Werteigenschaften nicht deutlich gesehen (s. u. Wert als konsekutive Eigenschaft).

Die theoretische Reflexion über die Werte kann sich zum einen der Frage widmen: Was ist gut? Damit ist nach den Dingen gefragt, die gut sind, nach höherem und niederem Wert. Dabei ist darauf hinzuweisen, daß der höhere Wert nicht immer der vorzugswürdige ist. Neben der Werthöhe spielen u. a. die Kriterien der Dringlichkeit, des Fundierungsverhältnisses (u. U. ist ein fundamentaler Wert dem höheren, aber weniger grundlegenden vorzuziehen) und der Aussicht auf Erfolg eine Rolle. Mit den entsprechenden Vorzugsregeln befaßt sich eine ethische Normierungstheorie, soweit sie teleologisch argumentiert. Innerhalb der Werte sind vor allem die sittlichen von den nichtsittlichen zu unterscheiden. Der sittliche Wert (Singular!) ist der Wert der sittlichen Gesinnnung, der Liebe als Wohlwollen. Rein deskriptiv unterscheidet sich dieser Wert von den anderen zunächst dadurch, daß seine Realisierung allein auf dem Willen des Menschen beruht; die Förderung, Erhaltung, Schaffung anderer Werte ist dagegen nicht allein in der Macht des Menschen (Gesundheit, beruflicher Erfolg, Ansehen). Dieser zunächst rein deskriptive Unterschied begründet einen axiologischen Unterschied: Nur der sittliche Wert ist ein unbedingter Wert. Nur, was „in unserer Macht" (ἐφ' ἡμῖν) ist (Epiktet), kann einen unbedingten Wert darstellen, der eine unbedingte, kategorische Forderung begründet. Die Bezeichnung „nichtsittliche Werte" will nur sagen, daß diese nicht die sittliche Qualität eines Menschen ausmachen. Damit sind sie aber nicht sittlich irrelevant; vielmehr beinhaltet die sittliche Forderung auch die richtige Einstellung zu ihnen.

Die theoretische Reflexion über die Werte fragt aber auch: Was ist „gut"? Also: Was ist die *Bedeutung* des Wortes „gut"? Diese Frage ist der sog. Metaethik zuzurechnen. Weitgehende Einigkeit dürfte darüber bestehen, daß mit „gut" nicht einfach eine deskriptive Eigenschaft wie etwa eine Farbqualität (gelb) bezeichnet ist (vgl. G. E. Moore). Mit dem Wort „gut" wird eine Empfehlung ausgesprochen; es hat *gerundivische* Bedeutung. Unterschiedliche Theorien gibt es zu der Frage, worauf diese Empfehlung letztlich basiert. Sie lassen sich einteilen nach den verschiedenen Antworten auf die Frage, ob „gut" für eine Eigenschaft steht.

Eine *kognitivistische* Theorie beantwortet die Frage positiv. Freilich steht „gut" dann für eine Eigenschaft besonderer Art. Man spricht von einer *konsekutiven* Eigenschaft *(consequential* oder *supervenient property),* um anzudeuten, daß diese Eigenschaft zwar auf deskriptiven Merkmalen basiert, aber nicht mit diesen identisch ist. So bezeichne ich etwa ein Auto als gut, weil es schnell, sicher oder (und) umweltfreundlich ist, einen Menschen als sittlich gut, weil er um das Wohl aller besorgt ist, und nicht nur um sein eigenes. Dieser Zusammenhang wird übrigens an der Semantik des Adjektivs „gut" deutlicher als beim Substantiv „Wert" (an dem etwa Scheler sich wohl zu stark orientiert hat). Es bleibt dann die schwierige Frage nach der logischen Eigenart der entsprechenden Werturteile. Es liegt nahe, sie als synthetische Urteile a priori zu verstehen. (Sittliche Verpflichtungsurteile sind dagegen nicht von dieser Art; sie bedürfen einer Begründung.)

Der *Nonkognitivist* bestreitet gewöhnlich die Möglichkeit solcher Urteile, damit auch die Existenz solcher (erkennbar dem Menschen vorgegebener) konsekutiver Eigenschaften, denen eine „objektive Präskriptivität" (J. L. Mackie) zukommt. Auf nonkognitivistischer Basis sind Werturteile dann als Ausdruck einer Emotion oder Haltung (Emotivismus) oder einer subjektiven Entscheidung (Dezisionismus) zu interpretieren. In diesem Fall ist auch der unbedingte Wert der sittlichen Gesinnung dem Menschen nicht vorgegeben. Erst durch die souveräne Entscheidung des Menschen für den Standpunkt der Moral wird diese für ihn verbindlich, freilich nur im Sinn eines hypothetischen Imperativs. Insofern es von diesem Standpunkt aus keine der freien Selbstbestimmung des Menschen vorgegebene sittliche Forderung, keine Berufung gibt, gibt es auch keine Sünde. Besonders von einem atheistischen Standpunkt aus hat diese Position eine gewisse Plausibilität, da nach ihr der Mensch den Sinn seines Daseins (Moralität) selber stiftet. Vom kognitivistischen Standpunkt aus stellt sich dagegen die Frage, wieweit die Behauptung objektiver Werte ohne die Voraussetzung der Existenz Gottes als ihres Urhebers plausibel ist.

F. Brentano, Grundlegung und Aufbau der Ethik (1978, ¹1952); *W. K. Frankena,* „Value and valuation", in: Encyclopedia of philosophy VIII, 229–232; *R. M. Hare,* Die Sprache der Moral (1972); *N. Hartmann,* Ethik (⁴1962, ¹1926); *J. L. Mackie,* Ethik (1981); *G. E. Moore,* Principia Ethica (1970); *M. Scheler,* Der Formalismus in der Ethik und die materiale Wertethik (⁵1966, ¹1913/16); *B. Schüller,* Dezisionismus, Moralität, Glaube an Gott, in: ders., Der menschliche Mensch (1982) 54–88.

WERNER WOLBERT

Widerstand

→ Autorität → Gewalt → Konflikt → Krieg → Macht → Natur
→ Revolution → Staat

Aufgrund heutiger Einsicht verstehen sich Staat und Politik zunehmend subsidiär im Dienst der Gemeinschaft und nicht als Herren über Leben und Tod ihrer Mitglieder. Der Staat ist somit, um es mit den Worten des Zweiten Vatikanischen Konzils auszusprechen, „jene umfassende Gemeinschaft, in der alle täglich ihre eigenen Kräfte zusammen zur immer besseren Verwirklichung des Gemeinwohls einsetzen" (GS 74). Wenn nun diese Dienstfunktion vernachlässigt oder gar mißbraucht und pervertiert wird, lebt das vom Volk ausgehende ursprüngliche Recht jedes Bürgers wieder auf, das eine Art Naturrecht bzw. vor-

oder überpositives bzw. vorstaatliches Recht im Sinne von Gerechtigkeit ist, weil es jedem positiven Recht vorausgeht und zugrunde liegt und daher den einzelnen Bürger dazu berechtigt und ermächtigt, ja verpflichtet, den aufgetretenen Mißständen zu wehren und für eine neue, bessere Rechtsordnung seinen Beitrag zu leisten. Das Widerstandsrecht stellt somit ein letzt- und höchstrangiges Persönlichkeits- und Menschenrecht dar und wurde auch traditionellerweise vielfach als Notwehrrecht anerkannt.

Auch wenn ein solches Widerstandsrecht keiner gesetzlichen Zustimmung bedarf, ist es doch interessant festzustellen, daß die Bundesrepublik Deutschland im Jahre 1968 „das Recht zum Widerstand, wenn andere Abhilfe nicht möglich ist", in das Grundgesetz (Art. 20, Abs. 4) aufgenommen hat. Auch nach der bereits erwähnten Pastoralkonstitution des Konzils darf sich „die Ausübung der politischen Gewalt in der Gemeinschaft ... immer nur im Rahmen der sittlichen Ordnung vollziehen ..., und zwar zur Verwirklichung des Gemeinwohls". Nur dann sind „die Staatsbürger im Gewissen zum Gehorsam verpflichtet" (GS 75). Eine Berufung auf „blinden Gehorsam" wird ausdrücklich verworfen und „höchste Anerkennung" der Haltung derer gezollt, „die sich solchen (= verbrecherischen) Befehlen furchtlos und offen widersetzen" (GS 79).

Es gibt zahlreiche Möglichkeiten und Formen des Widerstandes, angefangen von Kritik und Protest im Rahmen des legal Zugestandenen, über gewaltfreien, aber bereits illegalen zivilen Ungehorsam, bis hin zu Gewalt anwendenden Widerstandsformen. Während ziviler Ungehorsam zwar illegal, aber moralisch legitim sein kann, muß Gewaltanwendung zumindest prinzipiell als illegitim abgelehnt werden, es sei denn, sie ist die letzte noch in Betracht kommende Möglichkeit, bereits vorhandene Gewalt zu verhindern bzw. zu vermindern (Ultima-ratio-Grundsatz bzw. Prinzip der Doppelwirkung). Generell läßt sich auch noch ein passiver von einem aktiven Widerstand unterscheiden, wobei sich ersterer eher nur gegen einzelne obrigkeitliche Maßnahmen richtet, letzterer gegen die geltende Staatsordnung insgesamt. Damit ist aber nicht auszuschließen, daß für den einzelnen passiver Widerstand höchste Aktivität erfordern und aktiver Widerstand äußerlich passiv erscheinen kann.

Die einfachste und zugleich alltäglichste, aber deswegen keineswegs unwichtige Form des Widerstands stellt der Protest in mündlicher oder schriftlicher Form dar; letzterer kann in öffentlichen oder geheimen, weil verbotenen Druckwerken (Untergrundliteratur) erfolgen. Eine weitere alltägliche Form öffentlichen und zugleich konstruktiven Widerstands im demokratisch-politischen Leben, die auf ganz legaler Basis gewissermaßen von Amts wegen die Beschlüsse der Regierung kritisieren, aber auch Alternativen diskutieren und präsentieren kann, ist die parlamentarische Opposition, vertreten durch eine politische Partei. Hierher gehören auch Demonstrationen, die in einem demokratischen Rechtsstaat in der Regel völlig legal von Volks- oder Interessengruppen durchgeführt werden können, ob sie nun aus Kreisen der politischen Opposition kommen oder auch von unzufriedenen Gruppierungen innerhalb der Regierungsfraktion. Diese Möglichkeit stellt wohl die wichtigste Weise der politischen wie weltanschaulichen, aber auch moralisch-sittlichen Willenskundgebung dar, weil hier ein öffentliches Bekenntnis über Wert- bzw. Unwertvorstellungen abgelegt wird.

Eine Art Mittelstellung zwischen den verschiedenen Formen eines legalen Protestes und den die Gewalt anwendenden Arten des Widerstands nimmt der zivile Ungehorsam ein, der bezüglich konkreter Fragen innerhalb größtenteils geordneten (demokratischen) Gesellschaftssystemen an den Gerechtigkeitssinn der (schweigenden) Mehrheit der Gesellschaft appelliert und mit Hilfe von Argumentation (Überzeugung) und Zeugnis auf die Durchsetzung seiner Anliegen vertraut. Dabei wird eine aufgrund erfolgter Gesetzesverletzungen eintretende legale, aber als illegitim empfundene Strafe (Geldstrafe, Gefängnis) bewußt riskiert bzw. in Kauf genommen, weil man die Hinnahme des Mißstandes als gravierender einschätzt als die Folgen der Akte des zivilen Ungehorsams, die ja nur eher symbolischen Charakter haben. Der Gang in die Öffentlichkeit, der Gewaltverzicht und die Bereitschaft, die (als ungerecht empfundenen) Folgen der Gesetzesverletzung auf sich zu nehmen, verstehen sich als Unterpfand der Aufrichtigkeit und des Ernstes des verfolgten Anliegens (Beispiele: M. Gandhi, M. L. King). Ziviler Ungehorsam will ausdrücklich zur Erhaltung und Stärkung und nicht zur Aushöhlung und Untergrabung der demokratischen Gesellschaftsordnung beitragen, ist jedoch ihr Prüfstein, weil er die konkreten (Un-)Rechtszustände auf ihre Legitimationsgrundlagen hinterfragt. Insofern gehört er zum „unverzichtbaren Bestand einer reifen politischen Kultur" (J. Habermas).

Widerstand kann weiters durch versteckte oder offene Befehlsverweigerung (z. B. Kriegs- bzw. Militärdienstverweigerung) – erstere durch Unterlassen oder auch stillschweigende Abänderung der Befehlsausführung – erfolgen. Weitere Möglichkeiten sind durch Streik, Boykott, Sabotage unter Riskierung von Sachbeschädigung gegeben. Auch Untertauchen in den Untergrund, Flucht, Emigration und Aktivität vom Ausland können legitime Widerstandsformen sein.

Die Menschenleben riskierenden Maßnahmen der Revolte (Putsch, Staatsstreich) sind nur aufgrund eines bereits vorhandenen Staatsterrors also zur Eindämmung und schließlichen Beendigung bereits vorhandener Gewalt unter dem Titel der Notwehr legitim. Unter solchen Voraussetzungen hat auch Papst Paul VI. einen Befreiungskampf (eine „Revolution") „im Fall der eindeutigen und lange dauernden Gewaltherrschaft, die die Grundrechte der Person schwer verletzt und dem Gemeinwohl des Landes gefährlich schadet" (PP 31; 1967), von der sonst stets neues Unrecht zeugenden Gewalt ausgenommen. In der *Instruktion der Kongregation für die Glaubenslehre* über die christliche Freiheit und Befreiung vom 22. März 1986 wird allerdings ein „systematischer Rückgriff auf Gewalt, der als angeblich notwendiger Weg zur Befreiung hingestellt wird", als „eine zerstörerische Illusion angeprangert ..., die den Weg zu neuer Knechtschaft eröffnet" (Nr. 76). Weiters wird darauf hingewiesen, daß für Christen aufgrund des Gebots der Feindesliebe „Befreiung im Geist des Evangeliums unvereinbar ist mit dem Haß gegen den anderen, sei es als Einzelperson oder als Gemeinschaft; der Haß gegen den Feind ist dabei mitgemeint" (Nr. 77). Denn es gäbe auch „eine Moral der Mittel" (Nr. 78). Diese Prinzipien müßten „insbesondere im Extremfall angewandt" (Nr. 79) werden, wobei zu beachten sei, daß die „zunehmende Schwere der durch die Anwendung von Gewalt gegebenen Gefahren" für den „passiven Widerstand" einen Weg eröffne, „der mit den Moralprinzipien mehr konform geht und nicht weniger erfolgversprechend ist" (ebd.) als eine gewalttätige Revolution.

V. Eid (Hrsg.), Prophetie und Widerstand (1989); *B. Häring*, Die Heilkraft der Gewaltfreiheit (1986); *M. Rock*, Christ und Revolution. Widerstandsrecht – Widerstandspflicht (1968); *W. Stock* (Hrsg.), Ziviler Ungehorsam in Österreich (1986).

ALOIS WOLKINGER

Wirtschaftsethik

→ Armut → Eigentum → Entwicklungszusammenarbeit → Gemeinwohl
→ Menschenwürde → Sozialllehre, katholische → Staat → Umweltethik

1. Begriffsbestimmung und Folgerungen daraus

Wer wirtschaftsethische Aussagen formuliert, muß zunächst darlegen, was er unter Wirtschaft, unter Ethik und unter Wirtschaftsethik versteht.

„Unter Wirtschaft ist die Gesamtheit der Dispositionen über die verfügbaren Güter zum Zwecke einer möglichst weitgehenden Befriedigung der Bedürfnisse zu verstehen", schreibt A. Mahr in einem in den fünfziger und sechziger Jahren verbreiteten Lehrbuch der Volkswirtschaftslehre. In einem Volkswirtschaftslehrbuch neueren Datums, nämlich in dem von E. und M. Streissler verfaßten, heißt es diesbezüglich: „Wirtschaftliche Entscheidungen sind bestmöglicher Einsatz von Mitteln für gegebene Ziele."

Wenn man nun unter Ethik ein System begründeter, von der Idee eines sinnvollen menschlichen Lebens geleiteter Aussagen über das gute bzw. richtige Verhalten und Handeln unter Beachtung der entsprechenden Gesinnung und mit Ausrichtung auf entsprechende Institutionen und Strukturen versteht, dann läßt sich nach dem bisher Gesagten Wirtschaftsethik folgendermaßen definieren: Sie ist ein System begründeter, von der Idee eines sinnvollen menschlichen Lebens geleiteter, offener Aussagen bezüglich der Güte und Richtigkeit von Dispositionen über die verfügbaren Güter zum Zwecke einer möglichst weitgehenden Befriedigung der Bedürfnisse bzw. zum Zwecke einer bestmöglichen Erreichung von Zielen, dies alles unter Beachtung der entsprechenden Gesinnung und mit Ausrichtung auf entsprechende Institutionen und Strukturen.

Wie aus beiden oben angeführten, bewußt als in zeitlicher Entfernung zueinander liegend gewählten Wirtschaftsdefinitionen klar wird, geht es bei der Wirtschaft um die Befriedigung von Bedürfnissen und die Erreichung von Zielen. Wenn nun Ethik die Lehre von begründeten Aussagen über das richtige Verhalten und Handeln sowie über entsprechende Institutionen und Strukturen ist, dann hat die Wirtschaftsethik zunächst einmal Rechenschaft abzulegen über die Richtigkeit von Bedürfnissen und von Zielen. Die Wirtschaftsethik hat also zu einer ethischen Bewertung von Bedürfnissen und Zielen anzuleiten. In der Welt, in der wir leben, gibt es nämlich eine Vielzahl und Vielfalt von Bedürfnissen und Zielen, für deren Befriedigung bzw. Erreichung man vorhandene Mittel einsetzen kann. Mit Geld kann man z. B. Nahrung für Hungernde kaufen, aber ebenso einen gedungenen Mörder bezahlen. Mit Geld kann man z. B. Gaskammern und Konzentrationslager bauen, aber auch Wohnungen und Krankenhäuser. Diese bewußt extrem gewählten Beispiele sollen eindringlich demonstrieren, wie wichtig eine ethische Beurteilung von Bedürfnissen und Zielen ist. Nicht alle Ziele sind gleich gut, und nicht alle Bedürfnisse müssen und dürfen befriedigt werden.

Es stellt sich nun die Frage, wer nach erfolgter wirtschaftsethischer Überlegung in erster Linie die Entscheidung über die konkrete Bewertung von zu befriedigenden Bedürfnissen und zu erreichenden Zielen vornehmen soll.

Antwort: Grundsätzlich alle Menschen, deren Bedürfnisse und Ziele befriedigt bzw. erreicht werden sollen, und nicht eine „allwissende Zentrale". Der Mensch darf wirtschaftsethisch nicht entmündigt werden! D. h., daß jeder Mensch immer dort, wo er an Wirtschaftsprozessen beteiligt ist, sich die Frage nach der ethischen Richtigkeit der Bedürfnisse und der Ziele zu stellen hat. Näherhin sind es die Konsumenten, die mit ihrer Nachfrage eine entsprechende ethische Verantwortung tragen, aber auch die Produzenten, die mit ihrem Angebot ethisch verantwortlich sind. Sodann trifft eine hohe Verantwortung auch die staatliche Autorität, welche mit ihren Gesetzen die Herstellung und den Vertrieb von problematischen Produkten zu regeln bzw. zu unterbinden hat. Bedürfnisse und Ziele können nicht nur gut oder schlecht sein, sie können auch miteinander konkurrieren. Weil die Mittel zur Befriedigung der Bedürfnisse bzw. zur Erreichung von Zielen in unserer Welt beschränkt sind und nicht alle Bedürfnisse und Ziele gleichzeitig befriedigt bzw. erreicht werden können, muß eine entsprechende Rangordnung der Bedürfnisse und der Ziele erfolgen. Primäre Entscheidungsträger müssen auch hierin die Konsumenten und die Produzenten bleiben.

2. Sinn und Ziel der Wirtschaft

Mit dem bisher Gesagten zusammenhängend stellt sich aus wirtschaftsethischer Perspektive die Frage nach dem Sinn und Ziel der Wirtschaft. Sinn und Ziel der Wirtschaft liegen im Menschen; und zwar in „der dauernden und gesicherten Schaffung jener materiellen Voraussetzungen, die dem einzelnen und den Sozialgebilden die menschenwürdige Entfaltung ermöglichen" (J. Höffner). Oder mit dem Zweiten Vatikanischen Konzil kann man es so formulieren: „Auch im Wirtschaftsleben sind die Würde der menschlichen Person und ihre ungeschmälerte Berufung wie auch das Wohl der gesamten Gesellschaft zu achten und zu fördern, ist doch der Mensch Urheber, Mittelpunkt und Ziel aller Wirtschaft" (GS 63).

Somit werden die Achtung, Förderung und Mißachtung des Menschen und seiner Würde zu einem entscheidenden Kriterium für die ethische Richtigkeit oder Unrichtigkeit einer konkreten Wirtschaft. Ein Blick auf die Elendzonen dieser Welt, wo die Wirtschaften die Menschen nicht zu ernähren vermögen, und die Tatsache, daß es auch in den sogenannten Wohlstandsgesellschaften diesbezüglich immer noch nicht wenige Defizite gibt, genügen, um festzustellen, daß ethisch richtige Gesinnung und Taten mit Ausrichtung auf entsprechende Institutionen und Strukturen die eigentlichen knappen Güter der Menschheit sind. So läßt sich gerade aus der Perspektive einer christlichen Ethik in einer Umformulierung des kategorischen Imperativs von K. Marx sagen: Die Kritik aller menschenunwürdigen Wirtschaftsverhältnisse dieser Welt endet mit der Lehre, daß der Gottmensch Jesus Christus das höchste Wesen für den Menschen sei, und mit dem kategorischen Imperativ, in seinem Namen und in seiner Kraft alle Wirtschaftsverhältnisse so zu gestalten, daß der Mensch auch darin Gottes Ebenbild sein kann.

3. Sozialprinzipien als Orientierungs- und Prüfprinzipien der Wirtschaft

Bei einer weiteren Prüfung der ethischen Richtigkeit ökonomischen Verhaltens und Handelns, ökonomischer Institutionen und Strukturen kann man die Frage stellen, wieweit gegebene Wirtschaften den Sozialprinzipien der christlichen Soziallehre gerecht werden. So können das Personprinzip, das Gemeinwohlprinzip, das Solidaritätsprinzip, das Subsidiaritätsprinzip und das Prinzip der vorrangigen Option für die Armen als Leitprinzipien der Wirtschaft dienen.

Im Sinne des *Personprinzips* darf der Mensch nicht zu einem beliebigen Faktor degradiert werden, mit dem man beliebig kalkulieren darf; besitzt doch der Mensch, um es in der Sprache von I. Kant auszudrükken, nicht nur einen „Preis", sondern Würde. Er darf also nicht als bloßes Mittel zum Zweck gebraucht bzw. mißbraucht werden. Vielmehr sind im Wirtschaftsprozeß nicht nur jene Güter und Dienstleistungen zu erstellen, die dem Menschen die Entfaltung seiner Personhaftigkeit ermöglichen, sondern der Wirtschaftsprozeß selbst muß ein humaner sein, indem darin die schöpferischen Kräfte des Menschen zur Entfaltung gelangen.

Beim *Gemeinwohlprinzip* als Leitprinzip der Wirtschaft ist vor allem daran zu erinnern, daß das Gemeinwohl das Wohl aller Glieder eines Sozialgebildes im Auge hat und daß dabei die Voraussetzungen für das Wohl aller zu schaffen sind, besonders aber jene zu berücksichtigen sind, die man leicht vernachlässigt, z. B. die Armen, Schwachen, sonstig Benachteiligten und die künftigen Generationen. Besonders im Auge zu behalten ist auch die zu schonende Umwelt.

Das *Solidaritätsprinzip* betont die gegenseitige Verbundenheit und Verpflichtetheit der Glieder eines Sozialkörpers untereinander, vom einzelnen zum Ganzen und vom Ganzen zum einzelnen. Wirtschaftlich besonders wichtig sind die Schaffung von Kooperationsmöglichkeiten für alle, die Förderung der Kooperation aller sowie die gerechte Verteilung nicht nur von Früchten der Kooperation, sondern auch etwaiger Lasten des Wirtschaftslebens.

Das *Subsidiaritätsprinzip* schließlich betont bei der Gesellschaftstätigkeit den Vorrang des einzelnen und von untergeordneten Gemeinwesen vor der weiteren und übergeordneten Gemeinschaft und übergeordnete Gesellschaftstätigkeit vor allem als Hilfe zur Selbsthilfe für einzelne und untergeordnete Gemeinwesen. Auf wirtschaftlichem Gebiet vermag dieses Subsidiaritätsprinzip besonders segensreich zu wirken als Ansporn prinzip, als Sparprinzip und als Machtteilungsprinzip. Als Ansporn prinzip regt es die einzelnen und überschaubaren kleineren Gemeinwesen zur Eigentätigkeit an und mobilisiert so die darin steckenden Fähigkeiten und Kapazitäten in fruchtbarer Weise. Als Sparprinzip motiviert es im Sinne des wohlverstandenen Eigeninteresses zum sparsamen Umgang mit knappen Mitteln. Als vertikales Machtteilungsprinzip wirkt es nicht nur der wirtschaftlichen Machtkonzentration, sondern auch der Konzentration von wirtschaftlicher und politischer Macht entgegen.

Das Prinzip der vorrangigen *Option für die Armen*, das im Gemeinwohlprinzip und im Solidaritätsprinzip angeklungen ist, das man aber als eigenes Sozialprinzip der katholischen Soziallehre betrachten kann, gebietet im Bereich der Wirtschaft, daß wirtschaftliches Sinnen, Trachten und Handeln von einzelnen und Gruppen sowie wirtschaftliche Institutionen und Strukturen auf das Ziel hin ausgerichtet sein müssen, Armut und sonstige Benachteiligungen soweit als möglich gar nicht entstehen zu lassen und etwaig vorhandene Armut und sonstige Benachteiligungen soweit als möglich zu beseitigen bzw. zu lindern. Was der Wirtschaftshirtenbrief der katholischen Bischöfe der USA aus dem Jahre 1986 primär im Blick auf die USA formuliert hat, gilt wirtschaftsethisch allgemein, nämlich: „Die höchste Priorität hat die Erfüllung der Grundbedürfnisse der Armen." Es gilt auch das Wort Papst Johannes Pauls II., das er bei seinem Kanadabesuch 1984 gesprochen hat und das von dem genannten US-Wirtschaftshirtenbrief zitiert wird, nämlich: „Die Nöte der Armen müssen Vorrang vor den Wünschen der Reichen haben; die Rechte der Arbeiter vor der Vermehrung des Profits; der Umweltschutz vor der unkontrollierten Expansion; Produktion, die den sozialen Nöten begegnet, vor der Produktion für militärische Zwecke."

4. Das richtige Wirtschaftssystem

Wirtschaftsethisch richtiges Verhalten und Handeln erfolgt nicht im luftleeren Raum, es wird erleichtert, gefördert oder behindert durch das jeweilige System mit den jeweiligen Institutionen und Strukturen. Idealtypisch unterscheidet man die Extreme der *Zentralverwaltungswirtschaft* und des *marktwirtschaftlichen Automatismus*. Beim kollektivistischen Typ der Zentralverwaltungswirtschaft erfolgt die Steuerung der Wirtschaft über eine hoheitliche Zentralverwaltung auf der Grundlage verbindlicher, vom Staat erlassener Pläne, wobei die Produktionsmittel vergesellschaftet sind. Die Hauptprobleme dieses Wirtschaftssystems liegen in der gefährlichen Konzentration politischer und wirtschaftlicher Macht in einer Hand, in der Bevormundung bzw. Entmündigung der Menschen bezüglich ihrer Bedürfnisse, in der Lähmung der Wirtschaft infolge fehlender Interessenanreize sowie nicht zuletzt in der wirtschaftlichen Ineffizienz dieses Systems, wie nicht nur die jüngere Geschichte der Ostblockwirtschaften dies deutlich dokumentiert.

Im Gegentyp dazu, im System des *marktwirtschaftlichen Automatismus*, verläuft der Wirtschaftsprozeß sozusagen von unten nach oben, die Steuerung erfolgt über den Markt aufgrund der Initiativen der Konsumenten als Nachfrager und der Produzenten als Anbieter, wobei Angebot und Nachfrage über die Preisbildung am Markt zur Deckung gebracht werden. Die Produktionsmittel sind im Privateigentum, und der Wettbewerb gilt als treibender Motor und herrschendes Gesetz der Wirtschaft. Dabei herrscht die Idee vor, daß dadurch quasi automatisch die Bedürfnisse und Interessen aller, der Konsumenten und der Produzenten, am besten befriedigt werden.

Die Problematik dieses individualistischen Wirtschaftssystems liegt vor allem darin, daß der wettbewerbsgesteuerte Marktmechanismus infolge unterschiedlicher Start- und Machtchancen am Markt keineswegs alle berechtigten Bedürfnisse befriedigt, sondern eher die der Reichen und Starken, daß ferner das an sich berechtigte Gewinninteresse zu Profitgier entarten kann, daß sodann infolge unterschiedlicher Machtverhältnisse am Markt eine zu große Gefahr zu Monopol- und Obligopolbildung und damit zur Ausschaltung des Wettbewerbs besteht, daß sodann die Reichen immer reicher und die Armen immer ärmer zu werden drohen und daß schließlich im Kampf egoistischer Individualinteressen wichtige Gemeinwohlanliegen, wie etwa der Umweltschutz, auf der Strecke bleiben. Das Schicksal des ausgebeuteten Industrieproletariats im vorigen Jahrhundert und die Not des Weltproletariats in den Elendszonen der Welt von heute dokumentieren die

Schattenseiten eines zu sehr auf individualistischem Liberalismus aufgebauten Wirtschaftssystems zur Genüge.

In diesem Zusammenhang muß noch eine Bemerkung zum *Kapitalismus* gemacht werden, der ja in einer seiner Begriffsverwendungen als Realisierung des idealtypischen Systems des marktwirtschaftlichen Automatismus gelten kann. Dabei muß aber auf den jeweiligen Begriffsgebrauch von Kapitalismus geachtet werden. Meint man mit Kapitalismus eine Wirtschaftsweise und eine Wirtschaftsform, in welcher dem Kapital in seinen verschiedenen Formen eine wichtige Funktion in der Wirtschaft zukommt, so ist dagegen prinzipiell nichts einzuwenden. Meint man aber mit Kapitalismus jene Wirtschaftsgesinnung und auch Wirtschaftsweise des individualistischen Liberalismus etwa des vorigen Jahrhunderts, in welcher die Arbeitspersonen auf dem „Arbeitsmarkt" zu einer Ware degradiert werden und das Kapital nicht partnerschaftlich und kooperativ mit der Arbeit zusammenwirkt, sondern die Arbeit samt ihrem Subjektcharakter zu einem Objekt degradiert wird, dann ist dieser Kapitalismus scharf abzulehnen, was die Sozialdokumente der katholischen Kirche immer wieder getan haben und noch tun. Selbstverständlich ist von der katholischen Soziallehre aus auch der Staatskapitalismus, wie er etwa im System des kollektivistischen Marxismus zutage tritt, zu verurteilen. Dieser kollektivistische Marxismus stellt ja wirtschaftlich eine Verkörperung des oben diskutierten Idealtyps der Zentralverwaltungswirtschaft dar. Die Enzyklika *Sollicitudo rei socialis* Johannes Pauls II. formuliert deshalb nach einer Kritik der kapitalistischen wie marxistischen Entwicklungsvorstellungen folgendermaßen: „Das ist einer der Gründe, warum die Soziallehre der Kirche eine kritische Haltung gegenüber dem liberalistischen Kapitalismus wie dem kollektivistischem Marxismus einnimmt" (SRS 21).

Auf die Frage nach dem richtigen Wirtschaftssystem ist nach dem bisher Gesagten zu antworten, daß ein wirklich freies und sozial gerechtes Wirtschaftssystem anzustreben ist, welches imstande ist, vorrangig die vitalen Lebensbedürfnisse aller zu befriedigen, und darüber hinaus solidarisch die Wohlfahrt aller fördert, und dies alles im Einklang mit der Natur und nicht durch ihre Verwüstung und Ausbeutung. Das Konzept der ökosozialen Marktwirtschaft zielt in diese Richtung und kann diesbezüglich als Annäherungsmodell betrachtet werden.

5. Einige weitere Einzelfragen

a) Mitbestimmung: Was die Frage der Mitbestimmung anlangt, so ist dabei in unserem Themenzusammenhang die Mitbestimmung im engeren Sinn gemeint, nämlich die in der Welt der Arbeit und der Wirtschaft, bei welcher man einerseits die technische, wirtschaftliche und soziale, andererseits die betriebliche und die überbetriebliche unterscheiden kann. Besondere Bedeutung in der heutzutage geführten Diskussion hat dabei die Frage der Teilnahme der Arbeitnehmer an wirtschaftlichen Entscheidungen im Unternehmen, eine Frage, die hier in besonderer Weise im Blickpunkt steht.

Papst Johannes XXIII. hat in seiner Enzyklika *Mater et magistra* bezüglich der Mitbestimmung eine Aussage getätigt, die im Grunde schon von seinen Vorgängern geäußert und in späteren Sozialdokumenten der Kirche zumindest der Sache nach wiederholt wurde, nämlich: „Wie schon Unser Vorgänger sind auch Wir der Meinung, daß die Arbeiter mit Recht aktive Teilnahme am Leben des sie beschäftigenden Unternehmens fordern. Wie diese Teilnahme näher bestimmt werden soll, ist wohl nicht ein für allemal auszumachen ... Das Ziel muß in jedem Fall sein, das Unternehmen zu einer echten menschlichen Gemeinschaft zu machen" (MM 91).

Unter den Sozialethikern besteht heutzutage ziemliche Einigkeit bezüglich der prinzipiellen Bejahung der Mitbestimmung auch im Unternehmen, unterschiedliche Auffassungen hingegen gibt es hinsichtlich eines konkreten Modells bzw. des Ausmaßes solcher Mitbestimmung. Die sinnvolle Konkretisierungsweise und der sinnvolle Konkretisierungsgrad solcher Mitbestimmung hängen doch sehr vom jeweiligen Entwicklungsstand der Wirtschaft sowie vom Entwicklungsgrad des politischen und gesellschaftlichen Systems ab. Dazu kommt noch, daß man aufgrund unterschiedlicher Erfahrungen in der Vergangenheit und unterschiedlicher Annahmen über Reaktions- und Handlungsweisen der Menschen zu unterschiedlicher Bewertung konkreter Modelle kommen kann, abgesehen davon, daß es auch darauf ankommt, welchen Faktor im Gesamtwertpaket man wie stark einschätzt. So kann man z. B. vom prinzipiellen Vorrang der Arbeit vor dem Kapital so sehr beseelt sein, daß man etwaige Wettbewerbsnachteile durch erweiterte Mitbestimmung nicht so stark befürchtet. Oder: Eine Furcht vor einem zu starken Machtzuwachs der Gewerkschaften infolge erweiterter Mitbestimmung kann so schwer wiegen, daß etwa das Argument für eine erweiterte Mitbestimmung, aus dem Eigentum als einer Herrschaft über Sachen ließe sich keinerlei Anspruch bezüglich einer Herrschaft über Menschen ableiten, nicht so zum Tragen kommt.

Die konkrete Mitbestimmung darf freilich nicht dazu führen, daß die so wichtige Funktion des positiv-initiativen *Unternehmers* behindert oder gar verunmöglicht wird. Dabei ist nicht nur an die unternehmerische Funktion der führenden Unternehmerpersönlichkeiten zu denken, sondern auch an die unternehmerische Initiative möglichst vieler im Betrieb bzw. im Unternehmen Beschäftigten, was durch eine gute gelungene Form der Mitbestimmung gefördert werden kann. Von solcher unternehmerischer Initiative sagt Papst Johannes Paul II. in seiner Enzyklika *Sollicitudo rei socialis:* „Man muß außerdem hervorheben, daß in der heutigen Welt unter den anderen Rechten oft auch das Recht auf wirtschaftliche Initiative unterdrückt wird. Und doch handelt es sich um ein wichtiges Recht nicht nur für den einzelnen, sondern auch für das Gemeinwohl" (SRS 15).

b) Streik und Aussperrung: Am „Arbeitsmarkt" stehen einander, wenn schon nicht durch Klassengegensätze, so doch durch Interessengegensätze bestimmte Gruppen der Arbeitgeber und der Arbeitnehmer gegenüber, die jeweils für sich die günstigsten Bedingungen des Arbeitsvertrages aushandeln bzw. erreichen wollen. Im Mittelpunkt solcher von Interessengegensätzen geleiteter Auseinandersetzungen steht sehr häufig der Lohn, den die Arbeitgeber eher niedrig, die Arbeitnehmer verständlicherweise eher höher sehen wollen, wobei die Frage der Berechtigung der jeweiligen Interessen nicht in jedem Fall so leicht abzusehen ist. Der Streik als Kampfmittel der Arbeitnehmer ist die kollektive Verweigerung der Arbeit, die Aussperrung als Kampfmittel der Arbeitgeber stellt den kollektiven Ausschluß von der Arbeitsgelegenheit dar. Vom Streik sagt die Enzyklika *Laborem exercens* Papst Johannes Pauls II., daß er als eine „von der katholischen Soziallehre als unter den notwendigen Bedingungen und in den rechten Grenzen" erlaubte Verfahrensweise anerkannt wird, daß er aber im bestimmten Sinn ein äußerstes Mittel bleibt und daß er nicht mißbraucht werden darf, vor allem nicht als politisches Druckmittel (Nr. 20). Über die Aussperrung gibt es bislang keine lehramtliche Aussage. Man wird sie nicht prinzipiell und für alle Fälle von vornherein als sittlich unerlaubt bezeichnen können, man wird aber im Falle einer *ultima ratio* im Interesse des Gemeinwohls etwa bei Mißbrauch des Streikrechts dieses Kampfmittel besonders strengen Bedingungen unterwerfen.

c) Der Boykott: In teilweiser enger Verbindung zu Streik und Aussperrung als Mitteln des Arbeitskampfes steht der Boykott. Im strengen, mit dem allgemeinen Sprachgebrauch nicht immer identischen Begriffsverständnis besteht der Boykott in der Aufforderung zur Enthaltung bestimmter sozialer, wirtschaftlicher oder rechtlicher Beziehungen zu einem Dritten, wobei es sich beim Aufforderer, beim Adressaten und beim zu Treffenden sowohl um einzelne als auch um Gruppen handeln kann. Die Absicht des Boykotts ist es, dem Boykottierten einen Schaden bzw. Nachteil zu verschaffen, meist, um ihn zu einem bestimmten Verhalten zu zwingen. Der Boykott kann als Mittel im Arbeitskampf eingesetzt werden, als Mittel im wirtschaftlichen Wettstreit, als soziales und politisches Kampfmittel innerhalb von Klassen und Gruppen und schließlich als Druckmittel auf internationaler Ebene in oder neben dem Völkerrecht.

Als hartes Kampfmittel unterliegt die sittliche Erlaubtheit des Boykotts strengen Auflagen, und zwar: Das Ziel muß eindeutig gerecht sein, der Boykott darf erst nach Ausnützen bzw. Ausschöpfen aller milderen Mittel zum Einsatz kommen, und es darf dabei das Gemeinwohl nicht einen größeren Schaden als ohne dieses Mittel erleiden. Dieses harte Kampfmittel muß also dem Prinzip der Proportionalität entsprechen.

d) Preis und Wucher: Der Preis ist der in Geld ausgedrückte Tausch- oder Kaufwert für ein Gut. Bei funktionierendem Markt mit freiem Wettbewerb bildet er sich nach dem Gesetz von Angebot und Nachfrage im Schnittpunkt der Angebots- und Nachfragekurve. Er kann auch vom Staat festgesetzt sein nach dessen sozialen und politischen Wertungen. Zu dem *gerechten Preis* kann nur ein Rahmen mit einer Bandbreite abgesteckt werden, für welche einige bestimmende Faktoren angebbar sind, und zwar:

– Der gerechte Preis soll in einem derartig angemessenen Verhältnis zu den Löhnen und sonstigen Einkommen stehen, daß die lebensnotwendigen Güter von allen erworben werden können.

– Der gerechte Preis soll sodann hintendieren zu jenem Preis, der sich in einer Volkswirtschaft mit funktionierendem Markt und freiem, aber doch geordnetem Wettbewerb auf diesem Markt bildet, nicht zuletzt auch deshalb, damit die Produktionsfaktoren ihrer ertragreichsten Verwendung zugeführt werden.

– Der gerechte, d. h. richtige Preis muß schließlich in einem gewissen Rahmen elastisch und stabil zugleich sein: elastisch, damit die Funktion der Preise im Dienste der einzelnen und der Gesamtwirtschaft erfüllt werden kann; stabil in dem Sinn, daß eine entsprechende Kalkulations- und Planungsmöglichkeit vor allem für die Produzenten bestehen bleibt und daß die nachteiligen Folgen einer stärkeren Inflation, von welcher besonders die Bezieher fixer niedriger Einkommen betroffen sind, vermieden werden.

Eine der krassen Formen der Preisungerechtigkeit stellt der Wucher dar, der sich allgemein gesprochen als die Übervorteilung anderer im wirtschaftlichen Tauschverkehr beschreiben läßt, also als die Aneignung eines wirtschaftlichen Wertes ohne entsprechende Gegenleistung. Häufig wird dabei die Notlage oder Unwissenheit anderer ausgenützt. Neben dem Individualwucher ist der Sozialwucher zu unterscheiden, dessen Mittel vor allem die Monopolmacht in ihren verschiedenen Formen ist.

G. *Enderle* (Hrsg.), Ethik und Wirtschaftswissenschaft (1985); Gegen Unmenschlichkeit in der Wirtschaft. Der Hirtenbrief der katholischen Bischöfe der USA „Wirtschaftliche Gerechtigkeit für alle", aus deutscher Sicht kommentiert von F. Hengsbach (1987); *J. Höffner,* Christliche Gesellschaftslehre (^{4}1983); *J. Messner,* Das Naturrecht (^{7}1984); *O. v. Nell-Breuning,* Gerechtigkeit und Freiheit (1980); *A. Rich,* Wirtschaftsethik (1984); *E. Waibl,* Wirtschaftsethik (1984).

VALENTIN ZSIFKOVITS

Wissenschaftsethik

→ Ethik → Ethos → Genetik und Gentechnik → Kultur → Medizinische Ethik → Technik → Tierversuche → Umweltethik → Wirtschaftsethik

Der Ruf nach vermehrter Beachtung ethischer Implikationen und Grenzen der Wissenschaft hat im Zusammenhang mit dem maßgeblich durch wissenschaftliche Forschungsergebnisse ermöglichten Risiko- und Gefahrenpotential der Gegenwart stark zugenommen.

1. Zum Begriff „Wissenschaft"

Unter Wissenschaft wird einmal ein auf einem bestimmten Sachgebiet mit rational überprüfbaren Verfahren zur zuverlässigen, gesicherten Erkenntnisgewinnung arbeitendes Erforschen und Vordringen zu den Begründungszusammenhängen und Verknüpfungen des betreffenden Gegenstandsbereichs verstanden. Sodann bezeichnet Wissenschaft auch das Resultat dieser Tätigkeit im Sinne des Inbegriffs des nach Maßgabe anerkannter Methoden erzielten Wissens in seiner Einheit und Struktur. Dem Begriff „Wissenschaft" werden somit auch die durch methodisch-systematische Erkenntnis gewonnenen Systeme von Aussagen, Sätzen und Normen zugeordnet. Schließlich wird mit Wissenschaft auch jenes relativ autonome Teilsystem der Gesellschaft bezeichnet, in dem Forschung und Lehre betrieben werden (Universitäten sowie außeruniversitäre wissenschaftliche Institutionen und Arbeitsbereiche). Auf die verschiedenen Vorschläge zur Einteilung der historisch gewachsenen heutigen Wissenschaftsklassen kann hier nicht näher eingegangen werden. Gebräuchlich wurde insbesondere die Unterscheidung in Geistes- und Sozialwissenschaften einerseits sowie Naturwissenschaften und Medizin andererseits. Letztere stehen im Zentrum der heutigen wissenschaftsethischen Diskussion. Diese Schwerpunktsetzung ist der Problemlage angemessen und prägt auch diesen Artikel. Aufgrund der angedeuteten Differenzierungen, zu denen eine Vielzahl weiterer, in der heutigen Wissenschaftsphilosophie diskutierter Probleme hinzukommt, kann Wissenschaft nur als analoger Begriff gelten.

2. Zum Begriff der „Wissenschaftsethik"

Auch dieser Begriff kann in einem mehrfachen Sinn verstanden werden. Ganz allgemein betrifft Wissenschaftsethik die Sinnwerte und die Verantwortung, die mit dem Vollzug wissenschaftlichen Handelns verbunden sind. Mit Wissenschaftsethik kann sodann eine von Wissenschaftlern für ihre Tätigkeit erarbeitete Ethik bezeichnet werden. Weiterhin ist mit Wissenschaftsethik eine Theorie sittlich-normativer Leitvorstellungen gemeint, denen Wissenschaftler bei ihrer wissenschaftlichen Tätigkeit gerecht werden sollen. Hier geht es schwerpunktmäßig um die Reflexion des norm- und tugendethischen Gehalts eines wissenschaftsinternen Ethos (Arbeits- und Berufsethos, Standespflichtenkodex). Schließlich ist mit dem Begriff „Wissenschaftsethik" jene ethische Verantwortung angesprochen, die sich aus den sittlich gebotenen wissenschaftsexternen Rücksichtnahmen ergibt. Diese Bedeutungsaspekte sind voneinander zu unterscheiden, aber nicht voneinander zu trennen. Auf allen genannten Ebenen geht es um normative Probleme, die anhand von Werturteilen zu entscheiden sind. Hinzu kommen tugendethische Aspekte.

Normative Vorstellungselemente mehrfacher Art durchdringen die Wissenschaften, angefangen beim wissenschaftlichen Rationalitätsbegriff und bei methodologischen Leitideen bis hin zu jenen Zielsetzungen, die Wissenschaft explizit in den Dienst des Menschen (z. B. im Sinne von Beiträgen zur Leidensverminderung oder auch zur Wohlfahrtssteigerung) gestellt sehen. Durch Befolgung ihrer immanenten methodischen Regeln allein können Wissenschaften noch keine Gewähr dafür bieten, daß ihre Auswirkungen dem Wohl von Mensch und Natur dienen – oder doch zumindest damit verträglich sind. Wer – wie die heutigen Naturwissenschaften und die Medizin – tiefgreifend in Lebensprozesse eingreift und dies verantwortlich tun will, bedarf eines entsprechenden Maßstabes, mit dessen Hilfe die Grenzen zwischen verantwortbaren und nicht-verantwortbaren Eingriffen bestimmt werden können. Solche Maßstäbe enthalten unweigerlich ethische Wertungselemente; sie stehen in Beziehung zum jeweiligen Menschenbild und Naturverständnis. Beide Begriffe sind hier nicht rein deskriptiv zu verstehen, sondern als normativ gehaltvolle Leitbegriffe. Damit sind sie Gegenstand der Ethik. Aus der internen Sicht der Naturwissenschaften mögen sie als „externe" Ansprüche erscheinen. Es geht dabei jedoch nicht um eine Ausnahmesituation, insofern alles menschliche Handeln, das auf die reale Welt einwirkt und das Wohl von Mensch und nicht-menschlicher Natur betrifft, der sittlichen Beurteilung unterliegt. Hier stößt man auf einen entscheidenden Knotenpunkt der gegenwärtigen wissenschaftsethischen Auseinandersetzungen. Nur wenn der Standpunkt der reinen Methoden-Immanenz verlassen wird und eine Öffnung zu solchen externen Fragestellungen und wertbestimmten Grundsätzen erfolgt, kann es zu einem fruchtbaren Dialog mit der Ethik und zur reflektierten Beachtung normativer Prinzipien kommen, die aus dem Selbstverständnis des Menschen als einem sittlichen (und d. h. auch für die nicht-menschliche Natur Verantwortung tragenden) Wesen stammen. Insofern es eine ethische Grundforderung ist, Mensch und Natur nach sittlich verantwortbaren Kriterien zu behandeln, muß die Wissenschaftsethik die Pflicht zu einer solchen Öffnung thematisieren und anmahnen.

3. Zu den theologisch-ethischen Grundlagen

Der Einsatz menschlicher Geisteskräfte im Sinne wissenschaftlicher Erkenntnissuche ist theologisch auf der Basis und im Rahmen der schöpfungs- und erlösungsmäßig ausgezeichneten Sonderstellung und Beauftragung des Menschen zur Weltgestaltung prinzipiell positiv zu beurteilen. Aus dem allgemeinen, gottgewollten Kulturauftrag an den Menschen kann Wissenschaft nicht ausgeschlossen werden. Die Ausübung von Wissenschaft als Ausdruck der schöpferischen Kraft des menschlichen Geistes gehört zu den wichtigen Komponenten menschlicher Selbstentfaltung und Würde. Der christliche Glaube betrifft alle Wirklichkeit, auch die Wissenschaften, und deutet sie im Lichte der Heilsbotschaft. Dies widerspricht nicht der notwendigen Eigenständigkeit und Eigenregulation der „profanen" Wissenschaften, wie die Pastoralkonstitution des Zweiten Vatikanischen Konzils mit Nachdruck festgehalten hat (vgl. GS 36). Wohl aber können theologisch gewonnene Erkenntnisse die Wissenschaften vor Übersteigerungen und Gefahren warnen. Die theologische Einsicht in die Realität der Sünde verdeutlicht, daß alle geschöpflichen Beziehungen und Tätigkeiten des Menschen von Unordnung, Mißbrauch, Gewalt und Bosheit bedroht sind. Dies ist freilich nur ein Aspekt des theologischen Beitrags. In allen seinen Bezügen steht der Mensch letztlich vor Gott und ist ihm verantwortlich. Dieser in der gottebenbildlichen Erschaffenheit ermöglichte Gottesbezug „entfremdet" ihn nicht von der irdischen Wirklichkeit, sondern führt ihn in deren volle Sinntiefe hinein. Aus ihr ergibt sich auch eine Grundorientierung im Verhältnis zu den nichtmenschlichen Naturwesen und -bereichen. Aus den theologischen Grundlagen folgen allgemeine ethische Maßstäbe für alles menschliche Handeln und damit auch für die Wissenschaften: An erster Stelle ist die Achtung der gottebenbildlich erschaffenen Menschenwürde sowie die dem Menschen aufgetragene Fürsorge für die nicht-menschliche Natur zu nennen. Dieser theologische Ansatz impliziert eine Wertschätzung der Prinzipien echter Humanität und läßt sich daher mit den Grundregeln philosophischer Ethik wie auch mit den Menschenrechten (einschließlich der Rechte künftiger Generationen) vermitteln. Ebenso kann die theologisch fundierte Achtung vor den Mitgeschöpfen verknüpft werden mit entsprechenden ökoethischen Leitvorstellungen der Philosophie.

Von diesem theologisch fundierten, menschenrechtlich orientierten und ökologisch-ethisch bestimmten Ansatz her kann die vor Gott zu tragende ethische Verantwortung in bezug auf wissenschaftliches Handeln imperativisch so zum Ausdruck gebracht werden: Handle so, daß deine wissenschaftliche Praxis sich nicht nur an wissenschaftlich-immanenten Interessen orientiert, sondern zugleich Würde und Grundrechte des Menschen sowie den Eigenwert, die Lebens- und Existenzfähigkeit der außermenschlichen Natur respektiert! Um von dieser allgemeinen Ebene zu konkreteren normativen Urteilen zu kommen, bedarf es einer Vermittlung mit dem jeweils vorliegenden Sachwissen, wobei die normativen Gehalte der Menschenrechte sowie umweltethische Leitlinien einer ersten Konkretionsstufe als mittlere Prinzipien bei der Findung konkreter Normen dienen können. Dabei ist stets auf eine klare Unterscheidung zwischen empirischem Fachwissen und Wertaussagen zu achten.

4. Zu einzelnen Hauptproblemen und Schwerpunkten

Wissenschaftsethik ist zwar, von ihrer Basis her gesehen, keine isolierte Sonderethik, erhält aber durch die Vielfalt der Objektbereiche in den einzelnen Wissenschaftsgebieten je eigene Akzente und Anwendungsprofile. In diesem (letzteren) Sinn kann dann von Wissenschaftsethiken (Plural) gesprochen werden, ohne dabei die gemeinsamen Grundlagen zu ignorieren.

Aus der Grundverpflichtung des Wissenschaftlers, in Forschung und Lehre konsequent der Wahrheitsfindung zu dienen, folgt, daß jeder Wissenschaftler Verantwortung trägt für die am Leitfaden der methodischen Fachgebietsregeln zu erreichende optimale Erkenntnisgewinnung und -vermittlung. In stichworthafter Verdichtung sind folgende Maximen und Einstellungen besonders zu nennen: Unparteilichkeit, neutrale Distanz, Vorurteilslosigkeit, intellektuelle Redlichkeit, Flexibilität im Abwägen von Alternativen, Offenheit für Kritik und Bereitschaft zur Selbstkritik, Beachtung der Fairneß- und Kommunikationsregeln im Dialog mit Fachkollegen, die qualifizierte Weitergabe des Fachwissens und -könnens an die nächste Generation, Respektierung der Grenzen eigener Sachkompetenz (gerade auch im Umgang mit Vertretern anderer Disziplinen und der Öffentlichkeit). Es zählt zu den Aufgaben der Wissenschaftsethik, die implizierten tugend- und normethischen Elemente zu reflektieren und ihren Pflichtcharakter zu präzisieren. Alle diese Momente zusammengenommen lassen Wissenschaft als existentielle Gesamthaltung verstehen, in der der Wahrheitsbindung Vorrang vor partikulären Interessen zukommt.

Für die Ethik ergibt sich eine durch Überziehung der Fachkompetenz provozierte Herausforderung dort, wo ihre eigenen Grundlagen im Gefolge von reduktionistischen Ansätzen auf bestimmte naturale Gegebenheiten zurückgeführt werden. Dies ist z. B. der Fall, wenn alles soziale Handeln und Verhalten auf der Basis evolutionsbiologischer Theorien lediglich als Funktion „genegoistischer" und „fitneß-maximierender" Grundtrends gedeutet wird. Wissenschaftsethik fordert, pseudowissenschaftliche Erklärungsansprüche zu entlarven und naturalistische Fehlschlüsse zu vermeiden. Damit wird nicht bestritten, daß die Humanwissenschaften und bestimmte Naturwissenschaften wertvolle Einsichten in die Voraussetzungen und Bedingungen ethischen Handelns liefern können.

Die von der Wissenschaftsethik geforderte Beachtung der genannten Regeln des wissenschaftsinternen Ethos könnte wesentlich auch zur Entschärfung eines in den letzten Jahrzehnten (z. B. im Zusammenhang mit der Errichtung umstrittener Kernenergieanlagen) für das Ansehen der Wissenschaft sehr abträglichen Konflikts beitragen: Die Auseinandersetzungen zwischen Gutachtern und Gegengutachtern, zwischen „Pro- und Kontrawissenschaftlern". Wissenschaftsethik fordert eine saubere Unterscheidung zwischen gesichertem Sachwissen,

Ermessensspielräumen und Wertungen nichtwissenschaftlicher Art. Die Regeln eines wissenschaftsinternen Ethos betreffen auch die Fragen eines ethisch vertretbaren Einsatzes von Versuchstieren und Versuchspersonen. Hier wird besonders greifbar, daß die Methodenwahl ethisch nicht völlig neutral ist. Bei Humanexperimenten, gerade auch bei solchen ohne unmittelbare diagnostisch-therapeutische Bedeutung, kann das begründete Interesse am erwarteten wissenschaftlichen Erkenntnisgewinn und dem damit verbundenen sozialen Nutzen keinen Vorrang vor dem Recht des Probanden auf Wahrung der körperlich-seelischen, geistig-sozialen Unversehrtheit beanspruchen. Letzteres betrifft u. a. auch den konsequenten Schutz persönlicher Daten. Das Versuchsziel muß, um ethisch legitimierbar zu sein, in einem angemessenen Verhältnis zum Risiko der Versuchsperson stehen, deren Zustimmung nach ausreichender Information über Ziel, Durchführung, Nutzen und Risiken einzuholen ist. Ausnutzung der Opferbereitschaft, Täuschung und Manipulation, ja Verleitung zu strafbaren Handlungen, wie sie von bestimmten experimentalpsychologischen Forschungen berichtet werden (z. B. Gehorsamsexperimente S. Milgrams), sind wissenschaftsethisch nicht zu rechtfertigen. Die Einhaltung berufsethischer Richtlinien, die Begutachtung durch Konsultativgremien (Ethikkommissionen), eine Kontrolle der entsprechenden Forschungsförderung sowie die Ablehnung der Publikation von Versuchsergebnissen, die auf ethisch fragwürdige oder verwerfliche Weise erzielt wurden, sind weitere Gesichtspunkte bei der wissenschaftsethischen Bewertung dieser Problematik. Mit besonderem Nachdruck ist die nichttherapeutische, „verbrauchende" Forschung an menschlichen Embryonen und Föten als massive Verletzung der genannten wissenschaftsethischen Prinzipien abzulehnen. Dieses Verdikt betrifft bereits die Herstellung menschlicher Embryonen zu Forschungszwecken.

Damit sind bereits konkrete Grenzen der Wissenschaftsfreiheit benannt. Die Freiheit von Forschung und Lehre entspricht dem Menschenrecht auf Erkenntnis und Wissensaneignung, die Grundpfeiler jeder Kultur bilden. Die Freiheit der Lehre zielt auf eine nur der Wahrheit verpflichtete, von Sachkompetenz getragene Vermittlung wissenschaftlichen Wissens. Forschungsfreiheit meint zunächst die Freiheit der Wahl einer wissenschaftlichen Fragestellung innerhalb der Grenzen von Ethik und Recht, das Fehlen von Denkverboten und ideologischem Zwang. Solche Freiheit ist eine Rahmenbedingung gelingender Forschung und ethisch wie rechtlich als hohes Gut zu werten. Gesellschaft und Staat haben die Pflicht, solche Freiheit angemessen zu schützen. Sie darf nur im Fall eines Konflikts mit anderen hochrangigen

Gütern (Gesundheit und Wohlergehen von Menschen, wichtige Umweltschutzinteressen) eingeschränkt werden. Damit ist ein besonders neuralgischer Punkt der gegenwärtigen wissenschaftsethischen Diskussion berührt: Die Frage der Verantwortung für die Folgen (insbesondere auch für die unerwünschten Nebenfolgen) wissenschaftlichen Handelns. Wird eine solche (zunehmend auch präventiv verstandene) Verantwortung für die Auftrags- und Entwicklungsforschung im allgemeinen bejaht, so wird sie im Rahmen der Grundlagenforschung nicht selten bestritten mit dem Hinweis, daß letztere ihre Ergebnisse nicht in gleicher Weise – oder überhaupt nicht – voraussehen könne. Wenn man auch der „reinen" Forschung nicht die Verantwortung für alle Folgen anlasten kann, so bleibt doch angesichts der fließender gewordenen Übergänge zwischen Theorie und Praxis und des engen, reziproken Verhältnisses zwischen Naturwissenschaften und Technik ein Moment der Mit-Verantwortung dafür, wie die Forschungsergebnisse rezipiert werden, zumal wenn sie die kognitiven Voraussetzungen zur weiteren Steigerung technischer Verfügungsmacht liefern. Zudem sind manche Grundlagenforschungsbereiche (z. B. Nuklear- und Genforschung) selbst u. U. schon mit solchen Gefahrenquellen verbunden, daß aus ethischen und rechtlichen Gründen auf angemessenen Schutz- und Sicherheitsmaßnahmen beharrt werden muß. Die darin bereits enthaltene Risikobewertung ist nicht mehr mit naturwissenschaftlichen Mitteln allein durchzuführen, weil die Frage der Akzeptierbarkeit oder Tolerierbarkeit von Risiken für Mensch und Natur nicht ohne Wertannahmen beantwortbar ist. Insgesamt ist vom wissenschaftsethischen Standpunkt aus an die Pflicht des Forschers zu erinnern, sich nicht nur für die Machbarkeit von Forschungsresultaten, sondern auch für deren Beherrschbarkeit zu interessieren. Die Verantwortung für das Wohl von Mensch und Natur fordert sowohl, daß nutzenbringende Forschungsergebnisse zugänglich gemacht werden, als auch, daß erkennbare negative Folgen im Interesse einer Risikovorbeugung möglichst frühzeitig erkannt werden. Dementsprechend sind wissenschaftliche Folgelastenforschung und die Pflicht zur unbestechlichen Information der Öffentlichkeit im Falle gefahrenbringender Entwicklungen unverzichtbar.

Ein sehr großer Teil der heutigen naturwissenschaftlichen Forschung ist freilich der anwendungs- und produkteorientierten Forschung zuzurechnen und steht damit explizit im Dienst wissenschaftsexterner Zwecksetzungen, vor allem aus den Bereichen Technik, Wirtschaft und Militär. Zwar tragen hier die Auftraggeber die erste Verantwortung für die jeweiligen Zielvorgaben, doch sind auch die beteiligten

Wissenschaftler nicht aus ihrer Mitverantwortung zu entlassen; dies umso weniger, als bestimmte Kritik- und Kontrollmöglichkeiten (z. B. Publikation der Forschungsverfahren und -ergebnisse) in der privatwirtschaftlich organisierten Industrieforschung und in der militärischen Waffenforschung nicht von vornherein (wenn überhaupt) gewährleistet sind. Der persönlichen Mitverursacherrolle entspricht die Pflicht zur vorausschauenden Verhinderung von Schadensfolgen und zur Hilfeleistung für eine vielfach gefährdete Allgemeinheit und Umwelt. Die Maßstäbe zur Beurteilung von solchen, die Wissenschaft in Dienst nehmenden Interessen sind auch den ethischen Leitkriterien der jeweiligen Bereiche zu entnehmen. Damit ist bereits verdeutlicht, daß Verantwortung in diesem Kontext nicht nur im Sinne einer Verursacher- und Verschuldensverantwortung, sondern auch als möglichst umfassende Präventivverantwortung zu verstehen ist. Dabei ist allerdings zu berücksichtigen, daß Verantwortung hier im Rahmen der gegebenen Wissenschaftsstrukturen (einschließlich ihrer Verflechtung mit nichtwissenschaftlichen Organisationen, Gremien und Institutionen) in der Regel anteilig zu tragen ist gemäß der jeweiligen Position im betreffenden Mitsprache-, Kompetenz- und Entscheidungsgefüge. In die Pflicht zu nehmen sind aber auch Gesellschaft und Staat. Wissenschaftliche Tätigkeit kann in unserer verwissenschaftlichten Welt die Lebensbedingungen derart betreffen, daß sie die Frage provoziert, wie das Leben in Gegenwart und Zukunft gestaltet werden soll. Es geht somit um Fragen des Menschen- und Weltbildes, d. h. um Fragen, deren Beantwortung nicht mehr einem gesellschaftlichen Teilsystem überlassen bleiben kann. Vielmehr ist die Allgemeinheit selbst verpflichtet, sich zu engagieren. Die Wahrnehmung von Verantwortung setzt angemessene Information voraus, zu der Wissenschaftler Wesentliches (gegebenenfalls unter Mitwirkung von Fachschriftstellern, -journalisten) beizutragen haben, indem sie über verschiedene Optionen und Alternativen aufklären. Da solche Meinungsbildungs- und Entscheidungsprozesse vielfach Sinn- und Zielfragen von Mensch und Natur berühren, können und sollen auch die Geistes- und Sozialwissenschaften mitwirken, die den Blick zu schärfen vermögen für nichtfunktionale Werte, für die selbstzweckliche Dimension des Menschen und die Sinnbestimmung der nichtmenschlichen Naturbereiche. Ohne in diesem Rahmen auf weitere Differenzierungen eingehen zu können, sei hier zusammenfassend auf das Konzept einer geistes- und sozialwissenschaftlichen Begleitforschung (K.-M. Meyer-Abich) hingewiesen, die durch ein ganzheitlicher ansetzendes Denken zur Entlarvung szientistischer Verkürzungen führen, eine kritische Funktion in bezug auf nicht verallgemeinerungsfähige Interessen und Tendenzen übernehmen – sowie eine integrative, teilnehmende Wahrnehmung des Ganzen fördern kann. Dies setzt bereits die Bildung fächerbezogener Differenzierungen und Konkretisierungen der wissenschaftsethischen Grundlagen voraus. Die einzelnen Fachgebiete sollten sich dementsprechend der je eigenen spezifischen ethischen Perspektiven und Probleme annehmen (gegebenenfalls durch geeignete Einrichtungen in Forschung und Lehre). Soweit die Wissenschaften diese Verantwortung nur im Rahmen einer interdisziplinären und interfakultativen Zusammenarbeit wahrnehmen können, sind sie aufgefordert, die dazu erforderlichen Schritte zu unternehmen. Für die Ethik bedeutet dies auch, ihre eigenen wissenschaftlichen Ausdrucks- und Argumentationsmittel in bezug auf eine solche Aufgabenstellung zu überprüfen und fortzubilden

Wo ranghohe Güter von allgemeiner Bedeutung durch strukturale Maßnahmen zu schützen sind und Wissenschaftler im Interesse einer kompetenten Entscheidungsfindung bei der Beratung politischer und staatlicher Gremien und Institutionen mitwirken, sollten Wissenschaftler in Übereinstimmung mit den wissenschaftsinternen Ethosregeln auf eine Entkoppelung von Gutachtertätigkeit und Interessenvertretung achten.

Zu den Regelungsinstrumentarien ist zu bemerken, daß unter Voraussetzung der genannten wissenschaftsethischen Leitlinien im Interesse der Wissenschaftsfreiheit zunächst informelle Regelungen (gegebenenfalls bis hin zu freiwilligen Selbstbeschränkungsverpflichtungen von Forschergruppen) wegen ihrer Fachnähe, Flexibilität und internationalen Wirksamkeit den Vorzug verdienen. Nachhaltige Unterstützung verdient auch der mehrfach von Naturwissenschaftlern selbst vorgebrachte Vorschlag einer besseren Berücksichtigung ethischer Bildung in den betreffenden Ausbildungsgängen selbst. Eine bessere Beurteilung wissenschaftlicher Vorhaben nach ethischen Kriterien ist auch das Ziel bestimmter Konsultativgremien (Ethikkommissionen). Dem u. a. von K. R. Popper gemachten Vorschlag einer dem hippokratischen Eid nachempfundenen eidlichen Verpflichtung von Wissenschaftlern dürfte angesichts der heutigen Verantwortungsstrukturen in der Wissenschaft nur eine nachgeordnete Bedeutung zukommen. Droht das Regelungsinstrumentarium dieser Ebene zu versagen, sind die für eine Gemeinwohl- und Umweltverträglichkeit unerläßlichen Schutzinteressen durch formelle Maßnahmen zu wahren, die von Kontrollmechanismen der Berufs- und Fachverbände sowie behördlich angeordneten und überwachten Sicherheitsvorkehrungen bis zu strafrechtlichen Sanktionen reichen können.

Da Wissenschaftsethik die Verflechtungen der Wissenschaften mit anderen Lebensbereichen berücksichtigen muß, kann sie nicht in den geschlossenen Grenzen eines gesellschaftlichen Teilsystems betrieben werden. Sie muß den wissenschaftlichen Bereich vielmehr im Rahmen der gesamten Kultur reflektieren. Die gegenwärtigen Defizite in bezug auf Gewichtung und Deutung kultureller Leitwerte belasten auch die Wissenschaftsethik. Dies bedeutet eine nachhaltige Herausforderung für Philosophie und Theologie, im Blick auf die Gesamtorientierung unserer wissenschaftlich-technisch geprägten Welt zur Vermittlung von überzeugenden Sinnwerten beizutragen. Erst auf der Basis eines größeren Wertekonsenses kann eine strukturell gefestigtere und durchsetzungsfähigere Wissenschaftsethik erwartet werden.

A. Bammé u. a. (Hrsg.), Anything Goes – Science Everywhere? Konturen von Wissenschaft heute (1986); *A. J. Buch/J. Splett,* Wissenschaft, Technik, Humanität (1982); *A. A. Guha/S. Papcke* (Hrsg.), Entfesselte Forschung. Die Folgen einer Wissenschaft ohne Ethik (1988); *F. Hammer,* Selbstzensur für Forscher? Schwerpunkt einer Wissenschaftsethik (1983); *J. Hübner* (Hrsg.), Der Dialog zwischen Theologie und Naturwissenschaften: ein bibliographischer Bericht (1986); *Johannes Paul II.,* Ansprache an Wissenschaftler und Studenten im Kölner Dom am 15. November 1980, in: Verlautbarungen des Apostolischen Stuhles 25 (1980) 26–34; *H. Jonas,* Das Prinzip Verantwortung. Versuch einer Ethik für die technologische Zivilisation (¹1979); *H. Krautkrämer* (Hrsg.), Zukunftsethik, Bd. II: Ethische Fragen an moderne Naturwissenschaften (1987); *R. Kreibich,* Die Wissenschaftsgesellschaft. Von Galilei zur High-Tech-Revolution (1986); *H. Lenk u. a.* (Hrsg.), Ethik der Wissenschaften, Bd. I–VII (1984–1988); *H. Markl,* Zur Rede gestellt. Über die Verantwortung der Forschung (1989); *K. M. Meyer-Abich,* Wissenschaft für die Zukunft. Holistisches Denken in ökologischer und gesellschaftlicher Verantwortung (1988); *Helmut F. Spinner,* Das „wissenschaftliche Ethos" als Sonderethos des Wissens (1985); Verantwortung und Ethik in der Wissenschaft (hrsg. von der Generalverwaltung der Max-Planck-Gesellschaft, München) (1985); *M. Weber,* Gesammelte Aufsätze zur Wissenschaftslehre (⁴1973); *J. P. Wils/D. Mieth* (Hrsg.), Ethik ohne Chance? Erkundungen im technologischen Zeitalter (1989).

HANS-JÜRGEN MÜNK

Z

Zielgebot

→ Ethik → Kasuistik → Liebe → Moraltheologie → Norm → Wert

Entgegen der in der traditionellen Moraltheologie auf dem Wege der Kasuistik angestrebten Objektivierung aller sittlichen Gebote betont der Begriff „Zielgebot", daß der unmittelbare ethische Anspruch des christlichen Glaubens an die Person gerichtet ist und sich auf das ganze von Christus verkündete Heil (und nicht nur auf bestimmte moralische Einzelleistungen) des Menschen bezieht. Ein solches Gebot richtet sich demnach auf ein moralisches Ziel, das prinzipiell für alle gilt, sagt aber noch nicht unbedingt aus, auf welchem konkreten Weg dieses Ziel erreicht werden kann. Z. B. handelt es sich beim Gebot der *Gottes- und Nächstenliebe* um ein solches absolutes Zielgebot. Dieses Ziel steht dem menschlichen Tun immer als Anspruch vor Augen, obwohl es täglich verletzt wird. Das Zielgebot läßt damit einerseits die Spannung zwischen dem, was vom Menschen sittlich gefordert ist, und dem, was der Mensch leisten kann, gelten. Andererseits vermeidet es, in einer Art „Zwei-Stockwerk-Moral" von den einen mehr und von den anderen weniger moralische Leistungen zu fordern. Hinter diesem Begriff steht eine implizite Kritik der noch vom Nominalismus geprägten Situationsethik oder Gesetzesmoral der Kasuistik. (Eine solche Kritik, die in der Moraltheologie der fünfziger und sechziger Jahre diskutiert wurde, hat u. a. B. Häring vorgetragen.)

Zielgebote sind allgemeine Wesensgesetze, die immer gelten. Es ist evident, daß die christliche Moraltheologie nicht ausschließlich mit Zielgeboten operieren kann. Neben dem unmittelbaren Anspruch, der sich aus ihnen ergibt, bestehen notwendigerweise allgemein gültige, gesetzesartig umschreibbare sittliche Einzelforderungen. Der logische Gegenbegriff zu den Zielgeboten ist in diesem Sinn der der *Erfüllungsgebote,* die sich auf sittliche Mindestanforderungen beschränken, sozusagen auf das minimale ethische Niveau, unterhalb dessen ein christliches Leben nicht mehr denkbar ist. Derartige objektive Gebote und ihre entsprechenden Normen umschreiben aber nicht das Wesentliche der christlichen Moral, sondern legen einfache Orientierungen vor, denen sich der Christ aus Gründen der Zweckmäßigkeit stellen soll. Daß es diese gesetzesartig umschreibbaren Mindestanforderungen gibt, ist nicht etwa in der begrenzten Geltung des göttlichen Heilswillens, sondern in der Unvollkommenheit des Menschen begründet. Es sind also sozusagen nur die notwendigen Orientierungen für Sünder. Ein christliches Ethos zeigt sich aber nicht darin, daß der Mensch auf die Grenzen fixiert ist, sondern darin, daß er den Inhalt der *Zielgebote* als personalen Anspruch im vollen Sinn annimmt. Erfüllungsgebote stellen dagegen nur sekundäre, objektive Rahmenanforderungen an den Menschen. Die primären Ansprüche eines christlichen Ethos kommen in den Zielgeboten zum Ausdruck.

Die Zielgebote beziehen sich auf das von Christus verkündete Ideal der Vollkommenheit. Nach Häring sind sie materiell im NT, besonders in der Bergpredigt (Mt 5,3–7,27), in der Feldrede (Lk 6,20–49) und in den Abschiedsreden (Joh 13,31–17,26) dargestellt. Die Liebe als oberstes Gebot faßt nach dieser Ansicht gleichsam alle Zielgebote zusammen; das Liebesgebot ist schlechthin das Herzstück der christlichen Moral. Mit dem Verweis auf die Bergpredigt wird gleichfalls deutlich, daß die Zielgebote den Menschen umfassend in Anspruch nehmen und daß ihrem Anspruch keine objektive Einschränkung, sondern nur die Überforderung des Menschen als Entschuldigungsgrund entgegengestellt werden kann. Die Forderungen der Bergpredigt – bis hin zur Feindesliebe – wenden sich an jeden Menschen. Sie sind weder die besondere elitäre Moral einer herausgehobenen, speziell berufenen christlichen Kaste (Klerus), noch irgendeine Art von freiwilliger Fleißaufgabe für besonders reingläubige Menschen, sondern sie gelten unmittelbar, unbedingt und für alle.

Auf der anderen Seite *können* diese unbedingten Gebote niemals völlig von den Menschen erfüllt werden, ja sie sind als Vollkommenheitsansprüche notwendig transzendent. Der Mensch kann sie stets nur asymptotisch, also annäherungsweise verwirklichen; und er *muß* sein Leben lang versuchen, sich ihnen anzunähern. Von einer christlichen Moral kann in diesem Sinn überhaupt nur die Rede sein, wenn sie sich dem Ideal der Vollkommenheit bewußt stellt und es als Realziel ins Leben holt, sosehr sie immanent immer wieder daran scheitern wird. Zugleich mit dieser Aufforderung zur Vollkommenheit (vgl. Mt 5,48) gehört aber zur christlichen Hoffnung die ständig gegenwärtige Vergebung, die also das menschliche Scheitern mitumgreift und einen Neubeginn möglich macht. Zielgebote sind nichts anderes als das von Gott immer schon geschenkte absolute Heil des Menschen, insofern der Mensch es annimmt und abbildhaft in sein Leben zu übertragen versucht.

In diesem Sinn verpflichten die Zielgebote in noch umfassenderer Weise als die Erfüllungsgebote, obwohl sie nicht wie diese zu einer konkreten Sachleistung verpflichten, die materiell für alle Menschen gleich aussieht. Zielgebote sprechen die Menschen individuell je verschieden an. Der Mensch kann Gott nur zurückgeben, was er je nach seinen Gnaden empfangen hat; aber er ist umso mehr verpflichtet, die ihm sichtbar gewordenen Gnaden wie die Talente im Gleichnis (vgl. Mt 25,14–30 bzw. Lk 19,11–27) einzusetzen. Die Bergpredigt hat demnach verpflichtende und normative Bedeutung für alle Christen, und sie ist für jede(n) je heilsentscheidend in dem Sinn, daß er (sie) ihre Botschaft, d. h. ihre Heilsverheißung und ihren Anspruch auf Nachfolge, annimmt. Ein Zielgebot fordert nicht weniger, als daß alle in eine

Richtung gehen sollen, selbst wenn sie nie am Ziel ankommen. Es stellt also das transzendente Erreichen dieses Zieles in Aussicht, insofern der Mensch die Gnade tatsächlich mit den ihm möglichen Schritten annimmt.

B. *Häring*, Frei in Christus. Moraltheologie für die Praxis des christlichen Lebens, Bd. I (1979), bes. 98–101; *ders.*, Die gegenwärtige Heilsstunde (1964), bes. 425–439; *ders.*, Liebe ist mehr als Gebot. Lebenserneuerung aus dem Geist der Bergpredigt (1968), bes. 19f.; *H. Rotter*, Grundgebot Liebe. Mitmenschliche Begegnung als Grundsatz der Moral (1983); *ders.* (Hrsg.), Heilsgeschichte und ethische Normen (1984); *H.-W. Vavrovsky*, Zielgebot und Erfüllungsgebot. Analyse und Kritik eines moraltheologischen Problems bei Bernhard Häring, Theologische Dissertation (masch.) (Innsbruck 1978).

SEVERIN RENOLDNER

Zorn

→ Ehre → Gott → Hoffnung → Mut

1. Biblisch

Anders als in der antiken Mythologie und Volksreligiosität, die Naturkatastrophen und andere Unglücksfälle im persönlichen oder öffentlichen Leben auf den Zorn der Götter zurückführt, ist die anthropomorphe Rede vom Zorn Gottes im AT Ausdruck seiner lebendigen, personalen Machtfülle und seiner wesenhaften Heiligkeit. Der Zorn Gottes meint keine selbständige Unheilsmacht, sondern richtet sich, auch wenn seine Wege oft rätselhaft sind und gerade für den Frommen undurchschaubar bleiben, gegen die Verletzung seines universalen Herrschaftsanspruchs unter den Völkern. Als Reaktion auf die Übertretung des heiligen Gottesrechts und seinen Bundesbruch zieht Israel in besonderer Weise den Zorn Jahwes auf sich (Ex 32,10; Num 11,1), als dessen Boten Mose und die Propheten verstanden werden (Ex 16,20; Jer 6,11). Eine geschichtstheologische Verwendung zeigt sich in der Interpretation der politischen Lage des Exils als geschichtlicher Manifestation des göttlichen Zornes und in der apokalyptischen Erwartung des „Tages Jahwes" als des endzeitlichen Gerichts, in dem sich Gottes Herrschaft vor aller Augen gegen die Völker durchsetzt und Jerusalem Rettung, Wiederherstellung, Frieden und Heil bringen wird (Ez 33,21; Joel 3–4 u. a.). In den späteren Schriften des AT, besonders in der Weisheitsliteratur, überwiegt dagegen eine im engeren Sinn ethische

Bedeutung, wie sie in der Mahnung vor dem ungerechten und maßlosen Zorn zum Ausdruck kommt, der vor allem als Wurzel weiterer Sünden und als Ursache sozialer Ungerechtigkeit und psychologischer Unverträglichkeit gesehen wird (Spr 19,19; 22,24; 29,22; Sir 1,22; 27,30).

Auch im NT bleibt die Rede vom Zorn Gottes als Kontrastfolie, die der Botschaft von seiner Barmherzigkeit und Liebe erst ihr ganzes Gewicht gibt, unverzichtbar. Der Zorn Gottes entzündet sich an der Sündhaftigkeit der Menschen und macht ihre Gottlosigkeit offenbar (Röm 1,18); indem er das Ausmaß ihrer Verfehlungen und die Unentrinnbarkeit ihrer Unheilssituation aufdeckt, läßt er die Größe der Liebe Gottes und seiner Geduld mit den Menschen ermessen (Röm 5,8-9; 9,22). Ganz in der Linie des AT weist der jetzt auf den Sündern liegende Zorn Gottes (Joh 3,36; vgl. Röm 3,9-18) auf den eschatologischen „Tag des Zornes" voraus, an dem sich Gottes Gerechtigkeit als Zorngericht über der angesammelten Bosheit der Menschen entladen und gegenüber der Zusammenballung aller widergöttlichen Mächte siegreich durchsetzen wird (Röm 2,5; Offb 6,16). Die paulinische Theologie betont dabei der zentralen Stellung ihrer Rechtfertigungsbotschaft entsprechend, daß nicht das Gesetz, sondern nur die Gnade des von der eschatologischen Macht Gottes auferweckten Christus uns dem kommenden Zorn Gottes entreißen kann (Röm 4,5; 1 Thess 1,10).

In der Verlängerung der prophetischen Verkündigung heben die Synoptiker im Bild des Jesus von Nazareth auch die betont kämpferischen Züge hervor. Sie zeichnen ihn nicht nur als den Verkündiger der Langmut und Geduld Gottes, der die „Sanftmütigen" und Gewaltlosen seligpreist (Mt 5,5.45), sondern auch als den, der seinem Zorn über Pharisäer und Schriftgelehrte, über diese „böse und abtrünnige Generation" freien Lauf läßt (Mt 11,20-24; 12,38 und das ganze Kap. 23). Vor allem an der auch von Joh überlieferten Tempelreinigungsszene (Mk 11,15-19 par), die heute für das Jesusbild der Befreiungstheologie große Bedeutung gewonnen hat, knüpft in der Tradition des christlichen Widerstandsethos später die Rede vom gerechten und heiligen Zorn an, der dem Bösen bewußt entgegentritt.

Daneben führt das NT auch die Moralparänese der Weisheitsliteratur und der Psalmen weiter, die den Zorn als Regung des menschlichen Herzens vorwiegend negativ bewertet. Die Antithesen der Bergpredigt drohen jedem das Gericht an, der seinem Bruder „auch nur zürnt" (Mt 5,21); Paulus zählt den Zorn zu den „Werken des Fleisches" (Gal 5,20), regelmäßig wird er in den Lasterkatalogen aufgeführt (1 Tim 2,8; Eph 4,31; Kol 3,8). Eph 4,26 unterstreicht die Mahnung von Ps 4,5 durch ein zeitgenössisches Sprichwort: „Laßt euch durch den Zorn nicht zur Sünde verführen! Die Sonne soll über eurem Zorn nicht untergehen." An einigen Stellen kennt das NT aber auch die positive Bedeutung des menschlichen Zorns, der als furchtloses Eintreten für die Sache Gottes (Mk 3,5; Joh 11,33) oder als heftiger Streit um den rechten Weg (Apg 15,39) oftmals auch unter Christen gefordert ist.

2. Theologie und Ethik des Mittelalters

Zwar zählt der Zorn das ganze Mittelalter hindurch zu den sieben Hauptlastern, doch erfährt er in der theologischen Reflexion der christlichen Ethik eine grundsätzlich positive Bewertung, die vor allem seine Funktion als psychische Antriebskraft und deren Hinordnung auf die Vernunftbestimmung menschlicher Existenz im Blick hat. Die scholastische Seelenlehre knüpft an der aristotelisch-peripatetischen Unterscheidung des begehrenden und des kämpferischen Seelenteils an, für die *Thomas v. Aquin* eine umfassende theoretische Begründung gibt. Er erkennt in der menschlichen Leidenschaftlichkeit eine polare Grundstruktur, kraft der alle seelischen Affekte zwei nicht aufeinander reduzierbaren psychischen Vermögen zugeordnet sind, die er mit einer seit der Frühscholastik gebräuchlichen Terminologie als *vis concupiscibilis* und *vis irascibilis* bezeichnet. Anders als das konkupiszible Streben, dessen Gegenstand stets ein Ausschnitt der sinnlichen Welt ist, der als spontane Reaktion der Seele einfache Gefühle lustbetonter Anziehung oder Abkehr hervorruft, richten sich die irasziblen Antriebskräfte auf ein schwer zugängliches Gut, das *bonum arduum,* dessen Erreichen die angestrengte Überwindung von Widerständen erfordert (S.Th. I/II, q 23 a 1). Diese komplexeren Gefühlsreaktionen, zu denen neben dem Zorn vor allem Kühnheit und Mut, aber auch Hoffnung und Zuversicht gehören, erfordern eine erhöhte psychische Energie und das instinktive Abwägen von Gefahren und Risiken. Ihre ethische Bedeutsamkeit liegt vor allem darin, daß sie dem menschlichen Handeln die psychischen Potentiale zur Abwehr innerer und äußerer Bedrohung, zum Aufschub unmittelbarer Lustbefriedigung und damit zur Verfolgung langfristiger und anspruchsvoller Ziele verleiht.

Den Zorn im engeren Sinn bestimmt Thomas als leidenschaftlichen Widerstand gegen ein drohendes oder bereits eingetretenes Übel, der sich meist zugleich gegen die dafür verantwortliche Person richtet (I/II, q 46 a 1–2). Er entspringt, wie er in Übereinstimmung mit der modernen Emotionspsychologie annimmt, einer Kränkung des spontanen Selbstwertgefühls und der bewußten Selbsteinschätzung des Menschen

(I/II, q 47 a 2–4) und hat den Ausgleich erlittenen Unrechts zum Ziel. Als psychischer Abwehr- und Schutzmechanismus ist er an sich weder gut noch böse; er gewinnt seine moralische Qualität erst aus der Übereinstimmung mit der *recta ratio*. Die sittliche Beurteilung des Zornes hängt also davon ab, wie weit er von der Vernunft in der rechten Ordnung gehalten wird. In bewußter Abkehr von dem stoischen Ideal völliger Leidenschaftslosigkeit sieht Thomas in dem angemessenen, nicht aus ungezügelter Rache oder blindem Haß entspringenden Zorn eine notwendige Reaktion des Menschen auf die Verletzung der Gerechtigkeit, die nicht nur tolerabel, sondern in ethischer Hinsicht ausdrücklich lobenswert ist. Diese positive Einschätzung kommt insbesondere darin zum Ausdruck, daß nicht nur das maßlose Zuviel, sondern auch das schwächliche Zuwenig, das auf eine unterentwickelte Antriebsstärke verweist, einen Defekt gegenüber dem Leitbild einer ausgewogenen Leidenschaftlichkeit darstellt, dem sich die thomanische Anthropologie verpflichtet weiß (II/II, q 158 a 1–2 und 8). Der Christ soll dem Bösen energisch Widerstand leisten und in gefaßter Kraft für die Wahrung der Gerechtigkeit eintreten; wo sein Zorn sich nicht nur dem selbst erlittenen Unrecht entgegenstellt, sondern der Sache Gottes in der Welt (I/II, q 28 a 4; vgl. auch den Hinweis auf den Zorn Christi in III, q 15 a 9) und der Durchsetzung der Gerechtigkeit für andere gilt, da ist er ein Ausdruck der Liebe und ihrer universalen Leidenschaft für das Gute.

3. Ethische Beurteilung

Zum Leitbild einer kultivierten Menschlichkeit gehört auch die Aufgabe, die auf Selbstdarstellung und Selbstbehauptung gerichteten Affekte in eine ausgewogene Balance des emotionalen Lebens zu integrieren. Weder erfordert das christliche Ethos der Nächstenliebe die ausschließliche Pflege der altruistischen Impulse zur Hilfsbereitschaft, noch besteht gewaltloser Widerstand gegen das Unrecht in passiver Duldsamkeit und wehrloser Schwäche. Vielmehr verlangt die Liebe, die sich nicht nur als Gesinnung reinen Wohlwollens, sondern als aktive Gestaltungskraft des gemeinsamen Lebens versteht, die rechte Zuordnung von Bedürfniserfüllung, Selbstbehauptung und Fürsorgebereitschaft auf der Ebene der erlebten Emotionalität (W. Korff). Wenn die christliche Ethik dabei dem Zorn eine doppelte Aufgabe zuschreibt – er äußert sich sowohl als affektiver Ausdruck der Selbstachtung und der Eigenwertigkeit des Menschen wie auch im Protest gegen die Verletzung der Würde anderer –, kann sie sich auf Ergebnisse der modernen Aggressionsforschung stützen, deren tiefenpsychologische und ethnologische Ansätze gegenwärtig an einer Überwindung der klassischen Alternative von Instinkt- und Milieutheorie arbeiten und weitgehend darin übereinkommen, daß sie die konkurrierenden und aggressionsspezifischen Impulse in ihrer positiven Funktion für die Persönlichkeitsentwicklung und die Genese sozialer Verhaltensmuster würdigen (vgl. besonders das Konzept der biologisch angepaßten, lebensförderlichen Aggressionen bei E. Fromm).

Der gerechte, aus gutem Glauben handelnde Zorn unterscheidet sich von den unkontrollierten Instinkten des Hasses wie auch vom spontanen Wutausbruch oder dem resignierten Gefühl der „ohnmächtigen Wut". Die beste lebenspraktische Weisheit zum Umgang mit der eigenen zornigen Erregbarkeit liegt noch immer in dem Rat von Eph 4,26, dem aufbrausenden Zorn nicht über den angebrochenen Tag hinaus Raum zu geben und darüber das Wissen um die größere Barmherzigkeit Gottes nicht zu vergessen. Der sich als Ergebnis zu lange aufgestauter Ohnmachtserfahrung plötzlich entladende Zorn hat seine Wurzeln oft in der paradoxen Anlage zu einer „aggressiven Gehemmtheit", die sich nur durch ehrliches Bewußtmachen der eigenen Motive und durch ein langsames Wachstum der Widerstandsfähigkeit überwinden läßt. Der zornige öffentliche Protest im Namen der Wahrheit ist ein Zeichen wachen Unrechtsbewußtseins; wo er die Bereitschaft zur Selbstkritik und zur Verantwortungsübernahme innerhalb der eigenen Möglichkeiten einschließt, unterscheidet er sich von dem pathetischen Gestus zur Schau gestellter Empörung, hinter dessen rhetorischem Gewand sich häufig ein geheimer Entschuldigungsmechanismus verbirgt. Eine „Kultur des zornigen Streitens" einzuüben, bleibt in demokratischen Gesellschaften eine wichtige Aufgabe des öffentlichen Lebens – auch im Raum der Kirche, wo sie noch immer unterentwickelt ist.

E. Fromm, Die Anatomie der menschlichen Destruktivität (1974); *C. E. Izard,* Die Emotionen des Menschen. Eine Einführung in die Grundlagen der Emotionspsychologie (1981) 369–395; *W. Korff,* Norm und Sittlichkeit (1973) 76–101.

EBERHARD SCHOCKENHOFF

Gesamtnomenklatur

Abtreibung	Raimund Sagmeister
AIDS	Andreas Laun
Almosen	Severin Renoldner
Alttestamentliche Ethik	Robert Oberforcher
Angst	Raimund M. Luschin
Antisemitismus	Gerhard Marschütz
Arbeit	Rudolf Weiler
Ärgernis	Severin Renoldner
Armut	Bernhard Fraling
Askese	Bernhard Fraling
Autonomie	Adrian Holderegger
Autorität	Alfons Riedl
Befehl	Gerhard Gansterer
Befruchtungshilfe	Klaus Demmer
Beruf	Valentin Zsifkovits
Berufung	Karl-Heinz Ducke
Beschwörung	Severin Renoldner
Blutschande	Severin Renoldner
Buße	Alfons Riedl
Charisma	Gerhard Gansterer
Dekalog	Bernhard Fraling
Diskriminierung	Andreas Laun
Doppelwirkung, Prinzip der	Adrian Holderegger
Ehe	Hans Rotter
Ehelosigkeit	Bernhard Fraling
Ehre	Karl Golser
Ehrfurcht	Gerhard Marschütz
Eifersucht	Gerhard Marschütz
Eigentum	Valentin Zsifkovits
Empfängnisregelung	Wilhelm Ernst
Entfremdung	Gerhard Marschütz
Entscheidung	Gerhard Holotik
Entwicklungszusammenarbeit	Helmut G. Ornauer
Epikie	Günter Virt
Erfahrung	Günter Virt
Erziehung	Albert Biesinger

Ethik	Werner Wolbert
Ethos	Werner Wolbert
Euthanasie	Karl-Heinz Peschke
Familie	Helmuth Schattovits/ Susanne Perkonig
Frauenfrage	Herlinde Pissarek-Hudelist
Freiheit	Klaus Demmer
Freizeit	Plasch Spescha
Freundschaft	Josef Weismayer
Friede	Valentin Zsifkovits
Fundamentalismus	Wolfgang Palaver
Gebet	Josef Weismayer
Gefühl	Raimund M. Luschin
Gehorsam	Herbert Schlögel
Gelübde	Josef Weismayer
Gemeinwohl	Rudolf Weiler
Genetik und Gentechnik	Günter Virt
Gerechtigkeit	Alberto Bondolfi
Geschichtlichkeit	Klaus Demmer
Gesellschaft	Rudolf Weiler
Gewalt	Gertraud Putz
Gewissen	Karl Golser
Glaube	Bernhard Fraling
Gleichheit	Alberto Bondolfi
Glück	Josef Weismayer
Gott	Josef Weismayer
Gradualität	Severin Renoldner
das Gute	Hans Rotter
Handeln, sittliches	Hans Rotter
Heilsgeschichte	Hans Rotter
Hermeneutik	Klaus Demmer
Hoffnung	Hans Rotter
Homosexualität	Karl-Heinz Peschke
Humor	Raimund Sagmeister
Identität	Gerhard Gansterer
Ideologie	Leopold Neuhold
Individualismus	Severin Renoldner
Inkulturation	Gerhard Marschütz

Kastration	Severin Renoldner
Kasuistik	Klaus Demmer
Kirche	Herbert Schlögel
Klugheit	Franz Furger
Kommunikation	Alois Huter
Kompromiß	Klaus Demmer
Konflikt	Alois Wolkinger
Krankheit	Alfons Riedl
Krieg	Gertraud Putz
Kritik	Johann Dollfuß
Kultur	Alois Huter
Kunst und Ethik	Günter Rombold
Leben	Raimund Sagmeister
Lehramt	Alfons Riedl
Leib	Alois Wolkinger
Leiden	Bernhard Fraling
Liebe	Hans Rotter
Lohn	Alois Wolkinger
Lohnmoral	Alois Wolkinger
Lust	Andreas Laun
Macht	Gertraud Putz
Mann	Paul Michael Zulehner
Maß	Andreas Laun
Maxime	Severin Renoldner
Medizinische Ethik	Adrian Holderegger/ Hans Rotter
Mensch	Josef Römelt
Menschenrechte	Wilhelm Ernst
Menschenwürde	Werner Wolbert
Methoden der Ethik	Walter Lesch
Migration	Franz Martin Schmölz
Mittel	Werner Wolbert
Mitwirkung	Klaus Demmer
Moralprinzip	Walter Lesch
Moralsysteme	František Kopecký
Moraltheologie	Günter Virt
Mut	Alfons Riedl
Nachfolge	Bernhard Fraling
Natur	Franz Furger

Neid	Andreas Laun
Neutestamentliche Ethik	Jacob Kremer
Nichteheliche Lebensgemeinschaften	Bernhard Fraling
Norm	Werner Wolbert
Organtransplantation	Andreas Laun
Onanie	Gerhard Gansterer
Orthodoxe christliche Ethik	Ivan G. Pančovski/ Ernst Christoph Suttner
Person	Hans Rotter
Pflicht	Andreas Laun
Pneumatologie	Gerhard Holotik
Politik	Ferdinand Reisinger
Protestantische Ethik	Kurt Lüthi
Quellen der Moralität	Karl-Heinz Peschke
Rache	Severin Renoldner
Räte, evangelische	Bernhard Fraling
Recht	Bruno Primetshofer
Religionsfreiheit	Raymond Mengus
Reue	Raimund Sagmeister
Revolution	Ferdinand Reisinger
Sakrament	Bernhard Fraling
Schuld	Raimund M. Luschin
Selbsttötung (Suizid)	Adrian Holderegger
Selbstverwirklichung	Josef Römelt
Sexualität	Hans Rotter
Simonie	Gerhard Marschütz
Skandal	Severin Renoldner
Sonntag	Hans Halter
Sozialethik	Franz Furger
Soziallehre, katholische	Leopold Neuhold
Spiritualität	Josef Weismayer
Sport	Rudolf Weiler
Staat	Alfred Klose
Steuer- und Besteuerungsmoral	Wolfgang Schmitz
Strafe	Alberto Bondolfi
Straßenverkehr	Andreas Laun
Sucht	Günter Virt
Sünde	Klaus Demmer

Taufe	Hans Halter
Technik	Hans-Jürgen Münk
Therapie	Gottfried Roth
Tierversuche	Hans-Jürgen Münk
Tod	Alberto Bondolfi
Todesstrafe	Alberto Bondolfi
Toleranz	Raymond Mengus
Treue	Alfons Riedl
Trieb	Raimund M. Luschin
Tugenden und Laster	Eberhard Schockenhoff
Übel	Werner Wolbert
Umweltethik	Hans-Jürgen Münk
Utilitarismus	Franz Furger
Verantwortung	Gerhard Holotik
Vergebung	Andreas Laun
Versprechen	Klaus Demmer
Versuchung	Andreas Laun
Vertrag	Valentin Zsifkovits
Vorbild/Modell	Albert Biesinger
Wahrhaftigkeit	Franz Furger
Wehrdienst	Alois Wolkinger
Wert	Werner Wolbert
Widerstand	Alois Wolkinger
Wirtschaftsethik	Valentin Zsifkovits
Wissenschaftsethik	Hans-Jürgen Münk
Zielgebot	Severin Renoldner
Zorn	Eberhard Schockenhoff

Abkürzungen

Allgemeine Abkürzungen

a	articulus
Abt.	Abteilung
Art.	Artikel
AT	Altes Testament
atl.	alttestamentlich
Bd., Bde.	Band, Bände
bes.	besonders
bzw.	beziehungsweise
c.	Canon
cc.	Canones
ders.	derselbe
dgl.	dergleichen
d. h.	das heißt
dies.	dieselbe
dist.	distinctio
ebd.	ebenda
etc.	et cetera
f., ff.	folgende(r)
GW	Gesammelte Werke
Hrsg.	Herausgeber
hrsg.	herausgegeben
Jh.	Jahrhundert
Kap.	Kapitel
Lit.	Literatur
LXX	Septuaginta
n. C.	nach Christus
Nr.	Nummer
NT	Neues Testament
ntl.	neutestamentlich
par	Parallele(n)
prol.	Prolog
Q.	Logienquelle Q
q, qq	quaestio, quaestiones
S	Logienquelle S
s.	siehe
sog.	sogenannt
u. a.	und andere, unter anderem
u. ä.	und ähnliches
u. a. m.	und anderes mehr
u. ö.	und öfter
usw.	und so weiter
u. U.	unter Umständen
v.	von
v. C.	vor Christus
vgl.	vergleiche
WA	Gesamtwerk
Ziff.	Ziffer(n)
z. T.	zum Teil

Biblische Bücher

Am	Amos
Apg	Apostelgeschichte
Bar	Baruch
1 Chr	1 Chronik
2 Chr	2 Chronik
Dan	Daniel
Dtn	Deuteronomium
Eph	Epheser
Esra	Esra
Est	Ester
Ex	Exodus
Ez	Ezechiel
Gal	Galater
Gen	Genesis
Hab	Habakuk
Hag	Haggai
Hebr	Hebräer
Hld	Hoheslied
Hos	Hosea
Ijob	Ijob (Hiob)
Jak	Jakobus
Jdt	Judit
Jer	Jeremia
Joël	Joël
Jes	Jesaja
Joh	Johannes
1 Joh	1 Johannes
2 Joh	2 Johannes
3 Joh	3 Johannes
Jona	Jona
Jos	Josua
Jud	Judas
Klgl	Klagelieder
Koh	Kohelet (Prediger)
1 Kön	1 Könige
2 Kön	2 Könige
Kol	Kolosser
1 Kor	1 Korinther
2 Kor	2 Korinther
Lev	Leviticus
Lk	Lukas
1 Makk	1 Makkabäer
2 Makk	2 Makkabäer
Mal	Maleachi
Mi	Micha
Mk	Markus
Mt	Matthäus
Nah	Nahum

Neh	Nehemia		1 Sam	1 Samuel
Num	Numeri		2 Sam	2 Samuel
Obd	Obadja		Sir	Sirach
Offb	Offenbarung		Spr	Sprichwörter (Sprüche)
1 Petr	1 Petrus		1 Thess	1 Thessalonicher
2 Petr	2 Petrus		2 Thess	2 Thessalonicher
Phil	Philipper		1 Tim	1 Timotheus
Phlm	Philemon		2 Tim	2 Timotheus
Ps	Psalm(en)		Tit	Titus
Ri	Richter		Tob	Tobit (Tobias)
Röm	Römer		Weish	Weisheit
Rut	Rut		Zef	Zefanja
Sach	Sacharja			

Dokumente, Quellen und sonstige Literatur

AA	Konzilsdekret „Apostolicam actuositatem"
AAS	Acta Apostolicae Sedis (1909ff.)
ABGB	Allgemeines Bürgerliches Gesetzbuch
AG	Konzilsdekret „Ad gentes"
ASS	Acta Sanctae Sedis (1865–1908)
BGB	Bürgerliches Gesetzbuch
CIC	Codex Iuris Canonici (1918 bzw. 1983)
DS	H. Denzinger/A. Schönmetzer, Enchiridion symbolorum (^{1}1854, ^{35}1965)
DH	Konzilsdekret „Dignitatis humanae"
DV	Konzilsdekret „Dei verbum"
Eth. Nik.	Aristoteles: Nikomachische Ethik
FC	Enzyklika „Familiaris consortio"
GS	Konzilsdekret „Gaudium et spes"
HchE	A. Hertz u. a. (Hrsg.), Handbuch der christlichen Ethik, 3 Bde. (1978–1982)
HV	Enzyklika „Humanae vitae"
HWP	Historisches Wörterbuch der Philosophie (1971ff.)
In.Ps.	Expositiones Psalmorum
KpV	Immanuel Kant: Kritik der praktischen Vernunft (1788)
LE	Enzyklika „Laborem exercens"
LG	Konzilsdekret „Lumen gentium"
LThK	Lexikon für Theologie und Kirche (^{2}1957ff.)
LXX	Septuaginta (hrsg. J. W. Wevers u. a., 1931–1983)
MM	Enzyklika „Mater et magistra"
OT	Konzilsdekret „Optatam totius"
PC	Konzilsdekret „Perfectae caritatis"
PG	J. P. Migne (Hrsg.), Patrologiae cursus completus. Series Graeca (1857–1936)
PH	Erklärung der Glaubenskongregation „Persona humana" (1975)
PL	J. P. Migne (Hrsg.), Patrologiae cursus completus. Series Latina (1841–1970)
PP	Enzyklika „Populorum progressio"
In Sent.	Thomas v. Aquin: In libros Sententiarum
SRS	Enzyklika „Sollicitudo rei socialis"
StGB	Strafgesetzbuch
S. Th.	Thomas v. Aquin: Summa Theologiae
StL	Staatslexikon (^{7}1985–1990)
TRE	Theologische Realenzyklopädie (1976ff.)
UG	A. F. Utz/J. F. Groner (Hrsg.), Aufbau und Entfaltung des gesellschaftlichen Lebens. Soziale Summe Pius' XII., 2 Bde. (1954)
UR	Konzilsdekret „Unitatis redintegratio"